宋人文集篇目分類索引

（三）

主　編　鄧廣銘
　　　　張希清

中　華　書　局

二、政 令

（一）帝 系

賜南京留司文武百官尚書吏部侍郎知應天府韓億等賀南郊禮畢及上尊號受册詔　元憲集 27/4a

賜文武百僚上尊號不允第一批答－第三批答　元憲集 29/1a－2b

請皇太后權同聽政詔　歐陽文忠集 19/1a

英宗遺制　歐陽文忠集 19/3a

尊皇太后册文　歐陽文忠集 19/3b　宋文鑑 32/15a

真宗皇帝册文　歐陽文忠集 87/15a

淑德皇后册文　歐陽文忠集 87/15b

皇后册文任門下侍郎日撰　韓南陽集 15/1a

立皇子詔　華陽集 13/4a　宋文鑑 31/9b

治平立皇太子敕文　華陽集 13/6a　宋文鑑 32/10a

封太祖皇帝後詔　華陽集 13/6b　宋文鑑 31/10b

仁宗遺詔　華陽集 13/13b

皇太后付中書門下還政書　華陽集 13/14a　宋文鑑 31/11a

慈聖光獻太皇太后遺詔　華陽集 13/15a

賜文武百僚宰臣韓琦以下乞立壽聖節宜允批答　華陽集 20/4b　宋文鑑 33/13a

賜文武百僚宰臣韓琦以上上尊號第一表不允批答　華陽集 20/7a　宋文鑑 33/13a

賜文武百僚宰臣韓琦以下上尊號第三表不允批答　華陽集 20/7a

賜文武百僚宰臣韓琦以上上尊號第四表不允批答　華陽集 20/7b

賜皇子官告口宣　華陽集 24/6a

元豐八年三月奔國晉太皇太后遺入内供奉官梁惟簡宣諭　傅家集 17/25a

仁宗皇帝謚册文　蘇魏公集 15/1a

立皇后册文　蘇魏公集 15/3b

宣祖册文　蘇魏公集 27/1b

太祖册文　蘇魏公集 27/1b

太宗册文　蘇魏公集 27/2a

真宗册文　蘇魏公集 27/2a

仁宗册文　蘇魏公集 27/2b

英宗册文　蘇魏公集 27/2b

神宗册文　蘇魏公集 27/3a

皇后册文　臨川集 45/3a　王文公集 10/2b　宋文鑑 32/16a

奉敕擬上皇太妃册文並織進割子　忠肅集 1/3a

太皇太后賜門下手詔　蘇東坡全集 10/1b

太皇太后賜門下手詔　蘇東坡全集/内制 8/12a

改元御札　范太史集 33/14a

皇太后謚册文　張右史集 45/1a

皇太后謚册文　柯山集補 31/379a

賜仁福帝姬辭免册禮許允詔　擴文集 3/1a

上太上道君皇帝尊號玉册文　浮溪集 13/1a　浮溪集/附拾遺 13/147

皇太后告天下手書　浮溪集 13/2a　浮溪集/附拾遺 12/148

隆祐皇太后遺誥　浮溪集 13/9b　浮溪集/附拾遺 13/153

紹興元年追嚴隆祐皇太后詔　浮溪集 13/10b　浮溪集/附拾遺 13/153

敕榜詔　梁溪集 34/1a

御書　梁溪集 60/5a

太后賜門下詔　毘陵集 9/7a

追謚安穆皇后册文　鄭峰録 6/1b

別廟册文　盤洲集 11/3b

太祖皇帝册文　盤洲集 11/4b

太宗皇帝册文　盤洲集 11/4b

立皇太子册文　盤洲集 11/4b

皇帝答皇后詔　盤洲集 12/6b

立皇子詔　海陵集 11/1a

皇太后慶壽詔　海陵集 11/1a

德壽宮答皇帝請加尊號不允諭　益國文忠集 101/1b　益公集 101/42a,44b

皇帝加上太上皇后尊號玉册文　益國文忠集 101/4b

太上皇帝慶壽敕文　益國文忠集 101/8a

皇子鎭洮軍節度使開府儀同三司恭王某辭免　立爲皇太子　益國文忠集 104/11a　皇太子辭免立妻李氏爲皇太子妃　益國文忠集 104/13a　皇太子再辭免臨安尹　益國文忠集 109/5a　皇太恭王再辭免立爲皇太子　益國文忠集 109/5a　加上太上皇帝太上皇后尊號詔　益國文忠集 110/1a　益公集 104/101a　加上太上皇帝太上皇后尊號詔　益國文忠集 110/2b　益公集 104/103a　皇太子辭免領臨安尹　益國文忠集 112/9b　皇太子辭免立儲　益國文忠集 112/9b　左丞相承旨宣答　益國文忠集 116/11b　益公集 116/14b　太上皇帝服藥擬敕書　益國文忠集 121/4a　益公集 121/15b　高宗謚册文任右相日撰　益國文忠集 121/5b　益公集 121/7a　禪位詔　益國文忠集 121/7a　太上皇帝慶壽敕文首詞　益公集 101/4a　德壽宫答皇帝請加上尊號第二表膺允詔　益公集 101/42a　德壽宫答皇帝請加尊號第二表允詔　益公集 101/44b　皇帝加上壽聖太上皇后玉册文　益公集 101/45a　太上皇帝慶壽敕文首詞　益公集 101/49b　尾詞　益公集 101/50a　禪位詔　益公集 121/9b　皇帝初即位擬進上壽皇尊號詔　益公集 121/9b　壽聖齊明廣慈備德太上皇后册文（代梁丞相作）　誠齋集 96/1a　慶元改元詔　止齋集 10/1a　改嘉定元年詔　宋本攻媿集 44/7b　攻媿集 42/4a　皇太子某辭免每遇視事令侍立宰執赴資善堂會議不允詔　宋本攻媿集 44/18b　攻媿集 44/4a　皇太子再辭免侍立會議不允批答　宋本攻媿集 44/19b　攻媿集 46/11b　孝宗皇帝謚議　攻媿集 49/1a　成穆皇后改謚議　攻媿集 49/5a　成恭皇后改謚議　攻媿集 49/6a　賜德壽宫婉儀張氏三上表辭免進封太上皇帝淑妃恩命不允不得再有陳請詔　玉堂稿 9/10a　賜德壽宫淑妃張氏辭免令所司擇日備禮册命宜允詔　玉堂稿 9/10b

太皇太后遺誥　後樂集 4/6b　理宗即位大赦文　洛水集/卷首 1a　（紹興十年）議建儲一詔　金佗粹編 2/7b　皇女昇國公主進封周國公主制口宣　後村集 54/9b　賜皇女昇國公主辭免進封周國公主恩命不允詔　後村集 55/12b　賜皇女周國公主辭免擇日備禮册命恩命宜允詔　後村集 55/12b　賜皇女周漢國公主辭免令所司擇日備禮册命恩命宜允詔　後村集 56/13a　景定五年十月丁卯詔　碧梧集 2/1b　皇帝登寶位赦文首尾詞　碧梧集 3/1a　賜文武百僚三上表請皇帝聖節名批答　碧梧集 9/9b　太祖即位敕天下制建隆元年正月乙巳　宋詔令集 1/1　太宗即位敕天下制開寶九年十月乙卯　宋詔令集 1/1　真宗即位敕天下制至道三年四月　宋詔令集 1/1　仁宗即位敕天下制乾興元年二月二十日　宋詔令集 1/2　英宗即位敕文嘉祐八年四月癸酉　宋詔令集 1/2　神宗即位敕治平四年正月九日　宋詔令集 1/2　哲宗即位敕元豐八年三月己亥　宋詔令集 1/2　徽宗即位敕元符三年正月庚辰　宋詔令集 1/2　宰臣等立長春節表批答建隆元年正月己未　宋詔令集 1/3　宰臣等請立乾明節表批答太平興國二年三月甲戌　宋詔令集 1/3　宰臣丁謂等請立乾元節名表批答　宋詔令集 1/3　辛臣等乞立壽聖節表批答　宋詔令集 1/4　辛臣等請立同天節表批答二月庚寅　宋詔令集 1/4　辛臣等請立興龍節表批答　宋詔令集 1/4　辛臣章惇等奏天寧節名表批答　宋詔令集 1/4　改太平興國元年敕天下見禁例開寶元年十二月　宋詔令集 2/5　改淳化元年降京畿流罪以下德音端拱三年正月　宋詔令集 2/5　改至道元年在京降流罪以下德音正月戊申朔　宋詔令集 2/5　改咸平元年詔　宋詔令集 2/6　改景德元年敕天下制　宋詔令集 2/6　改大中祥符元年敕正月戊辰　宋詔令集 2/6　改天禧元年詔大中祥符九年十一月乙卯　宋詔令集 2/6

改乾興元年制正月辛未 宋詔令集 2/7
改天聖元年詔正月丙寅朔 宋詔令集 2/7
災傷改景祐元年御札明道二年十二月丁巳 宋詔令集 2/7
改康定元年及尊號去寶元二字詔二月甲辰 宋詔令集 2/7
雨災赦天下改皇祐元年制慶曆 宋詔令集 2/7
日食正陽改皇祐六年爲至和元年德音三月庚辰 宋詔令集 2/8
改治平元年制 宋詔令集 2/8
改熙寧元年詔 宋詔令集 2/8
改元豐元年詔熙寧十年十二月壬午 宋詔令集 2/8
改元祐元年御札元祐元年正月庚寅朔 宋詔令集 2/8
改紹聖元年御札元祐九年四月癸丑 宋詔令集 2/8
改元符元年詔紹聖五年五月丙寅 宋詔令集 2/9
改建中靖國元年御札元符三年十一月甲子 宋詔令集 2/9
改大觀元年敕崇寧五年十二月三十日 宋詔令集 2/9
己酉朔旦冬至改重和元年敕 宋詔令集 2/9
改重和二年爲宣和元年御札宣和元年二月四日 宋詔令集 2/10
改名詔太平興國二年二月庚子 宋詔令集 2/10
太宗藩邸諱不避詔大中祥符二年六月戊申 宋詔令集 2/10
建隆四年上尊號第三表允批答 宋詔令集 3/11
宰相上尊號第口表不允批答開寶四年九月丙申 宋詔令集 3/11
晉王等上尊號第一表不允批答開寶九年 宋詔令集 3/11
省尊號詔端拱二年十二月庚申 宋詔令集 3/11
羣臣上法天崇道上聖至仁皇帝號不允批答至道元年十二月甲戌 宋詔令集 3/12
宰相上尊號不允批答咸平二年七月乙巳 宋詔令集 3/12
第五表上尊號允批答咸平二年八月乙卯 宋詔令集 3/12
郡臣三上表乞加尊號不允批答咸平五年八月 宋詔令集 3/12
宰等上尊號不允批答大中祥符元年六月辛亥 宋詔令集 3/12
第五表允批答大中祥符元年六月丙辰 宋詔令集 3/12
宰相等上尊號不允批答大中祥符三年八月丁卯 宋詔令集 3/13
第五不允批答口月甲戌 宋詔令集 3/13
宰相等上尊號不允批答大中祥符五年閏十月乙亥

宋詔令集 3/13
第五表允批答大中祥符五年閏十月壬午 宋詔令集 3/13
宰相等上尊號第口表不允批答天禧三年七月己卯 宋詔令集 3/13
第五表允批答天禧三年八月辛丑 宋詔令集 3/13
省尊號詔乾興元年二月庚子 宋詔令集 3/14
宰相等上表請復尊號不允詔二月辛丑 宋詔令集 3/14
三上表請復尊號允詔二月癸卯 宋詔令集 3/14
宰相等表上尊號允批答天聖二年 宋詔令集 3/14
南郊毋得上尊號詔天聖五年七月己未 宋詔令集 3/14
宰相等再上表請加尊號不允批答天聖八年 宋詔令集 3/14
去尊號中睿聖文武字求言詔明道二年七月戊子 宋詔令集 4/15
宰相等上表加上尊號第五表允批答寶元元年 宋詔令集 4/15
不許上尊號詔慶曆五年 宋詔令集 4/16
南郊不得乞上尊號詔皇祐五年七月癸巳 宋詔令集 4/16
宰相等表上尊號日體天法道欽文聰武大仁至治聖神孝德皇帝不允批答嘉祐四年五月乙巳 宋詔令集 4/16
明堂毋得上尊號詔嘉祐七年七月壬子 宋詔令集 4/16
宰臣韓琦等上尊號不允批答治平二年七月庚寅 宋詔令集 4/16
第三表不允批答 宋詔令集 4/16
第四表不允批答 宋詔令集 4/17
第五表不允批答 宋詔令集 4/17
宰相等上尊號不允批答熙寧元年七月己卯 宋詔令集 4/17
宰相等上尊號第三表諭翰林學士司馬光善爲答詞詔 宋詔令集 4/17
宰相等表上尊號不允批答熙寧二年四月丁酉 宋詔令集 4/17
宰相等上尊號表不允批答熙寧四年六月庚申 宋詔令集 4/17
宰相韓絳等表上尊號不允批答熙寧七年七月癸卯 宋詔令集 4/17
第二表不允批答 宋詔令集 4/18
第三表不允仍斷來章批答 宋詔令集 4/18
第四表不允批答熙寧七年 宋詔令集 4/18

第五表不允仍斷來章批答　宋詔令集 4/18
宰相等表上尊號不允批答熙寧十年七日辛酉　宋詔令集 4/18
大禮罷上尊號詔元豐三年七月甲戌　宋詔令集 4/18
服除不上尊號詔元祐元年十二月己丑　宋詔令集 4/19
應天廣運仁聖文武至德皇帝册文乾德元年十一月甲子　宋詔令集 5/20
應天廣運聖文神武明道至德仁孝皇帝册文明道寶元年　宋詔令集 5/21
應運統天聖明文武皇帝册文太平興國三年　宋詔令集 5/21
崇文廣武聖明仁孝皇帝册文　宋詔令集 5/21
崇文廣武儀天尊道寶應章感聖明仁孝皇帝册文大中祥符元年十二月辛卯　宋詔令集 5/22
崇文廣武感天尊道應真祐德上聖欽明仁孝皇帝册文天禧元年正月辛亥　宋詔令集 5/23
體元御極感天尊道應真實運文德武功上聖欽明仁孝皇帝册文天禧三年十一月丁丑　宋詔令集 6/24
聖文睿武仁明孝德皇帝册文天聖二年二月丁酉文前半闕　宋詔令集 6/24
睿聖文體天法道仁明孝德皇帝册文明道二年　宋詔令集 6/25
景祐體天法道欽文聰武聖神孝德皇帝册文景祐二年十一月乙未　宋詔令集 6/25
寶元體天法道欽文聰武聖神孝德皇帝册文寶元元年十一月庚戌　宋詔令集 6/26
體乾膺曆文武聖孝皇帝册文治平四年　宋詔令集 6/26
上尊號祇京畿內德音治平四年正月　宋詔令集 6/27
徵恚諭輔臣手詔天禧四年十二月乙亥　宋詔令集 7/28
康復諸道德音天禧五年正月十口日　宋詔令集 7/28
元符三年不豫敕正月十日　宋詔令集 7/28
康復德音政和元年口月十一日　宋詔令集 7/28
宣和傳位詔宣和八年十二月二十四日　宋詔令集 7/29
開寶遺制開寶九年十一月甲寅　宋詔令集 7/29
至道遺制至道三年三月癸已　宋詔令集 7/29
乾興遺詔　宋詔令集 7/29
嘉祐遺制　宋詔令集 7/30
治平遺制治平四年正月丁己　宋詔令集 7/30
元豐遺詔八年三月庚戌　宋詔令集 7/30
元符遺制　宋詔令集 7/30
太祖諡議　宋詔令集 7/31

太宗諡議　宋詔令集 7/31
真宗諡議　宋詔令集 8/33
仁宗諡議　宋詔令集 8/34
英宗諡議　宋詔令集 8/34
神宗諡議　宋詔令集 8/35
哲宗諡議　宋詔令集 8/37
太祖諡册　宋詔令集 9/38
太宗諡册　宋詔令集 9/38
真宗諡册　宋詔令集 9/39
仁宗諡册　宋詔令集 9/39
英宗諡册　宋詔令集 9/40
神宗諡册九月己亥　宋詔令集 9/41
哲宗諡册　宋詔令集 9/42
太祖哀册　宋詔令集 10/44
太宗哀册　宋詔令集 10/45
真宗哀册　宋詔令集 10/45
仁宗哀册　宋詔令集 10/46
英宗哀册　宋詔令集 10/47
神宗哀册　宋詔令集 10/48
哲宗哀册　宋詔令集 10/49
尊太皇太后制治平四年正月己未　宋詔令集 11/50
尊太皇太后制元豐八年三月庚子　宋詔令集 11/50
太皇太后册文熙寧二年四月壬戌　宋詔令集 11/50
太皇太后册文元祐　宋詔令集 11/51
建坤成節詔元豐八年四月乙亥　宋詔令集 11/51
建坤成節詔　宋詔令集 11/51
容宰臣請太皇太后建宮殿名詔元祐元年閏二月丁未　宋詔令集 11/51
太皇太后受册止用崇政殿詔元祐二年三月甲寅　宋詔令集 11/52
以旱罷受册禮詔元祐二年四月　宋詔令集 11/52
太皇太后元日不御殿詔元祐四年十一月己丑　宋詔令集 11/52
太皇太后以旱降詔　宋詔令集 11/52
太皇太后減聖節大禮生辰親屬恩澤詔元祐三年閏十二月甲寅　宋詔令集 11/53
推恩太皇太后本家骨肉詔　宋詔令集 11/53
元祐七年正旦以太皇太后本命年齋醮設獄詔元祐六年十一月辛亥　宋詔令集 11/53
以太皇太后寢疾赦見禁德音元豐二年十月庚戌　宋詔令集 11/53
太皇太后服藥敕元祐八年八月戊辰　宋詔令集 11/54
太皇太后遺誥元豐三年十月乙卯　宋詔令集 11/54
太皇太后遺誥元祐八年九月戊寅　宋詔令集 11/54

慈聖光獻謚議元豐二年十一月壬辰 宋詔令集 12/55

宣仁聖烈謚議元祐八年十一月乙酉 宋詔令集 12/56

慈聖光獻謚册 宋詔令集 12/57

宣仁聖烈謚册 宋詔令集 12/57

慈聖光獻哀册 宋詔令集 12/58

宣仁聖烈哀册 宋詔令集 12/59

有司請上皇太后尊號奏建隆 宋詔令集 13/61

尊皇太后制至道元年四月乙未 宋詔令集 13/61

追尊賢妃李氏爲皇太后制至道元年十一月丙申 宋詔令集 13/61

追尊李宸妃位號營奉園陵詔明道二年四月二十一日 宋詔令集 13/61

故聖瑞皇太妃朱氏追尊爲皇太后制崇寧元年二月十七日 宋詔令集 13/61

諭崇寧初姦臣損欽成舊儀詔大觀三年二月五日 宋詔令集 13/62

百官上皇太后尊號不許批答天聖二年七月甲辰 宋詔令集 13/62

皇太后降毋得上尊號手書天聖五年七月己未 宋詔令集 13/62

追尊李宸妃爲皇太后制明道二年四月壬寅 宋詔令集 13/62

皇太后號保慶詔景祐元年九月壬子 宋詔令集 13/62

尊皇太后制嘉祐八年四月丙子 宋詔令集 13/62

尊皇太后制治平四年正月己未 宋詔令集 13/63

尊皇太后制元豐八年三月庚子 宋詔令集 13/63

追尊陳太妃爲皇太后制建中靖國元年正月十六日 宋詔令集 13/63

瑞聖皇太妃追崇爲皇太后詔崇慶元年正月十六日 宋詔令集 13/63

文武百僚再上皇太后尊號不許批答天聖八年 宋詔令集 13/63

皇太后尊號玉册文 宋詔令集 13/64

明道二年皇太后尊號册文 宋詔令集 13/64

皇太后册文 宋詔令集 13/65

皇太后册文熙寧二年四月壬戌 宋詔令集 13/65

皇太后册文元祐 宋詔令集 13/66

真宗喪服臣僚請皇太后處分軍國事表不許批答 宋詔令集 14/67

第二表不許批答 宋詔令集 14/67

第三表許批答 宋詔令集 14/67

皇太后降軍國政事進入文字手書乾興元年二月癸亥 宋詔令集 14/67

宰臣等請皇太后五日一次坐朝不許批答乾興元年二月 宋詔令集 14/68

第二表不許批答七月二十七日 宋詔令集 14/68

第三表許批答七月二十三日 宋詔令集 14/68

宰臣等上皇帝乞皇太后五日一次坐朝表允批答乾興元年七月 宋詔令集 14/68

真宗大祥後皇太后賜宰臣等手書天聖二年三月癸酉 宋詔令集 14/68

皇太后權同聽政制嘉祐元年四月己卯 宋詔令集 14/68

皇太后第一次付中書門下還政書嘉祐八年四月十六日 宋詔令集 14/68

皇太后第二次付中書門下還政書治平元年五月十一日 宋詔令集 14/69

皇太后權處分軍國事詔元豐八年二月乙未 宋詔令集 14/69

皇太后手書付三省 宋詔令集 14/69

皇太后手書付三省元符三年六月癸亥 宋詔令集 14/69

皇太后罷同聽斷詔元符三年七月丙寅 宋詔令集 14/69

皇太后罷同聽斷德音元符三年七月癸酉 宋詔令集 14/69

建萬安宮奏成平二年 宋詔令集 14/70

命婦見皇太后儀式詔 宋詔令集 14/70

天安殿發皇太后册詔天聖二年九月甲午 宋詔令集 14/70

尊崇皇太后儀範詔治平元年五月 宋詔令集 14/70

尊崇皇太后典禮詔 宋詔令集 14/71

皇太后不豫降死罪已下赦咸平六年十二月戊寅 宋詔令集 14/71

皇太后寢疾赦天下普度僧尼制明道二年三月二十五日 宋詔令集 14/71

皇太后不豫德音 宋詔令集 14/71

昭憲皇太后遺令 宋詔令集 14/72

皇太后遺誥景德元年四月 宋詔令集 14/72

皇太后遺誥明道二年三月乙未 宋詔令集 14/72

皇太后遺誥建中靖國元年正月甲戌 宋詔令集 14/72

明憲皇太后謚議建隆二年六月乙卯 宋詔令集 15/74

元德皇太后謚議咸平元年正月己巳 宋詔令集 15/74

莊獻明肅皇太后謚議 宋詔令集 15/74

莊懿皇太后謚議 宋詔令集 15/75

莊惠皇太后謚議 宋詔令集 15/75

欽慈皇后謚議三月壬申 宋詔令集 15/75

元德皇太后謚册 宋詔令集 15/76

明德皇太后謚册 宋詔令集 15/76

莊獻明肅皇太后謚册 宋詔令集 15/76

莊懿皇太后謚册 宋詔令集 15/77
莊惠皇太后謚册 宋詔令集 15/77
欽慈皇太后謚册 宋詔令集 15/78
欽成皇太后謚册 宋詔令集 15/78
明憲皇太后哀册宋詔令集 16/79
元德皇太后哀册咸平三年三月丁酉 宋詔令集 16/79
明德皇太后哀册景德元年九月 宋詔令集 16/80
莊獻明肅皇太后哀册 宋詔令集 16/80
莊懿皇太后哀册 宋詔令集 16/81
莊惠太后哀册 宋詔令集 16/81
欽聖憲肅皇太后哀册 宋詔令集 16/82
欽慈皇后哀册 宋詔令集 16/83
欽成皇太后哀册 宋詔令集 16/83
太后令褒崇皇太妃詔元祐三年七月癸丑 宋詔令集 17/85
令禮部太常寺禮官參詳皇太妃儀制詔紹聖元年二月戊辰 宋詔令集 17/85
加崇元符皇后詔崇寧元年八月辛酉 宋詔令集 17/86
元符皇后進號太后賜名崇恩宮詔崇寧二年二月甲寅 宋詔令集 17/86
再廢元祐皇后詔崇寧元年十月甲戌 宋詔令集 17/87
孟氏賜希微元通知和妙靜仙師詔政和七年四月十三日 宋詔令集 17/87
答羣臣乞立后詔 宋詔令集 18/88
皇太后降立郭皇后手書天聖二年七月庚子 宋詔令集 18/89
太皇太后下詔禮官檢詳六禮著爲成式納皇后 宋詔令集 18/90
答宰相請建中宮詔 宋詔令集 19/91
立賢妃劉氏爲皇后詔元符二年九月丙午 宋詔令集 19/91
立鄭皇后御筆 宋詔令集 19/92
册曹皇后文 宋詔令集 19/92
册高皇后文熙寧初 宋詔令集 19/93
册向皇后文熙寧二年四月壬戌 宋詔令集 19/93
册孟皇后文元祐七年五月丁西 宋詔令集 19/93
册劉皇后文 宋詔令集 19/93
册王皇后文 宋詔令集 19/94
皇后郭氏封淨妃玉京冲妙仙師詔明道三年十二月乙卯 宋詔令集 20/95
净妃等外宅詔景祐元年八月壬申 宋詔令集 20/95
廢皇后孟氏批語紹聖三年九月乙卯 宋詔令集 20/95
廢皇后孟氏詔丙辰 宋詔令集 20/95
追册故夫人尹氏爲皇后詔太平興國元年十一月甲

子 宋詔令集 20/96
貴妃劉氏追册皇后御筆手詔政和三年八月十九日 宋詔令集 20/97
大行皇后謚議景德四年五月 宋詔令集 20/98
莊穆皇后謚册 宋詔令集 20/98
温成皇后謚册 宋詔令集 20/99
莊穆皇后哀册 宋詔令集 20/99
温成皇后哀册 宋詔令集 20/100
置淑儀淑容順儀順容婉儀婉容官司令詔 宋詔令集 21/101
册貴妃張氏文 宋詔令集 24/117
册貴妃沈氏文 宋詔令集 24/117
册賢妃宋氏文紹聖二年 宋詔令集 24/117
故秦國延壽保聖夫人劉氏改號秦國成聖繼明夫人詔 宋詔令集 24/118
雍王元份母任氏贈太儀詔 宋詔令集 24/118
天禧二年宰臣向敏中等請建儲第一表批答 宋詔令集 25/121
第二表批答 宋詔令集 25/121
第三表批答 宋詔令集 25/121
至道元年立皇太子制 宋詔令集 25/122
天禧二年立皇太子制八月甲辰 宋詔令集 25/122
治平三年立皇太子制十二月壬寅 宋詔令集 25/122
元豐八年立皇太子制三月甲午 宋詔令集 25/123
皇長子出閣立爲皇太子御札政和四年三月十六日 宋詔令集 25/123
政和五年立皇太子制二月十四日 宋詔令集 25/123
至道元年建儲敕八月壬辰 宋詔令集 25/123
天禧二年建儲敕八月十五日 宋詔令集 25/124
治平三年建儲敕十二月癸卯 宋詔令集 25/124
元豐八年建儲敕七月三日 宋詔令集 25/124
政和五年建儲敕天下制二月十四日 宋詔令集 25/124
至道元年册皇太子文 宋詔令集 25/125
天禧二年册皇太子文 宋詔令集 25/125
治平四年册皇太子文 宋詔令集 25/125
常程事委皇太子與宰臣樞密以下資善堂會議施行詔天禧四年十一月庚午日 宋詔令集 25/126
答皇太子讓資善堂議常程事表詔天禧四年十一月庚午 宋詔令集 25/126
皇太子辭恩命第一表批答天禧二年八月十七日 宋詔令集 25/126
皇太子辭免恩命第二表批答 宋詔令集 25/126
皇太子辭免恩命第三表批答不允仍斷來章天

檬二年八月 宋詔令集 25/127

皇太子辭免恩命第一表批答元豐八年二月 宋詔令集 25/127

皇太子辭免恩命第二表批答元豐八年三月 宋詔令集 25/127

皇太子辭免恩命第三表批答不允仍斷來章元豐八年三月 宋詔令集 25/127

皇太子辭免恩命第一表批答政和五年二月八日 宋詔令集 25/127

皇太子辭免恩命第二表批答不允仍斷來章政和五年八月 宋詔令集 25/128

皇太子謝恩表批答天禧二年八月 宋詔令集 25/128

皇太子謝賜御製詩元良箴表批答天禧二年九月 宋詔令集 25/128

皇太子謝天安殿受册禮表批答 宋詔令集 25/128

宰臣向敏中等賀建儲表批答天禧二年八月 宋詔令集 25/128

知樞密院曹利用等賀建儲表批答天禧二年八月 宋詔令集 25/129

答中書樞密院乞免皇太子答拜表詔天禧四年十二月丁酉 宋詔令集 25/129

答中書樞密院乞免皇太子答拜表詔 宋詔令集 25/129

選皇太子妃御筆政和五年三月壬日 宋詔令集 25/129

寶元二年降皇子三京畿內德音八月丙子 宋詔令集 26/131

熙寧二年降皇子減降天下見禁德音十一月乙丑 宋詔令集 26/131

元符二年降元子德音八月十一日 宋詔令集 26/131

元符三年降元子敕四月十四日 宋詔令集 26/131

立皇子詔嘉祐七年八月己卯 宋詔令集 26/132

立皇子告天地宗廟諸陵文嘉祐七年八月庚子 宋詔令集 26/132

建資善堂詔大中祥符元年二月甲午 宋詔令集 35/183

晉王位宰相上詔開寶六年九月王申 宋詔令集 35/183

定接對淫王儀禮詔乾興元年二月 宋詔令集 35/183

推恩冀王等詔紹聖二年十月戊寅 宋詔令集 35/183

褒録益王子孫御筆手詔政和六年五月二十四日 宋詔令集 35/183

定王嘉王侍講沈錫等乞降見王侍王禮儀御筆大觀二年二月六日 宋詔令集 35/184

大寧郡王遂寧郡王出閤詔紹聖二年十月癸酉 宋詔令集 35/184

皇弟侯似出閤詔元符元年二月壬辰 宋詔令集 35/184

嘉王出閤御筆政和六年正月十一日 宋詔令集 35/185

秦王兒女正名呼詔太平興國七年四月己卯日 宋詔令集 35/186

皇故長子贈太傅追封襄王賜名防謐靖懷詔慶曆元年五月乙丑 宋詔令集 35/187

追封皇第二子詔崇寧元年五月甲戌 宋詔令集 35/188

擇地葬秦王詔咸平二年閏三月丁亥 宋詔令集 35/189

册長女兖國公主文 宋詔令集 36/193

公主行男姑禮詔治平二年二月壬辰 宋詔令集 40/214

改公主名稱御筆手詔 宋詔令集 40/215

晉國長公主不起罷承天節上壽詔大中祥符二年十二月辛巳 宋詔令集 40/217

賜大宗正司誡勵宗子修學詔慶曆五年二月己未 宋詔令集 50/253

宗室遷官詔至和三年八月王子 宋詔令集 50/253

允諸元良朝朔望詔治平四年正月丙寅 宋詔令集 50/253

封藝祖後一人爲王詔熙寧元年九月甲子 宋詔令集 50/253

宗子恩禮詔熙寧二年十一月甲戌 宋詔令集 50/254

賜濮邸諸父加恩詔元豐七年三月庚辰 宋詔令集 50/254

六房擇最年長與官御筆大觀二年八月二十二日 宋詔令集 50/254

責允言詔大中祥符三年四月辛亥 宋詔令集 50/254

營國夫人和氏不得入內詔景祐元年八月甲戌 宋詔令集 50/254

太皇太后賜門下詔蘇軾撰 宋文鑑 31/11b

建隆登極赦文 宋文鑑 32/8a

元豐立皇太子赦文郭潤甫撰 宋文鑑 32/11b

乾德上尊號册文花賀撰 宋文鑑 32/12a

皇后册文李清臣撰 宋文鑑 32/20a

仁宗皇帝哀册文韓琦撰 宋文鑑 32/21a

宣仁聖烈皇后哀册文代宰相畢仲游撰 宋文鑑 32/24a

欽聖憲蕭皇后哀册文李清臣撰 宋文鑑 32/25b

賜宰臣韓琦己下上尊號不允批答元絳撰 宋文鑑 33/17a

元祐太后告天下手書任藻撰 新安文獻 1/3a

真宗即位大赦文張秉撰 新安文獻 1/前 1b

理宗即位大赦文程珌撰 新安文獻 2/3a

立皇姪貴誠爲皇子詔程珌撰 新安文獻 2/3a

告天下詔任藻撰 南宋文範 10/1a

紹興改元詔汪藻撰 南宋文範 10/2b

立皇太子册文洪适撰 南宋文範 10/8b
開禧改元詔南宋文範 10/12a
莊懿皇太后謚册文陳堯佐撰 蜀文輯存 3/7b

婉容周氏進封賢妃册文楊繪撰 蜀文輯存 18/1a
太皇太后受册詔詞蘇軾撰 蜀文輯存 20/1a

（二）災 祥

賜文武百僚陳執中以下上表賀爲今日一日太陽當蝕虧分不及算數並陰晦微見詔 文恭集 24/8a

詔河北水災付韓侍中琦 古靈集 2/6b

雨災許言時政闕失詔 華陽集 13/2b 宋文鑑 31/10a

第二表不允批答 郡溪集 9/8b

元祐三年六月德音敕文 蘇東坡全集/續 9/54b

太皇太后以旱賜門下詔 樂城集 33/24a

皇帝以旱賜門下詔 樂城集 33/24b

元符日食求言詔 曲阜集 3/1a 宋文鑑 31/13a

賜沈該等爲彗星消伏乞復常膳詔 楠溪集 6/2a

賜沈該再上表爲彗星消伏乞復常膳詔 楠溪集 6/2b

賜沈該等第三上表爲彗星消伏乞常膳詔 楠溪集 6/3a

季秋淫雨震電罪己責躬御筆 宋本攻媿集 41/9b 攻媿集 42/2b

閔雨求言詔 宋本攻媿集 44/20a 攻媿集 42/6a

嘉平朔日蝕星聚避朝損膳廣有多降詔 東測集 1/1b

嘉平月朔日蝕星聚德音 東測集 3/13b

日食求言詔 四明文獻集 2/7b

令勿以珍禽奇獸祥瑞來貢詔至道元年六月辛丑 宋詔令集 151/560

泰山體泉發赦兗州禁囚制大中祥符元年六月庚戌 宋詔令集 151/560

曲赦東京及河北見禁德音建隆三年六月己亥 宋詔令集 151/560

得雨德音宋詔令集 151/560

乾元文明二殿災求言詔太平興國九年五月丁玄 宋詔令集 151/561

彗星見赦端拱二年八月丙辰 宋詔令集 151/561

以旱罷己御札端拱二年十月辛未 宋詔令集 151/561

答李昉等待罪聾書淳化三年五月己酉 宋詔令集 151/561

遣使巡行詔淳化四年正月丁丑 宋詔令集 151/562

彗星見求言避正殿減膳詔咸平元年二月甲午 宋詔令集 151/562

祈雨詔咸平元年三月丁丑 宋詔令集 151/562

命張齊賢等分禱京城祠廟五嶽詔咸平元年三月甲午 宋詔令集 151/562

以旱減降兩京諸路繫囚制咸平二年閏三月丁丑 宋詔令集 151/562

以旱求直言詔咸平二年四三月丁亥 宋詔令集 151/562

頒畫龍祈雨法詔景德三年五月丙辰 宋詔令集 151/563

遣程渥等諭諸路理繫囚詔咸平四年二月丙午 宋詔令集 151/563

旱災遣官江南疏理繫囚詔景德元年九月 宋詔令集 151/563

江淮水旱命李迪等安撫詔大中祥符四年六月丙寅 宋詔令集 151/563

京西饑處蓄積之家能賑濟及減價糶者具名聞詔大中祥符五年二月甲寅 宋詔令集 151/563

去秋江淮旱命知制誥陳知微等巡撫淮南户部判官袁成務巡撫兩浙詔大中祥符八年三月丁卯 宋詔令集 151/563

榮王宮火延燒殿庭求直言詔大中祥符八年四月癸酉 宋詔令集 152/565

遣使循行諸郡詔天禧元年四月庚戌 宋詔令集 151/565

蝗旱後敕天下制天禧二年四月庚寅 宋詔令集 152/565

彗減敕天下制 宋詔令集 152/566

河溢遣使安撫京東西河北路人民詔天禧三年八月庚戌 宋詔令集 152/566

雨災德音天聖四年六月丁酉 宋詔令集 152/566

星變曲赦開封府畿內德音天聖六年四月庚寅 宋詔令集 152/567

霖雨敕天下制天聖七年四月一日 宋詔令集 152/567

江淮體量安撫與長史問繫囚減降詔明道二年三月庚戌 宋詔令集 152/567

禁中火求直言詔明道二年八月丁丑 宋詔令集 152/

567

宫禁火敕天下制明道二年九月丁卯 宋詔令集 152/ 567

星變敕天下詔景祐元年八月辛未 宋詔令集 152/568

令提轉察官吏詔 宋詔令集 152/568

大風求言詔康定元年三月丁丑 宋詔令集 153/569

大風諸道德音康定元年三月辛巳 宋詔令集 153/569

大旱責躬避殿減膳許中外言事詔慶曆七年三月 癸巳 宋詔令集 153/569

得雨復宰輔所降官詔慶曆七年四月壬子 宋詔令集 153/569

頒祭龍祈雨雪詔皇祐二年六月己巳 宋詔令集 153/ 570

至和元年日食正陽之月避正殿減常膳寧官乙 復常第一表批答 宋詔令集 153/570

雨災求直言詔嘉祐四年正月丁酉 宋詔令集 153/570

日食正旦避殿損膳寧臣等表請復常批答嘉祐 四年正月丁酉 宋詔令集 153/570

災傷令提轉督貴州縣長史勤撫疾贏詔嘉祐元 年三月壬子 宋詔令集 153/570

雨災求直言詔治平二年八月己未 宋詔令集 153/571

水災星變令提轉體量寃獄民間疾苦詔治平三 年三月癸酉 宋詔令集 153/571

日食百司守職詔治平四年十二月丁卯 宋詔令集 153/571

日食後寧臣請御正殿復常膳第一表不允批答 熙寧元年正月乙亥三表 宋詔令集 153/571

冬旱減降德音熙寧元年正月四日丁丑 宋詔令集 153/ 571

賜韓琦詔熙寧二年二月甲辰 宋詔令集 153/572

旱災避殿撤樂減膳詔熙寧二年四月丙辰 宋詔令集 153/572

宰臣富弼以下請御正殿復常膳舉樂第四表不 允批答 宋詔令集 153/572

河北路德音熙寧元年十月二十四日 宋詔令集 153/572

日食正陽德音 宋詔令集 153/572

日食正陽寧臣乞復正殿常膳不允批答熙寧口 年四月丁卯 宋詔令集 154/573

旱災避殿損膳寧臣等上表請復不允批答熙寧 七年三月辛亥 宋詔令集 154/573

旱災求言詔 宋詔令集 154/573

彗星見賜王安石詔求直言 宋詔令集 154/573

彗星見敕文 宋詔令集 154/573

彗星見避殿減膳寧臣王安石等上第二表御正 殿復常膳不允批答熙寧八年 宋詔令集 154/574

彗星避殿減膳許中外直言朝政闕失詔 宋詔 令集 154/574

星變後百官乞御正殿復常膳不允批答元豐三 年八月乙亥五表乃從 宋詔令集 154/574

賜宰臣王珪以下上第五表請御正殿復常膳允 批答 宋詔令集 154/574

日食後宰臣王珪等上第二表乞御正殿復常膳 不允批答 宋詔令集 154/574

第三表允批答 宋詔令集 154/574

元豐五年日食正陽德音三月己亥 宋詔令集 154/ 574

以旱避正殿減常膳詔元祐二年四月辛卯 宋詔令集 154/575

寧臣請御正殿復常膳第一表批答 宋詔令集 154/575

百條請太皇太后復常膳不許批答 宋詔令集 154/575

百條上第五表允批答 宋詔令集 154/575

太皇太后許批答 宋詔令集 154/575

宰相呂公著積雪異常望賜罷黜表不允批答元 祐三年二月甲申 宋詔令集 154/575

去冬連月降雪今春久陰德音 宋詔令集 154/576

宰相呂公著等以陰雪再乞罷不能批答元祐三 年二月戊子 宋詔令集 154/576

宰相呂大防等以時雨不足請免不允批答元祐 五年四月甲辰 宋詔令集 154/576

以旱減膳避殿詔元祐五年四月丁巳 宋詔令集 154/ 576

呂大防等乞御正殿復常膳批答元祐五年五月乙 亥 宋詔令集 154/577

第二表不允批答 宋詔令集 154/577

第三表不允批答 宋詔令集 154/577

第四表允批答 宋詔令集 154/577

太皇太后以旱賜門下詔 宋詔令集 155/578

呂大防等乞太皇太后復常膳批答 宋詔令集 155/578

第二表不許批答 宋詔令集 155/578

第三表不許批答 宋詔令集 155/578

第四表許批答 宋詔令集 155/579

日食不視事具素膳祭太社百司守職詔紹聖四 年五月辛巳 宋詔令集 155/579

彗星見避殿損膳罷秋宴求言詔紹聖四年九月壬 子 宋詔令集 155/579

彗星見大赦天下制 宋詔令集 155/579

百官請御正殿復常膳不允批答 宋詔令集 155/

579

日食四月朔四京德音元符三年三月二十一日 宋詔令集 155/579

日變求直言詔元符三年三月辛卯 宋詔令集 155/580

宰臣章惇等日食後請御正殿復常膳第二表不允批答 宋詔令集 155/580

日食四月朔德音建中靖國元年三月二十一日 宋詔令集 155/580

日食四月旦韓忠彦等請御正殿復常膳不允批答建中靖國元年 宋詔令集 155/580

第二表不允批答 宋詔令集 155/580

第三表允批答 宋詔令集 155/580

崇寧三年火四京畿內德音 宋詔令集 155/581

星變赦崇寧五年正月十三日 宋詔令集 155/581

星變求直言詔崇寧五年正月乙巳 宋詔令集 155/581

星變毀黨籍石刻詔崇寧五年正月乙巳 宋詔令集 155/581

彗星見赦天下制大觀四年五月二十日 宋詔令集 155/581

淮南旱曲赦德音政和元年四月二十五日 宋詔令集 155/581

正陽之月日有食之御筆手詔宣和元年三月二十三日 宋詔令集 155/582

批答曾公亮已下賀壽星見 播芳文粹 90/13a

夏旱減膳求言詔蘇轍撰 蜀文輯存 20/12b

(三) 官 制

幕職州縣官料錢敕 咸平集 29/13a

宣示宰臣已下復百官轉御劄 小畜集 27/8b

賜除富弼起復禮部尚書同中書門下平章事昭文館大學士赴闕敕書 文恭集 25/8b

舉遺逸詔 元憲集 27/3a

中書劄子 文潞公集 35/1b

中書劄子 文潞公集 35/4b

賜大宗正司詔 歐陽文忠集 19/2a

宣召曾公亮口宣 歐陽文忠集 84/11b

賜河南三城節度使守司空兼侍中判永興軍魯公亮赴闕詔 韓南陽集 15/4b

敕監司考殿州縣治迹詔 元豐稿 20/2a

賜臺諫官詔 華陽集 13/3b

賜樞密使文彦博赴闕詔 華陽集 14/4a

賜成德軍節度使同中書門下平章事判河南府文彦博赴闕朝見後赴任詔 華陽集 14/4a

賜武康軍節度使知相州李端願赴闕詔 華陽集 14/6a

賜使相判鄆州曹佾赴闕詔 華陽集 14/6a

召翰林學士司馬光入院口宣 華陽集 23/8a

召翰林學士范鎮再入院口宣 華陽集 23/8a

召翰林學士賈黯入院口宣 華陽集 23/8b

召翰林學士馮京入院口宣 華陽集 23/8b

召翰林學士王畴入院口宣 華陽集 23/8b

召樞密使文彦博赴闕口宣 華陽集 23/9b

召起復辛臣富弼赴闕口宣 華陽集 23/9b

召樞密使富弼赴闕口宣 華陽集 23/9b

召武康軍節度使李端願赴闕口宣 華陽集 23/10a

賜判河南府文彦博制敕並赴闕書口宣 華陽集 24/10a

賜正議大夫知樞密院事安燾特給假候母親稱安 日供職詔 22/3a

提轉考課敕詞 臨川集 47/3a

賜判汝州富弼赴闕詔二道 臨川集 47/10a

賜召學士馮京入院口宣 臨川集 48/13a

戒勵求訪猛士詔 鄆溪集 8/3b

求賢詔 鄆溪集 8/4b

賜判汝州富弼赴闘詔口宣 鄆溪集 10/6a

召翰林學士王安石入院口宣 鄆溪集 10/7b

賜新除落致仕依前光祿大夫范鎮赴闘詔 蘇東坡全集/内制 1/11a 宋文鑑 31/19b

賜鎮江軍節度使充集禧觀使韓絳赴闕詔(1－2) 蘇東坡全集/内制 2/10a 宋詔令集 158/395－396

宣詔許内翰入院口宣 蘇東坡全集/内制 7/2a

賜新除翰林學士朝請大夫知制誥許將赴闕詔 蘇東坡全集/内制 7/15b 宋詔令集 158/596

召翰林學士范百祿入院口宣 范太史集 28/5a

賜資政殿學士新除守吏部尚書王存赴闘詔 范太史集 28/13b

賜新除觀文殿大學士中太一宮使范純仁令赴闘供職詔 曲阜集 3/1b 宋文鑑 31/22b

工部員外郎敕 豐清敏遺事/續增附錄 1a

宣召翰林學士許光凝入院口宣 摛文集 9/6a

宣召翰林學士馮熙載口宣 摛文集 9/6b

新除吏部尚書盧法原新除禮部尚書謝克家新除刑部尚書胡直儒並赴行在供職詔 浮溪集 13/11a 浮溪集/附拾遺 13/154

親筆宣諭赴院供職 梁溪集 45/9a

親筆宣諭不須與三省議 梁溪集 48/3a

親筆宣諭三首

宣諭不責速進

宣諭一切便宜行事

宣諭所到如親行 梁溪集 48/7b

賜檢校少保定國軍節度使知樞密院事張浚赴行在詔（1－2） 北海集 8/7a

賜中書侍郎王孝迪赴闕詔 毘陵集 7b

賜新除禮部尚書洪擬赴闕詔 龜溪集 4/4b

行遣章悙蔡下詔 芙蓉集 14/28a 南宋文範 10/8a

賜賀允中赴闕詔 盤洲集 13/6a

博宣撫問宣押陳康伯赴行在口宣 盤洲集 16/4a

宣押陳康伯赴都堂治事口宣 盤洲集 16/5b

令監司舉廉吏詔 盤洲集 25/1b

令宗司舉賢宗子詔 盤洲集 25/2a

改左右丞相詔 益國文忠集 110/2a 益公集 104/102b

宣召翰林學士王曮入院供職 益國文忠集 112/13a 益公集 112/125a

宣諭王信書行甘員職事御筆 益國文忠集 160/11b

宣諭陳居仁御筆 益國文忠集 151/3a

壽聖皇太后慶八十詔書文武朝官加封祖父母父母定詞 宋本攻媿集 34/19b

臺諫卿監郎官以上封祖母並母 宋本攻媿集 34/20a

職事官内外陞朝官京局京官選人在外京官選人封祖父母父母 宋本攻媿集 34/20a

皇太后慶壽武學生加封祖父母定詞上舍内舍生 宋本攻媿集 35/2a

慶壽詔書宗子年八十以上使臣年八十以上願致仕者並轉一官定詞 宋本攻媿集 35/21a

文臣承務郎以上致仕定詞 宋本攻媿集 36/11b

覃恩文臣承務郎以上轉官選人在任並嶽廟循資定詞 宋本攻媿集 36/11b

監察御史並卿監郎官該覃恩轉官定詞 宋本攻媿集 36/21a

故華文閣待制朱熹贈太師追封信國公詔 洛水集/卷首 3b 新安文獻 2/後 4a

（紹興十年）入覲一詔 金佗粹編 3/2b

初補承事郎授平江僉判諸 蛟峰集/外 1/1a

舉將帥詔 四明文獻集 2/5b

賜左相陳宜中勉諭造闕詔 四明文獻集 2/18b

改定尚書内省職掌御筆政和三年五月二十八日 宋詔令集 21/101

建西安州並諸路進築幸執轉官詔元符二年五月辛巳 宋詔令集 63/310

蔡京守本官致仕御筆宣和二年六月二十四日 宋詔令集 70/339

令宰相立親王上詔太平興國八年十一月甲寅 宋詔令集 70/340

陳升之位文彥博下詔熙寧二年十月丙申 宋詔令集 70/340

許文彥博位陳升之下詔熙寧二年十月壬子 宋詔令集 70/340

太師京三日一造朝御筆政和六年五月十四日 宋詔令集 70/341

太師京五日一朝次赴都堂治事諸細務特免簽書政和七年十一月口日 宋詔令集 70/341

賜文彥博恩禮詔元祐元年四月壬寅 宋詔令集 70/341

文彥博呂公著免拜詔元祐二年八月己亥 宋詔令集 70/341

今京兆以禮遣种放赴闕詔咸平四年三月辛巳 宋詔令集 158/594

召种放詔咸平五年八月丙辰 宋詔令集 158/594

許种放暫歸舊山詔咸平六年二月甲戌 宋詔令集 158/594

遣中使召种放詔景德四年九月己未 宋詔令集 158/594

召給事中种放詔大中祥符三年正月己未 宋詔令集 158/595

賜种放手札大中祥符三年正月甲戌 宋詔令集 158/595

召陳升之起復赴闕詔熙寧四年 宋詔令集 158/595

召韓絳赴闕詔熙寧四年 宋詔令集 158/595

賜新除門下侍郎章惇赴闕詔元豐五年五月 宋詔令集 158/595

召守太師致仕文彥博詔元祐元年四月戊子 宋詔令集 158/595

賜新除落致仕依前光祿大夫范鎮赴闕詔元祐元年十月十八日 宋詔令集 158/595

賜新除翰林學士許將赴闕詔 宋詔令集 158/596

召知潁川府范純仁赴闕詔元祐八年六月甲寅 宋詔令集 158/596

置縣尉詔建隆三年十二月 宋詔令集 160/604

一品致仕官曾帶平章事者緣中書門下班詔乾德元年閏十二月 宋詔令集 160/604

藩鎮帶平章事休致者緣中書門下班詔乾德二年二月壬戌 宋詔令集 160/604

重書記詔乾德二年七月辛卯 宋詔令集 160/604

置三司推官詔乾德四年正月丙戌 宋詔令集 160/604

御史臺流內銓南曹刑部大理寺至三周年爲滿詔乾德四年八月壬寅 宋詔令集 160/605

省西川州縣官增倖詔開寶三年七月壬子 宋詔令集 160/605

省官詔開寶三年八月戊辰 宋詔令集 160/605

令銓司移注嶺南官詔 宋詔令集 160/605

三曾攝官無違闕者以名聞詔開寶四年一月庚戌 宋詔令集 160/606

省吏詔開寶五年正月壬寅 宋詔令集 160/606

置河堤判官詔開寶五年二月丙子 宋詔令集 160/606

邊遠官三年除替詔開寶五年十月戊戌 宋詔令集 160/606

京朝官籍事於外者曾經責罰與邊郡詔太平興國八年四月辛卯 宋詔令集 160/606

司理關令本州於見任簿判刻司內選充詔太平興國九年五月乙丑 宋詔令集 160/606

親選擢官吏中書審勘別聽進止詔太平興國八年八月丁酉 宋詔令集 160/606

京官幕職州縣官丁憂者放離任詔雍熙二年十一月辛卯 宋詔令集 160/606

改遺補官名詔端拱元年二月乙未 宋詔令集 160/607

除少卿官詔淳化元年四月丁未 宋詔令集 160/607

秘閣次三館詔淳化元年八月癸亥 宋詔令集 160/607

刻秘閣贊詔 宋詔令集 160/607

三司判官見本使儀範詔淳化三年五月丙辰 宋詔令集 160/607

置三司使詔淳化四年五月戊申 宋詔令集 160/607

罷提刑司詔淳化四年十月壬戌 宋詔令集 160/608

翰林樞密直學士職位在丞郎上詔淳化五年六月甲辰 宋詔令集 160/608

三司判官主判推官等見本使儀詔淳化五年十一月辛未 宋詔令集 160/608

復三部使詔淳化五年十二月辛丑 宋詔令集 160/608

王顯兼河北都轉運使詔咸平四年五月甲戌 宋詔令集 160/608

罷王顯兼河北轉運詔咸平四年十二月丁卯 宋詔令集 160/608

復置三司使詔咸平六年六月丁亥 宋詔令集 160/608

許入穀授官制景德二年二月 宋詔令集 161/609

廣南官並春夏定差許秋冬到任詔景德四年四月癸酉 宋詔令集 161/609

選官充知陵臺令兼永安縣事詔景德四年七月庚申 宋詔令集 161/609

增置開封府推判官詔景德四年七月壬申 宋詔令集 161/609

置諸路提刑詔景德四年七月辛卯 宋詔令集 161/610

令審官院選京朝官曾知縣者充廣南知通詔景德四年十一月戊寅 宋詔令集 161/610

置糾察在京刑獄詔大中祥符二年七月丁巳 宋詔令集 161/610

令兩省御史臺官不得以它官轉入詔大中祥符四年八月丙辰 宋詔令集 161/610

樞密直學士定六員詔大中祥符 宋詔令集 161/610

令川陝官許去本貫三百里外守官詔天禧四年二月庚午 宋詔令集 161/610

廢提刑詔天聖六年正月戊午 宋詔令集 161/611

罷宮觀使詔天聖七年七月乙酉 宋詔令集 161/611

置天章閣待制詔天聖八年十月壬寅 宋詔令集 161/611

置端明殿學士詔明道二年八月丁巳 宋詔令集 161/611

復提刑詔明道二年十月二十八日 宋詔令集 161/611

三司使副未久不得遷移詔景祐元年二月庚申 宋詔令集 161/611

任子詔慶曆三年十一月丁亥 宋詔令集 161/612

罷京朝官遷官保任詔慶曆五年二月辛卯 宋詔令集 162/614

改文明殿學士爲紫宸殿學士置天章閣學士詔慶曆七年八月戊口 宋詔令集 162/614

改紫宸殿學士爲觀文殿學士詔慶曆八年五月乙巳 宋詔令集 162/614

置在京都水監麗三司河渠司詔嘉祐三年十一月己丑 宋詔令集 162/614

罷同提點刑獄使臣詔嘉祐五年八月乙酉 宋詔令集 162/615

久任詔嘉祐六年閏八月六日 宋詔令集 162/615

置同知大宗正司官詔治平元年六月丁未 宋詔令集 162/615

定磨勘年限詔治平三年九月癸亥 宋詔令集 162/616

寶文閣置學士直學士待制詔治平四年五月乙巳 宋詔令集 162/616

答宰執乞罷功臣表詔元豐元年十一月己亥 宋詔令集 162/616

改官制詔 宋詔令集 162/616

賜門下詔　宋詔令集 162/616

照明閣置學士待制詔建中靖國元年二月庚子　宋詔令集 162/617

省臺寺監牧守監司以三年爲任詔崇寧元年七月三日　宋詔令集 162/617

誡約勿援韓忠彦例以威里宗屬爲三省執政官詔崇寧二年七月二十日　宋詔令集 162/617

諸州軍縣鎭增員依舊詔大觀元年正月十一日　宋詔令集 162/617

建徽獻閣等官詔大觀二年二月十五日　宋詔令集 163/618

寄祿官不分左右御筆大觀二年三月十五日　宋詔令集 163/618

復官觀縣丞御筆手詔政和二年六月　日　宋詔令集 163/618

新定三公輔弼御筆手詔政和二年九月二十五日　宋詔令集 163/618

改武選官名詔政和二年九月二十五日　宋詔令集 163/620

改命婦封號御筆政和二年十二月二十三日　宋詔令集 164/626

置宣和殿學士御筆政和五年二月二十四日　宋詔令集 164/627

不得託邊事辟守臣御筆手詔政和五年八月八日　宋詔令集 164/627

增置貼職御筆政和　年九月　日　宋詔令集 164/627

改將士郎等官名御筆手詔　宋詔令集 164/627

橫行增宣正等職任御筆政和六年十一月三十日　宋詔令集 164/627

雜流遷至橫行恩數請給奏薦依武功大夫御筆政和六年十二月二日　宋詔令集 164/627

觀察留後改爲承宣使御筆政和七年六月十一日　宋詔令集 164/628

臣僚上言内外官以三年爲任御筆政和七年十二月十日　宋詔令集 164/628

監司郡守自今三載成任不許替成資闕詔政和八年三月五日　宋詔令集 164/628

監司郡守不得申陳通理詔政和八年二月十三日　宋詔令集 164/628

太師魯國公以下兼神霄玉清萬壽宮使副等政和八年六月三日癸未　宋詔令集 164/628

令翰林學士文班常參官曾任幕職者各舉賓佐令録一人詔建隆三年二月庚寅　宋詔令集 165/629

令陶穀以下舉堪藩府通判官詔乾德二年七月辛卯　宋詔令集 165/629

舉有文學詔開寶六年十一月癸丑　宋詔令集 165/629

長吏薦判司簿尉當行對授以知縣詔太平興國六年正月乙巳　宋詔令集 165/629

令轉運使薦知縣通判及監督事務參官二人詔太平興國六年正月丁卯　宋詔令集 165/630

令學士兩省御史臺尚書省保舉可陞朝者一人詔雍熙二年正月甲寅　宋詔令集 165/630

令轉運長吏不得擅舉人爲部下官詔雍熙四年八月乙未　宋詔令集 165/630

令薦堪充轉運知通詔淳化元年四月甲寅　宋詔令集 165/630

令常參官於京官内舉堪陞朝官一人詔淳化三年正月乙巳　宋詔令集 165/630

令州府軍監歲終件析轉運使尤異之績詔淳化三年正月庚午　宋詔令集 165/631

許首所舉改節詔淳化四年五月庚子　宋詔令集 165/631

約束薦官詔淳化四年閏十月丁亥　宋詔令集 165/631

令丞郎給舍舉可守大郡者詔咸平二年正月甲子　宋詔令集 165/631

令舉大藩及邊郡知州詔景德元年九月庚寅　宋詔令集 165/631

令晁迥等舉堪大藩知州二人詔景德四年九月乙巳　宋詔令集 165/631

轉運發運提刑舉官歷任内犯入己臟同罪詔大中祥符二年四月癸卯　宋詔令集 165/631

令翰林學士以下歲舉官詔大中祥符三年閏四月戊午　宋詔令集 165/632

在京常參官舉幕職官充京官者舉見任在外官詔大中祥符五年六月壬戌　宋詔令集 165/632

令王欽若等薦人詔大中祥符七年十二月丙辰　宋詔令集 165/632

令王欽若等舉人詔大中祥符八年正月庚戌　宋詔令集 165/633

令馮拯等舉可充川峽知州通判詔大中祥符八年正月庚戌　宋詔令集 165/633

不許舉官陳言詔大中祥符九年三月壬戌　宋詔令集 166/634

令馮拯巳下五十人各舉供奉侍禁殿直一人詔大中祥符九年十月壬子　宋詔令集 166/634

令張知白等各舉堪錢穀刑獄任使二人詔天禧四年九月己西　宋詔令集 166/634

令晁迥等舉文學優長履行清素者各二人詔天禧四年九月己西　宋詔令集 166/634

令樂黃目等舉堪大藩知州各二人詔天禧四年九月己西　宋詔令集 166/635

令轉運司各舉堪京官知縣二人詔天禧四年九月己西　宋詔令集 166/635

令侍講舉博通經術者詔天聖四年九月乙卯 宋詔令集 166/635

舉縣令詔天聖七年十月二十一日 宋詔令集 166/635

求敢勇智謀之士詔康定元年正月乙酉 宋詔令集 166/635

誡飭舉薦非其人詔皇祐五年七月己酉 宋詔令集 166/635

令中外舉選人者務在得人不必滿所限之數詔治平二年四月辛丑 宋詔令集 166/636

約東二府舉所知詔治平四年十一月丙戌 宋詔令集 166/636

令州郡各上縣令治狀詔治平四年十一月丁亥 宋詔令集 166/636

令內外舉所知詔治平四年十一月乙未 宋詔令集 166/636

令翰林承旨以下舉文官有才行人詔治平四年十口月丁丑 宋詔令集 166/636

令待制太中大夫以上舉堪監司二人詔元祐元年二月丁卯 宋詔令集 166/637

令執政舉文學政事行誼之臣可充館閣之選三人詔元祐元年四月辛丑 宋詔令集 166/637

帥臣監司薦人中書記錄姓名詔崇寧元年閏六月甲子 宋詔令集 166/637

待制以上侍從官各舉蒞事明敏官各二人詔崇寧四年五月十七日 宋詔令集 166/637

從官限一月薦人材御筆手詔大觀三年二月二十日 宋詔令集 166/637

尚書侍郎待制以上各舉所知二人御筆手詔大觀二年十月三十日 宋詔令集 166/638

六月六日賜休假詔大中祥符二年六月己丑 宋詔令集 178/639

冬至恭謝禮畢別給假三日詔大中祥符五年閏十月己丑 宋詔令集 178/639

復置俸户詔乾德四年七月丁亥 宋詔令集 178/639

幕職官置俸户詔開寶四年十一月 宋詔令集 178/639

劍南幕職官增俸詔太平興國二年四月壬寅 宋詔令集 178/639

刑寺官俸增見錢詔太平興國七年八月乙亥 宋詔令集 178/640

廣南西川漳泉福建州縣之官給券宿郵置詔雍熙四年八月甲辰 宋詔令集 178/640

內外文武官俸以實價給詔雍熙四年一月庚辰 宋詔令集 178/640

幕職州縣官俸半給錢詔端拱元年六月甲申 宋詔令集 178/640

致仕官給半俸詔淳化元年五月甲午 宋詔令集 178/640

增幕職州縣官俸見緡詔淳化四年十一月甲子 宋詔令集 178/640

東京赤畿知縣俸給詔景德三年五月丙辰 宋詔令集 178/640

文武官折支並給見錢六分詔景德四年九月壬申 宋詔令集 178/641

定百官俸詔大中祥符五年十一月甲寅 宋詔令集 178/641

令文武寡臣料錢依舊支見錢詔大中祥符八年十二月庚寅 宋詔令集 178/641

誡約職田遵守元制詔大中祥符九年七月丙寅 宋詔令集 178/641

罷職田詔天聖七年八月丁亥 宋詔令集 178/641

復職田詔天聖九年二月癸巳 宋詔令集 178/642

致仕官給俸詔景祐三年六月十九日 宋詔令集 178/642

不得裁減百官俸賜詔寶元二年六月壬戌 宋詔令集 178/642

定職田詔慶曆三年十一月壬辰 宋詔令集 178/642

巡檢縣尉給見錢詔慶曆四年三月壬申 宋詔令集 178/643

官史請給詔崇寧五年八月十一日 宋詔令集 178/643

御批趙挺之等辭請給詔崇寧五年八月十九日 宋詔令集 178/643

宗室俸錢御筆大觀元年八月二十日 宋詔令集 178/643

賜中書門下置寶文閣學士待制詔張方平撰 宋文鑑 31/8a

太皇太后賜門下詔蘇軾撰 宋文鑑 31/12a

罷諸路同提點刑獄使臣置轉運判官教劉敞撰 宋文鑑 32/4b

復天下州縣官職田敎張方平撰 宋文鑑 32/5b

條制資蔭敎張方平撰 宋文鑑 32/6b

皇族出官敎蘇頌撰 宋文鑑 32/7a

提轉考課敎文 播芳文粹 131/20a

諭經筵講讀官詔程瑀撰 新安文獻 2/3b

罷覊爵詔程叔達撰 新安文獻 2/後 2b

命相詔 新安文獻 2/後 5b

舉將帥詔王應麟撰 南宋文範 10/14a

(紹興三年)令赴行在詔 金佗稡編/續 1/4a

(四) 經籍學校科舉

對太學諸生文　景文集 43/5b

頒貢舉條制敕　歐陽文忠集 79/1b 宋文鑑 32/2b

勸學詔　元豐稿 26/4b

誠勵貢舉人敦修行檢詔　傅家集 16/2a 司馬溫公集 56/5a

訪逸書詔　郎溪集 8/1b

戒諭郡國舉賢良詔　郎溪集 8/2a

誠勵貢士敦尚行實詔　西溪集 4(三沈集 1/58a)

建炎四年科舉詔　浮溪集 13/8b 浮溪集/附拾遺 13/152

紹興元年科舉詔　浮溪集 13/9a 浮溪集/附拾遺 13/153

賜科舉誡諭詔　梅溪集 6/1a

求遺書詔　鄧峰錄 6/10b

賢良詔　海陵集 11/1b

令監司郡守搜訪遺書詔　益國文忠集 91/4a 益公集 91/148b

令侍從舉賢良詔　益國文忠集 91/4b 益公集 91/149a

舉賢良方正詔　益國文忠集 110/1b 益公集 104/102a

科舉詔　益國文忠集 110/3b 益公集 104/104a

幸學詔　益國文忠集 110/4a 益公集 104/104b

舉賢良方正詔　益國文忠集 110/4b 益公集 104/105b

試選人王希呂　益公集 120/1a

試太常博士許蒼舒　益公集 120/2a

試赴召胡晉臣　益公集 120/2b

試軍器監丞葉山　益公集 120/4a

試大學正鄭鑄　益公集 120/5b

試宏詞人趙彥忠　益公集 120/6b

試太學正劉光祖　益公集 120/8a

試提轄文恩院熊克　益公集 120/9a

廷試策問　益公集 121/2b

御筆　益公集 121/4a

廷試策問　益公集 121/4b

賜科舉門下詔　玉堂稿 1/10a

科舉　雲莊集 5/3b

科舉詔　山房集 2/1a－1b

科舉詔　東澗集 1/1a

科舉詔　真西山集 19/21a

誠諭守令勸學詔　靈巖集 1/9a

求遺書詔　靈巖集 1/9b

科舉詔　後村集 53/2a

舉廉更詔　四明文獻集 2/4b

科舉詔　四明文獻集 2/6b

修五代史詔開寶六年四月丙申　宋詔令集 150/555

修時政記詔太平興國八年八月辛亥　宋詔令集 150/555

名太平御覽詔太平興國八年十二月庚子　宋詔令集 150/555

頒許慎說文詔雍熙三年十一月乙丑　宋詔令集 150/555

行雍熙廣韻詔端拱二年六月丁丑　宋詔令集 150/555

命呂端錢若水再修太祖實錄詔咸平元年九月己巳　宋詔令集 150/556

頒編敕赦書德音詔咸平元年十二月丙午　宋詔令集 150/556

頒校定切韻詔景德四年十一月戊寅　宋詔令集 150/556

王旦等新修國史付史館詔大中祥符九年二月丁亥　宋詔令集 150/556

國子監經書更不增價詔天禧元年九月癸亥　宋詔令集 150/556

令編修官書逐人名手札景德四年十二月乙未　宋詔令集 150/556

賜王欽若手札大中祥符三年　宋詔令集 150/557

與王欽若手札大中祥符三年二月辛卯　宋詔令集 150/557

手札賜王欽若大中祥符三年二月　宋詔令集 150/557

諭王欽若新編君臣事迹廢滯卷篇序雷同手札大中祥符三年三月九日戊戌　宋詔令集 150/557

修英宗實錄令曾公亮等陳所聞先帝德音手詔熙寧元年五月戊戌　宋詔令集 150/557

韓琦表進仁宗實錄答詔熙寧二年七月己丑　宋詔令集 150/558

曾公亮表進英宗實錄答詔熙寧二年七月乙丑　宋詔令集 150/558

重修神宗實錄詔建中靖國元年六月戊戌　宋詔令集 150/558

湖南運判張勸乞編類詔令頒學校御筆大觀一年五月十四日　宋詔令集 150/558

强淵明乞勅供報九域志文字遞延官御筆大觀

二年四月二日 宋詔令集 150/558

設官置吏詳定制書詔政和元年二月三日 宋詔令集 150/558

編次祖宗潛藩親書御筆政和五年二月十五日 宋詔令集 150/559

西京建國子監武成王廟詔景德四年二月乙亥 宋詔令集 157/590

建學詔慶曆五年 宋詔令集 157/590

州縣學許本土人聽習外遊學人勅歸本貫詔慶曆五年三月辛未 宋詔令集 157/590

興學校詔崇寧元年八月二十二日甲戌 宋詔令集 157/591

大司成薛昂乞置國子正錄以典教御批大觀元年二月二十五日 宋詔令集 157/591

罷提舉河北東路學事葉常御筆手詔大觀元年五月口日 宋詔令集 157/591

鄉村城市教導童稚令試義御筆大觀二年正月三十日 宋詔令集 157/591

聽諸生兼五經御筆大觀二年二月一日 宋詔令集 157/591

黔南興學御筆大觀二年二月口日 宋詔令集 157/591

令提舉學事體量師儒官御筆大觀二年四月一日 宋詔令集 157/591

常州奉行學校推恩御筆手詔大觀二年七月二十一

日 宋詔令集 157/591

京西南路提舉路瑗奏乞學費所入所用載之圖籍御筆大觀二年八月二十二日 宋詔令集 157/592

學校御筆政和二年五月十六日 宋詔令集 157/592

臣僚言學士爲文輕避時忌御筆手詔政和三年五月二日 宋詔令集 157/592

考校程文官降官御筆手詔政和三年閏四月三日 宋詔令集 157/592

學校增員御筆政和五年八月十一日 宋詔令集 157/592

學校士能博通詩書禮樂置之上等御筆手詔政和六年八月十六日 宋詔令集 157/593

臣僚上言八行頂貢人與諸州貢士混試御筆手詔政和六年十二月十五日 宋詔令集 157/593

學生懷挾代筆監司互察御筆手詔政和六年十一月十五日 宋詔令集 157/593

詔求三館閣書詔太平興國口年正月王戌 宋詔令集 158/596

訪遺書詔咸平四年十月甲子 宋詔令集 158/596

求遺書詔嘉祐五年八月王申 宋詔令集 158/596

科舉詔程文海撰 新安文獻 2/後5a

徵宗賜辟廱詔 八瓊金石補 109/26b

宋徽宗辟雍詔碑 兩浙金石志 7/12b

(五) 營 繕

修學士院詔 鄴峰錄 6/5a

建平晉寺詔太平興國四年五月丁酉 宋詔令集 179/646

權罷京城諸處土工詔淳化二年十一月 宋詔令集 179/646

太極殿門詔景德四年二月戊午 宋詔令集 179/646

令沿路造亭舍休憩將士詔景德四年八月甲辰 宋詔令集 179/646

改左承天祥符門詔大中祥符元年口月戊辰 宋詔令集 179/646

建昭應宮詔大中祥符元年閏四月丙午 宋詔令集 179/646

建靈液亭詔大中祥符元年六月庚寅 宋詔令集 179/647

天下有名在地志功及生民宮觀陵廟並加崇節詔大中祥符元年十二月癸卯 宋詔令集 179/647

命丁謂等爲修昭應宮使等詔大中祥符二年四月己亥 宋詔令集 179/647

加號玉清昭應宮詔大中祥符三年七月辛未 宋詔令集 179/647

令州府軍監關縣無官觀處建天慶觀詔大中祥符二年十月甲午 宋詔令集 179/647

名迎真橋詔大中祥符六年六月辛未 宋詔令集 179/647

賜元符觀名詔大中祥符七年十二月庚申 宋詔令集 179/647

改殿名門名詔大中祥符八年六月甲子 宋詔令集 179/647

令採木石處建道場設醮詔大中祥符九年九月己巳 宋詔令集 179/648

建祥源觀詔天禧二年閏四月甲寅 宋詔令集 179/648

賜中書門下不得創起土木修造詔天聖七年閏二月戊申 宋詔令集 179/648

不修玉清昭應宮詔天聖七年七月己巳 宋詔令集 179/648

兩宮金銀器易錢修大內詔明道元年九月丙申 宋詔令集 179/648

置睦親宅詔景祐二年九月己酉 宋詔令集 179/648

置朝集院詔景祐二年十月辛亥 宋詔令集 179/648

建顯烈觀御筆大觀元年九月十日 宋詔令集 179/649

賜諸路州學經閣名大觀二年九月十九日 宋詔令集 179/649

在京罷修天寧萬壽寺批何執中劄子御筆大觀三年十二月九日 宋詔令集 179/649

臨平置塔御筆手詔政和二年五月二十三日 宋詔令集 179/649

改建神霄玉清萬壽之宮御筆政和七年二月十三日 宋詔令集 179/649

應修造不急可緩者權住御筆政和七年六月初四日 宋詔令集 179/649

委諸路提刑廉訪使因巡案所至點檢新宮御筆手詔政和八年二月二十日 宋詔令集 179/649

玉清昭應宮成德音大中祥符七年十一月乙酉 宋詔令集 180/651

景靈宮會靈太極觀成敕天下制大中祥符九年五月丙辰 宋詔令集 180/651

奉安中太一宮神像德音熙寧六年十一月癸丑 宋詔令集 180/652

上清儲祥宮成德音元祐六年九月王子 宋詔令集 180/652

鑿池成熙河陝西河東京西路曲敕崇寧四年六月十八日 宋詔令集 180/653

三水永橋成河北京東西德音政和五年六月十四日 宋詔令集 180/653

修西內京西曲敕政和六年九月五日 宋詔令集 180/653

神霄宮成奉安畢德音宣和元年八月二十二日 宋詔令集 180/653

應州郡並建仁濟亭三檻於神霄宮門之隅御筆手詔宣和元年六月三日 宋詔令集 219/843

（六）農田水利

敎州郡勸農詔 元憲集 27/1b

勸農敎 歐陽文忠集 79/1a～1b

勸農詔 元豐稿 26/5b

下州縣勸農詔 郎溪集 8/2b

勸農詔 梁溪集 36/8b

誡諭守令勸課農桑詔 梁溪集 36/12a

戒守令勸農詔 盤洲集 27/3b

屯田御筆 益國文忠集 151/1a

戒諭兩淮守令恤農詔 東萊集/外 3/2a

(紹興九年)書屯田三事詔 金佗粹編/續編 1/11a

遣使按行遥堤詔太平興國八年九月戊午 宋詔令集 181/654

修河命官安撫詔天禧三年八月丁未 宋詔令集 181/654

都水使者趙霆奏黃河堤岸科夫修築事御筆口月十一日 宋詔令集 181/654

賜郡國長吏勸農詔建隆三年正月甲戌 宋詔令集 182/658

勸農詔乾德二年正月辛巳 宋詔令集 182/658

勸栽植開墾詔乾德四年八月 宋詔令集 182/658

沿河州縣課民種榆及所宜之木詔開寶五年正月 宋詔令集 182/658

使民悉本從檢詔太平興國七年五月癸丑 宋詔令集 182/659

置農師詔太平興國七年閏十二月庚戌 宋詔令集 182/659

民訴水旱二十畝以下皆令檢勸詔太平興國九年正月辛未 宋詔令集 182/659

遣營田使副詔端拱二年二月癸辛 宋詔令集 182/659

約束流民歸業不限半年詔淳化四年一月癸丑 宋詔令集 182/659

募民耕曠土詔至道元年六月丁酉 宋詔令集 182/659

令轉運使中衍令佐勸民栽種詔至道元年十一月辛丑 宋詔令集 182/660

禁約攙奪米穀食物詔景德四年九月己卯 宋詔令集 182/660

令十月後方得焚燒野草詔大中祥符四年八月丙午 宋詔令集 182/660

京城四面禁圍草地許百姓耕犂畜牧詔天禧元年八月壬申 宋詔令集 182/660

令儲蓄誡奢僭詔天禧二年五月壬戌 宋詔令集 182/660

歲稔戒不得妄費詔乾德元年四月乙酉 宋詔令集 182/660

勸農詔 宋詔令集 182/660

無奪民時振救失業詔治平四年閏三月乙巳 宋詔令集 182/661

蘇湖相度圩岸御筆大觀元年十一月十一日 宋詔令集 182/661

蜀江修堰禁約御筆大觀二年七月二十一日 宋詔令集 182/661

屯田司修完塘堤御筆大觀二年十二月十七日 宋詔令集 182/661

(七) 財 賦

許免公使錢詔 文露公集 37/3a

通商茶法詔 歐陽文忠集 86/12a 宋文鑑 31/6b

國朝免役詔 周元公集 11/3a

親筆賑濟詔書 栾溪集 85/3a

獎論賑濟詔書 栾溪集 93/3b

蠲省劍隴等州土貢詔景德四年閏五月戊辰 宋詔令集 145/531

罷諸州軍每歲進茶詔大中祥符元年六月王子 宋詔令集 145/531

罷諸州貢務詔治平四年四月王申 宋詔令集 145/531

新附州軍收買貢物答强淵明御筆大觀二年四月一日 宋詔令集 145/531

臣僚上言供貢御筆政和八年二月二十六日 宋詔令集 145/532

右書三催不報或踰年不結絶并行遣失當具奏御筆政和六年九月二十二日 宋詔令集 181/655

今後常平錢物敢有陳乞借用者以大不恭論御筆政和七年十二月十八日 宋詔令集 181/656

常平敢散必時毋得拖欠違者以大不恭論御筆政和八年正二十五日 宋詔令集 181/656

審度糶糴並推行保伍等不如條令者鹽罰御筆宣和元年六月二十一日 宋詔令集 181/656

約束謹守常平之法詔宣和元年七月九日 宋詔令集 181/657

約束常平散敏糶糴等詔宣和元年八月十二日 宋詔令集 181/657

開封府管内許人從便輸納救榜開寶□□ 宋詔令集 183/662

均開封府界稅詔咸平三年十二月戊寅 宋詔令集 183/662

罷京畿均稅詔咸平三年十二月庚申 宋詔令集 183/662

令官史條析寬減差役利害詔治平四年六月辛未 宋詔令集 183/662

令監司帥臣經度西南租賦御筆手詔大觀二年六月九日 宋詔令集 183/663

減桂陽監稅白金詔開寶三年十一月乙巳 宋詔令集 183/663

賜潭州道茶人戸敕榜 宋詔令集 183/663

賜通州煎鹽亭戸敕榜 宋詔令集 183/663

茶鹽權酤不得增課詔太平興國元年十月壬戌 宋詔令集 183/663

禁江南私鑄鉛錫惡錢詔太平興國七年四月己丑 宋詔令集 183/664

兩川罷酒酤等詔太平興國七年八月己卯 宋詔令集 183/664

許漳泉福建汀劍興化邵武軍鹽通商建州鑄大鐵錢詔太平興國八年二月甲申 宋詔令集 183/664

禁細小雜錢詔太平興國九年八月王辰 宋詔令集 183/664

罷嶺南採珠場詔雍熙元年丁卯 宋詔令集 183/664

權鹽仍舊詔雍熙二年六月戊子 宋詔令集 183/664

復沿江權貨八務詔淳化四年七月戊戌 宋詔令集 183/664

川峽酒稅鹽并諸色課利勿折金帛詔至道元年八月癸酉 宋詔令集 183/665

罷成州金坑詔至道二年正月乙卯 宋詔令集 183/665

令茶官不售者受之輕價出之詔咸平二年正月玉申 宋詔令集 183/665

依任中正奏茶官就便輸納詔咸平三年七月丙申 宋詔令集 183/665

廢西京清酒務依東京例詔景德四年二月乙亥 宋詔令集 183/665

鑄錢暑月收半工詔景祐四年四月己卯 宋詔令集 183/665

權酤不得增課詔景德四年四月甲午 宋詔令集 183/665

定奪司令三司行遣詔景德四年八月己酉 宋詔令集 183/665

免稅農器詔大中祥符六年七月辛丑 宋詔令集 183/665

放牛稅詔大中祥符八年七月己巳 宋詔令集 183/665

令陳述茶利不得乞留中詔大中祥符八年八月戊寅 宋詔令集 183/666

令學士李迪中丞凌策同議茶鹽詔大中祥符九年十月丁酉 宋詔令集 183/666

弛解池鹽禁詔天聖八年十月丙申 宋詔令集 183/666

減兩川綾羅錦綺等改織絹詔明道二年十月甲辰 宋詔令集 183/666

通商茶法詔 宋詔令集 184/667

誠約臣僚言財利詔皇祐三年正月庚子 宋詔令集 184/667

令三司判官等上財用利害詔熙寧二年 宋詔令集 184/667

言財利可採録施行者甄賞詔 宋詔令集 184/668

置市易務詔熙寧五年三月戊午 宋詔令集 184/668

誠屬諸道轉運使經畫財利恤民力詔 宋詔令集 184/668

告諭民户投納不依樣錢御筆手詔大觀元年五月十九日 宋詔令集 184/668

川蜀錢引減價令運司分析御筆大觀元年六月二十五日 宋詔令集 184/668

陝西鐵錢折二公私通行詔 宋詔令集 184/668

公私當十錢改當三詔政和元年五月七日 宋詔令集 184/669

約束小平錢與當三錢重輕均一詔政和元年五月十七日 宋詔令集 184/669

見行鈔法著爲令御筆手詔政和二年九月十五日 宋詔令集 184/669

罷茶鹽立額慶奉司江浙置局花石綱西城租課等詔宣和七年十二月十九日 宋詔令集 184/669

長史令佐告諭敦勸儲蓄詔乾德四年八月甲寅 宋詔令集 184/670

令轉運使與長史共計度積蓄詔雍熙二年七月庚甲 宋詔令集 184/670

三司歲具金銀錢帛薄以聞詔淳化元年十一月辛丑 宋詔令集 184/670

令董龜正乘期陝西市芻粟廣儲蓄詔咸平四年口月丙戌 宋詔令集 184/670

令三司議軍儲經久之制詔咸平四年十月甲子 宋詔令集 184/670

令江南荊湖兩浙造紅圍綱般起赴真楚泗轉般倉發運司不得接綱往諸道詔嘉祐三年十一月庚寅 宋詔令集 184/671

訪問齊州置社倉已施行後有若干百姓訴不便詔熙寧二年四月庚子 宋詔令集 184/671

借義倉米不侯上言詔乾德三年三月癸酉 宋詔令集 185/672

遣使賬給虔吉等州民詔雍熙二年四月乙亥 宋詔令集 185/672

賜潼州北城軍人百姓詔淳化四年九月丙申 宋詔令集 185/672

令兩浙益救恤百姓詔咸平二年正月壬午 宋詔令集 185/672

賬恤河北抽移軍馬罷押牌使省不急官詔咸平四年十二月庚寅 宋詔令集 185/672

貸口糧與溪洞詔大中祥符三年閏二月乙卯 宋詔令集 185/673

命陳知微等巡撫淮南兩浙路災傷詔大中祥符八年二月丁卯 宋詔令集 185/673

約束提轉賬濟詔 宋詔令集 185/673

寬恤揚州詔 宋詔令集 185/673

矜獨沙門島人户賦租詔建隆四年十月丁未 宋詔令集 185/673

免夏租詔乾德二年四月己酉 宋詔令集 185/674

調歸峽州秋税詔乾德二年十二月 宋詔令集 185/674

免荊南新檢秋税羨數詔乾德三年正月乙丑 宋詔令集 185/674

罷忠州等處魚膏算詔 宋詔令集 185/674

調放西川諸州夏税詔乾德四年二月甲子 宋詔令集 185/674

罷義倉詔乾德四年三月癸酉 宋詔令集 185/674

除放西川欠負詔乾德四年八月丁酉 宋詔令集 185/674

放税詔乾德五年七月己酉 宋詔令集 185/674

免霖雨河水損敗田夏租詔 宋詔令集 185/675

罷廣南僞政日煩苛率配詔開寶四年十月丙戌 宋詔令集 185/675

河決損苗除放詔開寶五年六月丁酉 宋詔令集 185/675

西川兩税折帛依時估詔開寶六年六月壬寅 宋詔令集 185/675

招諭開封流民詔太平興國七年二月庚午 宋詔令集 185/675

展開封府輸租限詔太平興國七年十二月戊午 宋詔令集 185/675

北界歸明人遣使護遣西京許汝間給田詔雍熙三年七月壬午 宋詔令集 185/675

敵人寇後推恩詔雍熙四年正月丙戌 宋詔令集 185/675

敵人退後放河北沿邊州府殘欠税物德音端拱二年二月癸丑 宋詔令集 185/676

招誘流民復業給復詔淳化四年三月辛亥 宋詔令集 185/676

除欠負詔淳化五年四月壬午 宋詔令集 186/677

放運糧士卒詔至道元年十月己卯 宋詔令集 186/677

令趙保吉授夏臺節制諭陝西詔咸平元年正月辛酉 宋詔令集 186/677

遣使諸路按百姓通欠藉悉除詔咸平元年四月己酉 宋詔令集 186/677

討王均免遂果閬州税詔咸平三年九月丁酉 宋詔

令集 186/678

强壯戶税賦不得支移詔 宋詔令集 186/678

令滑曹許鄭等州所納芻薪並輸本州詔景德四年九月己未 宋詔令集 186/678

河北諸州軍租税並本處送納詔大中祥符元年三月乙亥 宋詔令集 186/678

諸路夏税止於本軍輸納詔大中祥符元年五月庚辰 宋詔令集 186/678

郦州牧馬草地給與見佃戶詔大中祥符三年八月辛西 宋詔令集 186/678

河中京兆府陝同華州倚閣殘税詔大中祥符三年八月甲子 宋詔令集 186/678

除兩浙福建湖廣身丁錢詔大中祥符四年七月王申 宋詔令集 186/678

倚閣河北見欠去年秋税詔大中祥符五年三月戊寅 宋詔令集 186/679

戒約調夫有工役並取實役人數調誌以聞詔大中祥符五年十月辛西 宋詔令集 186/679

罷淮旬和糴詔大中祥符六年十一日癸卯 宋詔令集 186/679

寬陝西民力詔康定元年二月丁未 宋詔令集 186/679

除放倚閣税賦詔慶曆八年 宋詔令集 186/679

減漳泉州興化軍丁米詔皇祐三年十一月辛亥 宋詔令集 186/679

放陝西河東人夫保甲詔崇寧四年六月十六日 宋詔令集 186/679

約束科率御筆政和二年八月十日 宋詔令集 186/680

委監司行下所管轄州縣當職官須於收成之前按視被水去處詔政和八年九月八日 宋詔令集 186/680

應被水人戶官私房錢自遷出日免納候復業日依舊詔政和八年九月八日 宋詔令集 186/680

奉行居養等詔令崇寧四年五月二十九日 宋詔令集 186/680

開封府置居養安濟御筆手詔崇寧四年十月六日 宋詔令集 186/680

監司分按居養安濟漏澤詔崇寧五年六月十一日 宋詔令集 186/681

居養依大觀三年四月以前指揮御筆政和二年五月二十五日 宋詔令集 186/681

居養安濟漏澤事務仰監司廉訪分行所部按察御筆宣和元年五月九日 宋詔令集 186/681

(八) 誡飭禁約

誡諸王詔 小畜集 26/11a

條制三司不得將可斷公事閒奏敕 小畜集/外 12/9a

禁内降詔 文恭集 24/4a 宋文鑑 31/8b

賜中書申明先帝賜文武臣七條戒州郡詔 景文集 32/2a

賜中書門下戒僧奢詔 歐陽文忠集 87/7b

戒勵臣僚奏薦敕 蔡忠惠集 9/3a

誡章臣舉任必以賢詔 蘇魏公集 29/2a

登極訓飭諸臣詔 郡溪集 8/1a

戒論天下廣儲蓄詔 郡溪集 8/4a

誡厲諸路監司修舉職事詔 淨德集 8/1a

賜諸道州府告諭敕書 范太史集 30/10a

戒勵百官遵奉法度詔 摛文集 3/1b

誡論三省樞密院修舉先朝政事敕書 摛文集 3/4b

戒士大夫不爲明黨詔 翟忠惠集 1/1a

戒百官勤修職事詔 程北山集 28/4b 新安文獻 1/

後 5a

戒論劉洪道敕書 浮溪集 16/5b 浮溪集/附拾遺 16/184

戒論李逵官儀張成等敕書 浮溪集 16/5b 浮溪集/附拾遺 16/184

戒論姚古詔書 梁溪集 33/3a

戒論武臣詔 梁溪集 34/1a

戒勵士風詔 梁溪集 34/1b

戒論士大夫敦尚名節詔 梁溪集 36/2a

誡論三省樞密院修舉熙豐政事詔 梁溪集 36/3a

誡論省臺寺監修舉事詔 梁溪集 36/4b

誡論監司按察州縣詔 梁溪集 36/5b

誡論士大夫朋黨詔 梁溪集 36/7a

誡論帥臣修飭邊備詔 梁溪集 36/7b

誡論守令推行御筆寬恤詔 梁溪集 36/10a

誡論禮官嚴奉祠祭詔 梁溪集 36/10b

誡論學者辭尚體要詔 梁溪集 36/11a

親筆宣諭三首　梁溪集 47/14b
宣諭疾速辯行　梁溪集 47/15a
宣諭陳奏請行　梁溪集 47/15a
宣諭不責速進　梁溪集 48/7a
宣諭一切便宜行事　梁溪集 48/7b
宣諭所到如親行　梁溪集 48/7b
親宣諭途中將護　梁溪集 48/11a
親筆宣諭覽所上章陳祖宗之法　梁溪集 48/13a
宣諭施行節制事　梁溪集 53/10b
宣諭再剗下節制事　梁溪集 53/11a
親筆宣諭委寄終始　梁溪集 55/14a
討罪誡飭詔　北海集 8/1a
親征戒諭州縣詔　龜溪集 4/10a
招從僞士大夫詔　龜溪集 4/11a
賜守令誡諭詔　鄮峰錄 6/5a
誡公卿舉所知詔　鄮峰錄 6/5b
賜四川制置使沈介誡諭詔　鄮峰錄 6/8a
戒帥臣監司舉劾部內知州誡否詔　鄮峰錄 6/8b
戒監司令所部不得重價折變兩稅詔　鄮峰錄 6/10b
戒耿臧吏詔　盤洲集 12/1b
戒諭諸將撫循士卒詔　盤洲集 25/1a
戒飭諸路轉運司手詔　益國文忠集 110/5a　益公集 104/106a
楊萬里宣去御筆　益國文忠集 151/3b
戒諭將臣詔　于湖集 19/1a
戒諭將臣詔　于湖集 19/1b
戒飭貪吏詔　宋本攻媿集 44/13a　攻媿集 42/4b
戒飭四川將士詔　宋本攻媿集 44/14a　攻媿集 42/5a
戒諭諸將詔　山房集 2/2a
諭經筵講讀官詔　洛水集/卷首 1b
諭監司守令恤刑詔　洛水集/卷首 2a
戒飭將帥撫恤士卒詔　平齋集 14/1a
(紹興九年)戒招納一詔　金佗稡編 2/3b
(紹興六年)寇成等擅殺賊兵宣諭戒勵諸軍詔　金佗稡編/續 3/11a
誡諭監司守令務息盜賊詔　靈巖集 1/9a
戒令文臣侍從以上武臣管軍都統制各舉將才不問親屬詔　靈巖集 1/10a
戒令監司守臣條具州縣民間利病詔　靈巖集 1/10b
誡諭中外之臣毋私薦舉詔　靈巖集 1/10b
責諭買似道歸里終喪詔　四明文獻集 2/14b

誡飭百僚奉命諸道不得妄有請託詔建隆三年十一月癸亥　宋詔令集 190/699
州縣官吏當直人詔　宋詔令集 190/695
戒約長吏躬親檢校倉庫詔建隆四年七月癸丑　宋詔令集 190/695
誡約藩侯郡牧不得令親隨參掌公務詔乾德四年九月庚辰　宋詔令集 190/695
誡約通判與長吏叶和詔　宋詔令集 190/695
令外郡官罷任具官舍有無破損及增修文帳詔乾德六年二月癸亥　宋詔令集 190/696
詠李飛雄誡勵天下詔太平興國三年五月乙巳　宋詔令集 190/696
約束八月一日以後吏民所犯不在恩赦之限詔太平興國三年八月丙辰　宋詔令集 190/696
誡飭鄰行事官度蘆詔太平興國六年十一月丙戌　宋詔令集 190/696
誡飭士庶子弟姪姪等詔太平興國六年十一月癸丑　宋詔令集 190/696
誡約同僚連署奏牘詔雍熙二年二月戊寅　宋詔令集 190/697
約束州縣長吏不得出家譜詔雍熙二年六月辛丑　宋詔令集 190/697
約束轉運使副不得以壽寧節赴闕詔淳化元年十月丁卯　宋詔令集 190/697
約束轉運使詔淳化三年正月戊午　宋詔令集 190/697
約束諸司行事不得輕稱聖旨詔淳化四年四月己卯　宋詔令集 190/697
誡約劍南招安使上官正詔至道元年五月　宋詔令集 190/697
誡約知襄州給事中劉昌言覊書至道二年七月王子　宋詔令集 190/697
誡飭轉運職事詔咸平元年六月己亥　宋詔令集 190/698
令三司毋得增加賦斂重困黎元詔咸平元年八月辛亥　宋詔令集 190/698
令三司大事合降敕者乃奏詔咸平元年十月甲辰　宋詔令集 190/698
誡諭宰臣詔咸平二年二月己酉　宋詔令集 190/698
誡約上疏者詔咸平二年四月辛未　宋詔令集 191/699
誡約轉運使副起請事宜保舉移易官屬詳審詔咸平二年八月壬申　宋詔令集 191/699
誡約三司詔咸平四年三月丁酉　宋詔令集 191/699
誡約三司收掌簿書不得遺失詔咸平五年四月王午　宋詔令集 191/699
誡約規避遜遁詔咸平五年九月壬子　宋詔令集 191/699

詔令二　政令　誡飭禁約　961

誡飭中外官詔咸平六年六月己未 宋詔令集 191/700
誡飭中外官詔大中祥符元年正月己卯 宋詔令集 191/700

誡飭文武官書曆解由無得虛録勞課隱漏過犯詔大中祥符元年三月癸未 宋詔令集 191/700
王瑛等坐賍抵死誡約天下詔大中祥符元年四月癸丑 宋詔令集 191/700

出京朝官詞詔大中祥符元年四月丁丑 宋詔令集 191/700

幕職州縣官誡詞 宋詔令集 191/701
誡約屬辭浮駕令欲雕印文集轉運使選文士看詳詔大中祥符二年正月庚午 宋詔令集 191/701
文臣七條並序大中祥符二年十一月丙辰 宋詔令集 191/701

武臣七條並序 宋詔令集 191/701
誡飭法寺提轉詔大中祥符五年三月戊辰 宋詔令集 191/701

誡約同事不得任情偏執不循理道及私念不和詔大中祥符五年八月丁酉 宋詔令集 191/702
責董瑩等戒勵百官詔大中祥符七年六月丙辰 宋詔令集 191/702

誡約奉使詔大中祥符七年六月己未 宋詔令集 191/702
決配雄白誡勵民庶詔大中祥符八年八月己卯 宋詔令集 191/702

誡諭陳堯咨詔大中祥符八年十月庚寅 宋詔令集 191/702

誡勵臣僚及子弟詔大中祥符九年七月癸亥 宋詔令集 192/703

誡約犯贓官詔天禧三年九月甲戌 宋詔令集 192/703
誡飭中外詔天禧四年四月丙申 宋詔令集 192/703
誡約在京諸司免常朝者早赴本司詔乾興元年六月乙巳 宋詔令集 192/704
貶丁謂諭中外詔乾興元年七月辛卯 宋詔令集 192/704

責曹瑋等諭中外敕乾興元年二月戊辰 宋詔令集 192/704

與丁謂往還人不加罪詔乾興元年七月壬辰 宋詔令集 192/705
誡告食污詔天聖元年十一月 宋詔令集 192/705
約束文武臣僚子弟詔 宋詔令集 192/705
誡諭內外官詔天聖九年十月丙戌 宋詔令集 192/705
誡約不得言垂簾時事詔明道二年五月癸酉 宋詔令集 192/705

誡約不得妄請删改宣敕詔明道二年五月己丑 宋詔令集 192/705
令不得追擾妨農詔景祐元年七月 宋詔令集 192/706

責孔道輔等御史臺敕榜朝堂敕景祐三年五月丙戌 宋詔令集 192/706
敕榜朝堂景祐三年五月丙戌 宋詔令集 192/706
誡勵士大夫詔寶元元年十月丙寅 宋詔令集 192/706
馮士元獄具責官誡諭摽紳詔寶元二年十一月癸卯 宋詔令集 192/706

誡約按察官詔寶元二年閏十二月甲辰 宋詔令集 192/707

誡約干寵內降詔康定二年二月甲辰 宋詔令集 192/707

誡約舉人不得進獻邊機及軍國大事妄希恩澤詔康定二年三月乙卯 宋詔令集 192/707
誡論三司使副判官等協心營職毋或因循詔慶曆三年五月戊寅 宋詔令集 193/708

誡約兩府兩省不得陳乞子弟親戚館閣職任詔慶曆三年十一月癸未 宋詔令集 193/708
誡飭在位詔慶曆四年十一月己巳 宋詔令集 193/708
誡勵士卒詔慶曆四年十一月庚午 宋詔令集 193/709
誡百官舉行真宗文武七條詔慶曆四年十二月丁酉 宋詔令集 193/709

誡飭傾危詔皇祐元年正月辛酉 宋詔令集 193/709
約束內降執奏詔皇祐二年九月辛亥 宋詔令集 193/709

貶唐介後榜朝堂詔皇祐三年 宋詔令集 193/710
誡約僞偽陳乞任使詔皇祐四年十一月己未 宋詔令集 193/710

誡約不得進義餘詔皇祐五年十二月丁巳 宋詔令集 193/710

誡飭在位詔至和二年五月戊寅 宋詔令集 193/710
誡飭提轉詔嘉祐二年四月丙寅 宋詔令集 193/710
屬百官浮競詔嘉祐五年七月戊戌 宋詔令集 193/711
誡約不得言人赦前事及小過細故詔嘉祐五年六月乙丑 宋詔令集 194/712

誡約臺諫詔嘉祐六年 宋詔令集 194/712
增宗學官仍令尊長率勵詔治平元年六月 宋詔令集 194/712

誡飭在位詔治平二年五月乙丑 宋詔令集 194/713
敕榜朝堂詔 宋詔令集 194/713
賜臺諫官詔 宋詔令集 194/713
誡約主兵官充占兵詔熙寧二年正月辛巳 宋詔令集 194/714

詔密院誡諭邊臣熙寧四年二月戊辰 宋詔令集 194/714

誡約無庚法詔熙寧七年四月己丑 宋詔令集 194/714
降滕宗諒等官諭陝西四路沿邊詔 宋詔令集

194/714

誡諭百官詔元豐五年正月壬午 宋詔令集 194/714

誡勵中外奉承詔令稱先帝更易法度惠安元元之心詔元豐八年四月 宋詔令集 194/715

誡飭廢格詔令詔元豐八年十月戊寅 宋詔令集 194/715

誡約搢紳詔元祐元年六月甲寅 宋詔令集 194/715

誡厲百官詔 宋詔令集 194/715

敕榜朝堂詔紹聖元年七月戊辰 宋詔令集 195/717

誡飭在位敕榜紹聖四年 宋詔令集 195/717

申誡百官詔 宋詔令集 195/718

誡諭中外詔元符三年十月己未 宋詔令集 195/718

傳宣內降特旨許三省密院契勘詔崇寧元年五月四日 宋詔令集 195/718

諭內外詔崇寧元年五月丙子 宋詔令集 195/719

誡約不得侵占更部關詔崇寧元年六月丁未 宋詔令集 195/719

臣僚章疏等虛辭盡行改正詔崇寧元年六月丙寅 宋詔令集 195/720

焚毀元祐條件詔崇寧元年七月己酉 宋詔令集 195/720

申誡臣僚詔崇寧三年正月二十六日 宋詔令集 195/720

元祐臣僚不得彈劾詔崇寧三年六月十七日 宋詔令集 196/721

誡約內外官不得越職言事詔崇寧三年六月二十四日 宋詔令集 196/721

誡約膺度更張熙豐善政御筆手詔崇寧五年正月十四日 宋詔令集 196/721

誡諭符祐邪妄意復用詔崇寧五年正月二十四日 宋詔令集 196/722

誡約無言宗廟詔崇寧五年正月二十五日 宋詔令集 196/722

誡約遵神考法詔崇寧五年六月八日 宋詔令集 196/722

誡約監司體量公事懷姦御筆手詔崇寧五年十月十六日 宋詔令集 196/722

誡約無侵官御筆手詔大觀三年二月六日 宋詔令集 196/722

誡士人格守名節詔大觀三年五月二日 宋詔令集 196/722

曾任待制以上再加識擢不得彈奏詔大觀三年七月四日 宋詔令集 196/723

誡約官司遵已行法令詔大觀三年七月空日 宋詔令集 196/723

太師蔡京觀官斥外不許更彈舉御筆手詔大觀四年五月二十八日 宋詔令集 196/723

增賞訓戒鼓惑邪說御筆手詔大觀四年六月二十七日 宋詔令集 196/723

申飭百僚御筆手詔大觀四年閏八月二十六日 宋詔令集 196/724

誡飭鼓惑之言御筆手詔大觀四年十二月九日 宋詔令集 196/724

申飭理財之政詔大觀四年十二月十七日 宋詔令集 197/725

申諭公卿大夫砥礪名節詔政和元年正月二十九日 宋詔令集 197/725

訓飭士大夫御筆手詔政和元年十月二日 宋詔令集 197/725

訓飭百司詔政和元年十二月二十一日 宋詔令集 197/726

誡飭臺官言事御筆手詔政和元年十二月二十一日 宋詔令集 197/726

誡約不許更改已行法令詔政和二年二月一日 宋詔令集 197/726

誡飭在位各循分守詔政和四年七月五日 宋詔令集 197/726

誡飭三省密院省臺寺監與百職事官御筆政和五年六月空日 宋詔令集 197/727

誡諭不更改政事手詔政和六年七月九日 宋詔令集 197/727

誡妄意更革朝政御筆手詔政和八年正月二十一日 宋詔令集 197/727

誡內外職務詔宣和一年三月六日 宋詔令集 197/728

禁採捕詔建隆二年二月己卯 宋詔令集 198/729

禁不得影庇色役人詔建隆三年五月甲申 宋詔令集 198/729

禁斫伐桑棗詔建隆三年九月 宋詔令集 198/729

禁越訴詔乾德三年正月乙巳 宋詔令集 198/729

禁令簿尉無事下鄉詔乾德二年正月乙巳 宋詔令集 198/729

禁紀碑留任不得詣闕詔乾德四年六月乙丑 宋詔令集 198/730

禁新小鉛鑞等錢及疎惡綿帛入粉藥詔乾德五年十二月丙 宋詔令集 198/730

禁止上供錢帛不得差擾居人詔乾德六年五月乙未 宋詔令集 198/730

禁西川山南諸道祖父母父母在別籍異財詔乾德六年六月癸亥 宋詔令集 198/730

禁攝官詔開寶四年正月丙午 宋詔令集 198/730

禁廣南奴婢詔開寶四年三月 宋詔令集 198/730

罷廣南大斗詔開寶四年七月丙申 宋詔令集 198/731

禁偽黃金詔開寶四年 宋詔令集 198/731

禁市易官物增價欺罔官錢詔開寶七年五月乙丑 宋詔令集 198/731

禁約中外臣僚不得因乘傳入齎輕貨邀厚利詔 太平興國二年正月丙寅 宋詔令集 198/731

禁上供物監臨官謹視秤者無得欺而多取詔 太平興國三年七月庚午 宋詔令集 198/731

禁天文相術六壬通甲三命及陰陽書詔太平興 國二年十月甲戌 宋詔令集 198/731

二月至九月禁捕獵詔太平興國三年四月丙辰 宋詔 令集 198/731

禁約文武官不得輕入三司公署詔太平興國五年 十月甲 宋詔令集 198/732

暴臣御前印紙不得隱匿殿犯常事不在批書詔 太平興國六年正月癸酉 宋詔令集 198/732

禁約戎人私市女口詔太平興國八年 宋詔令集 198/ 732

嶺南長吏多方化導婚姻喪葬衣服制度殺人以 祭鬼等詔雍熙三年 宋詔令集 198/732

禁約民取富人穀麥貸息不得輸倍詔淳化四年七 月辛亥 宋詔令集 198/732

禁約軍前勿殺脅從詔淳化五年三月甲寅 宋詔令集 198/732

轉運本州不得令縣令按讞刑獄監覽倉庫詔 宋詔令集 198/733

不許賦詩賦雜文詔淳化五年八月甲午 宋詔令集 198/733

商旅細碎交易不得商其算詔淳化三年五月辛巳 宋詔令集 198/733

禁幷州故城内居止耕種詔 宋詔令集 198/733

禁勿收羡餘詔咸平五年正月癸酉 宋詔令集 198/733

禁習天文星算相術圖讖詔景德元年正月辛丑 宋 詔令集 198/733

禁天文兵書詔景德三年四月己亥 宋詔令集 199/734

禁進奉物不得銷金線文繡詔大中祥符元年 宋詔 令集 199/734

大内宮院苑圃今後止用丹白不得五綠裝飾幡 勝不得用羅詔大中祥符元年六月丁卯 宋詔令集 199/734

禁誘人子弟求析家產及壞境域詔大中祥符二年 正月戊辰 宋詔令集 199/735

禁約河北民棄農業禁術詔大中祥符二年十月 宋 詔令集 199/735

令粘竿彈弓等不得攜入宮觀寺院詔大中祥符二

年十一月癸酉 宋詔令集 199/735

禁粘竿彈弓置網獵捕之物詔大中祥符三年二月乙 亥 宋詔令集 199/735

禁妖妄人詔大中祥符五年三月癸未 宋詔令集 199/735

禁約内臣將命不得收受賂訴詔大中祥符六年正 月戊申 宋詔令集 199/735

禁約不得囑求公事保庇豪右仍貸今日以前詔 大中祥符六年七月庚戌 宋詔令集 199/735

禁約倉官不得收羡餘詔大中祥符八年四月丙午 宋詔令集 199/736

禁銷金詔大中祥符八年五月壬午 宋詔令集 199/736

禁屠殺牛詔大中祥符九年八月癸未 宋詔令集 199/736

禁採捕山鷓詔天禧三年二月乙未 宋詔令集 199/736

禁金商等州祭邪神詔天禧三年四月戊辰 宋詔令集 199/736

禁錦背繡背遍地透背等詔景祐元年五月丙寅 宋 詔令集 199/737

禁鍊金詔景祐二年五月庚寅 宋詔令集 199/737

詳定宮室物玩制度詔景祐三年二月壬午 宋詔令集 199/737

禁鹿胎詔景祐三年 宋詔令集 199/737

禁銷金詔慶曆二年五月戊寅 宋詔令集 199/737

禁結集社會詔治平三年四月丙午 宋詔令集 199/738

帶御器械郭天信乞罷翡翠裝飾御筆大觀元年十 月二十日 宋詔令集 199/738

禁止不得用君字爲名字御筆政和八年二月十二日 宋詔令集 199/738

禁止雜服若靴笠釣墜之類御筆政和二年正月五 日 宋詔令集 199/738

賜中書門下詔歐陽修撰 宋文鑑 31/5a

誠勵諸道轉運使經畫財利寬恤民力王安石撰 播芳方棹 131/20b

禁獻羡餘詔呂祖撰 新安文獻 1/前 2b

察郡邑廉吏詔程叔達撰 新安文獻 2/後 2b

誠諭監司按察州縣詔李綱撰 南宋文範 10/5a

討罪誠訪詔崇禮撰 南宋文範 10/6a

誠取臟吏詔洪适撰 南宋文範 10/9a

誠諭諸將詔周南撰 南宋文範 10/11b

責諭買似道歸里終喪詔 南宋文範 10/15a

徽宗訓士詔 金石續編 17/30b

誠石銘並詔 金石續編 17/37a

(九) 刑 賞

賜天下醯五日詔 小畜集 27/10a

賜諸道州府軍監及四京恤刑詔敕 歐陽文忠集 85/6a

廣南東西十一路轉運使提點刑獄揀放配軍敕 蔡忠惠集 9/5a

宣答文式百僚稱賀宣德門肆赦 臨川集 48/8b

建炎三年十一月三日德音 浮溪集 13/6a 浮溪集/附拾遺 13/150 新安文獻 1/前 5a

恤刑詔 梁溪集 36/9a

宣論開已斬冀景 梁溪集 55/14b

緣邊殘破州軍德音 盤洲集 11/1a

仲夏賜諸路恤刑詔 盤洲集 27/4b

論監司守令恤刑詔 洛水集/卷首 2a

兩淮荆襄四川州縣被寇寬恤德音 東澗集 3/12b

(紹興七年)招陪僞官史一詔(又附招陪僞齊親黨詔) 金佗粹編 1/10b-11a

曹利用進官詔景德元年二月丁亥 宋詔令集 94/343

李延渥還圖錄使詔乾德六年十一月丁已 宋詔令集 94/343

責田仁朗詔雍熙二年四月庚寅 宋詔令集 94/345

推治曹彬等失律罪詔雍熙二年六月戊午 宋詔令集 94/345

責曹彬等論中外詔雍熙三年七月庚午 宋詔令集 94/345

削奪劉廷讓官詔雍熙四年十月丙午 宋詔令集 94/346

削奪傅潛張昭允官爵詔咸平三年正月乙酉 宋詔令集 94/346

責楊瓊等詔咸平四年閏十二月丁丑 宋詔令集 94/346

責王超詔 宋詔令集 94/347

非疑獄不得奏裁詔建隆三年二月癸巳 宋詔令集 200/739

改竄盜臟計錢詔建隆三年二月己亥 宋詔令集 200/739

諸道公案下大理檢斷詔乾德二年正月甲辰 宋詔令集 200/739

申明奏裁詔乾德二年正月丁未 宋詔令集 200/739

增犯鹽斤兩乾德四年十二月 宋詔令集 200/740

枷械囚圄五日一檢視洒掃薦洗小罪即時決遣詔開寶二年四月戊子 宋詔令集 200/740

孼母殺傷夫前妻子及婦以殺傷凡人論詔太平興國二年五月丙寅 宋詔令集 200/740

令諸州大獄長吏五日一親臨慮問詔太平興國六年九月壬戌 宋詔令集 200/740

兩京諸州府繫囚令役夫洒掃獄户每五日一遣更視之詔太平興國六年十月丁亥 宋詔令集 200/740

文武常參官保舉人犯私罪減一等公罪減二等詔太平興國七年六月甲戌 宋詔令集 200/740

糞土元獄事訖誡約諸道盡心鞫獄詔太平興國九年二月甲午 宋詔令集 200/740

令天下繫囚十日具犯由收禁月日奏詔太平興國九年三月甲寅 宋詔令集 200/741

司理搒囚致死以私罪罪之詔太平興國九年五月戊午 宋詔令集 200/741

先令諸道刑獄五日一錄問令後宜十日一錄問詔太平興國九年六月庚子 宋詔令集 200/741

御史府推獄令御史躬親訊問詔太平興國九年七月乙卯 宋詔令集 200/741

諸道州府關覆杖以下便可決斷不必下有司詔太平興國九年八月戊寅 宋詔令集 200/741

遣使分路按獄即決詔雍熙二年八月癸酉 宋詔令集 200/741

令長吏視司理不勝任者簿尉中兩易詔雍熙二年八月戊辰 宋詔令集 200/741

令凡禁繫之所並洒掃牢獄供給漿飲詔雍熙三年四月壬寅 宋詔令集 200/742

令幕職州縣官習讀法書知通幕職州縣官秩滿試法書詔雍熙三年九月癸未 宋詔令集 200/742

令訊掠申本屬長吏判許方許棰訊不在更集官吏詔雍熙三年四月乙丑 宋詔令集 200/742

誡約諸道所奏公案準律合奏方得取旨詔雍熙四年正月癸巳 宋詔令集 200/742

遣使西川嶺南江浙等道按問刑獄詔雍熙四年正月己卯 宋詔令集 200/742

禁鼠彈等詔端拱元年正月乙酉 宋詔令集 200/742

令中外臣僚讀律詔端拱二年十月己巳 宋詔令集 200/742

誡約州郡刑獄詔淳化元年正月乙巳 宋詔令集 200/743

御史府斷徒以上令丞郎給舍一人親慮問詔淳

化三年五月壬寅 宋詔令集 200/743

令御史臺應行故事並條奏獄無大小中丞已下親勘不得專責有司詔淳化四年六月丙午 宋詔令集 201/744

外路繫囚畫時斷決詔咸平元年二月乙未 宋詔令集 201/744

遣官諸路疏決詔咸平元年四月丙申 宋詔令集 201/744

誡約審刑院刑部大理寺盡公結奏詔咸平五年四月己丑 宋詔令集 201/744

誡飭刑獄不得以情理取旨詔咸平六年六月癸未 宋詔令集 201/744

命何亮等乘驛往廣南東西路疏決繫囚詔景德元年八月庚辰 宋詔令集 201/745

令審刑院進呈公案送中書看詳詔景德元年九月己亥 宋詔令集 201/745

令八月一日已後持杖强盜南郊赦恩不原詔景德二年八月己已 宋詔令集 201/745

令竊掘偷盜從行空手非元謀造意巨盡者委裁詔景德三年五月壬戌 宋詔令集 201/745

禁約訊囚非法之具詔景德四年九月丙寅 宋詔令集 201/745

令京朝官嫻習法令者許閤門進狀詔大中祥符元年正月庚午 宋詔令集 201/745

官吏犯臟遇赦奏裁軍民禁銅以俟進止詔大中祥符元年五月壬戌 宋詔令集 201/746

大辟經裁決後付中書密院參酌詔大中祥符二年正月戊辰 宋詔令集 201/746

誡約治獄法外用刑詔大中祥符二年四月壬寅 宋詔令集 201/746

邊守信改公罪詔大中祥符二年五月乙丑 宋詔令集 201/746

天慶節五日内不得用刑詔大中祥符二年五月乙亥 宋詔令集 201/746

令府界提點往來察舉諸縣刑獄詔大中祥符二年七月庚午 宋詔令集 201/746

獲逃軍不得烙腕碎壓詔大中祥符三年閏二月丁已 宋詔令集 20/746

令西北緣邊不得法外行刑詔大中祥符三年閏二月丁已 宋詔令集 201/747

恤刑詔大中祥符三年二月戊子 宋詔令集 201/747

減令朞日詔大中祥符四年十月甲寅 宋詔令集 201/747

天慶節不得行刑詔 宋詔令集 201/747

令審刑大理三司編類配隸牢城條貫詔大中祥符六年正月庚子 宋詔令集 201/747

令開封府自四月至八月不須覆驗詔大中祥符六年二月癸亥 宋詔令集 201/747

令大辟情理慨惻刑名疑慮申提刑司看詳附驛以聞詔大中祥符六年四月丙戌 宋詔令集 201/747

誡約勘勘官不得以元奏事狀抑令招伏詔大中祥符七年八月壬申 宋詔令集 201/748

不許楊守珍等乞陵遲合死强盜詔大中祥符八年九月己未 宋詔令集 202/749

令諸路轉運曉諭州府軍監長吏盡公獄訟其情理可矜許奏裁詔大中祥符九年八月癸已 宋詔令集 202/749

令犯銅鍮石私酒竊免極刑詔天禧三年十二月乙卯 宋詔令集 202/749

令劫殺等死罪十二月權住區斷詔天禧四年五月丙寅 宋詔令集 202/749

令糾察刑獄提轉及州縣長吏凡勘斷公事並須躬親閲實詔乾興元年十一月戊寅 宋詔令集 202/750

大辟情理可憫及刑名疑慮許具案以聞詔天聖四年五月壬午 宋詔令集 202/750

誡獄吏詔天聖九年四月戊寅 宋詔令集 202/750

定强盜刑詔景祐二年壬子朔 宋詔令集 202/750

律外條貫別定贖法詔慶曆三年九月癸已 宋詔令集 202/750

賜諸道恤刑詔 宋詔令集 202/750

賜四京及諸路恤刑詔（二道） 宋詔令集 202/751

州縣獄罪人死具令詔治平四年十二月丙寅 宋詔令集 202/751

不得留獄詔熙寧三年三月乙卯 宋詔令集 202/751

恤刑詔元祐八年四月癸丑 宋詔令集 202/751

監司分諸所部決獄御筆大觀元年八月七日 宋詔令集 202/751

置杖不如法決罰過多許越訴御筆政和三年十二月十一日 宋詔令集 202/751

遵守法重情輕上請法御筆手詔政和六年二月二十八日 宋詔令集 202/752

除徒三年杖一百外立杖數詔政和八年四月十一日 宋詔令集 202/752

削奪李筠官爵令諸道會兵進討詔建隆元年五月甲辰 宋詔令集 203/753

責李懷節詔建隆二年三月乙卯 宋詔令集 203/753

責高錫詔 宋詔令集 203/754

責馮瓚等詔乾德四年八月戊戌 宋詔令集 203/754

議王全斌等罪詔乾德五年正月壬子 宋 203/754

責降田欽祚官詔太平興國四年七月癸未 宋詔令集 203/754

曹翰削奪在身官爵登州禁錮詔太平興國八年五月壬申 宋詔令集 203/755

責陳象興等詔雍拱元年三月甲戌 宋詔令集 203/755

張秘奪俸詔雍拱元年十二月丁卯 宋詔令集 203/756

責侯莫陳利用詔 宋詔令集 203/756

責田錫等詔淳化三年五月丁未 宋詔令集 203/756

責侍衛步軍都虞侯峰州觀察使王榮詔淳化五年正月戊辰 宋詔令集 203/756

責吳元載詔 宋詔令集 203/756

責西京作坊副使支都監趙贊詔宋詔令集 203/756

責前陝西轉運使尚書工部員外郎鄭文寶等詔 203/737

梁鼎罷度支詔 宋詔令集 203/757

責朱台符等詔 宋詔令集 203/757

張舒等贖銅詔 宋詔令集 203/757

貶朱搏詔 宋詔令集 203/758

責邊蕭詔 宋詔令集 203/758

判館閣左藏等庫官典罰銅詔大中祥符八年四月癸西 宋詔令集 204/759

責官苑使獎州團練使李溥詔天禧二年四月戊申 宋詔令集 204/759

盛度王曙落職知外州詔 宋詔令集 204/760

寇準貶道州司馬詔 宋詔令集 204/760

寇準貶雷州司戶敕 宋詔令集 204/760

李迪衡州團練副使敕 宋詔令集 204/760

丁謂貶崖州司戶敕 宋詔令集 204/762

責提轉不察李應機詔 宋詔令集 204/763

責錢惟演信軍節度赴本鎮詔 宋詔令集 205/764

責范諷等詔 宋詔令集 205/764

責降郭申錫仍榜朝堂詔 宋詔令集 205/767

胡宗愈奪職通判真州詔 宋詔令集 205/757

貶知慶州李復圭敕 宋詔令集 205/767

削奪沈起官爵詔 宋詔令集 205/768

太皇太后內出責軍器監丞王得君詔 宋詔令集 206/771

再責范祖禹劉安世詔紹聖三年八月庚辰 宋詔令集 207/778

鄭浩重行驗責御筆 宋詔令集 211/801

元符姦黨通入元祐籍刻石詔崇寧三年六月十七日 宋詔令集 212/805

走馬不職澄汰御筆 宋詔令集 212/807

陳彥文先次勒停御筆 宋詔令集 212/807

赦見禁詔建隆二年五月癸亥 宋詔令集 215/816

赦見禁罪詔乾德三年五月戊子 宋詔令集 215/816

赦見禁德音開寶九年正月五日壬申 宋詔令集 215/816

霖雨河決後年豐德音太平興國八年八月壬辰 宋詔令集 215/816

降死罪以下德音雍熙二年九月丙午 宋詔令集 215/817

降流罪以下德音雍熙三年九月丙寅 宋詔令集 215/817

減降見禁詔淳化三年五月己亥 宋詔令集 215/817

減降德音淳化五年四月戊戌 宋詔令集 215/817

赦天下制 宋詔令集 215/817

遣官決獄減降一等詔至道元年四月辛丑 宋詔令集 215/818

在京畿縣降雜犯死罪放流罪已下德音至道三年二月甲寅 宋詔令集 215/818

雜犯死罪以下減降德音咸平三年五月丁丑 宋詔令集 215/818

雜犯死罪以下減降德音咸平四年歲旦 宋詔令集 215/818

兩京畿內流罪已下減降德音咸平四年五月 宋詔令集 215/818

在京畿縣減降流罪已下德音景德四年正旦 宋詔令集 215/819

宴開封府射堂降罪詔大中祥符二年閏二月戊辰 宋詔令集 215/819

天慶節五日內不得用刑詔大中祥符二年五月丙子 宋詔令集 215/819

降諸路繫囚罪詔大中祥符七年六月己未 宋詔令集 215/819

赦天下制大中祥符八年閏六月己卯 宋詔令集 215/819

遣使諸路揀配軍移放詔 宋詔令集 215/820

許甄叙上佐文學參軍等詔 宋詔令集 215/820

許文學參軍長馬別駕歸鄉詔 宋詔令集 215/820

曲赦永興軍流已下減降德音天禧三年四月 宋詔令集 216/821

赦天下制天禧四年九月丁卯 宋詔令集 216/821

赦天下制天禧三年八月丁亥 宋詔令集 216/821

諸路德音天禧五年五月乙巳 宋詔令集 216/822

赦天下制乾興元年二月庚子 宋詔令集 216/822

提轉具赦前刺面軍人元犯詔乾興元年八月甲寅 宋詔令集 216/822

貶降官具元犯以聞詔天聖二年二月癸酉 宋詔令集 216/822

赦諸道犯死罪已下德音天聖元年八月五日 宋詔令集 216/822

大赦至和三年正月十一日 宋詔令集 216/823

恰享赦後揀貸雜犯刺面配軍詔嘉祐四年 宋詔令集 216/823

四京諸道德音嘉祐八年二月十一日 宋詔令集 216/ 823

德音治平二年十一月辛酉 宋詔令集 216/823

元豐八年赦天下制正月甲寅 宋詔令集 216/824

疏決京幾詔紀聖三年五月乙巳 宋詔令集 216/824

崇寧元年四月二十日赦 宋詔令集 216/824

淮南兩浙等路州軍曲赦大觀元年八月十六日 宋詔令集 216/824

四京諸道德音政和八年九月十六日 宋詔令集 216/ 824

宣和三年赦二月二十七日 宋詔令集 216/825

曲赦京東河北路制宣和十年五月九日 宋詔令集 216/825

賜潭邵等州梅山洞主首等書 宋詔令集 217/826

賜潭邵等界梅山洞左甲首領邑漢陽等招諭詔 宋詔令集 217/826

招諭河東亡命山林人詔太平興國五年正月丙子 宋詔令集 217/826

兩川爲李順詩誤者沉潛藪澤者令諸路招攜詔 宋詔令集 217/827

許劍南峽路聚盜陳首詔淳化五年八月乙未 宋詔令集 217/827

遣使諭王均等詔 宋詔令集 217/827

招流亡歸業詔景德二年正月丁丑 宋詔令集 217/827

寬利益彭州反側詔咸平四年十二月丁未 宋詔令集 217/827

詔環慶經略司詔熙寧四年三月己丑 宋詔令集 217/ 828

貸内外人吏詐欺罪詔開寶六年十月甲辰 宋詔令集

217/828

貸市易官物欺圍官錢罪詔開寶七年五月乙丑 宋詔令集 217/828

貸脅從人罪詔淳化五年三月甲寅 宋詔令集 217/828

貸陳文顯罪詔 宋詔令集 217/828

貸揚州折博羅官吏罪詔咸平元年十月壬寅 宋詔令集 217/828

貸益州因王均作亂曾劫奪民財殺傷人命者罪詔 宋詔令集 217/828

妖人谷隱千連人等放罪詔 宋詔令集 217/829

釋彭儒猛罪招諭諸族蠻人詔天禧三年五月丁卯 宋詔令集 217/829

上書觸管編管人放還詔崇寧四年七月二十二日 宋詔令集 217/829

元祐黨人移徙詔崇寧四年九月五日 宋詔令集 217/ 829

上書編管觸管人放還鄉里御筆手詔崇寧四年十二月三十日 宋詔令集 217/829

除外州姦黨石刻御筆手詔崇寧五年正月十二日 宋詔令集 217/829

韓琦子孫落籍詔 宋詔令集 217/830

賜陝西西路沿邊經畧招討都部署司救宋祁撰 宋文鑑 32/3b

平蜀賊王均赦兩川德音洪湛撰 新安文獻 1/後 1a

親征契丹回鑾曲赦河北德音洪湛撰 新安文獻 1/後 1b

平廣賊儂智高曲赦江西湖南德音呂溱撰 新安文獻 1/後 2a

諭監司守令伽刑詔程珌撰 新安文獻 2/3b

(十) 獎諭撫問

二 畫

丁 度

賜知審刑院事丁度詔二首 景文集 32/5a

三 畫

万俟尚

賜尚書右僕射万俟尚告口宣 楊溪集 7/7b

賜尚書右僕射万俟尚告口宣 楊溪集 7/8a

四 畫

文彥博

賜忠武軍節度使知永興軍文彥博口宣 文恭集 25/9b

仁宗皇帝賜手詔(附答御手詔) 文瀜公集 16/1b

賜樞密使河陽三城節度使判河南府文彥博加恩告敕口宣 歐陽文忠集 87/16b

樞密使文彥博乞罷節度使公使錢獎諭詔 華陽集 13/9a

撫問判大名府文彥博口宣 華陽集 23/10a

撫問判河南府文彥博口宣 華陽集 23/10b

撫問判河南府文彥博爲母亡口宣 華陽集 23/10b

閣門賜平章軍國重事文彥博加恩告口宣 蘇魏公集 25/7a

賜太師平章軍國重事文彥博自今後入朝凡有拜禮宜特與免拜詔 蘇東坡全集/內制 4/2a

~ 天祥

賜文天祥詔 四明文獻集 2/23a

~ 勝（釋）

賜杭州天竺山傳法住持僧文勝敕書 元憲集 28/6a

王公袞

賜屯田員外郎王公袞獎諭敕書 歐陽文忠集 89/10a

~ 仁

賜起復雲麾將軍濟州防禦使王仁敕書 文恭集 26/5a

~ 安禮

撫問資政殿學士知揚州王安禮口宣 蘇東坡全集/內制 2/4b

~ 洙

賜翰林學士尚書工部郎中知制誥王洙獎諭詔 歐陽文忠集 82/3a

~ 彥

賜王彥獎諭敕書 龜溪集 5/3b

賜王彥獎諭詔 盤洲集 12/7a

賜王彥獎諭詔 盤洲集 12/9a

賜王彥加恩告口宣 盤洲集 16/7a

~ 拱辰

撫問知北京王拱辰口宣 華陽集 23/11b

~ 剛中

賜王剛中訓諭詔 蜀藝文志 26/9a

~ 淮

賜王淮秘書省進書加恩告 益公集 112/118a

王淮特授樞密使賜告口宣 玉堂稿 14/3b

王淮轉官告口宣 玉堂稿 14/8b

賜王淮告口宣 玉堂稿 15/7b

賜王淮告口宣 玉堂稿 15/9a

~ 堅

王堅致仕加恩制口宣 碧梧集 9/5a－6a

~ 惟熙

賜權大理少卿王惟熙等敕書 文恭集 26/3b－4a

~ 偉

賜修武郎閣門祗候權河陽安撫使王偉撫諭敕書 北海集 16/9b

~ 從政

賜侍衛親軍步軍都虞候王從政敕書 文恭集 26/5b

~ 曾

賜玉清昭應宮使王曾等詔 文莊集 3/9b

賜四宮觀使王曾等詔 文莊集 3/10a－10b

~ 琪

樞密院直學士知鄧州王琪進和後院賞花釣魚詩獎諭詔 華陽集 13/13a

~ 廣淵

賜王廣淵獎諭詔元綜撰 宋文鑑 31/19b

~ 慶民

賜西京作坊使知麟州王慶民獎諭敕書 歐陽文忠集 88/10a

~ 德用

賜河陽三城節度使檢校太師同中書門下平章事王德用口宣 文恭集 26/9a

賜知相州宣徽南院使保靜軍節度使王德用撫問詔 景文集 32/3b

~ 燏

勉諭王燏詔 四明文獻集 2/20b

~ 瓊

撫問王瓊並一行將佐軍兵等詔 翟忠惠集 1/2b

神武前軍統制王瓊等獎諭敕書 浮溪集 16/11b 浮溪集/附拾遺 16/189

~ 霨

賜王霨父老請留獎諭詔 蜀藝文志 26/6b

牛 皐

賜親衛大夫安州觀察使唐州信陽軍鎮撫使知蔡州牛皐撫諭敕書 北海集 16/9b

~ 實

賜武義大夫閣門宣贊舍人鄧州南陽縣界巡緝盜賊牛實撫諭敕書 北海集 16/9b

孔彥舟

賜孔彥舟詔 毘陵集 9/9a

五 畫

田元宗

賜溪洞知蔣州田元宗等進奉助南郊並賀冬賀正敕書　臨川集 48/6a

~ 辛

賜離州團練使代州部署田辛等敕書　歐陽文忠集 82/2b

~ 況

賜新除龍圖閣直學士知成德軍府事田況詔　景文集 32/4a

~ 錫

答田錫上疏璽書太平興國六年九月壬辰　宋詔令集 187/683

史　吉

賜海州團練使史吉敕書　文恭集 26/6b

~ 浩

賜史浩遇太上皇帝慶七十加食邑食實封告　益公集 112/115a

賜史浩告口宣　玉堂稿 13/12a

史浩加恩賜告口宣　玉堂稿 14/9b

賜史浩除少師告口宣　玉堂稿 15/8a

~ 彌遠

賜史彌遠襲語　宋本攻媿集 44/9b

賜史丞相　雲莊集 5/3a

六　畫

字文虛中

賜字文虛中詔　北海集 8/10b

賜字文虛中詔　北海集 8/11b

安　俊

賜原州刺史知涇州安俊敕書　文恭集 26/6a

~ 癸仲

安癸仲撫諭四川官史軍民詔　梅山集 14/9b

成　閔

獎諭鎮江府駐劄御前諸軍都統制成閔將本軍不曾銷落繳納批整隱匿付身共九千八百六十件織申三省樞密院乞行毀抹詔　益國文忠集 109/14b　益公集 110/80b

賜成閔郊禮加恩告　益公集 112/114a

曲　端

賜威武大將軍曲端詔　毘陵集 9/8b

朱力成

賜武翼郎閣門宣贊舍人鄧州南陽縣把隘官朱力成撫諭敕書　北海集 16/9b

~ 全

賜武功郎閣門宣贊舍人知唐州朱全撫諭敕書　北海集 16/9b

~勝非

賜新除起復左宣奉大夫守尚書右僕射同中書門下平章事兼樞密院事朱勝非赴行在詔　北海集 8/5b

賜江南西路安撫大使朱勝非詔　毘陵集 9/8a

- 8b

~ 廣用

諭朱廣用敕並表記　金石續編 19/35b

~ 熹

初講畢案前致詞降殿曲謝　攻媿集 46/2a

任　布

賜任布詔　景文集 32/4b

向傳式

撫問護葬使向傳式詔　歐陽文忠集 89/11b

七　畫

沈　介

顯謨閣直學士知潭州荊湖南路安撫使沈介爲招到三衙軍兵並皆少壯及等不擾而辦獎諭詔　文定集 8/3b　新安文獻 2/後 2a

賜顯謨閣直學士荊湖南路安撫使沈介招到三衙軍兵獎諭詔汪應辰撰　新安文獻 2/後 1a

~ 造

賜知建昌軍沈造敕書　歐陽文忠集 86/2b

~ 該

賜尚書左僕射沈該告口宣　楊溪集 7/6b

~ 氏

撫問尚官沈氏敕書　歐陽文忠集 89/11b

汪　藻

賜龍圖閣直學士左朝請大夫知湖州汪藻獎諭詔　北海集 9/3b

宋　庠

賜樞密使宋庠加恩告敕口宣　歐陽文忠集 87/

16b

賜判鄭州宋庠告敕口宣　華陽集 24/6b

～　某

賜知鄆州宋某詔　景文集 32/4b

辛企宗

賜福建制置使辛企宗詔　毗陵集 9/3a

賜御營都統制辛企宗詔　毗陵集 9/12b

李不緒

賜潭州通判李不緒等修子城敕書　文恭集 26/6b

～　回

賜資政殿學士左中大夫江南西路安撫大使馬步軍都總管兼知洪軍州充德安府舒蘄光黃復州漢陽軍宣撫使李回獎諭詔　北海集 9/5a

～　宏

武功大夫貴州團練使知復州李宏並一行人兵獎諭敕書　浮溪集 16/1b　浮溪集/附拾遺 16/ 181

賜武功大夫貴州團練使統制軍馬李宏獎諭敕書　北海集 16/2b

～孝純

賜太尉李孝純加恩告口宣　後樂集 5/10a

～宗勉

賜李宗勉除同僉書口宣　鶴林集 12/12a

～尚行

知信州李尚行等獎諭敕書　浮溪集 16/2b　浮溪集/附拾遺 16/182

～　昭亮

賜彰信軍節度使判成德軍李昭亮敕書　文恭集 25/11b

賜新除昭德軍節度使同中書門下平章事充景靈宮使李昭亮赴闕敕書　文恭集 25/12b

撫問宣徽南院使彰信軍節度使判真定府李昭亮口宣　歐陽文忠集 83/4b

～庭芝

獎諭李庭芝詔　碧梧集 2/4b

賜顯謨閣直學士兩准安撫制置使知揚州李庭芝築城獎諭詔　四明文獻集 2/10a

賜淮東制置大使李庭芝獎諭詔　四明文獻集 2/12a

賜李庭芝獎諭詔　四明文獻集 2/13b

賜李庭芝詔　四明文獻集 2/21b

～師中

賜權提點廣南西路刑獄公事李師中等興水利獎諭敕書　華陽集 19/7b

～清臣

撫問知河南府李清臣口宣　蘇魏公集 26/1b

撫問資政殿學士知永興軍李清臣口宣　范太史集 28/2b

～　惟

慰撫權知貢舉李惟詔大中祥符五年五月甲午　宋詔令集 188/687

～　道

賜知隨州李道獎諭敕書　北海集 16/1a

賜鄂隨州鎮撫使李道獎諭敕書　北海集 16/ 3b

～　璋

閤門賜節度使李璋加恩告口宣　蘇魏公集 25/7b

～　頎

賜知台州李頎救濟水災獎諭敕書　華陽集 19/8a

～端愿

賜鎮東軍節度觀察留後知潁州李端愿口宣　文恭集 26/8b

賜武康軍節度使李端愿告敕口宣　華陽集 24/7a

～端懿

賜鎮潼軍節度觀察留後知鄆州李端懿口宣　文恭集 26/8a

閤門賜新除寧遠軍節度使知潭州李端懿告敕口宣　歐陽文忠集 89/4b

～　齊

李齊一行軍兵等獎諭敕書　浮溪集 16/2a　浮溪集/附拾遺 16/182

～鳴復

賜李鳴復除參櫃口宣　鶴林集 12/12b

～肅之

賜右諫議大夫知瀛州李肅之獎諭敕書　鄆溪集 8/6a

～　綱

親筆手詔　梁溪集 45/9a

親筆宣諭請行　梁溪集 47/4a

親筆宣諭三首　梁溪集 47/14a

宣諭累百章不允辭免

宣論疾速辦行

宣論陳奏請行

親筆手詔　梁溪集 48/11a

親筆宣論途中將護　梁溪集 48/11a

親筆宣論覽所上章陳祖宗之法　梁溪集 48/13a

親筆宣論三首　梁溪集 50/11a

宣論只今策應姚平仲

宣論押人出門策應

宣論姚平仲已出兵

親筆宣論委寄終始　梁溪集 55/14a

親筆宣論三首　梁溪集 55/14b

宣論間已斬黃景

宣論得捷

宣論不得輕易出兵

獎論詔書　梁溪集 77/5a

親筆詔書　梁溪集 79/3b

親筆詔諭　梁溪集 80/2a

淵聖皇帝御筆宣諭　梁溪集 83/13b

獎諭防秋利害詔書　梁溪集 92/2a

奏陳准西事宜獎諭詔書　梁溪集 99/15a

賜李綱詔　龜溪集 4/15a

賜李綱詔　龜溪集 5/2a

~ 璋

賜武城軍節度使知許州李璋告敕口宣　華陽集 24/7b

~ 橫

賜襄陽府統制軍馬李橫獎諭敕書　北海集 16/2a

賜武功大夫遙郡防禦使襄陽府鄂州鎮撫使李橫獎敕書　北海集 16/3b

賜湖衛大夫忠州觀察使神武左副軍統制西京路招撫使襄陽府鄧隨鄂州鎮撫使兼知襄陽府李橫撫諭敕書　北海集 16/9b

改賜李橫等敕書　北海集 16/10b

~ 壇

李壇效順本朝歸連海獻山東獎諭詔　後村集 53/8a

李壇效順本朝請贖父過既歸連海之境土復獻山東之版圖義概忠忱古今鮮儔節鎮王爵恩寵宜優可特授保信寧武軍節度使督視河北京東等路軍馬齊郡王制其故父全特與追復官爵改正日曆令所屬討論施行口宣　後村集 54/16b

~ 顯忠

賜李顯忠告口宣　橫溪集 7/12a

折繼宣

賜知府州折繼宣放罪敕書　元憲集 28/3b

~ 繼祖

賜知府州折繼祖進御馬敕書　華陽集 19/12a

- 12b

呂大防

閤門賜宰相呂大防加恩告口宣　蘇魏公集 25/7a

沿路撫問奉安神宗御容禮儀使呂大防已下口宣　蘇東坡全集/内制 4/14b

沿路撫問奉安神宗御容禮儀使呂大防已下口宣　蘇東坡全集/内制 4/14b

沿路撫問奉安神宗御容禮儀使呂大防已下口宣　蘇東坡全集/内制 4/14b

~ 文德

呂文德特授開府儀同三司依前保寧軍節度使京湖安撫制置大使四川宣撫使兼知鄂州兼湖廣總領霍邱郡開國公加食邑食實封制口宣　後村集 54/14a

呂文德依前官職加恩制口宣　碧梧集 7/5b - 6b

賜呂文德收復開州江面肅清獎諭詔　四明文獻集 2/11a

~ 公著

天章閣待制權知審刑院呂公著斷絕獎諭詔　華陽集 13/12a

~ 公弼

撫問觀文殿學士判太原府呂公弼口宣　華陽集 23/12a

賜樞密使呂公弼加恩告敕口宣　華陽集 24/8b

~ 公綽

賜翰林侍讀學士知徐州呂公綽進明禮詩敕書　文恭集 24/14b

~ 夷簡

撫慰判天雄軍呂夷簡詔 寶元三年十一月己亥　宋詔令集 188/688

~ 頤浩

撫問呂頤浩等口宣　浮溪集 15/14a　浮溪集/附拾遺 15/176

賜江南安撫大使呂頤浩詔　毗陵集 9/1a

賜呂頤浩詔　毗陵集 9/1b

賜呂頤浩詔　龜溪集 5/2b

諭辛執　陳修撰集 7/8a

吳　玠

賜起復檢校少保定國軍節度使川陝宣撫副使吳玠獎諭詔　北海集 9/4b

賜吳玠詔　龜溪集 4/11b

賜吳玠獎諭敕書　龜溪集 5/3b

～　奎

賜兵部員外郎知制誥吳奎知壽州口宣　文恭集 26/7b

召樞密副使吳奎起復口宣　華陽集 23/9a

～　拱

賜吳拱於祁山堡等處大獲捷獎諭詔　盤洲集 12/8b

獎諭御前諸軍都統制利州路安撫使知興元府吳拱詔　益國文忠集 109/14b　益公集 110/81a

賜吳拱慶壽加恩告　益公集 112/115b

獎諭御前諸軍都統制利州路安撫使知興元府吳拱詔　碧梧集 2/5a

～　琰

賜保信軍節度使吳琰加恩告口宣　後樂集 5/10a

～　璘

賜吳璘爲發遣吳拱於祁山堡等處掩殺番賊大獲勝捷獎諭詔　盤洲集 12/8b

賜吳璘告口宣　盤洲集 16/6b

～　環

賜少傅吳環告口宣　後樂集 5/9a

余　靖

賜尚書工部侍郎余靖詔　歐陽文忠集 82/5b

～端禮

知樞密院事余端禮特授銀青光祿大夫右丞相加食邑實封制賜告口宣　攻媿集 45/10b

八　畫

法震(釋)

賜五臺山僧正法震等敕書　元憲集 28/4b

來守順

賜知唐龍鎮殿直來守順敕書　元憲集 28/5a

叔韶

賜右屯衛大將軍叔韶獎諭敕書　歐陽文忠集 83/8a　宋文鑑 32/3a

知今(釋)

賜五臺山十寺僧知今等敕書　文恭集 26/9b－10a

賜五臺山十寺僧正知今等敕書　歐陽文忠集 84/10a

岳飛

賜岳飛詔　龜溪集 5/1a

(紹興四年)復襄陽四詔　金佗稡編 1/1a－2b

(紹興四年)援淮西二詔　金佗稡編 1/3b

(紹興六年)起復一詔　金佗稡編 1/6b

(紹興六年)按邊一詔　金佗稡編 1/7a

(紹興六年)援淮西三詔　金佗稡編 1/7b－8b

(紹興七年)乞解兵柄三詔　金佗稡編 1/12a－13a

(紹興七年)覽恢復奏宴諭詔　金佗稡編/續 1/9b

(紹興二年)蓬嶺敗曹成獲捷撫諭將士詔　金佗稡編/續 3/3a

(紹興五年三月)自池州移軍潭州獎諭詔　金佗稡編/續 3/7a

(紹興五年)招捕湖湘寇戎諭將士詔　金佗稡編/續 3/7a

(紹興五年)殺楊么賜詔獎諭　金佗稡編/續 3/8a

(紹興六年)復商毫二州及偽鎮汝軍撫問詔　金佗稡編/續 3/10b

(紹興六年)行軍襄漢正當雪寒撫諭將士詔　金佗稡編/續 3/11b

(紹興七年)上章乞骸有旨不允繳赴行在入見待罪降詔慰諭　金佗稡編/續 3/13a

(紹興七年)張宗元奏軍旅精鋭獎諭詔　金佗稡編/續 3/14a

(紹興九年)乞同齊安郡王士偬等祇謁陵寢因以往觀敵壘詔以將閫不可久虛不須親往詔　金佗稡編/續 4/5a

(紹興十年)復蔡州因奏賦虜之計大合上意獎諭詔　金佗稡編/續 4/7b

(紹興十年)郾城斬賊將阿李朱李董大獲勝

捷賜詔獎諭仍降關子錢犒賞戰士　金佗稡編/續 4/8b

(紹興十年)師至定遠兀术等望風退遁解圍廬州賜獎諭詔　金佗稡編/續 4/9b

(紹興六年)雪寒撫諭將士黃榜　金佗稡編/續 8/2b

獎諭武勝定國軍節度使湖北京西宣撫使岳飛郢城勝捷仍降犒賞詔程克俊撰　新安文獻 2/前 1b

賜岳飛詔沈與求撰　南宋文範 10/5b

孟忠厚

閤門賜孟忠厚告口宣　浮溪集 15/17a　浮溪集/附拾遺 15/178

九　畫

洪咨夔

賜洪咨夔內翰口宣　翰林集 12/12b

~ 鼎

賜知舒州洪鼎敕書　元憲集 28/6b

施昌言

撫問樞密直學士施昌言爲患口宣　歐陽文忠集 84/12a

祖無頗

賜提刑敕書(1-13)　龍學集 16/5a-12b

柳　約

賜嚴州柳約詔　毘陵集 9/9b

胡安中

武德大夫忠州刺史京西南路提刑權知唐州胡安中獎諭敕書　浮溪集 16/1a　浮溪集/附拾遺 16/181

~ 直孺

刑部尚書兼侍讀胡直孺辭免昭慈獻烈皇太后攢宮橋道頓遞司結局轉兩官依所乞獎諭詔　浮溪集 13/5b　浮溪集/附拾遺 13/150

~ 宿

賜翰林學士兼侍讀學士尚書户部郎中知制誥知審刑院胡宿詔　歐陽文忠集 86/7b

范百祿

賜尚書吏部侍郎范百祿進選成詩傳補注二十卷獎諭詔　蘇魏公集 22/4a

賜范成大獎諭　蜀藝文志 26/10a

~ 純仁

撫問觀文殿學士知潁昌府范純仁口宣　蘇魏公集 26/1a

~ 溫

范溫等撫諭招收敕書　浮溪集 16/7a　浮溪集/附拾遺 16/185

~ 雍

賜振武軍節度使知延州范雍充鄜延環慶兩路沿邊經畧安撫使詔　元憲集 27/12b

撫問鄜延環慶兩路沿邊經畧安撫使范雍　元憲集 30/9b

~ 鎮

賜端明殿學士銀青光祿大夫致仕范鎮獎諭詔　蘇東坡全集/内制 10/2b　宋文鑑 31/21b

賜端明殿學士銀青光祿大夫致仕范鎮獎諭詔　蘇軾撰　宋文鑑 31/21b

置勒斯賁

賜置勒斯賁詔　元憲集 27/14a

皇甫泌

賜新授右諫議大夫皇甫泌口宣　文恭集 26/7b

笪萬壽

賜笪萬壽詔　四明文獻集 2/18a

省　奇

賜五臺山十寺僧正省奇以下獎諭敕書　蘇魏公集 24/1a

賜五臺山十寺僧正省奇等進奉興龍節新正功德疏獎諭敕書　蘇魏公集 24/5b

賜五臺山十寺僧正省奇等進奉興隆節功德疏等獎諭敕書　蘇東坡全集/内制 5/12b

賜五臺山十寺僧正省奇己下獎諭敕書　蘇東坡全集/内制 8/10a

賜五臺山十寺僧正省奇等獎諭敕書　蘇東坡全集/内制 10/11a

賜五臺山十寺僧正省奇等獎諭敕書　范太史集 29/14b

賜五臺山十寺僧正省奇等進奉功德疏獎諭

敕書　范太史集 32/4a

姚　憲

賜姚憲乞以耀到米一萬石助平江府常州關乏獎諭詔　盤洲集 12/9a

～　麟

撫問恤奉官姚麟以下口宣　范太史集 31/16b

十　畫

高　順

賜鳳州團練使高順等敕書　文恭集 26/5b

～　賦

賜知唐州光祿卿高賦獎諭詔　臨川集 47/13a

－b

～遵約

賜知乾寧軍高遵約獎諭敕書　歐陽文忠集 85/10a

唐　悤

荊南府唐悤獎諭敕書　浮溪集 16/10b　浮溪集/附拾遺 16/188

郝　質

賜新授龍神衛四廂都指揮使英州團練使郝質敕書　歐陽文忠集 82/5b

賜殿前副都指揮安德軍節度使郝質告敕口宣　華陽集 24/9a

夏　棘

賜奉寧軍節度使就差知涇州夏棘充涇原秦鳳兩路沿邊經畧安撫使詔　元憲集 27/13b

撫問知永興軍夏棘　元憲集 30/6a

撫問涇原秦鳳兩路沿邊經畧安撫使夏棘　元憲集 30/9b

～　貴

賜淮西制置大使夏貴獎諭詔　四明文獻集 2/12a

賜夏貴詔　四明文獻集 2/21a

勉諭夏貴詔　四明文獻集 2/22b

賜夏貴詔　四明文獻集 2/22b

馬　友

拱衛大夫成州團練使權荊湖東路副總管馬友并一行官兵等獎諭敕書　浮溪集 16/3a

浮溪集/附拾遺 16/182

漢陽軍荊湖東路招撫使馬友諭敕書　浮溪集 16/4a　浮溪集/附拾遺 16/182

～光祖

沿江制使馬光祖任責設城轉二官降詔獎諭　後村集 53/7a

御筆馬光祖興築宜城招收遊繫補填諸軍關額創造器用戰船費用繁莫非樽節截浩覽來奏具見勞能可令學士院降詔獎諭　後村集 53/7b

畢再遇

賜畢再遇蕩平淮宼顯有勞效獎諭詔　真西山集 22/26a

晁公武

賜晁公武獎諭　蜀藝文志 26/9b

～仲約

賜知深州晁仲約爲野蠶成繭獎諭敕書　華陽集 19/8a

～　迴

慰撫權知貢舉晁迴詔大中祥符五年五月甲午　宋詔令集 188/687

時　俊

賜時俊獎諭詔　盤洲集 12/7b,9b

桑　立

賜權知鄂州桑立獎諭敕書　北海集 16/3b

～　仲

鄂隨鄂州鎮撫使桑仲獎諭敕書　浮溪集 16/4a　浮溪集/附拾遺 16/183

孫　汸

賜新除觀文殿學士禮部侍郎孫汸詔　歐陽文忠集 86/5b

撫問知延州孫汸口宣　華陽集 23/11b

賜資政殿學士知河中府孫汸告敕口宣　華陽集 24/10a

～　固

天章閣待制知審刑院孫固斷絕獎諭詔　華陽集 13/12a

十一畫

梁子美

撫問資政殿大學士宣奉大夫大名尹梁子美口宣　摘文集 9/4a

~ 適

賜定國軍節度使知太原府梁適口宣　文恭集 25/11b

章　誠

賜權知海州章誠獲軍賊獎諭敕書　華陽集 19/8a

許大年

朝散郎提舉淮南西路茶鹽公事許大年並本司官屬獎諭敕書　浮溪集 16/11a　浮溪集/附拾遺 16/188

~ 元

賜天章閣待制知揚州許元詔　歐陽文忠集 84/10a

~ 懷德

閤門賜許懷德告口宣　歐陽文忠集 88/6a

郭申錫

賜判大理寺郭申錫及審刑詳議官等敕書　文恭集 26/2b－3a

~ 仲荀

賜浙東宣撫副使郭仲荀詔　毘陵集 9/9a

~ 逵

賜判延州郭逵官告敕牒兼傳宣撫問口宣　華陽集 24/10b

撫問宣徽南院使郭逵口宣　郡溪集 10/5a

康德輿

賜新授閤門使康德輿口宣　文恭集 26/8b

黃萬石

勉諭江西制置大使黃萬石置司隆興府詔　四明文獻集 2/15b

梅堯臣

賜屯田員外郎國子監直講梅堯臣獎諭敕書　歐陽文忠集 88/10a

~ 詢

賜尚書兵部員外郎知壽州梅詢敕書　元憲集 28/5b

~ 摰

撫問潭州滑州衞州通利軍梅摰等及存恤逐州軍爲水災及防護堤岸口宣　歐陽文忠集 84/12a

曹　成

武功大夫榮州團練使知鄂州曹成並一行人兵獎諭敕書　浮溪集 16/1b　浮溪集/附拾遺 16/181

~ 佾

賜景靈宮使曹佾加恩告敕口宣　郡溪集 10/6b

賜濟陽郡王曹佾在朝假將百口特與寬假將理詔　蘇東坡全集/內制 10/7b

~ 勛

曹勛除開府儀同三司賜告口宣　玉堂稿 13/1b

~ 觀

賜知建昌軍曹觀敕書　文恭集 26/6a

戚　方

賜戚方獎諭詔　盤洲集 12/9a

張子蓋

賜張子蓋口宣　梅溪集 7/9b

~ 方平

賜張方平詔　韓南陽集 15/3a

賜觀文殿學士知河南府張方平告敕口宣　華陽集 24/10a

撫問南京張方平口宣　郡溪集 10/5a

賜張方平父老借留獎諭詔　蜀藝文志 26/7b

~ 世傑

獎諭張世傑詔　四明文獻集 2/24a

~ 田

敕書下安信軍通判殿中丞張田　包孝肅奏議 9/171a

~ 成

萊州張成進天申節禮物金銀獎諭敕書　浮溪集 16/11a　浮溪集/附拾遺 16/188

~ 孝純

賜張孝純詔　忠惠集 1/2a

~ 珏

賜四川制置副使兼知重慶府張珏詔　四明文獻集 2/17a

~ 赴

賜知乾軍內殿承制張赴獎諭敕書　蘇東坡全集/內制 7/1b

~茂實

閤門賜張茂實告敕口宣　歐陽文忠集 88/6a

賜淮康軍節度使知曹州張茂實加恩告敕詔　華陽集 14/2a

賜淮康軍節度使知曹州張茂實加恩告敕口宣　華陽集 24/7b

~　昇

賜新授龍圖閣直學士張昇口宣　文恭集 25/10b

判許州張昇進南郊慶成詩獎諭詔　華陽集 13/12b

賜判許州張昇南郊加恩告敕詔書口宣　華陽集 24/9b

賜樞密使張昇明堂加恩告敕口宣　華陽集 24/9b

~　俊

撫問張俊口宣　浮溪集 15/16a　浮溪集/附拾遺 15/178

賜浙東制置使張俊詔　昆陵集 2a－2b

賜張俊詔　龜溪集 4/14a

賜張俊詔　龜溪集 5/1b

~　淡

賜檢校少保定國軍節度使知樞密院事張淡赴行在詔　北海集 8/6b

賜川陝宣撫使司張淡詔　北海集 8/7b

賜陝西宣撫處置使張淡詔　昆陵集 9/3b－5b

賜張淡詔　龜溪集 4/13a

賜張淡詔　龜溪集 4/14a

撫問張淡　斐然集 14/26b

賜新除少傅觀文殿大學士魏國公張淡口宣　鄮峰錄 6/11a

賜陝西宣撫處置使張淡詔張守撰　南宋文範 10/4b

~起巖

賜知婺州張起巖獎諭詔　四明文獻集 2/13a

賜知婺州張起巖獎諭詔王應麟撰　南宋文範 10/14b

~　深

賜張深獎諭詔　龜溪集 4/6a

~　琪

從義郎張琪等獎諭敕書　浮溪集 16/3b　浮溪集/附拾遺 16/183

~貴和

賜知建昌軍張貴和敕書　歐陽文忠集 84/6a

~　舒

河決遣張舒等安撫京東詔　咸平三年八月辛亥　宋詔令集 187/685

~智常

賜定遠將軍張智常獲僞智高母弟獎諭敕書　華陽集 19/8b

~　誡

賜張誡獎諭詔元鋒撰　宋文鑑 31/19b

~　運

獎諭右通議大夫充敷文閣待制提舉江州太平興國宮張運就饒州以私家米穀助賑濟詔　益國文忠集 109/15a　益公集 110/81b

~　璪

撫問資政殿學士光祿大夫知定州張璪口宣　蘇魏公集 26/1a

撫問知河南府張璪口宣　蘇東坡全集/內制 5/5b

陳太素

賜權判大理寺陳太素等敕書　文恭集 26/3a

賜判大理寺陳太素敕書　歐陽文忠集 86/8a

~宜中

再賜陳宜中詔　四明文獻集 2/19b

勉諭陳宜中詔　四明文獻集 2/20b

勉諭陳宜中詔　四明文獻集 2/23b

~彥明

賜陳彥明下一行官兵等獎諭敕書　北海集 16/3a

~俊卿

賜陳俊卿告口宣　玉堂稿 16/5b

~康伯

賜陳康伯告口宣　漢濱集 3/5a

賜陳康伯告口宣　盤洲集 16/5b

~　規

賜左中奉大夫徽猷閣待制德安府復州漢陽軍鎮撫使馬步軍都總管兼知德安府陳規獎諭詔　北海集 9/2b

~執中

賜鎮海軍節度使判亳州陳執中待罪特放敕書　文恭集 25/5b

賜鎮軍節度使檢校太尉同中書門下平章事判亳州陳執中詔　歐陽文忠集 84/5b

賜新授觀文殿大學士行尚書左僕射陳執中

詔　歐陽文忠集 85/2a

~ 堯咨

賜陳堯咨敕　金石萃編 130/8b

~ 傅良

初講畢案前致詞降殿曲謝　攻媿集 46/2a

~ 損之

賜提舉淮南東路常平茶鹽公事陳損之獎諭敕書　宋本攻媿集 41/4b　攻媿集 47/1a

~ 暘叔

賜新授禮部郎中充天章閣待制陳暘叔口宣　文恭集 26/8a

~ 繹

賜秘書丞館閣校勘陳繹進擬御試賦獎諭敕書　華陽集 19/6b

十 二 畫

湯思退

賜湯思退口宣　盤洲集 16/2b

賜湯思退提舉太平興國宣告口宣　盤洲集 16/4b

富　弼

賜判河陽富弼告敕口宣　華陽集 24/7a

賜觀文殿大學士尚書左僕射判汝州富弼加恩口宣　臨川集 48/10b

撫問判河陽富弼口宣　鄱溪集 10/6a

馮　京

翰林學士馮京以下進南郊慶成詩獎諭詔　華陽集 13/12b

撫問知大名府馮京口宣　蘇東坡全集/內制 5/13a

撫問知大名府馮京口宣　蘇東坡全集/內制 9/6b

~ 浩

賜集賢校理馮浩等進南郊慶成詩獎諭敕書　華陽集 19/9a

曾公亮

賜翰林學士尚書左司郎中知制誥權知審刑院曾公亮詔　歐陽文忠集 85/3a

閤門賜新除守太傅依前河陽三城節度使兼侍中魯國公致仕曾公亮告敕口宣　韓南陽集 15/27a

賜宰臣曾公亮南郊加恩告口宣　華陽集 24/8a

賜樞密使曾公亮告敕口宣　華陽集 24/8a

~ 懷

曾懷除右丞相賜告口宣　玉堂稿 13/1a

~ 觀

賜曾觀慶壽加恩告　益公集 112/115b

賜曾觀郊禮加恩告　益公集 112/116b

賜曾觀告口宣　玉堂稿 13/12b

彭　毘

賜武功大夫吉州團練使知汝州彭毘撫諭敕書　北海集 16/9b

程　唐

賜程唐獎諭詔　盩溪集 4/6a

~ 林（琳）

賜鎮安軍節度使判陳州程林口宣　文恭集 26/8a

~ 琳

賜北京留守資政殿學士工部尚書程琳撫問詔　景文集 32/3b

賜鎮安軍節度使同中書門下平章事判陳州程琳進奉乾元節詔　歐陽文忠集 83/3b

賜程琳收獲劫盜逃兵獎諭詔　蜀藝文志 26/6a

~ 戡

賜宣徽南院使判延州程戡告敕口宣　華陽集 24/8b

賜程戡修城池獎諭詔　蜀藝文志 26/7b

喬行簡

右丞相喬行簡口宣　平齋集 16/4a

傅　卞

賜特放懷州傅卞待罪詔　臨川集 48/4b

順　行（釋）

賜五臺山十寺院僧正順行已下獎諭敕書　韓南陽集 15/15a

~ 韶（釋）··

賜五臺山十寺僧正順韶等敕書　文恭集 26/9a

賜五臺山十寺僧正順韶已下敕書　鄱溪集 9/17b

十三畫

楊 立

賜利西路安撫副使兼知涪州楊立詔 四明文獻集 2/16b

~ 申

光祿卿知濟州楊申訓兵有法獎論詔 華陽集 13/9b

~次山

賜太尉楊次山加恩告口宣 後樂集 5/9b

~存中

賜楊存中都督江淮軍馬告口宣 盤洲集 16/4b

~ 谷

賜楊谷加恩口宣 鶴林集 12/13a

~ 倞

獎論昭慶軍節度使知太平州楊倞詔 益國文忠集 109/15b 益公集 110/82a

賜楊倞慶壽加恩告 益公集 112/115b

楊倞除靖海軍節度使賜告口宣 玉堂稿 13/1a

~惟忠

賜楊惟忠獎論詔 北海集 9/6a

~ 開

賜權少卿楊開敕書 歐陽文忠集 86/8a

~ 儀

賜知建昌軍楊儀進奉銀珠稻米敕書 歐陽文忠集 89/9a

~蕃孫

楊蕃孫特授保康軍節度使提舉佑神觀免奉朝請進封淳安郡開國侯加食邑食實封制口宣 後村集 54/12b

~ 繪

召翰林學士楊繪入院口宣 華陽集 23/9a

賈似道

賈似道依前太傅右丞相兼樞密使兼太子少師魯國公加食邑千户食實封四百户制口宣(1-2) 後村集 54/12a,20a

~昌朝

賜山南東道節度使同中書門下平章事賈昌朝敕書 文恭集 25/3b

賜山南東道節度使檢校太師同中書門下平章事賈昌朝口宣 文恭集 25/4a

賜賈昌朝口宣 文恭集 25/4a

賜判大名府賈昌朝告敕口宣 華陽集 24/9a

賜判許州賈昌朝敕牒口宣 華陽集 24/9a

賜賈昌朝加恩告敕口宣 華陽集 24/9b

~ 選

賜大理卿賈選等獎論敕書 玉堂稿 16/15b

~ 贄

翰林學士賈贄進宴墓玉殿詩獎論詔 華陽集 13/13a

裘萬頃

宋寧宗賜秘書監丞裘萬頃敕 竹齋集 4/1a

虞允文

賜新除樞密使虞允文諭口宣 文定集 8/3b

葉 衡

葉衡轉官加恩賜告口宣 玉堂稿 13/6b

董 先

賜武功大夫吉州觀察使河南府孟汝鄭州鎮撫使董先撫論敕書 北海集 16/9b

~ 汙

賜京東路轉運使董汙殺散河北賊敕書 文恭集 26/1b

~ 貴

賜撫州刺史滄州鈐轄董貴敕書 文恭集 26/5a

~ 詢

賜廣南東路轉運使董詢捉殺海賊獎論敕書 華陽集 19/7a

~ 槐

董槐依前觀文殿大學士宣奉大夫判福州福建安撫大使濠梁郡開國公食邑實封如故制口宣 後村集 54/9a

觀文殿大學士宣奉大夫判福州福建安撫大使董槐依前觀文殿大學士宣奉大夫提舉臨安府洞霄宮特進封永國公加食邑食實封制口宣 後村集 54/10b

~ 震

賜新除武節大夫遜郡刺史依前閤門宣贊舍人權商郿陝州鎮撫使兼知郿州董震獎論敕書 北海集 16/8a

賜武節大夫貴州刺史兼閤門宣贊舍人權南號陝州鎭撫使董震撫諭敕書　北海集 16/ 9b

~ 允初

閤門賜感德軍節度使允初告敕口宣　歐陽文忠集 87/16b

~ 允弼

賜皇兄寧國軍節度使同中書門下平章事同知大宗正事北海郡王允弼敕書　文恭集 26/4a

閤門賜起復皇伯祖允弼告敕口宣　郎溪集 10/2b

解　潛

撫問河南制置使解潛詔　程忠惠集 1/2b

鄒得龍

賜鄒得龍除金書兼參政口宣　鶴林集 12/11b

十 四 畫

齊　恢

賜天章閣待制知審刑院齊恢獎諭詔　臨川集 48/3a

又賜知審刑院齊恢獎諭詔　臨川集 48/3b

賜敕獎諭審刑院詳議官大理寺詳斷官等　臨川集 48/3b

趙乃裕

皇姪乃裕特授檢校少保依前保寧軍節度使天水郡開國公加食邑食實封制口宣　後村集 54/15b

~ 士歆

士歆加食邑實封制賜告口宣　攻媿集 45/2a

士歆特授保康軍節度使賜告口宣　玉堂稿 14/4b

~ 士暢

士暢特授少師加食邑賜告口宣　玉堂稿 15/ 13b

~ 子霆

賜修武郎趙子霆獎諭敕書　擷文集 3/3b

~ 文昌

賜敕獎諭審刑院詳議官大理寺詳斷官等　臨川集 48/3b

又賜獎諭審刑院詳議官大理寺詳斷官等　臨川集 48/3b

~ 公謹

趙公謹獎諭敕書　浮溪集 16/4b　浮溪集/附拾遺 16/183

~ 化明

賜乾寧軍兵馬監押右班殿直趙化明敕書　元憲集 28/4a

~ 允良

閤門賜華原郡王允良告敕口宣　歐陽文忠集 87/16b

~ 允讓

賜平江軍節度使兼侍中知大宗正事允讓敕書　文恭集 26/4b

~ 世長

賜祠部郎中知河南府陵臺令兼永安縣趙世長敕書　元憲集 28/5b

~ 汝愚

右丞相趙汝愚加食邑實封制賜告口宣　攻媿集 45/1a

右丞相趙汝愚特授銀青光祿大夫加食邑實封制賜告口宣　攻媿集 45/8b

~ 克沖

賜右領軍衛將軍克沖獎諭敕書　歐陽文忠集 84/5a

~ 扑

龍圖閣直學士知成都府趙扑治逐優異獎諭詔　華陽集 13/10a

賜趙扑父老借留獎諭詔　蜀鑑文志 26/8a

~ 伯圭

皇伯祖太師嗣秀王伯圭特授兼中書令加食邑食實封制賜告口宣　攻媿集 45/7b

~ 宗祐

閤門賜嗣國公宗祐加恩告口宣　蘇魏公集 25/7a

~ 宗楚

閤門賜嗣國公宗楚加恩告口宣　蘇魏公集 25/7a

~ 宗愈

閤門賜嗣郡王宗愈加恩告口宣　蘇魏公集 25/7a

~ 宗暉

閤門賜嗣濮王宗暉加恩告口宣　蘇魏公集 25/7a

~ 宗諤

賜皇兄保靖軍節度使宗諤告敕口宣　華陽集 24/6a

賜皇伯號國公宗渴告敕口宣 華陽集 24/6b

~宗樓

閤門賜宗樓告敕口宣 郡溪集 10/2b

~宗隱

閤門賜嗣郡王宗隱加恩告口宣 嵩魏公集 25/7a

~宗顏

賜左屯衛大將軍封州刺史宗顏進和御製讀三朝寶訓詩獎諭敕書 元憲集 28/3a

~宗懿

撫問西京並汝州路柩葬隨護宗懿已下敕書 歐陽文忠集 89/11b

~叔敖

賜皇姪叔敖進南郊慶成頌獎諭敕書 華陽集 19/8b

~叔韶

賜右屯衛大將軍叔韶獎諭敕歐陽修撰 宋文鑑 32/3a

~居中

賜皇弟居中慶壽加恩告 益公集 112/115b

~居廣

居廣特授少傅加食邑賜告口宣 玉堂稿 15/13b

~承亮

賜宗室磁州防禦使承亮進恰亭受薦頌敕書 文恭集 24/14a

賜皇伯祖威德軍節度使榮國公承亮加恩口宣 臨川集 48/9a

~承顯

賜皇伯祖承顯加食邑詔 華陽集 14/1a

~彦吶

四川安撫制置使趙彦吶堅守邊關將士用命獎諭詔 平齋集 14/1b

~思正

趙思正依前皇叔安德軍節度使開府天水郡開國公加食邑食實封制口宣 後村集 54/5a

~ 起

賜武經大夫達州刺史知信陽軍趙起撫諭敕書 北海集 16/9b

~ 倫

左武大夫成州刺史京畿提刑兼權京城副留守趙倫獎諭敕書 浮溪集 16/1a 浮溪集/附拾遺 16/181

~師垂

賜師垂告口宣 後樂集 5/10b

~師彌

趙師彌依前皇叔祖太傅保寧軍節度使判太宗正事嗣秀王加食邑食實封制口宣 後村集 54/2b

~ 密

賜少保致仕趙密告口宣 盤洲集 16/2a

賜趙密落致仕權殿前司職事告口宣 盤洲集 16/3b

~ 滋

賜步軍都虞候趙滋告敕口宣 華陽集 24/8b

~ 雄

趙雄特授宣奉大夫依前右丞相魯郡開國公加食邑賜告口宣 玉堂稿 13/10b

趙雄特授右丞相賜告口宣 玉堂稿 14/3b

趙雄轉官告口宣 玉堂稿 14/8b

賜趙雄告口宣 玉堂稿 15/8b

~ 誠

賜梓州路轉運使趙誠獎諭敕書 郡溪集 9/7b

~ 詢

賜皇子榮王告口宣 後樂集 5/8b

~ 項

賜皇子進封淮陽郡王璜告敕口宣 華陽集 24/6a

~ 棣

抄依前保慶軍節度使建安郡王加食邑食實封制口宣 後村集 54/4a

~ 愷

賜皇子愷郊祀大禮畢加食邑食實封告 益公集 112/113a

~ 廣

賜皇兄廣郊禮加恩告 益公集 112/113b

[~與芮]

依前皇弟少保武康軍節度使充萬壽觀嗣榮王加食邑食實封制口宣 後村集 54/3b

~與芮

賜告口宣 碧梧集 3/5b

~與權

趙與權依前皇兄安德軍節度使開府萬壽使天水郡開國公加食邑食實封制口宣 後村集 54/5b

~ 蔡

趙蔡依前少保觀文大學士體泉觀使公加食

邑食實封制口宣 後村集 54/6b

~ 頵

賜皇弟樂安郡王頵告敕口宣 華陽集 24/6b

~ 璩

賜皇弟璩郊禮加恩告 益公集 112/113b

~ 顗

閣門賜徐王加恩告口宣 蘇魏公集 25/7a

~ 顥

閣門賜岐王顥加恩告敕口宣 鄞溪集 10/6b

~

賜嗣秀王告口宣 後樂集 5/9a

蒲察久安

賜蒲察久安告口宣 盤洲集 16/6a

賜蒲察久安郊禮加恩告 益公集 112/114a

蒲察久安加恩賜告口宣 玉堂稿 14/9b

翟 琮

賜利州觀察使河南府孟汝鄭州鎮撫使兼知河南府翟琮撫論敕書 北海集 16/9b

十五畫

潘清卿

賜潘清卿等乞以秦國大長公主所留金銀助視師犒勞之費不受獎諭詔 盤洲集 12/8b

鄭性之

賜鄭性之除參政口宣 鶴林集 12/12a

~ 居中

賜新除宰臣鄭居中口宣 摘文集 9/7a

~ 清之

左丞相鄭清之口宣 平齋集 4a

鄭清之依前太傅左丞相兼樞密使魏國公加食邑實封制口宣 後村集 54/2a

~ 藻

賜鄭藻告口宣 楊溪集 7/11b

賜鄭藻郊禮加恩告 益公集 112/113b

賜鄭藻慶壽加恩告 益公集 112/115a

賜鄭藻告口宣 玉堂稿 13/12b

鄭藻加恩賜告口宣 玉堂稿 14/9b

歐陽修

神宗御札治平四年二月二十四日差中使朱可道賜

歐陽文忠集 93/3b

神宗御札三月四日差中使朱可道賜 歐陽文忠集 93/9a

撫問知青州歐陽修口宣 華陽集 23/11b

賜參知政事歐陽修南郊加恩告敕口宣 華陽集 24/7a

賜觀文殿學士新除兵部尚書知青州歐陽修詔 傳家集 16/5b 司馬溫公集 56/8a

賜參政歐陽修詔治平四年三月壬子 宋詔令集 188/689

蔡冠卿

賜敕獎論權大理寺少卿蔡冠卿 臨川集 48/4a

~ 挺

賜天章閣待制知渭州蔡挺獎諭詔 臨川集 47/13a

~ 襄

御書賜龍圖閣直學士權知開封府蔡襄摹寫賜御書刻石事敕書 文恭集 24/13a

劉子羽

賜劉子羽獎諭詔 龜溪集 4/6a

~ 平

賜殿前都虞候劉平進謝到任馬敕書 元憲集 28/9a

~ 正夫

賜新除宰臣劉正夫口宣 摘文集 9/7a

~ 光世

撫問劉光世等口宣 浮溪集 15/16a 浮溪集/附拾遺 15/177

賜新除江東淮西路宣撫使劉光世詔 北海集 8/9b

賜浙西安撫大使劉光世詔 毘陵集 9/7b

賜劉光世詔 龜溪集 4/14a

賜劉光世詔 龜溪集 5/1b

賜劉光世詔 龜溪集 5/2b

~ 昌祚

賜殿前副都指揮使武康軍節度使劉昌祚獎諭詔 蘇魏公集 23/2b

賜知渭州劉昌祚敕書 蘇魏公集 24/4a

閣門賜殿前副都指揮使劉昌祚加恩告口宣 蘇魏公集 25/7b

賜侍衛親軍馬軍都虞候劉昌祚進奉賀明堂禮畢馬敕書 蘇東坡全集/内制 1/7b

~洪道

青州劉洪道獎諭敕書　浮溪集 16/5a　浮溪集/附拾遺 16/184

賜徽獻閣直學士降授左中奉大夫知鄂州荊湖北路安撫使劉洪道獎諭詔　北海集 9/3a

~從廣

賜相州觀察使劉從廣進奉乾元節馬詔　歐陽文忠集 88/4a

~淡

賜新授憲州防禦使劉淡敕書　文恭集 26/5a

賜庶州觀察使定州路副都部署劉淡進奉謝恩馬詔　歐陽文忠集 89/8a

賜庶州觀察使劉淡賀拾享進馬詔　華陽集 15/8a

~ 敞

賜起居舍人知制誥劉敞等獎諭詔　歐陽文忠集 88/9a

賜翰林侍讀學士知汝州劉敞賀登寶位進馬詔　華陽集 15/8b

~舜卿

賜徐州觀察使知渭州劉舜卿進奉賀明堂禮畢馬詔敕書　戴魏公集 24/5b

賜殿前都虞候寧州團練使知照州劉舜卿進奉賀冬馬敕書　蘇東坡全集/内制 10/3b

~嗣明

宣召翰林學士劉嗣明口宣　摘文集 9/3b

~德進

賜解州刺史劉德進馬敕書　華陽集 19/12b

~ 懋

賜劉懋郊禮加恩告　益公集 112/114a

賜劉懋加恩告　益公集 112/116a

~ 寔

賜劉寔告口宣　漢濱集 3/5a

賜劉寔獎諭詔　盤洲集 12/7a

滕　甫

賜召滕甫入院口宣　臨川集 48/13a

鄧洵仁

宣召翰林學士承旨鄧洵仁口宣　摘文集 9/6b

~洵武

賜新除知樞密院鄧洵武口宣　摘文集 9/7a

~ 隨

武義大夫忠州刺史閣門宣贊舍人襄陽府鄧

隨獎論敕書　浮溪集 16/4a　浮溪集/附拾遺 16/183

賜翊衛大夫忠州觀察使神武左副軍統制西京路招撫使襄陽府鄧隨撫諭敕書　北海集 16/9b

十六畫

燕　度

賜特放謀議大夫知潭州燕度待罪詔　臨川集 48/4a

賜特放知潭州燕度待罪詔　宋文鑑 31/17b

盧士宗

龍圖閣直學士知審刑院盧士宗斷絕獎諭詔　華陽集 13/10a－11b

閔　仲

付閔仲御札　益國文忠集 148/8b　益公集 148/9a

錢公輔

兵部員外郎知制誥知江寧府錢公輔待罪特放詔　華陽集 17/17a

~明逸

賜端明殿學士禮部侍郎錢明逸轉官謝恩進馬詔　華陽集 15/10a

~象先

賜刑部郎中充天章閣待制錢象先等獎諭詔　歐陽文忠集 88/9b

賜龍圖閣直學士知審刑院錢象先斷絕獎諭詔　華陽集 13/11b－12a

~象祖

賜右丞相錢象祖襲語劄子附　宋本攻媿集 44/1a　攻媿集 46/8a

十七畫

謝奕昌

賜謝奕昌除節鉞口宣　鶴林集 12/11b

謝奕昌依前少保保寧軍節度使充萬壽觀使臨海郡開國公加食邑食實封制口宣　後村集 54/7a

謝奕昌特封祁國公口宣　後村集 4/8a

~奕禮

賜謝奕禮除節鉞口宣　鶴林集 12/11b

~ 淵

賜少保謝淵告口宣 後樂集 5/9b

韓琦移鎮永興賜本鎮敕書 宋詔令集 189/692

賜守司徒檢校太師兼侍中韓琦詔王安石撰

宋文鑑 31/16a

韓世忠

賜福建宣撫副使韓世忠詔 翟忠惠集 1/8b

賜檢校少師武成感德軍節度使神武左軍都統制韓世忠獎諭詔 浮溪集 13/5a 浮溪集/附拾遺 13/150

韓世忠告敕口宣 浮溪集 15/13a 浮溪集/附拾遺 15/176

撫問韓世忠口宣 浮溪集 15/13b 浮溪集/附拾遺 15/176

撫問韓世忠等一行軍兵將佐口宣 浮溪集 15/16b 浮溪集/附拾遺 15/178

賜新除鎮江府建康府淮南東路宣撫使韓世忠詔 北海集 8/11a

賜兩浙制置使韓世忠詔 毘陵集 9/2b－3a

賜韓世忠詔 龜溪集 4/12b

賜韓世忠詔 龜溪集 4/14a

詔獎諭韓世忠 攖芳文粹 90/21a

賜新除鎮江府建康府淮安東路宣撫使韓世忠詔蔡崇禮撰 南宋文範 10/6a

～ 琦

賜武康軍節度使韓琦口宣(1－3) 文恭集 25/7b－8a

賜武康軍節度使韓琦進奉端午馬詔敕 歐陽文忠集 85/1a

賜判大名府韓琦便宜從事詔 華陽集 13/7b

賜使相判大名府韓琦條畫河北利害詔 華陽集 13/8a

賜判大名府韓琦爲水災撫輯河北詔 華陽集 13/8b

賜守司徒兼侍中判相州韓琦赴闕朝見後赴任詔 華陽集 14/4b

賜宰臣韓琦生日進馬詔 華陽集 15/10b

召判相州韓琦赴闕朝見口宣 華陽集 23/10a

撫問判大名府韓琦口宣 華陽集 23/11a

賜宰臣韓琦南郊加恩告敕口宣 華陽集 24/7b－8a

賜淮南節度使守司徒兼侍中判相州韓琦加恩口宣 臨川集 48/9a

撫問判永興軍韓琦口宣 臨川集 48/10b

撫問陝西安撫使韓琦以下口宣 鄖溪集 10/5a

撫問判永興軍韓琦口宣 鄖溪集 10/5b

撫問判大名府韓琦口宣 鄖溪集 10/6a

～ 絳

賜陝西諸州軍官吏將校僧道耆老百姓等遣韓絳往彼宣撫敕書 華陽集 19/10a 宋詔令集 188/689

賜建雄軍節度使知定州韓絳獎諭詔 王魏公集 2/1b

賜司空開府儀同三司致仕韓絳乞受册禮畢隨班稱賀免赴詔 王魏公集 2/2a

韓絳宣撫陝西賜本路敕書 熙寧三年九月 宋詔令集 188/689

～ 鎮

撫問知永興軍韓鎮口宣 蘇魏公集 26/1b

～ 璜

獎諭韓璜等詔 華陽集 13/9b

賜梓州路轉運使韓璜等減罷重難差役獎諭敕書 華陽集 19/7a

～ 贄

賜特放知成德軍韓贄待罪詔 臨川集 48/4b

十八畫

藍 丞

賜知汀州藍丞平江西賊敕書 文恭集 26/1b

～ 瑞

藍瑞等局措置修閘堤岸有勞敕 襄陵集 3/6a

魏 羽

答魏羽璽書太平興國六年十一月甲午 宋詔令集 187/683

～ 氏

賜御侍夫人魏氏以下敕書

十九畫

譙令雍

賜保成軍節度使譙令雍加恩告口宣 後樂集 5/10a

龐 籍

賜昭德軍節度使知并州龐籍口宣 文恭集 25/6a

賜新授觀文殿學士知鄆州龐籍口宣 文恭集 25/6b

賜昭德軍節度使龐籍進奉端午馬詔敕　歐陽文忠集 85/1a

賜昭德軍節度使檢校太傅知并州龐籍撫諭戒厲詔　歐陽文忠集 85/7b

賜觀文殿大學士知定州龐籍進奉謝恩馬詔　歐陽文忠集 89/7b

勅賜昭德軍節度使檢校太傅知并州龐籍撫諭戒厲詔　宋詔令集 188/688

關師古

賜關師古獎諭敕書　龜溪集 5/3b

羅　榮

賜綘州團練使羅榮進奉賀冬馬詔　邵溪集 8/8b

二十畫

寶舜卿

賜康州防禦使寶舜卿等賀皇太后皇后授册進馬詔　華陽集 15/9a

賜知辰州寶舜卿進謝恩馬敕書　華陽集 19/12b

二十二畫

龔會元

賜知廣德軍龔會元進先春茶敕書二首　元憲集 28/76

權少卿

賜判大理寺權少卿敕書　歐陽文忠集 86/8a

無姓名

翰林書畫琴院醫藥等待詔加恩　咸平集 29/9a

賜諸路節察防團刺史詔（進長寧節功德疏）　文莊集 3/10b

賜感德軍三軍將吏僧道百姓等詔　文恭集 24/10a

賜山南東道三軍將吏僧道百姓等詔　文恭集 24/10b

賜河陽三城三軍將吏僧道百姓等詔　文恭集 24/11a

賜建雄軍三軍將吏僧道百姓等詔　文恭集 24/11b

賜淮康軍三軍將吏僧道百姓等詔　文恭集 24/12a

賜彰武軍三軍將吏僧道百姓等詔　文恭集 24/12a

賜中書門下詔　元憲集 27/14b

賜外任臣僚進乾元節銀絹詔　元憲集 27/18a

賜外任臣僚進乾元節功德疏詔　元憲集 27/18a

賜外任臣僚進端午馬詔　元憲集 27/19a

賜外任使相節度使進乾元節馬詔　元憲集 27/20a

賜彰信軍三軍將吏僧道百姓等爲授王隨本軍節度使示諭敕書　元憲集 28/1b

賜定國軍三軍將吏僧道百姓等爲授王德用本軍節度使示諭敕書　元憲集 28/2a

賜溪洞刺史等進乾元節水銀端午緜紬敕書　元憲集 28/4a

唐龍鎭勾招鞍馬空名敕書　元憲集 28/7a

府州勾招鞍馬空名敕書　元憲集 28/7a

撫問真定路知州部署等　元憲集 30/1b

撫問鄜延路知州部署等　元憲集 30/2a

撫問環慶路知州部署等　元憲集 30/2a

撫問涇原路知州部署等　元憲集 30/2a

撫問秦鳳路知州部署等　元憲集 30/2b

撫問梓夔路知州鈐轄等　元憲集 30/3a

撫問并代路知州部署等　元憲集 30/3a

撫問高陽關路知州部署等　元憲集 30/3a

撫問真定路知州部署等　元憲集 30/4b

撫問麟府路知州部署等　元憲集 30/5a

撫問環慶路知州部署等　元憲集 30/6a

撫問益州路知州鈐轄等　元憲集 30/6a

撫問鱗府路知州部署等　元憲集 30/10a

賜中書門下詔　景文集 32/1a

賜陝西四路沿邊經略招討都部署司敕　景文集 32/10a

撫問梓州路臣僚口宣　歐陽文忠集 82/2a

撫問江南東西路臣僚口宣　歐陽文忠集 82/6a

撫問鄜延路臣僚口宣　歐陽文忠集 82/6a

撫問真定府定州等路臣僚口宣　歐陽文忠集 83/2a

撫問保州路臣僚口宣　歐陽文忠集 83/2b

撫問北京並恩州臣僚口宣　歐陽文忠集 83/2b

賜外任臣僚進奉乾元節銀絹馬等詔　歐陽文忠集 83/3b

撫問河東路沿邊臣僚夏藥口宣　歐陽文忠集 83/4b

撫問麟府路臣僚及并代州路臣僚口宣　歐陽文忠集 83/4b

撫問真定府高陽關河東等路臣僚口宣　歐陽文忠集 83/14b

撫問邠寧環慶涇原鎮戎軍德順軍路臣僚口宣　歐陽文忠集 83/15a

撫問麟府代州路臣僚口宣　歐陽文忠集 84/7a

撫問廣南西路臣僚口宣　歐陽文忠集 84/10b

撫問河北路臣僚諸軍將校口宣　歐陽文忠集 84/12a

賜溪洞進奉乾元節並端午敕書　歐陽文忠集 85/1a

賜外任臣僚進奉乾元節功德疏詔敕　歐陽文忠集 85/1a

賜護國軍三軍將吏僧道百姓等爲護國軍節度使樞密使狄青罷政加平章事判陳州示諭敕書　歐陽文忠集 85/2b

賜河北東西路邊臣夏藥及傳宣撫問口宣　歐陽文忠集 85/7a

賜荊湖北路救濟飢民知州獎諭敕書　歐陽文忠集 89/7a

賜外任臣僚進奉賀祫享禮畢敕書　歐陽文忠集 89/8b

撫問西京並汝州路管勾修墳並沿路巡檢道路及管勾一行靈輦程頓排辨等朝臣使臣內臣等敕書　歐陽文忠集 89/11b

皇伯宗旦示諭本鎮敕書　韓南陽集 15/14b

正旦日御殿賜勞將士　韓南陽集 15/25b

賜大理寺審刑院官吏等斷絕獎諭敕書　華陽集 19/4b－6b

賜保靜軍三軍將吏僧道百姓等除皇兄宗諤爲本鎮節度使示諭敕書　華陽集 19/9a　宋詔令集 188/690

賜昭德軍三軍將吏僧道百姓等除曹佾爲本鎮節度使示諭敕書　華陽集 19/9b　宋詔令集 189/691

賜鎮海軍三軍將吏僧道百姓等除富弼爲本鎮節度使示諭敕書　華陽集 19/9b

賜鎮寧軍三軍將吏僧道百姓等除曹佾爲本鎮節度使示諭敕書　華陽集 19/10a　宋詔令集 189/691

賜武康軍將吏僧道百姓等除李端願爲本鎮節度使示諭敕書　華陽集 19/10b　宋詔令集 189/691

賜保平軍將吏僧道百姓等除賈昌朝爲本鎮

節度使示諭敕書　華陽集 19/10b　宋詔令集 188/689

賜集慶軍三軍將吏僧道百姓等除皇伯宗諤爲本鎮節度使示諭敕書　華陽集 19/11a　宋詔令集 188/690

賜武勝軍三軍將吏僧道百姓等除皇弟顥爲本鎮節度使示諭敕書　華陽集 19/11a　宋詔令集 189/691

賜安武軍三軍將吏僧道百姓等除郝質爲本鎮節度使示諭敕書　華陽集 19/11b　宋詔令集 189/691

賜河陽三軍將吏僧道百姓等除曾公亮爲本鎮節度使示諭敕書　華陽集 19/11b

賜五臺山十寺僧正等進功德疏獎諭敕書　華陽集 19/17b－18a

元日大慶殿行禮宣勞執儀仗將士口宣　華陽集 23/12b

冬至大慶殿行禮宣勞執儀仗將士口宣　華陽集 23/13a

撫問四路官吏諸軍將校口宣　華陽集 23/14a

撫問河北西路沿邊臣僚口宣　華陽集 23/14a

安撫河北災傷州軍官吏口宣　華陽集 23/14a

撫問鄜延環慶路沿邊臣僚口宣　華陽集 23/14b

撫問麟府路沿邊臣僚口宣　華陽集 23/14b

撫問保州路臣僚口宣　華陽集 23/15a

撫問梓州路臣僚口宣　華陽集 23/15a

撫問兩浙並淮南路官吏諸軍將校口宣　華陽集 23/15a

撫問廣西西路桂邕州轉運提刑知州兵官將校等口宣　華陽集 23/15b

賜外任臣僚進奉坤成節功德疏詔敕書　蘇魏公集 24/4b

撫問陝西轉運使副兼涇原秦鳳熙河蘭岷路緣邊臣僚及賜諸軍特支口宣　蘇魏公集 26/1b

賜河北西路諸軍春季銀鞋兼傳撫問臣僚將校口宣　蘇魏公集 26/2b

皇帝御大慶殿受朝賀畢宣勞將士等口宣　蘇魏公集 26/5a

撫問成都府利州等路臣僚口宣　蘇魏公集 26/5b

賜外任臣僚進奉功德疏　臨川集 48/4b

撫問鄜延路臣僚口宣　臨川集 48/11a

撫問延州沿邊臣僚口宣　臨川集 48/11a

撫問并代州路臣僚並將校口宣 臨川集 48/ 11a

安撫沿邊將士詔 郡溪集 8/4b

賜中書門下詔 郡溪集 8/5a

敕中書門下詔 郡溪集 8/5b

賜淮南王三軍將吏僧道百姓等敕書 郡溪集 9/6b

賜劍南西川三軍將吏僧道百姓等敕書 郡溪集 9/7a

撫問河北西路沿邊臣僚口宣 郡溪集 10/4b

撫問西京永興軍并陝西轉運司臣僚口宣 郡溪集 10/4b

撫問判北京臣僚口宣 郡溪集 10/5a

撫問涇原鎮戎軍路臣僚口宣 郡溪集 10/5b

撫問邠寧環慶等路臣僚口宣 郡溪集 10/5b

撫問熙河蘭會路臣僚口宣 蘇東坡全集 2/4a

撫問秦鳳等路臣僚口宣 蘇東坡全集/內制 4/ 13b

冬季傳宣撫問諸路沿邊臣僚口宣 蘇東坡全集/內制 5/5a

冬季撫問陝西轉運使副口宣 蘇東坡全集/內制 5/6a

冬季撫問諸路沿邊臣僚口宣 蘇東坡全集/內制 5/11b

示諭武泰軍官吏軍人僧道百姓等敕書 蘇東坡全集/內集 8/16b

撫問秦鳳路臣僚口宣 蘇東坡全集/內制 9/4b

冬季傳宣撫問河北東路沿邊臣僚口宣 蘇東坡全集/內制 9/6b

賜外任臣僚進奉興龍節馬詔敕書 蘇東坡全集/內制 10/4b

撫問鄜延路臣僚口宣 蘇東坡全集/內制 10/6b

撫問鄜延路臣僚口宣 蘇東坡全集/內制 10/9a

河東官吏軍民示喻敕書 樂城集 33/19a

彭德軍官吏軍民示喻敕書 樂城集 33/26a

賜外任臣僚進奉坤成節功德疏詔敕書 范太史集 28/3a

賜外任臣僚進奉坤成節馬詔敕書 范太史集 28/5a

撫問成都府利州路臣僚口宣 范太史集 29/5a

賜外任臣僚進奉坤成節功德疏敕書 范太史集 29/14a

撫問涇原路臣僚口宣 范太史集 31/3a

諸路走馬赴闕奏覆回傳宣撫問本路臣僚口宣 范太史集 31/3b

撫問太原府代州等路臣僚口宣 范太史集 31/6b

撫問鄜延路臣僚口宣 范太史集 33/10a

賜永興鳳翔等軍官吏等示諭敕書 范太史集 33/13a

賜保大軍官吏等示諭敕書 摘文集 3/3b

賜護國軍官吏人道士僧尼百姓等示諭敕書 摘文集 3/4a

賜臣僚口宣 摘文集 9/4a

撫問荊湖南路臣僚口宣 摘文集 9/4a

賜熙河等賞功諸軍特支並犒設等口宣 摘文集 9/4b

撫問廣南東路臣僚口宣 摘文集 9/5a

撫問潼南梓州路臣僚口宣 摘文集 9/5a

撫問成都府利州路臣僚口宣 摘文集 9/6b

賜湖南廣南江東西撫諭詔 浮溪集 13/3a 浮溪集/附拾遺 13/148

撫恤單州軍民詔 浮溪集 13/3b 浮溪集/附拾遺 13/149

京畿京西湖北淮南路諸州軍撫諭敕書 浮溪集 16/6a 浮溪集/附拾遺 16/184

麟府等州撫諭敕書 浮溪集 16/6b 浮溪集/附拾遺 16/185

河南府官吏軍民撫諭敕書 浮溪集 16/8a 浮溪集/附拾遺 16/186

鎮潼軍官吏軍民道士僧尼耆壽等示諭敕書 浮溪集 16/8a 浮溪集/附拾遺 16/186

潭州官吏軍民等撫恤敕書 浮溪集 16/8b 浮溪集/附拾遺 16/186

臨安府民兵撫恤敕書 浮溪集 16/9a 浮溪集/附拾遺 16/187

福建路轉運提刑獎諭敕書 浮溪集 16/9b 浮溪集/附拾遺 16/187

蔡州官吏軍民等獎諭敕書 浮溪集 16/10a 浮溪集/附拾遺 16/187

興國軍知通以下軍兵將佐獎諭敕書 浮溪集 16/10a 浮溪集/附拾遺 16/188

獎諭審刑院詳議官大理寺詳斷官 浮溪集 16/12b 浮溪集/附拾遺 16/189

撫論河北河東詔 栾溪集 34/1a

親筆手詔 栾溪集 48/11a

宣諭得捷 栾溪集 55/14b

獎諭詔書 栾溪集 77/5a

親筆詔書 栾溪集 79/3b

親筆詔諭 栾溪集 80/2a

淵聖皇帝御筆宣諭　樂溪集 83/13b
賜廣南東西路荊湖南北路兩浙東西路福建路江南東西路州縣官吏等敕書　北海集 16/4a

賜慶遠軍官吏軍民僧道耆壽等示諭敕書　北海集 16/5a
撫諭四川路敕書　北海集 16/5b
撫諭陝西路官吏軍民等敕書　北海集 16/6b
撫諭缺州軍敕書　北海集 16/7a
賜唐州官吏軍民等撫諭敕書　北海集 16/8b
賜門下詔　毘陵集 9/6a-7a
賜淮南諸鎮詔　毘陵集 9/12a
明州奏捷賜詔　毘陵集 9/13a
賜川陝宣撫處置使司詔　龜溪集 4/8b
賜三省銓擇監司郡守詔　龜溪集 4/13b
賜武泰軍官吏僧道耆壽等示諭敕書　龜溪集 5/3b
賜昭慶軍敕書　梅溪集 7/3a
賜寧武軍敕書　梅溪集 7/3b
賜安慶軍官吏軍民僧道耆壽等示諭敕書　漢濱集 3/5b
除郭振武泰軍節度使賜本軍示諭敕書　漢濱集 3/6a
撫定中原蠟書　鄮峰録 6/11b
撫諭四川軍民詔　盤洲集 12/1a
激諭將士詔　盤洲集 12/2a
撫諭歸正將士人民詔　盤洲集 12/3a
撫間僞設刑襲將士口宣　盤洲集 16/1a
郊祀畢宣勞將士口宣　盤洲集 16/4a
賜保信軍官吏軍民僧道耆壽等示諭敕書　盤洲集 16/8b
示諭安德軍官吏軍民僧道耆壽敕書　益國文忠集 111/7b
示諭荊南軍官吏軍民僧道耆壽敕書　益國文忠集 111/8a
示諭保寧軍　益國文忠集 111/8b
示諭寧武軍　益國文忠集 111/8b
御筆(再乞麗點)　益國文忠集 125/14a
示諭除節鎮書布政榜附(缺文)　益公集 111/103a
示諭安德軍官吏軍民僧道耆壽敕書　益公集 111/103a
示諭荊南軍官吏軍民僧道耆壽敕書(皇子恒布政榜附)　益公集 111/103b
示諭保寧軍官吏軍民僧道耆壽等敕書　益公集 111/104b

示諭寧武軍敕書　益公集 111/104b
尚書省賜宰執以下喜雪御筵口宣　益公集 112/125b
經筵進講毛詩終篇宣答詞　宰執赴講致詞謝　宋本攻媿集 44/11a
明堂大禮禮畢宣勞將士口宣　玉堂稿 13/10a
賜靖海軍官吏軍民僧道耆壽等示諭敕書　玉堂稿 16/11b
示諭保康軍官吏軍民僧道耆壽等敕書　玉堂稿 16/14b
宣勞將士口宣　後樂集 5/8b
賜保寧軍官吏軍民僧道耆壽等敕　鶴林集 12/7b
賜保康軍官吏軍民僧道耆壽等敕　鶴林集 12/8a
賜保康軍官吏軍民僧道耆壽等敕　鶴林集 12/11a
賜武康軍官吏軍民僧道耆壽等敕　鶴林集 12/11a
收復瀘州獎諭宣制兩閫立功將帥詔　後村集 53/5a
收復漣州獎諭制招二閫詔　後村集 53/6a
漣水三城巳逐收復首詞　後村集 53/8b
漣水三城巳逐收復尾詞　後村集 53/9a
賜保康軍官吏軍民僧道耆壽等示諭　後村集 53/9b
賜保信寧武軍官吏軍民僧道耆壽等　後村集 53/9b
賜聞喜宴詩　蛟峰集/外 1/1a
賜侍讀侍講說書官詔　碧梧集 2/3a
賜先朝故老大臣詔　碧梧集 2/4a
賜告口宣　碧梧集 6/6a
賜兩鎮敕書　碧梧集 9/6a
撫恤軍人詔宣和七年十二月　宋詔令集 181/654
即位諭郡國詔建隆元年正月乙卯　宋詔令集 187/682
即位賜諸戎帥詔建隆元年正月丙午　宋詔令集 187/682
平蜀諭西川將吏百姓詔乾德三年正月　宋詔令集 187/682
平蜀諭郡國詔　宋詔令集 187/682
秦王廬多遜貶逐諭兩京軍人父老詔太平興國七年四月丁丑　宋詔令集 187/683
令長吏延見耆德高年訊民疾苦詔雍熙四年十二月辛卯　宋詔令集 187/683
責侯汀諭宣融柳三州部內安業詔端拱二年二

月癸丑 宋詔令集 187/683

契丹攻劫罪已寬恤邊州詔淳化四年二月己卯 宋詔令集 187/684

遣使巡撫詔淳化四年二月己卯 宋詔令集 187/684

蜀盜平罪己詔淳化五年九月丁丑 宋詔令集 187/684

全魏權寇戎巡幸撫寧詔咸平二年十二月丙寅 宋詔令集 187/684

遣向敏中等宣撫河北詔咸平三年六月丁卯 宋詔令集 187/685

賜環慶部署以下詔咸平五年六月壬辰 宋詔令集 187/685

曉諭東京官吏將校僧軍民詔景德元年十二月癸未 宋詔令集 187/685

諭河北諸州詔景元年十二月戊申 宋詔令集 187/685

江淮水旱遣使安撫詔大中祥符四年七月丙寅 宋詔令集 187/686

榮王宮火曉諭京邑榜大中祥符八年五月庚辰 宋詔令集 188/687

皇子封王諭壽春郡詔大中祥符八年十二月辛卯 宋詔令集 188/687

王守斌建節諭永清軍敕書 宋詔令集 188/687

府州敕榜寶元二年九月乙巳 宋詔令集 188/687

賜護國軍三軍將吏僧道百姓等敕書 宋詔令集 188/688

賜河陽三城三軍將吏僧道百姓等詔嘉祐五年十月 宋詔令集 188/688

賜山南東道三軍將吏僧道百姓等詔 宋詔令集 188/688

賜忠武軍三軍將吏僧道百姓等詔嘉祐元年十一月 宋詔令集 188/688

賜感德軍三軍將吏僧道百姓等詔 宋詔令集 188/688

賜彰武軍三軍將吏僧道百姓等詔 宋詔令集 188/689

賜建雄軍三軍將吏僧道百姓等詔 宋詔令集 188/689

賜淮康軍三軍將吏僧道百姓等詔 宋詔令集 188/689

富弼授鎮海軍節度使賜本鎮敕書 宋詔令集 188/690

曾公亮授河陽三城節度使賜本鎮敕書熙寧

三年八月 宋詔令集 188/690

皇兄宗諤授保靜軍節度使賜本鎮敕書治平 宋詔令集 188/690

皇伯宗諤授集慶軍節度使賜本鎮敕書 宋詔令集 188/690

皇弟顥授武勝軍節度使賜本鎮敕書治平四年 宋詔令集 189/691

皇弟顥授保信保靜軍節度賜本鎮敕書熙寧四年二月 宋詔令集 189/692

皇子俊授彰信軍節度賜本鎮敕書 宋詔令集 189/692

皇子僩授鎮安軍節度使賜本鎮敕書熙寧八年二月四日 宋詔令集 189/692

陳升之授鎮江軍節度使賜本鎮敕書熙寧八年四月 宋詔令集 189/692

馮京除彰德軍節度使諭彰德官吏軍民敕書元祐五年四月辛酉 宋詔令集 189/693

文彥博除河東節度使致仕示諭河東官吏軍民敕書元祐五年二月 宋詔令集 189/693

向宗良授昭信節度賜本鎮敕書元符三年 宋詔令集 189/693

燕達授武康軍節度使賜本鎮敕書元豐四年八月 宋詔令集 189/693

曹佾授護國軍節度使賜本鎮敕書 宋詔令集 189/693

某人授護國軍節度使賜本鎮敕書 宋詔令集 189/693

某人除彰武軍節度使賜本鎮敕書 宋詔令集 189/693

蔡王似授保平鎮安節度賜本軍敕書 宋詔令集 189/694

張敦禮移寧海軍節度使諭本鎮敕書 宋詔令集 189/694

皇子萱授山南東道節度賜本道敕書 宋詔令集 189/694

告諭已誅首惡御筆手詔大觀元年五月十二日 宋詔令集 189/694

敕獎諭賜審刑院詳議官大理寺詳斷官王彦章撰 播芳文粹 90/19a

撫諭陝西路官吏軍民等敕書秦崇禮撰 南宋文範 10/6b

撫諭四川軍民詔隆興(洪适撰) 南宋文範 10/8b

崇寧癸未獎諭敕書 粵西金石畧 5/6a

(十一) 恩 賜

二 畫

丁 翰

賜右文殿修撰四川安撫制置副使兼知成都府丁翰銀合夏藥敕書 平齋集 16/6a

賜右文殿修撰四川安撫制置副使兼知成都府丁翰銀合臘藥敕書 平齋集 16/8b

賜權工侍四川安撫制副丁翰夏藥銀合敕 鶴林集 12/9b

三 畫

于 友

賜御前諸軍副統制于友 益國文忠集 111/3b

賜御前諸軍副統制于友銀合夏藥敕書 益國文忠集 111/4b 益公集 111/97a

賜御前諸軍副都統于友銀合臘藥敕書 益國文忠集 111/5b 益公集 111/98b

賜御前諸軍都統制于友銀合臘藥敕書 益國文忠集 111/6b 益公集 111/99b

賜御前諸軍副都統于友銀合臘藥敕書 益公集 111/95b

賜御前諸軍都統制于友銀合夏藥敕書 益公集 111/12a

~ 俊

賜權光州武定都統司職事于俊銀合臘藥敕書 平齋集 16/9a

万俟高

賜尚書右僕射万俟高生日詔 楊溪集 6/42a

賜參政万俟高生日詔 楊溪集 6/43b

四 畫

文彥博

賜保平軍節度使檢校太師同中書門下平章事判大名府文彥博生日禮物詔 文恭集 25/10a

賜宰臣文彥博生日詔 景文集 32/8b

賜馬詔書 文潞公集 37/8a

賜吏部尚書同中書門下平章事文彥博生日

禮物口宣 歐陽文忠集 84/6b

賜文武百官文彥博已於大相國寺罷散乾元節道場香合口宣 歐陽文忠集 84/8b

賜文武百官文彥博已於錫慶院罷散乾元節道場酒果兼教坊樂口宣 歐陽文忠集 84/9a

賜河陽三城節度使同中書門下平章事判河南府文彥博加恩告敕詔 歐陽文忠集 88/1a

賜樞密使文彥博生日禮物詔 華陽集 15/4a－4b

賜樞密使文彥博生日禮物口宣 華陽集 24/3a

賜判河南府文彥博生日禮物口宣 華陽集 24/3a

賜判河南府文彥博赴闕生料口宣 華陽集 24/12b

賜樞密使文彥博茶藥口宣 華陽集 24/13a

賜太師文彥博生日禮物口宣 蘇魏公集 25/9b

賜樞密使西川節度使守司空兼侍中文彥博生日差内臣賜羊酒米麵等口宣 臨川集 48/9b

賜文彥博生日差男押賜生日禮物口宣 臨川集 48/9b

賜太師文彥博已下散成罷坤節道場香酒果口宣 蘇東坡全集/内制 3/14a

賜太師文彥博生日詔 蘇東坡全集/内制 5/1b

賜太師文彥博生日禮物口宣 蘇東坡全集/内制 5/4a

賜太師文彥博已罷散興龍節酒果口宣 蘇東坡全集/内制 5/14a

賜太師文彥博已下罷散坤成節道場香酒果口宣 蘇東坡全集/内制 8/14a

賜文太師已下罷散興龍節道場香酒果口宣 蘇東坡全集/内制 9/12a

賜河東節度使太師開府儀同三司太原尹致仕文彥博温溪心馬詔 蘇東坡全集/内制 10/11a

王之望

撫問王之望到關並賜銀合茶藥口宣 盤洲集 16/3b

資政殿學士知温州王之望銀合膃藥敕書　文定集 8/20a

~ 大才

賜御前諸軍都統制王大才銀合夏藥敕書　攻媿集 47/5a

賜御前諸軍副都統制王大才夏藥敕書　後樂集 5/3b

賜御前諸軍都統制王大才銀合夏藥敕書　真西山集 23/1a

賜都統制王大才銀合夏藥敕書　真西山集 23/2a

~ 大節

賜御前諸軍都統制王大節夏藥敕書　後樂集 5/3b

~ 文郁

賜知蘭州王文郁銀絹獎諭敕書　蘇東坡全集/內制 3/12b

~ 友直

御前諸軍都統制王友直銀合夏藥敕書　文定集 8/19b

御前諸軍都統制王友直銀合膃藥敕書　文定集 8/20b

~ 世雄

賜御前諸軍副都統制王世雄銀合膃藥敕書　益公集 111/99b

賜御前諸軍副都統制王世雄銀合夏藥敕書　益公集 111/102a

賜御前諸軍副都統制王世雄銀合夏藥敕書　玉堂稿 16/11b

賜御前諸軍副都統制王世雄銀合膃藥敕書　玉堂稿 16/13a

賜御前諸軍副都統制王世雄銀合夏藥敕書　玉堂稿 16/16b

~ 安石

賜參知政事王安石生日禮物詔　華陽集 15/5a

~ 安禮

賜資政殿學士太中大夫新差知成都府王安禮銀合茶藥詔　蘇東坡全集/內制 5/5b

賜資政殿學士新差知成都府王安禮詔書銀合茶藥傳宣撫問口宣　蘇東坡全集/內制 5/6a

~ 式雄

賜御前諸軍副都統王式雄　益國文忠集 111/5b　益公集 111/98b

賜御前諸軍副都統王式雄　益國文忠集 111/6b

~ 存

賜中大夫守尚書右丞王存生日詔　蘇東坡全集/內制 6/12a

賜中大夫守尚書左丞王存生日詔　蘇東坡全集/內制 10/6a

~ 宗廉

賜御前諸軍副都統制王宗廉銀合膃藥敕書　攻媿集 47/2b

賜御前諸軍副都統制王宗廉銀合夏藥敕書　攻媿集 47/3b

~ 定

賜直徽猷閣沿海制置副使兼知慶元府王定銀合膃藥敕書　平齋集 16/10b

~ 炎

參知政事四川安撫使王炎銀合夏藥敕書　文定集 8/19a

參知政事四川宣撫使王炎銀合膃藥敕書　文定集 8/20b

賜知荊南府湖北安撫使王炎　益國文忠集 111/5b　益公集 111/98a

~ 虎

賜鎮江府都統制王虎銀合夏藥敕書　平齋集 16/6b

~ 旻

賜江陵府都統制兼權發遣德安府王旻銀合夏藥敕書　平齋集 16/7a

賜江陵都統制兼權發遣德安府王旻銀合膃藥敕書　平齋集 16/9a

~ 明

御前諸軍副都統制王明銀合夏藥敕書　文定集 8/19b

御前諸軍副都統制王明銀合膃藥敕書　文定集 8/20b

賜侍衛馬軍都虞侯王明銀合膃藥敕書　益國文忠集 111/3b　益公集 111/95b

賜侍衛馬軍都虞侯王明銀合夏藥敕書　益國文忠集 111/4b　益公集 111/97a

賜御前諸軍都統制王明銀合夏藥敕書　玉堂稿 16/11b

賜御前諸軍都統制王明銀合膃藥敕書　玉堂稿 16/13a

~ 忠

賜光州武定都統制司職事王忠銀合夏藥敕書　平齋集 16/4b

~ 知新

賜御前諸軍副統制王知新銀合膃藥敕書
攻媿集 47/2b
賜御前諸軍副都統制王知新銀合夏藥敕書
攻媿集 47/3b

～承祖
御前諸軍副統制王承祖銀合膃藥敕書
文定集 8/20b

～拱辰
賜知定州王拱辰告敕並賜對衣金腰帶鞍轡
馬等口宣　華陽集 24/10b

～剛中
賜簽書樞密院事王剛中生日詔　盤洲集 15/
3a

～師約
賜騎馬王師約茶藥詔敕書　范太史集 33/5a

～　淮
賜簽書樞密院事王淮生日詔　益國文忠集
109/18a　益公集 110/85b
賜同知樞密院事王淮生日詔　益國文忠集
109/19a　益公集 110/86b
賜樞密王淮生日詔　益國文忠集 109/20b　益公
集 110/88b
賜樞密使王淮生日詔　益國文忠集 109/21b　益
公集 110/89b
賜樞密使王淮生日詔　玉堂稿 16/10a

～處久
賜侍衛步軍都虞侯措置防捍江面王處久銀
合夏藥敕書　攻媿集 47/5a

～　曾
賜宰臣王曾御筵口宣玉清昭應宮禮工　文莊集
3/12b

～　琪
御前諸軍都統制王琪銀合夏藥敕書　文定
集 8/19b
賜御前諸軍都統制王琪銀合夏藥敕書　玉
堂稿 16/11b
賜御前諸軍都統制王琪銀合膃藥敕書　玉
堂稿 16/13a

～堯臣
賜參知政事王堯臣生日禮物口宣　文恭集
26/7b
賜樞密副使王堯臣生日禮物口宣　景文集
33/1a

～　喜
賜建武軍節度使汜州駐劄御前諸軍都統制

王喜夏藥　後樂集 5/6a
賜都統制王喜銀合夏藥敕書　真西山集 23/2a

～貽永
賜王貽永生日詔　景文集 32/7b

～　凱
賜侍衛親軍步軍副都指揮使涇州觀察使定州
路駐泊副都署王凱赴闕茶藥口宣二則
文恭集 25/13b
賜侍衛親軍步軍副都指揮使涇州觀察使王
凱赴闕茶藥口宣　歐陽文忠集 84/8a
賜步軍副都指揮使涇州觀察使秦鳳路副都
部署王凱赴闕茶藥口宣　歐陽文忠集 87/10a
賜步軍副都指揮使涇州觀察使秦鳳路副都
部署王凱赴闕生料口宣　歐陽文忠集 87/10a

～　読
賜騎馬王読茶藥詔敕書　范太史集 33/5a

～　福
賜權廬州强勇軍都統制司職事王福銀合夏
藥敕書　平齋集 16/7a
賜淮西路鈐兼權廬州强勇諸軍副都統制司
職事王福銀合膃藥敕書　平齋集 16/9a

～　鉞
賜御前諸軍副都統制王鉞銀合夏藥敕書
攻媿集 47/5b
賜御前諸軍副都統制王鉞夏藥敕書　後樂
集 5/3b

～　絢
新除資政殿大學士提舉萬壽觀兼侍讀王絢
上表辭免恩命不允斷來章批答　浮溪集
15/8a　浮溪集/附拾遺 15/172

～德用
賜知樞密院王德用生日生饌詔　元憲集 27/
6a
賜知樞密院王德用己下大相國寺罷散乾元
節道場香合　元憲集 30/7b
賜知樞密院王德用己下罷散乾元節道場錫
慶院齋筵酒果教坊樂　元憲集 30/7b
賜知樞密院王德用己下大相國寺罷散乾元
節道場香合　元憲集 30/11a
賜知樞密院王德用己下罷散乾元節道場錫
慶院齋筵酒果教坊樂　元憲集 30/11a
賜知樞密院王德用己下罷散乾元節道場錫
慶院齋筵酒果　元憲集 30/11b
賜王德用酒果口宣　景文集 33/2b

賜王德用御筵口宣 景文集 33/3a

賜樞密使河陽三城節度使同中書門下平章事王德用生日禮物口宣 歐陽文忠集 83/4a

~ 殿

賜參知政事王殿生日詔 元憲集 27/5b

~ 蘭

賜荊湖南路安撫使王蘭銀合膃藥敎書 宋攻媿集 42/6b 攻媿集 47/1b

賜荊湖南路安撫使王蘭銀合夏藥敎書 宋攻媿集 43/24b 攻媿集 47/3a

~ 瓊

撫問王瓊一行將佐仍賜搞設口宣 浮溪集 15/16b 浮溪集/附拾遺 15/178

撫問王瓊並賜銀合茶藥口宣 浮溪集 15/17b 浮溪集/附拾遺 15/179

~ 權

撫問統制王權賜銀合膃藥口宣 楊溪集 7/ 27b

~ 鑑

賜帶御器械兼權主管侍衛步軍司公事兼建康都統制王鑑銀合膃藥敎書 平齋集 16/9a

~ 氏（趙顒妻）

西路祔葬皇親賜故魏王新婦譚國夫人王氏以下茶藥並傳宣撫問詔敎書 范太史集 33/6a

尹日宣

賜山陵管勾內臣尹日宣等茶藥詔 華陽集 14/10a

毋 思

賜御前諸軍副都統制毋思膃藥敎書 後樂集 5/3a

五 畫

石全育

賜入內副都知石全育等守陵回沿路茶藥並撫問敎書 郡溪集 9/6b

~ 宗

賜副都統制石宗銀合夏藥敎書 真西山集 23/2a

~ 端禮

賜駙馬都尉石端禮等罷散天寧節道場香酒果口宣 摘文集 9/5b

田世卿

賜御前諸軍都統制田世卿銀合夏藥敎書 益公集 111/102a

賜御前諸軍都統制田世卿銀合夏藥敎書 玉堂稿 16/16b

~ 世輔

賜御前諸軍副都統制田世輔銀合膃藥敎書 攻媿集 47/2b

賜御前諸軍副都統制田世輔銀合夏藥敎書 攻媿集 47/3b

~ 況

賜樞密副使田況生日禮物詔 歐陽文忠集 85/ 12a

~ 師中

撫問統制田師中賜銀合膃藥口宣 楊溪集 7/27b

~ 琳

御前諸軍都統制田琳膃藥敎書 後樂集 5/3a

賜御前諸軍都統制田琳夏藥 後樂集 5/6a

~ 阜

賜御前諸軍副統制田阜銀合膃藥敎書 攻媿集 47/2b

賜御前諸軍副都統制田阜銀合夏藥敎書 攻媿集 47/3b

史宇之

賜史宇之銀合膃藥敎書 碧梧集 9/8b

~ 浩

觀文殿大學士兩浙東路安撫使史浩銀合夏藥敎書 文定集 8/18b

觀文殿大學士兩浙東路安撫使史浩銀合膃藥敎書 文定集 8/20a

賜少保觀文殿大學士充醴泉觀使侍讀永國公史浩生日詔 益國文忠集 109/20a 益公集 110/87b

賜少保右丞相史浩生日詔 益國文忠集 109/ 21b 益公集 110/89b

賜少傅保寧軍節度使充醴泉觀使兼侍讀史浩生日詔 玉堂稿 16/8b

賜福建路安撫使史浩銀合夏藥敎書 玉堂稿 16/10b

~ 嵩之

賜寶章閣學士淮西制使兼沿江制副知鄂州史嵩之夏藥銀合敕 翰林集 12/9a

~ 彌遠

賜史丞相生日詔 真西山集 22/24b

賜右丞相史彌遠生日詔 真西山集 22/25a

賜右丞相史彌遠生日詔 真西山集 22/25b

丘 窻

賜江淮制置大使丘窻銀合夏藥敕書 攻媿集 47/4a

賜端明殿學士簽書樞密院事督視江淮軍馬丘窻臘藥敕書 後樂集 5/1a

包 拯

賜樞密副使包拯生日禮物詔 華陽集 15/2a

司馬光

内降付中書省司馬光許肩輿至内東門扶拔入對小殿 宋詔令集 70/340

内降司馬光入對小殿 宋詔令集 70/341

皮龍榮

賜簽書樞密院事兼權參政皮龍榮執政生日詔 後村集 53/12a

六 畫

江海

賜襄陽府忠衛軍副都統制江海銀合夏藥敕書 平齋集 16/7a

～萬里

賜江萬里銀合臘藥敕書 碧梧集 9/8a

宇文紹節

賜京西湖南北路宣撫使宇文紹節銀合夏藥敕書 攻媿集 47/4b

賜華文閣學士中大夫知江陵府湖北京西宣撫使宇文紹節夏藥 後樂集 5/7a

安 丙

賜四川宣撫使安丙銀合夏藥敕書 攻媿集 47/4a

賜端明殿學士中大夫知興州充利州西路安撫史兼四川宣撫副使安丙夏藥 後樂集 5/5b

～癸仲

賜太府卿四川總領兼撫諭使安癸仲銀合臘

藥敕書 平齋集 16/9a

～ 燾

賜正議大夫知樞密院事安燾生日詔 蘇魏公集 22/4b

賜知樞密院事安燾已下罷散坤成節御筵口宣 蘇東坡全集/内制 3/13b

賜知樞密院事安燾已下罷散坤成節道場香酒果口宣 蘇東坡全集/内制 3/14b

賜知樞密院事安燾已下罷散與龍節道場香酒果口宣 蘇東坡全集/内制 5/13b

賜知樞密院事安燾已下罷散與龍節道場酒果口宣 蘇東坡全集/内制 6/5a

賜正議大夫知樞密院事安燾生日 蘇東坡全集/内制 8/10a

賜知樞密院事安燾已下罷散坤成節道場香酒果口宣 蘇東坡全集/内制 8/12b

賜樞密安燾已下罷散與龍節道場香酒果口宣 蘇東坡全集/内制 9/8a

與龍節尚書省賜知樞密院事安燾已下酒果口宣 蘇東坡全集/内制/9/12a

賜知河南府安燾茶藥詔 范太史集 33/6a

成 閔

鎮江府都統制成閔銀合臘藥敕書 文定集 8/21a

朱勝非

撫問朱勝非並賜銀合茶藥口宣 浮溪集 15/17b 浮溪集/附拾遺 15/179

賜新除尚書右僕射同中書門下平章事朱勝非生日詔 北海集 8/4a

～ 熠

賜觀文殿學士知平江府朱熠執政生日詔 後村集 53/13a

～ 氏

賜大内永嘉郡夫人朱氏等茶藥詔 華陽集 14/9a

向宗良

賜寧海軍節度使開府儀司三司永嘉郡王向宗良已下罷散天寧節道場香酒果口宣 摛文集 9/5b

～傳範

賜知滁州向傳範赴闕生料口宣 華陽集 24/12b

賜知滁州向傅範茶藥口宣　華陽集 24/13b

七　畫

沈作賓

賜督視行府參贊軍事沈作賓夏藥　後樂集 5/7b

~ 夏

賜知鎮江府沈夏銀合夏藥敕書　益國文忠集 111/4a　益公集 111/96b

賜前執政知鎮江府沈夏銀合膃藥敕書　益國文忠集 111/5b　益公集 111/981a

賜湖北安撫使沈夏銀合膃藥敕書　玉堂稿 16/11a

賜湖北路安撫使沈夏銀合膃藥敕書　玉堂稿 16/12b

賜福建路安撫使沈夏銀合膃藥敕書　玉堂稿 16/14a

~ 該

賜尚書左僕射沈該生日詔　楳溪集 6/42b

~ 樻

賜寶文閣待制致仕沈樻銀合茶藥詔　宋本攻媿集 42/6a　攻媿集 42/12b

汪大獻

賜敷文閣直學士致仕汪大獻銀合茶藥詔　宋本攻媿集 42/6a　攻媿集 42/12b

~ 立信

賜汪立信銀合膃藥敕書　碧梧集 9/6b

賜汪立信銀合膃藥敕書　碧梧集 9/8b

~ 澈

賜江東安撫使汪澈銀合膃藥敕書　盤洲集 16/10a

賜江東安撫使汪澈銀合夏藥敕書　盤洲集 16/10a

觀文殿學士福建安撫使汪澈銀合夏藥敕書　文定集 8/19a

~ 應辰

賜四川制置使汪應辰銀合夏藥敕書　盤洲集 16/10b

宋　庠

賜樞密使宋庠生日禮物口宣　景文集 33/1b

賜使相宋庠生日禮物詔　華陽集 15/6a

賜使相宋庠生日禮物口宣　華陽集 24/4a

杜　衍

賜杜衍生日詔　景文集 32/8a

李之純

賜儀仗使李之純茶藥詔　范太史集 33/5a

~ 大性

賜湖北安撫使充京西湖北制置使李大性銀合夏藥敕書　真西山集 23/1a

~ 川

賜御前諸軍都統制李川　益國文忠集 111/3b　益公集 111/95b

賜御前諸軍都統制李川銀合夏藥敕書　益國文忠集 111/4b　益公集 111/97a

賜御前諸軍都統制李川銀合膃藥敕書　益國文忠集 111/5b　益公集 111/98b

賜御前諸軍都統制李川銀合膃藥敕書　益國文忠集 111/6b　益公集 111/99b

賜御前諸軍統都制李川銀合夏藥敕書　益公集 111/102a

賜御前諸軍統都制李川銀合夏藥敕書　玉堂稿 16/11b

賜御前諸軍都統制李川銀合膃藥敕書　玉堂稿 16/13a

~ 文會

賜灊南沿邊安撫使李文會夏藥口宣　楳溪集 7/26a－27b

~ 天祚

賜南平王李天祚曆日敕書　海陵集 11/4b

賜南平王李天祚加恩制詔　海陵集 11/5a

~ 世廣

賜御前諸軍副都統制李世廣銀合膃藥敕書　宋本攻媿集 42/7b　攻媿集 47/2b

賜御前諸軍副都統制李世廣銀合夏藥敕書　宋本攻媿集 43/25b　攻媿集 47/3b

~ 回

賜知樞密院事李回生日詔　浮溪集 13/8a　浮溪集/附拾遺 13/152

~ 好古

賜副都統制李好古銀合夏藥敕書　真西山集 23/2a

~ 好義

賜河州駐劄御前諸軍副都統制李好義銀合夏藥　後樂集 5/7b

~ 孝純

賜太尉保大軍節度使李孝純生日詔　後樂

集 4/18b

~宗勉

賜端明殿學士朝請大夫同簽書樞密院事李宗勉生日詔 東澗集 1/2b

~ 虎

賜建康府都統制兼知泗州李虎銀合夏藥敕書 平齋集 16/7a

賜帶御器械江都統制李虎銀合臘藥敕書 平齋集 16/9a

~吴昺

賜安南國王嗣子李吴昺嘉定七年曆日(詔) 雲莊集 5/4a

~昌圖

賜敷文閣待制致仕李昌圖銀合茶藥詔 宋 本攻媿集 42/6a 攻媿集 42/12b

~彦孚

賜御前諸軍副統制李彦孚銀合夏藥敕書 玉堂稿 16/16b

~彦穎

賜參知政事李彦穎生日詔 益國文忠集 109/ 17b 益公集 110/84b

賜參知政事李彦穎生日詔 益國文忠集 109/ 18b 益公集 110/86a

賜參知政事李彦穎生日詔 益國文忠集 109/ 20a 益公集 110/88a

賜觀文殿學士致仕李彦穎銀合茶藥詔 宋 本攻媿集 42/6a 攻媿集 42/12b

賜李彦穎上表再辭免除端明殿學士簽書樞密院事不允仍斷來章批答 玉堂稿 3/5b

賜簽書樞密院事李彦穎生日詔 玉堂稿 16/ 7b

賜兩浙東路安撫使李彦穎銀合臘藥敕書 玉堂稿 16/14a

~ 郁

賜御前諸軍都統制李郁銀合夏藥敕書 攻媿集 47/a

~ 迪

賜刑部尚書知徐州李迪加恩告敕 元憲集 30/4b

~思齊

賜御前諸軍副統都李思齊夏藥 益國文忠集 111/6b

賜御前諸軍副都統制李思齊銀合夏藥敕書 益公集 111/102a

~昭亮

賜彰信軍節度使新授同中書門下平章事判大名府李昭亮赴闕茶藥口宣(1-2) 文恭集 25/12a

~庭芝

賜李庭芝銀合臘藥敕書(1-2) 碧梧集 9/6b -8a

賜李庭芝銀合臘藥敕書 碧梧集 9/8a

~ 琪

賜步軍司李琪 益國文忠集 111/11b 益公集 111/ 108a

~ 珣

賜泰寧軍節度觀察留後李珣以下罷散坤成節道場香酒果口宣 范太史集 29/13a

~清臣

賜尚書左丞李清臣生日詔 蘇東坡全集/内制 2/4b

賜資政殿學士知定州許將知真定府李清臣夏藥口宣 范太史集 29/1b

賜資政殿學士新除守户部尚書李清臣茶藥口宣 范太史集 30/7b

賜禮儀使李清臣茶藥詔 范太史集 33/5a

~ 亶

賜資政殿學士新知眉州李亶夏藥銀合百兩敕 鶴林集 12/8b

~曾伯

賜京湖制置大使李曾伯賜銀合夏藥詔 後村集 53/11a

~ 貴

賜御前諸軍都統制李貴銀合夏藥敕書 真西山集 23/1a

賜都統制李貴銀合夏藥敕書 真西山集 23/2a

~ 瑋

賜駙馬都尉李瑋以下罷散坤成節道場香酒果口宣 蘇魏公集 25/5a

賜平海軍節度使駙馬都尉李瑋已下罷散坤成節道場香酒果口宣 蘇東坡全集/内制 3/ 15a

賜駙馬都尉李瑋已下罷散興龍節道場香酒果口宣 蘇東坡全集/内制 9/8b

賜平海軍節度使駙馬都尉李瑋已下罷散坤成節道場香酒果口宣 蘇東坡全集/内制 10/ 12b

~端愿

賜鎮東軍節度觀察留後知穎州李端愿赴闘

茶藥詔 歐陽文忠集 84/8a

~鳴復

賜簽書樞密院事兼權參知政事李鳴復生日詔 東澗集 1/2a

賜參知政事李鳴復生日詔 東澗集 1/2a

~綱

賜李綱玉束帶戰袍金帶馬甲刀劍細物銀絹茶燭等詔 梁忠惠集 1/3a

親筆宣諭節賜裒度傳 梁溪集 47/8a

御書(賜李綱) 梁溪集 60/5a

~壁

賜參知政事李壁生日詔 後樂集 4/18a

~顯忠

賜太尉威武軍節度使提舉萬壽觀李顯忠生日詔 益國文忠集 109/20b 益公集 110/88a

賜興元府都統制李顯忠銀合夏藥敕書 平齋集 16/7a

賜興元都統制李顯忠銀合臘藥敕書 平齋集 16/9a

~□□

賜御前諸軍都統制李□□銀合夏藥敕書 玉堂稿 16/16b

呂大防

撫問判官呂大防兼賜湯藥口宣 華陽集 23/12a

沿路賜奉安神宗御容禮儀使呂大防銀合茶藥詔 蘇東坡全集/內制 5/2b 宋文鑑 31/20b

沿路賜奉安神宗御容禮儀使呂大防銀合茶藥兼傳宣撫問口宣 蘇東坡全集/內制 5/3a

賜太中大夫守尚書左僕射兼門下侍郎呂大防生日禮物口宣 蘇東坡全集/內制 8/9b

賜右正議大夫守尚書左僕射呂大防生日詔 蘇東坡全集/內制 10/10a

賜右正議大夫守尚書左僕射呂大防生日禮物口宣 蘇東坡全集/內制 10/10a

賜宰相呂大防已下龍散坤成節道場香酒果口宣 蘇東坡全集/內制 10/15a

賜尚書左僕射呂大防生日詔 范太史集 29/7b

賜尚書左僕射呂大防生日禮物口宣 范太史集 29/8a

賜山陵陵使呂大防茶藥兼傳宣撫問詔 范太史集 33/4a

~文德

賜馬軍都指揮使呂文德銀合夏藥詔 後村集 53/11b

賜呂文德銀合臘藥敕書 碧梧集 9/6b

賜呂文德銀合臘藥敕書 碧梧集 9/8b

~公著

賜金紫光祿大夫守尚書右僕射兼中書侍郎呂公著生日詔 蘇東坡全集/內制 1/2b

賜宰臣呂公著生日禮物口宣 蘇東坡全集/內制 1/13b

賜宰相呂公著自今後入朝凡有拜禮宣並特與免拜詔 蘇東坡全集/內制 4/2a

賜宰相呂公著生日詔 蘇東坡全集/內制 5/11a

賜宰相呂公著生日禮物口宣 蘇東坡全集/內制 5/11a

呂公著免拜詔元祐二年八月己亥 宋詔令集 70/341

~公弼

賜樞密副使呂公弼生日禮物詔 華陽集 15/2b-3a

賜樞密使呂公弼生日禮物口宣 臨川集 48/10a

~春

賜副都統制呂春銀合夏藥敕書 真西山集 23/2a

~真

賜防禦使呂真茶藥詔敕書 范太史集 33/5a

~頤浩

賜少保尚書左僕射同中書門下平章事呂頤浩生日詔 浮溪集 13/7a 浮溪集/附拾遺 13/151

賜呂頤浩銀合茶藥並撫問一行將佐軍兵等口宣 浮溪集 15/14a 浮溪集/附拾遺 15/176

賜呂頤浩茶藥口宣 浮溪集 15/17b 浮溪集/附拾遺 15/179

撫問呂頤浩並賜銀合茶藥口宣 浮溪集 15/17b 浮溪集/附拾遺 15/179

撫問呂頤浩並賜銀合茶藥口宣 浮溪集 15/17b 浮溪集/附拾遺 15/179

賜尚書左僕射領江淮荊浙都督諸軍呂頤浩生日詔 龜溪集 4/5a

~薰

詔朱熹門人呂薰迪功郎本州州學教授給札録其著述並條其所欲言者以聞 覺軒集附録 22a

吴 奎

賜樞密副使吴奎生日禮物詔 華陽集 15/3a-

3b

~ 拱

賜階文龍州經畧使吳拱夏藥敕書　盤洲集 16/9a

撫問侍衛親軍步軍都指揮使吳拱到闕並賜銀合茶藥口宣　鄰峰錄 6/11a

御前諸軍都統制銀合夏藥敕書　文定集 8/19b

御前諸軍都統制銀合臘藥敕書　文定集 8/20b

賜吳拱臘藥敕書　益國文忠集 111/5b　益公集 111/98b

賜侍衛馬軍行司侍衛軍都指揮使吳拱銀合夏藥敕書　益國文忠集 111/7b　益公集 111/102a

賜侍衛馬軍行司武康軍節度使侍衛馬軍都指揮使吳拱　益國文忠集 111/6b　益公集 111/99b

撫問賜吳拱到闕賜銀合茶藥　益公集 112/111b

賜侍衛馬軍行司武康軍節度使侍衛馬軍都指揮使吳拱銀合臘藥敕書　玉堂稿 16/13b

~ 桂

賜利州後軍統制權行管幹金州都統制司職事吳桂銀合夏藥敕書　平齋集 16/7a

賜利州後軍統制權行管幹金州都統制司職事吳桂銀合臘藥敕書　平齋集 16/9a

~ 挺

賜吳挺銀合夏藥敕書　益國文忠集 111/4b　益公集 111/97a

賜御前諸軍都統制吳挺銀合臘藥敕書　益國文忠集 111/5b　益公集 111/98b

賜御前諸軍都統制吳挺銀合藥敕書　益國文忠集 111/6b　益公集 111/99b

賜御前諸軍都統制吳挺銀合夏藥敕書　益國文忠集 111/7b　益公集 111/102a

賜御前都軍都統制吳挺銀合臘藥敕書　益國文忠集 113/3b　益公集 111/95b

撫問吳挺到闕並賜銀合茶藥　益公集 112/112b

賜御前諸軍都統制吳挺銀合夏藥敕書　玉堂稿 16/11b

賜御前諸軍都統制吳挺銀合臘藥敕書　玉堂稿 16/13a

賜御前諸軍都統制吳挺銀合夏藥敕書　玉堂稿 16/13b

賜御前諸軍都統制吳挺銀合夏藥敕書　玉堂稿 16/15a

賜御前諸軍都統制吳挺銀合夏藥敕書　玉堂稿 16/16b

~ 淵

賜沿江制置使吳淵銀合夏藥詔　後村集 53/10b

~ 璞

賜御前都統制吳璞夏藥口宣　楳溪集 7/26b

賜御前都統制吳璞下統制統領將佐官屬夏藥口宣　楳溪集 7/26b

賜四川宣撫使吳璞夏藥敕書　盤洲集 16/8a

賜吳璞夏藥敕書　盤洲集 16/10b

~ 總

賜工部侍郎兼樞密都承旨樞密行府參贊軍馬吳總寶謨閣待制臘藥敕書　後樂集 5/2a

~ 獵

賜四川安撫制置使兼知成都吳獵銀合夏藥敕書　攻媿集 47/4b

賜寶謨閣待制四川制置使吳獵夏藥　後樂集 5/7b

~ 璟

賜少傅吳璟生日詔　真西山集 22/25a

賜少傅吳璟生日詔　真西山集 22/26a

別之傑

賜秘閣修撰知江陵府兼京西湖北路安撫制副別之傑夏藥銀合敕　鶴林集 12/10a

余 玠

賜四川安撫制置大使余玠銀合夏藥詔　後村集 53/11a

何汝霖

賜御前諸軍副都統制何汝霖銀合夏藥敕書　攻媿集 47/5b

賜都統制何汝霖銀合夏藥敕書　真西山集 23/2a

~ 弱

賜殿前司　益國文忠集 111/9a　益公集 111/105b

賜皇太子　益國文忠集 111/9b　益公集 111/106a

賜馬軍司　益國文忠集 111/11b　益公集 111/108a

賜皇太子　益國文忠集 111/12a　益公集 111/108a

八　畫

林季友

報謝使副林季友回程到關傳宣撫問並賜銀合茶藥口宣 宋本攻媿集 43/5a 攻媿集 47/20a

賜參知政事周必大生日詔 益國文忠集 125/12a 益公集 125/14a 玉堂稿 16/9a

賜生日詔 益國文忠集 126/9a

賜生日詔（1-4） 益國文忠集 127/4b,11a,13a 益公集 127/5a,13a,15b,128/8a

賜生日詔 益國文忠集 128/7a

賜銀合臘藥敕書倪思撰 益國文忠集 131/13a, 132/6b 益公集 131/15a,132/7b

賜紹熙三年曆口宣 益國文忠集 131/13b

賜銀合臘藥敕書（1-2） 益國文忠集 131/17b, 20b 益公集 131/20b,24a

賜銀合夏藥敕書倪思撰 益國文忠集 132/3a 益公集 132/3b

周 葵

賜參知政事周葵生日詔 盤洲集 74/7a

~ 整

賜御前諸軍副都統制周整銀合夏藥敕書 宋本攻媿集 44/23b 攻媿集 47/5b

~ 興裔

宋撫問淮南東路沿海制置大使周興裔賜銀合夏藥口宣 周元公集 12/3b

宋撫問淮南東路沿海制置大使周興裔並賜銀合臘藥口宣 周元公集 12/4a

邵 元

賜樞密副使居謀議大夫邵元生日詔 鄱溪集 8/9a

孟 在

賜刺史孟在茶藥詔敕書 范太史集 33/5a

~ 忠厚

賜鎮潼軍節度使開府儀同三司充醴泉觀使孟忠厚生日詔 浮溪集 13/7b 浮溪集/附拾遺 13/151

賜鎮潼軍節度使開府儀同三司充醴泉觀使孟忠厚生日詔 北海集 8/3b

撫問孟忠厚到闕並賜銀茶合香藥口宣 楠溪集 7/14a

~ 琪

賜帶御器械兼權主管馬軍行司公事兼知光州孟琪銀合夏藥敕書 平齋集 16/7a

賜帶御器械兼權主管侍衛馬軍行司公事兼知黃州孟琪銀合臘藥敕書 平齋集 16/9a

賜兼權侍衛馬軍行司公事知黃州孟琪並諸

明 椿

賜御前諸軍副都統明椿銀合臘藥敕書 益國文忠集 111/3b 益公集 111/95b

賜御前諸軍都統副統制明椿銀合夏藥敕書 益國文忠集 111/4b 益公集 111/97a

賜御前諸軍副都統明椿銀合臘藥敕書 益國文忠集 111/5b 益公集 111/98b

賜武經大夫榮州刺史池州駐劄御前諸軍都統制明椿 益國文忠集 111/7a 益公集 111/100b

賜御前諸軍副都統制明椿銀合夏藥敕書 益公集 111/102a

和彥威

賜權管汚州都統制司職事和彥威銀合臘藥敕書 平齋集 16/9a

岳建壽

賜御前諸軍副都統制岳建壽銀合臘藥敕書 益國文忠集 111/6b 益公集 111/99b

賜御前諸軍副都統制岳建壽銀合夏藥敕書 益公集 111/102a

賜御前諸軍副都統制岳建壽銀合夏藥敕書 玉堂稿 16/11b

賜御前諸軍副都統制岳建壽銀合藥敕書 玉堂稿 16/13a

~ 飛

（紹興六年）撫問賜器物一詔 金佗稡編 1/10a

（紹興七年）屯九江賜燕勞一詔 金佗稡編 2/2a

（建炎四年）賜金酒器詔 金佗稡編/續 1/2a

（紹興五年）賜銀絹恩澤封號詔 金佗稡編/續 1/4b

（紹興十年）先於荊襄湖北措畫屯田軍食省饋過半賜以御書諸葛亮曹操羊祜三事復賜此詔 金佗稡編/續 4/6b

賜襄忠衍福禪寺額敕 金佗稡編/續 15/1b

~ 超

撫問統制岳超賜銀合臘藥口宣 楠溪集 7/27b

周必大

路都統制夏藥銀合敕 鶴林集 12/10b

九 畫

洪 遵

端明殿學士新知信州洪遵乾道六年到闕撫問並賜銀合茶藥口宣 益國文忠集 112/1a 益公集 112/110a

撫問端明殿學士新知建康府洪遵到闕賜銀合茶藥 益公集 112/111a

施昌言

賜龍圖閣直學士給事中施昌言已下爲修河了畢御筵口宣 歐陽文忠集 84/8a

郎 潔

賜山陵行事官屯田郎中郎潔等茶藥詔 華陽集 14/10a

胡元質

賜成都潼川府夔州利州路安撫制置使胡元質銀合臘藥敕書 益國文忠集 111/6b 益公集 111/99b

賜成都潼川府夔州利州路安撫制置使胡元質銀合夏藥敕書 益國文忠集 111/7a 益公集 111/101b

賜成都潼川府夔州利州路安撫制置使胡元質銀合臘藥敕書 玉堂稿 16/14b

賜成都潼川府夔州利州路安撫制置使胡元質銀合夏藥敕書 玉堂稿 16/15b

賜成都潼川府夔州和州路安撫制置使胡元質銀合夏藥敕書 玉堂稿 16/16b

~安之

詔朱熹門人胡安之迪功郎本州州學教授給札録其著述並條其所欲言者以聞 暨軒集附録 22a

~宗愈

賜鹵簿使胡宗愈茶藥詔 范太史集 33/5a

~唐老

胡唐老賜謚 程北山集 24/12a

~ 宿

賜樞密副使胡宿生日禮物詔 華陽集 15/3b

范成大

賜參知政事范成大生日詔 益國文忠集 109/

20b 益公集 110/88b

賜四川安撫制置使范成大銀合臘藥敕書 益國文忠集 111/3b 益公集 111/95b

賜權四川制置使范成大銀合夏藥敕書 益國文忠集 111/4b 益公集 111/96b

賜敷文閣待制四川安撫制置使范成大銀合臘藥敕書 益國文忠集 111/5b 益公集 111/98a

撫問新知明州范成大到闕並賜銀合茶藥 益公集 112/113a

撫問新知建康府范成大到闕並賜銀合茶藥口宣 玉堂稿 15/7b

賜四川安撫制置使范成大銀合臘藥敕書 玉堂稿 16/12b

~仲王

報登寶位使范仲任到闕傳宣撫問並賜銀合茶藥口宣 宋本攻媿集 42/4b

~仲淹

賜參知政事范仲淹生日詔 景文集 32/9a

~宗尹

賜尚書右僕射范宗尹生日詔 北海集 8/4b

~純仁

賜同知樞密院事范純仁生日詔 蘇東坡全集/內制 3/8b

賜尚書右僕射兼中書侍郎范純仁生日詔 蘇東坡全集/內制 8/8a

賜觀文殿大學士知穎昌府范純仁茶藥口宣 范太史集 29/6b

~ 温

賜范温等獎諭敕書 浮溪集 16/11b 浮溪集/附拾遺 16/189 南宋文範 10/2a

~ 鎭

賜山陵禮儀使范鎭等茶藥詔 華陽集 14/10a

苗 授

賜殿前副都指揮使苗授已下罷散坤成節道場香酒果口宣 蘇魏公集 25/5a

賜步軍副都指揮使苗授已下罷散興龍節道場香酒果口宣 蘇東坡全集/內制 5/14a

賜殿前副都指揮使苗授已下罷散興龍節道場香酒果口宣 蘇東坡全集/內制 9/8b

~ 氏

賜德妃苗氏等茶藥詔 華陽集 14/9a

俞 烈

報謝使副俞烈等到閩撫問賜茶藥等詔 尊 益公集 111/99b

白堂集 6/2a

~ 麟

賜權管句馬軍司公事姚麟已下罷散興龍節

种 誼

道場酒果口宣 蘇東坡全集/內制 9/8b

熙河蘭會路賜种誼已下銀合茶藥及撫問稱 賜馬步軍大尉姚麟已下罷散坤成節道場香

設漢蕃將校以下口宣 蘇東坡全集/內制 4/9a

酒果口宣 蘇東坡全集/內制 10/11b

十 畫

皇甫侃

賜御前諸軍都統皇甫侃 益國文忠集 111/3b

賜御前諸軍都統制皇甫侃銀合夏藥敕書

益國文忠集 111/4b 益公集 111/97a

賜御前諸軍都統制皇甫侃銀合膈藥敕書

益國文忠集 111/5b 益公集 111/98b

賜御前諸軍都統制皇甫侃 益國文忠集 111/6b

益公集 111/99b

賜御前諸軍都統制皇甫侃銀合膈藥敕書

益公集 111/95b

賜御前諸軍都統制皇甫侃銀合夏藥敕書

益公集 111/102a

賜御前諸軍都統制皇甫侃銀合夏藥敕書

玉堂稿 16/11b

賜御前諸軍都統制皇甫侃銀合膈藥敕書

玉堂稿 16/13a

賜御前諸軍都統制皇甫侃銀合膈藥敕書

玉堂稿 16/16b

~ 斌

賜御前諸軍都統制皇甫斌銀合膈藥敕書

攻媿集 47/2a

韋 謙

賜太尉韋謙生日詔 楳溪集 6/44a

姚 仲

賜姚仲夏藥口宣 楳溪集 7/27a

賜姚仲下統制統領將佐官屬夏藥口宣 楳溪集 7/27a

賜姚仲下統制統領將佐官屬膈藥口宣 楳溪集 7/28a

賜姚仲膈藥口宣 楳溪集 7/28a

~ 兕

賜熙河路副總管姚兕等銀合茶藥口宣 蘇東坡全集/內制 4/17b

~ 憲

知泉州姚憲 益國文忠集 111/5b 益公集 111/98a

賜荊湖北路安撫使姚憲 益國文忠集 111/6a

高 保

賜殿前指揮使高保已下罷散天寧節道場香

酒果口宣 摘文集 9/5a

席 益

賜參知政事席益生日詔 北海集 8/2b

唐 詢

賜知青州唐詢告敕並賜對衣金腰帶鞍轡馬

等口宣 華陽集 24/10b

秦世輔

賜御前諸軍都統制秦世輔銀合夏藥敕書

宋本攻媿集 44/23a 攻媿集 47/5a

賜池州駐劄御前諸軍都統制秦世輔銀合夏

藥 後樂集 5/4b

~ 琪

御前諸軍副都統制秦琪銀合膈藥敕書 文定集 8/20b

~ 檜

賜太師秦檜生日詔 楳溪集 6/4b

郝 質

賜侍衛親軍步軍副都指揮使郝質赴闕茶藥

詔 華陽集 14/11b

撫問修山陵所殿前副指揮使郝質以下兼賜

湯藥口宣 華陽集 23/12b

夏守賨

賜知樞密院夏守賨生日生饌詔 元憲集 27/5b

賜鎮海軍節度使新授知樞密院夏守賨赴闕

沿路茶藥詔 元憲集 27/7b

賜鎮海軍節度使新授知樞密院夏守賨赴闕

沿路茶藥 元憲集 30/8a

賜鎮海軍節度使新授知樞密院夏守贊到闕生餞 元憲集 30/8b

堂稿 16/13a

員 琦

御前諸軍都統制員琦銀合夏藥敕書 文定集 8/19b

御前諸軍都統制員琦銀合臘藥敕書 文定集 8/20b

馬光祖

賜執政生日詔

賜資政殿大學士松江制置大使馬光祖 後村集 53/12a

賜同知樞密院事兼浙西安撫使馬光祖執政生日詔 後村集 53/12b

~ 定遠

賜侍衛馬軍行司侍衛馬軍都虞侯馬定遠銀合夏藥敕書 玉堂稿 16/15a

賜侍衛馬軍行司侍衛馬軍都虞侯馬定遠銀合夏藥敕書 玉堂稿 16/16b

~ 懷德

賜侍衛親軍副都指揮使馬懷德赴閩茶藥詔 華陽集 14/11b

柴宗慶

賜武成軍節度使同中書門下平章事駙馬都尉柴宗慶生日禮物 元憲集 30/9a

晏 殊

賜樞密院副使晏殊生日羊酒米麵詔 景文集 32/9b

畢再遇

賜御前諸軍都統畢再遇銀合夏藥敕書 攻媿集 47/5a

賜御前諸軍副都統制畢再遇臘藥敕書 後樂集 5/3a

賜御前諸軍都統制畢再遇夏藥 後樂集 5/6a

晃公武

四川安撫制置使兼知成都府晃公武銀合夏藥書 文定集 8/18a

四川安撫制置使兼知成都府晃公武銀合臘藥書 文定集 8/20a

時 俊

賜御前諸軍都統制時俊夏藥敕書 玉堂稿 16/11b

賜御前諸軍都統制時俊銀合臘藥敕書 玉

孫 汸

賜樞密副使孫汸生日禮物口宣 景文集 33/1a

賜新除資政殿大學士知青州孫汸告敕並對衣鞍轡馬口宣 歐陽文忠集 85/2b

~ 扑

賜樞密副使孫扑生日禮物詔 華陽集 15/2b

~ 虎臣

賜都統孫虎臣等銀合臘藥敕書 碧梧集 9/7a

~ 忠銳

賜御前諸軍都統制孫忠銳夏藥敕書 後樂集 5/3b

~ 固

賜正議大夫門下侍郎孫固生日詔 蘇魏公集 22/4b

賜太中大夫知樞密院事孫固生日詔 王魏公集 2/2b

賜正議大夫守門下侍郎孫固生日詔 蘇東坡全集/内制 8/10a

~ 路

賜權陝府西路轉運判官孫路銀絹獎諭敕書 蘇東坡全集/内制 3/12a

賜陝府西路轉運判官孫路銀合茶藥口宣 蘇東坡全集/内制 4/9b

十一畫

梁克家

賜參知政事梁克家生日詔 益國文忠集 109/16b 益公集 110/83a

賜參知政事梁克家生日詔 益國文忠集 109/17a 益公集 110/84b

賜福建路安撫使梁克家銀合夏藥敕書 玉堂稿 16/16a

~ 適

賜參知政事梁適生日禮物口宣 文恭集 25/11a

章大醇

賜沿海制置副使章大醇銀合夏藥詔　後村集 53/11b

~ 良能

賜太中大夫同知樞密院事章良能再上表辭免皇太子講授春秋終篇各特與轉行一官恩命不允仍斷來章批答　真西山集 22/16a

~ 得象

賜宰臣章得象生日禮物　元憲集 30/3b

賜宰臣章得象生日詔　景文集 32/8b

許　俊

賜馬軍都虞候許俊銀合夏藥敕書　真西山集 23/2a

~ 將

賜中大夫守尚書右丞許將生日詔　蘇魏公集 22/8a

賜資政殿學士知定州許將夏藥口宣　范太史集 29/1b

郭正己

報謝使副郭正己回程到闕傳宣撫問並銀合茶藥口宣　宋本攻媿集 43/5a　攻媿集 47/20a

~ 申錫

賜尚書刑部員外郎兼侍御史知雜事權判大理寺郭申錫等敕書　歐陽文忠集 85/3b

~ 昱

賜御前諸軍副統制郭昱銀合夏藥敕書　玉堂稿 16/16b

賜主管殿前司公事真州駐劄策應兩淮郭昱膃藥書　後樂集 5/2b

~ 浩

撫問郭浩並賜到闕銀合茶藥口宣　楊誠齋集 7/10a

~ 振

賜御前都統制郭振等銀合夏藥敕書　盤洲集 16/10a

御前諸軍都統制郭振銀合夏藥敕書　文定集 8/19b

御前諸軍都統制郭振銀合夏藥敕書　文定集 8/20b

~ 剛

御前諸軍副都統制郭剛銀合夏藥敕書　文定集 8/19b

御前諸軍副都統制郭剛銀合膃藥書　文定集 8/20b

賜御前諸軍都統制郭剛　益國文忠集 111/3b

賜御前諸軍都統制郭剛銀合夏藥敕書　益國文忠集 111/4b　益公集 111/97a

賜御前諸軍都統制郭剛　益國文忠集 111/6b

賜前諸軍統制郭剛　益國文忠集 111/6b

賜御前諸軍都統制郭剛銀合膃藥敕書　益公集 111/95b

賜御前諸軍都統制郭剛銀合膃藥敕書　益公集 111/98b

賜御前諸軍都統制郭剛銀合膃藥敕書　益公集 111/99b

賜御前諸軍都統制郭剛銀合夏藥敕書　益公集 111/102a

賜御前諸軍都統制郭剛銀合夏藥敕書（1－2）　玉堂稿 16/11b, 16a

賜御前諸軍都統制敦剛銀合膃藥敕書　玉堂稿 16/13a

賜御前諸軍都統制郭剛銀合夏藥敕書　玉堂稿 16/16b

~ 倪

賜鎮江府駐劄御前諸軍都統制山東京東路招撫使郭倪膃藥敕書　後樂集 5/2b

~ 逵

賜宣徽南院使判延州郭逵赴闕茶藥詔　華陽集 14/11a

賜判延州郭逵茶藥口宣　華陽集 24/13a

賜宣徽南院使判延州郭逵朝見茶藥詔　郎溪集 8/10a

~ 棣

賜御前諸軍都統制郭棣　益國文忠集 111/3b

賜御前諸軍都統制郭棣銀合夏藥敕書　益國文忠集 111/4b　益公集 111/97a

賜御前諸軍都統制郭棣銀合膃藥敕書　益國文忠集 111/5b　益公集 111/98b

賜御前諸軍都統制郭棣銀合膃藥敕書　益國文忠集 111/6b　益公集 111/99b

賜御前諸軍都統制郭棣銀合膃藥敕書　益公集 111/95b

賜御前諸軍都統制郭棣銀合夏藥敕書　益公集 111/102a

~ 鈞

賜御前諸軍都統制郭鈞銀合膃藥敕書　益國文忠集 H1/3b　益公集 111/95b

賜御前諸軍都統制郭鈞銀合夏藥敕書　益國文忠集 111/4b　益公集 111/97a

賜御前諸軍都統制郭鈞銀合臘藥敕書　益國文忠集 111/5b　益公集 111/98b

賜御前諸軍都統制郭鈞銀合臘藥敕書　益國文忠集 111/6b　益公集 111/99b

賜御前諸軍都統制郭鈞銀合夏藥敕書（1－2）　玉堂集 16/11b, 16a

賜御前諸軍都統制郭鈞合臘藥敕書　玉堂稿 16/13a

賜御前諸軍都統制郭鈞合夏藥敕書　玉堂稿 16/16b

～誡

御前諸軍副都統制郭誡銀合夏藥敕書　文定集 8/19b

～獻卿

賜駙馬郭獻卿茶詔敕書　范太史集 33/5a

康伯修

閤仲續康伯修奉樻官傳宣撫問並賜銀合茶藥及喝賜一行官吏工匠等㡌設口宣　宋本攻媿集 42/1b　攻媿集 47/3b

黃伯固

賜寶章閣待制沿江制置副使兼知鄂州黃伯固銀合臘藥敕書　平齋集 16/8a

～度

賜江淮制置使黃度冬藥敕集　真西山集 23/1b

～祖舜

賜荆湖南路安撫使黃祖舜夏藥敕書　盤洲集 16/9b

曹友聞

賜權利州都統制司職事曹友聞銀合夏藥敕書　平齋集 16/7a

賜權利州都統制司職事曹友聞銀合臘藥敕書　平齋集 16/9a

曹　佾

賜保平軍節度使判鄆州曹佾赴闕茶藥詔　華陽集 14/11a

賜使相曹佾生日禮物詔　華陽集 15/5b－6a

賜判運州曹佾生日禮物口宣　華陽集 24/3a

賜使相曹佾生日禮物口宣　華陽集 24/3b

賜使相曹佾赴闕生料口宣　華陽集 24/12a

賜景靈宮使昭德軍節度使檢校太尉兼侍中

曹佾生日詔　鄆溪集 8/8b

賜檢校太尉兼侍中曹佾生日禮物口宣　鄆溪集 10/3b

賜護國軍節度使檢校太師濟陽郡王曹佾生日禮物口宣　蘇東坡全集/內制 3/5b

賜濟陽郡王曹佾罷散興龍節道場酒果口宣　蘇東坡全集/內制 6/5a

賜護國軍節度使濟陽郡王曹佾罷散坤成節道場香酒果口宣　蘇東坡全集/內制 8/14b

賜濟陽郡王曹佾罷散興龍節道場香酒果口宣　蘇東坡全集/內制 9/12b

～勛

賜太尉昭信軍節度使曹勛生日詔　盤洲集 15/3a

賜太尉昭信軍節度使提舉皇城司曹勛生日詔　益公集 110/84a

賜駙馬曹詩茶藥詔敕書　范太史集 33/5a

戚　拱

賜侍衛馬軍行司主管侍衛馬軍行司職事戚拱臘藥敕書　後樂集 5/3a

賜侍御馬軍行司職事戚拱夏藥　後樂集 5/6a

盛　度

賜知樞密院盛度生日餱詔　元憲集 27/6a

～陶

賜西路祔葬皇親監護葬使左朝散大夫守太常少卿盛陶以下並祔葬魏王鄧國蔡國長公主管勾等使臣茶藥並沿路傳宣撫問敕書　范太史集 33/6b

賜監護葬使左朝散大夫太常少卿盛陶茶藥口宣　范太史集 33/7b

莫　濛

撫問賀金國正旦使副莫濛到關並賜銀合茶藥　益公集 112/111b

莊　松

賜御前諸軍副都統制莊松銀合夏藥敕書　攻媿集 47/5b

賜御前諸軍副都統制莊松夏藥敕書　後樂集 5/3b

賜御前諸軍都統制莊松銀合夏藥敕書　真西山集 23/1a

賜都統制莊松銀合夏藥敕書　真西山集 23/2a

張士遜

賜樞密副使充祥源觀使張士遜禮工御筵口宣　文莊集 3/14b

賜宰臣張士遜生日生餞詔　元憲集 27/7a

賜宰臣張士遜生日禮物　元憲集 30/3b

賜宰臣張士遜赴關都城門外御筵　元憲集 30/10a

憲集 30/10a

賜樞密使張士遜生日羊酒米麵詔　景文集 32/9b

~大經

賜龍圖閣學士致仕張大經銀合茶藥詔　宋本攻媿集 42/6a　攻媿集 42/12b

~子蓋

撫問鎮江府駐劄御前諸軍都統制張子蓋到關並賜銀合茶藥口宣　鄂峰錄 6/11b

~子顏

撫問奉使金國報聘使副張子顏等到關並賜銀合茶藥口宣　玉堂稿 13/5a

~元簡

賜直寶章閣權發遣鄂州兼權沿江制置副使張元簡銀合夏藥敕書　平齋集 16/6b

~良顯

賜侍衛馬軍行司權管幹本軍馬職事張良顯銀合夏藥敕書　攻媿集 47/5a

~宗元

撫問賀金國生辰使副張宗元等到關並賜銀合茶藥　益公集 112/112a

~青

御前諸軍副都統制張青銀合夏藥敕書　文定集 8/19b

御前諸軍副都統制張青銀合膃藥敕書　文定集 8/20b

~宣

賜御前諸軍副統張宣銀合膃藥敕書　益國文忠集 111/3b　益公集 111/95b

賜御前諸軍副統張宣銀合夏藥敕書　益國文忠集 111/4b　益公集 111/97a

賜御前諸軍副統張宣銀合膃藥敕書　益國文忠集 111/5b　益公集 111/98b

~威

賜副都統制張威銀合夏藥敕書　真西山集

23/2a

~茂則

賜都大管勾張茂則茶藥詔敕書　范太史集 33/5a

~茂實

賜馬軍副都指揮使准康軍節度使張茂實赴關茶藥口宣(1-2)　文恭集 25/12b

賜馬步軍副都指揮使張茂實赴關生料口宣歐陽文忠集 88/6b

~昇

賜樞密副使張昇生日詔　歐陽文忠集 89/6b

賜樞密使張昇生日禮物詔　華陽集 15/4b

賜參知政事張昇免恩命不允斷來章批答華陽集 22/7a

賜張昇免明堂恩命第二表不允斷來章批答華陽集 22/7a

賜張昇乞致仕不允斷來章批答　華陽集 22/7b

賜樞密使張昇爲仁宗皇帝上僊遺衣物口宣華陽集 24/14a

~俊

檢校少保定江昭慶軍節度使張俊再上表辭免恩命不允斷來章批答　浮溪集 15/10b　浮溪集/附拾遺 15/174

賜太尉定江昭慶軍節度使神武右軍都統制張俊生日詔　北海集 8/3b

~浚

賜張浚特進學士院詔　毘陵集 9/8a

賜撫問張浚到關並賜金合茶藥口宣　漢濱集 3/5b

賜張浚膃藥敕書　漢濱集 3/5b

賜福建路安撫使張浚夏藥敕書　盤洲集 16/9b

~者

賜護國軍節度使兼侍中張者生日禮物　元憲集 30/9a

~師顏

賜主管侍衛馬軍行司張師顏銀合膃藥敕書宋本攻媿集 42/7a　攻媿集 47/2a

賜侍衛馬軍都虞侯張師顏銀合夏藥敕書宋本攻媿集 43/25a　攻媿集 47/3a

~國珍

賜御前請副都統制張國珍銀合膃藥敕書宋本攻媿集 42/7b　攻媿集 47/2b

賜御前諸軍副都統制張國珍銀合夏藥敕書

宋本攻媿集 43/25b 攻媿集 47/3b

~ 詔

賜御前諸軍都統制張詔銀合臘藥敕書 攻媿集 47/2a

賜御前諸軍都統制張詔銀合夏藥敕書 攻媿集 47/3b

~敦禮

賜駙馬張敦禮茶藥詔敕書 范太史集 33/5a

~ 榮

御前諸軍副都統制張榮銀合夏藥敕書 文定集 8/19b

御前諸軍副都統制張榮銀合臘藥敕書 文定集 8/20b

賜御前諸軍都統制張榮 益國文忠集 111/3b

賜御前諸軍副都統制張榮銀合臘藥敕書 益公集 111/95b

~ 綱

賜參政張綱生日詔 楓溪集 6/43a

撫問張綱到闕並賜銀合茶藥口宣 盤洲集 16/4b

~ 潛

賜步軍副都指揮使張潛已下啓聖院羆乾元節道場香合酒果 元憲集 30/1a

~ 嚴

賜知樞密院事督視江淮軍馬張嚴夏藥 後樂集 5/6b

陳升之

賜樞密副使陳升之生日禮物詔 華陽集 15/3a

賜觀文殿學士刑部尚書知大名府陳升之赴闕朝見茶藥詔 臨川集 47/11a

賜觀文殿學士刑部尚書知大名府陳升之赴闕朝見並賜茶藥口宣 臨川集 48/4b

撫問觀文殿學士陳升之兼賜夏藥口宣 臨川集 48/10b

~孝慶

賜御前諸軍副都統制陳孝慶臘藥敕書 後樂集 5/3a

~ 東

欽宗省敕 陳修撰集 6/15a

御旨 陳修撰集 7/6a

賜錢詔 陳修撰集 7/7a

賜田敕 陳修撰集 7/9a

追贈朝奉郎秘閣修撰誥 陳修撰集 7/10a

加贈陳東朝請郎誥 陳修撰集 7/11a

~ 昱

賜襄陽府忠衛軍副都統制江海權河州都統制司職事陳昱銀合夏藥敕書 平齋集 16/7a

~俊卿

賜前宰相福建路安撫使陳俊卿銀合臘藥 益國文忠集 111/3a 益公集 111/95a

賜福建路安撫使陳俊卿 益國文忠集 111/4a 益公集 111/96a

賜前宰相福建路安撫使陳俊卿銀合臘藥 益國文中集 111/5a 益公集 111/97b

賜福建路安撫使陳俊卿銀合臘藥敕書 玉堂稿 16/13b

賜江南東路安撫使陳俊卿銀合臘藥敕書 玉堂稿 16/14a

賜江東路安撫使陳俊卿銀合夏藥敕書 玉堂稿 16/15a

賜江東路安撫使陳俊卿銀合夏藥敕書 玉堂稿 16/16a

~ 衍

賜山陵諸司使副右司郎中承議郎以上內殿承制崇班通直郎入內供奉官陳衍等茶藥並傳宣撫問敕書 范太史集 33/5b

~康伯

撫問陳康伯到闕並賜銀合茶藥口宣 盤洲集 16/5a

~執中

賜同知樞密院陳執中生日生餼詔 元憲集 27/6b

賜宰臣陳執中生日禮物口宣 歐陽文忠集 82/1b

賜鎮海軍節度使檢校太尉同中書門下平章事判亳州陳執中生日禮物口宣 歐陽文忠集 84/2b

~ 敏

御前諸軍都統制陳敏銀合夏藥敕書 文定集 8/19b

武鋒軍都統制陳敏銀合臘藥敕書 文定集 8/21a

~ 絃

賜少府監陳絃茶藥詔敕書 范太史集 33/5a

~堯佐

賜淮康軍節度使同中書門下平章事陳堯佐加恩詔敕詔 元憲集 27/8b

賜淮康軍節度使同中書門下平章事陳堯佐進謝差男押賜加恩告敕生日禮物及孫男恩澤馬詔　元憲集 27/20b

~ 謙

賜寶謨閣待制湖北京西宣撫使陳謙臘藥敕書　後樂集 5/2a

~ 韡

賜工部侍郎沿江制置使知建康府陳韡銀合夏藥敕書　平齋集 16/5b

賜權刑部尚書沿江制置大使兼江東安撫使知建康府陳韡銀合臘藥敕書　平齋集 16/8a

賜工侍沿江制使兼江東安撫知建康兼行宮留守陳韡夏藥銀合敕　鶴林集 12/9b

十 二 畫

游九功

賜司農卿知慶元府兼沿海制置使游九功銀合夏藥敕書　平齋集 16/6a

賜司農卿知慶元府兼沿海制置使游九功銀合臘藥敕書　平齋集 16/9a

~ 師雄

賜陝府西路轉運司勾當公事游師雄銀合茶藥口宣　蘇東坡全集/內制 4/9b

湯思退

賜樞密院湯思退生日詔　楓溪集 6/44a

賜尚書左僕射湯思退生日詔　盤洲集 13/5a

富直柔

賜同知樞密院事富直柔生日詔　浮溪集 13/8a 浮溪集/附拾遺 13/152

~ 弼

賜新除觀文殿學士知河陽富弼對衣金帶鞍轡馬口宣　文恭集 25/8a

賜宰臣富弼生日禮物口宣　文恭集 25/8b-9b

賜新除宰臣富弼赴闕茶藥口宣　歐陽文忠集 83/10b

賜樞密使富弼赴闕詔　華陽集 14/3a

賜起復宰臣富弼赴闕詔　華陽集 14/3b

賜樞密使富弼生日禮物詔　華陽集 15/3b

賜樞密使富弼赴闕生料口宣　華陽集 24/12b

賜富弼赴闕並茶藥詔　臨川集 47/10a

賜觀文殿大學士尚書左僕射富弼湯藥並賜詔口宣　臨川集 48/10a

賜觀文殿大學士尚書左僕射富弼赴闕茶藥口宣　臨川集 48/10b

賜觀文殿大學士尚書左僕射判河南富弼赴闘茶藥詔　郡溪集 8/10b

賜富弼轉官對衣鞍轡馬口宣　郡溪集 10/9a

馮宗道

沿路賜奉安神宗御容押班馮宗道並內臣等銀合茶藥敕書　蘇東坡全集/內制 5/3a

沿路賜奉安神宗御容押班馮宗道并使臣已下銀合茶藥兼傳宣撫問口宣　蘇東坡全集/內制 5/3a

~ 京

賜保寧軍節度使馮京告敕茶藥　蘇東坡全集/內制 2/10a

賜新除保寧軍節度使馮京告敕詔書茶藥口宣　蘇東坡全集/內制 2/10b

撫問保寧軍節度使知大名府馮京兼賜銀合茶藥口宣　蘇東坡全集/內制 8/8b

~ 拱

賜御前諸軍副都統制馮拱臘藥敕書　後樂集 5/3a

賜御前諸軍副都統制馮拱夏藥敕書　後樂集 5/4a

~ 湛

賜御前諸軍副統制馮湛　益國文忠集 111/3b

賜御前諸軍副統制馮湛銀合夏藥敕書　益國文忠集 111/4b　益公集 111/97a

賜御前諸軍副都統馮湛銀合臘藥敕書　益國文忠集 111/5b　益公集 111/98b

賜御前諸軍副統馮湛銀合臘藥敕書　益公集 111/95b

賜御前諸軍副統馮湛銀合臘藥敕書　攻媿集 47/2b

賜御前諸軍副統制馮湛銀合夏藥敕書　攻媿集 47/3b

~ 樽

賜水軍統制馮樽銀合夏藥敕書　真西山集 23/2a

曾公亮

賜參知政事曾公亮生日禮物口宣　文恭集 25/2b

賜給事中參知政事曾公亮生日詔　歐陽文忠集 86/7b

賜河陽三城節度使守司空兼侍中曾公亮赴關茶藥口宣　韓南陽集 15/26b

賜河陽三城節度使守司空兼侍中曾公亮赴關生料口宣　韓南陽集 15/26b

賜奉安仁宗英宗御容禮儀使宰臣曾公亮茶藥詔　華陽集 14/10a

賜宰臣曾公亮生日禮物詔　華陽集 15/5b

賜宰臣曾公亮生日禮物口宣　華陽集 24/5b-6a

賜宰臣禮儀使曾公亮以下往西京奉安仁宗英宗御容迴茶藥口宣　華陽集 24/14a

賜宰臣禮儀使曾公亮往西京奉安仁宗英宗御容都城門外酒果口宣　華陽集 24/14a

二月一日賜宰臣曾公亮生日禮物口宣　鄱溪集 10/3a

~ 從龍

曾參政從龍生日賜牲牢詔　鶴山集 14/3a

~ 懷

賜右丞相曾懷生日詔　玉堂稿 16/6b

~ 觀

賜開府儀同三司充萬壽觀使曾觀生日詔　益國文忠集 109/18b　益公集 110/85b

賜曾觀生日詔　益國文忠集 109/21a　益公集 110/89a

賜少保寧武軍節度使充醴泉觀使曾觀生日詔　玉堂稿 16/8a

賜少保寧武軍節度使充醴泉觀使曾觀生日詔　玉堂稿 16/9b

彭　昺

賜御前諸軍副統制彭昺銀合夏藥敕書　玉堂稿 16/16b

~ 畧

賜御前諸軍都統制彭畧銀合夏藥敕書　攻媿集 47/5b

賜御前諸軍副都統制彭畧膃藥敕書　後樂集 5/3a

賜興元府駐劄御前諸軍都統制彭畧銀合夏藥　後樂集 5/5a

程大昌

賜龍圖閣學士致仕程大昌銀合茶藥詔　宋

本攻媿集 42/6a　攻媿集 42/12b

~ 克俊

撫問程克俊到關賜銀合茶藥口宣　楊溪集 7/8b

撫問湖州程克俊賜銀合茶藥口宣　楊溪集 7/25b

賜知湖州程克俊夏藥口宣　楊溪集 7/27a

~ 松

賜成都潼川府夔利路安撫使程松膃藥敕書　後樂集 5/1a

賜宣撫使程松銀合湯藥敕書　後樂集 5/3a

~ 叔達

賜顯謨閣特制致仕程叔達銀合茶藥詔　宋本攻媿集 42/6a　攻媿集 42/12b

~ 琳

賜參知政事程琳生日生餼詔　元憲集 27/5a

~ 戡

賜樞密副使程戡生日詔　歐陽文忠集 85/6a

賜安武軍節度使宣徽南院使程戡赴關茶藥詔　華陽集 14/11a

喬行簡

賜特進左丞相兼樞密使薦國公喬行簡生日詔　東澗集 1/2b

賜右丞相喬行簡生日禮物詔　鶴山集 14/7a

費士寅

賜知潼川府費士寅銀合夏藥敕書　宋本攻媿集 44/21b　攻媿集 47/4a

賜資政殿學士知潼川府費士寅膃藥敕書　後樂集 5/1b

賜資政殿學士知潼川府費士寅夏藥　後樂集 5/7a

賀允中

撫問賀允中到關并賜銀合茶藥口宣　盤洲集 16/2a

十 三 畫

楊　石

永寧郡王楊石生日詔　平齋集 15/13a

~ 次山

賜開府儀同三司楊次山生日詔　宋本攻媿集 44/18a

開府儀同三司楊次山生日詔　宋本攻媿集 44/

24a 攻媿集 44/5b

~ 存中

賜少傅楊存中生日詔 楊溪集 6/43a

賜太傅寧遠軍節度使和義郡王楊存中生日生餞詔 盤洲集 13/10a

撫問楊存中賜金合茶藥口宣 盤洲集 16/6a

~ 谷

賜太傅奉國軍節度使充萬壽觀使安郡王楊谷生日詔 東澗集 1/3a

~ 恢

賜兵部郎官兼淮西安撫制置副使兼知黃州楊恢銀合夏藥敕書 平齋集 16/6b

~ 政

賜御前都統制楊政夏藥口宣 楊溪集 7/26b

賜御前都統制楊政下統制統領將佐官屬夏藥口宣 楊溪集 7/26b

~ 俊

賜前執政荊湖北路安撫使楊俊 益國文忠集 111/3a 益公集 111/95a

賜湖北安撫使楊俊 益國文忠集 111/4a 益公集 111/96b

賜知太平州楊俊 益國文忠集 111/5b 益公集 111/98a

賜知太平州楊俊（1－2） 益國文忠集 111/7a－b

賜湖北安撫使楊俊銀合夏藥敕書 益公集 111/96b

賜知太平州楊俊銀合膃藥敕書 益公集 111/100a

賜知太平州楊俊銀合夏藥敕書 益公集 111/101b

賜昭慶軍節度使簽書樞密院事楊俊生日詔 玉堂稿 16/7a

賜江南西路安撫使楊俊銀合膃藥敕書 玉堂稿 16/14a

~ 惟忠

撫問楊惟忠並賜銀合茶藥口宣 浮溪集 15/17b 浮溪集/附拾遺 15/179

~ 欽

御前諸軍都統制楊欽銀合夏藥敕書 文定集 8/19b

御前諸軍都統制楊欽銀合膃藥敕書 文定集 8/20b

~ 福興

賜權江州副都統制楊福興銀合膃藥敕書 平齋集 16/9a

~ 輔

賜寶謨閣學士通奉大夫四川制置使知成都府楊輔銀合夏藥 後樂集 5/4a

賈似道

賜兩淮制置太使賈似道銀合夏藥詔 後村集 53/11a

宣賜太傅右丞相賈似道生日御書扇子金器疋物等口宣 後村集 59/13a

御藥院關乞撰太傅右丞相魯國公賈似道家廟奉安預賜祭器金器幣銀綱口宣 後村集 59/13b

~ 昌朝

賜鎮安軍節度使行尚書右僕射檢校太師兼侍中判許州賈昌朝生日禮物詔 文恭集 25/2b－3a

賜賈昌朝赴闕茶藥口宣 文恭集 25/4b

賜參加政事賈昌朝生日詔 景文集 32/9a

賜樞密使山南東道節度使同中書門下平章事賈昌朝生日禮物口宣 歐陽文忠集 86/1a

賜保平軍節度使兼侍中判大名府賈昌朝赴闘茶藥詔 華陽集 14/10b

賜判許州賈昌朝過闘朝見茶藥詔 華陽集 14/10b

賜判北京賈昌朝生日禮物口宣 華陽集 24/3b－4a

賜判大名府賈昌朝朝見到闘都城門外排御筵酒果口宣 華陽集 24/11b

賜判許州賈昌朝茶藥口宣 華陽集 24/13b

~ 逵

賜鄜延路副都總管賈逵赴闘生料口宣 華陽集 24/12a

賜侍衛親軍馬軍副都指揮使賈逵茶藥詔 郡溪集 8/10b

賜觀使留後賈逵赴闘茶藥口宣 郡溪集 10/4a

虞允文

賜湖北京西路制置使虞允文夏藥敕書 盤洲集 16/9b

知樞密院事四川宣撫使虞允文銀合夏藥敕書 文定集 8/18b

賜尚書右僕射虞允文 益國文忠集 109/16a 益公集 110/83a

葉夢鼎

賜葉夢鼎生日詔 碧梧集 2/16b

又賜葉夢鼎生日詔 碧梧集 2/16b

董世雄

賜御前諸軍都統制董世雄膃藥敕書 後樂集 5/3a

賜御前諸軍都統制董世雄夏藥 後樂集 5/6b

~ 琳

賜水軍都統制董琳銀合夏藥敕書 平齋集 16/7a

十 四 畫

趙士暢

賜皇叔祖檢校少保昭化軍節度使開府儀同三司嗣濮王士暢 益國文忠集 109/17a 益公集 110/84a

賜皇叔祖少傅昭化軍節度使判大宗正事嗣濮王士暢 益國文忠集 109/19b 益公集 110/87a

賜士暢生日詔 益國文忠集 109/21a 益公集 110/89a

賜皇叔祖士暢生日詔 益國文忠集 109/22a 益公集 110/90a

賜皇叔祖少保昭化軍節度使判大宗正事嗣濮王士暢生日詔 玉堂稿 16/6b

賜皇叔祖少師昭化軍節度使充禮泉觀史嗣濮王士暢生日詔 玉堂稿 16/9a

~ 元儼

賜荊王生日禮物 元憲集 30/3b

~ 允良

賜皇叔華原郡王允良生日禮物口宣 華陽集 24/1b

賜皇叔襄陽郡王允良生日禮物口宣 華陽集 24/1b

~ 允弼

賜從靈駕皇親東平郡王允弼等茶藥詔 華陽集 14/9b

賜皇兄北海郡王允弼生日禮物口宣 華陽集 24/1a

賜皇伯東平郡王允弼生日禮物口宣 華陽集 24/1a

賜皇伯祖東平郡王允弼生日口宣 臨川集 48/8b

賜皇伯祖允弼上表辭免起復恩命不允批答 郎溪集 9/15a

賜皇伯祖東平郡王允弼生日禮物口宣 郎溪集 10/3a

~ 世岳

賜西京並汝州路祠葬隨護世岳等茶藥詔 郎溪集 8/10b

~ 世雄

賜觀察使世雄茶藥詔敕書 范太史集 33/4b

~ 世準

賜安定郡王世準茶藥詔敕書 范太史集 33/4b

~ 令鑠

賜衛尉卿趙令鑠茶藥詔敕書 范太史集 33/5a

~ 仲先

賜觀察使仲先茶藥詔敕書 范太史集 33/4b

~ 仲愛

開府儀同三司仲愛四月二十八日生日口宣 摘文集 9/3b

賜判大宗正事仲愛已下罷散天寧節道場香酒果口宣 摘文集 9/5b

~ 仲湜

賜開府儀同三司嗣濮王仲湜生日詔 北海集 8/3a

~ 仲塡

賜觀察使仲塡茶藥詔敕書 范太史集 33/4b

~ 仲當

賜觀察使仲當茶藥詔敕書 范太史集 33/4b

~ 仲覽

賜觀察使仲覽茶藥詔敕書 范太史集 33/4b

~ 孝參

賜節度使豫章郡王孝參已下罷散天寧節道場香酒果口宣 摘文集 9/6a

~ 孝騫

賜團練使孝騫茶藥詔敕書 范太史集 33/4b

~ 抃

賜參知政事趙抃生日詔 郎溪集 8/8b

賜參知政事趙抃辭免恩命不允斷來章批答 郎溪集 9/12a

~ 邦永

賜都統制趙邦永銀合夏藥敕書 平齋集 16/6b

賜都統制趙邦永銀合膃藥敕書 平齋集 16/9a

~ 仡

賜皇弟山南東道節度使開府儀同三司仡生日禮物口宣 蘇東坡全集/內制 3/11a

賜皇弟山南東道節度使開府儀同三司大寧郡王砡生日禮物口宣 蘇東坡全集/內制 8/9b

賜皇弟大寧郡王砡生日禮物口宣 蘇東坡全集/內制 10/11a

賜皇弟大寧郡王砡生日禮物口宣 范太史集 29/8a

~ 似

賜皇弟普寧郡王似生日禮物口宣 蘇魏公集 26/5a

賜皇弟普寧郡王似生日禮物口宣 蘇東坡全集/內制 9/14b

~ 宗晟

賜皇伯祖彰化軍節度使高密郡王宗晟生日禮物口宣 蘇東坡全集/內制 3/5a

賜皇伯祖高密郡王宗晟已下罷散興龍節道場香酒果口宣 蘇東坡全集/內制 6/4b

賜皇伯祖高密郡王宗晟已下罷散坤成節道場香酒果口宣 蘇東坡全集/內制 10/12b

賜皇伯祖彰化軍節度使判大宗正事宗晟以下罷散坤成節道場香酒果口宣 范太史集 29/13b

賜徐王高密郡王宗晟茶藥詔敕書 范太史集 33/4b

~ 宗景

賜皇叔祖宗景以下罷散坤成節道場香酒果口宣 蘇魏公集 25/5a

賜皇叔祖同知大宗正事宗景罷散興龍節道場香酒果口宣 蘇東坡全集/內制 9/13a

賜感德軍節度使同知大宗正事兼西路祔葬敦睦宗室宗景已下茶藥詔 范太史集 33/6b

賜西路祔葬皇親敦睦宗室感德軍節度使同判大宗正事宗景已下並監護葬使左朝散大夫太常少卿盛陶已下茶藥口宣 范太史集 33/7b

~ 宗琰

賜皇叔祖昭信軍節度使漢東郡王宗琰生日禮物口宣 蘇東坡全集/內制 2/6b

~ 宗暉

賜皇伯祖嗣濮王宗暉生日禮物口宣 蘇魏公集 25/9b

賜皇伯嗣濮王宗暉已下罷散興龍節道場香酒果口宣 蘇魏公集 26/3b

賜皇伯祖鎮南軍節度使開府儀同三司宗暉已下罷散坤成節道場香酒果口宣 蘇東

坡全集/內制 3/15a

賜嗣濮王宗暉生日禮物口宣 蘇東坡全集/內制 4/15a

賜皇伯祖宗暉已下罷散興龍節道場香酒果口宣 蘇東坡全集/內制 5/15a

賜皇伯祖嗣濮王宗暉已下罷散坤成節道場香酒果口宣 蘇東坡全集/內制 8/12b

賜皇伯祖嗣濮王宗暉已下罷散興龍節道場香酒果口宣 蘇東坡全集/內制 9/12b

~ 宗愈

賜皇叔祖寧國軍節度使華原郡王宗愈生日禮物口宣 蘇東坡全集/內制 2/6a

~ 宗綽

賜保靜軍節度使檢校司空開府儀同三司建安郡王宗綽生日禮物口宣 蘇東坡全集/內制 4/9a

~ 宗譓

賜皇伯號國公宗譓生日禮物口宣 華陽集 24/2a

~ 宗樸

賜皇伯使相宗樸生日禮物口宣 華陽集 24/2b

賜皇伯彰德軍節度使同中書門下平章事宗樸生日禮物口宣 郟溪集 10/3b

賜宗樸生日禮物口宣 郟溪集 10/9a

~ 宗隱

賜皇叔祖保信軍節度使安康郡王宗隱生日禮物口宣 蘇東坡全集/內制 2/5b

~ 東

賜平江府許浦水軍副都統制兼知海州趙東銀合臈藥敕書 平齋集 16/9a

~ 佶

賜皇弟遂寧郡王生日禮物口宣 蘇魏公集 25/10a

賜皇弟鎮寧軍節度使開府儀同三司遂寧郡王佶生日禮物口宣 蘇東坡全集/內制/5/6a

~ 居廣

賜皇兄岳陽軍節度使開府儀同三司居廣生日詔 盤洲集 13/5a

賜皇兄檢校少保岳陽軍節度使開府儀同三司充萬壽觀使永陽郡王居廣 益國文忠集 109/16a 益公集 110/82b

賜少保永陽郡王居廣 益國文忠集 109/18b 益公集 110/86a

賜皇兄少保岳陽軍節度使充萬壽觀使永陽郡王居廣　益國文忠集 109/19b　益公集 110/87b

賜皇兄少保岳陽軍節度使充萬壽觀使永陽郡王居廣生日詔（1－2）　玉堂稿 16/7a－8a

賜皇兄少傅岳陽軍節度使充萬壽觀使永陽王居廣生日詔　玉堂稿 16/9b

～彥呐

賜權兵部侍郎四川安撫制置使趙彥呐銀合夏藥敕書　平齋集 16/6a

賜權兵部侍郎四川安撫制置使趙彥呐銀合臘藥敕書　平齋集 16/8b

賜四川制置使趙彥呐夏藥銀合敕　翰林集 12/9a

～彥逾

賜四川安撫制置使趙彥逾銀合臘藥敕書　宋本攻媿集 42/7a　攻媿集 47/2a

賜四川安撫制置使趙彥逾銀合臘藥敕書　宋本攻媿集 43/25a

賜四川安撫制置使趙彥逾銀合夏藥敕書　攻媿集 47/3a

～　范

賜龍圖閣學士京西湖北路安撫制置大使兼知襄陽府趙范銀合夏藥敕書　平齋集 16/5b

賜龍圖閣學士京西湖北路安撫制置大使兼知襄陽府趙范銀合臘藥敕書　平齋集 16/7b

～　侯

賜皇弟定武軍節度使開府儀同三司咸寧郡王侯生日禮物口宣　蘇東坡全集/內制 4/7a

～師揆

皇伯嗣秀王師揆生日詔　宋本攻媿集 44/21a　攻媿集 44/5a

賜嗣秀王師揆生日詔　雲莊集 5/3a

賜嗣秀王師揆生日詔　真西山集 22/25b

～師彌

皇叔祖少傅保寧軍節度使充萬壽觀使嗣秀王師彌生日詔　平齋集 15/12b

～　淳

賜銀合夏藥敕書

殿前副都指揮使兼江淮制置使趙淳　宋本攻媿集 44/22b　攻媿集 47/4b

賜御前諸軍都統制趙淳臘藥敕書　後樂集 5/3a

賜御前諸軍都統制趙淳夏藥敕書　後樂集

5/6a

～　悙恭王

賜皇子鎮洮軍節度使開府儀同三司恭王生日詔　盤洲集 13/8b

賜皇子鄧王慶王恭王滿散天申節道場香口宣　盤洲集 16/1b

賜皇子鄧王慶王恭王滿散會慶節道場香口宣　盤洲集 16/3a

賜皇太子　益國文忠集 109/17b

賜皇太子　益國文忠集 109/21b

賜皇子恭王滿散會慶節道場乳香　益國文忠集 111/8b　益公集 111/105a

賜皇太子　益國文忠集 111/9b　益公集 111/106a

賜皇太子　益國文忠集 111/12a　益公集 111/108a

～　偲

賜皇弟祁國公偲生日禮物口宣　蘇魏公集 25/6a

賜皇弟武成軍節度使祁國公偲生日禮物口宣　蘇東坡全集/內制 4/1b

賜皇弟武成軍節度使祁國公偲生日禮物口宣　范太史集 28/9a

～從信

賜宗室從信新婦並文安郡主等茶藥韶　華陽集 14/9a

～敦睦

賜敦睦並祔葬皇親等茶藥並傳宣撫問敕書　韓南陽集 15/15b

～　項

賜皇長子淮陽郡王項生日禮物口宣　華陽集 24/1b

賜皇長子潁王項生日禮物口宣　華陽集 24/2a

～　雄

賜參知政事趙雄生日詔　王魏公集 2/2b

賜篋櫃趙雄生日詔　益國文忠集 109/19b　益公集 110/87a

賜參知政事趙雄生日詔　益國文忠集 109/21a　益公集 110/88b

賜右丞相趙雄生日詔　益國文忠集 109/22a　益公集 110/90a

撫問賀金國生辰使副趙雄等到闕賜銀合茶藥　益公集 112/111a

賜右丞相趙雄生日詔　玉堂稿 16/9a

～　詢景獻太子

賜皇太子生日詔　宋本攻媿集 45/17a　攻媿集 44/

13b

~ 楃

賜皇子檢校太保鎮海軍節度使開府儀同三司廣平郡王生日禮物口宣　摘文集 9/3a

賜皇子感德軍節度使檢校少保韓國公楃生日禮物口宣　摘文集 9/4a

~ 惜鄧王

賜皇子少保鄧王惜生日詔　盤洲集 15/2b

賜皇子鄧王慶王恭王滿散天申節道香口宣　盤洲集 16/1b

賜皇子鄧王慶王恭王滿散會慶節道場香口宣　盤洲集 16/3a

賜皇太子生日詔　玉堂稿 16/7a,8b

賜皇太子生日詔　玉堂稿 16/8b

~ 愷慶王

賜皇子鄧王慶王恭王滿散天申節道場香口宣　盤洲集 16/1b

賜皇子鄧王慶王恭王滿散會慶節道場香口宣　盤洲集 16/3a

賜皇子雄武保寧軍節度使開府儀同三司判寧國府魏王愷生日詔　益國文忠集 109/16b　益公集 110/83b

賜皇子魏王愷生日詔　益國文忠集 109/17b　益公集 110/85a

賜皇子判明州魏王愷金合臈藥教書　益國文忠集 111/2b　益公集 111/94b

賜皇子判明州魏王愷金合夏藥教書　益國文忠集 111/3b　益公集 111/96a

賜皇子判明州魏王愷金合臈藥教書　益國文忠集 111/5a　益公集 111/97b

賜皇子判明州魏王愷金合臈藥教書　益國文忠集 111/6a　益公集 111/99b

賜皇子判明州魏王愷金合夏藥　益國文忠集 111/7a　益公集 111/100b

賜皇子慶王恭王滿散會慶節道場乳香　益國文忠集 111/8b　益公集 111/105a

撫問皇子魏王愷到闕並賜金合茶藥　益公集 112/111a

撫問皇子魏王愷到闕並賜金合茶藥口宣　玉堂稿 13/3a

賜皇子魏王生日詔　玉堂稿 16/6a

賜皇子魏王愷生日詔　玉堂稿 16/7b

賜判寧國府皇子魏王愷金合夏藥教書　玉堂稿 16/10b

賜皇子判明州魏王愷金合臈藥教書　玉堂稿 16/12a

賜皇子判明州魏王愷金合臈藥教書　玉堂稿 16/13b

賜皇子判明州魏王愷金合夏藥教書　玉堂稿 16/14b

~ 葵

賜兵部侍郎淮東安撫制置使兼知揚州趙葵銀合夏藥教書　平齋集 16/5b

賜兵部侍郎淮東制置使兼知揚州淮東安撫使趙葵銀合臈藥教書　平齋集 16/8b

賜兵部淮東安撫制置使趙葵夏藥銀合敦　翰林集 12/9b

~ 棨

賜參知政事趙棨生日禮物詔　華陽集 15/5a

~ 與芮嗣榮王

入內内省申乞撰皇弟嗣榮王到闕賜銀合茶藥並傳宣撫問口宣　後村集 59/13a

賜皇弟生日詔　碧梧集 2/16a

~ 與篪

賜煥章閣知慶元兼沿海制司職事趙與篪夏藥銀合敦　翰林集 12/10a

~ 廱

賜御前諸軍都統趙廱銀合臈藥教書　宋攻媿集 42/7a　攻媿集 47/2a

賜御前諸軍都統制趙廱銀合夏藥教書　宋攻媿集 43/25a　攻媿集 47/3b

~ 搏

御前諸軍都統制趙搏銀合夏藥教書　文定集 8/19b

御前諸軍都統制趙搏銀合臈藥教書　文定集 8/20b

賜主管侍衛馬軍司公事趙搏銀合夏藥教書　玉堂稿 16/11b

賜主管侍衛馬軍司趙搏銀合臈藥教書　玉堂稿 16/13a

~ 頵

賜皇子鄂國公頵生日禮物口宣　華陽集 24/2a

賜皇弟高密郡王生日禮物口宣　臨川集 48/9a

賜皇叔荊王體泉觀罷散坤成節道場香酒果口宣　蘇東坡全集/内制 3/15b

賜皇叔成德荊南等軍節度使守太尉開府儀同三司荊王頵生日禮物口宣　蘇東坡全集/内制 4/8a

詔令二　政令　恩賜　十四畫　1013

西路衍葬皇親賜故魏王新婦譚國夫人王氏以下茶藥並傳宣撫問詔敕書　范太史集 33/6a

~ 璪

撫問少保恩平郡王璪到闕並賜銀合茶藥口宣　盤洲集 16/4a

撫問恩平郡王璪到闕並賜銀合茶藥　益公集 112/110b

撫問恩平郡王璪到闕並賜銀合茶藥　益公集 112/112b

~ 瞻

賜同知樞密院事趙瞻生日詔　蘇魏公集 22/5a

~ 顗

賜皇弟岐王顗生日禮物口宣　華陽集 24/2b

賜皇叔徐王顗生日禮物口宣　蘇魏公集 25/4b

賜皇弟岐王顗生日禮物口宣　臨川集 48/9a

賜皇叔楊王顗生日禮物口宣　蘇東坡全集/内制 3/10a

賜皇叔楊王荊王禮泉觀罷散坤成節道場香酒果口宣　蘇東坡全集/内制 3/15b

賜皇叔楊王禮泉觀罷散坤成節道場香酒果口宣　蘇東坡全集/内制 8/13a

賜皇叔徐王顗生日禮物口宣　蘇東坡全集/内制 10/10a

賜徐王罷散坤成節道場香酒果口宣　蘇東坡全集/内制 10/14a

賜皇叔徐王罷散與龍節道場香酒果口宣　蘇東坡全集/内制/9/12a

賜皇叔徐王顗生日禮物口宣　范太史集 29/8b

賜徐王罷散坤成節場香酒口宣　范太史集 29/15a

興龍節賜徐王罷散道揚香口宣　范太史集 31/10a

~ 氏哲宗女

賜吴國長公主到闕銀合花藥口宣　梅溪集 7/10b

~ 某

賜皇太子生日詔　善桔集 21/6a

翟　瓊

賜御前諸軍副都統制翟瓊銀合夏藥敕書　玉堂稿 16/11b

賜御前諸軍副都統制翟瓊銀合臘藥敕書　玉堂稿 16/13a

十五畫

鄭性之

賜參知政事鄭性之生日詔　東澗集 1/3a

同知樞密院事鄭性之生日詔　平齋集 15/12b

~ 清之

賜左丞相鄭清之生日禮物詔　鶴山集 14/7b

~ 湜

報登寶位使副鄭湜到闕傳宣撫問並賜銀合茶藥口宣　宋本攻媿集 42/4b

~ 雍

賜尚書右丞鄭雍生日詔　范太史集 32/4b

~ 聞

撫問新除參知政事鄭聞到闕並賜銀合茶藥口宣　玉堂稿 13/1b

賜四川宣撫使鄭聞銀合夏藥敕書　玉堂稿 16/10b

~ 藻

賜太尉保信軍節度使充萬壽觀使鄭藻生日詔　益國文忠集 109/16b　益公集 110/83b

賜使相鄭藻生日詔　益國文忠集 109/18a　益公集 110/85a

賜使相鄭藻生日詔　益國文忠集 109/19a　益公集 110/86b

賜保信軍節度使開府儀同三司充萬壽觀使鄭藻生日詔　益國文忠集 109/21b　益公集 110/89b

賜鄭藻生日詔　玉堂集 16/6b

賜保信軍節度使開府儀同三司充萬壽觀使鄭藻生日詔　玉堂稿 16/8b

樓　鑰

賜參知政事樓鑰生日詔　真西山集 22/25a

歐陽修

賜樞密副使歐陽修生日禮物詔　華陽集 15/3b

賜參知政事歐陽修生日禮物詔　華陽集 15/4b

厲文翁

賜資政殿學士沿海制置使厲文翁執政生日詔　後村集 53/12b

蔡　挺

賜新除樞密副使右諫議大夫蔡挺赴闕茶藥詔　韓南陽集 15/4a

賜天章閣待制知渭州蔡挺告敕銀器衣著並傳宣撫問宣　華陽集 24/11b

賜涇原路經畧使蔡挺茶藥詔　臨川集 47/13a

～模

詔朱熹門人蔡模迪功郎本州州學教授給札録其著述並條其所欲言者以聞　覺軒集附録 22a

～確

賜太中大夫參知政事蔡確生日詔　王魏公集 2/2a

蔣　芾

撫問新知紹興府蔣芾到闕並賜銀合茶藥益公集 112/110a

樊文彬

賜鄂州江陵府副都統制樊文彬銀合夏藥敕書　平齋集 16/6b

賜鄂州江陵副都統制兼知棗陽軍樊文彬銀合膃藥敕書　平齋集 16/9a

劉元鼎

賜御前諸軍副都統制劉元鼎銀合夏藥敕書攻媿集 47/5b

賜都統制劉元鼎銀合夏藥敕書　真西山集 23/2a

～有方

賜內侍省都知劉有方茶藥詔敕書　范太史集 33/5a

～光祖

賜御前諸軍副統制劉光祖銀合夏藥敕書玉堂稿 16/16b

～光鼎

賜江州駐劄御前諸軍副都統制兼知光州劉光鼎銀合夏藥　後樂集 5/5a

～沅

賜宰臣劉沅生日禮物口宣　景文集 33/2a

～沂

賜御前諸軍副統制劉沂銀合夏藥敕書　益國文忠集 111/4b　益公集 111/97a

～表

撫問統制劉表賜銀合膃藥口宣　楊誠集 7/27b

～虎

賜鎮江府副都統制劉虎銀合夏藥敕書　平齋集 16/7a

賜水軍都統制劉虎銀合夏藥敕書　平齋集 16/9a

～昌祚

賜殿前指揮使劉昌祚赴闕沿路茶藥口宣蘇魏公集 25/5b

～忠

賜御前諸軍都統制劉忠銀合膃藥敕書　攻媿集 47/2a

賜御前諸軍都統制劉忠銀合夏藥敕書　攻媿集 47/3b

～琪

資政殿學士荊南路安撫使劉琪銀合夏藥敕書　文定集 8/19a

賜前執政江南東路安撫使劉琪銀合膃藥敕書　益國文忠集 111/3a　益公集 111/95a

賜江東路安撫使劉琪銀合夏藥敕書　益國文忠集 111/4a　益公集 111/96b

賜前執政官知建康府江東安撫使劉琪銀合膃藥敕書　益國文忠集 111/5b　益公集 111/98a

賜江南東路安撫使劉琪銀合膃藥敕書　益國文忠集 111/6a　益公集 111/99b

賜湖南路安撫使劉琪銀合夏藥敕書　玉堂稿 16/11a

賜湖南路安撫使劉琪銀合膃藥敕書　玉堂稿 16/12b

～從廣

賜相州觀察使知邢州劉從廣赴闕茶藥口宣三則　文恭集 25/13a

賜防禦使劉從廣景德寺普門院罷散乾元節道揚香合酒果　元憲集 30/8a

～琪

資政殿學士湖北安撫使劉琪銀合膃藥敕書文定集 8/20a

～雄飛

賜劉雄飛銀合膃藥敕書　碧梧集 9/7a

～舜卿

撫問劉舜卿兼賜銀合茶藥口宣　蘇東坡全集 /內制 4/9b

～震

賜御前諸軍都統制劉震銀合膃藥敕書　攻

媿集 47/2a

賜御前諸軍都統制劉震銀合夏藥敕書　攻媿集 47/3b

～ 摰

賜中大夫守中書侍郎劉摰生日詔　蘇魏公集 22/7b

賜尚書左丞劉摰生日詔　蘇東坡全集/内制 4/17b

～ 安仁

賜御前諸軍都統制魯安仁銀合臘藥敕書　益國文忠集 111/3b　益公集 111/95b

賜御前諸軍都統制魯安仁銀合夏藥敕書　益國文忠集 111/4b　益公集 111/97a

賜御前諸軍都統制魯安仁銀合臘藥敕書　益國文忠集 111/5b　益公集 111/98b

賜御前諸軍都統制魯安仁銀合臘藥敕書　益國文忠集 111/6b　益公集 111/99b

賜御前諸軍副都統制魯安仁銀合夏藥敕書　玉堂稿 16/11b

賜御前諸軍副都統制魯安仁銀合臘藥敕書　玉堂稿 11/13a

鄧洵武

賜知樞密院事鄧洵武已下罷散天寧節道場香酒果口宣　摛文集 9/5a

天寧節尚書省御筵賜知樞密院事鄧洵武已下酒果口宣　摛文集 9/5a

十六畫

燕　達

賜殿前都指揮使燕達已下罷散坤成節道場香酒果口宣　蘇東坡全集/内制 3/14b

賜殿前都指揮使燕達已下罷散興龍節道場香酒果口宣　蘇東坡全集/内制 6/5b

盧　彥

賜副都統制盧彥銀合夏藥敕書　眞西山集 23/2a

～ 政

賜黔州觀察使淮原路副都總管盧政赴闕茶藥詔　鄒溪集 8/10a

賜黔州觀察使淮原路副都總管盧政赴闘茶藥口宣　鄒溪集 10/3b

賜盧政赴闘生餞口宣　鄒溪集 10/4a

閻世雄

賜御前諸軍都統制閻世雄銀合臘藥敕書　攻媿集 47/2a

賜御前諸軍都統制閻世雄銀合夏藥敕書　攻媿集 47/3b

～ 仲續

閻仲續檜宣傳宣撫問並賜銀合茶藥及喝賜一行官吏工匠等慵設口宣　宋本攻媿集 42/1b　攻媿集 48/3b

錢公輔

賜護葬使錢公輔等茶藥並傳宣撫問詔　鄒溪集 8/8a

～ 良臣

賜參知政事錢良臣生日詔　益國文忠集 109/22a　益公集 110/90a

撫問賀金國正旦使副錢良臣等到闘並賜銀合茶藥　益公集 112/112b

賜簽書樞密院事錢良臣生日詔　玉堂稿 16/7b

賜參知政事錢良臣生日詔　玉堂稿 16/9b

～ 惟演

都城門外賜保大軍節度使同中書門下平章事錢惟演御筵口宣　文莊集 3/12a

～ 恤

賜太尉錢恤生日詔　楓溪集 6/44b

～ 景臻

賜駙馬錢景臻茶藥詔敕書　范太史集 33/5a

～ 象祖

賜浙東路安撫使錢象祖臘藥敕書　後樂集 5/1b

賜前參知政事錢象祖到闘傳宣撫問並賜銀合茶藥口宣　後樂集 5/11a

～ 端禮

資政殿大學士知寧國府錢端禮銀合夏藥敕書　文定集 8/19b

資政殿學士知寧國府錢端禮銀合臘藥敕書　文定集 8/20a

賜浙江東安撫使錢端禮銀合夏藥敕書　玉堂稿 16/11a

賜浙東路安撫使錢端禮銀合臘藥敕書　玉堂稿 16/12b

～ 鄂

賜橋道使錢鄂茶藥詔　范太史集 33/5a

十七畫

謝克家

賜參知政事謝克家生日詔　浮溪集 13/8a　浮溪集/附拾遺 13/152

～廉然

撫問賀金國正旦使副謝廉然等到闕並賜銀合茶藥　益公集 112/112a

戴勳

賀金國生辰使副戴勳到闕傳宣撫問並賜銀合茶藥口宣　宋本攻媿集 41/12b

韓世忠

賜太傅韓世忠生日詔　梅溪集 6/42a

～宗師

賜光祿卿韓宗師茶藥詔敕書　范太史集 33/5a

～忠彥

賜同知樞密院事韓忠彥已下龍散坤成節道場香酒果口宣　蘇東坡全集/內制 10/13a

坤成節賜同知樞密院事韓忠彥已下尚書省御筵酒果口宣　蘇東坡全集/內制 10/14a

賜同樞密院事韓忠彥生日詔　范太史集 28/7b

～琦

賜工部尚書同中書門下平章事集賢殿大學士韓琦生日禮物詔（1－3）　文恭集 25/6b－7a

賜韓琦生日詔　景文集 32/8a

賜武康軍節度使韓琦到闕生料口宣　歐陽文忠集 85/1b

賜守司徒兼侍中北京韓琦藥物並撫問詔　韓南陽集 15/4a

撫問守司徒兼侍中判北京韓琦兼賜湯藥　韓南陽集 15/26a

賜山陵使宰臣韓琦茶藥詔　華陽集 14/9b

賜宰臣韓琦生日禮物詔　華陽集 15/5a

撫問判相州韓琦兼賜湯藥口宣　華陽集 23/11a

撫問判大名府韓琦兼賜詔書湯藥口宣　華陽集 23/11a

賜宰臣韓琦生日禮物口宣　華陽集 24/4b－5b

賜使相韓琦赴闕生料口宣　華陽集 24/12a

賜判相州韓琦茶藥口宣　華陽集 24/13a

賜判永興軍韓琦湯藥詔　臨川集 47/9a

賜判永興軍韓琦生日禮物口宣　臨川集 48/9b

賜永興軍韓琦茶藥口宣　郎溪集 10/4a

～絳

賜陝西宣撫使韓絳湯藥詔　華陽集 14/11b

賜韓絳御寒衣服詔　華陽集 15/1a

撫問陝西宣撫使韓絳賜湯藥口宣　華陽集 23/12a

撫問韓絳等兼賜湯藥口宣　華陽集 23/12a

撫問韓絳等襲寒衣服口宣　華陽集 23/12b

賜知慶州韓絳告敕對衣金腰帶鞍轡馬錢三百貫文口宣　華陽集 24/11a

賜建雄軍節度使檢校太傅知潁昌府韓絳赴闕沿路茶藥詔　王魏公集 2/1b

賜鎮江軍節度使判大名府韓絳詔書湯藥口宣　蘇東坡全集/內制 1/9b

賜鎮江軍節度使判大名府韓絳詔書湯藥口宣　蘇東坡全集/內制 1/15b

賜鎮江軍節度使充集禧觀使韓絳茶詔　蘇東坡全集/內制 2/9b

賜鎮江軍節度使充集禧觀使韓絳詔書茶藥口宣　蘇東坡全集/內制 2/11a

賜集禧觀使鎮江軍節度使開府儀同三司韓絳到闕生飯口宣　蘇東坡全集/內制 3/3a

～嘉彥

賜駙馬韓嘉彥茶藥詔敕書　范太史集 33/5a

～縝

賜觀文殿大學士光祿大夫知永興軍韓鎮茶銀合兼傳宣撫問口宣　蘇東坡全集/內制 4/1a

撫問知永興軍韓鎮口宣　蘇東坡全集/內制 5/5b

～寶

賜御前諸軍副都統韓寶銀合膃藥敕書　益國文忠集 111/3b　益公集 111/95b

賜御前諸軍副都統制韓寶銀合夏藥敕書　益國文忠集 111/4b　益公集 111/97a

賜御前諸軍副都統韓寶銀合膃藥敕書　益國文忠集 111/5b　益公集 111/98b

賜御前諸軍副都統制韓寶銀合膃藥敕書　益國文忠集 111/6b　益公集 111/99b

賜御前諸軍副都統制韓寶銀合夏藥敕書　益公集 111/102a

賜御前諸軍副都統制韓寶銀合膃藥敕書　玉堂稿 16/13b

賜御前諸軍副都統韓寶銀合夏藥敕書　玉堂稿 16/15a

賜御前諸軍副統制韓寶銀合夏藥敕書　玉堂稿 16/16b

薛九齡

賜御前諸軍副都統制薛九齡銀合夏藥敕書　宋本攻媿集 44/23b　攻媿集 47/5b

～叔似

賜端明殿學士湖北京西宣撫使薛叔似膃藥敕書　後樂集 5/2a

十八畫

聶　斌

賜御前都統制制聶斌等銀合夏藥詔　後村集 53/12a

蕭　振

賜四川安撫制置使蕭振夏藥口宣　楊溪集 7/26a

魏了翁

賜端明殿學士同簽書樞密院事督視江淮京湖軍馬魏了翁銀合膃藥敕書　平齋集 16/10a

賜資政殿學士新知潭州魏了翁夏藥銀合百兩敕　鶴林集 12/8b

～友諒

賜御前諸軍副都統制魏友諒銀合夏藥敕書　攻媿集 47/5b

賜御前諸軍副都統制魏友諒遇膃藥敕書　後樂集 5/3a

賜御前諸軍副都統制魏友諒夏藥敕書　後樂集 5/3b

～　杞

撫問新知平江府魏杞到關並賜銀合茶藥　益公集 112/110b

十九畫

龐　籍

賜新除昭德軍節度使知鄆州龐籍赴關生料口宣　歐陽文忠集 83/11b

賜新除昭德軍節度使知鄆州龐籍赴關茶藥詔　歐陽文忠集 83/12a

二十二畫

龔茂良

賜參知政事龔茂良　益國文忠集 109/18b

權邦彥

賜簽書檢密院權邦彥生日詔　北海集 8/4b

無姓名

天雄軍賜賀乾元節人使御筵口宣　文莊集 3/12b

賜宰臣已下上清宮罷散先天節道場香合　元憲集 20/2b

賜宰臣已下大相國寺罷散乾元節道場香合　元憲集 30/1b

賜宰臣已下上清宮罷散降聖節道場香合　元憲集 30/4a

賜宰臣已下上清宮罷散天祺節道場香合　元憲集 30/7a

賜宰臣已下上清宮罷散先天節道場香合　元憲集 30/9b

賜宰臣已下罷散乾元節道場錫慶院齋筵酒果教坊樂　元憲集 30/10b

賜宰臣已下南郊禮畢御筵　元憲集 30/13a

賜宰臣已下上清宮罷散天祺節道場香合　元憲集 31/1a

賜慶院賜宰臣已下罷乾元節道場酒果口宣　歐陽文忠集 83/5a

賜知州以下初冬衣襖詔敕　古靈集 2/7a

賜諸軍員條等初冬衣襖敕書　古靈集 2/7a

賜護葬使並監護使臣等茶藥並傳宣撫問詔敕　韓南陽集 15/15b

賜修黃御漳河官員兵士等夏藥兼傳宣撫問口宣　韓南陽集 15/27a

賜外任臣僚歷日詔（1－2）　華陽集 13/7a－7b

賜西京汝州祔葬皇親等茶藥詔　華陽集 14/9b

賜前兩府大臣兩省以上知州初冬衣襖詔　華陽集 15/1a－2a

敕諸路節度並逐路總管以下遺留衣物詔　華陽集 15/2a

賜奉安御容都知押班並内臣等茶藥敕書　華陽集 19/12a

賜諸路文武官吏等初冬衣襖敕書　華陽集 19/13a－13b

賜諸路諸軍員條等初冬衣襖敕書　華陽集 19/13b－14b

撫問河北路臣僚兼賜夏藥口宣　華陽集 23/13a

撫問涇原秦鳳兩路邊臣兼賜夏藥口宣　華陽

集 23/13b

撫問鄜延環慶路邊臣兼賜夏藥口宣　華陽集 23/13b

撫問河東路邊臣兼賜夏藥口宣　華陽集 23/13b

賜樞密副使已下罷散乾元節道酒果口宣　華陽集 24/13b

賜諸州路知州已下衣襴口宣　華陽集 24/14b

賜前兩府並待制已上知州初冬衣襴敕書　蘇魏公集 24/1a

賜諸路知州職司及總管鈐轄至使臣衣襴敕書　蘇魏公集 24/1b

賜諸路屯駐駐泊就糧本城諸軍員僚等初冬衣襴敕書　蘇魏公集 24/2a

賜幸臣以下罷散興龍節道場尚書省御筵酒果口宣　蘇魏公集 26/4a

撫問河北西路臣僚兼賜夏藥口宣　臨川集 48/11a

撫問高陽關路佚敕諸軍特支銀鞋錢並傳宣撫問臣僚口宣　臨川集 48/11b

賜真定府路臣僚等初冬衣襴口宣　臨川集 48/13a

賜御侍夫人以下守慶回京沿路茶藥並撫問敕書　郡溪集 9/6b

賜幸臣以下錫慶院罷散同天節道場酒果口宣　郡溪集 10/7b

賜幸臣以下大相國寺散同天節道場香合口宣　郡溪集 10/8a

賜河東路諸軍來年春季銀鞋兼傳宣撫問臣僚將校口宣　蘇東坡全集/内制 1/8b

賜外任臣僚曆日詔敕書　蘇東坡全集/内制 1/11a

賜前兩府並待制已上知州初冬衣襴詔　蘇東坡全集/内制 3/17a

賜諸路知州職司等並總管鈐轄至使臣初冬衣襴敕書　蘇東坡全集/内制 3/17a

賜諸路蕃官並溪洞蠻人初冬衣襴敕書　蘇東坡全集/内制 3/17b

賜諸路屯駐駐泊就糧本城諸員僚等初冬衣襴都敕　蘇東坡全集/内制 3/17b

賜熙河秦鳳路帥臣並沿邊知州軍臣僚茶銀合兼傳宣撫問宣　蘇東坡全集/内制 4/1a

賜熙河秦鳳路提刑轉運茶銀合兼傳宣撫問口宣　蘇東坡全集/内制 4/1a

西京會聖宮應天禪院奉安神宗御容禮畢押賜禮儀使已下御筵口宣　蘇東坡全集/内制 4/15b

賜涇原路經略使並應守城襲賊漢藩使臣已下銀合茶藥兼傳宣撫問口宣　蘇東坡全集/内制 5/1b

賜外任臣僚曆日敕詔書　蘇東坡全集/内制 5/11b

賜諸路臣僚春季銀鞋兼撫問口宣　蘇東坡全集/内制 5/13a

賜諸路臣僚中冬衣襴　蘇東坡全集/内制 6/1b

賜河北西路諸軍秋季銀鞋兼傳宣撫問臣僚將校口宣　蘇東坡全集/内制 7/16a

賜北京恩冀等州修河官吏及都運運使運判監丞等銀合茶藥並兵級等夏藥特支兼傳宣撫問口宣　蘇東坡全集/内制 8/8b

賜殿前司罷散坤成節道場香酒果口宣　蘇東坡全集/内制 8/10b

賜宗室閣府儀同三司以下罷散坤成節道場香酒果口宣　蘇東坡全集/内制 8/11a

賜馬步軍司罷散坤成節道場香酒果口宣　蘇東坡全集/内制 8/12b

興龍節尚書省賜宰相以下酒果口宣　蘇東坡全集/内制 9/9b

賜殿門都指揮使以下罷散坤成節道場香酒果口宣　蘇東坡全集/内制 10/12b

坤成節尚書省賜幸臣已下御筵酒果口宣　蘇東坡全集/内制 10/13b

賜馬步軍都指揮使已下罷散坤成節道場香酒果口宣　范太史集 29/13b

賜北京等路臣僚中冬衣襴口宣　范太史集 31/5a

興龍節賜殿前太尉以下罷散道場香口宣　范太史集 31/8b

興龍節賜知樞密院事以下罷散道場香口宣　范太史集 31/9a

賜陝西河東路臣僚御筆敕書獎諭銀合茶藥對衣金帶鞍轡馬及支賜等口宣　摘文集 9/4b

賜熙河等路茶藥等口宣　摘文集 9/7a

賜幸臣喜雪御筵酒果口宣　楊溪集 7/4a

賜幸臣以下喜雪御筵口宣　楊溪集 7/4b

殿前司滿散天申節道場御筵酒果口宣　楊溪集 7/5b

馬軍司滿散天申節道場御筵酒果口宣　楊溪集 7/6a

賜宰执以下喜雪酒口宣　楊溪集 7/6a

賜步軍司滿散天申節道場香酒果口宣　楊溪集 7/12a

賜樞密院官滿散天申節道場香酒果口宣　楊溪集 7/12a

詔令二　政令　恩賜　無姓名　1019

撫問諸路安撫使賜銀合臈藥口宣 楊溪集 7/28a

賜侍從臺諫等筆札條具弊事詔 鄭峰錄 6/8a

賜三省官滿散天申節道場香口宣 盤洲集 16/1a

賜樞密院官滿散天申節道場香口宣 盤洲集 16/1b

賜殿前司滿散天申節道場香口宣 盤洲集 16/1b

賜三省官滿散會慶節道場香口宣 盤洲集 16/3a

賜三衢滿散會慶節道場香口宣 盤洲集 16/3a

賜樞密院官滿散會慶道場香口宣 盤洲集 16/3b

撫問諸大帥並賜鞍馬口宣 盤洲集 16/6a

賜三省官滿散天申聖節道場香口宣 盤洲集 16/7a

賜三衢滿散天申聖節道場香口宣 盤洲集 16/7b

賜崇慶軍官吏軍民僧道耆壽等敕書 海陵集 11/4a

賜安慶軍官吏軍民僧道耆壽等敕書 海陵集 11/4b

賜皇子慶王恭王滿散會慶節道場乳香 益國文忠集 111/8b

賜樞密院官 益國文忠集 111/9a 益公集 111/105a

賜三省官 益國文忠集 111/9a 益公集 111/105a

賜殿前司 益國文忠集 111/9a 益公集 111/105b

賜馬軍司 益國文忠集 111/9b 益公集 111/105b

賜步軍司 益國文忠集 111/9b 益公集 111/105b

賜皇太子 益國文忠集 111/9b 益公集 111/106a

賜馬軍司 益國文忠集 111/9b 益公集 111/106a

賜步軍司 益國文忠集 111/10a 益公集 111/106a

賜皇太子 益國文忠集 111/10a 益公集 111/106b

賜三省官 益國文忠集 111/10a 益公集 111/106b

賜樞密院官 益國文忠集 111/10b 益公集 111/106b

賜殿前司 益國文忠集 111/10b 益公集 111/106b

賜馬軍司 益國文忠集 111/10b 益公集 111/107a

賜步軍司 益國文忠集 111/11a 益公集 111/107a

賜皇太子滿散會慶節道場乳香 益國文忠集 111/11a 益公集 111/107a

賜三省官 益國文忠集 111/11a 益公集 111/107b

賜樞密院官 益國文忠集 111/11a 益公集 111/107b

賜殿前司 益國文忠集 111/11b 益公集 111/107b

賜馬軍司 益國文忠集 111/11b 益公集 111/108a

賜步軍司 益國文忠集 111/11b 益公集 111/108a

賜皇太子 益國文忠集 111/11b 益公集 111/108a

賜三省官 益國文忠集 111/12a 益公集 111/108b

賜樞密院官 益國文忠集 111/12a 益公集 111/108b

賜殿前司 益國文忠集 111/12a 益公集 111/109a

賜馬軍司 益國文忠集 111/12a 益公集 111/109a

賜步軍司 益國文忠集 111/12a 益公集 111/109a

賜三省官赴齋筵酒果 益國文忠集 111/12b 益公集 111/108b

賜樞密院官赴齋筵酒果 益國文忠集 111/12b 益公集 111/109a

賜步軍司 益國文忠集 111/12b 益公集 111/109a

尚書省賜宰執已下喜雪御筵口宣四首 益國文忠集 112/13b 益公集 112/125b－126a

貢院賜進士聞喜宴口宣 益國文忠集 112/14a 益公集 112/126a

鎮江府賜御筵口宣 益國文忠集 113/2a

歲除賜內中酒果口宣 益國文忠集 113/7a

賜皇太子生日詔 益公集 110/87b

賜皇太子生日詔 益公集 110/89a

天申會慶節賜香餅齋筵酒果口宣 益公集 111/104b

瑞慶節滿散道場乳香口宣 宋本攻媿集 41/6a

賜皇太子生日詔 宋本攻媿集 45/17a

賜殿前司滿散會慶聖節道場乳香口宣(1－3) 玉堂稿 13/2a,8a,13a

賜皇太子府滿散會慶聖節道場乳香口宣 玉堂稿 13/2b

樞密院官赴貢院齋筵賜酒果口宣 玉堂稿 13/2b

賜樞密院官滿散會慶聖節道場乳香口宣(1－2) 玉堂稿 13/2b,13a

賜步軍司滿散會慶聖節道場乳香口宣(1－3) 玉堂稿 13/2b,8b,13b

賜宰執已下喜雪御筵口宣(1－2) 玉堂稿 13/4b,15/2b

皇太子滿散會慶聖節道場乳香口宣 玉堂稿 13/7b

賜三省官滿散會慶聖節道場乳香口宣 玉堂稿 13/7b

賜殿前司滿散會慶聖節道場乳香口宣 玉堂稿 13/8a

賜樞密院滿散會慶聖節道場乳香口宣 玉堂稿 13/8a

賜馬軍司滿散會慶聖節道場乳香口宣(1－2) 玉堂稿 13/8a,13a

賜步軍司滿散會慶聖節道場乳香口宣　玉堂稿 13/8b

賜三省官齋筵酒果口宣　玉堂稿 13/9b

賜三省官滿天申聖節道場乳香口宣　玉堂稿 13/9b

賜步軍司滿散天申聖節道場乳香口宣（1－3）　玉堂稿 13/9b, 14/10b, 16/4b

賜殿前司滿散天申聖節道場乳香口宣（1－2）　玉堂稿 13/10a

賜馬軍司滿散天申聖節道場乳香口宣　玉堂稿 13/10a

賜皇太子滿散天申聖節道場乳香口宣　玉堂稿 13/10a

賜馬軍司滿散會慶聖節道場乳香口宣　玉堂稿 13/12b

賜三省官滿散會慶聖節道場乳香口宣　玉堂稿 13/12b

賜殿前司滿散會慶聖節道場乳香口宣　玉堂稿 13/13a

賜樞密院官滿散會慶聖節道場乳香口宣　玉堂稿 13/13a

賜馬軍司滿散會慶聖節道場乳香口宣　玉堂稿 13/13a

賜步軍司滿散會慶聖節道場乳香口宣　玉堂稿 13/13b

賜辛執已下喜雪御筵口宣　玉堂稿 14/2a

樞密院官齋筵酒果口宣（1－2）　玉堂稿 14/9a, 16/4b

賜皇太子滿散天申聖節道場乳香口宣　玉堂稿 14/9a

樞密院官滿散天申聖節道場乳香口宣　玉堂稿 14/9a, 10b, 16/4b

賜皇太子府滿散天申聖節道場乳香口宣　玉堂稿 14/10a

賜樞密院官滿散天申聖節道場乳香口宣　玉堂稿 14/10b

賜步軍司滿散天申聖節道場乳香口宣　玉堂稿 14/10b

樞密院官赴齋筵賜酒果口宣　玉堂稿 14/10b

賜辛執已下喜雪御筵口宣　玉堂稿 15/2b

賜步軍司滿散會慶聖節道場乳香口宣　玉堂稿 15/4a

賜馬軍司滿散道場乳香口宣　玉堂稿 15/4b

賜進士聞喜宴口宣　玉堂稿 15/8a

賜步軍司滿散會慶節道場乳香口宣　玉堂稿 15/11a

賜樞密院官齋筵酒果口宣　玉堂稿 16/4b

賜樞密院官滿散天申聖節道場乳香口宣　玉堂稿 16/4b

賜殿前司滿散天申聖節道場乳香口宣　玉堂稿 16/4b

賜步軍司滿散天申聖節道場乳香口宣　玉堂稿 16/4b

生日賜生饌詔　後樂集 4/18b

賜三省官滿散瑞慶聖節道場乳香口宣　後樂集 5/9b

賜殿前司滿散瑞慶聖節道場乳香口宣　後樂集 5/11a

賜步軍司散滿瑞慶聖節道場乳香　後樂集 5/11a

賜馬軍司散滿瑞慶聖節道場乳香　後樂集 5/11b

賜樞密院官等滿散瑞慶聖節道場乳香　後樂集 5/11b－12a

賜樞密院官瑞慶聖節御筵酒果　後樂集 5/12a

賜三省官滿散瑞慶聖節道場乳香　後樂集 5/12a

賜三省官瑞慶聖節御筵酒果　後樂集 5/12b

賜三省官等滿散瑞慶聖節道場乳香　後樂集 5/12b

聞喜宴口宣　鶴山集 14/3a

聖節賜三省官乳香口宣　鶴林集 12/12b

御筵喜雪口宣　後村集 59/11b

賜皇太子天基聖節道場乳香口宣　後村集 59/12a

賜殿司天基聖節道場乳香口宣　後村集 59/12a

賜步司天基聖節道場乳香口宣　後村集 59/12a

賜馬司天基聖節道場乳香口宣　後村集 59/12a

賜尚書省滿散天基聖節道場乳香口宣　後村集 59/12b

賜尚書省御筵酒果口宣　後村集 59/12b

密院滿散天基節道場乳香口宣　後村集 59/12b

賜極密院御筵酒果口宣　後村集 59/13a

講筵所關攡進讀同鑑終篇賜辛執侍讀侍講說書修注官御筵口宣　後村集 59/13b

賜進士聞喜宴賜御書詩口宣　後村集 59/14a

賜進士聞喜宴御筵花酒果口宣　後村集 59/14a

賜諸閣銀合臈藥敕書　碧梧集 9/7b

(十二) 優 答

三 畫

大長帝姬

賜大長帝姬賀冬祀禮畢批答 攖文集 3/5b

万俟尙

賜万俟尙辭免恩命不允詔 楊溪集 6/26a

賜万俟尙再辭免恩命不允詔 楊溪集 6/27a

賜万俟尙辭免恩命不允詔 楊溪集 6/28b-29a

賜万俟尙再辭免恩命不允詔 楊溪集 6/30a

賜万俟尙辭免恩命不允詔 楊溪集 6/30b

賜万俟尙再辭免恩命不允詔 楊溪集 6/31a

賜万俟尙第三辭免恩命不允詔 楊溪集 6/31b

賜万俟尙乞在外官觀詔 楊溪集 6/49a

賜參政万俟尙再辭免恩命不允批答口宣 楊溪集 7/7a

賜万俟尙辭免恩命不允批答口宣 楊溪集 7/7b-8b

賜万俟尙再辭免恩命不允批答口宣 楊溪集 7/8a

賜万俟尙辭免恩命不允批答口宣 楊溪集 7/8b

四 畫

文天祥

賜文天祥辭免依舊權工部尚書都督府參贊軍事江西安撫使除浙西江東制置使知平江不允詔 四明文獻集 2/9b

~彥博

賜宰臣文彥博已下表賀今月四日皇帝御崇政殿疏决刑獄五月降雨批答 文恭集 24/7a

賜宰臣文彥博已下賀老人星出見批答 文恭集 24/9b

賜河陽三城節度使檢校太師同中書門下平章事文彥博生日進馬口宣 文恭集 25/10a

乞罷重任御書批答 文潞公集 33/1a

手詔 文潞公集 35/3b

手詔 文潞公集 35/4a

(乞免公使錢)允詔 文潞公集 37/3b

賜到答詔 文潞公集 37/8b

賜新除宰臣文彥博讓恩命第二表不允仍斷來章批答 歐陽文忠集 83/13b

賜宰臣文彥博上第一表乞解重任不允批答 歐陽文忠集 86/11b

賜河陽三城節度使同中書門下平章事判河南府文彥博辭加恩不允詔 歐陽文忠集 88/5a

賜河陽三城節度使同中書門下平章事文彥博進奉謝恰享加恩詔 歐陽文忠集 89/7a

賜樞密使文彥博等賀壽星出見批答 韓南陽集 15/22a

賜河陽三城節度使同中書門下平章事文彥博謝恰享加恩進馬詔 華陽集 15/7a

賜文彥博進乾元節工壽金酒器並馬詔 華陽集 15/8b

樞密使文彥博免恩命不允詔 華陽集 16/8a

樞密使文彥博免恩命第一割子不允詔 華陽集 16/8b

文彥博免恩命第二割子不允詔 華陽集 16/9a

文彥博免兼侍中割子不允詔 華陽集 16/9a

起復冠軍大將軍左金吾衛上將軍員外置同正員依前成德軍節度使同中書門下平章事判河南府文彥博免恩命不允詔 華陽集 16/9b

判河南府文彥博乞罷使相第一表不允詔 華陽集 16/10a

文彥博乞罷使相第二表不允詔 華陽集 16/10a

賜樞密使文彥博以下賀壽星出見批答 華陽集 20/3b

樞密使文彥博免南郊恩命第一表不允口宣 華陽集 23/3a

文彥博免南郊恩命第二表不允斷來章口宣 華陽集 23/3a

賜樞密使守司空檢校太師兼侍中文彥博乞退不允手詔 傳家集 16/11a 司馬溫公集 56/12a

賜樞密使守司空兼侍中文彥博不允手詔
傳家集 16/11a 司馬温公集 56/12b

賜文彥博辭恩命第一表不允批答 傳家集
16/18a 司馬温公集 56/18b

賜文彥博辭恩命不允斷來章批答 傳家集
16/19a 司馬温公集 56/19b

賜樞密使文彥博等賀壽星出見批答 司馬
温公集 56/20b

賜太師平章軍國重事文彥博四上劄子陳乞
致仕示諭詔 蘇魏公集 23/3a

賜太師平章軍國重事文彥博四上劄子陳乞
致仕又詔 蘇魏公集 23/3b

賜太師平章軍國重事文彥博四上劄子陳乞
致仕不允詔 蘇魏公集 23/4a

賜新除護國軍山南西道節度使守太師開府
儀同三司河中興元尹路國公文彥博辭免
兩鎮恩命不允手詔 蘇魏公集 23/7b

賜新除護國軍山南西道節度使守太師開府
儀同三司河中興元尹路國公文彥博辭免
兩鎮恩命不許手詔 蘇魏公集 23/8a

賜新除護國軍山南西道節度使守太師開府
儀同三司河中興元尹路國公致仕文彥博
辭免册禮允詔 蘇魏公集 23/8a

賜新除護國軍山南西道節度使守太師開府
儀同三司河中興元尹路國公致仕文彥博
辭免册禮許詔 蘇魏公集 23/8b

賜新除護國軍山南西道節度使守太師開府
儀同三司河中興元尹路國公致仕文彥博
上第二表辭免兩鎮恩命不允斷來章批答
蘇魏公集 24/7b

賜新除護國軍山南西道節度使守太師開府
儀同三司河中興元尹路國公致仕文彥博
上第二表辭免兩鎮恩命不許斷來章批答
蘇魏公集 24/7b

賜太師文彥博辭免恩命不允批答 蘇魏公
集 25/1a

賜太師文彥博辭免恩命不許批答 蘇魏公
集 25/1b

賜文彥博上第二表辭免恩命不允斷來章批
答 蘇魏公集 25/1b

賜文彥博上第二表辭免恩命不許斷來章批
答 蘇魏公集 25/2a

賜太師平章軍國重事文彥博上第一表辭免
恩命不允批答口宣 蘇魏公集 25/8a

賜太師文彥博第二表不允斷來章批答口宣
蘇魏公集 25/8a

賜太師文彥博乞致仕不允批答口宣 蘇魏
公集 25/9b

批答樞密使文彥博等賀壽星見 臨川集 48/
7a

賜樞密使文彥博乞免行册禮允詔 郡溪集
8/8a

賜樞密院使守同空檢校太師兼侍中文彥博
辭免恩命不允詔 郡溪集 9/2a

賜樞密使文彥博等賀壽星出見批答 郡溪
集 9/9a

賜樞密使文彥博辭免恩命不允斷來章批答
郡溪集 9/14a

賜新除守司空依前樞密使文彥博辭免恩命
不允批答 郡溪集 9/15a

賜太師文彥博乞致仕不許批答 蘇東坡全
集/內制 2/12a

賜太師文彥博乞致仕不允批答 蘇東坡全
集/內制 2/12b

賜太師文彥博乞致仕不允批答口宣 蘇東
坡全集/內制 2/13b

賜太師文彥博等請太皇太后受册第二表不
許批答 蘇東坡全集/內制 3/8a

賜太師文彥博等上第三表請太皇太后受册
許批答 蘇東坡全集/內制 3/9b

賜太師文彥博辭免不拜恩命許批答 蘇東
坡全集/內制 4/5a

賜太師文彥博辭免不拜恩命允批答 蘇東
坡全集/內制 4/5b

賜太師平章軍國重事文彥博辭免免入朝拜
禮允批答口宣 蘇東坡全集/內制 4/7a

賜太師文彥博上第一表乞致仕不允批答
蘇東坡全集/內制 4/11a

賜太師文彥博上第一表乞致仕不許批答
蘇東坡全集/內制 4/11b

賜太師文彥博乞致仕第一表不允批答口宣
蘇東坡全集/內制 4/12a

賜太師文彥博乞致仕不許斷來章批答 蘇
東坡全集/內制 4/12a

賜太師文彥博乞致仕不允斷來章批答 蘇
東坡全集/內制 4/12b

賜太師文彥博乞致仕不允斷來章批答口宣
蘇東坡全集/內制 4/12b

賜太師文彥博乞致仕不允詔 蘇東坡全集/內

詔令二 政令 優答 四畫 1023

制 4/13a

賜太師文彥博乞致仕不許詔　蘇東坡全集/內制 4/13a

賜文彥博乞致仕不允詔　蘇東坡全集/內制 6/8a

賜太師文彥博乞致不許詔　蘇東坡全集/內制 6/8a

賜太師文彥博上第一表乞致仕不允批答　蘇東坡全集/內制 9/3a

賜太師平章軍國重事文彥博上第一表乞致仕不許批答　蘇東坡全集/內制 9/3a

賜太師文彥博乞致仕不允斷來章批答口宣　蘇東坡全集/內制 9/3b

太師文彥博乞致仕不允詔　樂城集 33/16a

太師文彥博乞致仕不許詔　樂城集 33/16a

文彥博致仕再免兩鎭不許詔　樂城集 33/16b

文彥博致仕再免兩鎭不允詔　樂城集 33/17a

文彥博三免兩鎭不允詔　樂城集 33/17b

文彥博三免兩鎭不許詔　樂城集 33/17b

文彥博免兩鎭許詔　樂城集 33/18a

文彥博免兩鎭允詔　樂城集 33/18b

文彥博免孫男康世章服不允詔　樂城集 33/23a

文彥博免仕合得五人恩澤詔　樂城集 33/27b

文彥博乞致仕不許不允批答二首　樂城集 34/2a

文彥博致仕免兩鎭不許不允批答二首　樂城集 34/7b

賜太師文彥博辭免溫溪心馬不允詔　范太史集 28/3a

賜皇子王愷辭免依文彥博例宴錢於玉津園恩命不允詔　益公集 105/130a

文彥博呂公著辭不拜恩命允詔元祐二年八月丁未　宋詔令集 70/341

太皇太后答文彥博呂公著不拜恩命許詔元祐二年八月丁未　宋詔令集 70/341

賜除宰臣文彥博讓恩命批答歐陽修撰　宋文鑑 33/6b

賜宰臣文彥博乞解重任不允批答歐陽修撰　宋文鑑 33/9b

賜太師文彥博乞致仕不允批答蘇軾撰　宋文鑑 33/18b

再賜太師文彥博乞致仕不允批答蘇軾撰　宋文鑑 33/19a

方　滋

敷文閣直學士右大中大夫提舉江州太平興國官方滋辭免知紹興府　益國文忠集 105/7b　益公集 106/148a

~ 會

賜新除工部侍郎方會不允辭免詔　摘文集 3/3b

王十朋

敷文閣直學士王十朋辭免太子詹事舊奉祀　益國文忠集 104/15a　益公集 105/133b

~ 之奇

右朝散郎權尚書吏部侍郎王之奇辭免落權字　益國文忠集 105/2a　益公集 106/141b

~ 之望

賜左諫議大夫淮西宣諭使王之望辭免參知政事不允詔　盤洲集 14/2b

賜左諫議大夫充淮西宣諭使王之望再辭免參知政事乞官觀不允詔　盤洲集 14/4a

賜參知政事王之望辭免督視江淮軍馬乞致仕不允詔　盤洲集 14/4b

賜王之望辭免端明殿學士不允詔　盤洲集 15/1a

賜王之望再辭免參知政事不允斷來章批答　盤洲集 15/7a

賜王之望辭免參知政事斷來章批答口宣　盤洲集 16/3b

~ 大寶

賜王大寶辭免禮部尚書不允詔　盤洲集 15/5a

~ 文郁

賜捧日天武四廂都指揮使沂州團練使充照河蘭岷路馬步軍副都總管王文郁進奉賀南郊禮畢馬教書　范太史集 29/6a

~ 友直

龍神衞四廂都指揮使宣州觀察使主管侍衞步軍司公事王友直辭免陞侍衞親軍步軍都指揮使　益國文忠集 104/11b　益公集 105/129b

侍衞親軍步軍都指揮使宣州觀察使王友直辭免殿帥　益國文忠集 104/18a　益公集 105/137b

侍衞親軍步軍都指揮使宣州觀察使主管殿前司公事王友直乞宮祠　益國文忠集 105/2b

益公集 106/142a

侍衛親軍步軍都指揮使宣州觀察使主管殿前司公事王友直乞外宮觀　益國文忠集 105/7a 益公集 106/147b

奉國軍節度使殿前副都指揮王友直乞外宮觀　益國文忠集 105/14b 益公集 106/156b

奉國軍節度使殿前副都指揮使王友直乞宮觀　益國文忠集 107/7a 益公集 108/25b

奉國軍節度使殿前副都指揮使王友直辭免殿前都指揮使　益國文忠集 107/8a 益公集 108/27b

奉國軍節度使殿前都指揮使王友直乞宮觀　益國文忠集 107/12b 益公集 108/33a

王友直再乞檢會前奏除宮觀　益國文忠集 107/13a 益公集 108/33b

奉國軍節度使殿前都指揮王友直乞宮觀　益國文忠集 108/5b 益公集 109/43a

奉國軍節度使殿前副指揮使王友直再辭免殿前都指揮使　益國文忠集 109/10b 益公集 110/75b

王友直再辭免殿前都指揮使　益國文忠集 112/11b 益公集 112/123a

賜王友直上表再辭免除奉國軍節度使加食邑食實封不允仍斷來章批答　玉堂稿 3/2a

賜王友直辭免除奉國軍節度使依前殿前副指揮使加食邑食實封不允詔　玉堂稿 5/7b

王友直上表再辭免除奉國軍節度使不允仍斷來章批答口宣　玉堂稿 14/11a

~安石

賜參知政事王安石乞退不允批答　傳家集 16/12a 司馬温公集 56/13b

賜參知政事王安石不允斷來章批答　司馬温公集 56/14a

~安禮

賜資政殿學士太中大夫新知成都府王安禮乞知陳潁等一郡不允詔　蘇東坡全集/内制 5/2a

~存

賜樞密直學士守兵部尚書王存乞知陳州不允詔　蘇東坡全集/内制 2/7b

賜新除中大夫守尚書右丞王存辭免恩命不允詔　蘇東坡全集/内制 3/4b

賜新除中大夫守尚書左丞王存辭免恩命不允斷來章批答　蘇東坡全集/内制 3/6a

賜新除中大夫守尚書右丞王存辭免恩命不許斷來章批答　蘇東坡全集/内制 3/6a

賜新除依前中大夫守尚書左丞王存辭免恩命不允詔　蘇東坡全集/内制 7/3a

賜新除依前中大夫守尚書左丞王存辭免恩命不許斷來章批答　蘇東坡全集/内制 7/12a

賜王存辭免恩命不允斷來章批答口宣　蘇東坡全集/内制 7/12b

~孝迪

賜新除中書侍郎王孝迪辭免恩命不允詔　毘陵集 9/11b

~克謙

賜寶章閣直學士王克謙辭免除寶謨閣學士依舊祐神觀仍奉朝請恩命不允詔　後村集 56/13b

~扑

賜王扑辭免除觀察使恩命不允詔　玉堂稿 8/4a

賜福州觀察使知閤門事兼容省四方□□兼樞密都丞旨王扑乞除一在外宮觀□□不允詔　玉堂稿 8/9b

~希呂

賜承議郎試祕書省中兼修玉牒官兼侍讀王希呂辭免除兵部尚書兼給事中不允詔　玉堂稿 8/11a

賜朝散郎試兵部尚書兼給事中兼修玉牒官兼侍講王希呂辭免玉牒所進書了畢特轉行一官不允詔　玉堂稿 9/5b

賜朝散大夫試史部尚書兼侍讀兼修玉牒官兼修國史王希呂辭免修進四朝正史志了畢經修經進官特轉一官更減一年唐勘不允詔　玉堂稿 10/1b

~似

賜新除端明殿學士川陝等路宣撫處置等副使王似辭免恩命不允詔　北海集 10/1b

賜資政殿學士左通奉大夫川陝宣撫使王似乞一宮觀差遣不允詔　北海集 10/2a

~宗渻

賜權管幹殿前司公事王宗渻辭免殿前都虞侯恩命不允詔　翟忠惠集 1/6b

~炎

新除參知政事兼同知樞密院事王炎辭免恩命不允詔　文定集 8/8b

新除參知政事兼同知樞密院事王炎乞于所除新命特免一職事不允詔　文定集 8/8b

參知政事王炎乞只令以舊帶端明殿職名充四川宣撫使不允詔　文定集 8/9a

左中大夫參知政事四川宣撫使王炎乞罷機政解使權除在外宮觀　益國文忠集 104/12a　益公集 105/130a

左中大夫參知政事四川宣撫使王炎再辭免進封清源郡開國侯加食邑實封　益國文忠集 104/15b　益公集 105/134a

左中大夫參知政事四川宣撫使王炎再乞在外宮觀　益國文忠集 104/19a　益公集 105/138b

左中大夫參知政事四川宣撫使王炎辭免除樞密使應千恩數並依宰臣恩命　益國文忠集 105/4a　益公集 106/143b

四川宣撫使王炎再辭免樞密使　益國文忠集 105/5b　益公集 106/145a

左中大夫參知政事四川宣撫使王炎乞檢會前後陳乞宮祠辭免新除樞密使　益國文忠集 105/6a　益公集 106/146a

大中大夫提舉臨安府洞霄宮王炎再辭免復資政殿大學士　益國文忠集 106/10b　益公集 107/13a

~ 彥

賜王彥辭免恩命不允詔　楓溪集 6/14b

賜新除保平軍節度使王彥辭免恩命不允詔　鄂峰録 6/7b

~ 拱辰

賜新除宣徽北院使檢校太保判并州王拱辰讓恩命不允仍斷來章批答　歐陽文忠集 83/11a

賜外任臣僚王拱辰等賀登寶位進馬詔　華陽集 15/9a

賜宣徽北院使知應天府王拱辰到任謝恩進馬詔　華陽集 15/9b

端明殿學士知大名府王拱辰免恩命不允詔　華陽集 17/5b

知大名府王拱辰乞暫赴闕朝覲不允詔　華陽集 17/6a

知河南府王拱辰免恩命不允詔　華陽集 17/6a

端明殿學士知定州王拱辰免恩命不允詔　華陽集 17/6b

知定州王拱辰乞再任西京迎奉靈駕不允詔　華陽集 17/7a

知定州王拱辰乞移許州不允詔　華陽集 17/7a

賜宣徽北院使判大名府王拱辰乞南郊赴闕不允詔　臨川集 47/7a

~ 侯

賜王侯辭免恩命不允詔　楓溪集 6/29a

~ 剛中

賜敷文閣直學士王剛中辭免翰林學士兼給事中不允仍特免回避祖諱詔　盤洲集 14/8b

賜王剛中辭免改除禮部尚書兼給事中直學士院恩命不允詔　盤洲集 14/9a

賜王剛中辭免端明殿學士簽書樞密院事不允　盤洲集 15/2a

賜王剛中再辭免端明殿學士簽書樞密院事不允批答　盤洲集 15/9a

賜王剛中斷來章批答口宣　盤州集 16/7a

~ 師心

顯謨閣學士提舉江州太平興國宮王師心乞致仕不允詔　文定集 8/16b

~ 淮

翰林學士王淮辭免端明殿學士簽書樞密院事　益國文忠集 105/10b　益公集 106/151b

端明殿學士簽書樞密院事王淮辭免篆寶轉一官　益國文忠集 105/13a　益公集 106/154b

端明殿學士簽書樞密院事王淮再辭免篆寶轉一官　益國文忠集 105/14a　益公集 106/155b

端明殿學士卿奉大夫簽書樞密院事王淮辭免國史日曆所經修不經進特轉一官恩命　益國文忠集 106/2b　益公集 107/3b

中大夫新除參知政事王淮辭免權提舉國史館編修國朝會要所　益國文忠集 106/12b　益公集 107/15b

太中大夫樞密使王淮辭免曾預修纂隆興以後日曆奏成轉官例恩　益國文忠集 108/15a　益公集 109/54b

翰林學士王淮辭免簽書樞密院事附乞改正批答紙牘奏　益國文忠集 109/6b

王淮再辭免同知樞密院事　益國文忠集 109/9a　益公集 110/73b

王淮再辭免樞密院使太中大夫加食邑實封　益國文忠集 109/12a　益公集 110/77b

通議大夫樞密院使王淮再辭免進會要經修不經進提舉官特轉一官恩命　益國文忠集 109/14a　益公集 110/80a

王淮辭免除簽書樞密院事　益國文忠集 112/

10a 益公集 111/101a

王淮再辭免除同知樞密院事 益國文忠集 112/11a 益公集 112/122b

王淮辭免除樞密使 益國文忠集 112/12a

王淮再辭免進會要轉官 益國文忠集 112/13a 益公集 112/125a

賜翰林學士王淮上表再辭免簽書樞密院事恩命不允仍斷來章批答 益公集 110/70b

賜王淮上表再辭免特授樞密使太中大夫加食邑食實封不允批答 玉堂稿 3/7a

賜太中大夫樞密使王淮上表再辭免曾經頂監修纂隆興以後日曆奏成篇秩特轉行一官依例加恩不允批答 玉堂稿 3/8a

賜太中大夫樞密使王淮再上表辭免曾頂修纂隆興以後日曆奏成篇秩特轉行一官依例加恩不允仍斷來章批答 玉堂稿 4/1a

賜通議大夫樞密使王淮再上表辭免提舉經修會要特轉一官不允仍斷來章批答 玉堂稿 4/3b

賜通奉大夫樞密使王淮上表再辭免四朝正史志了畢經修不經進前權提舉官特轉行一官不允批答 玉堂稿 5/1b

賜中大夫知樞密院事王淮辭免除太中大夫樞密使加食邑食實封不允詔 玉堂稿 7/4b

賜朝請郎試中書舍人朱太子詹事兼直學士院兼侍講王淮辭免除翰林學士不允詔 玉堂稿 8/2a

賜通議大夫樞密使王淮辭免已進會要經修不經進提舉官特轉一官不允詔 玉堂稿 9/3a

賜通奉大夫樞密使王淮辭免樞密使日參如遇押班亦免宣名不允詔 玉堂稿 9/8b

賜通奉大夫樞密使王淮辭免進呈四朝正史志了畢經修不經進前權提舉官特轉行一官不允詔 玉堂稿 9/11a

賜樞密使王淮辭免特授光祿大夫右丞相兼樞密使進封福國公加食邑食實封不允詔 玉堂稿 10/9b

賜王淮辭免提舉編修玉牒國史院國朝會要所敕令所不允詔 玉堂稿 10/10b

王淮再上表辭免提舉經修會要特轉一官恩命不允斷章批答口宣 玉堂稿 13/11b

王淮上表再辭免樞密使不允批答口宣 玉堂稿 14/4a

王淮上表辭免曾頂修纂隆興以後日曆奏成篇秩特轉行一官依例加恩恩命不允批答口宣 玉堂稿 14/7a

王淮再上表辭免日曆奏成篇秩特轉行一官不允仍斷來章批答口宣 玉堂稿 14/8a

樞密使王淮辭免轉官不允批答口宣 玉堂稿 15/7a

賜王淮再上表辭免轉官不允批答口宣 玉堂稿 15/7a

賜王淮上表再辭免特授樞密使太中大夫加食邑食實封不允批答 崔敦詩撰 南宋文範 10/10a

~ 曾

賜宰臣王曾以下批答寶正月三日壽星見又於十二日再見 文莊集 3/15b

賜宰臣王曾以下批答寶壽星 文莊集 3/15b

賜宰臣王曾以下批答真宣示南京芝草 文莊集 3/16b

賜宰臣王曾以下批答 文莊集 3/17a

賜資政殿大學士尚書左僕射判鄆州王曾乞南郊陪位不允詔 元憲集 27/9a

~ 琪

賜武庫軍承宣使新知揚州王琪辭免差充荊鄂駐劃御前諸軍統制不允詔 玉堂稿 5/4a

賜武康軍承宣使新特改添差江南東路馬步軍副都總管建康府駐劃王琪辭免差知揚州不允詔 玉堂稿 8/7b

~ 喜

賜建武軍節度使鄂州江陵府駐劃御前諸軍都統制鄂州駐劃王喜乞祠祿不允詔 真西山集 20/15b

~ 博文

賜新授同知樞密院王博文讓恩命不允批答 元憲集 29/10b

~ 貽永

賜保寧軍節度使駙馬都尉王貽永讓恩命不允批答 元憲集 29/4a

賜王貽永批答 景文集 33/3b

賜王貽永讓恩命第一表不允批答 景文集 33/5a

賜王貽永讓恩命第二表不允斷來章批答 景文集 33/9a

賜王貽永讓恩命第二表不允斷來章批答 景文集 33/10b

~ 鉄

王銍辭廣東經畧不允詔 紫微集 11/2b

~ 欽臣

賜新除尚書吏部侍郎王欽臣辭免不允詔 范太史集 31/17a

~ 遂

殿中侍御史王遂免除户部侍郎恩命不允詔 平齋集 15/1a

户部侍郎王遂辭免同修國史實錄院同修撰恩命不允詔 平齋集 15/5a

~ 晥

賜王晥乞在外差遣不允詔 楳溪集 6/5a

賜王晥乞除小郡不允詔 楳溪集 6/5b

~ 綸

新除資政殿大學士提舉萬壽觀兼侍讀王綸辭免恩命不允詔 浮溪集 14/3a 浮溪集/附拾遺 14/160

王綸爲從弟投拜金人自劾不允詔 浮溪集 14/3b 浮溪集/附拾遺 14/161

王綸第一表辭免參知政事不允批答 浮溪集 15/5b 浮溪集/附拾遺 15/170

王綸第二表不允批答 浮溪集 15/6a 浮溪集/附拾遺 15/170

新除資政殿大學士提舉萬壽觀兼侍讀王綸上表辭免恩命不允斷來章口宣 浮溪集 15/14b 浮溪集/附拾遺 15/177

賜資政殿大學士左中大夫提舉臨安府洞霄宮王綸紹興府恩命乞依舊宮祠終滿此任不允詔 北海集 10/8a

賜資政殿大學士左中大夫知紹興府王綸乞除依舊外任宮觀不允詔 北海集 10/9a

賜資政殿大學士左中大夫知紹興府王綸再乞除依舊外任宮觀不允詔 北海集 10/9b

~ 餘慶

賜知豐州新授侍禁王餘慶進謝恩馬敎書 元憲集 28/8a

~ 德用

賜知樞密院王德用讓恩命不允答 元憲集 29/6a

賜新授武寧軍節度使赴本任王德用讓恩命不允批答 元憲集 29/7a

賜新授宣徽南院使定國軍節度使知樞密院王德用讓恩命不允批答 元憲集 29/9a

賜知樞密院王德用等賀壽星見批答 元憲集 29/12b

~ 隨

賜彰信軍節度使同中書門下平章事王隨進謝到任馬詔 元憲集 27/20a

賜新授彰信軍節度使同中書門下平章事王隨讓恩命不允批答 元憲集 29/11a

~ 舉正

賜觀文殿學士禮部尚書王舉正乞致仕不允詔 歐陽文忠集 88/3a 宋文鑑 31/14b

賜觀文殿學士禮部尚書王舉正乞致仕不允詔 歐陽文忠集 88/6a

~ 贄

賜龍圖閣學士知池州王贄進方物詔 華陽集 15/10a

~ 畸

賜樞密副使王畸免恩命不允斷來章批答 華陽集 22/12a

樞密副使王畸免恩命不允斷來章口宣 華陽集 23/7a

~ 實

賜保州團練使潞州總管王實進奉戀闕並到任馬敎書 蘇東坡全集/内制 6/12b

~ 蘭

賜王蘭再辭免知潭州不允不得再有陳請詔 宋本攻媿集 41/10a 攻媿集 42/9a

賜王蘭辭免覃恩轉一官不允詔 宋本攻媿集 41/19a 攻媿集 42/11a

賜王蘭再辭免覃恩轉一官不允不得再有陳請詔 宋本攻媿集 42/22a 攻媿集 42/15a

~ 熗

賜王熗辭免除禮部尚書兼職依舊恩命不允詔 後村集 55/13b

王熗辭免召赴不允詔 碧梧集 2/12b

~ 瓌

温州觀察使王瓌辭免復兩官恩命不允詔 浮溪集 14/5a 浮溪集/附拾遺 14/162

賜新除捧日天武四廂都指揮使充淮南東西路宣撫使司都統制王瓌辭免恩命不允詔 北海集 15/1a

賜捧日天武四廂都指揮使慶遠軍承宣使神武前軍統制王瓌辭免軍職不允詔 北海集 15/1b

~ 觀

賜新除户部侍郎王觀辭免不允詔 范太史集 31/17b

~ 權

賜王權辭免恩命不允詔 楊溪集 6/32a-b

~ 霆

賜參知政事王霆讓恩命不允批答 元憲集 29/4a

賜參知政王霆讓恩命不允批答 元憲集 29/6b

賜新授參知政事王霆讓恩命不允批答 元憲集 29/8a

~ 曏

左大中大夫給事中王曏辭免翰林學士乃外官觀 益國文忠集 104/15b

新除翰林學士左大中大夫王曏辭免兼侍讀 益國文忠集 104/17a 益公集 105/136a

翰林學士左大中大夫知制誥兼侍讀王曏乞致仕 益國文忠集 105/5b 益公集 106/145b

~ 氏

賜內中左右直御侍郡君掌寶王氏巳下賀禮畢答詔 蘇魏公集 23/10b

~ 某

王丞相辭免恩命不允批答 浮溪集 15/1b 浮溪集/附拾遺 15/167

~ 某

批答王丞相辭免恩命不允 播芳文粹 90/17a

孔武仲

賜禮部侍郎孔武仲乞江淮一郡不允詔 范太史集 31/17b

~ 彥舟

新除利州觀察使孔彥舟辭免恩命不允詔 浮溪集 13/16b 浮溪集/附拾遺 13/158

新差充荊湖南路馬步軍副總管孔彥舟辭免利州觀察使恩命不允詔 浮溪集 13/16b 浮溪集/附拾遺 13/158

五 畫

石 清

賜石清辭免恩命不允詔 楊溪集 6/40a

田 況

賜觀文殿學士田況乞致仕不允批答 文恙集 26/7a

賜田況讓職不允詔 景文集 32/7a

賜觀文殿學士尚書右丞田況乞致仕不允批答 歐陽文忠集 88/12b

~ 師中

賜田師中辭免恩命不允詔 楊溪集 6/16a

史正志

左朝請郎試尚書户部侍郎江浙京湖淮廣福建等處都大發運史正志乞守本官職致仕 益國文忠集 104/5a 益公集 105/122a

~ 宇之

賜資政殿學士通奉大夫提舉萬壽觀史宇之上表再辭免除資政殿大學士知建寧府恩命不允詔 後村集 56/5b

~ 浩

新除檢校少傅保寧軍節度使依前知紹興府充兩浙東路安撫使加食邑實封史浩辭免恩命乞許仍舊秩改奉外祠不允詔 文定集 8/5a

觀文殿大學士知紹興府事史浩乞解府事賜一在外宮觀差遣不允詔 文定集 8/5b

崇信軍節度使開府儀同三司提舉臨安府洞霄宮史浩辭免少保觀文殿大學士充醴泉觀使侍講進封永國公加食邑實封 益國文忠集 106/10a 益公集 107/12b

少保觀文殿大學士充醴泉觀使侍讀永國公史浩乞休 益國文忠集 107/8a 益公集 108/26a

史浩再乞致仕 益國文忠集 107/9a 益公集 108/28a

史浩辭免左右丞相進封魏國公加食邑實封 益國文忠集 107/10b 益公集 108/30a

少保右丞相史浩辭免提舉編修玉牒提舉國史院提舉編修國朝會要所提舉敕令所恩命 益國文忠集 107/11a 益公集 108/30b

史浩再辭免提舉恩命 益國文忠集 107/12a 益公集 108/32a

少保右丞相史浩乞歸 益國文忠集 108/4a 益公集 109/41b

少保右丞相史浩再乞罷機政 益國文忠集 108/4b 益公集 109/42a

少保右丞相史浩辭免玉牒所進書轉兩官特許回授例恩 益國文忠集 108/9b 益公集 109/48a

少保右丞相史浩再乞解機政 益國文忠集 108/10a 益公集 109/48b

新除少傅史浩辭免備禮册命 益國文忠集 108/10b 益公集 109/49b

史浩再辭免少傅保寧軍節度使充醴泉觀使

兼侍讀加食邑實封　益國文忠集 109/11a　益公集 110/76b

史浩再辭免除少傳　益國文忠集 112/12a　益公集 112/123b

賜少保右丞相史浩辭免幸秘書省推恩特轉一官恩命特依所請詔　益公集 109/47b

賜史浩再上表辭免除少傳保寧軍節度使充體泉觀使兼侍讀加食邑食實封不允仍斷來章批答　玉堂稿 3/6a

賜少保右丞相史浩再上表辭免玉牒所進書回授轉官依例加恩不允仍斷來章批答　玉堂稿 3/6a

賜少傳保寧軍節度使充體泉觀使兼侍讀史浩上表辭免已進會要經修不經進提舉官特轉一官令回授不允批答　玉堂稿 4/4a

賜少傳史浩上表再辭免進讀正說終篇特轉一官不允批答　玉堂稿 5/2a

賜少傳史浩上表再辭免除少師依前□□軍節度使充體泉觀使任便居住進封魯□公加食邑食實封不允批答　玉堂稿 5/2a

賜少傳史浩再上表辭免除少師不允仍斷來章批答　玉堂稿 5/2b

賜史浩再辭免加邑食實封不允詔　玉堂稿 5/4b

賜少傳保寧軍節度使充體泉觀使兼侍讀史浩辭免已進會要經修不經進提舉官特轉一官不允詔　玉堂稿 6/1a

賜少傳保寧軍節度使充體泉觀使兼侍讀史浩再上表辭免已進會要提舉官特轉一官令回授宣允詔　玉堂稿 6/2a

賜少保右丞相史浩乞歸田廬不允詔　玉堂稿 7/3b

賜少保衛國公史浩辭免特授少傳保寧軍節度使充體泉觀使兼侍讀依前衛國公加食邑食實封乞伸仍舊秋歸奉外祠不允詔　玉堂稿 7/4a

賜少保寧軍節度使充體泉觀使兼侍讀衛國公史浩辭免弟溥長子彌大女夫李友直夏鼎各與差遣并親屬恩數不允詔　玉堂稿 7/5a

賜少傳保寧軍節度使充體泉觀使兼侍衛國公史浩辭免經筵進讀三朝寶訓終篇轉一官可特回授不允詔　玉堂稿 9/6b

賜史浩再具辭免轉官回授不允不得更有陳

請詔　玉堂稿 9/7a

賜少傳保寧軍節度使充體泉觀使兼侍讀衛國公史浩上表再辭免進呈四朝正史志了當依進徽宗實錄成書例推恩特依所乞許回授不允不得再有陳請詔　玉堂稿 10/2b

賜少傳保寧軍節度使充體泉觀使侍讀衛國公史辭免經筵進讀正說終篇特轉一官不允詔　玉堂稿 10/6a

賜少傳史浩再上奏劄子乞歸田里不允詔　玉堂稿 10/7b

賜少傳史浩再上表辭免充體泉觀使兼侍讀衛國公史浩辭免進讀正說終篇特轉一官依所乞特回授不允詔　玉堂稿 10/7b

賜少傳史浩上表再辭免進讀正說終篇轉一官特回授不允不得再有陳請詔　玉堂稿 10/8a

賜少傳史浩辭免今來所授官稱與先臣師仲適同乞特許辭避不允詔　玉堂稿 10/8b

史浩上表辭免已進會要經修不經進轉官令回授恩命不允批答口宣　玉堂稿 13/11b

右丞相史浩上表再辭免玉牒所進書回授轉官依例加恩命不允仍斷來章批答口宣　玉堂稿 14/2a

史浩再上表辭免除少傳恩命不允仍斷來章批答口宣　玉堂稿 14/3b

史浩辭免轉官不允批答口宣　玉堂稿 15/8a

史浩辭免特授少師不允批答口宣　玉堂稿 15/8b

史浩斷來章批答口宣　玉堂稿 15/8b

史　溥

賜少傳保寧軍節度充體泉觀使兼侍讀衛國公史浩辭免弟溥與差遣並親屬恩數不允詔　玉堂稿 7/5a

~ 嵩之

寶章閣學士太中大夫新除京西荊湖南北路安撫制置使兼沿江制置副使兼知鄂州史嵩之乞改畀豐祠不允詔　東澗集 2/21b

寶章閣學士太中大夫淮西制置使兼沿江制置副使兼知鄂州史嵩之乞祠廩不允詔　東澗集 2/22a

參知政事督視軍馬史嵩之畀祠祿不允詔　東澗集 2/22b

通奉大夫參知政事督視京西湖南北江西路

光嘉黃施變州軍馬史嵩之乞畀祠祿不允詔　東澗集 2/23a

通奉大夫參知政事督視京西湖南北江西路光嘉黃施變州軍馬史嵩之再辭免兼督視淮西軍馬恩軍不允詔　東澗集 2/23b

寶章閣直學士太中大夫提舉江州太平興國官史嵩之辭免除華文閣直學士知隆興府江西安撫使恩命不允詔　平齋集 14/18a

~寬之

賜光祿大夫右丞相兼樞密使兼太子少師史彌遠辭免男寬之致仕轉官除職等指揮不允詔　真西山集 21/1b

~彌大

賜少傅保寧軍節度使充醴泉觀使兼侍讀衞國公史浩辭免長子彌大與差遣並親屬恩數不允詔　玉堂橋 7/5a

~彌遠

賜禮部尚書史彌遠乞待關州郡差遣不允詔　宋本攻媿集 44/1b

賜新除同知樞密院事兼太子賓客史彌遠辭免不允詔　宋本攻媿集 44/5a

賜知樞密院事史彌遠再乞宮觀不允不得再有陳請詔　宋本攻媿集 45/1a

賜知樞密院史彌遠乞祠不允詔　宋本攻媿集 45/5b

賜史彌遠再乞歸田里不允不得再有陳請詔　宋本攻媿集 45/7b

賜知樞密院事史彌遠辭免兼參知政事不允詔　宋本攻媿集 45/13a

賜史彌遠再辭免不允不得再有陳請詔　宋本攻媿集 45/13b

賜史彌遠辭免兼權監修國史日曆不允詔　宋本攻媿集 45/14b

賜史彌遠辭免同提舉編修敕令不允詔　宋本攻媿集 45/15b

賜金紫光祿大夫右丞相兼樞密使太子少師魯國公史彌遠辭免以皇太子講毛詩終篇特與轉行一官恩命不允　雲莊集 4/4b

賜金紫光祿大夫右丞相兼樞密使兼太子少師魯國公史彌遠辭免爲進呈安奉高宗皇帝中興經武要略了畢提舉官就差禮儀使各特與轉兩官依例加恩令學士院降制恩命不允　雲莊集 4/5a

賜正議大夫史彌遠再上表辭免特授光祿大

夫右丞相兼樞密使兼太子少師奉化縣開國公加食邑食實封恩命不允仍斷來章　雲莊集 5/2a

賜文武百僚宰臣史彌遠等上表奏請皇帝御殿復膳不允仍斷來章　雲莊集 5/2b

賜起復正議大夫右丞相兼樞密使太子少師史彌遠辭免以皇太子册寶推恩特轉一官恩命不允詔　真西山集 20/1a

賜起復正議大夫右丞相兼樞密使兼太子少師史彌遠乞歸田廬補還服制不允詔　真西山集 20/9b

賜起復正議大夫右丞相兼樞密使兼太子少師史彌遠再上奏劄子乞歸田里補還服制依已降指揮不允不得再有陳請詔　真西山集 20/11a

賜光祿大夫右丞相兼樞密使兼太子少歸史彌遠乞解政機伸還田里不允詔　真西山集 21/1a

賜光祿大夫右丞相兼樞密使兼太子少師史彌遠辭免男寬之致仕轉官除職等指揮不允詔　真西山集 21/1b

賜光祿大夫右丞相兼樞密使兼太子少師史彌遠再上奏劄子乞歸田里不允不得再有陳請詔　真西山集 21/2b

賜光祿大夫右丞相兼樞密使兼太子少師史彌遠辭免以皇太子講授春秋終篇特與轉一官恩命不允詔　真西山集 21/11a

賜起復正議大夫右丞相兼樞密使兼太子少師史彌遠辭免特授正奉大夫加食邑食實封恩命不允詔　真西山集 21/23a

賜起復正議大夫右丞相兼樞密使兼太子少師史彌遠再上奏劄子辭免以皇太子册寶推恩特授正奉大夫加食邑食實封恩命不允更不得再有陳請詔　真西山集 21/23b

賜金紫光祿大夫右丞相史彌遠辭免進呈安奉三祖下第七世仙源類譜高宗皇帝寶訓今上皇帝玉牒令上皇帝會要禮畢三局提舉官並進呈安奉玉牒禮儀使各特與轉兩官依例加恩令學士院降詔恩命不允詔　真西山集 22/1a

賜金紫光祿大夫右丞相兼樞密使兼太子少師曾國公史彌遠辭免以皇太子講毛詩終篇特與轉行一官恩命不允詔　真西山集 22/9a

詔令二　政令　優答　五畫　1031

賜金紫光祿大夫右丞相兼樞密使兼太子少師曾國公史彌遠辭免爲進呈安奉高宗皇帝中興經武要署了畢提舉官就差禮儀使各特與轉兩官依例加恩令學士院降制恩命不允詔　真西山集 22/10b

賜起復正議大夫右丞相兼樞密使兼太子少師史彌遠再上表辭免皇太子册寶推恩轉行一官恩命不允仍斷來章批答　真西山集 22/12b

賜正議大夫右史彌遠再上表辭免特授光祿大夫右丞相兼樞密使兼太子少師奉化縣開國公加食邑食實封恩命不允仍斷來章批答　真西山集 22/14b

賜光祿大夫右丞相兼樞密使兼太子少師史彌遠再上表辭免皇太子講授春秋終篇特與轉行一官恩命不允仍斷來章批答　真西山集 22/15b

賜文武百僚宰臣史彌遠等上表奏請皇帝御殿復膳不允批答　真西山集 22/17a

賜文武百僚宰臣史彌遠等上表再奏請皇帝御殿復膳不允批答　真西山集 22/17b

賜史丞相彌遠再辭免皇太子讀三朝寶訓終篇轉行一官恩命不允批答　真西山集 22/18a

賜光祿大夫右丞相兼樞密使兼太子少師永國公史彌遠上表再辭免勸令所進修進史部條法總類及百司史職補授法了畢特轉兩官依例加恩仍進封魯國公令學士院降制恩命不允批答　真西山集 22/18b

賜光祿大夫右丞相兼樞密使兼太子少師魯國公史彌遠再上表辭免三局進書轉官恩命不允仍斷來章批答　真西山集 22/21a

賜金紫光祿大夫右丞相兼樞密使兼太子少師史彌遠上表再辭免進呈安奉高宗皇帝中興經武要署了畢轉官恩命不允批答　真西山集 22/23a

賜金紫光祿大夫右丞相兼樞密使兼太子少師史彌遠再上表辭免進呈安奉高宗皇帝中興經武要署了畢轉官恩命不允仍斷來章批答　真西山集 22/23b

丘　崈

賜江淮制置大使丘崈乞致仕不允詔　宋本攻媿集 45/11a　攻媿集 44/10a　南宋文範 10/11a

賜江淮制置大使丘崈再辭免召赴行在不允不得再有陳請詔　宋本攻媿集 45/16a　攻媿集 44/12b

賜新除同知樞密院事丘崈辭免不允詔　宋本攻媿集 45/23a　攻媿集 44/16a

賜通議大夫丘崈辭免除刑部尚書充江淮宣撫使不許辭免恩命不允詔　後樂集 3/3b

丘崈辭免端明殿學士侍讀依舊江淮宣撫史再除簽書樞密院事督視江淮軍馬不允詔　後樂集 4/1a

丘崈乞守本官致仕不允詔　後樂集 4/11b

包　拯

賜知池州包拯進奉石葛蒲一銀合敕書　歐陽文忠集 85/2a

賜樞密副使包拯免恩命不允斷來章批答　華陽集 22/8b

~ 恢

賜包恢辭免除禮部侍郎兼職依舊恩命不允詔　後村集 57/2a

賜禮部侍郎兼侍講包恢免經筵進讀唐鑑終篇並特轉行一官恩命不允詔　後村集 57/9a

包恢免除權刑部尚書恩命不允詔　碧梧集 2/10b

司馬池

賜尚書工部郎中天章閣侍制知同州司馬池爲澄城縣百姓黨崳持刀刺殺親叔依條斷詒待罪特敕詔　元憲集 27/8b

~ 光

批答(請不受尊號)　傅家集 42/4a　司馬溫公集 39/3a

中使徐混封還傳宣　傅家集 53/5a　司馬溫公集 53/4b

~ 伋

朝議大夫權尚書吏部侍郎司馬伋辭免吏部侍郎　益國文忠集 107/2a

朝議大夫試尚書吏部侍郎司馬伋乞外官觀　益國文忠集 107/6b　益公集 108/25a

皮龍榮

賜端明簽書樞密院兼權參知政事皮龍榮辭免依舊周提舉編修敕令同提舉編修經武

要暑恩命不允詔 後村集 55/14a

賜參知政事兼太子賓客皮龍榮辭免以皇太子宮滿歲推恩特轉一官恩本不允詔 後村集 56/3b

賜參知政事皮龍榮辭免兼權知樞密院事恩命不允詔 後村集 56/10a

賜參知政事兼權知樞密院皮龍榮乞解機政不允詔 後村集 56/15b

賜皮龍榮再上奏乞解機政不允詔 後村集 56/16a

賜皮龍榮辭免除大資政殿大學士知潭州恩命不允詔 後村集 56/16b

賜皮龍榮再辭免除資政殿大學士知潭州恩命不允詔 後村集 56/17a

賜簽書樞密院事皮龍榮再辭免以進奉安日曆會要禮畢轉官加恩恩命不允詔 後村集 57/13a

賜簽書樞密院事皮龍榮再辭免以進奉安日曆會要禮畢轉官加恩恩命不允詔口宣 後村集 57/13b

賜皮龍榮再辭免除參知政事恩命不允詔 後村集 57/14a

賜皮龍榮再辭免除參知政事恩命不允詔口宣 後村集 57/14b

六 畫

江 達

賜朝議大夫試尚書禮部侍郎兼太子右庶子兼同修國史兼實錄院同修撰江達辭免除吏部侍郎恩命不允 雲莊集 4/7a

~萬里

賜江萬里辭免除端明殿學士同簽書樞密院事恩命不允詔 後村集 56/2a

賜江萬里辭免同提舉編修經武要畧恩命不允詔 後村集 56/2b

賜同簽書樞密院事兼太子賓客江萬里辭免以皇太子滿歲推恩特轉一官恩命不允詔 後村集 56/4b

賜江萬里辭免依舊端明殿學士提舉洞霄宮恩命不允詔 後村集 56/14a

江萬里再辭免除資政不允詔 碧梧集 2/14a

資政殿學士江萬里上表再辭免同知樞密院事不允斷來章批答詔 四明文獻集 2/8a

宇文价

賜寶文閣學士知遂寧府宇文价乞奉祠不允詔 宋本攻媿集 43/15a 攻媿集 43/6a

~紹節

賜京西湖北路宣撫使宇文紹節辭免除寶謨閣學士不允詔 宋本攻媿集 44/10b 攻媿集 44/1b

賜侍讀宇文紹節辭免進講毛詩終篇轉一官不允詔 宋本攻媿集 44/15a 攻媿集 44/2b

賜京西湖南北路宣撫使宇文紹節乞祠不允詔 宋本攻媿集 45/3a 攻媿集 44/6b

賜京西湖南北路宣撫使宇文紹節辭免召赴行在不允詔 宋本攻媿集 45/21b 攻媿集 44/14b

賜端明殿學士通奉丈夫簽書樞密院事兼太子賓客宇文紹節乞界祠祿不允不得再有陳請 雲莊集 4/10b

宇文紹節辭免兼同修國史兼實錄院同修撰不允詔 後樂集 4/3b

宇文紹節辭免兵部尚書不允詔 後樂集 4/8b

宇文紹節辭免華文閣直學士知江陵府兼權宣撫使不允詔 後樂集 4/9a

宇文紹節辭免侍讀依舊華文閣學士宣撫使兼知江陵府不允詔 後樂集 4/9b

賜端明殿學士通議大夫簽書樞密院事宇文紹節辭免皇太子受册了畢與轉一官恩命不允詔 真西山集 20/1b

賜端明殿學士通奉大夫簽書樞密院事兼太子賓客宇文紹節乙界祠祿不允詔 真西山集 20/15a

賜端明殿學士通奉大夫簽書樞密院事兼太子賓客宇文紹節乞界祠祿不允不得再有陳請詔 真西山集 20/16a

賜端明殿學士通奉大夫簽書樞密院事兼太子賓客宇文紹節乞退休不乞詔 真西山集 21/5b

賜端明殿學士通奉大夫簽書樞密院事兼太子賓客宇文紹節再乞祿之閑散示以保全不允不得再有陳請詔 真西山集 21/6b

賜端明殿學士通奉大夫簽書樞密院事宇文紹節兼太子賓客辭免皇太子講授春秋終篇特與轉行一官不允詔 真西山集 21/12a

賜端明殿學士正議大夫簽書樞密院事宇文紹節兼太子賓客辭免皇太子讀三朝寶訓

終篇並特與轉行一官不允詔　真西山集 21/14a

賜端明殿學士通奉大夫簽書樞密院事宇文紐節兼太子賓客再上表辭免皇太子講授春秋終篇特與轉行一官恩命不允仍斷來章批答　真西山集 22/16a

安　丙

賜端明殿學士四川宣撫副使安丙乞宮觀不允詔　宋本攻媿集 44/10a　攻媿集 44/1a

賜四川宣撫副使安丙再辭免資政殿學士不允不得再有陳請詔　宋本攻媿集 44/19a　攻媿集 44/4b

賜資政殿大學士中大夫知興元軍府事充利州路安撫使充成都潼川府夔州路制置大使安丙乞異宮觀差遣不允　雲莊集 4/11a

安丙辭免轉中大夫端明殿學士知興州充利州西路安撫使兼四川宣撫副使不允詔　後樂集 4/4b

安丙再辭免端明殿學士中大夫和泗州充利州西路安撫使兼四川宣撫使不允詔　後樂集 4/5b

賜新除資政殿學士中大夫知興元府充利州路撫使四川制置大使安丙再上表割子辭免資政殿大學士知興元府四川制置大使不允詔　真西山集 19/27b

賜資政殿學士大中大夫知潭州充荆湖南路安撫使衛淫上表再辭免更化之後親祀南郊熙事備成慶均中外安丙衛淫俱以近臣宣勞藩閫各特轉一官恩命不允不得再有陳請詔　真西山集 20/4b

賜資政殿學士通奉大夫知興元軍府事安丙再上表辭免南郊慶成特轉一官恩命不允不得再有陳請詔　真西山集 20/5a

賜資政殿學士中大夫知興元軍府事充利州路安撫使充成都潼川府夔州路制置大使安丙乞異宮觀差遣不允詔　真西山集 20/16b

賜資政殿大學士正議大夫知興元軍府事兼管內勸農營田使充利州路安撫使馬步軍都總管四川制置大使安丙辭免除同知樞密院事兼太子賓客日下起發赴院治事恩命不允詔　真西山集 22/5a　南宋文範 10/12b

賜資政殿大學士正議大夫安丙辭免除觀文

殿大學士知潭州兼荆湖南路安撫使填見關恩命不允詔　真西山集 22/8b

賜資政殿大學士正議大夫安丙上表再辭免除觀文殿學士正議大夫安丙上表再辭免除觀文殿學士知潭州兼荆湖南路安撫使填見關恩命不允不得再有陳請詔　真西山集 22/10a

~　美

賜滁州安慶府都督安美等進上尊號馬教書　元憲集 28/9a

~　燾

賜起復正議大夫知樞密院事安燾上表辭免恩命不允詔　蘇魏公集 22/3a

賜起復正議大夫知樞密院事安燾上表辭免恩命不許詔　蘇魏公集 22/3b

賜知樞密院事安燾上第二表辭免起復恩命不允詔　蘇魏公集 22/8b

賜起復正議大夫知樞密院事安燾上第三表辭免起復恩命許終喪制允詔　蘇魏公集 22/9a

賜起復正議大夫知樞密院事安燾上第三表辭免起復恩命許終喪制許詔　蘇魏公集 22/9b

賜正議大夫同知樞密院事安燾乞外郡不許批答　蘇東坡全集/內制 1/1a

賜安燾乞外郡不允批答　蘇東坡全集/內制 1/1a

賜正議大夫同知樞密院事安燾乞退不允批答口宣　蘇東坡全集/內制 1/1b

賜正議大夫同知樞密院事安壽乞外郡不允斷來章批答口宣　蘇東坡全集/內制 1/2a

賜正議大夫同知樞密院事安燾乞退不允詔　蘇東坡全集/內制 1/10b

賜新除知樞密院安燾辭免恩命不允詔　蘇東坡全集/內制 3/11a

賜新除知樞密院安燾辭免恩命不允斷來章批答　蘇東坡全集/內制 3/11b

賜新除知樞密院安燾辭免恩命不許斷來章批答　蘇東坡全集/內制 3/11b

賜安燾辭免恩命不允斷來章批答口宣　蘇東坡全集/內制 3/12a

賜新除右光祿大夫依前知樞密院事安壽辭恩命不允詔　蘇東坡全集/內制 7/4b

賜正議大夫知樞密院事安燾辭免遷官恩命允詔　蘇東坡全集/內制 7/5b

賜正議大夫知樞密院事安壽乞退不允批答
　蘇東坡全集/內制 8/5b
賜正議大夫知樞密院事安燾乞退不許批答
　蘇東坡全集/內制 8/6a
賜安壽乞退不允斷來章批答口宣　蘇東坡
　全集/內制 8/6b

~ 閔

賜成閔辭免恩命不允詔　楳溪集 6/6a
賜成閔再辭免加恩不允詔　楳溪集 6/6b
賜成閔辭免恩命不允批答口宣　楳溪集 7/11a
降授安德軍承宣使成閔辭免復餽恩命不允
　詔　文定集 8/17b
復慶遠軍節度使差充鎮江府駐劄御前諸軍
　都統制成閔辭免加食邑實封　益國文忠集
　104/11a　益公集 105/128b
成閔再辭免食邑實封　益國文忠集 104/11b　益
　公集 105/129a
賜復慶遠軍節度使差充鎮江府駐劄御前諸
　軍都統制成閔辭免加食邑食實封恩命不
　允詔　後樂集 3/6a
賜成閔上表再辭免加食邑實封恩命不允不
　得再有陳請詔　後樂集 3/6b

朱勝非

觀文殿大學士宣奉大夫朱勝非奏受告差新
　江州路安撫大使知江州乞就近別行差官
　不允詔　浮溪集 14/1a　浮溪集/附拾遺 14/159
賜朱勝非辭免監修國史命不允詔　北海集
　9/7a
賜新尚書右僕射同中書門下平章事朱勝非
　辭免恩命不允詔　北海集 9/8a
賜觀文殿學士朱勝非辭免恩命不允詔　北
　海集 9/8b
賜觀文殿學士左宣奉大夫知紹興府事充兩
　浙東路安撫使朱勝非辭免新除同都督江
　淮浙諸軍事恩命不允詔　北海集 9/9a
賜觀文殿學士左宣奉大夫知紹興府朱勝非
　乞改一外任官觀差遣不允詔　北海集 9/9b
賜朱勝非辭免依舊知紹興府乞除授一外任
　宮祠差遣不允詔　北海集 9/10a
賜新除提舉萬壽觀兼侍讀朱勝非辭免恩命
　乞改授一外任宮祠不允詔　北海集 9/11a
賜新除尚書右僕射同中書門下平章事朱勝

非辭免恩命不允斷來章批答　北海集 17/6a
賜朱勝非辭免新除右僕射不允批答　龜溪
　集 4/2a
賜朱勝非辭免右僕射恩命不允口宣　龜溪
　集 5/4b
賜朱勝非辭免恩命不允詔　楳溪集 6/34a

~ 熠

賜知樞密院事兼參知政事兼太子賓客朱熠
　乞界遂退閒不允詔　後村集 55/13a
賜文殿學士提舉洞霄宮朱熠辭免依舊職知
　平江府兼淮浙發運大使恩命不允詔　後
　村集 56/17b
賜朱熠再辭免依舊職知平江府淮浙發運大
　使恩命不允詔　後村集 56/18a
賜知樞密院事朱熠再辭免以充進呈安奉玉
　牒禮儀及使經武要翟禮畢各特與轉兩官
　恩命不允詔　後村集 57/12a
賜知樞密院事朱熠再辭免以充進呈安奉玉
　牒禮儀及使經武要翟禮畢各特與轉兩官
　恩命不允詔口宣　後村集 57/12b
朱熠乞歸田里不允詔　碧梧集 2/13b

~ 熹

朱熹宣赴經筵供職曲謝宣答詞　宋本攻媿集
　41/23a　攻媿集 46/1b

任　古

賜新除右諫議大夫任古辭免恩命不允詔
　鄮峰録 6/7a

向萬響

賜知安州向萬響等進奉賀天寧節並端午冬
　正溪布敕書　摘文集 3/4a

~ 氏

賜皇后向氏答詔　華陽集 14/7a

牟子才

牟子才辭免兼給事中不允詔　碧梧集 2/12a
牟子才辭免除禮部尚書不允詔　碧梧集 2/12b

七　畫

沈　介

賜草士沈介辭免特起復元官顯謨閣直學士

知鄂州兼鄂岳江黄州漢陽軍沿江制置使不允詔 盤洲集 14/7b

賜沈介辭免權兵部尚書不允詔 盤洲集 14/11a

顯謨閣直學士知潭州充荊湖南路安撫使沈介乞除一宮觀差遣不允詔 文定集 8/11a

顯謨閣直學士知潭州充荊湖南路安撫使沈介乞除宮觀不允詔 文定集 18/11b

顯謨閣直學士左朝議大夫知潭州沈介乞守本官致仕 益國文忠集 104/1a 益公集 105/117a

顯謨閣學士中奉大夫知潭州沈介辭免召赴行在乞宮觀 益國文忠集 104/14b 益公集 105/132b

~ 作賓

賜太中大夫守尚書户部侍郎兼詳定敕令官沈作賓乞界外祠不允詔 真西山集 19/31b

賜太中大夫守尚書户部侍郎兼詳定敕令官兼權工部尚書沈作賓乞效官偏壘不允詔 真西山集 20/12a

賜太中大夫權户部尚書詳定敕令官沈作賓乞宮觀不允詔 真西山集 21/2a

~ 炎

賜端明同簽書樞密院事沈炎辭免兼同提舉編修敕令依舊同提舉編修經武要畧恩命不允詔(1-2) 後村集 55/14a-b

賜同知樞密院事兼權參知政事兼太子賓客沈炎辭免以皇太子宮滿歲推恩特轉一官恩命不允詔 後村集 56/4a

賜同知樞密院事兼權參知政事兼太子賓客沈炎乞界祠祿不允詔 後村集 56/6b

賜沈炎辭免除資政殿學士提舉臨安府洞霄宮恩命不允詔 後村集 56/8a

賜簽書樞密院事沈炎再辭免以同提舉編修經武要畧就充禮儀使特轉兩官依例加恩命不允詔 後村集 57/13b

賜簽書樞密院事沈炎再辭免以同提舉編修經武要畧就充禮儀使特轉兩官依例加恩命不允詔口宣 後村集 57/14a

賜沈炎再辭免除同知樞密院事兼權參知政事恩命不允詔 後村集 57/14b

賜沈炎再辭免除同知樞密院事兼權參知政事恩命不允詔口宣 後村集 57/15a

賜同知樞密院事兼權參知政事沈炎辭免敕

令所修進景定編類吏部七司續降了畢特與轉兩官依例加恩恩命不允詔 後村集 57/16a

賜同知樞密院事兼權參知政事沈炎辭免敕令所修進景定編類吏部七司續降了畢特與轉兩官依例加恩恩命不允詔口宣 後村集 57/16b

~ 度

賜沈度辭免除權兵部尚書恩命不允詔 玉堂稿 8/4a

~ 夏

資政殿大學士中大夫沈夏辭免知鎭江府乞外宮觀 益國文忠集 105/11a 益公集 106/152a

資政殿大學士中大夫知鎭江軍府事沈夏乞外宮觀 益國文忠集 106/3b 益公集 107/4b

(附)繳奏沈夏辭免慶壽加恩不合降詔 益國文忠集 106/4a 益公集 107/4b

資政殿大學士中大夫知福州軍州事充福建路安撫使沈夏乞外宮觀 益國文忠集 108/8b 益公集 109/46b

~ 該

賜沈該辭免恩命不允詔 楊溪集 6/34b-35a

賜沈該再辭免恩命不允詔(1-2) 楊溪集 6/36a-36b

賜沈該辭免恩命不允詔 楊溪集 6/37b

賜參政沈該再辭免恩命不允批答口宣 楊溪集 7/6a

賜沈該辭免恩命不允批答口宣 楊溪集 7/7a

賜沈該再辭免恩命不允批答口宣 楊溪集 7/7a

~ 說

賜太中大夫權户部尚書兼詳定敕令官沈說辭免除户部尚書兼職依舊日下供職恩命不允詔 真西山集 19/22a

賜通議大夫試户部尚書兼詳定敕令官沈說乞還官政退老丘園不允詔 真西山集 19/31a

賜通議大夫試户部尚書兼詳定敕令官沈訒乞檢會前後所奏伸令納祿不允詔 真西山集 20/14a

賜太中大夫權户部尚書兼詳定敕令官沈說爵辭免除户部尚書兼職依舊日下供職恩命不允 雲莊集 4/6b

~ 與求

賜新除吏部尚書兼翰林學沈與求辭免恩命

乞除一在外宮觀不允詔 北海集 11/5b

賜新除龍圖閣學士充荊湖南路安撫使兼知潭州沈與求辭免恩命乞一在外宮觀不允詔 北海集 11/6a

賜史部尚書兼權翰林學士沈與求辭免兼侍讀恩命不允詔 北海集 11/6b

~ 氏

賜貴妃沈氏答詔 華陽集 14/7b

汪大獻

賜敷文閣直學士太中大夫提舉江州太平興國宮汪大獻辭免差知隆興府不允詔 玉堂稿 7/1b

賜敷文閣直學士左中大夫知泉州汪大獻乞歸就柯祿不允詔 玉堂稿 8/7a

~ 勃

賜汪勃辭免恩命不允詔 楳埜集 6/18b

~ 逵

賜太中大夫權史部尚書兼太子詹事兼同修國史兼實錄院同修撰汪逵辭免除史部尚書兼職依舊恩命不允 雲莊集 4/12b

賜朝議大夫試尚書禮部侍郎兼太子右庶子兼同修國史兼實錄院同修撰汪逵辭免除史部侍郎恩命不允詔 真西山集 19/23a

賜朝議大夫試尚書史部侍郎兼太子右庶子兼同修國史兼實錄院同修撰汪逵辭免皇太子受册畢本宮官與轉一官恩命不允詔

真西山集 20/3a

賜中奉大夫試尚書史部侍郎兼太子右庶子兼同修國史兼實錄院同修撰汪逵辭免除權工部尚書兼職依舊恩命不允詔 真西山集 20/19a

賜中奉大夫權工部尚書兼太子右庶子兼同修國史兼實錄院同修撰汪逵辭免除權史部尚書兼太子詹事日下供職不允詔 真西山集 20/20a

賜太中大夫權史部尚書兼太子詹事汪逵辭免以皇太子讀三朝寶訓終篇推賞與轉一官恩不允詔 真西山集 21/15a

賜太中大夫權史部尚書兼太子詹事兼同修國史兼實錄院同修撰汪逵辭免除史部尚書兼職依舊恩命不允詔 真西山集 21/17a

賜史部尚書兼太子詹事汪逵辭免皇太子講

授周易終篇推恩特與轉行一官不允詔

真西山集 21/18b

賜太中大夫新除史部尚書兼太子詹事汪逵兼同修國史兼實錄院同修撰辭免庒兼修國史兼實錄修撰不允詔 真西山集 21/19a

賜通奉大夫守史部尚書兼太子詹事兼修國史兼實錄院修撰汪逵乞休致不允詔 真西山集 21/20b

賜正奉大夫守史部尚書兼太子詹事兼修國史兼實錄院同修撰汪逵辭免除顯謨閣學士提舉佑神觀依舊兼太子詹事兼修國史實錄院同修撰仍令赴日參恩命不允詔

真西山集 22/2b

~ 澈

觀文殿學士左通議大夫提舉臨安府洞霄宮汪澈乞致仕 益國文忠集 105/3a 益公集 106/142b

~ 應辰

賜汪應辰辭免敷文閣直學士四川安撫制置使不允詔 盤洲集 13/2b

端明殿學士左中奉大夫知平江府汪應辰乞宮觀 益國文忠集 104/1a 益公集 105/117b

~ 藻

賜龍圖閣直學士左朝請大夫知湖州汪藻再乞除在外宮觀差遣不允詔 北海集 10/4b

賜新除兵部侍郎兼權直學士院汪藻辭免恩命乞除一在外宮觀差遣不允詔 北海集 10/5a

沂國公主

賜沂國公主等答詔 華陽集 14/7a

宋 祁

端明殿學士知鄭州宋祁修唐書成免恩命不允詔 華陽集 17/1b

翰林學士承旨宋祁免恩命不允詔 華陽集 17/1b

~ 伯友

賜新除徽猷閣直學士淮南東西路宣撫使參謀官宋伯友辭免恩命不允詔 北海集 13/8a

~ 庠

賜樞密使宋庠等賀壽星出見批答 文恭集 24/10a

賜樞密使宋庠讓恩命第一表不允答 歐陽

文忠集 87/16a

賜樞密使宋庠讓恩命第二表不允斷來章批答　歐陽文忠集 87/16a

賜樞密使宋庠讓恩命第一表批答口宣　歐陽文忠集 87/16b

賜樞密使檢校太尉同中書門下平章事宋庠讓恩命第二表不允斷來章批答口宣　歐陽文忠集 88/5a

賜宋庠進乾元節上壽金酒器並馬詔　華陽集 15/8b

使相判亳州宋庠乙致仕不允詔　華陽集 17/1a

賜樞密使宋庠以下賀壽星出見批答　華陽集 20/3b

賜判鄭州宋庠免恩命第一表不允批答　華陽集 22/1a

賜宋庠免恩命第二表不允斷來章批答　華陽集 22/1b

賜使相宋庠乙致仕不允斷來章批答　華陽集 22/2b

使相宋庠免恩命不允斷來章口宣　華陽集 23/7a

賜樞密使宋庠讓恩不允批答歐陽修撰　宋文鑑 33/10a

辛企宗

辛企宗乙免秦鳳路經畧安撫使不允詔　浮溪集 14/8b　浮溪集/附拾遺 14/164

辛企宗辭免御營使司都統制不允批答　浮溪集 15/2b　浮溪集/附拾遺 15/168

~ 炳

賜新除御史中丞辛炳辭免恩命不許詔　北海集 13/9a

~ 棄疾

辛棄疾辭免除兵部侍郎不允詔　後樂集 3/3a

邢　煥

賜新除慶遠軍節度使邢煥上表辭免恩命不允批答　北海集 17/8a

賜新除慶遠軍節度使充體泉觀使特封德清縣開國子食邑五百户食實封二百户邢煥辭免恩命不允詔　盤洲集 4/6b

再賜邢煥辭免不允斷來章詔　盤洲集 4/7a

賜邢煥除慶遠軍節度使充體泉觀使辭免恩命不允口宣　盤洲集 5/5a

~ 氏

賜左右直御侍邢氏已下賀南郊禮畢答詔　鄖溪集 8/7a

杜　充

杜充同知樞密院事辭免恩命不允詔　浮溪集 14/7b　浮溪集/附拾遺 14/163

杜充第二表辭免同知樞密院不允批答　浮溪集 15/6b　浮溪集/附拾遺 15/171

~ 衍

賜龍圖閣學士尚書工部侍郎知并州杜衍進謝恩馬詔　元憲集 27/21a

賜杜衍乙退第三表不允斷來章詔　景文集 32/5b

賜杜衍乙退第二表不允批答　景文集 33/4a

賜杜衍乙退不允批答　景文集 33/5b

賜杜衍第二表乙退不允批答　景文集 33/6a

賜杜衍等批答　景文集 33/7a

賜杜衍陳讓加恩命第一表不允批答　景文集 33/7b

賜杜衍第一表讓恩命不允批答　景文集 33/7b　宋文鑑 33/10b

賜杜衍讓恩命第二表不允斷來章批答　景文集 33/8b　宋文鑑 33/11a

巫　伋

左朝散郎致仕巫伋辭免復龍圖閣學士　益國文忠集 105/3a　益公集 106/142a

李之純

賜新除寶文閣直學士李之純辭恩命不允詔　蘇東坡全集/内制 5/14b

~ 士彬

賜新授崇儀使李士彬進謝恩並乾元節馬敕書　元憲集 28/8b

~ 大同

朝奉郎權刑部侍郎兼侍講李大同辭免除吏部侍郎兼職依舊恩命不允詔　東澗集 1/12a

朝請郎試吏部侍郎兼侍講李大同辭免除權工部尚書恩命不允詔　東澗集 1/12a

~ 大性

新除煥章閣學士改知江陵府充京西湖北路制置使李大性辭免乙奉祠不允詔　宋本攻媿集 45/22b　攻媿集 44/15b

賜正議大夫守兵部尚書兼詳定敕令官兼權吏部尚書李大性辭免除吏部尚書兼職依舊日下供職恩命不允　雲莊集 4/2a

賜煥章閣學士通議大夫知江陵府充京西湖北制置使李大性辭免除寶文閣學士依舊知江陵府充京西湖北制置使不允　雲莊集 4/9b

賜煥章閣學士通議大夫知江陵府充京西湖北制置使李大性辭免除寶文閣學士依舊知江陵府充京西湖北制置使不允詔　真西山集 20/10b

賜寶文閣學士通議大夫知江陵府充湖北路安撫使充京西湖北路制置使李大性乞許奉祠歸里不允詔　真西山集 20/22a

賜通議大夫試刑部尚書兼詳定敕令李大性辭免除兵部尚書兼職依舊恩命不允詔　真西山集 21/17b

賜正議大夫守兵部尚書兼詳定敕令官兼權吏部尚書李大性辭免除吏部尚書兼職依舊日下供職恩命不允詔　真西山集 22/3a

～大異

知平江府李大異辭免除寶謨閣直學士不允詔　宋本攻媿集 45/16b　攻媿集 44/13a

～文會

賜李文會辭免中丞恩命詔　楊溪集 6/41a

～友直

賜少傅保寧軍節度使充體泉觀使兼侍讀衞國公史浩辭免女夫李友直與差遣並親屬恩數不允詔　玉堂稿 7/5a

～及之

賜知濟州李及之進唐雅教書　文恭集 24/15a

～正民

新除禮部侍郎李正民辭免恩命改授一閑慢職局不允詔　浮溪集 14/9b　浮溪集/附拾遺 14/165

新除吏部侍郎李正民辭免恩命不允詔　浮溪集 14/10a　浮溪集/附拾遺 4/165

～光

賜新除端明殿學士江東路安撫大使李光辭免恩命不允詔　覺忠惠集 1/9a

賜新除端明殿學士左朝奉郎充江南東路安撫大使兼知建康府充壽春府滁濠和州無爲軍宣撫使李光辭免恩命不允詔　北海集 14/2a

賜新除吏部尚書李光辭免恩命不允詔　北海集 14/3a

～回

新除參知政事李回辭免恩命不允詔　浮溪集 14/1b　浮溪集/附拾遺 14/159

新除同知樞密院事李回辭免恩命不允詔　浮溪集 14/2a　浮溪集/附拾遺 14/160

新除參知政事李回上表辭免恩命不允斷來章批答　浮溪集 15/6b　浮溪集/附拾遺 15/171

同知樞密院事李回批答口宣　浮溪集 15/13b　溪浮集/附拾遺 15/176

新除參知政事李回上表辭免恩命不允斷來章口宣　浮溪集 15/15a　浮溪集/附拾遺 15/177

賜新除端明殿學士朝議大夫權同知三省樞密院事李回辭免恩命乞除一宮觀差遣不允詔　北海集 14/1a

賜資政殿學士左中大夫江南西路安撫大使兼知洪州李回乞除一宮觀差遣不允詔　北海集 14/1b

～伯達

賜少保太宰兼門下侍郎鄭居中辭免外姻朝奉郎知大宗正承事郎李伯達除尚書度支員外郎恩命不允詔　摘文集 3/2b

～宗勉

端明殿學士朝請大夫同簽書樞密院事李宗勉以鬱攸挺災乞退歸田里不允詔　東澗集 1/8a

朝請大夫試工部侍郎兼權給事中兼侍講李宗勉辭免陞兼侍讀恩命不允詔　東澗集 2/18a

朝請大夫試左諫議大夫兼侍讀李宗勉辭勉除端明殿學士同簽書樞密院事恩命不允詔　東澗集 2/18b

端明殿學士朝請大夫新除同簽書樞密院事李宗勉辭免同提舉編修經武要略恩命不允詔　東澗集 2/19a

端明殿學士朝請大夫同簽書樞密院事李宗勉辭免依舊端明殿學士除簽書樞密院事恩命不允詔　東澗集 2/19b

端明殿學士朝請大夫簽書樞密院事李宗勉再乞奉祠不允詔　東澗集 2/20a

中奉大夫參知政事李宗勉乞退歸不允詔　東澗集 2/20b

中奉大夫參知政事李宗勉再乞退歸不允不

得再有陳請詔　東洲集 2/21a

中大夫參知政事李宗勉上表再辭免特授通奉大夫左丞相兼樞密使不允批答　東洲集 3/1a

參知政事李宗勉再上表辭免特授通奉大夫左丞相兼樞密使不允仍斷來章批答　東洲集 3/10a

端明殿學士朝請大夫同簽書樞密院事李宗勉再辭免依舊端明殿學士簽書樞密院恩命不允仍斷來章批答　東洲集 3/10b

～ 郊

資政殿學士權知三省樞密院事李郊乙閒慢差遣不允詔　浮溪集 14/5a　浮溪集/附拾遺 14/162

賜新除端明殿學士同簽書樞密院事李郊辭免恩命不允詔　毘陵集 9/10a

賜新除翰林院學士李郊辭免恩命不允詔　毘陵集 9/10b

～ 性傳

權刑部侍郎李性傳辭免除禮部侍郎恩命不允詔　平齋集 15/2a

～ 彦純

賜寶文閣直學士新除權知開封府李彦純辭免不允詔　范太史集 28/6a

～ 彦顒

簽書樞密院事李彦顒辭免參知政事　益國文忠集 105/10b　益公集 106/151b

參知政事李彦顒辭免書撰册文轉官　益國文忠集 105/12b　益公集 106/154a

參知政事李彦顒再辭免撰册文轉一官恩命　益國文忠集 105/13b　益公集 106/155a

李彦顒辭免差權提舉國史院實錄編修國朝會要　益國文忠集 105/15a　益公集 106/157a

通議大夫參知政事李彦顒辭免進呈徽宗實錄特轉兩官例恩　益國文忠集 106/9b　益公集 107/12a

通議大夫參知政事李彦顒乞罷機政　益國文忠集 107/4a　益公集 108/22a

李彦顒再乞罷機政　益國文忠集 107/4b　益公集 108/72b

通議大夫參知政事李彦顒乞罷機政除宮觀　益國文忠集 107/9b　益公集 108/29a

通議大夫李彦顒辭免資政殿學士知紹興府　益國文忠集 107/10a　益公集 108/29b

李彦顒再辭免資政殿學士知紹興府　益國文忠集 107/10b　益公集 108/29b

簽書樞密李彦顒再辭免參知政事　益國文忠集 109/6b　益公集 110/70a

參知政事李彦顒再辭免進書禮儀使特轉兩官例恩　益國文忠集 109/8a　益公集 110/72b

李彦顒辭免除參知政事　益國文忠集 112/10a　益公集 111/101a

李彦顒再辭免進書轉官　益國文忠集 112/10b　益公集 112/122a

賜朝請郎權吏部尚書兼太子詹事兼侍讀李彦顒乙除一在外宮觀或待次小郡差遣不允詔　玉堂稿 5/8a

賜資政殿學士通議大夫知紹興軍府事充兩浙東路安撫使李彦顒乙界一宮觀不允詔　玉堂稿 6/4a

賜資政殿學士通議大夫知紹興軍府事兩浙東路安撫使李彦顒乙檢會累奏差宮觀一次不允詔　玉堂稿 6/6a

賜朝請郎權吏部尚書兼太子詹事兼侍讀李彦顒辭免除吏部尚書乙檢會前奏除一在外宮觀不允詔　玉堂稿 6/8a

賜朝請郎試吏部尚書兼太子詹事兼侍讀李彦顒辭免除端明殿學士僉書樞密院事乙檢會累奏除一在外差遣不允詔　玉堂稿 8/1a

賜資政殿學士通議大夫知紹興軍府事兩浙東路安撫使李彦顒乙除一在外宮觀不允詔　玉堂稿 8/9b

李彦顒上表再辭免除端明殿學士簽書樞密院事恩命不允仍斷來章批答口宣　玉堂稿 13/6b

～ 東之

知滁州李東之乞西京留臺不允詔　華陽集 17/15a

～ 厚

隨龍泉州防禦使添差權發遣兩浙西路馬步軍副總管臨安府駐劃李厚辭免特轉一官再任制　益國文忠集 108/2b　益公集 109/39a

～ 若谷

賜參知政事李若谷讓恩命不允批答　元憲集 29/4a

賜新授參知政事李若谷讓恩命不允批答　元憲集 29/8b

～ 迪

賜刑部尚書知徐州李迪乙赴闕上壽不允詔

元憲集 27/10a

~昭亮

賜成德軍李昭亮進奉上壽金酒器一副馬六正詔 歐陽文忠集 83/9a

賜新除同中書門下平章事判大名府依前彰信軍節度使李昭亮讓恩命不允詔 歐陽文忠集 85/4b

賜彰信軍節度使檢校太保同中書門下平章事判大名府李昭亮乞知西京不允詔 歐陽文忠集 86/10b

賜彰信軍節度使同中書門下平章事李昭亮賀裕享進馬詔 華陽集 15/7b

賜李昭亮進乾元節上壽金酒器並馬詔 華陽集 15/8b

判定州李昭亮乞宮觀及移郡不允詔 華陽集 17/16a

~迫

起復中散大夫試尚書戶部侍郎兼權御營使司參贊軍事李迫乞持餘服不允詔 浮溪集 14/10b 浮溪集/附拾遺 14/166

~庭芝

李庭芝亟俾追服不允詔 碧梧集 2/14b

李庭芝乞歸田里不允批答 碧梧集 9/10b

~珣

賜定州路副都部(英宗廟諱)李珣進端午馬敕書 華陽集 19/13a

賜泰寧軍節度觀察留後知相州李珣進奉賀冬馬一正詔 蘇東坡全集/內制 10/3b

~清臣

賜尚書左丞李清臣乞退不允批答 蘇東坡全集/內制 3/1a

賜尚書左丞李清臣乞退不許批答 蘇東坡全集/內制 3/1a

賜尚書左丞李清臣乞退不允批答 蘇東坡全集/內制 3/2b

~寅仲

賜新除寶謨閣直學士李寅仲辭免召赴行在不允詔 宋本攻媿集 44/11a

新除寶謨閣直學士李寅仲辭免召赴行在不允詔 宋本攻媿集 44/11b 攻媿集 44/1b

寶謨閣直學士李寅仲乞祠不允詔 宋本攻媿集 45/11b 攻媿集 44/10b

~壹

宜奉大夫李壹辭免除同知樞密院事四川宣撫使恩命不允不得再有陳請詔 東澗集 2/1a

宜奉大夫新除同知樞密院事四川宣撫使李壹求早遂退休不允詔 東澗集 2/1b

宜奉大夫同知樞密院事四川宣撫使李壹乞免奏事不允詔 東澗集 2/2a

宜奉大夫同知樞密院事四川宣撫使李壹辭免仍知成都府恩命不允詔 東澗集 2/2b

同知樞密院事四川宣撫使李壹乞退歸田里不允詔 東澗集 2/2b

新除史部尚書李壹辭免陞兼修國史兼實錄院修撰專一提領纂修高宗皇帝正史恩命不允詔 平齋集 14/2b

從臣李壹等乞將所得俸給減半幫支不允詔 平齋集 14/3b

端明殿學士提舉萬壽觀兼侍讀李壹乞賜骸骨不允詔 平齋集 14/17b

端明殿學士提舉萬壽觀兼侍讀李壹乞歸田里不允詔 平齋集 14/18b

端明殿學士宣奉大夫李壹上表辭免除資政殿學士知眉州恩命不允詔 平齋集 15/6b

端明殿學士宣奉大夫李壹再上表辭免除資政殿學士知眉州恩命不允詔 平齋集 15/7a

賜吏部尚書李壹乞歸田里不允詔 鶴山集 14/3b

賜李壹辭免除端明殿學士提舉萬壽觀兼侍讀不允詔 鶴山集 14/3b

賜李壹再辭免除端明內祠侍讀不允斷章批答 鶴山集 14/4b

賜李壹再辭免除端明內祠侍讀不允口宣 鶴山集 14/4b

賜李壹乞還故里不允詔 鶴山集 14/8b

賜李壹再上壹乞還故里不允不得再有陳請詔 鶴山集 14/9a

賜李壹辭同知四川宣撫不允詔 鶴林集 2/6b

~常

賜朝議大夫試戶部尚書李常乞除沿邊一州不允詔 蘇東坡全集/內制 4/1b

~扈遷

賜鎮國軍節度使駙馬都尉李扈遷爲疾病乞致仕不允批答二首 元憲集 29/12a

~曾伯

賜京湖制置使李曾伯辭免除寶文閣學士職任依舊不允詔 後村集 55/1a

詔令二 政令 優答 七畫 1041

~ 璋

賜李璋上第一表辭免恩命不允批答　蘇魏公集 25/2a

賜李璋上第一表辭免恩命不許批答　蘇魏公集 25/2b

賜平海軍節度使駙馬都尉李璋上第二表辭免恩命不允斷來章批答　蘇魏公集 25/2b

賜平海軍節度使駙馬都尉李璋上第二表辭免恩命不許斷來章批答　蘇魏公集 25/3a

賜平海軍節度使駙馬都尉李璋上第一表辭免恩命不允批答口宣　蘇魏公集 25/9a

~ 端願

定國軍節度使李端願乙致仕不允詔　華陽集 17/15b

賜知相州李端願免恩命不允斷來章批答　華陽集 22/13b

知相州李端願免恩命第一表不允口宣　華陽集 23/8a

賜體泉觀使定國軍節度使李端願乙致仕不允詔　郡溪集 9/3a

~ 端懿

賜新除寧遠軍節度使李端懿讓恩命第二表不允斷來章批答口宣　歐陽文忠集 89/4b

賜李端懿讓恩命批答　鶴林集 12/14a

~ 鳴復

端明殿學士朝奉大夫簽書樞密院事兼權參知政事李鳴復乙退歸不允詔　東澗集 1/16b

端明殿學士朝奉大夫簽書樞密院事兼權參知政事李鳴復再乙歸田里不允不得再有陳請詔　東澗集 1/16b

端明殿學士朝奉大夫李鳴復辭免除資政殿學士知紹興府恩命不允詔　東澗集 1/17a

資政殿學士朝奉大夫知紹興府浙東安撫使李鳴復辭免召赴行在恩命不允詔　東澗集 1/17b

資政殿學士知紹興府浙東安撫使李鳴復再辭免召赴行在恩命不允不得再有陳請詔　東澗集 1/18a

資政殿學士朝奉大夫知紹興軍府事充兩浙東路安撫使李鳴復辭免除參知政事恩命不允詔　東澗集 1/18a

資政殿學士朝奉大夫知紹興軍府事充兩浙東路安撫使李鳴復再辭免除參知政事恩命不允詔　東澗集 1/18b

資政殿學士朝奉大夫李鳴復赴行在再辭免參知政事恩命不允詔　東澗集 1/19a

中奉大夫參知政事李鳴復辭除樞密院事兼參知政事恩命不允詔　東澗集 1/19b

中大夫參知政事李鳴復辭免同提舉編修敕令恩命不允詔　東澗集 1/20a

中大夫知樞密院事兼參知政事李鳴復乙退歸不允詔　東澗集 1/20b

中大夫知樞密院事兼參知政事李鳴復再乙投閑不允不得再有陳請詔　東澗集 1/20b

中大夫知樞密院事兼參知政事李鳴復再乙去不允詔　東澗集 1/21a

資政殿學士朝奉大夫前知紹興府李鳴復上表再辭免新除參知政事恩命不允仍斷來章批答　東澗集 3/5a

侍御史兼侍講李鳴復辭免除權工部尚書恩命不允詔　平齋集 14/20a

工部尚書李鳴復辭免玉牒兼侍讀恩命不允詔　平齋集 15/4b

朝奉大夫權工部尚書時暫兼權史部尚書兼修玉牒官兼侍讀李鳴復辭免除權刑部尚書日下供職兼職並依舊恩命不允詔　平齋集 15/8a

~ 綝

隨龍延福宮使保信軍承宣使提舉佑神觀李綝辭免落階官除正任承宣使制　益國文忠集 106/6a　益公集 107/7b

~ 綱

賜李綱辭免知潭州不允詔　苕溪集 47/4a

賜李綱再辭免知潭州允詔　苕溪集 47/4a

親筆宣諭三首　梁溪集 47/14a

宣諭累百章不允辭免

宣諭急速辨行

宣諭陳奏請行

不允宮觀詔書　梁溪集 93/6b

辭免知潭州兼湖南路安撫大使允詔　梁溪集 102/15a

~ 誼

賜新除工部侍郎李誼辭免恩命不允詔　苕溪集 47/5a

~ 璋

賜武成軍節度使知陳州李璋南郊謝恩進馬詔　華陽集 15/6b

賜外任臣僚知陳州李璋進端午馬詔　華陽集 15/8a

武成軍節度使知鄆州李璋免南郊加恩不允詔　華陽集 17/14b

李璋免恩命不允詔　華陽集 17/14b

賜殿前副都指揮使武康軍節度使李璋免恩命不允批答　華陽集 22/13a

賜知許州李璋免恩命不允批答　華陽集 22/13b

~ 壁

李壁辭免除參知政事不允詔　後樂集 3/12a

李壁再辭免除參知政事不允詔　後樂集 3/12b

李壁辭免權監修國史日曆同提舉編修敕令不允詔　後樂集 3/13b

李壁乞祠祿不允詔　後樂集 3/14a

賜李壁斷章批答口宣　後樂集 5/8a

賜降授朝議大夫李壁辭免復元官官觀恩命不允詔　真西山集 20/21b

~ 攄

賜新除工部侍郎李攄辭免恩命不允詔　北海集 10/11b

賜尚書工部侍郎兼權侍講李攄乞除辟小一郡或在外宮觀不允詔　北海集 10/12b

~ 彌大

賜刑部尚書李彌大乞除便鄉小郡或外任宮觀不允詔　翟忠惠集 1/4b

賜新除顯謨閣直學士左朝請郎知平江府李彌大辭免恩命不允詔　北海集 14/4a

賜新除户部尚書李彌大辭免恩命不允詔　北海集 14/4a

~ 燾

朝議大夫權尚書史部侍郎兼同修國史兼侍講兼權工部侍郎李燾辭免禮部侍郎　益國文忠集 106/13b　益公集 107/16b

~ 顯忠

李顯忠辭免恩命不允詔　紫微集 11/3b

復威武軍節度使左金吾衛上將軍李顯忠辭免主管侍衛馬軍使　益國文忠集 104/5b　益公集 105/122b

李顯忠辭免特復太尉　益國文忠集 104/19a　益公集 105/138a

威武軍節度使主管侍衛馬軍司公事李顯忠再辭免食邑實封　益國文忠集 109/3a　益公集 110/65b

李顯忠再辭免郊祀加恩　益國文忠集 112/8b　益公集 112/119b

賜太尉威武軍節度使提舉江州太平興國宮李顯忠上表再辭免加食邑食實封不允不得更有陳請詔　玉堂集 8/7a

~ 獻

寶文閣學士知太平州李獻乞宮不允詔　宋本攻媿集 43/17a　攻媿集 43/7a

~ 氏

定國夫人李氏辭免立爲皇太子妃　益國文忠集 104/13a　益公集 105/131b

折彥質

賜新除龍圖閣直學士折彥質辭免恩命並召赴行在乞除在外宮觀不允詔　北海集 10/13b

賜折彥質辭免恩命不允詔　楳溪集 6/23b

呂大防

賜新除依前中大夫守中書侍郎呂大防辭恩命不允詔　蘇東坡全集/內制 1/11b

賜新除依前中大夫守中書侍郎呂大防辭免恩命不允斷來章批答口宣　蘇東坡全集/內制 1/16a

賜新除太中大夫守尚書左僕射兼門下侍郎呂大防辭免恩命不允詔　蘇東坡全集/內制 7/1a

賜新除尚書左僕射呂大防尚書右僕射范純仁辭免恩命不允批答口宣　蘇東坡全集/內制 7/8a

賜新除守尚書左僕射兼門下侍郎呂大防上第二表辭免恩命不許斷來章批答　蘇東坡全集/內制 7/9a

賜呂大防上第二表辭免恩命不允斷來章批答　蘇東坡全集/內制 7/9b

賜呂大防辭恩命上第二表不允斷來章批答口宣　蘇東坡全集/內制 7/10b

宰相呂大防等爲旱乞退不允詔　樂城集 33/23b

呂大防等再爲旱乞退不允詔　樂城集 33/25b

呂大防免明堂恩命不許不允批答四首　樂城集 34/2b

呂大防等乞御正殿復常膳不許不允批答二首　樂城集 34/9a

第二表不許不允批答二首　樂城集 34/10a
第三表不許不允批答二首　樂城集 34/10b
第四表許允批答二首　樂城集 34/11b
賜宰相呂大防辭免弟大臨除秘書省正字不允詔　范太史集 28/3b
賜宰相呂大防上劄子乞罷不允詔　范太史集 30/3a
賜宰相呂大防等爲雨水乞降黜不允詔　范太史集 30/3b

～大臨

賜宰相呂大防辭免弟大臨除秘書省正字不允詔　范太史集 28/3b

～文德

賜少傅保康軍節度使安撫大使屯田使知鄂州兼衛馬軍侍指揮使湖廣總領兼變路策應使呂文德再上奏辭免特授太師升大使職事恩命不允詔　後村集 55/9b
賜太尉保康軍節度使呂文德辭免除開府儀同三司職任依舊恩命不允詔　後村集 56/18b
賜太尉保康軍節度使京湖安撫制置兼屯田大使四川宣撫使兼知鄂州兼馬軍都指揮使湖廣總領呂文德上奏辭免除開府儀同三司恩命不允詔　後村集 57/3b
呂文德辭免寧武保康軍節度使仍舊職恩命不允詔　曹桂集 2/13a

～公著

賜宰相呂公著乞退不允批答　蘇東坡全集/内制 2/13a
賜宰相呂公著乞退不許批答　蘇東坡全集/内制 2/13a
賜宰相呂公著乞退不允批答口宣　蘇東坡全集/内制 2/13b
賜宰相呂公著乞罷相位除一外任不允批答　蘇東坡全集/内制 4/2b
賜宰相呂公著乞罷相位除一外任不允批答　蘇東坡全集/内制 4/3a
賜宰相呂公著乞外任不允批答口宣　蘇東坡全集/内制 4/3b
賜宰相呂公著乞罷相位不許斷來章批答　蘇東坡全集/内制 4/5b
賜宰相呂公著乞罷相位不允斷來章批答　蘇東坡全集/内制 4/6a
賜宰相呂公著乞罷相位不允斷來章批答口宣　蘇東坡全集/内制 4/6a

賜宰相呂公著乞罷免相位不允詔　蘇東坡全集/内制 4/6b
賜宰相呂公著辭免不拜恩命允批答　蘇東坡全集/内制 4/8b
賜宰相呂公著辭免不拜恩命許批答　蘇東坡全集/内制 4/8b
賜宰相呂公著上第一表乞致仕不允批答　蘇東坡全集/内制 6/13a
賜宰相呂公著上第一表乞致仕不許批答　蘇東坡全集/内制 6/13b
賜宰相呂公著上第一表乞致仕不允批答口宣　蘇東坡全集/内制 6/14a
賜宰相呂公著上第二表乞致仕不許斷來章批答　蘇東坡全集/内制 6/14a
賜宰相呂公著上第二表乞致仕不允斷來章批答　蘇東坡全集/内制 6/14b
賜宰相呂公著乞致仕不允斷來章批答口宣　蘇東坡全集/内制 6/15a
賜新除守司空同平章軍國事呂公著辭免恩命不允詔　蘇東坡全集/内制 7/1a
賜新除司空同平章軍國事呂公著上第二表辭免恩命不許斷來章批答　蘇東坡全集/内制 7/8a
賜新除司空同平章軍國事呂公著上第二表辭免恩命不允斷來章批答　蘇東坡全集/内制 7/8b
賜呂公著辭恩命上第二表不允斷來章批答口宣　蘇東坡全集/内制 7/9a
賜新除司空同平章軍國事呂公著辭免册禮允詔　蘇東坡全集/内制 7/15a
呂公著辭不拜恩命允詔元祐二年八月丁未　宋詔令集 70/341
太皇太后答呂公著不拜恩命許詔元祐二年八月丁未　宋詔令集 70/341
賜宰臣呂公著乞外任不允批答蘇軾撰　宋文鑑 33/19b
賜宰臣呂公著乞致仕不允批答蘇軾撰　宋文鑑 33/20a
賜司空呂公著免恩命不允批答蘇軾撰　宋文鑑 33/20a

～公弼

賜樞密副使呂公弼免恩命不允斷來章批答　華陽集 22/5a
賜樞密使呂公弼免恩命第一表不允批答　華陽集 22/5b

賜樞密使呂公弼免南郊恩命第一表不允批答 華陽集 22/6a

賜呂公弼免恩命第二表不允斷來章批答 華陽集 22/6a

賜呂公弼免南郊恩命第二表不允斷來章批答 華陽集 22/6b

樞密使呂公弼免南郊恩命第一表不允口宣 華陽集 23/4b

呂公弼免南郊恩命第二表不允斷來章口宣 華陽集 23/4b

~公瑒

賜龍圖閣直學士新差知泰州呂公瑒乞改授官觀小郡差遣不允詔 蘇東坡全集/內制 2/14b

賜龍圖閣直學士正議大夫權知開封府呂公瑒上表陳乞致仕不允詔 蘇東坡全集/內制 10/6a

賜呂公瑒上表陳乞致仕不允詔 蘇東坡全集/內制 10/6b

呂公瑒免戶部尚書不允詔 樂城集 33/15a

~抗

賜特進尚書左僕射同中書門下平章事兼知樞密院事都督江淮荊浙路諸軍事呂頤浩辭免長男承議郎抗除職名賜章服恩命不允詔 北海集 13/5b

~居簡

賜右諫議大夫知梓州呂居簡進奉乾元節無量壽佛一輕救書 歐陽文忠集 89/9b

賜給事中呂居簡轉官謝恩進馬詔 華陽集 15/10a

賜外任臣僚呂居簡等進賀壽聖節功德疏詔 華陽集 15/12a

~淙

賜外任臣僚呂淙等進賀壽聖節絹詔 華陽集 15/11b

~搢

賜特進尚書左僕射同中書門下平章事兼知樞密院事都督江淮荊浙路請軍事呂頤浩辭免次男宣教郎搢除職名賜章服恩命不允詔 北海集 13/5b

~頤浩

鎭南軍節度使開府儀同三司醴泉觀使任便居住呂頤浩再辭免恩命不允詔 浮溪集 13/13b 浮溪集/附拾遺 13/156

呂頤浩乞守前官通奉大夫致仕不允詔 浮溪集 13/13b 浮溪集/附拾遺 13/156

通議大夫守尚書左僕射同中書門下平章事呂頤浩乞除在外宮觀差遣任便居住不允詔 浮溪集 13/14a 浮溪集/附拾遺 13/156

新除鎭南軍節度使開府儀同三司醴泉觀使任便居住呂頤浩辭免恩命不允詔 浮溪集 13/14b 浮溪集/附拾遺 13/156

新除少保尚書左僕射同中書門下平章事呂頤浩辭免恩命不允詔 浮溪集 13/15a 浮溪集/附拾遺 13/157

呂頤浩辭免少保恩命不允詔 浮溪集 13/15b 浮溪集/附拾遺 13/157

呂頤浩除左僕射再辭免恩命不允詔 浮溪集 13/16a 浮溪集/附拾遺 13/157

新除少保尚書左僕射呂頤浩上表辭免恩命不允批答 浮溪集 15/5a 浮溪集/附拾遺 15/170

新除少保尚書左僕射呂頤浩上表辭免恩命不允口宣 浮溪集 15/13b 浮溪集/附拾遺 15/176

賜新除都監江淮兩浙荊湖諸軍事呂頤浩上表辭免恩命不允批答 北海集 7/4a

賜新除建康府撫大使兼知池州呂頤浩乞給假將治不允詔 北海集 12/13b

賜新除建康府路安撫大使兼知池州呂頤浩再辭免恩命不允詔 北海集 13/2b

賜觀文殿大學士提舉臨安府洞霄宮呂頤浩辭免恩命不允詔 北海集 13/3a

賜呂浩乞收還節度使印鈒落開府儀同三司卻除一合得職名不允詔 北海集 13/3b

賜尚書左僕射同中書門下平章事呂頤浩等爲火災待罪不允詔 北海集 13/4a

賜特進尚書左僕射同中書門下平章事呂頤浩辭免監修國史恩命不允詔 北海集 13/5a

賜特進尚書左僕射同中書門下平章事兼知樞密院事都督江淮荊浙路請軍事呂頤浩辭免長男承議郎抗次男宣教郎搢除職名賜章服恩命 北海集 13/5b

賜呂頤浩再上表辭免恩命不允仍斷來章批答 北海集 17/4b

賜呂頤浩乞宮觀不允詔 毘陵集 9/1a-1b

詔答呂頤浩辭免左僕射不允汪藻撰 播芳文粹 90/14a

詔答呂頤浩辭免除少保不允 播芳文粹 90/ 14b

詔答呂頤浩辭免左僕射不允 播芳文粹 90/ 16b

~ 充

賜新除樞密副使右謀議大夫吳充辭恩命不允斷來章批答 傳家傳 16/17b 司馬溫公集 56/18a

~ 泳

朝散大夫權吏部侍郎兼直學士院兼玉牒所檢討官吳泳辭免除權刑部尚書兼職依舊恩命不允詔 東澗集 1/10a

朝散大夫權刑部尚書兼直學士院兼玉牒所檢討官吳泳辭免陞兼修玉牒官其餘兼職依舊恩命不允詔 東澗集 1/10b

朝散大夫吳泳辭免除寶章閣學士知寧國府恩命不允詔 東澗集 1/10b

~ 育

賜新除資政殿大學士吳育對衣金帶鞍轡馬口宣 文恭集 26/6b

賜權知開封府吳育乞解京府不允詔 景文集 32/6a

賜新除宣徽南院使檢校太保判延州吳育議恩命不允仍斷來章批答 歐陽文忠集 83/11a

~ 玠

賜檢校少保定國軍節度使川陝宣撫副使吳玠辭免新除少保恩命不允詔 北海集 11/ 2a

賜檢校少保鎮西軍節度使涇原秦鳳路經略安撫使馬步軍都總管兼知秦州軍事兼管內勸農使充陝西諸路都統制兼宣撫處置使司都統制兼利州路階成鳳州制置使節置使龍州吳玠乞龍都統制職事別差官主管不允詔 北海集 11/2b

~ 芾

賜給事吳芾辭免吏部侍郎不允詔 盤洲集 14/4b

賜吏部侍郎吳芾辭免敷文閣直學士知臨安府不允詔 盤洲集 14/7a

敷文閣直學士知太平州吳芾辭免除徽猷閣直學士知隆興府恩命乞檢會前奏除一官觀差遣不允詔 文定集 8/12a

徽猷閣直學士知隆興府江南西路安撫使吳芾乞許守本官職致仕不允詔 文定集 8/ 12a

~ 奎

賜翰林學士尚書兵部員外郎知制誥吳奎乞知青州不允詔 歐陽文忠集 89/8b

賜前樞密副使吳奎辭特支請俸允詔 華陽集 14/6a

樞密副使吳奎免恩命第一劄子不允詔 華陽集 16/12b

翰林學士尚書兵部員外郎知制誥吳奎乞知青州不允詔 華陽集 16/12b

吳奎免恩命第二劄子不允詔 華陽集 16/13a

起復樞密副使吳奎免恩命不允詔 華陽集 16/13b

吳奎免恩命第三劄子不允詔 華陽集 16/13b

參知政事吳奎免恩命劄子不允詔 華陽集 16/14a

賜吳奎免恩命不允斷來章批答 華陽集 22/ 12b

賜資政殿大學士戶部侍郎知青州吳奎乞就差知兗州不允詔 傳家傳 16/4a 司馬溫公集 56/6b

賜吳奎免恩命不允詔王珪撰 宋文鑑 31/18b

~ 拱

捧日天武四廂都指揮使安遠軍承宣使吳拱辭免除兼知興元軍府事充利州路安撫使恩命不允詔 文定集 8/17a 新安文獻 2/前 2b

武康軍節度使捧日天武四廂都指揮使提舉隆興府玉隆萬壽宮吳拱辭免召赴行在 益國文忠集 106/1b 益公集 107/1b

武康軍節度使捧日天府四廂都指揮使右金吾衛上將軍吳拱辭免侍衛馬軍都指揮使 益國文忠集 106/7a 益公集 107/8b

武康軍節度使侍衛馬軍都指揮使吳拱乞外宮觀 益國文忠集 107/14a 益公集 108/34b

吳拱再辭免除右金吾衛上將軍 益國文忠集 112/11a 益公集 112/122a

賜武康軍節度使捧日天武四廂都指揮使提舉隆興府玉隆萬壽宮吳拱上表再辭免除右金吾衛上將軍恩命不允仍斷來章批答 益公集 110/73a

賜吳拱上表辭免進封武功郡開國公加食邑食實封不允不得再有陳請詔 玉堂稿 5/5b

賜吳拱辭免加食邑除武康軍節度使不允詔 玉堂稿 8/5b

~ 益

賜新除少傅充體泉觀使進封大寧郡王吳益辭免恩命不允詔 鄱峰録 6/6a

~ 挺

侍衛親軍步軍都指揮使武昌軍承宣使吳挺辭免除步帥 益國文忠集 104/18b 益公集 105/138a

定江軍節度使侍衛親軍步軍都指揮使興州駐劄御前諸軍都統制吳挺乞宮觀 益國文忠集 107/1b 益公集 108/18b

定江軍節度使侍衛親軍步軍指揮使興州駐劄御前諸軍都統制吳挺辭免知興州乞檢會累奏除宮觀 益國文忠集 107/14b 益公集 108/35b

定江軍節度使侍衛親軍步軍都指揮使興州駐劄御前諸軍都統制吳挺辭免利州西路安撫使兼知興州 益國文忠集 108/1a 益公集 109/37b

~ 廷

賜太府卿吳廷辭免換授正任觀察使在京宮觀不允詔 宋本攻媿集 43/5b 攻媿集 43/2a

賜侍衛親軍步軍都指揮使武昌軍承宣使興州駐劄御前諸軍都統制吳廷辭免除定江軍節度使加食邑食實封不允詔 玉堂稿 7/2b

~ 敏

復觀文殿學士知潭州吳敏乞辭免恩命不允詔 浮溪集 14/8a 浮溪集/闕拾遺 14/164

~ 淵

朝奉郎權尚書工部侍郎兼知臨安府吳淵辭免工部侍郎 益國文忠集 108/16a 益公集 109/56a

賜朝散郎試尚書工部侍郎兼知臨安府吳淵乞免兼知臨安府不允詔 玉堂稿 6/4b

賜朝奉郎試尚書工部侍郎兼知臨安府吳淵辭免修蓋後殿了畢特轉一官不允詔 玉堂稿 9/1b

賜朝散郎試尚書工部侍郎兼知臨安軍府事充兩浙西路安撫使吳淵辭免除權工部尚書不允詔 玉堂稿 9/5a

~ 琚

吳琚乞祠祿不允詔 後樂集 4/12b

~ 玠

賜吳玠上表再辭免除檢校少保加食邑食實封恩命不允仍斷來章批答 真西山集 22/19a

~ 琦

賜新知鄂州吳琦辭免不允詔 宋本攻媿集 41/12b 攻媿集 42/10a

賜吳琦再辭免不允不得再有陳請詔 宋本攻媿集 41/19a 攻媿集 42/11a

~ 蓋

賜吳蓋辭免恩命不允詔 楊溪集 6/10b

賜吳蓋再辭免恩命不允詔 楊溪集 6/11a

賜承宣使吳蓋辭免恩命不允批答口宣 楊溪集 7/9a

賜承宣使吳蓋再辭免恩命不允批答口宣 楊溪集 7/9a

賜新除開府儀同三司充萬壽觀使吳蓋辭免恩命不允詔 鄱峰録 6/6b

~ 潛

朝請大夫寶謨閣待制提舉隆興府玉隆萬壽宮吳潛辭免除户部侍郎淮東總領兼知鎭江府恩命不允詔 東澗集 1/9a

賜參知政事吳潛再上表乞解罷機政不允詔 後村集 55/6a

擬進參知政事吳潛乞解罷機政不允褒詔 後村集 55/6b

~ 璞

賜吳璞辭免恩命不允詔 楊溪集 6/8a-8b

賜吳璞再辭免恩命不允詔 楊溪集 6/9a

賜吳璞辭免恩命不允詔 楊溪集 6/9b

賜吳璞辭免太傅新安郡王不允斷來章批答 盤洲集 15/10b

賜吳璞辭免太傅新安郡王不允斷來章批答口宣 盤洲集 16/7a

~ 總

吳總辭免除工部侍郎不允詔 後樂集 3/8a

吳總辭免吏部侍郎不允詔 後樂集 3/8b

吳總辭免知鄂州不允詔 後樂集 3/9a

~ 獵

吳獵乞罷黜不允詔 後樂集 4/19b

余天錫

寶文閣學士中大夫新知福州余天錫辭免除吏部尚書兼給事中兼侍讀恩命不允詔 東澗集 1/13b

太中大夫試吏部尚書兼給事中兼侍讀余天錫辭免除端明殿學士同簽書樞密院事恩

命不允詔　東澗集 1/14a

端明殿學士通議大夫簽書樞密院事余天錫乞伸還里閒不允詔　東澗集 1/14b

端明殿學士通議大夫簽書樞密院事余天錫再乞伸遂山林之志不允不得再有陳請詔　東澗集 1/15a

端明殿學士通議大夫簽書樞密院事余天錫上表再辭免除參知政事不允批答　東澗集 3/1b

余天錫上表再辭免除同簽書樞密院事恩命不允仍斷來章批答　東澗集 3/2b

~ 端禮

賜新除知樞密院事余端禮辭免不允詔　宋本攻媿集 42/20b　攻媿集 42/14a

賜余端禮再辭免知樞密院不允仍斷來章批答　宋本攻媿集 42/22b　攻媿集 46/2b

賜知樞密院事余端禮辭免太傅持節導孝宗靈駕及奠謚冊盥實監拖攛宮轉一官不允詔　宋本攻媿集 43/6b　攻媿集 43/3a

賜知樞密院事余端禮辭免兼參知政事不允詔　宋本攻媿集 43/14a　攻媿集 43/5a

賜余端禮辭免權提舉編修玉牒監修國史日曆不允詔　宋本攻媿集 43/14b　攻媿集 43/5b

賜余端禮辭免不允詔　宋本攻媿集 43/18b　攻媿集 43/7a

賜余端禮再辭免右丞相不允批答　宋本攻媿集 43/20a　攻媿集 46/5b　南宋文範 10/11a

賜余端禮再辭免右丞相不允仍斷來章批答　宋本攻媿集 43/22b　攻媿集 46/7b

賜右丞相余端禮辭免權提舉編修玉牒實錄院編修國朝會要不允詔　宋本攻媿集 43/24a　攻媿集 43/9a

~ 嵸

寶謨閣學士正議大夫提舉江州太平興國宮余嵸乞伸致其事不允詔　平齋集 14/14a

何執中

賜新除太傅致仕何執中辭免册禮允詔　摘文集 3/1b

賜太傅何執中辭免恩命不允詔　摘文集 3/2b

~ 異

賜太中大夫權工部尚書何異乞守本官致仕不允　雲莊集 4/8a

賜太中大夫權工部尚書何異乞守本官致仕

不允詔　真西山集 19/24a

~ 夢然

賜何夢然辭免兼同提舉編修經武要翟恩命不允詔　後村集 55/14b

賜簽書樞密院兼太子賓客何夢然辭免以皇太子宮滿歲推恩特選一官恩命不允詔　後村集 56/4a

賜簽書樞密事兼太子賓客何夢然辭免同提舉編修勅令恩命不令詔　後村集 56/7a

賜同知樞密院事權兼參知政事何夢然辭免除參知政事恩命不允詔　後村集 56/10b

賜參知政事兼太子賓客何夢然辭免以皇太子宮滿歲特選一官恩命不允詔　後村集 57/10a

賜試右諫議大夫兼侍讀何夢然再辭免除端明殿學士簽書樞密院事恩命不允詔　後村集 57/15a

賜試右諫議大夫兼侍讀何夢然再辭免除端明殿學士簽書樞密院事恩命不允詔口宣　後村集 57/15b

賜何夢然上表再辭免除同知樞密院事兼參知政事恩命不允　後村集 57/18b

賜何夢然再辭免除參知政事恩命不允　後村集 57/19a

賜何夢然再辭免除參知政事恩命不允口宣　後村集 57/19b

~ 濬

賜知明州何濬辭免曾任藩邸講官轉一官不允詔　宋本攻媿集 41/24b　攻媿集 42/12a

賜觀文殿學士何濬再辭免知建康府仍奉祠祿不允不得更有陳請詔　宋本攻媿集 45/18b　攻媿集 44/14a

賜何濬辭免兼江淮制置大使不允詔　宋本攻媿集 45/22a　攻媿集 44/15a

賜觀文殿學士金紫光祿大夫何濬辭免差知江陵府恩命仍乞祠祿不允　雲莊集 4/9a

賜觀文殿學士金紫光祿大夫何濬再辭免差知江陵府恩命仍乞祠祿不允不得再有陳請詔　真西山集 20/24b

八　畫

京　鐄

新除參知政事京鐄辭免不允詔　宋本攻媿集 42/21a　攻媿集 42/14b

京鐄再辭免參知政事不允仍斷來章批答
宋本攻媿集 42/23a 攻媿集 46/2b

參知政事京鐄辭免孝宗祔廟畢特轉一官不
允詔 宋本攻媿集 43/11a 攻媿集 43/4a

參知政事京鐄辭免權提舉實錄院編修國朝
會要不允詔 宋本攻媿集 43/15a 攻媿集 43/5b

新除知樞密院事京鐄辭免不允詔 宋本攻
媿集 43/19a 攻媿集 43/7b

京鐄再辭免知樞密院事不允仍斷來章批答
宋本攻媿集 43/21a 攻媿集 46/6a

林大中

新除吏部侍郎林大中辭免不允詔 宋本攻
媿集 43/26b 攻媿集 43/10a

新除端明殿學士簽書樞密院事林大中再辭
免不允仍斷來章批答 宋本攻媿集 44/4b
攻媿集 46/10a

簽書樞密院事林大中乞仍舊休致不允詔
宋本攻媿集 45/9a 攻媿集 44/9b

～安宅

龍圖閣學士中大夫提舉江州太平興國宮林
安宅乞休致 益國文忠集 107/3a 益公集 108/
20b

龍圖閣學士提舉江州太平興國宮林安宅再
乞致仕 益國文忠集 107/13a 益公集 108/33b

龍圖閣學士中大夫新除致仕林安宅辭免端
明殿學士乞守舊職致仕 益國文忠集 108/
15a 益公集 109/55a

龍圖閣學士中大夫林安宅再辭免端明殿學
士 益國文忠集 108/16b 益公集 109/56b

賜中大夫提舉江州太平興國宮林安宅辭免
除龍圖閣學士不允詔 玉堂稿 5/3b

～存

林存辭免知潭州湖南安撫使恩命不允詔
碧梧集 2/14a

芮煇

賜中大夫試尚書兵部侍郎兼同修國史芮煇
辭免修進四朝正史志了當經修經進宮特
轉一官更減一年磨勘不允詔 玉堂稿 10/
2a

賜太中大夫守尚書兵部侍郎兼侍講芮煇辭
免兼侍讀不允詔 玉堂稿 10/11b

金安節

賜金安節辭免吏部尚書兼侍讀不允詔 盤
洲集 13/1a

賜吏部尚書金安節乞致仕不允詔 盤洲集
13/5b

賜金安節辭免敷文閣學士不允詔 盤洲集
13/7b

季陵

新除户部侍郎季陵辭免恩命不允詔 浮溪
集 14/10a 浮溪集/附拾遺 14/165

岳飛

賜神武副軍都統制岳飛辭免恩命不允詔
北海集 13/9b

(紹興三年)辭免鎭南軍承宣使不允詔 金
佗稡編/續 3/3b

(紹興四年)辭免神武後軍統制不允詔 金
佗稡編/續 3/4a

(紹興四年)辭免清遠軍節度使湖北路荊襄
潭州制置使特封武邑縣開國子食邑五百
户食實封二百户不允詔 金佗稡編/續 3/
4b-5a

(紹興五年)辭免鎭當崇信軍節度使進封武
昌郡開國侯加食邑五百户食實封二百户
不允詔 金佗稡編/續 3/5b-6b

(紹興五年)乞釐制置使界以祠祿不允詔
金佗稡編/續 3/8b

(紹興五年)辭免檢校少保進封開國公加食
邑五百户實封二百户不允詔 金佗稡編/
續 3/9a

(紹興五年)辭免湖北襄陽府路招討使不允
詔 金佗稡編/續 3/9b

(紹興六年)辭免易武勝定國軍節度使宣撫
副使加食邑五百户食實封二百户不允詔
金佗稡編/續 3/9b

(紹興六年)辭免起復不允詔 金佗稡編/續 3/
10a

(紹興七年)辭免起復太尉仍加食邑不允詔
金佗稡編/續 3/12a-12b

(紹興七年)辭男特轉三官授武翼大夫所請
宜允詔 金佗稡編/續 3/13a

(紹興九年)辭免開府儀同三司加食邑五百
户食實封三百户不允詔 金佗稡編/續 4/
1a-1b

(紹興九年)先以湖北京西路累經殘破州縣

官無人願就許令自知通以下辟差今來已復河南故地其兩路並是腹心所有州縣差官乞自朝廷差注得旨依奏仍賜楷論詔

金佗稡編/續 4/5b

(紹興九年)乞罷軍政退休就醫不允詔　金佗稡編/續 4/6a

(紹興十年)辭免少保兼河南府路陝西河東北路招討使加食邑七百戶食實封叁佰戶不允詔　金佗稡編/續 4/7b-8a

(紹興十年)顯昌捷後假詔班師上章力請解兵柄致仕不允詔　金佗稡編/續 4/9a

(紹興十一年)辭免樞密副使不允詔(1-2)

金佗稡編/續 4/10a-10b

(紹興十一年)辭序位在參知政事之上不允詔　金佗稡編/續 4/10b

(紹興十一年)乞罷樞密副使仍別遣異能同張浚措置戰守不允詔　金佗稡編/續 4/11b

(紹興十一年)辭免男除帶御器械宣乞詔

金佗稡編/續 4/12a

(紹興十一年)再乞檢會前陳還印樞庭投身散地不允詔　金佗稡編/續 4/12a

(紹興十一年)辭免武勝定國節度使依前少保充萬壽觀使仍奉朝請乞在外宮觀差遣不允詔　金佗稡編/續 4/12b

賜少保樞密副使岳飛乞敘立參知政事王次翁之下不允批答程宏免撰　新安文獻 2/前 1b

周三畏

賜三畏辭免恩命不允詔　楓溪集 6/11b-12a

賜周三畏辭真除刑部侍郎恩命詔　楓溪集 6/45a

~ 尹

周尹進興龍節無量壽佛教書　樂城集 33/22a

~ 必大

(周必大辭兵部侍郎)不允詔王淮撰　益國文忠集 122/19a　益公集 122/23a

(周必大辭兼侍講)不允詔　益國文忠集 122/20a　益公集 122/24a

(周必大辭兼詹事)不允詔程大昌撰　益國文忠集 123/2a　益公集 123/2a

(周必大辭免轉官)不允詔　益國文忠集 123/4a　益公集 123/4b

(周必大乞在外宮觀)不允詔王希呂撰　益國文忠集 123/7a　益公集 123/8b

(周必大辭吏部侍郎)不允詔　益國文忠集

123/8a　益公集 123/9a

(周必大辭轉官)不允詔　益國文忠集 123/11a　益公集 123/13a

(周必大辭翰林學士)不允詔附口宣(宣召節次)程叔達撰　益國文忠集 123/12b　益公集 123/14a

(周必大辭兼修國史)不允詔　益國文忠集 124/1b　益公集 124/1b

(周必大乞郡)不允詔劉孝瞻撰　益國文忠集 124/3b　益公集 124/4a

(周必大再乞去)不允詔陳騤撰　益國文忠集 124/5b　益公集 124/6b

(周必大辭免因幸秘書省轉官)不允詔　益國文忠集 124/9a　益公集 124/10b

賜翰林學士中奉大夫知制誥兼太子詹事兼侍讀兼修國史周必大乞特授一在外宮觀不允不得再有陳請詔　益國文忠集 124/10a　益公集 124/11b　玉堂稿 7/3a

賜翰林學士中奉大夫知制誥兼侍讀兼太子詹事兼修國史周必大辭免除禮部尚書兼翰林學士不允詔　益國文忠集 124/11b　益公集 124/13b　玉堂稿 7/5b

賜中大夫試禮部尚書兼翰林學士兼太子詹事兼侍讀兼修國史周必大乞檢會□□除在外宮觀差遣不允詔　益國文忠集 124/16a　益公集 124/19a　玉堂稿 8/11a

賜中大夫試禮部尚書兼翰林學士兼侍讀兼太子詹事兼修國史周必大辭免皇太子講禮記終篇官屬特轉一官不允詔　益國文忠集 124/18a　益公集 124/21b　玉堂稿 9/1a

(周必大乞宮觀)不允詔鄭丙撰　益國文忠集 124/19a　益公集 124/22b

賜太中大夫試禮部尚書兼翰林學士兼侍讀兼太子詹事兼修國史周必大辭免除史部尚書兼翰林學士承旨不允詔　益國文忠集 124/22a　益公集 124/26b　玉堂稿 6/3a

賜太中大夫新除史部尚書周必大辭免兼翰林學士承旨不允詔　益國文忠集 124/23a　益公集 124/27a　玉堂稿 6/3a

(周必大辭免進讀寶訓轉官)不允詔王希呂撰　益國文忠集 125/2a　益公集 125/2b

(周必大乞宮祠)不允詔植彥中撰　益國文忠集 125/4b　益公集 125/5b

(周必大辭參知政事)不允詔崔敦詩撰　益國文忠集 125/7a　益公集 125/8a

(辭免參知政事表)不允批答附口宣　益國文忠集 125/8a

賜通議大夫參知政事周必大辭免同提舉教
令所不允詔 益國文忠集 125/11b 益公集 125/
13b 玉堂稿 9/8a

（周必大因旱待罪）不允詔柱教詩撰 益國文
忠集 125/13a 益公集 125/15a

賜通議大夫參知政事周必大辭免以四朝史
志成書曾經修特轉一官不允詔 益國文
忠集 126/2a 益公集 126/2a 玉堂稿 10/1a

賜通議大夫參知政事周必大上表再辭免經
修四朝史志轉一官不允仍斷來章批答
益國文忠集 126/3a 益公集 126/3b 玉堂稿 5/1a

（周必大等因霖雨待罪）不允詔 益國文忠集
126/5b 益公集 126/6b

（周必大乞罷政）不允詔 益國文忠集 126/7a－
8b 益公集 126/10a,11b

（周必大辭樞密院事）不允詔趙彥中撰 益國
文忠集 126/11a 益公集 126/14a

（辭免知樞密院事）不允批答附口宣 益國
文忠集 126/12a

（周必大等因旱乞罷黜）不允詔 益國文忠集
127/1b 益公集 127/1b

（同二府乞罷黜）不允詔 益國文忠集 127/2a

（旱災乞罷黜）御批不允 益國文忠集 127/2b－
3a

（周必大辭樞密使）不允詔 益國文忠集 127/6b
益公集 127/8a

（周必大辭樞密使）不允批答 益國文忠集
127/7b 益公集 127/9a

（周必大辭樞密使）不允批答 益國文忠集
127/9a 益公集 127/10b

（周必大辭慶壽轉官）不允詔 益國文忠集
128/3a 益公集 128/4b

（周必大辭轉官加恩）批答（1－2） 益國文忠
集 128/4a－5a 益公集 128/4b－5b

（周必大求祠）不允詔洪邁撰 益國文忠集 128/
8b－9a 益公集 128/9b－10b

（周必大辭右丞相）不允詔 益國文忠集 128/
11a 益公集 128/13a

（周必大辭右相）不允批答李獻撰 益國文忠
集 128/13a－14a 益公集 128/15a－16a

（周必大辭兼職）不允詔倪思撰 益國文忠集
128/16a 益公集 128/19a

（周必大因陳賈論王謙待罪）不允詔 益國
文忠集 128/16b

（周必大因夏旱乞罷政）不允詔 益國文忠集
128/17b 益公集 128/20b

（周必大乞罷政）不允詔 益國文忠集 128/18b

益公集 128/21b

御批（再同王丞相黃參政乞罷降） 益國文忠集 128/
19a

（周必大辭復僊）不允詔 益國文忠集 128/20b
益公集 128/24a

（周必大辭提舉編修玉牒）不允詔 益國文
忠集 129/7a 益公集 128/8b

（周必大辭左相）不允詔 益國文忠集 129/11a
益公集 129/13a

（周必大乞去）不允詔 益國文忠集 129/12b 益
公集 129/15a

（周必大辭左相）不允批答（1－2）倪思撰 益
國文忠集 129/15a－16a 益公集 129/17b－19a

（周必大辭免兼職）不允詔倪思撰 益國文忠
集 129/18a 益公集 129/21b

（周必大辭少保）不允詔倪思撰 益國文忠集
130/1b 益公集 130/1b

（周必大辭少保）不允批答（1－2）倪思撰 益
國文忠集 130/2b－3b 益公集 130/3a－4a

（周必大再辭少保）不允詔（1－2）倪思撰 益
國文忠集 130/4b－5a 益公集 130/5a－5b

（周必大辭免冊命）允詔倪思撰 益國文忠集
130/6a 益公集 130/7a

（周必大乞序位在嘉王之下）御批不允 益
國文忠集 130/6b

（周必大辭講官轉官回授）不允詔倪思撰
益國文忠集 130/8a 益公集 130/9b

（周必大辭轉官公據）不允詔 益國文忠集
130/8b 益公集 130/10b

（周必大辭除職判潭州）不允詔倪思撰 益國
文忠集 130/13a 益公集 130/15b

（周必大辭判隆興府）不允詔倪思撰 益國文
忠集 131/4a 益公集 131/4b

（周必大辭判隆興府）允詔倪思撰 益國文忠
集 131/5b 益公集 131/6a

（周必大辭免觀文殿判潭州）不允詔李壁撰
益國文忠集 131/7b 益公集 131/9a

（周必大再辭免觀文殿判潭州）不允詔倪思
撰 益國文忠集 131/8b 益公集 121/10a

（周必大辭復觀文殿大學士）（1－2）李壁撰
益國文忠集 131/15b－16b 益公集 131/18a－19a

（周必大丐祠）不允詔倪思撰 益國文忠集 131/
20b 益公集 131/24a

（周必大乞宮祠）不允詔 益國文忠集 132/5a
益公集 132/5b

（周必大辭隆興府）不允詔倪思撰 益國文忠
集 132/6a 益公集 132/6b

新除少傅周必大辭免不充詔　益國文忠集 132/13a 益公集 132/15a 宋本攻媿集 41/3b 攻媿集 42/8a

周必大再辭免少傅不充不得再有陳請詔　益國文忠集 132/14a 益公集 132/16a 宋本攻媿集 41/24a 攻媿集 42/11b

周必大再辭免少傅不充不得再有陳請詔　益國文忠集 132/15b 益公集 132/18a 宋本攻媿集 42/9a 攻媿集 42/13b

（周必大致仕）不充詔　益國文忠集 133/1b－2b 益公集 133/1b

少保周必大再乞致仕依已降指揮不充詔　益國文忠集 133/2b 益公集 133/2b 宋本攻媿集 43/ 16b 攻媿集 43/6b

（周必大辭復少傅）不充詔　益國文忠集 133/ 11a 益公集 133/13b

賜新除少傅周必大辭免不充詔　宋本攻媿集 41/3b

賜周必大再辭免少傅不充不得再有陳請詔　宋本攻媿集 41/24a

賜周必大再辭免少傅不充不得再有陳請詔　宋本攻媿集 42/9a

賜少保周必大再乞致仕依已降指揮不充詔　宋本攻媿集 43/16b

賜太中大夫試吏部尚書兼翰林學士承旨兼侍讀兼太子詹事兼修國史周必大上表再辭免除參政事不充仍斷來章批答　玉堂稿 4/7a

賜中奉大夫試禮部尚書兼翰林學士兼侍讀兼太子詹事兼修國史周必大辭免□□修纂日曆係在內官轉一官不充詔　玉堂稿 8/10b

賜通奉大夫參知政事周必大以積雨未霽乞先次眨秩不充不得再有陳請詔　玉堂稿 10/6a

周必大辭免轉官不充斷章批答口宣　玉堂稿 15/7a

周必大上表再辭免除參知政事不充仍斷來章批答口宣　玉堂稿 16/5a

～ 坦

賜寶章閣直學士提舉萬壽宮周坦辭免依舊職差知徽州不充詔　後村集 55/9b

～ 望

周望第一表辭免簽書樞密院事不充批答　浮溪集 15/8b 浮溪集/附拾遺 15/172

周望第二表辭免簽書樞密院事不充批答

浮溪集 15/9a 浮溪集/附拾遺 15/172

～ 葵

賜新除兵部侍郎周葵辭免恩命不充詔　郡峰錄 6/7a

賜參知政事周葵乞賜騭責不充詔　盤洲集 14/8b

賜周葵辭免資政殿學士不充詔　盤洲集 14/ 9b

新除資政殿大學士致仕周葵辭免恩命不充詔　文定集 8/16a

～ 操

新知太平州周操辭免除徽猷閣直學士恩命不充詔　文定集 8/15b

徽猷閣直學士左朝請郎知太平州周操辭免改知泉州乞宮觀　益國文忠集 104/2b 益公集 105/120b

徽猷閣直學士左朝奉大夫周操辭免知泉州及奏事恩命乞宮觀　益國文忠集 104/3a 益公集 105/119a

徽猷閣直學士左朝奉大夫新改差知泉州事周操乞改除宮觀差遣　益國文忠集 104/3b 益公集 105/120b

徽猷閣直學士左朝奉大夫提舉江州太平興國宮周操辭免龍圖閣直學士　益國文忠集 104/17b 益公集 105/136b

龍圖閣直學士左朝奉大夫提舉江州太平興國宮周操辭免召赴行在　益國文忠集 105/6a 益公集 106/146a

～ 氏

賜婉容周氏免恩命不充詔　華陽集 14/8a

邵　元

樞密副使邵元乞外郡第一割子不充詔　華陽集 17/14a

邵元乞外郡第二割子不充詔　華陽集 17/14a

賜樞密副使右諫議大夫邵元乞郡詔　臨川集 47/12b

批答樞密副使邵元辭免恩命仍斷來章　臨川集 48/8a

批答邵元辭恩命不充仍斷來章　臨川集 48/ 8a

賜樞密副使諫議大夫邵元乞出不充詔　郡溪集 9/4b

～ 忠厚

新除起復鎮潼軍節度使開府儀同三司充禮

泉觀使孟忠厚辭免恩命乞許終喪制不充
詔 浮溪集 14/2b 浮溪集/附拾遺 14/160

鎮潼軍節度使開府儀同三司孟忠厚上表辭
免恩命不充批答 浮溪集 15/11b 浮溪集/附
拾遺 15/174

鎮潼軍節度使開府儀同三司孟忠厚再上表
辭免恩命不充仍斷來章批答 浮溪集 15/
12a 浮溪集/附拾遺 15/175

鎮潼軍節度使開府儀同三司孟忠厚上表辭
免恩命不充口宣 浮溪集 15/16b 浮溪集/附
拾遺 15/178

孟忠厚辭免恩命不充斷來章口宣 浮溪集/
15/17a 浮溪集/附拾遺 15/178

賜新除信安郡王孟忠厚辭免恩命不充詔
北海集 14/10a

賜寧遠軍節度使充醴泉觀使孟忠厚辭免回
授轉官恩命不充詔 北海集 14/10b

賜新除信安郡王孟忠厚上表辭免恩命不充
批答 北海集 17/10b

賜忠厚再上表辭免恩命不充仍斷來章批答
北海集 17/11a

賜孟忠厚乞除在外官觀詔 楊溪集 6/45b-46a

孟忠厚辭免恩命不充詔 紫微集 11/3a

~ 庚

賜參政福建宣撫使孟庚詔 翟忠惠集 1/8b

新除户部尚書孟庚辭免恩命不充詔 浮溪
集 13/12b 浮溪集/附拾遺 13/155

新除户部侍郎孟庚辭免恩命不充詔 浮溪
集 13/13a 浮溪集/附拾遺 13/155

賜同都督江淮荊浙諸軍事孟庚辭免恩命不
充詔 北海集 12/7a

賜左中大夫參知政事福建江西荊湖南北路
宣撫使孟庚乞除外一官觀差遣不充詔
北海集 12/8a

賜參知政事孟庚辭免兼權同都督江淮荊浙
諸軍恩命並乞除在外官觀差遣不充詔
北海集 12/8b

賜參知政事同都督江淮荊浙諸軍事孟庚乞
除在外官觀差遣不充詔 北海集 12/9a

賜同都督江荊浙諸軍事孟庚乞除一在外
官觀差遣不充詔 北海集 12/9b

賜同都督江淮荊浙諸軍事孟庚上表辭免恩
命不充仍斷來章批答 北海集 17/8b

賜參知政事孟庚辭免通議大夫恩命不充詔
龜溪集 4/3a

再賜孟庚辭免不充詔 龜溪集 4/3b

賜孟庚辭免進通議大夫不充口宣 龜溪集
5/5a

九 畫

洪咨夔

賜洪咨夔辭免除吏部侍郎兼給事不充詔
鶴山集 14/4a

賜洪咨夔以意加乞子祠不充詔 四庫拾遺
285/鶴林集

~ 遵

端明殿學士左中大夫知太平州洪遵辭免知
建康府乞外官觀 益國文忠集 104/19b 益公
集 105/139a

~ 勳

賜洪勳辭免兼侍讀恩命不充詔 後村集 57/
4b

賜兵部侍郎兼侍講洪勳辭免兼直學士院恩
命不充詔 後村集 57/8a

賜兵部侍郎兼直院兼侍講洪勳辭免經筵進
讀唐鑑終篇並特轉行一官恩命不充詔
後村集 57/9a

洪勳辭免權兵部尚書恩命不充詔 碧梧集
2/10a

洪勳乞祠不充詔 碧梧集 2/10b

~ 擬

賜徽猷閣直學士左中大夫提舉江州太平觀
洪擬辭免特轉太中大夫恩命不充詔 北
海集 11/3b

賜新除徽猷閣直學士提舉江州太平觀洪擬
辭免恩命不充詔 北海集 11/4a

賜試禮部尚書洪擬辭免轉官並減磨勘不充
詔 北海集 11/4b

賜新除禮部尚書洪擬辭免恩命不充詔 北
海集 11/5a

兗國公主

賜兗國公主陳讓恩命第三表不充斷來章手
詔 歐陽文忠集 85/9a

施 鉅

賜施鉅乞宮觀詔 楊溪集 6/47b

姜 誡

右中大夫充徽猷閣待制新除知荊南府姜誡
辭免敷文閣直學士 益國文忠集 104/10b 益

公集 105/128a

敷文閣直學士右中大夫知荊州府姜誃辭免昨任寧國府修圩岸轉官恩命 益國文忠集 105/5a 益公集 106/144b

柳 約

賜新除户部侍郎柳約辭免恩命不允詔 北海集 14/3b

胡元質

中奉大夫提舉江州太平興國宮胡元質辭免知荊南及復敷文閣直學士 益國文忠集 106/8b 益公集 107/10b

新復敷文閣直學士中奉大夫胡元質辭免四川安撫制置使兼知成都府 益國文忠集 106/9a 益公集 107/11a

賜龍圖閣直學士中大夫成都潼川府夔州利州路安撫制置使兼知成都府事胡元質乞除一在外宮觀差遣不允詔 益公集 109/58a

賜龍圖閣直學士中大夫成都潼川府夔利州路安撫制置使兼知成都府事胡元質辭除敷文閣學士令再任不允詔 玉堂稿 6/2b

賜四川安撫制置使兼知成都府胡元質辭免除龍圖閣直學士不允詔 玉堂稿 7/7b

賜敷文閣直學士朝議大夫知建康府胡元質辭免召赴行在不允詔 玉堂稿 8/1b

~ 交修

賜左朝奉大夫試尚書刑部侍郎兼權吏部侍郎胡交修辭免兼侍讀恩命不允詔 北海集 13/11a

~ 宗愈

賜新除中大夫守尚書右丞胡宗愈辭免恩命不允詔 蘇東坡全集/内制 7/3b

賜新除中大夫守尚書右丞胡宗愈辭免恩命不允詔 蘇東坡全集/内制 7/5a

賜新除中大夫守尚書右丞胡宗愈辭免恩命不允詔 蘇東坡全集/内制 7/5b

賜新除中大夫守尚書右丞胡宗愈辭免恩命不許斷章批答 蘇東坡全集/内制 7/13a

賜胡宗愈辭免恩命不允斷來章批答 蘇東坡全集/内制 7/13a

賜胡宗愈辭免恩命不允斷來章批答口宣 蘇東坡全集/内制 7/13b

賜守尚書右丞胡宗愈乞除閑慢差遣不允詔

蘇東坡全集/内制 8/5b

賜資政殿學士守吏部尚書胡宗愈乞知揚州不允詔 范太史集 30/1b

賜資政殿學士守吏部尚書胡宗愈辭免兼侍讀不允詔 范太史集 33/10b

~ 松年

賜左朝奉大夫試吏部尚書兼侍講胡松年乞除一在外宮觀不允詔 北海集 10/1a

賜新除工部尚書胡松年辭免恩命不允詔 北海集 13/2a

賜左朝奉大夫試工部尚書胡松年辭免賜馬不允詔 北海集 14/11b

賜左朝奉大夫試工部尚書充大金國軍前通問副使胡松年辭免特賜恩澤五資起發錢八百貫恩命不允詔 北海集 14/12a

賜新除端明殿學士簽書樞密院事胡松年上表辭免恩命不允斷來章批答 北海集 17/12b

~ 直孺

新除兵部尚書直孺辭免恩命乞除台嚴一州差遣不允詔 浮溪集 13/11b 浮溪集/附拾遺 13/154

通議大夫試刑部尚書胡直孺辭免恩命兼侍讀不允詔 浮溪集 13/12a 浮溪集/附拾遺 13/155

通議大夫試刑部尚書兼侍讀胡直孺辭免昭慈獻烈皇太后攢宮橋道頓遞司結局轉兩官恩命不允詔 浮溪集 13/12a 浮溪集/附拾遺 13/155

~ 宿

賜樞密使胡宿以下賀壽星出見批答 華陽集 20/4a

賜樞密副使胡宿乞退不允批答 華陽集 22/8b

~ 銓

左承議郎權尚書工部侍郎兼侍講胡銓辭免工部侍郎 益國文忠集 104/6a 益公集 105/123a

龍圖閣學士承議郎提舉江州太平興國宮胡銓辭檢舉磨勘指揮乞檢會集奏許休致 益國文忠集 106/2a

龍圖閣學士散大夫提舉江州太平興國宮胡銓乞致仕 益國文忠集 106/8a 益公集 107/8a

龍圖閣學士朝散大夫胡銓辭免提舉隆興府玉隆萬壽宮乞休致 益國文忠集 106/14a 益

公集 107/17a

龍圖閣學士朝散大夫提舉隆興府玉隆萬壽宮胡銓辭免端明殿學士依舊宮觀乙檢會前奏許休致 益國文忠集 108/3b 益公集 109/40b

賜端明殿學士朝散大夫賜紫金魚袋胡銓辭免召赴行在乙檢會前累奏許休致不允詔 玉堂稿 6/5a

范之柔

賜朝議大夫試尚書禮部侍郎兼中書舍人兼修玉牒官兼侍讀范之柔辭免權刑部尚書日下供職恩命不允 雲莊集 4/3a

賜朝奉大夫試中書舍人兼權禮部侍郎兼修玉牒官兼侍讀范之柔辭免除禮部侍郎兼中書舍人恩命不允 雲莊集 4/13a

賜朝奉大夫試中書舍人兼權禮部侍郎兼修玉牒官兼侍讀范之柔辭免除禮部侍郎兼中書舍人恩命不允詔 真西山集 21/20a

賜朝議大夫試尚書禮部侍部兼中書舍人兼修玉牒官兼侍讀范之柔辭免權刑部尚書日下供職恩命不允詔 真西山集 22/7b

~ 百祿

賜尚書刑部侍郎范百祿乞外任不允詔 蘇東坡全集/内制 2/14a 宋文鑑 31/20a

賜新除試史部侍郎范百祿辭免恩命不允詔 蘇東坡全集/内制 3/10a

范百祿免侍讀不允詔 樂城集 33/22a

范百祿免翰林學士不允詔 樂城集 33/27b

賜新除翰林學士兼侍讀范百祿辭免恩命不許詔 范太史集 28/5a-5b

~ 成大

敷文閣直學士朝請郎范成大辭免權禮部尚書 益國文忠集 107/2b 益公集 108/20a

中大夫參知政事范成大辭免權監修國史日曆所恩命 益國文忠集 107/11b 益公集 108/31b

中大夫參知政事范成大乞龍機政 益國文忠集 107/14b 益公集 108/35a

賜中大夫提舉臨安府洞霄宮范成大辭免差知明州不允詔 玉堂稿 9/4a

賜中大夫知明州軍州事兼沿海制置使范成大辭免除端明殿學士不允詔 玉堂稿 10/4a

賜中大夫知明州軍州事兼沿海制置使范成

大再辭免除端明殿學士不允不得再有陳請詔 玉堂稿 10/5a

~ 沖

賜參知政事趙鼎乞罷范沖宗正少卿直史館除命不允詔 北海集 9/13b

~ 宗尹

新授觀文殿學士提舉臨安府洞霄宮范宗尹辭免恩命不允詔 浮溪集 14/4b 浮溪集/附拾遺 14/161

范宗尹辭免右僕射不允批答 浮溪集 15/4a 浮溪集/附拾遺 15/169

新除通議大夫守尚書右僕射范宗尹再上表辭免恩命不允斷來章批答 浮溪集 15/4b 浮溪集/附拾遺 15/169

范宗尹辭免右僕射恩命不允口宣 浮溪集 15/14a 浮溪集/附拾遺 15/176

新除通議大夫守尚書右僕射范宗尹再上表辭免恩命不允斷來章口宣 浮溪集 15/14b 浮溪集/附拾遺 15/176

賜新除資政殿大學士知温州范宗尹辭免恩命乞依舊宮祠不允詔 北海集 10/3a

賜新除通議大夫守尚書右僕射同中書門下平章事進封高平郡開國侯范宗尹辭免恩命不允詔 北海集 10/3b

~ 育

賜新除守户部侍郎范育辭免不允詔 范太史集 29/2b

~ 純仁

賜新除太中大夫守尚書右僕射兼中書侍郎范純仁辭免恩命不允詔 蘇東坡全集/内制 7/1b

賜新除太中大夫守尚書右僕射兼中書侍郎范純仁再上割子辭免恩命不允詔 蘇東坡全集/内制 7/2b

賜新除守尚書右僕射兼中書侍郎范純仁上第一表辭免恩命不允批答 蘇東坡全集/内制 7/7b

賜范純仁上第一表辭免恩命不許批答 蘇東坡全集/内制 7/7b

賜新除尚書右僕射范純仁辭免恩命不允批答口宣 蘇東坡全集/内制 7/8a

賜新除守尚書右僕射兼中書侍郎范純仁上第二表辭免恩命不許斷來章批答 蘇東坡全集/内制 7/10a

賜范純仁上第二表辭免恩命不允斷來章批

詔令 二 政令 優答 九 畫 1055

答　蘇東坡全集/內制 7/10a

賜范純仁辭恩命上第二表不允斷來章批答口宣　蘇東坡全集/內制 7/10b

賜新除尚書右僕射范純仁三上劄子詔　范太史集 29/9b

賜新除尚書右僕射范純仁三上劄子辭免不允詔　范太史集 29/10a

賜新除尚書右僕射范純仁上第二表辭免恩命不許斷來章批答（1－2）　范太史集 29/10b

賜新除尚書右僕射范純仁辭免恩命第二表不允斷來章批答口宣　范太史集 29/11a

賜尚書右僕射范純仁乞除一閑局或小郡不允詔　范太史集 31/7b

賜尚書右僕射范純仁辭免弟純禮櫃密都承旨不允詔　范太史集 31/16b

賜右僕射范純仁免恩命不允批答蘇軾撰　宋文鑑 33/20b

～純禮

賜尚書右僕射范純仁辭免弟純禮櫃密都承旨不允詔　范太史集 31/16b

～　雍

賜西京留司文武百官資政學士尚書吏部侍郎知河南府范雍等賀南郊禮畢詔　元憲集 27/4a

賜振武軍節度使知延州范雍進謝賜牌印月俸公使錢到任馬詔　元憲集 27/18b

～　鎮

中奉大夫權兵部侍郎兼同修國史實錄院同修撰兼侍講范鎮辭免除兵部侍郎兼職依舊恩命不允詔　東澗集 1/12b

中奉大夫試兵部侍郎兼同修國史實錄院修撰兼侍講范鎮辭免除吏部侍郎兼職依舊恩命不允詔　東澗集 1/13a

苗　授

賜新除檢校司空充保康軍節度使知滁州苗授辭免恩命不允詔　蘇魏公集 22/5a

賜苗授上第一表辭免恩命不允批答　蘇魏公集 25/2a

賜苗授上第一表辭免恩命不許批答　蘇魏公集 25/2b

賜保康軍節度使苗授上第二表辭免恩命不允斷來章批答口宣　蘇魏公集 25/9a

賜新除殿前副都指揮使武泰軍節度使苗授上第一表辭免恩命不許斷來章批答　蘇東坡全集/內制 8/15a

賜新除殿前副都指揮使武泰軍節度使苗授上第二表辭免恩命不允斷來章批答　蘇東坡全集/內制 8/15b

賜新除殿前副都指揮使武泰軍節度使苗授辭免恩命第三表不允批答口宣　蘇東坡全集/內制 8/16a

～貴妃

賜貴妃苗氏以下賀禮畢答詔　蘇魏公集 23/10a

～　氏

賜賢妃苗氏陳讓恩命第三表不允斷來章批答　歐陽文忠集 85/9b

俞　烈

賜中大夫試尚書吏部侍郎兼中書舍人兼同修國史兼實錄院同修撰兼侍讀俞烈辭免經筵進講周易終篇侍讀官特與轉行一官恩命不允詔　真西山集 21/13b

俞獻卿

賜諫議大夫俞獻卿進謝恩馬詔　元憲集 27/19b

～　氏

賜婕好俞氏等答詔　華陽集 14/7b

韋　謙

賜韋謙辭免恩命不允詔　楊溪集 6/20b

賜韋謙再辭免恩命不允詔　楊溪集 6/21a

賜韋謙第三辭免恩命不允詔　楊溪集 6/21b

賜韋謙辭免恩命不允批答口宣　楊溪集 7/10b

姚　仲

賜姚仲辭免恩命不允詔　楊溪集 6/15b

～希得

姚希得乞歸不允詔　碧梧集 2/15a

～　憲

中大夫提舉江州太平興國宮姚憲辭免知太平州乞依舊宮觀　益國文忠集 106/6a　益公集 107/7b

中大夫知泉州姚憲辭端明殿學士知江陵府乞在外宮觀　益國文忠集 107/4b－5a　益公集

22b－23a

姚憲再辭免端明殿學士恩命　益國文忠集 107/6b　益公集 108/25a

賜姚憲上表再辭免除參知政事不允仍斷來章批答　玉堂稿 3/1a

賜中大夫參知政事姚憲辭免差同詳定一司勑令權監修國史不允詔　玉堂稿 5/5a

賜中大夫參知政事姚憲乞就祿祠庭不允詔　玉堂稿 6/7a

姚憲上表再辭免參知政事不允仍斷來章批答口宣　玉堂稿 14/10a

十　畫

浦延熙

賜知廣德軍浦延熙進先春茶敕書　歐陽文忠集 86/9b

高　達

高達乞祠不允詔　碧梧集 2/15b

～　衛

新除吏部侍郎高衛辭免恩命不允詔　浮溪集 14/9a　浮溪集/附拾遺 14/164

～ 衛孫

賜高衛孫辭免除户部侍郎兼知臨安府口浙西安撫使恩命不允詔　後村集 55/18a

賜守尚書户部侍郎高衛孫乞祠不允詔　後村集 56/6a

～　氏

賜皇后高氏答詔　華陽集 14/6b

席　益

賜新除參知政事席益辭免恩命不允詔　北海集 11/9a

賜新除工部尚書席益辭免恩命不允詔　北海集 11/9b

賜新除吏部侍郎席益辭免恩命不允詔　北海集 11/10a

賜新除參知政事席益上表辭免恩命不允仍斷來章批答　北海集 17/9a

賜席益辭免侍講不允批答　龜溪集 4/2b

唐　介

賜新除參知政事唐介辭免恩命不允斷來章批答　郡溪集 9/12a

賜參知政事唐介辭免恩命不允斷來章批答　郡溪集 9/12a

凌景夏

賜凌景夏辭免復徵獻閣直學士不允詔　盤洲集 15/4b

徵獻閣直學士新除知建寧府凌景夏辭免恩命不允詔　文定集 8/6a

徵獻閣直學士新除知建寧府凌景夏乞改授一在外宮觀差遣不允詔　文定集 8/6b

徵獻閣直學士提舉江州太平興國宮凌景夏乞致仕不允詔　文定集 8/6b

新除寶文閣學士致仕凌景夏辭免恩命不允詔　文定集 8/7a　新安文獻 2/後 2a

秦　塤

敷文閣直學士朝請大夫提舉隆興府玉隆萬壽宮秦塤辭免知饒州　益國文忠集 107/2b　益公集 108/20a

敷文閣直學士朝請大夫秦塤辭免知舒州　益國文忠集 107/6a　益公集 108/24b

賜敷文閣直學士朝請大夫秦塤辭免改差知泰州不允詔　玉堂稿 8/8b

～　燁

賜秦燁辭免真除禮部侍郎恩命詔　楳溪集 6/41b

秦燁辭免恩命不允詔　紫微集 11/2a

～　檜

賜尚書右僕射同中書門下平章事秦檜爲水災待罪不允詔　北海集 12/12a

賜尚書右僕射同中書門下平章事秦檜乞外任宮觀差遣不允詔　北海集 12/12b

袁說友

新除户部侍郎袁說友辭免不允詔　宋本攻媿集 43/1b　攻媿集 43/1a

户部侍郎袁說友辭免兼侍講不允詔　宋本攻媿集 43/26a　攻媿集 43/9b

郝　質

賜龍神衛四廂都指揮使英州團練使郝質進奉端午馬詔敕　歐陽文忠集 85/1a

賜郝質免恩命不允批答　華陽集 22/12b　宋文鑑 33/15b

賜安武軍節度使郝質免恩命不允批答　華陽集 22/12b

殿前副指揮使郝質免恩命第一表不允口宣　華陽集 23/6b

郝質免恩命第二表不允斷來章口宣　華陽集 23/7a

賜殿前都指揮使安武節度使郝質不允詔　傳家集 16/13b　司馬溫公集 56/14b

賜殿前都指揮使郝質辭恩命不允批答　傳家集 16/18b　司馬溫公集 56/18b

賜殿前都指揮使郝質辭恩命不允斷來章批答　傳家集 16/18b　司馬溫公集 56/19a

耿延禧

賜門下侍郎耿南仲辭免男延禧除太常少卿恩命不允詔　翟忠惠集 1/7b

賜龍圖閣直學士左朝奉大夫知處州耿延禧乞除在外宮觀差遣不允詔　北海集 13/13a

～南仲

賜門下侍郎耿南仲辭免男延禧除太常少卿恩命不允詔　翟忠惠集 1/7b

夏守恩

賜河陽三城節度使并代州馬步軍都總管夏守恩乞歸本任不允詔　文莊集 2/11a

賜河陽三城節度使夏守恩乞上壽不允詔　文莊集 3/11a

～守寶

賜鎮海軍節度使知潭州夏守寶乞南郊陪位不允詔　元憲集 27/9b

賜鎮海軍節度使新授知樞密院夏守寶讓恩命不允批答　元憲集 30/8b

賜鎮海軍節度使新授知樞密院夏守寶讓恩命不允批答　元憲集 30/9a

～淙

賜奉寧軍節度使知永興軍夏淙進謝賜牌印月俸公使錢到任馬詔　元憲集 27/18b

～鼎

賜少傅保寧軍節度使充龍泉觀使兼侍讀衛國公史浩女夫夏鼎與差遣并親屬恩數不允詔　玉堂稿 7/5a

～震

新除侍衛步軍副指揮使夏震辭免不允詔　宋本攻媿集 44/23b　攻媿集 44/5b

賜武康軍承宣使殿前副都指揮使夏震納祿不允　雲莊集 4/11b

賜武康軍承宣使殿前副都指揮使夏震乞宮觀差遣不允詔　真西山集 19/24b

賜武康軍承宣使殿前副都指揮使夏震納祿不允詔　真西山集 20/17a

真德秀

中大夫真德秀辭免資政殿學士在京宮觀兼侍讀恩命不允詔　平齋集 14/4a

馬天驥

賜資政殿學士知福州馬天驥辭免職事修舉特陞除資政殿大學士職任依舊恩命不允詔　後村集 56/15a

賜馬天驥辭免依舊資政殿學士除福州福建安撫使恩命不允詔　後村集 55/15b

～光祖

賜資政殿大學士沿江制置大使知建康府行宮留守馬光祖乞界祠廟不允詔　後村集 55/9a

賜馬光祖辭免以任責淩築宜城特轉兩官仍令學士院降詔獎諭恩命不允詔　後村集 55/10a

賜沿江制置大使馬光祖辭免除觀文殿學士職任依舊恩命不允詔　後村集 55/15a

賜馬光祖再上奏辭免除觀文殿學士職任依舊恩命不允詔　後村集 55/16b

賜觀文殿學士光祿大夫沿江制置大使馬光祖辭免召赴行在恩命不允詔　後村集 56/6a

賜馬光祖辭免依舊觀文殿學士除提領戶部財用兼知臨安府恩命不允詔　後村集 56/9a

賜觀文殿學士光祿大夫提領戶部財用兼知臨安府浙西安撫使馬光祖辭免除同知樞密院事兼提領戶部財用兼知臨安府兼太子賓客恩命不允詔　後村集 56/11a

賜馬光祖辭免兼同提舉編修經武要略恩命不允詔　後村集 56/12a

賜馬光祖辭免除依舊觀文殿大學士知福州恩命不允詔　後村集 57/7b

賜馬光祖再辭免依舊觀文殿學士知福州恩命不允詔　後村集 57/8b

賜馬光祖再辭免除同知樞密院兼提領戶部財用兼知臨安府兼太子賓客恩命不允命　後村集 57/19b

賜馬光祖再辭免除同知樞密院兼提領戶部財用兼知臨安府兼太子賓客恩命不允口宣　後村集 57/20a

馬光祖辭免除沿江制置大使兼江東安撫知建康府行宮留守不允詔　碧梧集 2/15a

～亮

賜馬亮進朝元節絹敕書　元憲集 28/6b

～畢

賜保康軍承宣使左驍衛上將軍鎭江府駐劄御前諸軍都統制兼知揚州軍州事充淮南東路安撫使節制准東軍馬畢再遇乞異在外官觀差遣不允詔　真西山集 19/30b

～尋

賜司農卿知滑州馬尋賀皇子加恩進絹詔　華陽集 15/11a

賜外任臣僚馬尋等進賀壽聖節絹詔　華陽集 15/11b

～懷德

賜新授四方館使依舊英州刺史馬懷德進奉謝恩馬敕書　歐陽文忠集 85/2a

柴宗慶

賜武成軍節度使同中書門下平章事駙馬都尉柴宗慶進謝賜生日禮物馬詔　元憲集 27/7a

賜武成軍節度使同中書門下平章事駙馬都尉柴宗慶乞朝觀上壽不允詔　元憲集 27/9b

畢再遇

福州觀察使鎭江府駐劄御前諸軍都統制兼知揚州畢再遇乞奉祠不允詔　宋本攻媿集 44/17a　攻媿集 44/3b

鎭江府都統制畢再遇乞歸田里不允詔　宋本攻媿集 45/21a　攻媿集 44/14b

賜保康軍承宣使左驍衛上將軍鎭江都統兼知揚州淮東安撫使畢再遇乞異在外官觀差遣不允詔　真西山集 20/13b

晃公武

新除敷文閣直學士依前成都潼川府夔州利

路安撫制置使兼知成都府晃公武辭免恩命不允詔　文定集 8/14a

敷文閣直學士降授左朝請大夫晃公武辭免知揚州乞除在外官觀　益國文忠集 104/1b　益公集 105/117b

敷文閣直學士左朝議大夫知揚州晃公武辭免知潭州　益國文忠集 104/16a　益公集 105/134b

敷文閣直學士左朝議大夫知揚州充淮南東路安撫使晃公武乞外官觀　益國文忠集 104/16a　益公集 105/135a

倪思

新除權兵部尚書兼侍讀倪思辭免不允詔　宋本攻媿集 44/5b　攻媿集 43/11a

賜兵部尚書倪思辭免兼修國史兼實錄院修撰不允詔　宋本攻媿集 44/9b　攻媿集 43/12b

賜侍讀倪思辭免進講毛詩終篇轉一官不允詔　宋本攻媿集 44/15a　攻媿集 44/2b

禮部尚書倪思乞待次州郡不允詔　宋本攻媿集 45/15b　攻媿集 44/12a

禮部尚書倪思乞祠不允詔　攻媿集 44/9a

倪思辭免禮部侍郎兼直學士院不允詔　後樂集 3/14b

徐宗況

賜知潁州徐宗況進奉賀宂國公主出降銀絹馬等敕書　歐陽文忠集 86/2a

～林

賜徐林辭免給事中不允詔　盤洲集 13/1a

～俯

賜新除翰林學士知制誥徐俯辭免恩命不允詔　北海集 11/7b

賜端明殿學士左中大夫新除提舉臨安府洞霄宮徐俯依舊職名不允詔　北海集 11/8a

賜新除簽書樞密院事徐俯辭免恩命不允詔　北海集 11/8b

賜新除端明殿學士同簽樞密院事徐俯上表辭免恩命不允仍斷來章批答　北海集 17/9b

～清叟

賜同知樞密院事徐清叟再上奏乞解機政不允詔　後村集 55/6b

擬進同知樞密院事徐清叟乞解機政不允襲詔　後村集 55/7a

賜提舉洞霄宮徐清叟辭免依舊職提舉佑神觀兼侍讀恩命不允詔　後村集 56/14a

賜觀文殿學士徐清叟再辭免依舊職提舉佑神觀兼侍讀恩命不允詔　後村集 57/1a

~ 鹿卿

辭免禮部侍郎不允詔　清正稿/附錄 8b

再辭免不允詔　清正稿/附錄 9a

~ 經孫

賜徐經孫辭免除刑部侍郎兼職依舊恩命不允詔　後村集 57/2b

賜刑部侍郎兼太子左庶子徐經孫辭免陞兼太子詹事恩命不允詔　後村集 57/8a

留引年詔　徐文惠稿/附錄 1a

留致仕詔　徐文惠稿/附錄 1b

~ 嘉

徵獻閣直學士通奉大夫提舉江州太平興國宮徐嘉辭免特轉一官致仕　益國文忠集 107/1a　益公集 108/18b

留　正

賜朝請郎降授顯謨閣特制知贛州軍州事新除在外宮觀正辭免復顯謨閣直學士不允詔　玉堂稿 6/4b

賜承議郎試給事中兼侍講兼權史部尚書留正辭免除權禮部尚書不允詔　玉堂稿 8/2b

孫　汸

孫汸免恩命劉子不允詔　華陽集 17/8b

資政殿學士知河中府孫汸恩命不允詔　華陽集 17/8b

觀文殿學士知慶州孫汸免恩命不允詔　華陽集 17/9a

~ 扑

賜參知政事孫扑免恩命允詔　華陽集 14/5b

觀文殿學士孫扑乞致仕不允詔　華陽集 17/15b

賜參知政事孫扑乞外郡不允批答　華陽集 22/9a

樞密副使孫扑免恩命不允斷來章口宣　華陽集 23/4a

參知政事孫扑免恩命不允斷來章口宣　華陽集 23/4b

~ 固

賜門下侍郎孫固上劉子陳乞致仕不允詔　蘇魏公集 22/5b

賜孫固辭免轉官知樞密院事不允詔　蘇魏公集 23/1a

賜新除右光祿大夫知樞密院事孫固辭免恩命不允斷來章批答　蘇魏公集 24/6a

賜新除右光祿大夫知樞密院事孫固辭免恩命不許斷來章批答　蘇魏公集 24/6b

賜門下侍郎孫固上第二表乞致仕不允斷來章批答　蘇魏公集 24/8b

賜門下侍郎孫固上第二表乞致仕不允斷來章批答　蘇魏公集 24/8b

賜門下侍郎孫固上第二表乞致仕不許斷來章批答　蘇魏公集 24/8b

賜門下侍郎孫固上第一表辭免恩命不允斷來章批答口宣　蘇魏公集 25/8b

賜知樞密院孫固辭免恩命不允斷來章批答口宣　蘇魏公集 26/2b

賜觀文殿學士正議大夫知河南府孫固乞致仕不許詔　蘇東坡全集/內制 2/3a

賜觀文殿學士正議大夫知河南府孫固乞致仕不允詔　蘇東坡全集/內制 2/3b

賜觀文殿學士正議大夫知河南府孫固再乞致仕不許詔　蘇東坡全集/內制 2/3b

賜觀文殿學士正議大夫知河南府孫固再乞致仕不允詔　蘇東坡全集/內制 2/4a

賜新除門下侍郎孫固辭恩命不允詔　蘇東坡全集/內制 7/4a

賜新除門下侍郎孫固辭免恩命不允斷來章批答口宣　蘇東坡全集/內制 7/11a

賜新除依前正議大夫守門下侍郎孫固辭免恩命不許斷來章批答　蘇東坡全集/內制 7/11a

賜孫固辭恩命不允斷來章批答　蘇東坡全集/內制 7/11a

門下侍郎孫固乞致仕不允仍給寬假詔　樂城集 33/12b

孫固乞致仕不允詔　樂城集 33/14b

孫固乞致仕不允詔　樂城集 33/19b

知樞密院孫固乞避親不允詔　樂城集 33/21b

孫固乞致仕不允詔　樂城集 33/23a

門下侍郎孫固乞致仕不許不允批答二首　樂城集 34/1a

賜門下侍郎孫固乞致仕不許批答 蘇軾撰　宋文鑑 33/21a

～附鳳

賜孫附鳳辭免兼同提舉編修經武要畧並授朝奉郎恩命不允詔　後村集 57/3a

賜孫附鳳辭免除兼權參知政事恩命不允詔　後村集 57/5b

賜孫附鳳辭免兼同提舉編修敇令依舊同提舉編修編武要畧恩命不允詔　後村集 57/6b

賜簽書樞密院事兼權參知政事兼太子賓客孫附風辭免以皇太子宮滿歲特轉一官恩命不允詔　後村集 57/10a

～傅

賜朝奉郎武兵部尚書孫傅辭免兼侍讀恩命不允詔　翟忠惠集 1/8a

～璋

宣州觀察使孫璋辭免孝宗隨龍特轉一官不允詔　宋本攻媿集 43/10b　攻媿集 43/4a

～覿

賜新除試御史中丞孫覿辭免恩命不允詔　蘇東坡全集/内制 7/15a

～觀

賜新除户部尚書孫觀辭免恩命不允詔　毘陵集 9/10b

十一畫

淮陽郡王

賜皇長子淮陽郡王免恩命不允批答 王珪撰　宋文鑑 33/12a

梁克家

新除端明殿學士簽書樞密院事梁克家辭免恩命不允詔　文定集 8/13a

端明殿學士簽書樞密院梁克家再乞解罷職任退奉外祠不允詔　文定集 8/13b

參知政事梁克家辭免兼同提舉詳定一司敇令恩命　益國文忠集 104/6b　益公集 105/124a

左中大夫參知政事梁克家辭免進封清源郡開國侯加食邑實封　益國文忠集 104/8a　益公集 105/125a

參知政事梁克家辭免兼權知樞密院事　益國文忠集 104/12b　益公集 105/131a

梁克家辭免左正奉大夫右丞相兼樞密使進封清源郡開國公加食邑實封附繳張說王之奇辭免西府奏　益國文忠集 105/8b　益公集 106/148b

賜參知政事梁克家上表再辭免轉一官恩命不允仍斷來章批答　益國文忠集 109/3b　益公集 110/66b

梁克家再辭免左正奉大夫右丞相兼樞密使進封清源郡開國公加食邑實封　益國文忠集 109/6a　益公集 110/69b

梁克家辭免慶壽加尊號轉官　益國文忠集 112/9a　益公集 112/120a

賜梁克家辭免除右丞相不允批答　益國文忠集 112/10a　益公集 111/100b

賜資政殿大學士宣奉大夫提舉臨安府洞霄宮梁克家辭免差知福州不允詔　玉堂稿 8/9a

賜資政殿大學士宣奉大夫知福建路安撫使梁克家乞除一在外宮觀差遣不允詔　玉堂稿 9/6a

賜資政殿大學士宣奉大夫知福州軍州事充福建路安撫使梁克家辭免復觀文大學士乞檢會前奏除一在外宮觀差遣不允詔　玉堂稿 10/4b

賜資政殿大學士宣奉大夫知福州充福建路安撫使梁克家再辭免復觀文殿學士依舊知福州乞檢會前奏除一在外宮觀差遣不允不得再有陳請詔　玉堂稿 10/5b

賜觀文殿學士宣奉大夫知福州充福建路安撫使梁克家乞界以外祠不允詔　玉堂稿 10/12b

～季琥

賜吏部侍郎梁季琥乞宮觀不允詔　宋本攻媿集 44/15b　攻媿集 44/3a

吏部侍郎梁季琥乞待次州郡不允詔　宋本攻媿集 45/15a　攻媿集 44/12a

～適

賜定國軍節度使并州梁適進奉謝恩馬詔　歐陽文忠集 89/7b

賜定國軍節度使梁適進奉謝恩馬詔　歐陽文忠集 89/8a

賜定國軍節度使梁適謝拾享加恩進馬詔　華陽集 15/7a

賜定國軍節度使梁適賀冬至進馬詔　華陽集 15/8a

梁適乞換文資不允詔　華陽集 17/12a

知兗州梁適乞致仕不允詔　華陽集 17/12a

忠武軍節度使知河陽梁適避祖諱免恩命不允詔　華陽集 17/12b

賜允太子太傅致仕梁適陳乞不赴南郊陪位詔　臨川集 47/6b

~ 總

新除刑部侍郎梁總辭免不允詔　宋本攻媿集 41/18b　攻媿集 42/10b

梁總辭免奉使回程時轉一官不允詔　宋本攻媿集 41/24a　攻媿集 42/11b

~ 燕

賜新除試御史中丞梁燕辭免恩命不允詔　蘇魏公集 22/6b

賜御史中丞梁燕辭免兼侍讀不允詔　蘇魏公集 23/5b

新除權禮部尚書梁燕辭免恩命不允詔　蘇東坡全集/內制 10/9a

賜尚書左丞梁燕乞退不許批答　范太史集 28/16a

賜尚書左丞梁燕乞退不允批答　范太史集 28/16b

賜梁燕乞退不允批答口宣　范太史集 28/16b

賜梁燕第二表乞退不允斷來章批答　范太史集 28/17a

賜梁燕第二表乞退不許批答　范太史集 28/17a

賜梁燕第三表乞退不允斷來章批答口宣　范太史集 28/17b

賜梁燕乞除東北一郡不許詔　范太史集 28/17b

賜梁燕乞除東北一郡不允詔　范太史集 28/18a

~ 某

梁丞相辭免恩命不允批答　浮溪集 15/1a　浮溪集/附拾遺 15/167

批答梁丞相辭免恩命不允　播芳文粹 90/18a

章良能

新除禮部侍郎兼侍講章良能辭免不允詔　宋本攻媿集 44/6a　攻媿集 43/11b

禮部侍郎章良能辭免改兼修玉牒官不允詔　宋本攻媿集 44/9b　攻媿集 43/12b

禮部侍郎章良能乞宮觀不允詔　宋本攻媿集 44/13b　攻媿集 44/2a

賜侍講章良能辭免進講毛詩終篇轉一官不允詔　宋本攻媿集 44/15a

新除吏部侍郎章良能辭免不允詔　宋本攻媿集 44/21a　攻媿集 44/5a

新除御史中丞章良能辭免不允詔　宋本攻媿集 45/4a　攻媿集 44/7b　南宋文範 10/11a

賜中大夫同知樞密院事章良能辭免皇太子受册命了畢與轉一官恩命不允詔　真西山集 20/1b

賜太中大夫同知樞密院事章良能辭免皇太子講授春秋終篇特與轉行一官不允詔　真西山集 21/12a

賜通議大夫同知樞密院事章良能辭免皇太子讀三朝寶訓終篇并特與轉行一官不允詔　真西山集 21/14a

賜通議大夫同知樞密院事兼太子賓客章良能乞在外宮觀不允詔　真西山集 21/21a

賜通奉大夫參知政事兼太子賓客章良能上表再辭免今上皇帝會要禮畢轉官恩命不允仍斷來章批答　真西山集 22/20a

~ 得象

賜宰臣章得象讓恩命不允批答　元憲集 29/5b

賜新授尚書侍郎同中書門下平章事章得象讓恩命不允批答　元憲集 29/7b

賜章得象讓職第三表不允斷來章手詔　景文集 32/6b

賜章得象已下批答　景文集 33/4b

賜章得象乞罷第一表批答　景文集 33/4b

賜章得象乞罷第二表批答　景文集 33/12a

~ 誼

賜新除龍圖閣學士依前樞密院都承旨章誼辭免恩命不允詔　北海集 10/10a

賜新除龍圖閣直學士章誼再辭免恩命不允詔　北海集 10/10b

賜龍圖閣學士左中大夫樞密院都承旨充大金國軍前通問使章誼辭免特賜起發錢一千貫銀綢二百匹兩恩命不允詔　北海集 10/11a

~ 顒

賜中大夫權禮部尚書兼侍讀章顒乞許歸田里不允詔　真西山集 20/5b

賜中大夫權禮部尚書兼侍讀兼修玉牒官章顒辭免除禮部尚書兼職依舊恩命不允詔　真西山集 20/18b

賜中大夫試禮部尚書兼侍讀兼修玉牒官章顒乞引年致仕歸休田里不允詔　真西山集 21/10a

賜中大夫章顒辭免除寶謨閣學士恩命不允

詔 真西山集 21/10b

商飛卿

商飛卿辭免户部侍郎依舊淮西總領不允詔 後樂集 4/19a

許光凝

賜新除翰林學士許光凝辭免不允詔 摘文集 3/3a

~ 奕

賜朝請郎試尚書吏部侍郎兼修玉牒官兼侍讀兼權給事中許奕乞川蜀侍關州郡差遣不允詔 真西山集 20/8a

~ 將

賜新除中大夫守尚書右丞許將辭免恩命不允詔 蘇魏公集 22/2b

賜新除中大夫守尚書右丞許將辭免恩命不允斷來章批答 蘇魏公集 24/10a

賜新除中大夫守尚書右丞許將辭免恩命不許斷來章批答 蘇魏公集 24/10a

賜新除中大夫守尚書右丞許將辭免恩命不允斷來章批答口宣 蘇魏公集 25/4a

賜右丞許將上第一表辭免恩命不允斷來章批答口宣 蘇魏公集 25/8b

賜許將辭免恩命不允詔 蘇東坡全集/內制 7/16a

尚書右丞許將免恩命不許不允批答二首 樂城集 34/7a

賜資政殿學士許將免知揚州乞便鄉一郡不許詔 范太史集 30/4b－5a

賜資政殿學士許將免知揚州乞便鄉一郡不允詔 范太史集 30/5a

賜資政殿學士新除知大名府許將辭免不允詔 范太史集 31/3a

~ 應龍

賜許應龍辭吏部兼侍讀不允詔 鶴林集 12/6a

~ 懷德

賜新除建雄軍節度使依舊殿前指揮使許懷德讓恩命第二表不允斷來章批答 歐陽文忠集 88/8a

賜新除建雄軍節度使殿前都指揮使許懷德讓恩命第一表不允批答口宣 歐陽文忠集 88/12a

賜新除建雄軍節度使殿前都指揮使許懷德讓恩命第二表不允斷來章批答口宣 歐陽文忠集 88/12a

郭仲荀

賜知雄州郭仲荀辭免遂安軍承宣使仍更轉一官回授白身恩命不允詔 翟忠惠集 1/5b

賜新除武泰軍節度使依前侍衛親軍步軍都總指揮使權主管殿前司公事郭仲荀辭免恩命不允詔 北海集 14/8a

賜武泰軍節度使知明州軍事兼管內勸農使兼沿海制置使郭仲荀辭免新除檢校少保恩命不允詔 北海集 14/8b

賜侍衛親軍步軍都指揮使武泰軍節度使權主管殿前司公事郭仲荀乞罷軍職除一官觀差遣不允詔 北海集 14/9a

賜新除檢校少保郭仲荀辭免恩命不允詔 北海集 14/9b

賜新除武泰軍節度使郭仲荀上奏辭免恩命不允批答 北海集 17/7a

賜郭仲荀再上表辭免恩命不允仍斷來章批答 北海集 17/7b

賜郭仲荀辭免特授武泰軍節度使恩命不允口宣 盤溪集 5/4b

~ 呆

殿前都指揮使郭呆辭免修蓋大內福寧殿等特轉一官減三年磨勘回授不允詔 宋本攻媿集 42/14b 攻媿集 42/13b

~ 承祐

賜郭承祐批答 景文集 33/12b

~ 昭昇

賜知光州郭昭昇進新茶敕書二首 元憲集 28/8a

~ 振

賜郭振辭免捧日天武四廂都指揮使不允詔 盤洲集 14/10a

~ 倪

招撫使郭倪乞賜重行貢責不允詔 後樂集 3/10a

~ 師禹

新除少師永寧郡王郭師禹不允詔 宋本攻媿集 43/2a 攻媿集 43/1b

郭師禹再辭免少師不允批答又口宣 宋本攻媿集 43/3a 攻媿集 46/3b

郭師禹再辭免少師不允仍斷來章批答又口宣 宋本攻媿集 46/4b 攻媿集 46/4a

郭師禹辭免備禮册命宣允詔 宋本攻媿集 43/7a 攻媿集 43/3a

~ 逵

賜宣徽南院使雄武軍節度觀察留後判秦州郭逵乞京西一郡不允詔 韓南陽集 15/3b

賜宣徽南院使判渭州郭逵謝到任乞京西一郡不允詔 韓南陽集 15/5b

宣徽南院使判延州郭逵免恩命不允詔 華陽集 17/7b

判延州郭逵乞京西一郡不允詔 華陽集 17/7b

賜同僉書樞密院事郭逵免恩命不允斷來章批答 華陽集 22/11b

同簽書樞密院事郭逵免恩命不允斷來章口宣 華陽集 23/7b

賜宣徽南院使判延州郭逵乞京西一郡不允詔 郎溪集 9/3b

賜檢校司空左武衛上將軍郭逵進奉謝恩馬詔 蘇東坡全集/内制 6/2b

康允之

賜新除徽猷閣待制康允之辭免恩命不允詔 毘陵集 9/11b

~ 興

賜石州安慶府都督康興進乾元節馬牧書 元憲集 28/8b

黃 中

左朝議大夫黃中辭免除顯謨閣學士在外宮觀恩命 益國文忠集 104/9a 益公集 105/126a

賜黃中辭免除龍圖閣學士依所乞致仕止令守本官職致仕不允詔 玉堂稿 8/5b

~ 由

賜寶謨閣學士正議大夫知紹興府黃由辭免除刑部尚書兼直學士院日下前來供職恩命不允詔 真西山集 79/28b

賜正奉大夫守刑部尚書兼直學士院兼侍讀黃由乞界外祠不允詔 真西山集 20/21a

賜正奉大夫守刑部尚書兼直學士院兼侍讀黃由乞歸田里不允詔 真西山集 20/24a

賜正奉大夫黃由辭免除寶謨閣學士提舉隆興府玉隆萬壽宮恩命不允詔 真西山集

21/4b

~ 伯固

賜黃伯固辭依舊兵侍知隆興撫安使不允詔 四庫拾遺 285/鶴林集

~ 叔敖

賜新除户部侍郎黃叔敖辭免恩命不允詔 北海集 12/5b

賜户部尚書兼侍讀黃叔敖乞除一在外官觀差遣不允詔 北海集 12/6b

賜新除户部尚書兼侍讀充修政局參詳官黃叔敖辭免恩命不允詔 北海集 12/6b

~ 洽

賜資政殿大學士黃洽辭免罷恩轉一官不允詔 宋本攻媿集 42/8b 攻媿集 42/13a

~ 度

賜寶謨閣直學士朝議大夫知建康府兼江淮制置使黃度乞檢會前奏許令致仕不允詔 真西山集 21/4b

賜寶謨閣直學士朝議大夫知建康軍府事黃度辭免除權禮部尚書兼侍讀恩命不允詔 真西山集 21/15b

~ 祖舜

賜資政殿學士知潭州黃祖舜乞宮觀不允詔 盤洲集 13/2b

~ 疇若

賜寶謨閣直學士朝議大夫前知成都府路安撫使黃疇若辭免除尚書兼太子右庶子恩命不允 雲莊集 4/5b

賜朝議大夫新除權兵部尚書兼太子右庶子黃疇若乞界柯祿不允 雲莊集 4/6a

賜寶謨閣直學士朝議大夫前知成都府路安撫使黃疇若辭免除兵部尚書兼太子右庶子恩命不允詔 真西山集 22/11b

賜朝議大夫新除權兵部尚書兼太子右庶子黃疇若乞界柯祿不允詔 真西山集 22/12a

曹利用

賜樞密使曹利用等批答（1－2） 文莊集 3/15a

賜樞密使曹利用等批答（1－2） 文莊集 3/16a

~ 佾

賜宣徽北院使知鄆州曹佾到任謝恩進馬詔 華陽集 15/9b

檢校太尉兼侍中曹佾免恩命劉子不允詔

華陽集 17/13a

宣徽北院使保靜軍節度使曹佾乞邊任不允詔　華陽集 17/13a

保平軍節度使同中書門下平章事判鄆州曹佾免恩命不允詔　華陽集 17/13b

賜使相曹佾免恩命第一表不允批答　華陽集 22/10b

賜曹佾免恩命第二表不允斷來章批答　華陽集 22/11a

檢校太尉兼侍中曹佾免恩命第一表不允口宣　華陽集 23/6a

曹佾免恩命第二表不允斷來章口宣　華陽集 23/6b

判鄆州曹佾免恩命第一表不允口宣　華陽集 23/6b

賜曹佾辭免恩命第一表不允批答　郡溪集 9/13a

賜曹佾第二表不允斷來章批答　郡溪集 9/13b

~ 偕

賜四方館使知相州曹偕賀南郊進馬詔　華陽集 15/6b

~ 勛

太尉昭信軍節度使致仕曹勛辭免落致仕提舉皇城司　益國文忠集 105/3b　益公集 106/143a

賜曹勛辭免除開府儀同三司不允詔　玉堂稿 7/1b

賜曹勛辭免加食邑食實封不允詔　玉堂稿 8/5a

~ 曚

賜新除汝州觀察使曹曚辭免恩命不允詔　程忠惠集 1/7b

~ 氏

賜皇后曹氏答詔　華陽集 14/6b

戚　方

賜戚方辭免捧日天武四廂都指揮使不允詔　盤洲集 15/2b

盛　京

賜謀議大夫盛京進謝恩馬詔　元憲集 27/19b

~ 度

賜知樞密院盛度讓恩命不允批答　元憲集 29/3b

賜知樞密院盛度讓恩命不允批答　元憲集 29/6a

賜新授寧武軍節度使知樞密院盛度讓恩命不允批答　元憲集 29/9b

莫　將

賜莫將乞宮觀詔　梅溪集 6/50a

~ 儔

賜吏部尚書莫儔辭免兼侍講恩命不允詔　程忠惠集 1/4a

婁　機

新除吏部侍郎兼太子左庶子婁機辭免不允詔　宋本攻媿集 44/2a　攻媿集 43/10b

吏部侍郎婁機辭免兼太子詹事不允詔　宋本攻媿集 44/10a　攻媿集 43/13a

賜通奉大夫參知政事婁機辭免皇太子受册命了畢轉一官恩命不允詔　真西山集 20/1b

賜通奉大夫參知政事兼太子賓客婁機感疾乞許納祿不允詔　真西山集 20/6a

賜正議大夫參知政事兼太子賓客婁機年齡衰耄疾病易生乞許納祿不允詔　真西山集 20/11b

崔　卓

賜步軍司後軍統制崔卓辭免鄂州觀察使不允詔　盤洲集 15/1a

~ 與之

端明殿學士太中大夫崔與之辭免除觀文殿大學士提舉臨安府洞霄宮恩命不允詔　東澗集 2/6a

端明殿學士太中大夫崔與之再辭免觀文殿大學士提舉臨安府洞霄宮恩命不允詔　東澗集 2/6b

資政殿學士太中大夫提舉臨安府洞霄宮崔與之再辭免特授正議大夫右丞相兼樞密使恩命不允不得再有陳請令疾速赴都堂治事詔　東澗集 2/7a

端明殿學士崔與之辭免除廣東經略暑安撫使兼知廣州恩命不允詔　平齋集 14/3a

賜崔與之辭免參知政事不允詔　鶴山集 14/5a

端明殿學士太中大夫廣東經略暑安撫使崔與之再辭免除參知政事趣令就道恩命不允不得再有陳請詔　平齋集 14/13a

詔令二　政令　優答　十一畫　1065

賜崔與之辭免右丞相不允詔　鶴林集 12/6b
賜右丞相崔與之不允辭口宣　鶴林集 12/13a

張士遜

賜門下侍郎兼兵部尚書同中書門下平章事
　張士遜讓恩命不允批答　元憲集 29/3a
賜辛臣張士遜讓恩命不允批答　元憲集 29/
　5b

～子蓋

賜張子蓋辭免恩命不允詔　楓溪集 6/7a
賜張子蓋再辭免恩命不允詔　楓溪集 6/7b
賜張子蓋辭免恩命不允批答口宣　楓溪集
　7/9b

～子顏

賜太中大夫充龍圖閣待制知隆興府張子顏
　辭免除敷文閣直學士不允詔　玉堂稿 9/5a
賜敷文閣直學士太中大夫知隆興軍府事充
　江南西路安撫使張子顏辭免差知紹興府
　不允詔　玉堂稿 9/9a

～方平

賜新除工部尚書知秦州張方平陳讓不允詔
　歐陽文忠集 89/3b－5a
許終喪制詔　樂全集 29/1a
端明殿學士知定州張方平免恩命乞待養不
　允詔　華陽集 17/15a
賜觀文殿學士戶部尚書知陳州張方平乞南
　京留臺不允詔　傅家集 16/18a　司馬溫公集 56/
　18b
賜太子太保致仕張方平乞免明堂陪位允詔
　蘇魏公集 22/1b
賜太子太保致仕張方平乞免明堂陪位許詔
　蘇魏公集 22/1b
賜張方平免特支請俸詔　臨川集 47/12b
賜戶部尚書參知政事張方平乞免起復不允
　詔　鄧溪集 9/3a
賜新除宣徽南院使檢校太傅依前太子太保
　致仕張方平辭免恩命不許詔　范太史集
　28/1b
賜新除宣徽南院使檢校太傅依前太子太保
　致仕張方平辭免恩命不允詔　范太史集
　28/2a
賜張方平再辭免恩命不許詔　范太史集 28/
　8b－9a
賜張方平辭免恩命允詔　范太史集 28/13a

～去爲

安慶軍承宣使提舉德壽宮張去爲辭免該遇
　德壽宮慶典轉三官依條回授恩命　益國
　文忠集 105/16a　益公集 106/158b
安慶軍承宣使提舉德壽宮張去爲辭免轉官
　回授　益國文忠集 106/5b　益公集 107/6b

～守

新除資政殿學士提舉臨安府洞霄宮任便居
　住張守辭免恩命不允詔　浮溪集 14/4b　浮
　溪集/附拾遺 14/161
賜新除參知政事張守辭免恩命不允詔　北
　海集 12/2b
賜新除資政殿學士左中大夫知福州張守辭
　免恩命乞除一在外宮觀不允詔　北海集
　12/3a
賜資政殿學士左中大夫知福州充福建路安
　撫使張守乞一在外宮觀任便居住不允詔
　北海集 12/3b
賜資政殿學士左中大夫知福州充福建路安
　撫使張守乞除在外宮觀不允詔　北海集
　12/4b
賜資政殿學士左中大夫知紹興府張守辭免
　提舉萬壽觀兼侍讀恩命并乞外任宮觀一
　次不允詔　北海集 12/5a
賜新除參知政事張守上表辭免恩命不允仍
　斷來章批答　北海集 17/1b

～守忠

賜張守忠辭免恩命不允詔　楓溪集 6/4b

～构

賜徵猷閣學士太中大夫知襄陽府張构辭免
　改差知建康府恩命乞在外宮觀不允詔
　止齋集 10/4a

～叔椿

新除權兵部尚書張叔椿辭免不允詔　宋本
　攻媿集 43/20a　攻媿集 43/8b
權兵部尚書張叔椿辭免兼侍讀不允詔　宋
　本攻媿集 43/23a　攻媿集 43/9a

～津

敷文閣直學士中奉大夫提舉江州太平興國
　宮張津辭免知建寧府　益國文忠集 106/4a
　益公集 107/5a
敷文閣直學士中大夫知紹興軍府事充兩浙
　東路安撫使張津乞在外宮觀　益國文忠集
　107/9b　益公集 108/28b
中大夫試刑部尚書張津乞外宮觀或近地小

郡 益國文忠集 108/7b 益公集 109/45b

中大夫新任在外宮觀張津辭免敷文閣學士 益國文忠集 108/8b 益公集 109/47a

~ 茂實

賜寧遠軍節度張茂實進謝恩馬詔 歐陽文忠集 82/5a

賜侍衛親軍馬軍副都指揮使張茂實讓恩命不允詔 歐陽文忠集 88/7a

~ 昇

賜參知政事張昇上表乞致仕不允批答(1－2) 文恭集 25/10b－11a

賜參知政事張昇上第二表乞致仕不允批答 文恭集 25/11a

賜樞密副使右諫議大夫張昇乞解罷第一表不允批答 歐陽文忠集 89/1b

樞密使張昇乞致仕不允詔 華陽集 17/3b

判許州張昇乞致仕劄子不允詔 華陽集 17/4a

張昇乞致仕劄子不允詔 華陽集 17/4a

使相判許州張昇乞致仕第一表不允詔 華陽集 17/4b

張昇乞致仕第二表不允詔 華陽集 17/5a

張昇乞致仕第三表不允詔 華陽集 17/5a

張昇乞致仕第四表不允詔 華陽集 17/5b

賜樞密使張昇免明堂恩命第一表不允批答 華陽集 22/6b

賜樞密使張昇乞致仕不允批答 華陽集 22/7b

賜判許州張昇免恩命不允批答 華陽集 22/8a

樞密使張昇免明堂恩命第一表不允口宣 華陽集 23/4a

張昇免南郊恩命第二表不允斷來章口宣 華陽集 23/4a

賜允太子太師致仕張昇不赴南郊陪位詔 臨川集 47/6b

~ 重德

賜階州刺史張重德進謝恩馬敕書 元憲集 28/8b

~ 俊

新除檢校少保定江昭慶軍節度使依前神武右軍都統制張俊上表辭免恩命不允批答 浮溪集 15/10a 浮溪集/附拾遺 15/173

檢校少保定江昭慶軍節度使張俊再上表辭免恩命不允斷來章口宣 浮溪集 15/16a 浮溪集/附拾遺 15/178

~ 淡

賜張淡辭免知福州不允詔 苕溪集 47/4b

賜張淡再辭免知福州不允詔 苕溪集 47/4b

賜新除檢校少保定國軍節度使依前知樞密院事宣撫處置使張淡辭免恩命不允詔 北海集 15/7a

賜檢校少保定國軍節度使知樞密院事宣撫處置使張淡乞檢累奏賜勳貢別選大臣經營關陝不允詔 北海集 15/8a

賜檢校少保定國軍節度使知樞密院事張淡乞罷知院事不允詔 北海集 15/8b

賜檢校少保定國軍節度使知樞密院事張淡請罪不允詔 北海集 15/9a

賜知樞密院事張淡乞許辭免先除檢校少保定國軍節度恩命不允詔 北海集 15/10a

賜太尉定江昭慶軍節度使神武右軍都統制張淡乞一在外宮觀差遣許任便居住不允詔 北海集 15/10b

賜知樞密院張淡乞在外宮觀差遣不允詔 北海集 15/11a

賜少傅觀文殿大學士魏國公張淡辭免冊命宣允詔 鄞峰錄 6/6a

賜張淡再辭免恩命不允不得再有陳請詔 盤洲集 13/1b

賜張淡第三辭免恩命乞致仕不允不得更有陳請詔 盤洲集 13/2a

賜張淡辭免少師保信軍節度使判福州恩命不允詔 盤洲集 13/10a

~ 眷

賜護國軍節度使兼侍中張眷乞朝觀上壽不允詔 元憲集 27/10b

賜護國軍節度使兼侍中張眷進謝孫男恩澤馬詔 元憲集 27/20b

~ 搖

寧武軍承宣使知閤門事兼客省四方館事張搖乞外宮觀 益國文忠集 108/5a 益公集 109/42b

賜利州觀察使知池州張搖辭免召赴行在乞除一在外宮觀差遣不允詔 玉堂稿 7/9a

~ 堯佐

賜宣徽南院使准康軍節度使張堯佐乞知西京不允詔 歐陽文忠集 86/11a

~ 意

賜謀議大夫張意進謝恩馬詔　元憲集 27/19a

~ 說

明州觀察使張說辭免除安慶軍節度使提舉萬壽觀加食邑實封　益國文忠集 104/13b　益公集 105/131b

賜降授明州觀察使張說辭免差提舉臨安府洞霄宮任便居住不允詔　玉堂稿 6/5b

賜安慶軍節度使張說辭免除太尉提舉隆興府玉隆觀任便居住加食邑食實封不允詔　玉堂稿 6/10b

賜安慶軍節度使張說上表再辭免除太尉提舉隆興府玉隆觀任便居住加食邑食實封不允詔　玉堂稿 6/11a

~ 綱

賜張綱辭免恩命不允詔　楠溪集 6/38a

賜張綱再辭免恩命不允詔　楠溪集 6/38b

賜張綱辭免除參政恩命不允批答口宣　楠溪集 7/13a

~ 震

敕文閣直學士左朝散郎知成都府張震乞外宮觀　益國文忠集 105/5a　益公集 106/144b

~ 澤

張澤辭免寶謨閣直學士宮觀不允詔　後樂集 4/20b

~ 碓

賜禮部侍郎兼給事中兼侍讀張碓乞柯不允詔　後村集 55/3b

~ 嚴

張嚴辭免除知樞密院事不允詔　後樂集 3/10b

張嚴再辭免除知樞密院事不允詔　後樂集 3/11b

張嚴辭免督視江淮軍馬不允詔　後樂集 4/3b

張嚴辭免資政殿大學士知福州不允詔　後樂集 4/12a

張嚴再辭免資政殿大學士知福州不允詔　後樂集 4/12b

賜張嚴斷章批答口宣　後樂集 5/8b

賜光祿大夫提舉臨安府洞霄宮張嚴辭免復資政殿學士依舊宮觀恩命不允詔　真西山集 20/18a

~ 觀

賜同知樞密院張觀讓恩命不允批答　元憲集 29/6b

賜新授同知樞密院張觀讓恩命不允批答

元憲集 29/10b

~ 氏

賜吳楚國安仁賢壽夫人張氏賀禮畢答詔　蘇魏公集 23/10a

陸　峻

陸峻乞祠祿不允詔　後樂集 4/17b

陸峻辭免除權禮部尚書不允詔　後樂集 4/17b

~ 德興

賜寶章閣學士提舉江州太平興國宮陸德興辭免除寶謨閣學知泉州不允詔　後村集 55/7b

~ 蘊

賜大司成陸蘊辭免恩命不允詔　摘文集 3/3a

陳升之

樞密副使陳升之免恩命割子不允詔　華陽集 17/16b

賜樞密副使陳升之免恩命不允斷來章批答　華陽集 22/9b

賜陳升之免恩命不允斷來章批答　華陽集 22/9b

賜樞密副使陳升之乞外郡第三表不允斷來章批答　華陽集 22/10a

賜宰臣陳升之免恩命第二表不允斷來章批答　華陽集 22/10b

賜新除知樞密院事陳升之辭免恩命不允斷來章詔　傳家集 16/3b　司馬溫公集 56/6a

賜新除知樞密院事陳升之上第一表辭恩命不允斷來章批答　司馬溫公集 56/7b

賜觀文殿學士新除刑部尚書知大名府陳升之辭免恩命不允詔　臨川集 47/10b－11a

批答知樞密院事陳升之辭免恩命仍斷來章　臨川集 48/8a

批答陳升之辭恩命不允仍斷來章　臨川集 48/8a

賜陳升之免恩命不允批答元絳撰　宋文鑑 33/17b

~ 安石

賜新除龍圖閣直學士依前中散大夫陳安石辭免恩命不允詔　蘇東坡全集/內制 5/5a

~ 安節陳康伯次男

賜陳康伯辭免次男安節賜同進士出身不允

詔　盤洲集 14/10b

~ 良祐

試給事中兼直學士院兼侍講陳良祐辭免除吏部侍郎恩命乞守一州或奉外祠不允詔　文定集 8/7a

尚書吏部侍郎兼侍講兼直學士院陳良祐乞畀外祠不允詔　文定集 8/7b

試尚書吏部侍郎兼侍講兼直學士院陳良祐乞許奉詞或州郡差遣不允詔　文定集 8/8a

賜吏部侍郎兼直學士院陳良祐乞畀外祠不允詔汪應辰撰　新安文獻 2/前 2b

~ 杞

陳杞辭免寶謨閣直學士致仕不允詔　後樂集 4/21a

~ 卓

端明殿學士正議大夫同簽書樞密院事陳卓辭免除依舊端明殿學士簽書樞密院事恩命不允詔　平齋集 14/10b

同僉書陳卓再上奏劄仰祈明罰居家待罪不允不得再有陳請詔　平齋集 14/5b

端明殿學士正議大夫同簽書樞密院事陳卓再上表辭免簽書樞密事恩命不允仍斷來章批答　平齋集 15/16a

簽書陳卓批答口宣　平齋集 16/5a

賜陳卓乙解命書樞密辯執政恩例奉祠不允詔　鶴山集 14/6a

賜陳卓再乞祠不允詔　鶴山集 14/6b

~ 防

賜知建康府陳防辭免除户部侍郎兼權刑部尚書恩命不允詔　後村集 56/12b

賜户侍陳防辭免除權户部尚書恩命不允詔　後村集 57/11b

~ 俊卿

尚書左僕射陳俊卿乞許解機務不允詔　文定集 8/9b

尚書左僕射陳俊卿上表再乞許解機務不允詔　文定集 8/10a　新安文獻 2/前 2a

觀文殿大學士左光祿大夫知福州陳俊卿乞宮觀在外　益國文忠集 104/3b　益公集 105/120a

觀文殿大學士左光祿大夫知福州陳俊卿乞在外宮觀差遣　益國文忠集 104/7b　益公集 105/124b

觀文殿大學士左光祿大夫知福州陳俊卿辭

免實封　益國文忠集 104/17b　益公集 105/136b

觀文殿大學士左光祿大夫知福州陳俊卿辭免轉官　益國文忠集 104/18a　益公集 105/137a

觀文殿大學士左光祿大夫知福州陳俊卿再辭免轉官　益國文忠集 105/1b　益公集 106/140b

觀文殿大學士銀青光祿大夫知福州軍州事陳俊卿辭免起發禁軍士兵轉官許回授恩命　益國文忠集 105/15b　益公集 106/158a

觀文殿大學士銀青光祿大夫知福州陳俊卿乞檢會前奏除外宮觀　益國文忠集 106/5b

觀文殿大學士金紫光祿大夫知福州充福建路安撫使陳俊卿乞外宮觀　益國文忠集 106/8b　益公集 107/10a

觀文殿大學士金紫光祿大夫陳俊卿辭免特進恩命乞依舊官奉祠　益國文忠集 106/13a　益公集 107/16a

觀文殿大學士金紫光祿大夫陳俊卿再辭免特進乞依舊宮觀　益國文忠集 107/1a　益公集 108/18a

特進觀文殿大學士提舉臨安府洞霄宮陳俊卿辭免判隆興府　益國文忠集 107/12b　益公集 108/32b

使充江南西路安撫使馬步軍都總管陳俊卿辭免差知建康府　益國文忠集 108/6a　益公集 109/43b

特進觀文殿大學士判建康府軍事充江南東路安撫使兼行宮留守陳俊卿再乞致仕　益國文忠集 108/18b　益公集 109/59b

賜特進觀文殿大學士判建康軍府事充江南東路安撫使兼行宮留守陳俊卿乞許以歸老鄉里不允詔　玉堂稿 6/1b

賜觀文殿大學士銀光祿大夫提舉臨安府洞霄宮陳俊卿辭免以郊祀大禮慶成加食邑食實封不允詔　玉堂稿 6/7b

賜特進觀文殿大學士判建康軍府事充江南東路安撫使兼行宮留守陳俊卿上表再辭免除少保加邑食實封不允不得再有陳請詔　玉堂稿 9/7b

賜少保觀文殿大學士判建康軍府事充江南東路安撫使兼行宮留守陳俊卿乞檢會累奏許令致仕不允詔　玉堂稿 10/3a

~ 咳

顯謨閣學士宣奉大夫提舉建康府崇禧觀陳咳辭免依舊顯謨閣學士除沿海制置使知

慶元府恩命不允詔 東澗集 1/11b

~ 峴

賜太中大夫顯謨閣待制新知泉州陳峴辭免除兵部侍郎兼直學士院恩命不允詔 真西山集 21/3b

~ 康伯

賜陳康伯辭免兼修玉牒恩命不允詔 楊溪集 6/19a

賜特進尙書左僕射陳康伯等乞解機政檢會前奏速賜罷免不允詔 漢濱集 3/1a

賜陳康伯柯不允詔 漢濱集 3/1b

賜尙書左僕射陳康伯乞寢罷禮儀使支賜銀絹不允詔 鄮峰錄 6/4b

賜少保觀文殿大學士充醴泉觀使福國公陳康伯辭免判紹興府不允詔 盤洲集 14/1a

賜陳康伯辭免召赴陪祠不允詔 盤洲集 14/6a

賜陳康伯辭免尙書左僕射不允詔 盤洲集 14/6b

賜陳康伯再辭免尙書左僕射詔 盤洲集 14/8a

賜陳康伯辭免兼提舉玉牒所監修國史提舉編類聖政不允詔 盤洲集 14/9b

賜陳康伯辭免長男偉節除直秘閣次男安節賜同進士出身不允詔 盤洲集 14/10b

賜陳康伯乞解罷機政不允詔 盤洲集 15/3b

賜陳康伯再辭免尙書左僕射不允仍斷來章批答 盤洲集 15/8b

賜陳康伯批答口宣 盤洲集 16/5b

~ 規

賜新除徽猷閣直學士依前知德安府陳規辭免恩命不允詔 北海集 10/3a

~ 執中

賜宰臣陳執中以下爲上表賀崇政殿疏放刑獄即時降兩批答 文恭集 24/7b

賜觀文殿大學士判亳州陳執中乞致仕不允批答 文恭集 25/4b

賜觀文殿大學士判亳州陳執中再乞致仕不允批答 文恭集 25/5a

賜新授同知樞密院陳執中讓恩命不允批答 元憲集 29/10a

賜陳執中讓恩命不允斷來章批答 景文集 33/9b 宋文鑑 33/11b

賜鎭海軍節度使檢校太尉同中書門下平章

事判亳州陳執中讓恩命第二表不允仍斷來章批答 歐陽文忠集 83/10a

~ 敏

光州觀察使高郵軍駐劄御前武鋒軍都統制兼知楚州陳敏乞外宮觀 益國文忠集 105/7a 益公集 106/147a

~ 偉節陳康伯長男

賜陳康伯辭免長男偉節除直秘閣不允詔 盤洲集 14/10b

~ 堯佐

賜淮康軍節度使同中書門下平章事陳堯佐讓恩命不允批答 元憲集 29/7a

賜新授淮康軍節度使同中書門下平章事陳堯佐讓恩命不允批答 元憲集 29/10b

~ 傅良

陳傅良乞在外宮觀不允詔 紫微集 11/3b

初講畢案前致詞降殿曲謝陳傅良 宋本攻媿集 41/23a

侍講陳傅良宣赴經筵供職曲謝宣答詞 宋本攻媿集 41/23a 攻媿集 46/1b

~ 誠之

賜陳誠之辭免恩命不允詔 楊溪集 6/24b

賜陳誠之再辭免恩命不允詔 楊溪集 6/25a

賜陳誠之辭免同知樞密院事恩命不允批答口宣 楊溪集 7/12b

~ 塤

賜龍圖閣學士提舉興國宮陳塤乞引年休致不允詔 後村集 55/17a

~ 過庭

賜御史中丞陳過庭乞宮觀不允詔 翟忠惠集 1/5a

~ 搏

批答處士陳搏乞還舊山表 小畜集 26/6a

~ 與義

賜新除禮部侍郎陳與義辭免恩命不允詔 北海集 15/3b

賜左奉議郎試尙書禮部侍郎兼侍講兼權直學士院陳與義乞除一在外宮觀或僻小一郡不允詔 北海集 15/4a

賜新除吏部侍郎陳與義辭免恩命不允詔 北海集 15/4b

賜左奉議郎試尙書吏部侍郎兼侍講兼權直學士院陳與義乞除一小郡或宮觀差遣並不允詔 北海集 15/5a

賜左奉議郎試尚書史部侍郎兼侍講陳與義乞除一在外宮觀不允詔　北海集 15/6a

賜史部侍郎兼直學士院兼侍講陳與義乞除一在外宮觀差遣不允詔　北海集 15/6b

～薦

賜龍圖閣直學士尚書右司郎中知蔡州陳薦侍罪特放詔　韓南陽集 15/6b

～彌作

新除史部侍郎陳彌作辭免恩命不允詔　文定集 8/15b

敷文閣直學士中奉大夫陳彌作辭提舉江州太平興國宮乞致仕　益國文忠集 106/5a　益公集 107/6a

敷文閣直學士中大夫陳彌作乞致仕　益國文忠集 108/7a　益公集 109/45a

敷文閣直學士中大夫陳彌作辭免知泉州益國文忠集 108/8a　益公集 109/46b

～駿

賜知樞密院事陳駿乞歸休不允詔　宋本攻媿集 42/18b　攻媿集 42/14a

正議大夫陳駿辭免除職與郡不允詔　宋本攻媿集 42/21b　攻媿集 42/15a

新除資政殿大學士陳駿辭免不允詔　宋本攻媿集 42/24b　攻媿集 42/15b

～韓

寶謨閣學士朝議大夫沿江制置使兼知建康府陳韓辭免特轉兩官除煥章閣學士依舊沿江制置使兼知建康府行宮留守兼淮西制使恩命不允詔　東澗集 2/5a

賜寶謨閣學士朝議大夫沿江制置使江南東路安撫使馬步軍都總管知建康府事兼行宮留守新除兼淮路制置使陳韓辭免兼淮西制使恩命不允詔　東澗集 2/5b

權工部尚書兼知建康府陳韓辭免刑部尚書沿江制置大使控扼長江在來武昌巡視恩命不允詔　平齋集 14/16b

朝議大夫試尚書工部侍郎沿江制置使兼江南東路安撫使馬步軍都總管知建康軍府事兼行宮留守陳韓乞亟界祠廩不允詔　平齋集 15/9b

賜陳韓辭免工部尚書不允詔　鶴山集 14/6a

賜觀文殿學生陳韓上表挂冠不允詔　後村集 55/3a

～顯伯

賜徵猷閣直學士通奉大夫新知建寧府陳顯伯辭免召赴行在恩命不允詔　後村集 56/7b

十二畫

游　似

朝議大夫權禮部侍郎兼同修國史實錄院同修撰兼侍講游似辭免除權禮部尚書兼職依舊恩命不允詔　東澗集 2/11b

朝議大夫權禮部尚書兼同修國史實錄院同修撰兼侍講游似辭免陞兼侍讀恩命不允詔　東澗集 2/12a

朝議大夫權禮部尚書兼同修國史實錄院同修撰兼侍讀游似丐祠不允詔　東澗集2/12b

朝議大夫權禮部尚書兼同修國史實錄院同修撰兼侍讀游似乞賜投閑不允詔　東澗集 2/12b

朝議大夫權禮部尚書兼同修國史實錄院同修撰兼侍講游似辭免除禮部尚書兼職依舊恩命不允詔　東澗集 2/13a

朝議大夫試禮部尚書兼同修撰兼侍讀游似辭免兼給事中恩命不允詔　東澗集 2/13b

朝議大夫新除禮部尚書兼同修國史實錄院同修撰兼侍讀游似辭免陞兼修國史兼實錄院修撰恩命不允詔　東澗集 2/14a

中奉大夫試禮部尚書兼給事中兼修國史實錄院修撰兼侍讀游似辭除史部尚書兼職依舊恩命不允詔　東澗集 2/14b

中奉大夫史部尚書兼給事中兼修國史實錄院修撰兼侍讀游似乞退從醫藥不允詔　東澗集 2/15a

中奉大夫游似上表再辭免端明殿學士簽書樞密院事不允仍斷來章批答　東澗集 3/2a

賜觀文殿大學士游似三上奏劄辭免再任宮觀不允詔　後村集 55/2b

湯東野

賜新除知揚州充淮南東路安撫使湯東野辭免恩命不允詔　北海集 15/2a

賜徵猷閣直學士右太中大夫知揚州充淮南東路安撫使湯東野乞依舊一宮觀差遣不允詔　北海集 15/3a

～思退

賜湯思退辭免恩命不允詔 楊溪集 6/10a
賜樞密湯思退辭免恩命不允批答口宣 楊溪集 7/12b
賜觀文殿大學士知紹興軍府事湯思退乞宮觀不允詔 鄮峰錄 6/6b
賜宰執湯思退等乞全免南郊支賜不允詔 盤洲集 13/3a
賜湯思退等爲水潦害稼待罪不允詔 盤洲集 13/6b
賜湯思退等爲水潦再上表待罪不允不得更有陳請詔 盤洲集 13/7a
賜左僕射湯思退辭免都督江淮軍馬不允詔 盤洲集 14/1b
賜左僕射湯思退乞罷機政不允不得再有陳請詔 盤洲集 14/3b
賜左僕射湯思退乞罷機政不允詔 盤洲集 14/5a
賜湯思退辭免觀文殿大學士不允詔 盤洲集 14/5b
賜文武百僚湯思退等上表請皇帝御正殿復帝膳不允批答 盤洲集 15/5b
賜湯思退等再上表請御正殿復常膳不允批答 盤洲集 15/6a
賜湯思退等三上表請御正殿復常膳允批答 盤洲集 15/6b

~ 鵬舉

賜湯鵬舉辭免恩命不允詔 楊溪集 6/12b
賜湯鵬舉免銀絹恩命不允詔 楊溪集6/13b
賜湯鵬舉辭免恩命不允詔 楊溪集 6/14a
賜湯鵬舉乞宮觀不允詔 楊溪集 6/46b

富直柔

新除端明殿學士簽書樞密院事富直柔辭免恩命不允詔 浮溪集 14/7a 浮溪集/附拾遺 14/163
新除端明殿學士簽書樞密院事富直柔上表辭免恩命不允斷來章批答 浮溪集 15/7a
浮溪集/附拾遺 15/171
新除同知樞密院事富直柔上表辭免恩命不允斷來章批答 浮溪集 15/7b 浮溪集/附拾遺 15/172
新除同知樞密院事富直柔上表辭免恩命不允斷來章口宣 浮溪集 15/15a 浮溪集/附拾遺 15/177
賜新除御史中丞富直柔辭免恩命不允詔

北海集 13/6b

~ 弼

賜宰臣富弼以下上第二表乞皇帝御正殿復常膳不允批答 文恭集 24/5b
賜宰臣富弼以下上第三表乞加上增號不允批答 文恭集 24/8b
賜宰臣富弼以下賀壽星出見批答 文恭集 24/9b
賜新除宰臣富弼讓恩命第二表不允仍斷來章批答 歐陽文忠集 83/14a 宋文鑑 33/7b
賜宰臣富弼上第三表乞退不允斷來章批答 歐陽文忠集 85/8b
賜宰臣富弼乞退不允批答 歐陽文忠集 88/2b
宋文鑑 33/7b
賜宰臣富弼第二表乞退不允批答 歐陽文忠集 89/6a 宋文鑑 33/8b
賜宰臣富弼乞退第四表不允斷來章手詔 歐陽文忠集 89/6a
賜宰臣富弼上第一表乞解罷機務不允批答 歐陽文忠集 89/12a 宋文鑑 33/9a
賜宰臣富弼上第三表乞解罷機務不允斷來章批答 歐陽文忠集 89/12b
賜新除武寧軍節度使守司空同中書門下平章事致仕富弼辭免恩命不允與免册禮詔 韓南陽集 15/4a
賜新除節度使守司空同中書門下平章事致仕富弼辭免致仕所加恩命不允詔 韓南陽集 15/6a
賜宰臣富弼巳下賀壽星出見批答 韓南陽集 15/22a
賜樞密使富弼乞假將治允詔 華陽集 14/3a
賜鎮海軍節度使同中書門下平章事判河南富弼進壽聖節上壽金酒器并馬詔 華陽集 15/8b
賜鎮海軍節度使同中書門下平章事富弼生日進馬詔 華陽集 15/10b-11a
樞密使富弼免恩命第一割子不允詔 華陽集 16/1a
富弼免恩命第二割子不允詔 華陽集 16/1b
樞密史富弼乞外郡第一割子不允詔 華陽集 16/1b
富弼乞外郡第二割子不允詔 華陽集 16/2a
宰臣富弼乞外任不允手詔 華陽集 16/2b
宰臣富弼乞退不允手詔 華陽集 16/3a 宋文鑑 33/15b

宰臣富弼乞解機政不允詔 華陽集 16/3b

判亳州富弼乞罷使相不允詔 華陽集 16/4a

宋文鑑 31/18b

判河陽富弼乞罷使相第一表不允詔 華陽集 16/4a

富弼乞罷使相第二表不允詔 華陽集 16/4b

富弼乞罷使相第三表不允詔 華陽集 16/5a

富弼乞罷使相第四表不允詔 華陽集 16/5a

富弼乞罷使相第五表不允詔 華陽集 16/5b

賜宰臣富弼以下賀壽星出見批答 華陽集 20/3a

賜文武百僚宰臣富弼以下請御正殿復常膳舉樂第四表不允批答 華陽集 20/6b

賜樞密使富弼免恩命第一表不允批答 華陽集 21/9a

賜富弼免恩命第二表不允斷來章批答 華陽集 21/9b

賜宰臣富弼乞退第一表不允批答 華陽集 21/10a

賜判河陽富弼免恩命第一表不允批答 華陽集 21/10a

賜宰臣富弼乞退不允批答 華陽集 21/10b

樞密使富弼免恩命第一表不允口宣 華陽集 23/3b

富弼免恩命第二表不允斷來章口宣 華陽集 23/3b

判河陽富弼免恩命第一表不允口宣 華陽集 23/3b

賜文武百僚宰臣富弼以下上第五表乞皇帝御正殿復常膳聽樂允批答 傳家集 16/9b

司馬溫公集 56/11a

賜宰臣富弼等上表賀雲陰日食不及分數批答 傳家集 16/20a 司馬溫公集 56/20a

賜允觀文殿學士尚書左僕射新除集禧觀使富弼辭免乞判汝州詔 臨川集 47/9a 宋文鑑 31/16b

賜判汝州富弼乞致仕不允詔 臨川集 47/9a-b

賜判汝州富弼乞假養疾詔 臨川集 47/9b

賜判汝州富弼乞赴安州避災養疾詔 臨川集 47/9b

賜判汝州富弼辭免南郊禮畢支賜詔 臨川集 47/10a-b

批答富弼 臨川集 48/7a

賜新除守尚書左僕射觀文殿大學士判河陽富弼辭免恩命不允詔 郡溪集 9/2a

賜新除守司空兼侍中富弼辭免恩命不允詔 郡溪集 9/2b

賜文武百僚富弼以下上尊號第一表不允批答 郡溪集 9/10a

賜文武百僚富弼以下上尊號第三表不允批答 郡溪集 9/10b

賜文武百僚富弼以下上尊號第五表不允批答 郡溪集 9/10b

賜新除宰臣富弼辭恩命不允批答口宣 郡溪集 10/6b

賜富弼斷來章批答口宣 郡溪集 10/6b

詔答左僕射判汝州富弼表乞致仕不允汪藻撰 播芳文粹 90/13b

詔允左僕射新除集禧觀使富弼判汝州 播芳文粹 90/18b

童 貫

賜內侍童貫乞罷職不允詔 翟忠惠集 4/14b

馮 京

賜參知政事右諫議大夫馮京乞退第二表不允批答 韓南陽集 15/23b

翰林學士權知開封府馮京待罪特放詔 華陽集 17/17a

賜新除樞密副使右諫議大夫馮京辭恩命不允斷來章批答 傳家集 16/15b 司馬溫公集 59/16b

賜新除參知政事馮京辭恩命不允斷來章批答 傳家集 16/17b 司馬溫公集 56/18a

賜保寧軍節度使知大名府馮京進奉坤成節馬詔 蘇魏公集 22/7b

賜保寧軍節度使知大名府馮京上表乞致仕不允詔 蘇魏公集 23/4b

賜知大名府馮京進奉興龍節馬並冬節馬詔 蘇魏公集 23/5b

賜保寧軍節度使知大名府馮京再上表乞致仕不允詔 蘇魏公集 23/6b

賜保寧軍節度使知大名府馮京辭免加恩不許詔 蘇魏公集 23/7a

賜保寧軍節度使知大名府馮京三上表陳乞致仕不許斷來章詔 蘇魏公集 23/9a

賜知大名府馮京進奉賀明堂禮畢馬詔敕書 蘇魏公集 24/5a

賜保寧軍節度使知大名府馮京進奉賀端午

節馬詔　蘇東坡全集/內制 6/2a

賜保寧軍節度使知大名府馮京進奉興龍節並冬至正旦馬詔　蘇東坡全集/內制 6/12b

賜保寧軍節度使知大名府馮京進奉賀興龍節馬十一匹並冬節馬二匹詔　蘇東坡全集/內制 10/3a

賜宣徽南院使充太一宮使馮京乙依職任官例抵赴六參不允詔　蘇東坡全集/內制 10/9b

馮京免彰德軍節鉞不許詔　樂城集 33/26b

馮京免彰德軍節鉞不允詔　樂城集 33/27a

賜宣徽南院使檢校司空充中太一宮使馮京再上表乙致仕不許仍斷來章詔　范太史集 28/12a

賜宣徽南院使檢校司空充中太一宮使馮京再上表乙致仕不允仍斷來章詔　范太史集 28/12a

賜馮京乙致仕不允詔　范太史集 28/12b

賜馮京再乙致仕不允詔　范太史集 28/14a

～熙載

賜新除翰林學士承旨馮熙載辭免恩命不允詔　摘文集 3/2b

賜翰林學士馮熙載辭免恩命不允詔　摘文集 3/2b

曾公亮

賜參知政事曾公亮乙退不允批答　文恭集 25/1b

賜參知政事曾公亮乙退第二表不允批答　文恭集 25/1b

賜參知政事曾公亮乙退第三表不允批答　文恭集 25/2a

賜參知政事曾公亮乙退第四表不允批答　文恭集 25/2b

賜禮部侍郎參知政事曾公亮乙罷不允詔　歐陽文忠集 89/4a

賜新除守太傅檢校太師兼侍中河陽三城節度使致仕曾公亮辭免致仕恩命不允詔　韓南陽集 15/6b

賜河陽三城節度使守司空檢校太師兼侍中曾公亮乙致仕不允批答　韓南陽集 15/24a

賜河陽三城節度使守司空檢校太師兼侍中曾公亮乙致仕第二表不允批答　韓南陽集 15/24b

賜河陽三城節度使兼侍中曾公亮乙免册禮允詔　華陽集 14/5a　宋文鑑 31/18a

宰臣曾公亮免恩命劉子不允詔　華陽集 17/9a　宋文鑑 33/14a

宰臣曾公亮不赴文德殿立班待罪不允詔　華陽集 17/9b

宰臣曾公亮以下議宗室封爵不當待罪特放詔　華陽集 17/10a

賜宰臣曾公亮雨災乙退第一表不允批答　華陽集 20/12a

賜曾公亮雨災乙退第三表不允斷來章批答　華陽集 20/12b

賜曾公亮地震水災乙退第二表不允斷來章批答　華陽集 20/13a

賜曾公亮旱災乙退第一表不允斷來章批答　華陽集 20/13b

賜樞密使曾公亮免恩命第一表不允斷來章批答　華陽集 22/2a

賜宰臣曾公亮免南郊恩命第一表不允批答　華陽集 22/2b

賜曾公亮免恩命第二表不允批答　華陽集 22/2b

賜曾公亮免南郊恩命第二表不允斷來章批答　華陽集 22/3a

賜宰臣曾公亮免恩命不允批答　華陽集 22/3b

賜宰臣曾公亮乙退第一表不允批答　華陽集 22/4a

賜曾公亮乙退第二表不允批答　華陽集 22/4b

賜宰臣曾公亮乙退第三表不允斷來章批答　華陽集 22/4b

賜使相曾公亮免恩命不允斷來章批答　華陽集 22/5a

樞密使曾公亮免恩命表不允口宣　華陽集 23/5b

宰臣曾公亮免南郊恩命第一表不允口宣　華陽集 23/6a

曾公亮免南郊恩命第二表不允斷來章口宣　華陽集 23/6a

賜文武百僚曾公亮以下上第三表乙上尊號不允斷來章請批答　傳家集 16/4a　司馬溫公集 56/7a

賜宰臣曾公亮不允批答　傳家集 16/5a　司馬溫公集 56/7b

賜新除河陽三城節度使守司空檢校太師兼侍充集禧觀使曾公亮辭免恩命不允詔

傳家集 16/16b

賜新除守司空檢校太師兼侍中充河陽三城節度使集禧觀使曾公亮辭免恩命第一表不允批答　傳家集 16/17a　司馬溫公集 56/17b

賜幸臣曾公亮巳下賀壽星出現批答　傳家集 16/20b　司馬溫公集 56/20b

賜幸相曾公亮巳下辭南郊賜賚不允詔　臨川集 47/10b

賜答曾公亮詔　臨川集 47/11a　宋文鑑 31/17a

批答文武百僚曾公亮巳下上尊號第一表不允　臨川集 48/6b

批答文武百僚曾公亮巳下上尊號第二表不允　臨川集 48/6b

批答宰臣曾公亮巳下賀壽星見　臨川集 48/7a

賜幸臣曾公亮乙免退不允手詔　邵溪集 9/4a

賜幸臣曾公亮乙免罷第二表不允批答　邵溪集 9/8a

賜文武百僚曾公亮以下乙皇帝御正殿復常膳不允批答　邵溪集 9/8b

賜幸臣曾公亮以下賀壽星出見批答　邵溪集 9/9a

批答曾公亮巳下上尊號表不允汪藻撰　播芳文粹 90/13a

~ 布

賜龍圖閣學士河東路經畧使兼知太原府曾布乙除一閒慢州郡不允詔　蘇東坡全集/内制 9/4a

賜龍圖閣學士知瀛州曾布乙揚州不允詔　范太史集 30/3a

~ 從龍

參政曾從龍再上奏劄仰析明別居家待罪不允不得再有陳請詔　平齋集 14/5b

金紫光祿大夫參知政事兼同知樞密院事曾從龍辭免除知樞密院事兼參知政事恩命不允詔　平齋集 14/9b

知樞密院事曾從龍辭免樞密使督視江淮軍馬恩命不允詔　平齋集 14/15a

金紫光祿大夫參知政事兼同知樞密院事曾從龍上表再辭免除知樞密院事兼參知政事恩命不允仍斷來章批答　平齋集 15/15a

曾從龍再辭免樞密使不允批答　平齋集 15/16b

曾從龍第二次辭免樞密使都督江淮軍馬不允斷來章批答　平齋集 15/17b

知樞密院曾從龍批答口宣　平齋集 16/5a

樞密使曾從龍批答口宣　平齋集 16/5a

賜朝議大夫試尚書吏部侍郎兼中書舍人兼太子右庶子兼同修國史實錄院同修撰曾從龍乙界祠祿或待闡便鄉州郡不允詔　真西山集 20/25b

賜朝議大夫試尚書吏部侍郎兼中書舍人兼太子右庶子兼同修國史實錄院同修撰曾從龍辭免兼給事中兼直學士院日下供職恩命不允詔　真西山集 21/8b

賜朝散大夫試尚書吏部侍郎兼太子右庶子兼同修國史實錄院同修撰兼給事中兼直學士院曾從龍辭免皇太子講授春秋終篇特與轉行一官恩命不允詔　真西山集 21/12b

賜中大夫試尚書吏部侍郎兼太子右庶子曾從龍辭免以皇太子讀三朝寶訓終篇推賞與轉一官恩命不允詔　真西山集 21/15a

賜中大夫試吏部侍郎兼太子右庶子兼同修國史實錄院同修撰兼給事中兼直學士院曾從龍辭免權刑部尚書兼職依舊日下供職恩命不允詔　真西山集 21/16a

賜權刑部尚書兼太子右庶子曾從龍辭免皇太子講授周易終篇推恩特與轉行一官不允詔　真西山集 21/18b

賜通奉大夫權刑部尚書兼太子右庶子兼同修國史實錄院同修撰兼給事中兼直學士院曾從龍辭免除禮部尚書兼職並依舊日下供職恩命不允詔　真西山集 22/4a

賜通奉大夫新除禮部尚書兼太子右庶子兼同修國史實錄院同修撰兼給事中兼直學士院曾從龍辭免兼實錄院修撰恩命不允詔　真西山集 22/4b

賜禮部尚書兼太子詹事兼給事中兼直學士院曾從龍辭免以皇太子講毛詩終篇特與轉行一官恩命不允詔　真西山集 22/9b

~ 曖

賜正奉大夫守史部尚書兼修國史兼實錄修撰兼太子詹事曾曖乙令謝事歸養沈痾不允　雲莊集 4/9a

~ 喚

賜新除刑部侍郎曾喚辭免不允詔　宋本攻媿集 44/15a　攻媿集 44/3a

賜刑部侍郎曾晥辭免兼同修國史兼實錄院同修撰不允詔 宋本攻媿集 44/16a 攻媿集 44/3b

賜刑部侍郎曾晥乞祠不允詔 宋本攻媿集 45/8b 攻媿集 44/9a

賜刑部侍郎曾晥辭免兼太子詹事不允詔 宋本攻媿集 45/12a 攻媿集 44/11b

賜正議大夫守刑部尚書兼修國史實錄院修撰兼太子詹事兼吏部尚書曾晥辭免除吏部尚書恩命不允詔 真西山集 19/26b

賜正議大夫守吏部尚書兼修國史實錄院修撰兼太子詹事曾晥辭免以皇太子受册了單本宮官吏等各與轉一官恩命不允詔 真西山集 20/2b

賜正奉大夫守吏部尚書兼修國史兼實錄院修撰兼太子詹事曾晥乞今謝事歸養沉痾不允詔 真西山集 20/9a

~ 懷

試户部尚書曾懷乞除一官觀或外任差遣不允詔 文定集 8/10b

右朝議大夫曾懷辭免除龍圖閣學士知婺州恩命乞一官觀差遣不允詔 文定集 8/10b

右朝議大夫曾懷辭免龍圖閣學士知婺州乞宮觀 益國文忠集 104/2a 益公集 105/118a

龍圖閣直學士右朝議大夫知婺州軍州事曾懷乞在外官觀 益國文忠集 104/10a 益公集 105/127b

賜宣奉大夫右丞相曾懷乞解罷機政不允詔 玉堂稿 5/5b

賜右丞相曾懷再降詔不允不得更有陳請詔 玉堂稿 5/6a

賜宣奉大夫曾懷辭免除觀文殿大學士提舉江州太平興國宮不允詔 玉堂稿 6/7a

賜曾懷再上表辭免除光祿大夫右丞相加食邑食實封不允不得更有陳請詔 玉堂稿 6/8b

賜曾懷辭免提舉國史院實錄院國朝會要所敕令所不允詔 玉堂稿 6/9b

賜光祿大夫右丞相曾懷乞解罷機政不允詔 玉堂稿 7/10a

賜光祿大夫右丞相曾懷再乞解罷機政不允詔 玉堂稿 7/10b

~ 觀

福州觀察使提舉佑神觀曾觀辭免轉官 益

國文忠集 104/15a 益公集 105/133b

武泰軍節度使開府儀同三司充萬壽觀使曾觀乞致仕 益國文忠集 107/7a 益公集 108/25b

武泰軍節度使開府儀同三司充萬壽觀使曾觀再乞致仕 益國文忠集 107/7b 益公集 108/27a

武泰軍節度使開府儀同三司充萬壽觀使曾觀再辭免少保寧武軍節度使加食邑實封 益國文忠集 109/12b 益公集 110/78b

曾觀再辭免少保寧武軍節度使加食邑實封 益國文忠集 109/13a 益公集 110/79a

曾觀辭免除少保 益國文忠集 112/12b 益公集 112/124b

曾觀再辭免除少保 益國文忠集 112/12b 益公集 112/124b

賜曾觀上表再辭免除開府儀同三司依前武泰軍節度使提舉萬壽觀進封信安郡開國公加食邑食實封不允仍斷來章批答 玉堂稿 3/3b

賜曾觀辭免除開府儀同三司依前武泰軍節度使提舉萬壽觀進封信安郡開國公加食邑食實封不允詔 玉堂稿 7/1a

賜武泰軍節度使開府儀同三司充萬壽觀使曾觀辭免除少保寧武軍節度使加食邑食實封不允詔 玉堂稿 7/7a

賜新授少保寧武軍節度使充醴泉觀使曾觀辭免擇日備禮册命宣允詔 玉堂稿 7/7b

賜曾觀辭免加恩不允詔 玉堂稿 8/6b

曾觀上表再辭免除開府儀同三司不允仍斷來章批答口宣 玉堂稿 13/1b

越國長公主

賜越國長公主等答詔 華陽集 14/7b

彭允宗

賜龍州知州彭允宗等進奉賀端午節溪布敕書 摘文集 3/3b

賜溪峒知龍州彭允宗等進奉賀坤成節溪布敕書 范太史集 28/15a

賜彭允宗等進奉賀端午節溪布敕書 范太史集 28/15a

~ 師贊

賜知龍州彭師贊進方物敕書 華陽集 19/17b

~ 儒武

賜保静州知州彭儒武等進奉天寧節並冬杞冬正溪布敕書　摘文集 3/4a

賜保静州知州彭儒武等進奉賀端午溪布敕書　摘文集 3/4b

～龜年

賜吏部侍郎彭龜年辭免兼侍讀誥　宋本攻媿集 41/7b

吏部侍郎彭龜年辭免兼侍讀誥　攻媿集 42/9a

景　氏

賜楚國保寧安德夫人景氏等賀南郊禮畢答詔　鄂渠集 8/7a

單　變

單變辭免權刑部尚書不允詔　尊白堂集 6/1b

舒延金

賜元州舒延金進奉謝賜真命官誥及加妻母邑號敕書　元憲集 28/3a

程大昌

朝請大夫權尚書刑部侍郎兼侍講兼權給事中程大昌辭免刑部侍郎　益國文忠集 107/2a　益公集 108/19a

朝請大夫試尚書刑部侍郎兼侍講程大昌乞小郡或外官觀　益國文忠集 107/13b　益公集 108/34a

程大昌辭免吏部侍郎　益國文忠集 107/14a　益公集 108/34b

朝請大夫試尚書吏部侍郎兼侍講程大昌辭免兼同修國史　益國文忠集 108/1b　益公集 109/37b

朝議大夫試尚書吏部兼侍講兼同修國史兼權吏部尚書程大昌乞官觀小郡　益國文忠集 108/13b　益公集 109/53a

朝議大夫新除權吏部尚書兼侍講兼同修國史程大昌辭免國史日曆所經修不經進官特轉一官恩命　益國文忠集 108/15b　益公集 109/55b

賜中大夫程大昌辭免除敷文閣直學士與郡不允詔　玉堂稿 6/2a

賜朝議大夫試尚書吏部侍郎侍講□□修國史兼權吏部尚書程大昌辭免除吏部尚書

不允詔　玉堂稿 8/10a

賜中奉大夫權吏部尚書兼侍講兼同修國史程大昌辭免進呈會要經修不進特轉行一官不允詔　玉堂稿 9/3a

賜敷文閣直學士太中大夫知泉州軍州事程大昌乞改界一在外官觀差遣不允詔　玉堂稿 10/7a

～元鳳

賜觀文殿大學士判平江府浙西兩淮發運大使措置浙西和糴程元鳳乞選山林不允詔　後村集 55/19a

賜程元鳳再上奏乞退居田里不允詔　後村集 56/1a

賜程元鳳三上奏乞界祠祿不允詔　後村集 56/1b

～公許

賜新除權刑部尚書程公許辭免兼侍讀不允詔　後村集 55/1b

～克俊

賜程克俊辭免恩命不允詔　楳溪集 6/16b

賜程克俊再辭免恩命不允詔　楳溪集 6/17b

賜程克俊辭免恩命不允詔　楳溪集 6/18a

賜程克俊乞官觀詔　楳溪集 6/49b

賜知湖州程克俊辭免恩命不允批答口宣　楳溪集 7/8b

～松

賜資政殿學士中大夫知隆興府充江西路安撫使程松辭免除資政殿大學士四川制置使兼知成都府恩命不允詔　後樂集 3/2b

程松乞待罪不允詔　後樂集 4/2a

程松乞祠祿不允詔　後樂集 4/3a

～珌

賜程珌辭免端明殿學士恩命不允詔　洛水集 25/2a

～琳

賜參知政事程琳讓轉官不允批答　元憲集 29/6b

賜參知政事程琳讓轉官不允批答　元憲集 29/8a

賜判陳州程琳進奉上壽金酒器一副馬六正詔　歐陽文忠集 83/9a

～瑀

賜新除兵部侍郎程瑀辭免恩命不允詔　北海集 13/10b

詔令 二　政令　優答　十二畫　1077

~ 戩

賜新除參知政事程戩讓恩命不允斷來章批答 歐陽文忠集 82/4b

賜樞密副使尚書禮部侍郎程戩乞退休第三表不允批答 歐陽文忠集 89/5a

賜新除宣徽南院使檢校太保鄆延路馬步軍都部署經畧安撫使判延州程戩讓恩命第一表不允斷來章批答 歐陽文忠集 89/9a

賜程戩進乾元節上壽金酒器並馬詔 華陽集 15/8b

賜宣徽南院使程戩謝恩進馬詔 華陽集 15/9b

觀文殿學士程戩乞致仕不允詔 華陽集 17/10a

宣徽南院使判延州程戩免恩命不允詔 華陽集 17/10b

判延州程戩乞退不允詔 華陽集 17/11a

判延州程戩乞致仕第一表不允詔 華陽集 17/11a

程戩乞致仕第二表不允詔 華陽集 17/11b

程戩乞致仕第三劄子不允詔 華陽集 17/11b

賜樞密使程戩乞致仕不允批答 華陽集 22/14a

判延州程戩免恩命第一表不允口宣 華陽集 23/7b

喬行簡

觀文殿大學士金紫光祿大夫醴泉觀使兼侍讀喬行簡辭免特進左丞相兼樞密使進封蕭國公加食邑一千戶食實封四百戶恩命不允詔 東澗集 2/7b

觀文殿大學士光祿大夫醴泉觀使兼侍讀喬行簡辭加邑食實封恩命不允詔 東澗集 2/8b

特進左丞相兼樞密使蕭國公喬行簡辭免提舉國史實錄院提舉編修國朝會要恩命不允詔 東澗集 2/8b

特進左丞相兼樞密使蕭國公喬行簡辭免提舉編修玉牒監修國史日曆提舉編修經武要畧提舉編修敕令恩命不允詔 東澗集 2/9b

特進左丞相兼樞密使喬行簡再乞倖歸田里不允詔 東澗集 2/9b

特進左丞相兼樞密使蕭國公喬行簡以烈風乞解政機不允詔 東澗集 2/10a

特進左丞相兼樞密使蕭國公喬行簡再乞投閑不允不得再有陳請詔 東澗集 2/10b

特進左丞相兼樞密使蕭國公喬行簡第三劄乞解政歸耕不允不得再有陳請詔 東澗集 2/11a

金紫光祿大夫喬行簡辭免觀文殿大學士醴泉觀使兼侍讀恩命不允批答 東澗集 2/12a

觀文殿大學士金紫光祿大夫醴泉觀使兼侍讀喬行簡辭免特進左丞相兼樞密使進封蕭國公加食邑食實封恩命不允詔 東澗集 3/2b

文武百僚宰臣喬行簡等三上表奏請皇帝御正殿復膳聽樂宜允批答 東澗集 3/4a

文武百僚宰臣喬行簡等詣文德殿三上表奏請皇帝御正殿復膳宜允批答 東澗集 3/4b

文武百僚宰臣喬行簡等三上表奏請皇帝上壽宜允批答 東澗集 3/5a

文武百僚宰臣喬行簡等奏請皇帝御正殿復膳聽樂不允批答 東澗集 3/6b

文武百僚宰臣喬行簡等詣文德殿拜表奏請皇帝御正殿復膳不允批答 東澗集 3/7a

文武百僚宰臣喬行簡等詣文德殿再拜表奏請皇帝御正殿復膳不允批答 東澗集 3/7b

文武百僚宰臣喬行簡等再表奏請皇帝上壽不允批答 東澗集 3/8a

文武百僚宰臣喬行簡等上表奏請皇帝御正殿復膳聽樂不允批答 東澗集 3/8b

文武百僚宰臣喬行簡等再上表奏請皇帝御正殿復膳聽樂不允批答 東澗集 3/9a

左丞相喬行簡再上表辭免特授少傅平章軍國重事進封益國公不允仍斷來章批答 東澗集 3/9b

賜宣奉大夫知樞密院事喬行簡辭免除兼參知政事恩命不允詔 平齋集 14/5b

知院喬行簡上奏劄仰祈明劄居家待罪不允不得再有陳請詔 平齋集 14/5b

知院兼參政喬行簡辭免權監修國史日曆恩命不允詔 平齋集 14/6a

宣奉大夫知樞密院事兼參知政事喬行簡辭免特授金紫光祿大夫右丞相兼樞密使恩命不允詔 平齋集 14/8a

喬行簡辭免提舉國史實錄院提舉會要敕令經武要畧提舉編修敕令恩命不允詔 平齋集 14/9a

金紫光祿大夫右丞相兼樞密使喬行簡再上奏爲雷發非時乞賜罷免退伏田里不允不得再有陳請詔 平齋集 15/5b

宣奉大夫知樞密院事兼參知政事喬行簡再辭免特授金紫光祿大夫右丞相兼樞密使恩命不允批答 平齋集 15/13b

宣奉大夫知樞密院事兼參知政事喬行簡再上表辭免特授金紫光祿大夫右丞相兼樞密使恩命不允仍斷來章批答 平齋集 15/14a

右丞相喬行簡批答口宣(1-2) 平齋集 16/4b

賜喬行簡以久積霈雨乞解丞相不允詔 鶴林集 12/4a

賜喬行簡以久積霈雨連句再乞罷歸不允詔 鶴林集 12/4b

賜喬行簡等以星雷示異乞退不允詔 鶴林集 12/5a

賜喬行簡辭免加恩不允詔 鶴林集 12/5b

賜喬行簡特進左相不允辭批答 鶴林集 12/14a

傅堯俞

賜新除史部尚書傅堯俞辭免恩命不允詔 蘇魏公集 22/6a

賜新除中大夫守中書侍郎傅堯俞辭免恩命不允詔 蘇魏公集 23/1b

賜新除中大夫守中書侍郎傅堯俞辭免恩命不允詔 蘇魏公集 23/2a

賜新除中書侍郎傅堯俞辭免恩命不許斷來章批答 蘇魏公集 25/3b

賜新除中書侍郎傅堯俞辭免恩命不允斷來章批答口宣 蘇魏公集 26/3a

賜新除中書侍郎傅堯俞免恩命不允斷來章批答 蘇魏公集 35/3a

賜朝散大夫守尚書史部侍郎充龍圖閣待制傅堯俞乞外郡不允詔 蘇東坡全集 10/1b

賜新除御史中丞傅堯俞辭免恩命不允詔 蘇東坡全集/內制 1/12a

賜朝散大夫試御史中丞傅堯俞乞外郡不允詔 蘇東坡全集/內制 2/9a

賜新除史部侍郎傅堯俞辭免恩命乞知陳州不允詔 蘇東坡全集/內制 3/5a

賜新除依前朝散大夫守尚書史部侍郎充龍圖閣待制傅堯俞辭免恩命不允詔 蘇東

坡全集/內制 8/4b

費士寅

費士寅辭免改差知潼川府不充詔 後樂集 4/13b

强淵明

賜延康殿學士强淵明辭免恩命不允詔 摘文集 3/2a

賀允中

賜賀允中辭免落致仕提舉萬壽觀兼侍讀不允詔 盤洲集 13/8a

賜資政殿大學士左通議大夫致仕賀允中辭免知樞密院事兼權參知政事恩命不允詔 盤洲集 13/8b

賜知樞密院事兼參知政事賀允中乞依舊致仕及還納前後錫賜恩數不允詔 盤洲集 14/1b

賜賀允中再辭免知樞密院事兼權參知政事恩命仍斷來章批答 盤洲集 15/5b

賜賀允中辭免同知樞密院事斷來章批答口宣 盤洲集 16/2b

十三畫

雷孝友

新除參知政事雷孝友再辭免不允仍斷來章批答 宋本攻媿集 44/4a 攻媿集 46/9b

參知政事雷孝友辭免權監修國史日曆不允詔 宋本攻媿集 45/12b 攻媿集 44/11a

賜正議大夫知樞密院事兼參知政事兼太子賓客雷孝友再上劄子乞歸休田里不允不得再有陳請 雲莊集 4/1a

賜中大夫知樞密院事兼參知政事兼太子賓客雷孝友乞畀祠祿不允 雲莊集 4/8b

賜中大夫知樞密院事兼參知政事兼太子賓客雷孝友乞畀祠祿不允詔 真西山集 19/25b

賜中大夫知樞密院事兼參知政事兼太子賓客雷孝友再上奏乞許從罷免俾奉外祠不允不得再有陳請詔 真西山集 19/26a

賜中大夫知樞密院事兼參知政事兼太子賓客雷孝友辭免皇太子受册命了畢與轉一官恩命不允詔 真西山集 20/1b

賜太中大夫知樞密院事兼參知政事兼太子賓客雷孝友乞奉外祠不允詔　真西山集 20/23b

賜太中大夫知樞密院事雷孝友兼太子賓客辭免皇太子講授春秋終篇特與轉行一官不允詔　真西山集 21/12a

賜通議大夫知樞密院事兼參知政事雷孝友兼太子賓客辭免皇太子讀三朝寶訓終篇並特與轉行一官不允詔　真西山集 21/14a

賜正議大夫知樞密院事兼參知政事兼太子賓客雷孝友上表再辭免以皇太子講授春秋終篇特與轉行一官恩命不允仍斷來章批答　真西山集 22/16a

賜通奉大夫知樞密院事兼參知政事兼太子賓客雷孝友上表再辭免進呈安奉高宗皇帝寶訓禮畢官恩命不允仍斷來章批答　真西山集 22/20b

賜正議大夫知樞密院事兼參知政事兼太子賓客雷孝友上表再辭免以皇太子講毛詩終篇轉一官恩命不允仍斷來章批答　真西山集 22/22a

賜正議大夫知樞密院事兼參知政事兼太子賓客雷孝友上表再辭免進呈安奉高宗皇帝中興經武要略了畢同提舉官特與轉兩官依例加恩恩命不允仍斷來章批答　真西山集 22/24a

楚國大長公主

賜楚國大長公主等詔　華陽集 14/7a

楊　石

右武郎知閤門事楊石辭免除觀察使不允詔　宋本攻媿集 44/7a　攻媿集 13/12a

~ 次山

新除開府儀同三司充萬壽觀使楊次山辭免不允詔　宋本攻媿集 44/2a　攻媿集 43/10b

賜新除開府儀同三司充萬壽觀使楊次山辭免不允詔　宋本攻媿集 44/2b

楊次山再辭免開府儀同三司不允批答　宋本攻媿集 44/6a　攻媿集 46/10b

楊次山乞休致不允詔　後樂集 4/14a

楊次山辭免新除少保進封永陽郡王加食邑食實封恩命不允詔　真西山集 20/6b

再賜楊次山辭免恩命不允詔　真西山集 20/7a

~ 存中

賜太傅寧遠軍節度使醴泉觀使和義郡王楊存中辭免同都督江淮軍馬不允詔　盤洲集 14/2b

賜楊存中辭免都督不允詔　盤洲集 14/5b

賜楊存中上表再辭免同都督江淮軍馬不允仍斷來章批答　盤洲集 15/7a

賜楊存中辭免同都督斷來章批答口宣　盤洲集 16/2b

~ 谷

右武大夫文州刺史知閤門事楊谷辭免除觀察使不允詔　宋本攻媿集 44/6b　攻媿集 43/11b

知閤門事楊谷乞祠不允詔　宋本攻媿集 45/2a　攻媿集 44/5b

賜潭州觀察使知閤門事兼客省四方館事兼提點御前忠佐軍頭引見司楊谷辭免皇太子受册了畢除承宣使恩命不允詔　真西山集 20/7b

賜奉國軍承宣使知閤門事兼賓省四方館事兼提點御前忠佐軍頭引見司楊谷乞界祠祿不允詔　真西山集 21/9b

~ 炳

楊炳辭免除權戶部尚書不允詔　後樂集 3/6b

楊炳乞祠祿不允詔　後樂集 3/7b

楊炳辭免寶謨閣直學士宮觀不允詔　後樂集 3/8a

~ 時

賜新除給事中楊時辭免恩命乞致仕不允詔　翟忠惠集 1/5b

賜新除徽猷閣直學士楊時辭免恩命不允詔　翟忠惠集 1/6a

~ 倓

新除户部侍郎楊倓辭免恩命不允詔　文定集 8/14b

昭慶軍節度使知荆南軍府事充荆湖北路安撫使楊倓乞祠　益國文忠集 106/4b　益公集 107/5b

昭慶軍節度使知太平州楊倓乞宮觀　益國文忠集 107/12a　益公集 108/32b

昭慶軍節度使知太平州軍州事楊倓乞外宮

觀　益國文忠集 108/4b　益公集 109/41b

昭慶軍節度使知太平州軍州楊侯辭免知隆興府乞檢會前奏除外宮觀　益國文忠集 108/7b　益公集 109/45b

昭慶軍節度使知太平州軍州事楊侯再辭免知隆興府　益國文忠集 108/8a　益公集 109/46a

賜徵獻閣學士太中大夫提舉佑神觀楊侯上表再辭免除靖海軍節度使簽書檢密院事進封雁門郡開國侯加食邑食實封不充仍斷來章批答　玉堂稿 3/3a

賜昭慶軍節度使楊侯辭免知荊南府不充不得更有陳請詔　玉堂稿 7/10a

賜昭慶軍節度使提舉隆興府玉隆萬壽宮楊侯辭免差知江陵府乞依舊任在外宮觀差遣不充詔　玉堂稿 9/3b

賜昭慶軍節度使提舉隆興府玉隆萬壽宮楊侯上表再辭免知江陵府不充不得更有陳請詔　玉堂稿 9/4b

楊侯上表再辭免除靖海軍節度使簽書樞密院事不充仍斷來章批答口宣　玉堂稿 13/1a

~ 崇勳

賜河陽三城節度使楊崇勳爲移知陳州乞朝覲不充詔　元憲集 27/11b

~ 棟

賜試尚書工部侍郎楊棟辭免兼中書舍人行下房文字恩命不充詔　後村集 55/10b

賜試尚書工部侍郎楊棟辭免兼直學士院恩命不充詔　後村集 55/11a

賜楊棟辭免除權刑部尚書兼職依舊恩命不充詔　後村集 55/13a

賜權刑部尚書楊棟辭免國子祭酒恩命不充詔　後村集 56/3a

賜權刑部尚書楊棟辭免除權禮部尚書日下供職兼職依舊恩命不充詔　後村集 56/8a

賜楊棟辭免除禮部尚書兼職依舊恩命不充詔　後村集 57/1b

賜新除禮部尚書楊棟辭免陞兼修國史實錄院修撰恩命不充詔　後村集 57/4b

賜楊棟辭免除端明殿學士同簽書樞密院事兼太子賓客恩命不充詔　後村集 57/6a

賜楊棟辭免除提舉編修經武要畧恩命不充詔　後村集 57/7a

賜端明同簽書樞密院事兼太子賓客楊棟辭免以皇太子宮滿歲特轉一官恩命不充詔　後村集 57/10b

賜楊棟再辭免除端明殿學士同簽書樞密院事兼太子賓客恩命不充　後村集 57/21a

賜楊棟再辭免除端明殿學士同簽書樞密院事兼太子賓客恩命不充口宣　後村集 57/21b

楊棟辭免同知樞密院事兼權參知政事不充詔　碧梧集 2/9a

楊棟辭免進書轉官不充詔　碧梧集 2/9b

~ 萬里

辭免除寶謨閣直學士不充詔書　誠齋集 133/17b

辭免召命不充詔書　誠齋集 133/18a

辭免除寶謨閣學士不充詔書　誠齋集 33/18b

~ 輔

寶謨閣學士前四川安撫制置使楊輔乞宮觀不充詔　宋本攻媿集 45/2a　攻媿集 44/6a

四川宣撫使知成都府楊輔辭免不充詔　後樂集 4/4a

楊輔乞還田里不充詔　後樂集 4/6a

~ 鳳孫

福州觀察使楊鳳孫除安德軍承宣使依舊提舉佑神觀免奉朝請恩命不充詔　平齋集 14/2b

~ 蕃孫

賜楊蕃孫辭免以皇女周國公主下嫁男鎭恩命不充　後村集 55/15a

賜楊蕃孫再辭免特除保康軍節度使提舉佑神觀恩命不充　後村集 57/20a

賜楊蕃孫再辭免特除保康軍節度使提舉佑神觀恩命不充口宣　後村集 57/20b

~ 鎭

賜楊蕃孫辭免以皇女周國公主下嫁男鎭恩命不充　後村集 55/15a

賜文州刺使駙馬都尉楊鎭辭免除宜州觀察使恩命不充詔　後村集 56/8b

賈安宅

賜新除工部侍郎賈安宅辭免恩命不充詔　北海集 13/7a

~ 似道

賜太傅右丞相兼樞密使兼太子少師魯國公

賈似道再乞祠祿不允詔　後村集 55/17a

賜太傅右丞相賈似道再上奏乞賜罷免不允詔　後村集 55/18b

賜太傅右丞相賈似道辭免男賈德生特除秘閣修撰賈德潤特補承奉郎除直秘閣賈德生妻趙氏特封吳興郡主賈蕃世妻趙氏特封宜人恩命不允詔　後村集 56/9b

賜太傅右丞相賈似道辭免賜第宅家廟令有司條具以聞恩命不允詔　後村集 56/12b

賜太傅右丞相賈似道辭免以皇太子宮滿歲推恩特轉一官恩命不允詔　後村集 57/9b

賜太保右丞相益國公賈似道再上表辭免國史實録玉牒會要經武要畧進書禮成轉官恩命不允詔　後村集 57/12b

賜太保右丞相益國公賈似道再上表辭免國史實録玉牒會要經武要畧進書禮成轉官恩命不允詔口宣　後村集 57/13a

贈右丞相兼太子少師賈似道辭免敕令所修進景定編類吏部七司續降了畢特與轉兩官依例加恩恩命不允詔　後村集 57/15b

賜右丞相兼太子少師賈似道辭免敕令所修進景定編類吏部七司續降了畢特與轉兩官依例加恩恩命不允詔口宣　後村集 57/16a

賜右丞相賈似道再辭免進書轉官□□□恩不允詔　後村集 57/16b

賜右丞相賈似道再辭免進書轉官□□□恩不允詔口宣　後村集 57/17a

賜幸臣賈似道等上表奏請皇帝御正殿不允詔　後村集 57/17a

賜幸臣賈似道等諸文德殿再上表奏請御正殿不允　後村集 57/17b

賜右丞相兼太子少師賈似道辭免皇太子宮滿歲特轉一官恩命不允詔　後村集 57/18a

賜右丞相兼太子少師賈似道辭免皇太子宮滿歲特轉一官恩命不允詔口宣　後村集 57/18b

賜太傅右丞相兼樞密使魏國公賈似道辭免以理宗皇帝祔廟已畢照典故轉官恩命不允詔　碧梧集 2/6b

賜賈似道辭免兼監修國史日曆提舉編修玉牒提舉國史實録院提舉編修經武要畧不允詔　碧梧集 2/7a

文武百僚賈似道等上表奏請皇帝聽政不允批答　碧梧集 9/9a

賜太傅右丞相兼樞密使魏國公賈似道上表辭免以理宗皇帝祔廟已畢照典故轉官恩命不允批答　碧梧集 9/10a

賜太傅右丞相兼樞密使魏國公賈似道三上表辭免以理宗皇帝祔廟推恩不允批答仍斷來章　碧梧集 9/10a

~ 炎

賜新除顯謨直學士依前永興軍路安撫使賈炎辭免恩命不允詔　摘文集 3/2a

~ 昌朝

賜賈昌朝讓恩命第一表不允批答　景文集 33/8a　宋文鑑 33/16b

賜賈昌朝陳讓恩命第二表斷來章批答　景文集 33/9a

賜賈昌朝讓恩命第一表不允批答　景文集 33/10a　宋文鑑 33/10b

賜賈昌朝讓恩命第二表不允斷來章批答　景文集 33/10b

賜賈昌朝讓恩命第二表不允斷來章批答　景文集 33/13a

賜判大名府賈昌朝進奉上壽金酒器一副馬六匹詔　歐陽文忠集 83/9a

賜保平軍節度使兼侍中賈昌朝謝明堂加恩進馬詔　華陽集 15/6b

賜鎮安軍節度使兼侍中賈昌朝謝恰享加恩進馬詔　華陽集 15/7a

賜賈昌朝進乾元節上壽金酒器並馬詔　華陽集 15/8b

判大名府賈昌朝乞罷使相第一表不允詔　華陽集 16/10b

賈昌朝乞罷使相第二表不允詔　華陽集 16/10b

賈昌朝乞罷使相第三表不允詔　華陽集 16/11a

賈昌朝乞罷使相第四表不允詔　華陽集 16/11b

賈昌朝乞罷使相第五表不允詔　華陽集 16/12a

判大名府賈昌朝乞辭陵不允詔　華陽集 16/12a

~ 德生

賜太傅右丞相賈似道辭免男賈德生特除秘

閣修撰恩命不允詔 後村集 56/9b

賜太傅右丞相賈似道再辭免男德生特除秘閣修撰恩命不允詔 後村集 56/11b

~ 德潤

賜太傅右丞相賈似道辭免男賈德潤特承奉郎除直秘閣恩命不允詔 後村集 56/9b

賜太傅右丞相賈似道再辭免男德潤特補承奉郎除直秘閣恩命不允詔 後村集 56/11b

~ 贐

翰林侍讀學士知鄧州賈贐免恩命不允詔 華陽集 17/16b

~ 議

賈議辭免寶文閣直學士不允批答 浮溪集 15/9b 浮溪集/附拾遺 15/173

虞允文

賜左朝散大夫武兵部尚書湖北京西制置使虞允文乞除宮祠不允詔 漢濱集 3/2a

賜兵部尚書湖北京西路制置使虞允文乞宮觀不允詔 盤洲集 13/2a

賜虞允文辭免顯謨閣學士知平江府不允詔 盤洲集 13/8a

賜顯謨閣學士虞允文辭免端明殿學士同簽書樞密院事不允詔 盤洲集 14/6b

賜虞允文辭免同知樞密院事兼權參知政事不允詔 盤洲集 15/2a

賜參知政事虞允文乞宮觀不允詔 盤洲集 15/4a

賜虞允文乞宮觀不允更不得再有陳請詔 盤洲集 15/4a

賜虞允文辭免同簽書樞密院事不允仍斷來章批答 盤洲集 15/8a

賜虞允文再辭免同知樞密院事兼權參知政事不允批答 盤洲集 15/9a

賜虞允文辭免同簽書樞密院事斷來章批答口宣 盤洲集 16/5a

賜虞允文斷來章批答口宣 盤洲集 16/6b

虞允文辭免恩命不允批答口宣 文定集 8/4a

新除樞密使虞允文再辭免恩命乞檢行累奏許解機政不允批答 文定集 8/4a

尚書右僕射虞允文再乞解罷機政不允詔 文定集 8/4b

知樞密院事四川宣武使虞允文辭免赴行在乞解罷機政除在外宮觀差遣不允詔 文

定集 8/4b

左正議大夫守尚書右僕射虞允文辭免轉官加食邑實封 益國文忠集 104/5b 益公集 105/122b

尚書右僕射虞允文辭免提舉詳定一司敕令恩命 益國文忠集 104/6b 益公集 105/123b

虞允文辭免特進左丞相兼樞密使進封華國公加食邑實封 益國文忠集 105/8a 益公集 106/148a

左正奉大夫守尚書右僕射虞允文辭免修進敕令轉官加食邑實封 益國文忠集 109/1a 益公集 110/63a

尚書右僕射虞允文再辭免轉左光祿大夫特封成國公加食邑實封 益國文忠集 109/3a 益公集 110/66a

虞允文再辭免特進左丞相兼樞密使進封華國公加食邑實封 益國文忠集 109/5b 益公集 110/68b

右僕射虞允文辭免敕局進書轉官 益國文忠集 112/7b 益公集 112/118a

虞允文辭免慶壽加尊號轉官進封 益國文忠集 112/9a 益公集 112/120a

虞允文再辭免除右丞相 益國文忠集 112/10a 益公集 112/121a(明抄本有題闕文)

賜少保武安軍節度使四川宣撫使虞允文乞致仕退還安田里不允詔 玉堂橋 8/8a

賜尚書右僕射虞允文再乞解機政不允詔匡應辰撰 新安文獻 2/前 2a

賜左正議大夫守尚書右僕射虞允文辭免轉一官加食邑一千戶食實封四百戶恩命不允詔 益公集 105/122b

葉 份

賜新除龍圖閣直學士知泉州葉份辭免恩命不允詔 北海集 13/7b

~ 時

賜華文閣直學士朝請大夫知福州充福建路安撫使葉時乞昇宮觀差遣不允詔 真西山集 20/13a

~ 薦

知紹興府葉薦辭免除龍圖閣學士不允詔 宋本攻媿集 43/6a 攻媿集 43/2b

~ 夢得

新除江南東路安撫大使兼知壽春府濠濱廬和州無爲軍宣撫使葉夢得辭免恩命不允

詔 浮溪集 14/5b 浮溪集/附拾遺 14/162

賜資政殿學士葉夢得辭免知洪州恩命不允詔 毘陵集 9/12a

~ 夢鼎

賜葉夢鼎辭免除兵部尚書兼職依舊恩命不允詔 後村集 57/1b

賜新除兵部尚書葉夢鼎辭免陞兼修國史實錄院修撰恩命不允詔 後村集 57/4a

賜權史書修撰兼太子詹事葉夢鼎辭免除吏部尚書兼職依舊恩命不允詔 後村集 57/11a

葉夢鼎辭免簽書樞密院事不允詔 碧梧集 2/7b

賜銀青光祿大夫葉夢鼎辭免除資政殿學士知慶元府沿海制置使恩命不允詔 碧梧集 2/8a

賜銀青光祿大夫參知政事葉夢鼎上劄子乞朝假訪醫不允詔 碧梧集 2/8b

~ 衡

起復左朝奉大夫充敷文閣待制樞密都承旨兼户部侍郎葉衡辭免户部侍郎 益國文忠集 105/4b 益公集 106/144a

通奉大夫葉衡辭免知建寧府乞外宮觀 益國文忠集 105/10a 益公集 106/151a

賜葉衡上表再辭免除端明殿學士簽書樞密院事不允仍斷來章批答 玉堂稿 3/1b

賜葉衡上表再辭免除參知政事不允仍斷來章批答 玉堂稿 3/2b

賜葉衡上表再辭免除通奉大夫右丞相兼樞密使進封東陽郡開國公加食邑食實封不允批答 玉堂稿 3/4b

賜葉衡上表再辭免除通奉大夫右丞相兼樞密使進封東陽郡開國公加食邑食實封不允仍斷來章批答 玉堂稿 3/5a

葉衡上表再辭免除右丞相不允批答口宣 玉堂稿 13/16a

葉衡上表再辭免除右丞相不允仍斷來章批答口宣 玉堂稿 13/6a

葉衡上表再辭免除端明殿學士簽書樞密院事不允仍斷來章批答口宣 玉堂稿 14/10a

葉衡上表再辭免除參知政事不允仍斷來章批答口宣 玉堂稿 14/11a

葛 洪

資政殿大學士通議大夫提舉臨安府洞霄宮葛洪初辭免依舊資政殿大學士提舉萬壽觀兼侍讀日下前來供職恩命不允不得再有陳請詔（1－2） 東澗集 2/3b

資政殿大學士通議大夫提舉臨安府洞霄宮葛洪再辭免依舊資政殿大學士提舉臨安府萬壽觀兼侍讀日下前來供職恩命不允不得再有陳請詔 東澗集 2/4a

賜葛洪辭免資政提宮乞休致不允詔 鶴山集 14/2b

賜葛洪再乞休致不允詔 鶴山集 14/5a

董 安

賜美人董氏免恩命回授與父安允詔 華陽集 14/8b

~ 先

賜董先辭免恩命不允詔 梅溪集 6/21b

~ 耘

賜端明殿學士左中大夫知饒州軍州事主管學生監牧董耘乞除在外宮觀差遣不允詔 北海集 15/12a

~ 槐

賜觀文殿大學士提舉洞霄宮董槐辭免依舊職判福州福建安撫大使恩命不允詔 後村集 55/11b

賜董槐再辭免判福州福建安撫大使恩命不允詔 後村集 55/11b

賜董槐三辭免判福州福建安撫大使恩命不允詔 後村集 55/12a

賜董槐辭免依舊觀文殿大學士提舉洞霄宮進封永國公恩命不允仍故封吉國公詔 後村集 55/16a

賜觀文殿大學士提舉洞霄宮吉國公董槐乞生前致仕不允詔 後村集 57/5a

~ 氏

賜美人董氏免恩命不允詔 華陽集 14/8a

賜美人董氏免恩命迴授與父安允詔 華陽集 14/8b

圓凝（釋）

賜五臺山十寺僧正圓凝等新進功德疏敕書 元憲集 28/2b

詹 义

賜給事中詹義乞淮浙一小郡或在外宮觀不允詔 翟忠惠集 1/3b

賜新除徽猷閣學士提舉臨安府洞霄宮詹義辭免恩命不允詔 北海集 15/11b

~大方

詹大方辭免工部尚書不允詔 紫微集 11/1b

~文枃

賜禮部侍郎詹文枃乞補外不允詔 後村集 55/18b

~ 度

賜新除資政殿大學士中山西路安撫使詹度辭免恩命不允詔 翟忠惠集 1/3a

解 旦

賜商州刺史解旦進馬敕書 華陽集 19/12a

鄒應龍

宣奉大夫鄒應龍再辭免除資政殿學士知慶元府沿海制置使恩命不允不得再有陳請詔 東澗集 1/5b

宣奉大夫新除禮部尚書鄒應龍辭免兼修玉牒官恩命不允詔 東澗集 1/6a

宣奉大夫新除禮部尚書鄒應龍辭免兼侍讀恩命不允詔 東澗集 1/6b

宣奉大夫守禮部尚書兼修玉牒官兼侍讀鄒應龍辭免除端明殿學士簽書樞密院事兼權參知政事恩命不允詔 東澗集 1/7a

端明殿學士中奉大夫新除簽書樞密院事兼權參知政事鄒應龍辭免同提舉編修經武要暑恩命不允詔 東澗集 1/7b

端明殿學士宣奉大夫簽書樞密院事兼權參知政事鄒應龍乞解機政不允詔 東澗集 1/8a

端明殿學士宣奉大夫簽書樞密院事兼權參知政事鄒應龍以憂收拯災乞退歸田里不允詔 東澗集 1/8a

賜鄒應龍上表辭免書不允批答 翰林集 12/13b

十 四 畫

齊 廓

賜知舒州齊廓進新茶敕書 歐陽文忠集 86/9b

~慶冑

賜朝請郎權尚書禮部侍郎兼侍講齊慶冑辭免除禮部侍郎恩命不允詔 益國文忠集 108/20b 益公集 109/61b

趙乃裕

賜乃裕辭免特除檢校少保依前皇姪保寧軍節度使天水郡國開公加食邑實封恩命不允詔 後村集 56/16b

賜皇帝（姪）乃裕再賜免特授檢校少保恩命不允 後村集 57/20b

賜皇帝（姪）乃裕再辭免特授檢校少保恩命不允口宣 後村集 57/21a

~士矩

賜奉國軍承宣使士矩辭免特差知南外宗正事不允詔 玉堂稿 5/8b

~士歆

昭慶軍承宣使提舉佑神觀士歆辭免保康軍節度使依前提舉佑神觀 益國文忠集 108/12a 益公集 109/51a

士歆加食邑實封制附賜告口宣 攻媿集 45/2a

賜昭慶軍承宣使提舉佑神觀士歆上表再辭免保康軍節度使加食邑食實封不允仍斷來章批答 玉堂稿 3/7b

賜保康軍節度使提舉佑神觀士歆辭免除嗣濮王加食邑食實封不允詔 玉堂稿 10/3b

士歆上表再辭免保康軍節度使不允批答口宣 玉堂稿 14/4b

~士諫

賜奉國軍節度使同知大宗正事士諫上表再辭免加食邑食實封不允仍斷來章批答 益公集 110/65a

賜士諫再辭免郊禮加恩不允仍斷來章批答 益公集 112/119a

~士劌

賜士劌辭免恩命不允詔 楳溪集 6/20a

~士錄

奉國軍節度使同知大宗正事士錄再辭免食邑實封 益國文忠集 109/2b

趙士錄再辭免郊祀加恩 益國文忠集 112/8b

~士暢

新除少師士暢辭免備禮冊命 益國文忠集 106/1 益公集 107/1a

少傅昭化軍節度使充醴泉觀使嗣濮王士暢

辭免少師加食邑實封　益國文忠集 108/19a　益公集 109/60a

新授少師嗣濮王士暢辭免令所司擇日備禮册命　益國文忠集 108/19b　益公集 109/60b

皇叔祖嗣濮王士暢再辭免少傅　益國文忠集 109/7b　益公集 110/71b

士暢再辭免除少傅　益國文忠集 112/10b　益公集 111/101b

賜少傅昭化軍節度使充體泉觀使嗣濮王士暢上表再辭免除少師加食邑食實封不允批答　玉堂稿 4/4b

賜少傅昭化軍節度使充體泉觀使嗣濮王士暢再上表辭免除少師加食邑食實封不允仍斷來章批答　玉堂稿 4/5a

賜士暢再上表辭免不允仍斷來章批答口宣　玉堂稿 15/13a

士暢上表再辭免除少師恩命不允批答口宣　玉堂稿 15/14a

~ 士僐

新除起復依前檢校少保光山軍節度使知大宗正事士僐辭免恩命不允詔　浮溪集 14/4a　浮溪集/附拾遺 14/161

賜士僐辭免宗司不允批答　浮溪集 15/2b　浮溪集/附拾遺 15/168

賜士僐辭免檢校少保不允批答　浮溪集 15/2b　浮溪集/附拾遺 15/168

賜檢校少保光山軍節度使知大宗正事趙士僐乞收敘銜在令時下允詔　北海集 9/2a

賜起復檢校少保光山軍節度使知大宗正事士僐上表辭免宗祀加恩不允詔　北海集 10/6b

賜檢校少保光山軍節度使司知大宗正事士僐乞罷宗正職事除一外任宮觀不允詔　北海集 10/7a

~ 子畫

賜左朝奉大夫新除兵部尚書趙子畫辭免恩命不允詔　北海集 13/11b

~ 子棟

賜武翼郎監潭州南嶽廟趙子棟辭免除宜州觀察使安定郡王恩命不允詔　益國文忠集 108/20a　益公集 109/61b

~ 子潚

賜龍圖閣直學士趙子潚辭免知福州不允詔　盤洲集 13/3b

賜知福州趙子潚乞致仕不允詔　盤洲集 15/

4a

~ 元僖

賜荊王賀加上尊號受册批答　元憲集 29/2b

賜荊王讓恩命不允批答　元憲集 29/3b

賜宰臣荊王使相節度使讓恩命不允批答　元憲集 30/4a

~ 不儌

賜嗣濮王不儌上表再辭免特授檢校少保依前昭慶軍節度使提舉佑神觀嗣濮王加食邑食實封恩命不允仍斷來章批答　真西山集 22/13b

~ 日新

賜知代州趙日新進黃金鍍銀▲石火匣敕書　元憲集 28/7b

~ 允良

賜買昌王貽永皇弟允良陳讓恩命第二表不允斷來章批答　景文集 33/9a

賜皇弟允良讓恩命第二表不允斷來章批答　景文集 33/12b

賜皇弟奉寧軍節度使華原郡王允良讓恩命第一表不允批答　歐陽文忠集 87/17a

賜皇弟奉寧軍節度使華原郡王允良讓恩命第二表不允斷來章批答　歐陽文忠集 87/17a

賜皇弟華原郡王允良讓恩命第一表不允批答口宣　歐陽文忠集 87/18a

賜皇弟華原郡王允良讓恩命第二表不允斷來章批答口宣　歐陽文忠集 87/18a

皇叔允良特免常朝五日一赴起居詔　華陽集 13/5b

~ 允初

賜皇弟感德軍節度使允初讓恩命第一表不允批答　歐陽文忠集 87/17b

賜皇弟感德軍節度使允初讓恩命第二表不允斷來章批答　歐陽文忠集 87/17b

賜皇弟感德軍節度使允初讓恩命第一表不允批答口宣　歐陽文忠集 87/18a

賜皇弟感德軍節度使允初讓恩命第二表不允斷來章批答口宣　歐陽文忠集 87/18a

皇叔允初特免常朝五日一赴起居詔　華陽集 13/5b

~ 允迪

賜皇弟允迪讓恩命第二表不允斷來章批答　景文集 33/13a　宋文鑑 33/12a

~ 允弼

賜北海郡王允弼上表謝皇帝御正殿特賜俞允批答　文恭集 24/6b

賜寧國軍節度使北海王允弼摹勒御書飛白上進詔　文恭集 24/12b

賜皇兄允弼讓恩命第二表不允斷來章批答　景文集 33/11b

皇伯允弼特免常朝五日一赴起居詔　華陽集 13/5b

賜皇伯東平郡王允大宗正司允弼免行事允詔　華陽集 14/1b

皇伯平郡王允弼免恩命第一表不允口宣　華陽集 23/1a

皇伯允弼免恩命第二表不允斷來章口宣　華陽集 23/1a

~允讓

賜皇兄允讓等上表乞皇帝御正殿復常膳不允批答　文恭集 24/6a

賜寧江軍節度使允讓讓恩命不允批答　元憲集 29/4b

賜皇兄允讓第一表不允批答　景文集 33/6b

賜皇兄允讓第二表讓恩命不允斷來章批答　景文集 33/7a

賜新除皇兄允讓讓恩命第二表不允斷來章批答　景文集 33/11b

~立夫

權户部侍郎趙立夫辭免除户部侍郎恩命不允詔　平齋集 15/1b

太中大夫守尚書户部侍郎兼删修敕令官趙立夫乞昇祠不允詔　平齋集 15/7b

~令務

賜趙令務辭免恩命不允詔　楳溪集 6/25b

~令德

定武軍承宣使安定郡王令德辭免知南外宗正事　益國文忠集 104/16b　益公集 105/135b

~汝愚

賜文武百僚宰臣趙汝愚等上表請皇帝還内不允批答　止齋集 10/4a

賜趙汝愚等再上表請皇帝還内宜允批答　止齋集 10/4b

賜趙汝愚再辭免提舉編修國朝會要不允詔　宋本攻媿集 41/4a　攻媿集 42/8a

賜趙汝愚辭免大禮加食邑實封不允詔　宋本攻媿集 41/15a　攻媿集 42/10b

賜趙汝愚辭免不允詔　宋本攻媿集 43/9a　攻媿集 43/3b

賜新除觀文殿大學士知福州趙汝愚辭免不允詔　宋本攻媿集 43/14a　攻媿集 43/5a

賜提舉臨安府洞霄宮趙汝愚辭免觀文殿大學士不允詔　宋本攻媿集 43/15b　攻媿集 43/6a

~汝談

中奉大夫權禮部侍郎兼侍讀趙汝談辭免權刑部尚書兼職依舊恩命不允詔　東澗集 1/16a

~仲湜

賜皇叔祖檢校少保靖海軍節度使開府儀同三司嗣濮王仲湜辭免兼大宗正事恩命不允詔　北海集 9/6a

賜皇叔祖檢校少傅靖海軍節度使開府儀同三司嗣濮王仲湜再上表辭免宗祀加恩斷來章不允詔　北海集 9/6b

~仲琮

仲琮乞麗宗正司不允詔　浮溪集 14/8b　浮溪集/附拾遺 14/164

~良規

賜太子賓客知相州趙良規賀封潁王進綃詔　華陽集 15/12a

~　扑

賜右諫議大夫參知政事趙扑乞退不允批答　韓南陽集 15/22b

賜參知政事趙扑乞退第二表不允批答　韓南陽集 15/23a

賜右諫議大夫參知政事趙扑乞退第三表不允仍斷來章批答　韓南陽集 15/23b

賜參知政事右諫議大夫趙扑乞退第一表不允批答　傳家集 16/13a　司馬溫公集 56/14b

~希櫱

賜煥章閣直學士朝散郎知平江府趙希櫱辭免除顯謨閣直學差知太平州恩命不允詔　真西山集 21/6a

賜顯謨閣直學士朝散郎知太平軍州事兼管内勸農營田使趙希櫱乞昇祠祿不允詔　真西山集 21/13a

~希遷

皇叔保康軍承宣使希遷辭免特授保康軍節度使提舉萬壽觀依前皇叔進封會稽郡開國公加食邑食實封恩命不允詔　東澗集 1/3b

皇叔新除保康軍節度使希遷辭免前官恩命

不允仍斷來章批答　東澗集 3/10b

～ 似

賜皇弟大寧郡王似上第二表不允斷來章批答口宣　蘇魏公集 25/8b

皇弟似請外居未允詔　宋詔令集 35/185

～ 似

賜皇弟大寧郡王似上第二表不允斷來章批答口宣　蘇魏公集 25/8b

皇弟似免恩命不許不允批答四首　樂城集 34/5a

～ 伯主

敷文閣直學士右承議郎知明兼沿海制置使趙伯主乞在外宮觀差遣　益國文忠集 104/4b

益公集 106/121b

趙伯主再辭免安德軍節度使提舉隆興府玉隆萬壽宮任便居住加食邑實封　益國文忠集 106/2b　益公集 107/3a

趙伯主再辭免開府儀同三司充萬壽觀使進封天水郡開國公加食邑實封　益國文忠集 106/6b　益公集 107/8a

賜新除安德崇信軍節度使伯主辭免不允詔宋本攻媿集 41/2a　攻媿集 42/7b

賜伯主再辭免兩鎮節度使不允批答　宋本攻媿集 41/5a　攻媿集 46/1a

賜伯主再辭免兩鎮節度使不允仍斷來章批答　宋本攻媿集 41/8a　攻媿集 46/1b

皇伯祖太師嗣秀伯主特授兼中書令加食邑實封制　宋本攻媿集 43/3b

賜伯主辭免兼中書令不允詔　宋本攻媿集 43/5a　攻媿集 43/1b

賜伯主再辭免中書令不允批答　宋本攻媿集 43/7a　攻媿集 46/4b

賜伯主再辭免特授兼中書令加食邑實封不允仍斷來章批答　宋本攻媿集 43/10a　攻媿集 46/5a

賜皇伯祖伯主辭免贊拜不名加食邑實封不允詔　宋本攻媿集 43/12a　攻媿集 43/4b

～ 伯琮（孝宗趙春）

普安郡王辭免恩命不允詔　紫微集 11/1a

～ 君奭

賜朝奉郎通判梓州趙君奭進奉坤成節無量壽佛救書　蘇東坡全集/內制 4/16a

～ 君錫

趙君錫免刑部侍郎不允　樂城集 33/15a

趙君錫免吏部侍郎不允詔　樂城集 33/22b

賜新除天章閣待制守吏部侍郎趙君錫辭免不允詔　范太史集 28/6a

～ 宗旦

賜皇伯崇信軍節度使知大宗正事宗旦不允詔　韓南陽集 15/7a

賜皇伯新除崇信軍節度使宗旦辭免恩命不允批答　韓南陽集 15/22b

閣門賜新除崇信軍節度使宗旦告敕口宣韓南陽集 15/24b

賜新除皇伯崇信軍節度使宗旦第一表辭恩命不允批答口宣　韓南陽集 15/25a

賜新除皇伯崇信軍節度使宣旦辭免恩命不允斷來章批答口宣　韓南陽集 15/25a

賜皇伯崇信軍節度使宗旦辭免恩命第二表不允斷來章批答　華陽集 21/2b

～ 宗祐

賜覃國公宗祐上第一表辭免加恩不允批答口宣　蘇魏公集 25/8a

賜覃國公宗祐上第一表辭免加恩不允斷來章批答口宣　蘇魏公集 25/8b

皇叔祖宗祐辭免恩命不許不允批答四首樂城集 34/4a

～ 宗晟

賜章化軍節度使開府儀同三司判大宗正事宗晟上表乞還職事不許詔　蘇東坡全集/內制 2/16b

賜皇伯祖宗晟辭免起復恩命不允批答口宣蘇東坡全集/內制 9/5b

賜皇伯祖宗晟辭免起復恩命不允斷來章批答口宣　蘇東坡全集/內制 9/5b

賜皇伯祖宗晟辭免起復恩命不允詔　蘇東坡全集/內制 9/9a

賜皇伯祖宗晟辭免起復恩命不許詔　蘇東坡全集/內制 9/11b

賜皇伯祖宗晟辭免起復恩命不允詔　蘇東坡全集/內制 9/11b

賜皇伯祖宗晟辭免起復恩命不許詔　蘇東坡全集/內制 9/15b

賜皇伯祖宗晟辭免起復恩命不允詔　蘇東坡全集 9/15b

～ 宗景

賜皇叔祖建雄軍節度觀察留後同知大宗正事宗景上表辭恩命不允詔　蘇東坡全集/內

制 1/2b

賜皇叔祖宗景上表辭恩命不許詔　蘇東坡全集/內制 1/3a

～宗楚

賜郡國公宗楚上第一表辭免加恩不充批答口宣　蘇魏公集 25/8a

賜郡國公宗楚上第一表辭免加恩不充斷章批答口宣　蘇魏公集 25/8b

皇叔祖宗楚免恩命不許不充批答四首　樂城集 34/4a

～宗暉

賜皇伯祖嗣濮王宗暉上第一表辭免加恩不充批答口宣　蘇魏公集 25/8a

賜皇伯祖嗣濮王宗暉上第一表辭免加恩不充斷章批答口宣　蘇魏公集 25/8b

皇伯祖宗暉免恩命不許不充批答四首　樂城集 34/3b

～宗愈

賜皇叔祖華原郡王宗愈上第一表辭免加恩不充斷章批答口宣　蘇魏公集 25/8b

～宗諤

賜右神武大將軍睦州團練使宗諤進太平盤維錄敎書　文恭集 24/13a

賜皇伯集慶軍節度使同中書門下平章事宗諤乞罷赴中書禮上充詔　華陽集 14/2a

賜皇伯使相宗諤免恩命第一表不充批答　華陽集 21/2b

賜皇伯宗諤免恩命第一表不充批答　華陽集 21/3a

賜皇伯宗諤免恩命第二表不充斷來章批答（1－2）　華陽集 21/3a－3b

皇伯宗諤免恩命第一表不充口宣　華陽集 23/2b

賜皇伯集慶軍節度使檢校尚書左僕射宗諤辭免恩命第一表不充批答　郡溪集 9/12b

賜宗諤辭免恩命第二表不充斷來章批答　郡溪集 9/13a

賜皇伯宗諤免恩命不充批答元綵撰　宋文鑑 33/17b

～宗樸

賜皇伯使相宗樸免恩命第一表不充批答　華陽集 21/3b

賜皇伯宗樸免恩命第二表不充斷來章批答　華陽集 21/4a

賜宗樸辭恩命第二表不充斷來章批答　郡

溪集 9/14a

賜新除檢校尚書左僕射同中書門下平章事彰德軍節度使宗樸第一表辭免恩命不充批答　郡溪集 9/14b

賜宗樸第二表不充斷來章批答口宣　郡溪集 10/3a

賜使相宗樸辭恩命第一表不充批答口宣　郡溪集 10/7a

～宗隱

賜安康郡王宗隱上第一表辭免加恩不充批答口宣　蘇魏公集 25/8a

賜安康郡王宗隱上第一表辭免加恩不充斷章批答口宣　蘇魏公集 25/8b

～叔哀

賜宗室叔哀進異獸歌敎書　文恭集 24/15b

～ 佶

賜遂寧郡王佶上第二表不充斷來章批答口宣　蘇魏公集 25/8b

皇弟佶免恩命不許不充批答四首　樂城集 34/5a

皇弟佶請外居未充詔　宋詔令集 35/185

～居中

賜居中免辭加恩不充詔　玉堂稿 8/6a

～居廣

皇兄檢校少保岳陽軍節度使開府儀同三司充萬壽觀使永陽郡王居廣辭免加食邑實封　益國文忠集 104/8b　益公集 105/125b

少保岳陽軍節度使充萬壽觀使永陽郡王居廣辭免加食邑實封　益國文忠集 105/16b　益公集 106/159a

皇兄少保岳陽軍節度使充萬壽觀使永陽郡王居廣辭免少傅加食邑實封　益國文忠集 108/19a　益公集 109/60b

新授少傅永陽郡王居廣免令所司擇日備禮册命　益國文忠集 108/20a　益公集 109/61a

皇兄居廣再辭免食邑實封　益國文忠集 109/2a　益公集 110/64a

皇兄居廣再辭免郊祀加恩　益國文忠集 112/8a　益公集 112/118b

賜少保岳陽軍節度使充萬壽觀使永陽郡王居廣上表再辭免特授少傅加食邑食實封不充批答　玉堂稿 4/4b

賜少保岳陽軍節度使充萬壽觀使永陽郡王居廣再上表辭免除少傅加食邑食實封不

允仍斷來章批答　玉堂稿 4/5b

賜居廣批答口宣　玉堂稿 15/12b

賜居廣再上表辭免不允仍斷來章批答口宣　玉堂稿 15/13a

~承亮

賜皇伯祖承亮改封秦國公免恩命不允批答　華陽集 21/2a　宋文鑑 33/12b

皇伯祖感德軍節度使承亮改封秦國公免恩命第一表不允口宣　華陽集 23/2a

皇伯祖承亮免恩命第二表不允斷來章口宣　華陽集 23/2a

批答不允皇伯祖感德軍節度使榮國公承亮辭免恩命第一表　臨川集 48/7b

批答不允承亮辭免恩命第二表仍斷來章　臨川集 48/7b

批答不允承亮辭免（1－2）　臨川集 48/7b

批答不允承亮辭免　臨川集 48/8a

~承顯

賜皇伯祖昭化軍節度使檢校工部尚書康國公承顯辭恩命第一表不允批答　傳家集 16/19a　司馬溫公集 56/19a

賜皇伯祖昭化軍節度使承顯辭恩命第二表不允斷來章批答　傳家集 16/20a　司馬溫公集 56/20a

~彥呐

朝議大夫權尚書兵部侍郎四川安撫制置使趙彥呐乙速加汰斥不允詔　平齋集 15/9a

~彥若

賜翰林學士中大夫兼侍讀趙彥若辭免國史修撰不允詔　蘇東坡全集/內制 10/10b

賜新除樞密直學士提舉萬壽觀趙彥若辭免齊州一任不允詔　范太史集 28/4a

~彥愊

權兵部侍郎趙彥愊辭免除兵部侍郎恩命不允詔　平齋集 15/2b

朝議大夫新除兵部侍郎兼國史院編修官實録院檢討官兼崇政殿說書趙彥愊辭免陞兼同修國史實録院同修撰恩命不允詔　平齋集 15/2b

兵部侍郎趙彥愊辭免侍講恩命不允詔　平齋集 15/5b

中奉大夫權吏部尚書兼同修國史實録院同修撰兼給事中兼侍講趙彥愊辭免陞兼侍讀恩命不允詔　東澗集 1/9b

賜趙彥愊辭免除權書不允詔　鶴林集 12/6a

~彥逾

趙彥逾再上劄子辭免端明殿學士並執政恩數不允詔　宋本攻媿集 41/1b　攻媿集 42/7a

新除四川安撫制置使趙彥逾辭免不允詔　宋本攻媿集 41/10b　攻媿集 42/9b

賜趙彥逾再辭免新除端明殿學士中大夫四川安撫制置使兼知成都府不允不得再有陳請詔　宋本攻媿集 41/14a

趙彥逾再辭免新除端明殿學士中大夫四川安撫制置使兼知成都府不允不得再有陳請詔　宋本攻媿集 41/14b　攻媿集 42/10a

新除觀文殿學士趙彥逾再辭免不允不得再有陳請詔　宋本攻媿集 44/14b　攻媿集 44/2b

侍讀趙彥逾辭免進講毛詩終篇轉一官不允詔　宋本攻媿集 44/15a　攻媿集 44/2b

觀文殿學士侍讀趙彥逾乞歸田里不允詔　宋本攻媿集 45/14b　攻媿集 44/11b

~侯

賜咸寧郡王侯上第二表不允斷來章批答口宣　蘇魏公集 25/8b

皇第侯乞外居不允詔元符二年正月辛亥　三表乃從　宋詔令集 35/185

~師垂

師垂再辭免除檢校少師不允詔　後樂集 4/16b

師垂辭免除知大宗正事不允詔　後樂集 4/17a

賜師垂批答口宣　後樂集 5/10b

~師挽

賜少保師挽辭免除少傅依前皇伯奉國軍節度使充萬壽觀使嗣秀王加食邑食實封恩命不允詔　真西山集 21/21b

賜嗣秀王師挽辭免除少保依前皇伯奉國軍節度使充萬壽觀使加食邑食實封恩命不允批答　真西山集 22/13a

賜嗣秀王師挽再上表辭免除少保依前皇伯奉國軍節度使充萬壽觀使加食邑食實封恩命不允仍斷來章批答　真西山集 22/14a

~師罃

通奉大夫趙師罃辭免復實謚閣直學士依所乞宮觀不允詔　宋本攻媿集 45/18a　攻媿集 44/13b

趙師罃乞祠祿不允詔　後樂集 4/15b

趙師㒚辭免兼國用司參計官不充詔 後樂集 4/16a

賜正議大夫守兵部尚書兼知臨安府趙師㒚乞界祠祿不充詔 真西山集 19/25a

賜正議大夫兵部尚書兼詳定敕令官趙師㒚乞歸田里不充詔 真西山集 20/22b

~ 師彌

少師保寧軍節度使判大宗正事嗣秀王師彌乞解職畀祠不充詔 東澗集 1/5a

少傅保寧軍節度使判大宗正事嗣秀王師彌再辭免特授少師加食邑食實封恩命不允批答 東澗集 3/11a

少傅保寧軍節度使判大宗正事嗣秀王師彌三辭免特授少師加食邑食實封恩命不允仍斷來章批答 東澗集 3/11b

~ 淳

趙淳辭免殿前司副都指揮使不充詔 後樂集 4/10b

趙淳辭免特轉承宣使不充詔 後樂集 4/11a

~ 密

賜趙密辭免恩命不充詔 楊漢集 6/22a

賜趙密再辭免恩命不充詔 楊漢集 6/22b

賜趙密辭免恩命不充批答口宣 楊漢集 7/11a

賜崇信軍節度使開府儀同三司充萬壽觀使趙密乞致仕不充詔 盤洲集 13/5b

賜趙密辭免少保乞守本官致仕不充詔 盤洲集 13/7a

賜少保崇信軍節度使趙密辭免落致仕權殿前司職事不充詔 盤洲集 14/2a

賜趙密再上表辭免少保不充仍斷來章批答 盤洲集 15/5a

賜趙密辭免少保不充批答口宣 盤洲集 16/2a

~ 悙

賜皇太子光宗廟諡辭免男御諡除正任觀察使封國公女封郡主不充詔 玉堂稿 7/2b

~ 崇嶽

賜趙崇嶽辭免除吏部侍郎兼職依舊恩命不充詔 後村集 56/5a

賜趙崇嶽辭免除權刑書兼職依舊恩命不充詔 後村集 57/11b

~ 偁

賜祈國公偁上第二表不充斷來章批答口宣

蘇魏公集 25/8b

賜皇弟偁辭免恩命不許批答 范太史集 29/4a-4b

賜皇弟偁辭免恩命不充批答口宣 范太史集 29/4b

賜皇弟偁上第二表辭免恩命不許批答 范太史集 29/5a-5b

賜皇弟偁第二表辭免恩命不充批答口宣 范太使集 29/5b

皇弟偁免恩命不許不充批答四首 樂城集 34/5a

皇弟偁上表乞出閤不充詔元符二年正月壬子 宋詔令集 35/185

答定王偁乞遷外第不充詔元符三年六月壬辰 宋詔令集 35/185

答第一表不充詔建中靖國元年六月 宋詔令集 35/185

~ 從式

皇觀察留後從式除節度使再辭不允批答 古靈集 2/6a

賜皇伯新除彰化軍節度觀察留後安定郡王從式乞免新命不充詔 臨川集 47/12b

~ 善下

賜楊州觀察使知婺州軍州事兼管內勸農使善下乞依舊在京宮觀免奉朝請任使居住不充詔 真西山集 19/28a

~ 善堅

趙善堅辭免除工部侍郎兼知臨安府不充詔 後樂集 4/14b

趙善堅辭免招收禁軍特轉一官不充詔 後樂集 4/15a

~ 善湘

資政殿大學士銀青光祿大夫新除沿海制置使暫兼知慶元府趙善湘再辭免依舊除四川宣撫使兼知成都府恩命不充不得再有陳請詔 東澗集 1/15a

~ 雄

賜趙雄辭免參知政事不充第二詔 范成大佚著/92

禮部尚書趙雄辭免兼侍讀 益國文忠集 105/11b 益公集 106/152b

朝奉郎試禮部尚書趙雄辭免經修日曆特轉一官 益國文忠集 106/3a 益公集 107/4a

端明殿學士朝散郎簽書樞密院事趙雄辭免同知樞密院事 益國文忠集 107/3a 益公集

詔令二 政令 優答 十四畫 1091

108/21a

中大夫參知政事趙雄辭免同提舉敕令所恩命 益國文忠集 107/11b 益公集 108/31a

中大夫參知政事趙雄辭免權監修國史日曆 益國文忠集 108/1a 益公集 109/37a

參知政事趙雄辭免幸秘書省推恩特轉一官 益國文忠集 108/9a 益公集 109/47b

中大夫參知政事趙雄再辭免玉牒所進書充禮儀使特轉一官例恩 益國文忠集 108/9b 益公集 109/48a

右丞相趙雄辭免提舉國史院國朝會要所恩命 益國文忠集 108/10b 益公集 109/49b

右丞相趙雄辭免提舉編修玉牒提舉敕令所 益國文忠集 108/12b 益公集 109/51b

右丞相趙雄辭免曾監修纂隆興以後日曆奏成轉官例恩 益國文忠集 108/14b 益公集 109/54a

正奉大夫右丞相趙雄辭免敕令所修進一州一路酬賞格法了畢特轉一官例恩 益國文忠集 108/16b 益公集 109/57a

趙雄再辭免端明殿學士簽書樞密院事 益國文忠集 109/9a 益公集 110/74a

端明殿學士朝散郎簽書樞密院事趙雄再辭免同知樞密院事 益國文忠集 109/10a 益公集 110/75a

趙雄再辭免右丞相正議大夫加食邑實封 益國文忠集 109/12a 益公集 110/78a

正奉大夫右丞相趙雄再辭免敕令所進修一州一路酬賞格法了畢特轉一官例恩 益國文忠集 109/13b 益公集 110/79b

趙雄再辭免除端明殿學士簽書樞密院事 益國文忠集 112/11a 益公集 112/122b

趙雄再辭免除同知樞密院事 益國文忠集 112/11b 益公集 112/123a

趙雄再辭免除右丞相 益國文忠集 112/12b 益公集 112/124a

趙雄辭免敕令所進書轉官 益國文忠集 112/13a 益公集 112/124b

賜端明殿學士朝散郎簽書樞密院事趙雄上表再辭免除同知樞嘉勉勞賁也所請上表宜免故茲獎論想宜知悉 益公集 111/103a

賜趙雄上表再辭免特授右丞相正議大夫加食邑食實封不充批答 玉堂稿 3/6b

賜正議大夫右丞相趙雄上表再辭免曾經頂監修纂隆興以後日曆奏成篇秩特轉行一

官依例加恩不充批答 玉堂稿 3/8b

賜正議大夫右丞相趙雄再上表辭免曾經頂監修纂隆興以後日曆奏成篇秩特轉行一官依例加恩不充仍斷來章批答 玉堂稿 3/9b

賜正奉大夫右丞相趙雄上表再辭免敕令所修進一州一路酬賞格法了畢特轉一官依例加恩不充批答 玉堂稿 4/1b

賜右丞相趙雄上表再辭免秘書省進呈會要了畢提舉官特轉兩官依例加恩不充批答 玉堂稿 4/2b

賜宣奉大夫右丞相趙雄辭免玉牒所進書了畢提舉官特轉兩官依例加恩不充批答 玉堂稿 4/6a

賜宣奉大夫右丞相趙雄再上表辭免玉牒所進書了畢提舉官特轉行兩官依例加恩不充仍斷來章批答 玉堂稿 4/7a

賜宣奉大夫右丞相趙雄上表辭免進四朝正史志提舉官特轉兩官依例加恩不充批答 玉堂稿 4/8b

賜太中大夫參知政事趙雄辭免特授右丞相正議大夫加食邑食實封不充詔 玉堂稿 7/4a

賜中大夫參知政事趙雄辭免玉牒所進書了畢充禮儀使轉一官依例加恩不充詔 玉堂稿 8/3a

賜宣奉大夫右丞相趙雄辭免秘書省進呈會要了畢提舉官者特轉兩官依例加恩不充詔 玉堂稿 9/1b

賜宣奉大夫右丞相趙雄辭免國史院進呈四朝正史志了畢提舉官特與轉兩官依例加恩不充詔 玉堂稿 9/9a

賜宣奉大夫右丞相趙雄再具奏劄子辭免進呈四朝正史志了畢特轉兩官依例加恩不充不得再有陳請詔 玉堂稿 9/10b

賜銀青光祿大夫右丞相沂國公趙雄以積兩未霈之先次肢秩不充不得再有陳請詔 玉堂稿 10/6b

賜銀青光祿大夫右丞相沂國公趙雄乞許上還丞相印綬異以外祠不充詔 玉堂稿 10/8b

賜右丞相趙雄辭免特授觀文殿大學士四川安撫制置使兼知成都府乞檢會除一在外宮觀差遣不充詔 玉堂稿 10/9a

右丞相趙雄上表再辭免敕令所修進一州一路酬賞轉一官加恩恩命不允批答口宣 玉堂稿 13/10b

趙雄上表再辭免秘書省進呈會要了畢提舉官特轉兩官依例加恩恩命不允批答口宣 玉堂稿 13/11a

趙雄上表辭免右丞相不允批答口宣 玉堂稿 14/4a

趙雄上表再辭免曾頫監修纂隆興以後日曆奏成篇秩轉行一官依例加恩恩命不允批答口宣 玉堂稿 14/7b

趙雄再上表辭免日曆奏成篇秩特轉行一官不允仍斷來章批答口宣 玉堂稿 14/8a

趙雄辭免轉官不允批答口宣 玉堂稿 15/6b

趙丞相不允批答口宣 玉堂稿 16/3b

賜右丞相趙雄不允仍斷來章批答口宣 玉堂稿 16/4a

賜趙雄上表再辭免特授右丞相正議大夫加食邑食實封不允批答 崔敦詩撰 南宋文範 10/10a

~ 貴謙

皇弟保康軍承宣使貴謙辭免特授保康軍節度使仍奉朝請依前皇弟進封天水郡開國公加食邑食實封恩命不允詔 東澗集 1/4a

~ 項

皇長子顥王項乞班在允初下不允詔 華陽集 13/5a

皇長子顥王項乞班在富弼允弼允良下不允詔 華陽集 13/5b

賜皇長子淮陽郡王項免恩命不允批答 華陽集 21/1a 宋文鑑 33/12a

賜皇長子顥王項免恩命第一表不允批答 華陽集 21/1b

皇長子項免恩命第一表不允口宣 華陽集 23/1b

皇長子項免恩命第二表不允斷來章口宣 華陽集 23/1b

皇長子進封顥王項免恩命第二表不允斷來章口宣 華陽集 23/1b

~ 楷

賜皇子楷乞就外第不允詔 宋詔令集 35/185

~ 概

趙少師概辭免明堂陪位批答 古靈集 2/5b

賜參知政事趙概免恩命允詔 華陽集 14/5b

賜參知政事趙概兩災乞退第一表不允批答

華陽集 20/11a

賜趙概兩災乞退第二表不允斷來章批答 華陽集 20/11b

賜趙概兩災乞退第三表不允斷來章批答 華陽集 20/12a

賜參知政事趙概免恩命不允斷來章批答 華陽集 22/11a

賜參知政事趙概乞退不允批答 華陽集 22/11b

參知政事趙概免恩命不允斷來章口宣 華陽集 23/7b

賜觀文殿學士知徐州趙概乞致仕不允詔 郡溪集 9/4b

賜觀文殿學士更部尚書知除州趙概乞致仕不允詔 郡溪集 9/5a

賜新除更部尚書充觀文殿學士知徐州趙概辭免恩命不允詔 郡溪集 9/5a

賜禮部尚書參知政事趙概乞致仕第一表不允批答 郡溪集 9/9b

賜趙概乞致仕第二表不允批答 郡溪集 9/9b

賜參知政事趙概乞致仕不允斷來章批答 郡溪集 9/13b

~ 愷

皇子雄武軍節度使開府儀同三司魏王愷辭免加食邑實封 益國文忠集 104/7a 益公集 105/124b

皇子魏王愷再辭免依文彥博例宴餞玉津園 益國文忠集 104/12a 益公集 105/130a

皇子雄武保寧軍節度使開府儀同三司判寧國府魏王愷辭免增供給錢等 益國文忠集 104/16b 益公集 105/135b

皇子雄武保寧軍節度使開府儀同三司判明州軍州事魏王愷辭免加食邑實封 益國文忠集 106/1b 益公集 107/2a

皇子魏王愷再辭免食邑實封 益國文忠集 106/2a 益公集 107/2a

皇子雄武保寧軍節度使開府儀同三司判明州軍州事兼管内勸農使兼沿海制置使魏王愷辭免除荊南集慶軍節度使行江陵尹加食邑實封 益國文忠集 106/11a 益公集 107/13b

皇子魏王愷辭免永興成德軍節度使雍州牧加食邑實封（1－3） 益國文忠集 108/2b－3b 益公集 109/39a－40a

皇子魏王愷辭免擇日備禮 益國文忠集 108/4a

益公集 109/41a

皇子慶王愷再辭免食邑實封　益國文忠集 109/1b　益公集 110/63b

皇子慶王愷三辭免食邑實封　益國文忠集 109/1b　益公集 110/64a

皇子慶王愷再辭免雄武保寧軍節度使判寧國府進封魏王加食邑實封（1－2）　益國文忠集 109/4a－4b　益公集 110/67a－67b

魏王愷三辭免荊南集慶軍節度使行江陵尹加食邑實封　益國文忠集 109/9b　益公集 110/74b

皇子慶王愷辭免郊恩　益國文忠集 112/8a　益公集 112/118b

皇子再辭免　益國文忠集 112/8a　益公集 112/118b

皇子慶王愷辭免進封魏王（1－2）　益國文忠集 112/9a－9b　益公集 112/120a－120b

皇子魏王愷辭免除荊南集慶軍節度使行江陵尹　益國文忠集 112/11b　益公集 112/123a

賜魏王愷第三表辭免荊南集慶軍節度使行江陵尹加食邑食實封恩命不允批答仍斷來章　益公集 111/102b

賜皇子魏王愷再辭免除改判明州軍州事加食邑食實封不允批答　玉堂稿 3/4a

賜皇子雄武保康軍節度使開府儀同三司判寧國軍府事魏王愷辭免除改判明州軍州事加食邑實封不允詔　玉堂稿 7/8b

賜魏王再上表辭免加恩不允不得更有陳請詔　玉堂稿 8/3b

皇太子王愷再辭免除改判明州不允批答口宣　玉堂稿 13/4b

～葵

寶章閣學士通奉大夫淮南東路安撫制置使兼知揚州趙葵辭免權將淮西一路分録史嵩之與趙葵節制恩命不允詔　東澗集 2/3a

兵部侍郎淮東制置使趙葵乞罷黜不允詔　平齋集 14/12b

太中大夫兵部侍郎淮南東路安撫制置使兼知揚州軍州事趙葵以護邊無狀乞賜罷歸不允詔　平齋集 15/7b

賜淮東制置趙葵乞遂退閑不允詔　鶴山集 14/1b

賜少保觀文殿學士充醴泉觀使魯國公趙葵再上表乞引年致仕不允詔　後村集 56/14b

賜少保觀文殿大學士充醴泉觀使冀國公趙葵上表辭免乞致仕不允詔　碧梧集 2/11a

賜少傅觀文殿大學士充醴泉觀使冀國公趙葵乞守本官致仕不允詔　碧梧集 2/11b

～鼎

賜端明殿學士左朝奉大夫江南西路安撫大使兼知洪州趙鼎乞除一宮觀差遣不允詔　北海集 9/11b

賜新除參知政事趙鼎辭免恩命乞改除一在外宮觀差遣不允詔　北海集 9/12a

賜新除簽書樞密院事趙鼎辭免不允詔　北海集 9/13a

賜參知政事趙鼎乞罷范沖宗正少卿直史館除命不允詔　北海集 9/13b

賜端明殿學士左朝奉大夫江南西路安撫大使兼知洪州趙鼎乞除一宮觀差遣不允詔　北海集 13/1a

賜新除端明殿學士簽書樞密院事趙鼎上表辭免恩命不允仍斷來章批答　北海集 17/2a

賜新除參知政事趙鼎上表辭免恩命不允仍斷來章批答　北海集 17/12a

趙鼎加恩　張華陽集 7/4a

賜新知平江府趙鼎辭免不允詔　龜溪集 4/4b

～粹中

奉議郎試尚書史部侍郎趙粹中乞郡　益國文忠集 106/5a　益公集 107/6a

～與芮

皇弟武康軍承宣使提舉佑神觀與芮辭免特授武康軍節度使提舉萬壽觀進封天水郡開國子加食邑食實封恩命不允詔　東澗集 1/4b

賜與芮永斷來章口宣　鶴林集 12/13a

賜皇叔太師武康軍節度使判大宗正事嗣榮王辭免以充山陵禮儀使照典故兼中書令加食封恩命不允詔　碧梧集 2/6a

～與澤

賜直秘口主管鴻禧觀時暫主奉祀趙與澤辭免除福州觀察使提舉佑神觀嗣秀王不允詔　後村集 55/8a

～與懃

賜資政殿大學士正奉大夫提領户部財用兼知臨安府趙與懃乞歸田里不允詔　後村集 55/4a

～與權

朝散大夫權户部侍郎兼同詳定敕令官兼知

臨安府浙西安撫使趙與權辭免除户部侍郎兼權兵部尚書兼職依舊恩命不允詔 東澗集 2/15a

朝奉大夫試户部侍郎兼權兵部尚書兼同詳定敕令官兼知臨安府浙西安撫使趙與權辭免除權户部尚書兼職依舊恩命不允詔 東澗集 2/15b

降授朝奉大夫權户部尚書兼同詳定敕令官兼知臨安府趙與權辭免特與敘復元官恩命不允詔 東澗集 2/16a

朝散大夫試户部尚書趙與權辭免兼修玉牒恩命不允詔 東澗集 2/16b

朝請大夫試户部尚書兼修玉牒官趙與權乙畀祠祿不允詔 東澗集 2/17a

朝散大夫趙與權辭免除户部尚書日下供職恩命不允詔 東澗集 2/17b

賜安德軍節度使開府儀同三司充萬壽觀使與權乙休致不允詔 後村集 55/5b

~ 搏

龍神衛四廂都指揮使廣州觀察使趙搏乙賜收選特轉行一官恩命檢會近上奏劃辭許賜自便不允詔 文定集 8/18a

龍神衛四廂都指揮使廣州觀察使趙搏再辭免昭化軍承宣使 益國文忠集 104/10b 益公集 105/128a

~ 德文

賜皇叔德文第一表不允批答 景文集 33/6b

賜皇叔德文陳讓加恩命第一表不允批答 景文集 33/9a

賜皇叔德文讓恩命第二表不允斷來章批答 景文集 33/11a

~ 翰

賜冀州刺史趙翰進謝恩馬敕書 元憲集 28/8b

~ 顗

賜皇弟樂安郡王顗免恩命第一表不允批答 華陽集 21/4b

賜皇弟樂安郡王顗免恩命第二表不允批答 華陽集 21/4b

賜皇弟高密郡王顗免恩命第二表不允斷來章批答 華陽集 21/5a

賜皇弟高密郡王顗辭恩命第一表不允批答 傅家集 16/19b 司馬溫公集 56/19b

賜皇弟高密郡王顗辭恩命第二表不允斷來

章批答 傅家集 16/19b 司馬溫公集 56/19b

賜皇弟高密郡王顗賀南郊禮畢答詔 鄞漢集 8/7a

答嘉王顗乙賜外居詔 熙寧七年二月庚午 宋詔令集 35/184

答荊王顗請居外第末允詔 元祐元年二月癸酉 宋詔令集 35/184

~ 璩

恩平郡王辭免恩命不允詔 紫微集 11/1b

皇弟少保靜江軍節度使判大宗正事恩平郡王璩辭免加食邑實封 益國文忠集 104/9a 益公集 105/126b

皇弟璩再辭免加食邑實封 益國文忠集 104/9b 益公集 105/127a

皇弟璩再辭免少傅加食邑實封 益國文忠集 108/13b 益公集 109/53a

賜皇弟璩辭免特授少傅依前靜江軍節度使充醴泉觀使恩平郡王加食邑食實封不允詔 玉堂稿 7/8a

賜皇弟少傅靜江軍節度使充醴泉觀使恩平郡王璩辭免備禮册命宜允詔 玉堂稿 7/8b

賜皇弟璩辭免加恩不允不得再有陳請詔 玉堂稿 8/4b

~ 曙

皇子曙免恩命第二表不允詔 華陽集 13/4b

皇子曙免恩命第三表不允詔 華陽集 13/4b

~ 瞻

賜新除中大夫同知樞密院事趙瞻辭免恩命不允詔 蘇魏公集 22/6a

賜中大夫同知樞密院事趙瞻乙陝西一郡不允詔 蘇魏公集 22/8a

賜新除中大夫同知樞密院趙瞻辭免恩命不允斷來章批答 蘇魏公集 24/9b

賜新中大夫同知樞密院趙瞻辭免恩命不許斷來章批答 蘇魏公集 24/9b

賜新除中大夫同知樞密院事趙瞻辭免恩命不允斷來章批答口宣 蘇魏公集 25/3b

賜同知樞密院事趙瞻上第一表辭免恩命不允斷來章批答口宣 蘇魏公集 25/8b

賜試户部侍郎趙瞻陳乞便郡不允詔 蘇東坡全集/內制 6/12a

賜新除依前中散大夫充樞密直學士簽書樞密院事趙瞻辭免恩命不允詔 蘇東坡全集/內制 7/3b

賜新除依前中散大夫充樞密直學士簽書樞

密院事趙瞻辭免恩命不允詔　蘇東坡全集/內制 7/5a

賜新除依前中散大夫充樞密直學士簽書樞密院事趙瞻辭免恩命不允斷來章批答　蘇東坡全集/內制 7/13b

賜趙瞻辭免恩命不允斷來章批答口宣　蘇東坡全集/內制 7/14a

賜趙瞻辭免恩命不允斷來章批答　蘇東坡全集/內制 7/14a

~ 顯

皇子進封東陽郡王顯免恩命第一表不允口宣　華陽集 23/2a

賜岐王顯辭免南郊亞獻行事不允詔　郡課集 8/6b

賜皇弟岐王顯乙免行册命允詔　郡課集 8/7b

賜皇弟岐王顯辭免恩命第一表不允批答　郡課集 9/12b

賜岐王顯第二表不允斷來章批答　郡課集 9/13a

賜皇叔新除徐王上第二表辭免恩命不允斷來章批答口宣　蘇東坡全集/內制 8/16b

閤門賜新除徐王告口宣　蘇東坡全集/內制 9/1b

賜皇叔改封徐王璩上表辭免册禮允詔　蘇東坡全集/內制 9/2b

賜皇叔改封徐王璩上表辭免册禮許詔　蘇東坡全集/內制 9/2b

賜皇叔徐王璩辭免乘檐子至下馬處不允詔　范太史集 30/5b

賜冀王再上劄子辭免不允　范太史集 33/12a

賜新除守太師冀王劄子奏辭免不允詔　范太史集 33/12a

閤門賜冀王告口宣　范太史集 33/12b

賜冀王三上劄子奏辭免不允詔　范太史集 33/12b

答岐王顯乙賜外居詔熙寧七年二月庚午　宋詔令集 35/184

答揚王顯請居外第未允詔元祐元年二月癸酉　宋詔令集 35/184

~ 顗

賜皇子東郡王顗免恩命第一表不允批答　華陽集 21/1b

賜皇弟岐王顗免恩命第二表不允斷來章批答　華陽集 21/4a

~ 王

賜皇弟趙王賀冬祀禮畢批答　擴文集 3/5a

~ 氏（買蕃世妻）

賜太傅右丞相買似道辭免男買蕃世妻趙氏特封宜人恩命不允詔　後村集 56/9b

賜太傅右丞相買似道再辭免男買蕃世妻趙氏特封宜人恩命不允詔　後村集 56/11b

~ 氏（買德生妻）

賜太傅右丞相買似道再辭免德生妻特封吳興郡主恩命不允詔　後村集 56/11b

~ 某

孟郡王辭免恩命不允詔　紫微集 11/1a

~ 某

賜皇弟賀禮畢答詔　蘇魏公集 23/9b

賜皇子鎮洮軍節度使開府儀同三司恭王某辭免立爲皇太子恩命不允詔　益公集 105/129a

賜皇太子辭免立妻李氏爲皇太子妃不允詔　益公集 105/131a

~ 某（恭王）

賜皇子恭王某再上表辭免立爲皇太子恩命不允仍斷來章批答　益公集 110/67a

賜皇太子上表再辭免領臨安尹恩命不允批答　益公集 110/68a

葬崇禮

賜新除翰林學士知制誥葬崇禮辭免恩命不允詔　龜山集 4/4a

新除吏部侍郎葬崇禮辭免恩命不允詔　浮溪集 14/10b　浮溪集/附拾遺 14/166

新除徽猷閣直學士知漳州葬崇禮辭免恩命不允詔　浮溪集 14/11a　浮溪集/附拾遺 14/166

葬崇禮免吏部侍郎兼權直學士院不允詔　程北山集 28/1a

辭免尚書吏部侍郎不允詔　北海集/附錄中/1a

辭免徽猷閣直學士知漳州不允詔　北海集/附錄中/1b

辭免吏部侍郎直學士院不允詔　北海集/附錄中/1b

辭免兼侍讀不允詔　北海集/附錄中/2a

翰林學士乙郡不允詔　北海集/附錄中/2b

辭免翰林學士不允詔　北海集/附錄中/3b

翰林學士乙外不允詔　北海集/附錄中/4a

辭免寶文閣學士知紹興府不允詔　北海集/附錄中/4b

知紹興府乙宮觀不允詔　北海集/附錄中/5a

辭免兵部侍郎兼直學士院不允詔　北海集/

附録中/5b

辭免兼史館修撰不允詔　北海集/附録中/6a

翰林學士乞外任不允詔　北海集/附録中/6b

蒲察久安

賜蒲察久安辭免加食邑食實封不允詔　玉堂稿 8/5a

熊　進

賜熊進進馬敕書　韓南陽集 15/14b

翟汝文

賜新除參知政事翟汝文辭免恩命不允詔　北海集 14/4b

賜參知政事翟汝文乞除在外一宮觀差遣不允詔　北海集 14/5a

賜新除參知政事翟汝文上表辭免恩命不允斷來章批答　北海集 17/5a

十五畫

潘温卿

潘温卿辭免承宣使不允詔　紫微集 11/3a

鄭守忠

賜殿前副都指揮使寧遠軍節度使鄭守忠謹恩命不允批答　元憲集 29/5a

~性之

太中大夫知樞密院事兼參知政事鄭性之以憂收挺災乞退歸田里不允詔　東澗集 1/8a

太中大夫參知政事兼同知樞密院事鄭性之辭免除知樞密院兼參知政事恩命不允詔　東澗集 1/21b

太中大夫參知政事兼同知樞密院事鄭性之再乞放歸田里不允不得再有陳請詔　東澗集 1/22a

太中大夫知樞密院事兼參知政事鄭性之再乞伸歸田里不允不得再有陳請詔　東澗集 1/22b

太中大夫鄭性之除職與郡辭免不允詔　東澗集 1/23a

太中大夫鄭性之辭免除資政殿大學士知紹興府浙東安撫使恩命不允詔　東澗集 1/23a

文武百僚參知政事鄭性之等上表奏請皇帝

御正殿不允批答　東澗集 3/5b

樞密鄭性之再上奏劄仰祈明罰居家侍罪不允不得再有陳請詔　平齋集 14/5b

端明殿學士太中大夫簽書樞密院事鄭性之辭免除同知樞密院事恩命不允　平齋集 14/10a

同知樞密院事鄭性之辭免兼參知政事恩命不允詔　平齋集 14/16b

太中大夫同知樞密院兼參知政事鄭性之辭免同提舉編修敕令恩命不允詔　平齋集 14/18a

太中大夫同知樞密院事兼參知政事鄭性之奏爲雷電非時乞賜顯加黜罰不允詔　平齋集 15/4a

端明殿學士太中大夫簽書樞密院事鄭性之上表再辭免除同知樞密院事恩命不允仍斷來章批答　平齋集 15/15b

同知鄭性之批答口宣　平齋集 16/5a

賜鄭性之以臺章乞賜罷黜不允詔　翰林集 12/5b

賜鄭性之辭參政不允永斷來章批答　翰林集 12/13b

賜鄭性之再上劄子雷發非時乞出不允詔　四庫拾遺 285/翰林集

~居中

賜少保太宰兼門下侍郎鄭居中辭免男億年直秘閣允詔　摛文集 3/1a

賜少保太宰鄭居中辭免册命允所乞詔　摛文集 3/1a

賜少保太宰兼門下侍郎鄭居中辭免外甥朝奉郎知大宗正承事郎李伯達除尚書度文員外郎恩命不允詔　摛文集 3/2b

賜新除宰臣鄭居中辭免恩命批答仍斷來章　摛文集 3/5b－6a

賜宰臣鄭居中辭免册命不允批答仍斷來章　摛文集 3/6a

~昭先

賜朝奉大夫試左諫議大夫兼侍讀鄭昭先辭免除端明殿學士簽書樞密院事兼權參知政事兼太子賓客恩命不允仍斷來章批答　真西山集 22/21b

~清之

特進鄭清之三辭免觀文殿大學士體泉觀使兼侍讀恩命不允不得更有陳請詔　東澗

集 1/5a

賜太傅左丞相兼樞密使魏國公鄭清之再上奏辭免姪次申與見次監司恩命不允詔 後村集 55/2b

賜太傅左丞相兼樞密使魏國公鄭清之再上奏乞歸田里不允詔 後村集 55/4b

擬進左丞相鄭清之巧歸田里不允褒詔 後村集 55/5a

光祿大夫右丞相兼樞密使鄭清之再上奏割乞從鐵罷居家待罪不允不得再有陳請詔 平齋集 14/4b

光祿大夫右丞相兼樞密使鄭清之乞解罷機政不允詔 平齋集 14/6b

光祿大夫右丞相兼樞密使鄭清之乞伸還故里不允詔 平齋集 14/7a

光祿大夫右丞相兼樞密使鄭清之辭免授特進左丞相兼樞密使恩命不允詔 平齋集 14/7b

光祿大夫新除左丞相兼樞密使鄭清之辭免特進恩命不允不得更有陳請詔 平齋集 14/11b

特進左丞相兼樞密使鄭清之等奏爲雷發非時乞賜罷黜家居待罪不允詔 平齋集 15/3a

特進左丞相兼樞密使鄭清之等奏爲滿散天基聖節乞許免肆筵不允詔 平齋集 15/3b

特進左丞相兼樞密使鄭清之再上奏爲雷發非時乞賜罷免退伏田里不允不得再有陳請詔 平齋集 15/6a

光祿大夫右丞相兼樞密使鄭清之再辭免授特進左丞相兼樞密使恩命不允批答 平齋集 15/13a

光祿大夫右丞相兼樞密使鄭清之再上表辭免特授特進左丞相兼樞密使恩命不允仍斷來章批答 平齋集 15/14b

文武百僚幸臣鄭清之等上表奏請皇帝正月五日天基聖節御紫宸殿上壽不允批答 平齋集 15/18a

文武百僚幸臣鄭清之等再上表奏請皇帝正月五日天基聖節御紫宸殿上壽不允批答 平齋集 15/18b

左丞相鄭清之批答口宣 平齋集 16/4b

賜左丞相鄭清之辭免兼職不允詔 鶴山集 14/1a

賜左丞相鄭清之乞上印綬不允詔 鶴山集 14/1b

賜鄭清之以久雨乞上丞相印不允詔 鶴林集 12/3b

~ 滋

賜新除兵部侍郎鄭滋辭免恩命不允詔 北海集 10/5b

賜左朝議大夫試尚書吏部侍郎鄭滋乞除知州或外宮觀不允詔 北海集 10/6a

~ 雍

賜中大夫新除試御史中丞鄭雍辭免不允詔 范太史集 28/8a

~ 轂

賜新除端明殿學士同簽書樞密院事鄭轂辭免恩命不允詔 昆陵集 9/10a

賜新除御史中丞鄭轂辭免恩命不允詔 昆陵集 9/11a

賜右諫議大夫鄭轂乞待罪不允詔 昆陵集 9/11b

~ 聞

左朝散郎試中書舍人兼侍講兼直學士院鄭聞辭免禮部侍郎 益國文忠集 104/4b 益公集 105/121a

賜鄭聞新除四川宣撫使再辭免除資政殿大學士不允不得再有陳請詔 玉堂稿 5/3a

賜資政殿大學士中大夫鄭聞辭免除參知政事赴都堂治事乞除一在外宮觀差遣不允詔 玉堂稿 6/9b

~ 僑

賜吏部尚書鄭僑辭免兼實錄院修撰不允詔 宋本攻媿集 41/5b 攻媿集 42/8b

賜新除同知樞密院事鄭僑辭不允詔 宋本攻媿集 42/21a 攻媿集 42/14b

賜鄭僑再辭免同知樞密院事不允仍斷來章批答 宋本攻媿集 42/23b 攻媿集 46/3a

賜新除參知政事鄭僑辭免不允詔 宋本攻媿集 43/19a 攻媿集 43/8a

賜鄭僑再辭免參知政事不允仍斷來章批答 宋本攻媿集 43/21b 攻媿集 46/6b

賜參知政事鄭僑辭免權監修國史日曆不允詔 宋本攻媿集 43/24a 攻媿集 43/9b

~ 億年

賜少保太宰兼門下侍郎鄭居中辭免男億年直秘閣允詔 擴文集 3/1a

~ 漢

太尉保信軍節度使充萬壽觀使鄭藻辭免加食邑實封　益國文忠集 104/8b　益公集 105/126b

鄭藻辭免開府儀同三司加食邑實封　益國文忠集 104/20a　益公集 105/139b

賜鄭藻上表再辭免加食邑食實封不允仍斷來章批答　益國文忠集 109/2a　益公集 110/64b

賜鄭藻再辭免郊祀加恩不允仍斷來章批答　益國文忠集 112/8b　益公集 12/119a

賜鄭藻辭免加恩不允詔　玉堂稿 8/3b

樓　招

賜樓招辭免恩命不允詔　君謨集 47/3b

~ 機

賜正議大夫參知政事兼太子賓客樓機年齒衰耄疾病易生乞許納祿不允　雲莊集 4/10a

~ 綸

賜正奉大夫參知政事兼太子賓客樓綸乞再挂衣冠不允　雲莊集 4/12a

賜光祿大夫新除資政殿學士樓綸辭免除資政殿大學士在宮觀任便居住恩命不允　雲莊集 4/13b

樓綸辭免復原職不允詔　後樂集 4/13a

賜正議大夫參知政事兼太子賓客樓綸乞仍舊致仕歸伏田里不允詔　真西山集 19/29a

賜正議大夫參知政事兼太子賓客樓綸再上奏割子乞放歸田里再挂衣冠不允不得再有陳請詔　真西山集 19/29b

賜正議大夫參知政事樓綸辭免皇太子受册命了畢與轉一官恩命不允詔　真西山集 20/1b

賜正奉大夫參知政事兼太子賓客樓綸辭免同提舉編修敕令恩命不允詔　真西山集 20/12b

賜正奉大夫參知政事兼太子賓客樓綸乞再挂衣冠不允詔　真西山集 20/17b

賜正奉大夫參知政事兼太子賓客樓綸乞致仕不允不得再有陳請詔　真西山集 20/20b

賜正奉大夫參知政事太子賓客樓綸乞歸田里不允詔　真西山集 21/9a

賜正奉大夫參知政事樓綸兼太子賓客辭免皇太子講授春秋終篇特與轉行一官不允詔　真西山集 21/12a

賜宣奉大夫參知政事樓綸兼太子賓客辭免

皇太子讀三朝寶訓終篇特與轉行一官不允詔　真西山集 21/14a

賜光祿大夫樓綸辭免除資政殿學士知太平州恩命不允詔　真西山集 21/22a

賜光祿大夫新除資政殿學士樓綸辭免除資政殿大學士在京宮觀任便居住恩命不允詔　真西山集 21/22b

賜正奉大夫參知政事樓綸兼太子賓客再上表辭免皇太子講授春秋終篇特與轉行一官恩命不允仍斷來章批答　真西山集 22/16a

歐陽修

賜宣徽南院使判太原府歐陽修免恩命允詔　華陽集 14/4b

賜樞密副使歐陽修免恩命允詔　華陽集 14/5a

翰林學士歐陽修唐書成免恩命不允詔　華陽集 17/3a

翰林學士歐陽修乞洪州不允詔　華陽集 17/3a

賜參知政事歐陽修雨災乞退第一表不允批答　華陽集 20/10a

賜歐陽修雨災乞退第二表不允斷來章批答　華陽集 20/10b

賜歐陽修雨災乞退第三表不允斷來章批答　華陽集 20/11a

賜樞密副使歐陽修免恩命不允斷來章批答　華陽集 21/11a

賜歐陽修乞退不允批答　華陽集 21/11b　宋文鑒 33/16a

賜參知政事歐陽修免恩命不允斷來章批答　華陽集 21/11b

賜歐陽修再乞退表不允斷來章批答　華陽集 21/12a

賜參知政事歐陽修乞退第一表不允批答　華陽集 21/12b

賜歐陽修乞退第二表不允批答　華陽集 21/12b

賜歐陽修乞退第三表不允斷來章批答　華陽集 21/13a

賜新除宣徽南院使特進檢校太保判太原府歐陽修辭免恩命不允詔　傳家集 16/14b　司馬温公集 56/15b

賜觀文殿學士刑部尚書知亳州歐陽修上表

奏乞致仕不允詔 臨川集 47/11a 宋文鑑 31/ 17a

賜知亳州歐陽修陳乞致仕第二表不允詔 臨川集 47/11a-b 宋文鑑 31/17a

賜知亳州歐陽修第三表并劄子陳乞致仕不允詔 臨川集 47/11b

賜觀文殿學士兵部尚書歐陽修辭知青州不允詔二道 臨川集 47/12a

賜觀文殿學士刑部尚書知亳州歐陽修乞致仕不允詔 郡溪集 9/1a

詔答刑部尚書歐陽修上表致仕不允 汪藻撰

播芳文粹 90/13b

厲文翁

賜厲文翁辭免除資政殿學士沿海制置使兼知慶元府恩命不允詔 後村集 56/1b

蔡克明

八月二十八日入內高班蔡克明傳宣取批答宰臣以下賀生獲果章表太皇太后 蘇東坡全集/內制 4/7b

八月二十八日入內高班蔡克明傳宣取批答宰臣以下賀生獲果章表皇帝 蘇東坡全集/內制 4/7b

~ 延慶

賜龍圖閣直學士尚書工部侍郎蔡延慶乞知應天府不允詔 蘇東坡全集/內制 4/15b

~ 京

賜龍圖閣直學士知成都府蔡京乞移東北一郡不允詔 范太史集 29/3b

賜龍圖閣直學士知成都府蔡京進馬詔 范太史集 31/5b

~ 洗

賜降授朝散大夫權史部尚書兼詳定一司敕令蔡洗辭免經修進史部七司法轉一官恩命不允詔 益國文忠集 105/15b 益公集 106/ 157b

賜中奉大夫蔡洗辭免除徽猷閣學士與郡恩命不允詔 益國文忠集 106/7b 益公集 107/9b

賜徽猷閣學士中奉大夫知寧國軍府事蔡洗乞除一宮觀差遣不允詔 益國文忠集 107/5b 益公集 108/23b

~ 碩

賜正議大夫知鄂州蔡確乞量移弟碩允詔

蘇東坡全集/內制 9/9b 宋文鑑 31/21a

~ 確

賜正議大夫知鄂州蔡確乞量移弟碩允詔 蘇東坡全集/內制 9/9b 宋文鑑 31/21a

~ 範

賜寶制蔡範辭免除刑部侍郎不允詔 後村集 55/2a

~ 襄

賜新除翰林學士依前禮部郎中知制誥權知開封府蔡襄上表乞依舊知泉州不允詔 歐陽文忠集 89/9b

蔣 芾

蔣芾辭免依典故給月俸之半差破隨行幹辦使臣等恩命不允詔 文定集 8/12b

蔣芾再辭免依典故給月俸之半并依格法指揮差破隨行使臣等恩命依所乞詔 文定集 8/13a

賜左正議大夫蔣芾再辭免新除觀文殿大學士知紹興府恩命不允不得再有陳請詔 益國文忠集 104/3a 益公集 105/119b

賜觀文殿大學士左正議大夫知紹興府蔣芾再上劄子乞除一在外宮觀差遣不允詔 益國文忠集 104/14b 益公集 105/133a

賜觀文殿大學士左正議大夫知紹興軍府事蔣芾乞檢會前奏除一宮祠不允詔 益國文忠集 105/6b 益公集 106/146b

閻 勍

賜武昌軍承宣使權管幹侍衛步軍司公事閻勍乞宮觀不允詔 褧忠惠集 1/7a

黎 確

新除吏部侍郎黎確辭免恩命不允詔 浮溪集 14/9a 浮溪集/附拾遺 14/165

衞 涇

賜新除參知政事衞涇再辭免不允仍斷來章批答 宋本攻媿集 44/3a 攻媿集 46/9a

賜衞涇乞解罷機政不允仍斷來章批答 宋本攻媿集 45/6a 攻媿集 44/8a

賜衞涇乞解罷機政不允不得再有陳請詔 宋本攻媿集 45/6a

賜資政殿學士通議大夫知潭州事兼管內勸農營田使充荊湖南路安撫使馬步軍都總

管衛涇辭免除資政殿大學士知隆興府江西安撫使恩命不允　雲莊集 4/4a

賜端明殿學士提舉臨安府洞霄宮衛涇辭免皇太子册寶推恩以昨參知政事兼太子賓客與轉一官恩命不允詔　真西山集 20/4a

賜資政殿學士太中大夫知潭州充荊湖南路安撫使衛涇上表再辭免更化之後親祀南郊熙事備成慶均中外安丙衛涇俱以近臣宣勞藩閫各特轉一官恩命不允不得再有陳請詔　真西山集 20/4b

賜端明殿學士太史大夫衛涇再辭免除資政殿學士知潭州恩命不允詔　真西山集 21/7b

賜資政殿學士通議大夫知潭州衛涇上表再辭免除資政殿大學士知隆興府江西安撫使恩命不允不得再有陳請詔　真西山集 22/8a

劉正夫

賜新除宰臣劉正夫辭免恩命批答仍斷來章　摛文集 3/5b

~ 甲

賜顯謨閣直學士太中大夫知潼川軍府事兼管勸農使兼提舉潼川府界梁州懷安等軍兵巡檢盜賊公事劉甲辭免除寶謨閣學士知興元府兼本路安撫填見闕兼節制本路屯戍軍馬就送遣人限一日起發之任候任滿前來奏事時暫兼權四川制置司職事恩命不允詔　雪莊集 4/2b　真西山集 22/6a

賜寶謨閣直學士太中大夫知潼川府劉甲乞許納祿退安田里不允詔　真西山集 20/14b

~ 光世

寧武軍節度使開府儀同三司新除淮南路宣撫使劉光世辭免恩命不允詔　浮溪集 14/2b　浮溪集/附拾遺 14/160

賜新除寧武軍節度使開府儀同三司劉光世辭免恩命不允斷來章詔　北海集 11/10b

賜起復檢校太傅寧武寧國軍節度使開府儀同三司充江南東路宣撫使劉光世辭免特賜銀一千兩恩命不允詔　北海集 11/11b

賜新除起復檢校太傅寧武寧國軍節度使開府儀同三司充江南東路宣撫使劉光世辭免恩命不允詔　北海集 11/12a

賜新除檢校太傅依前起復寧武寧國軍節度使開府儀同三司充江南東路宣撫使劉光世辭免恩命不允詔　北海集 11/12b

賜太尉奉國軍節度使御營副使劉光世乞便郡差遣或守本官致仕不允詔　北海集 11/13a

賜劉光世再辭免恩命並乞回納購贈及特賜銀綱並不允詔　北海集 11/14a

賜劉光世再辭免恩命不允詔　北海集 12/1a

賜劉光世再辭免恩命不允詔　北海集 12/1b

賜劉光世三上割子辭免恩命不允詔　北海集 12/2a

~ 光祖

賜寶謨閣直學士中大夫新知遂川府劉光祖乞提舉官觀一次不允　雲莊集 4/1b

~ 沉

賜新除行刑部尚書依前觀文殿大學士知陳州劉沉讓恩命不允詔　歐陽文忠集 87/7a

~ 孝腪

賜朝議大夫武兵部侍郎兼詳定一司敕令賜紫金魚袋劉孝腪辭免敕令所修進一州一路酬賞格法了畢轉一官恩命不允詔　益國文忠集 108/17a　益公集 109/57b

賜朝議大夫權尚書兵部侍郎兼詳定一司敕令劉孝腪辭免除兵部侍郎不允詔　玉堂稿 7/6a

~ 奉世

賜樞密直學士簽書樞密院事劉奉世辭免生日生鎮不允詔　范太史集 31/3b

~ 昌祚

賜新除殿前副都指揮使武康軍節度使劉昌祚上第一表辭免恩命不允批答　蘇魏公集 24/9a

賜新除殿前副都指揮使武康軍節度使劉昌祚上第一表辭免恩命不許批答　蘇魏公集 24/9b

賜劉昌祚辭免恩命不允批答口宣　蘇魏公集 25/6a

賜劉昌祚辭免恩命斷章批答口宣　蘇魏公集 25/6b

賜殿前副都指揮使劉昌祚保康軍節度使苗授上第二表辭免恩命不允斷來章批答口宣　蘇魏公集 25/9a

賜知渭州劉昌祚進奉興龍節銀詔　蘇東坡全集/內制 9/6a

賜知渭州劉昌祚進奉謝恩並賜月俸公使及

賀端午節馬詔　蘇東坡全集/內制 9/6b

劉昌祚免殿前副都指揮使不許不允批答二首　樂城集 34/1b

劉昌祚免恩不許不允批答四首　樂城集 34/6a

賜劉昌祚免恩不許批答蘇軾撰　宋文鑑 33/21a

~ 洪道

賜徵獻閣直學士知鄂州劉洪道辭免特轉左太中大夫恩命不允詔　北海集 10/7b

~ 珏

劉珏辭免更部尚書不允批答　浮溪集 15/9b
浮溪集/附拾遺 15/173

~ 琪

端明殿學士新除荊南劉琪辭免除資政殿學士恩命只令帶見今職名仕知荊南不允詔
文定集 8/14b

學士劉琪辭免起復除同知樞密院事　益國文忠集 104/14a　益公集 105/132a

學士劉琪三辭免起復乞早賜抽還中使徐偕
益國文忠集 105/1a　益公集 106/140a

資政殿大學士知建康軍府事劉琪辭免起發本府教閱軍兵轉官許回授　益國文忠集 105/14a　益公集 106/156a

資政殿大學士太中大夫知建康軍府充江南東路安撫使兼行宮留守劉琪辭免觀文殿學士　益國文忠集 106/11b　益公集 107/14a

觀文殿學士中大夫知建康軍府事充江南東路安撫使兼行宮留守劉琪乞外宮觀
益國文忠集 107/3b　益公集 108/21b

觀文殿學士大中大夫知建康軍府事充江南東路安撫使兼行宮留守劉琪乞檢會前奏差在外宮觀　益國文忠集 107/5b　益公集 108/24a

觀文殿學士大中大夫知建康軍府充江南東路安撫使兼行宮留守劉琪乞檢會前奏除外宮觀　益國文忠集 108/2a　益公集 109/38b

賜草士劉琪允詔　益公集 106/141a

~ 章

劉章辭免除禮部侍郎兼侍讀恩命不允詔
文定集 8/16a

降授左中奉大夫劉章辭免顯謨閣學士　益國文忠集 105/3b　益公集 106/142b

~ 舜卿

賜侍衛親軍步軍副都指揮使徐州觀察使知

渭州劉舜卿進奉賀冬節並賀正馬詔　蘇魏公集 23/6a

~ 楙

賜劉楙辭免恩命不允詔　楳溪集 6/27b

賜劉楙再辭免恩命不允詔　楳溪集 6/28a

賜劉楙第三辭免恩命不允詔　楳溪集 6/28a

賜劉楙辭免恩命不允批答口宣　楳溪集 7/13b

賜劉楙再辭免恩命不允答口宣　楳溪集 7/14a

~ 嗣明

賜新除翰林學士劉嗣明不許辭免詔　摘文集 3/3a

~ 摯

賜新除門下侍郎劉摯辭免恩命不允詔　蘇魏公集 23/1a

賜新除守門下侍郎依前中大夫劉摯辭免恩命不允斷來章批答　蘇魏公集 24/6b

賜新除守門下侍郎依前中大夫劉摯辭免恩命不許斷來章批答　蘇魏公集 24/7a

賜中書侍郎劉摯上第一表辭免恩命不允斷來章批答口宣　蘇魏公集 25/8b

賜門下侍郎劉摯辭免恩命不允斷來章批答口宣　蘇魏公集 26/2b

賜新除中大夫守尚書右丞劉摯辭恩命不許斷來章批答　蘇東坡全集/內制 1/14a

賜劉摯辭免恩命不允斷來章批答　蘇東坡全集/內制 1/14b

賜新除中大夫守尚書右丞劉摯辭恩命不允斷來章批答口宣　蘇東坡全集/內制 1/16a

賜新除尚書左丞劉摯辭免恩命不允詔　蘇東坡全集/內制 3/4b

賜新除依前中大夫守中書侍郎劉摯辭免恩命不允詔　蘇東坡全集/內制 7/2b

賜新除依前中大夫守中書侍郎劉摯辭免恩命不許斷來章批答　蘇東坡全集/內制 7/11b

賜劉摯辭免恩命不允斷來章批答　蘇東坡全集/內制 7/11b

賜劉摯辭免恩命不允斷來章批答口宣　蘇東坡全集/內制 7/12a

中書侍郎劉摯辭免恩命不許不允批答二首
樂城集 34/6b

賜劉摯辭免恩命不允批答蘇軾撰　宋文鑑 33/18a

~ 錫

劉錫辭免熙河路安撫使不允批答　浮溪集 15/10a　浮溪集/附拾遺 15/173

賜捧日天武四廂都指揮使明州觀察使權主管殿前公事劉錫辭免恩命不允詔　北海集 13/12b

～　懋

昭慶軍節度使致仕劉懋辭免加食邑實封　益國文忠集 104/9b　益公集 105/127a

昭慶軍節度使致仕劉懋再辭免食邑實封　益國文忠集 109/2b　益公集 110/65a

賜劉懋再辭免郊禮加恩不允仍斷來章批答　益國文忠集 112/8b　益公集 112/119b

賜劉懋上表再辭免加食邑食實封不允仍斷來章批答　玉堂稿 3/1a

～　實

賜劉實辭免恩命不允詔　梅溪集 6/33a

賜劉實再辭恩命不允詔　梅溪集 6/33b

～　熠

賜刑部侍郎兼太子左諭德劉熠辭免以皇太子講毛詩終篇特與轉行一官恩命不允詔　真西山集 22/9b

滕　康

滕康辭免權同知三省樞密院事不允仍斷來章批答　浮溪集 15/9a　浮溪集/附拾遺 15/173

滕康辭免權同知三省事不允口宣　浮溪集 15/15b　浮溪集/附拾遺 15/177

鄧洵仁

賜新除翰林學士承旨鄧洵仁辭免恩命不允詔　摘文集 3/3a

～　洵武

賜新除知樞密院事鄧洵武辭免不允批答　摘文集 3/6a

賜新除知樞密院事鄧洵武辭免不允批答仍斷來章　摘文集 3/6a

～　温伯

賜通議大夫新知毫州鄧温伯不許辭免龍圖閣學士詔　蘇魏公集 23/1b

鄧温伯免翰林承旨不許詔　樂城集 33/25a

鄧温伯免翰林承旨不允詔　樂城集 33/25b

十 六 畫

龍大淵

賜左武大夫宣州觀察使龍大淵辭免落階官不允詔　盤洲集 15/3a

燕　度

賜特放知潭州燕度待罪詔王安石　宋文鑑 31/17b

～　王

賜皇弟燕王賀冬祀禮畢批答　摘文集 3/5a

盧法原

新除吏部尚書盧法原赴行在供職詔　浮溪集 13/11a　浮溪集/附拾遺 13/154

賜新除龍圖閣學士充川陝宣撫處置副使盧法原辭免恩命不允詔　北海集 13/10a

閻蒼舒

賜朝議大夫權尚書吏部侍郎兼太子詹事兼同修國史兼權吏部尚書閻蒼舒辭免除吏部侍郎不允詔　玉堂稿 10/3a

錢良臣

賜朝奉大武試給事中兼侍講錢良臣辭免除端明殿學士簽書樞密院事恩命不允詔　益國文忠集 107/15a　益公集 108/35b

賜端明殿學士朝奉大夫簽書樞密院事錢良臣辭免除參知政事恩命不允詔　益國文忠集 108/10a　益公集 109/49a

賜朝奉大夫參知政事錢良臣辭免監修國史日曆恩命不允詔（附　附奏）　益國文忠集 108/11a　益公集 109/50a

賜新授中大夫參知政事錢良臣辭免同提舉勅令所恩命不允詔　益國文忠集 108/12b　益公集 109/51b

賜降除朝請大夫參知政事錢良臣辭免纂修日曆特轉行兩官依例加恩恩命不允詔　益國文忠集 108/14a　益公集 109/53b

賜中大夫參知政事錢良臣辭免敘復三官於見今官上轉行恩命不允詔　益國文忠集 108/18a　益公集 109/58b

賜端明殿學士朝奉大夫簽書樞密院事錢良臣上表再辭免除參知政事恩命不允仍斷來章批答　益國文忠集 109/11b　益公集 110/77a

賜錢良臣再辭免除端明殿學士簽書樞密院事不允仍斷來章批答　益國文忠集 112/11b

益公集 112/123b

賜錢良臣再辭免除參知政事不允仍斷來章批答 益國文忠集 112/12a 益公集 112/124a

賜中奉大夫參知政事錢良臣辭免敕令所修進一州一路酬賞格法了畢特轉一官依例加恩恩命不允詔 益公集 109/57b

賜朝奉大夫試給事中兼侍講錢良臣上表再辭免除端明殿學士簽書樞密院事恩命不允仍斷來章批答 益公集 110/76a

賜降授朝請大夫參知政事錢良臣上表再辭免修纂隆興以後日曆奏成篇秩特轉行兩官依例加恩不允仍斷來章批答 玉堂稿 3/9a

賜中奉大夫參知政事錢良臣上表再辭免敕令所修進一州一路酬賞格法了畢特轉一官依例加恩不允仍斷來章批答 玉堂稿 4/2a

賜參知政事錢良臣上表再辭免秘書省進呈會要了畢禮儀使特轉兩官依例加恩不允仍斷來章批答 玉堂稿 4/3a

賜通奉大夫參知政事錢良臣辭免玉牒所進書了畢禮儀使特轉兩官依例加恩不允仍斷來章批答 玉堂稿 4/6b

賜通奉大夫參知政事錢良臣上表再辭進四朝正史志禮儀使特轉兩官依例加恩不允仍斷來章批答 玉堂稿 4/9a

賜中大夫參知政事錢良臣乞重行黜削謹家居待罪不允詔 玉堂稿 8/8b

賜中大夫參知政事錢良臣辭免秘書省進呈會要了畢禮儀使特轉兩官依例加恩不允詔 玉堂稿 9/2b

賜通奉大夫參知政事錢良臣辭免國史院進呈四朝正史志了畢禮儀使特與轉兩官依例加恩不允詔 玉堂稿 9/9b

賜正奉大夫參知政事錢良臣以積雨未霽乞先次貶秩不允不得再有陳請詔 玉堂稿 10/6b

賜正奉大夫錢良臣辭免除資政殿學士乞奉祠田里不允詔 玉堂稿 10/11a

參知政事錢良臣上表再辭免敕令所修進一州一路酬賞轉一官加恩恩命不允批答 玉堂稿 13/10b

錢良臣上表再辭免秘書省進呈會要了畢禮儀使特轉兩官加恩恩命不允口宣 玉堂

稿 13/11a

錢良臣上表再辭免修纂隆興以後日曆奏成篇秩特轉行兩官依例加恩恩命不允仍斷來章批答口宣 玉堂稿 14/7b

錢良臣辭免轉官不允斷來章批答口宣 玉堂稿 15/6b

賜參知政事錢良臣不允斷來章批答口宣 玉堂稿 16/4a

錢 忱

錢忱辭免恩命不允詔 紫微集 11/2a

~ 象祖

賜新除右丞相兼樞密使錢象祖再辭免不允批答 宋本攻媿集 44/2b 攻媿集 46/8b

賜右丞相錢象祖等以旱蝗星變待罪不允詔 宋本攻媿集 45/1b 攻媿集 42/6b

賜右丞相錢象祖乞解罷機政不允詔 宋本攻媿集 45/3a 攻媿集 44/7a

賜錢象祖乞歸田里不允不得再有陳請詔 宋本攻媿集 45/7a 攻媿集 44/8a

賜右丞相錢象祖辭免提舉國史實錄院提舉編修國朝會要不允詔 宋本攻媿集 45/12a 攻媿集 44/8a

錢象祖辭免參知政事不允詔 後樂集 3/1a

錢象祖再辭免參知政事不允詔 後樂集 3/1b

錢象祖辭免興復元依舊知紹興府不允詔 後樂集 3/4a

錢象祖辭免召赴行在不允詔 後樂集 3/4b

錢象祖辭免再知紹興府不允詔 後樂集 3/5a

錢象祖乞祠祿不允詔 後樂集 3/5b

賜錢象祖斷章批答口宣 後樂集 5/8a

賜特進觀文殿大學士提舉臨安府洞霄宮錢象祖上表再辭免特授少保依前觀文殿大學士充醴泉觀使加食邑食實封恩命不允不得再有陳請詔 真西山集 20/8b

~ 愷

賜昭化軍承宣使錢愷辭免知閤事幹辦皇城司恩命不允詔 益國文忠集 108/13a 益公集 109/52a

賜昭化軍承宣使提舉江州太平興國宮錢愷辭免令赴行在奏事不允詔 玉堂稿 7/6b

~ 端禮

賜右大中大夫錢端禮辭免除户部侍郎兼樞密都承旨恩命不允詔 漢濱集 3/2a

賜户部侍郎准東宣諭使錢端禮乞宮觀不允詔 盤洲集 13/3b

賜錢端禮辭免更部侍郎不允詔 盤洲集 13/4a

賜准東宣諭使錢端禮乞罷遣不允詔 盤洲集 13/9a

賜吏部侍郎准東宣諭使錢端禮辭免兵部尚書都督府參贊軍事不允詔 盤洲集 14/3a

賜兵部尚書錢端禮辭免端明殿學士簽書樞密院事不允詔 盤洲集 14/6a

賜錢端禮辭免參知政事兼權知樞密院事不允詔 盤洲集 15/1b

賜錢端禮再辭免簽書樞密院兼提舉德壽宮不允仍斷來章批答 盤洲集 15/7b

賜錢端禮再辭免參知政事兼權知樞密院事不允批答 盤洲集 15/8b

賜錢端禮辭免簽書樞密院兼提舉德壽宮斷來章批答口宣 盤洲集 16/5a

賜錢端禮斷來章批答口宣 盤洲集 16/6a

資政殿大學士知寧國軍府事錢端禮奏到任己旬月年踰耳順乞復令奉祠退就閒館不允詔 文定集 8/16b

賜錢端禮陳乞奉祠不允詔 玉堂稿 5/4a

賜資政殿大學士通議大夫知紹興軍府事兩浙東路安撫使錢端禮辭免除觀文殿學士不允詔 玉堂稿 5/6b

賜資政殿大學士通議大夫知紹興軍府事錢端禮再辭免除觀文殿學士不允不得□有陳請詔 玉堂稿 5/7a

賜觀文殿學士通議大夫知紹興軍府事錢端禮乞仍舊外祠不允詔 玉堂稿 8/1a

~ 鄂

賜新除龍圖閣直學士權知開封錢鄂辭免不許詔 范太史集 29/2a

賜新除龍圖閣直學士權知開封錢鄂辭免不允詔 范太史集 29/2b

十七畫

謝方叔

謝方叔辭職不允詔 碧梧集 2/8b

~ 伋

賜資政殿學士左中大夫提舉萬壽觀兼侍讀謝克家辭免新除男伋工部郎官恩命不允

詔 北海集 11/1b

~ 克家

新除禮部尚書謝克家赴行在供職詔 浮溪集 13/11a 浮溪集/附拾遺 13/154

參知政事謝克家乞外任宮觀不允詔 浮溪集 14/6a 浮溪集/附拾遺 14/162

新除資政殿學士提舉臨安府洞霄宮謝克家辭免恩命不允詔 浮溪集 14/6b 浮溪集/附拾遺 14/163

兵部尚書謝克家辭免恩命不允詔 浮溪集 14/7a 浮溪集/附拾遺 14/163

賜資政殿學士左中大夫謝克家辭免提舉萬壽觀兼侍讀恩命不允詔 北海集 10/14a

賜新除禮部尚書謝克家辭免恩命不允詔 北海集 11/1a

賜資政殿學士左中大夫提舉萬壽觀兼侍讀謝克家辭免新除男伋工部郎官恩命不允詔 北海集 11/1b

賜新除參知政事謝克家上表辭免恩命不允仍斷來章批答 北海集 17/3a

~ 奕昌

謝奕昌辭免特授保寧軍節度使提舉萬壽觀恩命不允詔 平齋集 15/11a

謝奕昌再辭免特授保寧軍節度使提舉萬壽觀恩命不允仍斷來章批答 平齋集 15/19a

節度使謝奕昌批答口宣 平齋集 16/5a

賜少保保寧軍節度使充萬壽觀使謝奕昌再上奏辭免特封祁國公不允詔 後村集 55/8b

~ 奕禮

謝奕禮辭免特授保康軍節度使提舉萬壽觀恩命不允詔 平齋集 15/11b

謝奕禮再辭免特授保康軍節度使提舉萬壽觀恩命不允仍斷來章批答 平齋集 15/19b

節度使謝奕禮批答口宣 平齋集 16/5b

~ 深甫

御史中丞謝深甫辭免兼侍讀不允詔 宋本攻媿集 42/22a 攻媿集 42/15b

新除端明殿學士簽書樞密院事謝深甫辭免不允詔 宋本攻媿集 43/19b 攻媿集 43/8a

謝深甫再辭免簽書樞密院事不允仍斷來章批答又口宣 宋本攻媿集 43/22a 攻媿集 46/7a

~ 淵

新除觀察使謝淵辭免不允詔 宋本攻媿集 43/

6a 攻媿集 43/2b

~ 源明

賜顯謨閣直學士通奉大夫提舉隆興府玉隆萬壽宮謝源明乞守本官職致仕不允詔
真西山集 21/3a

~ 廓然

朝請郎試右諫議大夫謝廓然辭免刑部尚書
益國文忠集 108/18a 益公集 109/59a

賜朝請郎試刑部尚書謝廓然上表再辭免除端明殿學士簽書樞密院事不允仍斷來章
批答 玉堂稿 4/8a

賜端明殿學士朝請郎僉書樞密院事謝廓然辭免除同知樞密院事不充詔 玉堂稿 10/10a

賜中大夫同知樞密院事兼權參知政事謝廓然辭免權監修國史日曆不允詔 玉堂稿 10/11a

謝廓然上表再辭免除端明殿學士簽書樞密院事不允仍斷來章批答口宣 玉堂稿 16/5a

戴 溪

賜朝散大夫試尚書兵部侍郎兼同修國史兼實錄院同修撰太子右庶子戴溪辭免除太子詹事日下供職恩命不允 雲莊集 4/7b

賜通議大夫試工部尚書兼修國史兼實錄院修撰兼太子詹事戴溪再乞致仕不允 雲莊集 4/14a

賜朝散大夫試尚書兵部侍郎兼同修國史兼實錄院同修撰兼太子左庶子戴溪辭免除太子詹事日下供職恩命不允詔 真西山集 19/23b

賜朝散大夫試太子詹事兼同修國史實錄院同修撰兼秘書監戴溪辭免該遇皇太子受册推恩特轉一官恩命不允詔 真西山集 20/3a

賜朝議大夫權工部尚書兼同修國史兼實錄院同修撰兼太子詹事戴溪乞納祿歸田里不允詔 真西山集 20/23a

賜朝議大夫權工部尚書兼修國史兼實錄院同修撰兼太子詹事戴溪乞許納祿或界祠祿不允詔 真西山集 21/8a

賜中大夫權工部尚書兼太子詹事戴溪辭免以皇太子讀三朝寶訓終篇推實與轉一官

恩命不允詔 真西山集 21/15a

賜中大夫新除工部尚書兼同修國史兼實録院同修撰太子詹事戴溪辭免陞兼修國史兼實錄院修撰恩命不允詔 真西山集 21/18a

賜工部尚書兼太子詹事戴溪辭免皇太子講授周易終篇推恩特與轉行一官不允詔
真西山集 21/18b

賜通議大夫試工部尚書兼修國史兼實錄院修撰兼太子詹事戴溪乞許納祿休致不允詔
真西山集 21/24a

賜華文閣學士兼太子詹事戴溪辭免以皇太子講毛詩終篇特與轉行一官恩命不允詔
真西山集 22/9b

韓元吉

賜朝散大夫權史部尚書韓元吉辭免除史部尚書恩命不允詔 益國文忠集 106/7a 益公集 107/9a

朝議大夫試史部尚書韓元吉乞州郡 益國文忠集 107/9a 益公集 108/28a

中奉大夫試史部尚書韓元吉乞郡 益國文忠集 108/6a 益公集 109/43b

中奉大夫韓元吉辭免除龍圖閣學士 益國文忠集 108/6b 益公集 109/44a

~ 世忠

新除起復檢校少師武成感德軍節度使韓世忠上表辭免恩命不允批答 浮溪集 15/10b
浮溪集/附拾遺 15/174

新除起復檢校少師武成感德軍節度使韓世忠上第二表辭免恩命不允斷來章批答
浮溪集 15/11a 浮溪集/附拾遺 15/174

新除起復檢校少師武成感德軍節度使韓世忠上第二表辭免恩命不允斷來章口宣
浮溪集 15/13a 浮溪集/附拾遺 15/175

韓世忠辭免恩命不允口宣 浮溪集 15/15b 浮溪集/附拾遺 15/177

新除起復檢校少師武成感德軍節度使韓世忠上表辭免恩命不允口宣 浮溪集 15/15b
浮溪集/附拾遺 15/177

賜新除太尉依前武成感德軍節度使神武左軍都統制福建江西荊湖南北路宣撫副使加食邑五百戶食實封二百戶韓世忠辭免恩命不允詔 北海集 14/5b

賜新除開府儀同三司韓世忠辭免恩命不允

詔 北海集 14/6b

賜韓世忠再上劄子辭免恩命不允詔 北海集 14/7a

賜韓世忠三上劄子辭免恩命不允詔 北海集 14/7b

賜韓世忠乞住請給等詔 楓溪集 6/3b

～同卿

知泰州韓同卿辭改授正任觀察使在京宮觀不允詔 宋本攻媿集 42/4a 攻媿集 42/12a

～ 休

賜知閣韓休乞休致不允詔 鶴山集 14/3b

～仲通

賜韓仲通辭免恩命不允詔 楓溪集 6/40b

賜户部尚書韓仲通辭免判襄制置使不允詔 盤洲集 13/4b

～肖胄

賜端明殿學士左中大夫新除知温州韓肖胄辭免恩命不允詔 北海集 14/11a

賜端明殿學士左中大夫同簽書樞密院事韓肖胄辭免賜馬不允詔 北海集 14/11b

賜端明殿學士左中大夫同簽書樞密院事充大金國軍前通問使韓肖胄辭免特賜恩澤七資起發錢一千貫恩命不允詔 北海集 14/12a

賜新除同簽書樞密院事韓肖胄辭免恩命不允詔 北海集 14/12b

賜新除吏部侍郎韓肖胄辭免恩命改授一州不允詔 北海集 14/13b

賜新除端明殿學士同簽書樞密院事韓肖胄上表辭免恩命不允仍斷來章批答 北海集 17/11b

韓宗道

賜新除寶文閣直學士知成都府韓宗道辭免不允詔 范太史集 33/10a

～忠彥

賜新除中大夫守尚書左丞韓忠彥辭免恩命不允詔 蘇魏公集 22/2a

賜新除中大夫守尚書左丞韓忠彥辭免恩命不許詔 蘇魏公集 22/2b

賜新除中大夫守尚書左丞韓忠彥辭免恩命不允斷來章批答 蘇魏公集 24/8a

賜新除中大夫守尚書左丞韓忠彥辭免恩命不許斷來章批答 蘇魏公集 24/8a

賜新除中大夫守尚書左丞韓忠彥辭免恩命

不允斷來章批答口宣 蘇魏公集 25/4a

賜尚書左丞韓忠彥上第一表辭免恩命不允斷來章批答口宣 蘇魏公集 25/8b

賜新除樞密直學士知定州韓忠彥乞改一偏州不允詔 蘇東坡全集/內制 2/7a

尚書左丞韓忠彥免弟嘉彥尚主不許詔 樂城集 33/12a

韓忠彥乞外任不許詔 樂城集 33/13b

韓忠彥乞外任不允詔 樂城集 33/14a

韓忠彥免同知樞密院不允詔 樂城集 33/20a

韓忠彥免同知樞密院不許不允批答 樂城集 34/8a

賜知樞密院事韓忠彥乞降黜不允詔 范太史集 32/4a

賜知樞密院事韓忠彥待罪不允批答 范太史集 32/4b

～佗胄

賜汝州防禦使知閣門事韓佗胄辭免轉兩官不允詔 宋本攻媿集 41/2b

賜宜州觀察使新除在京宮觀韓佗胄辭免特轉一官不允詔 宋本攻媿集 42/24a

～彥古

朝散大夫試尚書户部侍郎韓彥古辭免權户部尚書 益國文忠集 107/8b 益公集 108/26b

賜朝散大夫韓彥古辭免除敷文閣直學士在外宮觀不允詔 玉堂稿 6/6b

～彥直

左中奉大夫行司農少卿韓彥直辭免特換觀察使知襄陽府 益國文忠集 104/2a 益公集 105/118b

利州觀察使韓彥直辭免除鄂州駐劄御前諸軍都統制 益國文忠集 104/12b 益公集 105/130b

降授中大夫新知泉州軍州事韓彥直辭免敷文閣學士 益國文忠集 108/13a 益公集 109/52b

敷文閣學士大中大夫知泉州韓彥直乞外觀 益國文忠集 108/18b 益公集 109/59b

賜中奉大夫試尚書吏部侍郎兼詳定一□敕令韓彥直辭免户部尚書不允詔 玉堂稿 6/10a

～ 琦

賜韓琦讓恩命不允斷來章批答 景文集 33/9b 宋文鑑 33/11b

賜淮南節度使守司徒檢校太師兼侍中判大

名府韓琦不允斷來章詔 韓南陽集 15/5a

賜淮南節度使守司徒檢校太師兼侍中判大名府韓琦不允辭謝詔 韓南陽集 15/5b

賜新除守司徒兼侍中充淮南節度使判相州韓琦辭免恩命第二表不允斷來章批答 郡溪集 9/14b

宰臣韓琦免恩命不允詔 華陽集 16/5b

韓琦乞退第二劄子不允詔 華陽集 16/6a

韓琦乞退第三劄子不允詔 華陽集 16/6b

宰臣韓琦乞退第三表不允詔 華陽集 16/7a

判大名府韓琦乞移徐州不允詔 華陽集 16/7b

宰臣韓琦不赴文德殿立班待罪不允手詔 華陽集 16/7b 宋文鑑 31/17b

鎮安武勝等軍節度使守司徒兼侍中判相府韓琦免恩命不允詔 華陽集 16/8a

賜宰臣韓琦以下賀老人星出見批答(五) 華陽集 20/2a-3a

賜文武百僚宰臣韓琦以下上尊號第五表不允斷來章批答 華陽集 20/8a

賜文武百僚宰臣韓琦以下賀災異消復批答 華陽集 20/8b

賜宰臣韓琦雨災乞退第一表不允批答 華陽集 20/9a

賜韓琦雨災乞退第二表不允斷來章批答 華陽集 20/9b

賜韓琦雨災乞退第三表不允斷來章批答 華陽集 20/10a

賜宰臣韓琦免恩命不允批答 華陽集 21/5a 宋文鑑 33/13b

賜韓琦免明堂恩命不允批答 華陽集 21/5b 宋文鑑 33/15a

賜韓琦免明堂恩命第一表不允批答 華陽集 21/6a

賜宰臣韓琦免南郊恩命第一表不允批答 華陽集 21/6b

賜韓琦免南郊恩命第二表不允斷來章批答 華陽集 21/6b

賜韓琦免恩命第一表不允批答 華陽集 21/7a

賜韓琦免恩命第二表不允斷來章批答 華陽集 21/7a

賜判相州韓琦免恩命第一表不允批答 華陽集 21/7b

賜韓琦免恩命第三表不允斷來章 華陽集 21/7b

賜宰臣韓琦乞退第一表不允批答 華陽集 21/8a

賜韓琦乞退第二表不允批答 華陽集 21/8b

賜韓琦乞退第三表不允斷來章批答 華陽集 21/9a

韓琦免南郊恩命第一表不允口宣 華陽集 23/5a

宰臣韓琦免明堂恩命第一表不允口宣 華陽集 23/5a

韓琦免明堂恩命第二表不允斷來章口宣 華陽集 23/5a

韓琦免南郊恩命第二表不允斷來章口宣 華陽集 23/5b

韓琦免恩命表不允口宣 華陽集 23/5b

賜宰臣韓琦乞退第一表不允批答 傳家集 16/3a 司馬溫公集 56/5b

賜守司徒兼侍中判大名府韓琦不允詔 傳家集 16/15a 司馬溫公集 56/16a

賜允守司徒兼檢校太師兼侍中韓琦乞相州詔 臨川集 47/7a

賜韓琦依所乞詔 臨川集 47/8a

賜守司徒兼檢校太師兼侍中判永興軍韓琦再乞相州詔 臨川集 47/7b 宋文鑑 31/16a

賜守司徒檢校太師兼侍中韓琦詔 臨川集 47/7b 宋文鑑 31/16a

賜守司徒檢校太師兼侍中判永興軍韓琦乞相州舊任不允詔三道 臨川集 47/8a-8b

賜守司徒檢校太師兼侍中判永興軍韓琦乞致仕不允詔 臨川集 47/8b

賜新除守司徒檢校太師兼侍中判相州韓琦乞免冊禮允詔 郡溪集 8/7b

賜守司徒兼侍中韓琦辭免恩命不允詔 郡溪集 9/1b

賜宰臣韓琦請郡不允詔已公著撰 宋文鑑 31/22b

~ 綜

賜新除參知政事韓綜辭恩命不允斷來章批答 傳家集 16/14b 司馬溫公集 56/15b

三司使韓綜乞外郡不允詔 華陽集 17/8a

端明殿學士知成都府韓綜乞內郡不允詔 華陽集 17/8a

賜新除參知政事韓綜辭恩命不允斷來章批答 司馬溫公集 56/15b

批答樞密副使韓綜辭免恩命仍斷來章 臨

川集 48/8a

批答韓絳辭恩命不允仍斷來章　臨川集 48/8a

賜鎮江軍節度使檢校太傅開府儀同三司上柱國康國公判大名府韓絳上表乞致仕不許詔　蘇東坡全集/內制 1/3a

賜韓絳上表乞致仕不允詔　蘇東坡全集/內制 1/3b

賜鎮江軍節度使判大名府韓絳上第二表乞致仕不許詔　蘇東坡全集/內制 1/9b

賜韓絳上第二表乞致仕不允詔　蘇東坡全集/內制 1/10a

賜韓絳上第三表乞致仕不許斷來章詔　蘇東坡全集/內制 1/10a

賜韓絳上第三表乞致仕不允斷來章詔　蘇東坡全集/內制 1/10b

賜集禧觀使鎮江軍節度使開府儀同三司韓絳乞致仕不允詔　蘇東坡全集/內制 3/8a

賜韓絳乞致仕不允詔　蘇東坡全集/內制 3/8b

賜新除檢校太尉守司空依前開府儀同三司致仕韓絳辭免恩命不允批答　蘇東坡全集/內制 3/12b

賜韓絳辭免恩命不允批答　蘇東坡全集/內制 3/13a

賜守司空開府儀同三司致仕韓絳乞受册禮畢隨班稱賀免赴詔　蘇東坡全集/內制 4/6b

賜宰臣韓絳免恩命不允批答元絳撰　宋文鑑 33/16b

~ 嘉彥

尚書左丞韓忠彥免弟嘉彥尚主不允詔　樂城集 33/12b

~ 維

賜資政殿學士知鄧州韓維進奉謝恩馬詔　蘇東坡全集/內制 6/2b

知汝州乞致仕不允詔（1－2）　韓南陽集/附錄 2a

知汝州再乞致仕不允詔（1－2）　韓南陽集/附錄 2b－3a

賜資政殿學士知鄧州韓維進奉謝恩馬詔　蘇東坡全集/內制 6/2b

~ 績

賜觀文殿大學士光祿大夫知永興軍韓績上表并劉子陳乞致仕不允詔　蘇魏公集 22/6b

賜觀文殿大學士光祿大夫知永興軍韓績上表并劉子陳乞致仕不許詔　蘇魏公集 22/7a

賜觀文殿大學士知潁昌府韓績上表辭免恩命不允詔　蘇東坡全集/內制 1/7b

賜外任臣僚進奉興龍節馬詔教書　蘇東坡全集/內制 2/16a

賜觀文殿大學士光祿大夫知永興軍韓績三上表乞致仕不許斷來章詔　蘇東坡全集/內制 7/2a

賜觀文殿大學士光祿大夫知永興軍韓績三上表陳乞致仕不允斷來章詔　蘇東坡全集/內制 7/2a

賜知太原府韓績進奉坤成節金酒器并馬詔　范太史集 29/14a

賜安武軍節度使知太原府韓績進馬詔　范太史集 31/5b

賜安武軍節度使河東經畧安撫使兼知太原府韓績再上表并劉子奏陳乞致仕不允詔　范太史集 33/12b

~ 贄

龍圖閣直學士知河南府韓贄待罪特放詔　華陽集 17/17b

薛良朋

試吏部侍郎薛良朋乞檢會前奏除一在外官觀差遣不允詔　文定集 8/15a

~ 叔似

薛叔似再辭免端明殿學士待讀依舊湖北京西宣撫使不允詔　後樂集 3/9b

薛叔似爲裹陽神馬坡兵敗乞行遣不允詔　後樂集 4/1b

鍾　震

寶章閣直學士中大夫知靜江軍府事兼本路經畧安撫使鍾震乞許奉祠不允詔　東澗集 1/11a

中奉大夫寶文閣待制賜紫金魚袋鍾震辭免除寶章閣直學士知靜江府廣西經畧安撫恩命不允詔　平齋集 15/8b

十八畫

蕭　琦

賜起復檢校少保威塞軍節度使充河北路招撫使建康府駐劄御前忠毅軍都統制蕭琦乞宮觀不允詔　盤洲集 13/9b

~ 逵

蕭逵辭免招收福建路效用水軍數足特轉一官不允詔　後樂集 4/21a

~ 矮

朝散郎試右諫議大夫蕭矮辭免刑部侍郎　益國文忠集 108/2a　益公集 109/38a

賜朝請大夫充敷文閣待制蕭矮辭免除吏部侍郎不允詔　玉堂稿 10/12a

魏了翁

資政殿學士魏了翁再辭免依舊資政殿學士知福州福建安撫使恩命不允不得再有陳請詔　東澗集 1/23b

資政殿學士魏了翁再辭免依舊資政殿學士知紹興府浙東安撫使恩命不允不得再有陳請詔　東澗集 1/24a

權禮部尚書魏了翁辭免兼直學士院恩命不允詔　平齋集 14/9a

權禮部尚書魏了翁辭免兼侍讀恩命　平齋集 14/11a

權禮部尚書兼侍讀魏了翁辭免兼同修國史實錄院同修撰恩命不允詔　平齋集 14/11b

權禮部尚書魏了翁辭免兼權吏部尚書恩命不允詔　平齋集 14/12b

太中大夫權禮部尚書兼直學士院兼同修國史實錄院同修撰兼侍讀魏了翁乞賦祠廣不允詔　平齋集 14/14b

禮部尚書魏了翁辭免慶典轉一官詔　平齋集 14/15a

權禮部尚書魏了翁辭免除端明殿學士同簽書樞密院事督視京湖軍馬恩命不允詔　平齋集 14/15b

新除端明殿學士太中大夫同簽書樞密院事督視京湖軍馬魏了翁辭免兼同提舉編修經武要略恩命不允詔　平齋集 14/19a

魏了翁辭免依舊端明殿學士除簽書樞密院事令疾速赴行在奏事恩命不允詔　平齋集 15/10b

魏了翁再辭免依舊端明殿學士除簽書樞密院事令疾速赴行在奏事恩命不允詔　平齋集 15/12a

魏了翁再辭免簽樞督視京湖軍馬不允斷來章批答　平齋集 15/17a

~ 良臣

賜魏良臣乞宮觀詔　楓溪集 6/48b

~ 杞

朱子書壽皇批答魏丞相奉使劉子　魏文節遺書/遺事 40b

觀文殿大學士左宣奉大夫提舉臨安府洞霄宮魏杞辭免差知平江府　益國文忠集 104/4a　益公集 105/120b

觀文殿大學士左宣奉大夫知平江府魏杞乞在外宮觀　益國文忠集 104/13b　益公集 105/132a

宣奉大夫提舉臨安府洞霄宮魏杞再辭免端明殿學士　益國文忠集 108/6b　益公集 109/44b

賜宣奉大夫提舉臨安府洞霄宮魏杞辭免復端明殿學士恩命不允詔　益公集 109/42b

十九畫

龐　籍

賜觀文殿大學士尚書户部侍郎知定州龐籍乞退不允詔　歐陽文忠集 88/4a

觀文殿大學士龐籍乞致仕第一表不允詔　華陽集 17/2a

龐籍乞致仕第二表不允詔　華陽集 17/2b

二十畫

寶　氏

賜内中慶國夫人寶氏以下賀禮畢答詔　蘇魏公集 23/10b

蘇　符

賜新除禮部侍郎蘇符辭免恩命不允詔　苕溪集 47/5a

賜蘇符辭免恩命不允詔　楊溪集 6/23a

~ 頌

賜新除依前光祿大夫刑部尚書蘇頌辭免恩命不允詔　蘇東坡全集/內制 1/11b

賜新除兼侍讀依前光祿大夫吏部尚書蘇頌辭免恩命不允詔　蘇東坡全集/內制 4/3b

賜光祿大夫守吏部尚書兼侍讀蘇頌上表乞致仕不許詔　蘇東坡全集/內制 10/6b

賜蘇頌上表陳乞致仕不允詔　蘇東坡全集/內制 10/7a

賜光祿大夫守吏部尚書兼侍讀蘇頌上第二表陳乞致仕不允詔　蘇東坡全集/內制 10/8a

賜蘇頌上第二表陳乞致仕不許詔　蘇東坡全集/內制 10/8b

蘇頌免尚書左丞不允詔　樂城集 33/20b

蘇頌免尚書左丞不許詔 樂城集 33/20b

蘇頌再免左丞不允詔 樂城集 33/21a

蘇頌再免左丞不許詔 樂城集 33/21a

蘇頌免尚書左丞不許不允批答二首 樂城集 34/8b

賜觀文殿大學士集禧觀使蘇頌乞致仕不許詔 范太史集 30/2a 宋文鑑 31/22a

賜觀文殿大學士集禧觀使蘇頌乞致仕不允詔 范太史集 30/2b

賜蘇頌第二表乞致仕不許詔 范太史集 30/4a

賜蘇頌第二表乞致仕不允詔 范太史集 30/4b

賜觀文殿大學士新差知揚州蘇頌再辭免知揚州不允詔 范太史集 31/4b

～ 軾

賜翰林學士蘇軾詔 彭城集 22/1a

賜翰林學士承旨蘇軾乞郡不允詔 范太史集 28/1a

賜新授龍圖閣學士知潁州蘇軾辭免賜銀不允詔 范太史集 28/7b

賜端明殿學士兼翰林侍讀學士守禮部尚書蘇軾乞越州不允詔 范太史集 29/6b

賜端明殿學士兼翰林侍讀學士守禮部尚書蘇軾乞改知越州不允詔 范太史集 29/7a

～ 轍

賜新除翰林學士朝奉郎知制誥蘇轍辭免恩命不允詔 蘇魏公集 22/4a

二十一畫

蘭 整

賜叙復平海軍承宣使蘭整辭免恩命不允詔 龜溪集 4/5b

二十二畫

龔茂良

中大夫參知政事龔茂良辭免修製尊號寶册轉兩官恩係禮儀使 益國文忠集 105/11b 益公集 106/153a

參知政事龔茂良再辭免禮儀使轉兩官 益國文忠集 105/12b 益公集 106/153b

龔茂良辭免差權提舉編修玉牒 益國文忠集 105/14b 益公集 106/156b

通奉大夫參知政事龔茂良辭免進呈玉牒轉兩官例恩 益國文忠集 106/9a 益公集 107/11b

通奉大夫參知政事龔茂良乞外官觀 益國

文忠集 106/11b 益公集 107/14b

通奉大夫龔茂良辭免資政殿大學士知鎮江府 益國文忠集 106/12a 益公集 107/15a

通奉大夫龔茂良再辭免資政殿學士知鎮江府 益國文忠集 106/12b 益公集 107/15b

參知政事龔茂良再辭免進太上日曆轉兩官例恩 益國文忠集 109/7b 益公集 110/72a

龔茂良再辭免進書轉官 益國文忠集 112/10b 益公集 112/121b

賜朝散郎充敷文閣待制龔茂良辭免除禮部侍郎不允詔 玉堂稿 7/2a

賜朝請郎試尚書禮部侍郎龔茂良辭免除參知政事不允詔 玉堂稿 7/9b

賜朝請郎新除參知政事龔茂良辭免差同提舉敕令所權監修國史日曆所不允詔 玉堂稿 7/11a

權邦彥

賜試兵部尚書權邦彥辭免兼侍讀恩命不允詔 北海集 12/10b

賜新除端明殿學士簽書樞密院事權邦彥辭免恩命不允詔 北海集 12/11a

賜新除淮南江浙荊湖等路制置發運使權邦彥辭免恩命不允詔 北海集 12/11b

賜新除端明殿學士簽書樞密院事權邦彥上表辭免恩命不允仍斷來章批答 北海集 17/5b

無姓名

允邊上節度使入覲批答 小畜集 26/8b

賜百僚乞御正殿復常膳不允批答 文恭集 24/5a

賜皇親批答 文恭集 24/6b

賜外任臣僚進奉助恭謝禮畢銀絹等詔敕 歐陽文忠集 85/1b

賜溪洞進奉助恭謝賀冬賀正水銀綿紬等敕書 歐陽文忠集 85/5a

賜外任臣僚進奉乾元節銀絹馬敕書 歐陽文忠集 86/9b

賜外任臣僚進奉助恰享銀絹等敕書 歐陽文忠集 88/3a

明堂禮畢諸寺詔批答 古靈集 2/4b

崇國夫人等賀明堂禮畢詔答 古靈集 2/5a

修儀婉容等賀明堂禮畢詔答 古靈集 2/5a

内省宫正以下賀明堂禮畢詔答 古靈集 2/5a

賜諸路賀封東陽郡王進絹詔　華陽集 15/10b
賜文武百僚宰臣以下賀明堂禮成批答　華陽集 20/1a
明堂禮成文德殿文武百僚宰臣以下稱賀批答　華陽集 20/1a
明堂禮成文德殿樞密使以下稱賀批答　華陽集 20/1b
宣德門肆赦文武百僚宰臣以下稱賀批答　華陽集 20/1b
親王使相節度使免恩命第一表不允口宣　華陽集 23/1b
親王使相節度使免恩命第二表不允斷來章口宣　華陽集 23/1b
賜外任臣僚進奉謝恩馬詔　蘇魏公集 23/3a
賜在外公主賀禮畢答詔　蘇魏公集 23/10a
賜內中公主賀禮畢答詔　蘇魏公集 23/10a
賜溪洞進奉賀明堂並興龍節及冬正溪布示諭敕書　蘇魏公集 24/4b
賜邊將乞朝覲不允詔　鄭溪集 9/3b
賜外任臣僚進奉坤成節銀敕書　蘇東坡全集/內制 3/10b
生獲果章文武百僚稱賀宣答詞　蘇東坡全集/內制 4/7b
生獲果章文武百僚稱賀宣答詞　蘇東坡全集/內制 4/7b
賜外任臣僚等進奉坤成節功德疏詔敕書　蘇東坡全集/內制 4/16a
賜外任臣僚進奉興龍節馬敕書　蘇東坡全集/內制 5/13b
賜外任臣僚進賀太皇太后受册馬詔敕　蘇東坡全集/內制 6/2a
賜外任臣僚進奉賀皇太后皇太妃受册馬詔敕　蘇東坡全集/內制 6/2a
賜外任臣僚進奉謝恩馬詔敕　蘇東坡全集/內制 6/13a
賜外任臣僚進奉與龍節功德疏詔敕　蘇東坡全集/內制 6/13a
賜外任文武臣僚進奉坤成節馬敕書　范太史集 29/14b
賜皇后賀冬祀禮畢批答　摘文集 3/5a
賜內中夫人郡君已下賀冬禮畢批答　摘文集 3/5a
宣諭累百章不允辭免　梁溪集 47/14b
賜實錄院進呈皇太后回鑒事實宣答辛臣已下口宣　楊溪集 7/13a

賜文武百僚等再上表奏請御正殿復常膳不允第二批答　盤洲集 15/10a
賜文武百僚奏請御正殿復常膳宣允批答　盤洲集 15/10a
端誠殿宣答樞密詞　盤洲集 16/7b
端誠殿宣答箋軍詞　盤洲集 16/8a
麗正門肆赦宣答宰臣詞　盤洲集 16/8a
德壽宮答允諾　益國文忠集 101/2a
德壽宮答允諾　益國文忠集 101/4b
郊祀大禮畢端誠殿受賀內侍宣答管軍詞　益國文忠集 116/9a
侍中承旨宣答　益國文忠集 116/10b　益公集 116/13b
侍中承旨宣答　益國文忠集 116/10b　益公集 116/14a
乞改正批答紙樣奏（附閏九月十二日奉御筆批依）　益公集 110/70b
賜再上表辭免不允仍斷來章批答　益公集 112/118b
賜皇太子辭免領臨安尹不允批答　益公集 112/120b
辭皇太子辭免立儲不允仍斷來章批答　益公集 112/120b
經筵進講毛詩終篇宣答詞 侍讀侍講官奏賀　攻媿集 46/11a
經筵進講毛詩終篇宣答詞 辛執赴聽講致詞謝　攻媿集 46/11a
經筵進講毛詩終篇宣答詞 辛執牽經筵侍立官再奏賀　攻媿集 46/11a
明堂大禮畢紫宸殿受賀內侍宣答管軍詞　玉堂稿 15/14a
紫宸殿受賀閤門官宣答樞密詞　玉堂稿 15/14a
麗正門肆赦閤門官宣答皇太子詞　玉堂稿 15/14b
紫宸殿受賀樞密宣答皇太子詞　玉堂稿 15/14b
御藥院申乞撰進呈三祖下第六世仙源類譜仁宗皇帝十年玉牒所有合用提舉官禮儀使已下宣答詞　玉堂稿 16/3a
進呈仁宗皇帝十年玉牒哲宗皇帝一朝玉牒宣答提舉官禮儀使已下詞　玉堂稿 16/3b
辛執赴經筵聽講三朝寳訓終篇奏謝宣答詞　東澗集 3/3b
侍讀官進講終篇奏賀謝宣答詞　東澗集 3/3b
辛執率侍讀侍講說書侍立官奏賀詒宣答詞　東澗集 3/4a
再請御正殿復膳聽樂不允批答　東澗集 3/7a
皇帝賜皇后明堂賀表答詔　鶴林集 12/1a

1112　詔令二　政令　優答　無姓名

皇帝賜貴妃明堂賀表答詔　鶴林集 12/1a
皇帝賜美人明堂賀表答詔　鶴林集 12/1b
賜皇女昇國法公主辭免進封周國公主恩命不允詔　後村集 55/12b
賜皇女周國公主辭免擇日備禮册命恩命宜允詔　後村集 55/12b
御藥院關撰進呈孝宗實錄宣答提舉官禮儀使以下詞　後村集 59/14a

公主下嫁附馬都大所關玄撰六月十二日宣璽宣答詞　後村集 59/14b
詔答辭免端明殿學士不允　播芳文粹 90/15a
詔答辭免資政殿學士不允（1－2）　播芳文粹 90/15b－16a
宋徽宗遂昌壽光宮宸翰碑　括蒼金石志 4/18b
宋徽宗壽光宮宸翰　兩浙金石志 7/29a

（十三）備禦征伐

賜福建路轉運使秦玢平江西賊敕書　文恭集 26/1a
賜提點刑獄施元長平江西賊敕書　文恭集 26/1a
責李成軍中詔　浮溪集 13/4a　浮溪集/附拾遺 13/142
起防秋兵詔　梁溪集 33/1a
敕榜獨留中原詔　梁溪集 34/1a
親筆宣諭三首　梁溪集 48/7a
　宣諭不責速進
　宣諭一切便宜行事
　宣諭所到如親行
親筆宣諭城外軍馬聽宣撫司節制　梁溪集 50/8a
親筆宣諭三首　梁溪集 50/10b－11a
　宣諭只令策應姚平仲
　宣諭押人出門策應
　宣諭姚平仲已出兵
親筆宣諭不得交兵　梁溪集 50/12b
親筆宣諭節制事　梁溪集 53/10b
宣諭施行節制事　梁溪集 53/10b
宣諭再割下節制事　梁溪集 53/11a
親筆宣諭三首　梁溪集 55/15a
　宣諭閒已斬竇景
　宣諭得捷
　宣諭不得輕易出兵
詢問邊防利害詔書　梁溪集 77/6b
賜門下分鎮詔　北海集 9/1a
浙西親征詔　毘陵集 9/5b
親征詔　龜溪集 4/7b
賜四川宣撫使吴璘回師秦隴詔　鄮峰錄 6/9a

賜都督張浚審訂北討長策詔　鄮峰錄 6/9b
賜兩淮將臣李顯忠邵宏淵條具出師方畧詔　鄮峰錄 6/10a
親征詔不付出　盤洲集 12/4a
視師詔　盤洲集 12/4b
又視師詔　盤洲集 12/5a
戒諭沿邊修武備詔　東萊集/外 3/2b
告諭兩淮詔　山房集 2/1b
淮東湖南江西三路盜賊作過除賊首合行收捕其餘脅從等人並從原貸許以自新各令復業仍仰州縣多方賑卹詔　真西山集 19/20a
端平三年罪己詔　鶴林集 12/1b　蜀文類存 79/7b
賜魏了翁督視江淮便宜施行詔　鶴林集 12/2b
（紹興五年）平楊么二詔　金佗稡編 1/4a－4b
（紹興五年）還屯武昌一詔　金佗稡編 1/5a
（紹興六年）督府視師二詔　金佗稡編 1/5b－6a
（紹興六年）移鎮襄陽一詔　金佗稡編 1/6b
（紹興六年）出師襄漢三詔　金佗稡編 1/9a－9b
（紹興七年）降槍樣一詔　金佗稡編 1/10a
（紹興七年）合軍二詔　金佗稡編 1/11a－11b
（紹興七年）乞本軍進討一詔　金佗稡編 1/13b
（紹興七年）招鄂瓊一詔　金佗稡編 1/14a
（紹興七年）行邊一詔　金佗稡編 2/1b
（紹興十年）出師三詔　金佗稡編 2/4a－4b
（紹興十年）援順昌六詔　金佗稡編 2/5a－7b
（紹興十年）進取一十一詔　金佗稡編 2/9a－14a
（紹興十年）班師二詔　金佗稡編 3/1a－2a
（紹興十一年）援淮西一十五詔　金佗稡編 3/3a－10b
（建炎四年）援承楚詔　金佗稡編/續 1/3a

(紹興三年)趣進兵招捕詔 金佗稡編/續 1/3b
(紹興六年)得逆豫等書賜詔 金佗稡編/續 1/5a
(紹興七年)出師割親批詔 金佗稡編/續 1/5b
(紹興七年)賜諭先發制人詔 金佗稡編/續 1/9b
(紹興七年)令諭鄱瓊詔 金佗稡編/續 1/10b
(紹興十年)金人叛盟元朮再犯河南令諸路進
討詔 金佗稡編/續 4/7a
(紹興十一年)帶樞密本職前去按閱御前軍馬
措置戰守詔 金佗稡編/續 4/11a
禁富人市內屬戎人馬詔太平興國六年十二月辛卯
宋詔令集 181/655
許民市沿邊戎人馬驢駝者詔太平興國八年十二月
己酉 宋詔令集 181/655
給地養馬御筆大觀元年七月二日 宋詔令集 181/655
縣鎮官衙內帶兼管給地牧馬等御筆大觀二年四
月□日 宋詔令集 181/655
川茶博馬御筆大觀□年□月□日 宋詔令集 181/655
諸訪宰相密援靈州詔至道元年五月辛亥 宋詔
令集 213/808
令西蜀警察詔咸平四年十二月丁未 宋詔令集 213/
808
遣錢若水詳度修復綏州詔 宋詔令集 213/808
何承矩奏敵界牒請徒九村民避劫掠爲警備答
詔 宋詔令集 213/808
責李昌齡等激萬邊臣詔咸平六年五月癸丑 宋詔
令集 213/808
諭河朔戎人真毒并中詔景德三年二月癸卯 宋詔
令集 213/808
答知延州向敏中等言趙德明要約事詔景德三
年六月乙巳 宋詔令集 213/809
再答向敏中詔景德三年五月庚申 宋詔令集 213/809
誡約宜融等州都巡檢安撫使曹克明愼重詔大
中祥符九年九月丙辰 宋詔令集 213/809
北敵議地界泛使再至容訪韓琦富弼文彦博曾
公亮詔熙寧七年十月壬申 宋詔令集 213/809
賜李憲手詔元豐四年八月辛酉 宋詔令集 213/810
賜劉昌祚詔元豐六年十月庚寅 宋詔令集 213/810
賜李憲詔元豐六年十二月辛未 宋詔令集 213/810
賜李憲詔癸酉 宋詔令集 213/810
賜李憲詔癸酉 宋詔令集 213/811
賜李憲詔元豐六年十二月乙亥 宋詔令集 213/811
賜李憲詔元豐七年正月甲辰 宋詔令集 214/812
賜李憲詔元豐七年正月癸丑 宋詔令集 214/812
賜李憲詔元豐七年正月甲寅 宋詔令集 214/812
賜李憲詔元豐七年正月己卯 宋詔令集 214/812

賜李憲詔元豐七年正月乙卯 宋詔令集 214/813
賜劉昌祚詔元豐七年正元庚戌 宋詔令集 214/813
賜李憲詔元豐七年正月辛酉 宋詔令集 214/813
賜李憲詔元豐七年正月丙寅 宋詔令集 214/813
嚴守備詔 宋詔令集 214/813
東南備禦漸次興築御筆大觀三年二月六日 宋詔
令集 214/813
保甿詔太平興國七年十月癸酉 宋詔令集 214/814
誡沿邊毋得侵掠詔端拱元年四月癸巳 宋詔令集
214/814
答趙保吉詔至道元年四月壬寅 宋詔令集 214/814
誡約不得入北界劫掠詔 宋詔令集 214/814
緣邊城池依舊約止行修葺外移徙寨柵開濬河
道悉禁止詔景德四年五月庚子 宋詔令集 214/814
誡諭諸路各務安靜詔熙寧四年二月壬申 宋詔令集
214/814
賜陝西河東經略使司詔 宋詔令集 214/815
賜鄜延等路經略使不得生事詔 宋詔令集 214/
815
平澤潞德音建隆元年六月辛卯 宋詔令集 218/831
平王均川峽路德音咸平三年十月乙丑 宋詔令集
218/831
王則平曲赦河北制慶曆八年閏正月甲辰 宋詔令集
218/831
平劉五准西曲赦制政和八年八月十七日 宋詔令集
218/832
方寇平兩浙江東福建淮南德音宣和三年八月十
二日 宋詔令集 218/832
秦州內屬戎人敢肆侵掠者捕之詔太平興國三年
正月癸丑 宋詔令集 218/832
討交州詔 宋詔令集 218/833
北伐詔 宋詔令集 218/833
募邊城雄豪應接王師詔雍熙三年四月乙卯 宋詔
令集 218/833
募河北強壯殺番賊詔景德六年九月 宋詔令集 218/
833
曲赦夏州管內德音太平興國七年閏十二月辛亥 宋
詔令集 218/834
獲捷曲赦河北淄齊見禁雜犯死罪以下制咸平
三年正月庚寅 宋詔令集 218/834
講和曲赦河北制景德元年十二月壬辰 宋詔令集
218/834
講和赦天下制景德二年正月庚戌 宋詔令集 218/834
曲赦宜柳象州懷遠軍制景德四年十月甲寅 宋詔
令集 218/835
延州保安軍德音康定元年二月丙午 宋詔令集 218/

·835

陝右宿兵德音康定二年四月乙巳 宋詔令集 218/835

陝西解嚴曲赦慶曆五年三月甲申 宋詔令集 218/835

儂賊平曲赦廣南東西制皇祐五年二月甲申 宋詔令集 218/836

又曲赦江西湖南德音皇祐五年二月丁亥 宋詔令集 218/836

曲赦陝西河東德音熙寧四年三月癸卯 宋詔令集 218/836

置熙河路熙河秦鳳德音熙寧五年十月戊戌 宋詔令集 219/837

曲赦熙河制熙寧七年五月戊戌 宋詔令集 219/837

曲赦廣西制熙寧十年二月丙午 宋詔令集 219/837

曲赦廣東湖南見禁德音熙寧十年二月己酉 宋詔令集 219/837

曲赦梓州路軍德音元豐五年二月癸酉 宋詔令集 219/838

克西夏九城陝西河東德音紹聖四年四月丁未 宋詔令集 219/838

陝西河東德音元符二年五月辛巳 宋詔令集 219/838

恢復黔中曲赦荊湖南北崇寧二年正月二十四日 宋詔令集 219/838

熙河蘭會路德音崇寧二年七月七日 宋詔令集 219/839

熙河秦鳳永興路曲赦崇寧三年四月十五日 宋詔令集 219/839

熙河蘭湟路曲赦崇寧四年閏十二月二十二日 宋詔

令集 219/839

曲赦廣西大觀元年一月六日 宋詔令集 219/839

曲赦熙河蘭湟秦鳳永興軍路制大觀二年九月二十九日 宋詔令集 219/839

梓變路曲赦政和三年四月八日 宋詔令集 219/840

四川曲赦政和五年十二月二十四日 宋詔令集 219/840

荊湖北路曲赦政和六年七月二十日 宋詔令集 219/840

四川曲赦政和八年三月十三日 宋詔令集 219/840

陝西河東曲赦政和八年六月二十三日 宋詔令集 219/840

陝西河東曲赦宣和元年四月二十 宋詔令集 219/841

平燕河北河東路燕山府添易檀順景薊州雲中府武應朔蔚奉聖歸化儒媯等州曲赦宣和五年四月二十六日 宋詔令集 219/841

恢復燕雲赦天下制宣和八年六月十一日 宋詔令集 219/841

賜陝西西路沿邊經畧招討都部署司敕宋祁撰 宋文鑑 32/3b

討蜀賊李順諭兩川招安使手詔張未撰 新安文獻 1/前 1b

親征詔沈與求撰 南宋文範 10/3a

親征詔 南宋文範 10/4a

視師詔洪适撰 南宋文範 10/9b

徽宗己未罪己詔宇文虛中撰 蜀文輯存 36/1a

開禧二年北伐詔書李壁撰 蜀文輯存 75/1a

（十四）方 域

改瀘州爲江安州仍降爲軍事詔 後村集 53/4b

改漣水軍爲東安州詔 後村集 53/4b

升應天府爲南京曲赦應天府及至京所過縣流以下制大中祥符七年正月丙辰 宋詔令集 159/598

建北京德音慶曆二年五月戊午 宋詔令集 159/598

升密州爲節鎮詔開寶五年閏二月庚戌 宋詔令集 159/598

升宿州爲節鎮詔開寶五年八月癸卯 宋詔令集 159/598

以榆次縣爲并州詔太平興國四年五月丁亥 宋詔令集 159/599

以靜安軍爲深州治所雍熙四年二月丁未 宋詔令集 159/599

廢夏州舊城詔淳化五年四月乙酉 宋詔令集 159/599

改鎮海軍詔淳化五年十月乙巳 宋詔令集 159/599

改寧海軍詔淳化五年十月乙巳 宋詔令集 159/599

以靜樂軍置憲州詔咸平五年五月癸卯 宋詔令集 159/599

升宋州爲應天府詔景德三年二月甲申 宋詔令集 159/599

建水安縣景德四年正月丁卯 宋詔令集 159/600

升象州爲防禦州詔景德四年十月丁未 宋詔令集 159/600

升兗州爲大都督府詔大中祥符元年十月丁巳 宋詔令集 159/600

改祥符縣詔大中祥符二年正月甲子 宋詔令集 159/600

罷京西驛路出永安詔大中祥符二年二月戊戌 宋詔令集 159/600

改行慶關詔大中祥符四年三月戊戌 宋詔令集 159/600

緣河縣分各於河南北就便管轄詔大中祥符五年九月辛未 宋詔令集 159/600

建昇州爲建康軍江寧府詔天禧二年二月戊辰 宋詔令集 159/600

升鄭州爲節鎮詔景祐元年十二月丁丑 宋詔令集 159/601

升蔡州爲淮康軍詔景祐二年十月己丑 宋詔令集 159/601

置京畿輔郡詔皇祐五年十二月辛丑 宋詔令集 159/601

升潁州爲節鎮詔元豐二年八月 宋詔令集 159/601

曲赦潁州德音元豐二年六月癸未 宋詔令集 159/601

升許州爲潁昌府詔元豐三年正月癸酉 宋詔令集 159/601

曲赦潁昌府德音元豐三年正月丙子 宋詔令集 159/601

端州升爲節鎮詔元符三年十月乙卯 宋詔令集 159/602

端州境內德音元符三年十一月丁卯 宋詔令集 159/602

建拱州爲保慶軍御筆崇寧四年十二月十日 宋詔令集 159/602

開德建府曲赦管內德音崇寧五年十月二十二日庚辰 宋詔令集 159/602

湖南提刑席貢允靖州開通驛路御筆大觀元年六月十一日 宋詔令集 159/602

建瀛州爲瀛海軍河間府御筆大觀元年十一月十八日 宋詔令集 159/602

差官措置洺濬南平軍御筆大觀二年八月二十五日 宋詔令集 159/602

胡耳西路盤向慕納土置州御筆大觀三年正月二十四日 宋詔令集 159/603

瀘州升爲瀘川軍御筆宣和元年五月二日 宋詔令集 159/603

(十五) 道 釋

存留銅像詔乾德五年七月丁酉 宋詔令集 223/860

禁以鐵鑄佛像詔開寶五年正月 宋詔令集 223/860

禁尼與僧司統攝詔開寶五年正月乙卯 宋詔令集 223/860

禁寄褐道士詔開寶五年閏二月戊午 宋詔令集 223/860

限數度僧尼詔 宋詔令集 223/860

禁灌頂道場水陸齋會夜集士女詔開寶八年四月丁酉 宋詔令集 223/861

召河陽濟源道士賀蘭棲真詔景德二年九月壬戌 宋詔令集 223/861

僧尼道士童行十人外更放一人詔景德三年十一月戊戌 宋詔令集 223/861

特度僧道詔大中祥符二年正月乙酉 宋詔令集 223/861

禁止道士親屬住宮觀詔大中祥符二年三月癸卯 宋詔令集 223/861

宮觀度人詔大中祥符三年正月壬子 宋詔令集 223/861

誌公盎真覺大師詔大中祥符五年十一月丁卯 宋詔令集 223/861

誌公加號道林真覺大師自今公私文字勿斥其名詔大中祥符六年六月甲申 宋詔令集 223/861

泗州僧伽大師加號普照明覺大師伽字公私文字不得指斥詔大中祥符六年六月壬子 宋詔令集 223/862

開寶寺舍利塔賜名靈感詔大中祥符六月口日癸酉 宋詔令集 223/862

以太宗御製妙覺集編入佛經大藏詔大中祥符八年閏六月甲申 宋詔令集 223/862

新譯頻郎夜迦經不得入藏傳法院似此經不得翻譯詔天禧元年四月甲午 宋詔令集 223/862

搜訪道教仙經御筆手詔政和口年十二月 宋詔令集 223/862

搜訪嚴谷雜誕詭諭怪自晦者悉以名聞詔政和六年九月三日 宋詔令集 223/863

敢言毀拆寺院沙汰僧徒者以違御筆論詔政和七年口月十七日 宋詔令集 223/863

老子歷史記列傳之首在京神霄宮刻御注道德經御筆手詔政和八年八月十二日 宋詔令集 224/864

天下學校諸生添治內經等御筆手詔政和八年八月二十一日 宋詔令集 224/864

改定道階等御筆手詔政和八年十月 宋詔令集 224/865

佛號大覺金仙餘爲仙人大士之號等事御筆手詔重和二年正月八日 宋詔令集 224/868

（十六）對南唐等關係

賜漢南國王生辰金銀器鞍馬詔　小畜集 26/11a

允淮海國王乞落大元帥批答　小畜集 27/5b

討蜀詔乾德二年十一月甲戌　宋詔令集 225/869

賜孟昶詔乾德三年正月　宋詔令集 225/869

平蜀曲赦乾德三年　宋詔令集 225/869

孟昶除官制乾德三年六月甲辰　宋詔令集 225/870

平廣南曲赦開寶四年二月　宋詔令集 225/870

劉鋹除官詔開寶四年四月壬午　宋詔令集 225/870

賜江南國主書建隆元年正月戊申　宋詔令集 225/870

答江南李煜手表建隆二年九月壬戌　宋詔令集 225/871

賜江南李煜嗣位禮物詔建隆二年十月丙申　宋詔令集 225/871

諭江南李煜横海等軍士骨肉津遣過江詔建隆二年五月戊午　宋詔令集 225/871

賜江南李煜詔建隆四年八月戊子　宋詔令集 225/871

諭江南李煜延納泉州陳洪進詔建隆四年十一月丁巳　宋詔令集 225/871

答江南李煜請寢陳洪進恩命表詔乾德元年十二月辛丑　宋詔令集 225/871

答江南李煜乞呼名表詔乾德二年十二月　宋詔令集 225/872

賜江南李煜詔乾德二年二月乙卯　宋詔令集 225/872

諭江南李煜不令客旅過江於江北置務折博詔乾德二年八月乙未　宋詔令集 225/872

諭李煜朝覲詔　宋詔令集 225/872

諭江南管內敕榜　宋詔令集 225/872

招諭淮南敕榜　宋詔令集 226/874

答李煜奏峽口有舟船詔　宋詔令集 226/874

答錢俶進李煜書詔　宋詔令集 226/875

諭錢俶攻取常州詔　宋詔令集 226/875

潤州敕榜　宋詔令集 226/878

諭潤州僞命知州詔　宋詔令集 226/875

招諭李煜詔　宋詔令集 226/876

詔諭江南敕榜　宋詔令集 226/876

招諭江南知州詔　宋詔令集 226/876

招諭江州敕榜　宋詔令集 227/877

已降常州答錢俶詔　宋詔令集 227/877

常州敕榜　宋詔令集 227/877

平江南曲赦開寶八年十一月　宋詔令集 227/877

李煜除官制　宋詔令集 227/878

答吳越國王乞呼名詔太平興國二年九月丁巳　宋詔令集 227/878

錢俶納土曲赦兩浙德音太平興國三年五月　宋詔令集 227/878

親征河東詔開寶二年二月戊午　宋詔令集 227/878

招諭河東劉繼元詔太平興國四年四月辛未　宋詔令集 227/878

招諭劉繼元詔太平興國四年五月丑午　宋詔令集 227/879

慰諭劉繼元詔太平興國五月壬子　宋詔令集 227/879

平河東曲赦太平興國四年五月乙酉　宋詔令集 227/879

劉繼元拜官詔太平興國四年五月己丑　宋詔令集 227/879

克復荊南德音建隆四年四月　宋詔令集 227/880

陳洪進加恩制太平興國二年十一月　宋詔令集 227/880

陳洪進納土曲赦漳泉德音太平興國三年五月　宋詔令集 227/880

納降蜀主敕　蜀檮杌志 26/5b

（十七）對遼關係

賜契丹回使副至班荊館御筵口宣　文莊集 3/11b

賜契丹賀乾元節人使至班荊館御筵口宣　文莊集 3/12a

班荊館賜契丹賀長寧節使副御筵口宣　文莊集 3/12b

賜賀乾元節人使回至班荊館御筵口宣　文莊集 3/13a

賜契丹賀乾元節使副回至雄州白溝驛御筵仍傳宣撫問口宣 文莊集 3/13a

賜契丹賀乾元節人使回至天雄軍御筵口宣 文莊集 3/13b

賜契丹賀乾元節人使至瀛州御筵口宣 文莊集 3/13b

就驛賜契丹賀乾元節人使朝辭御筵口宣 文莊集 3/14a

玉津園賜契丹賀乾元節人使弓箭御筵口宣 文莊集 3/14a

皇帝賀大遼太后生辰書 文恭集 27/1a

賜契丹人使茶藥口宣 文恭集 27/1a-4b

恩州賜北使茶藥口宣 文恭集 27/4b-5a

白溝驛撫問北使口宣 文恭集 27/5a

白溝驛撫問北使兼賜御筵口宣 文恭集 27/5a-5b

白溝驛撫問遺留人使兼賜御筵口宣 文恭集 27/5b

雄州撫問遺留人使口宣 文恭集 27/5b

雄州撫問北使口宣 文恭集 27/6a-6b

班荊館賜北使赴闕御筵口宣 文恭集 27/6b

北京賜北使御筵口宣 文恭集 27/6b-7a

班荊館賜北使到闕酒果口宣 文恭集 27/7b-8b

就驛賜北使内酒果口宣 文恭集 27/9a-9b

就驛賜北使生餼口宣 文恭集 27/9b

就驛賜北使銀鈔鑵唾盂被褥等口宣 文恭集 27/10a-10b

就驛賜北使春幡勝春盤等口宣 文恭集 27/10b

玉津園賜北使弓箭御筵口宣 文恭集 27/10b

正月一日北使入賀畢歸驛賜御筵口宣 文恭集 27/11a

正月一日北使入賀畢就驛賜酒果口宣 文恭集 27/11b-12a

正月二日北使就驛賜宴花酒果口宣 文恭集 27/12a

契丹賀乾元節人使朝辭訖就驛賜酒果口宣 文恭集 27/12a

賜北使朝辭訖歸驛御筵口宣 文恭集 27/12b-13a

班荊館賜卻回北使御筵口宣 文恭集 27/13b-14a

北京賜卻回北使御筵口宣 文恭集 27/14b-15a

雄州賜卻回北使御筵口宣 文恭集 27/15a

賜北使回至瀛州御筵口宣 文恭集 27/15a-15b

瀛州賜卻回遺留人使御筵口宣 文恭集 27/15b

白溝驛賜卻回北使御筵并撫問口宣 文恭集 27/16a

雄州撫問賀正旦人使 元憲集 20/5a

賜契丹賀正旦使蕭傳到貝州茶藥詔 元憲集 27/7b

賜契丹國信使茶藥詔 元憲集 27/8a

賜契丹賀正旦副使韓志德到貝州茶藥詔 元憲集 27/8a

賜賀乾元節人使鈔鑵唾盂被褥等 元憲集 30/1b

賜賀乾元節人使内中酒果 元憲集 30/1b

賜賀正旦人使生餼 元憲集 30/5a

賜賀正旦人使鈔鑵唾盂被褥等 元憲集 30/5b

賜賀正旦人使内中酒果 元憲集 30/5b

賜賀正旦人使春幡勝盤等 元憲集 30/5b

賜賀乾元節人使到闕班荊館御筵 元憲集 30/6b

賜賀乾元節人使到闕班荊館御筵酒果 元憲集 30/6b

賜賀乾元節人使生餼 元憲集 30/6b

賜賀乾元節人使鈔鑵唾盂被褥等 元憲集 30/7a

賜賀乾元節人使内中酒果 元憲集 30/7a

雄州撫問賀乾元節人使 元憲集 30/8a

賜賀乾元節人使朝辭御筵酒果 元憲集 30/11b

賜賀乾元節人使到闕班荊館御筵 元憲集 30/11b

賜賀乾元節人使到闕班荊館御筵酒果 元憲集 30/11b

賜賀乾元節人使鈔鑵唾盂被褥等 元憲集 30/12a

賜賀乾元節人使玉津園射弓例物并御筵 元憲集 30/12a

賜賀乾元節人使朝辭御筵 元憲集 30/12a

賜賀乾元節人使回班荊館御筵酒果 元憲集 30/12b

賜賀乾元節人使回至天雄軍御筵 元憲集 30/12b

賜賀正旦人使赴闕至天雄軍御筵 元憲集 30/13a

賜賀正旦人使到闕班荊館御筵 元憲集 30/13a

賜賀正旦人使就驛御筵 元憲集 30/13b

賜賀正旦人使就驛御筵酒果 元憲集 30/13b

賜賀正旦人使玉津園射弓例物并御筵 元憲集 30/13b

賜賀正旦人使朝辭御筵 元憲集 30/14a

賜賀正旦人使朝辭御筵酒果 元憲集 30/14a
賜賀正旦人使回班荊館御筵 元憲集 30/14a
賜賀乾元節人使回至天雄軍御筵 元憲集 30/14b
賜賀乾元節人使玉津園射弓例物並御筵 元憲集 30/14b
賜契丹兩蕃使賀正旦酒果口宣 景文集 33/2a
北京賜賀正旦兩蕃人使御筵口宣 景文集 33/2a
班荊館賜契丹賀正旦人使到關御筵口宣 景文集 33/2a
就驛賜契丹賀正旦人使錦褲被銀鈒鑵唾盂孟子等口宣 景文集 33/2b
雄州白溝驛傳宣撫問契丹賀乾元節人使兼賜御筵口宣 景文集 33/3a
賜契丹賀正旦人使回北京御筵口宣 景文集 33/3a
撫問契丹國信使兼賜御筵口宣 景文集 33/3b
北京賜契丹賀乾元節使副御筵口宣 景文集 33/3b
班荊館賜契丹國信使副赴關御筵口宣 歐陽文忠集 82/1b
班荊館賜契丹國信使副却回御筵口宣 歐陽文忠集 82/2a
班荊館賜契丹國信使副却回酒果口宣 歐陽文忠集 82/2b
雄州白溝驛賜契丹人使却回御筵兼傳宣撫問口宣 歐陽文忠集 82/3a
雄州白溝驛撫問契丹賀正人使兼賜御筵口宣 歐陽文忠集 82/4b
雄州撫問契丹賀正旦兩蕃人使口宣 歐陽文忠集 82/6a
恩州賜契丹皇太后賀正旦人使茶藥口宣 歐陽文忠集 82/7a
恩州賜契丹皇帝賀正旦人使茶藥口宣 歐陽文忠集 82/7b
恩州賜契丹皇太后賀正旦大使茶藥詔 歐陽文忠集 82/8b
恩州賜契丹皇太后賀正旦副使茶藥詔 歐陽文忠集 82/8b
恩州賜契丹皇帝賀正旦大使茶藥詔 歐陽文忠集 82/9a
恩州賜契丹皇帝賀正旦副使茶藥詔 歐陽文忠集 82/9a
二十四日就驛賜契丹賀正旦人使銀鈒鑵唾盂孟子錦被褲口宣 歐陽文忠集 82/9b
正月一日入賀畢就驛賜酒果口宣 歐陽文忠集 82/9b
今月三十日賜契丹賀正旦人使内中酒果口宣 歐陽文忠集 82/10a
正月三日就驛賜契丹賀正旦人使内中酒果口宣 歐陽文忠集 82/10a
賜契丹人使春幡春盤法酒口宣 歐陽文忠集 82/10a
班荊館賜契丹賀正旦人使到關酒果口宣 歐陽文忠集 82/11a
班荊館賜契丹賀正旦人使到關御筵口宣 歐陽文忠集 82/11b
班荊館賜契丹賀正旦兩蕃人使到關御筵口宣 歐陽文忠集 82/11b
皇帝回謝契丹皇帝書 歐陽文忠集 82/15a
皇帝回謝契丹皇太后書 歐陽文忠集 82/15b
雄州撫問契丹賀乾元節人使口宣 歐陽文忠集 83/2b
賜契丹賀正旦人使却回班荊館酒果口宣 歐陽文忠集 83/2b-3a
十九日契丹賀乾元節人使朝辭詣就驛賜酒果口宣 歐陽文忠集 83/8b
雄州開啓北朝皇帝盡七道場齋文 歐陽文忠集 84/1a
班荊館賜北朝告哀人使御筵口宣 歐陽文忠集 84/1b
班荊館賜契丹告哀人使酒果口宣 歐陽文忠集 84/1b
契丹告哀人使回至北京賜御筵口宣 歐陽文忠集 84/2b
契丹告哀人使回至雄州賜御筵兼傳宣撫問口宣 歐陽文忠集 84/2b
皇帝回契丹皇帝告哀書 歐陽文忠集 84/4a
皇帝回契丹皇太后告哀書 歐陽文忠集 84/4b
皇帝回契丹皇太后回謝書 歐陽文忠集 84/7a
皇帝回契丹皇帝回謝書 歐陽文忠集 84/7b
賜契丹賀乾元節國信使副生餼口宣 歐陽文忠集 84/8b
正月六日朝辭詣就驛賜契丹賀正旦人使御筵口宣 歐陽文忠集 85/5b
班荊館賜契丹賀正旦人使却回酒果口宣 歐陽文忠集 85/6a
契丹國信使副回入四月沿路賜夏藥扇子甘蔗等口宣 歐陽文忠集 85/6b
瀛州賜契丹國信使副却回御筵口宣 歐陽文忠集 85/6b

北京賜契丹國信使副却回御筵口宣　歐陽文忠集 85/7a

就驛賜契丹賀乾元節人使内中酒果口宣　歐陽文忠集 85/7a

班荆館賜契丹國信使副到關酒果口宣　歐陽文忠集 85/12a

班荆館賜契丹國信使副到關御筵口宣　歐陽文忠集 85/12a

玉津園賜契丹國信使副弓箭御筵口宣　歐陽文忠集 85/12b

雄州白溝驛賜北朝契丹賀正旦人使御筵兼傳宣撫問口宣　歐陽文忠集 85/12b

皇帝賀契丹皇帝正旦書　歐陽文忠集 86/1a

皇帝賀契丹太皇太后正旦書　歐陽文忠集 86/1b

班荆館賜契丹賀正旦人使到關酒果口宣　歐陽文忠集 86/3a

正月三日就驛賜契丹賀正旦人使内中酒果口宣　歐陽文忠集 86/4a

班荆館賜契丹賀正旦人使到關御筵口宣　歐陽文忠集 86/4b

自京至雄州已來撫問契丹告哀人使口宣　歐陽文忠集 86/6a

賜契丹國告哀人使茶藥口宣　歐陽文忠集 86/6b

沿路賜契丹國告哀人使赴關茶藥口宣　歐陽文忠集 86/6b

皇帝回契丹皇帝告哀書　歐陽文忠集 86/7a

雄州撫問契丹賀乾元節人使口宣　歐陽文忠集 86/7a

恩州賜契丹遺留使副茶藥口宣　歐陽文忠集 86/8b

瀛州賜契丹賀乾元節人使却回御筵口宣　歐陽文忠集 86/8b

班荆館賜契丹賀乾元節人使却回酒果口宣　歐陽文忠集 86/9a

十六日就驛賜契丹賀乾元節人使内中酒果口宣　歐陽文忠集 86/9a

班荆館賜契丹告哀人使内中酒果口宣　歐陽文忠集 86/10a

就驛賜契丹遺留使副銀鉢鑵睡盂子錦被褥口宣　歐陽文忠集 86/12a

恩州賜契丹皇太后賀乾元節大使茶藥詔　歐陽文忠集 87/1a

恩州賜契丹皇太后賀乾元節副使茶藥詔　歐陽文忠集 87/1a

恩州賜契丹皇帝賀乾元節大使茶藥詔　歐陽文忠集 87/1a

恩州賜契丹皇帝賀乾元節副使茶藥詔　歐陽文忠集 87/1b

皇帝回契丹皇帝賀乾元節書　歐陽文忠集 87/4b

皇帝回契丹皇帝達皇太后賀乾元節書　歐陽文忠集 87/4b

恩州賜契丹皇太后賀乾元節人使茶藥口宣　歐陽文忠集 87/5a

恩州賜契丹皇帝賀乾元節人使茶藥口宣　歐陽文忠集 87/5a

雄州白溝驛賜契丹賀乾元節人使却回御筵兼撫問口宣　歐陽文忠集 87/7a

班荆館賜契丹賀正旦人使到關御筵口宣　歐陽文忠集 88/6b

正月五日賜賀正旦人使内中酒果口宣　歐陽文忠集 88/7a

皇帝回契丹皇帝賀正旦書　歐陽文忠集 88/8b

皇帝回契丹皇帝達皇太后賀正旦書　歐陽文忠集 88/9a

皇帝回大遼皇帝賀同天節書　韓南陽集 15/7a

皇帝回大遼皇太后賀同天節書　韓南陽集 15/7b

就驛賜大遼賀正旦人使銀鉢鑵睡盂子錦被褥口宣　韓南陽集 15/25b

十二日就驛賜大遼賀同天節使人内中酒果口宣　韓南陽集 15/26a

賜弔慰副使茶藥詔　華陽集 18/2b

賜契丹皇帝賀正旦大使茶藥詔　華陽集 18/7a－7b

賜契丹皇帝賀正旦副使茶藥詔　華陽集 18/7b－8a

賜契丹皇帝賀乾元節大使茶藥詔　華陽集 18/8a

賜賀乾元節副使茶藥詔　華陽集 18/8a

賜契丹皇帝賀壽聖節大使茶藥詔　華陽集 18/8b

賜賀壽聖節副使茶藥詔　華陽集 18/8b

賜契丹皇帝弔慰大使茶藥詔　華陽集 18/8b

賜祭奠大行皇帝副使茶藥詔　華陽集 18/9a

賜弔慰副使茶藥詔　華陽集 18/9a

賜契丹皇帝祭奠大行皇帝大使茶藥詔　華陽集 18/9a

賜契丹皇帝賀登寶位大使茶藥詔　華陽集 18/9a

賜賀登寶位副使茶藥詔　華陽集 18/9b

賜契丹皇太后賀正旦大使藥詔　華陽集 18/9b

賜賀正旦大使茶藥詔　華陽集 18/10a

賜賀正旦大使茶藥詔　華陽集 18/10a
賜賀正旦副使茶藥詔　華陽集 18/10a
賜賀正旦副使茶藥詔　華陽集 18/10b
賜契丹皇太后賀乾元節大使茶藥詔　華陽集 18/10b
賜賀乾元節副使茶藥詔　華陽集 18/11a
賜契丹皇太后賀壽聖節大使茶藥詔　華陽集 18/11a
賜賀壽聖節副使茶藥詔　華陽集 18/11a
賜契丹皇太后祭奠大行皇帝大使茶藥詔　華集 18/11b
賜契丹皇太后弔慰大使茶藥詔　華陽集 18/11b
賜祭奠大行皇帝副使茶藥詔　華陽集 18/12a
賜賀登寶位大使茶藥詔　華陽集 18/12a
賜賀登寶位副使茶藥詔　華陽集 18/12a
賜大遼皇帝賀正旦大使茶藥詔　華陽集 18/12b
賜大遼皇帝賀正旦副使茶藥詔　華陽集 18/12b-13a
賜大遼皇帝弔慰大使茶藥詔　華陽集 18/13a
雄州撫問大遼皇帝賀正旦人使口宣　華陽集 19/1a
皇帝賀契丹皇帝正旦書　華陽集 19/1a
皇帝請契丹皇帝達皇太后正旦禮物書　華陽集 19/1b
回契丹賀乾元節書　華陽集 19/1b
回契丹達太后賀乾元節謝書　華陽集 19/1b
皇帝賀契丹皇帝正旦書　華陽集 19/2a
皇帝賀契丹皇太后正旦書　華陽集 19/2b
皇帝回契丹皇帝賀壽聖節書　華陽集 19/2b
皇帝回契丹皇太后賀壽聖節書　華陽集 19/3a
皇帝賀大遼皇帝正旦書　華陽集 19/3b
皇帝謹賀大遼皇太后正旦書　華陽集 19/3b
回大遼賀同天節書　華陽集 19/4a
回大遼太后賀同天節書　華陽集 19/4a
雄州撫問契丹皇帝賀乾元節人使口宣　華陽集 24/14b
恩州賜契丹皇帝賀乾元節人使茶藥口宣　華陽集 24/14b
恩州賜契丹皇太后賀乾元節人使茶藥口宣　華陽集 24/15a
都亭驛賜契丹皇帝賀乾元節人使内中酒果口宣　華陽集 24/15a-15b
都亭驛賜契丹皇帝賀乾元節人使銀鈔羅等口宣　華陽集 24/15b
恩州賜契丹皇帝賀正旦人使茶藥口宣　華陽集 24/15b-16a
恩州賜契丹兩番賀正旦人使茶藥口宣　華陽集 24/16a-16b
班荆館賜契丹皇帝賀正旦人使到關酒果口宣　華陽集 24/16b
都亭驛賜契丹皇帝賀正旦人使酒果口宣　華陽集 24/16b
恩州賜契丹皇太后賀正旦人使茶藥口宣　華陽集 24/16b
都亭驛賜契丹皇帝賀正旦人使春嬉勝等口宣　華陽集 24/17a
都亭驛賜契丹皇帝賀正旦人使生餼口宣　華陽集 24/17a
都亭驛賜契丹皇帝賀正旦人使朝辭酒果口宣　華陽集 24/17a
都亭驛賜契丹皇帝弔慰人使銀鈔羅等口宣　華陽集 24/17b
都亭驛賜契丹皇帝祭奠人使銀鈔羅等口宣　華陽集 24/17b
恩州賜契丹兩番賀登寶位人使茶藥口宣　華陽集 24/17b
班荆館賜契丹皇帝賀登寶位人使到關酒果口宣　華陽集 24/18a
都亭驛賜契丹皇帝賀登寶位人使射弓例物口宣　華陽集 24/18a
雄州撫問契丹兩番賀壽聖節人使口宣　華陽集 24/18b
都亭驛賜契丹皇帝賀登寶位人使朝辭酒果口宣　華陽集 24/18b
都亭驛賜大遼皇帝賀正旦壽聖節人使宴花酒果口宣　華陽集 24/18b
班荆館賜大遼皇帝弔慰人使酒果口宣　華陽集 24/19a
恩州賜大遼皇帝賀正旦人使茶藥口宣　華陽集 24/19a
恩州賜大遼皇太后賀正旦人使茶藥口宣　華陽集 24/19b
班荆館賜大遼皇帝賀正旦人使到關酒果口宣　華陽集 24/19b
班荆館賜大遼兩番賀正旦人使生餼口宣　華陽集 24/19b
都亭驛賜兩番賀正旦人使酒果口宣　華陽集 24/20a
都亭驛賜大遼皇帝正旦人使銀鈔羅等口宣　華陽集 24/20a

詔令二　政令　對遼關係　1121

賜大遼兩番賀同天節人使生餼口宣　華陽集 24/20b

都亭驛賜大遼皇帝賀同天節大使銀紗羅等口宣　華陽集 24/20b

賜大遼賀坤成節人使銀紗羅等口宣　蘇魏公集 25/4b

班荊館賜大遼賀坤成節國信使副到關酒果口宣　蘇魏公集 25/4b

就驛賜大遼賀坤成節人使内中酒果口宣　蘇魏公集 25/5b

班荊館賜大遼賀坤成節人使回程酒果口宣　蘇魏公集 25/5b

送伴賀興龍節使副沿路與賀正旦人使相見傳宣撫問口宣　蘇魏公集 25/6b

送伴賀興龍節使副沿路與接伴賀正旦使副相見傳宣撫問口宣　蘇魏公集 25/7a

白溝驛賜大遼賀興龍節人使御筵並傳宣撫問口宣　蘇魏公集 25/7b

雄州撫問大遼賀興龍節使副口宣　蘇魏公集 25/9b

趙州賜大遼皇帝賀興龍節使副茶藥口宣　蘇魏公集 25/10a

白溝驛賜大遼賀正旦人使御筵兼傳宣撫問口宣　蘇魏公集 26/1b

相州賜大遼賀興龍節使副御筵口宣　蘇魏公集 26/1b

班荊館賜大遼賀興龍節人使到關御筵口宣　蘇魏公集 26/2a

班荊館賜大遼賀正旦人使到關御筵口宣　蘇魏公集 26/2a

相州賜大遼正旦人使回程御筵口宣　蘇魏公集 26/2b

瀛州賜大遼賀正旦人使回程御筵口宣　蘇魏公集 26/3a

賜大遼賀興龍節使副銀紗羅等口宣　蘇魏公集 26/3a

賜大遼賀興龍節人使辭訖酒果口宣　蘇魏公集 26/3b

班荊館賜大遼賀興龍節人使回程御筵口宣　蘇魏公集 26/3b

玉津園賜大遼賀興龍節人使射弓例物口宣　蘇魏公集 26/4a

班津館賜大遼賀興龍節人使回程酒果口宣　蘇魏公集 26/4a

賜大遼賀興龍節人使内中酒果口宣　蘇魏公集 26/4a

賜大遼賀興龍節人使内中酒果口宣　蘇魏公集 26/4b

賜大遼賀興龍節人使回朝辭訖歸驛御筵口宣　蘇魏公集 26/4b

班荊館賜大遼賀正旦人使到關酒果口宣　蘇魏公集 26/5a

賜大遼賀正旦人使紗羅唾孟子錦被褥等口宣　蘇魏公集 26/5a

賜大遼賀正旦人使春幡勝口宣　蘇魏公集 26/5b

賜大遼賀正旦使副歲除日酒口宣　蘇魏公集 26/5b

正月三日賜大遼賀正旦使副内中酒果口宣　蘇魏公集 26/5b

正旦日賜大遼賀正旦人使酒果口宣　蘇魏公集 26/6a

玉津園賜大遼賀正旦人使射弓例物口宣　蘇魏公集 26/6a

送伴正旦使副沿路與北朝生辰正旦使副相見傳宣撫問口宣　蘇魏公集 26/6a

雄州賜大遼賀正旦人使回程御筵口宣　蘇魏公集 26/6b

正月六日賜大遼賀正旦人使朝辭訖歸驛御筵口宣　蘇魏公集 26/6b

賜大遼賀正旦人使正月一日就驛筵口宣　蘇魏公集 26/6b

賜大遼賀正旦使副朝辭酒果口宣　蘇魏公集 26/7a

班荊館賜大遼賀正旦人使回程御筵口宣　蘇魏公集 26/7a

班荊館賜大遼賀正旦人使回程酒果口宣　蘇魏公集 26/7a

皇帝達太皇太后回大遼皇帝賀坤成節書　蘇魏公集 26/7a

皇帝回大遼皇帝問候書　蘇魏公集 26/7b

皇帝達太皇太后賀大遼皇帝正旦書　蘇魏公集 26/7b

皇帝賀大遼皇帝正旦書　蘇魏公集 26/8a

皇帝回大遼皇帝賀正旦書　蘇魏公集 26/8a

皇帝達太皇太后回大遼皇帝賀正旦書　蘇魏公集 26/8b

皇帝回大遼皇帝賀興龍節書　蘇魏公集 26/8b

皇帝達太皇太后回大遼皇帝問候書　蘇魏公集 26/9a

賜大遼賀正旦人使茶藥詔　臨川集 48/5a

賜大遼賀正旦副使茶藥詔　臨川集 48/5a

賜大遼皇太后賀正旦人使茶藥詔　臨川集 48/

5a

賜大遼皇太后賀正旦副使茶藥詔　臨川集 48/

5b

皇帝問候大遼皇帝書　臨川集 48/5b

皇帝賀大遼皇太后生辰書　臨川集 48/5b

撫問送伴大遼賀正旦人使副沿路相逢賀大遼

皇太后皇帝生辰使副口宣　臨川集 48/11b

撫問雄州白溝驛賜北朝賀正旦人使御筵口宣

臨川集 48/11b

賜大遼國賀正旦人使已下生饌口宣　臨川集

48/12a

賜大遼國賀正旦人使却回瀛州御筵口宣　臨

川集 48/12a

賜大遼國賀正旦人使見訖就驛賜酒果口宣

臨川集 48/12a

北京賜大遼賀正旦人使却回御筵口宣　臨川

集 48/12b

雄州賜大遼同天節人使却回御筵兼撫問口

宣　臨川集 48/12b

就驛賜大遼同天節人使却回朝辭訖酒果口

宣　臨川集 48/12b

恩州賜大遼皇太后賀同天節大使茶藥詔　郡

溪集 8/9a

恩州賜大遼皇太后賀同天節副使茶藥詔　郡

溪集 8/9a

恩州賜大遼皇太后同天節大使茶藥詔　郡溪

集 8/9a

恩州賜大遼皇帝賀同天節副使茶藥詔　郡溪

集 8/9b

恩州賜大遼皇帝賀正旦大使茶藥詔　郡溪集

8/9b

恩州賜大遼皇帝賀正旦副使茶藥詔　郡溪集

8/9b

恩州賜大遼皇太后賀正旦大使茶藥詔　郡溪

集 8/9b

恩州賜大遼皇太后賀正旦副使茶藥詔　郡溪

集 8/10a

白溝驛撫問大遼賀同天節人使及賜御筵口宣

郡溪集 10/1a

都亭驛賜大遼人使賀正畢御筵口宣　郡溪集

10/1a

北京賜大遼同天節人使御筵口宣　郡溪集 10/

1a

北京賜大遼賀正旦使副御筵口宣　郡溪集 10/

1a

瀛州賜大遼人使却回御筵口宣　郡溪集 10/1b

賜大遼賀同天節人使入驛御筵口宣　郡溪集

10/1b

賜大遼賀同天節人使回北京御筵口宣　郡溪

集 10/1b

賜大遼賀正旦人使入見訖歸驛御筵口宣　郡

溪集 10/1b

賜人使朝辭歸驛御筵口宣　郡溪集 10/1b

賜人使回至瀛州御筵口宣　郡溪集 10/2a

班荊館賜大遼賀正旦人使到關御筵口宣　郡

溪集 10/2b

雄州賜大遼賀正旦人使御筵兼撫問口宣　郡

溪集 10/2b

賜大遼賀正旦人使陳春幡勝春盤等口宣　郡

溪集 10/2b

雄州賜大遼賀正旦人使却回御筵兼傳宣撫問

口宣　郡溪集 10/3a

恩州賜大遼皇太后賀正旦人使茶藥口宣　郡

溪集 10/3b

恩州賜大遼皇太后賀同天節使副茶藥口宣

郡溪集 10/4b

恩州賜大遼皇帝賀同天節使副茶藥口宣　郡

溪集 10/4b

雄州撫問大遼國賀同天節人使口宣　郡溪集

10/5b

雄州撫問大遼國賀正旦人使口宣　郡溪集 10/

6a

賜大遼賀正旦人使銀鈔鑵唾盂子錦褥等口宣

郡溪集 10/7a

賜大遼賀同天節人使生饌口宣　郡溪集 10/7a

賜文武臣僚並大遼賀同天節人使錫慶院御宴

口宣　郡溪集 10/7a

賜大遼賀同天節人使鈔鑵唾盂子被褥等口宣

郡溪集 10/7b

班荊館賜大遼賀正旦人使到關酒果口宣　郡

溪集 10/8a

賜大遼賀正旦人使內中酒果口宣　郡溪集 10/

8a

同天節錫慶院宴賜文武臣僚並人使酒果口宣

郡溪集 10/8a

就驛賜人使射弓例物口宣　郡溪集 10/8b

賜大遼賀正旦人使却回班荊館酒果口宣　郡

溪集 10/8b

就驛賜大遼人使朝辭後酒果口宣　郡溪集 10/

8b

賜大遼賀同天節人使內中酒果口宣　郡溪集

10/8b

詔令二　政令　對遼關係　1123

雄州白溝驛賜大遼賀正旦人使御筵口宣　蘇東坡全集/內制 1/1b

雄州撫問大遼國賀興龍節使副口宣　蘇東坡全集/內制 1/2a

趙州賜大遼賀興隆節人使茶藥口宣　蘇東坡全集/內制 1/2a

趙州賜大遼賀興龍節大使茶藥詔　蘇東坡全集/內制 1/4a

趙州賜大遼賀興隆節副使茶藥詔　蘇東坡全集/內制 1/4a

趙州賜大遼賀正旦副使茶藥詔　蘇東坡全集/內制 1/4b

趙州賜大使茶藥詔　蘇東坡全集/內制 1/4b

趙州賜大遼國賀太皇太后正旦大使茶藥詔　蘇東坡全集/內制 1/4b

趙州賜副使茶藥詔　蘇東坡全集/內制 1/5a

趙州賜大遼國賀太皇太后正旦使副茶藥口宣　蘇東坡全集/內制 1/5a

趙州賜大遼國賀皇帝正旦使副茶藥口宣　蘇東坡全集/內制 1/5b

班荊館賜大遼賀興龍節人使到關酒果口宣　蘇東坡全集/內制 1/8a

就驛賜大遼賀興龍節人使回程酒果口宣　蘇東坡全集/內制 1/8a

班荊館賜大遼賀正旦人使回程酒果口宣　蘇東坡全集/內制 1/8b

雄州賜大遼賀正旦人使回程御筵口宣　蘇東坡全集/內制 1/9a

就驛賜大遼賀正旦人使銀紗羅唾盂孟子錦被褥等口宣　蘇東坡全集/內制 1/9a

皇帝賀大遼皇帝正旦書　蘇東坡全集/內制 1/12b

皇帝達太皇太后賀大遼正旦書　蘇東坡全集/內制 1/12b

相州賜大遼國賀興龍節使副御筵口宣　蘇東坡全集/內制 1/13b

送伴正旦使副沿路與賀北朝生辰並正旦使副相見傳宣撫問口宣　蘇東坡全集/內制 1/13b

賜大遼賀正旦人使正月六日朝辭詣就驛御筵口宣　蘇東坡全集/內制 1/14a

相州賜大遼賀正旦人使却回御筵口宣　蘇東坡全集/內制 1/14b

班荊館賜大遼賀正旦人使却回御筵口宣　蘇東坡全集/內制 1/15a

皇帝達太皇太后回大遼皇帝賀正旦書　蘇東坡全集/內制 1/15a

皇帝回大遼皇帝賀正旦書　蘇東坡全集/內制 1/15b

班荊館賜大遼國賀興龍節人使赴關口宣　蘇東坡全集/內制 1/16a

白溝驛賜大遼賀坤成節人使御筵兼傳宣撫問口宣　蘇東坡全集/內制 2/17a

班荊館賜大遼國賀坤成節人使到關御筵口宣　蘇東坡全集/內制 3/5a

就驛賜大遼坤成節使副銀紗羅錦被褥等口宣　蘇東坡全集/內制 3/9b

相州賜大遼賀坤成節人使却回御筵口宣　蘇東坡全集/內制 3/10b

雄州撫問大遼賀副賀坤成節口宣　蘇東坡全集/內制 3/10b

雄州撫問大遼使副賀坤成節口宣　蘇東坡全集/內制 3/10b

瀛州賜大遼賀坤成節人使回程御筵口宣　蘇東坡全集/內制 3/13a

玉津園賜大遼賀坤成節人使射弓例物口宣　蘇東坡全集/內制 3/13b

賜大遼賀坤成節人使生餼口宣　蘇東坡全集/內制 3/13b

賜大遼賀坤成節人使內中酒果口宣　蘇東坡全集/內制 3/14a

皇帝達太皇太后回大遼皇帝賀坤成節書　蘇東坡全集/內制 3/16a

皇帝回大遼皇帝問候書　蘇東坡全集/內制 3/16a

班荊館賜大遼賀坤成節人使回程酒果口宣　蘇東坡全集/內制 3/16a

白溝驛傳宣撫問大遼賀興龍節人使及賜御筵口宣　蘇東坡全集/內制 4/14a

趙州賜大遼皇帝賀興龍節大使茶藥詔　蘇東坡全集/內制 4/16b

趙州賜大遼皇帝賀興龍節副使茶藥詔　蘇東坡全集/內制 4/16b

賜大遼賀正旦人使白溝驛御筵並撫問口宣　蘇東坡全集/內制 5/1b

皇帝達太皇太后賀大遼皇帝生辰書　蘇東坡全集/內制 5/2a

皇帝賀大遼皇帝生辰書　蘇東坡全集/內制 5/2b

皇帝達太皇太后賀大遼皇帝正旦書　蘇東坡全集/內制 5/4b

皇帝賀大遼皇帝正旦書　蘇東坡全集/內制 5/5a

趙州賜大遼賀興龍節使副茶藥口宣　蘇東坡全集/內制 5/6b

雄州撫問大遼賀興龍節使副口宣　蘇東坡全集/內制 5/6b

雄州撫問大遼賀正旦使副口宣　蘇東坡全集/內制 5/6b

詔令二　政令　對遼關係

皇帝回大遼皇帝賀興龍節書　蘇東坡全集/內制 5/10b

皇帝達太皇太后回大遼皇帝問候書　蘇東坡全集/內制 5/10b

班荊館賜大遼賀正旦人使到關御筵口宣　蘇東坡全集/內制 5/12a

班荊館賜大遼賀興龍節人使酒果口宣　蘇東坡全集/內制 5/12a

班荊館賜大遼賀興龍節人使御筵口宣　蘇東坡全集/內制 5/12a

相州賜大遼賀正旦人使御筵口宣　蘇東坡全集/內制 5/12b

賜大遼賀興龍節使副紛羅等口宣　蘇東坡全集/內制 5/13a

賜大遼賀興龍節人使雄州回程御筵口宣　蘇東坡全集/內制 5/13a

賜大遼賀興龍節前一日內中酒果口宣　蘇東坡全集/內制 5/14a

賜大遼賀興龍節十日內中酒果口宣　蘇東坡全集/內制 5/14b

賜大遼賀興龍節朝辭詣歸驛御筵口宣　蘇東坡全集/內制 5/14b

賜大遼賀興龍節瀛洲回程御筵口宣　蘇東坡全集/內制 5/14b

賜大遼賀興龍節人使朝辭歸驛酒果口宣　蘇東坡全集/內制 5/15a

賜大遼賀興龍節人使射弓例物口宣　蘇東坡全集/內制 5/15b

賜大遼賀興龍節人使班荊館却回酒果口宣　蘇東坡全集/內制 6/1a

接伴大遼賀興龍節人使送伴回程與大遼賀正旦人使相逢撫問口宣　蘇東坡全集/內制 6/3a

趙州賜大遼賀太皇太后正旦大使茶詔　蘇東坡全集/內制 6/3a

趙州賜大遼賀太皇太后正旦副使茶詔　蘇東坡全集/內制 6/3b

趙州賜大遼賀皇帝正旦大使茶藥詔　蘇東坡全集/內制 6/3b

趙州賜大遼賀皇帝正旦副使茶藥詔　蘇東坡全集/內制 6/4a

趙州賜大遼賀太皇太后正旦使副茶藥口宣　蘇東坡全集/內制 6/4a

趙州賜大遼賀皇帝正旦使副茶藥口宣　蘇東坡全集/內制 6/4a

相州賜大遼賀興龍節使副御筵口宣　蘇東坡全集/內制 6/4b

相州賜大遼賀興龍節使副却回御筵口宣　蘇東坡全集/內制 6/4b

就驛賜大遼賀興龍節人使宴口宣　蘇東坡全集/內制 6/7a

就驛賜大遼賀興龍節人使宴花酒果口宣　蘇東坡全集/內制 6/7a

賜大遼賀正旦使副銀紛羅等口宣　蘇東坡全集/內制 6/7a

相州賜大遼賀正旦人使却回御筵口宣　蘇東坡全集/內制 6/7b

賜大遼賀正旦人使却回雄州御筵口宣　蘇東坡全集/內制 6/7b

賜大遼正旦人使生餼口宣　蘇東坡全集/內制 6/8a

送伴正旦使副沿路與賀北朝生辰並正旦使副相逢傳宣撫問口宣　蘇東坡全集/內制 6/8b

賜大遼賀正旦人賀畢使副就驛酒果口宣　蘇東坡全集/內制 6/8b

賜大遼賀正旦人賀畢使副就驛御筵口宣　蘇東坡全集/內制 6/9a

賜大遼賀正旦使副前一日內中酒果口宣　蘇東坡全集/內制 6/9a

賜大遼賀正旦却回班荊館御筵口宣　蘇東坡全集/內制 6/9a

賜大遼賀正旦朝辭詣歸驛御筵口宣　蘇東坡全集/內制 6/9b

賜大遼賀正旦朝辭詣歸驛御筵酒果口宣　蘇東坡全集/內制 6/9b

賜大遼賀正旦使副春幡勝口宣　蘇東坡全集/內制 6/10a

賜大遼賀正旦使副射弓例物口宣　蘇東坡全集/內制 6/10a

皇帝回大遼皇帝賀正旦書　蘇東坡全集/內制 6/10a

皇帝達太皇太后回大遼皇帝賀正旦書　蘇東坡全集/內制 6/10b

瀛洲賜大遼賀正旦人使回程御筵口宣　蘇東坡全集/內制 6/12a

班荊館賜大遼賀興龍節人使回程御筵口宣　蘇東坡全集/內制 7/7a

班荊館賜大遼賀正旦人使到關酒果口宣　蘇東坡全集/內制 7/7a

白溝驛賜大遼賀坤成節人使御筵兼傳宣撫問口宣　蘇東坡全集/內制 7/16a

賜大遼賀坤成節人使生餼口宣　蘇東坡全集/內制 8/4b

玉津園賜大遼賀坤成節人使射弓例物口宣　蘇東坡全集/內制 8/10b

就驛賜大遼國賀坤成節人使宴口宣　蘇東坡

詔令二　政令　對遼關係　1125

全集/内制 8/11a

就驛賜大遼賀坤成節人使花酒果口宣　蘇東坡全集/内制 8/11a

賜大遼人使賀坤成節入見詣歸驛御筵口宣　蘇東坡全集/内制 8/11a

賜大遼人使賀坤成節入見詣歸驛酒果口宣　蘇東坡全集/内制 8/11b

班荆館賜大遼賀坤成節人使回程御筵口宣　蘇東坡全集/内制 8/12a

瀛州賜大遼賀坤成節人使回程御筵口宣　蘇東坡全集/内制 8/14a

相州賜大遼賀坤成節人使却回御筵口宣　蘇東坡全集/内制 8/14a

班荆館賜大遼賀坤成節人使回程酒果口宣　蘇東坡全集/内制 8/14b

相州賜大遼賀興龍節使副御筵口宣　蘇東坡全集/内制 9/6a

相州賜大遼賀興龍節人使回程御筵口宣　蘇東坡全集/内制 9/6a

就驛賜大遼賀興龍節使副紗羅等口宣　蘇東坡全集/内制 9/9b

七月賜大遼賀興龍節人使内中酒果口宣　蘇東坡全集/内制 9/10a

玉津園大遼賀興龍節人使射弓御筵口宣　蘇東坡全集/内制 9/10a

相州賜大遼賀正旦人使御筵口宣　蘇東坡全集/内制 9/10b

趙州賜大遼賀正旦使副茶藥口宣　蘇東坡全集/内制 9/10b

趙州賜大遼賀太皇太后正旦使副茶藥口宣　蘇東坡全集/内制 9/10b

班荆館賜大遼賀興龍節人使到闕御筵口宣　蘇東坡全集/内制 9/11a

賜大遼賀興龍節人使朝辭詣就驛酒果口宣　蘇東坡全集/内制 9/11a

賜大遼賀興龍節人使朝辭詣歸驛御筵口宣　蘇東坡全集/内制 9/11a

十日賜大遼賀興龍節人使内中酒果口宣　蘇東坡全集/内制 9/13a

賜大遼賀興龍節人使生餼口宣　蘇東坡全集/内制 9/13a

班荆館賜大遼賀興龍節人使回程御筵口宣　蘇東坡全集/内制 9/13b

班荆館賜大遼賀興龍節人使却回酒果口宣　蘇東坡全集/内制 9/13b

瀛州賜大遼賀興龍節人使回程御筵口宣　蘇東坡全集/内制 9/14a

雄州撫問大遼賀正旦人使口宣　蘇東坡全集/内制 9/14b

皇帝回大遼皇帝賀興龍節書　蘇東坡全集/内制 9/15a

皇帝達太皇太后回大遼皇帝問候書　蘇東坡全集/内制 9/15a

賜大遼賀正旦人使正月一日就驛御筵口宣　蘇東坡全集/内制 10/3b

賜大遼賀正旦人使内中酒果口宣　蘇東坡全集/内制 10/4a

班荆館賜大遼賀正旦使臣回程御筵口宣　蘇東坡全集/内制 10/4a

相州賜大遼賀坤成節人使回程御筵兼傳宣撫問口宣　蘇東坡全集/内制 10/4b

玉津園賜大遼賀正旦人使射弓例物口宣　蘇東坡全集/内制 10/5a

賜大遼賀正旦人使銀鈔羅唾盂子錦被等口宣　蘇東坡全集/内制 10/5a

瀛州賜大遼賀正旦人使回程御筵口宣　蘇東坡全集/内制 10/5b

班荆館賜大遼賀正旦人使却回酒果口宣　蘇東坡全集/内制 10/5b

正月六日朝辭詣就驛賜大遼賀正旦人使御筵口宣　蘇東坡全集/内制 10/6a

就驛賜大遼賀坤成節人使銀鑞等口宣　蘇東坡全集/内制 10/10b

班荆館賜大遼賀坤成節國信使副到闕酒果口宣　蘇東坡全集/内制 10/11b

賜大遼賀坤成節使副生餼口宣　蘇東坡全集/内制 10/12a

雄州白溝驛賜大遼賀坤成節人使却回御筵兼傳宣撫問口宣　蘇東坡全集/内制 10/12a

玉津園賜大遼賀坤成節人使射弓例物口宣　蘇東坡全集/内制 10/12a

相州賜大遼賀坤成節人使却回御筵口宣　蘇東坡全集/内制 10/13a

皇帝達太皇太后回大遼皇帝賀坤成節書　蘇東坡全集/内制 10/13b

賜大遼國賀坤成節使副時花酒果口宣　蘇東坡全集/内制 10/13b

皇帝回大遼皇帝問候書　蘇東坡全集/内制 10/14a

賜大遼賀坤成節人使朝辭詣歸驛御筵口宣　蘇東坡全集/内制 10/14b

班荆館賜大遼賀坤成節人使回程御筵口宣　蘇東坡全集/内制 10/14b

賜大遼賀坤成節使副内中酒果口宣　蘇東坡

全集/内制 10/15a

賜大遼賀坤成節人使朝辭詣歸驛酒果口宣 蘇東坡全集/内制 10/15a

瀛州賜大遼賀坤成節人使回程御筵口宣 蘇東坡全集/内制 10/15b

班荆館賜大遼賀坤成節人使回程酒果口宣 蘇東坡全集/内制 10/16a

趙州賜大遼賀坤成節大使茶藥詔 范文史集 28/15b

趙州賜大遼賀坤成節副使茶藥詔 范太史集 28/15b

趙州賜大遼賀坤成節使副茶藥口宣 范太史集 28/16a

趙州賜大遼賀坤成節使副茶藥口宣 范太史集 28/16a

白溝驛賜大遼賀坤成節人使御筵兼傳宣撫問口宣 范太史集 29/11b

雄州撫問大遼賀坤成節人使口宣 范太史集 29/11b

趙州賜大遼賀坤成節使副茶藥口宣 范太史集 29/12a

就驛賜大遼賀坤成節人使銀鈔鑞唾盂等口宣 范太史集 29/12a

賜大遼賀坤成節使副生餼口宣 范太史集 29/12b

玉津園使大遼賀坤成節人使射弓例物口宣 范太史集 29/12b

班荆館賜大遼賀坤成節人使回程御筵口宣 范太史集 30/1a

班荆館賜大遼賀坤成節人使回程酒果口宣 范太史集 30/1a

相州賜大遼賀坤成節人使回程御筵口宣 范太史集 30/1b

皇帝達大行太皇太后與大遼皇帝遺留書 范太史集 30/14b

皇帝賀大遼皇帝正旦書 范太史集 30/15b

趙州賜大遼賀興龍節大使茶藥詔 范太史集 31/4a

白溝驛賜大遼賀興龍節人使御筵口宣 范太史集 31/4a

趙州賜大遼賀興龍節副使茶藥詔 范太史集 31/4b

趙州賜大遼賀興龍節使副茶藥口宣 范太史集 31/6a

相州賜大遼賀興龍節使副御筵口宣 范太史集 31/6a

白溝驛賜大遼賀正旦人使御筵口宣 范太史集 31/6b

撫問接伴大遼賀正旦人使副口宣 范太史集

31/7a

撫問大遼賀正旦人使口宣 范太史集 31/7b

班荆館賜大遼賀興龍節使副到關御筵口宣 范太史集 31/8a

就驛賜大遼賀興龍節使副錫鈔鑞唾盂盂子錦被褥等口宣 范太史集 31/8a

賜大遼賀興龍節人使朝見詣歸驛御筵口宣 范太史集 31/8b

賜大遼賀興龍節人使朝見詣歸驛御筵口宣 范太史集 31/8b

十二月七日就驛賜大遼賀興龍節人使内中酒果口宣 范太史集 31/9b

賜大遼賀興龍節人使不射弓例物口宣 范太史集 31/9b

就驛賜大遼賀興龍節人使不宴御筵口宣 范太史集 31/10a

賜大遼賀興龍節人使朝辭詣歸驛御筵口宣 范太史集 31/10b

班荆館賜大遼賀興龍節人使回程酒果口宣 范太史集 31/10b

瀛州賜大遼賀興龍節人使回程御筵口宣 范太史集 31/11b

雄州賜大遼賀興龍節人使却回御筵口宣 范太史集 31/11b

趙州賜大遼賀正旦大使茶藥詔 范太史集 31/12a

趙州賜大遼賀正旦副使茶藥詔 范太史集 31/12a

班荆館賜大遼弔慰人使到關御筵口宣 范太史集 31/12b

班荆館賜大遼皇帝祭奠人使酒果口宣 范太史集 31/12b

班荆館賜大遼祭奠人使到關御筵口宣 范太史集 31/13a

雄州賜大遼弔慰人使回程御筵口宣 范太史集 31/13a

接伴大遼弔慰人使送伴回程沿路與大遼賀正旦人使相逢傳宣撫問口宣 范太史集 31/13b

趙州賜大遼賀正旦使副茶藥口宣 范太史集 31/14a

相州賜大遼賀正旦人使赴關御筵口宣 范太史集 31/14a

班荆館賜大遼賀正旦使副到關酒果口宣 范太史集 31/14b

班荆館賜大遼賀正旦使副到關御筵口宣 范太史集 31/14b

詔令二 政令 對遼關係 1127

賜大遼賀正旦使副生餼口宣　范太史集 31/15a

賜大遼賀正旦使副正月一日慰畢就驛御筵口宣　范太史集 32/1b

賜大遼賀正旦使副正月一日慰畢就驛酒果口宣　范太史集 32/1b

正月五日賜不宴御筵口宣　范太史集 32/2a

正月五日賜不宴酒果口宣　范太史集 32/2a

六月就驛賜大遼賀正旦使副朝辭訖御筵口宣　范太史集 32/2b

賜朝辭訖歸驛酒果口宣　范太史集 32/2b

相州賜大遼賀正旦使副回程御筵口宣　范太史集 32/3a

瀛洲賜大遼賀正旦使副回程御筵口宣　范太史集 32/3a

皇帝回大遼賀正旦書　范太史集 32/3b

就驛賜大遼國賀天寧節使副銀紗羅睡盂孟子錦被褲等口宣　摘文集 9/3b

就驛賜大遼國賀天寧節使副內中酒果口宣　摘文集 9/4b

班荊館賜大遼國賀天寧節使副回程酒果口宣　摘文集 9/4b

賜大遼國賀天寧節人使朝見訖歸驛賜酒果口宣　摘文集 9/5b

玉津園賜大遼國賀天寧節使副射弓例物口宣　摘文集 9/6b

送判正旦使副沿路與賀北朝生辰並正旦使副相逢傳宣撫問口宣　摘文集 9/6b

北伐詔雍熙三年正月丁酉　宋詔令集 218/833

與契丹國主書景德元年十月丙午　宋詔令集 228/882

答契丹書景德元年十二月庚辰　宋詔令集 228/882

答契丹國母書景德元年十二月丙戌　宋詔令集 228/882

答契丹主書景德元年十二月丙戌　宋詔令集 228/882

與契丹遺書　宋詔令集 228/882

即位報契丹書　宋詔令集 228/882

與契丹告哀書　宋詔令集 228/883

爲契丹輟朝詔天聖九年六月辛卯　宋詔令集 228/883

弔慰契丹國主書天聖九年　宋詔令集 228/883

皇太后弔慰契丹國主書　宋詔令集 228/883

弔慰契丹國母書　宋詔令集 228/883

皇太后弔慰契丹國母書　宋詔令集 228/883

賀契丹國主登位書　宋詔令集 228/883

皇太后賀國主登位書　宋詔令集 228/883

賀國母册禮書　宋詔令集 228/883

皇太后賀國母册禮書　宋詔令集 228/884

答契丹國書慶曆二年四月庚辰　宋詔令集 228/884

回契丹書慶曆四年八月戊戌　宋詔令集 228/884

賀契丹生辰國書　宋詔令集 228/884

問候契丹皇太后書　宋詔令集 228/884

賀契丹生辰書　宋詔令集 229/886

問候契丹皇太后書　宋詔令集 229/886

回謝契丹皇帝書　宋詔令集 229/886

回謝契丹皇太后書　宋詔令集 229/886

回謝契丹告哀書　宋詔令集 229/887

回謝契丹皇太后告哀書　宋詔令集 229/887

回契丹太皇太后回謝書　宋詔令集 229/887

回契丹回謝書　宋詔令集 229/887

回契丹皇帝告哀書　宋詔令集 229/887

賀契丹正旦書　宋詔令集 229/887

賀契丹太皇太后正旦書　宋詔令集 229/887

回契丹賀正旦書　宋詔令集 229/888

回契丹達皇太后賀正旦書　宋詔令集 229/888

回契丹賀乾元節書　宋詔令集 229/888

回契丹達皇太后賀乾元節書　宋詔令集 229/888

皇帝賀契丹皇帝正旦書嘉祐七年　宋詔令集 229/888

皇帝請契丹皇帝達皇太后正旦禮物書　宋詔令集 229/888

皇帝回契丹皇帝賀乾元節書　嘉祐七年　宋詔令集 229/889

皇帝請契丹皇帝達皇太后賀乾元節謝書　宋詔令集 229/889

皇帝賀契丹皇帝生辰書　宋詔令集 229/889

皇帝請契丹皇帝達皇太后生辰禮物書　宋詔令集 229/889

回謝契丹皇帝書　宋詔令集 229/889

回謝契丹皇太后書　宋詔令集 229/889

賀契丹皇太后生辰書　宋詔令集 229/889

問候契丹皇帝書　宋詔令集 229/889

回契丹皇帝書　宋詔令集 229/890

回契丹生辰書　宋詔令集 229/890

皇帝登寶位報契丹皇帝書　宋詔令集 230/891

皇帝登寶位報契丹皇太后書　宋詔令集 230/891

皇帝回謝契丹皇帝書　宋詔令集 230/891

皇帝回謝契丹皇太后書　宋詔令集 230/891

皇帝回契丹皇帝賀登寶位書　宋詔令集 230/891

皇帝回契丹皇太后賀登寶位書　宋詔令集 230/892

皇帝賀契丹皇帝正旦書 宋詔令集 230/892
皇帝賀契丹皇太后正旦書 宋詔令集 230/892
皇帝賀契丹皇太后生辰書 宋詔令集 230/892
皇帝問候契丹皇帝書 宋詔令集 230/892
皇帝賀契丹皇帝生辰書 宋詔令集 230/892
皇帝問候契丹皇太后書 宋詔令集 230/892
皇帝賀大遼皇帝生辰書 宋詔令集 230/893
皇帝賀大遼皇太后書 宋詔令集 230/893
皇帝問候大遼皇太后書 宋詔令集 230/893
皇帝回契丹皇帝賀壽聖節書 宋詔令集 230/893
皇帝回契丹皇太后賀壽聖節書 宋詔令集 230/893
皇帝回契丹皇太后賀壽聖節書 宋詔令集 230/
893
英宗皇帝與大遼皇帝遺書 宋詔令集 230/893
英宗皇帝與大遼皇太后遺書 宋詔令集 230/893
皇帝賀大遼皇帝生辰書 宋詔令集 230/893
皇帝問候大遼皇太后書 宋詔令集 230/893
皇帝賀大遼皇帝生辰書 宋詔令集 230/894
皇帝問候大遼皇太后書 宋詔令集 230/894
皇帝賀大遼皇帝正旦書 宋詔令集 230/894
皇帝賀大遼皇太后正旦書 宋詔令集 230/894
皇帝回大遼皇帝賀同天節書 宋詔令集 230/894
皇帝回大遼皇太后賀同天節書 宋詔令集 230/
894
賀大遼皇太后生辰書 宋詔令集 230/894
問候大遼皇帝書 宋詔令集 230/895
回大遼賀同天節書 宋詔令集 231/896
回大遼皇太后賀同天節書 宋詔令集 231/896
賀大遼皇太后生辰書 宋詔令集 231/896
問候大遼書 宋詔令集 231/896
賀大遼皇太后正旦書 宋詔令集 231/896
賀大遼正旦書 宋詔令集 231/897
回大遼賀正旦書 宋詔令集 231/897
回大遼皇太后書 宋詔令集 231/897
賀大遼生辰書 宋詔令集 231/897
問候遼皇太后書 宋詔令集 231/897
答契丹國主書 宋詔令集 231/897
賀大遼皇太后生辰書 宋詔令集 231/897
問候大遼書 宋詔令集 231/898
答契丹國書 熙寧八年□月丙寅 宋詔令集 231/898
賀大遼皇帝生辰書 宋詔令集 231/898
回大遼皇帝賀同天節書 宋詔令集 231/898
皇帝達太皇太后賀大遼正旦書 宋詔令集 231/
898
皇帝書 宋詔令集 231/898
皇帝達太皇太后回大遼賀正旦書 宋詔令集
231/899
皇帝回書熙寧八年□月丙寅 宋詔令集 231/899
皇帝達太皇太后回大遼賀坤成節書元祐二年
宋詔令集 231/899
皇帝回問候書元祐二年 宋詔令集 231/899
皇帝達太皇太后賀大遼生辰書 宋詔令集 231/
899
皇帝賀大遼生辰書 宋詔令集 231/899
皇帝達太皇太后賀大遼正旦書 宋詔令集 231/
899
皇帝賀大遼正旦書 宋詔令集 231/899
皇帝達太皇太后回大遼問候書 宋詔令集 231/
899
皇帝回大遼賀興龍節書 宋詔令集 231/899
皇帝達太皇太后回大遼賀坤成節書 宋詔令
集 231/900
皇帝回大遼問候書 宋詔令集 231/900
皇帝賀大遼賀正旦書 宋詔令集 231/900
皇帝達太皇太后回大遼賀正旦書 宋詔令集
231/900
皇帝回大遼賀興龍節書 宋詔令集 231/900
答契丹勸和西夏書元符二年四月辛卯 宋詔令集
232/901
又回劉子元符二年四月辛卯 宋詔令集 232/901
回大遼皇帝賀登寶位書 宋詔令集 232/902
賀大遼皇帝正旦書 宋詔令集 232/902
回大遼皇帝賀天寧節書 宋詔令集 232/902
爲大遼皇帝輟朝禁音樂舉哀成服詔元和元年九
月丙辰 宋詔令集 232/903
爲契丹國母輟朝朝嘉祐二年二月壬寅 宋詔令集
232/903
爲大遼主輟朝禁樂舉哀成服詔建中靖國元年
宋詔令集 232/903
賜王繼忠詔景德元年九月乙亥 宋詔令集 232/903
賜王繼忠詔景德元年十月 宋詔令集 232/903
賜王繼忠詔景德元年十一月庚午 宋詔令集 232/903
賜王繼忠詔景德元年十一月甲戌 宋詔令集 232/903
賜王繼忠詔景德元年十二月戊子 宋詔令集 232/904
賜王繼忠詔景德二年三月癸卯 宋詔令集 232/904

(十八) 對西夏關係

賜夏國主進奉賀正馬駝口宣　文恭集 26/11b

賜夏國主生日禮物口宣　文恭集 26/11b－12a

賜回夏國主口宣　文恭集 26/12a

賜西平王趙元昊詔　元憲集 27/11a

賜西平王趙元昊爲賜差來人見辭例物詔　元憲集 27/12b

賜夏國詔書　歐陽文忠集 19/2b

賜夏國主一有闕嶂二字詔　歐陽文忠集 85/5b

賜夏國主進奉賀正馬駝詔　歐陽文忠集 86/4b

賜夏國主贈大藏經詔　歐陽文忠集 86/5a

賜夏國主進奉賀正旦馬駝詔　歐陽文忠集 88/8b

賜夏國主生日禮物詔　韓南陽集 15/3a

賜夏國主詔　韓南陽集 15/3b

戒諭夏國主詔　華陽集 18/1a

賜夏國主令遵守藩儀詔　華陽集 18/1b

賜夏國主今後表章如舊制稱賜姓詔　華陽集 18/2a

賜夏國主令發遣熟户仍不侵踐地界詔　華陽集 18/2a

賜夏國主給還綏州舊詔　華陽集 18/3a

賜夏國主不還綏州詔　華陽集 18/3a

賜夏國主乞用漢儀詔　華陽集 18/3b

賜夏國主乞早頒封册允詔　華陽集 18/3b

賜夏國主爲行册禮詔　華陽集 18/4a

詔夏國主乞贈大藏經詔　華陽集 18/4a

賜夏國主乞工匠詔　華陽集 18/4b

賜夏國主乞買物詔　華陽集 18/4b

賜夏國主歷日詔　華陽集 18/4b

賜夏國主賀正旦進馬駝詔　華陽集 18/5a

賜夏國主賀大行皇帝乾元節進馬詔　華陽集 18/5a

賜夏國主賀壽聖節進馬詔　華陽集 18/5a

賜夏國主賀登寶位進方物詔　華陽集 18/5b

賜夏國主仲冬時服詔　華陽集 18/5b－6a

賜夏國主生日禮物詔　華陽集 18/6b－7a

立夏國主册文　華陽集 32/3b

皇帝賜夏國主進奉賀正馬駝回詔　蘇魏公集 26/9a

太皇太后賜夏國主進奉賀正馬駝回詔　蘇魏公集 26/9b

賜夏國主歷日詔　蘇魏公集 26/9b

賜夏國主詔　王魏公集 2/1a

太皇太后祭奠故夏國主祭文　蘇東坡全集/內制 1/6a

太皇太后賜故夏國主嗣子乾順詔　蘇東坡全集/內制 1/6a

太皇太后賜故夏國主嗣子乾順詔　蘇東坡全集/內制 1/6b

太皇太后賜故夏國主嗣子乾順詔　蘇東坡全集/內制 1/6b

皇帝賜故夏國主嗣子乾順進奉賀正馬駝回詔　蘇東坡全集/內制 1/12a

太皇太后賜故夏國主嗣子乾順進奉賀正馬駝回詔　蘇東坡全集/內制 1/12b

賜故夏國主嗣子乾順進奉謝恩馬駝回詔　蘇東坡全集/內制 2/11b

賜夏國主進奉賀坤成節回詔　蘇東坡全集/內制 10/16a

擬答西夏詔書　樊城集/後 14/4a

賜夏國主生日禮物詔　范太史集 28/7a

賜夏國主仲冬時服詔　范太史集 28/7a

賜夏國主告諭留詔　范太史集 30/15a

賜夏國主詔　浮溪集 13/11a　浮溪集/附拾遺 13/154

賜夏國主詔書　栾溪集 33/3b

趙保吉賜姓名除銀州觀察使詔淳化二年七月丙午　宋詔令集 233/905

答銀州觀察使趙保吉詔淳化五年十一月庚戌　宋詔令集 233/905

銀州觀察使趙保吉除定難軍節度使制至道元年十二月甲辰　宋詔令集 233/905

賜趙德明詔景德元年正月丁巳　宋詔令集 233/906

答趙德明暫表詔景德三年九月丁卯　宋詔令集 233/906

趙德明拜官封西平王制景德三年十月庚午　宋詔令集 233/906

答西平王趙德明詔大中祥符九年十月　宋詔令集 233/906

趙德明進尚書令加恩制乾興元年仁宗即位　宋詔令集 233/907

益屯僱內屬諸部諭趙德明詔天聖三年七月庚子　宋詔令集 233/907

西平王趙德明加恩制 宋詔令集 233/907

趙元昊靜難軍節度西平王制明道元年十一月癸巳 宋詔令集 233/907

削趙元昊官爵除去屬籍詔寶元二年六月壬午 宋詔令集 233/908

賜西夏詔慶曆四年十月庚寅 宋詔令集 233/908

册夏國主文 宋詔令集 233/909

賜夏國主詔慶曆六年正月己丑 宋詔令集 234/910

賜夏國主詔慶曆六年九月甲午 宋詔令集 234/910

賜夏國主詔慶曆七年十二月二十五日 宋詔令集 234/910

賜夏國王閩贈詔慶曆七年十二月二十五日 宋詔令集 234/910

册夏國主諒祚文慶曆八年四月己巳 宋詔令集 234/911

賜夏國主進奉賀正馬駝詔 宋詔令集 234/911

賜夏國主贐大藏經詔嘉祐三年 宋詔令集 234/911

賜夏國主正旦進馬駝詔嘉祐七年 宋詔令集 234/911

賜夏國主不得僭僞詔 宋詔令集 234/911

賜夏國主乞用漢儀詔 宋詔令集 234/911

賜夏國主乞買物詔 宋詔令集 234/912

賜夏國主乞贐大藏經詔 宋詔令集 234/912

賜夏國主乞工匠詔 宋詔令集 234/912

賜夏國主令後表章如舊稱賜姓名詔 宋詔令集 234/912

諭夏國精擇使人不令妄舉詔治平元年九月庚午 宋詔令集 234/912

諭夏國涇原秦鳳熟戶弓箭手不可更行侵擾掠過生口並須發還詔治平二年正月丁卯 宋詔令集 234/912

賜夏國主取問無名舉兵迫大順城詔治平二年十月二日 宋詔令集 234/913

賜夏國主令遵守蕃儀詔 宋詔令集 234/913

賜夏國主令發遣熟戶仍不得侵踐漢地詔 宋詔令集 235/914

賜夏國主不還綏州詔 宋詔令集 235/914

誠約夏國詔治平二年十月二日 宋詔令集 235/915

賜夏國主詔治平四年閏二月 宋詔令集 235/915

賜夏國秉常詔 宋詔令集 235/915

夏國秉常乞進誓文永遵臣禮賜詔熙寧元年 宋詔令集 235/915

賜夏國主給還綏州誓詔熙寧二年二月戊子 宋詔令集 235/916

賜夏國主乞早頒封册允詔 宋詔令集 235/916

賜夏國主爲行册禮詔 宋詔令集 235/916

立夏國主册 宋詔令集 235/916

許夏國主嗣子秉常從舊蕃儀詔熙寧二年八月口申 宋詔令集 235/917

答夏國主秉常詔熙寧四年九月庚子 宋詔令集 235/917

賜夏國主乞贐大藏經詔 宋詔令集 235/917

招諭夏國敕榜元豐四年九月丙午 宋詔令集 235/917

賜夏國主進誓表答詔 宋詔令集 236/918

立夏國主册文 宋詔令集 236/918

賜夏國詔 宋詔令集 236/918

賜夏國主秉常詔元豐六年十月癸西 宋詔令集 236/919

弔慰夏國主嗣子乾順詔元祐元年十月庚子 宋詔令集 236/919

太皇太后賜夏國主嗣子乾順詔元祐元年十二月十六日 宋詔令集 236/919

太皇太后賜故夏國主嗣子乾順詔元祐元年十二月十六日 宋詔令集 236/919

賜乾順進奉賀正旦馬駝回賜詔元祐元年十二月二十四日 宋詔令集 236/919

太皇太后同前詔 宋詔令集 236/919

賜乾順進謝恩馬駝回詔 宋詔令集 236/919

賜乾順進謝恩馬駝回詔 宋詔令集 236/920

册夏國主乾順文元祐二年正月乙丑 宋詔令集 236/920

賜夏國詔元祐四年六月戊申 宋詔令集 236/920

賜夏國主詔元祐四年六月丁巳 宋詔令集 236/920

賜夏國主詔元祐五年七月乙西 宋詔令集 236/920

賜夏國詔元祐八年四月庚申 宋詔令集 236/921

賜夏國詔元符二年九月丁未 宋詔令集 236/921

答夏國詔元符二年十二月壬寅 宋詔令集 236/921

登極賜夏國主銀絹詔元符三年 宋詔令集 236/921

賜夏國主進登位土物回詔 宋詔令集 236/921

賜夏國主并南平王李乾德曆日詔 宋詔令集 236/922

賜夏國主詔韓琦撰 宋文鑑 31/14a

賜夏國主詔歐陽修撰 宋文鑑 31/15a

戒諭夏國主詔王珪撰 宋文鑑 31/19a

立夏國主册文王珪撰 宋文鑑 32/19a

削奪趙元昊官爵並除屬籍詔蘇冠卿撰 新安文獻 1/後 1b

(十九) 對金關係

與大金國書　宋渡集 33/5a

賜大金人使賀正旦畢歸驛賜御筵口宣　楠渓集 7/5a

撫問使大金使陳誠之副使蘇暉到關賜銀合茶藥口宣　楠渓集 7/10a

賜大金人使朝辭詣歸驛酒果口宣　楠渓集 7/14a

賜大金人使賀天申節賜內中酒果口宣　楠渓集 7/15a

賜大金人使賀天申節回程赤岸賜酒果口宣　楠渓集 7/15a

賜大金人使賀正旦到赤岸賜酒果口宣　楠渓集 7/15b

賜大金人使賀天申節上壽畢歸賜酒果口宣　楠渓集 7/15b

賜大金人使賀天申節射弓賜酒果口宣　楠渓集 7/16a

賜大金人使賀天申節朝辭詣歸驛賜酒果口宣　楠渓集 7/16a

賜大金人使賀正旦回程赤岸賜酒口宣　楠渓集 7/16b

賜大金人使賀正旦畢歸驛酒果口宣　楠渓集 7/16b

賜大金人使在驛性饌口宣　楠渓集 7/16b

賜大金人使賀天申節在驛賜性饌口宣　楠渓集 7/17a

賜大金人使賀正旦在驛賜性饌口宣　楠渓集 7/17a

賜大金人使賀正旦密賜大銀器口宣　楠渓集 7/17a

賜大金人使賀正旦賜銀紗羅唾盂子錦被褥口宣　楠渓集 7/17b

賜大金人使賀正旦密賜大銀器口宣　楠渓集 7/17b

賜大金人使賀天申節賜射弓箭例物口宣　楠渓集 7/18a

賜大金人使賀正旦射弓例物口宣　楠渓集 7/18a

賜大金人使副春幡勝春盤等口宣　楠渓集 7/18a

賜大金三節人從春幡口宣　楠渓集 7/18b

賜大金人使副賀正旦春幡勝口宣　楠渓集 7/18b

賜大金都管三節人從春幡勝口宣　楠渓集 7/19a

賜大金人使副賀天申節端午節扇帕頭幗紗帛等口宣　楠渓集 7/19a

賜大金都管並三節人從端午扇帕頭幗紗帛等口宣　楠渓集 7/19b

賜大金人使回程金鍍銀合盛龍鳳茶口宣　楠渓集 7/19b

賜大金人使賀天申節鎭江府賜茶藥口宣　楠渓集 7/19b

賜大金人使賀天申節回程龍鳳茶金鑲銀合口宣　楠渓集 7/20a

賜大金人使賀正旦鎭江府茶茶口宣　楠渓集 7/20a

賜大金人使賀正旦回程賜龍鳳茶口宣　楠渓集 7/20b

賜接伴使副春幡勝口宣　楠渓集 7/28b

賜接伴使副端午令節扇帕頭幗口宣　楠渓集 7/21a

賜接伴使副春幡勝口宣　楠渓集 7/21a

賜大金人使賀正旦回程鎭江府賜御筵口宣　楠渓集 7/21a

賜大金人使賀正旦回程肝胎軍賜御筵口宣　楠渓集 7/21b

賜大金人使回程肝胎軍賜御筵口宣　楠渓集 7/21b

賜大金人使賀天申節鎭江府賜御筵口宣　楠渓集 7/22a

賜大金人使賀天申節平江府賜御筵口宣　楠渓集 7/22a

賜大金人使賀天申節回程肝胎軍賜御筵口宣　楠渓集 7/22a

賜大金人使賀天申節回程平江府賜御筵口宣　楠渓集 7/23a

賜大金人使賀正旦回程赤岸賜御筵口宣　楠渓集 7/23a

賜大金人使賀正旦射弓賜御筵口宣　楠渓集 7/23a

賜大金人使賀正旦朝辭訖歸驛賜御筵口宣 楊溪集 7/23b

賜大金人使賀天申節上壽畢歸驛賜御筵口宣 楊溪集 7/23b

賜大金人使賀正旦盱眙軍賜御筵口宣 楊溪集 7/24a

賜大金人使賀正旦鎮江府御筵口宣 楊溪集 7/24a

賜大金人使賀正旦平江府御筵口宣 楊溪集 7/24a

賜大金人使賀正旦到赤岸賜御筵口宣 楊溪集 7/24b

賜大金人使賀天申節閱射弓御筵口宣 楊溪集 7/24b

賜大金人使朝辭訖歸驛御筵口宣 楊溪集 7/25a

賜大金人使回程臨平鎮祖送賜御筵口宣 楊溪集 7/25a

賜大金人使回平江府排辦御筵口宣 楊溪集 7/25a

賜大金人使回程鎮江府賜御筵口宣 楊溪集 7/25b

賜大金人使回程赤岸賜御筵口宣 楊溪集 7/25b

正月一日賜金國賀正旦人使入賀畢歸驛御筵口宣 文定集 8/21a

正月三日賜金國賀正旦人使内中酒果口宣 文定集 8/21b

正月四日賜金國賀正旦人使玉津園射弓弓箭例物口宣 文定集 8/21b

金國賀正旦人使玉津園射弓御筵口宣 文定集 8/22a

玉津園射弓賜酒果口宣 文定集 8/22a

正月六日賜金國賀正旦人使朝辭歸驛御筵口宣 文定集 8/22b

金使赴闕賜被褥紗羅口宣 文定集 8/22b

賜生餼口宣 文定集 8/23a

賜内中酒果口宣二首 文定集 8/23a

賜金國賀正旦人使大銀器口宣 文定集 8/23b

大金賀正旦使到闕平江府賜御筵口宣 文定集 8/23b

大金賀正旦使到闕赤岸賜御筵口宣 文定集 8/23b

赤岸賜金使御筵口宣 文定集 8/24a

賜金國賀正旦人使朝辭訖歸驛酒果口宣 文定集 8/24a

賜金國賀正旦人使回程龍鳳茶餅金鍍銀合口宣 文定集 8/24a

赤岸賜金國賀正旦人使回御筵口宣三首 文定集 8/24b

赤岸賜金國賀正旦人使酒果口宣 文定集 8/25a

平江府賜金國賀正旦人使回程御筵口宣 文定集 8/25a

鎮江府賜金國賀正旦人使回程御筵口宣 文定集 8/25a

盱眙軍賜金國賀正旦人使回程御筵口宣 文定集 8/25b

鎮江府賜金國賀會慶節人使銀合茶藥口宣 文定集 8/25b

鎮江府賜金國賜御筵口宣 文定集 8/25b

赤岸賜金使酒果口宣 文定集 8/26a

賜金使上壽畢歸驛御筵口宣 文定集 8/26a

歸驛賜酒果口宣二首 文定集 8/26a

賀金國生辰使副張宗元等 益國文忠集 112/2b 益公集 112/112a

赴闕盱眙軍傳宣撫問賜御筵口宣 益國文忠集 113/1a－1b 益公集 113/127a

鎮江府賜銀合茶藥口宣内侍何弱 益國文忠集 113/1b 益公集 113/127a

平江府賜御筵口宣内侍王裕梁琳梁裏 益國文忠集 113/2b 益公集 113/127b

赤岸賜御筵口宣内侍徐水叔張思溫 益國文忠集 113/3a－3b 益公集 113/127b

赤岸賜酒果口宣内侍蔣佐王敦禮謝安民 益國文忠集 113/3b－4a 益公集 113/127b

賜使副春幡勝口宣 益國文忠集 113/4a－5a 益公集 113/125a

賜接伴使副春幡勝口宣 益國文忠集 113/5b－6a 益公集 113/128a

到闕賜被褥紗羅纓等口宣 益國文忠集 113/6b 益公集 113/128b

正月一日入賀畢歸驛賜御筵口宣内侍李月卿李 唐卿楊彬 益國文忠集 113/7b－8a 益公集 113/129a

入賀畢歸驛賜酒果口宣内侍董連朱思正王楨 益國文忠集 113/8a－8b 益公集 113/129a

正月三日賜内中酒果口宣内侍麥敦梁琳王敦禮 益國文忠集 113/8b－9a 益公集 113/129a

正月四日玉津園弸弓賜弓箭例物口宣内侍陸彦端吳因 益國文忠集 113/9b－10a 益公集 113/129a

玉津園射弓賜御筵口宣内侍韓世榮王公昌陸彦端 益國文忠集 113/10a－10b 益公集 113/129b

詔令二 政令 對金關係 1133

玉津園射弓賜酒果口宣内侍鄧珪奉敕張珠 益國文忠集 113/10b-11b 益公集 113/129b

正月六日朝辭歸驛賜酒果口宣内侍李顯鄧珪 益國文忠集 113/11b-12a 益公集 113/129b

正月六日朝辭詣歸驛賜御筵口宣内侍符思永李琪 益國文忠集 113/12a-12b 益公集 113/130a

密賜使副大銀器口宣内侍王公昌何弱 益國文忠集 113/12b-13a 益公集 113/130a

回程賜龍鳳茶餅並金鍍銀合口宣内侍雷汝弱棻與祖黃敬 益國文忠集 113/13a-13b 益公集 113/130a

回程赤岸賜御筵口宣内侍朱思正黃述 益國文忠集 113/13b-14a 益公集 113/130b

回程赤岸賜酒果口宣内侍李弱何弱 益國文忠集 113/14a-14b 益公集 113/130b

回程平江府賜御筵口宣内侍蘇駿徐永叔 益國文忠集 113/14b-15a 益公集 113/130b

回程鎮江府賜御筵口宣内侍徐佃 益國文忠集 113/15a-15b 益公集 113/130b

回程旰眙軍賜御筵口宣内侍譚何勤遠 益國文忠集 113/15b-16a 益公集 113/131a

赴闕旰眙軍傳宣撫問賜御筵口宣 金國賀生辰使副 益國文忠集 113/16a-16b 益公集 113/133a

赴闘鎮江府賜茶藥口宣 益國文忠集 113/16b-17a 益公集 113/133b

鎮江府賜御筵口宣 益國文忠集 113/17a-17b 益公集 113/133b

平江府賜御筵口宣 益國文忠集 113/17b-18a 益公集 113/134a

赤岸賜酒果口宣 益國文忠集 113/18b 益公集 113/134b

赤岸賜御筵口宣 益國文忠集 113/19a 益公集 113/134a

十月十八日到闘賜内中酒果 益國文忠集 113/19b 益公集 113/146a

十月十九日到闘賜被褥紗羅口宣 益國文忠集 113/20a-20b 益公集 113/145b

二十二日賜内中酒果内侍黃述 益國文忠集 113/22b

二十二日上壽畢歸驛賜御筵口宣 益國文忠集 113/21a-21b 益公集 113/146a

十月二十二日上壽畢歸驛賜酒果口宣 益國文忠集 113/20b-21a 益公集 113/146a

二十二日上壽畢歸驛賜酒果口宣 益國文忠集 113/22a 益公集 113/146a

玉津園射弓賜弓箭例物口宣 益國文忠集 113/22b-23b

玉津園射弓賜御筵口宣 益國文忠集 113/23b-

24a

二十三日賜内中酒果口宣 益國文忠集 113/25a 益公集 113/146b

十月二十六日賜生餼口宣 益國文忠集 113/25b-26b 益公集 113/147a

朝辭詣歸驛賜御筵口宣 益國文忠集 113/26b-27a 益公集 113/147b

密賜使副大銀器口宣 益國文忠集 113/27a-28b 益公集 113/151a

回程賜龍鳳茶並金鍍銀合口宣 益國文忠集 113/28a-28b 益公集 113/149b

回程赤岸賜御筵口宣 益國文忠集 113/28b-29b 益公集 113/148a

十一月一日回程赤岸賜酒果 益國文忠集 113/29b-30a 益公集 113/148a

回程賜使副冬至節綃口宣 益國文忠集 113/30a-31a 益公集 113/143b

回程平江府賜御筵口宣 益國文忠集 113/31a-32a 益公集 113/148b

回程鎮江府賜御筵口宣 益國文忠集 113/32a 益公集 113/148b

遣使賀來年正旦國書使巳巳國辛壁之 益國文忠集 116/6a

遣使賀生辰國書使趙雄副趙伯曙 益國文忠集 116/6a

答賀正旦國書使蒲察顯副傅鋼 益國文忠集 116/6a

答賀會慶節國書使島林答天錫副李文蔚 益國文忠集 116/6b

答賀會慶節使完顏楷副盧璟 益國文忠集 116/6b

遣使賀來年正旦使完顏治副高運國 益國文忠集 116/7a

遣使賀來年正旦使閭茗舒副李可久 益國文忠集 116/7a

答賀正旦使完顏治副高運國 益國文忠集 116/7a

遣使賀生辰國書使曹緻副祖土榮 益國文忠集 116/7a

遣使賀來年正旦使謝廓然副黃爽行 益國文忠集 116/7a

答賀會慶節使完顏忠副書士元 益國文忠集 116/7b

答賀正旦國書 益國文忠集 116/7b

遣使賀來年正旦 益國文忠集 116/8a

答賀正旦淳 益國文忠集 116/8a-9a

正旦北使朝見御筆 益國文忠集 150/18a

鎮江府賜御筵 益公集 113/127b

賜三節人從春幡勝 益公集 113/128a

歲除賜内中酒果 益公集 113/128b

到闕賜被褲鈔羅等 益公集 113/128b

到闕賜生餼 益公集 113/128b

正月三日賜內中酒果 益公集 113/131a

正月四日玉津園射弓賜弓箭例物 益公集 113/131a

玉津園射弓賜酒果 益公集 113/131b

玉津園射弓賜御筵 益公集 113/131b

正月六日朝辭詣歸賜御筵 益公集 113/131b

朝辭詣歸驛賜酒果 益公集 113/132a

密賜使副大銀器 益公集 113/132a

回程賜龍鳳茶並金鍍銀合 益公集 113/132a

回程赤岸賜酒果 益公集 113/132b

回赤岸賜御筵 益公集 113/132b

回程平江府賜御筵 益公集 113/132b

回程鎭江府賜御筵 益公集 113/132b

回程肝胎軍賜御筵 益公集 113/133a

賜使副春幡勝 益公集 113/133a

賜三節人從春幡勝 益公集 113/133b

鎭江府賜御筵 益公集 113/133b

十二月二十八日賜生餼 益公集 113/134b

歲除賜內中酒果 益公集 113/134b

正月一日入賀畢歸朊賜御筵 益公集 113/134b

入賀畢歸驛賜酒果 益公集 113/134b

正月三日賜內中酒果 益公集 113/135a

玉津園射弓賜弓箭例物 益公集 113/135a

玉津園射弓賜御筵 益公集 113/135a

玉津園射弓賜酒果 益公集 113/135b

赴闕平江府賜御筵 益公集 113/135b

十二月二十四日赤城賜御筵 益公集 113/135b

赤岸賜酒果 益公集 113/136a

十二月二十五日到闕就驛賜衾褲鈔羅 益公集 113/136a

十二月二十八日賜使副春幡勝 益公集 113/136a

賜三節人從春幡勝 益公集 113/136b

賜生餼 益公集 113/136b

歲除賜內中酒果 益公集 113/136b

正月一日入賀畢歸驛賜酒果 益公集 113/137a

入賀畢歸驛賜御筵 益公集 113/137a

正月三日賜內中酒果 益公集 113/137a

正月四日玉津園射弓賜御筵 益公集 113/137a

玉津園射弓賜酒果 益公集 113/137b

赴闕肝胎軍傳宣問賜御筵 益公集 113/137b

赴闕鎭江府賜御筵 益公集 113/137b

鎭江府賜銀合茶藥 益公集 113/138a

平江府賜御筵 益公集 113/138a

赤岸賜酒果 益公集 113/138a

赤岸賜御筵 益公集 113/138b

到闕賜被褲鈔羅 益公集 113/138b

十二月二十八日賜生餼 益公集 113/138b

歲除賜內中酒果 益公集 113/139a

正月一日入賀畢歸驛賜御筵 益公集 113/139a

入賀畢歸驛賜酒果 益公集 113/139a

正月三日賜內中酒果 益公集 113/139a

玉津園射弓賜弓箭例物 益公集 113/139b

玉津園射弓賜酒果 益公集 113/139b

玉津園射弓賜御筵 益公集 113/139b

正月六日朝辭詣歸驛賜酒果 益公集 113/140a

朝辭詣歸驛賜御筵 益公集 113/140a

密賜使副大銀器 益公集 113/140a

回程賜龍鳳茶並金鍍銀合 益公集 113/140b

初九日赤岸御筵賜館伴使副春幡勝 益公集 113/140b

賜金國使副春幡勝 益公集 113/140b

賜三節人從春幡勝 益公集 113/140b

回程赤岸賜酒果 益公集 113/141a

回程赤岸賜御筵 益公集 113/141a

回程平江府賜御筵 益公集 113/141b

回程鎭江府賜御筵 益公集 113/141b

回程肝胎軍賜御筵 益公集 113/141b

正月六日朝辭詣歸驛賜酒果 益公集 113/142a

朝辭詣歸驛賜御筵 益公集 113/142a

回程赤岸賜御筵 益公集 113/142a

回程鎭江府賜御筵 益公集 113/142a

玉津園射弓賜弓箭例物 益公集 113/142b

十月二十三日玉津園射弓賜酒果 益公集 113/142b

玉津園射弓賜御筵 益公集 113/143a

密賜使副大銀器 益公集 113/143a

回程賜龍鳳茶並金鍍銀合 益公集 113/143a

朝辭詣歸驛賜御筵 益公集 113/143a

又賜歸驛酒果 益公集 113/143b

回程賜三節人從冬至節絹 益公集 113/143b

回程赤岸賜酒果 益公集 113/144a

回程赤岸賜御筵 益公集 113/144a

回程平江府賜御筵 益公集 113/144a

回程鎮江府賜御筵　益公集 113/144b
回程旰胎軍賜御筵　益公集 113/144b
赴闕旰胎軍傳宣撫問賜御筵　益公集 113/144b
赴闕鎮江府賜銀合茶藥　益公集 113/145a
鎮江府賜御筵　益公集 113/145a
平江府賜御筵　益公集 113/145a
赤岸賜酒果　益公集 113/145b
赤岸賜御筵　益公集 113/145b
玉津園射弓賜弓箭例物　益公集 113/146b
玉津園射弓賜御筵　益公集 113/146b
玉津園射弓賜御筵　益公集 113/146b
玉津園射弓賜酒果　益公集 113/147a
到闕賜被褥鈔鑞　益公集 113/147a
二十一日賜內中酒果　益公集 113/147b
上壽畢歸驛賜酒果　益公集 113/147b
回程賜使副冬至節絹　益公集 113/147b
回程賜三節人從冬至節絹　益公集 113/148a
回程旰胎軍賜御筵　益公集 113/148b
玉津園射弓賜弓箭例物　益公集 113/149a
玉津園射弓賜酒果　益公集 113/149a
朝辭詣歸驛賜御筵　益公集 113/149b
朝辭詣歸驛賜酒果　益公集 113/149b
回程賜使副冬至節絹　益公集 113/149b
賜三節人從冬至節絹　益公集 113/150a
回程赤岸賜酒果　益公集 113/150a
二十三日賜內中酒果　益公集 113/150a
玉津園射弓賜弓箭例物　益公集 113/150b
玉津園射弓賜酒果　益公集 113/150b
玉津園射弓賜御筵　益公集 113/150b
二十七日賜內中酒果　益公集 113/151a
朝辭詣歸驛賜酒果　益公集 113/151a
朝辭詣歸驛賜內御筵　益公集 113/151a
回程赤岸賜御筵　益公集 113/151b
回程平江府賜御筵　益公集 113/151b
回程鎮江府賜御筵　益公集 113/151b
回程旰胎軍賜御筵　益公集 113/152a
赴闕旰胎軍傳宣撫問賜御筵　益公集 113/152a
赴闕鎮江府賜茶藥　益公集 113/152a
鎮江府賜御筵　益公集 113/152b
平江府賜御筵　益公集 113/152b
十月十八日赤岸賜御筵　益公集 113/152b
赤岸賜果　益公集 113/153a
十月十九日到闕賜被褥鈔鑞　益公集 113/153a
十月二十一日賜內中酒果　益公集 113/153a
十月二十二日上壽畢歸驛賜御筵　益公集 113/153a
上壽畢歸驛賜酒果　益公集 113/153b
玉津園射弓賜弓箭例物　益公集 113/153b
十月二十三日賜內中酒果　益公集 113/153b
玉津園射弓賜酒果　益公集 113/154a
玉津園射弓賜御筵　益公集 113/154a
十月二十六日到闕賜生餼　益公集 113/154a
十月二十七日賜內中酒果　益公集 113/154b
密賜使副大銀器　益公集 113/154b
十月二十八日朝辭詣歸驛賜酒果　益公集 113/154b
朝辭詣歸驛賜御筵　益公集 113/154b
十月二十九日回程賜龍鳳茶並金鍍銀合　益公集 113/155a
回程赤岸賜御筵　益公集 113/155a
十一月一日回程赤岸賜酒果　益公集 113/155a
回程平江府賜御筵　益公集 113/155b
回程鎮江府賜御筵　益公集 113/155b
回程旰胎軍賜御筵　益公集 113/155b
赴闕旰胎軍傳宣撫問賜御筵　益公集 113/156a
鎮江府賜御筵　益公集 113/156a
平江府賜御筵　益公集 113/156b
赤岸賜酒果　益公集 113/156b
赤岸賜御筵　益公集 113/156b
十月十八日到闕內中酒果　益公集 113/157a
十月二十一日上壽畢歸驛賜酒果　益公集 113/157a
十月二十三日賜內中酒果　益公集 113/157a
玉津園射弓賜弓箭例物　益公集 113/157b
密賜使副大銀器　益公集 113/157b
回程賜龍鳳茶並金鍍銀合　益公集 113/157b
回程平江府賜御筵　益公集 113/158a
回程鎮江府賜御筵　益公集 113/158a
回程旰胎軍賜御筵　益公集 113/158a
赴闕鎮江府賜茶藥　益公集 113/158b
鎮江府賜御筵　益公集 113/158b
平江府賜御筵　益公集 113/158b
赤岸賜御筵　益公集 113/159a
賜被褥鈔鑞　益公集 113/159a
十月二十二日上壽畢歸驛賜酒果　益公集 113/159a
賜內中酒果　益公集 113/159a
玉津園射弓賜御筵　益公集 113/159b

朝辭詣歸驛賜御筵 益公集 113/159b
密賜使副大銀器 益公集 113/159b
回程賜龍鳳茶並金鍍銀合 益公集 113/160a
回程赤岸賜御筵 益公集 113/160a
回程平江府賜御筵 益公集 113/160a
金國賀瑞慶節人使旰胎賜宴詔 尊白堂集 6/1a
鎭江賜宴詔 尊白堂集 6/1a
赤岸賜御宴詔 尊白堂集 6/1b
平江賜宴詔 尊白堂集 6/1b
赤岸賜酒果詔 尊白堂集 6/2a
賀金國生辰使副梁總戴勸到闕傳宣撫問並賜
銀合茶藥口宣 宋本攻媿集 41/12b 攻媿集 47/1b
全國弔祭使人赴闕口宣
旰胎軍傳宣撫問賜御筵 宋本攻媿集 41/12b
攻媿集 47/6a
鎭江府賜銀合茶藥 宋本攻媿集 41/13a 攻媿集
47/6a
平江府賜御筵 宋本攻媿集 41/13a 攻媿集 47/6b
赤岸賜酒果 宋本攻媿集 41/15a 攻媿集 47/6b
賜御筵 宋本攻媿集 41/15b 攻媿集 47/7a
賜被褥鈒鐶 宋本攻媿集 41/15b 攻媿集 47/7a
密賜大銀器 宋本攻媿集 41/15b 攻媿集 47/7a
賜生餼 宋本攻媿集 41/16a 攻媿集 47/7b
賜內中酒果 宋本攻媿集 41/16a 攻媿集 47/7b
朝見詣歸驛賜御筵 宋本攻媿集 41/16a 攻媿集
47/7b
就驛特賜衣服金帶銀器衣著 宋本攻媿集 41/
16b 攻媿集 47/8a
在驛特賜射弓酒果 宋本攻媿集 41/16b 攻媿集
47/8a
賜內中酒果 宋本攻媿集 41/16b 攻媿集 47/8a
賜內中酒果 宋本攻媿集 41/16b
特賜射弓御筵 宋本攻媿集 41/16b 攻媿集 47/8b
特賜射弓例物 宋本攻媿集 41/17a 攻媿集 47/8b
朝辭詣歸驛賜酒果 宋本攻媿集 41/17a 攻媿集
47/8b
賜御筵 宋本攻媿集 41/17a 攻媿集 47/9a
回弔祭國書 宋本攻媿集 41/17b 攻媿集 47/9a
回賀登寶位國書 宋本攻媿集 41/17b 攻媿集 47/9a
報謝登寶位國書 宋本攻媿集 41/17b 攻媿集 47/9b
賀慶元元年正旦國書 宋本攻媿集 41/18a 攻媿集
47/9b
金國弔祭人使回程口宣
賜龍鳳茶並金鍍銀合 宋本攻媿集 41/24b 攻

媿集 47/10a
赤岸賜酒果 宋本攻媿集 41/25a 攻媿集 47/10a
賜御筵 宋本攻媿集 41/25a 攻媿集 47/10b
平江府賜御筵 宋本攻媿集 41/25a 攻媿集 47/
10b
沿路賜使副冬至節絹 宋本攻媿集 41/25b 攻
媿集 47/10b
讀祭文官 宋本攻媿集 41/25b 攻媿集 47/11a
三節人從 宋本攻媿集 41/25b 攻媿集 47/11a
鎭江府賜御筵 宋本攻媿集 41/25b 攻媿集 47/
11a
旰胎軍御筵 宋本攻媿集 41/26a 攻媿集 47/
11b
金國賀登寶位使人赴闕口宣
旰胎軍傳宣撫問賜御筵 宋本攻媿集 42/7b
攻媿集 47/11a
平江府賜御筵 宋本攻媿集 42/8a 攻媿集 47/12a
鎭江府賜銀合茶藥 宋本攻媿集 42/8a 攻媿集
47/11a
賜御筵 宋本攻媿集 42/8a 攻媿集 47/12a
赤岸賜酒果 宋本攻媿集 42/8b 攻媿集 47/12a
賜御筵 宋本攻媿集 42/8b 攻媿集 47/12b
金國賀正旦使人赴闕口宣
旰胎軍傳宣撫問賜御筵 宋本攻媿集 42/9a
攻媿集 47/12b
鎭江府賜銀合茶藥 宋本攻媿集 42/9b 攻媿集
47/12b
賜御筵 宋本攻媿集 42/9b 攻媿集 47/13a
平江府賜御筵 宋本攻媿集 42/9b 攻媿集 47/13a
赤岸賜酒果 宋本攻媿集 42/10a 攻媿集 47/13a
賜御筵 宋本攻媿集 42/10a 攻媿集 47/13b
賜使副春幡勝 宋本攻媿集 42/10a 攻媿集 47/
13b
賜三節人從春幡勝 宋本攻媿集 42/10a 攻媿集
47/13b
朝見畢歸驛賜酒果 宋本攻媿集 42/10b 攻媿集
47/14a
賜生餼 宋本攻媿集 42/10b 攻媿集 47/14a
賜內中酒果 宋本攻媿集 42/10b 攻媿集 47/14a
賜被褥鈒鐶 宋本攻媿集 42/11a 攻媿集 47/14b
玉津園射弓賜御筵 宋本攻媿集 42/11a 攻媿集
47/14b
朝辭畢歸驛賜酒果 宋本攻媿集 42/11b 攻媿集
47/15a
賜大銀器 宋本攻媿集 42/11b 攻媿集 47/15a

回程賜御筵 宋本攻媿集 42/11b 攻媿集 47/15a

賜接伴使副春幡勝口宣 宋本攻媿集 42/13a 攻媿集 47/15b

金國賀登寶位使人到關口宣

賜被褥鈔羅 宋本攻媿集 42/15a 攻媿集 47/15b

賜使副春幡勝 宋本攻媿集 42/15a 攻媿集 47/16a

賜接伴使副春幡勝 宋本攻媿集 42/15b 攻媿集 47/16a

賜三節人從春幡勝 宋本攻媿集 42/15b 攻媿集 47/16a

朝見畢歸驛賜御筵 宋本攻媿集 42/15b 攻媿集 47/16b

賜酒果 宋本攻媿集 42/15b 攻媿集 47/16b

密賜大銀器 宋本攻媿集 42/16a 攻媿集 47/16b

賜内中酒果 宋本攻媿集 42/16a 攻媿集 47/17a

賜生餼 宋本攻媿集 42/16a 攻媿集 47/17a

特賜御筵 宋本攻媿集 42/16b 攻媿集 47/17a

特賜酒果 宋本攻媿集 42/16b 攻媿集 47/17b

玉津園射弓賜酒果 宋本攻媿集 42/16b 攻媿集 47/17b

賜射弓例物 宋本攻媿集 42/17a 攻媿集 47/17b

朝辭畢歸驛賜酒果 宋本攻媿集 42/17a 攻媿集 47/18a

賜御筵 宋本攻媿集 42/17a 攻媿集 47/18a

特賜銀 宋本攻媿集 42/17a 攻媿集 47/18a

回程赤岸賜酒果 宋本攻媿集 42/17b 攻媿集 47/18b

賜御筵 宋本攻媿集 42/17b 攻媿集 47/18b

賜龍鳳茶金鍍銀合 宋本攻媿集 42/17b 攻媿集 47/18b

平江府賜御筵 宋本攻媿集 42/18a 攻媿集 47/19a

鎮江府賜御筵 宋本攻媿集 42/18a 攻媿集 47/19a

旰貽軍賜御筵 宋本攻媿集 42/18a 攻媿集 47/19a

金國賀正旦使人到回程口宣

賜龍鳳茶金鍍銀合 宋本攻媿集 42/20a 攻媿集 47/19b

平江府賜御筵 宋本攻媿集 42/20a 攻媿集 47/19b

鎮江府賜御筵 宋本攻媿集 42/20a 攻媿集 47/19b

旰貽軍賜御筵 宋本攻媿集 42/20b 攻媿集 47/20a

金國諭成使赴關口宣

旰貽軍傳宣撫問並賜御筵 宋本攻媿集 45/17a 攻媿集 47/20a

鎮江府賜御筵 宋本攻媿集 45/17b 攻媿集 47/20b

鎮江府賜銀合茶藥 宋本攻媿集 45/17b 攻媿集 47/20b

平江府賜御筵 宋本攻媿集 45/17b 攻媿集 47/21a

赤岸賜酒果 宋本攻媿集 45/17b 攻媿集 47/21a

賜御筵 宋本攻媿集 45/18a 攻媿集 47/21a

賀生辰國書 宋本攻媿集 45/18a 攻媿集 47/21b

報登寶位使副鄭湜范仲壬到關傳宣撫問並

賜銀合茶藥口宣 攻媿集 47/2b

金國賀會慶聖節使人到關回程賜龍鳳茶並金鍍銀合口宣 玉堂稿 13/2a

金國賀會慶聖節使人回程平江府賜御筵口宣 玉堂稿 13/3a

赤岸賜御筵口宣 玉堂稿 13/3a

鎮江府賜御筵口宣 玉堂稿 13/3b

赤岸賜酒果口宣 玉堂稿 13/3b

旰貽軍賜御筵口宣 玉堂稿 13/3b

朝辭詣歸驛賜酒果口宣 玉堂稿 13/4a

朝辭詣歸驛賜御筵口宣 玉堂稿 13/4a

玉津園射弓賜酒果口宣 玉堂稿 13/4a

金國使人到關玉津園賜御筵口宣 玉堂稿 13/4b

玉津園射弓賜例物口宣 玉堂稿 13/4b

金國賀正旦使人赴關旰貽軍傳宣撫問並賜御筵口宣 玉堂稿 13/5a

平江府賜御筵口宣 玉堂稿 13/5b

鎮江府賜銀合茶藥口宣 玉堂稿 13/5b

鎮江府賜御筵口宣 玉堂稿 13/5b

赤岸賜御筵口宣 玉堂稿 13/6a

赤岸賜酒果口宣 玉堂稿 13/6a

金國賀正旦使人到關賜被褥鈔羅等口宣 玉堂稿 13/7a

十二月三十日賜内中酒果口宣 玉堂稿 13/7a

正月一日入賀畢歸驛賜御筵口宣 玉堂稿 13/7a

正月一日入賀歸驛賜酒果口宣 玉堂稿 13/7a

正月三日賜内中酒果口宣 玉堂稿 13/7b

金國賀會慶聖節使人到關賜被褥鈔羅等口宣 玉堂稿 13/8b

回程賜使副冬至節絹口宣 玉堂稿 13/8b

賜三節人從冬至節絹口宣 玉堂稿 13/9a

使人到關在驛賜生餼口宣 玉堂稿 13/9a

玉津園射弓賜御筵口宣 玉堂稿 13/9a
赤岸賜御筵口宣 玉堂稿 13/9a
撫問金國賀會慶聖節使人赴闕肝胎軍賜御筵口宣 玉堂稿 13/12a
赤岸賜酒果口宣 玉堂稿 13/12a
金國賀會慶節使人到闕玉津園射弓賜酒果口宣 玉堂稿 14/1a
朝辭詣歸驛賜酒果口宣 玉堂稿 14/1a
朝辭詣歸驛賜御筵口宣 玉堂稿 14/1a
十月二十二日玉津園射弓賜御筵口宣 玉堂稿 14/1b
十月二十二日賜内中酒果口宣 玉堂稿 14/1b
回程赤岸賜酒果口宣 玉堂稿 14/1b
金國賀正旦使人赴闕肝胎軍傳宣撫問賜御筵口宣 玉堂稿 14/2a
平江府賜御筵口宣 玉堂稿 14/2b
鎮江府賜御筵口宣 玉堂稿 14/2b
鎮江府賜銀合茶藥口宣 玉堂稿 14/2b
賜金國賀正旦使副春幡春勝口宣 玉堂稿 14/3a
賜接伴使副春幡春勝口宣 玉堂稿 14/3a
賜三節人從春幡春勝口宣 玉堂稿 14/3a
金國賀正旦使人赴闕赤岸賜御筵口宣 玉堂稿 14/4a
赤岸賜酒果口宣 玉堂稿 14/4b
金國使人回程賜龍茶鳳茶並金鍍銀合口宣 玉堂稿 14/5a
平江府賜御筵口宣 玉堂稿 14/5a
肝胎軍賜御筵口宣 玉堂稿 14/5a
金國使人到闕玉津園射弓賜射弓酒果口宣 玉堂稿 14/5b
赤岸賜酒果口宣 玉堂稿 14/5b
十二月二十八日賜生餳口宣 玉堂稿 14/5b
密賜大銀器口宣 玉堂稿 14/6a
十二月三十日賜内中酒果口宣 玉堂稿 14/6a
正月一日入賀畢歸驛賜酒果口宣 玉堂稿 14/6a
正月一日入賀畢歸驛賜御筵口宣 玉堂稿 14/6b
正月四日玉津園射弓賜射弓御筵口宣 玉堂稿 14/6b
正月三日賜内中酒果口宣 玉堂稿 14/6b
賜被裩紗羅等口宣 玉堂稿 14/6b
正月四日玉津園射弓賜射弓弓箭例物口宣

玉堂稿 14/7a
賜賀金國正旦使宇文价副使趙薾到闕傳宣撫問並賜銀合茶藥口宣 玉堂稿 14/7a
撫問賀金國生辰使錢沖之等到闕並賜銀合茶藥口宣 玉堂稿 14/8b
金國使人赴闕肝胎軍賜御筵口宣 玉堂稿 14/11a
赤岸賜御筵口宣 玉堂稿 14/11b
鎮江府賜御筵口宣 玉堂稿 14/11b
鎮江府賜茶藥口宣 玉堂稿 14/11b
金國賀會慶聖節使人回程肝胎軍賜御筵口宣 玉堂稿 15/1a
遇冬至節賜使副節絹口宣 玉堂稿 15/1a
賜三節人從冬至節絹口宣 玉堂稿 15/1a
鎮江府賜御筵口宣 玉堂稿 15/1b
使人到闕十月二十七日賜内中酒果口宣 玉堂稿 15/1b
玉津園射弓賜酒果口宣 玉堂稿 15/1b
回程赤岸賜御筵口宣 玉堂稿 15/2a
玉津園射弓賜弓箭例物口宣 玉堂稿 15/2a
上壽畢歸驛賜御筵口宣 玉堂稿 15/2a
朝辭詣歸驛賜酒果口宣 玉堂稿 15/2b
在驛賜牲餳口宣 玉堂稿 15/2b
十月二十一日賜内中酒果口宣 玉堂稿 15/2b
金國賀會慶節使人到闕賜被裩紗羅等口宣 玉堂稿 15/3a
十月二十七日賜内中酒果口宣 玉堂稿 15/3a
賜射弓例物口宣 玉堂稿 15/3a
密賜大銀器口宣 玉堂稿 15/3b
乾辭詣歸驛賜酒果口宣 玉堂稿 15/3b
回程鎮江府賜御筵口宣 玉堂稿 15/3b
在驛賜生餳口宣 玉堂稿 15/4a
賜射弓酒果口宣 玉堂稿 15/4a
金國賀正旦使人赴闕鎮江府賜御筵口宣 玉堂稿 15/4b
鎮江府賜茶藥口宣 玉堂稿 15/4b
回程平江府賜御筵口宣 玉堂稿 15/4b
玉津園射弓賜酒果口宣 玉堂稿 15/5a
回程賜龍鳳茶並金鍍銀合口宣 玉堂稿 15/5a
十二月三十日賜内中酒果口宣 玉堂稿 15/5a
朝辭詣歸驛賜酒果口宣 玉堂稿 15/5b
回程赤岸賜酒果口宣 玉堂稿 15/5b
肝胎軍賜御筵口宣 玉堂稿 15/5b
賜金國使副春幡勝等口宣 玉堂稿 15/6a

回程赤岸賜御筵口宣 玉堂稿 15/6a
上壽畢歸驛賜酒果口宣 玉堂稿 15/6a
賜送伴使副春幡勝等口宣 玉堂稿 15/6a
賜金國三節人從春幡勝口宣 玉堂稿 15/6b
撫問賀金國正旦使副葉宏等到闕並傳宣賜銀合茶藥口宣 玉堂稿 15/7b
金國賀會慶節使人回程旰貽軍賜御筵口宣 玉堂稿 15/9a
平江府賜御筵口宣 玉堂稿 15/9a
赤岸賜酒果口宣 玉堂稿 15/9b
赤岸賜御筵口宣 玉堂稿 15/9b
鎭江府賜御筵口宣 玉堂稿 15/9b
朝辭訖歸驛賜御筵口宣 玉堂稿 15/9b
朝辭訖歸驛賜酒果口宣 玉堂稿 15/10a
賜被褲紗羅口宣 玉堂稿 15/10a
玉津園射弓賜弓箭例物口宣 玉堂稿 15/10a
回程賜龍鳳茶口宣 玉堂稿 15/10b
密賜大銀器口宣 玉堂稿 15/10b
賜三節人從冬至節絹口宣 玉堂稿 15/10b
賜使副冬至節絹口宣 玉堂稿 15/11a
撫問金國賀正旦使人赴闕旰貽軍賜御筵口宣 玉堂稿 15/11a
赤岸賜御筵口宣 玉堂稿 15/11b
鎭江府賜御筵口宣 玉堂稿 15/11b
玉江府賜銀合茶藥口宣 玉堂稿 15/11b
平江府賜御筵口宣 玉堂稿 15/11b
玉津園射弓賜例物口宣 玉堂稿 15/12a
入賀畢歸驛賜御筵口宣 玉堂稿 15/12a
赤岸賜酒果口宣 玉堂稿 15/12a
玉津園賜御筵口宣 玉堂稿 15/12b
玉津園賜射弓酒果口宣 玉堂稿 15/12b

撫問金國賀正旦使人赴闕旰貽軍賜御筵口宣 玉堂稿 15/13a
鎭江府賜御筵口宣 玉堂稿 15/13b
金國賀正旦使人赴闕鎭江府賜茶藥口宣 玉堂稿 16/1a
赤岸賜御筵口宣 玉堂稿 16/1a
回程賜龍鳳茶並金鍍銀合口宣 玉堂稿 16/1a
使人到闕賜被褲紗羅等口宣 玉堂稿 16/1b
入賀畢歸驛賜酒果口宣 玉堂稿 16/1b
入賀畢歸驛賜御筵口宣 玉堂稿 16/1b
金國使副賜春幡勝等口宣 玉堂稿 16/2a
朝辭訖歸驛賜御筵口宣 玉堂稿 16/2a
玉津園射弓賜御筵口宣 玉堂稿 16/2a
玉津園賜射弓箭例物口宣 玉堂稿 16/2a
賜館伴使副春幡勝等口宣 玉堂稿 16/2b
賜三節人從春幡勝口宣 玉堂稿 16/2b
密賜大銀器口宣 玉堂稿 16/2b
撫問賀金國正旦使副陳嶸等到闕並賜銀合茶藥口宣 玉堂稿 16/3a
賜賀金國生辰使副傅洪王公弼到闕撫問並賜銀合茶藥口宣 玉堂稿 16/4a
金國賀會慶節使人赴闕平江府賜御筵口宣 玉堂稿 16/5b
旰貽軍賜御筵口宣 玉堂稿 16/5b
上壽畢歸驛賜御筵口宣 玉堂稿 16/6a
赤岸賜酒果口宣 玉堂稿 16/6a
赤岸賜御筵口宣 玉堂稿 16/6a

(紹興八年) 和議二詔 金佗粹編 2/2b-3a
報聘大金國書宣和二年九月 宋詔令集 228/881
答大金國書宣和三年八月二十日 宋詔令集 228/881
答大金國書宣和四年九月十三日 宋詔令集 228/881

(二十) 對大理等關係

批答南詔國王請東封表 小畜集 27/10b
賜回西蕃獎州團練使霞展敕書 文恭集 26/10a
賜西蕃獎州團練使霞展男都君主霞智敕書 文恭集 26/10a
賜置勒斡賁男轉戢敕書 元憲集 28/1a
賜西南蕃蠻人張漢頂等敕書 歐陽文忠集 84/3b
賜西南蕃蠻人張光現等敕書 歐陽文忠集 88/2b

賜諸路蕃部溪洞初冬衣襖詔敕 古靈集 2/7b
賜董氈加恩告敕示諭詔 韓南陽集 15/3a
賜西蕃邈川首領保順軍節度使洮州管內觀察處置押蕃落等使董戢支佈詔 華陽集 18/13a
宋詔令集 239/937
賜起復董戢官告敕牒對衣等示諭詔 華陽集 18/13b 宋詔令集 239/937

賜董戩加食邑實封諸敕示諭詔 華陽集 18/13b

賜于闐國王進胡錦並玉等敕書 華陽集 19/15b

賜于闐國宰相進胡錦並玉等敕書 華陽集 19/16a

賜諸路蕃部溪洞初冬時服敕書 華陽集 19/16a~16b

賜溪洞彭仕義賀登寳位進方物敕書 華陽集 19/17a

賜彭仕義賀冬進方物敕書 華陽集 19/17a

賜大渡河南印部川山前山後百蠻首領賀登寳位進方物敕書 華陽集 19/17a

賜溪洞楊光潛進方物敕書 華陽集 19/17b

賜西蕃邈川首領河南軍節度使阿里骨進奉回詔 蘇魏公集 23/5a

賜諸路蕃官及溪洞蠻人初冬衣襖敕書 蘇魏公集 24/1b

賜于闐國進奉敕書 蘇魏公集 24/2a

賜于闐國示諭敕書 蘇魏公集 24/2b

賜于闐國男進奉敕書 蘇魏公集 24/2b

賜西南蕃程以途等進奉敕書 蘇魏公集 24/3a

賜西南蕃龍以利等進奉敕書 蘇魏公集 24/3b

賜西蕃邈川首領河西軍節度使阿里骨加恩制諸詔敕書 蘇魏公集 24/4a

賜溪洞進奉賀元祐二年三年四年與龍節端午冬節溪布敕書 蘇魏公集 24/6a

坤成節就驛賜于闐國進奉人御筵口宣 蘇魏公集 25/5b

就驛賜于闐國進奉人朝辭御筵口宣 蘇魏公集 25/6a

冬節就驛賜阿里骨進奉人御筵口宣 蘇魏公集 26/2a

興龍節就驛賜阿里骨等進奉人御筵口宣 蘇魏公集 26/4b

賜于闐國王詔 郡溪集 8/6a

賜西蕃邈川首領保順軍節度使檢校太傅董氊加恩敕詔 郡溪集 8/7a

賜西南蕃龍異閣等敕書 郡溪集 9/7b

賜新除檢校太保依前河西軍節度使阿里骨加恩制諸詔 蘇東坡全集/內制 1/5b 宋詔令集 239/939

寒節就驛賜于闐國進奉御筵口宣 蘇東坡全集/內制 2/7a

賜溪洞蠻人彭允宗等進奉端午布敕書 蘇東坡全集/內制 3/2b

坤成節就驛賜于闐國進奉人御筵口宣 蘇東坡全集/內制 3/14b

賜西南羅蕃進奉敕書 蘇東坡全集/內制 3/18a

賜于闐國進奉人進發前一日御筵口宣 蘇東坡全集/內制 5/11b

賜于闐國黑汗王進奉登位敕書 蘇東坡全集/內制 6/1b

賜于闐國黑汗王進奉示諭敕書 蘇東坡全集/內制 6/1b

賜溪洞彭儒武等進奉與龍節溪布敕書 蘇東坡全集/內制 6/3a

賜河西軍節度使西蕃邈川首領阿里骨進奉回詔 蘇東坡全集/內制 8/8b

賜于闐國黑汗王進奉敕書 蘇東坡全集/內制 8/16a

賜于闐國黑汗王男被今帝英進奉敕書 蘇東坡全集/內制 8/16a

賜于闐國黑汗王進奉示諭敕書 蘇東坡全集/內制 8/16a

賜河西軍節度使西蕃邈川首領阿里骨進奉回程詔 蘇東坡全集/內制 9/14b

賜于闐國進奉人正旦就驛御筵口宣 蘇東坡全集/內制 10/4a

賜西南蕃莫世忍等進奉敕書 蘇東坡全集/內制 10/7b

坤成節就驛賜阿里骨進奉人使御筵口宣 蘇東坡全集/內制 10/15b

坤成節就驛賜于闐國進奉人使御筵口宣 蘇東坡全集/內制 10/15b

就驛賜于闐國進奉人進發御筵口宣 范太史集 28/11b

蕃官張逵敕 襄陵集 3/3a

蕃官王諭敕 襄陵集 3/3b

蕃官成凌等敕 襄陵集 3/3b

蕃官侯剛敕 襄陵集 3/4a

納木嘶遜郁轉官敕 襄陵集 3/4a

賜西蕃部族將士撫恤詔 浮溪集 13/3b 浮溪集/附遺 13/149

悉里地茶蘭固野明堂加恩制 玉堂稿 2/5a

招諭雲南土官等詔 碧梧集 2/1a

大理國王段和譽加恩制政和六年明口 宋詔令集 239/935

大理國入貢御筆手詔政和六年十二月三十日 宋詔令集 239/935

諭邈川首領唃斯囉詔康定元年二月庚口 宋詔令集 239/935

唃斯囉保順河西等軍節度使制康定二年正月乙

詔令二 政令 對大理等關係 1141

未 宋詔令集 239/936

唃斯囉加恩制慶曆四年十一月 宋詔令集 239/936

唃斯囉加恩制即位 宋詔令集 239/936

唃斯囉授依前保順河西節度加食邑實封功臣制郊祀 宋詔令集 239/936

賜西蕃邈川首領保順軍節度洮州管內觀察處置押蕃落等使董氈依唃斯囉例支請俸詔 宋詔令集 239/937

賜董氈加食邑實封告勅示諭詔 宋詔令集 239/937

賜起復董氈官敕牌封衣等示諭詔 宋詔令集 239/937

董氈落起復依前保順軍節度使加食邑實封制 宋詔令集 239/937

董氈特進制熙寧三年 宋詔令集 239/937

西蕃邈川首領董氈移鎮西平節度制 宋詔令集 239/937

董氈加恩制 宋詔令集 239/938

西蕃邈川首領董氈進奉回詔 宋詔令集 239/938

董氈加恩制南郊 宋詔令集 239/938

董氈授檢校太尉加恩制元豐八年哲宗即位 宋詔令集 239/938

西蕃阿里骨起復河西節度制元祐元年二月丁丑 宋詔令集 239/938

誠約西蕃邈川首領河西軍節度使阿里骨詔元祐元年六月壬寅 宋詔令集 239/939

阿里骨加恩制 元祐明堂 宋詔令集 239/939

賜新除檢校太保依前河西節度使阿里骨加恩官告敕書 宋詔令集 239/939

賜阿里骨詔元祐三年七月辛亥 宋詔令集 239/939

西蕃邈川首領阿里骨落起復制元祐三年十月乙丑 宋詔令集 239/939

賜阿里骨詔紹聖三年七月丙辰 蘇軾撰 宋詔令集 240/441 宋文鑒 31/20b

阿里骨檢校太尉依前河西節度仍舊西蕃邈川首領加恩制 宋詔令集 240/941

西蕃首領瞎移河西節度制元符二年三月 宋詔令集 240/941

瞻征懷遠節度使制 宋詔令集 239/941

瞻里結等拜官制 宋詔令集 240/942

青唐首領撒結通厥雞歸順補內殿承制制 宋詔令集 240/942

西蕃溪除羅撒西平節度西蕃邈川首領制元符三年五月 宋詔令集 240/942

安撫秦州蕃部尚波于詔建隆三年六月丁未 宋詔令集 240/942

山後兩林蠻王歸德將軍勿尼等進官制太平興國三年九月己西 宋詔令集 240/942

沙州曹延祿拜官制太平興國五年四月丁丑 宋詔令集 240/943

討契丹諭烏含城浮渝府渤海府主應王師詔太平興國六年七月丙午 宋詔令集 240/943

答安定國公烏元明璽書太平興國六年十一月甲辰 宋詔令集 240/943

賜潘羅支詔景德元年六月己卯 宋詔令集 240/943

潘羅支追封武威郡王制景祐元年十月丁酉 宋詔令集 240/944

斯鐸督朔方節度制景德元年十月癸卯 宋詔令集 240/944

賜甘州回紇天聖五年曆日敕書 宋詔令集 240/944

甘州外甥回紇可汗王夜落隔可特追懷寧順化可汗王制 宋詔令集 240/944

趙懷德加恩制 宋詔令集 240/944

趙懷德贈開府儀同三司追封懷化郡王制 宋詔令集 240/945

賜西南羅蕃進奉敕書 宋詔令集 240/945

賜于闐國砺鱗黑汗王進奉敕書 宋詔令集 240/945

賜于闐國黑汗王進賀登位敕書 元祐 宋詔令集 240/945

賜溪桐蠻人彭元宗等進奉端午布敕書 宋詔令集 240/946

賜溪洞彭儒武等進興龍節溪布敕書 宋詔令集 240/946

(二十一) 對高麗等關係

高麗使副判官等授官 咸平集 28/7a

高麗職員軍將等授官 咸平集 28/7b

賜高麗詔 元豐稿 26/7b

高麗國進奉使可大理寺丞制 鄧溪集 3/7a

賜高麗使人相國寺燒香乾果子口宣　摘文集 9/4a

冬節高麗使人就館御筵賜教坊樂花香藥下酒上醞局白羊御酒酒果兼傳宣勸尙醞局供進御酒口宣　摘文集 9/6a

賜高麗國進奉人使臈晨風藥口脂酒果口宣　摘文集 9/6a

賜高麗使人到闕朝見酒果口宣　摘文集 9/6b

與高麗王詔　梁谿集 33/7a

回賜高麗國王陳奏詔　北海集 8/1b

回賜高麗國王起居詔　北海集 8/2a

回賜高麗國王進奉方物詔　北海集 8/2b

高麗使副朝見託歸館賜御宴口宣　北海集 17/1a

高麗使副朝辭賜御筵口宣　北海集 17/1a

館待高麗進奉使樂詔　龜溪集 11/10a

王仙封高麗國制太平興國元年十一月乙亥　宋詔令集 237/923

高麗國王王仙檢校太傅加食邑制太平興國三年十二月戊辰　宋詔令集 237/923

王治拜官封高麗國王詔太平興國七年十二月戊寅　宋詔令集 237/923

北伐遣使諭高麗詔雍熙三年二月癸卯　宋詔令集 237/924

高麗國王王治加息制淳化元年　宋詔令集 237/924

賜高麗璽書淳化五年七月壬子　宋詔令集 237/924

賜權知高麗國王事王徽起居回書　宋詔令集 237/924

賜進奉回書　宋詔令集 237/924

賜進奉太皇太后皇太后物回書　宋詔令集 237/925

賜謝恩進奉回書　宋詔令集 237/925

賜國信並別賜書　宋詔令集 237/926

賜謝回賜銀器衣着等書　宋詔令集 237/926

賜設齋祝聖回書　宋詔令集 237/926

賜示諭書　宋詔令集 237/926

賜高麗國王詔元豐三年三月十日　宋詔令集 237/926

又賜高麗國王詔　宋詔令集 237/926

又賜高麗國王詔　宋詔令集 237/926

又賜高麗國王詔　宋詔令集 237/927

賜權高麗國事王徽起居回敕書　宋詔令集 237/927

進奉回敕書　宋詔令集 237/927

進奉國信物色並別賜書　宋詔令集 237/927

爲己未年漂失貢物令來進奉乞更不回賜敕書

宋詔令集 237/927

申奏設齋祝聖壽敕書　宋詔令集 237/927

進奉樂器敕書　宋詔令集 237/927

謝醫藥進奉敕書　宋詔令集 237/927

就遣樂人奏樂敕書　宋詔令集 237/927

如女真願將馬與中國爲市時假道前來敕書　宋詔令集 237/927

賜貢奉詔　宋詔令集 237/928

高麗依大遼例隸密院御筆手詔政和五年二月二十三日　宋詔令集 237/928

論交趾文　小畜集/外 8/3b　播芳文粹 131/14b

賜交趾李日尊進異獸敕書　文恭集 24/15a

賜交趾李日尊敕書　文恭集 26/10a

賜交趾郡王李德政甘州可汗王伊嚕格勒雅蘇曆日敕書　元憲集 28/2b

賜南平王李德政曆日詔　景文集 32/10b　宋文鑑 31/15b

賜南平王李日尊加恩告敕書　韓南陽集 15/15a

賜靜海軍節度使同中書門下平章事安南都護交趾郡王李日尊明堂加恩告敕書　華陽集 19/14b　宋詔令集 238/930

賜李日尊轉官告敕書　華陽集 19/15a　宋詔令集 238/931

賜李日尊進象敕書　華陽集 19/15a　宋詔令集 238/931

賜靜海軍節度使同中書門下平章事安南都護南平王李日尊曆日敕書　華陽集 19/15b

賜李日尊進金帛犀象敕書　華陽集 19/15b　宋詔令集 238/931

李日尊加恩封功臣制明堂　華陽集 26/18b　宋詔令集 238/930

李日尊授靜海軍節度使加食邑實封功臣制　華陽集 26/18b

李日尊進封南平王加食邑實封制　華陽集 26/19a　宋詔令集 238/931

賜南平王李日尊示諭敕書　傳家集 16/12b　司馬溫公集 56/17b　宋詔令集 238/931

賜南平王李日尊示諭敕書　司馬溫公集 56/13b

賜南平王李乾德加息制詔敕書　蘇魏公集 24/3a

賜南平王李乾德曆日敕書　蘇魏公集 24/4b

討交趾敕榜　臨川集 47/2b　宋詔令集 238/932　播芳文粹 131/19a

李日尊加恩制　臨川集 47/5b　宋詔令集 238/931　宋文鑑 34/17a

賜南平王李日尊加恩告敕書　臨川集 48/5b

賜新除依前交趾郡王李乾德加恩制告敕書　蘇東坡全集/内制 1/5b

賜交州進奉人朝見訖就驛御筵口宣　蘇東坡全集/内制 2/14a

賜新除依前靜海軍節度使進封南平王李乾德制誥敕書　蘇東坡全集/内制 3/15b　宋詔令集 238/934

賜南平王李乾德曆日敕書　蘇東坡全集内制 5/4a

賜交趾南平王李乾德敕書　范太史集 28/4b

就驛賜交州進奉人使朝辭御筵口宣　范太史集 28/6b

大行太皇太后遺賜南平王李乾德衣物示諭敕書　范太史集 30/15a

交趾國王加恩制　程北山集 28/3b

南平王李乾德嗣子陽煥弔祭敕書　浮溪集 16/7b　浮溪集/附拾遺 16/18b

賜交趾郡王李陽煥曆日敕書　編溪集 5/3a

賜李天祚敕書　楊溪集 7/1a

賜交趾朝見後三日玉津園御筵口宣　楊溪集 7/5a

回賜南平王李天祚敕書　盤洲集 16/9a

賜南平王李天祚曆日敕書　16/9a

安南國王龍翰襲封制　益國文忠集 103/4b　益公集 103/79a

李龍翰加封制　益國文忠集 103/21a　益公集 103/99a

賜南平王李天祚曆日敕書　益國文忠集 111/1a　益公集 111/91b

賜南平王李天祚郊祀加恩制誥敕書　益國文忠集 111/1a　益公集 111/91a

賜安南國王嗣子李龍翰淳熙四年曆日敕書　益國文忠集 111/1a　益公集 111/92a

故安南王李天祚上遺表及遺進方物賜其子龍翰撫諭敕書　益國文忠集 111/1b　益公集 111/92b

賜李龍翰封安南國王制誥敕書　益國文忠集 111/1b　益公集 111/92b

賜安南王李龍翰曆日敕書（1－3）　益國文忠集 111/2a　益公集 111/93a－93b

賜南平王李天祚乾道八年曆日敕書　益公集 111/91b

安南國王李龍翰加恩制　止齋集 10/3b

賜安南國王李龍翰嘉定二年曆日敕書　宋本攻媿集 45/14a　攻媿集 47/5b

賜安南國王加恩制敕書　玉堂稿 16/10a

回賜安南國王李天祚進奉大禮綱敕書　玉堂稿 16/10a

賜南平王李天祚淳熙二年曆日敕書　玉堂稿

16/12a

賜安南國王李龍翰加食邑實封仍加崇謀功臣散官勳如故制　後樂集 3/21b

賜安南王李龍翰加恩制告書　後樂集 4/19a

賜安南國陳日奐特授靜海軍節度觀察處置等使特進檢校太尉兼御史大夫上柱國特封安南國王食邑三千户食實封一千户特賜效忠順化功臣仍賜襲衣金銀帶制　東澗集 5/6b

賜安南國王李龍翰曆日敕書　真西山集 23/1b

弔祭安南國王敕書　真西山集 23/2a

賜安南國王嗣子李吳昱嘉定十年曆日敕書　真西山集 23/2b

賜安南國王陳日留淳祐十二年曆日　後村集 53/9a

賜安南國王陳威晃禮物　後村集 53/10a

賜安南國王陳威晃景定肆年曆日　後村集 53/10a

安南國陳威晃特授靜海軍節度處置等使特進封安南國王食邑三千户食實封一千户特賜效忠順化功臣制　後村集 54/17b

獎諭安南國太國王陳日奐詔　碧梧集 2/5b

又獎諭安南國太國王陳日奐詔　碧梧集 2/5b

獎諭安南國王陳威晃詔　碧梧集 2/6a

陳日奐特賜效忠順化保節守義懷德歸仁慕治奉正致恭履信崇禮安善功臣特授檢校太師特封安南大國王加食邑食實封制　碧梧集 6/3b

陳威晃依前安南國王加恩制　碧梧集 8/6b

賜安南國王陳威晃敕書　碧梧集 9/9a

討交州詔太平興國五年七月丁未　宋詔令集 218/833

交趾黎桓加恩制淳化元年　宋詔令集 238/929

李公蘊檢校太師加恩制仁宗卽位　宋詔令集 238/929

李德政靜海節度制天聖七年四月癸亥　宋詔令集 238/930

李德政加恩制慶曆四年十一月郊祀　宋詔令集 238/930

李日尊靜海節度使安南都護交趾郡王制至和二年十一月乙亥　宋詔令集 238/930

賜南平王李日尊示諭敕書熙寧三年二月八日　宋詔令集 238/931

賜靜海軍節度使同中書門下平章事安南都護南平王李日尊曆日敕書　宋詔令集 238/931

李日尊加恩制南郊　宋詔令集 238/931

賜南平王李日尊敕書熙寧　宋詔令集 238/932

交趾李乾德靜海軍節度交趾郡王制熙寧六年二月庚午 宋詔令集 238/932

賜交趾郡王李乾德獎諭敕書 宋詔令集 238/932

賜交趾郡王李乾德詔熙寧十年二月 宋詔令集 238/933

答交趾郡王李乾德詔元豐元年八月癸未 宋詔令集 238/933

李乾德加恩制南郊 宋詔令集 238/933

李乾德進奉回詔 宋詔令集 238/933

賜交趾郡王李乾德敕書闕文 宋詔令集 238/933

賜交趾郡王李乾德闕文 宋詔令集 238/933

李乾德進封南平王制 宋詔令集 238/933

李乾德加恩制闕文 宋詔令集 238/934

賜新除依前交趾郡王李乾德加恩制誥書闕文 宋詔令集 238/934

賜封南平王李乾德制詔敕書 宋詔令集 238/934

賜李乾德詔元祐三年八月甲午 宋詔令集 238/934

南平王李乾德加恩制紹聖二年九月二十六日 宋詔令集 238/934

南平王李乾德加恩制宣和元年冬壬 宋詔令集 238/934

安南國王遙授湖廣行省平章政事陳益稷加金紫光祿大夫制 新安文獻 2/前 5a

賜占城國王敕書 文恭集 26/10b

賜占城國王倶舍利波徵收羅婆麻提楊卜敕書 文恭集 26/10b

賜占城蕃王楊卜利律陀般摩提婆敕書 臨川集 48/6a

占城國王楊卜麻疊明堂加恩制 罷忠惠集 1/12a

闍婆國王悉里地茶蘭固野明堂加恩制 罷忠惠集 1/13a

除占城國王楊卜麻疊特授依前檢校太傅使持節琳州諸軍事琳州刺史充懷遠軍節度使琳州管內觀察處置等使兼御史大夫占城國王加食邑食實封散官勳如故制 北海集 7/12b

除闍婆國王悉里地茶蘭固野特授依前檢校司

徒使持節琳州諸軍事琳州刺史充懷遠軍節度使琳州管內觀察處置等使兼御史大夫闍婆國王加食邑食實封散官勳如故制 北海集 7/14a

除闍婆國王悉里地茶蘭固野加食邑制 海陵集 11/10b

賜占城嗣國王鄒亞娜進奉敕書 益國文忠集 111/2a 益公集 111/94a

闍婆國王郊祀加恩制 益國文忠集 102/5b

闍婆國王加封制 益國文忠集 103/4a

闍婆國王加封制 益國文忠集 103/21b

檢校司徒使持節琳州諸軍事琳州刺史充懷遠軍節度琳州管內觀察處置等使兼御史大夫闍婆國王食邑一萬九百戶食實封四千四百戶悉里地茶蘭固野加食邑闕戶食實封二百戶散官勳如故制 益公集 102/59b

懷遠軍節度使琳州管內觀察處置等使金紫光祿大夫檢校司徒使持節琳州諸軍事琳州刺史兼御史大夫上柱國闍婆國王食邑一萬一千九百戶食實封四千八百戶悉地里茶蘭固野加食邑五百戶食實封二百戶制 益公集 103/78b

懷遠軍節度使琳州管內觀察處置等使金紫光祿大夫檢校司徒使持節琳州諸軍事琳州刺史兼御史大夫上柱國闍婆國王食邑一萬二千四百戶食實封五千戶悉里地茶蘭固野加食邑五百戶食實封二百戶制 益公集 103/99b

真臘國王金哀賓深明堂加恩制 罷忠惠集 1/11a

賜大食國敕書 浮溪集 16/7b 浮溪集/附拾遺 16/18b

賜三佛齊國敕書 楳溪集 7/2a

三佛齊國使人入貢到闕起發前一日賜御筵口宣 楳溪集 7/5b

詔占城（占）〔真〕臘同討交賊詔 宋詔令集 238/933

（二十二）雜　詔

搜訪唐永已來忠臣子孫詔 小畜集 26/2b

放五坊鷹犬詔 小畜集 26/5b

擬賜天下雍熙三年新曆詔 小畜集/外 12/8b

神宗諮訪詔 文潞公集 22/7a

求直言詔 韓南陽集 15/2a

求直言詔 鄖溪集 8/3a

便殿引對衣服御筆 益國文忠集 151/1a
衣制用布御筆 益國文忠集 151/1b
禁小報御筆 益國文忠集 151/1b
擬求言指揮二首 益公集 121/10a
詔十月八日 宋本攻媿集 41/9b
(紹興七年)乞建都上游一詔 金佗粹編 2/1a
賜改名敕黃 蛟峰集/外 1/1a
求言詔 碧梧集 2/2b
放宮人詔大中祥符元年五月癸未 宋詔令集 158/597
出宮人詔大中祥符八年五月庚子 宋詔令集 158/597
訪醫術優長者詔開寶四年口月戊子 宋詔令集 219/842
訪求醫書詔太平興國六年十二月癸酉 宋詔令集 219/842
行聖惠方詔淳化三年五月己亥 宋詔令集 219/842
選良醫診視京城病人詔淳化三年五月戊申 宋詔

令集 219/842
差醫人散藥詔元祐八年四月壬申 宋詔令集 219/843
求方書藥法御筆政和四年八月三十日 宋詔令集 219/843
收瘞偏蜀將士詔乾德三年正月 宋詔令集 222/859
瘞劍南峽路遺骸詔至道元年二月甲申 宋詔令集 222/859
收瘞遺骸詔至道元年七月丙辰 宋詔令集 222/859
敕瘞遺骸詔咸平二年閏三月丁亥 宋詔令集 222/859
令拯救汴河溺水人詔天禧元年九月甲寅 宋詔令集 222/859
求直言詔韓維撰 宋文鑒 31/7b
求賢詔呂濙撰 新安文獻 1/前 2b
諭立魯齋書院程文海撰 新安文獻 2/5b
幸秘書省詔 南宋文範 10/3b
理宗御書放生池敕 江蘇金石志 17/50a

(二十三) 擬 詔

擬貶蕭瑀出家詔 小畜集/外 12/5b
擬封淮海國王可漢南國王册文 小畜集/外 12/7a
擬給補闕拾遺諫紙詔 小畜集/外 12/8a
擬罷蘇州貢橘詔 小畜集/外 12/8b
擬批答高麗國賀正表 小畜集/外 12/9a
中書試戒風俗奢靡詔 元憲集 27/1a
誠勸風俗浮薄詔 安陽集 40/2b
中書試郡國察孝梯力田詔 蔡忠惠集 9/2a
擬合祭天地子詔 樂城集/後 15/1a
戒百官修職業勿事朋比詔 道鄉集 15/2a
擬進郊祀御札 宋本攻媿集 43/27a 攻媿集 42/1a
擬立皇子嘉王皇太子制 宋本攻媿集 43/27b
擬進登極赦文 宋本攻媿集 43/28a 攻媿集 42/2a
擬御筆褒鄭清之 鶴山集 14/2a
擬趣召崔與之御筆 鶴山集 14/7a

擬戒飭知舉以下手詔 後村集 53/3b
擬建儲制 後村集 53/18b
擬進御筆 文山集 3/47b
又擬進御筆 文山集 3/48a
擬册立皇太子文 文山集 3/49a
擬景炎皇帝遺詔 陸忠烈書/1a
擬祥興皇帝登寶位詔 陸忠烈書/1b
擬授文天祥通議大夫右丞相樞密使都督諸路軍馬詔 陸忠烈書/2a
擬變諭文天祥詔 陸忠烈書/3a
擬進士御試策蘇軾撰 宋文鑑 111/1b
擬御試武舉策陳師道撰 宋文鑑 111/10a
擬舉廉吏詔王應麟撰 南宋文範 10/15b
擬太上計告詔張淡撰 蜀文輯存 41/1b
擬淳熙郊祀詔書李壁撰 蜀文輯存 75/1a

三、典 礼

（一）郊 祀

皇祐五年南郊御札 文恭集 24/3b 宋詔令集 118/404

寶元元年南郊御札敕内外文武臣僚等 元憲集 27/4b

寶元元年有事南郊御札 元憲集 27/4b 宋詔令集 118/403

大慶殿行恭謝之禮御札 歐陽文忠集 84/9a 宋詔令集 123/424

熙寧元年有事南郊御札 華陽集 13/2a 宋詔令集 118/404 宋文鑑 33/5b

昊天上帝册文 華陽集 32/1a

赤帝册文 華陽集 32/1a

白帝册文 華陽集 32/1b

郊祀昊天上帝册文 臨川集 45/2a

郊祀皇地祇册文 臨川集 45/2b

郊祀配帝太祖皇帝册文 臨川集 45/2b

賜太子太傅致仕梁適太子太師致仕張昇特赴關南郊陪位詔 臨川集 47/6a 宋詔令集 122/420

賜答德妃苗氏賀南郊禮畢詔 臨川集 48/4b

賜答修儀楊氏等馮翊郡君連氏等賀南郊禮畢詔 臨川集 48/5a

宣答文武百僚稱賀南郊禮畢 臨川集 48/8b

宣答樞密使以下賀南郊禮畢 臨川集 48/8b

郊祀壇制 王文公集 31/4a

南郊御札敕 郡溪集 9/5b

合祭天地詔 范太史集 28/14a 宋詔令集 122/420 宋文鑑 31/12b

郊祀大禮御札 盤洲集 11/1b

郊祀大禮敕文 盤洲集 11/2a

郊祀前二日朝獻景靈宫聖祖册文 盤洲集 11/3a

郊祀前一日朝饗太廟帝后册文 盤洲集 11/3b

郊祀昊天上帝册文 盤洲集 11/4a

皇地祇册文 盤洲集 11/4a

改郊祀詔 盤洲集 12/6a

改上辛郊祀詔 盤洲集 12/6a

郊祀畢端誠殿受賀樞密宣答宰臣詞 盤洲集 16/7b

郊祀敕文 海陵集 11/2a

御札（有事南郊） 海陵集 11/2b

聖祖（郊祀册文） 海陵集 12/1a

昊天上帝（郊祀册文） 海陵集 12/1a

皇地祇（郊祀册文） 海陵集 12/1a

郊祀大禮敕文 益國文忠集 101/8b 益公集 101/50b

郊祀大禮御札 益國文忠集 116/1a

郊祀前二日朝獻景靈宫聖祖天尊大帝册文 益國文忠集 116/1b

郊祀前一日朝享太廟祖宗帝后册文 益國文忠集 116/1b

郊祀祭享昊天上帝册文 益國文忠集 116/2a

郊祀前一日朝享大廟別廟懿節皇后册文 益國文忠集 116/2a

郊祀祭享地祇册文 益國文忠集 116/2b

郊祀太祖配享册文 益國文忠集 116/2b

郊祀太宗配享册文 益國文忠集 116/2b

郊祀前二日朝獻景靈宫聖祖天尊大帝册文 益國文忠集 116/3a

郊祀前一日朝享太廟祖宗帝后册文 益國文忠集 116/3a

郊祀祭享昊天上帝册文 益國文忠集 116/3b

郊祀祭享皇地祇册文 益國文忠集 116/4a

郊祀太祖配享册文 益國文忠集 116/4b

郊祀太宗配享册文 益國文忠集 116/4b

郊祀大禮敕文首詞 益公集 101/50b

尾詞 益公集 101/51a

太祖配享册文 玉堂稿 19/1a

太宗配享册文 玉堂稿 19/1b

郊祀大禮前二日朝獻景靈宫聖祖天尊皇帝册文 雲莊集 9/1a

郊祀大禮前旦朝獻太廟祖宗帝后册文 雲莊集 9/1b

圓壇祭饗昊天上帝册文 雲莊集 9/1b

圓壇祭饗太祖配饗册文 雲莊集 9/2a

圓壇祭饗太宗配饗册文　雲莊集 9/2a

郊祀大禮御禮册文　雲莊集 9/2b

郊祀大禮御札　真西山集 19/1a

大禮御札敕文　真西山集 19/1a

郊祀大禮敕文　真西山集 19/1b

郊祀大禮前二日朝獻景靈宮聖祖天尊大帝册文　真西山集 23/2b

郊祀大禮前一日朝獻太廟祖宗后妃册文　真西山集 23/3a

圓壇祭饗昊天上帝册文　真西山集 23/3b

圓壇祭饗皇地祇册文　真西山集 23/3b

圓壇祭饗太祖配饗册文　真西山集 23/4a

圓壇祭饗太宗配饗册文　真西山集 23/4a

咸淳三年郊祀大禮赦文首詞　四明文獻集 2/1a

咸淳三年郊祀大禮赦文尾詞　四明文獻集 2/2b

建隆四年有事南郊詔八月　宋詔令集 118/400

乾德六年有事南郊詔八月甲寅　宋詔令集 118/400

開寶四年有事南郊詔七月甲午　宋詔令集 118/400

開寶九年有事南郊詔　宋詔令集 118/400

太平興國三年有事南郊詔八月癸丑　宋詔令集 118/401

太平興國六年有事南郊詔九月乙卯　宋詔令集 118/401

改用正月十日有事南郊詔至道元年十一月丁亥　宋詔令集 118/401

咸平二年有事南郊詔七月壬辰　宋詔令集 118/401

咸平五年有事南郊詔七月甲午　宋詔令集 118/401

景德二年有事南郊詔七月丁巳　宋詔令集 118/401

來年正月一日上玉皇聖號有事南郊恭謝之禮詔大中祥符九年五月甲辰　宋詔令集 118/402

天禧三年有事南郊詔七月戊辰　宋詔令集 118/402

天聖二年有事南郊御札七月戊子　宋詔令集 118/402

天聖五年有事南郊御札　宋詔令集 118/402

天聖八年有事南郊御札　宋詔令集 118/402

景祐二年有事南郊御札　宋詔令集 118/403

康定二年有事南郊御札　宋詔令集 118/403

慶曆四年有事南郊御札　宋詔令集 118/403

慶曆七年有事南郊御札七月丙子　宋詔令集 118/403

治平二年有事南郊詔七月壬戌　宋詔令集 118/404

熙寧元年有事南郊御札七月甲戌　宋詔令集 118/404

熙寧七年有事南郊御札七月戊戌　宋詔令集 119/405

熙寧十年有事南郊御札七月辛亥　宋詔令集 119/405

元豐六年有事南郊御札七月丁未　宋詔令集 119/405

元祐七年有事南郊御札七月戊子　宋詔令集 119/405

元符元年有事南郊詔七月己西　宋詔令集 119/406

建中靖國元年有事南郊御札六月甲子　宋詔令集 119/406

政和三年冬至日祀天圓壇御札十月五日　宋詔令集 119/406

宣和元年冬至日祀天圓壇來年夏至日祭地于方澤御札　宋詔令集 119/406

建隆四年南郊改乾德元年赦天下制十一月　宋詔令集 119/406

乾德六年南郊改開寶元年赦天下制十一月　宋詔令集 119/407

開寶四年南郊敕天下制四月　宋詔令集 119/407

開寶九年西京南郊敕天下制　宋詔令集 119/407

太平興國三年南郊敕天下制十一月　宋詔令集 119/408

太平興國六年南郊敕天下制十一月　宋詔令集 119/408

太平興國九年南郊改雍熙元年敕天下制十月　宋詔令集 119/408

淳化四年南郊敕天下制正月　宋詔令集 120/409

至道二年南郊敕天下制正月　宋詔令集 120/409

咸平二年南郊敕天下制十一月　宋詔令集 120/409

咸平五年南郊敕天下制十一月　宋詔令集 120/410

景德二年南郊敕天下制十一月　宋詔令集 120/410

天禧元年恭謝南郊敕天下制正月辛亥　宋詔令集 120/410

天禧三年南郊敕天下制十一月　宋詔令集 120/411

天聖二年南郊敕天下制十一月三日　宋詔令集 120/411

天聖五年南郊敕天下制十一月十七日　宋詔令集 120/411

天聖八年南郊敕天下制十一月　宋詔令集 120/412

景祐二年南郊敕天下制十一月十五日　宋詔令集 120/412

景祐五年南郊改寶元元年敕天下制十一月　宋詔令集 120/412

康定二年南郊改慶曆元年敕天下制十一月丙辰　宋詔令集 121/413

慶曆四年郊祀敕天下制文闕　宋詔令集 121/413

慶曆七年南郊赦天下制十一月二十八日 宋詔令集 121/413

皇祐五年南郊赦天下制十一月己巳 宋詔令集 121/413

治平二年南郊赦天下制十一月壬申 宋詔令集 121/414

熙寧元年南郊赦天下制十一月十八日丁亥 宋詔令集 121/414

熙寧七年南郊赦天下制十一月 宋詔令集 121/415 宋文鑑 32/10b

熙寧十年南郊赦天下制十一月甲辰 宋詔令集 121/415

元豐六年南郊赦天下制十一月丙午 宋詔令集 121/415

元祐七年南郊赦天下制十一月癸巳 宋詔令集 121/415

元符元年南郊赦天下制十一月二十日甲子 宋詔令集 121/416

建中靖國元年南郊改來年崇寧元年赦天下制十一月丁丑 宋詔令集 122/417

崇寧三年南郊赦天下制十一月二十六日 宋詔令集 122/417

大觀四年南郊改來年政和元年赦天下制十一月三日 宋詔令集 122/417

政和三年南郊赦天下制十一月六日 宋詔令集 122/418

政和六年冬祀赦天下制十一月十日 宋詔令集 122/418

宣和元年冬祀赦天下制十一月九日 宋詔令集 122/418

宣和四年冬祀赦天下制 宋詔令集 122/419

宣和七年南郊赦天下制十一月十九日 宋詔令集 122/419

罷議合祭詔元祐八年四月丁巳 宋詔令集 122/420

冬祀執元圭御筆手詔政和三年十月五日 宋詔令集 122/420

加賜輔臣親王文武臣僚內外諸軍將士詔天聖二年十一月己亥 宋詔令集 122/420

召河陽三城節度使守太傅檢校太師兼侍中致仕曾公亮武寧軍節度檢校太師守司空同中書門下平章事致仕富弼太子太師致仕張昇

太子少師致仕趙槩赴闕南郊陪位詔熙寧十年 宋詔令集 122/420

賜王安石免陪位詔元豐 宋詔令集 122/421

太師致仕文彥博陪祠詔元祐七年八月 宋詔令集 122/421

太子少師宣徽南院使致仕馮京陪祠詔元祐七年八月 宋詔令集 122/421

太子少傅致仕韓維陪祠詔元祐七年八月 宋詔令集 122/421

罷合祭詔紹聖三年正月戊午 宋詔令集 123/422

北郊前詣景靈宮朝獻太廟朝饗詔元符三年六月丙午 宋詔令集 123/422

祭地方澤御筆手詔政和三年九月二十日 宋詔令集 123/422

夏祭禮成德音政和四年五月十七日 宋詔令集 123/422

夏祭禮畢德音政和七年五月二十五日 宋詔令集 123/422

夏祭畢德音宣和二年五月二十四日 宋詔令集 123/422

親祠亳州太清宮回日恭謝天地詔大中祥符六年八月庚申 宋詔令集 123/423

恭謝大赦天下制大中祥符七年二月壬辰 宋詔令集 123/424

恭謝天地于大安殿謁太廟赦天下改明道元年制天聖九年十一月甲戌 宋詔令集 123/424

恭謝前謁太廟宰臣上第三表請攝事答詔嘉祐元年八月丙寅 宋詔令集 123/425

恭謝天地于大慶殿大赦改嘉祐元年制嘉祐元年九月辛卯 宋詔令集 123/425

有事東郊籍田詔雍熙四年九月辛丑 宋詔令集 134/471

來年耕籍皇太后恭謝太廟御札明道元年十二月庚子 宋詔令集 134/471

雍熙五年耕籍改端拱元年赦天下制正月乙亥 宋詔令集 134/471

明道二年籍田赦天下制 宋詔令集 134/472

熙寧七年南郊大赦元緯撰 宋文鑑 32/10b

紹興御書籍田手詔一 嚴州金石錄上/21a

紹興御書籍田手詔二 嚴州金石錄上/21a

（二）明堂

熙寧四年明堂赦天下制　古靈集 2/1a 宋詔令集 125/432

熙寧四年九月十日明堂赦書　古靈集 2/1a

明堂祀聖祖英宗五帝文　聖祖景靈宮　古靈集 2/2b

明堂祀聖祖英宗五帝文　英宗皇帝　古靈集 2/2b

明堂祀聖祖英宗五帝文　青帝　古靈集 2/3a

明堂祀聖祖英宗五帝文　赤帝　古靈集 2/3b

明堂祀聖祖英宗五帝文　黑帝　古靈集 2/3b

明堂祀聖祖英宗五帝文　白帝　古靈集 2/4a

明堂祀聖祖英宗五帝文　黃帝　古靈集 2/4a

免明堂陪位詔（1－3）　韓南陽集/附錄 3b－5a

嘉祐明堂敕文　華陽集 13/1a

嘉祐七年明堂敕天下制　華陽集 13/1a 宋詔令集 125/432 宋文鑑 32/9a

元祐四年明堂敕天下制　蘇魏公集 21/1a 宋詔令集 125/433

明堂敕書　蘇魏公集 21/1a

明堂奏告太廟入室册文　蘇魏公集 27/1a

元祐元年九月六日明堂敕文　蘇東坡全集/續 9/53a

元祐元年明堂敕天下制　蘇東坡全集/續 9/53a 宋詔令集 125/432

太皇太后明堂禮成覃賜膊中書門下詔　樂城集 33/15b 宋詔令集 124/426

明堂頌政　梁谿集 38/11a

明堂大禮敕文　益國文忠集 101/9b 益公集 101/52a

明堂大禮朝獻景靈宮聖祖天尊大帝册文　益國文忠集 116/5a

明堂大禮前一日朝享太廟祖宗帝后册文　益國文忠集 116/5a

明堂大禮前一日朝享太廟別廟懿節皇后册文　益國文忠集 116/5a

明堂祭享吳天上帝册文　益國文忠集 116/5b

明堂大禮敕文首詞　益公集 101/52a

尾詞　益公集 101/52b

明堂大禮御札　玉堂稿 1/9b

明堂大禮祭享皇地祇册文　玉堂稿 19/1a

明堂大禮祭饗吳天上帝册文　後樂集 5/14a

明堂大禮祭饗皇地祇文　後樂集 5/14b

明堂大禮祭饗太祖皇帝文　後樂集 5/14b

明堂大禮祭饗太宗皇帝文　後樂集 5/15a

明堂奏告祝文　天地　鶴林集 5/1a

明堂奏告祝文　宗廟　鶴林集 5/1b

明堂奏告祝文　社稷　鶴林集 5/1b

明堂奏告祝文　太乙　鶴林集 5/1b

明堂敕文　鶴林集 5/3a

明堂册文　景靈宮　鶴林集 5/4b

明堂册文　太廟　鶴林集 5/4b

明堂册文　吳天上帝　鶴林集 5/5a

明堂册文　皇地祇　鶴林集 5/5a

明堂册文　太祖皇帝　鶴林集 5/5b

明堂册文　太宗　鶴林集 5/5b

明堂大禮敕文淳祐十一年　後村集 53/1a

明堂大禮敕文尾詞　後村集 53/1b

明堂大禮前一日朝享太廟聖祖天尊大帝册文　後村集 58/8a

明堂大禮前一日朝享太廟祖宗帝后册文十三首一同　後村集 58/8a

明堂大禮前一日朝享太廟吳天上帝册文　後村集 58/8b

明堂大禮前一日朝享太廟皇地祇册文　後村集 58/8b

明堂大禮前一日朝享太廟太祖皇帝册文　後村集 58/9a

明堂大禮前一日朝享太廟太宗皇帝册文　後村集 58/9a

明堂大禮前一日朝享太廟寧宗皇帝册文　後村集 58/9a

祀明堂敕文　徐文惠稿 3/2b

德祐元年明堂大禮敕文首詞九月十四日　四明文獻集 2/2b

德祐元年明堂大禮敕文尾詞　四明文獻集 2/4a

明堂合祭天地太祖太宗真宗配日月河海諸神悉如圜立從祀詔皇祐二年三月乙丑　宋詔令集 124/426

明堂罷從祀冥神詔元豐三年七月丁亥　宋詔令集 124/426

明堂圖御筆手詔崇寧四年八月二十四日 宋詔令集 124/427

建明堂一物以上並從官給御筆手詔政和五年五月十一日 宋詔令集 124/427

修建明堂御筆手詔政和五年七月十日 宋詔令集 124/427

明堂制度御筆手詔政和五年八月十五日 宋詔令集 124/427

明堂專以配帝嚴父御筆手詔政和七年四月二十三日 宋詔令集 124/428

建明堂推恩毋得爲例御筆手詔政和七年六月 宋詔令集 124/428

明堂五室御筆手詔政和七年八月十八日 宋詔令集 124/428

秋饗明堂如孟月朝享禮詔書政和八年四月二十七日 宋詔令集 124/428

皇祐二年有事明堂御札三月戊子 宋詔令集 124/429

嘉祐七年有事明堂御札七月戊午 宋詔令集 124/429

熙寧四年有事明堂御札五月辛亥 宋詔令集 124/429 宋文鑑 33/6a

元豐三年有事明堂御札四月丙辰 宋詔令集 124/429

元祐元年有事明堂御札六月癸酉 宋詔令集 124/429

元祐四年有事明堂御札三月戊寅 宋詔令集 124/430

紹聖二年有事明堂御札四月壬午 宋詔令集 124/430

大觀元年有事明堂御札文闕 宋詔令集 124/430

政和七年季秋宗祀明堂御札五月十八日 宋詔令集 124/430

皇祐二年明堂赦天下制九月辛亥 宋詔令集 125/431

元豐三年明堂赦天下制九月二十二日辛巳 宋詔令集 125/432

紹聖二年明堂赦天下制九月辛亥 宋詔令集 125/433

大觀元年明堂赦天下制九月二十八日 宋詔令集 125/433

政和七年宗祀赦天下制九月六日 宋詔令集 125/434

召文彥博明堂陪祠詔 宋詔令集 125/434

召韓維王存明堂陪祠詔 宋詔令集 125/434

允太師致仕彥博免陪祠紹聖二年十月壬子 宋詔令集 125/434

政和八年戊戌歲運歲運自八年頒詔書 宋詔令集 126/435

政和七年十月月令自是月始頒 宋詔令集 126/435

十一月月令 宋詔令集 126/436

十二月月令 宋詔令集 126/436

政和八年正月月令 宋詔令集 126/437

二月月令 宋詔令集 126/438

三月月令 宋詔令集 126/438

四月月令 宋詔令集 127/440

五月月令 宋詔令集 127/440

六月月令 宋詔令集 127/441

七月月令 宋詔令集 127/442

八月月令 宋詔令集 127/442

九月月令 宋詔令集 127/443

閏九月月令 宋詔令集 127/443

十月月令 宋詔令集 128/444

九年氣運 宋詔令集 128/444

十一月月令 宋詔令集 128/445

重和元年十二月月令 宋詔令集 128/445

重和二年正月月令 宋詔令集 128/446

二月月令 宋詔令集 128/447

宣和三年三月月令 宋詔令集 129/449

四月月令 宋詔令集 129/450

五月月令 宋詔令集 129/450

六月月令 宋詔令集 129/451

七月月令 宋詔令集 129/451

八月月令 宋詔令集 130/453

九月月令 宋詔令集 130/453

十月月令 宋詔令集 130/454

十一月月令 宋詔令集 130/455

十二月月令 宋詔令集 130/455

宣和二年正月月令 宋詔令集 130/456

宣和二年氣運 宋詔令集 131/458

二月月令 宋詔令集 131/458

三月月令 宋詔令集 131/459

四月月令 宋詔令集 131/459

五月月令 宋詔令集 131/460

六月月令 宋詔令集 131/460

七月月令 宋詔令集 131/461

八月月令 宋詔令集 132/462

九月月令 宋詔令集 132/462

十月月令 宋詔令集 132/463

十一月月令 宋詔令集 132/463

十二月月令 宋詔令集 132/464
宣和三年正月月令 宋詔令集 132/464
宣和三年歲運 宋詔令集 132/465
二月月令 宋詔令集 132/465
三月月令 宋詔令集 133/466
四月月令 宋詔令集 133/466
五月月令 宋詔令集 133/467
閏五月月令 宋詔令集 133/467
六月月令 宋詔令集 133/467
七月月令 宋詔令集 133/468

八月月令 宋詔令集 133/468
九月月令 宋詔令集 133/468
十月月令 宋詔令集 133/469
十一月月令 宋詔令集 133/469
十二月月令 宋詔令集 133/470
熙寧四年大饗明堂御札元緯撰 宋文鑑 33/6a
紹興十年九月明堂赦文程克俊撰 新安文獻 2/前1a
明堂赦文吳泳撰 南宋文範 10/13a

(三) 封 祀

宰相等表乞封泰山答詔太平興國九年四月甲申 宋詔令集 116/393

宰相三上表答詔四月甲午 宋詔令集 116/393

麗封禪十一月二十一日有事南郊詔太平興國九年六月壬寅 宋詔令集 116/393

先有發掘前代石檢廢壞古之壇埋修完詔雍熙二年十二月甲子 宋詔令集 116/394

答知兗州邵煜請東封詔大中祥符元年三月 宋詔令集 116/394

答宰相等乞封禪第一表詔大中祥符元年三月壬午 宋詔令集 116/394

答宰臣等請封禪第二表詔大中祥符元年三月癸未 宋詔令集 116/394

答宰相等請登封第三表詔大中祥符元年三月甲申 宋詔令集 116/394

答宰相等請登封第四表詔大中祥符元年三月丙戌 宋詔令集 116/395

答宰相等請封禪第五表詔大中祥符元年四月甲午 宋詔令集 116/395

禁泰山樵採詔大中祥符元年四月丙申 宋詔令集 117/396

封禪戒約京東州軍刑獄務從寬恕詔大中祥符元年辛丑 宋詔令集 117/396

封禪離京日至封禪不舉樂詔大中祥符元年五月癸未 宋詔令集 117/396

封禪禁屠宰詔大中祥符元年八月乙巳 宋詔令集 117/

396
於崇政殿習東封儀詔大中祥符元年九月癸未 宋詔令集 117/396

命考制度使詔大中祥符元年十月庚寅 宋詔令集 117/396

登封泰山赦天下制大中祥符元年十月 宋詔令集 117/397

玉牒文大中祥符元年十月辛亥 宋詔令集 117/397 宋文鑑 32/14a

改奉高宮日會真宮詔大中祥符元年十月辛亥 宋詔令集 117/397

改登封省方道遙章詔大中祥符二年五月乙卯 宋詔令集 117/397

答臺臣請親祠汾陰表詔大中祥符三年五月辛丑 宋詔令集 117/398

有事汾陰后土詔大中祥符三年八月丁未 宋詔令集 117/398

以祠后土論宰臣等詔大中祥符三年八月丁未 宋詔令集 117/398

誡約行事官職掌人詔大中祥符四年正月辛巳 宋詔令集 117/398

改奉祇宮日太寧宮殿后土聖母像道士焚脩詔大中祥符四年二月辛酉 宋詔令集 117/399

祀汾陰赦天下制 宋詔令集 117/399

后土廟上號日太寧禁民庶祈賽止拜庭中詔大中祥符四年四月巳未 宋詔令集 117/399

(四) 封 神

廣南轉運使元絳奏南海洪聖廣利王猺賊至廣州城下官吏等屢禱有應乞加崇顯之號奉聖旨特封昭順王制　蔡忠惠集 9/4a

封岳州昭靈妃誥　王魏公集 3/17b

後苑土地封顯應侯制　道鄉集 15/9b

皮場土地封靈取侯制　道鄉集 16/7b

在內城隍土地封昭昚侯制　道鄉集 17/5b

濱州齊將段千朋封善應侯制　道鄉集 18/4a

光州孫叔敖廟祈禱感應擬遣愛侯廣信軍遂城縣班妃廟祈禱感應擬文惠夫人制　摘文集 8/13a

臨江軍清江縣閣皂山景德觀葛仙翁壇封沖應真人制　摘文集 8/13a

耀州華原縣五臺眞人廟封妙應眞人制　摘文集 8/13a

呂仙翁封妙通眞人制　襄陵集 2/2a

廬山靈顯感應公敕　襄陵集 3/1b

武勝軍普潤廟嘉顯侯祈雨有應封崇應公敕　襄陵集 3/1b

改玼邱伯叔仲會爲寧陽伯重邱伯公西輿如爲北鄉伯　劉給諫集 2/1b

長源侯　劉給諫集 2/15a

恭州壁山普澤廟神封威濟侯　苕溪集 35/1a

常州武進縣嘉山善利廟龍封二字侯制　東窗集 7/1a

筠州利昚廟神封忠顯靈侯制　東窗集 7/1a

邛州真濟廟神封昭應侯制　東窗集 7/1b

常州晉陵縣横山潛靈廟龍册封二字夫人制　東窗集 9/20b

漳州威惠廟神英烈忠澤顯佑公加康庇二字制　東窗集 9/21a

漳州府顯濟威惠公加普應二字制　東窗集 9/21a

孚濟侯加封嘉顯孚濟侯　張華陽集 2/5b

顯應侯加封普惠侯　張華陽集 8/7a

顯濟廟加封靈信昭應侯制　楊澹集 5/36b

二廟封夫人制　東牟集 7/1a

衡州茶陵縣廣澤公封明靈廣澤公　筠溪集 4/22a

正顯廟封侯制　紫微集 17/12b

昆山縣静濟侯加静濟永應侯　斐然集 12/12a

巫山神封妙用真人　歸愚集 8/2a

威惠善濟廣祐王加封　歸愚集 8/2b

靖懿夫人加封　歸愚集 8/2b

封奉新縣神太史慈爲靈惠侯制　洪文敏集 4/16a

和州烏江縣西楚霸王先准敕賜英惠廟特封靈祐王　益國文忠集 98/6b　益公集 96/60b

灃州彭山英澤廟廣澤顯烈公加封廣澤顯烈順濟公　益國文忠集 98/7a　益公集 96/59a

德順軍東北三十里醮於北山亂石淑神嘉潤公加封顯應嘉潤公　益國文忠集 98/7b　益公集 96/60a

洋州威顯廟惠應豐澤侯加封惠應豐澤靈昚侯　益國文忠集 98/8a　益公集 96/54a

光州城西威惠廟神加封　益國文忠集 98/8b　益公集 94/25a

静江府義寧縣惠寧廟義寧侯加封義寧靈澤侯　益國文忠集 98/8b　益公集 95/43a

光化軍鄧侯德懷廟特封助順文終侯　益國文忠集 98/9a　益公集 98/104b

贛州寧都縣孚惠廟神特封靈應侯　益國文忠集 98/9a　益公集 94/23b

泉州德化縣威惠廟靈助侯加封嘉顯靈助侯　益國文忠集 98/9b　益公集 96/55a

郴州蘇仙觀沖素真人加封　益國文忠集 98/10a　益公集 96/55a

鳳州梁泉縣嘉陵谷神加封　益國文忠集 98/10a　益公集 97/90b

廬州焦湖德濟廟靈應助順妃加封孚顯靈應助順妃　益國文忠集 98/10b　益公集 96/60a

昌化軍寧濟廟神加封　益國文忠集 98/11a　益公集 97/90b

静江府臨桂縣靈貌廟開天御道孃孃封昭惠夫人　益國文忠集 98/11a　益公集 96/54b

泉州廣利廟神加封　益國文忠集 98/11b　益公集 98/107a

舒州小孤山神加封　益國文忠集 98/12a　益公集 98/107b

贛州寧都縣孚惠廟神特封靈應侯　益公集 94/

23b

光州城西威惠廟中尊威惠顯應侯加封英格威惠顯應侯東位昭惠順應侯加封武格昭惠順應侯西位孚惠靈應侯加封忠格孚惠靈應侯 益公集 94/25a

漳州廣佑廟顯應普惠侯加封顯應普惠靈澤侯同詞但改桂領二字爲漳江 益公集 95/43a

静江府義寧縣惠寧廟義寧侯加封義寧靈澤侯 益公集 95/43a

洋州威顯廟惠應豐澤侯加封惠應豐澤靈既侯 益公集 96/54a

威州高壩山康祐廟寧侯加封孚惠寧應侯同詞但改坤維作華戎 益公集 96/54b

静江府臨桂縣靈鷲廟開天御道嫘封昭惠夫人 益公集 96/54b

郴州蘇仙觀沖素真人梅雨靈應加號沖素普應真人 益公集 96/55a

静江府清惠廟廣慈顯佑恭懿夫人加封孚應廣慈顯佑恭懿夫人同詞但改顧何愛諡號爲顧何愛申命之龍

泉州德化縣威惠廟靈助侯加封嘉顯靈助侯 益公集 96/55a

潭州彭山英澤廟廣澤顯烈公加封廣澤顯烈順濟公 益公集 96/59a

盧州焦湖德濟廟靈應助順妃加封孚顯靈助順妃 益公集 96/59b

順德軍東北三十里隴千北山亂石秋神嘉潤公加封顯應嘉潤公 益公集 96/60a

和州烏江縣西楚霸王先準敕賜英惠廟特封靈祐王 益公集 96/60b

鳳州梁泉縣嘉陵谷善濟侯加封英顯善濟侯 益公集 97/90a

昌化軍寧濟廟偽漢封永清福夫人今改封顯應夫人 益公集 97/90b

光化軍鄧侯德懷廟特封助順文終侯 益公集 98/104b

泉州同安縣廣利廟静應威顯侯加封静應威顯昭護侯贊佑夫人加封贊佑敷惠夫人 益公集 98/107a

舒州宿松縣小孤山惠濟廟聖母已封安濟夫人連年調發軍馬津運錢糧及舟楫經涉江湖軍民逐時祈禱皆有靈應加封助順安濟夫人 益公集 98/107b

懷安軍惠應廟昭佑侯可封昭佑靈濟侯制 于

湖集 19/12a

昭佑侯子靈助侯可封靈助順成侯制 于湖集 19/12a

佐神安仲吉可封通濟侯制 于湖集 19/12b

徽州績溪縣英濟王第九男封侯制 尊白堂集 5/1a

龍井惠澤廟加封制 尊白堂集 5/8a

某神父母加封制 尊白堂集 5/8b

某神加封制 尊白堂集 5/8b

浙江潮神順濟廟善侯祈禱感應特加忠靖二字 止齋集 11/9b

袁州仰山特加父母封號 止齋集 11/10a

袁州仰山神特加父母妃施子婦封號 止齋集 11/10a

知平江府沈揆奏五龍靈濟廟乙加封第一位龍王封東靈侯第二位龍王封西侯第三位龍王封中侯第四位龍王封南平侯第五位龍王北寧侯 止齋集 11/10a

合州赤山縣多山至道觀沖妙真人祈禱感應加封沖妙靈應真人 止齋集 13/6a

潼川府中江縣靈威廟善利侯祈禱感應加封善利敷濟侯 止齋集 13/6a

秀州海鹽縣陳山龍王顯濟廟神母慶善夫人加薦福二字 止齋集 13/8a

泉州同安縣靈護廟神封威惠侯 宋本攻媿集 30/6b 攻媿集 34/6a

隆興府佳山孚應廟神封惠濟侯 宋本攻媿集 30/8a 攻媿集 34/7b

文州靈惠豐安侯加封嘉應 宋本攻媿集 30/10b 攻媿集 34/9b

興化軍莆田縣順濟廟靈惠昭應崇福善利夫人封靈惠妃 宋本攻媿集 30/11a 攻媿集 34/10b

興化軍莆田縣順濟廟靈惠昭應崇福善利夫人封靈惠妃 宋本攻媿集 30/11b

顯忠褒忠廟封公趙立魏勝 育德堂外制 1/4b

廣德廣惠廟加封 育德堂外制 1/5a

襄陽惠澤等廟加封 育德堂外制 1/5a

沂州信惠廟加封 育德堂外制 1/8a

彭州威祐廟加封 育德堂外制 2/14a

眉州褒忠廟加封 育德堂外制 4/10b

鄞縣靈護廟顯佑順澤王加康濟二字 後樂集 2/30a

靈佑瑞澤王加廣濟二字制 後樂集 2/30b

旰眙軍陀山廟龍王宣撫司申王師渡淮祈禱平善收復泗州賜威濟廟封忠佑侯制 後樂集

1154 詔令三 典禮 封神

2/31a

佐神贊利忠惠協應昭績侯加封翼惠公制　後樂集 2/31b

黎州漢源縣武威廟英勇靈濟普應公加封顯惠二字制　後樂集 2/31b

神妻封協惠夫人制　後樂集 2/32a

神子昭烈侯加善祐二字紹休侯加善助二字　後樂集 2/32b

廣安軍岳池縣靈濟廟昭應孚惠利澤侯加忠靖二字誥　後樂集 2/33a

神父嚴德威遠顯慶侯加昭靈二字誥　後樂集 2/33b

池州青陽縣協濟廟封惠顯靈慶昭澤普濟公制　鶴林集 11/1a

臨安府餘杭縣洞霄宮龍神封靈澤公祠制　鶴林集 11/1b

忠州功顯廟神封廣祐靈濟公制　鶴林集 11/1b

叩州依政縣惠顯廟神封博濟靈應孚佑公制　鶴林集 11/2a

潼川府通泉縣孚惠廟神封應濟普惠靈潤公制　鶴林集 11/2b

順慶府西充縣利應廟神封忠顯公制　鶴林集 11/3a

兩佐神封翼惠公助順公制　鶴林集 11/3b

威州康佑廟神封顯佑靈澤孚烈威濟公制　鶴林集 11/3b

雅州嚴道縣順應廟神封忠烈公制　鶴林集 11/4a

臨安府昌化縣靈惠廟百文神封顯應侯城隍神封順應侯柳湘神封靈應侯制　鶴林集 11/4b

南康軍都昌縣英佑廟神封威烈惠利侯制　鶴林集 11/5a

建寧府甌寧縣靈佑廟神封孚濟昭應廣利嘉惠侯廣惠利澤顯應侯制　鶴林集 11/5a

徽州英烈廟錢昴封惠顯侯惠濟侯制　鶴林集 11/5b

施州永福縣嘉惠侯封靈應惠侯制　鶴林集 11/6a

建寧府建安縣神應廟神封昭惠顯應靈助侯昭佑顯濟靈順侯制　鶴林集 11/6b

處州麗水縣協應廟神封顯應周澤惠濟昭佑侯顯濟嘉脫利澤孚佑侯制　鶴林集 11/7a

龍山真聖觀靈感大權尊聖招寶七郎封助靈侯制　鶴林集 11/7a

沖佑觀護法神封協濟侯制　鶴林集 11/7b

西和州武顯廟神封靈佑孚惠廣應侯制　鶴林集 11/8a

臨安府浙江順濟廟神封靈佑顯應公神次子封助寧佑順侯制　鶴林集 11/8a

南劍州尤溪縣惠澤廟神封孚應靈順侯制　鶴林集 11/8b

眉州彭山縣英惠廟神封嘉應侯制　鶴林集 11/9a

佐神封惠贊烈協應侯制　鶴林集 11/9a

太學土地特賜靈通廟額封正顯侯制　鶴林集 11/9b

饒州德興縣思惠廟神封文昭清孝正烈侯制　鶴林集 11/10a

神次子李兵部道傳封文惠侯制　鶴林集 11/10b

忠佑廟神封英濟忠應靈惠侯制　鶴林集 11/11a

慶元府鄞縣賀成廟神封靈濟侯制　鶴林集 11/11a

安吉州歸安縣善利廟神封威濟侯制　鶴林集 11/11b

龍州江油縣牛心山顯濟廟神封顯應忠惠王制　鶴林集 11/12a

靜江府義寧縣惠寧廟神封英濟王制　鶴林集 11/12b

衡州茶陵縣福清廟神封孚佑昭應英惠王制　鶴林集 11/13a

信州貴溪縣白鳴山孚惠神廟封威德英濟忠惠聖烈王制　鶴林集 11/13a

成都府永懷廟神封忠烈廣福仁佑文惠王制　鶴林集 11/13b

佐神封靈佑王制　鶴林集 11/14b

撫州崇仁縣梅仙封靈虛妙隱真人樂仙靈紀妙濟真人鄧仙靈一妙應真人葉仙靈白妙通真人制　鶴林集 11/14b

永康軍青城縣沖妙觀何中仙封靈惠真人制　鶴林集 11/15a

隆州井研縣宅真觀察真人封仁格真人制　鶴林集 11/15b

沖佑觀仙女胡氏封普慶真人李氏慈應真人魚氏順應真人魚氏助應真人制　鶴林集 11/16a

沖佑觀真人封沖妙孚惠真人仙人張湛顯應真人孫紹靈應真人趙元奇妙應真人彭令昭沖應真人劉景嘉應真人顧思遠靜應真人白石善應真人馬鳴生惠應真人制　鶴林集 11/16a

隆興府靖安縣管下利澤昭應普安清祐王誥（屆平）　四明文獻集 5/39b

荊門軍玉泉寺壯繆義勇武安英濟王特封忠壯義勇武安英烈王諾(關壯繆) 四明文獻集 5/40a 候官縣正惠二位神封侯制 四庫拾遺 404/東洞集 候官縣正惠二位神妻封制 四庫拾遺 405/東洞集 封翊聖將軍詔太平興國六年十一月王戌 宋詔令集 135/473

列子追號沖虛至德真人詔景德四年二月乙亥 宋詔令集 135/473

別建壇亭九宮貴神號詔大中祥符元年八月庚寅 宋詔令集 135/473

上九天司命上卿保生天尊號詔大中祥符元年十月辛亥 宋詔令集 135/473

尊青帝感生真君詔大中祥符元年十月辛亥 宋詔令集 135/473

公私文字言玉皇者並須平闕詔大中祥符二年四月癸卯 宋詔令集 135/473

奉天庇民詔大中祥符三年二月己巳 宋詔令集 135/474

聖祖降大赦詔大中祥符五年十月己未 宋詔令集 135/474

上聖祖尊號制大中祥符五年十月己巳 宋詔令集 135/474

聖祖降告謝太廟詔大中祥符五年閏十月丁卯 宋詔令集 135/475

上元天大聖后號詔大中祥符五年閏十月乙亥 宋詔令集 135/475

聖祖名易其字詔大中祥符五年十一月王寅 宋詔令集 135/475

奉安聖像記曲赦東京建安軍揚州高郵軍楚泗宿壕應天府減降制大中祥符六年五月 宋詔令集 135/475

加上東嶽司命上卿佑聖真君詔大中祥符六年七月甲午 宋詔令集 135/475

答臺臣請祠亳州太清宮表詔大中祥符六年七月丁巳 宋詔令集 135/475

上太上老君混元上德皇帝號制大中祥符六年八月庚午 宋詔令集 135/475

自離京至奉祀不舉樂所經州縣無令樂人迎候詔大中祥符六年十月乙丑 宋詔令集 135/476

太上老君混元上德皇帝册文大中祥符七年正月戊申 宋詔令集 135/476

曲赦亳州及所過州縣流罪以下制大中祥符七年正月戊申 宋詔令集 135/476

改明道宮奉安玉皇像詔大中祥符七年正月己西 宋詔令集 135/476

親書天書刻玉篇題紀年月詔大中祥符七年八月丙子 宋詔令集 135/477

以來年正月一日申告上玉皇大帝聖號御札大

中祥符七月辛卯 宋詔令集 135/477

誠約諸州奉上玉皇聖號官吏務遵嚴肅詔大中祥符七年九月戊戌 宋詔令集 135/477

加號翊聖保德真君詔大中祥符七年十一月癸未 宋詔令集 136/478

申告上聖號敕文大中祥符八年正月王午 宋詔令集 136/478

畫趙氏神仙四十人於景靈宮廊廡詔大中祥符八年七月丙辰 宋詔令集 136/479

以來年正月二日上聖祖徽號詔大中祥符九年十月壬申 宋詔令集 136/479

上玉皇大天帝聖號衮服册天禧元年正月辛丑 宋詔令集 136/479

以正月十五日行宣讀天書禮詔天禧元年正月丙午 宋詔令集 136/480

上聖祖聖號仙衣册天禧元年正月王寅 宋詔令集 136/480

太極觀上聖祖母元天大聖后徽號册 宋詔令集 136/480

封真武靈應真君詔天禧三年六月丁巳 宋詔令集 136/480

唐葛周將軍加號真君詔嘉祐八年三月丁巳 宋詔令集 136/481

梅福封壽春真人制 宋詔令集 136/481

郴州蘇仙山蘇耽賜號沖素真人制元符三年五月戊寅 宋詔令集 136/481

赤松凌虛真君制元符三年九月 宋詔令集 136/481

建長生宮詔崇寧元年七月三日 宋詔令集 136/481

上玉皇上帝尊號御筆手詔政和六年四月二十九日 宋詔令集 136/481

上玉皇徽號敕政和六年九月五日 宋詔令集 136/481

天神下視太師蔡京玄宣付史館御筆手詔政和三年十一月九日 宋詔令集 136/482

圖寫九星二十八宿朝元冠服頒行天下詔宣和元年五月二十七日 宋詔令集 136/482

五嶽四瀆廟長吏每月點檢令兼廟令尉兼廟丞詔開寶五年三月王辰 宋詔令集 137/483

賜靈源廟額詔咸平元年四月戊戌 宋詔令集 137/483

加號仁聖天齊王詔大中祥符元年十月辛亥 宋詔令集 137/483

進號顯聖靈源公詔大中祥符元年十一月丙子 宋詔令集 137/483

遣官祭河詔大中祥符四年十二月辛酉 宋詔令集 137/483

西嶽加號順聖金天王詔大中祥符四年二月乙丑 宋詔令集 137/484

五嶽升帝號詔大中祥符四年五月乙未 宋詔令集 137/484

奉神述大中祥符四年六月乙巳 宋詔令集 137/484

加上五嶽后號詔大中祥符四年十一月戊戌 宋詔令集 137/484

令杭州吳山廟春秋建道場詔大中祥符五年五月乙未 宋詔令集 137/485

封焦山詔大中祥符七年三月戊寅 宋詔令集 137/485

崔府君封護國顯應公詔 宋詔令集 137/485

封嘉嶺山神詔康定元年正月甲申 宋詔令集 137/485

商州黃砂嶺廟特封靈澤侯制 宋詔令集 137/485

曹州琴山神封豐澤侯制 宋詔令集 137/485

岳州昭烈靈妃錫號詔 宋詔令集 137/486

丹州咸寧郡王廟可忠武王沂州艾山神廟可靈鎮侯安州龍泉廟可靈澤侯制 宋詔令集 137/486

鄂州靈津廟龍女可特封神濟夫人制 宋詔令集 137/486

靈惠侯進封靈惠應感公制 宋詔令集 137/486

顯靈順應神妃立廟賜冠帔詔紹聖四年八月戊戌 宋詔令集 137/486

靈感軍山廟封嘉惠侯制元符三年五月癸巳 宋詔令集 137/486

皮場土地制建中靖國元年六月戊午 宋詔令集 137/486

皮場土地封靈昭公制 宋詔令集 137/486

後苑土地可封顯慶侯制 宋詔令集 137/487

在內城隍土地封昭昶侯制 宋詔令集 137/487

邵武軍泰寧縣孚應廟靈符侯封零惠公靈祐侯封寧順公制 宋詔令集 137/487

福州古田縣惠應廟侯山神封順寧侯制 宋詔令集 137/487

台州仙居縣括蒼洞真人封靈應真人制 宋詔令集 137/487

道州營道縣靈濟廟封靈濟夫人壽州壽春縣靈濟廟封普惠侯制 宋詔令集 137/487

靈惠應感公封昭惠靈顯王制 宋詔令集 137/487

安泰門外天曹掠剩使者李大夫封靈德侯制 宋詔令集 137/488

歸州黃魔神封顯濟侯鄂州建威將軍封靈應侯制 宋詔令集 137/488

永康軍崇德廟郭舍人封威濟侯制 宋詔令集 137/488

永康軍崇德廟昭惠靈顯王夫人封章順夫人制 宋詔令集 137/488

杭州天目山昭應廟神封淵源侯制 宋詔令集 137/488

成都府溫江縣潔惠廟范長生封妙感真人制 宋詔令集 137/488

施州清江縣永福廟神封加惠侯制 宋詔令集 137/488

五鎮進王爵制 宋詔令集 137/488

昭惠顯靈王封真人賜中書門下詔 宋詔令集 137/489

后土尊號御筆手詔政和六年十月十五日 宋詔令集 137/489

地祇尊號內加后土二字御筆 宋詔令集 137/489

杭州英烈王可封昭顯英烈王制 宋詔令集 137/489

台州城隍封告 赤城集 11/4b

宋光宗封五龍敕 吳都續文粹 16/52a

敕封廣惠侯誥 金石萃編 148/22a

亭亭山廟敕并祭告文 金石續編 14/1a

靈泉院順德夫人敕 八瓊金石補 104/19a

妙濟真人敕 八瓊金石補 117/24b

封天曹猛將敕 八瓊金石補 120/15b

敕賜嘉潤公記 山右石刻叢編 17/15a

賜顯忠廟勅封靈濟公誥 江蘇金石志 10/41a

封嘉賢廟敕 江蘇金石志 13/30a

加封三茅真君誥 江蘇金石志 17/6b

封天曹猛將敕 江蘇金石志 18/15a

（五）褒 崇

光穆后謚册 徐公集 9/1a

封保寧王册 徐公集 9/2a

追封許國太妃册 徐公集 9/2b

蔣莊武帝册 徐公集 9/3a

追封安王册 徐公集 9/4a

衞王劉仁瞻改封越王册 徐公集 9/5b

慶王進封陳王贈太尉册 徐公集 9/6a

追贈留從效父册 徐公集 9/7a

昭惠后謚議 徐公集 9/7b

追封豐王册 徐公集 9/10a

大行太皇太后謚册文 樂城集/後 14/1a

皇太后謚册文 張石史集 45/1a

曾參孔仗配食大成樂章酌獻曾參鄆國公 四明文獻集 4/29a

幸曲阜縣備禮謁文宣王詔大中祥符元年十月 宋詔令集 156/583

追謚元聖文宣王詔大中祥符元年十一月 宋詔令集 156/583

追命叔梁紇齊國公等詔大中祥符元年十一月戊戌 宋詔令集 156/583

七十子封侯製贊詔大中祥符二年五月乙卯 宋詔令集 156/583

頒文宣王廟儀注詔大中祥符三年六月丙辰 宋詔令集 156/584

故荊國公王安石配饗孔子廟廷詔崇寧三年六月九日 宋詔令集 156/584

樂正子封利國侯配饗孟子公孫丑等封伯從祀孟子制 宋詔令集 156/584

前代聖后賢臣守陵户詔建隆二年四月壬寅 宋詔令集 156/584

前代帝王三年一享詔建隆四年六月丙申 宋詔令集 156/585

前代帝王置守陵户祭享禁樵采詔乾德四年十月癸酉 宋詔令集 156/585

聖帝賢臣陵墓禁樵採詔景德元年十月辛巳 宋詔令集 156/586

漢紀信贈太尉詔景德四年二月己巳 宋詔令集 156/586

漢魯恭贈太師詔景德四年二月己巳 宋詔令集 156/586

唐白居易孫利用河南府助教常修奉墳墓影堂詔景德四年二月辛巳 宋詔令集 156/586

唐孝子潘良瑷墓禁樵採詔景德四年二月戊子 宋詔令集 156/586

河南府建漢高祖廟詔景德四年二月庚寅 宋詔令集 156/586

加謚昭烈武成王詔大中祥符元年十一月戊戌 宋詔令集 156/586

追封周公爲文憲王詔大中祥符元年十一月戊戌 宋

詔令集 156/587

河中府周朝葬冠劍處修築禁樵採詔大中祥符五年八月丁酉 宋詔令集 156/587

不得斥黄帝名詔大中祥符七年六月乙卯 宋詔令集 156/587

申禁歷代陵寢樵採詔天禧元年六月乙卯 宋詔令集 156/587

汾州介之推廟可潔惠侯制 宋詔令集 156/587

漢東方朔封智辯侯制 宋詔令集 156/587

濰州昌樂縣孤竹廟額曰昭賢廟伯夷清惠侯叔齊仁惠侯制 宋詔令集 156/587

吳泰伯封至德侯制 宋詔令集 156/588

封周帝爲鄭王詔建隆元年正月 宋詔令集 156/588

嵩慶二陵西京六廟差官朝拜祭饗詔建隆元年正月丁巳 宋詔令集 156/588

重葺周六廟詔景德四年二月戊子 宋詔令集 156/588

封周室子孫爲崇義公詔嘉祐四年五月二十一日癸酉 宋詔令集 156/588

周恭帝後以其孫世世爲宣義郎詔政和八年閏九月二十七日 宋詔令集 156/589

推恩田錫詔咸平六年十二月壬中 宋詔令集 220/844

贈李濱官賜其家粟帛詔天禧四年三月戊午 宋詔令集 220/845

贈楊億官賜謚詔景祐元年四月甲午 宋詔令集 220/845

賜寇準謚詔景祐二年七月甲申 宋詔令集 220/846

曹利用謚襄悼詔康定元年九月辛未 宋詔令集 220/846

曹利用立碑以庶功爲額詔皇祐三年 宋詔令集 220/846

優給呂溱後詔熙寧元年五月甲申 宋詔令集 220/847

王安石封舒王御筆手詔政和三年正月二十日 宋詔令集 222/858

禮部尚書强淵明侍郎霍端友員外郎葛勝仲乞王雩封爵御筆 宋詔令集 222/858

図聖文宣王贊並加號詔大中祥符元年 金石萃編 14/7a

慶唐官延生觀敕 金石萃編 123/2b

皇宋加號至聖文宣王詔 八瓊金石補 99/6a

宋真宗文宣王贊並加號詔碑 兩浙金石志 5/14a

(六) 宗廟陵寢

諸后祔享依舊詔 文恭集 24/2a 宋詔令集 138/493

孟冬親詣太廟行祔享御札 文恭集 24/2b 宋詔令集 138/492

翼祖加謚册文 歐陽文忠集 87/14b 宋詔令集 140/503

仁宗皇帝加上徽號册文 華陽集 32/2a 宋文鑑 32/17a

朝享仁宗皇帝册文 臨川集 45/3a

朝享英宗皇帝册文 臨川集 45/3a

西京應天禪院及會聖宮奉安仁宗英宗皇帝御容了畢德音 傳家集 16/10a 司馬温公集 56/11b

朝享景靈宮聖祖大帝册文 臨川集 45/2b

改園爲陵山陵手詔 樂城集 14/3b

太皇太后山陵務從節儉詔 范太史集 30/12a

追廢王安石配饗詔 斐然集 14/26b

孝宗祧廟德音 宋本攻媿集 42/24b 攻媿集 42/3a

烈文仁武聖明安孝皇帝祧廟德音 碧梧集 3/2a

太皇太后稱山陵詔元豐二年十月戊午 宋詔令集 12/60

易太后園陵作山陵詔元祐八年九月己卯 宋詔令集 12/60

皇太后園陵稱山陵詔建中靖國 宋詔令集 16/84

濮王三夫人遷祧詔 宋詔令集 50/258

宗室今後更不祔葬濮園御筆大觀三年正月十五日 宋詔令集 50/258

有司請立宗廟奏建隆元年 宋詔令集 138/490

百官兵部尚書張昭等上廟室議建隆元年一月己巳 宋詔令集 138/490

祖宗陪配詔景祐二年五月甲中朔 宋詔令集 138/490 宋文鑑 31/4a

議桃遷賜中書門下詔 宋詔令集 138/491

令議仁宗神宗廟制詔元符三年九月乙亥 宋詔令集 138/491

復九廟詔 宋詔令集 138/491

復翼祖宣祖廟詔 宋詔令集 138/491

親享太廟詔端拱二年七月丁亥 宋詔令集 138/492

停謁廟詔端拱二年七月辛丑 宋詔令集 138/492

上尊謚畢躬謝太廟詔大中祥符元年十一月壬辰 宋詔令集 138/492

嘉祐四年祔享赦天下詔 宋詔令集 138/493

答輩臣請元德皇后升祧表詔大中祥符八年七月庚子 宋詔令集 138/493

元德皇后升祧明德皇后之次詔 宋詔令集 138/493

元德皇后升祧太宗室册文 宋詔令集 138/494

真宗山陵祧廟畢曲赦兩京德音乾興元年十月辛西 宋詔令集 138/494

章獻明肅祧廟畢曲赦兩京德音明道二年十二月二十一日 宋詔令集 138/494

莊惠皇太后祧廟畢曲赦兩京德音慶曆五年閏五月壬子 宋詔令集 138/494

令禮官議升配三后詔慶曆五年閏五月壬子 宋詔令集 138/495

祧章獻明肅皇后于章穆皇后之次詔慶曆五年七月乙巳 宋詔令集 139/496

祧章懿皇后于真宗室册文 宋詔令集 139/496

祧章獻明肅皇后于真宗室册文 宋詔令集 139/496

章獻章懿皇后升祧太廟敕 宋詔令集 139/497

仁宗祧廟畢曲赦兩京德音嘉祐八年十一月己西 宋詔令集 139/497

英宗山陵祧廟畢兩京鄭孟減降德音治平四年 宋詔令集 139/497

慈聖山陵祧廟畢曲赦兩京河陽德音元豐三年三月戊子 宋詔令集 139/497

升祧四后四京德音孝惠、孝章、淑德、章懷 元豐六年七月丙辰 宋詔令集 139/497

神宗山陵畢兩京畿内河陽德音元豐八年十一月辛丑 宋詔令集 139/498

宣仁祧廟畢兩京河陽鄭州德音紹聖元年二月癸亥 宋詔令集 139/498

哲宗山陵祧廟畢兩京河陽鄭州管内德音元符三年九月丁卯 宋詔令集 139/498

欽聖山陵祧廟畢兩京畿内河陽鄭州管内德音建中靖國元年五月二十八日 宋詔令集 139/498

欽成皇后園陵畢西京畿内河陽鄭州管内德音崇寧元年六月壬辰 宋詔令集 139/498

惠恭園陵祧廟畢曲赦兩京河陽鄭州德音大觀三年正月十四日 宋詔令集 139/499

昭懷原陵祧廟兩京畿内河陽鄭州德音政和三年六月十八日 宋詔令集 139/499

四廟謚議 宋詔令集 139/499

太祖太宗加謚詔大中祥符元年六月庚寅 宋詔令集 139/500

令王旦撰太祖太宗謚議詔大中祥符元年七月丙寅 宋詔令集 139/500

太祖加謚議大中祥符元年八月一日 宋詔令集 139/500

太宗加謚議大中祥符元年 宋詔令集 140/501

太祖加號册大中祥符元年十一月二十七日 宋詔令集 140/501

太宗加號册 宋詔令集 140/502

六廟加謚二字制大中祥符五年閏十月乙亥 宋詔令集 140/502

僖祖加謚册文天禧元年正月己酉 宋詔令集 140/502

順祖加謚册文 宋詔令集 140/503

宣祖加謚册文 宋詔令集 140/503

太祖加謚册文 宋詔令集 140/503

太宗加謚册文 宋詔令集 140/504

真宗加謚詔天聖二年八月 宋詔令集 140/504

真宗加謚議 宋詔令集 140/504

章穆皇后改謚册文 宋詔令集 140/505

章獻明肅皇太后改謚册文 宋詔令集 140/505

莊懿皇太后改謚册文 宋詔令集 140/505

章懷皇后改謚册文 宋詔令集 141/506

章惠皇后改謚册文 宋詔令集 141/506

令兩制太常禮院詳定增真宗謚詔慶曆七年七月辛巳 宋詔令集 141/506

真宗增謚奏慶曆七年八月丙辰 宋詔令集 141/507

仁宗加徽號體天法道極功全德睿哲明孝皇帝議元豐六年閏六月庚子 宋詔令集 141/507

仁宗加上體天法道極功全德神文聖武睿哲明孝皇帝册文 宋詔令集 141/508

英宗加上徽號體乾膺曆隆功盛德憲文肅武睿神宣孝皇帝議元豐元年五月二十五日 宋詔令集 141/509

神宗增謚十字詔紹聖二年三月丙申 宋詔令集 141/510

神宗加上徽號紹天法古運德建功英文烈武仁孝皇帝議紹聖二年五月 宋詔令集 142/511

謚册文 宋詔令集 142/511

重定神宗徽號詔 宋詔令集 142/512

謚議崇寧三年七月二十三日 宋詔令集 142/513

哲宗加謚十六字詔崇寧三年三月二十六日 宋詔令集 142/513

謚議崇寧三年七月二十三日 宋詔令集 142/514

謚册文 宋詔令集 142/514

神宗謚加四字哲宗改上舊謚御筆手詔政和三年正月十一日 宋詔令集 142/515

建太祖神御殿詔景德四年二月癸酉 宋詔令集 143/517

建景靈宮詔大中祥符五年十一月戊辰 宋詔令集 143/517

玉清昭應宮奉安畢曲赦大中祥符六年五月丙午 宋詔令集 143/517

建鴻慶宮詔大中祥符七年正月丙辰 宋詔令集 143/517

應天院奉安畢西京管內見禁減降德音天禧元年六月壬申 宋詔令集 143/518

奉安真宗御容于西京應天院曲赦西京德音天聖元年 宋詔令集 143/518

慈孝寺真宗神御殿皇太后塑像於側詔天聖六年十一月丙辰 宋詔令集 143/518

奉安三聖御容于鴻慶宮曲赦南京德音慶曆七年七月甲申 宋詔令集 143/518

會聖宮應天院奉安神御畢西京德音熙寧二年五月甲午 宋詔令集 143/519

原廟奉安畢赦天下制元豐五年十一月乙酉 宋詔令集 143/519

太皇太后立神宗原廟詔元祐元年正月甲寅 宋詔令集 143/519

會聖宮奉安神宗神御畢西京德音元祐二年十月辛卯 宋詔令集 143/519

名重光殿詔 宋詔令集 143/519

景靈西宮成德音四京畿內崇寧元年正月 宋詔令集 143/519

西京奉安哲宗御容畢曲赦西京崇寧二年三月五日 宋詔令集 143/520

徽獻建殿閣成奉安詒德音政和四年十二月八日 宋詔令集 143/520

宣祖昭武皇帝昭憲皇后忌前一日不坐忌日罷臣進名行香禁屠廢務詔大中祥符二年九月丁亥 宋詔令集 143/520

太宗山陵畢兩京畿內死罪以下減降德音至道三年十一月丙寅 宋詔令集 143/520

詳定康定陵詔景德元年七月壬寅 宋詔令集 143/521

上陵詔景德三年八月庚辰 宋詔令集 143/521

勿謁陵寢西京諸路繫囚減降德音景德四年正月丁卯 宋詔令集 143/521

遣王旦等告祭諸陵詔景德四年三月乙酉 宋詔令集 143/521

山陵逐項不得科率詔乾興元年三月丙申 宋詔令集 143/521

昭陵不得科率人民詔 宋詔令集 143/521

山陵無輕科率煩民詔治平四年二月戊子 宋詔令集 143/522

太皇太后山陵遵遺諭儉省諸道不得進助詔元

祐八年九月壬辰 宋詔令集 143/522

祖宗升配詔宋經撰 宋文鑑 31/4a

追廢王安石配享詔胡寅撰 南宋文範 10/7b

（七）宴 遊

移輦至臨安府手詔 程北山集 28/5a 南宋文範 10/7b

車駕進發賜臨安府詔諭 龜溪集 5/1a

改用七日爲七夕節詔太平興國三年七月乙酉 宋詔令集 144/524

建天慶節詔大中祥符元年十一月庚辰 宋詔令集 144/524

先天降聖節日令天下以延壽帶續命縷保生酒更相贈遺詔大中祥符六年六月辛未 宋詔令集 144/524

立天祥節詔天禧元年正月壬戌 宋詔令集 144/524

十一月五日爲天應節御筆手詔政和四年二月一日 宋詔令集 144/524

中外除拜正衙謝辭詔太平興國元年十一月 宋詔令集 144/525

誠約朝會慶恭詔太平興國五年十月丁未 宋詔令集 144/525

誠飭文武官立班不得違慢詔大中祥符五年十一月辛未 宋詔令集 144/525

中書門下請旬休及諸休並有寒雨雪特放朝日兼後殿不坐表詔大中祥符九年二月戊戌 宋詔令集 144/525

雙日不坐詔乾興元年三月戊寅 宋詔令集 144/525

每日前殿視事詔明道二年十月二十日壬子 宋詔令集 144/526

宰臣呂夷簡等上表批答景祐元年九月六日壬辰 宋詔令集 144/526

日御前殿詔寶元二年三月庚午 宋詔令集 144/526

令中書密院常程奏事外別有所陳不限時刻詔慶曆三年七月辛未 宋詔令集 144/526

幸軍前詔建隆元年五月丁巳 宋詔令集 144/526

幸揚州詔建隆元年十月丁亥 宋詔令集 144/527

歸京詔開寶九年四月甲展 宋詔令集 144/527

幸鎮州詔太平興國四年二月辛亥 宋詔令集 144/527

幸邊陲詔太平興國五年十一月己酉 宋詔令集 144/527

幸河北詔 宋詔令集 144/527

幸西京詔景德四年正月丁卯 宋詔令集 144/528

十七十八夜張燈詔乾德五年正月甲辰 宋詔令集 144/528

幸開封府射堂曲赦東京畿縣見禁制大中祥符三年閏二月丁卯 宋詔令集 144/528

名繼照堂詔大中祥符三年閏二月丙戌 宋詔令集 144/528

在京景靈宮成放士庶遊看詔 宋詔令集 144/528

賜醺詔雍熙元年十二月乙酉 宋詔令集 145/529

誠約朝會端肅詔景德二年九月壬子 宋詔令集 145/529

令中外宴衍詔景德三年九月庚戌 宋詔令集 145/529

致仕官赴都亭驛醺宴詔大中祥符元年正月己丑 宋詔令集 145/529

賜醺詔大中祥符元年十月 宋詔令集 145/530

京師賜醺詔大中祥符元年十二月辛亥 宋詔令集 145/530

誠約內外臺臣不得非時廣爲聚會淹延刑禁詔大中祥符二年四月壬寅 宋詔令集 145/530

天既節賜會詔大中祥符四年六月丙午 宋詔令集 145/530

同列出使許出餞給休假詔大中祥符五年五月丙子 宋詔令集 145/530

賜醺詔大中祥符六年正月己巳 宋詔令集 145/530

賜醺詔大中祥符九年四月丙申 宋詔令集 145/530

賜醺詔天禧元年九月丁未 宋詔令集 145/530

在京賜醺詔天禧四年九月壬戌 宋詔令集 145/531

令陳堯咨爲鄆延等路安撫使仍令訪民間利事臺臣能否等詔 宋詔令集 145/531

賜醺詔天禧五年二月丙寅 宋詔令集 145/531

狩近郊所獲禽獸薦饗太廟詔雍熙二年十二月壬午 宋詔令集 145/532

罷畋遊放五坊鷹犬禁諸州不得獻鷹犬詔端拱元年十月癸未 宋詔令集 145/532

還趙保忠獻海東青詔淳化三年十一月乙卯 宋詔令集 145/532

縱鷹鶻詔大中祥符二年六月壬寅 宋詔令集 145/532
放鷹犬詔天禧元年四月乙卯 宋詔令集 145/532

幸西京詔盧多遜撰 宋文鑑 31/4a
幸明州敕詔汪藻撰 南宋文範 10/1b

(八) 喪 服

賜文武百僚宰臣韓琦以下乞聽政第一表不允批答 華陽集 20/4b

賜文武百僚宰臣韓琦以下乞聽政第三表宜允批答 華陽集 20/5a

賜文武百僚宰臣韓琦以下請御正殿第一表不允批答 華陽集 20/5a

賜文武百僚宰臣韓琦以下請御正殿第二表不允批答 華陽集 20/5b

賜文武百僚宰臣韓琦以下請御正殿第三表宜允批答 華陽集 20/6a

賜文武百僚宰臣韓琦以下乞舉樂第二表不允批答 華陽集 20/6a

賜文武百僚請皇帝聽樂第一表不允批答 邵溪集 9/11a

賜文武百僚請皇帝聽樂第二表不允批答 邵溪集 9/11b

賜文武百僚請皇帝聽樂第三表不允斷來章批答 邵溪集 9/11b

賜文武百僚文彥博已下上第五表請皇帝御正殿復常膳允批答 蘇東坡全集/内制 2/3b

賜文武百僚文彥博已下上第一表請太皇太后復常膳不許批答 蘇東坡全集/内制 3/1b

賜文武百僚文彥博以下上第一表請皇帝御正殿復常膳不允批答 蘇東坡全集/内制 3/1b

賜文武百僚文彥博已下上第五表請太皇太后復常膳許批答 蘇東坡全集/内制 3/4a

賜文武百僚太師文彥博已下上第一表請舉樂不許批答 蘇東坡全集/内制 3/6b

賜文武百僚太師文彥博已下上第一表請舉樂不允批答 蘇東坡全集/内制 3/7a

賜文武百僚太師文彥博已下上第二表請舉樂不許批答 蘇東坡全集/内制 3/7b

賜文武百僚太師文彥博已下上第四表請舉樂不許批答 蘇東坡全集/内制 3/8b

賜文武百僚太師文彥博已下上第四表請舉樂不允批答 蘇東坡全集/内制 3/9a

賜文武百僚請聽政第一表不允批答 九日 范太史集 30/11a

賜文武百僚第三表請聽政不允批答 十二日 范太史集 30/11a

賜文武百僚請聽政第五表不允批答 范太史集 30/12a

賜文武百僚請聽政第七表俟終易月之制批答 范太史集 30/13a

賜文武百僚請御王殿第二表不允批答 范太史集 30/16a

賜文武百僚請御正殿第四表不允批答 范太史集 30/16b

文武百僚宰臣范宗尹等上表乞遵隆祐皇太后遺詔服期允批答 浮溪集 15/3a 浮溪集/附拾遺 15/168

文武百僚范宗尹等上表請皇帝聽政不允批答 浮溪集 15/3b 浮溪集/附拾遺 15/169

文武百僚宰臣范宗尹等再上表請皇帝聽政允批答 浮溪集 15/3b 浮溪集/附拾遺 15/169

文武百僚宰臣范宗尹等上表請皇帝御殿不允批答 浮溪集 15/7b 浮溪集/附拾遺 15/171

文武百僚宰臣范宗尹等再上表請皇帝御正殿不允批答 浮溪集 15/12a 浮溪集/附拾遺 15/175

文武百僚宰臣范宗尹等三上表請皇帝御正殿允批答 浮溪集 15/12b 浮溪集/附拾遺 15/175

賜文武百僚宰臣陳康伯等上表奏請御正殿復常膳不允第一批答 盤洲集 5/9b

改進稿 益國文忠集 151/5a 益公集 151/5a

同日御筆(改進稿) 益國文忠集 151/5a 益公集 151/5a

文武百僚奏請皇帝聽政不允批答 後樂集 5/12b

文武百僚再奏請皇帝聽政宜允批答 後樂集 5/13a

文武百僚三奏請皇帝御正殿復常膳宜允批答 後樂集 5/13b

成肅皇太后喪請御正殿批答不允詔(1-2) 山房集 2/3a

皇太后喪百官第三表請聽政答詔建隆二年六月

己亥 宋詔令集 146/533

皇太后喪除百官三上表請舉樂答詔建隆四年六月庚子 宋詔令集 146/533

令子弟因父兄殷收叙未經百日不得公參詔淳化五年七月壬午 宋詔令集 146/533

秋宴以安王卒不舉樂詔咸平六年九月己丑 宋詔令集 146/533

宗室心喪詔景德元年九月丙午 宋詔令集 146/533

答覃臣請舉樂表詔景德元年十月辛丑 宋詔令集 146/533

百僚等表請郊禮舉樂不允詔景德二年七月丁卯 宋詔令集 146/534

答覃臣三上表乞舉樂詔景德三年六月戊戌 宋詔令集 146/534

皇后崩用十三日釋服詔景德四年四月丁亥 宋詔令集 146/534

答覃臣再表請舉樂詔景德四年八月辛亥 宋詔令集 146/534

晉國賢靖大長公主喪罷聖節上壽詔大中祥符二年十二月辛巳 宋詔令集 146/534

真宗喪服臣僚請聽政表不允批答 宋詔令集 146/534

第二表不允批答 宋詔令集 146/534

第三表允批答 宋詔令集 146/534

爲保慶皇太后加服詔景祐元年十一月辛巳 宋詔令集 146/535

以獻穆大長公主薨宰相乞聖節舉樂不允批答皇祐三年 宋詔令集 146/535

賜文武百僚宰臣韓琦已下乞聽政第一表不允批答 宋詔令集 146/535

賜文武百僚宰臣韓琦已下乞聽政第三表宜允批答 宋詔令集 146/535

賜文武百僚宰臣韓琦已下請御正殿第一表不允批答 宋詔令集 146/535

賜文武百僚宰臣韓琦已下請御正殿第二表不允批答 宋詔令集 146/535

賜文武百僚宰臣韓琦已下請御正殿第三表宜允批答 宋詔令集 146/535

賜文武百僚宰臣韓琦已下第二表乞舉樂不允批答 宋詔令集 146/536

批答覃臣請聽政表 宋詔令集 146/536

覃臣請御殿第一表不允批答正月甲戌三表乃從 宋詔令集 146/536

太皇崩百官請聽政不允批答元豐二年十月辛酉 宋詔令集 146/536

第二表不允批答 宋詔令集 146/536

第三表不允批答 宋詔令集 146/536

第四表不允批答 宋詔令集 146/536

第五表不允批答 宋詔令集 146/536

宰臣吳充等請聽政第六表批答元豐二年 宋詔令集 146/537

第七表俟終易月之制批答 宋詔令集 146/537

宰臣吳充等請御正殿不允批答 宋詔令集 146/537

第二表不允批答 宋詔令集 146/537

第三表不允批答 宋詔令集 146/537

第四表不允批答 宋詔令集 146/537

第五表允批答 宋詔令集 146/537

慈聖祥禪畢百官請舉樂不允批答元豐四年十二月乙亥 宋詔令集 147/538

第三表不允批答 宋詔令集 147/538

宰臣等請聽政第一表不允批答元豐八年 宋詔令集 147/538

答第二表不允批答 宋詔令集 147/538

答第三表允批答 宋詔令集 147/538

宰臣等請太皇太后聽政第一表不允批答 宋詔令集 147/539

答第二表不許批答 宋詔令集 147/539

答第三表許批答 宋詔令集 147/539

覃臣請御正殿第一表不允批答元豐八年三月戊午 宋詔令集 147/539

答第二表不允批答 宋詔令集 147/539

批答覃臣請舉樂表 蘇東坡全集/內制 3/7a 宋詔令集 147/539

第二表不允批答 蘇東坡全集/內制 3/7b 宋詔令集 147/539

第三表不允批答（賜文武百僚太師文彥博已下上第四表請舉樂不允批答） 蘇東坡全集/內制 3/9a 宋詔令集 147/539

覃臣請太皇太后舉樂不許批答（1－3） 蘇東坡全集/內制 3/6b－9a 宋詔令集 147/540

太皇崩請聽政第一表批答元祐八年 宋詔令集 147/540

第二表批答 宋詔令集 147/540

第三表批答 宋詔令集 147/540

第七表批答 宋詔令集 147/540

請御殿批答元祐八年十月 宋詔令集 147/540

第二表批答 宋詔令集 147/541

第五表批答 宋詔令集 147/541

哲宗喪宰臣章惇等請聽政不允批答元符三年正月癸未 宋詔令集 147/541

第二表不允批答正月甲申 宋詔令集 147/541
第三表不允批答正月乙酉 宋詔令集 147/541
第四表不允批答 宋詔令集 147/541
第五表允批答 宋詔令集 147/541
宰臣章惇等請御正殿不允批答元符三年正月 宋詔令集 147/541
第二表不允批答 宋詔令集 147/541
第三表允批答 宋詔令集 147/542
第三表不允批答 宋詔令集 147/542
宰臣韓忠彦等請吉服不允批答九月庚午 宋詔令集 147/542
第二表不允批答 宋詔令集 147/542
第三表不允批答 宋詔令集 147/542
第三表允批答 宋詔令集 147/542
罷小祥從吉詔建中靖國元年 宋詔令集 147/542
皇太后上仙後宰臣韓忠彦等請聽政不允批答 宋詔令集 147/542

第二表不允批答 宋詔令集 147/542
第三表不允批答 宋詔令集 147/542
第四表不允詔 宋詔令集 147/542
第五表不允詔 宋詔令集 147/543
第六表不允詔 宋詔令集 147/543
第七表允批答 宋詔令集 147/543
請御正殿不允批答 宋詔令集 147/543
第二表不允批答 宋詔令集 147/543
第三表不允批答 宋詔令集 147/543
第四表不允批答 宋詔令集 147/543
第五表允批答 宋詔令集 147/544
蔡京乞舉樂批答大觀二年三月 宋詔令集 147/544
賜宰臣王安石巳下乞御正殿復常膳不允批答 元豐撰 宋文鑑 33/18a

(九) 禮 樂

議樂詔 文恭集 24/1a 宋詔令集 149/550
諸后祔享依舊詔 文恭集 24/2a
孟冬親詣太廟行祔享之禮御札 文恭集 24/2b
皇太后還政議合行典禮詔 歐陽文忠集 19/1a 宋文鑑 31/6a
大慶殿行恭謝之禮御札 歐陽文忠集 84/9a 宋文鑑 33/4b
稱親手詔 歐陽文忠集 122/5a
榜朝堂手詔 歐陽文忠集 122/5b
太皇太后賜門下詔 蘇魏公集 22/1a
皇帝行啓奠禮 後樂集 5/18b
皇帝行遣奠禮 後樂集 5/19a
太皇太后梓宮發引前一日初更總護使行夜奠禮 後樂集 5/19a
祠祀令僉署司陳設幄幕詔建隆四年四月戊午 宋詔令集 148/545
詳定士庶車服喪葬詔太平興國七年正月壬寅 宋詔令集 148/545
刻儀制令詔太平興國八年正月甲子 宋詔令集 148/545
申禁奢潛詔編排五年十一月丙戌 宋詔令集 148/545
令有司參養犧牲詔景德四年九月乙巳 宋詔令集 148/545
祠祭祝板令秘書省常切提舉精謹書寫詔景德四年八月甲辰 宋詔令集 148/545

誡約文武官出入據品秩回避命婦車擋與文武相遇亦須回避詔大中祥符元年二月庚申 宋詔令集 148/546
祈報遵律令詔大中祥符二年二月丁亥 宋詔令集 148/546
朝謁啓聖院太宗神御殿如饗廟禮詔大中祥符年正月壬戌 宋詔令集 148/546
謁廟至殿廷不得令百官回班詔大中祥符三年十二月甲寅 宋詔令集 148/546
令定僕射赴上儀詔大中祥符四年五月甲戌 宋詔令集 148/546
知制誥觀察使以上知州府申轉運止署按檢詔大中祥符五年七月乙酉 宋詔令集 148/546
令天書在朝元殿由右昇龍門入詔大中祥符七年三月甲子 宋詔令集 148/546
令玉清宮太廟郊壇行禮前不得衛士近簇起居萬歲詔大中祥符七年二月庚辰 宋詔令集 148/547
答宰臣請車駕諸宮觀正殿再拜外諸殿令宰相巳下分拜表詔大中祥符八年正月 宋詔令集 148/547
令丹墀版位設於龍墀亞獻梅禮設於沙墀詔大中祥符九年十一月壬午 宋詔令集 148/547
誡僧奢詔嘉祐四年五月十日 宋詔令集 148/547
依周吉禮之制御筆手詔大觀二年八月十九日 宋詔令集 148/547

户部尚書禮制局詳議官劉炳乞禁浮言御筆手詔政和三年十月四日 宋詔令集 148/548

奉行五禮新儀監司因按部考察慢惰御筆政和八年正月二十五日 宋詔令集 148/548

開封府申請五禮新儀節要並前後指揮更不施行宣和元年六月二十五日 宋詔令集 148/548

十四祭用樂詔景德三年八月辛未 宋詔令集 148/548

改樂名詔大中祥符元年六月壬子 宋詔令集 148/548

別製天書樂章詔大中祥符元年十二月乙酉 宋詔令集 148/549

增玉清昭應景靈宮樂詔大中祥符七年六月己未 宋詔令集 148/549

享先農釋莫文宣王武成王並用登歌詔景祐元年十一月辛亥 宋詔令集 148/549

訪曉雅樂人詔 宋詔令集 148/549

訪樂詔 宋詔令集 149/550

議樂詔皇祐二年閏十一月丁巳 宋詔令集 149/550

議樂詔皇祐三年正月甲午 宋詔令集 149/550

國樂名大安詔皇祐三年六月丁巳 宋詔令集 149/551

賜范鎮進新樂詔元祐三年閏十二月甲辰 宋詔令集 149/551

賜大晟樂名御筆手詔崇寧四年八月二十七日 宋詔令集 149/551

京西提學曾弼乞賜宴辟廳用雅樂御筆大觀三年五月十二日 宋詔令集 149/551

行大晟新樂御筆手詔政和三年五月三十 宋詔令集 149/551

太師魯國公京討論新樂襲諭御筆手詔政和三年八月二十六日 宋詔令集 149/552

兩學習樂成輔臣案試御筆政和三年九月十八日 宋詔令集 149/552

受傳國寶赦天下德音元符元年五月己酉 宋詔令集 149/552

受八寶赦天下制大觀一年正月一日 宋詔令集 149/552

爲受命寶制作之因詔大觀三年八月二十七日 宋詔令集 149/553

來年元日祇受定命寶御筆手詔政和七年十月二十八日 宋詔令集 149/553

受定命寶文政和八年正月六日 宋詔令集 149/553

九鼎赦文崇寧四年九月四日 宋詔令集 149/553

太師蔡京三上表乞消日受元圭允批答政和二年十月二日 宋詔令集 149/554

元圭赦政和二年十二月二十四日 宋詔令集 149/554

改天平章爲登封章辟廛道遙章爲省方道遙章詔大中祥符二年五月乙卯 宋詔令集 149/554

名迎真迎聖奉聖奉宸格詔大中祥符六年五月辛丑 宋詔令集 149/554

從祀詔 南宋文範 10/14a

(十) 帝后表文

告天地文 徐公集 8/14b

祭世宗皇帝文 徐公集 8/15a

莫故節度使文 小畜集 27/8a

謝瑞麥表一道(玉皇) 玉京集 1/1a

謝祥瑞表三道(三清 玉皇 聖祖天尊大帝) 玉京集 1/1b-2a

謝天地祥瑞表一道(玉皇) 玉京集 1/2b

謝雨表二道(三清 玉皇) 玉京集 1/3a-3b

爲皇子謝加恩表二道(三清[1-2]) 玉京集 1/4a-4b

爲皇子生日表一道(玉皇) 玉京集 1/5a

謝忠武軍大麥表一道(玉皇) 玉京集 1/5b

謝玉石過溜州氣色表一道(玉皇) 玉京集 1/6a

冬至謝表一道(玉皇) 玉京集 1/6b

年節謝表一道(玉皇) 玉京集 1/7a

奏告加上聖號表三道(玉皇[1-2] 聖祖天尊大帝) 玉京集 1/7b-8a

爲奏告上聖號祥瑞表一道(玉皇) 玉京集 1/8b

謝降制告諭恭上聖號表一道(玉皇) 玉京集 1/9a

謝降制祥瑞表一道(玉皇) 玉京集 1/9b

謝上寶號表一道(聖祖天尊大帝) 玉京集 1/10a

謝上寶號祥瑞表一道(聖祖天尊大帝) 玉京集 1/10b

謝允上寶號表一道(玉皇) 玉京集 1/11a

謝祥異等表一道(聖祖天尊大帝) 玉京集 1/12a

真遊殿祥瑞表十道

(天 聖祖天尊大帝 宣祖皇帝 太祖皇帝 太宗皇帝 昭憲皇后 孝明皇后 元德皇后) 玉京集 2/1a-3b

萬歲殿祥瑞表十一道

(三清 玉皇 聖祖天尊大帝 宣祖皇帝 太祖皇帝

太宗皇帝 昭憲皇后 孝明皇后 明德皇后 懿德皇后 元德皇后) 玉京集 3b-7a

謝皇子加恩表一道(太宗皇帝啓聖院影殿) 玉京集 2/7b

爲元德皇后升祔表二道(天[1-2]) 玉京集 2/8a-8b

謝祥瑞表一道(天) 玉京集 2/8b

謝皇子加恩表一道(玉皇) 玉京集 3/1a

爲疏決刑禁表一道(天) 玉京集 3/1b

迎奉聖像表一道 玉京集 3/2a

謝立仗景色表一道(天) 玉京集 3/2a

謝皇后授册表一道(天) 玉京集 3/2b

降聖節謝表一道(天) 玉京集 3/3a

冬至謝表二道(天 玉皇) 玉京集 3/3b-4a

年節謝表一道(天) 玉京集 3/4b

謝聖祖降表一道(三清) 玉京集 3/5a

上梁表一道(玉皇) 玉京集 3/5b

祈福表四道(聖祖天尊大帝[1-4]) 玉京集 3/6a-7b

謝道場表一道(聖祖天尊大帝) 玉京集 3/7b

五嶽觀祥異表一道(玉皇) 玉京集 3/8a

星見謝表一道(玉皇) 玉京集 3/8b

謝玉津園種成占城稻表一道(玉皇) 玉京集 3/9a

謝降制立后表一道(玉皇) 玉京集 3/9b

謝景色表一道(玉皇) 玉京集 3/10a

謝禮畢表二道(玉皇[1-2]) 玉京集 3/10b-11a

承天節表一道(玉皇) 玉京集 3/11b

謝迎奉聖像瑞應表一道(玉皇) 玉京集 3/12a

天貺節表二道(三清 玉皇) 玉京集 4/1a

謝上尊號表二道(天 玉皇) 玉京集 4/1b-2a

謝優兵表二道(玉皇 聖祖天尊大帝) 玉京集 4/3a-3b

爲二聖祈謝表二道(玉皇 聖祖天尊大帝) 玉京集 4/4a-4b

祈雨表一道(玉皇) 玉京集 4/5a

祈雨表二道(玉皇[1-2]) 玉京集 4/5b-6b

又祈雨表四道(玉皇[1-2] 聖祖天尊大帝[1-2]) 玉京集 4/7a-8a

爲火罪己表一道(天) 玉京集 4/8b

謝降天書表一道(天) 玉京集 4/9a

謝東封禮畢表一道(天) 玉京集 4/9b

謝上二聖謐號表一道(天) 玉京集 4/10a

謝秋成表一道(玉皇) 玉京集 4/11a

謝今歲無事表二道(天 三清) 玉京集 4/11b-12a

謝天慶節表三道(天 三清 玉皇) 玉京集 4/12b-13a

贈太師中書令贈永祭文 文恭集 26/12a

贈太尉兼中書令濮王祭文 文恭集 26/12b-13a

十月一日奏告南京鴻慶宮太祖皇帝表 元憲集 18/1a

十月一日奏告永定陵真宗皇帝表 元憲集 18/1a

十月一日奏告永定陵莊獻莊懿莊惠皇太后表 元憲集 18/1b

十月一日奏告西京應天院太祖太宗真宗皇帝表 元憲集 18/1b

十月一日奏告永定陵真宗皇帝表 元憲集 18/2a

十月一日奏告永定陵莊獻莊懿莊惠皇太后表 元憲集 18/2a

年節賀皇太后表 元憲集 18/2b

賀西京應天院太祖太宗真宗表 元憲集 18/2b

中元節奏告南京鴻慶宮太祖太宗真宗皇帝表 元憲集 18/3a

中元節奏告永定陵真宗皇帝表 元憲集 18/3a

乾元節內中謝莊獻明肅皇太后表二首 元憲集 18/3a

乾元節內中謝真宗皇帝表二首 元憲集 18/3b

乾元節內中謝莊懿皇太后表 元憲集 18/4a

乾元節內中謝莊惠皇太后表 元憲集 18/4b

冬節賀南京鴻慶宮太祖皇帝表 元憲集 18/4b

冬節賀南京鴻慶宮太宗皇帝表 元憲集 18/5a

冬節賀南京鴻慶宮真宗皇帝表 元憲集 18/5a

冬節賀永定陵真宗皇帝表 元憲集 18/5b

冬節賀永定陵莊獻莊懿莊惠皇太后表 元憲集 18/5b

冬節內賀香表 元憲集 18/6a

降聖節內中謝露香表二首 元憲集 18/6a

天貺節內中謝露香表 元憲集 18/6b

先天節內中謝露香表 元憲集 18/6b

乾元節內中謝露香表二首 元憲集 18/7a

遂州天慶觀開啓爲民祈福道場密告三清表 元憲集 18/7a

爲南郊下元節更不於景靈宮朝拜奏告聖祖內制表 元憲集 18/7b

爲南郊冬節不備薦饗奏告真宗皇帝莊獻莊懿莊惠皇太后表 元憲集 18/7b

爲南郊于大內在京外處道場祈恩保安聖躬奏告三清諸聖表 元憲集 18/8a

1166 詔令三 典禮 帝后表文

爲南郊于大相國寺道場祈恩保安聖躬奏告諸佛表 元憲集 18/8a

爲南郊于景靈宮道場祈恩保安聖躬奏告真宗皇帝表 元憲集 18/8b

爲南郊預告天地社稷表 元憲集 18/8b

爲南郊預告太廟表 元憲集 18/9a

爲南郊預告后廟奉慈廟表 元憲集 18/9a

爲南郊預告在京諸廟表 元憲集 18/9a

太廟雅飾奏告表 元憲集 18/9b

爲南郊預前内中奏告露香表 元憲集 18/9b

爲南郊預前奏告内中壽寧堂皇儀殿諸佛表 元憲集 18/9b

爲南郊預前奏告内中福寧殿玉皇北極諸聖表 元憲集 18/10a

爲南郊預前奏告内中東園門聖祖天宮諸聖表 元憲集 18/10a

爲南郊預前奏告内中神御慈德二殿諸帝后表 元憲集 18/10b

爲南郊預前于永定陵奏告真宗皇帝莊獻莊懿莊惠皇太后表 元憲集 18/10b

南郊預告道場青詞 景文集/拾遺 22/8a-8b

南郊禮畢道場青詞 景文集/拾遺 22/9a

廟祭預告青詞 景文集/拾遺 22/9b

祫饗預告青詞 景文集/拾遺 22/9b

崇禧觀啓建上元祈福道場青詞 景文集/拾遺 22/10a

廟祭預告青詞 景文集/拾遺 22/10a

奉觀廣孝二殿啓建中元祈福道場青詞 景文集/拾遺 22/10b

崇福觀啓建中元祈福道場青詞 景文集/拾遺 22/10b

福寧殿啓建中元祈福道場青詞 景文集/拾遺 22/10b

後苑催生保慶道場青詞 景文集/拾遺 22/11a

禁院催生保慶道場青詞 景文集/拾遺 22/11a

後苑催生保慶道場青詞 景文集/拾遺 22/11b

後苑祈皇嗣道場青詞 景文集/拾遺 22/11b

中太乙宮啓建謝雨道場青詞 景文集/拾遺 22/12a

福寧殿啓建祈晴道場青詞 景文集/拾遺 22/12a

福寧殿啓建謝晴道場青詞 景文集/拾遺 22/12b

太祖皇帝忌辰道場齋文 歐陽文忠集 82/1a

太祖皇帝忌辰道場功德疏石語 歐陽文忠集 82/1b

皇帝本命兗州會真宮等處開啓道場青詞 歐陽文忠集 82/3b

建隆觀開啓追薦温成皇后道場青詞 歐陽文忠集 82/4a

福康公主宅修築地基祭告太歲已下祝文 歐陽文忠集 82/4a

景福殿庫開啓冬節道場齋文 歐陽文忠集 82/6b

軍器庫開啓冬節道場齋文 歐陽文忠集 82/6b

舒州靈仙觀開啓上元節道場青詞 歐陽文忠集 82/7a

皇帝本命兗州會真宮等處開啓道場青詞 歐陽文忠集 82/7b

醴泉觀真君殿開啓年交道場青詞 歐陽文忠集 82/8a

添修開先殿祭告土地祝文 歐陽文忠集 82/8a

兗州會真宮等處開啓上元節青詞 歐陽文忠集 82/9a

内中福寧殿開啓三長月祝聖壽道場青詞 歐陽文忠集 82/10b

萬壽觀齋殿内權奉安真宗皇帝御容祝文 歐陽文忠集 82/10b

東太一宮開啓祝聖壽年交金籙道場密詞 歐陽文忠集 82/11a

萬壽觀告遷真宗皇帝御容祝文 歐陽文忠集 82/14b

萬壽觀造温成皇后相儀祝文 歐陽文忠集 82/14b

景靈宮奉真殿看經堂開啓真宗皇帝忌辰黄籙道場青詞 歐陽文忠集 83/1a

景靈宮廣孝殿看經堂開啓章懿皇后忌辰黄籙道場青詞 歐陽文忠集 83/1a

慈孝寺開啓真宗皇帝忌辰資薦道場齋文 歐陽文忠集 83/1b

集英殿開啓真宗皇帝忌辰道場齋文 歐陽文忠集 83/1b

内中福寧殿罷散三長月道場青詞 歐陽文忠集 83/2a

贈保順軍節度使張惟吉祭文(壇所) 歐陽文忠集 83/2b

贈保順軍節度使張惟吉祭文(堂祭) 歐陽文忠集 83/3a

廣聖宮開啓乾元節青詞 歐陽文忠集 83/4a

集禧觀凝祥池崇禧殿就上清宮功德前開啓保夏祝聖壽金籙道場密詞 歐陽文忠集 83/8b

兗州會真宮等處開啓皇帝本命道場青詞 歐陽文忠集 83/9a

南京鴻慶宮開啓皇帝本命道場青詞 歐陽文

忠集 83/14b

後苑華景亭開啓故秦晉國夫人林氏追薦道場齋文　歐陽文忠集 83/15a

後苑華景亭開啓安土地道場齋文　歐陽文忠集 83/15b

爲秦晉國永壽聖祐夫人林氏身亡於壽星觀修設九幽道場青詞　歐陽文忠集 83/15b

故秦晉國夫人祭文（路祭）　歐陽文忠集 83/16a

故秦晉國夫人祭文（夜排教祭）　歐陽文忠集 83/16a

荊南府紫府觀并潭州南嶽真君觀開啓皇帝本命道場青詞　歐陽文忠集 83/16a

廣聖宮開啓祝聖壽道場青詞　歐陽文忠集 83/16b

河南府平陽洞河陽濟渡北海水府投送龍簡青詞　歐陽文忠集 84/1a

故秦晉國夫人林氏祭文（堂祭）　歐陽文忠集 84/2a

故秦晉國夫人祭文（壇祭）　歐陽文忠集 84/2a

内中福寧殿罷散三長月祝聖壽道場青詞　歐陽文忠集 84/2a

太平興國寺開先殿開啓太祖皇帝忌辰道場齋文　歐陽文忠集 84/3a

太平興國寺開先殿開啓太祖皇帝忌辰道場功德疏右語　歐陽文忠集 84/3a

太平興國寺開先殿開啓孝明皇后忌辰道場功德疏右語　歐陽文忠集 88/2a

增修青帝朝日風師先蠶等壇祭告逐壇并當處土地祝文　歐陽文忠集 84/4a

贈昭信軍節度使遂國公宗顏祭文（堂祭）　歐陽文忠集 84/4b

贈昭信軍節度使遂國公宗顏祭文（橫所）　歐陽文忠集 84/5a

吳王院上梁祭告土地祝文　歐陽文忠集 84/5b

南京鴻慶宮開啓皇帝本命道場青詞　歐陽文忠集 84/5b

啓聖禪院修設故秦晉國藎恭賢正夫人林氏盡七大會齋一中齋文　歐陽文忠集 84/6a

西太一宮開啓皇帝本命道場青詞　歐陽文忠集 84/6b

建隆觀湖教院開啓皇帝本命道場青詞　歐陽文忠集 84/7b

東太一宮開啓保夏祝聖壽金籙道場密詞　歐陽文忠集 84/9b

天貺節謝内中露香表　歐陽文忠集 84/10b

萬壽觀延祥殿開啓中元節資薦真宗皇帝道場青詞　歐陽文忠集 84/12b

東太一宮開啓年交祝聖壽金籙道場密詞　歐陽文忠集 85/5a

東太一宮開啓保夏祝聖金籙道場密詞　歐陽文忠集 85/7b

大相國寺開啓爲民祈福道場齋文　歐陽文忠集 85/8a

醴泉觀感通殿開啓爲民祈福道場青詞　歐陽文忠集 85/8b

福寧公主宅開啓道場青詞　歐陽文忠集 85/10b

内中福寧殿開啓三長月祝聖壽道場青詞　歐陽文忠集 85/11a

玉津園開啓保佑聖躬爲民祈福道場青詞　歐陽文忠集 85/11a

南京鴻慶宮開啓皇帝本命道場青詞　歐陽文忠集 85/11b

集禧觀凝祥地崇禧殿開啓祝聖壽年交金籙道場密詞　歐陽文忠集 86/2b

瓊林苑開啓保聖躬祈福道場青詞　歐陽文忠集 86/3a

瓊林苑開啓保佑聖躬祈福道場默表　歐陽文忠集 86/3b

啓聖院齋殿内權奉明德元德章穆皇后今告遷赴普安院重徽隆福兩殿奉安祝文　歐陽文忠集 86/3b

皇帝親詣啓聖禪院告遷明德元德章穆皇后赴普安院奉安祝文　歐陽文忠集 86/3b

瓊林苑交年禱祭太歲諸神祝文　歐陽文忠集 86/4a

集禧觀奉神殿開啓謝雪道場青詞　歐陽文忠集 86/6a

景靈宮雅飾元天大聖后聖容並侍從等開啓預告道場青詞　歐陽文忠集 86/6b

爲將來恰享禮畢奏謝永安陵等處表　歐陽文忠集 86/9b

開寶寺福勝院開啓道場於乾元節日支散裟裝并設大會齋一中齋文　歐陽文忠集 86/10a

東太一宮開啓保夏祝聖壽金籙道場密詞　歐陽文忠集 86/10a

天齊仁聖帝廟開啓祈祥迎福催生金籙道場密詞　歐陽文忠集 87/5a

廣聖宮開啓催生道場默表　歐陽文忠集 87/5b

内中福寧殿開啓天棋節道場青詞　歐陽文忠集 87/5b

内中福寧殿罷散天棋節道場青詞　歐陽文忠集 87/6a

後苑觀稼殿開建鎭星祈福道場青詞　歐陽文忠集 87/6a

萬壽觀開啓求嗣保安道場青詞 歐陽文忠集 87/6a

景靈宮天興殿開啓催生保慶道場青詞 歐陽文忠集 87/6b

護國顯應公廟開啓保安催生道場青詞 歐陽文忠集 87/6b

西太一宮續催生道場密詞 歐陽文忠集 87/8a

東太一宮開啓保夏祝聖壽金籙道場密詞 歐陽文忠集 87/8b

爲將來恪享禮畢奏謝內中福寧殿並景靈宮等處諸神表 歐陽文忠集 87/8b

爲將來恪享禮畢奏謝諸寺院表 歐陽文忠集 87/9a

內中爲將來恪享禮畢奏謝露香表 歐陽文忠集 87/9a

爲將來恪享禮畢奏謝諸寺院神御表 歐陽文忠集 87/9a

爲將來恪享禮畢奏謝泰山廟等處表 歐陽文忠集 87/9b

乾元節謝內中真宗皇帝表 歐陽文忠集 88/1a

內中福寧殿開啓恪享預告道場青詞 歐陽文忠集 88/1a

在外五嶽四瀆四海並諸神廟等處謝恪享禮畢祝文 歐陽文忠集 88/1b

泗州塔下並峨嵋山開啓謝恪享禮畢道場齋文 歐陽文忠集 88/1b

太平興國寺開先殿開啓孝明皇后忌辰道場齋文 歐陽文忠集 88/2a

鎮潼軍華陰縣雲臺觀修整真宗皇帝御容等殿今已了當扶請御容入本殿奉安祝文 歐陽文忠集 88/3b

鎮潼軍華陰縣靈臺觀修整聖祖及真宗御容等殿今已了當乞請御容入本殿奉安青詞 歐陽文忠集 88/4a

西太一宮開啓祝聖壽年交金籙道場青詞 歐陽文忠集 88/5b

萬壽觀寧華殿開啓溫成皇后忌辰道場青詞 歐陽文忠集 88/5b

內中福寧殿開啓天慶節道場青詞 歐陽文忠集 88/7b

內中福寧殿罷散天慶節道場青詞 歐陽文忠集 88/7b

集英殿告遷宣祖皇帝昭憲皇后御容赴奉先禪院慶基殿奉安祝文 歐陽文忠集 88/10b

奉先禪院法堂上告遷宣祖皇帝昭憲皇后御容赴內中奉安祝文 歐陽文忠集 88/11a

景靈宮奉真殿開啓真宗皇帝忌辰道場看佛經都功德疏語 歐陽文忠集 88/11a

景靈宮奉真殿真宗皇帝忌辰道場看道經都功德疏語 歐陽文忠集 88/11b

景靈宮廣孝殿章懿皇后忌辰道場看佛經都功德疏語 歐陽文忠集 88/11b

乾元節謝內中露香表 歐陽文忠集 89/1a

乾元節謝內中章獻明肅皇太后章懿皇太后章惠皇太后表 歐陽文忠集 89/1a

大相國寺大殿上開啓爲民祈福道場齋文 歐陽文忠集 89/5b

東太一宮立冬祝文 歐陽文忠集 89/10a

延福宮性智殿開啓皇后生辰道場密詞 歐陽文忠集 89/10b

延福宮性智殿開啓皇后生辰道場齋文 歐陽文忠集 89/10b

故贈濮王允讓十月十八日起靈祭文 歐陽文忠集 89/11a

故贈濮王允讓十月三十日下事祭文 歐陽文忠集 89/11a

故贈濮王允讓十月九日坿槨祭文 歐陽文忠集 89/11b

祈福道場白文 安陽集 40/9b

祈福道場功德疏文 安陽集 40/10a

明堂禮畢謝諸陵文 古靈集 2/4b

永昭永厚陵九月旦表 古靈集 2/5b

建隆觀翊教院開啓皇帝本命道場青詞 韓南陽集 15/16a

景靈宮天興殿開啓雅飾聖祖並真宗皇帝神御及侍從仙衆了畢告謝道場青詞 韓南陽集 15/16a

內福寧殿開啓天慶節道場青詞 韓南陽集 15/16b

內中福寧殿罷散天慶節道場青詞 韓南陽集 15/16b

廣聖宮開啓真宗皇帝忌辰道場密詞本 韓南陽集 15/16b

五臺山開啓祈雨道場默詞本 韓南陽集 15/17a

永昭陵永厚陵十月一日奏告仁宗英宗皇帝旦表本 韓南陽集 15/17a

內中景靈宮並永厚陵奏告英宗皇帝忌辰表本 韓南陽集 15/17b

內中奏告立春表本 韓南陽集 15/17b

真宗皇帝忌辰密表 韓南陽集 15/18a

內中奏告爲春分表本 韓南陽集 15/18a

永昭陵永厚陵正月一日表本　韓南陽集 15/ 18a

永昭陵永厚陵奏告仁宗英宗皇帝五月一日旦表　韓南陽集 15/18b

天脱節内中謝香露表本　韓南陽集 15/18b

永昭陵永厚陵六月一日表本　韓南陽集 15/19a

西太一開啓祈雨道場默表本　韓南陽集 15/19a

西太一宮開啓謝雨道場默表本　韓南陽集 15/ 19b

十月一日永昭陵下宮開啓次萬仁宗皇帝道場齋文　韓南陽集 15/19b

後苑瑤津亭開啓粉壇祈雨道場齋文　韓南陽集 15/20a

顯聖寺感慈塔爲立御篆碑了畢道場齋文　韓南陽集 15/20a

後苑瑤津亭開啓粉壇祈雨道場齋文　韓南陽集 15/20a

五臺山開啓祈雨道場文　韓南陽集 15/20b

故贈保寧軍節度觀察留後東陽郡公克聰已下安葬前一日夜共祭　韓南陽集 15/20b

内中御侍已下賀皇帝年節詞語　韓南陽集 15/ 21a

内中御侍已下賀太皇太后年節詞語　韓南陽集 15/21a

内中御侍已下賀皇太后年節詞語　韓南陽集 15/21b

皇后向氏賀南郊禮成表　華陽集 10/9b

皇后高氏賀南郊禮成表　華陽集 10/10a

貴妃沈氏賀南郊禮成表　華陽集 10/10b

越國長公主等賀南郊禮成表　華陽集 10/10b

楚國大長公主等賀南郊禮成表　華陽集 10/11a

皇后曹氏賀明堂禮成表　華陽集 10/11b

婕好俞氏等賀明堂禮成表　華陽集 10/11b

沂國公主等賀明堂禮成表　華陽集 10/12a

冬節内中賀露香表　華陽集 10/12b－13a

内中奏告立冬表二首　華陽集 11/1a

内中奏告冬至表　華陽集 11/1b

明堂奏告内中諸神及在京宮觀表　華陽集 11/ 1b

明堂禮成奏謝内外諸神御殿表　華陽集 11/1b

南郊禮成奏謝内外諸神御殿表　華陽集 11/1b

明堂禮成奏謝内外諸神御殿表　華陽集 11/2a

明堂禮成奏謝諸陵表二首　華陽集 11/2a

修神御殿權于觀及殿奉安祖宗御容表　華陽集 11/2b

天脫節内中謝露香表四首　華陽集 11/2b－3a

天慶節内中謝露香表　華陽集 11/3b

天棋節内中謝露香表二首　華陽集 11/3b

先天節内中謝露香表五首　華陽集 11/4a－4b

降聖節内中謝露香表三首　華陽集 11/4b－5b

乾元節内中奏謝祖宗表　華陽集 11/5b

乾元節内中奏謝章獻章懿章惠皇后表　華陽集 11/5b

乾元節内中謝露香表　華陽集 11/5b

皇帝祈福諸陵表　華陽集 11/6a

皇帝康復奏謝諸陵表　華陽集 11/6a

太廟皇帝問皇太后聖體表　華陽集 11/6b

南郊青城皇帝問太皇太后聖體表　華陽集 11/ 6b

奏告永定陵表　華陽集 11/6b

奏告永定陵景靈宮慈德殿表　華陽集 11/7a

仁宗掩皇堂皇帝奏告表　華陽集 11/7b

皇太后奏告表　華陽集 11/7b

初忌酌獻永昭陵表　華陽集 11/7b

奏告福寧殿景陵宮永昭陵表三首　華陽集 11/ 8a－b

永昭陵乾元節酌獻表　華陽集 11/8b

仁宗禪除奏告昭陵表　華陽集 11/8b

正月旦起居仁宗永昭陵表　華陽集 11/9a

皇帝賀皇太后過宮表　華陽集 10/9a

奏告英宗永厚陵表　華陽集 11/9a

正月旦起居仁宗永昭陵英宗永厚陵表　華陽集 11/9b

寒食節起居南京鴻慶宮等處神御殿表二首　華陽集 11/9b

寒食節起居諸帝陵表二首　華陽集 11/10a

寒食節起居諸后陵表二首　華陽集 11/10b

六月旦起居仁宗永昭陵表　華陽集 11/11a

六月旦起居仁宗永昭英宗永厚陵表　華陽集 11/11b

七月旦起居仁宗永昭陵英宗永厚陵表　華陽集 11/11b

中元節起居諸帝陵表三首　華陽集 11/12a

中元節起居南京鴻慶宮等處神御殿表　華陽集 11/12a

中元節起居諸后陵表三首　華陽集 11/13a－b

中元節起居永昭陵慈聖光獻皇后表　華陽集 11/14a

八月旦起居仁宗永昭陵表　華陽集 11/14a

八月旦起居仁宗永昭陵英宗永厚陵表　華陽集

集 11/14b

十月旦起居仁宗永昭陵表 華陽集 11/14b

十月旦起居諸帝陵表三首 華陽集 11/15a－b

十月旦起居諸后陵表三首 華陽集 11/15b－16a

十一月旦起居仁宗永昭陵表 華陽集 11/16b

冬節起居南京鴻慶宮等處神御殿表三首 華陽集 11/16b－17a

冬節起居諸帝陵表三首 華陽集 11/17a－18a

冬節起居諸后陵表三首 華陽集 11/18a－b

年節皇帝酌獻永昭陵表 華陽集 11/18b

年節皇太后酌獻永昭陵表 華陽集 11/19a

年節起居宣祖永安陵太祖永昌陵太宗永熙陵真宗永定陵仁宗永昭陵英宗永厚陵表 華陽集 11/19a

年節起居昭憲孝明孝惠孝章懿德明德淑德章獻章懿章惠章穆章懷皇后陵表 華陽集 11/19b

安陵修寢殿奏告宣祖太祖太宗奉安祝文 華陽集 32/4b

西京應天禪院拆修太祖神御殿祭告祝文 華陽集 32/5a

奉先院慶基殿修造奏告宣祖昭憲皇后祝文 華陽集 32/5a

景靈宮明福殿權奉安真宗章懿皇后御容祝文 華陽集 32/5a

壽星觀永崇殿奉安真宗御容祝文 華陽集 32/5b

天地社稷太廟皇后廟奉慈廟奏告爲立皇子已賜名曙祝文 華陽集 32/5b

明堂祭告在京諸神廟祝文 華陽集 32/6a

祭告景靈宮里域真官祝文 華陽集 32/6a

奏告太廟七室祝文 華陽集 32/6a

奏告天地社稷祝文 華陽集 32/6b

朝謁景靈宮行禮前二日奏告天地祝文 華陽集 32/6b

朝謁景靈宮行宮内動土祭告里域真官祝文 華陽集 32/6b

明堂太廟皇后廟奉慈廟雅飾奉告土地祝文 華陽集 32/7a

車駕出内前一日祭告在京諸神廟祝文 華陽集 32/7a

明堂禮成謝永安陵永昌陵永熙陵永定陵祝文 華陽集 32/7a

禮成謝在京諸神祝文 華陽集 32/7b

朝謁太廟祭七祠祝文 華陽集 32/7b

禮成謝五嶽四瀆祝文 華陽集 32/7b

太乙宮立夏祝文二道 華陽集 32/8a

立冬祝文二道 華陽集 32/8a－8b

西太乙宮立秋祝文二道 華陽集 32/8b

開汴口祭諸神並河陰縣河侯神祝文 華陽集 32/9a

祁國長公主立木祭太歲諸神祝文 華陽集 32/9a

南郊壇祭告土地祝文 華陽集 32/9a

内中寶慈宮上梁祭告土地諸神祝文 華陽集 32/9b

内中東宮西位立木祭告太歲土地諸神祝文 華陽集 32/9b

又上梁祭告太歲土地諸神祝文 華陽集 32/9b

西華門修造祭告太歲土地諸神祝文 華陽集 32/10a

又上梁祭告祝文 華陽集 32/10a

越國長公主宅動土祭告土地祝文 華陽集 32/10a

又立木祭告祝文 華陽集 32/10b

又修蓋畫堂立木祭告祝文 華陽集 32/10b

大社祭告爲日交蝕祝文 華陽集 32/10b

天地社稷太廟謝雪祝文 華陽集 32/11a

南郊雅飾太廟八室奏告祝文 華陽集 32/11a

太廟修造祭告土地祝文 華陽集 32/11b

太廟七室畢工奉安神主祝文 華陽集 32/11b

天地社稷太廟皇后廟奉慈廟祈福祝文 華陽集 32/11b

天地社稷太廟七室皇后廟奉慈廟奏告祝文仁宗上僊 華陽集 32/12a

天地太廟七室皇后廟奉慈廟奏告仁宗皇帝盡號祝文 華陽集 32/12b

天地社稷太廟皇后廟奉慈廟奏告行册禮祝文 華陽集 32/12b

太廟七室奏告修仁宗廟室畢工祝文 華陽集 32/13a

太廟修八室奏告祝文 華陽集 32/13a

内中龍圖閣翠玉殿權奉安仁宗御容祝文 華陽集 32/13a

東嶽天齊仁聖帝生日祝文 華陽集 32/13b

仁宗挽皇堂奏告祝文 華陽集 32/13b

仁宗挽皇堂畢于陵左爲方壇上設五方神座鎭謝墓法祝文 華陽集 32/14a

景陵宮奉真廣孝兩殿修造奏告祝文 華陽集 32/14a

會聖宮畢工帝后御容還殿奉安祝文　華陽集 32/14a

西京應天院修三聖御容殿告遷奉安祝文　華陽集 32/14b

鳳翔府上清太平宮修太宗神御畢工奉安祝文　華陽集 32/14b

天章閣延昌殿權奉安英宗皇帝御容祝文　華陽集 32/14b

內中修神御殿祭告太歲諸神祝文　華陽集 32/15a

天地社稷太廟皇后廟奉慈廟奉告改元祝文　華陽集 32/15a

景靈宮神御店修造祭告土地祝文　華陽集 32/15a

萬壽觀廣愛寧華兩殿修造奏告祝文　華陽集 32/15b

章惠太后實册遷赴萬壽觀廣愛殿庫奏告祝文　華陽集 32/15b

皇帝宿齋第一日問太皇太后聖體表　蘇魏公集 27/3a

問皇太后聖體表　蘇魏公集 27/3a

問皇太妃膝　蘇魏公集 27/3b

皇帝宿齋第二日問太皇太后聖體表　蘇魏公集 27/3b

問皇太后聖體表　蘇魏公集 27/3b

問皇太妃膝　蘇魏公集 27/4a

皇帝爲禮畢謝太皇太后表　蘇魏公集 27/4a

謝皇太后表　蘇魏公集 27/4a

謝皇太妃膝　蘇魏公集 27/4b

明堂禮畢奏謝內中諸殿閣三清諸聖等表　蘇魏公集 27/4b

明堂禮畢奏謝內中欽先殿諸帝后表　蘇魏公集 27/4b

諸帝后等陵奏謝明堂禮畢表　蘇魏公集 27/4b

明堂禮畢奏謝諸陵帝后表　蘇魏公集 27/5a

明堂禮畢奏謝內外諸神廟嶽瀆等處表　蘇魏公集 27/5a

明堂禮畢奏謝內外諸宮觀表　蘇魏公集 27/5b

永厚陵等處泥皮壁落修完奏告懿德皇后英宗皇帝表　蘇魏公集 27/5b

元祐四年十月日孝曾孫嗣皇帝臣名上奏永昌陵下宮前殿廊屋等處疏漏奏告太祖皇帝表　蘇魏公集 27/5b

元祐五年二月日孝曾孫嗣皇帝臣名上奏罷散朱表　蘇魏公集 27/6a

在外諸宮觀五嶽四瀆等處罷散明堂禮畢道場朱表　蘇魏公集 27/6b

神宗皇帝忌辰朱表　蘇魏公集 27/6b

坤成節奏告內中露香表　蘇魏公集 27/6b

永昭陵神臺泥皮壁落奏告仁宗皇帝慈聖光獻皇后表　蘇魏公集 27/7a

中太一宮謝晴青詞　蘇魏公集 27/7a

景靈宮天興殿雅飾了畢開光明奉安奏告聖祖御容青詞　蘇魏公集 27/7b

西太一宮開啓神宗忌辰青詞　蘇魏公集 27/8a

中太一宮真室殿開啓祈雨道場青詞　蘇魏公集 27/8a

明堂前二日於景靈宮保寧閣上下分獻青詞　蘇魏公集 27/8b

在外諸宮觀五嶽四瀆等處開啓謝明堂禮畢道場青詞　蘇魏公集 27/9a

相國寺開啓謝晴道場齋文　蘇魏公集 27/9b

後苑華景亭開建謝晴齋文　蘇魏公集 27/9b

後苑景亭開建祈雨齋文　蘇魏公集 27/10a

五臺山等處謝雨齋文　蘇魏公集 27/10a

五龍廟賜會應廟爲額祭告五龍之神祝文　蘇魏公集 27/10b

景靈宮天興殿雅飾了畢開光明奉安奏告聖祖御容祝文　蘇魏公集 27/11a

五嶽四瀆等處祈雨祝文　蘇魏公集 27/11a

會應廟安挂牌額奉告五龍之神祝文　蘇魏公集 27/11b

天地社稷宗廟宮觀等處祈雨青詞祝文　蘇魏公集 27/11b

在京會應廟等處祈雨齋祝文　蘇魏公集 27/12a

景靈宮分獻諸帝后祝文　蘇魏公集 27/12b

五嶽四瀆等處爲謝明堂禮畢祝文　蘇魏公集 27/12b

五嶽四瀆等處奏謝明堂禮畢祝文　蘇魏公集 27/13a

景靈宮石橋安構欄子動土祭告里域真宮祝文　蘇魏公集 27/13a

故美人陳氏祭文　蘇魏公集 28/14b

故贈太師追封汴王曹佾啓殯祭文　蘇魏公集 28/15a

舉靈祭文　蘇魏公集 28/15b

下事祭文　蘇魏公集 28/15b

贈貴儀林氏祭文　蘇魏公集 28/16a

殯日壙祭文　蘇魏公集 28/16a

故蔡國長公主權殯前一夕夜祭文 蘇魏公集 28/14b

故蔡國長公主墳祭文 蘇魏公集 28/16b

太祖皇帝忌日齋文 蘇魏公集 35/3b

真宗皇帝忌日齋文 蘇魏公集 36/1a

章懿皇后忌日齋文 蘇魏公集 36/1b

元德皇后忌日齋文 蘇魏公集 36/2a

翼祖皇帝忌日齋文 蘇魏公集 36/2b

宣祖皇帝忌日齋文 蘇魏公集 36/3a

懿德皇后忌日齋文 蘇魏公集 36/4a

孝明皇后忌日齋文 蘇魏公集 36/4a

孝明皇后忌日齋文 蘇魏公集 36/4b

太宗皇帝忌日齋文 蘇魏公集 36/5a

章獻皇后忌日齋文 蘇魏公集 36/6a

仁宗皇帝忌日齋文 蘇魏公集 36/6b-7a

明德皇后忌日齋文 蘇魏公集 36/7b

先天節皇帝謝内中露香表 臨川集 45/4a

天貺節皇帝謝内中露香表 臨川集 45/4a

降聖節皇帝謝内中露香表 臨川集 45/4a

冬至節皇帝謝内中露香表 臨川集 45/4a

南郊青城皇帝問太皇太后皇太后聖體表 臨川集 45/4b

太皇太后回答皇帝問聖體書 臨川集 45/4b

皇太后回答太廟皇帝問聖體書 臨川集 45/4b

寒食節起居永定陵宣祖諸陵等處表 臨川集 45/4b

寒食節起居諸陵昭憲等諸后表 臨川集 45/5a

中元節三陵起居諸后表 臨川集 45/5a

八月一日永昭陵旦表 臨川集 45/5a

十月一日永昭陵奏告仁宗皇帝旦表 臨川集 45/5b

十月一日起居永安陵等處諸陵表 臨川集 45/5b

十月一日起居永安陵等處諸后陵表 臨川集 45/5b

冬至節上諸陵表 臨川集 45/6a

冬至節上諸皇后陵表 臨川集 45/6a

寒食節上南京鴻慶宮等處太祖諸帝表 臨川集 45/6a-b

中元節起居外州諸宮觀諸帝神御殿表 臨川集 45/6b

中元節起居諸陵表 臨川集 45/6b-7a

十月一日起居揚州諸帝神御殿表 臨川集 45/7a

冬至節上南京鴻慶宮等諸帝表 臨川集 45/7a

先天節奏告仁宗皇帝表 臨川集 45/7a-b

南郊下元節更不於景靈宮朝拜奏告聖祖大帝表 臨川集 45/7b

南郊禮畢皇帝謝内中功德表 臨川集 45/7b

南郊禮畢福寧殿奏謝英宗皇帝表 臨川集 45/7b

集禧觀開啓爲民祈福祈晴道場默表 臨川集 45/8a

真宗皇帝忌辰奏告永定陵景靈宮慈德殿表 臨川集 45/8a

南京鴻慶宮開啓皇帝本命道場青詞 臨川集 45/8a

延祥觀開啓太皇太后本命道場青詞二道 臨川集 45/8a

崇先觀奉元殿開啓皇太后本命靈寶道場青詞 臨川集 45/8b

靈籛内殿開啓太皇太后生辰道場青詞 臨川集 45/8b

靈籛内殿開啓皇太后生辰道場青詞 臨川集 45/9a

西太一宮開啓皇太后生辰道場青詞 臨川集 45/9a

龍圖閣開啓皇太后生辰道場青詞 臨川集 45/9a

廣聖宮開啓真宗皇帝忌辰道場青詞 臨川集 45/9b

福寧殿罷散三長月祝聖壽道場青詞 臨川集 45/9b

福寧殿開啓三長月道場青詞 臨川集 45/9b

福寧殿罷散三長月道場青詞(1-2) 臨川集 45/9b-10a

福寧殿開啓三長月道場青詞(1-2) 臨川集 45/10a

福寧殿開啓南郊道場青詞 臨川集 45/10a

景靈宮三殿看經堂開啓中元節道場青詞 臨川集 46/2b

景靈宮保寧閣下元節道場青詞 臨川集 46/3a

醴泉觀寧聖殿開啓爲民祈福保夏道場青詞 臨川集 46/3a

醴泉觀寧聖殿開啓年交道場青詞 臨川集 46/3a

集禧觀洪福殿開啓謝雨道場青詞 臨川集 46/3b

在京諸宮觀景靈宮等處祈雪青詞 臨川集 46/3b

謝晴青詞 臨川集 46/3b

坊州秋祭聖祖大帝青詞 臨川集 46/4a

滄瀛州地震設醮青詞(1-2) 臨川集 46/4a

北嶽廟爲定州地震開啓祭禱道場青詞 臨川集 46/4a

集禧觀開啓保夏祝聖壽金籙道場密詞 臨川集 46/4b

崇先觀開啓保夏祝聖壽金籙道場密詞 臨川集 46/4b

延福宮開啓皇后生辰道場密詞 臨川集 46/4b-5a

延福宮開啓皇太后生辰道場密詞 臨川集 46/5a

金明池開啓謝雨道場密詞 臨川集 46/5a

興國寺開先殿奏告大祖皇帝孝明皇后祝文 臨川集 46/5a

西京應天禪院奏告大祖太宗真宗皇帝御容祝文 臨川集 46/5b

啓聖院永隆殿奏告太宗皇帝元德皇后祝文 臨川集 46/5b

太廟八室奉慈諸廟奏告南郊等處祝文 臨川集 46/5b

諸皇后陵奏告謝南郊禮畢祝文 臨川集 46/6a

景靈宮英德殿奉安英宗皇帝御容祝文 臨川集 46/6a

天章閣延昌殿權奉安英宗皇帝御容祝文 臨川集 46/6a

西京應天禪院坼修太祖神御殿奏告祝文 臨川集 46/6b

景靈宮修蓋英宗皇帝神御殿上梁祭告太歲已下諸神祝文 臨川集 46/6b

慈孝寺崇真彰德殿局經霖雨垂脊脫落奏告祝文 臨川集 46/6b

太廟后廟奉慈廟雅飾告祝文 臨川集 46/7a

西太一宮立秋祝文 臨川集 46/7a

中太一宮立冬祝文 臨川集 46/7a

九宮貴神祝文 臨川集 46/7a

景靈宮里域真官祝文 臨川集 46/7b

天地社稷宮觀等處祈晴青詞祝文 臨川集 46/7b

五嶽四瀆諸廟祈晴祝文 臨川集 46/7b

定州北嶽爲地震祭禱祝文 臨川集 46/7b

文德殿告遷御容祝文 臨川集 46/8a

南郊青城緑内畢功大殿上開啓保安祝壽謐孔雀明王經齋文 臨川集 46/8a

南郊青城緑内畢功大殿上開啓保安祝壽謐法華經齋文 臨川集 46/8a

五臺開啓南郊禮畢道場齋文 臨川集 46/8b

内中延福宮性智殿開啓太皇太后生辰道場齋文 臨川集 46/8b

十月一日永昭陵下宮開啓資薦仁宗皇帝道場齋文 臨川集 46/8b

福寧殿開啓資薦英宗皇帝道場齋文 臨川集 46/9a

中元節福寧殿水陸道場資薦英宗皇帝道場齋文 臨川集 46/9a

萬壽觀廣愛殿資薦章惠皇太后忌辰道場齋文 臨川集 46/9a

天章閣延昌殿開啓權奉安英宗皇帝御容道場齋文 臨川集 46/9b

温成皇后陵獻殿内開啓冬節道場齋文 臨川集 46/9b

金明池上開啓祈雨粉壇道場齋文 臨川集 46/9b

金明池上開啓謝雨道場齋文 臨川集 46/10a

龍圖天章寶文閣接續開啓祈雪道場齋文 臨川集 46/10a

泗州塔謝晴齋文 臨川集 46/10a

後苑天王殿坼修了畢齋文 臨川集 46/10b

馮騭郡君建氏等賀皇帝南郊禮畢表 臨川集 47/6a

德妃苗氏上賀皇帝南郊禮畢表 臨川集 47/6a

英宗皇帝大祥永厚陵奏告表 鄭漢集 10/9a

河北地震奏告表 鄭漢集 10/9a

宣祖永安陵太祖永昌陵等處帝后爲改年奏告表 鄭漢集 10/9b

英宗皇帝小祥奏告永厚陵表 鄭漢集 10/9b

同前内中奏告表 鄭漢集 10/9b

同天節内中奏告真宗仁宗英宗皇帝表 鄭漢集 10/10a

永昭陵二月旦表 鄭漢集 10/10a

年節上永安陵等處諸皇帝表 鄭漢集 10/10b

同前諸后表 鄭漢集 10/10b

年節上南京鴻慶宮等處諸帝表 鄭漢集 10/10b

東嶽帝生日奏告會聖宮三清玉帝聖祖九曜獄帝祐聖真君表 鄭漢集 10/10b

南郊禮畢奏謝諸陵帝后表 鄭漢集 10/10b

冬節上永安陵等處諸后表 鄭漢集 10/11a

同前諸帝表 鄭漢集 10/11b

冬節上南京鴻慶宮等處諸帝表 鄭漢集 10/11b

皇帝南郊禮畢謝皇太后表 鄭漢集 10/11b

集禧觀鴻福殿祈雪道場表 郡溪集 11/3a

集禧觀洪福殿開啓辛鵝祈雨道場表 郡溪集 11/3b

景靈宮修蓋英宗皇帝神御殿興工告土地祝文 郡溪集 19/1a

冬至福寧殿作水陸道場資薦神宗皇帝齋文 蘇東坡全集/內制 1/4a

集禧觀開啓祈雪道場青詞 蘇東坡全集/內制 1/6b

內中添蓋諸帝后神御殿告遷御容權奉安於慈氏殿祝文 蘇東坡全集/內制 1/6b

內中慈氏殿告遷神御於新添修殿奉安祝文 蘇東坡全集/內制 1/7a

故贈太師追封溫國公司馬光安葬祭文 蘇東坡全集/內制 1/7a

正旦於福寧殿作水陸道場資薦神宗皇帝齋文 蘇東坡全集/內制 1/8b

奏告天地社稷宗廟宮觀寺院等處祈雨雪青詞齋祝文 蘇東坡全集/內制 1/13a

五嶽四瀆等處祈雪祝文 蘇東坡全集/內制 1/13a

皇太后殿夫人爲冬節往永裕陵酌獻神宗皇帝表本 蘇東坡全集/內制 2/1a

皇太后殿夫人爲年節往永裕陵酌獻神宗皇帝表本 蘇東坡全集/內制 2/1a

皇帝爲冬節奏告永裕陵神宗皇帝表本 蘇東坡全集/內制 2/1a

皇帝爲十一月一日奏告永裕陵神宗皇帝旦表本 蘇東坡全集/內制 2/1b

皇太后殿夫人爲神宗皇帝大祥往永裕陵酌獻表本 蘇東坡全集/內制 2/2a

皇帝爲三月一日奏告神宗皇帝旦表本 蘇東坡全集/內制 2/2a

皇帝爲神宗皇帝大祥往永裕陵奏告表本 蘇東坡全集/內制 2/2a

皇帝爲神宗皇帝大祥內中奏告表本 蘇東坡全集/內制 2/2b

在京諸宮觀開啓神宗皇帝大祥道場齋文 蘇東坡全集/內制 2/4b

垂拱殿開啓神宗皇帝大祥道場齋文 蘇東坡全集/內制 2/5a

景靈宮奉安神宗皇帝御容祝文 蘇東坡全集/內制 2/5a

天章閣權奉安神宗皇帝御容祝文 蘇東坡全集/內制 2/5b

內中福寧殿下寒節爲神宗皇帝作水陸道場齋文 蘇東坡全集/內制 2/6a

內中神御殿張挂奉安神宗皇帝御容祝文 蘇東坡全集/內制 2/6b

神宗皇帝大祥祭訖撤饌除靈座時皇帝躬親扶神御別設一祭祝文 蘇東坡全集/內制 2/6b

奉安神宗皇帝御容赴景靈宮導引歌詞 蘇東坡全集/內制 2/7b

景靈宮宣光殿奉安神宗皇帝御容日開啓道場青詞 蘇東坡全集/內制 2/8a

景靈宮宣光殿奉安神宗皇帝御容畢皇太后親詣行禮祝文 蘇東坡全集/內制 2/8a

景靈宮宣光殿奉安神宗皇帝御容日開啓道場齋文 蘇東坡全集/內制 2/8b

景靈宮宣光殿奉安神宗皇帝御容罷散朱表 蘇東坡全集/內制 2/8b

五嶽四瀆等處祈雨祝文 蘇東坡全集/內制 2/9a

集禧觀開啓祈雨道場青詞 蘇東坡全集/內制 2/11a

大相國寺開啓祈雨道場齋文 蘇東坡全集/內制 2/11a

諸宮觀寺院等處祈雨青詞齋文 蘇東坡全集/內制 2/11b

天地社稷宗廟神廟等處祈雨祝文 蘇東坡全集/內制 2/11b

故聽宣劉氏堂祭文 蘇東坡全集/內制 2/14b

五嶽四瀆等處祈雨祝文 蘇東坡全集/內制 2/15a

故聽宣劉氏墳所祭文 蘇東坡全集/內制 2/15a

鄭州超化寺祈雨齋文 蘇東坡全集/內制 2/15b

鄭州超化寺謝雨齋文 蘇東坡全集/內制 2/15b

五嶽四瀆等處謝雨祝文 蘇東坡全集/內制 2/15b

景靈宮罷散奉安神宗皇帝御容道場功德疏文 蘇東坡全集/內制 2/16a

永裕陵修移角壖門户柩寢奏告神宗皇帝祝文 蘇東坡全集/內制 2/17a

永裕陵修移角壖門户柩寢祭告土地祝文 蘇東坡全集/內制 2/17a

集禧觀洪福殿等處罷散謝雨道場青詞齋文 蘇東坡全集/內制 3/2a

集禧觀洪福殿罷散謝雨道場朱表 蘇東坡全集/內制 3/2a

神宗皇帝禪祭皇帝親行祝文 蘇東坡全集/內制 3/3a

神宗皇帝禪祭太皇太后親行祝文 蘇東坡全集/內制 3/3a

神宗皇帝禪祭太后親行祝文 蘇東坡全集/內制 3/3b

景靈宮天興殿開淘井眼祭告里域真官祝文 蘇東坡全集/內制 3/4a

太皇太后皇太后皇太妃受册奏告太廟並諸陵祝文 蘇東坡全集/內制 3/16b

太皇太后皇太后皇太妃受册奏告景靈宮等處青詞 蘇東坡全集/內制 3/16b

西京應天禪院會聖宮倏神御帳座畢功告遷諸神御祝文 蘇東坡全集/內制 3/17b

西京應天禪院會聖宮修神御帳座畢工奉安諸神御祝文 蘇東坡全集/內制 3/18a

迎奉神宗皇帝御容赴西京會聖宮應天禪院奉安導引歌詞 蘇東坡全集/內制 4/4a

西京會聖宮應天禪院奉安神宗皇帝御容奏告諸帝祝文 蘇東坡全集/內制 4/10a

西京應天禪院會聖宮奉安神宗皇帝神御祝文 蘇東坡全集/內制 4/10a

生擒西蕃鬼章奏告永裕陵祝文 蘇東坡全集/內制 4/10b

十月一日永裕陵下宮開啓資薦神宗皇帝道場齋文 蘇東坡全集/內制 4/13b

西京會聖宮應天禪院奉安神宗皇帝御容禮畢開啓道場齋文 蘇東坡全集/內制 4/13b

西京會聖宮應天禪院奉安神宗皇帝御容前一日奏告永裕陵祝文 蘇東坡全集/內制 4/14a

永裕陵十日且表 蘇東坡全集/內制 4/15b

十月朔本殿夫人往永裕陵酌獻神宗皇帝表本 蘇東坡全集/內制 4/17a

神宗皇帝御容至會聖宮並應天禪院前一日奏告諸帝祝文 蘇東坡全集/內制 4/17a

神宗皇帝御容進發前一日奏告天地社稷宗廟等處祝文 蘇東坡全集/內制 5/1a

神宗皇帝御容進發前一日奏告諸宮觀等處青詞 蘇東坡全集/內制 5/1a

太皇太后皇太后皇太妃受册禮畢奏謝天地社稷宗廟諸宮觀並諸陵青詞齋祝文 蘇東坡全集/內制 5/3b

太皇太后皇太后皇太妃受册禮畢祭諸神廟祝文 蘇東坡全集/內制 5/3b

隆祐宮設慶宮醮青詞 蘇東坡全集/內制 5/4a

永裕陵十二月旦表本 蘇東坡全集/內制 5/4b

永定院修蓋舍屋奏告諸帝后祝文 蘇東坡全集/內制 6/1a

永定院修蓋舍屋祭告土地祝文 蘇東坡全集/內制 6/1a

永安永昌永熙永裕陵忌辰奏告宣祖太祖太宗神宗皇帝表本 蘇東坡全集/內制 6/10b

永安永昌永熙陵忌辰奏告昭憲孝惠明孝章淑德懿德明德章懷章穆章獻明肅皇后表本 蘇東坡全集/內制 6/11a

皇太后殿內人爲神宗皇帝忌辰朝永裕陵表本 蘇東坡全集/內制 6/11a

西京奉安神宗皇帝御容禮畢西京德音 蘇東坡全集/內制 6/11b

故皇叔祖昭信軍節度使檢校司空開府儀同三司漢東郡王宗琰祭文壹祭 蘇東坡全集/內制 8/5a

故皇叔祖昭信軍節度使檢校司空開府儀同三司漢東郡王宗琰祭文下事 蘇東坡全集/內制 8/5b

後苑瑤津亭開啓謝雨道場齋文 蘇東坡全集/內制 8/6b

後苑瑤津亭開啓祈雨道場齋文 蘇東坡全集/內制 8/6b

永裕陵正月旦表本 蘇東坡全集/內制 8/7a

永裕陵二月旦表本 蘇東坡全集/內制 8/7a

永裕陵四月旦表本 蘇東坡全集/內制 8/7b

永裕陵十月旦表本 蘇東坡全集/內制 8/7b

永裕陵十二月旦表本 蘇東坡全集/內制 8/8a

西嶽廟開啓祈雨道場青詞 蘇東坡全集/內制 8/15a

奉宸庫翻修聖字等廳丁畢安慰土地道場齋文 蘇東坡全集/內制 8/15a

中太一宮真室殿開啓天皇九曜消災集福道場青詞 蘇東坡全集/內制 8/17a

中太一宮真室殿爲太皇太后消災集福麗散天皇九曜道場朱表 蘇東坡全集/內制 9/1a

顯聖寺壽聖禪院開啓太皇太后消災集福粉壇道場齋文 蘇東坡全集/內制 9/1a

後苑瑤津亭開啓祈雨道場齋文 蘇東坡全集/內制 9/1b

皇叔故魏王外殯前一夕夜祭文 蘇東坡全集/內制 9/2a

皇叔故魏王下事祭文 蘇東坡全集/內制 9/2a

皇叔故魏王窆殯祭文 蘇東坡全集/內制 9/2a

故尚宮吳氏墳所祭文 蘇東坡全集/內制 9/4a

西路關雨於濟濱河濱淮濱廟祈雨祝文 蘇東坡全集/內制 9/4b

故渭州防禦使宗瑜出殯一夕祭文 蘇東坡全集/內制 9/14a

故渭州防禦使宗藁下事祭文 蘇東坡全集/內制 9/14a

皇太妃宮閣慶落成開啓道場青詞 蘇東坡全集/內制 10/5a

景靈宮宣光殿開啓神宗皇帝忌辰道場齋文 蘇東坡全集/內制 10/8a

東太一宮翻修殿宇奏告十神太一真君祝文 蘇東坡全集/內制 10/8b

故尚服劉氏堂祭文 蘇東坡全集/內制 10/9a

故尚服劉氏墳所祭文 蘇東坡全集/內制 10/9a

皇帝明堂宿齋第一次問太皇太后聖體答書 樂城集 34/12a

皇太后答書 樂城集 34/12a

皇太后答書 樂城集 34/12b

皇太妃答書 樂城集 34/12b

第二次太皇太后答書 樂城集 34/12b

皇帝謝禮畢太皇太后答書 樂城集 34/13a

皇太后答書 樂城集 34/13a

皇太妃答書 樂城集 34/13a

皇太妃答書 樂城集 34/13b

北京南開二股河祭河瀆星辰祝文 樂城集 34/13b

景靈宮安鐵水窗祝文 樂城集 34/14a

後苑祈晴祝文 樂城集 34/14a

大廟整漏奏告宜祖皇帝祝文 樂城集 34/14b

後苑粉壇祈雨祝文 樂城集 34/15a

五嶽四瀆祈雨祝文 樂城集 34/15b

謝雨祝文 樂城集 34/15b

鳳翔府太平宮修殿告遷太宗神御祝文 樂城集 34/16a

奏告五星祈雨祝文 樂城集 34/16b

天地社稷宗廟謝雨祝文 樂城集 34/16b

神廟寺觀謝雨祝文 樂城集 34/17a

嶽瀆謝雨祝文 樂城集 34/17b

福寧殿開啓明堂顯告道場青詞 樂城集 34/17b

罷散青詞 樂城集 34/18a

北京南開二股河道場青詞 樂城集 34/18b

中太一宮祈晴青詞 樂城集 34/19a

明堂禮畢福寧殿道場青詞 樂城集 34/19b

景靈宮預告雅飾聖祖青詞 樂城集 34/20b

罷散青詞 樂城集 34/21a

裝飾聖祖御容青詞 樂城集 34/21a

雅飾了畢開啓奉安聖祖真容道場青詞 樂城集 34/21a

西嶽謝雨青詞 樂城集 34/21b

中太一宮祈雨青詞二首 樂城集 34/22a

福寧殿罷散明堂預告道場朱表 樂城集 34/23a

北京開二股河罷散日道場朱表 樂城集 34/23b

明堂禮畢福寧殿罷散道場朱表 樂城集 34/23b

景靈宮奉安聖祖真宗御容罷散道場朱表 樂城集 34/24a

景靈宮奏告雅飾聖祖罷散道場朱表 樂城集 34/24a

西嶽罷散謝雨道場朱表 樂城集 34/24b

諸宮觀罷散謝雨道場朱表 樂城集 34/24b

明堂禮畢內中奏謝佛表 樂城集 34/25b

泥飾諸陵神臺奏告表 樂城集 34/26a

泥飾永裕陵神臺等奏告表 樂城集 34/26a

露香表 樂城集 34/26b

永裕陵添修屋宇奏告表 樂城集 34/27a

西嶽開啓祈雨道場青詞 范太史集 28/2b

醴泉觀感通等殿疏漏翻修奏告青詞 范太史集 28/7b

西嶽開啓謝雨道場青詞 范太史集 28/9b

西嶽開啓謝雨道場朱表 范太史集 28/9b

閏八月旦日景靈宮起居宜祖皇帝至神宗皇帝表 范太史集 28/10a

起居昭憲皇太后慈聖光獻皇后表 范太史集 28/10b

閏八月旦日諸陵起居仁宗英宗神宗表 范太史集 28/10b

永昭陵起居慈聖光獻皇后表 范太史集 28/11a

閏八月望日景靈宮起居宣祖皇帝至神宗皇帝表 范太史集 28/11a

起居昭憲皇后至慈聖光獻皇后表 范太史集 28/11b

中太一宮真室殿開啓謝晴道場青詞 范太史集 29/1a

中太一宮真室殿開啓謝晴道場朱表 范太史集 29/1a

後苑華景亭開建謝晴齋文 范太史集 29/1b

西京無畏三藏開啓祈晴齋文 范太史集 29/8b

後苑華景亭開啓祈晴道場齋文 范太史集 29/15a

大相國寺大殿上開啓謝晴道場齋文 范太史集 30/5b

上清儲祥宮開啓謝晴道場青詞 范太史集 30/6a

上清儲祥宮開啓謝晴道場朱表 范太史集 30/6a

故贈開府儀同三司駙馬都尉李瑋下事祭文

范太史集 30/6b

故贈開府儀同三司駙馬都尉李瑋堂祭文　范太史集 30/6b

故贈開府儀同三司駙馬都尉李瑋舉靈前一夕祭文　范太史集 30/7a

太廟逐室各津漏及滴濕神帳奏告僖祖皇帝等祝文　范太史集 30/7a

內外神廟開啓消災祈福道場祝文　范太史集 30/7b

五嶽開啓消災祈福道場青詞　范太史集 30/8a

太皇太后服藥消災祈福金籙道場青詞　范太史集 30/8a

太皇太后服藥消災祈福金籙道場朱表　范太史集 30/8b

太皇太后服藥奏告天地宗廟社稷祝文　范太史集 30/9a

延福宮穆清殿開啓上祝太皇太后消災集福道場朱表　范太史集 30/9b

故贈永嘉郡夫人王氏堂祭文　范太史集 30/9b

故贈永嘉郡夫人王氏壙所祭文　范太史集 30/9b

崇慶宮開啓大行太皇太后初七水陸道場齋文　范太史集 30/10b

皇帝爲大行太皇太后成服祭告祝文　范太史集 30/10b

大行太皇太后二七於崇慶宮設九幽醮青詞　范太史集 30/11b

大行太皇太后殿葬祭告祝文　范太史集 30/13a

崇慶宮開啓大行太皇太后三七水陸道場齋文　范太史集 30/13b

大行太皇太后大祥祭告祝文　范太史集 30/14a

十月朔資薦大行太皇太后於福聖禪院作水陸道場齋文　范太史集 30/14a

崇慶宮開啓資薦大行太皇太后道場盡七齋文　范太史集 31/1a

三陵上宮並諸后位及諸王等神臺值霖雨泥皮脫落下手添修奏告帝后表文　范太史集 31/1b

大行太皇太后山陵封山斬草動土興功祭告五帝祝文　范太史集 31/1b

大行太皇太后山陵封山斬草奏告諸陵帝后表　范太史集 31/2a

故魏王鄧國蔡國公主壙斬草破地祭告五方帝並后土等神祝文　范太史集 31/2a

皇帝御正殿祭告大行太皇太后文　范太史集 31/2b

崇慶宮冬至資薦大行太皇太后設醮青詞　范太史集 31/7a

太廟奏告英宗皇帝祝文　范太史集 31/11a

太廟添修石室奏告僖祖宣祖太祖太宗真宗仁宗神宗皇帝祝文　范太史集 31/11a

大行太皇太后諡號册寶奏告天地景靈宮等處青詞祝文　范太史集 31/15a

大行太皇太后諡號册寶奏告宗廟社稷祝文　范太史集 31/15b

景靈宮奉安太皇太后神御詔　范太史集 31/15b

崇慶宮爲大行太皇太后正旦設水陸道場齋文　范太史集 32/1a

故蔡國長公主奉先禪院啓攢於攢堂前開啓資薦道場齋文　范太史集 32/5a

故魏王拆攢祭文　范太史集 32/5a

故魏王興靈前一夕夜祭文　范太史集 32/5b

故魏王大葬前一夕夜祭文　范太史集 32/5b

故魏王下事祭文　范太史集 32/6a

故鄧國蔡國長公主拆攢祭文　范太史集 32/6a

故鄧國蔡國長公主興靈前一夕夜祭文　范太史集 32/6a

故鄧國蔡國長公主大葬前一夕夜祭文　范太史集 32/6b

故鄧國蔡國長公主下事祭文　范太史集 32/6b

故貴妃苗氏充儀陳氏拆攢祭文　范太史集 32/7a

故貴妃苗氏充儀陳氏下事前一日祭文　范太史集 32/7a

故貴妃苗氏充儀陳氏下事祭文　范太史集 32/7a

崇慶殿開啓大行太皇太后發引前二日道場齋文　范太史集 32/7b

大行太皇太后靈駕發引皇太后日奉起居表　范太史集 32/7b

大行太皇太后靈駕至陵所未掩壙已前皇太后日奉起居表　范太史集 32/10b

大行太皇太后神帛回程皇太后日奉起居表本　范太史集 32/14a

永厚陵下宮告遷奉安英宗皇帝并大行太皇太后御容道場齋文　范太史集 32/15b

大行太皇太后陵所前一日夜祭奠祝文　范太史集 32/15b

大行太皇太后陵所遷奠祝文　范太史集 32/16a

永厚陵上宮開啓大行太皇太后掩皇堂道場齋文　范太史集 32/14b

大行太皇太后山陵掩皇堂祭奠祝文　范太史集 33/1a

皇后謝賜御筵表本　范太史集 33/1a

皇后謝皇太后賜茶藥及傳宣撫問表本　范太史集 33/1b

皇后謝皇帝傳撫問表本　范太史集 33/2a

皇后謝皇太后傳宣撫問表本　范太史集 33/2a

皇后謝皇太妃問候腆本　范太史集 33/2b

皇后謝皇太妃送茶藥腆本　范太史集 33/2b

大行太皇太后山陵下事掩皇堂誌於隧道陵治地爲方壇上設五方帝神位座鎮謝墓法祝文　范太史集 33/3a

大行太皇太后山陵掩皇堂誌九虞祭祝文第一至第五　范太史集 33/3a-4a

哲宗興龍節疏右語　樂靜集 22/1a

僖祖忌疏　樂靜集 22/1b

太宗忌疏　樂靜集 22/2a

仁宗忌疏　樂靜集 22/2a

神宗小祥功德疏　樂靜集 22/2b

神宗忌疏　樂靜集 22/3a

神宗小祥開啓道場疏　樂靜集 22/3b

章獻明肅皇后經疏　樂靜集 22/3b

神宗皇帝齋疏　樂靜集 22/4a

孝明皇后忌疏　樂靜集 22/4b

擬明節皇后奉上册寶前一日奉告太廟別廟德隆殿明節皇后本陵祝文　丹陽集 11/1b

改元奏告天地社稷諸宮觀祝文　浮溪集/拾遺 3/445

大禮畢恭謝景靈宮諸殿神御祝文　浮溪集/拾遺 3/445

明堂大禮奏告太祖太宗祝文　浮溪集/拾遺 3/445

明堂大禮奏告諸陵宗廟祝文　浮溪集/拾遺 3/445

公主下嫁祭告文　浮溪集/拾遺 3/446

道君太上皇帝御製青詞一首　梁溪集 83/12b

內中講筵殿改作謝晴道場散罷表　北海集 18/1a

內中謝雨道場罷散朱表　北海集 18/1b

內中祈禱道場罷散表　北海集 18/1b

懷謝道場罷散朱表　北海集 18/2a

昭慈獻烈皇后大祥奏告攢宮表文　北海集 18/2b

昭慈獻烈皇后祔廟畢攢宮旦望節序表本　北海集 18/3a

上太上皇帝表　龜溪集 5/5a

上太上皇后表　龜溪集 5/5b

內中祈禱感應改謝道場開啓祝文　龜溪集 5/7a

內中祈禱感應青詞　龜溪集 5/7a

太乙宮開啓太上皇后生辰道場青詞　鄮峰録 6/1a

奉上光堯壽聖太上皇帝壽聖太上皇后册寶前三日奏告天地祝文　鄮峰録 6/1a

普安郡王恩平郡王薦顯仁太后黃籙青詞　鄮峰録 21/9b

太一宮介福殿開啓太上皇帝本命道場青詞　盤洲集 17/1a

太一宮齊明殿開啓天申節道場青詞　盤洲集 17/1b

萬壽觀純福殿開啓天申節道場青詞　盤洲集 17/1b

南郊奏告天慶觀報恩光孝觀青詞　盤洲集 17/1b

南郊奏告元天大聖后青詞　盤洲集 17/2a

郊祀奏告天慶觀青詞　盤洲集 17/2a

太一宮郊祀預告祈晴青詞　盤洲集 17/2a

太一宮郊祀前七日預告祈晴霽青詞　盤洲集 17/2b

太一宮郊祀畢謝晴青詞　盤洲集 17/2b

萬壽觀純福殿開啓　盤洲集 17/2b

太一宮介福殿太上皇帝丁亥本命道場青詞　盤洲集 17/3a

太一宮齊明殿開啓壽聖太上皇后生辰道場青詞　盤洲集 17/3a

萬壽觀純福殿開啓太上皇帝丁亥本命青詞　盤洲集 17/3b

太一宮介福殿開啓太上皇帝丁亥本命道場青詞　盤洲集 17/3b

茅山崇禧觀啓建會慶節道場青詞　盤洲集 17/4a

萬壽觀純福殿滿散會慶節道場青詞　盤洲集 17/4a

太一宮崇禧殿滿散會慶節祝太上皇帝太上皇后聖壽道場青詞　盤洲集 17/4a

太一宮介福殿開啓太上皇帝丁亥本命道場青詞　盤洲集 17/4b

萬壽觀純福殿開啓天申聖節道場青詞　盤洲集 17/4b

太一宮爲民間疫癘祈禱道場青詞　盤洲集 17/5a

滿散青詞　盤洲集 17/5a

太一宮滿散會慶節祝太上皇帝太上皇后聖壽道場朱表　盤洲集 17/5b

郊祀奏告天慶觀滿散朱表 盤洲集 17/5b
太一宮滿散天申節道場朱表 盤洲集 17/5b
太一宮滿散太上皇帝本命道場朱表 盤洲集 17/6a
太一宮滿散太上皇后本命道場朱表 盤洲集 17/6a
萬壽觀滿散太上皇帝本命道場朱表 盤洲集 17/6a
萬壽觀滿散太上皇帝本命道場朱表 盤洲集 17/6a
萬壽觀滿散太上皇帝本命道場朱表 盤洲集 17/6b
太一宮滿散太上皇帝本命道場朱表 盤洲集 17/6b
太一宮滿散太上皇帝本命道場朱表 盤洲集 17/6b
崇禧觀滿散會慶節道場朱表 盤洲集 17/7a
萬壽觀滿散會慶節道場朱表 盤洲集 17/7a
萬壽觀滿散天申節道場朱表 盤洲集 17/7b
太一宮滿散太上皇帝本命道場朱表 盤洲集 17/7b
太一宮滿散預告郊祀祈晴朱表 盤洲集 17/7b
萬壽觀滿散天申節道場朱表 盤洲集 17/8a
太一宮滿散郊祀畢謝晴道場朱表 盤洲集 17/8a
太一宮滿散爲民祈禱道場朱表 盤洲集 17/8a
皇帝賀壽聖太上皇后生辰表文 盤洲集 17/8b
皇后賀郊祀禮成表文 盤洲集 17/8b
周十一月起居攢宮諸帝旦表文 盤洲集 17/9a
諸右旦表文 盤洲集 17/9a
諸帝望表文 盤洲集 17/9b
諸后望表文 盤洲集 17/9b
永祐陵攢宮翻瓦抽換殿柱等畢工告遷徽宗皇帝神御還殿奉安表文 盤洲集 17/10a
奏告昭慈聖獻顯恭麻顯仁懿節皇后表文 盤洲集 17/10a
郊祀畢奏謝聖祖及上帝表文 盤洲集 17/10a
郊祀畢奏謝諸宮觀帝后表文 盤洲集 17/10b
南郊奏告諸陵并攢宮表文 盤洲集 17/10b
六月朔日蝕祭告太社祝文 盤洲集 18/1a
陰雲不見祭謝太社祝文 盤洲集 18/1a
修整太廟大殿屋脊及東廡奏告諸室祝文 盤洲集 18/1a
祭告土地祝文 盤洲集 18/1b
南郊奏告天地祝文 盤洲集 18/1b
南郊奏告太社祝文 盤洲集 18/1b
南郊奏告太稷祝文 盤洲集 18/2a

南郊奏告宗廟祝文 盤洲集 18/2a
南郊奏告太一宮十神太一祝文 盤洲集 18/2a
南郊奏告安穆皇后祝文 盤洲集 18/2b
南郊奏告安穆皇后攢宮祝文 盤洲集 18/2b
南郊奏告南嶽南海南瀆東瀆祝文 盤洲集 18/2b
郊禮修飾太廟權奉安祖宗神主祝文 盤洲集 18/3a
郊禮修飾太廟奏告祖宗祝文 盤洲集 18/3a
郊禮修飾太廟奏告安穆皇后祝文 盤洲集 18/3b
郊禮修飾太廟祭告土地祝文 盤洲集 18/3b
太廟修飾畢工告遷神主還室祝文 盤洲集 18/3b
太廟殿室畢工奉安祝文 盤洲集 18/4a
郊祀前二日奏告太祖太宗配侑祝文 盤洲集 18/4a
太廟祝七祀祝文 盤洲集 18/4b
分祭太社太稷祝文 盤洲集 18/4b
土正勾龍氏后稷氏祝文 盤洲集 18/4b
郊祀奉告五嶽祝文 盤洲集 18/4b
郊祀奉告四瀆祝文 盤洲集 18/5a
改郊奏告天地祝文 盤洲集 18/5a
改郊奏告宗廟祝文 盤洲集 18/5b
改郊奏告安穆皇后祝文 盤洲集 18/5b
改郊奏告安穆皇后攢宮祝文 盤洲集 18/5b
前一日較祭嘉會門神祝文 盤洲集 18/6a
郊祀日分命九宮貴神祝文 盤洲集 18/6a
虜人犯邊用兵奏告回聖五嶽祝文 盤洲集 18/6a
奏告顯應觀庄忠觀吳山忠清廟祚德廟祝文 盤洲集 18/4b
仲秋薦獻安穆皇后祝文 盤洲集 18/4b
郊祀前二日景靈宮分諸奏告中後殿祝文 盤洲集 18/7a
景靈宮天興等殿孟秋朝獻祝香文 盤洲集 18/7a
壽聖太上皇后生辰功德疏文 盤洲集 18/7a
秦國大長公主出殯祭文 盤洲集 18/7b
永祐陵攢宮修換神帳表文 海陵集 12/1b
郊祀禮成謝諸陵表文 海陵集 12/1b
天申節茅山崇禧觀開建祝聖壽道場青詞 海陵集 12/1b
太一宮開啓天申節道場青詞 海陵集 12/2a
太一宮介福殿開啓皇帝本命道場青詞 海陵

集 12/2a

郊祀大禮太一宮青詞　海陵集 12/2a

郊祀大禮宮觀青詞　海陵集 12/2a

郊祀大禮元天大聖后青詞　海陵集 12/2b

太一宮開啓皇太后生辰道場青詞　海陵集 12/2b

天慶諸觀恭謝道場青詞　海陵集 12/2b

郊祀大禮前三日寧壽觀祈晴青詞　海陵集 12/2b

太一宮介福殿開啓皇帝本命道場青詞　海陵集 12/3a

天地郊祀大禮奏告祝文　海陵集 12/3a

宗廟郊祀大禮奏告祝文　海陵集 12/3a

別廟郊祀大禮奏告祝文　海陵集 12/3b

社稷郊祀大禮奏告祝文　海陵集 12/3b

郊祀天大禮前二日奏告太祖皇帝太宗皇帝配侑祝文　海陵集 12/3b

朝獻景靈宮侍從官分詣祖宗帝后前行禮祝文　海陵集 12/3b

郊祀大禮前一日朝饗太廟七祀祝文　海陵集 12/4a

蝗祭祀文　海陵集 12/4a

天申節内中祝皇太后聖壽道場齋文　海陵集 12/4a

景靈宮樂章　海陵集 12/4a

天申節集賢殿大宴樂語　海陵集 12/5b

設醮青詞　益國文忠集 37/2b

皇帝請加上太上皇后尊號第一疏　益文忠集 101/1a

皇帝請加上太上皇帝尊號第二表　益國文忠集 101/1b

皇帝請加上太上皇后尊號第一疏　益國文忠集 101/2b

皇帝進奉太上皇后生玄功德疏　益國文忠集 101/5b－7b

皇帝進奉太上皇后生辰賀膝　益國文忠集 101/6a－7b

太乙宮開啓太上皇后生辰滿散朱表　益國文忠集 114/1a

太乙宮開啓太上皇后生辰設醮青詞　益國文忠集 114/1a

崇禧觀開啓會慶節道場青詞　益國文忠集 114/1b

崇禧觀開啓會慶節道場滿散朱表　益國文忠集 114/1b

萬壽觀會慶節設醮青詞　益國文忠集 114/1b

太乙宮會慶節設醮青詞　益國文忠集 114/2a

太乙宮會慶節設醮滿散朱表　益國文忠集 114/2a

萬壽觀會慶節道場滿散朱表　益國文忠集 114/2a

太乙宮天申節設醮青詞　益國文忠集 114/2b

崇禧觀天申節道場青詞　益國文忠集 114/2b

崇禧觀天申節道場滿散朱表　益國文忠集 114/2b

太乙宮天申節設醮滿散朱表　益國文忠集 114/3a

萬壽觀天申節設醮青詞　益國文忠集 114/3a

太乙宮會慶節道場青詞　益國文忠集 114/3b

萬壽觀天申節設醮滿散朱表　益國文忠集 114/3b

萬壽觀會慶節設醮滿散朱表　益國文忠集 114/4a

崇禧觀會慶節設醮滿散朱表　益國文忠集 114/4a

萬壽觀會慶節道場青詞　益國文忠集 114/4a

崇禧觀會慶節道場滿散朱表　益國文忠集 114/5a

萬壽觀會慶節設醮滿散朱表　益國文忠集 114/5a

太乙宮會慶節設醮青詞　益國文忠集 114/5b

太乙宮會慶節設醮滿散朱表　益國文忠集 114/5b

崇禧觀天申節道場青詞　益國文忠集 114/6a

崇禧觀天申節道場滿散朱表　益國文忠集 114/6a

萬壽觀會慶節道場青詞　益國文忠集 114/6b

太乙宮會慶節設醮青詞　益國文忠集 114/7a

萬壽觀會慶節設醮滿散朱表　益國文忠集 114/7a

太乙宮會慶節設醮滿散朱表　益國文忠集 114/7b

崇禧觀會慶節設醮青詞　益國文忠集 114/7b

崇禧觀會慶節設醮滿散朱表　益國文忠集 114/7b

萬壽觀天申節道場青詞　益國文忠集 114/8a

萬壽觀天申節道場滿散朱表　益國文忠集 114/8a

太乙宮太上皇后生辰道場青詞　益國文忠集 114/8b

太乙宮太上皇后生辰道場滿散朱表　益國文忠集 114/8b

太乙宮天申節設羅天醮青詞　益國文忠集 114/8b

太乙宮天申節設羅天醮滿散朱表　益國文忠集 114/8b

崇禧觀天申節設醮青詞　益國文忠集 114/8b

太乙宮太上皇后生辰設醮青詞　益國文忠集 114/9a

崇禧觀天申節設醮滿散朱表　益國文忠集 114/9a

太乙宮太上皇后生辰設醮青詞　益國文忠集 114/9b

萬壽觀純福殿開啓太上皇帝本命月道場青詞　益國文忠集 114/9b

萬壽觀純福殿開啓太上皇帝本命月道場滿散朱表　益國文忠集 114/10a

萬壽觀純福殿開啓太上皇帝本命道場青詞

益國文忠集 114/10b

太乙宮介福殿太上皇帝本命道場青詞　益國文忠集 114/11a

萬壽觀純福殿開啓太上皇帝本命道場滿散朱表　益國文忠集 114/11a

太乙宮介福殿太上皇帝本命道場青詞　益國文忠集 114/11b

萬壽觀純福殿太上皇帝本命道場青詞　益國文忠集 114/11b

萬壽觀純福殿太上皇帝本命道場青詞　益國文忠集 114/11b

萬壽觀純福殿太上帝本命道場滿散朱表　益國文忠集 114/11b

太乙宮太上皇帝本命道場青詞　益國文忠集 114/12a

太乙宮介福殿太上皇帝本命道場青詞　益國文忠集 114/12a

太乙宮太上皇帝本命道場滿散朱表　益國文忠集 114/12b

太乙宮介福殿太上皇帝本命道場滿散朱表　益國文忠集 114/12b

萬壽觀純福殿太上皇帝正本命長生月道場青詞　益國文忠集 114/13a

萬壽觀純福殿太上皇帝正本命長生月道場滿散朱表　益國文忠集 114/13a

太乙宮開啓太上皇帝丁亥本命道場青詞　益國文忠集 114/13b

太乙宮開啓太上皇帝丁亥本命道場滿散朱表　益國文忠集 114/13b

太乙宮介福殿太上皇帝本命道場青詞　益國文忠集 114/14a

太乙宮介福殿太上皇帝本命道場滿散朱表　益國文忠集 114/14b

萬壽觀太上皇帝本命道場青詞　益國文忠集 114/14b

萬壽觀太上皇帝本命道場滿散朱表　益國文忠集 114/14b

萬壽觀太上皇帝本命道場青詞　益國文忠集 114/15a

萬壽觀太上皇帝本命道場青詞　益國文忠集 114/15a

萬壽觀太上皇帝本命道場滿散朱表　益國文忠集 114/15b

萬壽觀純福殿太上皇帝本命道場青詞　益國文忠集 114/15b－16b

萬壽觀純福殿太上皇帝本命道場滿散朱表　益國文忠集 114/16a－16b

太上皇帝本命道場青詞　益國文忠集 114/17a－19a

太上皇帝本命道場滿散朱表　益國文忠集 114/17a－19a

郊祀預告天慶觀開啓道場青詞　益國文忠集 115/1a

郊祀預告祈晴青詞　益國文忠集 115/1a

郊祀預告天慶觀開啓道場滿散朱表　益國文忠集 115/1a

郊祀預告祈晴滿散朱表　益國文忠集 115/1b

郊祀禮畢告謝天慶觀青詞　益國文忠集 115/2a

郊祀禮畢告謝天慶觀滿散朱表　益國文忠集 115/2a

上尊號奏告天慶觀景靈宮報恩光孝觀青詞　益國文忠集 115/2a－2b

立后奏告天慶觀景靈宮報恩光孝觀青詞　益國文忠集 115/2b

立儲奏告天慶觀景靈宮報恩光孝觀青詞　益國文忠集 115/2b

郊祀奏告景靈宮青詞　益國文忠集 115/3a

仲春雕祭吳山忠壯英烈威顯王青詞　益國文忠集 115/3a－3b

仲秋雕祭吳山忠壯英烈威顯王青詞　益國文忠集 115/3b－4a

太常寺進呈仁宗皇帝玉牒徽宗皇帝寶錄奏告景靈宮青詞　益國文忠集 115/4b

玉牒所玉牒殿安奉仁宗皇帝哲宗皇帝玉牒前一日景靈宮奏告青詞　益國文忠集 115/4b

郊祀禮畢奏謝景靈宮萬壽觀會聖宮應天啓運宮章武殿永祐陵攢宮昭慈聖獻皇后攢宮諸帝后表文　益國文忠集 115/5a

郊祀禮畢奏謝景靈宮萬壽觀聖祖天尊大帝元天大聖后昊天玉皇上帝表文　益國文忠集 115/5a

郊祀禮畢奏謝諸陵表文（共二十九通）　益國文忠集 115/5b

郊祀禮畢奏謝昭慈聖獻皇后攢宮永祐陵攢宮表文　益國文忠集 115/5b

上尊號奏告諸陵表文（共二十九通）　益國文忠集 115/5b

奏告昭慈聖獻皇后攢宮及永祐陵表文　益國文忠集 115/6a

奏告顯恭皇后表文　益國文忠集 115/6a

加上太上尊號奏告諸陵表文（共二十九通）　益國文忠集 115/6b

仲春薦諸陵表文　益國文忠集 115/6b

仲春薦獻紹興府兩攢宮表文　益國文忠集 115/6b

立皇后奏告諸陵表文　益國文忠集 115/7a

修飾昭慈聖獻皇后下宮畢工奏告遷神御還殿奉安表文　益國文忠集 115/7a

仲春繕修補種昭慈聖獻皇后攢宮永祐陵攢宮奏告表文(共六道)　益國文忠集 115/7b

奏告顯肅皇后攢宮表文　益國文忠集 115/7b

景靈宮諸神御並永祐陵攢宮昭慈聖獻皇后攢宮會聖宮等諸帝旦表　益國文忠集 115/8a

諸帝望表　益國文忠集 115/8b

諸后旦表　益國文忠集 115/8b

諸后望表　益國文忠集 115/8b

明堂大禮畢奏謝景靈宮萬壽觀會聖宮慶天殿應天啓運宮章武殿永祐陵攢宮昭慈聖獻皇后攢宮諸帝后表文　益國文忠集 115/9a

明堂禮畢奏謝聖祖天尊大帝元天大聖后昊天玉皇上帝表文　益國文忠集 115/9a

明堂禮畢奏謝昭慈聖獻皇后攢宮永祐陵攢宮表文　益國文忠集 115/9a

秘書省分撰欽宗皇帝孟夏朔祭祝文　益國文忠集 117/2b

郊祀大禮奏告五嶽祝文　益國文忠集 117/3a　益公集 117/3a

奏告四瀆祝文　益國文忠集 117/3a　益公集 117/3a

郊祀大禮添修雅飾大廟殿宇等畢工告遷祖宗帝后神主並別廟神主還殿室時前奏告祝文　益國文忠集 117/3a　益公集 117/3b

郊祀大禮畢祭謝南鎭會稽山永濟王祝文　益國文忠集 117/4a　益公集 117/4b

郊祀大禮畢告謝五嶽四瀆祝文　益國文忠集 117/4a　益公集 117/4b

郊祀大禮畢祭謝五嶽四海四瀆祝文(1-2)　益國文忠集 117/4a-4b　益公集 117/5a-5b

加上尊號册寶前三日奏告天地祝文二首社稷祝文(二首不稱臣用御名)太一宮祝文(二首並同詞)　益國文忠集 117/5a

祭謝安穆皇后安恭皇后祝文　益國文忠集 117/5a

奏告太廟別廟景靈宮祝文(太廟別廟共十四首,景靈宮三首,並同前詞)　益國文忠集 117/5b

祭告安穆皇后安恭皇后攢宮祝文　益國文忠集 117/5b

補種㮨木修飾攢宮奏告安穆皇后安恭皇后祝文　益國文忠集 117/5b

立皇太子奏告天地宗廟社稷宮觀等祝文(天地二首,社稷二首,太一宮一首,景靈宮祖宗諸帝神御一首,諸后神御一首,並同詞)　益國文忠集 117/6a

仲春薦安穆皇后安恭皇后祝文(乾道七年各一首並同詞)　益國文忠集 117/6a

安穆安恭皇后攢宮祝文(二首同詞)　益國文忠集 117/6b

宗廟祝文(十一首,慈節皇后一首,安穆皇后,安恭皇后各一首)　益國文忠集 117/6b

加上光堯壽聖憲天體道性仁誠德經武緯文太上皇帝壽聖齊明廣慈太上皇后尊號册寶奏告天地二首社稷二首不稱臣太乙宮祝文(一首並同詞)　益國文忠集 117/7a

安穆皇后安宮皇后攢宮禁地內置立封堺並修蓋館舍動土祭告祝文(二首同詞)　益國文忠集 117/7a

又奏告太廟別廟景靈宮祝文(太廟別廟共一十四首,景靈宮三首,並同前詞)　益國文忠集 117/7b

太陽交蝕祭告祝文　益國文忠集 117/8a

太陽交蝕祭謝祝文　益國文忠集 117/8a

南郊大禮祭告五嶽祝文　益國文忠集 117/8a　益公集 117/10a

太常寺申乞撰修奉安恭皇后下宮神帳板壁告遷神御權奉安祝文　益國文忠集 117/8b

東海南海江瀆　益國文忠集 117/8b　益公集 117/10a

立皇后奏告天地社稷祝文　益國文忠集 117/9a

立皇后奏告宗廟祝文　益國文忠集 117/9a

立皇后奏告景靈宮祖宗諸帝神御祝文　益國文忠集 117/9a

立皇后奏告景靈宮祖宗諸后神御祝文　益國文忠集 117/9a

立皇后奏告太乙宮祝文　益國文忠集 117/9b

立皇后奏告安穆安恭皇后祝文　益國文忠集 117/9b

郊祀大禮修整雅飾太廟殿宇等畢工告遷祖宗帝后神主並別廟神主還殿室時前奏告祝文　益國文忠集 117/9b　益公集 117/11b

大禮修整太廟殿宇等畢工告遷祖宗等並別廟神主還殿室正奉安祝文(一十四首　慈節皇后同詞)　益國文忠集 117/10a

郊祀大禮前二日朝獻景靈宮分詣奏告中殿祝文　益國文忠集 117/10b　益公集 117/12b

郊祀大禮前一日朝饗太廟差官祀七祀祝文一首　益國文忠集 117/10b

太乙宮修蓋旋覩觀畢工奉安北斗神像時前奏告祝文　益國文忠集 117/11a

郊祀大禮前二日奏告太祖皇帝太宗皇帝配侑祝文　益國文忠集 117/11a　益公集 117/13a

太乙宫修盖琉璃观畢工奉安北斗像時前奏告太上皇帝本命殿祝文 益國文忠集 117/11b

太乙宫修盖琉璃观畢工奉安北斗像時前奏告今上皇帝本命殿神像祝文 益國文忠集 117/12a

太乙宫修盖琉璃观畢工奉安北斗像時前奏告祝文 益國文忠集 117/12a

太乙宫修盖琉璃观畢工奉安神像時前奏告遷北斗神像祝文 益國文忠集 117/12b

太乙宫修盖琉璃观畢工奉安北斗神像祝文 益國文忠集 117/13a

佑聖觀正奉安祝文 益國文忠集 117/13a

佑聖觀奉安時前奏告祝文 益國文忠集 117/13a

仁宗皇帝仁宗皇后祝文 益國文忠集 117/13b

進呈奉安仁宗皇帝玉牒徽宗皇帝寶錄奏告景靈宫祝文 益國文忠集 117/13b

徽宗皇帝並后祝文 益國文忠集 117/14a

進呈奉安三祖下第六世仙源類譜仁宗皇帝玉牒奏告青詞(二首一詞)並中后殿祝文(五首一詞) 益國文忠集 117/15a

明堂大禮雅飾太廟時前奏告祖宗帝后祝文(一十三首共一詞) 益國文忠集 117/15a 益公集 117/17b

明堂大禮前二日奏告太祖太宗配侑祝文 益國文忠集 117/15b 益公集 117/20a

明堂大禮前一日朝享太廟差官把七祀祝文 益國文忠集 117/16a

明堂大禮祭告九宫貴神祝文(九首一詞) 益國文忠集 117/16a 益公集 117/18b

明堂大禮祭大社大稷祝文(二首) 益國文忠集 117/16b 益公集 117/18b

明堂大禮祭后土句龍氏后稷氏祝文 益國文忠集 117/17a 益公集 117/19a

明堂大禮畢祭謝五嶽四海四瀆祝文(1-2) 益國文忠集 117/17a-17b 益公集 117/20a-20b

明堂大禮畢祭謝鎮會稽山永濟王祝文 益國文忠集 117/17b 益公集 117/20a

明堂大禮畢祭謝安穆安恭皇后攢宫祝文 益國文忠集 117/17b 益公集 117/20b

玉牒所玉牒殿安奉仁宗皇帝哲宗皇帝玉牒前一日景靈宫奏告仁宗哲宗祝文 益國文忠集 117/17b

太師太寧郡王吴益出殯祭文 益國文忠集 117/18a

皇子魏王愷攢居興靈祭文 益國文忠集 117/18b

皇帝初即位擬進上壽皇尊號詔 益國文忠集 121/7b

皇帝請加上太上皇后尊號第一牋 益公集 101/40a

賀表 益公集 101/40b

皇帝帥羣臣請德壽宫恭請加上壽聖明慈太上皇后尊號第一牋 益公集 101/42b

皇帝帥羣臣詣德壽宫恭請加上光堯壽聖憲天體道太上皇帝尊號第一表 益公集 101/43b

賀表 益公集 101/46b

皇帝進奉壽聖明慈太上皇后生辰功德疏 益公集 101/46b

皇帝進奉壽聖齊明廣慈太上皇后生辰功德疏 益公集 101/47a

賀表 益公集 101/47b

皇帝進奉壽聖齊明廣慈太上皇后生辰功德疏 益公集 101/48a

賀表 益公集 101/48a

皇帝進奉壽聖齊明廣慈太上皇后生辰功德疏 益公集 101/48b

太上皇帝本命青詞 于湖集 19/2b

朱表 于湖集 19/3a

哲文神武成孝皇帝梓宫啓攢塗奏告祝文 止齋集 10/1a

啓攢畢梓宫還殿皇帝行祭莫禮祝文 止齋集 10/1b

發引前一日初更總護使行夜祭祀祝文 止齋集 10/1b

發引前期祭告錢塘錢清江龍神祝文 止齋集 10/1b

發引遣奠祝文 止齋集 10/1b

掩攢前一日奏告昭慈聖獻皇后徽宗皇帝顯恭皇后顯仁皇后高宗皇帝憲節皇后攢宫祝文 止齋集 10/2a

掩攢祝文 止齋集 10/2a

九廟祭祝文九(一廟至九廟) 止齋集 10/2a-2b

掩攢畢謝土神祝文 止齋集 10/3b

明堂禮畢告謝天慶觀青詞 宋本攻媿集 41/1a

滿散朱表 宋本攻媿集 41/1a

明堂禮畢告謝五嶽四瀆祝文 宋本攻媿集 41/1b 攻媿集 48/1a

明堂禮畢祭謝五嶽四海四瀆祝文 宋本攻媿集 41/2b 攻媿集 48/1a

明堂禮畢奏謝諸陵表文 宋本攻媿集 41/2b 攻媿集 48/1b

瑞慶節建康府茅山崇禧觀啓建祝禱道場青詞

宋本攻媿集 41/3a

滿散朱表 宋本攻媿集 41/3b

安穆安恭皇后改謚告太廟祝文 宋本攻媿集 41/4a

大行至尊壽皇聖帝靈座祝文 宋本攻媿集 41/4b

瑞慶節萬壽觀滿散道場青詞 宋本攻媿集 41/6b

滿散朱表 宋本攻媿集 41/7a

瑞慶節太一宮設醮青詞 宋本攻媿集 41/7a

奉上孝宗皇帝謚册寶成穆成恭皇后改謚册寶奏告天地社稷十神太一祝文 宋本攻媿集 41/18a

天慶觀報恩光孝觀青詞 宋本攻媿集 41/18b

滿散朱表 宋本攻媿集 41/22b

太上皇帝本命萬壽觀設醮青詞 宋本攻媿集 41/22b

孝宗皇帝謚號下日改換銘旌奏告祝文 宋本攻媿集 41/23b

孝宗皇帝攢宮神圃除去鋪屋寢木等奏告昭慈聖獻皇后永祐思陵祝文 宋本攻媿集 41/23b

孝宗皇帝祔廟修製祏室太廟殿宇廊廡權奉安祖宗神主於初獻廳時前奏告祝文 宋本攻媿集 42/1a

權奉安神主祝文 宋本攻媿集 42/1a

祭祀太廟土地祝文 宋本攻媿集 42/1b

孝宗皇帝梓宮發引祝文啓攢 宋本攻媿集 42/2a

前夕日初昏奏告 宋本攻媿集 42/2a

發引時前祭告 宋本攻媿集 42/2a

啓奠行禮 宋本攻媿集 42/2a

祖奠行禮 宋本攻媿集 42/2b

下皇堂時前奏告 宋本攻媿集 42/2b

掩攢畢迎奉御容詣下宮奉安 宋本攻媿集 42/3a

孝宗皇帝梓宮發引奏告天地社稷太廟別廟太一宮祝文 宋本攻媿集 42/3a

天慶觀報恩光孝觀青詞 宋本攻媿集 42/3a

冬至節孝宗皇帝几筵水陸道場齋文 宋本攻媿集 42/3b

至攢宮奏告帝后祝文 宋本攻媿集 42/3b

皇帝本命萬壽觀青詞 宋本攻媿集 42/4b

孝宗皇帝虞主自浙江還重華宮鼓吹導引曲道宮 宋本攻媿集 42/5a

孝宗皇帝神主自重華宮至太廟祔廟鼓吹導引曲 宋本攻媿集 42/5a

滿散朱表 宋本攻媿集 42/5a

孝宗皇帝虞祭畢卒哭行祭禮祝文 宋本攻媿集 42/5b

孝宗皇帝祔廟樂章 宋本攻媿集 42/11b

太廟修置太祖至高宗室帝后神主祏室畢工時前奏告還殿室祝文 宋本攻媿集 42/12a

還殿正奉安祝文 宋本攻媿集 42/12a

孝宗皇帝祔廟時前告遷成穆成恭皇后神主諦輕次權行奉安以俟同時祔謂升祔祝文 宋本攻媿集 42/12b

太上皇帝本命太一宮設醮青詞 宋本攻媿集 42/12b

滿散朱表 宋本攻媿集 42/13a

孝宗皇帝神主祔廟前二日奏告祝文天地 宋本攻媿集 42/13a

宗廟 宋本攻媿集 42/13b

別廟 宋本攻媿集 42/13b

太社大稷 宋本攻媿集 42/14a

太一宮 宋本攻媿集 42/14a

天慶觀報恩光孝觀青詞 宋本攻媿集 42/14a

改元慶元奏告昭慈聖獻皇后永祐思陵永思陵永阜陵成穆成恭皇后攢宮表文 宋本攻媿集 42/14b

皇帝本命萬壽觀設醮青詞 宋本攻媿集 42/18b

滿散朱表 宋本攻媿集 42/18b

宗廟 宋本攻媿集 42/19a

改元奏告祝文天地 宋本攻媿集 42/19a

社稷 宋本攻媿集 42/19b

太一宮 宋本攻媿集 42/19b

上辛祀感生帝以太祖升侑奏告祝文天地 宋本攻媿集 43/1a

宗廟 宋本攻媿集 43/1a

社稷 宋本攻媿集 43/1b

諸陵諸攢宮表文 宋本攻媿集 43/1b

奏告太廟祝文 宋本攻媿集 43/2b

僖祖順祖翼祖宣祖還殿正奉安祝文 宋本攻媿集 43/2b

春分前修飾攢宮奏告諸陵祝文 宋本攻媿集 43/11a

太上皇帝本命太一宮設醮青詞 宋本攻媿集 43/11b

滿散朱表 宋本攻媿集 43/12a

進奉皇太后生辰表詞 宋本攻媿集 43/12b

太陽交蝕奏告太社祝文 宋本攻媿集 43/13a 攻媿集 48/11a

功德疏文 宋本攻媿集 43/13a

陰雲不見祭謝祝文 宋本攻媿集 43/13b 攻媿集

48/11a

滿散朱表 宋本攻媿集 43/13b

皇帝本命萬壽觀設醮青詞 宋本攻媿集 43/13b

太上皇帝本命太一宮詞醮青詞 宋本攻媿集 43/16a

滿散朱表 宋本攻媿集 43/16b

太一宮祝延太上皇帝聖壽設醮青詞 宋本攻媿集 43/23a

滿散朱表 宋本攻媿集 43/23b

滿散朱表 宋本攻媿集 43/25b

皇帝本命萬壽觀設醮青詞 宋本攻媿集 43/25b

孝宗皇帝小祥奏告永阜陵攢宮表詞 宋本攻媿集 43/26a

諸陵攢宮表文 宋本攻媿集 44/9a

閏四月起居諸帝后表詞諸帝旦表 宋本攻媿集 44/11b

諸后旦表 宋本攻媿集 44/12a

諸帝望表 宋本攻媿集 44/12b

諸后望表 宋本攻媿集 44/12b

雨澤愆期奏告祝文青詞天地十种太一九宮貴神嶽鎮海瀆 宋本攻媿集 44/17b

皇帝本命萬壽觀設醮青詞 宋本攻媿集 45/4b

滿散朱表 宋本攻媿集 45/4b

禳蝗祝文天地 宋本攻媿集 45/4b

社稷 宋本攻媿集 45/5a

酺神 宋本攻媿集 45/5b

零祀祝文前一日奏告太宗室 宋本攻媿集 45/9b

上帝 宋本攻媿集 45/9b

太宗 宋本攻媿集 45/10a

皇地祇 宋本攻媿集 45/10b

再奏告宗廟別廟 宋本攻媿集 45/10b

太社太稷嶽鎮海瀆五方山林 宋本攻媿集 45/11a

成肅皇后中元節水陸道場齋文 宋本攻媿集 45/13b

內中禳蝗設醮青詞 宋本攻媿集 45/18b

祈雨感應報謝祝文青詞 宋本攻媿集 45/19b

宗廟 宋本攻媿集 45/19b

十神太一九宮貴神 宋本攻媿集 45/20a

嶽鎮海瀆五方山林 宋本攻媿集 45/20a

天慶觀報恩光孝觀青詞 宋本攻媿集 45/20b

太社太稷雨師雷師風師 宋本攻媿集 45/20b

安穆安恭皇后改諡告太廟祝文 攻媿集 48/1b

大行至尊壽皇聖帝靈座祝文 攻媿集 48/2a

奉上孝宗皇帝諡册寶成穆成恭皇后改諡册寶

奏告天地社稷十神太一祝文 攻媿集 48/2a

孝宗皇帝諡號下日改換銘旌奉告祝文 攻媿集 48/2b

孝宗皇帝攢宮神圓除去鋪屋寨木等奏告昭慈聖獻皇后永祐永思陵祝文 攻媿集 48/2b

孝宗皇帝祔廟修製拓室太廟殿宇廊廡權奉安祖宗神主於初獻廳時前奏告祝文 攻媿集 48/3a

權奉安神主祝文 攻媿集 48/3a

祭祀太廟土地祝文 攻媿集 48/3b

孝宗皇帝梓宮發引祝文

啓攢 攻媿集 48/3b

前夕日初昏奏告 攻媿集 48/4a

發引時前祭告 攻媿集 48/4a

啓奠行禮 攻媿集 48/4a

祖奠行禮 攻媿集 48/4b

下皇堂時前奏告 攻媿集 48/4b

掩攢畢迎奉御容諸下宮奉安 攻媿集 48/4b

孝宗皇帝梓宮發引奏告天地社稷太廟別廟太一宮祝文 攻媿集 48/5a

至攢宮奏告帝后祝文 攻媿集 48/5a

孝宗皇帝虞主自浙江還重華宮鼓吹導引曲 攻媿集 48/5b

孝宗皇帝神主自重華宮至太廟祔廟鼓吹導引曲 攻媿集 48/5b

孝宗皇帝虞祭畢卒哭行禮祝文 攻媿集 48/6a

孝宗皇帝神主祔廟並成穆成恭皇后神主同時祔謁升祔奏告祖宗帝后祝文 攻媿集 48/6a

孝宗皇帝祔廟樂章 攻媿集 48/6a

太廟修置太祖至高宗室帝后神主拓室畢工時前奏告還殿室祝文 攻媿集 48/6b

還殿正奉安祝文 攻媿集 48/6b

孝宗皇帝祔廟時前告還成穆成恭皇后神主諸幃次權行奉安以俟同時祔謁升祔祝文 攻媿集 48/7a

孝宗皇帝神主祔廟前二日奉告祝文

天地 攻媿集 48/7a

宗廟 攻媿集 48/7b

別廟 攻媿集 48/7b

太社太稷 攻媿集 48/7b

太一宮 攻媿集 48/8a

改元慶元奏告昭慈聖獻皇后永祐陵永思陵水阜陵成穆成恭皇后攢宮表文 攻媿集 48/8a

改元奏告祝文

天地　攻媿集 48/8b
宗廟　攻媿集 48/8b
社稷　攻媿集 48/8b
太一宮　攻媿集 48/9a
上辛祀感生帝以太祖升侑奏告祝文
天地　攻媿集 48/9a
宗廟　攻媿集 48/9b
社稷　攻媿集 48/9b
諸陵諸攢宮表文　攻媿集 48/9b
僖祖順祖翼祖宣祖還正殿奉安祝文　攻媿集 48/10a
奉告太廟祝文　攻媿集 48/10a
春分前修飾攢宮奏告諸陵祝文　攻媿集 48/10a
進奉皇太后生辰表詞　攻媿集 48/10b
孝宗皇帝小祥奏告永阜陵攢宮表詞　攻媿集 48/11a
改元嘉定奏告祝文
天地景靈宮天慶觀報恩光孝觀　攻媿集 48/11b
宗廟諸陵　攻媿集 48/12a
太社太稷　攻媿集 48/12a
太一宮　攻媿集 48/12a
諸陵攢宮表文　攻媿集 48/12b
閏四月起居諸帝后表詞
諸帝旦表　攻媿集 48/12b
諸后旦表　攻媿集 48/13a
諸帝望表　攻媿集 48/13a
諸后望表　攻媿集 48/13a
洞霄宮徑山天目山龍井祈雨祝文　攻媿集 48/13b
故皇子蕭王坦興靈前夕奠祭祭文　攻媿集 48/13b
成肅皇后小祥奏告永阜陵攢宮香表詞　攻媿集 48/14a
雨澤愆期奏告祝文
天地十神太一九宮貴神嶽鎭海瀆　攻媿集 48/14a
宗廟別廟　攻媿集 48/14b
太社太稷雨師雷師　攻媿集 48/15a
禜蝗祝文
天地　攻媿集 48/15a
社稷　攻媿集 48/15b
酺神　攻媿集 48/15b
零祀祝文

前一日奏告太宗室　攻媿集 48/16a
上帝　攻媿集 48/16a
太宗　攻媿集 48/16b
皇地祇　攻媿集 48/16b
再奏告宗廟別廟　攻媿集 48/17a
太社太稷嶽鎭海瀆五方山林　攻媿集 48/17b
內中禜蝗文　攻媿集 48/17b
祈雨感應報謝祝文
天地　攻媿集 48/18a
宗廟　攻媿集 48/18a
別廟　攻媿集 48/18b
十神太一九宮貴神　攻媿集 48/18b
嶽鎭海瀆五方山林　攻媿集 48/19a
太社太稷雨師雷師風師　攻媿集 48/19a
祭告酺神　攻媿集 48/19b
太一宮太上皇帝丁亥本命青詞　玉堂稿 11/1a
建康府開啓天申聖節道場青詞　玉堂稿 11/1a
滿散朱表　玉堂稿 11/1a
滿散朱表　玉堂稿 11/1b
太一宮太上皇帝丁亥本命青詞　玉堂稿 11/1b
太一宮壽聖明慈太上皇后生辰青詞　玉堂稿 11/2a
滿散朱表　玉堂稿 11/2a
太一宮開啓會慶節靈寶道場青詞　玉堂稿 11/2b
萬壽觀開啓會聖道場青詞　玉堂稿 11/2b
滿散朱表　玉堂稿 11/2b
建康府開啓會慶聖節道場青詞　玉堂稿 11/3a
滿散朱表　玉堂稿 11/3a
建康府會慶聖節道場青詞　玉堂稿 11/3b
萬壽觀太上皇帝丁亥本命青詞　玉堂稿 11/3b
滿散朱表　玉堂稿 11/3b
滿散朱表　玉堂稿 11/4a
萬壽觀太上皇帝本命青詞　玉堂稿 11/4a
萬壽觀安奉丁未本命相屬星官位牌青詞　玉堂稿 11/4b
滿散朱表　玉堂稿 11/4b
萬壽觀太上皇帝丁亥本命青詞　玉堂稿 11/5a
萬壽觀開啓天申聖節道場青詞　玉堂稿 11/5a
萬壽觀太上皇帝丁亥本命青詞　玉堂稿 11/5b
滿散朱表　玉堂稿 11/5b
滿散朱表　玉堂稿 11/6a
太一宮壽聖齊明廣慈太上皇后生辰青詞　玉堂稿 11/6a

萬壽觀太上皇帝丁亥本命青詞 玉堂稿 11/6a

明堂大禮前於天慶觀開啓預告道場青詞 玉堂稿 11/6b

滿散朱表 玉堂稿 11/6b

明堂大禮畢告謝青詞 玉堂稿 11/7a

滿散朱表 玉堂稿 11/7a

萬壽觀太上皇帝丁亥本命青詞 玉堂稿 11/7a

滿散朱表 玉堂稿 11/7b

太一宮開啓會慶聖節道場青詞 玉堂稿 11/7b

滿散朱表 玉堂稿 11/8a

建康府啓建會慶聖節道場青詞 玉堂稿 11/8a

萬壽觀開啓會慶聖節道場青詞 玉堂稿 11/8b

滿散朱表 玉堂稿 11/8b

皇帝進奉聖明慈太上皇后生辰功德疏文 玉堂稿 11/9a

滿散朱表 玉堂稿 11/9a

萬壽觀太上皇帝丁亥本命青詞 玉堂稿 11/9a

皇帝進奉壽聖明慈太上皇后生辰表詞 玉堂稿 11/9b

萬壽觀太上皇帝丁亥本命青詞 玉堂稿 12/1a

滿散朱表 玉堂稿 12/1a

建康府茅山崇禧觀開啓天申節道場青詞 玉堂稿 12/1b

臨安府仲春就吳山忠壯英烈威顯王廟設醮青詞 玉堂稿 12/1b

萬壽觀開啓天申節道場青詞 玉堂稿 12/2a

滿散朱表 玉堂稿 12/2a

滿散朱表 玉堂稿 12/2b

萬壽觀太上皇帝丁亥本命道場青詞 玉堂稿 12/2b

天慶觀報恩光孝觀青詞 玉堂稿 12/3a

臨安府仲秋醮祭吳山忠壯英烈威顯王青詞 玉堂稿 12/3a

太乙宮壽聖齊明廣慈太上皇后生辰青詞 玉堂稿 12/3b

滿散朱表 玉堂稿 12/3b

滿散朱表 玉堂稿 12/4a

萬壽觀純福殿開啓安奉太上皇帝今上皇帝本命相屬星官位牌青詞 玉堂稿 12/4a

太乙宮申乙撰開啓會慶聖節道場青詞 玉堂稿 12/4b

建康府茅山崇禧觀啓建會慶聖節道場青詞 玉堂稿 12/5a

滿散朱表 玉堂稿 12/5a

天慶觀報恩光孝觀青詞 玉堂稿 12/5b

滿散朱表 玉堂稿 12/5b

萬壽觀太上皇帝丁亥本命道場青詞 玉堂稿 12/6a

滿散朱表 玉堂稿 12/6a

滿散朱表 玉堂稿 12/6b

萬壽觀太上皇帝丁亥本命道場青詞 玉堂稿 12/4b

萬壽觀申撰開啓天申聖節道場 玉堂稿 12/7a

滿散朱表 玉堂稿 12/7a

太乙宮太上皇帝丁亥本命青詞 玉堂稿 12/7b

太乙宮開啓天申節道場青詞 玉堂稿 12/7b

滿散朱表 玉堂稿 12/7b

滿散朱表 玉堂稿 12/8a

皇帝進奉太上皇后生辰表詞 玉堂稿 12/8a

太乙宮太上皇后生辰青詞 玉堂稿 12/8b

皇帝進奉太上皇后生辰功德 玉堂稿 12/8b

萬壽觀會慶節道場青詞 玉堂稿 12/9a

滿散朱表 玉堂稿 12/9a

明堂大禮修整雅飾太廟畢士時前奏告祖宗帝后神主還殿室祝文 玉堂稿 19/1b

正奉安祖宗帝后神主祝文 玉堂稿 19/2a

正奉安懿節皇后祝文 玉堂稿 19/2a

安穆皇后安恭皇后祝文 玉堂稿 19/2b

明堂大禮畢皇后賀皇帝表詞 玉堂稿 19/2b

皇帝答皇后詔本 玉堂稿 19/2b

天慶觀預告五嶽四瀆祝文 玉堂稿 19/3a

雷神雨師祝文 玉堂稿 19/3a

社稷祝文 玉堂稿 19/3b

天地祝文 玉堂稿 19/3b

五嶽四瀆祝文 玉堂稿 19/4a

別廟懿節皇后安穆安恭皇后祝文 玉堂稿 19/4a

十神太一祝文 玉堂稿 19/4b

宗廟祝文 玉堂稿 19/4b

皇帝進奉太上皇后生辰表詞 玉堂稿 19/5a

九宮貴神祝文 玉堂稿 19/5a

奉分前修整補種奏告昭慈聖獻皇后攢宮永祐陵攢宮表文 玉堂稿 19/5b

皇帝進奉太上皇后生辰功德疏 玉堂稿 19/5b

安恭安穆皇后攢宮祝文 玉堂稿 19/6a

仲春修整修換殿室什物並補種棗木奏告昭慈聖獻皇后攢宮永祐陵攢宮表文 玉堂稿 19/4a

顯恭皇后表文 玉堂稿 19/4a

安穆皇后安恭皇后攢宮祝文 玉堂稿 19/6b

奉告徽宗皇帝神帳朱漆暗淡起剝合行重朱換殿脊攔損爛告遷神御權安奉表文 玉堂稿 19/4b

奉告徽宗皇帝神帳重行朱漆並重換殿脊攔畢工告遷神御還殿正奉安表文 玉堂稿 19/7a

奉告顯肅顯仁皇后神帳朱漆暗淡起剝合行重朱告遷神御權安奉表文 玉堂稿 19/7a

權宮下宮疏漏翻瓦祭告告遷安恭皇后神御於殿東廊權奉安祝文 玉堂稿 19/7a

太常寺申撰成都府新繁縣裝飾六朝御容衣紋及修飾殿宇奏告祝文 玉堂稿 19/7b

奉告顯肅顯仁皇后神帳重行朱漆畢工告遷神御還殿正奉安表文 玉堂稿 19/7b

安恭安穆皇后攢宮祝文 玉堂稿 20/1a

奉告懿節皇后神帳朱漆暗淡起剝並帳座損爛及架攔走趁修換重行舉正告遷神御權安奉表文 玉堂稿 20/1b

祭告安恭皇后爲下宮殿內疏漏箔翻瓦畢工告遷神御還殿正奉安祝文 玉堂稿 20/1b

奏告懿節皇后神帳朱漆暗淡起剝並帳座損爛及後架攔走趁修換重行舉正畢工告遷神御還殿正奉安表文 玉堂稿 20/2a

報謝天地祝文 玉堂稿 20/2a

太乙文 玉堂稿 20/2b

社稷祝文 玉堂稿 20/2b

九宮貴神祝文 玉堂稿 20/2b

太廟祝文 玉堂稿 20/2b

五嶽五鎮祝文 玉堂稿 20/2b

四海四瀆祝文 玉堂稿 20/3a

安穆安恭皇后祝文 玉堂稿 20/3a

別廟懿節黃后祝文 玉堂稿 20/3a

進呈安奉前二日奏告景靈宮中後殿祝文 玉堂稿 20/3a

雷神雨師祝文 玉堂稿 20/3a

閏三月旦望起居景靈宮諸神御並永祐陵攢宮昭慈聖獻皇后攢宮會聖宮等表詞本 玉堂稿 20/3b

閏三月旦望起居景靈宮諸神御並永祐陵攢宮昭慈聖獻皇后攢宮會聖宮等表詞本 玉堂稿 20/4a

孟夏車駕詣景靈宮朝獻祝香文 玉堂稿 20/4b

太陽交蝕祭告祝文 玉堂稿 20/4b

太陽交蝕祭謝祝文 玉堂稿 20/4b

孟冬車駕詣景靈宮朝獻祝香文 玉堂稿 20/4b

明堂大禮禮畢車駕詣景靈宮恭謝祝香文 玉堂稿 20/5a

孟夏車駕詣景靈宮朝獻祝香文 玉堂稿 20/5a

孟春車駕詣景靈宮朝獻祝香文 玉堂稿 20/5a

太常寺申撰進皇安奉三祖下上五世宗藩慶系錄真宗皇帝五陵奏告青詞 玉堂稿 20/5b

告謝五嶽四瀆祝文 玉堂稿 20/5b

孟春車駕詣景靈宮朝獻祝香文 玉堂稿 20/5b

安奉奏告中後殿祝文 玉堂稿 20/6a

孟夏車駕詣景靈宮朝獻祝香文 玉堂稿 20/6a

孟春車駕詣景靈宮朝獻祝香文 玉堂稿 20/6b

孟秋車駕詣景靈宮朝獻祝香文 玉堂稿 20/6b

孟冬車駕詣景靈宮朝獻祝香文 玉堂稿 20/6b

明堂奏告天地宗廟社稷別廟祝文 玉堂稿 20/7a

宗廟祝文 社稷祝文 玉堂稿 20/7a

孟秋車駕詣景靈宮朝獻祝香文 玉堂稿 20/7a

別廟祝文 玉堂稿 20/7b

奏告五嶽四瀆祝文 玉堂稿 20/7b

祭告五嶽四海四瀆祝文 玉堂稿 20/7b

明堂大禮前二日朝獻景靈宮分詣奏告中後殿祝文 玉堂稿 20/8a

青詞 玉堂稿 20/8a

奏告安穆皇后安恭皇后攢宮祝文 玉堂稿 20/8a

後殿祝文 玉堂稿 20/8a

奏告安穆皇后安恭皇后攢宮祝文 玉堂稿 20/8b

奏告諸陵帝后及昭慈聖獻皇后攢宮永祐陵攢宮表文 玉堂稿 20/8b

萬壽觀太上皇帝丁亥本命青詞 玉堂稿

明堂大禮告五嶽文 後樂集 5/15b

明堂大禮告四瀆文 後樂集 5/15b

明堂大禮前二日朝獻景靈宮分詣奏告中殿後殿文 後樂集 5/15b

祭九宮貴神文 後樂集 5/16a

祭社稷文 後樂集 5/16a

祭后土句龍氏文 後樂集 5/16b

明堂大禮前二日奏告太祖皇帝太宗皇帝配享文 後樂集 5/16b

明堂大禮前一日朝享太廟柑七祀文 後樂集 5/17a

明堂大禮畢謝五嶽四瀆文 後樂集 5/17a

太皇太后諡册寶前一日告於太廟　後樂集 5/ 18a

太皇太后諡册寶前二日奏告天地宗廟社稷太乙宮　後樂集 5/18a

太皇太后標劃神穴除去有礙寢木雜墻奏告諸陵表　後樂集 5/18b

太皇太后梓宮發引掩攢文　後樂集 5/19b

成肅皇太后虞祭禮畢行卒哭文　後樂集 5/19b

太皇太后梓宮發引掩攢宮奏告安奉御容文　後樂集 5/19b

遷祖宗神祖於初獻膰權奉安前時奏告　後樂集 5/20a

前時奏告別廟　後樂集 5/20a

前時奏告四祖　後樂集 5/20a

奏告宗廟　後樂集 5/20b

祭告太廟土地　後樂集 5/21a

權奉安奏告　後樂集 5/21a

改元奏告天地社稷太乙宮祝文　東澗集 9/15a

改元奏告宗廟祝文　東澗集 9/15b

改元奏告諸陵祝文　東澗集 9/15b

諸陵補種祝文　東澗集 9/15b

太廟祖宗帝后神主權奉安祝文　東澗集 9/16a

告遷祖宗帝后還殿祝文　東澗集 9/16a

顯宮皇后下宮修換了畢告遷神御還殿祝文　東澗集 9/16b

萬壽觀純福殿開啓甲子本命道場青詞　平齋集 16/13b

太一宮祈晴醮青詞　平齋集 16/14a

朱表　平齋集 16/14a

永祐陵下宮顯宮皇后殿神帳後壁山墻圮損修整畢告遷神御還殿表文　平齋集 16/14a

孟冬朝獻祝香文　平齋集 16/14b

昭德崇勳閣安奉太師趙汝愚貌像祝文　平齋集 16/14b

祭功臣二十三人祝文　平齋集 16/14b

甲子本命青詞　平齋集 16/15a

滿散朱表　平齋集 16/15a

太一宮交年醮青詞　平齋集 16/15b

立春祭太一祝文　平齋集 16/15b

天基聖節青詞　平齋集 16/16a

朱表　平齋集 16/16a

雨師雷師風師祝文　平齋集 16/16b

孟春朝獻祝香文　平齋集 16/16b

孟夏朝獻祝香文　平齋集 16/16b

攢宮補種祝文　平齋集 16/16b

孟秋朝獻祝香文　平齋集 16/17a

昭慈聖憲皇后永思陵憲節皇后憲聖慈烈皇后下宮修葺奏遷神御表文　平齋集 16/17a

祈晴設醮青詞　真西山集 23/4b

太陽交蝕奏告祝文　真西山集 23/5a

祭謝祝文　真西山集 23/5a

求晴設醮青詞　真西山集 23/5a

祈晴祝文天地宗廟社稷等　真西山集 23/5b-6a

祈晴感應報謝祝文天地宗廟社稷等　真西山集 23/6a

宗廟祝文　真西山集 23/6a

報恩天慶觀青詞　真西山集 23/6b

茅山崇禧觀啓建瑞慶聖節道場設醮青詞　真西山集 23/6b

茅山崇禧觀啓建瑞慶聖節道場滿散朱表　真西山集 23/7a

太陽交蝕祭告祝文　真西山集 23/7a

太陽交蝕祭謝祝文　真西山集 23/7a

茅山崇禧觀啓建瑞慶聖節道場設醮青詞　真西山集 23/7b

茅山崇禧觀啓建瑞慶聖節道場設醮滿散朱表　真西山集 23/7b

太一宮申乙攢星辰不順保國安民内中後殿設醮青詞　真西山集 23/8a

修整攢宮殿宇圍墻補種寢木奏告昭慈聖獻皇后等處表文　真西山集 23/8b

修整攢宮殿宇圍墻補種寢木奏告恭淑皇后祝文　真西山集 23/8b

郊祀大禮禮畢祭謝吳天玉皇上帝聖祖天尊大帝元天大聖后表詞　真西山集 23/9a

郊祀大禮禮畢奏謝諸帝后表詞　真西山集 23/9a

郊祀大禮禮畢祭謝南嶽東海南海南濱祝文　真西山集 23/9a

郊祀大禮禮畢祭謝南鎮會稽山祝文　真西山集 23/9b

攢宮修換殿宇補種寢木奏告昭慈聖獻皇后等處表文　真西山集 23/9b

攢宮修換殿宇補種寢木奏告恭淑皇后祝文　真西山集 23/10a

内中後殿設醮祈禱豐稔歲康保國安民青詞　真西山集 23/10a

建康府茅山崇禧觀啓建瑞慶節道場設醮青詞　真西山集 23/10b

建康府茅山崇禧觀啓建瑞慶節道場設醮朱表

真西山集 23/11a

進呈中興經武要略安奉青詞　真西山集 23/11a

進呈中興經武要略安奉中殿祝文　真西山集 23/11a

建康府茅山崇禧觀啓建瑞慶聖節設醮青詞　真西山集 23/11b

建康府茅山崇禧觀啓建瑞慶聖節設醮朱表　真西山集 23/11b

立秋祀五福十神太一祝文　鶴山集 14/3a

顯恭皇后下宮修砌山墻告遷神御表文　鶴山集 14/5b

皇帝甲子本命就開元宮設醮　鶴山集 14/7b

告太一祝文　鶴山集 14/8a

趙汝愚配享寧宗廟庭奏告太廟景靈宮祖宗祝文　鶴山集 14/8a

明堂奏告天慶觀報恩觀祝文　翰林集 5/2a

明堂奏告諸陵攢宮祝文　翰林集 5/2a

明堂奏告四瀆五嶽四海祝文　翰林集 5/2b

明堂奏告嶽瀆海路通去處祝文　翰林集 5/2b

明堂奏告遷神主祝文　翰林集 5/2b

明堂禮成奏謝景靈宮萬壽觀會聖宮太乙宮　翰林集 5/6a

明堂禮成奏謝諸陵攢宮　翰林集 5/6b

明堂禮成奏謝五嶽二海四瀆　翰林集 5/6b

明堂禮成奏謝諸陵　翰林集 5/7a

明堂禮成奏謝南海南瀆南嶽　翰林集 5/7a

明堂禮成奏謝南鎮會稽山　翰林集 5/7a

明堂禮成奏謝改元諸殿奏告　翰林集 5/7b

明堂禮成奏謝孝宗皇帝修換攢宮文　翰林集 5/7b

明堂禮成奏謝光宗皇帝修換攢宮文　翰林集 5/7b

明堂禮成奏謝寧宗皇帝攢宮文　翰林集 5/8a

明堂禮成奏謝昭慈聖獻皇后等奉安神御文　翰林集 5/8a

明堂禮成奏謝恭聖攢殿修整奏告文　翰林集 5/8b

明堂禮成奏謝恭淑皇后修整攢宮殿文　翰林集 5/8b

明堂大禮前於天慶觀啓建預告九位五嶽四瀆道場青詞　後村集 58/1a

明堂大禮前於天慶觀啓建預告九位五嶽四瀆道場滿散朱表　後村集 58/1a

太乙宮啓建明堂大禮預告祈晴道場滿散醮一千二百位分青詞　後村集 58/1b

大禮前二日朝獻景靈宮分詣九天大聖后青詞　後村集 58/1b

明堂禮畢奏謝諸陵攢宮表文　後村集 58/2a

明堂大禮畢於天慶觀啓建告謝青詞　後村集 58/2a

明堂大禮畢於天慶觀啓建告謝滿散朱表　後村集 58/2b

天基聖節茅山設醮　後村集 58/2b

天基聖節茅山設醮滿散朱表　後村集 58/3a

太乙宮中奉聖旨今月二十七日就靈休殿醮交年清醮并正月三日修設天基聖節清交年醮青詞醮青詞兩道　後村集 58/3a

太乙宮中奉聖旨今月二十七日就靈休殿設醮交年清醮並正月三日修設天基聖節清醮請詞兩道　後村集 58/3b

正月二日恭遇皇帝甲子萬壽觀設醮詞　後村集 58/3b

正月二日恭遇皇帝甲子萬壽觀設醮滿散朱表　後村集 58/4a

仲春潮旺就吳山忠清廟設醮祈保江岸詞　後村集 58/4a

三月三日恭遇皇帝甲子本命萬壽觀設醮詞　後村集 58/4b

三月三日恭遇皇帝甲子本命萬壽觀設醮滿散朱表　後村集 58/4b

立夏就龍翔宮正陽殿修設感生帝醮詞　後村集 58/5a

七月四日恭遇皇帝甲子萬壽觀設醮詞　後村集 58/5a

七月四日恭遇皇帝甲子萬壽觀設醮滿散朱表　後村集 58/5a

仲秋潮旺就吳山忠清廟設醮祈保江岸詞　後村集 58/5b

天基聖節萬壽觀設醮　後村集 58/5b

天基聖節萬壽觀設醮滿散朱表　後村集 58/6a

天基聖節茅山設醮請詞　後村集 58/6a

天基聖節茅山設醮滿散朱表　後村集 58/6b

正月七日恭遇皇帝甲子本命萬壽觀設醮請詞　後村集 58/6b

仲春潮旺就吳山忠清廟設醮祈保江岸請詞　後村集 58/7a

太乙宮中保蠶麥設醮請詞　後村集 58/7a

三月八日恭遇皇帝甲子本命萬壽觀設醮請詞　後村集 58/7b

三月八日恭遇皇帝甲子本命萬壽觀設醮滿散朱表　後村集 58/7b

立夏就龍翔宮正陽殿修設感生帝醮詞　後村集 58/7b

成穆太后慈懿皇后攢宫修造奏告表文　後村集 58/9b

慈懿皇后宫修换翻盖奏告告遷神御表文　後村集 58/9b

慈懿皇后宫造遷神御權奉安表文　後村集 58/9b

仲春補種諸陵攢宫表文　後村集 58/10a

昭慈聖獻皇后上宫等處翻盖修整奏告表文　後村集 58/10a

昭慈聖獻皇后下宫等處翻盖修整奏告告遷神御表文　後村集 58/10a

昭慈聖獻皇后下宫翻盖修整權奉安神御表文　後村集 58/10b

成穆皇后攢宫下宫殿宇翻瓦抽换奏告告遷神御表文　後村集 58/10b

成穆皇后攢宫下宫殿宇翻瓦抽换權奉安表文　後村集 58/10b

赤山攢宫成恭慈懿皇后下宫並已修整了畢告遷神御還殿及正奉安表文時前告遷　後村集 58/11a

紹興府攢宫修盖高宗皇帝憲節皇后憲聖慈烈皇后孝宗皇帝成肅皇后光宗皇帝寧宗皇帝恭聖仁烈皇后攢殿神門并神御殿神門並已脱换扦枋櫺柵重新盖瓦畢備合同告遷奉安告遷神御　後村集 58/11b

紹興府攢宫修盖高宗皇帝憲聖慈烈皇后孝宗皇帝成肅皇后光宗皇帝寧宗皇帝恭聖仁烈皇后攢殿神門並神御殿神門並已脱换扦枋櫺柵重新盖瓦畢備合同告遷奉安正奉安　後村集 58/12a

仲春補種諸陵攢宫窆本及修奉殿宇衣帳什物表文　後村集 58/12a

成恭皇后恭淑皇后上宫翻盖殿宇龜頭奏告表文　後村集 58/12a

明堂修整太廟大殿並四祖殿合用前時奏告神御正奉安祝文十七首共一篇　後村集 59/1a

仲秋潮旺祭告南濱大江昭靈孚應威德博濟王祝文　後村集 59/1b

仲秋潮旺祭告南濱大江昭靈孚應威德博濟王從祀五廟祝文　後村集 59/1b

明堂大禮分祭九宫貴神祝文共一篇　後村集 59/2a

明堂大禮分祭社稷祝文共一篇　後村集 59/2a

仲秋潮旺祭告南濱大江昭靈孚應威德博濟王

滿散五嶽四瀆祝文二首係一篇　後村集 59/2a

明堂大禮分祭后土氏后稷氏祝文　後村集 59/2a

明堂前二日朝獻景靈宫分詣祖宗帝后祝文　後村集 59/2b

明堂禮畢祭謝嶽瀆祝文　後村集 59/2b

明堂畢告謝五嶽四瀆祝文　後村集 59/2b

中太乙宫祝文立春　後村集 59/3a

西太乙宫祝文立春　後村集 59/3a

祝海神仲春　後村集 59/3b

祭南濱仲春　後村集 59/3b

從祀五廟仲春　後村集 59/3b

三月一日太陽交蝕合用祭告太社　後村集 59/4a

陰雲不見祭謝太社　後村集 59/4a

太廟修整合用奏告權奉安祝文奏告　後村集 59/4b

太廟修整合用奏告權奉安祝文權奉安　後村集 59/4b

太廟修整合用奏告權奉天祝文太廟土地　後村集 59/4b

孟冬車駕朝獻祝香　後村集 59/5a

十月四日立冬祀太乙十神中太乙宫　後村集 59/5a

十月四日立冬祀太乙十神西太乙宫　後村集 59/5a

仲春祭海神　後村集 59/5b

仲春祭南濱　後村集 59/5b

仲春祭祀五廟　後村集 59/5b

修整太廟册寶殿合用奏告大殿十三帝后　後村集 59/6a

中太乙宫立秋祀太乙十神　後村集 59/6b

西太乙宫　後村集 59/6b

孟秋朝獻車駕詣宫行禮祝香　後村集 59/6b

九虞祭第一虞至第六虞太常卿行禮　四明文獻集 4/25a

告文

九虞祭第二虞　四明文獻集 4/25a

告文

九虞祭第三虞　四明文獻集 4/25b

告文

九虞祭第四虞　四明文獻集 4/25b

告文

九虞祭第五虞　四明文獻集 4/25b

告文

九虞祭第六虞　四明文獻集 4/26a

告文

九虞祭第七虞至九虞皇帝親行禮　四明文獻集 4/26a

告文

九虞祭第八虞　四明文獻集 4/26a

告文

九虞祭第九虞　四明文獻集 4/26b

遣守臣奏告南嶽　四明文獻集 4/26b

奏告滁州端命殿太祖黃帝神御　四明文獻集 4/27a

祭濟王文　四明文獻集 4/27b

仲秋潮汎吳山忠清廟設醮青詞　四明文獻集 4/29a

醴泉觀雅飾真君聖像祭告青詞　四庫拾遺 25/文恭集

皇帝詣重華宮請上尊號表　播芳文粹 1/14a

再上尊號表　播芳文粹 1/15a

皇帝詣重華宮三請上尊號表　播芳文粹 1/16b

皇帝請上壽成皇后尊號牋（1－3）　播芳文粹 45/5a－6b

升祔二后祝文孫汝撰　蜀文輯存 5/2a

雅飾御容表本蘇軾撰　蜀文輯存 20/1a

上清宮成詔告諸廟祝文蘇軾撰　蜀文輯存 20/1b

安御容祝文蘇軾撰　蜀文輯存 20/1b

日食祈禱祝文蘇軾撰　蜀文輯存 20/1b

太后禳災疏唐庚撰　蜀文輯存 32/10b

伐廣後青詞李壁撰　蜀文輯存 75/27b

北嶽醮告文　金石萃編 130/10b

中嶽醮告文　金石萃編 130/28b

祭武襄公狄青文並序熙寧六年十一月　金石續編 15/41b

御祭狄青文熙寧六年十一月　山右石刻編 14/14a

叁、奏議表狀

【编纂説明】

（一）奏議表狀類下分奏議、諸表、公狀、公牘四目，然後按其內容再各分若干項。

（二）"奏議"目下又分總議治道、君道、學校科舉、官制、用人、聽言、兵制、禮樂、刑賞、農田水利、財賦、天文地理、災祥、宗室后妃、備禦征伐、營繕、釋道等十七項。每項之下諸篇目，均按宋人文集順序排列。

（三）"諸表"目下又分賀表、慰表、辭讓、謝表、陳乞、進上、起居表、遺表、其他等九項。每項之下諸篇目，亦均按宋人文集順序排列。

（四）"公狀"目下又分申上諸狀、賀謝諸狀兩項。每項之下諸篇目，亦按宋人文集順序排列。

（五）"公牘"目下不再分項，其諸篇目則按撰著者姓名筆畫排列；撰著人不詳者按宋人文集順序排列。

（六）"奏議"等目下各項中的諸篇目，類別的區分可能有所不當，請在相近項目下檢索。

一、奏　議

（一）總議治道

上太宗論軍國要機朝廷大禮　咸平集 1/14b 宋朝奏議 145/1a 宋文鑑 41/7b 歷代奏議 81/1a

上太宗條奏事宜　咸平集 1/19b 宋朝奏議 145/5a

上言時政表　河東集 10/6a 歷代奏議 29/6b

遇權要　文莊集 13/5b

退巧宦　文莊集 13/6b 歷代奏議 175/20b

去冗制　文莊集 13/10b 歷代奏議 197/16b

禁宦寺　文莊集 13/21b

總大綱奏　文莊集 15/10a 歷代奏議 29/14b

奏上時務書　范文正集 7/8b 宋朝奏議 14b/5a 歷代奏議 29/15a 宋文選 6/3a

答手詔條陳十事　范文正集/奏議上/1a 宋朝奏議 147/1a 宋文鑑 43/11b 歷代奏議 29/19b

再進前所陳十事　范文正集/奏議上/15a

答手詔五事　范文正集/奏議上/21b 歷代奏議 81/23a

論臣僚進對密陳機事即時外傳乞賜防閑　文恭集 7/7a

本風俗篇　景文集 25/8b

孝治篇　景文集 25/14a

訏虛名篇　景文集 25/16b

對策（仁宗皇帝閏天章閣親製策問）　包孝肅奏議 1/2a

七事　包孝肅奏議 1/9a 宋朝奏議 148/11a 歷代奏議 34/4a

論當今可行急務　武溪集/奏議上/18a

論更民劃子　雪山集 3/13a 歷代奏議 108/8a

論命令恩寵賜與三事疏　河南集 18/2a 歷代奏議 33/17a

赴河陽陛辭日面奏　文潞公集 22/1b 歷代奏議 39/1a

答奏（1－2）　文潞公集 27/3a－5b 歷代奏議 138/1a，331/3b

奏賜儒行中庸篇並七條事　文潞公集 30/1b 宋朝奏議 75/3b 歷代奏議 42/1a

進故事十門　文潞公集 30/3b

隨表劃子（1－19）　文潞公集 34/4a－10a

准詔言事上一作上封事書　歐陽文忠集 46/1a 播芳文粹 93/1a 宋文選 2/1a

論內出手詔六條劃子　歐陽文忠集 104/3b 歷代奏議 31/16a

政體論　樂全集 6/1a 歷代奏議 30/18b

立政之本在信命令　樂全集 6/3a

應賢良方正能直言極諫科對制策一道　樂全集 18/19b－21a 歷代奏議 30/7a

陳政事三條　樂全集 20/1a 歷代奏議 31/3a

請乘閒召大臣論事劃子　樂全集 20/8b 宋朝奏議 46/10b

論治道先後　樂全集 20/9b 歷代奏議 31/2a

郊禮赦書事目　樂全集 20/18b

録用近代有功邊將子孫　樂全集 20/18b

邊上守將量與賜賚　樂全集 20/19a

邊任臣僚　樂全集 20/19b

麟府州城中百姓老弱之口不能自存者若願渡河令即河東轉運司分處於近里州務令在濟　樂全集 20/19b

功臣許立私廟賜戰　樂全集 20/20a

京東稅賦　樂全集 20/20b

河北兩浙京東西或有流移令所在安存　樂全集 20/21a

郡縣官吏率敏　樂全集 20/21b

舉人　樂全集 20/21b

奏請赦書事節　樂全集 20/22a

一事請減定刺配刑名　樂全集 20/22a

一事請減均歲縣稅賦　樂全集 20/23a

論時政要務　樂全集 24/6a 歷代奏議 35/2b

論治道大體　樂全集 24/8a 宋朝奏議 21/5a 歷代奏議 38/11b

論變更省制事熙寧三年正月　樂全集 24/23a 宋朝奏議 111/2a 歷代奏議 69/5a

論五事　蘇學士集 11/14b－17b 歷代奏議 105/16a，159/23a，196/12b，210/9b－10a

劃子四首（國子監及胡瑗奏）　直講集/外 1/1b

上皇帝書　嘉祐集 9/1a 播芳文粹 93/15a 歷代奏議 32/1b

進輔宸篇狀　蔡忠惠集 9/1a　歷代奏議 32/20b

國論要目－日興治道、明禮、擇官、安民，二日正風俗，正凌慢、辨邪佞、廢食賦，三日謹財用、彊兵、富國、去冗，四日賞功實、原賞、任材、正刑　蔡忠惠集 18/1a－11b　宋朝奏議 148/15a　宋文鑑 102/14a，15a，103/1b　歷代奏議 34/18a

赴召修注上殿劄子　古靈集 5/2b　宋朝奏議 2/7b　歷代奏議 35/19b

初御殿進劄子　韓南陽集 24/5b　宋文鑑 52/14a　歷代奏議 35/11a

進答宣問劄子　韓南陽集 26/7a　歷代奏議 35/11b

上英宗皇帝書（1－3）　都官集 4/3a－12b

本朝政要策（1－50）　元豐稿 49/1－24a

論臣僚上殿屏人劄子　傳家集 22/3b　司馬溫公集 20/6a　歷代奏議 196/16b

上皇太后疏　傳家集 27/3b　司馬溫公集 25/3b　宋朝奏議 26/1b　歷代奏議 34/9b，135/8a

乞裁決機務上殿劄子　傳家集 28/7b　司馬溫公集 26/7a　宋朝奏議 21/1a　歷代奏議 34/9b

言爲治所先上殿劄子　傳家集 31/1a　司馬溫公集 28/8b　宋文鑑 49/1a　宋朝奏議 10/1b　歷代奏議 34/12b

陳治要上殿劄子　傳家集 32/1a　司馬溫公集 30/1b　宋朝奏議 8/3b　歷代奏議 34/11b

上體要疏　傳家集 43/1a　司馬溫公集 40/2a　宋朝奏議 8/7b　宋文鑑 49/7b　歷代奏議 36/1a

進修心治國之要劄子狀　傳家集 46/2b　司馬溫公集 46/3b　宋朝奏議 2/16a　歷代奏議 39/21b

乞裁斷政事劄子　傳家集 48/8a　司馬溫公集 49/1b

上仁宗皇帝言事書　臨川集 39/1a　王文公集 1/1a　播芳文粹 92/1a　歷代奏議 33/1a

上時政疏　臨川集 39/19a　王文公集 1/26b　歷代奏議 33/14b

上五事劄子　臨川集 41/4a　王文公集 1/28b　歷代奏議 256/6a

本朝百年無事劄子　臨川集 41/10a　宋朝奏議 109/1a　宋文鑑 51/9a　歷代奏議 35/12a

請聽政納言疏　鄞溪集 11/6b　宋朝奏議 21/1b　歷代奏議 34/16a

代轉對劄子　柯部集 13/1a

萬言書上仁宗皇帝　聲津集 9/1a

再上仁宗皇帝書　聲津集 9/17b－20b

論求治不可太急　范忠宣集/奏議上/13b　宋朝奏議 2/6b

論政事稽滯疏　忠肅集 4/3b　宋朝奏議 47/4b　歷代奏議 39/24b

論王霸劄子　二程集/（明道）39/5a　宋朝奏議 2/11b

宋文鑑 53/9b　歷代奏議 35/24b

論十事劄子　二程集/（明道）39/6b　宋朝奏議 149/3a　宋文鑑 53/11b　歷代奏議 35/22a

上仁宗皇帝書　二程集/（伊川）44/1a　歷代奏議 33/21b

爲家君上英宗皇帝書　二程集/（伊川）44/4b

制科策　合人集 1/2b　宋文鑑 110/1a　歷代奏議 42/20b

上皇帝書　蘇東坡全集/奏議 1/7b　宋朝奏議 110/4b　歷代奏議 36/13b

再上皇帝書　蘇東坡全集/奏議 1/26b　歷代奏議 37/1a

上皇帝書　蘇東坡全集/奏議 2/8a　歷代奏議 318/4a

述災沴論賞罰及修河事繳進歐陽修議狀劄子　蘇東坡全集/奏議 5/7a　歷代奏議 188/7b，252/7a

應詔論四事狀　蘇東坡全集/奏議 7/14b　歷代奏議 106/8a

乞檢會應詔所論四事行下狀　蘇東坡全集/奏議 8/12b

繳進應詔所論四事狀前進元祐五年六月奏狀　蘇東坡全集/奏議 8/19b

論積欠六事並乞檢會應詔所論四事一處行下狀　蘇東坡全集/奏議 11/1a　宋朝奏議 104/13b　歷代奏議 106/13b

再論積欠六事四事劄子　蘇東坡全集/奏議 11/18a　歷代奏議 245/19a

朝辭赴定州論事狀　蘇東坡全集/奏議 14/1a　宋朝奏議 8/16a　歷代奏議 41/9a

擬進士對御試策並引狀　蘇東坡全集/後集 10/15a　宋朝奏議 113/14a　宋文鑑 111/1b　歷代奏議 36/8a

論時政狀　蘇東坡全集/續 9/27b

上初即位論治道二首代呂申公　道德　刑政　蘇東坡全集/續 9/37a－39b　宋文鑑 55/8a，10a

上神宗皇帝書　蘇東坡全集/續 11/1a

上皇帝書　蘇東坡全集/續 11/30b　宋文鑑 54/1a

論臺諫封事留中不行狀　樂城集 36/1a　宋朝奏議 24/7a　歷代奏議 116/19b

論三省事多留滯狀　樂城集 37/6a

臣事策上（1－5）　樂城應詔集 7/1a－13b　宋文鑑 104/8a

臣事策下（1－5）　樂城應詔集 8/1a－14a　宋文鑑 104/－

民政策上（1－5）　樂城應詔集 9/1a－15a　宋文鑑 104/11a

民政策下（1－5）　樂城應詔集 10/1a－14b　宋文鑑 104/－歷代奏議 257/11a　蜀文輯存 21/9b

上殿劄子二道（辨邪正、論城濠）　范太史集 15/5a－6b

奏議表狀一　奏議　總議治道　1197

宋朝奏議 126/8b 歷代奏議 155/6a,316/17a

上殿論法度劄子 范太史集 16/6a 歷代奏議 42/11b

轉對條上四事狀 范太史集 22/2b 宋朝奏議 65/ 12b,72/11b,144/18a,318/17b 歷代奏議 139/1b

進故事 范太史集 27/1a 歷代奏議 42/2a

蔡州召還上殿劄子二首 陶山集 4/4b 歷代奏議 155/24b,102/6a,43/1a

上哲宗論治道 讜論集 1/10a 歷代奏議 41/11a

上哲宗論人和 讜論集 1/23b 歷代奏議 41/12b

上徽宗論豫戒六事 1.體道 2.稽古 3.修身 4. 仁民 5.崇儉 6.用人 讜論集 2/7a 宋朝奏議 4/ 4a 歷代奏議 43/17b

屬民 樂靜集 26/4b 歷代奏議 42/12b

封建郡縣議 西臺集 4/4a 歷代奏議 104/21a

進策

序篇 淮海集 12/1a

國論 淮海集 12/2a

主術 淮海集 12/4a

治勢上下 淮海集 12/5b-6b

安都 淮海集 13/1a

任臣上下 淮海集 13/2b-4b

朋黨上下 淮海集 13/6a-7b

人材 淮海集 14/1a

法律上下 淮海集 14/2b-4a

論議上下 淮海集 14/5b-7a

官制上下 淮海集 15/1a-2b

財用上下 淮海集 15/4a-6a

將帥 淮海集 16/1a

奇兵 淮海集 16/2b

辯士 淮海集 16/4a

謀主 淮海集 16/5b

兵法 淮海集 17/1a

盜賊上中下 淮海集 17/2a-5b

邊防上中下 淮海集 18/1a-5a

陳太平策 定夫集 6/1b

上淵聖皇帝 龜山集 1/1a

上欽宗皇帝(1-7) 龜山集 1/10b-23a 歷代奏議 293/5a

論時事 龜山集 4/1a-11a

上大元帥康王劄子 宗忠簡集 1/1a

條畫四事劄子 宗忠簡集 1/2a 歷代奏議 142/4a,188/ 22a,205/18a 南宋文範 12/2b

條畫五事疏 宗忠簡集 1/10b

元符三年應詔封事 嵩山集 1/1a

靖康初上殿劄子(1-3) 嵩山集 3/40a-41b 歷 代奏議 102/7a,45/10b

論治道 滿水集 1/1a 歷代奏議 44/9a

論虛名實幣 滿水集 1/5a 歷代奏議 44/9b

論執政大臣不和疏 道鄉集/補遺 5a

疏請繼述五朝善政 道鄉集/補遺 26b

上皇帝書(1-2) 浮沚集 1/1a,1/2a 歷代奏議 44/ 2a,196/23a

代開封尹奏獲到闖遣物劄子二首 竹隱集 9/5a

上皇帝萬言書 跨繁集 19/1a 歷代奏議 43/1a

論道治劄子 高峯集 2/3a 歷代奏議 48/22b

漳州到任條具民間利病五事奏狀 高峯集 5/6a

進故事 高峯集 6/1a

上十事劄子 橫塘集 9/8b 歷代奏議 46/24b

奏論治體劄子 石林奏議 4/5a 歷代奏議 48/21a

進故事龍謹日講建官翰林學士兩省官輪進 程北山集 28/6a 南宋文範 26/5a

正月二十九日上殿劄子(1-2) 程北山集 40/ 10a-11a

論治道劄子 莊簡集 10/9a 歷代奏議 46/26a

上殿劄子二 苕溪集 11/6a 歷代奏議 48/19a,143/5b

應詔條具利害狀 苕溪集 14/1b 歷代奏議 48/15b 南宋文範 14/6a

故事 苕溪集 15/1a-5b 歷代奏議 3/11a,48/19b,143/ 5b,156/19a

行在越州條具時政 浮溪集 1/1a 歷代奏議 239/7b

上皇帝書 盧溪集 26/1a 南宋文範 14/4a

上皇帝書(1-3) 鴻慶集 10/1a-5a

上皇帝(1-2) 孫尚書集 1/1b-4a

寅冬上殿劄子(1-2) 王著作集 2/1a-2a

比部員外郎輪對劄子五 梁溪集 39/2a

論官制財用不能悉視熙豐劄子 梁溪集 39/4b 歷代奏議 44/24a

上道君太上皇帝封事 梁溪集 41/2a 歷代奏議 44/ 17b

召赴文字庫祗候引對劄子 梁溪集 41/12b 歷代 奏議 82/1a 南宋文範 13/7b

上淵聖皇帝實封言事奏狀 梁溪集 42/2a 歷代 奏議 45/1a

十議上下 梁溪集 58/1a-7a 南宋文範 13/10b

議國是 梁溪集 58/1a 歷代奏議 84/5a

議巡幸 梁溪集 58/6b 歷代奏議 84/9b

議赦令 梁溪集 58/8b 歷代奏議 218/20b

議僭逆 梁溪集 58/10a 歷代奏議 182/20a

議偽命 梁溪集 58/11a 歷代奏議 188/19a

1198 奏議表狀一 奏議 總議治道

議戰　梁溪集 59/2a　歷代奏議 222/6b
議守　梁溪集 59/3b　歷代奏議 334/1a
議本政　梁溪集 59/5a　歷代奏議 46/25a
議責成　梁溪集 59/6a　歷代奏議 172/14a
議修德　梁溪集 59/7b　歷代奏議 3/1a
具荊湖南北路已見利害奏狀　梁溪集 66/2a
論中興劄子　梁溪集 81/2a　歷代奏議 85/1a
應詔條陳七事奏狀　梁溪集 89/2a
進御故實　北海集 20/1a
論唐房玄齡創業守文對　北海集 20/2a
論衞文公晉悼公事　北海集 20/4a
論唐貞觀開元循吏之治　北海集 20/6a
論王霸從光武渡漯沲河事　北海集 20/8a
論漢陳平降漢事　北海集 21/2b
論趙盾舉韓厥事　北海集 21/4b
論王汾免解不降等事　北海集 21/6b
論唐李綽仇士良語　北海集 21/8a
論唐李元素按令孤運獄事　北海集 21/10a
論仁宗知人之明　北海集 22/1a
論唐李綽任賢對　北海集 22/2b
論左傳長勺之戰　北海集 22/5b
論齊晏嬰和與同之對　北海集 22/7b
論唐文宗用人　北海集 22/9a
論德宗不能用陸贄　北海集 22/10b
乙申倣百官劄子　北海集 28/1a　歷代奏議 46/22a
面對劄子　北海集 28/4b　歷代奏議 46/23a
面對劄子　北海集 28/5b　歷代奏議 142/4b
奏請正是非疏　少師集 2/3a
論反正六事疏　少師集 3/7a　宋朝奏議 150/25a　新安文獻 3/5a　歷代奏議 45/15b
論公道劄子　張華陽集 15/4b
進故事（1－6）　張華陽集 20/1a－8b
進故事（1－4）　張華陽集 21/1a－7b
進故事（1－5）　張華陽集 22/1a－9a
進故事（1－4）　張華陽集 23/1a－6b　南宋文範 26/1a－4a
經筵上殿時務劄子　毘陵集 1/1a　歷代奏議 48/1b
應詔論事劄子　毘陵集 1/3b　歷代奏議 90/20b　南宋文範 12/7b
乙詔大臣講求政事之大者劄子　毘陵集 2/2b
歷代奏議 90/22b
論時政得失　忠正德集 1/4a　歷代奏議 182/21a　南宋文範 12/14b
論畏避苟且欲上下任責　忠正德集 1/21b　歷代奏

議 86/7a
經筵論事疏（1－2）　忠正德集 3/14a－16a　歷代奏議 48/11b,103/12b　南宋文範 13/2a－3b
論時事劄子　大隱集 4/25b
陳請保治劄子　楳溪集 8/18a
上高宗皇帝書（1－3）　陳修撰集 3/1a－15a
論治道人材疏　北山集 1/1a　歷代奏議 48/13a
定謀齊力疏　北山集 1/35b　歷代奏議 89/20a
紹興五年被召上殿劄子三道　筠溪集 1/1a　歷代奏議 89/3b,4a,5a
答聖旨條具當行事件劄子　筠溪集 1/16a　歷代奏議 89/5b
户部侍郎轉對劄子　筠溪集 2/1a　歷代奏議 48/23b
時務劄子　雙溪集 9/4b
上皇帝萬言書　歐陽澈集/乾坤正氣集 63/1a　歷代奏議 82/6b
上皇帝第二書　歐陽澈集/乾坤正氣集 64/1a　歷代奏議 83/1a
上皇帝萬言書　歐陽澈集/乾坤正氣集 65/1a　歷代奏議 83/13a
薊州任滿陞對劄子（1－2）　浮山集 4/1a－2b
論治體劄子　默成集 1/1a　歷代奏議 46/26b　南宋文範/外 1/1a
進故事　紫微集 25/2b
論時事劄子（1－9）　草齋集 7/4a－14a
議姑息狀　中興備覽 1/2a　歷代奏議 107/11a　劉文肅存 43/9b
議大勢　中興備覽 2/1a
上淵聖皇帝書（1－5）　東溪集/上 1a－14b
上皇帝書　東溪集/上 16a
時議六篇序　東溪集/上 18a
進萬言書劄子　斐然集 10/1a　歷代奏議 86/9b
乙卯上殿劄子　斐然集 10/7b　南宋文範 14/11a　歷代奏議 48/6a
論對劄子（1－13）　斐然集 10/9b－19b　歷代奏議 115/4b,143/9b,162/6b,7a,7b,8a,8b,189/10b,200/14a,213/7a,7b
轉對劄子　斐然集 10/20b　歷代奏議 48/7a
戊午上殿劄子　斐然集 11/22a　歷代奏議 48/4b
上皇帝萬言書　斐然集 16/1a
上皇帝書十四事　松隱集 23/1a　歷代奏議 143/13b,189/10a,223/3b,284/15a,289/23a
論保民　松隱集 25/9a　歷代奏議 107/20a
進前十事劄子　松隱集 26/1a－1b
進後十事劄子　松隱集 26/5a－5b

紹興九年十一月上殿劄子 默堂集 13/8a 歷代奏議 3/4b,192/8a

紹興十年正月上殿劄子 默堂集 13/10b

正月十七日上殿劄子 默堂集 13/15b

仁政得民心 默堂集 14/18a 歷代奏議 47/26a

經筵進故事 默堂集 14/20a 歷代奏議 286/21b

論時事劄子八首代寶學泉州作 屏山集 7/6b

江北 屏山集 7/6b

荊襄 屏山集 7/7b

禁衛 屏山集 7/8b

守江 屏山集 7/9b

舟船 屏山集 7/10b

南兵 屏山集 7/12a

吳蜀 屏山集 7/12b

募兵 屏山集 7/13b

御試策 漁庵集 5/1a 歷代奏議 46/1a

上皇帝書 太倉集 57/1a

臨陛辭日進內修八事劄子 鄂峰錄 9/2b 歷代奏議 50/5a

不弛邊防 鄂峰錄 9/3a

不忘川蜀 鄂峰錄 9/3b

不易將帥 鄂峰錄 9/4a

不棄遠人 鄂峰錄 9/4a

不興大獄 鄂峰錄 9/4b

不經縣道 鄂峰錄 9/5a

不取日椿 鄂峰錄 9/5b

不廢會子 鄂峰錄 9/6a

回奏宣示御製原道辨 鄂峰錄 10/1a

進呈故事 鄂峰錄 10/10a

御試策 梅溪集/策 1/1a

輪對劄子三首 梅溪集/奏 2/1a 歷代奏議 143/10b,198/21a,107/23a

上殿劄子三首壬午十月 梅溪集/奏 2/6b 歷代奏議 69/18a,92/1a,145/18b

除知湖州上殿劄子三首 梅溪集/奏 3/11b 南宋文範 17/17b 歷代奏議 51/9b,157/2b,306/22a

除太子詹事上殿劄子三首 梅溪集/奏 3/16b 歷代奏議 73/25a,162/14a,196/27b

又代上五劄(1-5) 梅溪集/奏 4/4b-7b 歷代奏議 145/19b,192/14a,240/9b,336/25b

繳劄 梅溪集/奏 4/8a

丁亥登對劄子 文軒集 2/1a 歷代奏議 49/11b

荊門軍奏便民五事狀 盤洲集 49/1a

荊門應詔奏寬恤四事狀 盤洲集 49/9a

論愛民六事劄子 文定集 5/3b 歷代奏議 108/1a

廷試策 文定集 7/1a

進故事 南澗稿 11/1a 歷代奏議 3/14a,69/20a,146/1a,157/5b,206/2a,206/3a,206/4a,240/6a,349/15b-16a

經筵進故事(1-8) 小隱集/60a-69a

擬上高宗皇帝書 倪石陵書/1a

論治道劄子 定著稿 1/18b

代人進故事 定著稿 1/22b-36a

上殿劄子三首 渭南集 3/6a-10b

上殿劄子 渭南集 4/1a 歷代奏議 49/1b

條對狀 渭南集 5/2b-8b

論日力國力人力疏 范成大佚著/8 歷代奏議 96/34b -

論邦本疏 范成大佚著/34 歷代奏議 108/6a

日抄奏劄節文(1-67)殘篇一 范成大佚著/43-67

論治道疏殘篇二,散見於其他各書之奏劄節文 范成大佚著/69

論治道疏殘篇二,散見於其他各書之奏劄節文 范成大佚著/71

應詔上皇帝疏殘篇二,散見於其他各書之奏劄節文 范成大佚著/82

請寬民力疏 鄭忠肅集/上/19a

條具弊事 益國文忠集 134/5b 益公集/奏議 134/6a

論治效 益國文忠集 136/1a 益公集 136/1a

論任官理財訓兵三事(輪對前一日封入奏狀) 益國文忠集 137/7a-10b 益公集 4/8a-11b 歷代奏議 144/9a,223/10a,271/14a

論四維 益國文忠集 140/1a 益公集 140/1a 歷代奏議 117/2b

零杞御筆 監司各具州縣弊事等御筆 蜀中遺火御筆 罷極密院御筆回奏 益國文忠集 150/6a 益公集 150/6b-7a

經筵故事一(1-13) 益國文忠集 155/1a 益公集 155/1a

經筵故事二(1-11) 益國文忠集 156/1a 益公集 156/1a

東宮故事一(1-9) 益國文忠集 157/1a 益公集 157/1a

東宮故事二(1-10) 益國文忠集 158/1a 益公集 158/1a

東宮故事三(1-14) 益國文忠集 159/1a 益公集 159/1a

東宮故事四(1-15) 益國文忠集 160/1a 益公集 160/1a

東宮故事五(1-18) 益國文忠集 161/1a 益公集 161/1a

奏議表狀一 奏議 總議治道

繳故事劄子 益國文忠集 160/8b 益公集 161/10b

國勢上中下 誠齋集 87/13b－22b 歷代奏議 93/6b 南宋文範 17/4a

治原上下 誠齋集 87/25b－34a 歷代奏議 50/23a,25a, 213/27a

民政上中下 誠齋集 89/20a－25a 歷代奏議 108/13a, 108/15a,146/16a,260/21b

壬午應詔封事 朱文公集 11/1a 歷代奏議 53/1a

庚子應詔封事附貼黃 朱文公集 11/11a 歷代奏議 53/9b

戊申封事 朱文公集 11/18b 歷代奏議 53/15a

己酉擬上封事 朱文公集 12/1a 歷代奏議 54/4b

乙卯擬上封事文不錄 朱文公集 12/14a

辛丑延和奏劄（1－7） 朱文公集 13/6b－20b 歷代奏議 54/2a,115/18a,246/17b,246/22b,246/24a,258/19a, 307/1b 南宋文範 16/5a

戊申延和奏劄附貼黃（1－5） 朱文公集 14/1a－5b 歷代奏議 3/16b,54/1a,108/4b,217/10b 南宋文範 16/ 7b

甲寅行宮便殿奏劄附貼黃（1－5） 朱文公集 14/9a－15b 歷代奏議 4/19b,8/22a,109/5a

經筵留身面陳四事劄子（不受賀表；籲觀天意，此三事也）附貼黃 朱文公集 14/20a－25a 歷代奏議 58/8b

繳納南康任滿合奏稟事件狀（1－4） 朱文公集 16/11b－19a 歷代奏議 115/17a,246/16b

論先備劄子 于湖集 16/6a 歷代奏議 196/27a

論治體劄子 于湖集 17/7a 歷代奏議 51/21b

畫一利害 于湖集 17/8a

論某國欲一劄子 于湖集 17/11a 歷代奏議 96/32b

論對劄子 尊白堂集 6/2b 歷代奏議 51/23b

論對劄子 尊白堂集 6/8a 歷代奏議 51/22a

代作上殿劄子（1－5） 尊德集 2/12b－11b

南劍州上殿劄子（1－3） 鄂州集 5/1a 歷代奏議 50/1a,170/5b,240/12b

鄂州到任五事劄子 鄂州集 5/9a 歷代奏議 50/2a

館職備對劄子（1－4） 悅齋文鈔 1/1a 歷代奏議 52/8a－11b

赴桂陽軍擬奏事劄子（1－4） 止齋集 19/1a－5a 歷代奏議 52/29a,96/27a,223/11b

史部員外郎初對劄子（1－3） 止齋集 20/4b－6a 歷代奏議 109/1a,259/1b,272/9a

中書舍人供職後初對劄子（1－2） 止齋集 26/4a－4b 歷代奏議 59/9a,69/25b

右史進故事紹熙四年二月二十二日 止齋集 28/1a

資善堂進故事 止齋集 28/1b

論治道任宗正寺主簿 宋本攻媿集 19/9b 攻媿集 20/ 10a

論初政 宋本攻媿集 23/1a 攻媿集 24/1a

論風俗紀綱 宋本攻媿集 24/8b 攻媿集 25/8a 南宋文範 19/3a

論內外之治 宋本攻媿集 24/12a 攻媿集 25/11b

唐鑑進故事 宋本攻媿集 47/1a 攻媿集 50/1a

資治通鑑進故事 宋本攻媿集 47/2a 攻媿集 50/3a

唐鑑進故事 宋本攻媿集 47/4b 攻媿集 50/5a

三朝政要進故事 宋本攻媿集 47/6a 攻媿集 50/6a

漢書進故事 宋本攻媿集 47/7b 攻媿集 50/7b

資治通鑑進故事 宋本攻媿集 47/8b 攻媿集 50/8b

删定官輪對劄子（1－5） 象山集 18/1a－4b 歷代奏議 50/5b－7a,157/6b

進故事 東塘集 11/25a

皇帝登位六事狀 東塘集 13/1a 歷代奏議 58/1a

論擾民四事劄子 定齋集 4/6b 歷代奏議 108/17a

乞戒飭守令仙民劄子 定齋集 4/8a 歷代奏議 108/ 16a

論治道劄子 定齋集 5/3b 歷代奏議 51/20a

論苟且之弊劄子 定齋集 5/5b 歷代奏議 57/14a

論時事劄子 定齋集 5/6b 歷代奏議 57/14b

論時事劄子 定齋集 5/9b 歷代奏議 57/15a

論謹始八事疏（正心術 辨邪正 廣聖學來直言 戒游逸 崇節儉 仙刑罰 重名器） 定齋集 6/1a－4b 歷代奏議 57/16b

乞發（法）太上皇帝殿下納諫二事劄子 定齋集 6/5b 歷代奏議 70/18b

論治道 定齋集 6/7a 歷代奏議 57/13a

廷對策 定齋集 11/1a 歷代奏議 51/10b

館職策辛卯九月十四日 定齋集 11/9a

請御殿施行畫一疏 止堂集 4/6a

上孝宗皇帝書（1－3） 龍川集 1/1a－18a 歷代奏議 92/15b,23a,25b 南宋文範 22/7a

戊申再上孝宗皇帝書 龍川集 1/23a 歷代奏議 92/ 28a

中興論附序 龍川集 2/2a 歷代奏議 92/7b

論開誠之道 龍川集 2/7b 歷代奏議 92/7b 南宋文範 22/14a

論執要之道 龍川集 2/9b 歷代奏議 92/7b 南宋文範 22/15a

論勵臣之道 龍川集 2/11b 歷代奏議 92/7b

論正體之道 龍川集 2/13a 歷代奏議 92/7b 南宋文範 22/16a

廷對 龍川集 11/1a 歷代奏議 57/8a

奏議表狀一 奏議 總議治道 1201

丁卯十月任滿上殿奏事劄子 雲莊集 1/8a
請奏便民五事 雲莊集 1/7b
戊辰十一月上殿奏便民五事劄子 雲莊集 1/8b
己巳八月召入上殿奏劄 雲莊集 1/9a
奏乞重淅西根本 雲莊集 1/12a
輪對建隆三年詔陳時政闕失劄 絜齋集 2/1a
代武岡林守進治要劄 絜齋集 2/10b 歷代奏議 60/10a
論立國宜正本劄子 絜齋集 3/1a 歷代奏議 60/5a
論國家宜明政刑劄子 絜齋集 3/3b 歷代奏議 60/2a
上光宗皇帝劄子 水心集 1/8a
上寧宗皇帝劄子嘉泰三年(1-3) 水心集 1/15b-18a 歷代奏議 148/1b,247/19b
上寧宗皇帝劄子開禧三年(1-3) 水心集 1/19b-22b 歷代奏議 97/4b-6b
法度總論(1-3) 水心集 3/1a-4b 水心別集 12/3b-6b 歷代奏議 55/23b
始論(1-21) 水心集 4/1a-2b 水心別集 10/1a-2b 歷代奏議 96/6a
治勢 水心集 4/21b 水心別集 1/6a-10a
外論(1-2) 水心集 4/26b-29a 水心別集 4/5b-11b 歷代奏議 55/16a
外論(3-4)缺 水心集 4/31b
紀綱(1~4) 水心集 5/1a-6b 水心別集 14/5a-9b 歷代奏議 96/12b 南宋文範 21/9b-13b
終論(1~7) 水心集 5/8a-19a 水心別集 15/1a-10a 歷代奏議 96/17b
進故事 水心集 29/3a
序發 水心別集 1/1a 歷代奏議 54/12b 南宋文範 21/14b
國本上中下 水心別集 2/1a-5a
民事上中下 水心別集 2/7a-11a
廷對 水心別集 9/1a
上殿劄子 水心別集 15/11b
應詔條奏六事 水心別集 15/17b 歷代奏議 56/1a
後總 水心別集 16/1a
擬應詔封事 勉齋集 25/3a 歷代奏議 63/20b
代撫州陳守奏事(1-2) 勉齋集 25/8a-9b
直前劄子(1-2)端平三年十一月十二日 巘崕集 2/1a 南宋文範 24/1a
直前劄子嘉熙元年正月二十一日 巘崕集 2/5b
淳熙輪對劄子十四年十二月(1-3) 育德堂奏議 1/1a-3b
紹熙輪對劄子三年十一月(1-3) 育德堂奏議 1/5a -8b
嘉定元年請對劄子(1-3) 育德堂奏議 3/9a-12a
條具時政缺失狀 育德堂奏議 4/2a
嘉定元年請對劄子(1-3) 育德堂奏議 4/14a-17a
應詔條上封事 育德堂奏議 4/22a
福州便民三事狀 育德堂奏議 5/12a
應詔言事狀 育德堂奏議 5/17a
再召入對劄子(1-2) 育德堂奏議 5/22b-24b
請對劄子(1-3) 育德堂奏議 6/1b-5b
集英殿問對 後樂集 9/1a 歷代奏議 50/7b
論對劄子又一 後樂集 9/26b 歷代奏議 58/5a
應求言詔上封事 昌谷集 5/1a 歷代奏議 61/5b
應求言詔書上封事 昌谷集 5/9b 歷代奏議 59/1a
內引朝辭劄子(1-3) 昌谷集 10/5b-13a 歷代奏議 9/27a,28a,338/1a
政知成都擬上殿劄子 昌谷集 10/13a 歷代奏議 241/1a
條奏便民五事 性善稿 6/1a
重慶府到任條奏便民五事 性善稿 6/11a
甲申上殿劄子(1-2) 洛水集 1/12a-14a
論對劄子(1-5) 洛水集 2/1a-5b
代上殿劄子(1-4) 洛水集 2/8b-12a
進故事 洛水集 4/6b
代錢丞相奏劄 漫塘集 13/15b
論國是疏 松垣集 1/2a
二十五日面對劄子 東澗集 8/12a 歷代奏議 58/23a
轉對劄子 東澗集 8/19b 歷代奏議 58/20a
論保治劄子 東澗集 8/23a 歷代奏議 58/22a
嘉定乙亥應詔封事 復齋集 6/1a
輪對劄(1-2) 復齋集 6/3b-8a
戊辰四月上殿奏劄(1-3) 真西山集 2/1a-7b 歷代奏議 162/15a,184/9b,337/9a
己巳四月上殿奏劄(1-2) 真西山集 2/7b-13a 歷代奏議 277/18b,309/17a
庚午六月十五日輪對奏劄(1-2) 真西山集 2/13a-17b 歷代奏議 206/25b,309/19a 南宋文範 23/6a-7b
辛未十二月上殿奏劄(1-3) 真西山集 2/17b-22a 歷代奏議 214/12a,309/21a,350/1a 南宋文範 23/8a
直前奏劄(1-2)附貼黃 真西山集 3/2b-11a 歷代奏議 59/12a,337/10b
直前奏事劄子附貼黃 真西山集 3/17b 歷代奏議 97/7b
除江東漕十一月二十二日朝辭奏事劄子(1-

2） 真西山集 4/4a－10a 歷代奏議 97/13b,170/18b

召除禮侍上殿奏劄（1－2）附貼黃 真西山集 4/11a－24b 歷代奏議 61/2a,117/13b,150/2a

論初政四事附貼黃 真西山集 4/28a 歷代奏議 5/1a

江西奏便民五事狀庚辰 附貼黃 真西山集 9/9b 歷代奏議 97/17b

直前奏六未喻及邪正二論 鶴山集 17/1a 歷代奏議 98/11b

被召除禮部尚書內引奏事劄（1～5） 鶴山集 19/1a－18a 歷代奏議 5/7a,157/17a,225/13b

乙未秋七月特班奏事附貼黃 鶴山集 20/1a 歷代奏議 195/13a,207/9a,313/21a

陸辭奏定國論別人才回天怒圖民怨 鶴山集 27/8a

戊戌年正月二十三日奏爲定規模以一人心據要害以飭武備欲望聖慈就業施行奏聞事伏候敕旨附貼黃 左史謀草/1a

戊戌年四月二十四日奏爲興起天下之治在於和平士大夫之心欲望聖慈與二三大臣主其議於上奏聞事伏候敕旨附貼黃 左史謀草/11a

戊戌年五月二十五日奏爲持權在得其道及中明措置官會見錢欲望聖慈審思力行及明詔大臣檢會行下奏聞事伏候敕旨附貼黃 左史謀草/16a

代上請用人聽言劄子 賈窗集 4/21b 歷代奏議 59/10b

孝宗與洪遵論呂蒙正所言君子小人之失 鶴林集 15/19b

論郡縣人心疏 鶴林集 17/1a

論元祐建中嘉定及今日更化疏 鶴林集 17/10b

論天命人心國勢劄子 鶴林集 18/12a 歷代奏議 4/22a 蜀文帳存 79/8a

論今日未及於孝宗者六事劄子 鶴林集 19/1a

奏寬民五事狀廣東運使 鶴林集 22/4b

經筵進講故事八首 蒙齋集 1/10a 歷代奏議 5/18b, 150/13b,153/12b,195/10a,248/17b

論對劄子 蒙齋集 2/6b 歷代奏議 60/24b,148/12a

知徽州奏便民五事狀 蒙齋集 2/10a 歷代奏議 109/9a

知衢州事奏便民五事狀 蒙齋集 3/1a 歷代奏議 60/24b

右史直前奏事第一劄子（1－2） 蒙齋集 5/1a－5a 歷代奏議 5/11b,61/25a

國論主威人才劄子壺中上端平三年春 杜清獻集 5/13b

端平三年三月奏事第一劄 杜清獻集 6/10a－14b

便民五事奏劄知常國府 杜清獻集 8/8a

八月己見劄子附貼黃 杜清獻集 10/11a

上己見三事劄史部侍郎 杜清獻集 11/1a

經筵己見奏劄辛丑八月附貼黃 杜清獻集 12/1a

相位五事奏劄附貼黃 杜清獻集 13/1a 歷代奏議 61/24a

相位條具十二事 杜清獻集 13/8a 歷代奏議 61/24a

進故事十二月上進 鐵菴集 4/5a

代上疑劄子（1－2） 鐵菴集 42/1a－3b

丁丑廷對策 膰軒集 1/1a

嘉定壬午六月五日輪對劄（1－2） 竹林集/1a－2a

嘉定甲申正月二十二日輪對劄（1－2） 竹林集/4a－7b

嘉定壬午六月五日輪對劄（1－2） 象臺首末 2/1a－2a

嘉定甲申正月二十二日輪對劄（1－2） 象臺首末 2/4b

輪對奏劄 恥堂稿 1/1a 歷代奏議 63/5a 南宋文範 25/11a

輪對奏劄 恥堂稿 1/23b 歷代奏議 63/1a 南宋文範 25/12a

經筵進講故事 恥堂稿 2/1a 歷代奏議 22/21b,109/21a,151/1a,158/3a,195/14a,235/16a,241/18b,248/19a,277/21b,313/5a,314/3a 南宋文範 26/8b 蜀文帳存 92/12a

年彌高而德彌卲論 恥堂稿 3/6b

召對劄子（1－2） 後村集 52/11b－13b 歷代奏議 63/19b,207/14b

進故事丙午九月二十 後村集 86/1a

進故事壬戌三月初三日 後村集 87/10b

四年丁酉六月輪對（1－2） 清正稿 1/1a

九月朔有旨令伺候內引王子入國門是日內引奏劄（1－4） 清正稿 1/26a－36b

丁丑上殿奏事劄（1－2） 清正稿 1/39b－45a

上殿奏事劄（1－2） 清正稿 1/49b－54b

正月丙寅直前奏事劄子 清正稿 1/58a

奏己見劄子（1－2） 清正稿 1/65a－67b

陳政事四條 徐文惠稿 1/3a

玉堂對策淳祐乙巳七月 久軒集 8/9b

延和殿奏劄（1－2） 久軒集 8/22a－24b

奏狀（1－5） 久軒集 8/40a－46a

經筵講義 棃莊集 1/1a－2/1a 歷代奏議 9/16 下,151/3上,192/19 上,207/8 上,214/20 下,241/15 上,310/10 上, 310/10 下

奏論大順之理貫通天人當以此爲致治之本 許國公奏議 1/8a

應詔上封事條陳國家大體治道要務凡九事附貼黃 許國公奏議 1/16a

內引第一割論今日處時之難治功不可以易視及論大學治國平天下之道淳祐九年 許國公奏議 3/40a

冬十月一日內引奏割論夷狄持力中國特禮四事 許國公奏議 4/31a

同日具奏四事十四日 許國公奏議 4/54a

除淮閣內引奏割附貼黃 可齋稿 17/1a

除淮閣內引第二割附貼黃 可齋稿 17/5a

戊申輪對論寬厚之弊 雪窗集 1/10b

戊申輪對第一割論淸沮之弊 雪窗集 1/13a

癸丑輪對第一割論事勢無可恃 雪窗集 1/20b

呂蒙正言都城外饑寒死者甚衆願親近及遠 雪窗集 2/9a

孔子對季康子問盜 雪窗集 2/19a

趙簡子使尹鐸保障 雪窗集 2/26b

戊辰輪對割子(1-2)咸淳四年七月二十一日 黃氏日鈔 69/1a,4b

上宋理宗書 蛟峰集 2/1a

上宋理宗書 山房遺文 2/1a

御試策一道 文山集 3/2b 歷代奏議 64/2b

己未上皇帝書 文山集 3/23b 歷代奏議 101/1a

甲戌擬應詔封事 牧萊脞語 4/1a

[論]憂勤中興 四庫拾遺 629/忠正德文集歷代奏議 86/6b

上神宗五事劉述撰 宋朝奏議 1/13a 歷代奏議 35/4a

上神宗論要務十事錢顗撰 宋朝奏議 2/1a 歷代奏議 35/16a

上宣仁皇后論治道在審識人情韓維撰 宋朝奏議 3/8b 歷代奏議 106/3a

上哲宗論治道貴清靜儉約王巖叟撰 宋朝奏議 3/9b 歷代奏議 39/15a

上仁宗論治必有爲而後無爲文彥博撰 宋朝奏議 8/2a 歷代奏議 34/3a

上哲宗論寬猛二道上官均撰 宋朝奏議 8/15a 歷代奏議 39/25b

上徽宗乞通下情防太察江公望撰 宋朝奏議 8/18b 宋文鑑 62/10b 歷代奏議 44/11b

上仁宗請改復祖宗舊制龐籍撰 宋朝奏議 12/1a 歷代奏議 69/3b

上哲宗論守治至難翟齊撰 宋朝奏議 20/8b 歷代奏議 102/3b

上徽宗乞以四次改更前事爲鑑陳瓘撰 宋朝奏議 119/15b

上仁宗論建立基本以銷未萌之患吳育撰 宋朝奏議 131/4b 歷代奏議 81/16b

上仁宗乞採訪京東狂謀之事宣翰撰 宋朝奏議 144/8a 歷代奏議 317/18a

上真宗論軍國大政五事王禹偁撰 宋朝奏議 145/9b 歷代奏議 81/4a

上真宗答詔五事陳彭年撰 宋朝奏議 145/15b 歷代奏議 29/8a

上真宗論時政張知白撰 宋朝奏議 146/1a 歷代奏議 29/11a

上仁宗答詔論時政龐籍撰 宋朝奏議 146/11a 歷代奏議 30/1a,289/1a

上仁宗答詔條畫時務曾公亮撰 宋朝奏議 147/14a 歷代奏議 31/19b

上仁宗答詔條畫時務(1-2)魚周詢撰 宋朝奏議 148/7a-9b 歷代奏議 31/16b-18b

上英宗十事博苑命撰 宋朝奏議 149/1a 歷代奏議 35/1a

上神宗論時政富弼撰 宋朝奏議 149/6a 歷代奏議 38/6b

上哲宗五事邢恕撰 宋朝奏議 149/8b 歷代奏議 39/6b

上哲宗七事李常撰 宋朝奏議 150/1a 歷代奏議 39/26a

上哲宗論天下大勢可畏者五賈易撰 宋朝奏議 150/6a 歷代奏議 41/1b

上哲宗論政事之要五樂齊撰 宋朝奏議 150/8b 歷代奏議 41/4a

上欽宗條畫利害余應求撰 宋朝奏議 150/13a 歷代奏議 45/11a

上欽宗條畫十二事陳公輔撰 宋朝奏議 150/18a 歷代奏議 45/3b

應詔言事王禹偁撰 宋文鑑 42/4b

論時事韓琦撰 宋文鑑 44/11b

上皇帝書宇文之邵撰 宋文鑑 53/1a 歷代奏議 35/7b 蜀文輯存 23/8b

根本石介撰 宋文鑑 102/8b 歷代奏議 106/3b

言治劉敞撰 宋文鑑 102/13a

勢原李清臣撰 宋文鑑 104/13b

明責李清臣撰 宋文鑑 104/17a

上皇帝直言書司馬光撰 播芳文粹 92/26b 宋文選 5/8a

論時事割子朱松撰 新安文獻 4/6b

建言時政曾子純撰 新安文獻 7/1a

陳言中興固本十事程信撰 新安文獻 7/8a

進故事二程俱撰 新安文獻 39/2b

論出官河朔疏田錫撰 歷代奏議 29/2a

請法太祖勸像太宗惠慈疏刁衎撰 歷代奏議 29/7b
論治道 唐介撰 歷代奏議 32/1a
論總攬威柄疏 宋經撰 歷代奏議 33/18b
唐說及叙兵十篇 尹源撰 歷代奏議 34/1a
陳便宜八事蘇紳撰 歷代奏議 34/7b
論治道疏 趙瞻撰 歷代奏議 34/16a
論紀綱賞罰未厭四方之望者五疏 呂大防撰 歷代奏議 34/17a
論治亂疏 王安石撰 歷代奏議 34/24a
上疏陳十事馬默撰 歷代奏議 35/7a
論當法堯舜疏 王安石撰 歷代奏議 35/14b
論漢文帝王猛及安石疏 王安國撰 歷代奏議 35/15b
論治道疏 蘇軾撰 歷代奏議 37/45b
上言六事封事馮山撰 歷代奏議 38/1a 蜀文輯存 23/1a
論治道疏 富弼撰 歷代奏議 38/9a
上謹始五事疏蔣之奇撰 歷代奏議 38/12a
論水監司農之害疏 彭汝礪撰 歷代奏議 38/12a
論興事宜詳變法宜慎疏 彭汝礪撰 歷代奏議 38/13a
論節元費謹法令敦風教疏 金君卿撰 歷代奏議 38/15a
對策 呂大鈞撰 歷代奏議 38/21b
論王安石呂惠卿誤國疏 劉摯撰 歷代奏議 38/31b
論堯舜唐太宗疏 呂公著撰 歷代奏議 39/1a
十一月初一日奏狀 鄭俠撰 歷代奏議 39/1b
代轉對劄子強幾聖撰 歷代奏議 39/2b
舉賢良方正進策秦觀撰 歷代奏議 40/1a
論黃河西夏衙前雇役四事疏 蘇轍撰 歷代奏議 41/13a
陳貴始究治八事疏呂陶撰 歷代奏議 41/17b 蜀文輯存 15/1b
論省邊事足財用收士心禁技巧疏 毛注撰 歷代奏議 43/24a
論允執厥中疏 陳瓘撰 歷代奏議 44/1a
進仁宗聽丁度講詩匪風故事 陳瓘撰 歷代奏議 44/1b
論藏之之道疏 江公望撰 歷代奏議 44/10a
請開崇正之門立大公之道疏 王安中撰 歷代奏議 44/15b
論尚同之弊疏劉元承撰 歷代奏議 44/17a
論爲天下國家必有一定不可易之計疏 胡安國撰 歷代奏議 45/16a
陳時政七弊疏張浚撰 歷代奏議 46/17b 蜀文輯存 42/13b
論事有可深慮者四尚可恃者一疏 季陵撰 歷代奏議 46/21a
請修在我之誠書疏 張嘉撰 歷代奏議 46/21b
論得一之理疏虞允文撰 歷代奏議 46/23b 蜀文輯存 56/5b
時政論胡安國撰 歷代奏議 47/1a
應詔上言論治道 章誼撰 歷代奏議 47/22a
論士大夫趨向之弊王信撰 歷代奏議 47/26b
論夷狄未賓莫先自治疏 張守撰 歷代奏議 48/1a
應詔論治道 馮當可撰 歷代奏議 48/14b
論權策疏 王十朋撰 歷代奏議 48/15a
論天道即人事疏 江應長撰 歷代奏議 48/25a
進故事江應長撰 歷代奏議 48/26a
論人君以修己爲要得人爲實疏裴浚撰 歷代奏議 49/2b 蜀文輯存 42/16b
請用直言遠私昵戢貪吏疏 胡銓撰 歷代奏議 49/7a
論治道疏 林光朝撰 歷代奏議 49/12b
淳熙對策劉光祖撰 歷代奏議 49/13b 蜀文輯存 68/6a
論寬民力修軍政疏 袁說友撰 歷代奏議 50/16b
論復古之道疏 袁說友撰 歷代奏議 50/17b
論太宗德仁功利之說 歷代奏議 51/1b 蜀文輯存 56/7a
論仁德功利疏 陳良翰撰 歷代奏議 51/3b
論務實八事疏 王師愈撰 歷代奏議 51/4a
請君法唐太宗臣法魏徵疏王師愈撰 歷代奏議 51/5a
論軍民一體疏 崔敦詩撰 歷代奏議 51/20b
論以責任臣下疏 林栗撰 歷代奏議 51/25b
以醫喻治疏 林栗撰 歷代奏議 51/26a 南宋文範/外 1/8a
論國家大事惟民與兵疏 李椿撰 歷代奏議 52/1a
論君臣之義疏 李椿撰 歷代奏議 52/2a
論國家天下豐之一身疏 李椿撰 歷代奏議 52/3a
陳所見六事劄子 李椿撰 歷代奏議 52/4a
論左右潛寬聖意密預政機疏趙汝愚撰 歷代奏議 52/14a
論治效遲速疏趙汝愚撰 歷代奏議 52/15a
乞與大臣建久安之策疏趙汝愚撰 歷代奏議 52/15b
論治體及蜀風俗疏趙汝愚撰 歷代奏議 52/16a
乞謹天戒順人情圖久安之計疏 歷代奏議 52/18a
乞凡事責成於有司疏趙汝愚撰 歷代奏議 52/19a
乞廣聖志選尋才疏 歷代奏議 52/19b

奏議表狀一 奏議 總議治道 1205

除太常少卿轉對劄子杜範撰 歷代奏議 52/20b

轉對論治道＊應孟明撰 歷代奏議 52/20b

代人上書論治道疏＊唐仲友撰 歷代奏議 56/6b

對策論治道＊周南撰 歷代奏議 56/9a

論知言知人疏劉光祖撰 歷代奏議 56/22a 蜀文輯存 68/15a

論時政得失疏＊陳騤撰 歷代奏議 57/7a

論儉以約己勤以爲人奏＊趙汝愚撰 歷代奏議 57/7b

論天下雖大治之在心疏＊衛涇撰 歷代奏議 58/7a

論勤學致知疏李鳴復撰 歷代奏議 58/12b 蜀文輯存 80/1a

請運中和之極開皇極之門疏李鳴復撰 歷代奏議 58/15b 蜀文輯存 80/3b

論舉實理行公理疏李鳴復撰 歷代奏議 58/17a 蜀文輯存 80/4b

論治道疏＊鄒方叔撰 歷代奏議 59/8b

論治道疏＊徐範撰 歷代奏議 59/9b

論內修外攘爲一事疏＊吳泳撰 歷代奏議 59/9b

言風化勸戒選用三事疏＊徐清叟撰 歷代奏議 59/9b

轉對劄子＊張虙撰 歷代奏議 59/10a

論貞觀治效奏謝枋得撰 歷代奏議 59/11b 蜀文輯存 79/12a

請保全任怨之人疏任希夷撰 歷代奏議 59/16a 蜀文輯存 72/10b

請保全任怨之人疏＊任希夷撰 歷代奏議 59/16b

上封事陳宏撰 歷代奏議 60/1a

轉對奏劄＊陳宏撰 歷代奏議 60/1a

論治道疏＊蔣穆撰 歷代奏議 60/2a

論立國之本在足食通貨疏＊袁燮撰 歷代奏議 60/7b－9a

請表章人臣改過之善劄子＊楊簡撰 歷代奏議 60/20a

請不尚虛文擇賢久任劄子＊楊簡撰 歷代奏議 60/21a

請存虛明不起意之心劄子＊楊簡撰 歷代奏議 60/23a

上封事陳塤撰 歷代奏議 61/1a

上陳八事疏張忠恕撰 歷代奏議 61/1a 蜀文輯存 79/5b

論治道疏＊曹彥約撰 歷代奏議 61/10a

論天下勢不可失於輕弱疏李鳴復撰 歷代奏議 61/15b 蜀文輯存 80/6a

論百僚盡道守法疏李鳴復撰 歷代奏議 61/17a 蜀文輯存 80/7b

請諭輔臣以周召爲法疏李鳴復撰 歷代奏議 61/19a 蜀文輯存 80/9a

論修實德行實政用實才疏李鳴復撰 歷代奏議 61/20a 蜀文輯存 80/10a

論定大本建大權疏李鳴復撰 歷代奏議 61/20b 蜀文輯存 80/10b

軍器監丞輪對第一劄子杜範撰 歷代奏議 61/23b

論天理六事疏吳昌裔撰 歷代奏議 61/26b 蜀文輯存 84/1a

言國論朝綱疏吳昌裔撰 歷代奏議 61/35a 蜀文輯存 84/8a

論內外四誤疏牟子才撰 歷代奏議 62/1a 蜀文輯存 86/8a

論六勢疏牟子才撰 歷代奏議 62/4b 蜀文輯存 86/11b

論朝廷紀綱六事疏牟子才撰 歷代奏議 62/9b 蜀文輯存 86/15b

論權倖常以好名陷君子疏牟子才撰 歷代奏議 62/13a 蜀文輯存 86/18b

入對論民怨＊徐榮叟撰 歷代奏議 63/1a

對策劄子＊黃應龍撰 歷代奏議 63/6b

請讀陳治道＊徐元杰撰 歷代奏議 63/16b

臣不貧陛下乃貧疏＊徐僑撰 歷代奏議 63/19a

論憂亂思治疏＊王燧撰 歷代奏議 63/19a

陛對論治道＊陳宗禮撰 歷代奏議 64/1a

論去弊涉疑疏＊趙必願撰 歷代奏議 64/1a

論中書之弊端有四疏＊洪咨夔撰 歷代奏議 64/1b

論臣爲政而有害政者三疏＊童楥撰 歷代奏議 64/2a

論正人心爲扶世道之本疏牟淶撰 歷代奏議 64/17b 蜀文輯存 93/4a

論外若清明內有危亡之證疏姚希得撰 歷代奏議 64/19b 蜀文輯存 83/13a

論風俗奢倡理義晦蝕疏＊黃應龍撰 歷代奏議 64/20b

論纘志述事疏牟淶撰 歷代奏議 64/22b 蜀文輯存 93/6a

進故事疏牟淶撰 歷代奏議 64/24b 蜀文輯存 93/7b

論治道疏＊徐宗仁撰 歷代奏議 64/25b

請觀真宗勤政論俗吏辨疏＊王師愈撰 歷代奏議 69/21a

條陳三弊五事疏＊歐陽修撰 歷代奏議 81/9a

審勢策蘇洵撰 歷代奏議 81/19b

上高宗疏康重撰 歷代奏議 84/3b 蜀文輯存 35/9b

論經國書＊吳伸撰 歷代奏議 87/14b

論當時事勢疏張浚撰 歷代奏議 88/1b 蜀文輯存 42/

19a

論經國疏 張浚撰 歷代奏議 88/8b

論盡去盡國害治之事疏虞允文撰 歷代奏議 89/1a 蜀文輯存 56/9a

獻十議以圖中興疏楊邦彥撰 歷代奏議 91/2a

論國用土風軍政疏汪應辰撰 歷代奏議 94/29a

論素備五說疏 王師愈撰 歷代奏議 94/31a

進故事論經國 洪舜命撰 歷代奏議 98/19b

輪對劄子李鳴復撰 歷代奏議 99/3b 蜀文輯存 80/17b

論對狀李鳴復撰 歷代奏議 99/7b 蜀文輯存 80/20b

論可慮者三可幸者二當勉者一疏李鳴復撰 歷代奏議 99/12b 蜀文輯存 81/3a

論執政無定見侍從多私情疏李鳴復撰 歷代奏議 99/18a 蜀文輯存 81/7b

論今日病勢六事狀附貼黃 吳昌裔撰 歷代奏議 100/10a 蜀文輯存 84/13b

論守成疏 蘇易簡撰 歷代奏議 102/3b

論繼神考當無爲疏任伯雨撰 歷代奏議 102/6b 蜀文輯存 29/4a

論守成疏洪遵撰 歷代奏議 102/7b

國勢論章穎撰 歷代奏議 104/18b

請推恩有以緩民庶疏 溫仲舒撰 歷代奏議 105/13b

論仁民疏 白蒙正撰 歷代奏議 105/14a

請行警勸之術疏呂陶撰 歷代奏議 106/17b 蜀文輯存 15/3a

請選良醫以教天下疏呂陶撰 歷代奏議 106/24b 蜀文輯存 15/9a

轉對疏汪應辰撰 歷代奏議 107/10b

論保民疏王元澤撰 歷代奏議 107/22a

論國家天下壅之一身疏 李椿撰 歷代奏議 108/7a

論福州便民事疏趙汝愚撰 歷代奏議 108/18b

進故事論仁民 洪舜命撰 歷代奏議 109/17b

論當世急務疏 葉清臣撰 歷代奏議 116/15b

論天下之興衰在風俗疏 李椿撰 歷代奏議 117/6a

請詔長吏以風俗爲任疏 崔敦詩撰 歷代奏議 117/7a

論俗不美者八李浩撰 歷代奏議 117/9b

請破皇極之言和平之說疏 呂祖儉撰 歷代奏議

117/10a

論正論益衰士風不競疏劉光祖撰 歷代奏議 117/11b 蜀文輯存 68/1a

論宜振起士風疏 牛大年撰 歷代奏議 117/13b

淳祐甲辰上殿劄子（1－2） 樓鑰集 3/6a－9a 歷代奏議 177/15b,18a,190/14a

戒比匪人疏牟子才撰 歷代奏議 117/18b 蜀文輯存 87/14b

請振士大夫難進易退之風疏 陳塤撰 歷代奏議 117/19b

進抑奔競故事許應龍撰 歷代奏議 117/20b

論天下之患疏 洪天錫撰 歷代奏議 186/1a

上十開端之戒劉壯撰 歷代奏議 196/24b

論國家安危所繫四事趙汝愚撰 歷代奏議 196/28a

代池陽太守上裕民五事疏周南撰 歷代奏議 319/23a

議本政 南宋文範 13/18a

登聞檢院上欽宗皇帝書陳東撰 南宋文範 15/8a

正月丙寅直前奏事劄子徐鹿卿撰 南宋文範 25/5a

三大政疏鄒水撰 南宋文範 25/8b

率太學諸生上書劉巖撰 南宋文範 25/14a

三月壬辰進故事徐鹿卿撰 南宋文範 26/7b

進故事徐元杰撰 南宋文範 26/9b

論風俗疏裘南英撰 蜀文輯存 13/9a

論士論偏於元祐宜執中以息紛爭疏馮澥撰 蜀文輯存 31/2a

論時害政疏句濤撰 蜀文輯存 34/10a

論時事日急疏張浚撰 蜀文輯存 41/11a

條陳六策暑謝停德撰 蜀文輯存 48/11a

應詔上六事疏黃源撰 蜀文輯存 48/13a

國是大定宜力邁邪萌疏程敦厚撰 蜀文輯存 51/2a

通和既定務絕異議疏程敦厚撰 蜀文輯存 51/2a

上皇帝論國事書程敦厚撰 蜀文輯存 51/2b

入對論自强不息大暑疏張震撰 蜀文輯存 60/1b

論機務錯繆疏程公許撰 蜀文輯存 83/2a

論對大暑楊文仲撰 蜀文輯存 94/6a

（二）君　道

上真宗進經史子集要語 咸平集 1/25b 宋朝奏議 6/1a 歷代奏議 1/15b

封進草子乞抑奢侈 范文正集/補編 1/2a 宋朝奏議 11/1b

天聖上殿劄子 元獻遺文/1a

訴五代篇 景文集 25/1a

進漢唐故事（1－11） 文潞公集 28/1a－7a 歷代奏議 7/5a

進無逸圖 文潞公集 29/4a 宋朝奏議 6/1b 歷代奏議 190/8a

進尚書孝經解（堯典 舜典 大禹謨 皐陶益稷 伊訓 洪範 無逸 立政 周官） 文潞公集 31/1a－4a 歷代奏議 7/1a

奏孝經圖事 文潞公集 31/4b

又進尚書二典義劄子 文潞公集 31/5a 歷代奏議 7/3b

論臺諫官言事未蒙聽允書至和二年 歐陽文忠集 108/5b 宋朝奏議 13/13a 歷代奏議 1/16b

請節録唐書紀傳進御 樂全集 24/21b 歷代奏議 6/13b

奏狀乞每日坐前後殿 清獻集 3/19b

奏狀乞斥逐燒煉兵士董吉 清獻集 4/7b 宋朝奏議 84/20b 歷代奏議 175/13b

奏劄論經筵及御製宸翰 清獻集 4/12a 宋朝奏議 50/1a 歷代奏議 6/10b

誠明說 古靈集 5/9a 宋朝奏議 5/2a 歷代奏議 6/15b

乞詢問講讀臣僚狀 韓南陽集 23/1a 宋朝奏議 50/2b 歷代奏議 6/12b

議講者當賜坐狀 韓南陽集 25/7b

元豐八年九月二十三日劄子時高侍讀上皇帝 韓南陽集 26/13a 歷代奏議 10/14b

熙寧轉對疏 元豐稿 29/1a 歷代奏議 6/16a

自福州召判太常寺上疏改明州不果上 元豐稿 29/5b 歷代奏議 6/19a

移滄洲過關上殿 元豐稿 30/1a 宋朝奏議 12/3b 歷代奏議 2/4a

請對劄子 華陽集 8/4a

陳三德上殿劄子 傳家集 20/2a 司馬溫公集 18/2a 宋朝奏議 1/1a 歷代奏議 1/19a

言御臣上殿劄子 傳家集 20/3b 司馬溫公集 18/4a 宋朝奏議 1/2b 歷代奏議 32/17a

進五規狀（保業 惜時 遠謀 重微 務實） 傳家集 21/1a 司馬溫公集 18/9a 宋朝奏議 1/4a 宋文鑑 48/14b 歷代奏議 32/10b

論燕飲狀 傳家集 22/5b 司馬溫公集 20/3a 宋朝奏議 11/3b 歷代奏議 194/10a

上謹習疏 傳家集 24/11a 司馬溫公集 22/8a 宋朝奏議 24/1a 歷代奏議 116/11b

上皇帝疏 傳家集 27/9a 司馬溫公集 25/8b 宋朝奏議 9/1a 歷代奏議 10/3b

乞令皇子伴讀官提舉皇子左右人劄子 傳家集 28/1b 司馬溫公集 26/2a 宋朝奏議 60/14a 宋文鑑 48/9a 歷代奏議 73/17a

上兩官疏 傳家集 28/3a 司馬溫公集 26/4a 宋朝奏議 9/2b 歷代奏議 10/5a

乞簡省細務不必盡關聖覽上殿劄子 傳家集 28/6b 司馬溫公集 26/7a 宋朝奏議 8/4b 歷代奏議 1/21a

上皇帝疏 傳家集 29/6b 司馬溫公集 27/5b 宋朝奏議 9/6a 歷代奏議 10/6a

乞開講筵劄子十月二十七日上有旨十二月二日開講 傳家集 29/8a 司馬溫公集 27/6b 宋朝奏議 50/1b 歷代奏議 6/11a

言奉養上殿劄子（1－4） 傳家集 30/5b－9b 司馬溫公集 28/1a,2a,3a,3b,30/10b 宋朝奏議 9/10a,11a,12b 歷代奏議 10/7a,8a,9a,10a

言講筵劄子 傳家集 33/1a 司馬溫公集 31/1b 宋朝奏議 50/2a 歷代奏議 6/11b

乞講尚書劄子 傳家集 33/1b 司馬溫公集 31/2a 歷代奏議 6/12a

上皇帝疏 傳家集 36/1a 司馬溫公集 34/1a 歷代奏議 1/21b

乞經筵訪問上殿劄子 傳家集 37/1a 司馬溫公集 35/1b 歷代奏議 6/12a

初除中丞上殿劄子 傳家集 38/1b 司馬溫公集 36/2a 宋朝奏議 1/12a 歷代奏議 2/1a

進孝經指解劄子 傳家集 49/1a 司馬溫公集 49/3b 歷代奏議 6/22a

敢坐講義 蘇魏公集 16/1a

請詔儒臣訪論唐朝故事上備聖覽 蘇魏公集 20/1a 宋朝奏議 6/3a 歷代奏議 7/20b

進戒疏 臨川集 39/20b 宋朝奏議 109/3b 歷代奏議 2/2b

奏乞檢閱秋宴 范忠宣集/奏議上/2a 歷代奏議 194/11b

論親決庶政熙寧二年 范忠宣集/奏議上/15a 宋朝奏議 8/6b 歷代奏議 38/9b－10a

繳進明道詔書 范忠宣集/遺文/3b 宋朝奏議 10/9a

奉敕擬上皇太妃册文並繳進劄子 忠肅集 1/3b

上殿劄子 二程集/（明道）39/1a 宋朝奏議 5/3a 宋文鑑 53/8b 歷代奏議 6/15a

上太皇太后書 二程集/（伊川）44/20a 宋文鑑 58/20a

又上太皇太后書 二程集/（伊川）44/26a

又上太皇太后疏 二程集/（伊川）45/12a 歷代奏議 6/28a

乞再上殿論經筵事劄子 二程集/（伊川）45/13b 歷代奏議 6/29a

奏議表狀一 奏議 君道

又論經筵劄子(1－3) 二程集/(伊川)45/14b－16b 宋朝奏議 50/5a 宋文鑑 58/16b－18b 歷代奏議 6/29a

乞六參日上殿劄子 二程集/(伊川)45/17b 宋朝奏議 50/16a 歷代奏議 6/31a

乞就寬涼處講讀奏狀 二程集/(伊川)45/20a

初任殿中侍御史疏 豐清敏奏疏 2/1a 歷代奏議 69/13b

在經筵講讀進書 豐清敏奏疏 2/5a

織錦綾宮簾爲地衣疏 豐清敏奏疏 2/6a

崇儉愛民疏 豐清敏奏疏 2/6b

課買浙燈狀 蘇東坡全集/奏議 1/5a 宋朝奏議 11/5b 歷代奏議 194/11b

乞校正陸贄奏議上進劄子 蘇東坡全集/奏議 13/21a 宋朝奏議 6/5a 歷代奏議 7/18a

申省議讀漢唐正史狀 蘇東坡全集/奏議 13/27a

君術策(1－5道) 樂城應詔集 6/1a－12b

上太皇太后乞崇儉戒奢疏二年四月四日 范太史集 13/12a 宋朝奏議 11/8a 歷代奏議 192/3a

乞留無逸孝經圖劄子 范太史集 14/4a 宋朝奏議 6/2b 歷代奏議 7/12a

進經書要言劄子 范太史集 14/8b 宋朝奏議 6/4a 歷代奏議 7/9b

進古文孝經說劄子 范太史集 14/9b 歷代奏議 7/10a

勸學劄子 范太史集 14/10b 歷代奏議 7/10b

進尚書說命講義劄子 范太史集 14/14b 歷代奏議 7/12b

點論語劄子 范太史集 14/15a

正始劄子 范太史集 15/1a 宋朝奏議 3/16b 歷代奏議 2/15a

乞進德愛身疏 范太史集 18/3b 宋朝奏議 29/9b 歷代奏議 194/15a

上太皇太后乞保護皇帝聖體疏 范太史集 18/8b 宋朝奏議 29/13a 歷代奏議 194/18a

進無逸講義劄子 范太史集 19/5a

傅宜進講義劄子 范太史集 19/5b

乞車駕所過不毁民屋劄子 范太史集 19/8b 歷代奏議 106/15b

遇英留對劄子 范太史集 19/10a 宋朝奏議 6/4b 歷代奏議 7/13a

編孟子節解劄子 范太史集 19/11b

進無逸講義劄子 范太史集 19/15b

乞進帝學劄子 范太史集 21/5b

進帝學劄子 范太史集 21/5b

遇英閣奏對劄子 范太史集 23/1a 宋朝奏議 12/8a

歷代奏議 69/11a

乞節講禮記劄子 范太史集 24/1a

遇英留對劄子 范太史集 24/7b 宋朝奏議 12/9a 歷代奏議 69/11b

進仁皇訓典劄子 范太史集 24/9a

畏天劄子 范太史集 24/11a 宋朝奏議 44/4a 歷代奏議 13/1a

進紀草劄子 范太史集 24/13b

乞免節讀漢唐史劄子 范太史集 25/1a

聽政劄子(1－2) 范太史集 25/4b－10a 宋文鑑 59/9b 歷代奏議 10/15a,69/12a

上哲宗幸金明池乞不乘船 諫論集 1/8b 歷代奏議 287/10a

上哲宗皇帝論選忠良博古之士置諸左右 曲阜集 2/5a 宋朝奏議 7/3b 宋文鑑 61/9b 歷代奏議 7/19b

上哲宗論君道在立己知人 曲阜集補 1/2a 宋朝奏議 3/11a 歷代奏議 2/11b

上徽宗乞觀貞觀政要陸贄奏議 曲阜集補 1/13b 宋朝奏議 6/6a 歷代奏議 8/1b

論不御講筵及求乳母事(1－2) 盡言集 12/13b－14b 歷代奏議 194/14b

聖學論 濟南集 6/9b 歷代奏議 7/21b

大元帥府勸進第二狀 宗忠簡集 1/6a

乞大元帥於南京開府狀 宗忠簡集 1/7a

奏審覆皇太子所讀孝經論語爾雅劄子 萬山集 3/46b 歷代奏議 8/6a

請審察壅蔽疏 道鄉集/補遺 1b

請恤公議謹獨斷 道鄉集/補遺 25b 宋朝奏議 21/11a 歷代奏議 141/1a

論尚同之幣 劉左史集 1/1b

論巡幸劄子(1－2) 高峰集 1/1b－4b 歷代奏議 91/2b

論聖學劄子 高峰集 1/6b 歷代奏議 8/8b

論講筵劄子 高峰集 1/11b

論圖治劄子 高峰集 2/4b 歷代奏議 3/7a

乞宣布德意劄子 高峰集 2/17b

應詔奏狀 高峰集 5/12b 歷代奏議 73/21a

上修德劄子 橫塘集 11/1a 歷代奏議 2/25b

乞渭日講讀劄子 橫塘集 11/3a 歷代奏議 8/7a

講筵乞删暑資治通鑑進讀劄 翟忠惠集 7/23b

奏乞敕書深自貶損劄子 石林集議 4/10b 歷代奏議 218/20a

奏乞皇帝復辟狀 石林奏議 6/2b

四月二十二車駕經由秀州賜對劄子附貼黃 程

北山集 36/6b

乞奉迎上皇劄子　莊簡集 8/11b

論人主不憚改爲　苕溪集 12/1b　歷代奏議 91/25b

論人主力行果斷　苕溪集 12/2b　歷代奏議 46/22a、48/20b

講筵乞讀范祖禹唐鑑劄子　鴻慶集 27/7a　孫尙書集 28/8b　歷代奏議 8/7b

應詔論事奏狀　王著作集 2/2b

卯三月二十四日面對劄子(1-2)　王著作集 2/5b-6b

五月初七日面對劄子(1-2)　王著作集 2/8a-8b

具奏到陳留見道君太上皇后劄子　梁溪集 44/4b

奏知朝見道君太上皇帝劄子　梁溪集 44/7b

乞深考祖宗之法劄子　梁溪集 48/12b　歷代奏議 69/14b

議巡幸劄子(1-2)　梁溪集 63/2a-5a　歷代奏議 84/10b、12a

議迎還兩宮劄子　梁溪集 82/8b

進奉迎録劄子附奉迎録　梁溪集 83/3a

乞推廣孝思益修軍政劄子　梁溪集 94/4a

論仁宗御書　北海集 20/11a

奏請詔東宮官讀孟子疏　少師集 2/10a　歷代奏議 73/21a

上元祐皇后請下詔播告天下疏　少師集 4/6a

乞修允治國劄子　張華陽集 16/4b

乞修德劄子　毘陵集 3/8b　歷代奏議 3/9a

論修德劄子　毘陵集 3/9a　歷代奏議 3/10a　南宋文範 12/11a

論明善惡是非　忠正德集 1/6b　歷代奏議 86/8a

乞不指前朝過失狀　忠正德集 1/9a

願法太祖仁宗劄　忠正德集 1/9b　歷代奏議 69/15b

論回踊　忠正德集 1/23a　歷代奏議 86/7b

紹興七年二月五日堂白劄子請聽政　三餘集 3/7b

九月十五日面對劄子　三餘集 3/9a

諫移踊疏　鄱陽集/拾遺 4b

車駕南還舟行乞不乘馬劄子　筠溪集 1/17b　歷代奏議 195/3a

論敬天　紫微集 24/4a

論遵守舊法　紫微集 24/12b

議固結人心　中興備覽 1/2b　歷代奏議 196/25b

議親近之人　中興備覽 1/4a

議堅忍立事　中興備覽 3/4a　歷代奏議 238/20b　蜀文輯存 44/17a

論畏天　松隱集 25/4b　歷代奏議 13/3a

諫止洞霄等處燒香　松隱集 27/1b　歷代奏議 195/5a

十二月上殿劄子　默堂集 12/9b　歷代奏議 274/18b、270/26b

論聖學　默堂集 14/10b　歷代奏議 8/9b

論心過　默堂集 14/19a　歷代奏議 3/6a

修德以服金人疏　湖山集/補補 2b

上光堯皇帝書　五峯集 2/1a　歷代奏議 89/1b

乞罷薩鳴巴入内打毬劄子　鄧峯録 7/5b　歷代奏議 196/29a

經筵論進讀實訓劄子　鄧峯録 8/12b

論停減德壽官吏兵卒劄子附貼黃　鄧峯録 9/6a

光宗皇帝初即位進封事　鄧峯録 9/6b　歷代奏議 4/1a

帝學論　唯室集 1/1a　歷代奏議 8/10b

上殿劄子　知稼翁集 8/1b

除侍御史上殿劄子　梅溪集/奏 2/1a　歷代奏議 92/2a

論内庭節省劄子　梅溪集/奏 2/12b　歷代奏議 192/13a

論爲君之道莫先於仁義　拙齋集 5/1a

乞損文弊歸於忠實　拙齋集 5/3a

損益三說　拙齋集 5/8b

己丑擬上殿劄子　文軒集 2/4b

論乞進讀本注音切　海陵集 3/5b　歷代奏議 8/12a

論講讀官進見希闊劄子　文定集 3/3a　新安文獻 4/9a　歷代奏議 8/14b

代留守司起居劄子　南澗稿 10/30a

乞塞僥倖劄子　小隱集/12a　歷代奏議 198/22b

翰林學士丞旨洪遵上奏　小隱集/35a　歷代奏議 69/24a

乞進帝學劄子　定齋稿 1/19b　歷代奏議 8/18b

擬上殿劄子　渭南集 3/10b

上殿劄子　渭南集 4/7a　歷代奏議 11/26b

又上殿劄子　渭南集 4/9a　歷代奏議 195/7b

上殿劄子二　己酉四月十二日　渭南集 4/10a　歷代奏議 49/1a

論勤政疏　范成大佚著/10　歷代奏議 190/9b

請起居重華宮疏　鄭忠肅集/上 1a

請麗建康行宮疏　鄭忠肅集/上 4b

論開講札子　益國文忠集 139/7b　益公集 139/8b　歷代奏議 8/15a

論開講劄子　益國文忠集 139/7b

乞因久雨親札同赦恤民劄子　益國文忠集 139/8a益公集 139/9a　歷代奏議 218/22b

論任怨 益國文忠集 139/9b

論四維 益國文忠集 140/1a

乞因明堂晴霽警戒 益國文忠集 142/8b 益公集 142/10a

乞考初元之政 益國文忠集 143/4b 益公集 143/5a 歷代奏議 69/19a

求言詔回奏附求言語 益國文忠集 145/5a－9b 益公集 145/6a－11b 歷代奏議 12/20b,13/7a,192/18a

請早開講奏狀 益公集 99/129a

獻皇太子書 光榮漫稿 2/1b

癸巳輪對第一劄子 誠齋集 69/4a

得臨漳陞辭第一劄子 誠齋集 69/6a

乙酉自筠州赴行在奏事上殿劄子（1－3） 誠齋集 69/22b－26a 歷代奏議 293/13a 南宋文範 17/8b

君道上中下 誠齋集 87/1a,4b,9a 歷代奏議 93/4a,50/ 20b 南宋文範 17/1a

甲寅擬上封事 朱文公集 12/10b 歷代奏議 12/18a

癸未垂拱奏劄（1－3） 朱文公集 13/1a－5a 歷代奏議 8/13b,95/1a,95/3b

乞進德劄子 朱文公集 14/16b 歷代奏議 8/24a 南宋文範 16/8b

乞不以假故逐日進講劄子 朱文公集 14/18b 歷代奏議 8/25b

召對劄子（1－3） 浪語集 16/1a－5b 歷代奏議 195/ 5b,52/12b 南宋文範 18/5a－6b

論總攬權綱以盡更化劄子 于湖集 16/1a 歷代奏議 47/21b

己見劄子 尊白堂集 6/22b 歷代奏議 9/5b

乾道六年輪對劄子二首 東萊集 3/4a

淳熙四年輪對劄子二首 東萊集 3/5b 南宋文範 19/1a

轉對劄子 止齋集 20/8a 歷代奏議 69/24b

封事紹熙二年十一月 止齋集 21/3b 歷代奏議 11/8a

直前劄子 止齋集 21/9b 歷代奏議 4/3b

內引劄子 止齋集 22/3b 歷代奏議 4/7a 南宋文範 20/10b

直前劄子 止齋集 23/5b 歷代奏議 4/5a

再內引劄子 止齋集 24/3b 歷代奏議 4/8b

入奏劄子四月 止齋集 24/9a 歷代奏議 11/9b

乞對狀四月十四日 止齋集 24/10a 歷代奏議 11/10a

直前劄子四月十八日 止齋集 25/1a

直前劄子四月二十六日 止齋集 25/2b 歷代奏議 11/ 11a

奏事劄子五月四日 止齋集 25/5a 歷代奏議 11/12b

請對劄子 止齋集 26/6a 歷代奏議 4/21a

壬辰廷對 止齋集 29/1a 歷代奏議 52/21a

論進德養生 宋本攻媿集 21/8b 攻媿集 22/7b

論君道難易 宋本攻媿集 21/16b 攻媿集 22/14b

論君心 宋本攻媿集 21/18a 攻媿集 22/16b

請車駕過重華宮劄子（1－2） 宋本攻媿集 22/1a－3b 攻媿集 23/1a－4a

同侍從請過宮劄子（1－2） 宋本攻媿集 22/4a－6a 攻媿集 23/4a－7b

上壽皇聖帝劄子 宋本攻媿集 22/8a 攻媿集 23/7b

上兩宮奏疏 宋本攻媿集 22/9a 攻媿集 23/8b

論君道 宋本攻媿集 23/15a 攻媿集 23/10b

論君心 宋本攻媿集 24/4a 攻媿集 25/4a

論本朝專尚忠厚 宋本攻媿集 24/6a 攻媿集 25/6a

論仁德剛德 宋本攻媿集 24/10a 攻媿集 25/9b

君道狀 東塘集 12/1a 歷代奏議 4/22b 南宋文範 19/ 9b

又奏乞過宮狀 東塘集 13/8a 歷代奏議 12/8a

獨衘入奏乞過宮視疾狀 東塘集 13/13a 歷代奏議 12/10b

得聖語令與部中官商量同柬從官入奏狀 東塘集 13/17b 歷代奏議 12/13a

同柬從官乞過宮上壽狀 東塘集 13/19b 歷代奏議 12/1a

獨衘自入奏乞過宮狀 東塘集 13/22a 歷代奏議 12/2a

同柬從官待罪狀 東塘集 13/24b

獨衘再入奏乞過宮狀（1－2） 東塘集 13/25a－28a 歷代奏議 12/3b

又入奏乞過宮狀 東塘集 13/28a 歷代奏議 12/5a

同從官入奏壽皇聖帝狀 東塘集 13/31b

同柬從官宣引入對狀 東塘集 13/32b 歷代奏議 12/7a

乞以壽皇聖帝爲法劄子 定齋集 5/2b 歷代奏議 70/17a

乞皇帝過宮劄子 定齋集 5/8a 歷代奏議 12/26a

論聖孝劄子 定齋集 6/7b 歷代奏議 12/25a

請侍讀疏 九華集 6/1a

乞復祖宗舊制重經筵親儒士置夜直之員疏 止堂集 2/3b 歷代奏議 8/19a

論愛身寡欲務學三事疏 止堂集 2/5b 歷代奏議 4/10b

論車駕過宮怨期視朝爽節章奏壅滯疏 止堂集 2/10a 歷代奏議 57/3a

乞車駕過重華宮疏 止堂集 2/19a 歷代奏議 11/14b

論小人疑間兩宮乞車駕過宮面質疏 止堂集

3/1a 歷代奏議 11/17a

論陳源間諜兩宮宜斥逐車駕往朝重華以息諂膝疏 止堂集 3/5a 歷代奏議 11/19b

進內治聖鑒疏 止堂集 3/8b 歷代奏議 75/15a

論人主當動循天道疏 止堂集 3/11b 歷代奏議 4/12b

論剛斷得失疏 止堂集 3/16a 歷代奏議 4/9b

論宰執陳乞過宮當賜聽納疏 止堂集 3/20b 歷代奏議 11/23b

論車駕久不過宮無以舉記注職守疏 止堂集 4/1a 歷代奏議 11/24b

論人主用心立德用人聽言四事疏 止堂集 4/10b 歷代奏議 57/5a

論人主當理性情疏 止堂集 4/14b 歷代奏議 4/15a

論人主求言問學當務實疏 止堂集 4/16b 歷代奏議 8/20a

論車駕過宮編類章疏等事奏 止堂集 4/20b

論車駕移御南內於義不安者二於國不安者一奏附貼黃 止堂集 5/8b 歷代奏議 12/27b

論復經筵坐講疏 止堂集 5/18b 歷代奏議 274/20a

論正始之道疏 止堂集 6/1a 歷代奏議 57/1a

請車駕過重華宮劄子 詹元善集/下 4a

請車駕過宮親臨釋奠祭疏 詹元善集/下 5a

請經筵講讀特加訪問 雲莊集 1/5a

壬申十一月面對論經筵講讀乞加訪問頌示文體 雲莊集 1/11a

都官郎官上殿劄子 聚齋集 1/1a 歷代奏議 4/17a

輪對陳人君法天劄子 聚齋集 1/3b 歷代奏議 13/7b

輪對陳人君宜崇大節劄子 聚齋集 1/14a 歷代奏議 4/18b

輪對陳人君宜結人心劄子 聚齋集 1/16a 歷代奏議 60/6b

輪對陳人君宜達民隱劄子 聚齋集 1/18a 歷代奏議 248/11a

論玠符徵宜戒逸豫劄子 聚齋集 3/10b 歷代奏議 310/2a

君德（1－2） 水心別集 1/2b－4b 歷代奏議 54/14a

紹熙封事五年五月 育德堂奏議 1/10a

紹熙應詔言事奏狀五年七月 附貼黃 育德堂奏議 1/14b

慶元陛辭劄子（1－2）元年二月 育德堂奏議 1/20a－22a

開禧上殿奏事劄子（1－2）二年十二月 育德堂奏議 2/1a－2a

開禧轉對奏狀三年五月 育德堂奏議 2/3b

輪對劄子論體剛健之德,堅自強之志 後樂集 9/18b 歷代奏議 3/21a

論對劄子論君心體天意 後樂集 10/4a 歷代奏議 4/24b

論對劄子（論聲色不可遇,宴安不可懷,財用當節,名器當惜,取法仁祖壽皇,飭躬修德,克敬天戒） 後樂集 10/6a 歷代奏議 58/4a

乙卯歲除郎上殿劄子 後樂集 10/22b

丁巳歲右史直前奏事劄子 後樂集 10/24b 歷代奏議 4/25b

論聖學劄子 後樂集 11/13b 歷代奏議 9/1a

兵部侍郎上殿劄子 昌谷集 10/3a 歷代奏議 9/26a

代人上殿劄子 山房集 2/17a

乙亥輪對劄子（1－3） 洛水集 1/2a－4a

丙子輪對劄子（1－2） 洛水集 1/6a－7a

初開講筵劄子 洛水集 1/11a 新安文獻 5/5b

戊子內引劄子（1－2） 洛水集 3/3b－4b

論君德人心劄子 東澗集 7/1a 歷代奏議 5/26a

論當然之理劄子 東澗集 7/4a 歷代奏議 117/19b

論終始如一劄子 東澗集 7/6a 歷代奏議 58/18b

論講讀劄子 東澗集 8/4b 歷代奏議 9/31b

論敬天之休難疏 安晚集/輯文 3a 歷代奏議 13/10b

召除户書內引劄子（1－4） 真西山集 13/9a－23b 歷代奏議 5/2b,9/25a,100/1a,150/3b

十二月奏己見劄子 真西山集 14/9a 歷代奏議 195/11a

論人心不能與天地相似者五 鶴山集 15/7b 歷代奏議 60/17a

論人主之心義理所安是之謂天附貼黃 鶴山集 16/14a 歷代奏議 5/5b

封事奏體八卦往來之用玩上下交濟之理以盡下情附貼黃二 鶴山集 17/11a 歷代奏議 61/11b

孝宗施行王弗等所進故事 鶴林集 15/22b

聖學疏 筠川集 4/1a 歷代奏議 9/30a

代奏事劄子 漁墅稿 1/3b

代奏劄 漁墅稿 1/6a

秘書少監上殿劄子（1－2） 蒙齋集 4/11a－15b 歷代奏議 5/9a,153/14a

中書舍人內引劄子（1－2） 蒙齋集 7/1a－4b 歷代奏議 5/14a,150/11a

兵部侍郎內引劄子 蒙齋集 7/23b 歷代奏議 5/16a

辛丑四月直前奏劄附貼黃 杜清獻集 11/12a

經筵己見奏劄辛丑十一月 附貼黃 杜清獻集 12/3b

簽書直前奏劄王寅 杜清獻集 12/7a－10b

進故事七月三日上進 幾菴集 4/16a

丙申九月封事 圃軒集 2/22b

寶慶乙酉八月二十二日應詔上封事 竹林集/ 9a

子所雅言詩書執禮皆雅言也 恥堂稿 3/1a 歷代 奏議 9/32b

陳綱紀疏寶祐癸丑 徐文惠稿 1/1a

陳納善政疏 徐文惠稿 1/9a

上殿奏劄 久軒集 8/26b

嘉熙戊戌輪對劄子(1-2) 楳埜集 3/1a-5a 歷 代奏議 5/19 下,5/23 上

甲辰冬輪對劄子(1-2) 楳埜集 3/11a-13a 南宋 文範/外 2/1a 歷代奏議 117/16b,124/12a

紹定壬辰御試對策 楳埜集 5/1a 歷代奏議 9/6a

奏論制國之事不憚則輕徒憚則沮 許國公奏議 2/32a

内引第一劄奏論艱屯薈困之時非反身修德則 無以求亨通之理嘉熙四年 許國公奏議 3/12a

奏論天地之復與人之復 許國公奏議 3/36a

輪對第一劄子 秋崖稿 5/1a

輪對第二劄子附貼黃 2 秋崖稿 5/4a

壬子輪對改元 雪窗集 1/18a

仁宗皇帝聖訓先盡大臣之處 雪窗集 2/1a

孝宗皇帝抑僥倖 雪窗集 2/11a

漢賈山言人主威勢 雪窗集 2/13a

唐杜正倫諫言語 雪窗集 2/17a

嘉熙己亥著作郎奏劄 文溪稿 6/8b

嘉熙己亥著作郎奏劄第二劄 文溪稿 6/11a

淳祐丙午侍右郎官赴闕奏劄 文溪稿 7/1a

淳祐丙午十月朔奏劄 文溪稿 7/9a

淳祐丙午十二月正言奏劄 文溪稿 9/1a

寶祐甲寅宗正卿上殿奏劄 文溪稿 9/7a

乙罡辛西太乙劄子闕全文 文溪稿 9/11b

奏内庭之怒不可輕發事 格庵稿/25a

奏致泰在親君子昌正氣等事 格庵稿/28b

奏乞常做戒節儉聽納事 格庵稿/34a

内引第一劄申奏當常做戒節儉聽納事 格庵 稿/38a

丙辰封事 雪坡集 1/1a

庚申封事 雪坡集 2/1a

擬上封事 雪坡集 3/1a

庚申輪對(1-2)附貼黃 附玉音問答 雪坡集 4/1a- 12b

癸丑廷對 雪坡集 7/1a

進大行皇帝挽詞疏署 先天集 10/1a

諫游幸疏 蒙川稿/補遺 7a 歷代奏議 287/16b

咸淳辛未十二月初一日轉對劄子 牟陵陽集 8/ 1a

輪對劄子 文山集 3/45a 歷代奏議 9/35b

上神宗論人主不當爲血氣所變孫覺撰 宋朝奏 議 2/5b 歷代奏議 2/1b

上神宗論修身配天始於至誠不息李常撰 宋朝 奏議 2/13a 歷代奏議 2/3a

上神宗論人君在至誠至仁呂公著撰 宋朝奏議 2/ 14b 歷代奏議 2/7b

上哲宗修德爲治之要十事呂公著撰 宋朝奏議 3/ 1a 宋文鑑 52/1b 歷代奏議 39/15b

上哲宗論君難四事王巖叟撰 宋朝奏議 3/9a 歷 代奏議 2/8b

上宣仁皇后論治性之道傅堯命撰 宋朝奏議 3/10a 歷代奏議 2/10a

上哲宗論洪範三德王巖叟撰 宋朝奏議 3/15a 歷代 奏議 2/9b

上哲宗論王道六事蘇軾撰 宋朝奏議 3/17a 歷代奏 議 2/15b

上哲宗論四者歸心之道梁燾撰 宋朝奏議 3/18a 歷代奏議 41/7b

上徽宗論人君之要道三李朴撰 宋朝奏議 4/1a 歷 代奏議 43/15a

上欽宗論致太平在得民心陳公輔撰 宋朝奏議 4/ 3a 歷代奏議 107/5b

上欽宗論君道之本在於明胡安國撰 宋朝奏議 4/ 13b 歷代奏議 156/11b

上神宗論人主有高世之資求治之意在成之以 學孫覺撰 宋朝奏議 5/1a 歷代奏議 6/14a

上哲宗論學本於正心范祖禹撰 宋朝奏議 5/3b

上哲宗論進學之時不可失梁燾撰 宋朝奏議 5/6a 歷代奏議 7/16a

上宣仁皇后論皇帝進學之時梁燾撰 宋朝奏議 5/ 7a 歷代奏議 7/17a

上哲宗論人主盡道在修身,修身在正學彭汝礪 撰 宋朝奏議 5/8a 歷代奏議 7/14b

上哲宗論黃帝堯舜養生裡身之道范百祿撰 宋 朝奏議 5/9b 歷代奏議 7/18b 蜀文輯存 22/16a

上徽宗論帝王爲學之本鄒浩撰 宋朝奏議 5/10b 歷代奏議 8/1a

上徽宗論治天下在好學廣問上官均撰 宋朝奏議 5/11b 歷代奏議 8/3b

上欽宗論聖學以正心爲要胡安國撰 宋朝奏議 5/ 12b 歷代奏議 8/5b

上徽宗乞讀資治通鑑陳瓘撰 宋朝奏議 6/6b 歷代奏議 8/2b,276/17a

上徽宗乞觀漢文宣唐太宗事陳瓘撰 宋朝奏議 6/7b

上徽宗論宣取畫圖陳師錫撰 宋朝奏議 6/8b 歷代奏議 8/2a

上神宗乞擇經術耆艾之士以備顧問錢顗撰 宋朝奏議 7/1a 歷代奏議 137/5a

上哲宗論人主學問在擇人彭汝礪撰 宋朝奏議 7/1b 歷代奏議 7/13b

上哲宗論人主務學在親師友彭汝礪撰 宋朝奏議 7/2a 歷代奏議 7/14a

上哲宗乞召講官諮訪以進聖學朱光庭撰 宋朝奏議 7/3a 歷代奏議 7/15b

上太宗乞體貌大臣，簡暑細務張觀撰 宋朝奏議 8/1a 歷代奏議 29/5b

上仁宗論不宜下行有司事范鎮撰 宋朝奏議 8/3b 歷代奏議 32/1a 蜀文輯存 7/19b

上神宗論所急者近效所勤者小數孫覺撰 宋朝奏議 8/5b 歷代奏議 35/14b

上英宗乞上奉慈闈以全孝德呂誨撰 宋朝奏議 9/7a 歷代奏議 10/2b

上英宗乞親決政事而內盡子道呂誨撰 宋朝奏議 9/13b 歷代奏議 190/6a

上英宗乞講奉養隆顯皇太后之禮傅堯命撰 宋朝奏議 10/1a 歷代奏議 10/13b

上欽宗論父子天性宜一於誠楊時撰 宋朝奏議 10/9b 歷代奏議 10/21a

上欽宗乞迎奉上皇篤其孝心（1－2狀）陳公輔撰 宋朝奏議 10/10b－12a 歷代奏議 10/18b,19b

上仁宗乞罷崖珠玉匠廟藩撰 宋朝奏議 11/1a 歷代奏議 191/10b

上仁宗論宮中所費宜取先朝爲則廟籍撰 宋朝奏議 11/1b 歷代奏議 191/11a

上仁宗謀獫何郊撰 宋朝奏議 11/2a 歷代奏議 194/8b 蜀文輯存 6/1b

上神宗論百姓徙廢乞身先儉約劉述撰 宋朝奏議 11/4b 歷代奏議 191/22b

上徽宗論蓄物害治江公望撰 宋朝奏議 11/10b 歷代奏議 194/20a

上徽宗謀獫江公望撰 宋朝奏議 11/11b 歷代奏議 194/20b

上哲宗乞講筵開陳祖宗故事丁驌撰 宋朝奏議 12/8a 歷代奏議 69/11a

上真宗論勤政韓援撰 宋朝奏議 20/1a 歷代奏議 190/1b

上真宗乞恭勤守治陳充撰 宋朝奏議 20/2a 歷代奏議 190/2b

上仁宗乞每旦親政振舉綱目孫沔撰 宋朝奏議 20/3b 歷代奏議 190/3b

上仁宗乞勿以治平自息宋經撰 宋朝奏議 20/6b 歷代奏議 1/20a,196/12a

上哲宗論成於憂勤失於息怠彭汝礪撰 宋朝奏議 20/7a 歷代奏議 190/8b

上哲宗論太平百年所當戒懼彭汝礪撰 宋朝奏議 20/8a

上英宗乞伸威斷傅堯命撰 宋朝奏議 21/3a 歷代奏議 190/6b

上宣仁皇后乞皇帝問御前殿以發聽斷彭汝礪撰 宋朝奏議 21/8a

上欽宗論不斷之過曹輔撰 宋朝奏議 21/12a 歷代奏議 45/9a

上神宗論以質厚德禮示人回天下之俗彭汝礪撰 宋朝奏議 24/6a 歷代奏議 116/18b

上仁宗論頻有災異乞直降御札不受徽號韓琦撰 宋朝奏議 25/2a 歷代奏議 281/13b

上哲宗再論進德愛身劉安世撰 宋朝奏議 29/15b

上哲宗再論進德愛身係第二狀 劉安世撰 宋朝奏議 29/16b

上仁宗乞參考祖宗故事以定大計范鎮撰 宋朝奏議 30/2b 宋文鑑 48/5a 歷代奏議 73/2b 蜀文輯存 7/15a

上仁宗乞參考祖宗故事以定大計係第四狀 范鎮撰 宋朝奏議 30/3b 歷代奏議 73/3a 蜀文輯存 7/20b

上仁宗論水災速定副武之位係第六狀 范鎮撰 宋朝奏議 30/8b 歷代奏議 73/3b 蜀文輯存 7/21a

上仁宗論水災速定副武之位李大臨撰 宋朝奏議 30/9a 歷代奏議 73/1b 蜀文輯存 19/15b

上仁宗論畧出主兵乞速定大計疏係第七狀 范鎮撰 宋朝奏議 30/12a 蜀文輯存 7/17a

上仁宗論畧出主兵乞速定大議係第九狀 范鎮撰 宋朝奏議 30/13a 歷代奏議 73/4b 蜀文輯存 7/22a

上仁宗辭侍御史知雜事乞速定大議第二十狀 范鎮撰 宋朝奏議 30/15b 歷代奏議 73/6a 蜀文輯存 8/1b

上仁宗乞擇親賢優以封爵使入禁中吳及撰 宋朝奏議 31/2a 歷代奏議 73/8a

上仁宗乞檢會前後臣僚奏議早爲定斷呂誨撰 宋朝奏議 31/9a 歷代奏議 73/11a

上宣仁皇后論經筵輔養之道程顥撰 宋朝奏議 50/8a 歷代奏議 6/24a

上宣仁皇后辨顧臨所言是非程顥撰 宋朝奏議 50/13a 歷代奏議 274/7b

奏議表狀一 奏議 君道

上欽宗論不可復近奄人楊時撰 宋朝奏議 63/14a 歷代奏議 293/5a

上欽宗論不可復近奄人係第二狀 楊時撰 宋朝奏議 63/15a

論蔡確既貶請寬心和氣疏傅堯命撰 宋文鑑 53/8a 歷代奏議 2/11a

敦儉錢彥遠撰 宋文鑑 103/11b

策署蘇軾撰 宋文鑑 103/14a 歷代奏議 37/3a

決壅蔽蘇軾撰 宋文鑑 103/18a

師友王安國撰 宋文鑑 104/4a 歷代奏議 6/23a

乞經筵訪問上殿劄子 播芳文粹 91/10b

乞筵訪羣臣劄子（1－2） 播芳文粹 91/11b－12b

除中丞上殿劄子 播芳文粹 91/16a

論臣下當同心協議疏呂午撰 新安文獻 5/6b

論權綱不可下移奏狀呂午撰 新安文獻 5/8a

論罷諸西太乙宮疏程元鳳撰 新安文獻 5/13a

獻大寶箴陳彭年撰 歷代奏議 1/16a

論好名疏 田况撰 歷代奏議 1/20a

對乾卦問 賈昌朝撰 歷代奏議 1/21a

請以誠公對天意順人心疏 傅堯命撰 歷代奏議 1/25b

論勉强力行疏 王曙撰 歷代奏議 1/26a

論人主好惡不可令人窺測疏 富弼撰 歷代奏議 2/2b

乞觀無逸及漢唐事陳瓘撰 歷代奏議 2/16b

論先帝祠廟疏 韓宗武撰 歷代奏議 2/16b

論臣宜守節書當制變疏 陳瓘撰 歷代奏議 2/17a

論自古求治之主皆以尚志爲先疏 周常撰 歷代奏議 2/17b

論罷錢塘製造局疏 張根撰 歷代奏議 2/17b

論治心疏 葉夢得撰 歷代奏議 2/17b

論君剛健則臣柔順疏 黄裳光撰 歷代奏議 2/18a

乞攬權斷奏江公望撰 歷代奏議 2/18a

進心說江公望撰 歷代奏議 2/19b

論堯順之道疏 江公望撰 歷代奏議 2/24a

論大居正疏 胡安國撰 歷代奏議 2/24b

請勉力圖强重致治效疏張浚撰 歷代奏議 3/1b 蜀文輯存 42/11a

請修德以勝廣疏 胡銓撰 歷代奏議 3/3a

論持勝疏胡銓撰 歷代奏議 3/3b

對策論君德疏 張九成撰 歷代奏議 3/4a

上論君德劄子 張守撰 歷代奏議 3/8a

論君德疏 汪應辰撰 歷代奏議 3/11b

論畏天愛民當行以廣大悠久疏 汪應辰撰 歷代

奏議 3/12b

進故事 汪應辰撰 歷代奏議 3/13b

請罷毬馬之娛求帝王之治疏 楊萬里撰 歷代奏議 3/14b

風謀銳志肆武疏 黄洽撰 歷代奏議 3/19b

論明良交感惟信與誠疏 廣充文撰 歷代奏議 3/20b 蜀文輯存 56/5b

入對奏劄 尤袤撰 歷代奏議 4/3b

論王心當如青天白日疏 羅點撰 歷代奏議 4/14a

請以聖語具申本省疏劉光祖撰 歷代奏議 4/14a 蜀文輯存 68/3b

請竣業無起意疏 楊簡撰 歷代奏議 4/16a

論以剛德立治本疏 柴中行撰 歷代奏議 4/27b

論宜全敬畏忠厚優容三者之本心疏牟子才撰 歷代奏議 5/24b 蜀文輯存 86/1a

論古人之心疏 王應麟撰 歷代奏議 5/26a

進故事論君德 許應龍撰 歷代奏議 5/27b

進故事論君德 洪莽命撰 歷代奏議 5/28b

論持敬疏 湯漢撰 歷代奏議 5/30a

論爲君難四事疏牟榮撰 歷代奏議 5/30a 蜀文輯存 93/1a

上勸講箴趙師民撰 歷代奏議 6/8b

論誦詩如彼泉流疏趙師民撰 歷代奏議 6/10a

論太玄經著草不足學疏 王拱辰撰 歷代奏議 6/11a

論王者之學疏 唐淑問撰 歷代奏議 6/14a

論聖賢之學在專勤疏 王巖叟撰 歷代奏議 7/20b

論聖學疏 江公望撰 歷代奏議 8/4b

進唐鑑十事許景衡撰 歷代奏議 8/6b

論開講之制疏 周必大撰 歷代奏議 8/8a

論書爲治道之本疏 謝諤撰 歷代奏議 8/9b

論聖學疏 張守撰 歷代奏議 8/10a

論聖學以明理正心爲萬事之綱疏 劉琪撰 歷代奏議 8/13a

論帝王之學疏張浚撰 歷代奏議 8/13a 蜀文輯存 42/12a

乞精講議奏員宗奭撰 歷代奏議 8/16a

論人君之學疏 王師愈撰 歷代奏議 8/17b

論實學實用疏 呂祖儉撰 歷代奏議 8/20b

論人君之學與書生異疏 彭龜年撰 歷代奏議 8/20b

講筵供職入奏第一劄子牟子才撰 歷代奏議 9/17a 蜀文輯存 86/2b

專論正心疏牟子才撰 歷代奏議 9/19b 蜀文輯存 86/4a

進程顥講學故事疏牟漾撰 歷代奏議 9/23b 南宋範 26/10b 蜀文輯存 93/1b

進故事論聖學 洪舜俞撰 歷代奏議 9/29a

論春秋尊王議霸疏楊文仲撰 歷代奏議 9/30a 蜀文輯存 94/6a

請覽通鑑疏牟漾撰 歷代奏議 9/33b 蜀文輯存 93/2b

請日御講筵疏牟漾撰 歷代奏議 9/34b 蜀文輯存 93/ 3a

論學與道疏 黃慶龍撰 歷代奏議 9/37a

論英宗宜依舊專總萬機疏 傅堯俞撰 歷代奏議 10/13a

論父母不慈而子不失孝疏 韓琦撰 歷代奏議 10/ 14a

論堯授舜以天下疏 劉敞撰 歷代奏議 10/14b

論神考之大孝疏 陳瓘撰 歷代奏議 10/18a

論紹復非孝疏張庭堅撰 歷代奏議 10/18a 蜀文輯存 32/5b

論金人禍及山陵疏 張嵩撰 歷代奏議 10/23a

論皇太后宜遷大內疏 袁說友撰 歷代奏議 10/23b

進講高宗聖政疏 袁說友撰 歷代奏議 10/27a

論盡孝壽皇疏黃裳撰 歷代奏議 11/1a 蜀文輯存 71/ 16a

請即日過重華宮疏 項安世撰 歷代奏議 11/1a

論朝賀重華宮疏 羅點撰 歷代奏議 11/2a

上封事蔡幼學撰 歷代奏議 11/2a

請進書日到宮疏 呂祖儉撰 歷代奏議 11/2b

請過宮日分預養誠心劄子 呂祖儉撰 歷代奏議 11/6a

乞速嚴法駕鶴哭梓宮之前劄子 袁說友撰 歷代奏議 12/14a

再乞過宮行慶劄子 袁說友撰 歷代奏議 12/15a

請謹問安視膳之禮五日一朝之儀奏趙汝愚撰 歷代奏議 12/21b

請過宮以成信孝仁三善奏趙汝愚撰 歷代奏議 12/ 22a

請會慶節先到重華後開講筵奏趙汝愚撰 歷代奏議 12/23b

請過宮成服奏趙汝愚撰 歷代奏議 12/24a

請過梓宮前行禮後請聽政奏趙汝愚撰 歷代奏議 12/24b

請早謁重華行大祥之禮奏趙汝愚撰 歷代奏議 12/ 25a

諫幸玉津園疏 曾三聘撰 歷代奏議 12/27a

請朝太上皇及太上皇后疏 彭龜年撰 歷代奏議 12/27b

論親心豫則天意和人心順疏 呂祖儉撰 歷代奏

議 12/29a 南宋文範 20/16a

論不居行宮而臨大內當常存憂畏之心疏劉光祖撰 歷代奏議 12/30b 蜀文輯存 68/4a

論格天之實疏張浚撰 歷代奏議 13/2b 蜀文輯存 42/ 12b

論加聖心以承天意疏 呂祖儉撰 歷代奏議 13/6a

入對論敬天 牛大年撰 歷代奏議 13/10a

論敬天疏 游景仁撰 歷代奏議 13/10a

轉對論敬天 王萬撰 歷代奏議 13/10b

論法祖疏 唐介撰 歷代奏議 69/4b

論祖宗之法不可變疏 司馬光撰 歷代奏議 69/5b

推廣祖宗家法奏劄 呂大防撰 歷代奏議 69/6b

面對奏劄論中道 楊時撰 歷代奏議 69/14a

論善繼述疏 王觀撰 歷代奏議 69/14a

論若稽古疏 陳瓘撰 歷代奏議 69/14a

乞討論祖宗故事劄子李光撰 歷代奏議 69/15a

請守仁宗三十五事疏 王師愈撰 歷代奏議 69/21b

聖範劄子 歷代奏議 70/1a

請建儲以答星變疏范鎮撰 歷代奏議 73/4a 蜀文輯存 7/21b

請定大計以答天謫疏范鎮撰 歷代奏議 73/5a 蜀文輯存 7/22b

請爲宗廟社稷計疏范鎮撰 歷代奏議 73/5b 蜀文輯存 8/1a

言不定儲貳不敢受職疏范鎮撰 歷代奏議 73/5b 蜀文輯存 7/23a

論謹擇皇子官屬疏劉元承撰 歷代奏議 73/20b

論勤政疏 彭汝礪撰 歷代奏議 190/7b

論篤信力行奏趙汝愚撰 歷代奏議 190/11a

論發憤有爲奏趙汝愚撰 歷代奏議 190/11b

進故事 衛涇撰 歷代奏議 190/12b

論勤政疏 李韶撰 歷代奏議 190/13b

進故事論勤政 洪舜俞撰 歷代奏議 190/17a

請服御器用皆從純儉疏 張觀撰 歷代奏議 191/ 10a

論節儉疏 劉蒙叟撰 歷代奏議 191/10b

論抑奢侈以濟艱難疏 龐籍撰 歷代奏議 191/11a

請節廉費別等威疏 張根撰 歷代奏議 192/7a

經筵進故事洪遵撰 歷代奏議 192/10a

又進故事洪遵撰 歷代奏議 192/10b

論恭儉約疏 袁說友撰 歷代奏議 192/12b

論以節用愛人爲本奏趙汝愚撰 歷代奏議 192/16b

論伏欲疏 蘇轍撰 歷代奏議 194/9b

上宣仁皇后疏范祖禹撰 歷代奏議 194/18a

謀遣使收買寶劍疏張淡撰 歷代奏議 195/1a 蜀文帖存 43/19a

請辨奸邪導君之心疏張淡撰 歷代奏議 195/1b 蜀文帖存 43/19b

請堅一心以奉天道疏張淡撰 歷代奏議 195/2a 蜀文帖存 43/20a

經筵進故事洪遵撰 歷代奏議 195/3b

又進故事洪遵撰 歷代奏議 195/4a

論戒伏欲疏﹒陳俊卿撰 歷代奏議 195/8a

請宴豫勿襲宣和之舊疏﹒彭龜年撰 歷代奏議 195/8b

論儉以約己勤以爲人奏趙汝愚撰 歷代奏議 195/9b

論人君憂勤則臣下協心疏黃裳撰 歷代奏議 195/9b 蜀文帖存 71/17a

論戒伏欲疏﹒李宗勉撰 歷代奏議 195/10a

論室嗇欲之要疏﹒趙景緯撰 歷代奏議 195/15a

上殿劄子王般撰 歷代奏議 196/19b

論議察出入狀任伯雨撰 歷代奏議 196/20b 蜀文帖存 30/8b

乞愼密機劄子事任伯雨撰 歷代奏議 196/20a 蜀文帖存 30/8a

乞周防内庭狀任伯雨撰 歷代奏議 196/21a 蜀文帖存 30/9a

上思患預防奏陳瓘撰 歷代奏議 196/22a

進對大暑高定子撰 歷代奏議 196/22a 蜀文帖存 78/6a

請謹微疏張淡撰 歷代奏議 196/25a 蜀文帖存 44/1a

論朝廷可憂二事疏黃裳撰 歷代奏議 196/31a 蜀文

帖存 71/17a

進讀孝宗聖訓奏陳宗禮撰 歷代奏議 196/32a

請防左右近習覬上之所好疏﹒謝方叔撰 歷代奏議 196/32a

進唐服帶故事﹒胡銓撰 歷代奏議 198/23a

進故事論謹名器﹒洪舜俞撰 歷代奏議 198/29a

論幸汾壹土木之役太過疏﹒李迪撰 歷代奏議 287/10a

謀徵行疏﹒曹輔撰 歷代奏議 287/10b

乞寢麗臨幸普照寺塔下燒香指揮疏﹒許景衡撰 歷代奏議 287/11a

議修德 南宋文範 13/19a

講易疏袁說友撰 南宋文範 19/8b

上宣和皇后辨誕事疏范沖撰 蜀文帖存 33/1a

論奉迎上皇劄子唐重撰 蜀文帖存 35/7b

論君臣宜通情疏句龍如淵撰 蜀文帖存 38/11a

言事必有初疏句龍如淵撰 蜀文帖存 38/11b

請皇帝復位疏張淡撰 蜀文帖存 41/1a

爲治在我疏張淡撰 蜀文帖存 41/3a

陳人君言動舉措宜加畏戒疏張淡撰 蜀文帖存 41/3b

論拯難救急在君臣同德一心疏張淡撰 蜀文帖存 43/10b

論艱難之時幾微尤不可忽疏張淡撰 蜀文帖存 44/1b

請立德行事以古爲法疏馮時行撰 蜀文帖存 46/1a

紹熙二年封事黃裳撰 蜀文帖存 71/18a

(三) 學校科舉

上真宗論制科當依漢制取人 咸平集 1/2b 宋朝代奏議 237/16b

奏議 82/2b 歷代奏議 164/3b

代人轉對論太學狀 武夷新集 17/8a

代王寺丞爲弟乞應舉狀 武夷新集 17/10a

崇政殿御試賢良方正能直言極諫科制策 文莊集 12/1a

厚文德奏 文莊集 15/4b

議貢舉奏 文莊集 15/6a 歷代奏議 164/7b

上章聖皇帝乞應制舉書 文莊集 16/1a

舉丘良孫應制科狀 范文正集 18/5a

舉張伯玉應制科狀 范文正集 18/5b

奏乞指揮國子監保明武學生令經暑部署司講說兵書 范文正集/奏議上/24a 宋朝奏議 82/6a 歷

奏乞在京並諸道醫學教授生徒 范文正集/奏議下/43a 宋朝奏議 84/19a

織進李康侯廣律判辭 文恭集 17/9b

論殿試攷校 文恭集 17/10a

論增經術取士額狀 文恭集 8/12b 歷代奏議 165/13b

賢良等科廷試設次劄子 元憲集 31/1a 歷代奏議 165/4b

乞禁便俗字 景文集 27/12b

乞宰相監修唐書疏 景文集 29/13b 歷代奏議 276/13b

代人乞存殁臣僚納家集狀 景文集/拾遺 11/13a

歷代奏議 275/15a

論取士 包孝肅奏議 2/38a 歷代奏議 165/1a

請依舊封彌録考校舉人 包孝肅奏議 2/41b 歷代奏議 165/2b

請依舊考試奏陞子弟 包孝肅奏議 2/42b

上校正後漢書 武溪集/奏議上/1b

上校正漢書 武溪集/奏議上/2b

乞罷天下學生員聽讀日限 武溪集/奏議 F/19a

奏召同修書劄子司馬光撰 三劉家集/55a

論取士 文溪公集 27/1b 歷代奏議 167/1a

論更改貢舉事件劄子 歐陽文忠集 104/9b 歷代奏議 164/10b

詳定貢舉條狀一作議科場奏狀慶曆四年 歐陽文忠集 104/13b 歷代奏議 164/12a

論史館日曆狀嘉祐四年 歐陽文忠集 108/2b 宋朝奏議 60/2a 宋文鑑 46/19a 歷代奏議 276/12a

論雕印文字劄子至和二年 歐陽文忠集 108/11b

條約舉人懷挾文字劄子嘉祐二年正月 歐陽文忠集 111/1a

論保明與人行實劄子 歐陽文忠集 111/2b

乞寫秘閣書令館職校讎劄子嘉祐二年九月 歐陽文忠集 111/6b

論編學士院制詔劄子嘉祐三年 歐陽文忠集 111/8a

舉蘇軾應制科狀嘉祐五年 歐陽文忠集 112/11b

免進五代史狀 歐陽文忠集 112/11b

論刪去九經正義中識緯劄子 歐陽文忠集 112/12b 宋朝奏議 83/1a 歷代奏議 275/14b

議一有新字學狀嘉祐元年 歐陽文忠集 112/13b 歷代奏議 114/2a

乞差檢討官校國史劄子嘉祐六年 歐陽文忠集 113/2b

論逐路取人劄子治平元年 歐陽文忠集 113/8b 歷代奏議 165/17b

繳進劉義夏春秋災異奏狀 歐陽文忠集 116/7a

乞重定進納常平倉恩澤 歐陽文忠集 117/33b

凡資任子弟隸名國子監立格試業補用論 樂全集 8/4b 歷代奏議 114/7a

復舉孝廉 樂全集 8/7a 歷代奏議 164/25b

川嶺舉人便宜 樂全集 8/12a 歷代奏議 164/28a

學校 樂全集 11/5b 歷代奏議 114/5a

貢院請誡勵天下舉人文章 樂全集 20/11a 歷代奏議 164/29a

睦州奏請州學名額及公田 樂全集 21/26b 歷代奏議 114/8b

奏狀乞依近降指揮試舉人 清獻集 3/17b

奏狀乞給還太學田土房緡 清獻集 3/20a 歷代奏議 114/1a

奏狀起請科場事件 清獻集 3/21b

奏狀乞減舉人年限俾就廷試 清獻集 5/2a 歷代奏議 164/20b

投匭疏 蘇學士集 11/12a 歷代奏議 165/5b

論改科場條制疏 蔡忠惠集 19/9b 歷代奏議 165/9b

仁宗朝言貢舉便宜事奏狀 金氏集/下/3a 歷代奏議 165/15b

進誠明説劄子 古靈集 5/8a

乞免解舉人推恩狀 古靈集 5/15b 歷代奏議 166/22a

理會考校進士卷子狀 古靈集 6/4a 歷代奏議 166/21a

乞升陞佃優等佃名劄子 古靈集 7/6b

議學校貢舉劄子 古靈集 8/10b 歷代奏議 114/16b

議貢舉狀 韓南陽集 25/8b 歷代奏議 166/29a

奏爲乞置興元府府學教授狀 丹淵集 34/6a 歷代奏議 114/12b

上仁宗論龍昌期學術乖僻 公是集 32/10b 宋朝奏議 83/1b 歷代奏議 187/25a

禮部貢院定奪鄭荷起請科場未便事件 公是集 33/13a

禮部貢院駁張洞起請乞降等收録少字賦論進士奏准中書批狀 公是集 33/15b

請令州縣特舉士 元豐稿 30/8a 歷代奏議 166/24a

史館申請三 元豐稿 31/6a

英宗實録院申請 元豐稿 32/9b

議貢舉序序奏狀 華陽集 7/8b 歷代奏議 165/7b

舉人免解奏狀 華陽集 7/9a

諸科問經義奏狀 華陽集 7/9b 歷代奏議 165/7b

進士諸科名額奏狀 華陽集 7/10a 歷代奏議 165/7a

蜀文輯存 2/17b

乞續修國朝會要劄子 華陽集 8/2b

校勘老子道德經劄子 華陽集 8/10a

乞印行荀子揚子法言狀 傳家集 18/7b 司馬溫公集 16/5a 歷代奏議 275/14a

乞施行制策劄子 傳家集 21/13b 司馬溫公集 19/11a 宋朝奏議 82/5a 歷代奏議 199/12b

論制策等第狀 傳家集 22/4a 司馬溫公集 20/1b 宋朝奏議 82/4b 歷代奏議 164/23a

論諸科試官狀 傳家集 23/3b 司馬溫公集 21/5b

貢院定奪科場不用詩賦狀 傳家集 30/14a 司馬溫公集 28/5b

貢院乞逐路取人狀 傳家集 32/6b 司馬溫公集 30/

1a 宋文鑑 48/11b 歷代奏議 165/20a

乞令選人試經義上殿劄子 傳家集 37/1b 司馬溫公集 35/2b 歷代奏議 165/24a

議貢舉狀 傳家集 40/3b 司馬溫公集 39/7b 宋朝奏議 78/9b 歷代奏議 166/4a

議繫官親人鍊應狀 傳家集 40/11a 司馬溫公集 29/10b

論風俗劄子 傳家集 42/8b 司馬溫公集 45/9b 宋朝奏議 83/3a 歷代奏議 166/3a

乞黃庭堅同校資治通鑑劄子 傳家集 51/17b 司馬溫公集 51/10a

乞令校定資治通鑑所寫稿古録劄子 傳家集 52/1a 司馬溫公集 51/10a 歷代奏議 276/14b

乞進呈文字劄子 傳家集 53/4a 司馬溫公集 53/4a

乞進呈文字第二劄子 傳家集 53/5a 司馬溫公集 53/5b

乞進呈文字第三劄子 傳家集 53/6a 司馬溫公集 53/6a

乞進呈文字第四劄子 傳家集 53/7a 司馬溫公集 53/10b

乞以十科舉士劄子 傳家集 54/1a 司馬溫公集 53/2a 宋朝奏議 71/10a 歷代奏議 167/1b

起請科場劄子 傳家集 54/3a 司馬溫公集 52/1a 宋朝奏議 81/1a 歷代奏議 167/3b

乞先行經明行修科劄子 傳家集 56/1a 司馬溫公集 52/8b 歷代奏議 167/7a

議學校法 蘇魏公集 15/7b 歷代奏議 114/13b

議貢舉法 蘇魏公集 15/10a 歷代奏議 166/25b

議武舉條貫 蘇魏公集 17/5b

論制科取士乞加立策等增取人數 蘇魏公集 19/7b 宋朝奏議 82/8a 歷代奏議 167/18a

乞改科條制劄子 臨川集 42/4a 王文公集 31/8a

乞免修實録劄子 臨川集 42/4a

進鄰侯遺事劄子 臨川集 42/8b 王文公集 20/14b

進字說劄子 臨川集 43/2b 王文公集 20/9b

乞改三經義誤字劄子二道（尚書義、周禮義、詩義） 臨川集 43/3a-6a 王文公集 20/10a-13a

論改詩義劄子 臨川集 43/6b

答手詔言改經義事劄子 臨川集 43/6b

改撰詩義序劄子 臨川集 43/7a 王文公集 20/13b

進二經劄子 臨川集/拾遺 5a 王文公集 20/14a

論矯士風之偽 柯部集 13/4b

看詳知開封府度支郎中王克臣所進熙寧通議 柯部集 16/20a

貢舉議 彭城集 24/1a 歷代奏議 166/17b

太學申監狀 彭城集 24/10b

奏毅特舉之科分路考校取人熙寧二年 范忠宣集 /奏議上 16a 宋朝奏議 80/8a 歷代奏議 166/19b

代人奏請更定科場約束狀 西溪集 7(三沈集 2/67b)

請刊定元豐編敕律令疏 孫莘老奏議 10b

乞重修太學條制疏 忠肅集 4/14b 宋朝奏議 79/5b 宋文鑑 57/17b 歷代奏議 114/19b

論取士并乞復賢良科疏 忠肅集 4/15b 宋朝奏議 82/7a 歷代奏議 167/23a

請修學校尊師儒取士劄子 二程集/(明道)39/1b 宋朝奏議 78/3a 歷代奏議 114/9a

進策題劄子 王魏公集 4/6b

乞詩賦經義各以分數取人將來只許詩賦兼經狀 蘇東坡全集 6/7a

議學校貢舉狀 蘇東坡全集/奏議 1/1a 宋朝奏議 79/1a 歷代奏議 166/15a

參定葉祖洽廷試策狀二首 蘇東坡全集/奏議 4/10b-12a

大雪乞省試展限兼乞御試不分初覆考劄子 蘇東坡全集/奏議 4/13a

奏巡鋪鄭永崇舉覺不當乞差曉事使臣交替 蘇東坡全集/奏議 4/15b

奏勸巡鋪内臣陳愷 蘇東坡全集/奏議 4/16b

申明舉人盧君修王燦等 蘇東坡全集/奏議 4/17a

論特奏名 蘇東坡全集/奏議 4/17b 宋朝奏議 81/9a 歷代奏議 167/19a

乞不分經取士 蘇東坡全集/奏議 4/20b

乞不分差經義詩賦試官 蘇東坡全集/奏議 4/20b

奏乞御試放榜館職皆侍殿上 蘇東坡全集/奏議 4/22a

放榜後論貢舉合行事件 蘇東坡全集/奏議 4/22b

乞賜州學書板狀 蘇東坡全集/奏議 6/1b 歷代奏議 114/21a

撰上清儲祥宫碑奏請狀 蘇東坡全集/奏議 9/12b

進單鍔吳中水利書狀單鍔書附卷末 蘇東坡全集/奏議 9/13b 歷代奏議 252/13a

録進單鍔吳中水利書 蘇東坡全集/奏議 9/26b 歷代奏議 252/14a

奏乞增廣貢舉出題劄子 蘇東坡全集/奏議 13/26a

投進使遼録長城賦劄子 畫墻集 6/7a

言科場事狀 樂城集 37/9a 歷代奏議 167/26b

論御試策題劄子二首 樂城集/後 16/12b-14a 宋朝奏議 119/10a、11b 歷代奏議 102/5a

國史院取索實録草杏奏狀 范太史集 6/17b

開封府界居住報應國史院取會文字狀 范太

史集 6/18b

又上太皇太后表　范太史集 13/11a

乞復遍英閣記注劄子　范太史集 21/7b

封還差道士陳景元校道書事狀　范太史集 21/11a　宋朝奏議 59/8b　歷代奏議 275/16b

進幸學故事劄子　范太史集 22/1a

薦陳祥道儀禮解劄子　范太史集 24/8b

乞賜故修書官資治通鑑劄子　范太史集 24/9b

論點檢試卷官劄子　范太史集 26/10b　蜀文輯存 23/21a

乞試院差官治雜事劄子　范太史集 26/11a　蜀文輯存 23/20b

上殿論試院事劄子　范太史集 26/12a

乞添川浙福建江南等路進士解名劄子　陶山集 4/1a

乞立武舉解額劄子　陶山集 4/2a

上哲宗論五路舉人省試案此奏在紹聖二年　讜論集 1/7a

上哲宗論免補試人狀　讜論集 1/16b

上哲宗乞催補試狀　讜論集 1/17b

上徽宗論修神宗實錄　讜論集 2/1b-4a　宋朝奏議 60/6a　歷代奏議 276/21b-22b

取士　樂靜集 26/8b　歷代奏議 168/13b

上哲宗論經明行修科官罷投牒乞試楊名勝錄之制　曲阜集 1/3b　宋朝奏議 81/5b　歷代奏議 167/16a

理會科場奏狀　西臺集 1/1a　歷代奏議 168/4b

學校議哲宗時　西臺集 5/1a　歷代奏議 114/23a

經術詩賦取士議　西臺集 5/2b

文議　西臺集 5/4a　歷代奏議 275/17b

禮部取士　龍雲集 26/14b

論謝悰賜進士出身不當事（1-2）　盡言集 5/17a-17b

論國子賣書狀並貼黃　後山集 14/22b

奏士風疏　定夫集 6/1a　宋朝奏議 24/9a　宋文鑑 61/13b　歷代奏議 116/24a

論取士　滿水集 1/6a　歷代奏議 115/3a

上哲宗皇帝書　道鄉集 21/1a　歷代奏議 168/15b

論三經義出題試士　道鄉集/補遺 3a

論編類章疏七月二十二日　道鄉集/補遺 20a

乞賜神宗御集奏狀　摘文集 9/10b

國子監舉主奏狀　摘文集 9/11a　歷代奏議 114/22a

論武學上舍人奏狀　摘文集 9/11b　歷代奏議 168/20a

論州縣學講堂及齋名奏狀　摘文集 9/12a　歷代

奏議 114/21b

理會學校劄子　摘文集 10/6a　歷代奏議 115/1b

代乞駐蹕府學劄子　竹隱集 9/1b　歷代奏議 115/3b

廷試策　竹隱集 12/8a　歷代奏議 44/12b

乞禁州縣學濫進之弊劄子　跨鰲集 13/2b　歷代奏議 115/2b

進潼川府修城圖狀　跨鰲集 13/17b

又進修城圖節署狀　跨鰲集 13/9b

條具兼提舉修國史劄子　忠穆集 3/9b

擬進郭子儀李晟列傳劄子　忠穆集 3/10b

乞採舉人程文劄子　高峯集 1/10b

御制戒石銘劄子　高峯集 1/19b

論王氏學劄子　高峯集 1/20a　歷代奏議 115/4b

論科舉劄子　高峯集 2/24b

乞展省試劄子　橫塘集 11/4b

進養士圖籍劄子　丹陽集 1/1a　歷代奏議 114/22a

乞以學書上御府並藏辟廱劄子　丹陽集 1/1b

奏乞府學添差教授狀　石林奏議 11/6a

奏乞府學不許官司指占狀　石林奏議 11/6a

論王氏及元祐之學　莊簡集 8/21b　宋朝奏議 83/9a　歷代奏議 156/9a

乞修日曆狀　浮溪集 2/11b　新安文獻 3/11a　歷代奏議 277/4a

侍御史論大學諸生伏闕劄子　孫尙書集 28/4a　歷代奏議 183/12a

乞徵廟解易劄子　梁溪集 39/6a

繳進秦元圖册及奏知解潛議事劄子　梁溪集 52/7b

繳進通信林牙書詞劄子　梁溪集 53/4a

繳進十議劄子　梁溪集 80/6a

進奉迎録劄子　梁溪集 83/2a

進造君皇帝御書碑本奏狀　梁溪集 91/6a

進皇帝御書詔奏聞狀　梁溪集 91/6b

進御書草聖千文贊劄子　梁溪集 100/13a

李郎分門内外制集劄子　北海集 28/10a

投進恩賜御書墨本劄子　張華陽集 16/4a

進編類建炎時政記劄子　昆陵集 2/10a

進廖剛世綵堂集劄　忠正德集 3/7b

乞頒聖學下太學劄子　楊溪集 8/18b　歷代奏議 115/1b

修纂屬籍總要疏　北山集 1/28a

進金國文具録劄子　鄱陽集 4/3b

初論經解劄子　雙溪集 9/6b　歷代奏議 275/19b

論取士專優春秋三傳劄子　雙溪集 9/11a　歷代

奏議 275/20b

論士風　紫微集 25/1a

議朋友　中興備覽 2/4a

乞春秋傳序劄子　斐然集 11/25b

謝宣示晉唐法帖並御書臨本　松隱集 27/1a

學者以孔孟爲師　默堂集 14/17a　歷代奏議 274/18a

進寫龜山先生論語解　默堂集 14/22a

乞禁約舉人文體奏議　漢濱集 5/1a

看詳楊朴禮部韻括遺狀　漢濱集 5/2a

看詳羅果恭改正漢書次序文字狀　漢濱集 5/3a　南宋文範 16/1a

論恩榜任子革弊奏議　漢濱集 7/15b

論監類省試朝劄　漢濱集 8/5a

乞增太學員額劄子　太倉集 49/2a

獻皇帝書　夾漈稿/中 3a

回奏令條具時務劄子　鄂峰錄 8/3a

進陳正言四經解劄子　鄂峰錄 8/6a

車駕朝德壽宮乞以問答聖訓宣付史館劄子　鄂峰錄 8/11b

回奏宣示御製策士聖訓　鄂峰錄 10/6b

繳得旨令點李翱復性書劄子　鄂峰錄 29/1a

謝正月二十一日所進故事宣付史館劄子　鄂峰錄 30/1b

學校劄子　方舟集 7/7a

國子監看詳安鼎補韻器錯誤劄子　方舟集 7/14b

乞崇儒術黜異端　拙齋集 5/5a

台試館職策　艾軒集 5/9a

進視師詔劄子　盤洲集 43/9a

繳進太祖皇帝御書奏狀　盤洲集 50/4b

論乞修神宗以後寶訓　海陵集 3/1a　歷代奏議 69/17a

論臣僚奏對令備錄聖訓詳盡　海陵集 3/3a　歷代奏議 277/8a

論禁傳寫先朝實錄　海陵集 3/4a　歷代奏議 277/8b

論變文格　海陵集 3/4b　歷代奏議 169/3b

乞宸翰劄子　海陵集 5/2b

乞以御書上石劄子　海陵集 5/3a

輪當轉對奏狀　海陵集 5/5b　歷代奏議 277/7b

薦何耕充文章典雅科狀　文定集 6/3b

看詳學事申狀　南澗稿 9/1a

乞訪遺書劄子　小隱集/13a　歷代奏議 275/18b

乞修起居注劄子　小隱集/18a　歷代奏議 277/3a

吏部侍郎洪遵上奏　小隱集/28a　歷代奏議 169/14a

乞修續會要劄子　小隱集/31a　歷代奏議 277/3a

乞經筵編聖語狀　小隱集/51a　歷代奏議 277/2b

論日曆進劄子　洪文敏集 4/5b

重華宮投進劄子　洪文敏集 4/10a

除修史上殿劄子　渭南集 4/13b　歷代奏議 277/16a

論記注聖語劄子　范成大佚著/15

論三朝國史劄子　范成大佚著/20　歷代奏議 277/13a

請記高宗退處後言行疏　范成大佚著/41　歷代奏議 277/12b

論悅祝二字並通，乞祥定修入禮部韻疏殘篇二，散見於其他各書之奏劄節文　范成大佚著/80

乞貢院添卷首長條背印疏殘篇二：散見於其他各書之奏劄節文　范成大佚著/81

進謝御書古詩附跋御書　益國文忠集 104/9b　益公集 104/112a

繳進詔草劄子　益國文忠集 110/6a　益公集 110/107a

進選德殿記奏　益國文忠集 110/9a　益公集 110/110a

論文海命名劄子　益國文忠集 110/11b　益公集 110/113b

繳進文鑑序劄子　益國文忠集 110/12a　益公集 110/114a

奏殿試策問題空劄子　益國文忠集 121/2b　益公集 121/3b

奏改正策問內息字劄子　益國文忠集 121/2b　益公集 121/3b

回奏　益國文忠集 121/3a　益公集 121/4b

奏劄　益國文忠集 121/4a　益公集 121/5b

奏劄　益國文忠集 121/4b　益公集 121/6b

繳書神道碑劄子　益國文忠集 123/4b　益公集 123/5a

舉李塾賢良不應格待罪劄子　益國文忠集 124/2a　益公集 124/2a

論科舉代筆　益國文忠集 136/2b　益公集 136/2b

論發解考校之弊　益國文忠集 136/7b　益公集 136/18b　歷代奏議 169/15b

乞改正宣論聖語誤字　益國文忠集 137/6a　益公集 137/7a

同王内翰薦李塾試賢良劄子　益國文忠集 138/2b　益公集 138/3a

乞取唐仲友尤表書目劄子　益國文忠集 139/6b　益公集 139/7b

繳進李塾詞業狀　益國文忠集 139/13b　益公集 139/15b

乞州縣選勸賢之後上之國學　益國文忠集 141/1a　益公集 141/1a

乞翰苑御書　益國文忠集 141/1b　益公集 141/2a

奏議表狀一　奏議　學校科舉　1221

乞展限修史　益國文忠集 141/2a　益公集 141/2b

論史事劄子　益國文忠集 141/10b　益公集 141/12a　歷代奏議 277/12a

論解試試官　益國文忠集 141/12b　益公集 141/14b

論殿試宗室換官恩科推恩　益國文忠集 44/2b　益公集 44/3a

乞給札就李丙抄丁未録狀　益國文忠集 145/12a　益公集 145/14b

禮部看詳舉人狀　益國文忠集 145/12b　益公集 145/15a

開元録回奏　益國文忠集 146/1a　益公集 146/1a

張氏論孟傳御筆回奏附御筆　益國文忠集 146/2a　益公集 146/2a

乞修今上起居注劄子　益國文忠集 153/1a　益公集 153/1a

起居注稿　益國文忠集 153/1b　益公集 153/1b

繳選德殿記劄子　益國文忠集 161/16b　益公集 161/18b

進皇太子制草奏附御筆批並依　益公集 102/62a

舉眉州布衣程修應賢良方正科同安撫司奏狀　誠齋集 70/10b

請刪定列聖圖書劄子　于湖集 16/4a

乞修日曆劄子　于湖集 16/8a　歷代奏議 277/1a

乞宣示殿試考官務求切直之論劄子　尊白堂集 6/16b　歷代奏議 170/4b

論郡縣學劄子　尊白堂集 6/24a　歷代奏議 115/20a

乞開偶學禁上殿奏劄　西山集 2 附録/180b

進重刪定日祖謀所編文鑑劄子　宮教集 5/1a

奏論教化劄子　宮教集 5/5a

進編次文海劄子　東萊集 3/8a

制科策　省齋集 5/1a

進東宮耕織圖劄子　宋本攻媿集 7/12a　攻媿集 33/12b

乞御書錦照二字劄子　宋本攻媿集 17/25a 攻媿集 33/24a

乞東宮書懷綬二字劄子　宋本攻媿集 17/25b 攻媿集 33/24a

知温州舉胡宗應賢良科狀　宋本攻媿集 18/1a 攻媿集 31/1a

論玉牒聖語　宋本攻媿集 19/4a　攻媿集 20/4a

講筵論資治通鑑　宋本攻媿集 24/1a　攻媿集 25/1a

進貞觀謀録劄子　定齋集 1/1a　歷代奏議 206/8b　南宋文範 19/11a

繳進貞觀謀録劄子　定齋集 5/2a

風俗議　九華集 6/4a　歷代奏議 117/7b

乞寢罷版行時文疏　止堂集 1/3a　歷代奏議 170/13b　南宋文範 20/2a

繳進宣取續資治通鑑長編奏　止堂集 1/19a

乞申飭奏事臣僚録所得聖語報記注官疏　止堂集 3/14b　歷代奏議 277/17b

乞開偶學禁上殿奏劄　雲莊集 1/1a

請頒白鹿洞規示太學　雲莊集 1/4a

請乞刊朱熹四書于太學　雲莊集 1/10b

科舉　水心集 3/13b　水心別集 13/3b

學校　水心集 3/15a　水心別集 13/5a

制科　水心集 3/16b　水心別集 13/6a

宏詞　水心集 3/18a　水心別集 13/7b

士學上下　水心別集 3/7a-9b　歷代奏議 55/7a

繳錢晉臣等補太史局學生旨揮狀　育德堂奏議 2/6b

論牒試劄子　昌谷集 11/16a　歷代奏議 170/21b

同陳正字傅校書王秘監乞進會要劄子　山房集 2/16a

高宗皇帝寶訓徹章乞宣付史館劄子　洛水集 2/12b

繳進耕織圖劄子　洛水集 2/13a

論取士法疏　松垣集 1/10b

申請延平書院敕額劄　復齋集 6/9b

論實録缺文　鶴山集 16/3b　歷代奏議 277/20a

論士大夫風俗　鶴山集 16/11b　歷代奏議 117/12a　南宋文範 23/4b

論敦求碩儒開闡正學　鶴山集 16/16b　歷代奏議 115/21a

奏乞收回保全故相史彌遠御筆附貼黃　鶴山集 20/10a

論抄劄人字地字格式劄子　筧川集 4/6a

辛丑知貢舉竣事與同知貢舉錢侍郎曹侍郎上殿劄子　杜清獻集 11/10a

上言學校疏　恥堂稿 1/3b

擬撰科詔回奏　後村集 53/3a

求宸翰奏劄　後村集 78/3b

宣索文集回奏狀（1-2）　後村集 78/17a-17b

進文集劄　後村集 78/18a

回奏御筆獎諭所進猥稿劄　後村集 78/18b

繳回御筆奏劄　後村集 81/10a

奏乞御書石立劄（1-2）　霽軒集 7/14b-16b

請御書古良西窗明遠書院劄子　榘菴集 4/1a

奏乞分路取士以收淮襄之人物守淮襄之土地　許國公奏議 2/36a

奏乞遵舊法收士子監漕試 許國公奏議 3/25a
庚子論對第二割分別試 雪窗集 1/3b
真宗皇帝戒舉人它途進取 雪窗集 2/15a
唐高錫中詞科知貢舉 雪窗集 2/32a
繳進奏狀 金佗粹編 26/8a
論唐書及五代史割 四庫拾遺 6/元憲集
乞宣取司馬温公文集割子 四庫拾遺 82/昆陵集
上仁宗乞編類三朝典故富弼撰 宋朝奏議 12/2b
歷代奏議 210/17b
上徽宗論士氣不振節義不立張叔夜撰 宋朝奏議
24/9b 歷代奏議 116/24b
上徽宗論風俗由大臣倡導余應求撰 宋朝奏議 24/
10a 歷代奏議 116/24b
上太祖乞委宰執抄録旨動送付史館虞蒙撰 宋
朝奏議 60/1a 歷代奏議 276/11a
上徽宗乞別行聘修紹聖神宗實録陳瓘撰 宋朝
奏議 60/4a 歷代奏議 276/15b
上徽宗論哲宗實録不當止差蔡京兼修陳瓘撰
宋朝奏議 60/5a 歷代奏議 276/16b
上徽宗論起居注書祥瑞不應經典宇文粹中撰
宋朝奏議 60/10a 歷代奏議 276/20b 蜀文輯存 36/14b
上真宗請申明太學議孫何撰 宋朝奏議 78/1a 歷
代奏議 164/2b
上神宗答詔論學校貢舉之法呂公著撰 宋朝奏議
78/6a 歷代奏議 166/10a
上神宗論上舍當釐糊名之法彭汝礪撰 宋朝奏議
79/4a 歷代奏議 114/11a
上哲宗乞擇名師主太學朱光庭撰 宋朝奏議 79/6b
歷代奏議 114/18a
上哲宗乞罷三舍法王巖叟撰 宋朝奏議 79/7b 宋文
鑑 60/11b 歷代奏議 114/18b
上哲宗三學看詳條制程頤撰 宋朝奏議 79/8a
上哲宗請用薦舉之士為學官乞罷試法王巖叟
撰 宋朝奏議 79/9a 歷代奏議 114/19a
上哲宗乞循祖宗故事視學范百祿撰 宋朝奏議 79/
9b 歷代奏議 274/7a 蜀文輯存 22/9b
上仁宗乞革科舉之法令牧守監司舉士富弼撰
宋朝奏議 80/1a 歷代奏議 164/6b
上神宗論取士之弊宜有更改孫覺撰 宋朝奏議
80/5a 歷代奏議 166/1a
上哲宗論選舉六事呂大臨撰 宋朝奏議 80/9a 歷代
奏議 167/8a
上哲宗論奏舉經明行修不宜用升朝官汎舉劉
摯撰 宋朝奏議 81/7b 歷代奏議 167/22a
上哲宗論殿試宜依神宗故事用策傅堯命撰 宋
朝奏議 81/10b 歷代奏議 167/20a

上真宗請復設制科孫何撰 宋朝奏議 82/1a 歷代奏
議 164/1b
上真宗論制科之設不專因災異宜隨科舉下詔
吳育撰 宋朝奏議 82/3a 歷代奏議 164/16b
上神宗論制科之士不可以直言棄聯韓維撰 宋
朝奏議 82/5b 歷代奏議 203/7b
上哲宗乞別詳定制科考格王存撰 宋朝奏議 82/7b
歷代奏議 167/17b
上仁宗論武舉武學富弼撰 宋朝奏議 82/9b 歷代奏
議 237/1a
上仁宗乞詔陜西等路奏舉才武富弼撰 宋朝奏
議 82/14b 歷代奏議 162/5a
上仁宗乞選邊上有智勇人與講說兵書包仲淹
撰 宋朝奏議 82/16a
上神宗論王安石之文有異志楊繪撰 宋朝奏議
83/4a 歷代奏議 196/17b 蜀文輯存 18/11b
上哲宗乞戒學者尊守正道朱光庭撰 宋朝奏議 83/
6a 歷代奏議 274/12b
上欽宗論王安石學術之謬楊時撰 宋朝奏議 83/6b
歷代奏議 182/3a
上欽宗論王氏及元祐之學崔鶠撰 宋朝奏議 83/7b
歷代奏議 182/1a
上哲宗乞戒士大夫傳異端之學朱光庭撰 宋朝
奏議 84/8a
上哲宗乞戒士大夫傳異端之學係第二狀 朱光
庭撰 宋朝奏議 84/9b 宋文鑑 60/14a
朝奉郎行秘書省著作佐郎兼國史院編修官兼
權禮部郎官呂祖謙奉聖旨銓次割子 宋
文鑑/目録上/1a
請用經術取士朱光庭撰 宋文鑑 60/16a 歷代奏議
168/18b
請禁絶登科進士論財娶妻丁驚撰 宋文鑑 6/3a
學士王安國撰 宋文鑑 104/5a
擬御試武舉策陳師道撰 宋文鑑 111/10a
麟書匡若海撰 新安文獻志 33/1a
請勿頒行王安石字說疏 陳瓘撰 歷代奏議 8/3a
謝賜御書漢准萱政論疏廖允文撰 歷代奏議 51/1a
蜀文輯存 56/6b
請增置五經博士員數疏 楊徹之撰 歷代奏議
114/1a
請興學校疏夏珠撰 歷代奏議 114/4b
請追寢習律制書疏 * 歷代奏議 114/12a
乞增宗學官傳狀劉舉撰 歷代奏議 114/15b
議學校貢舉割子陳養撰 歷代奏議 114/16b
論太學校條制疏劉舉撰 歷代奏議 114/20a
奏乞太學冬季補試疏王觀撰 歷代奏議 115/1a

論學校疏 俞栗撰 歷代奏議 115/4a

請立五經博士疏李石撰 歷代奏議 115/5a 蜀文輯存 62/2a

論文不可廢疏韓駒撰 歷代奏議 115/6a 蜀文輯存 37/1b

論時文之弊疏韓駒撰 歷代奏議 115/7b 蜀文輯存 37/2b

請慎擇司文以風動天下疏韓駒撰 歷代奏議 115/9a 蜀文輯存 37/4a

請立文章模楷疏韓駒撰 歷代奏議 115/10a 蜀文輯存 37/5a

請勸士博學疏韓駒撰 歷代奏議 115/11b 蜀文輯存 37/6b

請尊顯博學之士疏韓駒撰 歷代奏議 115/13a 蜀文帖存 37/7b

請白崇經教士之意於天下疏韓駒撰 歷代奏議 115/14a 蜀文帖存 37/8b

請仍用策論以定升黜疏韓駒撰 歷代奏議 115/15b 蜀文輯存 37/10a

論南康軍奏請白鹿洞書院額疏崔敦詩撰 歷代奏議 115/19a

論學校教養課試升貢之法疏 趙汝愚等撰 歷代奏議 115/19b

論風俗疏 范仲淹撰 歷代奏議 116/10a

謝御書否泰卦因陳卦義疏張浚撰 歷代奏議 156/15b 蜀文帖存 43/16a

論設科以擢異等之士疏 榮㬊撰 歷代奏議 164/1a

論取士狀范鎮撰 歷代奏議 165/8a 蜀文輯存 8/4b

經筵對進士詩賦策論先後故事 李淑撰 歷代奏議 165/9a

論科舉疏 彭汝礪撰 歷代奏議 167/27a

論不可復以詩賦取人疏 彭汝礪撰 歷代奏議 167/27b

論經明行修舉人不當充本州解額疏 王觀撰 歷代奏議 168/3b

請罷黃宗源殿試指揮疏 許景衡撰 歷代奏議 168/21a

乞於進士之外歲廣薦舉疏 章誼撰 歷代奏議 169/9b

請添差試官疏 鄭剛中撰 歷代奏議 169/10a

論福建科場事疏趙汝愚撰 歷代奏議 169/23b

請施行諸州教養課試升貢之法奏趙汝愚撰 歷代奏議 170/16a

上劄子論選舉廖德撰 歷代奏議 170/18a

論取士宜師高宗家法以進騐直疏附貼黃 李鳴復撰 歷代奏議 170/23a 蜀文輯存 81/17a

論科舉疏洪舜俞撰 歷代奏議 170/24b

論崇儒疏陳彭年撰 歷代奏議 274/3a

乞追謚孔子帝號加封孟軻揚雄公爵疏 常秩等撰 歷代奏議 274/4b

乞春秋釋奠並以宛鄒二公配享疏陸長愈撰 歷代奏議 274/6a

奏黜異端畢仲游撰 歷代奏議 274/13b

論伊川學胡安國撰 歷代奏議 274/15a

乞罷僞學之詔疏 劉煇撰 歷代奏議 274/19b

乞留朱熹袁說友撰 歷代奏議 274/22a

論經籍疏 吳叔撰 歷代奏議 275/14a

乞藏王乘春秋統解於秘府疏呂陶撰 歷代奏議 275/16a 蜀文輯存 16/19b

請采王乘統解等書疏呂陶撰 歷代奏議 275/16a 蜀文輯存 16/19b

因面對論程頤王安石學術同異陳瓘撰 歷代奏議 275/21b

論國史疏 畢士安撰 歷代奏議 276/12a

乞刪修唐書及五代史宋庠撰 歷代奏議 276/13b

論國史疏 江公望撰 歷代奏議 276/24a

論國史疏 龔夫撰 歷代奏議 276/24a

翰林學士王觀辭免修史王觀撰 歷代奏議 276/25a

論國史疏 劉才邵撰 歷代奏議 277/1b

論神哲二史疏常同撰 歷代奏議 277/2a 蜀文輯存 38/20b

又進書劄子江藻撰 歷代奏議 277/5b

論左右史四弊胡銓撰 歷代奏議 277/9a

論國史疏 林光朝撰 歷代奏議 277/11a

論記注聖語劄子范成大撰 歷代奏議 277/14a

論侍立劄子 歷代奏議 277/14b 范成大佚著/1b

論國史疏 彭龜年撰 歷代奏議 277/18a

制科策范百祿撰 歷代奏議 301/20a 蜀文輯存 22/1a

請尋訪趙鄰幾遺稿疏蘇易簡撰 蜀文輯存 1/4a

武舉分等授職狀王珪撰 蜀文輯存 2/18a

進三才定位圖疏張商英撰 蜀文輯存 13/11a

議修廣太學疏鄧綰撰 蜀文輯存 117/2b

請論題不遷見試舉人所治之經狀龔敦頤 蜀文帖存 20/2a

乞復遷英記注故事狀范百祿撰 蜀文輯存 22/12a

宋瑪請換道學内含生疏鄧渴仁撰 蜀文輯存 28/1a

進新唐書糾謬表吳縝撰 蜀文輯存 28/8b

論太學秘省劄子宇象求撰 蜀文輯存 28/13b

論學校去取不宜黜王氏學疏馮澥撰 蜀文輯存 31/1b

請著神宗寶訓以備請讀疏晏序辰撰 蜀文輯存 32/ 13b

論司馬光奸惡宜取言行事狀彙編以示天下疏 晏序辰撰 蜀文輯存 32/14a

請依治平故事編類章疏進呈疏范沖撰 蜀文輯 存 33/1b

論修神宗實録及別撰攻異疏范沖撰 蜀文輯存 33/2a

袁集司馬光記聞疏范沖撰 蜀文輯存 33/2b

修哲宗實録乞別撰辨證書范沖撰 蜀文輯存 33/3a

編修仙源慶系屬籍總要劄子范沖撰 蜀文輯存 33/3a

上皇帝乞附試書韓駒撰 蜀文輯存 37/12a

再上皇帝書韓駒撰 蜀文輯存 37/13a

論曾布三朝正論宜辨是非疏常同撰 蜀文輯存 38/20a

重定王安石字說頒行疏楊栢筠撰 蜀文輯存 39/5b

奏進金虜遺録狀張浚撰 蜀文輯存 41/16a

進呈四朝會要申請事宜狀李燾撰 蜀文輯存 52/9b

論專一討論徽宗事迹篆述長編疏李燾撰 蜀文 輯存 52/10a

請重行刊修徽宗實録劄子李燾撰 蜀文輯存 52/ 11a

進六朝通鑑博議疏李燾撰 蜀文輯存 52/12a

條陳貢舉事宜疏宇文紹節撰 蜀文輯存 54/9b

論修日曆疏張震撰 蜀文輯存 60/1a

請聞蜀刻書委所屬看詳免送監省疏張震撰 蜀 文輯存 60/1a

論太學免解疏張震撰 蜀文輯存 60/3b

請抄寫四川藏書奏閣蕃舒撰 蜀文輯存 61/2a

請頒成都府學殿額疏范仲藝撰 蜀文輯存 64/3a

請敕中興典禮編類成書劄子范仲藝撰 蜀文輯存 64/3a

光堯尊號玉寶進到草樣狀趙雄撰 蜀文輯存 66/1a

請傳寫李丙丁未録疏趙雄撰 蜀文輯存 66/1b

考按進士恩廕父母年甲狀趙雄撰 蜀文輯存 66/2a

補試進士宜裁節疏趙雄撰 蜀文輯存 66/2a

論道學非程氏之私言疏劉光祖撰 蜀文輯存 68/1a

進兩朝聖範疏劉光祖撰 蜀文輯存 69/1a

請試官無得非時燕會疏李壁撰 蜀文輯存 75/5a

乞下除學禁之詔頒朱子四書定周邵程張五先 生從祀疏李道傳撰 蜀文輯存 77/15b

論京學仍以五百爲額疏程公許撰 蜀文輯存 83/2b

永興軍中書劄子范雍撰 金石萃編 132/21a

(四) 官 制

次對奏狀 武夷新集 16/14a 歷代奏議 159/17a

次對狀 武夷新集 18/9a

議職官 文莊集 13/1a 歷代奏議 159/23a

慎爵祿 文莊集 13/3b 歷代奏議 197/16a

議選調 文莊集 13/4b 歷代奏議 159/21a

制流外 文莊集 13/8a 歷代奏議 159/21b

擇牧守奏 文莊集 15/1a 歷代奏議 159/22a

擇令佐奏 文莊集 15/2a 歷代奏議 134/4a

奏致仕分司官乞與折支全俸狀 范文正集 18/2b

奏乞下審官院等處應官員陳訴定奪進呈 范 文正集/奏議上/16a

奏乞定奪在京百司差遣等第 范文正集/奏議上/ 16b

奏乞擇臣僚令舉知州通判 范文正集/奏議上/ 18a 歷代奏議 132/8b

奏乞重定三班審官院流內銓條貫 范文正集/ 奏議上/23a

續奏乞於職官令録中舉充京官知縣 范文正 集/奏議上/23b 歷代奏議 132/9a

奏爲置官專管每年上供軍須雜物 范文正集/ 奏議上/25a

奏乞兩府兼判 范文正集/奏議上/26a 歷代奏議 160/3b

再奏乞兩府兼判 范文正集/奏議上/29b

進呈周朝三公六卿漢朝宰臣兼判事 范文正 集/奏議上/31a

奏乞令兩府詳議百官起請條貫如可經久即令 施行等事 范文正集/奏議上/34b

奏議許懷德等差遣 范文正集/奏議上/36b 宋文鑑 44/5a 歷代奏議 187/29b

奏重定臣僚薦子弟親戚恩澤事 范文正集/ 奏議上/37b

奏重定職田頃畝 范文正集/奏議上/40a

奏重定臣僚轉官及差遣體例 范文正集/奏議上/

42a

奏乞將邊任官員三年滿日乞特轉一資　范文正集/奏議下/16b

奏乞差新轉京官人充沿邊知縣事　范文正集/奏議下/17b

策試方暑等人各與緣邊差遣事　范文正集/奏議下/19a

奏乞減武臣充提刑及令樞密院三班選人進呈　范文正集/奏議下/19b　歷代奏議 237/16b

奏乞差宣撫副使　范文正集/奏議下/26a

奏避蔡齊嫌　范文正集/奏議下/43a

奏乞選差河北州縣官員　范文正集/奏議下/44a　歷代奏議 160/6a

奏乞差人部送吳遵路家屬　范文正集/奏議下/47b

論職田不可罷　范文正集/補編 1/1a

奏乞督責管軍臣僚舉智勇之人　范文正集/補編 1/2b　宋朝奏議 64/6b　歷代奏議 132/8a

論轉運得人許自擇知州　范文正集/補編 1/5b　宋朝奏議 67/1a　歷代奏議 132/11b

論詳定官制　文恭集 7/2a　歷代奏議 160/9b

論差三館都監不合辟　文恭集 7/9a

論換巡尉　文恭集 7/10b

乞慎選省府推判官提點刑獄　文恭集 8/3b　歷代奏議 165/14a

論除授宿衛帥臣　文恭集 8/4b　歷代奏議 165/15a

辭免尚書禮部侍郎劄子　文恭集 8/10a

代中書省院傳法院龍堂奏狀　文恭集 8/13b

資政殿答手詔　元憲集 32/3a　歷代奏議 160/3a、132/16a

選郡牧篇　景文集 25/5a

乞知州轉運使三年理一任劄子　景文集 28/9b　歷代奏議 171/18a

乞復符節官劄子　景文集 28/14a　歷代奏議 196/15b

讓轉左丞劄子　景文集 28/15b

論覃牧制置使　景文集 29/5b

南郊乞異姓恩澤狀　景文集 30/1b

南郊陳乞男彥國恩澤狀　景文集 30/2a

乾元節乞男定國等恩澤狀四首　景文集 30/2b-3b

乞知亳州狀　景文集 30/14b

乞解鄭州還京求醫狀　景文集 30/15a

論養牧馬使臣議　景文集 43/11b

論百官致仕　包孝肅奏議 2/31b　歷代奏議 285/23b

論內臣事　包孝肅奏議 2/33a　宋朝奏議 61/3b　歷代奏議 292/5b

請復封駁　包孝肅奏議 2/37a　歷代奏議 133/14b

請先用舉到官　包孝肅奏議 2/41a　歷代奏議 133/15a

請選諫議大夫　包孝肅奏議 3/44a　歷代奏議 133/18a

請復御史更行　包孝肅奏議 3/44b　歷代奏議 160/12a

請選用轉長吏官　包孝肅奏議 3/45b　歷代奏議 133/18b

請令審官院以駞陟狀定差遣先後　包孝肅奏議 3/47a　歷代奏議 165/3a

請選河北知州　包孝肅奏議 3/48a　歷代奏議 133/19b

請選廣南知州　包孝肅奏議 3/49b　歷代奏議 133/20a

請選利州路轉運使　包孝肅奏議 3/50a　歷代奏議 133/20b

再請選轉運提刑　包孝肅奏議 3/51b　歷代奏議 133/21a

請置發運判官　包孝肅奏議 3/52a　歷代奏議 133/21b

請選人知虔州　包孝肅奏議 3/57b

請選差河北令錄　包孝肅奏議 3/58a

請廣南添差職官（1-2）　包孝肅奏議 3/58b-59b

請選內外計臣（1-2）　包孝肅奏議 3/61b-62a　歷代奏議 264/11b

請罷巡攀內官　包孝肅奏議 3/63a

乞罷河北提舉脩造軍器使臣　包孝肅奏議 3/64a

請令江淮發運使滿任　包孝肅奏議 4/69b

論先舉三路知縣不得令監當　包孝肅奏議 4/70b

論縣令輕授　包孝肅奏議 4/71b　宋朝奏議 68/2b　歷代奏議 133/12a

奏許懷德上殿陳乞　包孝肅奏議 4/72b

應修造使臣乞依舊命不得乞轉官　包孝肅奏議 4/73a

請重坐舉邊吏者　包孝肅奏議 4/76b　歷代奏議 165/3b

請臧吏該恩未得敘用　包孝肅奏議 4/81b

請差京東安撫　包孝肅奏議 5/83a

請開封府司錄左右軍巡官屬不得請謁并追職事　包孝肅奏議 5/8b

請追任弁官　包孝肅奏議 6/115a

直勾衙前請限二年一替　包孝肅奏議 7/122a

請差災傷路分安撫　包孝肅奏議 7/123a　歷代奏議 243/24a

再請差京東安撫　包孝肅奏議 7/124a

請選雄州官吏　包孝肅奏議 9/174a

求外任（1-7）　包孝肅奏議 10/195a-189a

論邵限職田　武溪集/奏議上/15a

論王翼賜五品服　武溪集/奏議下/21a

乞特令臣僚奏薦親屬不拘年甲　武溪集/奏議

下/22a

考績 河南集 2/8a

乞坐范天章貶狀 河南集 18/1a

論遣將不當强而使之 河南集 19/3b

乞帥臣自募僰從 河南集 19/5a

乞半年一次諸關奏事二首 河南集 19/84b

奉詔體量本路將佐狀 河南集 21/1a

驛置法 河南集 22/7b

奏請罷文德殿常朝官狀 無盡集 15/5a

乞令審官院選差沿邊州郡知縣事 文潞公集 14/3a

乞封示兩制等議汎使事文字 文潞公集 14/8b

乞罷將校舉留 文潞公集 14/9a

乞下田况選擇兵官使臣總兵赴濾州仍令禀梓州路官指縱事 文潞集 15/2a

乞知縣縣令不得閑慢公事差出 文潞公集 16/1a

乞差譯語官 文潞公集 17/2b

乞令諸路擇機宜官 文潞公集 18/1a

乞別定益利鈔轉司畫一條貫 文潞公集 19/4b

上殿謝劄子 文潞公集 25/7b

奏尚書省六曹行遺遷滯事 文潞公集 27/2b

奏吏部三類法附御批 文潞公集 27/7a 歷代奏議 167/1b

奏乞立制度使 文潞公集 28/8a 歷代奏議 192/4b

奏除改舊制 文潞公集 29/1b

奏吏户刑部官久任 文潞公集 29/4b 歷代奏議 161/12b

奏中外官久任事 文潞公集 29/5b 宋朝奏議 73/7a 歷代奏議 138/2b

奏監司舉官事 文潞公集 29/6a

奏知州通判理任 文潞公集 29/9a

乞罷男機宜 文潞公集 32/1a

請假劄子 文潞公集 32/2b

陳乞堂弟大同西京差遣 文潞公集 32/3a

奏孫男扶拔 文潞公集 32/4a

乞罷重任劄子(1-22) 文潞公集 33/1a-8b

乞致仕劄子 文潞公集 34/1a

免充禮儀使 文潞公集 35/1a

再乞免移判永興軍 文潞公集 35/5a

免兩鎮劄子(1-3) 文潞公集 35/5b-6b

免節使請受歷頭 文潞公集 36/1a

繳納文榜 文潞公集 36/1b

辭免男恩命(1-5) 文潞公集 36/1b-4a

免明堂禮畢賜物(1-5) 文潞公集 36/4b-5b

免致仕奏薦恩澤(1-2) 文潞公集 36/6b-7a

進奬論詔劄子 文潞公集 37/2b

答詔劄子 文潞公集 37/3b

辭召試知制誥劄子慶曆二年十二月 歐陽文忠集 90/2a

乞洪州劄子嘉祐二年 歐陽文忠集 91/3a

辭侍讀學士劄子嘉祐三年三月 歐陽文忠集 91/3b

辭開封府劄子嘉祐三年六月 歐陽文忠集 91/5a

乞洪州劄子(2-4)嘉祐四年正月 歐陽文忠集 91/6a-7b

辭轉給事中劄子嘉祐四月二日 歐陽文忠集 91/8a

再辭轉給事中劄子嘉祐四月二日 歐陽文忠集 91/8b

辭轉禮部侍郎劄子嘉祐五年七月庚子 歐陽文忠集 91/10b

乞洪州第五劄子嘉祐五年七月 歐陽文忠集 91/12b

乞洪州第六狀嘉祐五年□月 歐陽文忠集 91/13a

乞洪州第七狀嘉祐五年□月 歐陽文忠集 91/14b

再辭轉官劄子(1-3) 歐陽文忠集 92/1b-3a

乞外任第一劄子 歐陽文忠集 92/5a

第二劄子 歐陽文忠集 92/6b

乞出第一劄子 歐陽文忠集 92/11a 揚芳文粹 43/6a

第二劄子 歐陽文忠集 92/13b

第三劄子(3-5) 歐陽文忠集 92/15b-17b

乞根究蔣之奇彈疏劄子 歐陽文忠集 93/1a

再乞根究蔣之奇彈疏劄子 歐陽文忠集 93/1a

又乞罷任根究蔣之奇言事劄子 歐陽文忠集 93/3a

謝賜手詔劄子 歐陽文忠集 93/3b

乞詰問蔣之奇言事劄子 歐陽文忠集 93/4a

再乞詰問蔣之奇言事劄子 歐陽文忠集 93/4b

封進批出蔣之奇文字劄子 歐陽文忠集 93/5b

乞辨明蔣之奇言事劄子 歐陽文忠集 93/7b

再乞辨明蔣之奇言事劄子 歐陽文忠集 93/8a

謝賜手詔劄子三月四日 歐陽文忠集 93/9b

又乞外郡劄子(1-3) 歐陽文忠集 93/12a-15a

謝傅宣撫問劄子治平四年三月壬申 歐陽文忠集 93/16a

辭刑部尚書劄子治平四年三月二十六日 歐陽文忠集 93/16b

第一劄子 歐陽文忠集 93/21a

第二劄子 歐陽文忠集 93/23a

第三劄子 歐陽文忠集 93/25b

第四劄子 歐陽文忠集 93/27b

第五乞守舊任劄子熙寧元年□月 歐陽文忠集 93/

奏議表狀一 奏議 官制 1227

29b
辭免青州第一劄子熙寧元年八月九日 歐陽文忠集 94/1a

第二劄子熙寧元年八月二十八日 歐陽文忠集 94/1b
第三劄子熙寧元年九月 歐陽文忠集 94/2b
辭轉兵部尚書劄子熙寧元年九月 歐陽文忠集 94/3b
乞壽州劄子(1-2)熙寧二年冬 歐陽文忠集 94/7a-7b

辭宣徽使判太原府劄子(1-6)熙寧三年四月 歐陽文忠集 94/9a-12b

又劄子 歐陽文忠集 94/16b
又劄子 歐陽文忠集 94/18b
乞免明堂陪位劄子熙寧四年八月 歐陽文忠集 94/21b 播芳文粹 14/33a

論按察官吏劄子慶曆三年 歐陽文忠集 97/1a 歷代奏議 171/17b

論按察官吏第二狀慶曆五年 歐陽文忠集 97/7b 宋朝奏議 66/3b 歷代奏議 159/28a

再論按察官吏狀慶曆五年 歐陽文忠集 97/9a 宋朝奏議 66/4b 歷代奏議 159/26a

論乞令百官議事劄子 歐陽文忠集 98/7b 歷代奏議 31/15a

論學士不可令中書差除劄子慶曆三年 歐陽文忠集 100/6a 宋朝奏議 49/11a 歷代奏議 164/12b

論呂夷簡僕人受官劄子 歐陽文忠集 100/8a 宋朝奏議 69/8a 歷代奏議 197/18a

論臺官不當限資考劄子 歐陽文忠集 101/5b 宋朝奏議 51/11b 歷代奏議 164/9b

再論臺官不可限資考劄子 歐陽文忠集 101/6a 歷代奏議 164/10a

論舉館閣之職劄子慶曆三年 歐陽文忠集 101/9b 歷代奏議 159/25a

論江淮官吏劄子 歐陽文忠集 102/10b 宋朝奏議 97/3b 歷代奏議 187/22a

論臣僚不和劄子 歐陽文忠集 104/12a 宋朝奏議 75/2a 歷代奏議 31/15b

論三司判官擇人之利劄子慶曆四年 歐陽文忠集 104/12b 歷代奏議 133/4b

論大臣不可親小事劄子慶曆三年 歐陽文忠集 106/1a 歷代奏議 159/28b

論中書增官屬主文書劄子 歐陽文忠集 106/2a
論班行未有舉薦之法劄子 歐陽文忠集 106/2b 歷代奏議 164/9a

論臺官上言按察使狀慶曆四年八月 歐陽文忠集 107/1a 宋朝奏議 66/7b

論兩制以上罷舉轉運使副省府推判官等狀慶曆五年 歐陽文忠集 107/2b 宋朝奏議 71/2a 歷代奏議 164/13a

論權貴子弟衛移選人劄子至和元年六月 歐陽文忠集 108/1b 歷代奏議 164/15b

論臣僚奏帶指使差遣劄子至和元年九月 歐陽文忠集 108/1b 歷代奏議 164/16a

論使臣差遣劄子至和一年 歐陽文忠集 109/1a 歷代奏議 159/30a

乞添上殿班劄子嘉祐元年十月 歐陽文忠集 110/9b
乞定兩制員數劄子嘉祐三年 歐陽文忠集 111/7b 宋朝奏議 49/13b 歷代奏議 159/29b

乞免舉臺官劄子嘉祐四年 歐陽文忠集 112/2a 宋朝奏議 49/12b 歷代奏議 164/15a

論許懷德狀嘉祐五年 歐陽文忠集 112/3a
再論許懷德狀 歐陽文忠集 112/4a 歷代奏議 187/21b

乞補館職劄子治平三年 歐陽文忠集 114/7b 宋朝奏議 59/1b 宋文鑑 47/2a 歷代奏議 135/3a

又論館閣取士劄子 歐陽文忠集 114/8b 宋朝奏議 5a/2b 歷代奏議 135/4a,165/19b

條列文武官材能劄子 歐陽文忠集 116/5a
論舉官未行劄子 歐陽文忠集 116/15a
乞不令提刑司點檢賞給 歐陽文忠集 117/8a
乞選差文臣知定州 歐陽文忠集 118/3b
乞差武衛人員 歐陽文忠集 118/8a
乞條制都作院 歐陽文忠集 118/10a
自劾乞罷轉運使 歐陽文忠集 118/21b
內降補僧官九月十九日 歐陽文忠集 119/4b
宦者 樂全集 7/6a 歷代奏議 291/12b
宰司 樂全集 7/9a 歷代奏議 31/1a
藩鎮 樂全集 7/11a 歷代奏議 81/24a
選舉論 樂全集 8/1a 歷代奏議 164/23b
選格論 樂全集 8/9a 歷代奏議 164/26b
官人論 樂全集 9/1a 歷代奏議 134/6b
郡縣理本 樂全集 9/7b 歷代奏議 160/8a
考功之法 樂全集 9/10a 歷代奏議 172/1a
辟署之制 樂全集 9/13a 歷代奏議 160/7a
諸院教授 樂全集 10/5b 歷代奏議 77/3a
論請通中書樞密院事 樂全集 20/5b 宋朝奏議 46/6a 歷代奏議 134/5a

請不輟兩府聚廳商量公事 樂全集 20/6b
請令兩府聚廳商量公事 樂全集 20/7b 宋朝奏議 46/11a 歷代奏議 134/4b

論中書議事 樂全集 20/12a 宋朝奏議 76/6b 歷代奏議 30/18a

論小臣妄投封章詒上事 樂全集 20/13a 歷代奏

議 116/17b

請選差北使文武官　樂全集 21/13b
請選湖南安撫職司長吏等事　樂全集 22/8a
請令二府各舉將率事　樂全集 22/13b　歷代奏議 134/6b
請選河北河東陝西轉運使事　樂全集 23/16a
論君前臣名事　樂全集 24/13a　宋朝奏議 70/8a　歷代奏議 286//2a
論王府官屬事　樂全集 24/15a　宋朝奏議 60/17a　歷代奏議 73/19a
請慎用兩制資序事　樂全集 24/16a　宋朝奏議 56/4a　歷代奏議 160/14b
論進用臺諫官事體　樂全集 24/17a　歷代奏議 135/1a
請致仕官免舉官運坐事　樂全集 24/17b
論諸恩例除省府官事　樂全集 25/4a
請議吏員事　樂全集 25/5b
請裁減資任恩例　樂全集 25/6b
請立醫官定員　樂全集 25/8a
論責降御史　樂全集 25/10b
論內臣奏廕子弟　樂全集 25/14a　宋朝奏議 61/3a　歷代奏議 291/12a
乞比試醫人事　樂全集 25/21a
西垣陳乞外補狀　樂全集 28/16b
知滑州乞免轉官劄子　樂全集 28/22a
免知益州劄子　樂全集 28/24b
上殿再免知益州劄子　樂全集 28/25b
上殿辭免劄子　樂全集 28/37a
乞罷禁林就閒曹劄子　樂全集 28/38b
隨第三表劄子　樂全集 28/43b
免倖劄子（1－2）　樂全集 29/2b－3a
辭免宣徽使劄子熙寧七年十二月　樂全集 29/5a
辭免宣徽使欲乞近京一郡劄子　樂全集 29/5b
辭免中太一宮使劄子　樂全集 29/6a
免中太一宮使乞外任劄子　樂全集 29/7a
辭免判永興軍劄子　樂全集 29/8b
陳乞外任劄子　樂全集 29/9a
再陳乞外任劄子　樂全集 29/9b
乞致仕劄子（1－2）　樂全集 29/14a－14b
辭免東太一宮使劄子　樂全集 29/16a
免宣徽使劄子　樂全集 29/25b
免南郊陪祠劄子　樂全集 29/29a
請應天府致仕官王逸朱貫給倖劄子　樂全集 30/10b

劄子　安陽集 36/14b
奏狀論禮院定奪申明用空頭印紙　清獻集 1/10b
奏劄乞差填殿帥　清獻集 1/13a
奏劄乞止絕高齊等出入權要之門　清獻集 1/17b
奏狀論三路選差　清獻集 1/18b
奏狀乞浙郡　清獻集 2/8a
奏狀乞檢會前狀乞浙郡　清獻集 2/11a
奏狀乞早陽浙郡指揮　清獻集 2/12a
奏狀乞寢罷酬獎監修開先殿官員　清獻集 2/22a
奏劄乞立定規除宣徽使並節度使　清獻集 2/27b　歷代奏議 197/21a
奏狀乞許文彥博程勘避親　清獻集 3/4b　歷代奏議 196/15a
奏狀乞並用磨勘選人　清獻集 3/6a
奏狀乞頒下減省奏薦恩澤　清獻集 3/6a
奏狀乞官員身故孤遺骨肉依在日資序搬船乘載　清獻集 3/12a
奏劄乞依自來體例令臺諫官上殿　清獻集 3/13a
奏劄再乞指揮中書許令臺諫官依例上殿　清獻集 3/16a
奏狀乞罷內臣權巡檢　清獻集 3/19b
奏狀乞避知雜御史范鎮　清獻集 4/1a
奏狀再乞避范鎮　清獻集 4/2a
奏狀乞許諸路慶賀章表入遞附奏　清獻集 4/2b
奏狀論恭謝禮畢恩赦轉官制度　清獻集 4/3a
奏狀乞降指揮內臣入蜀只許任益州　清獻集 4/5a
奏狀乞抽回河北陝西等路均稅官　清獻集 4/14a
奏狀乞在私家聽候眨竄　清獻集 5/1a
奏劄乞以論陳旭章奏付外施行　清獻集 5/6b
奏狀乞將合轉官資回贈兄　清獻集 5/18a
乞罷園陵監護司　蔡忠惠集 14/10b
乞商稅院不用臟吏　蔡忠惠集 15/8b
乞戒勵安撫使書　蔡忠惠集 19/1a　宋朝奏議 66/1a　歷代奏議 32/18a
言增置諫官書　蔡忠惠集 19/3b　宋朝奏議 51/8b　宋文鑑 48/1b　歷代奏議 202/20a
乞遣使廣南福建狀　蔡忠惠集 21/1a
乞令御史中丞舉屬官狀　蔡忠惠集 21/2a　宋朝奏議 51/10a　歷代奏議 165/10b

移福州乞依舊知泉州狀　蔡忠惠集 21/7a

恰享陳乞恩澤狀　蔡忠惠集 21/10a

郊禮奏外甥恩澤狀　蔡忠惠集 21/16a

乞選翰林學士不用資序劄子　蔡忠惠集 22/4a　歷代奏議 132/23a

乞不令中書出謀疏宣示劄子　蔡忠惠集 22/4b

乞致仕官郎官已得恩澤更不得陳乞差遣劄子　蔡忠惠集 22/7a

乞選人注官經一季者臣僚陳乞與免衝注劄子　蔡忠惠集 22/7b

乞不書張堯封碑石劄子　蔡忠惠集 22/14b

辭李璋潤筆劄子　蔡忠惠集 22/15b

論韓維充御史中丞與韓絳領制置司妨礙狀　古靈集 5/12b

乞定審官條例狀　古靈集 5/21a　歷代奏議 160/24b

選差京朝官知縣狀　古靈集 6/5b　歷代奏議 160/22a

選擇縣令劄子　古靈集 7/9a　歷代奏議 136/25a

理會吏部資序劄子　古靈集 7/11a　歷代奏議 160/23b

論流內銓奏辟官屬劄子　古靈集 7/12b

乞正臺謀官劄子　古靈集 8/2a　歷代奏議 160/24a

乞止絕權貴非次陳乞恩例劄子　古靈集 8/4a　歷代奏議 197/23b

論差除敕不由封駁司劄子　古靈集 8/12b　歷代奏議 160/24a

富鄭公薦召試館職奏狀　古靈集 25/35b

劄子　韓南間集 19/7a

論呂誨等敕不由封駁司劄子　韓南間集 23/7a　宋朝奏議 56/4b　歷代奏議 160/13a

再論呂誨等敕不由封駁司劄子　韓南間集 23/7b　宋朝奏議 56/5a　歷代奏議 160/13b

繳納舉臺官敕　韓南間集 23/10a　宋朝奏議 90/5a　歷代奏議 135/6b

再繳納舉臺官敕劄子　韓南間集 23/11a　宋朝奏議 90/5b　歷代奏議 135/7a

論敕不由銀臺司待罪劄子　韓南間集 23/12a　宋朝奏議 56/5b　歷代奏議 160/14a

再乞待罪劄子　韓南間集 23/13b

上殿言封駁司事劄子　韓南間集 23/14b

乞擇郡守劄子　韓南間集 24/2a　歷代奏議 165/26a

乞罷職除辟或留臺差遣劄子　韓南間集 24/10a

乞議知州知縣劄子　韓南間集 25/2a

知汝州乞致仕　韓南間集 27/8a

奏爲乞差知洋州一次狀　丹淵集 34/10b

奏爲乞差京朝官知井研縣事　丹淵集 34/15a

奏爲乞鑄陵州團練使印狀　丹淵集 34/17a

上仁宗請諸州各辟教官　公是集 32/10a　宋朝奏議 78/2b

論糾察司　公是集 33/2a　歷代奏議 216/11b

受敕後奏乞先條敕事與中書門下更加商量翰林學士胡宿同上尋得聖旨依奏　公是集 33/4a

條上詳定官制事件　公是集 33/4b　宋朝奏議 69/1a

論讓官疏　公是集 33/8b　歷代奏議 160/12b

論舉薦　公是集 33/11a　歷代奏議 165/12b

論除降不用諮　公是集 33/12a

奏乞州郡辟選人爲教授　公是集 33/16a　歷代奏議 165/13a

奏外官親威相代　公是集 33/17a

請令長武自舉屬官劄子　元豐稿 30/5b　宋朝奏議 71/8a　歷代奏議 166/22a

請改官制前預選官習行逐司事務　元豐稿 31/2b　歷代奏議 160/17b

請改官制前預令諸司次比整齊架閣版籍等事　元豐稿 31/4b　歷代奏議 160/20a

請以近更官制如周官六典局書　元豐稿 31/5a　歷代奏議 160/19a

論中書錄黃畫黃合人不書檢　元豐稿 32/1a

代曾侍中辭轉官劄子　元豐稿 32/8a

代曾侍中乞退劄子　元豐稿 32/9a

乞施行審官院敕劄子　華陽集 8/1b

奏乞李束之致仕增俸劄子　華陽集 8/3b

乞令百條早赴起居劄子　華陽集 8/4b

進提舉司條式劄子　華陽集 8/8b

顧免修國史恩例劄子(1-2)　華陽集 8/13a

免禮部侍郎劄子　華陽集 8/14a

免山陵使劄子　華陽集 8/14b

免學士院潤筆劄子　華陽集 8/15a

免撰高衛康王碑潤筆劄子　華陽集 8/15a

謝撰高衛王康王碑潤筆劄子　華陽集 8/15b

乞外任劄子　華陽集 8/16a

乞京東西一州劄子　華陽集 8/16b

乞知青州劄子　華陽集 8/17a

論麥允言給鹵簿狀　傅家集 18/6b　司馬溫公集 16/4a　宋朝奏議 69/11a　歷代奏議 197/20b

乞毫州狀(1-3)　傅家集 19/8b-9b　司馬溫公集 17/5b

論舉選狀　傅家集 20/10a　司馬溫公集 19/6a　宋朝奏議 80/2b　歷代奏議 164/21a

乞分十二等以進退羣臣上殿劄子　傅家集 21/

11a 司馬溫公集 19/9a 歷代奏議 172/4b

論兩府遷官狀 傳家集 22/6b 司馬公集 20/3b 歷代奏議 172/6a

乞懃勘均稅官更狀 傳家集 23/1b 司馬公集 20/10a

上殿謝官劄子 傳家集 24/10b 司馬公集 22/7b

論因差遣例除監司劄子 傳家集 25/1a 司馬溫公集 23/1a

論罷恩劄子 傳家集 26/2b 司馬公集 24/3a

乞直講不限年及出身劄子 傳家集 26/3b 司馬溫公集 24/4a 歷代奏議 14/4a

乞推恩老臣劄子 傳家集 26/5a 司馬溫公集 24/5b 歷代奏議 286/11b

言陳烈劄子 傳家集 26/9a 司馬溫公集 24/11b 歷代奏議 285/20a

論御藥寄資劄子 傳家集 28/1a 司馬溫公集 26/1b 宋朝奏議 62/3a 歷代奏議 135/8a

論進賀表恩澤劄子 傳家集 28/6a 司馬溫公集 26/6b 宋朝奏議 74/9b 歷代奏議 283/19a

言醫官劄子(1-2) 傳家集 29/1a-2a 司馬公集 26/8a,27/1b 宋朝奏議 62/3a,6a

言兩府遷官劄子(1-2) 傳家集 31/9b-10a 司馬溫公集 29/6a 宋朝奏議 69/11b 歷代奏議 188/1a

乞罷近臣恩命上殿劄子 傳家集 31/12b 司馬溫公集 29/8b 宋朝奏議 69/13a 歷代奏議 188/2a

言內侍差遣上殿劄子 傳家集 32/6a 司馬溫公集 30/11b 宋朝奏議 62/6a 歷代奏議 292/13a

言舉官上殿劄子 傳家集 33/7b 司馬公集 31/8a 宋朝奏議 71/5b 歷代奏議 165/23b

乞降勑第一狀 傳家集 34/12b 司馬公集 32/7b

乞降勑第二第三第四狀闕 傳家集 34/13a

乞降勑第五狀 傳家集 34/13a 司馬公集 32/7b

乞降勑上殿劄子 傳家集 34/13b 司馬公集 32/8a

乞與傅堯命等同責降上殿劄子 傳家集 37/5b 司馬公集 35/5a

辭免翰林學士上殿劄子 傳家集 37/11b 司馬溫公集 35/10a

乞簡省舉御史條約上殿劄子 傳家集 38/6b 司馬溫公集 36/6a

除兼侍讀學士乞先次上殿劄子 傳家集 41/11a 司馬公集 38/10a

乞免翰林學士劄子 傳家集 41/12a 司馬公集 38/10b

辭免館伴劄子 傳家集 42/1a 司馬公集 38/11a

再乞資蔭人試經義劄子 傳家集 42/12a 司馬溫公集 41/3b 歷代奏議 166/8b

辭樞密副使劄子(1-6) 傳家集 43/10b-14a 司馬溫公集 41/5b,6a,6b,42/1a,1b,2b 宋朝奏議 75/12a,13b,14a 歷代奏議 264/24a

再乞西京留臺狀 傳家集 45/15a 司馬溫公集 45/11b

謝御前劄子催赴闕狀 傳家集 46/16b 司馬溫公集 47/8b

乞以除拜先後立班劄子(1-2) 傳家集 46/21a-21b 司馬公集 45/12b,13a

辭門下侍郎劄子(1-2) 傳家集 47/3b 司馬公集 47/11a

乞罷將官狀 傳家集 48/1a 司馬溫公集 47/3a 歷代奏議 161/4a

辭轉官劄子(1-5) 傳家集 49/1b-4a 司馬溫公集 49/4a,4b,7b,8b

辭免醫官劄子 傳家集 49/11a 司馬公集 49/12a

辭放正謝劄子(1-3) 傳家集 49/11b,12b,13a 司馬溫公集 50/1a,2a,7b

乞陞提舉官劄子 傳家集 50/10b 司馬溫公集 51/1b 宋朝奏議 67/10b 歷代奏議 161/5b

隨乞官觀表辭位劄子 傳家集 51/4a 司馬公集 51/5b

辭位第二劄子 傳家集 51/4b 司馬公集 51/7a

爲病未任入謝劄子 傳家集 51/5a 司馬公集 51/7b

辭左僕射劄子(1-3) 傳家集 51/5b-6b 司馬溫公集 51/8a,8b

辭接續文牒劄子 傳家集 52/5b 司馬公集 52/9a

辭三日一至都堂劄子 傳家集 53/1b 司馬公集 53/2a

辭入對小殿劄子 傳家集 53/2b 司馬公集 53/3a

辭南康章服劄子 傳家集 53/3b 司馬公集 53/4a

乞與諸位往來商量公事劄子 傳家集 53/3b 司馬溫公集 53/5a

乞赴延和殿常起居劄子 傳家集 53/7b 司馬溫公集 53/11a

乞官劉恕一子劄子 傳家集 53/7b 司馬溫公集 53/11b 三劉家集/56a 歷代奏議 284/6b

謝免北使朝見日起居狀 傳家集 54/9a 司馬溫公集 54/1b

所舉孫準有罪自劾劄子(1-2) 傳家集 56/1b-2a 司馬溫公集 54/1b,55/2a

後殿常起居乞拜劄子 傳家集 56/2b 司馬公集 54/2a

辭大禮使劄子 傳家集 56/2b 司馬溫公集 54/2b

論監司守資格任舉主劄子 傳家集 56/3a 司馬溫公集 55/1b 歷代奏議 55/7b

奏議表狀一 奏議 官制 1231

乞官陳洙一子割子 傳家集 56/4a 司馬溫公集 54/ 7a

辭明堂宿衛割子 傳家集 56/4b 司馬溫公集 55/2b

辭提舉修實録割子 傳家集 56/5a 司馬溫公集 55/ 3a

進呈上官均奏乞尚書省事類分輕重某事關尚書某事關二丞某事關僕射進呈白割子 傳家集 56/5a 司馬溫公集 54/2b

乞合兩省爲一割子 傳家集 57/1a 司馬溫公集 55/ 3a 宋朝奏議 47/11a 歷代奏議 161/1a

乞令六曹長官專達割子 傳家集 57/4a 司馬溫公集 55/5b 宋朝奏議 58/2b 歷代奏議 161/3a,3a/23b

乞令監司州縣各舉按所部官吏白割子 傳家集 57/6a 司馬溫公集 55/8a 歷代奏議 138/3a

代同安縣學職事乞立蘇丞相祠堂狀宋嘉摸 蘇魏公集/卷首 15a

內降條貫同李奏(1－2) 蘇魏公集 16/5b－7b 宋朝奏議 52/17a,18b 歷代奏議 136/14b,18a

論王公封爵故事 蘇魏公集 17/3b 歷代奏議 104/ 17b

奏乞將常平倉等公事付逐路轉運司其提舉官改差充本司勾當公事 蘇魏公集 17/4b

請別定縣令考課及立鄉官 蘇魏公集 18/3b 宋朝奏議 72/5b 歷代奏議 172/7b

奏乞初出官人乞不許差充簽判 蘇魏公集 18/5a

奏請考校知縣縣令盜賊爲殿最 蘇魏公集 19/1a 歷代奏議 172/8b

乞免就試狀 臨川集 40/1b 王文公集 17/17b

論館職割子(1－2) 臨川集 41/6a－9a

論許舉留守令敕割子 臨川集 42/2b

辭男雩說書割子 臨川集 43/1b

辭男雩授龍圖割子(1－3) 臨川集 43/1b－2b 王文公集 17/18a－19b

謝宣醫割子 臨川集 43/8a 王文公集 19/7b

乞解機務割子(1－6) 臨川集 44/1b－3b

謝手詔慰撫割子 臨川集 44/4b

謝手詔訓諭割子 臨川集 44/5a

答手詔封還乞罷政事表割子 臨川集 44/5b

答手詔令就職割子 臨川集 44/6a

答手詔留居京師割子 臨川集 44/6b

辭僕射割子(1－3) 臨川集 44/7a－7b 王文公集 16/5b－6b

乞宮觀割子(1－5) 臨川集 44/8a－10a 王文公集 16/29a－31b

求退割子 臨川集 44/10b

已除觀使乞免相割子(1－4) 臨川集 44/10b－12b 王文公集 16/13a－15b

論冗官狀 郎溪集 12/3a 歷代奏議 160/20b

論縣令改官狀 郎溪集 12/4a

論定武臣遷官條例狀 郎溪集 12/5a 歷代奏議 160/21b

論責任有司割子 郎溪集 13/2a 歷代奏議 136/3b

論措老臣之宜 柯部集 13/6a

代孫待制乞郡割子 柯部集 13/8a

代乞徐州割子 柯部集 13/8b

代乞邢相割子 柯部集 13/9b

太常寺論封爵狀 彭城集 24/5b 歷代奏議 104/20b

辭免吏部尚書割子(1－2) 范忠宣集 7/6b

辭免樞密割子(1－3) 范忠宣集 7/7b－8b

辭免密賜割子 范忠宣集 7/9a

求退割子 范忠宣集 7/9a

辭免右相割子(1－2) 范忠宣集 7/9b

乞貶一小郡或閒局差遣割子(1－3) 范忠宣集 7/11b－12a

乞罷相割子(1－2) 范忠宣集 7/13a－13b

乞宮觀割子(1－3) 范忠宣集 7/14a－15a

乞國醫高章服色割子 范忠宣集 7/15a

奏乞慎除授以革僥倖 范忠宣集/奏議上/2b 歷代奏議 197/23a

再奏乞責首省濮邸邪議之臣 范忠宣集/奏議上/ 10b 歷代奏議 176/8b

奏乞詔內外之臣各舉所知 范忠宣集/奏議上/16b 宋朝奏議 71/7a 歷代奏議 166/20b

論擇臺諫 范忠宣集/奏議上/17b 歷代奏議 138/12b

奏乞增補諫官 范忠宣集/奏議上/18a 歷代奏議 160/25a

再奏乞增補諫官熙寧二年 范忠宣集/奏議上/18b 歷代奏議 160/25a

奏乞將章辟光所奏宣示臺官 范忠宣集/奏議上/ 26b 歷代奏議 196/19b

奏乞詔御史覺察諸路轉運使 范忠宣集/奏議上/ 37a 歷代奏議 269/10b

論蕃官久例在漢官之下 范忠宣集/奏議下/1b 宋朝奏議 125/3b 歷代奏議 161/12a

論告命不經門下辭同知樞密院 范忠宣集/奏議下/10b 宋朝奏議 57/9b 歷代奏議 138/9b

論大臣輔政不當顧慮形迹 范忠宣集/奏議下/13a 宋朝奏議 47/16b 宋文鑑 52/17a 歷代奏議 138/10b

論除呂公著文字不經書讀 范忠宣集/范純粹撰 范忠宣集/范侍郎遺文 2b 宋朝奏議 56/7b

奏乞不許蕃官私自改姓范純粹撰 范忠宣集/范侍郎遺文 8b 宋朝奏議 125/4b 歷代奏議 345/21b

乞令蕃官不得換授漢官差遣范純粹撰 范忠宣集/范侍郎遺文 24a 宋朝奏議 125/5a 歷代奏議 347/2a

陳乞劄子(1-4) 西溪集 7/(三沈集 2/73a-75b)

上殿劄子 西溪集 7/(三沈集 2/76a)

乞移鄆州劄子 西溪集 7(三沈集 2/76b)

上殿劄子 西溪集 7(三沈集 2/77a)

開封府乞增屬官劄子 西溪集 7/(三沈集 2/78a)

乞舉界知縣劄子 西溪集 8(三沈集 3/5a)

乞罷府事劄子(1-3) 西溪集 8(三沈集 3/5b-7a)

臣條奏乞以判官充教授 節考集/事實 1a

乞依天禧詔書疏 孫莘老奏議/1a

近降指揮御史察官許事疏 孫莘老奏議/1a

辭除給事中疏 孫莘老奏議/6b 宋朝奏議 53/9a 歷代奏議 139/5a

乞令御史臺彈奏四方使者不法疏 孫莘老奏議/15a

恩榜請黜元官疏 孫莘老奏議/16a

辭免監察御史劄子 忠肅集 2/13b-14a

辭免劄中丞劄子(1-2) 忠肅集 2/14b

辭免兼侍讀劄子(1-2) 忠肅集 2/15a-15b

辭免尚書右丞劄子(1-3) 忠肅集 2/16a-16b

辭免中書侍郎劄子 忠肅集 2/17a

辭免門下侍郎劄子 忠肅集 2/17b

乞慎擇講讀官奏 忠肅集 3/13a 宋朝奏議 50/4a 歷代奏議 6/22b

請依程頤所乞奏 忠肅集 3/14a 歷代奏議 286/10b

乞增謀臣及許察官言事奏 忠肅集 3/16a 宋朝奏議 53/5b 歷代奏議 199/27b

乞依舊令封駁司關報差除奏 忠肅集 3/17b

乞命臺諫先次上殿奏 忠肅集 3/19a

論三省樞密院差除奏 忠肅集 3/19b 宋朝奏議 47/3b 歷代奏議/7a

請文彥博平章重事疏 忠肅集 4/11b 宋朝奏議 70/9b 歷代奏議 286/10a

乞選監司澄汰州縣疏 忠肅集 6/7a 宋朝奏議 67/9a 歷代奏議 138/17a

論監司奏 忠肅集 6/8b 宋朝奏議 72/8a 宋文鑑 58/3a 歷代奏議 137/2b,172/11b

奏乞降詔舉郡守狀 淨德集 2/5a 宋朝奏議 68/9b 歷代奏議 168/1a

乞別給致仕敕狀 淨德集 5/9a

辭免殿中侍御史劄子 淨德集 5/10a

辭京西提刑奏狀 二程集/(明道)39/13b 宋朝奏議

114/7a

辭免左諫議大夫 豐清敏詩文 1/4a 宋文鑑 61/13a

請申飭史官疏 豐清敏奏疏 2/5a

乞加張方平恩禮劄子 蘇東坡全集/奏議 3/17a 宋朝奏議 70/12a 歷代奏議 286/16b

論冗官劄子 蘇東坡全集/奏議 3/18a 歷代奏議 138/18b

辯試館職策問劄子二首 蘇東坡全集/奏議 3/19b -20b 歷代奏議 69/7b

論改定受册手詔乞罷劄子 蘇東坡全集/奏議 3/26b

乞罷學士除閑慢差遣劄子 蘇東坡全集/奏議 4/25b

乞郡劄子 蘇東坡全集/奏議 5/11b

論周種檀議配享自勸劄子二首 蘇東坡全集/奏議 5/17b-18b

乞將臺諫官章疏降付有司根治劄子 蘇東坡全集/奏議 5/25b

杭州召還乞郡狀 蘇東坡全集/奏議 9/8a

辭免撰趙瞻神道碑狀 蘇東坡全集/奏議 9/15b

再乞郡劄子 蘇東坡全集/奏議 9/16a

乞外補回避買易劄子 蘇東坡全集/奏議 9/21a

辨買易彈奏待罪劄子 蘇東坡全集/奏議 9/22b

辨題詩劄子 蘇東坡全集/奏議 9/25a

乞贈劉季孫狀 蘇東坡全集/奏議 12/17b 歷代奏議 286/15b

再論李直方捕賊功效乞別與推恩劄子 蘇東坡全集/奏議 12/18b

辨黃慶基彈劾劄子 蘇東坡全集/奏議 12/22a

代滕甫辨誣乞郡書 蘇東坡全集/奏議 15/9a

乞侯坤成節上壽詔復逐前請狀 蘇東坡全集/後/12/3b

辭免兼侍讀劄子 蘇東坡全集/後 12/7a

任兵部尚書乞外郡劄子 蘇東坡全集/後 13/4b

辭兩職並乞郡劄子(1-2) 蘇東坡全集/後 13/4b -5a

劄子賜文彥博臣公著入朝免拜詔 蘇東坡全集/内制 4/4a 宋朝奏議 70/12b 歷代奏議 286/16a

劄子准内批安燾辭免轉右光祿大夫 蘇東坡全集/内制 17/4a

劄子宗晟辭免起復恩命劄子 蘇東坡全集/内制 9/15a

辨誣劄子 蘇東坡全集/續 9/31b

赴英州乞舟行狀 蘇東坡全集/續 9/35a

奏乞范祖禹等聽令回避疏 孫君孚奏議/中 7b

奏乞察吏依用舊法疏 孫君孚奏議/中 8b

奏請三省裁定人吏疏（1－2） 孫君孚奏議/中 10a－11b

奏乞防臣下蒙閣僭差疏 孫君孚奏議/中 26a

奏諫官補闕乞依近用體例疏 孫君孚奏議/下 4a

奏乞罷言職疏 孫君孚奏議/下 5a

奏乞補臺院官闕員疏 孫君孚奏議/下 5b

乞舉官依元豐令關報疏 孫君孚奏議/下 21b

條例司乞外任奏狀 樂城集 35/6b

請罷右職縣尉狀 樂城集 38/20a 歷代奏議 318/13a

言責降官不當帶觀察團練狀 樂城集 39/3a 宋朝奏議 63/7a 歷代奏議 177/21b 蜀文輯存 21/8a

乞復選人選限狀 樂城集 39/5a

乞舉御史劄子 樂城集 42/1a 歷代奏議 161/22a

論執政生事劄子 樂城集 42/6b 歷代奏議 161/22b

再論舉臺官劄子 樂城集 43/1a

論吏額不便二事劄子 樂城集 43/8a

乞差官權户部劄子 樂城集 43/10a

三論舉臺官劄子 樂城集 43/11a 歷代奏議 167/25a

論堂除太寬劄子 樂城集 43/12a 歷代奏議 167/25b

乞再舉臺官狀 樂城集 45/1a 歷代奏議 161/23b

乞改舉臺官法劄子 樂城集 45/1b 歷代奏議 167/26a

論用臺諫劄子 樂城集 45/2b 宋朝奏議 55/7a 歷代奏議 204/15a

乞罷修河司劄子 樂城集 45/3b 歷代奏議 251/4a

乞定差管軍臣僚劄子 樂城集 45/9a 宋朝奏議 64/1b

論邊防軍政斷案宜令三省樞密院同進呈劄子 樂城集 46/1a

免修條支賜劄子二首 樂城集 47/15b

辭户部侍郎劄子 樂城集 47/17a

辭吏部侍郎劄子 樂城集 47/17b

辭翰林學士劄子 樂城集 47/18a

辭御史中丞劄子 樂城集 47/18b

辭尚書右丞劄子四首 樂城集 47/19b

兄除翰林承旨乞外任劄子四首 樂城集/後 16/1a－3b

待罪劄子 樂城集/後 16/16a

辭門下侍郎劄子 樂城集/後 17/3b

上殿乞避親劄子 范太史集 5/1a

乞梓州劄子（1－2） 范太史集 5/16a－17a

乞郡劄子（1－4） 范太史集 6/12b－14b

乞致仕第四劄子 范太史集 11/13b

乞致仕第四劄子 范太史集 12/5b

乞差實錄檢討官劄子 范太史集 15/2b

論執政闗官劄子 范太史集 15/2b 歷代奏議 139/24a

論執政闗官劄子 范太史集 15/9b

論樞密院闗官劄子 范太史集 16/1b

謝宣諭劄子 范太史集 18/11b 宋朝奏議 29/17a

乞免館伴狀 范太史集 19/11b

乞司馬康給俸劄子 范太史集 19/12a

乞照管司馬家並留使臣劄子 范太史集 19/14a 歷代奏議 286/13a

對選解鹽專買使狀 范太史集 20/6b 歷代奏議 268/7b

再封選解鹽專置使狀 范太史集 21/1a 歷代奏議 139/15b

奏乞罷瀘州梓夔路鈐轄司狀 范太史集 21/8a

辭押賜劄子 范太史集 25/2a

舉學官劄子 范太史集 25/15a

論召内臣劄子 范太史集 25/15b 歷代奏議 177/20a

論宣官劄子 范太史集 26/2b 宋朝奏議 63/8a 宋文鑑 59/14a 歷代奏議 292/23a

論曹誦劄子 范太史集 26/8a 宋朝奏議 64/2b 歷代奏議 238/6b

論宣押知舉官劄子 范太史集 26/10a

薦講讀官劄子（1－2） 范太史集 26/14a－16a 歷代奏議 139/21a,22a

乞潁州劄子（1－3） 陶山集 4/2b－3a

乞明州劄子 陶山集 4/3b

辭免吏部侍郎劄子 陶山集 4/4a

辭免修哲宗皇帝實錄劄子 陶山集 4/6b

又尋准尚書省劄子 陶山集 4/7a

辭免奉使大遼劄子 陶山集 4/7b

上神宗論轉運使選用責任考課三法狀 議論集 1/1a 宋朝奏議 67/6a

上哲宗論選舉 議論集 1/16a 歷代奏議 160/10a

上哲宗乞罷言職狀 議論集 1/22b

上徽宗乞罷待御史狀 議論集 2/1a

上徽宗論選舉狀（1－3） 議論集 3/2b－4b 歷代奏議 168/21b,22a,22b

上徽宗謹名器（1－4） 議論集 3/5b－9a 歷代奏議 190/13a－14b

修神宗實錄乞外任奏狀 豫章集 20/10a

省臺寺監 樂靜集 25/8a 歷代奏議 161/24a

治吏上下 樂靜集 25/11b－14a 歷代奏議 140/20a－21b

重外 樂靜集 26/1a 歷代奏議 42/14b

政錄 樂靜集 26/12b 歷代奏議 42/16b

上哲宗皇帝進仁宗朝戒飭內降詔書事迹乞禁止請誚 曲阜集 1/14b 宋朝奏議 23/8a 歷代奏議 198/11b

上徽宗皇帝論減罷監司守臣上殿 曲阜集 2/13a 宋朝奏議 77/18a 歷代奏議 141/4a

上徽宗皇帝論中書舍人不當書門下錄黃 曲阜集 2/15a 宋朝奏議 57/12b 歷代奏議 161/19b

上神宗論修定官制度 曲阜集補 2/1a

乞置京城廂巡檢劄子 西塞集 1/15b 歷代奏議 318/21b

代劉摰乞外任劄子 西塞集 1/16b

官制議 西塞集 4/11a 宋文鑑 106/27b 歷代奏議 161/13a

官冗議 西塞集 4/13b

試蔭補人議 西塞集 4/15b 宋朝奏議 69/4a 歷代奏議 161/14b

守令 龍雲集 26/7a

武功爵 龍雲集 26/9a

論寺監官冗 盡言集 1/4b 歷代奏議 139/7b

論館職乞依舊召試(1-2) 盡言集 1/6a-6b 宋朝奏議 59/6b-7a 歷代奏議 161/17b

論差除多執政親戚 盡言集 1/7a-12b 歷代奏議 198/9b

乞罷近臣列薦事 盡言集 2/4b 歷代奏議 198/9a

論諸路監司乞著考課之法 盡言集 2/5a 宋朝奏議 72/10b 歷代奏議 172/13a

奏乞訴求齊恢之後獎用事 盡言集 6/13b 歷代奏議 284/8a

論趙髙無名進職等事 盡言集 7/16b 歷代奏議 188/12b

論樞密院關官事 盡言集 9/15b

論堂除之弊(1-2) 盡言集 11/10b 宋文鑑 60/12b 歷代奏議 161/18a-19a

乞諫官各鑄印事 盡言集 12/11a

論犯臟人於寄祿階改左右字不當事 盡言集 12/11b 宋朝奏議 69/7b 歷代奏議 198/8b

論執政不合留占軍充宣借事 盡言集 12/12a

乞早補謀員等事 盡言集 12/15b

引疾乞宮觀事 盡言集 13/9b

辭免中書舍人及乞宮觀事(1-7) 盡言集 13/10b-16a

代乞郡劄子 後山集 14/22a

薦舉論 濟南集 6/25a 歷代奏議 168/10b

請官司被受條貫關報門下中書後省 道鄉集/補遺 2a

請牽復紹聖以來責降言官 道鄉集/補遺 2b

論蕃官殿前呈武弓馬 道鄉集/補遺 4b

論臺員曠闕 道鄉集/補遺 13a

論監司妄奏雨澤 道鄉集/補遺 16a

論選用水官 道鄉集/補遺 23b

請馳貢水官妥作 道鄉集/補遺 24a

論黃甲擬官奏狀 摘文集 9/10b 歷代奏議 168/20b

乞殿中省別處置局奏狀 摘文集 9/11a

論提舉官分巡奏狀 摘文集 10/1a

乞外任劄子 摘文集 10/2b

服闋乞外任劄子 摘文集 10/3a

理會守令考課劄子 摘文集 10/4a

理會守令劄子 摘文集 10/4a 歷代奏議 141/11b

理會架閣劄子 摘文集 10/4a

乞以假日特引對付史館劄子 摘文集 10/5b 歷代奏議 190/9a

辭免尚書右丞劄 襄陵集 4/7b

乞出第一劄子 襄陵集 4/9b

論吳敏劄子 襄陵集 4/12a 歷代奏議 188/27a

論建官劄子 襄陵集 4/19a 歷代奏議 162/3b

論宦官 襄陵集 6/11a 歷代奏議 293/7b

論謹擇皇子官屬 劉左史集 1/1a

乞外郡劄子 竹隱集 9/3b

代乞恤趙提刑狀 竹隱集 9/7b

乞遂寧府遇闕守臣以監司兼權劄子 跨鰲集 13/2a

乞令部使者薦進人才劄子 跨鰲集 13/5a 歷代奏議 168/24a

辭使府劄 雪峰集/80a

除右僕射乞復元祐臣僚恩數劄子 忠穆集 3/1a

辭免赴都堂治事劄子 忠穆集 3/3a

辭免男職名劄子(1-2) 忠穆集 3/3a-4a

任江東安撫制置大使日乞宮觀劄 忠穆集 3/5a

辭免知池州乞宮觀劄 忠穆集 3/6a

辭免少保左僕射劄 忠穆集 3/7a

任左僕射乞宮觀劄子(1-2) 忠穆集 3/8a

乞免給降空名告敕劄子 忠穆集 3/8b

辭免觀文殿大學士劄子 忠穆集 3/9a

辭免男抗恩命劄子(1-2) 忠穆集 3/11b-12a

陳乞元旱待罪劄子 忠穆集 3/12a

辭免知潭州劄子(1-3) 忠穆集 3/12b-14a

辭免少保劄子 忠穆集 3/15a

乞宮觀劄子(1-4) 忠穆集 3/1b-18a

乞致仕劄子 忠穆集 3/18b

辭免少保兼行宮留守劄子 忠穆集 3/19a
辭免知臨安府乞宮觀制 忠穆集 3/19b
辭免大禮進封成國公兼加恩子 忠穆集 3/20b
辭免除少傅兩鎭建康府子 忠穆集 3/21b
辭免少傅兩鎭劄子(1-4) 忠穆集 3/22a-25a
辭免陝西劄子(1-2) 忠穆集 3/26a-27a
辭免赴召乞納節致仕劄子 忠穆集 3/28a
致仕辭閣劄子 忠穆集 3/29a
論空名告敕事 忠穆集 3/3b
辭免除秘書郎劄子(1-3) 尹和靖集 2/16b-18a
再乞歸田里劄子 尹和靖集 3/1a
辭免除禮部侍郎劄子(1-5) 尹和靖集 3/2b-5a
再乞歸田里制劄子(1-2) 尹和靖集 3/5a
辭免除徽猷閣待制(1-3) 尹和靖集 3/6b-8b
乞免辭謝劄子 尹和靖集 3/9a
授內宮觀再乞歸劄子 尹和靖集 3/9a
辭免除次對職名劄子 尹和靖集 3/9b
乞致仕子 尹和靖集 3/10a
論縣令劄子 高峰集 1/12a 歷代奏議 143/7a
論監司賞罰劄子 高峰集 1/15a
論薦舉劄子 高峰集 2/12b 歷代奏議 169/13a
論選任劄子 高峰集 2/20a 歷代奏議 143/9a
論遷轉劄子 高峰集 2/26b
乞將磨勘合轉一官回授故祖父奏狀 高峰集 5/5b
論郭仲旬畫一劄子 橫塘集 9/2a
奏免賜楊維忠田宅劄子 橫塘集 9/5b 歷代奏議 188/16a
辭給事中劄子 橫塘集 9/7a
辭免石丞劄子 橫塘集 9/7a
辭免御史中丞劄子 橫塘集 9/7b
乞除尚書省長武與並除樞密武臣劄子 橫塘集 9/8a 歷代奏議 142/1b
論罷李景雲等除寺監丞簿劄子 橫塘集 10/9a 歷代奏議 162/1a
論常朝官不到劄子 橫塘集 10/10a
乞選差鄂州守臣劄子 橫塘集 10/10b 歷代奏議 162/5a
乞置揚州城外巡檢劄子 橫塘集 11/3a
乞別定恩從臣僚劄子 橫塘集 11/3b
乞令宰執入內殿侍藥劄子 橫塘集 11/4a
乞根究發運司出榜劄子 橫塘集 11/5b
辭免太子右諭德劄子 丹陽集 1/2b

辭免大司成劄子 丹陽集 1/3a
辭免右丞劄子 初僚集 3/9a
辭免左丞劄子 初僚集 3/10a
辭免迎授劄子 初僚集 3/10b
辭免檢校少師劄子 初僚集 3/11b
謝陳乞換陪官宣祠不允劄子 初僚集 3/12a
辭免轉官回授劄子(1-3) 初僚集 3/13a-14a
轉太中大夫辭免劄子(1-2) 初僚集 3/15a-15b
辭免大名帥劄子 初僚集 3/16a
謝除大資政再任大名府劄子 初僚集 3/16b
待罪乞外任劄子 初僚集 3/17a
辭宣賜象簡對衣金帶鞍馬劄子 初僚集 3/20a
翰林乞宮觀劄 翠忠惠集 7/4b
辭免初除劄子 建康集 6/1a
辭免左大中大夫劄子 建康集 6/2b
辭免資政殿大學士劄子(1-2) 建康集/3a-4a
辭免觀文殿學士劄子 建康集 6/5b
奏居民遺火待罪劄子(1-2) 建康集 6/6a-6b
乞宮觀劄子(1-2) 建康集 6/7a-7b
奏乞添置徽嚴衢三州巡檢狀 石林奏議 3/3a
奏乞辟馬家渡等巡檢狀 石林奏議 6/9a
奏乞淮西權創措置財用官劄子 石林奏議 7/1a
奏乞淮西權創措置農業官劄子 石林奏議 7/2a
奏乞移提刑司漳州置司狀 石林奏議 15/10a
省官 程北山集 35/3b
三年三月初乞郡或宮觀劄子 程北山集 35/10a
論本州元員及權官等事 程北山集 37/6a
辟官奏狀 程北山集 37/9a
再論官劄子 程北山集 38/10a
轉對狀 程北山集 39/5a 南宋文範 14/18a
十月十三日上殿 程北山集 39/7a
乞住講月分不支職食錢奏狀 程北山集 40/3a
乞貼改敕黃劄子 程北山集 40/4a
論土豪乞依戰功補授劄子 莊簡集 8/17b
辭免除侍御史劄子 莊簡集 8/18a
再辭免侍御史劄子 莊簡集 8/19a
論蔡收欲潛入都城劄子 莊簡集 9/1a
乞假借臺諫委任大臣劄子 莊簡集 9/17b 歷代奏議 141/29a
論趙逐臺諫乞不施行日下出門指揮狀 莊簡集 9/21a 宋朝奏議 55/14a
乞戒在位揚職奉法劄子 莊簡集 9/22a 歷代奏議 198/17b

引對人乞先經三司劄子 莊簡集 10/2b 歷代奏議 141/28b

乞出第一劄子 莊簡集 10/4b

乞出第二劄子 莊簡集 10/5a

乞廢常平主管官罷發運司劄子 莊簡集 10/10a 歷代奏議 270/20b

乞回避曾紓狀 莊簡集 10/16a

乞降空名官告狀 莊簡集 11/14a

乞薦舉武臣狀 莊簡集 12/2a 歷代奏議 169/4b

應詔薦舉武臣狀 莊簡集 12/3a

乞增選臺諫狀 莊簡集 12/10b 歷代奏議 142/19a

辭免參知政事劄子 莊簡集 12/20a

乞宮觀劄子 莊簡集 12/22a

乞罷政劄子（1－5） 莊簡集 12/22b－24b

辭免除職與郡劄子 莊簡集 12/25a

論移易縣令 苕溪集 11/4a

論令監司守臣各舉所知 苕溪集 12/3b 歷代奏議 169/6a

論選擇州縣之吏 苕溪集 12/4 歷代奏議 169/6b

論重監司之選 苕溪集 12/5b

乞令侍從臺諫舉縣令 苕溪集 12/7a 歷代奏議 143/6b

上殿劄子 苕溪集 12/7b 歷代奏議 169/5a

湖州奏乞修魯公祠並賜額狀 浮溪集 2/15a 歷代奏議 284/13b

書局轉官辭免官劄子 浮溪集 2/15b

乞致仕劄子 鴻慶集 9/9a

赴講筵侍立後時待罪奏狀 梁溪集 40/2a

辭免知樞密院事劄子 梁溪集 43/4a

乞罷知樞密院事除外任宮觀劄子（1－5） 梁溪集 45/2a－6a

繳進第五次乞罷文字劄子 梁溪集 45/8b

再乞罷知樞密院守本官致仕劄子（1－3） 梁溪集 46/8b－11b

三乞罷知樞密院事劄子（1－2） 梁溪集 46/12b

辭免河北河東路宣撫使劄子（1－8） 梁溪集 47/1b－6b

乞罷宣撫使待罪劄子（1－5） 梁溪集 47/10a－14a

論宣撫職事劄子（1－4） 梁溪集 48/3a－5b

乞罷宣撫使劄子（1－2） 梁溪集 49/2a－2b

辭免除觀文殿學士知揚州劄子 梁溪集 49/11b

奏知感寒在假服藥劄子 梁溪集 50/10a

乞用暖轎至閤門劄子 梁溪集 50/10a

罷尚書右丞待罪劄子 梁溪集 50/12b

乞於殿前衛置宣撫司劄子 梁溪集 51/6a

奏請畫一劄子 梁溪集 51/8b

快行親從官待罪劄子 梁溪集 51/11b

乞罷守禦使司劄子（1－3） 梁溪集 51/13b－14a

乞賜武漢英等器甲袍帶劄子 梁溪集 51/14b

乞使副差武臣一員劄子 梁溪集 52/3a

乞免簽書樞密院常程文字劄子 梁溪集 52/4a

乞置承受官劄子 梁溪集 52/6a

再乞免簽書常程文字劄子 梁溪集 52/7a

奏知看詳秦元圖册並乞差察視親事官劄子 梁溪集 52/8a

奏知賞罰董有林冀景等劄子 梁溪集 52/10a

奏知行遣親事官劄子 梁溪集 53/5a

發回親事官劄子 梁溪集 53/6b

乞任外宮觀劄子 梁溪集 53/7b

奏知施行大臣擬進文字劄子 梁溪集 53/8a

再請宮觀劄子 梁溪集 53/9a

乞致仕宮觀劄子 梁溪集 53/12a

乞待罪劄子 梁溪集 54/4b

乞於懷州置司劄子 梁溪集 54/7a

待罪第二劄子 梁溪集 54/11a

乞選代職許歸田里劄子 梁溪集 55/5b

奏乞降獎諭下張換狀 梁溪集 55/13a

辭免尚書右僕射第一劄子 梁溪集 57/7b

辭免尚書右僕射第二劄子 梁溪集 60/3a

乞置賞功司劄子 梁溪集 62/7a 歷代奏議 188/20a

乞省官吏裁廉祿劄子 梁溪集 62/13b 歷代奏議 162/4a

乞罷尚書左僕射第一割 梁溪集 64/3a

乞罷第二劄子 梁溪集 64/5a

乞罷第三劄子 梁溪集 64/7a

論宣撫兩司職事乞降處分奏狀 梁溪集 65/7b

乞差內使一員承受發來文字奏狀 梁溪集 67/4a

相度歸明官任滿輪易奏狀 梁溪集 76/8a

辭免劄子 梁溪集 80/3b

再乞上殿劄子 梁溪集 80/8b

乞宮祠劄子 梁溪集 82/6b

乞宮觀劄子 梁溪集 88/8b

乞罷江西帥仍乞宮祠或致仕劄子 梁溪集 90/7a

再乞罷帥劄子 梁溪集 91/2b

論舉直言極諫之士劄子 梁溪集 94/9b 歷代奏議 169/3a

乞討論納節換官割子　北海集 28/7a　歷代奏議 69/16b

遵用舊法割子　北海集 28/7b　歷代奏議 69/16a

乞召臣僚降詔割子　北海集 28/9a　歷代奏議 286/18b

薦察官割子　北海集 28/14b

除兩浙東路安撫使上殿陳乞割子　北海集 28/15b

奏請責大臣以大義使各安職業疏　少師集 1/19a

奏請裁省閣門員額疏　少師集 1/25a

奏請舉文武官才堪將帥疏　少師集 2/1a

奏論殿班疏　少師集 2/2a

奏請罷武臣提刑疏　少師集 2/4a

奏請罷內侍領外局疏　少師集 2/6a

奏論宦官之害疏　少師集 4/1a

乞久任割子　張華陽集 14/2a

乞令帥守條例利害割子　張華陽集 14/2b

乞詔大臣兼領史事割子　張華陽集 14/4a

論淮南官元割子　張華陽集 14/7b

乞舉將帥割子　張華陽集 15/1a

論守令害民割子　張華陽集 15/5a

乞除民事一條割子　張華陽集 15/6a

乞重監司割子　張華陽集 15/7a　南宋文範 13/4b

辭免除參知政事割子　張華陽集 15/8b

辭免再賜對衣金帶鞍馬割子　張華陽集 15/9a

乞罷政割子(1-4)　張華陽集 16/1a-2b

辭免資政殿學士知婺州割子　張華陽集 16/3a

敘陳伯疆恩澤指揮狀　張華陽集 17/2a

繳薛昂復官恩澤詞頭狀　張華陽集 17/2b

乞宮觀狀(1-2)　張華陽集 17/5b-6a

看許元祐黨人狀　張華陽集 18/7a

轉對狀　張華陽集 19/5a

乞吏部破格差注割子　毗陵集 1/5b

論防秋士大夫求去割子　毗陵集 1/8a

辭免御史中丞割子　毗陵集 4/1a-1b

辭免禮部侍郎割子二首　毗陵集 4/1a-1b

乞罷政事割子二首　毗陵集 4/2a

再乞罷政事割子五首　毗陵集 4/2b-3b

乞罷政事割子　毗陵集 4/3b

乞罷政事割子二首　毗陵集 4/4a

吴木上書乞罷政事割子　毗陵集 4/4a

辭免參知政事割子　毗陵集 4/4b

上殿辭免割子　毗陵集 4/5a

辭免提舉萬壽觀兼侍讀割子　毗陵集 4/5a

再辭免割子　毗陵集 4/5b

再辭免並乞宮觀割子　毗陵集 4/6a

謝除侍讀割子　毗陵集 4/6b

乞破格宮觀割子　毗陵集 4/6b

辭免除資政殿大學士割子　毗陵集 4/7a

辭免進職第二割子　毗陵集 4/7b

辭免除資政殿學士割子　毗陵集 4/8a

乞罷中司割子三首　毗陵集 4/8b-9a

辭免翰林學士割子二首　毗陵集 4/9b-10a

辭免知平江府割子　毗陵集 4/10b

辭免知建康府割子二首　毗陵集 4/10b-11a

辭免知紹興府割子二首　毗陵集 4/11a-11b

辭免轉官及知婺州割子　毗陵集 4/12a

辭免除資政殿大學士轉兩官加食邑知婺州割子　毗陵集 4/12b

辭免除知洪州割子　毗陵集 4/12b

辭免知福州割子　毗陵集 4/13a

移躋吴門乞上殿割子　毗陵集 4/14b

乞赴闕奏事割子　毗陵集 4/15a

論增置教授狀(1-2)　毗陵集 5/1a-1b　歷代奏議 143/17b-18b

乞付告事人下御史臺狀　毗陵集 5/2b　歷代奏議 183/11b

論資攻關升狀　毗陵集 5/3a

論置翰林圖畫局待罪奏狀　毗陵集 5/4b

乞措置吏部參選事　忠正德集 1/12b　歷代奏議 169/1b

論省部取受　忠正德集 1/13b

乞命待從薦舉人才　忠正德集 1/26a　歷代奏議 169/1a

奏乞節制岳飛狀　忠正德集 2/11b

乞收留宿遷官吏狀　忠正德集 2/11b

除宣撫處置使朝辭疏　忠正德集 2/13b　歷代奏議 156/17b　南宋文範 13/1a

奏乞參酌呂頤浩等申請指揮狀　忠正德集 2/16a

條具宣撫處置使司畫一利便狀　忠正德集 2/17a

乞辟差官屬依例帶出見任職事狀　忠正德集 2/24b

乞抑內侍奏　忠正德集 3/12a　歷代奏議 293/10b

罷政奉祠奏議　忠正德集 3/24b

堂白割子　三餘集 3/3b

舉胡銓應十科薦士狀　大隱集 4/23a

建康上殿乞置史官割子　大隱集 4/23b

殿中侍御史乞宮觀劄子 盤溪集 7/1a
辭免除侍御史劄子 盤溪集 7/1b
侍御史乞宮觀劄子 盤溪集 7/3a
辭免除兼翰林學士劄子 盤溪集 7/13a
辭免除參知政事劄子 盤溪集 7/14a
辭免賜金帶劄子 盤溪集 7/14b
辭免轉官劄子 盤溪集 7/15a
辭免支賜劄子 盤溪集 7/16a
乞外任宮觀劄子 盤溪集 7/17b
乞出劄子（1－3） 盤溪集 7/19a－20b
辭免賜生日禮物劄子 盤溪集 7/21a
乞出劄子（4－8） 盤溪集 7/21b－24b
辭免除資政殿學士知明州劄子（1－3） 盤溪集 8/1a－2b
辭免敕令所修書成轉官劄子（1－3） 盤溪集 8/3b－5b
乞回受敕令所修書成轉官與兄監嶽劄子 盤溪集 8/6b
辭免除在京宮觀侍讀劄子（1－2） 盤溪集 8/7b－8b
爲病未及朝見奏知劄子 盤溪集 8/9a
辭免除同知樞密院事劄子 盤溪集 8/9b
辭免除知樞密院事劄子 盤溪集 8/10b
史部郎官上殿論銓試劄子 楳溪集 8/15a 歷代奏議 169/11a
論薦舉乞加勸沮法劄子 楳溪集 8/16a 歷代奏議 169/10b
辭免中書舍人劄子 楳溪集 8/17b
辭誥命上欽宗書 陳修撰集 2/8a
辭監察御史疏 北山集 1/5a
辭殿中侍御史疏 北山集 1/5b
自劾奏疏 北山集 1/25a
重監司郡守疏 北山集 1/31a 歷代奏議 172/15b
除宗正少卿疏 北山集 1/32a
十一月除權尚書禮部侍郎轉通直郎 北山集 1/34a
三月坐向者刑部有差誤事降一官五月除端明殿學士川陝宣撫副使兼營田使轉朝奉郎奏 北山集 1/49b
乞薦舉武臣劄子 筠溪集 1/9a 歷代奏議 239/16b
戊午八月乞罷戸部侍郎劄子（1－2） 筠溪集 3/10b－11a
己未正月乞出劄子（1－2） 筠溪集 3/12a－12b
辭免除左正言劄子（1－9） 拼櫚集 12/1a－12/23b

歷代奏議 69/17a,107/13b,107/14a,143/15b,183/8a,183/8b,,183/9b,183/10b,188/23b,195/2b,261/12b,293/9b,306/8a 南宋文範 15/1b,15/4a
乞擇縣令以三事賞罰劄子 相山集 20/12b
罷山林寨巡檢劄子 相山集 22/3b
辭免起居舍人劄子 紫微集 23/17a
辭免兼實錄院檢討官劄子 紫微集 23/17b
辭免除中書舍人劄子 紫微集 24/3b
爲張俊乞貸織奏 紫微集 25/9a
議堂史 中興備覽 1/6b
議諸州兵官 中興備覽 1/7a
議祿廩之制 中興備覽 3/2b 歷代奏議 286/20a
議親民之官 中興備覽 3/3b 歷代奏議 169/2b 蜀文輯存 43/18a
上書乞納官贖罪歸葬親 東溪集/上/19a
謝御札促召家君劄子附御札 斐然集 10/4a
乞回避呂頤浩張守呂祉劄子 斐然集 11/19a
乞宮觀劄子 斐然集 11/24b
辭免直學士院劄子 斐然集 11/25a
宮祠劄子（1－2） 斐然集 11/29a－29b
繳馮妤厚特補蔭 斐然集 15/17a
論辛執不和奏狀 默堂集 12/16b 歷代奏議 286/22b
辭免秘書少監劄子 默堂集 13/3b
正月十五日進入劄子 默堂集 13/14a
代張丞相辭免劄子（1－3） 屏山集 7/14b－15b
荊門軍替回論禁約公人下鄉奏議 漢濱集 5/6b
乞宮祠劄子（1－2） 漢濱集 6/11b－12b
辭免兼權直學士院奏劄 漢濱集 6/14b
乞宮觀劄子 漢濱集 6/18a
上殿再乞宮觀劄子（1－2） 漢濱集 6/18b－19b
辭免淮西宣諭使奏劄（1－2） 漢濱集 6/20b－21a
乞追寢職名宮觀守本官致仕奏議 漢濱集 7/21a
温州遺火乞賜降黜奏劄 漢濱集 7/21b
温州水災放罪自劾奏劄 漢濱集 7/24a
論四川總所與東南事體不同劄 漢濱集 8/10b
候邊事少寧乞差宮祠朝劄 漢濱集 8/17b
乞遴選諸將賓佐狀 竹軒雜著 3/2b
乞戒敕諸將狀 竹軒雜著 3/3a
乞進退大臣以禮狀 竹軒雜著 3/4a
論守令狀 竹軒雜著 3/4b
論薦對狀 竹軒雜著 3/8b
乞旌表蘇庠劄子 太倉集 49/1a
言謀官赴都堂事 湖山集/輯補 5a

辭免初除參知政事賜銀絹第三劄子 鄮峰錄 29/1b

辭免除知成都府第二劄子 鄮峰錄 29/2a

又劄子 鄮峰錄 29/3b

辭免改除知紹興府劄子 鄮峰錄 29/4b

辭免知福州劄子 鄮峰錄 29/5a

辭免郊祀大禮加食邑劄子 鄮峰錄 29/6a

乞休致劄子(1-3) 鄮峰錄 29/6a-7a

再辭免少保觀使侍讀劄子 鄮峰錄 29/7b

辭免少保册命劄子 鄮峰錄 29/8a

辭免右丞相劄子 鄮峰錄 29/8b

辭免提舉編修玉牒國史院會要所敕令所劄子

鄮峰錄 29/9a

乞解罷機政劄子(1-2) 鄮峰錄 29/9b-10a

辭免玉牒所進書轉官劄子 鄮峰錄 29/11b

乞解罷機政劄子(1-2) 鄮峰錄 29/11b-12b

罷政乞遇月上休見客一次劄子 鄮峰錄 30/2a

辭免三朝寶訓終篇轉官劄子 鄮峰錄 30/3a

經筵乞歸鄉里第二劄子 鄮峰錄 30/3b

再乞歸鄉里劄子 鄮峰錄 30/4a

又乞歸田里劄子 鄮峰錄 30/5a

辭免判建康府第三劄子 鄮峰錄 30/6a

謝免判建康府再乞歸田里劄子(1-2) 鄮峰錄 30/6b-7a

又上乞歸田里劄子 鄮峰錄 30/7b

又上乞歸田里第三劄子 鄮峰錄 30/9a

辭免少師魯國公劄子 鄮峰錄 30/9b

上太上皇帝再乞陛辭劄子 鄮峰錄 30/10a

又上乞致仕劄子 鄮峰錄 30/12a

再乞朝辭劄子 鄮峰錄 31/1a

謝賜詔書御令赴慶壽立班劄子 鄮峰錄 31/2b

辭免太傅劄子 鄮峰錄 31/3b

革冗員疏 方舟集 7/3a

乞小路盤都王承襲劄子 方舟集 7/11a

應詔陳弊事 梅溪集/奏 1/11a 歷代奏議 51/5b

論左右史四事 梅溪集/奏 1/16a

論休假劄子 梅溪集/奏 2/14b 歷代奏議 190/10b

自劾劄子 梅溪集/奏 3/6b

代越帥王尚書待罪狀 梅溪集/奏 4/1a

同周操殿院乞對劄子 盤洲集 43/1a

討論環衛官劄子 盤洲集 43/1a

有撰述文字乞奏對劄子 盤洲集 43/5b

請祠劄子 盤洲集 43/9b

辭免兼直院劄子 盤洲集 43/10b

辭免兼直院劄子第二劄子 盤洲集 43/10b

乞罷中書舍人劄子 盤洲集 44/1a

辭兼中書舍人劄子 盤洲集 44/3a

辭免簽書樞密院劄子 盤洲集 44/3b

辭免賜衣帶劄子 盤洲集 44/4a

乞罷第一劄子 盤洲集 44/5b

(乞罷)第二劄子 盤洲集 44/6a

辭免參知政事劄子 盤洲集 44/7a

納密院寔關劄子 盤洲集 44/8b

辭兼同知樞密院劄 盤洲集 44/9a

辭免提舉玉牒劄子 盤洲集 44/10b

乞出第一劄子 盤洲集 45/1a

(乞出)第二劄子 盤洲集 45/1b

(乞出)第三劄子 盤洲集 45/2a

辭免除右僕射兼樞密使劄子 盤洲集 45/2b

以霖雨乞罷政第一劄子 盤洲集 45/4b

(以霖雨乞罷政)第二劄子 盤洲集 45/5a

辭免觀文殿學士第一劄子 盤洲集 45/5b

再乞罷任劄子 盤洲集 45/5b

(辭免觀文殿學士)第二劄子 盤洲集 45/6a

辭免知紹興府第一劄子 盤洲集 45/6b

(辭免知紹興府)第二劄子 盤洲集 45/7a

除紹興第一手劄子 盤洲集 45/7b

(除紹興)第二劄子 盤洲集 45/8a

(除紹興)第三手劄子 盤洲集 45/8b

(除紹興)第四手劄子 盤洲集 45/9a

到任手劄子 盤洲集 45/9a

請祠劄子 盤洲集 46/1a

請祠第一劄子 盤洲集 46/2a

(請祠)第二劄子 盤洲集 46/2b

自劾劄子 盤洲集 46/3a

試驗換汰人劄子 盤洲集 46/6a

再請祠劄子 盤洲集 46/6b

謝宮觀劄子 盤洲集 46/7a

繳趙密恩數劄子 盤洲集 47/6a

繳潘粹卿恩澤劄子 盤洲集 48/3a

繳王彥宣借人劄子 盤洲集 48/6b

論戒守令遵守成法 海陵集 3/2b 歷代奏議 200/16b

論命令必經兩省 海陵集 3/3b

論乞與四川進士父母年高者先次補官續行照驗 海陵集 3/6b

論定歸正人補官之法　海陵集 4/1b
除起居舍人辭免劄子　海陵集 5/1a
辭免差兼實録院同修撰劄子　海陵集 5/1a
辭免同修國史劄子　海陵集 5/1b
辭免除兵部侍郎直學士院劄子　海陵集 5/2a
辭免除給事中劄子　海陵集 5/2b
辭免除同知樞密院事劄子　海陵集 5/3b
初除乞減支賜銀絹劄子　海陵集 5/4a
乞在外宮觀劄子（1－4）　海陵集 5/4a－5a
論總管鈐轄與帥守不相統臨　文定集 3/3b
論添差員缺（1－3）　文定集 3/7a
論薦舉攻限疏　文定集 5/1a
應詔薦將帥辭免權宣撫劄子　文定集 6/9b
措置武臣關陞狀　南澗稿 9/7b
論銓試廉試劄子　南澗稿 10/1a
措置武臣關陞劄子　南澗稿 10/21a
看詳文武格法劄子　南澗稿 10/22b
辭權中書舍人劄子　南澗稿 10/26a
又二月再辭劄子　南澗稿 10/26b
自辨劄子　南澗稿 10/27b
乞宮觀劄子　南澗稿 10/28b
建寧府乞宮觀劄子　南澗稿 10/28b
婺州乞宮觀劄子　南澗稿 10/29b
乞復建鴻臚寺疏＊　小隱集/11a　歷代奏議 162/6a
乞收還功臣子孫序遷侍從之詔疏＊　小隱集/
15a　歷代奏議 284/11b
論薦舉之制疏＊　小隱集/28b　歷代奏議 169/14b
辭免職名奏劄　定齋稿 1/17b
辭免南郊加恩劄子　定齋稿 1/20b
爲男充辭免除敷文閣侍制劄子　定齋稿 1/21a
謝免男回避劄子　定齋稿 1/21b
乞禁職巡尉迎送劄子　洪文敏集 4/3a
乞祠祿劄子　渭南集 4/6b
乞致仕劄子（1－3）　渭南集 4/15b－17a
論獻說迎合布衣補官之弊劄子　范成大佚著/18
歷代奏議 183/25a
辟兵官劄子　范成大佚著/25
論任將疏　范成大佚著/31　歷代奏議 240/14a
辭免知建康府劄子　范成大佚著/38
再辭免知建康府劄子　范成大佚著/38
論兩廣進士擢官之弊疏　范成大佚著/80
請禁傳餽疏　鄭忠肅集/上/13a
史部趙尚書雄論侍從隨赦加恩劄子　益國文忠

集 82/19b　益公集 82/35a
求外劄子　益國文忠集 122/6a　益公集 122/7a
乞免學士院兼職劄子　益國文忠集 122/6a　益公集
122/7b
乞改作時暫兼權兵部侍郎劄子　益國文忠集
122/7a　益公集 122/8b
乞免兼中書舍人劄子　益國文忠集 122/11b　益公
集 122/14a
到闕上殿乞郡或奉祠劄子　益國文忠集 122/15b
益公集 122/19a
丐外劄子　益國文忠集 122/17b　益公集 122/21b
祭社祝文待罪劄子　益國文忠集 123/3a　益公集
123/3b
辭免書韓世忠神道碑劄子　益國文忠集 123/4b
益公集 123/5a
請外劄子　益國文忠集 123/9b　益公集 123/10b
乞郡劄子　益國文忠集 124/3a　益公集 124/3a
再乞外任劄子　益國文忠集 124/3b　益公集 124/4b
再乞去劄子　益國文忠集 124/5a　益公集 124/6a
第三乞外劄子　益國文忠集 124/6a　益公集 124/7a
第四乞在外宮觀劄子　益國文忠集 124/6b　益公集
124/8a
辭免轉官劄子附不允詔　益國文忠集 124/8a　益公集
124/9b
乞宮觀劄子　益國文忠集 124/9a　益公集 124/11a
丐外祠劄子　益國文忠集 124/15a　益公集 124/18a
再乞外祠劄子　益國文忠集 124/16b　益公集 124/19b
乞宮觀第一劄子（1－2）　益國文忠集 124/18b－19b
益公集 124/22a,23a
未即諸東宮劄子　益國文忠集 124/21a　益公集 124/
25a
第三辭免兼翰林學士承旨劄子　益國文忠集
124/23b　益公集 124/27b
乞宮祠劄子　益國文忠集 125/4b　益公集 125/5b－6a
再乞宮祠劄子　益國文忠集 125/5a　益公集 125/6b
辭免參知政事劄子附不允詔　益國文忠集 125/6b
益公集 125/7b
辭免兼牧局劄子附不允詔及生日詔　益國文忠集
125/11a　益公集 125/13a－14a
旱災待罪劄子　益國文忠集 125/12b　益公集 125/14b
再乞罷黜劄子　益國文忠集 125/14a　益公集 125/16a
辭免轉官劄子附不允詔　益國文忠集 126/1b益公集
126/1b－2b
同趙相以下以霖雨待罪劄子　益國文忠集 126/5a
益公集 125/6a
再乞罷黜劄子　益國文忠集 126/6a　益公集 125/7a

奏議表狀一　奏議　官制　1241

乞罷政劄子 益國文忠集 126/7a 益公集 126/8a

乞通進司收接文字劄子 益國文忠集 126/9a 益公集 126/11a

乞序位李彦穎下劄子（1－2） 益國文忠集 126/9b－10a 益公集 126/12b

辭免知樞密院事劄子附不充詔 益國文忠集 126/10b 益公集 126/13b

乞與王嘉賓換關劄子 益國文忠集 126/15b 益公集 126/19b

同施樞密以旱災乞罷黜劄子 益國文忠集 127/1a 益公集 127/1a

同二府乞罷黜劄子 益國文忠集 127/1b 益公集 127/2a

再乞罷黜劄子 益國文忠集 127/3a 益公集 127/3b

爲二兄乞再任官劄子 益國文忠集 127/5a 益公集 127/6b

辭免樞密使劄子附不充詔 益國文忠集 127/6a 益公集 127/7a

乞令宰臣兼樞密使劄子 益國文忠集 127/12b 益公集 127/15a

請假十日劄子 益國文忠集 128/1b 益公集 128/1b

辭免慶壽轉官加恩劄子附不充詔 益國文忠集 128/2b 益公集 128/2b

求柌劄子（1－3） 益國文忠集 128/7b 益公集 128/8b－10a

辭免進書減磨勘劄子 益國文忠集 128/10a 益公集 128/11b

辭免右丞相劄子附不充詔 益國文忠集 128/10b 益公集 128/12a

辭免右丞相劄子 益國文忠集 128/11b 益公集 128/13a

東宮劄子 益國文忠集 128/11b 益公集 128/13b

辭免兼職劄子附不充詔 益國文忠集 128/15b 益公集 128/18b

因陳買論王謙待罪劄子 益國文忠集 128/16b 益公集 128/19a

夏旱乞罷政劄子（1－2） 益國文忠集 128/17a 益公集 128/20a－20b

再同王丞相黃參政乞貶降劄子 益國文忠集 128/19a 益公集 128/22a

再乞罷政劄子 益國文忠集 128/19b 益公集 128/22b

同王丞相黃參政乞減偉劄子 益國文忠集 128/20a 益公集 128/23b

辭免生日牲餼劄子 益國文忠集 128/20a 益公集 128/23a

辭免復偉劄子附不充詔 益國文忠集 128/20b 益公集 128/24a

未敢乞對劄子 益國文忠集 129/5b 益公集 129/6b

求去劄子 益國文忠集 129/6a 益公集 129/7a

辭免提舉編修玉牒劄子附不充詔 益國文忠集 129/7a 益公集 129/8a－9a

再辭免劄子 益國文忠集 129/7b 益公集 129/9a

辭免加恩正謝日拾賜劄子同執政 益國文忠集 129/9a 益公集 129/10b

乞去劄子 益國文忠集 129/9b 益公集 129/11a

辭免左丞相劄子（1－2） 益國文忠集 129/10a 益公集 129/12a－13a

第二劄子 益國文忠集 129/11a 益公集 129/13a

東宮劄子 益國文忠集 129/11b 益公集 129/14a

乞去劄子（1－4） 益國文忠集 129/12a－14a 益公集 129/14a－16b

辭免兼職劄子附不充詔 益國文忠集 129/17b 益公集 129/21a

辭免少保劄子附不充詔 益國文忠集 130/1a 益公集 130/1a

再辭免劄子附不充詔 益國文忠集 130/4a 益公集 130/5a

第三辭免劄子附不充詔 益國文忠集 130/4b 益公集 130/5b

第四辭免劄子 益國文忠集 130/5a 益公集 130/6a

辭免册命劄子附充詔 益國文忠集 130/5b 益公集 130/6b

乞序位在嘉王之下 益國文忠集 130/6a 益公集 130/7a

辭免講堂轉官回授劄子附不充詔 益國文忠集 130/8a 益公集 130/9a

辭免轉官公據劄子附不充詔 益國文忠集 130/8b 益公集 130/10a

辭免親饗禮儀使支賜劄子 益國文忠集 130/9a 益公集 130/10b

乞去劄子 益國文忠集 130/9a 益公集 130/11a

再乞去劄子 益國文忠集 130/10b 益公集 130/12b

辭免除職判潭州劄子附不充詔 益國文忠集 130/12b 益公集 130/15a

重華宮奏劄 益國文忠集 130/14a 益公集 130/17a

乞以元官奉祠並免謝辭劄子 益國文忠集 130/14b 益公集 130/17b

辭免判隆興府劄子 益國文忠集 131/3a 益公集 131/3b

再辭免判隆興府第二劄子附充詔 益國文忠集 131/4b 益公集 131/5a

再辭免劄子附不充詔 益國文忠集 131/8a 益公集 131/9a

奏議表狀一 奏議 官制

三辭免劄子 益國文忠集 131/9a 益公集 131/10b

辭免復觀文殿大學士劄子附不允詔 益國文忠集 131/15a 益公集 131/17b

丐祠劄子 益國文忠集 131/19b 益公集 131/23a

乞官祠奏（1－2） 益國文忠集 132/2a－2b 益公集 132/2a－3a

辭免除觀文殿學士判潭州劄子附不允詔 益國文忠集 132/7a 益公集 132/8a

又手劄 益國文忠集 132/14b 益公集 132/17a

論州縣置行直廳 益國文忠集 134/2a 益公集 134/2a

論選人關陞後到任日劄子 益國文忠集 134/12a 益公集 134/14b

乞六參官依常制 益國文忠集 134/13b 益公集 134/16a

同侍從臺諫議權罷舉主改官狀 益國文忠集 134/14a 益公集 134/16b

論知縣佐 益國文忠集 135/3a 益公集 135/2b 歷代奏議 286/24b

論四事 益國文忠集 135/5b 益公集 135/6a

答選德殿聖問奏 益國文忠集 136/3a 益公集 136/3b 歷代奏議 143/13b

論薦舉 益國文忠集 136/6b 益公集 136/7b 歷代奏議 169/16b

論久任右文殿修撰召赴行在隨軸對 益國文忠集 137/1a 益公集 137/1a 歷代奏議 144/8b

乞依舊存留部關知州軍 益國文忠集 137/4a 益公集 137/4b

論選人舉狀數文閣待制內殿對劄子 益國文忠集 138/2a

論架閣庫文字 益國文忠集 138/4b 益公集 138/5a

乞詔御藥院關報閣門陞對班次 益國文忠集 139/2a 益公集 139/2a

選擇監司郡守議 益國文忠集 139/2b 益公集 139/2b 歷代奏議 169/17a 南宋文範 16/13b

乞立下班祇應選轉法 益國文忠集 139/5a 益公集 139/5b

論任怨 益國文忠集 139/9b 益公集 139/11a

論荊南江陵府號差互 益國文忠集 139/10a 益公集 139/12b

乞逐旋引見改官人 益國文忠集 139/10b 益公集 139/12a

乞申飭監司精選所部官 益國文忠集 139/13a 益公集 139/15a 歷代奏議 169/18a

申審放行前宰執舉改官員數劄子 益國文忠集 140/4a 益公集 140/19b

自叙選德殿對劄子三首之一 益國文忠集 140/4b 益公集 140/20a

乞申嚴薦舉連坐之法 益國文忠集 140/6a 益公集 140/20b

論官吏躐等數易之弊 益國文忠集 140/7a 益公集 140/21a 歷代奏議 169/18b

又奏翰苑名稱劄子 益國文忠集 141/2b 益公集 141/2b

論監司帥守接送伕費 益國文忠集 141/5b 益公集 141/6b

論選人改官立額 益國文忠集 141/9b 益公集 141/11a

論文臣轉官書年甲 益國文忠集 141/10b 益公集 141/12a

論宗官 益國文忠集 142/1a 益公集 142/1a

論勸陟郡守 益國文忠集 142/3a 益公集 142/3b 歷代奏議 172/16a

論依字常制請對劄子 益國文忠集 142/9a 益公集 142/11a

論刑寺截會奏薦人用片紙回報 益國文忠集 143/2b 益公集 143/3a

論劉洪道贈官 益國文忠集 143/3a 益公集 143/3b

乞指定親民官職劄子 益國文忠集 143/3b 益公集 143/4a

論選擇東南人才爲蜀中監司 益國文忠集 143/7a

論著庭不必備官 益國文忠集 143/9b 益公集 143/11a 歷代奏議 198/25a

論宗室省額及臨安奏命官公事批付三省 益國文忠集 143/10a

論吳飛英赴官遷延 益國文忠集 144/3b 益公集 144/4b

乞差侍從充社稷九宮壇初獻官 益國文忠集 144/6b 益公集 144/9b

論四川通判關歸堂 益國文忠集 144/7a 益公集 144/9a

催薦士降旨 益國文忠集 145/1a 益公集 145/1a

論密院徑除文臣帥 益國文忠集 145/3a 益公集 145/3a

乞放歸正並從軍下班祇應年七十人添差狀 益國文忠集 145/11a 益公集 145/13b

申明試賢良日百官常起居狀 益國文忠集 145/11b 益公集 145/14a

與廟堂乞追錄芮燁行誼仍官其一子 益國文忠集 145/13b 益公集 145/16a

奏覡安道步帥指揮 益國文忠集 146/5b 益公集 146/6b

報行看班祇候御筆回奏附御筆 益國文忠集 146/10b 益公集 146/12b

殿步帥推恩回奏　益國文忠集 146/12a　益公集 146/ 14b

奏知館伴傳旨事　益國文忠集 146/15b　益公集 146/ 18a

劉國瑞文字回奏　益國文忠集 146/16b　益公集 146/ 19a

宣示蜀帥親札御筆回奏附御筆及錄白親札　益國文忠集 146/19b　益公集 146/22a

問金陵統制相爭御筆回奏附御筆及錄白指揮　益國文忠集 147/3b　益公集 147/4a

付下彭呆書草回奏　益國文忠集 147/5a　益公集 147/5b

繳趙汝誼客目奏　益國文忠集 147/5a　益公集 147/ 5b

移書王卿月等奏　益國文忠集 147/7a－9b　益公集 147/7b－10b

李彦顒文字回奏　益國文忠集 147/10a　益公集 147/ 11a

王希呂劄子回奏　益國文忠集 147/10b　益公集 147/ 11b

雷世賢劄子回奏　益國文忠集 147/10b　益公集 147/ 11b

論除鎭江都統　益國文忠集 147/11a　益公集 147/12a

李棟別具到關回奏　益國文忠集 147/12a　益公集 147/13b

郭鈞彭呆文字回奏　益國文忠集 147/12a　益公集 147/13b

權收制殿前司子弟御筆回奏附御筆　益國文忠集 147/13b　益公集 147/15b

蕭嶧巴陳乞回奏　益國文忠集 147/14a　益公集 147/ 16a

乞與金陵副都統閻仲賜帶並初除諸路都副統制未升朝者升朝武臣郡守未升朝許繫紅韁　益國文忠集 148/2b　益公集 148/2b

擬都副統制升朝武臣紅韁指揮回奏　益國文忠集 148/3b　益公集 148/4a

繳進蜀中指揮御筆回奏附御筆　益國文忠集 148/4a　益公集 148/4b

論奏萬田世雄兩易交割　益國文忠集 148/7a　益公集 148/7b

付趙汝誼劄子回奏　益國文忠集 148/10b　益公集 148/12b

黃政告身回奏　益國文忠集 148/13b　益公集 148/15a

統制推恩等御筆回奏　益國文忠集 148/15b　益公集 148/17b

衞官請給御筆回奏　益國文忠集 149/1a　益公集 149/1a

胡斌居住回奏　益國文忠集 149/2b　益公集 149/2b

彦逾奏買偉事御筆回奏　益國文忠集 149/6b　益公集 149/7b

雷興祖文字回奏　益國文忠集 149/9a　益公集 149/ 10a

殿步帥推恩御筆回奏　益國文忠集 149/13a　益公集 149/15a

李邦玉請給回奏　益國文忠集 149/15b

張世興節鉞回奏　益國文忠集 149/17a　益公集 149/ 19a

致仕祿格御筆回奏　益國文忠集 150/1a　益公集 150/1a

審劉超除目　益國文忠集 150/2a　益公集 150/2a

指定所司回奏(1－2)　益國文忠集 150/7b　益公集 150/8b－9a

沈清臣被責因依御筆回奏　益國文忠集 150/17b　益公集 150/19b

王准鑑院奏　益國文忠集 151/7b　益公集 151/8a

宣示遺補內批回奏　益國文忠集 151/8a　益公集 151/9a

檢會罷敕令所回奏　益國文忠集 151/8b　益公集 151/9b

職事官理任格法御筆回奏　益國文忠集 151/9a　益公集 151/10a

管軍等許繫金帶御筆回奏　益國文忠集 151/10b　益公集 151/11b

金帶指揮御筆回奏　益國文忠集 151/13a　益公集 151/14b

臣僚奏劄御筆回奏　益國文忠集 152/4a　益公集 152/5a

付下臣僚札草本　益國文忠集 152/4a　益公集 152/7a

學士添員御筆回奏　益國文忠集 152/7b　益公集 157/8b

依條行謝修見勤公事回奏　益國文忠集 152/8b　益公集 152/9a

不流依例除職內批回奏　益國文忠集 152/9b　益公集 152/10b

御批別換改名劄子回奏　益國文忠集 152/11a　益公集 152/12a

乞付下趙不慢改名劄子奏　益國文忠集 152/11a　益公集 152/11b

擬薛叔似許及之批旨附奏劄　益國文忠集 152/14a　益公集 152/15b

臺諫員數回奏　益國文忠集 152/14b　益公集 152/16a

繳王夫人位手分狀　益公集 99/123a

繳張宏特支諸給奏狀　益公集 99/128b

辭兼書舍人劄子 益公集 100/148a
論合充宮觀使奏 益公集 102/76a
轉對第三劄子 誠齋集 69/15b
論吏部恩澤之敝劄子 誠齋集 69/17b
論吏部差注之敝劄子 誠齋集 69/121a
秘書省自劾狀 誠齋集 70/1a
辭免著庭轉官劄子 誠齋集 70/2b
辭免召命公劄 誠齋集 70/14a
再辭免劄子 誠齋集 70/14b
辭免除煥章閣待制恩命劄子 誠齋集 70/15b
駮吏上中下 誠齋集 88/19a－24a 歷代奏議 213/23a、24b、26a
選法上下 誠齋集 89/1a－3b 歷代奏議 170/1b－3a 南宋文範 87/1a－3b
元官上下 誠齋集 89/13a－16b 歷代奏議 146/5b、7b
建明奏議 應齋雜著 1/1a
公薦舉奏議 應齋雜著 1/7b
鄂州三劄子 應齋雜著 1/10a
乞差官看詳封事劄子 朱文公集 14/19a
乞令看詳封事官面奏劄子 朱文公集 14/26b
乞賜鑄劊狀 朱文公集 17/3b
乞罷黜狀（1－2） 朱文公集 19/17b－19a
辭免知漳州劄子 朱文公集 23/4b
自劾本州地震及患脚氣不能祇赴錫宴妨廢職務乞賜罷黜奏狀 朱文公集 23/5a
乞宮觀劄子 朱文公集 23/6a
辭免待制講面奏劄子 朱文公集 23/19b
乞追還煥章閣待制奏狀二 朱文公集 23/25b
乞追還待制職名奏狀三 朱文公集 23/27a
乞追還待制職名及守本官致仕奏狀四 朱文公集 23/29a
乞追還待制職名並自劾不合妄議永阜橫陵事奏狀五 朱文公集 23/30b
乞追還待制職名奏狀六 朱文公集 23/32a
乞改正遺諡士大夫罪名劄子 于湖集 16/2a
乞不施行官員限三年起離僧寺寄居劄子 于湖集 16/5a
正綱紀劄子 江湖集 28/12b
寬州縣劄子 江湖集 28/18a
乞申敕百司勸懲守毋事奔競劄子 尊白堂集 6/21a 歷代奏議 51/24b
除直秘閣辭免劄子 東萊集 3/8b
再除著作郎史官辭免劄子 東萊集 3/9a
除參議官辭免劄子 東萊集 3/9b

桂陽軍乞畫一狀 正齋集 19/6b
論史官劄子 正齋集 22/7b 歷代奏議 277/16b
繳奏閣門承受趙銓乞將轉官回授封贈狀 止齋集 22/9b
內引劄子 止齋集 24/2a 歷代奏議 286/25a
繳奏册寶承受官免減一員狀 止齋集 24/7a
再繳奏孫拱之轉官及册寶承受官免減一員狀 止齋集 24/7b
再乞對劄子 止齋集 25/2a
奏事乞休致劄子 止齋集 25/7a
辭免秘閣修撰讀與廟堂劄子 止齋集 25/7b
請對劄子（1－2） 止齋集 26/6a－7a 歷代奏議 109/3b
繳奏羅良臣供給免折酒狀 止齋集 27/1a
繳奏謝淵請給合支本色狀 止齋集 27/1b
乞補外劄子 宋本攻媿集 16/5b 攻媿集 32/5b
乞賜莫叔光盜及錄用鄭鑷之後劄子 宋本攻媿集 16/19a 攻媿集 26/12b
嘉定元年乞歸田里劄子 宋本攻媿集 16/20b 攻媿集 33/1a
辭免簽書樞密院事劄子 宋本攻媿集 17/1a 攻媿集 33/1b
辭免同知樞密院事劄子 宋本攻媿集 17/2a 攻媿集 33/3a
辭免參知政事劄子 宋本攻媿集 17/2b 攻媿集 33/3b
嘉定三年乞歸田里劄子（1－3）附御筆 宋本攻媿集 17/3b－5a 攻媿集 33/4b
嘉定四年乞致仕劄子（1－3） 宋本攻媿集 17/5b－7a 攻媿集 33/6a
嘉定四年再乞致仕劄子（1－3） 宋本攻媿集 17/8a－9b 攻媿集 33/8b
親書奏謝御筆劄子 宋本攻媿集 17/10b 攻媿集 33/11a
嘉定五年乞致仕劄子（1－3） 宋本攻媿集 17/14a－16a 攻媿集 33/13b 南宋文範 19/5a
嘉定五年再乞致仕劄子（1－3） 宋本攻媿集 17/17a－18b 攻媿集 33/16a
嘉定六年乞致仕劄子（1－7） 宋本攻媿集 17/19a－24a 攻媿集 33/18b
論實用空言任敎令所册定官輪對 宋本攻媿集 19/1a 攻媿集 20/1a
論責成 宋本攻媿集 19/11b 攻媿集 20/11a
論帥臣不可輕出 宋本攻媿集 25/3a 攻媿集 26/3a
論主簿差出之弊 宋本攻媿集 25/9a 攻媿集 26/8b
論選舉當求可行 東塘集 8/1a

奏議表狀一 奏議 官制 1245

論臺諫當伸其氣　東塘集 8/7b
論臣職當先民事　東塘集 8/12a
論准守當任武臣　東塘集 8/16a
論銓曹當革其弊　東塘集 8/20b
論簾試中銓人　東塘集 8/26a　歷代奏議 169/20a
論蜀將當慮其變　東塘集 8/28b
論舉將疏　東塘集 9/1a　歷代奏議 240/8b
辭免潭州劄子（1－2）　東塘集 10/8b－9b
知平江府丐祠劄子　東塘集 10/10b
知臨安府乞在外待闘差遣劄子　東塘集 10/11a
辭免直顯謨閣知臨安府劄子　東塘集 10/12a
辭免知隆興府劄子　東塘集 10/13a
代人辭免除兵部尚書劄子　東塘集 10/14a
代人再同前辭免劄子　東塘集 10/14b
舉材狀　東塘集 12/4b　歷代奏議 170/17a
舉逸隱狀　東塘集 12/6b　歷代奏議 169/19a
舉遺逸實材狀　東塘集 12/8a　歷代奏議 169/21a
歷郡守者始除監司狀　東塘集 12/13b　歷代奏議 162/14b
減否守臣奏狀　定齋集 2/1a
論減否守令劄子　定齋集 2/3a　歷代奏議 189/19a
減否守臣奏狀　定齋集 2/4a
乞選擇監司奏狀　定齋集 2/9b　歷代奏議 147/18a
乞官觀劄子　定齋集 4/1a
論委官差人侵擾州縣劄子　定齋集 4/5a　歷代奏議 145/2a
辭免寶謨閣直學士劄子　定齋集 6/9a
乞致仕劄子　定齋集 6/13a
再乞致仕劄子　定齋集 6/13b
議元員疏　九華集 6/10b　歷代奏議 146/20a　南宋文範 20/11b
議守令疏　九華集 7/9b　歷代奏議 146/21b
論續降指揮之弊疏　止堂集 2/9a　歷代奏議 147/8a
辭免中書舍人劄子　止堂集 4/8a
再辭免中書舍人劄子　止堂集 4/8b
三辭免中書舍人劄子　止堂集 4/9a
乞人内朝見奏事劄子　止堂集 4/10b
辭免吏部侍郎劄子　止堂集 4/17b
再辭免吏部侍郎劄子　止堂集 4/18a
論經筵講讀不當以官職雜歷序奏　止堂集 4/19b　歷代奏議 274/20b
再辭免侍讀劄子　止堂集 5/6b
三辭免侍讀劄子　止堂集 5/7b
論定監司奏　止堂集 5/19b　歷代奏議 162/17a

審材辨官疏　止堂集 6/4a　歷代奏議 170/12b
乞復湖北主簿省罷稅官疏　止堂集 6/18a　歷代奏議 162/17b
乞歸田里奏（1－2）　絜齋集 5/4b－5a
再乞歸田里奏（1－2）　絜齋集 5/7b－8a
又乞歸田里奏（1－2）　絜齋集 5/10b－11a
資格　水心集 3/6b　水心別集 13/8a
銓選　水心集 3/8b　水心別集 12/10a
薦舉　水心集 3/10a　水心別集 13/1a
任子　水心集 3/11b　水心別集 13/2a
吏胥　水心集 3/23a　水心別集 14/2b
監司　水心集 3/24b　水心別集 14/3b
官法上中下　水心別集 3/1a－5b　歷代奏議 55/1a
繳申明閤門供職及十年許注州鈐路分旨揮狀
　　育德堂奏議 3/16a
乞宣押宰執赴堂治事狀　育德堂奏議 4/6b
侍從兩省官應詔舉監司狀　育德堂奏議 4/8b
繳楊九鼎乞解官終喪不允旨揮狀　育德堂奏議 4/13a
白政府乞爲孫應時推恩狀附入　育德堂奏議 6/19a
辭免正除中書舍人奏劄　後樂集 6/7b
辭免左侍郎兼侍讀奏劄　後樂集 6/9a
辭免兼侍讀奏劄　後樂集 6/10a
辭免權禮部尚書奏劄　後樂集 6/12b
辭免除御史中丞奏劄　後樂集 6/13b
辭免兼權參知政事奏劄　後樂集 6/18a
辭免除參知政事奏劄　後樂集 6/18b
辭免提舉修史等兼職奏劄　後樂集 6/21a
政府緣以旱蝗同執政乞去奏劄　後樂集 6/22b
丐祠劄子　後樂集 6/23b
第三次丐祠劄子　後樂集 6/26a
第四次丐祠劄子　後樂集 6/27a
第五次丐祠劄子　後樂集 6/28a
辭免除職與郡奏劄　後樂集 6/30a
辭免皇太子受册轉官奏劄　後樂集 6/30b
辭免除資政殿學工知潭州奏劄　後樂集 7/3b
辭免郊祀特旨轉官奏劄　後樂集 7/6a
潭州丐祠劄子　後樂集 7/13a
第二次丐祠劄子　後樂集 7/14a
第三次丐祠劄子　後樂集 7/15a
第四次丐祠劄子　後樂集 7/15b
辭免除資政殿大學士知隆興府奏劄　後樂集 7/17b

丏柯劄子 後樂集 7/26a
第二次丏柯劄子 後樂集 7/27a
辭免知福州奏劄 後樂集 8/1a
丏柯劄子 後樂集 8/5b
第二次丏柯劄子 後樂集 8/6b
辭免轉官宣觀奏劄子 後樂集 8/7b
辭免再知隆興府奏劄子 後樂集 8/8a
丏柯劄子 後樂集 8/11b
丏致仕劄子 後樂集 8/19b
代辭免權監修國史劄子 後樂集 8/28a
繳劉伯震換武職劄 後樂集 11/1a 歷代奏議 162/ 13a
乞六曹尚書依舊獨員上殿劄子 後樂集 11/25b
乞御史臺及兩省臺諫官挑班上殿劄子 後樂集 11/26a
辭免恩命劄子 克齋集 6/4a
代人上殿論州郡事劄子 山房集 2/19b
戊子乞祠劄子(1-2) 洛水集 3/1a-1b
再乞祠劄子(1-2) 洛水集 3/2a-3a
乞休致劄子(1-2) 洛水集 3/6b-7a
論薦舉劄子 東澗集 7/11b 歷代奏議 170/19b
論將帥劄子 東澗集 8/6b
均内外劄子 東澗集 8/8b 歷代奏議 151/13b
汰冗官劄子 東澗集 8/9b 歷代奏議 162/18b
嘉定甲申辭免潭州乞休致劄(1-6) 復齋集 6/ 11a-13a
辭免廣東提刑乞休致劄(1-3) 復齋集 6/14a- 15a
辭免直秘閣劄(1-2) 復齋集 6/15b-16a
奏爲不合差廣德軍教授措置荒政自劾狀 真西山集 7/18a
論除授之間公聽並觀如元祐用人 鶴山集 16/ 18b 歷代奏議 150/5b
應詔封事 鶴山集 18/1a
論四川改官人積滯劄子 鶴山集 23/2a
辭免除資政殿學士知潭州劄子 鶴山集 25/10b
再辭免知潭州劄子 鶴山集 25/11b 南宋文範 28/7a
三辭免知潭州劄子 鶴山集 25/12b
再辭免紹興府劄子 鶴山集 25/15a
再辭免知福州劄子 鶴山集 25/17a
三辭免叙樞督視奏劄 鶴山集 26/2b
辭免督視軍馬乞以參贊軍事從丞相奏劄 鶴山集 26/5b
再辭執改恩數乞以參贊軍事丞相行奏劄 鶴山集 26/11b
三辭乞以從官參贊軍事從丞相行奏劄 鶴山集 26/13a
乞檢會累檄收回執政恩例奏劄 鶴山集 26/14a
奏兩府所辟官屬截日供職 鶴山集 27/1a
奏與趙葵私觀禮物 鶴山集 27/16b
自劾 鶴山集 29/8a
論臣不用密啓疏 鶴林集 17/7a
論命樞臣督視軍馬疏 鶴林集 17/10a
奏乞宣論兩相協心治事疏 鶴林集 17/16a
繳奏趙汝談指摘告狀詞 鶴林集 22/14a
乞補外劄子 浣川集 4/2b
再乞補外劄子 浣川集 4/3a
乞換零都武尉劄子 漁墅橘 1/2b
經筵進講論李兀則疏 蒙齋集 6/21b 歷代奏議 238/14b
論重臺職劄子 杜清獻集 7/6a
太常少卿轉對劄子 杜清獻集 7/10b
繳還内降劄子 杜清獻集 13/16a-17b
奏堂除積弊劄子附御筆 杜清獻集 14/1a
奏上小劄 杜清獻集 14/4b-6b
四月初三日西時奏附御筆 杜清獻集 14/12b
諫院奏議(1-2) 鐵菴集 1/13a-19a
乞以明堂恩奏張所男宗本奏 金佗稡編 11/12b
(乞)赴行在劄子 金佗稡編 12/11a
乞殿家劄子 金佗稡編 12/13a
乞奏事劄子關文 金佗稡編 12
乞免便宜辟置劄子關文 金佗稡編 12
辭建節劄子 金佗稡編 13/4a
辭建節第二劄子 金佗稡編 13/5a
辭建節劄子 金佗稡編 13/6a-6b
辭男雲雷除閣職劄子 金佗稡編 13/9b
乞宮祠劄子(1-3) 金佗稡編 13/10a-12a
辭檢校少保第二劄 金佗稡編 13/12b
辭招討使第三劄子 金佗稡編 13/14a
辭檢校少保第四劄子 金佗稡編 14/12a
辭宣撫副使劄子 金佗稡編 14/2b
辭格外賜贈銀絹劄子 金佗稡編 14/5a
目疾乞解軍務劄子 金佗稡編 14/6a
辭太尉劄子(1-2) 金佗稡編 14/7a-7b
乞免立新班劄子 金佗稡編 14/8b
辭男雲轉三官劄子 金佗稡編 14/9a
辭太尉劄子(3-4) 金佗稡編 14/9b

辭男雲轉三官第二割子 金陀粹編 14/10a
辭開府割子附貼黃 金陀粹編 14/11b
辭開府第三割子 金陀粹編 14/12b
乞解軍務割子(1-2) 金陀粹編 15/2a-3a
辭男雲特轉恩命割子(1-4) 金陀粹編 15/3b-5b
辭少保割子(3-5) 金陀粹編 15/6b-8a
辭册命割子 金陀粹編 15/9a
辭男雲特轉恩命割子 金陀粹編 15/9b
乞敘立王次翁下割子(1-2) 金陀粹編 15/10a
辭初除銀絹割子 金陀粹編 15/11a
辭男雲除御帶割子(1-2) 金陀粹編 15/11b
辭初除銀絹第三割子 金陀粹編 15/12a
乞解樞柄割子(2-3) 金陀粹編 15/12b-13a
辭除兩鎮在京宮觀第二割子 金陀粹編 15/13b
録丞相東并御劄 後村集 80/12a
進故事辛酉三月十八日 後村集 86/12a
三月壬辰進故事 清正稿 2/6b
辭免新除監察御史兼崇政殿說書疏 徐文惠稿 1/21b
引年第一疏 徐文惠稿 1/26b
引年再上疏 徐文惠稿 1/28a
引年第三疏 徐文惠稿 1/28b
引年第四疏 徐文惠稿 1/29b
引年第五疏 徐文惠稿 1/30a
上殿輪對割 久軒集 8/20b
辭除國子祭酒疏 久軒集 8/35b
辭兼資善堂翊善疏文 久軒集 8/36b
辭新命疏文(1-2) 久軒集 8/37a-38a
辭除同修國史實録院修撰疏文 久軒集 8/38b
辭除參知政事疏文 久軒集 8/39a
奏乞守本官致仕 許國公奏議 3/31a
三月初五日具奏乞歸田里 許國公奏議 4/23a
二十三日再具奏乞歸田里 許國公奏議 4/25a
夏四月初九日復具奏乞祠 許國公奏議 4/27a
秋八月初一日具奏乞祠 許國公奏議 4/29a
十三日再具奏乞歸 許國公奏議 4/30a
十四日具奏論士大夫當純意國事 許國公奏議 4/47a
淮閩乞祠奏 可齋稿 16/5a
再乞祠奏 可齋稿 16/6a
兩淮制使乞祠奏 可齋稿 16/14a
再乞祠奏 可齋稿 16/15a

三乞祠奏 可齋稿 16/16a
乞給假尋醫奏 可齋稿 16/17b
乞罷黜奏 可齋稿 16/19a
乞休致奏 可齋稿 16/34a
再乞休奏 可齋稿 16/35b
乞休致奏 可齋稿/續前 3/2a
再乞休致奏 可齋稿/續前 3/3b
三乞休致并薦代奏 可齋稿/續前 3/4a
乞休致奏(1-5) 可齋稿/續前 3/11b-19a
謝宣論奏 可齋稿/續前 4/8b
乞早除荊閩奏 可齋稿/續後 3/12a
乞休致奏(1-3) 可齋稿/續後 3/23b-26a
回乞休致奏 可齋稿/續後 3/32b
又手奏 可齋稿/續後 3/35a
回御筆奏 可齋稿/續後 3/36b
回宸翰勉留奏 可齋稿/續後 3/51b
乞休致奏(1-2) 可齋稿/續後 4/14b
以病乞休致 可齋稿/續後 4/21a
歸里謝宣論奏 可齋稿/續後 4/25a
奏劉鎮撫申乞與男瀾換文資事 可齋稿/續後 7/25b
戊申輪對第二割 雪窗集 1/16b
丙辰直前奏割更化 雪窗集 1/27b
內引第一割 庸齋集 4/2b 歷代奏議 186/1b
內引第二割 庸齋集 4/8b
嘉熙戊戌衛命勉論崔相回朝奏割 文溪稿 6/6a
乞行御史洪天錫劾閣寺之言疏闕全文 文溪稿 9/12a
再疏乞與洪天錫俱貶 文溪稿 9/12a
奏乞懲輪對官失職事 格庵稿/1a
奏今日特恩不當數出事 格庵稿/12a
奏明正學息異端不付外乞罷言職 蒙川稿/補遺 6b
辭兼直舍人院奏 蛟峰集 1/10b
辭兼直舍人院割子 蛟峰集 1/11a
辭起居舍人奏 蛟峰集 1/11b
乞祠(1-3) 山房遺文 1/3b-4a
乞假歸里(1-2) 山房遺文 1/4b-5a
乞假割子(1-2) 山房遺文 1/5b-6a
出關後乞假 山房遺文 1/6b
抵家乞寬假一日 山房遺文 1/7a
展假三月 山房遺文 1/8a
爲病再展假 山房遺文 1/8b

辭兼直舍人院劄子 山房遺文 1/11a

辭起居舍人劄子 山房遺文 1/12a

江東提刑一考丐祠劄 山房遺文 1/16b

乞改正理還劄子 山房遺文 1

車駕經由常州乞上殿劄子 四庫拾遺 82/琶陵集

乞差文臣知興元府劄子 四庫拾遺 99/文定集

辭免知建寧府劄子 四庫拾遺 139/南澗甲乙稿

再辭免知紹興府劄子 四庫拾遺 699/定齋集

辭免知紹興府劄子 四庫拾遺 699/定齋集

辭免知鎮江府劄子 四庫拾遺 700/定齋集

辭免知慶元府劄子 四庫拾遺 701/定齋集

再辭免知鎮江府劄子 四庫拾遺 702/定齋集

辭免兼知臨安府劄子 四庫拾遺 702/定齋集

再辭免兼知臨安府劄子 四庫拾遺 703/定齋集

上神宗論除拜大臣當密富弼撰 宋朝奏議 14/7b 歷代奏議 135/13a

上神宗論不當召對小臣詢兩府臺閣人物孫覺撰 宋朝奏議 15/10a 歷代奏議 154/28a

上神宗乞召對之人量加試用劉孝孫撰 宋朝奏議 15/15b 歷代奏議 137/7a

上哲宗論臣僚上殿不得差遣蔡踦撰 宋朝奏議 17/3b 歷代奏議 140/26a

上太宗論宰相樞密接見賓客謝泌撰 宋朝奏議 46/2b 宋文鑑 42/12a 新安文獻 3/1a 歷代奏議 285/16b

上仁宗乞令宰相兼樞密使富弼撰 宋朝奏議 46/5b 歷代奏議 132/13b

上仁宗論宰相不進賢者不將來之資孫冏撰 宋朝奏議 46/6b 歷代奏議 134/1a

上仁宗論宰相宜擇賢才而久其任何郯撰 宋朝奏議 46/11b 歷代奏議 134/12a 蜀文輯存 6/12b

上仁宗乞罷百官郊迎宰相仍許私第見客范鎮撰 宋朝奏議 46/19a 歷代奏議 285/18b 蜀文輯存 8/18b

上仁宗論兩省兩制官不得與兩府大臣相見馬遵撰 宋朝奏議 46/19b 歷代奏議 285/18b

上仁宗乞達召兩府坐論治道杜衍撰 宋朝奏議 46/關文 歷代奏議 199/8b,285/17b

上神宗論除授不經二府蔡承禧撰 宋朝奏議 47/1a 歷代奏議 137/8a

上哲宗乞三省事同上奏稟呂公著撰 宋朝奏議 47/3b 歷代奏議 161/21a

上哲宗論擇相不可不謹王巖叟撰 宋朝奏議 47/8b 歷代奏議 137/20a

上哲宗論宰相不當關決細務上官均撰 宋朝奏議 47/10a 歷代奏議 139/4a

上哲宗論執政事簡得留心遠業劉安世撰 宋朝奏議 48/3a

上哲宗論宰相以禮去者可以復用梁燾撰 宋朝奏議 48/4b 歷代奏議 138/7b

上欽宗論卞天下之安危在置相之得失許翰撰 宋朝奏議 48/14a

上欽宗論將相當同心協謀余應求撰 宋朝奏議 48/15a 歷代奏議 141/18a

上仁宗乞限定學士待制員數錢彥遠撰 宋朝奏議 49/12a 歷代奏議 160/1a

上哲宗論職事官帶職朱光庭等撰 宋朝奏議 49/14b 歷代奏議 161/7b

上仁宗乞謀官級兩省班次田況撰 宋朝奏議 51/11a 歷代奏議 159/24b

上仁宗論宰相逐謀官乞與辨明馬遵撰 宋朝奏議 51/17a 歷代奏議 134/19a

上仁宗論宰相逐諫官乞與辨明條第四狀馬遵撰 宋朝奏議 51/17b 歷代奏議 134/19b

上英宗乞親擇御史呂誨撰 宋朝奏議 52/6a 歷代奏議 135/2a

上神宗論舉臺官不必校資序呂公著撰 宋朝奏議 135/16a

上神宗論諫官疵疾不當再居其職孫覺撰 宋朝奏議 52/8a 歷代奏議 135/29b

上神宗論臺諫關員宜速選用呂誨撰 宋朝奏議 53/1a 歷代奏議 166/13b

上神宗論臺諫官當人主自擇楊繪撰 宋朝奏議 53/2b 歷代奏議 137/6b 蜀文輯存 18/8b

上哲宗乞選置臺諫罷御史察案呂公著撰 宋朝奏議 53/4b 歷代奏議 203/14a

上哲宗乞依六典備置諫官孫覺撰 宋朝奏議 53/6b 歷代奏議 204/3b

上英宗乞添置言事官呂誨撰 宋朝奏議 52/6b 歷代奏議 135/2b

上仁宗乞六察官兼言事慶夫撰 宋朝奏議 55/8b 歷代奏議 161/20b

上徽宗論除授臺諫三省不得進擬陳次升撰 宋朝奏議 55/10b

上太宗論封駮故事朱成務撰 宋朝奏議 56/1a 歷代奏議 159/11a

上仁宗論舍人不得中請除改文字王安石撰 宋朝奏議 56/2b 歷代奏議 33/15b

上神宗論司馬光告敕不經由封駮司呂公著撰 宋朝奏議 56/6b 歷代奏議 160/16a

上神宗論差提舉常平官敕不由封駮司李常撰 宋朝奏議 56/7a 歷代奏議 160/16a

上哲宗論安燾敕命不送給事中書讀王巖叟撰

宋朝奏議 56/8b 歷代奏議 137/17b

上哲宗論安燾敕命選送給事中書讀劉舉等撰 宋朝奏議 56/10a 歷代奏議 138/13a

上哲宗論安燾敕命不送給事中書讀蘇轍等撰 宋朝奏議 56/10b 歷代奏議 138/23a

上哲宗乞追還安燾等告命及施行經歷付受官史之罪劉舉撰 宋朝奏議 56/11b 歷代奏議 138/14a

上哲宗再辭書讀乞差官權給事中王嚴叟撰 宋朝奏議 56/13b 歷代奏議 137/18b

上哲宗乞議經歷付受官史之罪以正紀綱劉舉等撰 宋朝奏議 57/2b

上哲宗乞議經歷付受官史之罪以正紀綱係第二狀 劉舉等撰 宋朝奏議 57/3a 歷代奏議 138/13b

上哲宗乞議經歷付受官史之罪以正紀綱係第三狀 劉舉等撰 宋朝奏議 57/3b 歷代奏議 198/6a

上哲宗乞議經歷付受官史之罪以正紀綱日陶撰 宋朝奏議 57/5a 歷代奏議 198/3b 蜀文輯存 16/3b

上哲宗乞議經歷付受官史之罪以正紀綱孫升撰 宋朝奏議 57/6b 歷代奏議 198/1a

上哲宗論安燾除命大臣宜以朝廷法度紀綱爲意孫升撰 宋朝奏議 57/8b 歷代奏議 41/1a

上徽宗論政令不由門下覆原撰 宋朝奏議 57/13a

上徽宗論先書空黃崇叔夜撰 宋朝奏議 57/14b

上哲宗乞責史部薦拔才能彭汝礪等撰 宋朝奏議 58/7b 歷代奏議 140/23a

上哲宗論内藏庫不隸户部太府寺蔡碻撰 宋朝奏議 58/8a 歷代奏議 161/20a

上神宗乞御前製造悉付所司蔡承禧撰 宋朝奏議 58/10a

上哲宗論寺監之職有省省者劉安世撰 宋朝奏議 58/10b

上仁宗乞開内館恢景德之制謝絳撰 宋朝奏議 59/1a 歷代奏議 274/3b

上神宗乞增館閣之選日公著撰 宋朝奏議 59/4b 歷代奏議 135/18a

上哲宗乞依治平故事詔執政舉館職王嚴叟撰 宋朝奏議 59/5a 歷代奏議 153/8b

上哲宗乞依治平故事詔執政舉館職係第二狀 王嚴叟撰 宋朝奏議 59/6a

上哲宗乞詔大臣首薦名士孫升撰 宋朝奏議 59/7b 歷代奏議 167/21a

上太宗乞復左右史之職張佖撰 宋朝奏議 60/1b 歷代奏議 276/11b

上徽宗請復還史館之職石公弼撰 宋朝奏議 60/7a 歷代奏議 276/18a

上真宗乞置東宮師保陳靖撰 宋朝奏議 60/13a 歷代奏議 72/13a

上英宗乞選置潁王府官屬日大防撰 宋朝奏議 60/16a 歷代奏議 73/18b

上仁宗論都知以下不可無名優加使額韓琦撰 宋朝奏議 61/1a 歷代奏議 197/17a

上仁宗論都知押班不可升於閤門引進之上孫沔撰 宋朝奏議 61/2a 歷代奏議 291/11b

上仁宗乞罷王守忠兩使留後俸料何郯撰 宋朝奏議 61/3b 歷代奏議 197/19a 蜀文輯存 6/6b

上仁宗論不許内外臣僚奏舉近上内臣何郯撰 宋朝奏議 61/7a 歷代奏議 164/17a 蜀文輯存 6/15a

上仁宗論内臣曾經落職更不許充入内内侍省都知何郯撰 宋朝奏議 61/7b 歷代奏議 291/14b 蜀文輯存 6/22b

上仁宗乞禁止輟宮童幼吳及撰 宋朝奏議 61/9a 宋文鑑 46/1b

上仁宗乞罷内臣暗轉官例日陶撰 宋朝奏議 61/13a 歷代奏議 292/3b

上仁宗乞罷内臣暗轉官例日陶撰 宋朝奏議 61/13b 歷代奏議 292/4a

論差中官爲陝西鈴轄趙暘撰 宋朝奏議 62/8b 歷代奏議 237/25b

上英宗論差中官爲陝西鈴轄傅堯命撰 宋朝奏議 62/8b 歷代奏議 329/15b

上英宗論差中官爲陝西鈴轄趙暘撰 宋朝奏議 62/9b 歷代奏議 237/26a

上神宗乞定著内臣員數年未四十不得入諸閤孫覺撰 宋朝奏議 62/15a 歷代奏議 292/17b

上神宗論遣李憲措置邊事同尹等撰 宋朝奏議 62/15b 歷代奏議 292/18a 蜀文輯存 11/16b

上神宗論遣李憲措置邊事係第二狀 周書等撰 宋朝奏議 62/17a 歷代奏議 292/19a 蜀文輯存 11/14b

上神宗論遣李憲措邊事彭汝礪撰 宋朝奏議 63/3b 歷代奏議 292/22a

上欽宗論中人預軍政之漸余應求撰 宋朝奏議 63/16a 歷代奏議 196/23b

上欽宗乞罷隨軍承受余應求撰 宋朝奏議 63/17b

上仁宗乞擇人分總禁衛崇方平撰 宋朝奏議 64/1a 歷代奏議 225/2a

上真宗乞參用儒將孫何撰 宋朝奏議 64/3b 歷代奏議 236/25a

上神宗乞擇將久任錢顗撰 宋朝奏議 64/9b 歷代奏議 238/2a

上英宗論五路置帥不當更以馮京爲安撫趙暘撰 宋朝奏議 65/7a 歷代奏議 237/25a

上神宗論安撫領使如古之州伯彭汝礪撰 宋朝奏議 65/8b 歷代奏議 38/14b

上哲宗論帥臣當使便宜行事孫覺撰 宋朝奏議

65/10b 歷代奏議 238/4a

上欽宗論四道置帥胡安國撰 宋朝奏議 65/15a 歷代奏議 238/15b

論不必每事遣使狀孫覺撰 宋朝奏議 66/8b 歷代奏議 135/31b

上神宗乞重使者之任周尹撰 宋朝奏議 66/9a 歷代奏議 137/9b 蜀文輯存 11/16a

上神宗論遣使之煩彭汝礪撰 宋朝奏議 66/10a 歷代奏議 137/14b

上神宗乞假監司之權令察守令劉述撰 宋朝奏議 67/7b 歷代奏議 154/32b

上神宗論除監司條制呂公著撰 宋朝奏議 67/8b 歷代奏議 166/9b

上徽宗論監司不得人而走馬奏事石公弼撰 宋朝奏議 67/12b

上欽宗論雜科監司不可不盡罷且好問撰 宋朝奏議 67/13a

上欽宗乞擇監司郡守按察臧吏且好問撰 宋朝奏議 67/14a

上真宗論資蔭人與知州流外人注縣令孫何撰 宋朝奏議 68/1a

上真宗乞委大臣銓擇守宰魯宗道撰 宋朝奏議 68/1b 歷代奏議 132/4a

上仁宗條奏牧宰利害錢慶遠撰 宋朝奏議 68/3a 歷代奏議 164/17b

上神宗乞寬假長民之官呂公著撰 宋朝奏議 68/6a 歷代奏議 166/12b

上哲宗乞十科外增撰煩一科上官均撰 宋朝奏議 68/6b 歷代奏議 167/14b

上哲宗乞十科外增撰煩一科條第二狀 上官均撰 宋朝奏議 68/7b 歷代奏議 167/15a

上哲宗乞察守令能否朱光庭撰 宋朝奏議 68/9a

上哲宗論寄祿官宜分左右丁驌撰 宋朝奏議 69/6a

上仁宗論兩府還官何郯等撰 宋朝奏議 69/9a 歷代奏議 197/19b 蜀文輯存 6/17b

上英宗論重名器何郯撰 宋朝奏議 69/13b 歷代奏議 197/22b 蜀文輯存 6/10b

論執政轉官劉摯撰 宋朝奏議 69/16a 歷代奏議 198/8a

上仁宗論官元四弊李東之撰 宋朝奏議 70/1a

上哲宗乞清入仕之源上官均撰 宋朝奏議 70/3a 歷代奏議 161/9a

上仁宗乞優禮李允則晁迥劉隨撰 宋朝奏議 70/6b 歷代奏議 285/17a

上仁宗乞加禮杜衍等馬遵撰 宋朝奏議 70/7b 歷代奏議 285/19a

上哲宗乞優待文彥博勿煩以事呂陶撰 宋朝奏議 70/8b 歷代奏議 286/17a 蜀文輯存 16/20b

上哲宗乞以陪柯召張方平劉摯撰 宋朝奏議 70/11a 歷代奏議 286/9a

上真宗論舉官當精擇舉主乃得其人李諮撰 宋朝奏議 71/1a 歷代奏議 164/4b

上仁宗乞在朝文武官舉州縣官二人爲京官錢彦遠撰 宋朝奏議 71/4b 歷代奏議 164/19b

上仁宗乞諸司長官舉條屬傅堯俞撰 宋朝奏議 71/5a 歷代奏議 165/4a

上神宗乞令兩省官歲五人以備器使呂陶撰 宋朝奏議 71/6b 歷代奏議 166/13a

上哲宗乞舉官限三日關報御史臺上官均撰 宋朝奏議 71/12a 歷代奏議 167/13b

上太祖請行百官考績趙普撰 宋朝奏議 72/1a 歷代奏議 171/13a

上太宗乞天下官屬三年替移一年一考陳靖撰 宋朝奏議 72/2a 歷代奏議 171/14a

上神宗乞以守長考之上中下而別其善惡范百祿撰 宋朝奏議 72/6b 歷代奏議 172/6b 蜀文輯存 22/17b

上哲宗乞定州縣考課之法上官均撰 宋朝奏議 72/9a 歷代奏議 172/9a

上徽宗乞以田疇廢多寡爲守法進退之法江公望撰 宋朝奏議 72/15a 歷代奏議 111/3b

上真宗論重內輕外張知白撰 宋朝奏議 73/1a 歷代奏議 159/20b

上英宗乞中外之臣出入更任呂陶撰 宋朝奏議 73/1b 歷代奏議 135/1b

上哲宗論人情樂内輕外顏復撰 宋朝奏議 73/2a 歷代奏議 172/12b

上哲宗乞由縣令然後居寺監由郡守然後至臺省 宋朝奏議 73/3a

上徽宗論朋黨之患本於重內輕外裴夢得撰 宋朝奏議 73/5a

上神宗論方面之寄勿遽更易劉孝孫撰 宋朝奏議 73/5b 歷代奏議 137/7b

上神宗論守令許保明再任彭汝礪撰 宋朝奏議 73/6a 歷代奏議 137/10a

上哲宗乞講求內外久任之法上官均撰 宋朝奏議 73/7b 歷代奏議 172/10b

上哲宗乞監司久任王覿撰 宋朝奏議 73/9a 歷代奏議 140/4b

上哲宗論邊帥厭易李之純撰 宋朝奏議 73/9b 歷代奏議 238/5b

上英宗乞許張昇程戡致仕趙曙撰 宋朝奏議 74/1a 歷代奏議 286/1b

上神宗乞致仕范鎮撰 宋朝奏議 74/3b 歷代奏議 36/

7a 蜀文輯存 7/19b

上神宗乞致仕官給四分俸錢呂公著撰 宋朝奏議 74/4a 宋文鑑 51/13b 歷代奏議 286/2b

上神宗乞致仕呂誨撰 宋朝奏議 74/4b

上仁宗乞定文武蔭子弟人數孫洙撰 宋朝奏議 74/6b 歷代奏議 164/8b

上仁宗乞臣僚奏蔭親屬以年月遠近爲限何郯撰 宋朝奏議 74/7a 歷代奏議 160/1b 蜀文輯存 6/14b

上仁宗論蔭補帝親之濫范鎮撰 宋朝奏議 74/8b 歷代奏議 160/2b 蜀文輯存 8/4a

上仁宗乞戒止奔競劉隨撰 宋朝奏議 75/1a 歷代奏議 116/10b

上英宗乞罷櫃密使富弼撰 宋朝奏議 75/4b

上神宗叙述前後辭免恩命以辨議諦富弼撰 宋朝奏議 75/6b

上仁宗許邊臣過關朝見韓琦撰 宋朝奏議 77/12a 歷代奏議 237/8b

上仁宗論張著等乞免御謝辭買昌朝撰 宋朝奏議 77/12b 歷代奏議 285/24a

上英宗乞復知州人上殿呂誨撰 宋朝奏議 77/13b 歷代奏議 135/2b

上神宗乞罷制置三司條例司呂公著撰 宋朝奏議 110/1a 歷代奏議 160/15a

上神宗乞罷制置三司條例司呂公著撰 宋朝奏議 110/2a 歷代奏議 160/15b

上神宗封還罷司馬光副櫃劉子范鎮撰 宋朝奏議 111/16a 蜀文輯存 7/17b

上仁宗乞選仕轉運守令以除盜賊富弼撰 宋朝奏議 144/1a 歷代奏議 317/19a

論兩省與臺司非統攝李宗諤撰 宋文鑑 42/13a

論官制孫何撰 宋文鑑 43/6a

辭櫃密副使富弼撰 宋文鑑 45/1a

請諸路安撫舉辟士人呂誨撰 宋文鑑 50/14a

論選部呂誨撰 宋文鑑 50/14b

請罷不管兵節使公用孫洙撰 宋文鑑 51/6b

請置經畧副使判官參謀呂大防撰 宋文鑑 52/16a 歷代奏議 161/16b

論呂大防乞以早罷梁燾撰 宋文鑑 60/1a 歷代奏議 286/3b

請令帶職人赴三館供職胡宗愈撰 宋文鑑 60/5a 歷代奏議 161/28a

請復内外官司舉官法王巖叟撰 宋文鑑 60/8b 歷代奏議 168/13a

請詔執政裁抑三省人更倖倖王巖叟撰 宋文鑑 60/9a 歷代奏議 176/25b

請罷試中斷案人入寺王巖叟撰 宋文鑑 60/11a 歷代奏議 161/25b

資格孫沐撰 宋文鑑 103/4b 歷代奏議 165/24b

擇使孫沐撰 宋文鑑 103/10a

論兩府遷官狀 播芳文粹 91/8a

上體要疏司馬光撰 宋文選 5/12b

論追奪冒進人不當叙復狀汪藻撰 新安文獻 3/9a

乞振紀綱疏程元鳳撰 新安文獻 5/9b

乞恩歸老奏程信撰 新安文獻 41/7a

論置修政局疏﹡劉一止撰 歷代奏議 46/22a

請都堂議遵舊制疏﹡章誼撰 歷代奏議 47/25a

請專宰相之任疏﹡章誼撰 歷代奏議 47/25a

論相體輕重疏牟子才撰 歷代奏議 62/13b 蜀文輯存 87/1a

論獨相專柄疏牟子才撰 歷代奏議 62/17a 蜀文輯存 87/4a

論專責宰相進退賢否疏牟子才撰 歷代奏議 62/19a 蜀文輯存 87/6a

論天下事當經由門下省奏趙汝愚撰 歷代奏議 69/ 22b

奏見近報罷諸路檢察財用官張浚撰 歷代奏議 88/5a

請以民寄於守令守令寄於監司疏李石撰 歷代奏議 107/16a 蜀文輯存 62/1a

論士大夫習俗疏王師愈撰 歷代奏議 117/9b

論州郡長吏審官疏﹡劉綜撰 歷代奏議 132/3b

上百官圖范仲淹撰 歷代奏議 132/8a

仕進抑塞書蒲宗孟撰 歷代奏議 136/4b 蜀文輯存 19/ 3b

論舉御史官疏﹡劉述撰 歷代奏議 136/9a

乞補謀員劉摯撰 歷代奏議 137/3a

乞選任大臣謀官彭汝礪撰 歷代奏議 137/11a

論縣令彭汝礪撰 歷代奏議 137/13a

言差除召試事王觀撰 歷代奏議 140/2b

論救弊之術疏（1－2）呂陶撰 歷代奏議 140/8b－10a 蜀文輯存 15/15a－16a

論史治疏呂陶撰 歷代奏議 140/11b 蜀文輯存 15/17b

論縣邑劉淵撰 歷代奏議 140/17b

論封駁差除狀龔夬撰 歷代奏議 141/10b

諭知縣關官王安中撰 歷代奏議 141/12a

奏罷官定守中孚參部劉子許景衡撰 歷代奏議 141/17a

論臣僚陳乞子弟差遣胡銓撰 歷代奏議 142/1a

乞漕司官通共應副財用劉子秦榮禮撰 歷代奏議 142/6b

論擇守令以結民心王之道撰 歷代奏議 142/12a

辭免潭州荊湖南路安撫使疏 李綱撰 歷代奏議 142/16a

論大臣數乞引去章誼撰 歷代奏議 143/2b

乞重監司之選章誼撰 歷代奏議 143/3b

論久任良郡守鄭剛中撰 歷代奏議 143/23b

論守令銓選馮當可撰 歷代奏議 143/25b

乞諸軍各置參謀官趙汝愚撰 歷代奏議 144/16b

乞罷諸軍承受趙汝愚撰 歷代奏議 144/17b 南宋文範 18/13a

乞遴選監司蔡戡撰 歷代奏議 145/3b

請飭臣僚明安危存亡治亂之理疏 李椿撰 歷代奏議 145/12a

請重郡守之權疏 王師愈撰 歷代奏議 145/21a

論作邑之難疏王師愈撰 歷代奏議 145/22a

論擢任二府當責其實疏李鳴復撰 歷代奏議 148/6b 蜀文輯存 81/11b

復請擇賢久任劄子 楊簡撰 歷代奏議 148/10b

請慎尚書之選疏高斯得撰 歷代奏議 152/17a 蜀文輯存 92/9b

請法孝宗精擇郡守疏高斯得撰 歷代奏議 152/17b 蜀文輯存 92/10a

進王嚴叟故事疏牟漘撰 歷代奏議 153/20a 蜀文輯存 93/9a

乞罷言職事疏呂陶撰 歷代奏議 155/9b 蜀文輯存 15/19b

乞罷京西路轉運副使除一小郡呂陶撰 歷代奏議 155/12b 蜀文輯存 15/21b

論監司守令趙景緯撰 歷代奏議 158/10a

論尚書省宜備藏天下載籍疏王栐撰 歷代奏議 159/12a

應詔言三司設官疏羅處約撰 歷代奏議 159/13a 蜀文輯存 1/13a

論吳王不宜加長史之號疏 張泊撰 歷代奏議 159/14a

澄清冒言時事王化基撰 歷代奏議 159/15a

論六部疏 孫何撰 歷代奏議 159/16b

論館職疏劉安世撰 歷代奏議 160/15a

論置司選官共議戸部財用疏 韓忠彥、蘇轍、韓宗道撰 歷代奏議 160/20a

論增復館職疏 劉摯撰 歷代奏議 161/21a

論補諫官疏 王嚴叟撰 歷代奏議 161/26b

請勿以牧馬一事輕壞官制疏 王觀撰 歷代奏議 161/26b

論省曹寺監疏 王觀撰 歷代奏議 161/27b

論三省之制疏 陳次升撰 歷代奏議 161/29b

請革監司苟簡之弊疏劉澤撰 歷代奏議 161/30a 蜀文輯存 27/4b

論正綱紀自任官始疏 王安中撰 歷代奏議 162/2a

論臺諫官疏 李光撰 歷代奏議 162/3b

論選人改官宜歲限人數疏 許景衡撰 歷代奏議 162/5b

論六部人吏宜謹關防明約束章誼撰 歷代奏議 162/9a

上議諸軍司馬兵曹參軍胄曹參軍記室參軍資任等事奏趙汝愚撰 歷代奏議 162/9b

論轉官疏 翁溥撰 歷代奏議 162/11a

論江西諸州官冗疏 胡銓撰 歷代奏議 162/15a

論增置宰屬疏 袁燮撰 歷代奏議 162/16a

論改差黃元直疏李鳴復撰 歷代奏議 162/20a 蜀文輯存 81/16b

論諸路薦舉之制疏 劉敞撰 歷代奏議 165/12a

論薦人不必滿限疏 買黯撰 歷代奏議 165/26b

論舉官疏 楊畏撰 歷代奏議 167/21b

請堂除差遣疏呂陶撰 歷代奏議 168/1b 蜀文輯存 15/24b

論特旨薦士疏 王觀撰 歷代奏議 168/3a

論選任臺諫官疏 王觀撰 歷代奏議 168/4b

論朋黨之患本於重內輕外疏 葉夢得撰 歷代奏議 168/19a

請獎廉退疏 江公望撰 歷代奏議 168/23a

請增減薦舉員數以弭奔競疏 林大鼎撰 歷代奏議 169/2a

論薦舉改官之法疏 閔人滋撰 歷代奏議 169/2a

乞編類吏部四選敕令格式疏 章誼撰 歷代奏議 169/7a

乞專置法司以佐選法疏 章誼撰 歷代奏議 169/7b

論張晟不當替楊願爲越州觀察判官疏 章誼撰 歷代奏議 169/8a

論吏部員闕不當盡收以爲充堂除之選疏 章誼撰 歷代奏議 169/8b

乞委監司郡守各許薦舉疏 章誼撰 歷代奏議 169/9a

論薦辟勿取多才及虛名之士疏 廖允文撰 歷代奏議 169/11b 蜀文輯存 56/12b

論預歲薦者必赴都堂審察疏廖允文撰 歷代奏議 169/12a 蜀文輯存 56/13a

論堂除之人先會吏部討論疏 汪藻撰 歷代奏議 169/13a

請令監司郡守任滿合舉五人並舉京官一人奏趙汝愚撰 歷代奏議 169/22b

請以侍從兩省臺諫所舉人姓名付中書籍記奏

趙汝愚撰 歷代奏議 169/23a
請倣司馬光十科之制各以所長論薦奏趙汝愚撰 歷代奏議 169/23b
請薦勁西蜀諸守令奏趙汝愚撰 歷代奏議 169/25b
請拔擢歸正不龔務人中人材疏 王師愈撰 歷代奏議 170/1a
論除授郡守宜使陛辭疏 蔡戡撰 歷代奏議 170/6b
舉賢能二論王寶撰 歷代奏議 170/8a
論薦舉改官疏 李椿撰 歷代奏議 170/11a
請精擇職司考較舉主疏 李椿撰 歷代奏議 170/11a
論講究才能資格莫若貴大臣公選疏 李椿撰 歷代奏議 170/12a
請明舉主賞罰奏趙汝愚撰 歷代奏議 170/15b
便民策袁燮撰 歷代奏議 170/20b
論獎括退抑奔競疏牟漳撰 歷代奏議 170/25a 蜀文帖存 93/10a
論申明考績之法疏梁鼎撰 歷代奏議 171/17a 蜀文帖存 1/11a
論考課法疏 王益柔撰 歷代奏議 172/6b
請革虛文之弊疏 鄭岡中撰 歷代奏議 172/15a
論轉運使考課疏 陳升之撰 歷代奏議 176/4b
轉對劉子廣倫撰 歷代奏議 184/6b
乞重罰臟史劉子正藻撰 歷代奏議 189/1a
論朝廷宜振綱紀疏（1－2）李鳴復撰 歷代奏議 189/22b－23b 蜀文帖存 81/18a－19b
論謹名器疏 孫何撰 歷代奏議 197/15b
乞罷文及都司疏劉舉撰 歷代奏議 198/6b
論人主大權治國要道疏 李光撰 歷代奏議 198/16a
論謹名器疏 任伯起撰 歷代奏議 198/25b
論王師尹不當內批轉官疏任伯起撰 歷代奏議 198/26a 蜀文帖存 72/12b
論醫官疏 任伯起撰 歷代奏議 198/26a
乞寢請罷鄧彭年轉遞郡指揮疏任伯起撰 歷代奏議 198/26b 蜀文帖存 72/13a
論轉官疏 任伯起撰 歷代奏議 198/26b
論謹名器疏 慶家撰 歷代奏議 198/27b
論任用親舊倖爲將之弊疏 賈昌朝撰 歷代奏議 236/27b
論擇三大將置之三路疏 王之道撰 歷代奏議 238/19b
乞廣求將之路疏 章誼撰 歷代奏議 239/4a
請法太祖馭將疏喻汝礪撰 歷代奏議 239/6b 蜀文帖存 47/5b

論荊襄宜置副都統疏廖允文撰 歷代奏議 239/25b
蜀文帖存 57/15a
論密奏將帥姓名宜出聖意擢用疏廖允文撰 歷代奏議 240/2a 蜀文帖存 57/16b
論遴選重臣付川陝大事疏廖允文撰 歷代奏議 240/4b 蜀文帖存 57/19a
論不宜置同都督江淮軍馬疏 王之望撰 歷代奏議 240/7b
乞嚴飭將帥上下振屬申警軍實疏 萬洪撰 歷代奏議 241/4a
論禮遇武臣疏 傅堯命撰 歷代奏議 285/22a
論禮遇館閣疏 謝蜂撰 歷代奏議 285/22b
乞令祖無擇出獄在外供答疏 鄭獬撰 歷代奏議 286/7b
請六曹尚書許獨員上殿疏 陳瓘撰 歷代奏議 286/18a
論臣僚章奏當指究體實疏張浚撰 歷代奏議 286/19a 蜀文帖存 44/19b
論廣東西路宜以大臣判州鎭撫疏張浚撰 歷代奏議 286/19b 蜀文帖存 44/20a
論優禮選人疏 鄭岡中撰 歷代奏議 286/20b
論勾濤不得見疏唐文諸撰 歷代奏議 286/24a 蜀文帖存 50/2b
論給還職田養廉愛民疏 張守撰 歷代奏議 286/24a
請以宣和御筆不成疏 呂祖儉撰 歷代奏議 286/26a
請罷吳子聰知閣事疏牟子才撰 歷代奏議 290/11b
蜀文帖存 89/6b
論吳子聰錄黃未敢書行疏牟子才撰 歷代奏議 290/12a 蜀文帖存 89/7b
封還砡彬除利州觀察使充入內内侍省副都知
詞頭疏 劉敞撰 歷代奏議 292/2a
論選擇親信密行伺察之弊疏 司馬光撰 歷代奏議 292/5a
彈李允恭朱顯士二奏不當留中不下疏 傅堯命撰 歷代奏議 292/6b
論李允恭等狀 傅堯命撰 歷代奏議 292/8a
再乞追李永言恩命狀傅堯命撰 歷代奏議 292/8b
再論李允恭趙巒寵狀傅堯命撰 歷代奏議 292/9b
乞遠便壁疏江公望撰 歷代奏議 293/4a
乞不用內臣管軍李光撰 歷代奏議 293/8b
乞裁抑中貴李椿撰 歷代奏議 293/11a
乞罷陳源添差總管疏趙汝愚撰 歷代奏議 293/12b
論內廷姦佞尤當深防疏呂祖儉撰 歷代奏議 293/13b
請勿私狗小人疏 喬行簡撰 歷代奏議 293/14b

論董宋臣不當除押班疏牟子才撰 歷代奏議 293/15a 蜀文輯存 89/8a

論閣長李忠輔罪宜屏斥疏牟子才撰 歷代奏議 293/16a 蜀文輯存 89/8b

論裁定臣僚奏薦疏王珪撰 蜀文輯存 2/4a

論買鹽所奏允當疏王珪撰 蜀文輯存 2/9a

論梁適疏孫抃撰 蜀文輯存 5/2b

再論梁適疏孫抃撰 蜀文輯存 5/2b

論補蔭法疏孫抃撰 蜀文輯存 5/4a

論吳育宜加職名疏何郯撰 蜀文輯存 6/4b

言大臣子弟宜加考試疏何郯撰 蜀文輯存 6/8a

論諸路轉運使選退諸路老弱疏何郯撰 蜀文輯存 6/9b

論御史不當以陳執中事罪謀官疏范鎮撰 蜀文輯存 7/8a

乞追改諸宗子轉官疏范鎮撰 蜀文輯存 7/10b

論夏安期授官疏范鎮撰 蜀文輯存 7/11a

論選舉補蔭之法疏范鎮撰 蜀文輯存 7/11b

乞解言職疏范鎮撰 蜀文輯存 7/12b

又乞致仕疏范鎮撰 蜀文輯存 7/13a

請嚴蔭兄弟叔姪之制第二疏范鎮撰 蜀文輯存 7/14a

乞除外任差遣疏張商英撰 蜀文輯存 13/8b

論詞臣不稱疏張商英撰 蜀文輯存 13/8b

論中丞兼官當從高班序位疏鄧綰撰 蜀文輯存 17/5a

論定奪文字檢正等官宜舉職疏楊繪撰 蜀文輯存 18/1b

論京城公事不得委都廳判斷疏楊繪撰 蜀文輯存 18/4a

論范純禮事中書省不應獨進熟狀劄子薛嶶撰 蜀文輯存 21/4b

論知諫院缺兩省班疏范百祿撰 蜀文輯存 22/2a

論刑部檢例官不當設疏范百祿撰 蜀文輯存 22/3a

乞免赴召疏馮山撰 蜀文輯存 23/1a

應詔上疏字文之邵撰 蜀文輯存 23/11b

論近侍遷進法劄子常安民撰 蜀文輯存 27/13b

建官制祿疏鄧洵武撰 蜀文輯存 28/1b

正選人官稱疏鄧洵武撰 蜀文輯存 28/1b

陪京官名宜依開封府新例劄子鄧洵武撰 蜀文輯存 28/2a

選人分等授官劄子鄧洵武撰 蜀文輯存 28/2a

劾王安禮貪忿不法狀岑象求撰 蜀文輯存 28/12a

論王安禮貪忿不法第二狀岑象求撰 蜀文輯存 28/12a

論王安禮貪忿不法第三狀岑象求撰 蜀文輯存 28/13a

論王安禮劄子岑象求撰 蜀文輯存 28/13b

又論王安禮劄子岑象求撰 蜀文輯存 28/14a

請改差官疏龎序辰撰 蜀文輯存 32/12a

與趙鼎有親乞在外官觀疏范沖撰 蜀文輯存 33/1a

論大臣請御筆劄子唐重撰 蜀文輯存 35/8b

乞選親賢爲京兆牧疏唐重撰 蜀文輯存 35/11b

親弟時中迴避狀宇文粹中撰 蜀文輯存 36/15b

論四川守倅宜如何等關堂選立爲定格疏句龍如淵撰 蜀文輯存 38/11a

明戒諸曹案吏疏句龍如淵撰 蜀文輯存 38/12b

乞減諸路屬官復除寺監丞疏常同撰 蜀文輯存 38/14a

論大臣宜屏細務疏常同撰 蜀文輯存 38/18b

論大臣沮抑言路疏常同撰 蜀文輯存 38/18b

臺察官司遵舊例狀常同撰 蜀文輯存 38/21a

論秘書宜録副武疏常同撰 蜀文輯存 38/21a

到闕具對劄子宇文師授撰 蜀文輯存 40/14a

奉太上計告待罪疏張淡撰 蜀文輯存 41/4a

使還乞祠疏張淡撰 蜀文輯存 41/9a

論左右近臣宜省員優奉疏張淡撰 蜀文輯存 44/20b

論守令銓選疏馮時行撰 蜀文輯存 46/4b

士夫夸論盜名宜矯正疏程敦厚撰 蜀文輯存 51/1b

陳贈官避諱疏李燕撰 蜀文輯存 52/4a

辭修欽宗實録推恩劄子李燕撰 蜀文輯存 52/10b

論正録不當置疏張震撰 蜀文輯存 60/2b

請令諸路監司郡守舉所屬賢更狀張震撰 蜀文輯存 60/4a

本路關隘宜添差都監一員狀馮康國撰 蜀文輯存 65/4b

議裁減諸司官兼局疏任文薦撰 蜀文輯存 67/2a

辭職請外疏黃裳撰 蜀文輯存 71/16a

送伴金使宜差熟諳人選充劄子黃裳撰 蜀文輯存 71/18b

預儲蜀帥疏句昌泰撰 蜀文輯存 72/1a

乞寢龐多能轉官疏任希夷撰 蜀文輯存 72/12a

請追奪秦檜王爵疏李壁撰 蜀文輯存 75/3a

乞以轉官加賜先臣狀李壁撰 蜀文輯存 75/5a

論中人不宜將兵疏周尹撰 蜀文輯存 96/1a

(五) 用 人

薦處士陳禹狀 徐公集 20/12b

上真宗乞詢求將相 咸平集 1/32a 宋朝奏議 64/6a 歷代奏議 154/16a

奏舉韓永錫狀 武夷新集 15/15a 歷代奏議 132/4a

奏舉李翔狀 武夷新集 16/2b

南郊奏男狀 武夷新集 17/14a

承天節奏親弟化狀 武夷新集 17/15b

承天節奏親弟佚狀 武夷新集 18/2b

封駁銓司主事王太沖狀 武夷新集 18/10b

去貪吏奏 文莊集 15/3b

代人奏乞王沫充南京講書狀 范文正集 18/1a

舉歐陽修充經晏掌書記狀 范文正集 18/3a

舉張方平充經晏掌書記狀 范文正集 18/3b

舉彭乘自代狀 范文正集 18/4a

舉許渤簽署陝府判官事狀 范文正集 18/4b

舉滕宗諒狀 范文正集 18/4b

舉張昇自代狀 范文正集 18/5b

舉張問孫復狀 范文正集 18/6a

舉李宗易向約堪任清要狀 范文正集 19/2b

舉張諷李厚充青州職官狀 范文正集 19/3b

薦李覯并録進禮論等狀 范文正集 19/4a

乞召還王沫及就遷職任事劄子 范文正集 19/13a

奏議尹沫轉官 范文正集/奏議上/23a

奏爲薦胡瑗李覯充學官 范文正集/奏議下/22b 歷代奏議 132/9b

奏邊上得力材武將佐等姓名事 范文正集/奏議下/23a

再奏乞蔣偕轉官知原州 范文正集/奏議下/24a

奏舉雷簡夫充邊上通判 范文正集/奏議下/25a 歷代奏議 132/10a

奏舉姚嗣宗充學官 范文正集/奏議下/25a

奏馬懷德乞轉閤門祇候青測城都監 范文正集/奏議下/25b

奏乞酬獎張信 范文正集/奏議下/26a 歷代奏議 132/10a

再奏乞召試前所舉館職王益柔章峴蘇舜欽等 范文正集/奏議下/26b

奏殿直王貴等 范文正集/奏議下/27a

奏杜曾張丙 范文正集/奏議下/27b

奏舉張去惑許元 范文正集/奏議下/28a 歷代奏議 132/10a

奏杜杞等充餽職 范文正集/奏議下/28b 歷代奏議 132/10b

奏乞將所舉許元張去惑下三司相度任使 范文正集/奏議下/29b 歷代奏議 132/12a

奏雪滕宗諒張元 范文正集/奏議下/30b 宋文鑑 44/1b

再奏辯滕宗諒張元 范文正集/奏議下/33b 歷代奏議 154/16b

再奏雪張元 范文正集/奏議下/35b 歷代奏議 154/18a

奏葛宗右 范文正集/奏議下/40b 歷代奏議 132/12b

舉范仲淹狀 元獻遺文/補編 1/8a

論楊懷敏不當除內侍都知 文恭集 7/7b

乞楊安國改官 文恭集 7/8b

乞留三御史劄子 文恭集 8/2b 歷代奏議 134/18a

舉臺官狀 文恭集 8/11a

乞楊開充大理少卿狀 文恭集 8/11b

兼侍讀學士舉官自代狀 文恭集 8/12a

直言對 景文集 29/1a 歷代奏議 132/5b

授知制誥舉歐陽修自代狀 景文集 30/10b

舉楊安國自代狀 景文集 30/11a

授兼龍圖閣學士舉施昌言自代狀 景文集 30/11a

修撰舉趙師民自代狀 景文集 30/11b

授諫議舉魚周詢自代狀 景文集 30/11b

授翰林學士舉高若訥自代狀 景文集 30/12a

再授翰林學士舉官自代狀 景文集 30/12a

授兼侍讀學士舉張錫自代狀 景文集 30/12b

授侍制舉賈昌朝自代狀 景文集 30/12b

薦劉綜狀 景文集 30/13a

薦張定方乞收試狀 景文集 30/13b 歷代奏議 132/7b

勸李孝友議 景文集 43/11b 歷代奏議 175/22b

論委任大臣 包孝肅奏議 1/15a 歷代奏議 133/15a

論大臣形迹事 包孝肅奏議 1/16b 宋朝奏議 13/11a 歷代奏議 133/16a

晏殊罷相後上 包孝肅奏議 2/26a

請召還孫甫張環 包孝肅奏議 3/53a

請復韓贄等臺官 包孝肅奏議 3/53b 歷代奏議 133/ 21b

論河北帥臣 包孝肅奏議 3/54a－54b 歷代奏議 133/ 22a

請除范祥陝西轉運使 包孝肅奏議 3/55a

再舉范祥 包孝肅奏議 3/55b

請錄用楊紘等 包孝肅奏議 3/56b 歷代奏議 133/14a

乞不用臧吏 包孝肅奏議 3/60a 歷代奏議 210/19b

乞不遣楊景宗知磁州 包孝肅奏議 3/61a

請不用苛虐之人充監司 包孝肅奏議 4/65a－66b 宋朝奏議 67/5b 歷代奏議 133/12b,13a

論內降周累割子 包孝肅奏議 4/78a

彈宋庠 包孝肅奏議 6/1a 宋文鑑 46/3b 歷代奏議 133/17a

彈張堯佐 包孝肅奏議 6/93a－95a 宋朝奏議 34/10a, 10b 歷代奏議 175/22b,289/6b

論李昭亮 包孝肅奏議 6/97a－98b

論丁度孫甫事乞辨明 包孝肅奏議 6/99b

彈郭承祐 包孝肅奏議 6/100a－101b 歷代奏議 175/ 24a

彈李淑 包孝肅奏議 6/102b－104a 歷代奏議 175/23b

彈張若谷 包孝肅奏議 6/105a

彈王逵(1－7) 包孝肅奏議 6/105b－110a

請罷知雄州劉兼濟 包孝肅奏議 6/113b

論閒士良轉官 包孝肅奏議 6/116a

請罷王淡權貸務 包孝肅奏議 6/117a

請留吴奎依舊供職 包孝肅奏議 6/118a

論邊將 包孝肅奏議 9/171b－173a 歷代奏議 237/20b

論楊守素 包孝肅奏議 9/180b

論文彥博知秦州狀關文 武溪集/奏議上/5b

請毋許夏煉入見 武溪集/奏議上/7a

請罷王球關文 武溪集/奏議上/7b

請罷王舉正關文 武溪集/奏議上/9b

論張堯佐不當與府界提點 武溪集/奏議上/15b 宋朝奏議 34/2a

乞平時蓄養賢俊 武溪集/奏議下/1b 宋朝奏議 13/ 6b 歷代奏議 153/7a

論狄青不可獨擋一路 武溪集/奏議下/7b－11a 宋朝奏議 65/5a 歷代奏議 25/13b

乞移楊畋近邊差遣(1－3) 武溪集/奏議下/ 20a－21a

薦李覯狀 武溪集/奏議下/23a

論舉能疏 雪山集 2/5b

論馭臣疏 雪山集 2/10a 歷代奏議 145/7b,196/29b

南宋文範 18/2a

論朝政官務大體疏高奏院飲會事 河南集 18/4b 宋朝奏議 13/8a 歷代奏議 134/13b

論朋黨疏 河南集 18/6a 宋朝奏議 76/1a 歷代奏議 154/19a

乞與尹構一官狀歐陽修撰 河南集 28/31a

乞舉行奏王安論親事官張貴事 文溯公集 17/5b

供取索英宗遺事 文溯公集 19/1a 歷代奏議 135/ 18b

論用人 文溯公集 19/5b 歷代奏議 135/19a

進史論 文溯公集 24/4b 宋朝奏議 2/13b 歷代奏議 135/21a

舉李縝 文溯公集 38/1a

舉陳混 文溯公集 38/1b

舉邵叔元 文溯公集 38/2b

舉曹弼 文溯公集 38/3a

舉張度 文溯公集 38/3a

舉孟辯 文溯公集 38/3b

舉錢長卿 文溯公集 38/4a

舉李端卿等 文溯公集 38/4b

舉劉庠 文溯公集 38/4b

舉范純仁 文溯公集 38/5a

舉王大方 文溯公集 38/5a

舉徐保伸 文溯公集 38/5b

舉呂公懋 文溯公集 38/5b

舉蘇液 文溯公集 38/6a

舉張利一 文溯公集 38/6a

舉李師錫 文溯公集 38/6b

舉蘇轍 文溯公集 38/6b

舉高惟幾 文溯公集 38/7a

舉楊文舉 文溯公集 39/1a

舉田瑜 文溯公集 39/1a

舉李九言 文溯公集 39/1b

舉張撝等 文溯公集 39/2a

舉蓋平等 文溯公集 39/2b

舉張宗益 文溯公集 39/3b

舉趙士宏 文溯公集 39/3b

舉姚復 文溯公集 39/4a

舉楊逵 文溯公集 39/4a

舉張撝 文溯公集 39/4b

舉劉航 文溯公集 39/4b

舉魏沂 文溯公集 39/5a

舉任逸 文溯公集 39/5b

舉賈青(1－2) 文溯公集 39/5b－6a

舉范祖禹 文潞公集 39/6a
舉富紹庭 文潞公集 39/6b
舉孔文仲等 文潞公集 39/7a
舉胡宗炎 文潞公集 40/1a
舉温俊義 文潞公集 40/1a
舉宗匪躬 文潞公集 40/1b
舉王欽臣（1－2） 文潞公集 40/1b－2a
舉楚建中等（1－2） 文潞公集 40/2b－3b
舉杜訴等 文潞公集 40/4a
舉唐義問 文潞公集 40/4b
舉邢佐臣 文潞公集 40/5a
舉包綬 文潞公集 40/5b
舉張雲卿 文潞公集 40/5b
舉尹復湊 文潞公集 40/6a
舉呂溱自代狀 歐陽文忠集 90/4b
舉呂公著自代狀 歐陽文忠集 91/9a
論罷鄭戩四路都部署劄子 歐陽文忠集 97/5a
宋朝奏議 65/3b 歷代奏議 133/3a
論凌景陽三人不宜與館職奏狀 歐陽文忠集 97/7a
論王舉正范仲淹等劄子 歐陽文忠集 98/3a 歷代奏議 133/2a
論趙振不可將兵劄子 歐陽文忠集 98/4a 歷代奏議 237/14b
論蘇紳姦邪不宜侍從劄子 歐陽文忠集 98/7a
論郭承祐不可將兵狀 歐陽文忠集 99/1a 宋朝奏議 165/2b 歷代奏議 237/14a
論呂夷簡劄子 歐陽文忠集 100/7a
論止絕呂夷簡暗入文字劄子 歐陽文忠集 100/9a
薦姚光弼狀 歐陽文忠集 100/10a
論李淑姦邪劄子 歐陽文忠集 100/11a 歷代奏議 174/22a
再論李淑劄子 歐陽文忠集 100/12a 歷代奏議 174/22b
論李昭亮不可將兵劄子 歐陽文忠集 101/1a 歷代奏議 237/13a
論乞主張范仲淹富弼等行事劄子 歐陽文忠集 101/4a 宋朝奏議 13/5b 歷代奏議 133/2b
論京西官吏非人乞點按察使陳泊等劄子 歐陽文忠集 101/7a 歷代奏議 174/23a
再論陳泊等劄子 歐陽文忠集 101/8a 歷代奏議 174/23b
薦李允知光化軍劄子 歐陽文忠集 103/4a
論陳留橋事乞點御史王礪劄子 歐陽文忠集 105/8b 歷代奏議 174/24b

論王礪中傷善人乞行點責劄子 歐陽文忠集 105/11a 歷代奏議 174/26a
論任人之體不可疑劄子 歐陽文忠集 105/11b 宋朝奏議 67/4a 歷代奏議 133/5a
論內臣馮承用與外任事劄子 歐陽文忠集 106/6a
歷代奏議 291/14a
論杜衍范仲淹等罷政事狀 歐陽文忠集 107/7a
宋朝奏議 76/3b 宋文鑑 46/7a 歷代奏議 154/20b
論狄青劄子 歐陽文忠集 109/12a 宋朝奏議 46/17a
宋文鑑 46/10b 歷代奏議 196/13a
論賈昌朝除樞密使劄子 歐陽文忠集 110/10b 宋朝奏議 13/16b 宋文鑑 46/13a 歷代奏議 133/6a
舉留胡瑗管勾太學狀 歐陽文忠集 110/12b 歷代奏議 133/7b
薦布衣蘇洵狀 歐陽文忠集 110/13b 歷代奏議 133/11b
舉梅堯臣充直講狀 歐陽文忠集 110/14a 歷代奏議 133/8a
舉布衣陳烈充學官劄子 歐陽文忠集 110/14b 歷代奏議 133/8a
再乞召陳烈劄子 歐陽文忠集 110/15a 歷代奏議 133/8b
薦王安石呂公著劄子 歐陽文忠集 110/16a 宋朝奏議 52/1a 歷代奏議 202/17a
薦張立之狀 歐陽文忠集 110/17a 歷代奏議 133/9a
論包拯除三司使上書 歐陽文忠集 111/13b 宋朝奏議 14/1b 宋文鑑 46/21a 歷代奏議 133/9b
乞與尹樽一官狀 歐陽文忠集 112/1a
舉丁寶臣狀 歐陽文忠集 112/1b
舉張望之曾鞏王回等充館職狀 歐陽文忠集 112/10b
論臺諫官唐介等宜早牽復劄子 歐陽文忠集 113/4a 宋朝奏議 52/2a 歷代奏議 202/17b
舉劉敞呂惠卿充館職劄子 歐陽文忠集 113/7b
乞獎用孫河劄子 歐陽文忠集 113/12a 歷代奏議 237/27a
薦司馬光劄子 歐陽文忠集 114/11b
舉宋敏求同知太常禮院劄子 歐陽文忠集 114/16a
辟郭固隨行劄子 歐陽文忠集 115/2a
舉宋光潛狀 歐陽文忠集 115/8b 歷代奏議 133/1a
再舉宋光潛狀 歐陽文忠集 115/13b 歷代奏議 133/1b
舉孫直方奏狀 歐陽文忠集 116/4b
舉劉義叟劄子 歐陽文忠集 116/6b
舉張旨代王凱劄子 歐陽文忠集 116/8a

論不才官史狀 歐陽文忠集 116/8b
舉陸詢武劉子 歐陽文忠集 116/14b
舉官劉子 歐陽文忠集 117/1b
保舉王果 歐陽文忠集 117/9a
保明張景伯 歐陽文忠集 117/10b
乞罷郭承祐知邢州 歐陽文忠集 117/11b 歷代奏議 174/26b
再奏郭承祐 歐陽文忠集 117/13a
論孫長卿爲臺諫所劾事 歐陽文忠集 119/1a
辨蔡襄異議 歐陽文忠集 119/2a
獨對語 歐陽文忠集 119/2b
又三事 歐陽文忠集 119/6a
用人體要 樂全集 9/4a 歷代奏議 134/8b
任將 樂全集 13/7b 歷代奏議 237/4b
再對御札一道 樂全集 18/10b-11a
論高繼宣知幷州幷代路經畧安撫等使事 樂全集 21/8b
論种世衡管勾營田不宜差知環州事 樂全集 21/9a
論雄州杜惟序事 樂全集 21/10b
請委夏竦經置河東事 樂全集 22/12b
論楊崇勳除致仕官 樂全集 25/9a
論許懷德遷除 樂全集 25/9b
論王告除大理 樂全集 25/11b
論劉渙移郡 樂全集 25/12a
論王整改官 樂全集 25/12b
論席平推獄 樂全集 25/13b
論蘇內翰 樂全集 26/16a 歷代奏議 286/5b
選禮部侍郎知渭州舉官自代狀 樂全集 30/1a
除知制誥舉官自代狀 樂全集 30/1b
服除再授端明殿學士兼龍圖閣學士給事中舉官自代狀 樂全集 30/1b
除翰林學士舉官自代狀 樂全集 30/2a
除知諫院舉官自代狀 樂全集 30/2b
除三司使舉官自代狀 樂全集 30/2b
舉李大臨蘇軾充諫官 樂全集 30/3a
舉咸舜賓館閣檢討 樂全集 30/3b
舉朱宋充館閣職名 樂全集 30/4b
准敕舉省府推判官 樂全集 30/5b
准敕舉提點刑獄朝臣 樂全集 30/6a
准敕舉清要官 樂全集 30/6a
准敕舉可升擢任使文資官 樂全集 30/6b
准宣舉提點刑獄使臣知寧府 樂全集 30/7a

准宣舉提點刑獄使臣 樂全集 30/8a
准宣保舉行陣將領 樂全集 30/8a
薦舉孫復 樂全集 30/8b
准敕保舉知縣縣令 樂全集 30/9a
舉呂昌齡充三司判官 樂全集 30/9b
准敕保舉京官 樂全集 30/10a
舉王稷臣臺閣 樂全集 30/11b
舉范隱之 樂全集 30/11b
薦舉邵炳 樂全集 30/12a
薦舉龔懋許平 樂全集 30/12b
舉知渭州王龍圖 樂全集 30/13a
舉知秀州杜充郎中 樂全集 30/13b
舉知諸城趙祖寺丞 樂全集 30/13b
舉陳州崔度助教 樂全集 30/14a
舉御史 樂全集 30/14b
舉劉時中 樂全集 30/15a
奏御史裏行 樂全集 30/15b
准勅舉堪任陞擢官 樂全集 30/16b
奏差竹員益州鈴轄馮文顯益州都監 樂全集 30/17a
奏張顥知嘉州 樂全集 30/18a
舉李大臨 樂全集 30/18b
舉葉紓館閣檢討經筵講讀 樂全集 30/19b
舉朱從道 樂全集 30/19b
代張若谷密學舉官自代狀 安陽集 33/3b
授起居舍人舉官自代狀 安陽集 33/3b
授知制誥舉官自代狀 安陽集 33/3b
應詔舉王居白堪充選擢任使狀 安陽集 33/5a
奏疏論邪正君子小人 清獻集 1/1a 歷代奏議 154/22b
奏狀辨楊察罷三司使 清獻集 1/3b
奏狀乞差馬遵充發運使 清獻集 1/11a
奏劉論湯夏不合權開封府判官 清獻集 1/13b
奏狀論除吳充知高郵軍不當 清獻集 1/14a
奏狀乞寢罷石全彬陳乞入內副都知等事 清獻集 1/15a
奏狀乞罷孫推忠充高陽關兵馬鈴轄 清獻集 1/17a
奏劉乞牽復陸經舊職 清獻集 1/18a
奏狀乞罷周豫召試館職 清獻集 1/21a
奏狀乞正陳執中之罪 清獻集 1/24a 歷代奏議 175/2a
奏疏乞罷免陳執中 清獻集 1/25a 歷代奏議 175/3a
奏劉乞省覽彈陳執中疏 清獻集 1/29b

奏議表狀一 奏議 用人 1259

奏狀論范鎮營救陳執中　清獻集 1/30a
奏狀論王拱辰等入國狂醉乞行黜降　清獻集 2/1a
奏狀論王拱辰入國辱命乞行黜降　清獻集 2/1b
奏疏論兩府庇蓋王拱辰　清獻集 2/3a
奏劄再乞罷免陳執中相位　清獻集 3/6b
奏狀引詔書再論陳執中　清獻集 3/12b　歷代奏議 175/5b
奏狀乞早罷免陳執中　清獻集 3/14a
奏狀乞勿令歐陽修去職　清獻集 2/15a　宋朝奏議 49/3b　宋文鑑 48/7a　歷代奏議 134/20a
奏狀乞奪免王拱辰宣徽使　清獻集 2/16a
奏劄乞早賜奪免王拱辰宣徽使　清獻集 2/17a
奏狀再乞追還王拱辰宣徽使新命　清獻集 2/18b
奏狀再乞追寢王拱辰宣徽使新命　清獻集 2/19a　歷代奏議 175/1a
奏狀乞罷內臣閣土良帶御器械　清獻集 2/20b　宋朝奏議 61/12b　歷代奏議 292/3a
奏狀再乞追奪王拱辰宣徽使　清獻集 2/21a
奏狀乞罷蕭汝礪詳議官　清獻集 2/23b
奏狀乞令供奉官周水正認姓追奪官資　清獻集 2/24a
奏狀乞定奪李熙輔該與不該牽復　清獻集 2/25b
奏狀乞寢罷李克忠充國信副使　清獻集 2/26b
奏狀乞改差青鄆二州安撫使　清獻集 2/27a　歷代奏議 237/22b
奏狀論俞希孟別與差遣　清獻集 2/29b
奏狀乞替馬慶長接伴副使速正典刑　清獻集 2/31a
奏狀乞檢會牽復方龜年官資　清獻集 2/31b
奏狀乞罷免王德用　清獻集 2/32a
奏狀乞別路差官取勘徐仲謀　清獻集 3/1b
奏劄論王德用乞正其罪　清獻集 3/4a
奏狀乞寢罷錢延年待制之命　清獻集 3/5b
奏狀乞發遣荊南舉留王逵諸色人歸本貫　清獻集 3/6b
奏狀乞寢李淑充翰林學士指揮　清獻集 3/7b
奏狀再論李淑　清獻集 3/8a　歷代奏議 175/2a
奏狀再乞追罷李淑　清獻集 3/8b
奏狀再乞寢李淑恩命　清獻集 3/9a
奏狀乞貶黜李仲昌張懷恩等　清獻集 3/10a
奏狀乞牽復李士勳舊官　清獻集 3/10b
奏狀再乞罷免王德用　清獻集 3/11a

奏狀乞正王德用罪名貶黜　清獻集 3/11b
奏狀乞留胡瑗　清獻集 3/19a
奏狀乞黜罷燕度　清獻集 3/21a
奏狀論宋庠乞罷免樞密使　清獻集 4/8b
奏劄再論宋庠　清獻集 4/9a
奏劄乞檢詳前奏罷免宋庠　清獻集 4/9b
奏狀乞追寢劉保信等恩命　清獻集 4/10a
奏狀乞檢會前奏追奪劉保信等恩命　清獻集 4/11b
奏狀乞追奪鄭戩所授京官　清獻集 4/13a
奏狀乞罷陳旭樞密副使　清獻集 4/14b
奏狀同唐介王陶論陳旭乞罷除命　清獻集 4/15a　歷代奏議 175/6a
奏劄論陳旭乞黜守遠藩　清獻集 4/17a　歷代奏議 175/7b
奏劄乞黜陳旭以革交結權倖之風　清獻集 4/18b　歷代奏議 175/8b
奏劄乞盡賜宸斷屏黜陳旭　清獻集 4/19b　歷代奏議 175/9a
奏狀論陳旭乞制獄推劾　清獻集 4/21a
奏劄再論陳旭　清獻集 4/21b
奏劄乞從寬逐以謝陳旭　清獻集 4/22b
奏狀論陳旭自乞遠貶　清獻集 4/23a　歷代奏議 175/10a
奏劄論陳旭乞待罪　清獻集 4/24b　歷代奏議 175/10b
奏狀乞辨陳旭姦邪　清獻集 5/1b
奏劄乞蓋除陳旭外任　清獻集 5/2b
奏疏乞速行退罷陳旭以解天下之惑　清獻集 5/3a　歷代奏議 175/12a
奏劄論陳旭乞閑慢州軍差遣　清獻集 5/7a
奏狀論程戡縱夏國酋長入境乞罷職任　清獻集 5/8a
奏劄以論陳旭再乞知州軍差遣　清獻集 5/9b
奏劄乞留右正言王陶在院供職　清獻集 5/10a
守殿中侍御史舉屯田員外郎方任自代狀　清獻集 5/16a
舉睦州壽昌縣鄭譯狀　清獻集 5/16b
舉睦州分水縣令江震狀　清獻集 5/16b
舉睦州巡茶鹽董韶狀　清獻集 5/16b
舉監睦州清酒務白昭明狀　清獻集 5/17a
舉睦州兵馬都監魏寅狀　清獻集 5/17a
舉睦州團練推官姚肅狀　清獻集 5/17a
舉睦州司理參軍連希元狀　清獻集 5/17b
舉睦州建德縣令周演狀　清獻集 5/17b

舉睦州司法參軍朱伯玉狀　清獻集 5/17b

行右司諫舉尚書度支員外郎蘇宷自代狀　清獻集 5/18b

舉丘與權充直講狀　清獻集 5/19a

舉禮賓副使李秦閣門祇候魏笄充將領狀　清獻集 5/19b

舉六宅副使王訢充將領内殿崇班劉輔充行陣戰鬬狀　清獻集 5/20b

薦章范文正公二首范仲淹撰　直講集/外 1/4a

薦章余侍郎一首余靖撰　直講集/外 1/5b

乞追還孫氏　蔡忠惠集 14/8a

乞寢罷唐介春州之命　蔡忠惠集 14/9a

乞罷呂夷簡商量軍國事　蔡忠惠集 14/11b　歷代奏議 132/16b

乞罷王舉正用范仲淹　蔡忠惠集 14/16a

再論王舉正　蔡忠惠集 14/16b　歷代奏議 132/21a

論李淑梁適姦邪　蔡忠惠集 14/17b　歷代奏議 175/15b

乞降呂夷簡致仕官秩　蔡忠惠集 14/19a

乞罷晏殊宰相　蔡忠惠集 15/1a　歷代奏議 175/16b

乞責降馮承用　蔡忠惠集 15/2b　歷代奏議 175/17b

再論馮承用王守琪　蔡忠惠集 15/3a　歷代奏議 175/17b

乞罷陳執中參政　蔡忠惠集 15/3b　歷代奏議 175/18a

乞罷呂公綽糾察在京刑獄　蔡忠惠集 15/5a

再論呂公綽　蔡忠惠集 15/6a　歷代奏議 175/19a

乞罷魏兼館職　蔡忠惠集 15/6b　歷代奏議 175/19b

乞用韓琦范仲淹　蔡忠惠集 15/10a　宋朝奏議 13/3b　歷代奏議 132/20a

乞擇涇原鄜寧兩路帥臣　蔡忠惠集 15/16b

乞立邊帥等威　蔡忠惠集 15/17a

言河北帥臣　蔡忠惠集 16/4a　歷代奏議 237/19a

論范仲淹韓琦辭讓狀　蔡忠惠集 21/3a　宋朝奏議 13/2b　歷代奏議 132/19a

薦姚光弼狀　蔡忠惠集 21/4b

舉官自代狀　蔡忠惠集 21/6a

奏乞收錄本州儒士周希孟狀　蔡忠惠集 21/6b

奏舉夏侯郎中狀　蔡忠惠集 21/8a

舉劉述充州學教授狀　蔡忠惠集 21/10b

舉知撫州黃虞部狀　蔡忠惠集 21/11a

乞叙用呂溱狀　蔡忠惠集 21/13b

乞叙用孫河狀　蔡忠惠集 21/14a　宋文鑑 48/3b　歷代奏議 132/22a

奏乞推恩盧偘狀　蔡忠惠集 21/15a

奏乞李端恩澤狀　蔡忠惠集 21/16a

乞留歐陽修劄子二道（1－2）　蔡忠惠集 22/8a－8b　宋朝奏議 51/13a　歷代奏議 132/21a

熙寧經筵論薦司馬光等三十三人章稿

端明殿學士右諫議大夫集賢院修撰提舉西山嵩山崇福宮司馬光　古靈集 1/1a

端明殿士翰林院侍讀學士尚書吏部郎中知許州韓維　古靈集 1/1b

翰林院侍讀學士寶文閣學士尚書户部侍郎提舉西京嵩山崇福宮呂公著　古靈集 1/1b

秘書監集賢院學士知杭州蘇頌　古靈集 1/2a

右司諫直集賢院孫覺　古靈集 1/2a

尚書祠部員外郎秘閣校理知齊州李常　古靈集 1/2b

尚書兵部員外郎直集賢院知和州范純仁　古靈集 1/2b

尚書祠部員外郎直史館權知河中府蘇軾　古靈集 1/2b

尚書祠部員外郎信賢校理權知洪州曾鞏　古靈集 1/3a

祠部員外郎集賢校理同修起居注孫洙　古靈集 1/3a

秘書丞集賢校理王存　古靈集 1/3b

太子中允館閣校勘判武學顧臨　古靈集 1/3b

秘書省著作佐郎集賢校理林希　古靈集 1/3b

尚書右司郎中分司南京李師中　古靈集 1/4a

尚書兵部員外郎傅堯俞　古靈集 1/4a

太常博士新差河東路提點刑獄公事胡宗愈　古靈集 1/4b

前秘書省著作佐郎王安國　古靈集 1/4b

太子中允館閣校勘簽書應天府判官廳公事劉摯　古靈集 1/5a

太常博士崇文院校書勾當宗正丞公事虞太熙　古靈集 1/5a

太子中允監西京洛河竹木務程顥　古靈集 1/5a

太子中允權發遣淮南西路轉運判官公事劉載　古靈集 1/5a

殿中丞新差充秦鳳熙河路措置邊事司勾當公事兼催促軍需薛昌朝　古靈集 1/5b

秘書省著作佐郎崇文院校書張載　古靈集 1/5b

興國軍節度掌書記蘇轍　古靈集 1/6a

前台州司户參軍召試館閣孔文仲　古靈集

奏議表狀一　奏議　用人　1261

1/6a

新差歆州軍事推官吳貴　古靈集 1/6a

前潤州延陵縣令吳如　古靈集 1/6b

尚書屯田郎中知開封府太康縣林英　古靈集 1/6b

尚書都官員外郎監泗州河南轉殷倉孫奕　古靈集 1/6b

秘書省著作佐郎監揚州糧料院林旦　古靈集 1/7a

太常博士新差監衡州在城鹽倉鄒何　古靈集 1/7a

太子中允降授大理評事唐坦　古靈集 1/7b

前光州司法參軍監安上門英州安置勒陳鄭俠　古靈集 1/7b

秘閣校理修起居注舉自代狀　古靈集 4/1a

修起居注舉自代狀　古靈集 4/4b

侍御史知雜事舉自代狀　古靈集 4/4b

依敕文舉陳烈狀　古靈集 5/1a　歷代奏議 13b/23b

乞召還范純仁狀　古靈集 5/11b　歷代奏議 13b/23a

論除韓絳參知政事乞罷制置司狀　古靈集 5/13a　宋朝奏議 46/22a　歷代奏議 136/22b

彈李南公除京西運判不當狀　古靈集 5/14b　歷代奏議 136/24b

知常州乞留陳經不對移任滿狀　古靈集 6/8a　歷代奏議 135/8b

彈秀州軍事判官李定狀　古靈集 6/12b　歷代奏議 177/4a

彈監察御史裏行王子韶狀　古靈集 6/13a　歷代奏議 177/4b

彈步軍副指揮使宋守約狀　古靈集 6/13b－15a　歷代奏議 177/5a

彈劉放王介狀　古靈集 6/16a　歷代奏議 177/5a

舉彭汝礪劄子　古靈集 7/8a

知杭州薦吳師仁劄子　古靈集 7/8b　歷代奏議 13b/22a

論李常待罪不報及呂公著落職劄子　古靈集 7/13b

繳還除蘇宋辭頭狀　韓南陽集 23/14b　宋朝奏議 90/9b　歷代奏議 135/5b

論范鎮請郡劄子　韓南陽集 24/1a　宋朝奏議 49/14a　歷代奏議 135/6a

議召王安石劄子　韓南陽集 24/6b

論宰相與中丞得失狀　韓南陽集 24/8a　歷代奏議 176/27a

舉官自代奏狀　韓南陽集 27/2b

上仁宗論辨邪正　公是集 31/1a

論邪正　公是集 31/8b　宋文鑑 47/18a

論張茂實　公是集 31/15b

上仁宗論吳充不當以譖責禮生被逐　公是集 32/1a　宋朝奏議 13/12b

上仁宗論狄青宣撫當置副使　公是集 32/10a　宋朝奏議 65/6b　歷代奏議 237/18a

上仁宗論石全斌不當除入内副都知　公是集 32/12b　宋朝奏議 61/11b

奏乞與潘興嗣子推恩狀　元豐稿 33/2a　歷代奏議 137/15b

福州舉知泉州陳櫃久不磨勘特與轉官狀　元豐稿 33/4a

授中書舍人舉劉放自代狀　元豐稿 34/9b

舉王安國奏狀　華陽集 7/11b　歷代奏議 134/14b

除翰林學士舉官自代奏狀　華陽集 7/12a

除翰林學士承旨舉官自代奏狀　華陽集 7/12b

除兼端明殿學士舉官自代奏狀　華陽集 7/12b

論蘇頌等封還李定辭頭劄子　華陽集 8/5a

薦丘與權劄子　華陽集 8/6a　歷代奏議 134/15a

薦鄭叔熊劄子　華陽集 8/6b

薦李徵之劄子　華陽集 8/6b　歷代奏議 134/15b

薦康衡劄子　華陽集 8/7a

薦李庠劄子　華陽集 8/7b　歷代奏議 134/15b

薦孫倬林希劄子　華陽集 8/7b　歷代奏議 134/15a

論張堯佐除宣徽使狀　傳家集 18/9a　司馬溫公集 16/6b　宋朝奏議 34/7b　歷代奏議 289/8a

論周玠事乞不坐馮浩狀　傳家集 18/14a　司馬溫公集 16/11a

薦鄭揚庭劄子　傳家集 20/9a　司馬溫公集 18/8b

薦劉庠劄子　傳家集 20/9b　司馬溫公集 18/8b

論移張叔詹知蔡州不當狀　傳家集 20/13b　司馬溫公集 19/8b

論蘇安静狀　傳家集 22/9b　司馬溫公集 20/9a　歷代奏議 292/5b

論張方平狀（1－3）　傳家集 22/10a－11b　司馬溫公集 20/9b－10a　21－10a　歷代奏議 237/7a－8a

言張田狀（1－2）　傳家集 23/5a－5b　司馬溫公集 21/9a,9b　歷代奏議 175/15a

論李琮知衛州狀　傳家集 23/6b　司馬溫公集 21/10b　宋朝奏議 33/5b　歷代奏議 289/9b

除待制舉官自代狀　傳家集 24/10a　司馬溫公集 22/7b

乞復夏倚差遣劄子　傳家集 26/4b　司馬溫公集 24/4b

言買贈劄子　傳家集 26/8a　司馬溫公集 24/7b

言王逵劄子(1-2) 傳家集 26/8a-8b 司馬溫公集 24/8a,10a 歷代奏議 175/14b

言趙滋劄子(1-2) 傳家集 28/8b-9a 司馬溫公集 24/9b-10b 歷代奏議 237/23a-23b

言張茂則劄子 傳家集 29/3b 司馬溫公集 27/2b 宋朝奏議 62/3b 歷代奏議 292/10b

言程戡劄子(1-2) 傳家集 29/8b-9a 司馬溫公集 27/7a-10a 歷代奏議 176/1a-1b

言程戡施昌言劄子 傳家集 32/2a 司馬溫公集 30/ 6b 歷代奏議 237/24a

言任守忠劄子(1-3) 傳家集 32/2b-3b 司馬溫公集 30/8a-8b 宋朝奏議 10/7b 62/4a 歷代奏議 292/ 11a-11b

言陳述古劄子 傳家集 33/8b 司馬溫公集 32/8b 歷代奏議 176/2a

言皮公弼劄子 傳家集 33/10a-11a 司馬溫公集 32/ 9b,11b 歷代奏議 175/2b

言王廣淵劄子(1-2) 傳家集 33/11b-13a 司馬溫公集 32/10b,12a 宋朝奏議 69/14b 歷代奏議 176/3b

言孫長卿劄子 傳家集 35/10b-11a 司馬溫公集 33/ 9b

留呂誨等劄子 傳家集 37/3b 司馬溫公集 35/3b 宋朝奏議 90/4a 歷代奏議 202/29a

留傅堯俞等劄子 傳家集 37/4b 司馬溫公集 35/4b 宋朝奏議 90/10a 歷代奏議 202/28b

乞王陶只除舊職劄子 傳家集 37/12b 司馬溫公集 35/11a

留呂奎劄子 傳家集 38/1a 司馬溫公集 36/1b

留韓維呂景劄子 傳家集 38/4a 司馬溫公集 35/4a

乞更不責降王陶劄子 傳家集 38/9a 司馬溫公集 36/8b

言王廣淵劄子(1-3) 傳家集 38/10b-11b 司馬溫公集 36/9b-10a 37/1b 歷代奏議 17b/9a 188/5b 197/ 24a

言郭昭選劄子 傳家集 38/12b 司馬溫公集 36/5a 宋朝奏議 69/15a 歷代奏議 176/9b

言高居簡劄子(1-5) 傳家集 39/4a-7a 司馬溫公集 36/9b 37/2a,3a,4a,6b 宋朝奏議 62/10b,11a,11b 歷代奏議 292/15b,16a

言王中正劄子(1-3) 傳家集 39/7b-10a 司馬溫公集 37/6b,9b,11a 宋朝奏議 62/12b,13a 歷代奏議 292/14a,14b

言張方平劄子(1-2) 傳家集 41/10b 司馬溫公集 38/9a,9b

舉諫官劄子 傳家集 42/6b 司馬溫公集 39/5a 宋朝奏議 52/12a 歷代奏議 135/22a

論責降劉述等劄子 傳家集 42/9b 司馬溫公集 41/

1a

再舉諫官劄子 傳家集 42/10b 司馬溫公集 41/2a 歷代奏議 135/22b

論李定劄子 傳家集 44/8a 司馬溫公集 43/2a 宋朝奏議 52/21b 歷代奏議 135/23a

薦范祖禹狀 傳家集 45/14a 司馬溫公集 45/10b 歷代奏議 135/23b

與呂公著同舉程顥劄子 傳家集 48/8a 司馬溫公集 49/1b

舉張舜民等充館閣劄子 傳家集 53/1a 司馬溫公集 53/1b

薦王大臨劄子 傳家集 56/4a 司馬溫公集 54/6b

繳李定詞頭劄子(1-2) 蘇魏公集 16/3a-4a 宋朝奏議 52/14a,15b 歷代奏議 136/16a,17a

舉陳櫃充錢穀職司狀 臨川集 40/13b

舉錢公輔自代狀 臨川集 40/13b

舉呂公著自代狀 臨川集 40/14a

舉謝卿材充升擢任使狀 臨川集 40/14a

舉屯田員外郎劉彝狀 臨川集 40/14a

牧舉兵部官未有人堪充狀 臨川集 40/14b

舉渭州兵馬都監蓋傳等充邊上任使狀 臨川集 40/14b

舉古渭寨都監段充充兵官任使狀 臨川集 40/ 15a

相度牧馬所舉薛向劄子 臨川集 42/1b

論孫覺令史人寫章疏劄子 臨川集/拾遺 3b 宋朝奏議 52/11a 宋文鑑 51/12a 歷代奏議 154/26a

論人材疏 郡溪集 11/13a 宋朝奏議 14/10b 歷代奏議 136/1a

論薦士求直言疏 郡溪集 11/14a 歷代奏議 136/1b

繳陳玄王詞狀 郡溪集 12/8a

論舉遺逸狀 郡溪集 12/8b 宋文鑑 52/15a

論求遺逸狀 郡溪集 12/9a

薦李扦狀 郡溪集 12/9b

薦王輔之狀 郡溪集 12/10a

薦劉摯管師常狀 郡溪集 12/11a

薦隨翊吳孜狀同錢公輔奏 郡溪集 12/11b

薦陳舜俞狀 郡溪集 12/11b

薦陳求古狀 郡溪集 12/11b

薦錢公輔狀 郡溪集 12/12a

舉張司封自代狀 郡溪集 12/12b

知開封府劄子 郡溪集 13/1a 宋朝奏議 21/6a 歷代奏議 154/30b

論知人劄子 郡溪集 13/3a 歷代奏議 154/31b

論用材劄子 郡溪集 13/4b 歷代奏議 13b/2b

論用人 柯部集 13/1b

代唐公乞録用魏鄭公喬孫劄子 柯部集 13/8a

薦王觀狀 彭城集 24/12b

奏乞於郊赦前復錢公輔官 范忠宣集/奏議 上/1a 歷代奏議 135/9b

再奏乞復錢公輔官 范忠宣集/奏議 上/1b 歷代奏議 135/10a

奏乞令孫永依舊知泰州 范忠宣集/奏議 上/23b 宋朝奏議 65/8a 歷代奏議 136/9b

論富弼入相久謝病不出 范忠宣集/奏議 上/24b 宋朝奏議 46/20b 歷代奏議 136/10a

奏乞召還呂誨 范忠宣集/奏議 上/28b 歷代奏議 136/9b

奏論賞君子太重獎小人太深 范忠宣集/奏議 上/ 28b 宋朝奏議 15/8a 歷代奏議 188/7a

奏論薛向 范忠宣集/奏議 上/30a－32a 歷代奏議 17b/ 12b,13b,14a

論劉琦等不當責降（1－2） 范忠宣集/奏議 上/34a－36a 宋朝奏議 109/18b－21a 歷代奏議 136/11b－13a

繳奏歐陽修朋黨論 范忠宣集/奏議 下/12a 宋朝奏議 76/7b 歷代奏議 155/17a

論韓維不當罷門下侍郎 范忠宣集/奏議 下/15a 宋朝奏議 47/19b 歷代奏議 138/10a

奏舉彭汝礪 范忠宣集/奏議 下/18a 歷代奏議 138/ 13a

論不宜分辨黨人有傷仁化 范忠宣集/奏議 下 27a 宋朝奏議 76/10a 歷代奏議 155/16a

論精選股肱 范忠宣集/奏議 下/32b 宋朝奏議 48/7b 歷代奏議 138/12b

奏彈吳安持李偉 范忠宣集/奏議 下/34b 歷代奏議 176/15a

奏薦官李忠傑等事范純粹撰 范忠宣集/范侍郎遺文 5b

論忠宣公不當與安燾同除王巖叟撰 范忠宣集/附錄 4b

舉郡丞自代 西溪集 7(三沈集 2/71a)

上中書奏記 西溪集 7(三沈集 2/79a)

上殿薦馮京劄子 西溪集 8(三沈集 3/2a)

舍人院連署奏乞召張環選職狀 西溪集 8(三沈集 3/3a)

薦胡宗愈呂惠卿劄子 西溪集 8(三沈集 3/3b)

薦呂惠卿孫倖常秩狀 西溪集 8(三沈集 3/4a)

上殿薦王回孫倖常秩劄子 西溪集 8(三沈集 3/ 4a)

薦孫倖狀 西溪集 8(三沈集 3/4b)

吏部符充楚州教授 節孝集/事實 1b

奏乞罷免蔡確韓縝疏 孫莘老奏議/2b－4a

奏劾韓縝疏 孫莘老奏議/5b

奏劾韓縝章惇張璪疏 孫莘老奏議/7b

奏劾安燾疏 孫莘老奏議/8b

復奏劾安燾疏 孫莘安奏議/9a 宋朝奏議 57/7a 歷代奏議 198/2b

乞罷韓縝疏 孫莘老奏議/11a

乞留顧臨在朝疏 孫莘老奏議/14b

乞獎用陳師道疏 孫莘老奏議/15a

論用人疏 忠肅集 3/2b

依旨推擇監察御史奏 忠肅集 3/17a

乞令蘇軾依舊詳定役法奏 忠肅集 5/8b 歷代奏議 138/18a

乞留杜紘編敕奏 忠肅集 6/13a

薦人材疏 忠肅集 6/13b

薦本州儒士周希孟奏 忠肅集 6/14b

劾趙子幾 忠肅集 7/4a 歷代奏議 177/2a

劾范峋免應奉山陵 忠肅集 7/5b

劾蔡確不入宿 忠肅集 7/6a

劾論蔡確十罪 忠肅集 7/6b 歷代奏議 179/23b

再劾蔡確 忠肅集 7/9a 歷代奏議 179/22b

劾章惇 忠肅集 7/10b 歷代奏議 179/26a

劾昌衡 忠肅集 7/11b

劾沈西顏非法聚斂 忠肅集 7/12a

劾呂惠卿 忠肅集 7/12b 歷代奏議 179/21a

劾韓續 忠肅集 7/14b 歷代奏議 177/3a

劾黃隱 忠肅集 7/16a 歷代奏議 179/26b

乞罷黜周輔及其子序辰 忠肅集 7/17b

請罷國子司業黃隱職任狀 淨德集 4/2a 宋文鑑 61/4b 歷代奏議 177/15b

奏乞罷郭茂恂工部郎中狀 淨德集 5/3b

奏乞進擢奉議郎杜敏求狀 淨德集 5/4b

淮南部使者部必奏狀 廣陵集/附錄 11a

論養賢劄子 二程集/明道 39/10a 歷代奏議 153/7b

乞留張載狀 二程集/明道 39/11a 歷代奏議 136/7b

劾劉仲馮疏 豐清敏奏疏 2/1b

詔樂士宣等入內疏 豐清敏奏疏 2/2b

揭蔡京蔡卞姦邪疏 豐清敏奏疏 2/3a

論章惇蔡卞登對 豐清敏奏疏 2/3b

劾章惇疏 豐清敏奏疏 2/3b

再劾章惇疏 豐清敏奏疏 2/4b

內君子外小人疏 豐清敏奏疏 2/7b

繳范子淵詞頭奏狀 蘇東坡全集/奏議 3/2a

繳吴荀詞頭奏狀 蘇東坡全集/奏議 3/2b

繳沈起詞頭奏狀 蘇東坡全集/奏議 3/3a 歷代奏議 177/5b

繳陳繹詞頭奏狀 蘇東坡全集/奏議 3/4b 歷代奏議 177/6a

繳張誠一詞頭奏狀 蘇東坡全集/奏議 3/5b 歷代奏議 177/7a

繳李定詞頭奏狀 蘇東坡全集/奏議 3/6b 歷代奏議 177/7a

薦朱長文劄子 蘇東坡全集/奏議 3/8a 歷代奏議 138/19b

乞留劉攽狀 蘇東坡全集/奏議 3/12a 歷代奏議 138/20b

繳楚建中户部侍郎詞頭狀 蘇東坡全集/奏議 3/12a 歷代奏議 177/7b

乞錄用鄭俠王斿狀 蘇東坡全集/奏議 3/27a 歷代奏議 138/20b

薦布衣陳師道狀 蘇東坡全集/奏議 3/28a 歷代奏議 138/21a

乞留顧臨狀 蘇東坡全集/奏議 3/28b 歷代奏議 138/21a

辨舉王鞏劄子 蘇東坡全集/奏議 5/16a 歷代奏議 155/1b

薦何宗元十議狀 蘇東坡全集/奏議 5/23b

舉何去非換文資狀 蘇東坡全集/奏議 5/24a

論行遣蔡確劄子 蘇東坡全集/奏議 5/25a

進何去非備論狀 蘇東坡全集/奏議 8/13b 歷代奏議 138/21b

乞擢用劉季孫狀 蘇東坡全集/奏議 8/18a

乞擢用程遵彥狀 蘇東坡全集/奏議 9/20b 歷代奏議 138/22a

乞將合轉一官與李直方酬獎狀 蘇東坡全集/奏議 10/17b

乞擢用林豫劄子 蘇東坡全集/奏議 12/17a 歷代奏議 138/22b

奏馬澈不當屛出學狀 蘇東坡全集/奏議 13/20a

舉黃庭堅自代狀 蘇東坡全集/續 9/33b

舉劉景文狀 蘇東坡全集/續 9/33b

舉趙德麟狀 蘇東坡全集/續 9/34a

奏劾蔡京疏 孫君孚奏議/上 2b

復奏劾蔡京疏 孫君孚奏議/上 3b

奏劾章惇疏 孫君孚奏議/上 4b

復奏劾章惇疏（1－2） 孫君孚奏議/上 6a－7b

奏劾安燾乞照舊封駁疏（1－2） 孫君孚奏議/上 9a－10b

奏劾蔣之奇劉淑疏 孫君孚奏議/上 11a

奏劾劉定狄諮罪狀疏 孫君孚奏議/上 12a

奏劾滿中行疏 孫君孚奏議/上 13a

奏劾李琮疏 孫君孚奏議/上 14a

奏劾崔台符王孝先疏 孫君孚奏議/上 15a

奏劾林希疏 孫君孚奏議/上 16b

復劾林希疏 孫君孚奏議/上 17a

論蘇轍疏 孫君孚奏議/上 18b

奏除何琬改近疏 孫君孚奏議/上 19b

奏劾章棨疏 孫君孚奏議/上 21b

乞降傅堯命王嚴曼放罪指揮疏 孫君孚奏議/上 24a

乞還張舜民謫職疏 孫君孚奏議/中 6a

奏劾呂公藎疏 孫君孚奏議/中 7b

諭苗授疏 孫君孚奏議/中 8b

奏乞追寢李琰朱產博除相州虔州疏 孫君孚奏議/中 13b

奏劾陳安石疏 孫君孚奏議/中 14b

奏劾李偉吴安持疏 孫君孚奏議/中 15a

奏劾鄧温伯疏 孫君孚奏議/中 17b

奏黜蔡碩疏 孫君孚奏議/中 24a

奏劾鄧温伯疏 孫君孚奏議/中 25a

奏論鄧温伯疏 孫君孚奏議/下 1a

奏論買易除官疏 孫君孚奏議/下 3a

奏劾張璹疏 孫君孚奏議/下 4b

奏罷王瑜除命疏 孫君孚奏議/下 5b

論裴綸疏 孫君孚奏議/下 6b

奏罷李偉疏 孫君孚奏議/下 7a

奏劾許將疏 孫君孚奏議/下 14a

奏罷杜常太常少卿疏 孫君孚奏議/下 16b

奏罷范純禮給事中疏 孫君孚奏議/下 17b

奏劾吴安持疏 孫君孚奏議/下 18a

乞追寢盛南仲除命疏 孫君孚奏議/下 21a

劄子蘇轍等撰 樂圃稿/附錄

乞分別邪正劄子 樂城集 42/4b 宋朝奏議 16/8b 宋文鑑 57/5b 歷代奏議 155/2b

再論分別邪正劄子 樂城集 42/8b 宋朝奏議 16/10a 歷代奏議 155/4a

三論分別邪正劄子 樂城集 43/3b

再乞責降李偉劄子 樂城集 45/6a 歷代奏議 177/22a

論張顏不可用劄子 樂城集 45/13b 歷代奏議 238/7b

乞牽復英州別駕鄭俠狀 樂城集 47/9a

乞擢任劉攽狀 樂城集 47/9b

薦呂陶吳安詩劄子　樂城集 47/11a

薦林豫劄子　樂城集 47/11b

薦王翠劄子　樂城集 47/13a

舉王翠乞外任劄子五首　樂城集/後 16/3b－6a

舉自代狀　范太史集 4/16b

舉自代狀　范太史集 5/13a

舉自代狀　范太史集 6/12a

薦講官劄子　范太史集 14/13b　歷代奏議 139/23a　蜀文輯存 23/18a

乞再貶蔡確劄子　范太史集 15/2a

論李之純蔡京劄子　范太史集 15/8b　歷代奏議 177/21a

乞罷韓忠彥劄子(1－2)　范太史集 16/1a－1b　宋朝奏議 35/1b　蜀文輯存 23/20a

乞留文彥博劄子　范太史集 18/13a　宋朝奏議 70/13b　歷代奏議 286/13b

薦士劄子(1－4)　范太史集 19/1a－4a　歷代奏議 139/13a

舉張咸賢良劄子　范太史集 19/12b　歷代奏議 139/12b

舉學官劄子　范太史集 19/13a　歷代奏議 139/12b

薦曾孝純劄子　范太史集 19/16b　歷代奏議 139/13a

論宋用臣敘官狀　范太史集 21/13a

薦章元弼劄子　范太史集 21/14a

舉監察御史狀　范太史集 21/14b

薦陳祥道禮官劄子　范太史集 23/1b　歷代奏議 139/24a

薦張舉劄子　范太史集 23/2a

舉魏劍劄子　范太史集 23/8b

再薦章元弼劄子　范太史集 24/1a

薦鮮于之武劄子　范太史集 24/3b

薦張康國劄子　范太史集 24/3b

薦王周道劄子　范太史集 24/4a

薦榮輯劄子　范太史集 24/10a

薦常安民劄子　范太史集 24/10b

舉學官狀　范太史集 24/14a

薦張雲卿劄子　范太史集 25/1b

薦龔史尚穎劄子　范太史集 25/2b

薦馮山張舉劄子　范太史集 25/2b　歷代奏議 139/23b

薦曾孝純文居中劄子　范太史集 25/3b

論邢正劄子　范太史集 26/1a　宋朝奏議 16/6a　歷代奏議 177/19a

舉自代　宗伯集 9/14b

請詢訪晁迥李允財疏　自省集 6/6a

舉臺諫官劄子　陶山集 4/6a

舉進士王昇狀　陶山集 4/11b

上哲宗論知人　諫論集 1/5a　歷代奏議 155/19b

上哲宗改正鄭浩太學博士狀　諫論集 1/18a

上哲宗乞留正言孫諤疏　諫論集 1/18b　歷代奏議 204/22a

上皇太后論陳瓘書　諫論集 3/1a

奏彈錢遹狀(1－3)　諫論集 3/14b－16a

奏彈曾布(1－9)　諫論集 3/16a－22b　歷代奏議 180/18b, 19b, 20a

奏彈鄧洵武(1－2)　諫論集 3/23b－24b　歷代奏議 226/33a－23b

彈蔡京狀(1－3)　諫論集 3/25b－27a　歷代奏議 180/20a－21a

奏彈呂希哲(1－2)　諫論集 4/1a－1b

奏彈王古呂希哲　諫論集 4/2b

奏彈李祥　諫論集 4/3a

奏彈呂希哲李祥　諫論集 4/4a

奏彈劉涇　諫論集 4/5a

奏彈買種民　諫論集 4/5b

奏彈梁子美　諫論集 4/7b

奏彈范純禮　諫論集 4/9a　歷代奏議 198/15a

奏彈宗粹　諫論集 4/9b－10b

奏彈陳祐　諫論集 4/11a

奏彈內侍裴彥臣(1－4)　諫論集 4/11b－13b　歷代奏議 293/1a

奏彈內侍裴誼(1－2)　諫論集 4/14b

奏彈內侍張琳狀(1－8)　諫論集 4/15a－19a

奏彈內侍李偁(1－4)　諫論集 4/19b－21b　歷代奏議 293/3b

奏彈內侍王道　諫論集 5/1a

奏彈內侍梁從政　諫論集 5/1a

奏彈內侍郝隨　諫論集 5/2a

奏彈內侍劉瑗(1－2)　諫論集 5/2b－4a　歷代奏議 293/1b－2b

用相　樂靜集 25/1a

知人　樂靜集 25/4b　歷代奏議 155/20a

上哲宗皇帝論韓維不當罷門下侍郎　曲阜集 1/10b　宋朝奏議 47/21b

薦徐積爲太學狀　曲阜集 2/7a

薦張處厚呂南公秦觀狀　曲阜集 2/8a

上徽宗論君子之道直而難合小人之言遜而易入　曲阜集 1/9b　宋朝奏議 17/4a　歷代奏議 156/1a

上徽宗論惟材是用無係一偏　曲阜集補 1/11b

宋朝奏議 17/6a 歷代奏議 141/3a

上哲宋織葉康直知泰州詞頭 曲阜集補 2/2b

上哲宗封還韓維責降詞頭 曲阜集補 2/4b

上哲宗封王孝先先知曹州詞頭 曲阜集補 2/10b-13a

上哲宗乞勘會王觀淮南轉連使傅變知洪州 曲阜集補 2/13a

上哲宗論張景先議河先後反覆 曲阜集補 2/13b

上哲宗封還張景先京東路轉運判官詞頭 曲阜集補 2/16b

知人議 西臺集 4/17a 歷代奏議 155/23b

名實議 西臺集 4/19a 歷代奏議 140/23b

舉逸民 龍雲集 26/1a

論歐陽乘差除不當(1-9) 盡言集 1/13a-24b

論御史言黃庭堅事乞行辨正 盡言集 2/1a-1b

論韓孫差除不當 盡言集 2/2a-3b 歷代奏議 139/9a-10a

論韓宗古差除不當 盡言集 2/10b

論何洵直差不當 盡言集 2/11a-12b 歷代奏議 139/8b

論李察知濟州不當 盡言集 2/14a 歷代奏議 139/8a

論高士英差除不當 盡言集 2/15b

論胡宗愈除右丞不當(1-12) 盡言集 3/1a 4/13a 歷代奏議 177/24b 178/3b

論胡宗愈除右丞不當(13-21) 盡言集 4/1a-14a 歷代奏議 178/4a-11a

論章惇強買朱迎等田產事(1-11) 盡言集 5/1a-14a 歷代奏議 179/13a-17a

論盧秉責命不當事(1-4) 盡言集 5/14a-16a 歷代奏議 178/20b-21b

論御藥李惟不合用內降請地乞付有司根治事(1-3) 盡言集 6/8a-9b 歷代奏議 177/23a-24a

論何正臣除知贛州不當 盡言集 6/11a

論陳師道不合壇去官守游宴事 盡言集 6/12b

論鍾世美除信州教授不當事 盡言集 6/13a

論蔡確不合陳乞潁昌府 盡言集 6/16b 歷代奏議 178/19a

論謝景温權刑部尚書不當(1-9) 盡言集 7/1a-12a

論范育除樞密都承旨不當 盡言集 7/17b

論王子韶路昌衡差除不當(1-14) 盡言集 8/1a-13a 歷代奏議 179/1a-7b

論黃廉除起居郎不當事 盡言集 8/15a

論蔡確作詩議訕事(1-12) 盡言集 9/1a-12b 歷代奏議 178/11b-18a

論曾肇知鄂州不當事 盡言集 9/14b 歷代奏議 178/25a

論時孝孫差除不當 盡言集 9/17a 歷代奏議 178/25a

論周種不當乞王安石配享事 盡言集 9/17b 歷代奏議 178/22a

乞罷李常盛陶中丞侍御史之職 盡言集 10/12b 歷代奏議 178/22b

權給事中封駁沈括除命 盡言集 11/3b

論沈括吳居厚牽復不當(1-2) 盡言集 11/4a-5a 歷代奏議 178/20a

彈奏范純仁王存事(1-4) 盡言集 11/14b-18b

薦傳堯命蘇頌可任大事 盡言集 11/19b

論楊畏除御史不當(1-5) 盡言集 12/1a-4a

論朋黨之弊 盡言集 12/15b 歷代奏議 155/27a

論鄧温伯差除不當(1-6) 盡言集 13/1a-8b 歷代奏議 179/8b-12b

應召言事時鳥實文閣待制樞密都承旨 盡言集 13/16b 歷代奏議 179/18a

奏舉趙元緒狀 鶴助集 53/4b 歷代奏議 13b/20b

太學博士正錄薦布衣陳師道狀 鶴助集 53/5a

舉呂好問自代 龜山集 2/2a

舉曾統自代 龜山集 2/8a

代虔守薦楊孝本 龜山集 2/11a

舉邵伯温自代狀 嵩山集 3/48a

舉李潛自代狀 道鄉集 20/5a

薦郭照陳彥默狀 道鄉集 20/5b

薦盛瑜陳彥默狀 道鄉集 20/7b

舉董不自代狀 道鄉集 20/7b

舉張景修自代狀 道鄉集 20/8a

薦張舉狀 道鄉集 20/8a

薦楊孝本狀 道鄉集 20/8b

論宰相章惇疏 道鄉集 23/4b

再論章惇疏 道鄉集 23/5b

又論章惇疏 道鄉集 23/7b

論郭時亮 道鄉集/補遺 6a

論曾肱 道鄉集/補遺 7a

論劉定 道鄉集/補遺 7b

論龔序辰 道鄉集/補遺 8b

論陸師閔 道鄉集/補遺 16b-18a

論章惇 道鄉集/補遺 25a

應詔舉官奏狀 摘文集 9/7a

除中書舍人舉自代奏狀 摘文集 9/7b

除兼太子賓客舉自代奏狀 摘文集 9/8b

奏議表狀一 奏議 用人 1267

除吏部侍郎舉自代奏狀（1－2） 摘文集 9/9a－9b

除兵部侍郎舉自代奏狀 摘文集 9/10a

除刑部尚書舉自代奏狀 摘文集 9/10a

薦士劄子 襄陵集 4/8a

再論乞用和師道劄子 襄陵集 4/9a 歷代奏議 238/18b

繳趙戩詞頭劄子 襄陵集 4/11a 歷代奏議 180/15b

繳盛章詞頭劄子 襄陵集 4/14a 歷代奏議 180/15a

論李邦彥劄子 襄陵集 4/15a 歷代奏議 182/17b

慎用人材疏 襄陵集 5/6b 歷代奏議 141/21b

用大臣以勵風俗疏 襄陵集 5/9a 歷代奏議 116/26b

乞復用種師道疏 襄陵集 5/10a 宋朝奏議 142/8b 歷代奏議 238/17a

論用相 襄陵集 6/1a 歷代奏議 141/20a

論用將 襄陵集 6/8b 歷代奏議 238/18b

薦霍侍禁換文資狀 竹隱集 9/11a

論黜浮薄之士狀 忠穆集 5/9b 忠穆奏議 3/9a 歷代奏議 143/19a

靖康初諸公薦和靖先生劄子 尹和靖集 9/1a

紹興五年范侍制薦和靖先生劄子 尹和靖集 9/2a

張魏公乞促召和靖先生劄子 尹和靖集 9/3a

論除中丞上殿劄子 高峰集 2/2a 歷代奏議 143/7b

論明黨劄子 高峰集 2/10b 歷代奏議 143/8a

論宗澤劄子 横塘集 9/1a 歷代奏議 142/1b 南宋文範 12/6a

論罷童貫宣撫河東劄子 横塘集 9/2b 歷代奏議 180/16b

論王安中自便劄子 横塘集 9/3b 歷代奏議 182/22b

乞罷黜張公庠劄子 横塘集 9/5a 歷代奏議 182/22b

奏罷辟張恕等爲諸州通判劄子 横塘集 9/6a 歷代奏議 162/1b

薦張守劄子 横塘集 9/8a

乞速遣李芘福建提刑劄子 横塘集 10/1a

奏劾令晶劄子 横塘集 10/5b

奏劾劉喜張士英强勒人投軍劄子 横塘集 10/5b 歷代奏議 180/17a

乞罷汪叔詹知太平州事劄子 横塘集 11/2a

乞罷詹度赴行在劄子 横塘集 11/7b 歷代奏議 182/23a

乞差張琪知和州劄子 横塘集 11/8a 歷代奏議 142/3b

乞罷錢伯言知杭州劄子 横塘集 11/8b 歷代奏議 196/25b

再薦臺屬劄子 初僚集 3/2b

舉汪伯彥自代奏狀 初僚集 3/27a

舉何栗自代奏狀 初僚集 3/27a

舉權邦彥自代奏狀 初僚集 3/27b

舉顏岐自代奏狀 初僚集 3/27b

奏相度王才與郡利害狀 石林奏議 7/11a

奏乞選差淮南監司守令劄子 石林奏議 14/6b

奏福興巡檢仍兼統領水軍就辟喬昌祖狀 石林奏議 15/2a

十月五日車駕經由上殿劄子 程北山集 37/1a

乞差陳冏充將領 程北山集 37/7a

乞留鄧根通判秀州 程北山集 37/8a

紹興元年三月四日上殿劄子 程北山集 38/1a 南宋文範 14/16b

論事劄子 程北山集 38/11b

舉自代狀 程北山集 39/2a

繳詞頭狀 程北山集 39/2a

繳李處勵再任詞頭奏狀 程北山集 39/3a

繳宋晩詞頭奏狀 程北山集 39/4a

繳詞頭奏狀 程北山集 39/9a

繳宣州起復司户參軍狀 程北山集 39/9b

繳江東大使司辟持服人狀 程北山集 39/10a

應詔薦士狀 程北山集 39/13b

繳蘇易轉行橫行奏狀 程北山集 40/4b

繳任源管押成都府等路内藏庫金銀定帛等奏狀 程北山集 40/7b

繳録黄奏狀 程北山集 40/12a

二月二十日寶封奏 程北山集 40/13a

論梁師成劄子 莊簡集 8/3b 歷代奏議 293/9a

言蔡京章疏不擊階分析狀 莊簡集 8/5a

論内臣梁永劄子 莊簡集 8/5b

乞罷彦辟官劄子 莊簡集 8/6b

論鄧雍劄子 莊簡集 8/7a 歷代奏議 182/8a

論鄧雍第二劄子 莊簡集 8/7b 歷代奏議 182/8b

乞追究王蕃召姚古劄子 莊簡集 8/8b

論吳鑑劄子 莊簡集 8/9a

論曾紆等劄子 莊簡集 8/9b 歷代奏議 182/5b

論内臣鄧珪等狀 莊簡集 8/12a

論宋晩劄子 莊簡集 8/13b

論體究姚吉等劄子 莊簡集 8/19b

論胡直孺劄子 莊簡集 9/8a 歷代奏議 182/12b

論胡直孺第二劄子 莊簡集 9/8b 歷代奏議 182/13a

論燕瑛胡直孺劄子 莊簡集 9/9b－12a 歷代奏議

182/13b,14a

論王子獻等劄子 莊簡集 9/12b 歷代奏議 182/10a

再論王子獻等劄子 莊簡集 9/14b 歷代奏議 182/10b

論王雲等劄子 莊簡集 9/15b 歷代奏議 182/4b

論王子久劄子 莊簡集 9/16b

論國是劄子 莊簡集 10/1a

論李會李擢劄子 莊簡集 10/3a 歷代奏議 182/8b

乞罷王淵焦師叔狀 莊簡集 10/11b

乞與土豪鮑琮補官狀 莊簡集 10/15b

乞留吳錫狀（1－2） 莊簡集 10/16b－17a

論孫覿札子 莊簡集 11/15b 歷代奏議 183/14a

乞差胡舜陟往淮西狀 莊簡集 11/20a

劾武登狀 莊簡集 12/17a

上殿論用君子小人之說 苕溪集 12/1a 歷代奏議 156/20a

舉陳之淵自代狀 苕溪集 14/1a

舉李廣問徐康狀 苕溪集 14/1a

奏論呂源除兩浙轉運使姜仲謙除轉運副使不當狀 浮溪集 1/19a 南宋文範 12/12a

奏論趙士竦高郵軍再任不當狀 浮溪集 2/3a

奏論邢煥孟忠厚陳授不當狀 浮溪集 2/4a

奏論宋晦落職不當行詞狀 浮溪集 2/5b 歷代奏議 189/1b

論蘇良治轉官不當狀 浮溪集 2/10b

中書後省論胡舜陟不合令分析狀 鴻慶集 27/6a 孫尙書集 24/1a

中書舍後省論胡舜陟不合令分析狀 鴻慶集 27/7a

薦上殿劄子 王著作集 1/2b

九月一日面對劄子（1－2） 王著作集 2/9a－10a 南宋文範/外 1/3b

用人材以激士風劄子 梁溪集 39/3a 歷代奏議 116/25b

乞黜責梁方平許伯劄子 梁溪集 51/2a

奏知喻意吳敏劄子 梁溪集 51/12a

奏知姚古節制不明乞差解潛抵替劄子 梁溪集 51/12b

乞差曲奇充統制官劄子 梁溪集 52/5a

再乞曲奇劄子 梁溪集 52/5b

乞令承受官王襲隨軍劄子 梁溪集 52/6a

乞辟劉浮充統制官劄子 梁溪集 52/6b

乞令李邈權帥真定劄子 梁溪集 52/7a

乞令張灝同折可求節制汾晉人馬劄子（1－2） 梁溪集 52/11a－11b

乞差种師道巡邊劄子 梁溪集 52/12a

論郭仲荀劄子 梁溪集 53/4b

乞令張愨專一應副糧草劄子 梁溪集 53/6a

奏知督責張灝劄子 附御筆 梁溪集 53/10a

乞差范世雄充判官劄子 梁溪集 54/5a

奏知令折彥質控扼守備事劄子 梁溪集 54/6a

再乞差范世雄充判官劄子 梁溪集 54/8b

乞韓世忠等劄子 梁溪集 55/7a

乞保全王以寧劄子 梁溪集 55/8b

乞留解潛折彥質劄子 梁溪集 55/11b

論君子小人劄子 梁溪集 63/12a 歷代奏議 156/12b

乞存留陳昌再依舊知鼎州奏狀 梁溪集 66/8b

張忠彥不肯赴本司公參乞依舊歸江西任奏狀 梁溪集 72/11b

乞差楊晟惇充湖北路提刑奏狀 梁溪集 73/8b

論朋黨劄子 梁溪集 81/10a 歷代奏議 156/13b

辨余堵事劄子 梁溪集 82/10a

舉仇念充監司奏狀 北海集 29/9a 歷代奏議 142/4b

舉賀允中落致仕奏狀 北海集 29/9b

奏請宇文虛中等罪狀及擅離任姓名疏 少師集 1/2a

再劾朱勔疏 少師集 1/2a

奏論蔡攸罪狀疏 少師集 1/4a

奏請褫鄭修年億年等職疏 少師集 1/6a

奏劾王孝迪疏 少師集 1/7a

奏劾朱勔疏 少師集 1/9a

再劾宇文虛中疏 少師集 1/16a

奏請誅趙良嗣疏 少師集 1/18a

奏劾李彀疏 少師集 1/21a

奏劾蔡攸疏 少師集 1/23a

奏舉秦元疏 少師集 1/26a

奏請奪罷趙野職郡疏 少師集 2/5a

奏請罷顏岐職事疏 少師集 2/8a

奏劾李優疏 少師集 2/12a

奏請徵讞定疏 少師集 3/1a

奏請罷黜宋伯友疏 少師集 3/9a

奏請擇任人才立劾唐格等疏 少師集 3/10a

再劾唐格聶昌疏 少師集 3/12a

除中書舍人舉魏良臣自代狀 張華陽集 16/7a

駁陳鑄吳說差遣指揮狀 張華陽集 17/1a

駁張公裕廖宇指揮狀 張華陽集 17/3b

駁錢穆與郡指揮狀 張華陽集 17/4b

駁汪若海差遣指揮狀 張華陽集 17/7a

駁折彦質衛改指揮狀　張華陽集 17/7b
駁程俱差遣指揮狀　張華陽集 18/2a
繳趙令應轉行太中大夫詞頭狀　張華陽集 18/2b
除給事中舉凌哲自代狀　張華陽集 18/6b
駁郭彥參放罷指揮狀　張華陽集 18/9b
除待制舉李益自代狀　張華陽集 19/1b
除待郎舉葛鄒自代狀　張華陽集 19/3b
駁李紹祖差遣指揮狀　張華陽集 19/4a
乞戒諭諸將劄子　琵琶集 2/3b　歷代奏議 196/26a
薦張暴等劄子　琵琶集 3/10a
薦胡世將劄子　琵琶集 3/10a
薦本路人材劄子　琵琶集 3/10b
論薦舉揚州守臣劄子　琵琶集 3/11a
薦王庭秀等劄子　琵琶集 3/11b
薦余良弼等劄子　琵琶集 3/12a
乞張銳改除一郡劄子　琵琶集 4/13b
乞録用曾紆劄子　琵琶集 4/13b
乞落丁騤致仕劄子　琵琶集 4/14a
乞免攝文廣狀　忠正德集 2/7b
乞除朱震職名狀　忠正德集 3/6b
乞許尤宗與職名除郡　忠正德集 3/7a
奏某人差除狀　忠正德集 3/8a
論行遣章蔡狀　忠正德集 3/9a
援任申光疏（1－2）　忠正德集 3/9b－11a　歷代奏議 142/17b－18a
乞劉寧止等上殿　忠正德集 3/11b
請與潘良貴等職名宮觀狀　忠正德集 3/22b　歷代奏議 142/16b
舉孫傳自代狀　大隱集 4/20b
舉楊正權自代狀　大隱集 4/20b
舉蔡居中自代狀　大隱集 4/21a
舉薛嘉言自代狀　大隱集 4/21b
舉楊愿自代狀　大隱集 4/21b
應詔舉官狀　大隱集 4/21b
應詔薦士狀　大隱集 4/22b
除御史中丞舉左司員外郎潘良貴自代狀　盤溪集 7/4b
除吏部尚書舉左朝奉大夫直龍圖閣辛炳自代狀　盤溪集 7/7a
除龍圖閣學士舉□自代狀　盤溪集 7/9b
除吏部尚書舉度支郎中李元渝自代狀　盤溪集 7/12b
權中書舍人舉自代狀　楊溪集 8/12b
繳敦郊漸除直秘閣狀　東牟集 9/10a

登聞檢院上欽宗書　陳修撰集 1/1a
登聞檢院再上欽宗書　陳修撰集 1/9a
登聞檢院三上欽宗書　陳修撰集 1/11a
伏闕上欽宗書　陳修撰集 2/1a
少宰吳敏乞用陳東劄子　陳修撰集 6/12a
司諫陳公輔乞用陳東劄子　陳修撰集 6/13a
知海州洪擬乞召用陳東劄子　陳修撰集 6/14a
臣僚論汪黄劄子　陳修撰集 7/12a
勸施庭臣疏　北山集 1/19b
又勸施庭臣疏　北山集 1/21b
三勸施庭臣疏　北山集 1/24a
懸留曾開疏　北山集 1/26a　歷代奏議 143/22a
乞罷莫將送伴使狀　筠溪集 2/14a　歷代奏議 183/17a
應詔薦郡守監司狀　筠溪集 2/14b
繳王殊叙官狀　筠溪集 3/1a
繳王氏改封郡主狀　筠溪集 3/5b
繳王問改正復官狀　筠溪集 3/6b
繳賈安宅奏薦狀　筠溪集 3/6b
除福建漕上殿劄子（1－2）　紫微集 23/10a－15a
論御將　紫微集 24/9b
爲王之道降官命詞繳奏　紫微集 25/7a
爲趙嚴夫充殿前司軍效用事繳奏　紫微集 25/8a
爲崔紡改官繳奏　紫微集 25/11b
爲耿著叙復舊官繳奏　紫微集 25/12b
爲鄭克特衝替繳奏狀　紫微集 25/15b
爲王德田師中除正任承宣使繳奏狀　紫微集 25/16a
議駕馭將帥　中興備覽 1/3a　歷代奏議 238/20b　蜀文輯存 44/17a
議君子小人　中興備覽 1/4a　歷代奏議 156/17a　蜀文輯存 43/17b
議分別邪正　中興備覽 1/4b　歷代奏議 156/16b　蜀文輯存 43/17a
議彈擊　中興備覽 1/5a　歷代奏議 142/11b　蜀文輯存 43/14b
議任人　中興備覽 1/6a　歷代奏議 196/25b
議官政人才　中興備覽 1/7a
議將帥之情　中興備覽 2/1a　歷代奏議 238/21b　蜀文輯存 44/18a
議假藉威權　中興備覽 2/1b　歷代奏議 142/8b
議邊間　中興備覽 2/2b
議任事　中興備覽 3/2a　歷代奏議 142/7a

議忠臣良臣　中興備覽 3/4b　歷代奏議 156/17b　蜀文輯存 43/17b

議皇極之道　中興備覽 3/5a　歷代奏議 142/9a　蜀文輯存 43/12b

議進退人才　中興備覽 3/5b　歷代奏議 142/9b　蜀文輯存 43/12b

應詔薦監司郡守奏狀　斐然集 9/3b

舉王蘋自代奏狀　斐然集 9/7a

繳湖南勘劉式翻異　斐然集 15/2b

繳程千秋乞不以有無拘礙奏辟縣令　斐然集 15/4b　歷代奏議 143/10a

繳吳开逐便　斐然集 15/7b　歷代奏議 183/2a

繳內侍馮益轉官　斐然集 15/8b　歷代奏議 198/20b

繳劉倒復秘閣修撰　斐然集 15/11a　歷代奏議 183/1a

繳詔倖宋普根括田産減年　斐然集 15/11b

繳都督府辟范希育充廣西經撫庫官　斐然集 15/13a

繳湖北漕司辟許宣卿爲桃源令　斐然集 15/15b　歷代奏議 183/1b

繳郭東知台州　斐然集 15/17b

繳劉敏潼川府提刑　斐然集 15/18b

繳范正國除廣西提刑　斐然集 15/19b　歷代奏議 284/15a

繳王義叔黃順李膺復職　斐然集 15/21a

繳朱勝非從吉官祠　斐然集 15/22a

再論朱勝非　斐然集 15/23a　歷代奏議 182/24b

論莫將除徽猷閣待制奏狀　默堂集 12/15a　歷代奏議 198/18a、19a

論鄭億年除資政奏狀　默堂集 12/18b　歷代奏議 188/25b

代江西帥李丞相薦蕭茂德奏狀　默堂集 12/20a

論考實　默堂集 14/3b　歷代奏議 156/22a

論用老成　默堂集 14/9a　歷代奏議 143/12b

論用有德　默堂集 14/9b　歷代奏議 143/12a

論嚴實　默堂集 14/10b

繳奏廣宣諭所遣房漢柱招到長安忠義人赴宣論司奏劄　漢濱集 6/5a

論調護吳璘王彥奏劄　漢濱集 6/10a　歷代奏議 240/6b

乞關牒赫舍哩志寧奏劄子　漢濱集 6/13b

論差擢蕭琦人馬及韓玉不赴新任劄子　漢濱集 7/7b

初除左諫議大夫上殿奏議　漢濱集 7/13a　歷代奏議 157/1b

論吳璘多病乞吳拱自襄陽歸蜀朝劄子　漢濱集 8/16a

論用人狀　竹軒雜著 3/6b

勸王權疏　湖山集/輯補 2b

勸湯鵬舉疏　湖山集/輯補 4b

勸楊椿疏　湖山集/輯補 5a

勸陳洪等　湖山集/輯補 6b

保舉豐謹充知縣劄子　鄭峰錄 7/1a

除中書舍人舉自代狀附　鄭峰錄 7/2b

薦潘邸舊臣劄子　鄭峰錄 7/2b　歷代奏議 144/23a

經筵薦石整等劄子　鄭峰錄 8/7a

論鎮江都統兼知揚州劄子　鄭峰錄 8/8b　歷代奏議 240/18b

陞辟薦薛叔似等劄子　鄭峰錄 9/1a　歷代奏議 144/23a

論明黨記所得聖語　鄭峰錄 10/3b

重名節疏　方舟集 7/2a

論史浩劄子　梅溪集/奏 2/2b　歷代奏議 184/2a

再論史浩劄子　梅溪集/奏 2/5b　歷代奏議 184/4a

論史正志劄子　梅溪集/奏 2/8a　歷代奏議 184/5a

再論史正志劄子　梅溪集/奏 2/9b　歷代奏議 184/6a

論韓仲通俞良弱劄子　梅溪集/奏 2/11b　歷代奏議 145/17a

論林安宅劄子　梅溪集/奏 2/15a　歷代奏議 184/20a

再論林安宅劄子　梅溪集/奏 2/16b　歷代奏議 184/21b

論龍大淵曾兩雍劄子　梅溪集/奏 3/5b　歷代奏議 145/18a

應詔舉官狀　梅溪集/奏 3/19a

舉張杙自代狀　梅溪集/奏 3/20a

代王尚書辟陸辛狀　梅溪集/奏 4/8b　歷代奏議 240/9b

繳奏沈瀛除知梧州詞頭　艾軒集 2/2b

繳奏謝廓然賜出身除殿中侍御史詞頭　艾軒集 2/3b　歷代奏議 144/3b

乞薦舉監司郡守劄子　盤洲集 45/3b

勸管鑒奏劄子　盤洲集 46/10b

繳太史局轉官劄子　盤洲集 47/1a

繳侯進詞頭劄子　盤洲集 47/1b

繳王之望結局轉官劄子　盤洲集 47/2b

繳李迴差遣劄子　盤洲集 47/3b

繳王若純用居廣恩例劄子　盤洲集 47/4a

繳巫伋召命劄子　盤洲集 47/4b

繳汪嘉等差遣劄子　盤洲集 47/5a

奏議表狀一　奏議　用人　1271

緘莫汲編修官劄子 盤洲集 47/6b
緘余堯弼職名劄子 盤洲集 47/7b
緘莫汲計議官劄子 盤洲集 47/8b
緘張訓通復官劄子 盤洲集 48/1a
緘秦塤官觀劄子 盤洲集 48/2a
緘沈介不允詔劄子 盤洲集 48/4b
再緘韓彥古劄子 盤洲集 48/7b
緘馬監官轉官劄子 盤洲集 48/8b
徽州除浙西提舉赴闕奏方庚狀 盤洲集 50/1a
舉自代奏狀 盤洲集 50/9a
舉自代奏狀 盤洲集 50/10b
論士大夫敦尚節義劄子 文定集 3/1a 歷代奏議 117/1a 新安文獻 4/8a 南宋文範 15/17a
除敷文閣待制舉朱熹自代狀 文定集 6/1a 新安文獻 4/8a
授端明殿學士查籥自代狀 文定集 6/1a
薦尤袤劄子 文定集 6/1b
薦聞人卓民狀 文定集 6/2a
薦鄭樵狀 文定集 6/2b
薦于輓治狀 文定集 6/3a
薦蜀中人才劄子 文定集 6/4a
薦張行成劄子 文定集 6/5b
薦吳揚劄子 文定集 6/6b
薦吳洵充郡守劄子 文定集 6/7b
薦李繁知邛州劄子 文定集 6/8a
薦時紫芝歷學劄子 文定集 6/8b
集議前辛執舉官奏狀 南澗稿 9/18b
薦張玘周珅狀 南澗稿 9/29b
薦崇安建陽兩知縣狀 南澗稿 9/31a
舉蘇嶠自代狀 南澗稿 9/32a
應詔舉所知狀 南澗稿 9/32b
舉傅自得自代狀 南澗稿 9/33a
舉朱熹自代狀 南澗稿 9/33b
舉郭見義自代狀 南澗稿 9/34a
薦郭見義蔡迪劄子 南澗稿 10/26b
舉監司郡守上奏 小隱集/37a 歷代奏議 144/21b
薦梁公永程渭老劄子 小隱集/41a 歷代奏議 144/22a
奏舉邵宏淵劄子 小隱集/41a 歷代奏議 144/22a
奏舉趙搏郭剛劄子 小隱集/42a 歷代奏議 144/22b
論選擇將帥劄子 小隱集/44a 歷代奏議 240/13b
薦李寶狀 小隱集/52a 歷代奏議 238/25a
薦劉澤奏狀 小隱集/52a 歷代奏議 238/25a

薦王珏奏狀 小隱集/54a 歷代奏議 143/14a
薦用林珀上奏 小隱集/55a 歷代奏議 143/14b
薦胡璉上奏 小隱集/56a 歷代奏議 143/15b
薦劉汜狀 小隱集/57a 歷代奏議 238/24b
上殿劄子（1－2） 定齋稿 1/13a－14a 歷代奏議 3/20a 145/16b
論選用西北士大夫劄子 渭南集 3/2b 歷代奏議 146/25b 南宋文範 18/10a
上殿劄子（二） 渭南集 4/3a 歷代奏議 146/26a
除寶謨閣待制舉曾鑄自代狀 渭南集 5/11a
薦舉人材狀 渭南集 5/12a
論知人劄子 范成大佚著/19 歷代奏議 157/1a
論宋昵召命疏 范成大佚著/21 歷代奏議 183/24a
薦樊漢廣孫松壽疏 范成大佚著/7b
論郭釣疏 范成大佚著/77
論吳挺疏 范成大佚著/77
論李彥堅王彪疏 范成大佚著/77
奏祿東之邊事有功疏 范成大佚著/78
薦舉龔明之狀 鄭忠肅集/上/23b
薦舉顏度狀 鄭忠肅集/上/24a
薦舉陸九淵狀 鄭忠肅集/上/24b
薦舉陳造狀 鄭忠肅集/上/24b
草晁公武詔書不當待罪奏狀 益國文忠集 122/5b 益公集 122/6b
舉自代奏狀 益國文忠集 122/9b 益公集 122/11b
舉楊萬里自代狀 益國文忠集 122/17b 益公集 122/21a
舉劉清之自代狀 益國文忠集 122/21a 益公集 122/25b
舉自代奏狀 益國文忠集 123/9a 益公集 123/10b
舉自代奏狀 益國文忠集 123/15a 益公集 123/17b
舉自代奏狀 益國文忠集 124/13a 益公集 124/15b
舉官狀 益國文忠集 134/3b 益公集 134/4b
論諸暑帥臣將副 益國文忠集 135/1a 益公集 135/1a 歷代奏議 239/16b
論人才 益國文忠集 135/1b 益公集 135/2a 歷代奏議 144/7b
論漢儒 益國文忠集 135/4b 益公集 135/4a 歷代奏議 157/4a
論人才 益國文忠集 136/2a 益公集 136/2a 歷代奏議 144/8a
論薦舉 益國文忠集 136/6b
論選人舉狀 益國文忠集 138/2a 益公集 138/2b
乞儲人才兵部侍郎選德殿對劄子 益國文忠集 138/3b 益公集 138/3b 歷代奏議 153/9b

論用人二弊 益國文忠集 139/1a 益公集 139/1a 歴代奏議 144/9b

薦監司郡守狀 益國文忠集 139/8b 益公集 139/10a

薦林永叔劉子 益國文忠集 141/3a 益公集 141/3b

薦察官劉子 益國文忠集 141/3b 益公集 141/4a

論黜陟郡守 益國文忠集 142/3a

論戰功王照誤超轉兩資 益國文忠集 143/1b 益公集 143/1b

論選擇東南人才爲蜀中監司 益國文忠集 143/7a 益公集 143/8a

論延壁奏薦 益國文忠集 143/7b 益公集 143/9a

論蕭燧吳回轉官 益國文忠集 145/2b 益公集 145/2a

同諸司列薦陳自修蘇森奏狀 益國文忠集 145/4b 益公集 145/5a

勸方季隨改官 益國文忠集 145/17b 益公集 145/21a

奏知王濱 益國文忠集 146/1b 益公集 146/1b

奏通經術之士 益國文忠集 146/5a 益公集 146/6a

王惟孝添差回奏 益國文忠集 146/6a 益公集 146/7a

吳珏等轉官回奏 益國文忠集 146/6a 益公集 146/6b

奏池州副都統郝政施爲未善 益國文忠集 146/7a 益公集 146/8a

宋亮等差除御筆回奏附御筆 益國文忠集 146/8a－8b 益公集 146/9a－10a

宣示袁樞奏劉回奏附獎諭御筆 益國文忠集 146/9a－9b 益公集 146/11a

付下郝政文字回奏 益國文忠集 146/9b 益公集 146/11b

宣示吳挺御札回奏 益國文忠集 146/10a 益公集 146/12a

陳昱差遣回奏 益國文忠集 146/10a 益公集 146/12a

審張紐差除 益國文忠集 146/10b 益公集 146/12b

乞與江州副都統趙永寧轉官 益國文忠集 146/11b 益公集 146/13b

擇代雷世方回奏 益國文忠集 146/13a 益公集 146/15a

擇鎮江帥御筆回奏附御筆 益國文忠集 146/13a－13b 益公集 146/15a－15b

乞與鎮江都統覃安道轉官附御批及同日回奏 益國文忠集 146/14a 益公集 146/16a－16b

擬韓寶轉遥圖指揮附御批及同日回奏 益國文忠集 146/14b 益公集 146/17a

郭釣差除御筆回奏附御筆 益國文忠集 146/15a 益公集 146/17b

劉允中添差回奏 益國文忠集 146/15b 益公集 146/17b

張薦叙官回奏 益國文忠集 146/15b 益公集 146/18a

徐賀差遣回奏 益國文忠集 146/16a 益公集 146/18b

與蔡戡咨目 益國文忠集 146/18a 益公集 146/21a

付下蔡戡文字回奏 益國文忠集 147/1a 益公集 147/1a

張國珍轉官回奏 益國文忠集 147/5b 益公集 147/6a

御批付下王蘭奏劉附御批及回奏 益國文忠集 147/9b 益公集 147/10b

審權步帥 益國文忠集 147/10b 益公集 147/12a

察劉瑞仁御筆回奏附御筆 益國文忠集 147/13a 益公集 147/14b

張子習差遣回奏 益國文忠集 147/14a 益公集 147/16a

鄭興裔揚帥御筆回奏附御筆 益國文忠集 148/4a 益公集 148/4b

奏留正欽與田世雄轉官 益國文忠集 148/7b 益公集 148/8a

延壁叙官張德元轉官御筆回奏 益國文忠集 148/16a 益公集 148/18a

擇人替盛雄飛御筆回奏 益國文忠集 148/16b 益公集 148/18b

張元政左翼軍統領奏 益國文忠集 148/17a 益公集 148/18b

楊應龍差遣回奏 益國文忠集 149/2a 益公集 149/2b

蔡必勝接送件御筆回奏 益國文忠集 149/2b 益公集 149/3a

乞與雷世賢轉官 益國文忠集 149/7a 益公集 149/7b

韓侯等差遣御筆回奏 益國文忠集 149/13b 益公集 149/15a

黃保弼轉官回奏 益國文忠集 149/14a 益公集 149/16a

王晟添差回奏 益國文忠集 149/17b 益公集 149/19b

宣諭王信書行廿員職事御筆附批李臧徵章 益國文忠集 150/11b 益公集 150/13a

審察守臣御筆回奏 益國文忠集 150/16b 益公集 150/18b

薛叔似等差除當否御筆回奏 益國文忠集 151/2b 益公集 151/2b

楊萬里宜去御筆 益國文忠集 151/3b 益公集 151/3b

王相判郡御筆回奏 益國文忠集 151/7a 益公集 151/8a

宇文价知紹興御筆回奏 益國文忠集 151/8b 益

公集 151/9b

曹官差除御筆回奏 益國文忠集 151/11a 益公集 151/12a

不應差遣回奏 益國文忠集 151/12b 益公集 151/14a

趙汝應放罷内批回奏 益國文忠集 151/13b 益公集 151/15a

張激應孟明御筆回東宫割子 益國文忠集 151/14a 益公集 151/16a

乞罷黜正除太常少卿 益國文忠集 151/15b 益公集 151/17b

乞六部長貳堂白割子 益國文忠集 151/16a 益公集 151/18a

陸游除郎并朝士薦人御筆回奏 益國文忠集 152/1a 益公集 152/1a

繳薦士奏 益國文忠集 152/2b 益公集 152/3a

留用光合出敕回奏 益國文忠集 152/3b 益公集 152/4a

付下元進薦士回奏 益國文忠集 152/3b 益公集 152/4a

韓同卿別與差遣御筆回奏 益國文忠集 152/5b 益公集 152/6a

韓同卿添差參議回奏 益國文忠集 152/6a 益公集 152/6b

商議稱呼及吳璞落階官御筆回奏 益國文忠集 152/6a 益公集 152/7a

郭師禹建節回奏 益國文忠集 152/8b 益公集 152/9b

擬浙漕除目奏 益國文忠集 152/13b 益公集 152/14b

論婉容覃氏位官更礦止法人轉行狀同金安節 益公集 99/119b

繳李觀鄭孝禮轉官詞頭狀 益公集 99/121a

繳士參用減年轉官狀 益公集 99/121b

繳駁蔡仍叙官狀 益公集 99/123b

繳高堯容轉官不當狀 益公集 99/126b

繳駁龍大淵曾觀差遣狀 益公集 99/132a

繳曹相詞頭奏狀 益公集 100/147b

繳張說王之奇辭免西府奏 益公集 106/149a

上壽皇乞留張栻黜韓玉書 誠齋集 62/1a 歷代奏議 146/17b

上皇帝留劉光祖書 誠齋集 62/33b 歷代奏議 146/19a

王辰輪對第一割子 誠齋集 69/1a

王辰輪對第二割子 誠齋集 69/2b

癸巳輪對第二割子 誠齋集 69/5a

上殿第三割子 誠齋集 69/10b

輪對第二割子 誠齋集 69/14a

薦劉起晦章變堪充館學之任奏狀 誠齋集 70/3a

薦舉吳師尹廖保徐文若毛窟鮑信叔政績奏狀 誠齋集 70/4b

薦舉徐木袁采朱元之求揚祖政績奏功 誠齋集 70/7a

薦舉王自中曾集徐元德政績同安撫司奏狀 誠齋集 70/8b

人才上中下 誠齋集 87/36b-43b 歷代奏議 146/9b-14a

論相上下 誠齋集 88/1a-4a 歷代奏議 146/2a-3b

論將上下 誠齋集 88/7a-9b 歷代奏議 240/16a-17b

奏紹興府都監買祐之不抄割飢民狀 朱文公集 16/20b

奏紹興府指使密克勤偷盜官米狀 朱文公集 16/26a

奏張大聲孫玫檢放旱傷不實狀 朱文公集 17/3a

乞留婺州通判趙善堅措置賑濟狀 朱文公集 17/20a

奏知寧海縣王畔綱不職狀 朱文公集 17/24b

按知台州唐仲友狀（1-2） 朱文公集 18/17a-18a 歷代奏議 183/19a-20a

按唐仲友狀（3-5） 朱文公集 18/20a-19/15b

按唐仲友第六狀 朱文公集 19/20b

按黄发狀 朱文公集 19/42a

薦知龍溪縣翁德廣狀 朱文公集 19/43a 歷代奏議 147/11b

勸將官陸景任狀 朱文公集 19/44b

同監司薦潘蕭韓邈蔡咸方銓狀 朱文公集 19/45a 歷代奏議 147/10b

舉潘友恭自代狀 朱文公集 19/46b

論涵養人才割子 于湖集 16/3a 歷代奏議 143/19b

論薦劉澤奏 于湖集 17/2b

論用才之路欲廣割子 于湖集 18/2a 歷代奏議 146/27a

用才割子 江湖集 28/7b

薦舉割子 江湖集 28/19b

論用人聽言割子 尊白堂集 6/5a 歷代奏議 147/21a

薦蔡元定章光美撰 西山集 2 附錄/149a

薦蔡元定章楊萬里撰 西山集 2 附錄/149b

薦蔡元定章趙汝愚撰 西山集 2 附錄/150a

代知衡州劉寺簿清之奏狀 省齋集 4/31b

湖南提舉刺列郡太守狀 止齋集 20/1a

湖南提舉薦士狀 止齋集 20/2a

繳奏劉焯與監司差遣狀 止齋集 21/6a

繳奏内侍張安仁轉官狀 止齋集 22/1a-2a

繳奏給事中黃裳改除兵部侍郎狀（1－2）　止齋集 22/5a－6b　歷代奏議 147/2b，147/3b

繳奏陳源除入内内侍省押班狀　止齋集 22/8b

繳奏白身彭薦補官狀　止齋集 22/9a

繳奏張子仁除節度使狀（1－2）　止齋集 23/1a－3a　歷代奏議 147/4b，6a

繳奏傅昌朝轉官狀　止齋集 23/5a

繳奏南班多慶轉官　止齋集 23/8b

繳奏傅昌朝轉官狀　止齋集 23/10b

繳奏藍嗣祖轉官狀　止齋集 23/11a

繳奏幸逢原除都統制狀（1－2）　止齋集 24/1a－1b　歷代奏議 240/23a

繳奏孫拱之轉官狀　止齋集 24/6b

繳奏朱熹宮觀狀　止齋集 27/3a　歷代奏議 148/3a

繳奏陳峴知贛州狀　止齋集 27/4a

除中書舍人舉莫光朝自代狀　宋本攻媿集 18/1b　攻媿集 31/1b

舉楊簡劉仲光狀　宋本攻媿集 18/2a　攻媿集 31/2a

除給事中舉高似孫自代狀　宋本攻媿集 18/2b　攻媿集 31/2b

除權吏部尚書舉謝天錫自代狀　宋本攻媿集 18/3a　攻媿集 31/3a

除顯謨閣直學士舉馮端方自代狀　宋本攻媿集 18/3b　攻媿集 31/3b

舉馮端方江疇樓昉狀　宋本攻媿集 18/3b　攻媿集 31/3b

除吏部尚書兼翰林學士舉張虙自代狀　宋本攻媿集 31/4b

舉命應符李兼鄭肇之充監司狀　宋本攻媿集 18/5a　攻媿集 31/4b

薦沈端叔王度劉子　宋本攻媿集 18/6a　攻媿集 31/5b

舉閻一德蔡奎趙積謙充邊郡狀　宋本攻媿集 18/7a　攻媿集 31/9b

薦黃膚卿林椅劉子同悅思　宋本攻媿集 18/8a　攻媿集 31/7a

論道學明黨任宗正丞　宋本攻媿集 19/14b　攻媿集 20/14a

論朱熹補外　宋本攻媿集 23/12b　攻媿集 26/10a

繳林大中辭免權吏部侍郎除直寶文閣與郡　宋本攻媿集 26/闕　攻媿集 27/7b

繳潘景珪知平江府　宋本攻媿集 27/闕　攻媿集 28/1a

繳劉焯監司差遣　宋本攻媿集 27/闕　攻媿集 28/1b

繳陳峴差知靖江府　宋本攻媿集 27/闘　攻媿集 28/3a

繳鄭汝諧除權吏部侍郎（1－3）　宋本攻媿集 27/闕　攻媿集 28/3b

繳給還陳源告劃產業什物　宋本攻媿集 27/闕　攻媿集 28/8a

繳萬鍾除起居郎兼權中書舍人　宋本攻媿集 27/闕　攻媿集 28/11a

繳馮輔之等轉官　宋本攻媿集 28/闕　攻媿集 29/1a

繳隨龍講官等轉官　宋本攻媿集 28/闕　攻媿集 29/3a

繳戴勸除知閣門事　宋本攻媿集 28/闕　攻媿集 29/4a

繳關禮張宗尹特與隨龍恩數　宋本攻媿集 28/闕　攻媿集 29/5b

繳隨龍人轉官並王侯等八人恩數　宋本攻媿集 28/闕　攻媿集 29/6a

繳鄭熙等免罪　宋本攻媿集 28/闕　攻媿集 29/7b

繳蔣介除右監門衞中郎將　宋本攻媿集 28/闕　攻媿集 29/8a

繳李謙召試閣門舍人　宋本攻媿集 28/闕　攻媿集 29/9a

繳劉詢帶行遞刺　宋本攻媿集 28/闕　攻媿集 29/9b

繳王淫等放令逐便　宋本攻媿集 28/闕　攻媿集 29/10b

繳醫官鄭至達改風科入内内宿　宋本攻媿集 28/闕　攻媿集 29/11b

繳謝淵請給全支本色　宋本攻媿集 28/闘　攻媿集 29/13b

繳傅昌朝改差幹辦皇城司　宋本攻媿集 28/闕　攻媿集 29/14a

繳朱熹除寶文閣侍制與州郡差遣　宋本攻媿集 29/闕　攻媿集 30/1a

繳韓侂胄轉一官彭龜年除職與郡　宋本攻媿集 29/闕　攻媿集 30/2a

繳毛伯益帶行遞刺　宋本攻媿集 29/闕　攻媿集 30/4b

繳重華宮官吏諸色人等及五年推恩轉官　宋本攻媿集 29/闕　攻媿集 30/5b

繳陸彦端將單恩並解帶各轉一官息例特與階官上轉行一官　宋本攻媿集 29/闕　攻媿集 30/7a

繳成立帶行遞刺　宋本攻媿集 29/闕　攻媿集 30/8b

再繳成立帶行遞刺　宋本攻媿集 29/闕　攻媿集 30/10a

再繳韓侂胄彭龜年　宋本攻媿集 29/闕　攻媿集 30/12b

用人狀　東塘集 12/10a　歷代奏議 148/14b

薦鄂州通判劉清之狀　定齋集 1/2a　歷代奏議 147/

12b

薦衢州通判宗嗣良狀　定齋集 2/5b　歷代奏議 147/ 13a

薦諸軍統制官狀　定齋集 3/10a　歷代奏議 240/21b

論用人劄子　定齋集 4/4a　歷代奏議 145/1a　南宋文範 19/13b

論用人不當疏　定齋集 4/8b　歷代奏議 145/3a

論邪正劄子　定齋集 6/6a　歷代奏議 157/13b

薦臨安通判王補之狀　定齋集 6/6b　歷代奏議 147/ 13b

薦胡楶万俟似狀　定齋集 6/9a　歷代奏議 147/14a

薦万俟似張忠恕狀　定齋集 6/10a　歷代奏議 147/ 17b

薦胡楶万俟似狀　定齋集 6/10b

薦趙時侃方信儒奏狀　定齋集 6/11a　歷代奏議 147/16b

薦蔣來旻狀　定齋集 6/12a　歷代奏議 147/16a

薦高商老周燦劉董狀　定齋集 6/12b　歷代奏議 147/15a

乞留侍御史劉光祖疏　止堂集 1/1a　歷代奏議 147/ 7a　南宋文範 20/1a

論朱熹以謀移御而口乞同罷斥疏　止堂集 5/ 13b

論韓侂胄干預政事疏　止堂集 5/15a　歷代奏議 184/7a　宋朝文範 20/5a

請乞收拾人才　雲莊集 1/5b

癸酉八月上疏論君子小人和同之異　雲莊集 1/12a

乞擇沿邊將帥劄子　雲莊集 1/12b

乞擇諸州縣獄官　雲莊集 1/12b

輪對陳人君用人劄子　聚齋集 1/7b　歷代奏議 148/ 9b

辯兵部郎官朱元晦狀　水心集 2/7b　歷代奏議 157/ 7a　南宋文範 21/15b

繳吳璋知建寧府旨揮狀　育德堂奏議 2/8b

繳彭師孟等改小方脈科入內内宿旨揮狀　育德堂奏議 2/9a

繳夏允言轉圜練使旨揮狀　育德堂奏議 2/11a

繳韓侂胄陳自強與在外官觀指揮狀　育德堂奏議 2/12a

應詔言事狀十一月　育德堂奏議 2/16a

繳易綾鄭捉各降兩官辰郴州居住指揮狀　育德堂奏議 2/24a

中書舍人舉自代狀許沆　育德堂奏議 3/2b

應詔舉人狀陳孔碩　陳武　李誠之　育德堂奏議 3/2b

繳大理卿吳士遜新福建提刑曾栗放罷旨揮狀

育德堂奏議 3/3b

繳藍師古該皇弟摐讀書終篇轉官特與陞官上轉行旨揮狀　育德堂奏議 3/5a

繳施康年官觀旨揮狀　育德堂奏議 3/6a

繳給事中倪思奏乞將喻珪注知縣理作堂除旨揮寢罷可與書行旨揮狀　育德堂奏議 3/7b

繳王宗孟叙復元官指揮狀　育德堂奏議 3/8a

繳程錫知與國軍韓杞權通判寧國府旨揮狀　育德堂奏議 3/13a

繳安豐縣令沈炫改差湖北安撫司幹辦公事旨揮狀　育德堂奏議 3/15b

繳陳知津知湖州旨揮狀　育德堂奏議 3/18a

繳李隸特轉一官旨揮狀　育德堂奏議 3/21b

繳張廷理作自陳旨揮狀　育德堂奏議 3/21b

繳林祖洽知寧國府指揮狀　育德堂奏議 3/22b

繳張宗尹權通判臨安府旨揮狀　育德堂奏議 3/ 25a

繳黃璪放罷旨揮狀　育德堂奏議 4/1a

繳戴坦特循一資旨揮狀　育德堂奏議 4/9a

繳趙師翠實謹閣學士知江陵府充京西湖北路制置使旨揮狀　育德堂奏議 4/10b

應詔舉邊郡太守狀　育德堂奏議 4/12b

刑部侍郎舉自代狀　育德堂奏議 4/18b

吏部侍郎舉自代狀　育德堂奏議 4/18b

應詔舉所知狀　育德堂奏議 4/19a

應詔薦郎狀　育德堂奏議 4/21b

繳趙師翠辯免工部尚書兼知臨安府降不允詔奏　育德堂奏議 5/1a

應詔薦實才狀　育德堂奏議 5/9b

福建諸司乞采錄杜東狀　育德堂奏議 5/10b

應詔薦邊郡將帥狀　育德堂奏議 6/1a

受權兵部尚書告奏舉自代狀　育德堂奏議 6/1b

乾道壬辰廷對策附入　育德堂奏議 6/6b

論對劄子論人才　後樂集 9/21a　歷代奏議 145/13b

論對劄子論人才六事　後樂集 9/30b　歷代奏議 149/1a

繳兵部郎官劉炳除江西提舉劄　後樂集 11/3a　歷代奏議 145/15b

繳徐柟柯祿狀　後樂集 11/7a　歷代奏議 145/15a

應詔舉人才摐游九言錢文子黃宜狀　後樂集 11/11b　歷代奏議 149/21a

應詔舉彭法輔廣充奉使之選狀　後樂集 11/15b

應詔舉耿羽王好生充通書金國元帥府人狀　後樂集 11/16a

諭朝議大夫易拔朝請郎太常少卿兼權吏部侍郎兼侍講朱質朝奉大夫林行可乞賜錫斥狀　後樂集 11/17a　歷代奏議 185/1b

諭新除司農少卿張鑑乞賜寃責狀　後樂集 11/23a　歷代奏議 185/1a

諭宮觀鄧友龍乞賜錫黜狀　後樂集 11/24b　歷代奏議 185/5a

再言王師約劄子　後樂集 11/27a

奏陞差李義充飛虎軍統領袁任充親兵忠義統領狀　後樂集 12/8a

列薦徐筠宋著留筠乞賜甄擢狀　後樂集 12/10a　歷代奏議 149/7a

列薦薛洽趙崇模羅瀛趙伯駿蔡師仲趙彥訪乞賜庠擢狀　後樂集 12/11a　歷代奏議 149/7b

奏舉趙崇度趙彥北徐簡乞賜擢用狀　後樂集 12/12b　歷代奏議 149/17a

奏舉封彥明充將帥狀　後樂集 12/14a　歷代奏議 149/17b

奏舉布衣胡大壯乞賜褒錄狀　後樂集 12/15a　歷代奏議 149/18b

奏舉黃學行劉用行李劉乞賜甄擢狀　後樂集 12/17b　歷代奏議 149/19b

應詔舉李熺陳元勳鄭準充所知狀　後樂集 12/19a　歷代奏議 149/16a

奏舉張譽道張履信廖視乞賜甄擢狀　後樂集 12/20b　歷代奏議 149/20b

奏舉李鼎陳觀黃蘊鼎莫仉乞賜擢用狀　後樂集 12/21b　歷代奏議 149/8a

奏舉章琰甄世光乞賜畀錄狀　後樂集 12/23a　歷代奏議 149/6b

再奏舉宋億狀　後樂集 12/23b　歷代奏議 149/24a

奏舉蕭遹施楠姜注謝孫復謝興甫郊夢祥乞加錄用狀　後樂集 12/24b　歷代奏議 149/22a

奏舉趙綸趙彥摶祝夢良乞特與甄擢狀　後樂集 12/26a　歷代奏議 149/23a

奏舉王觀之趙時通洪溪孫格何運彭耕趙公括桂如虎潘重陳景仁連元徐价乞賜審察擢用狀　後樂集 13/1a　歷代奏議 149/2b

奏舉滕璘趙師秀潘景伯趙善琮將日宣黃宜鄭魏挺乞賜庠擢狀　後樂集 13/4a　歷代奏議 149/4a

奏舉徐範沈鑑楊洽俞機營栗董仁澤林景陳元衡溫良輔充所知狀　後樂集 13/5b　歷代奏議 149/5a

奏舉蕭舜咨彭去非陳幹乞賜甄錄狀　後樂集 13/7a　歷代奏議 149/6a

奏舉吳畧梁致恭李伯賢趙公珊周良趙希楚黃之望黃師穆趙崇畏充所知狀　後樂集 13/8a　歷代奏議 149/13b

奏舉趙汝誠趙希普趙師嚴鄭斯立充所知狀　後樂集 13/10a　歷代奏議 149/14b

奏舉朱端常何松趙善稱張國均楗鑑乞加表用劄　後樂集 13/11a　歷代奏議 149/8b

奏舉劉寶充將帥狀　後樂集 13/12b

奏舉丘橦李大有充所知狀　後樂集 13/12b

奏舉李丙充沿邊繁難任使狀　後樂集 13/12b

奏舉王安國軍政狀　後樂集 13/13b

奏舉趙汝鑑王正平王敗充廉吏狀　後樂集 13/14a

奏舉陳嗣宗孔夢符林士遜王克恭郭伯良章大蒙江潤祖趙師記董千里趙必應吳端忠黃以大王仲龍黃伯鄒楣乞賜庠擢狀　後樂集 13/14b　歷代奏議 149/9b

奏舉陳孔碩乞賜擢用狀　後樂集 13/16a　歷代奏議 149/10a

奏舉蔡汝採史復祖汪綬黃以大孫起子黃應西乞賜庠擢狀　後樂集 13/17a　歷代奏議 149/10b

奏舉留丙楊如葉澄俞遷張清臣許拔徐清夏方大琮乞賜庠擢狀　後樂集 13/18b　歷代奏議 149/11b

奏舉范應鈴趙師陶趙彥章余珪郡應祥趙崇升膝仲宮潘復乞賜甄錄狀　後樂集 13/20b　歷代奏議 149/12b

應詔舉真德秀章採趙崇模充廉吏狀　後樂集 13/22b　歷代奏議 149/15a

應詔薦季衍等狀　昌谷集 8/8b

舉李熺自代狀　昌谷集 8/11a

應詔舉廉狀　昌谷集 8/11b

舉度正自代狀　昌谷集 8/13a

應詔舉將帥狀　昌谷集 8/13b

奏舉柴中行李熺吳柔勝狀　昌谷集 8/16a

舉曹廟自代狀　昌谷集 8/17b

舉張洽自代狀　昌谷集 8/18a

舉吳淵自代狀　昌谷集 8/18b

代薦人狀　昌谷集 8/20a

權攝憲舉曼亞夫遺逸奏狀　性善稿 5/10b

勸宰相史彌遠疏　松垣集 1/15a

論量能授官劄子　東澗集 7/9a　歷代奏議 148/3b

論用人劄子　東澗集 7/13b　歷代奏議 151/11a　南宋文範 24/7b

論久任劄子　東澗集 7/16a　歷代奏議 151/12a

破朋黨劄子 東澗集 7/20a 歷代奏議 158/9a

開禧元年四月二十七日上皇帝書 南征錄 1/1a 歷代奏議 185/12b

直前奏劄 真西山集 4/1a 歷代奏議 157/15a

謝獎廉吏奏劄 真西山集 5/5b 歷代奏議 150/4b

又申乞將董汝霖處斷狀 真西山集 10/6a

奏乞將知太平州當塗縣謝易中罷斥主簿王長民鑄降狀 真西山集 12/1a 歷代奏議 184/11b

奏乞將知寧國府南陵縣丞李仁任罷黜廣德軍廣德縣丞馮梵送部與嶽祠狀 真西山集 12/3b 歷代奏議 184/12b

奏乞將知寧國府張忠恕亟賜罷黜 真西山集 12/5a 歷代奏議 184/13b

因明堂赦薦趙監嶽蕃 真西山集 12/12a 歷代奏議 148/22b

薦洪運管等官狀 真西山集 12/12a 歷代奏議 148/20b

奏乞將新知寧國府陳廣壽寢罷新命 真西山集 12/14a 歷代奏議 184/19a

按奏寧國府司戶錢象求狀 真西山集 12/16b 歷代奏議 184/17b

薦本路十知縣政績狀 真西山集 12/19b 歷代奏議 148/21a

薦本路十知縣政績狀 真西山集 12/20a

薦知州丁融等狀 真西山集 12/22b 歷代奏議 148/19b

奏乞將新知徽州林珙寢罷新任 真西山集 12/25a 歷代奏議 184/10b

奏乞將太平州通判韓楚卿罷免 真西山集 12/26a 歷代奏議 184/11a

申將寧國府南陵縣尉汪相如罷職事 真西山集 12/28b

申將文林郎監江東轉運司奉納倉張綺重行追奪等事 真西山集 12/31b

申南安知縣梁三聘劄 真西山集 17/1a

奏伸雪葉莫謳柱乞加録用狀 真西山集 17/3b 歷代奏議 158/1a

福州舉自代狀 真西山集 17/6b

應詔薦士狀 真西山集 17/6b

除户書舉自代狀 真西山集 17/7b

除翰林學士舉自代狀 真西山集 17/18a

奏舉浦城知縣陳防狀 真西山集 17/8b

辟林司户充浦城北尉狀 真西山集 17/8b

奏乞獎擢潭州通判張國均永州通判魏泫狀 真西山集 17/22b

奏舉潭州官屬狀 真西山集 17/23b

按奏武岡知軍司馬遷狀 真西山集 17/25b

薦賢能才識之士狀 真西山集 17/27a

申將前知建康府溧陽縣王榮鑄降事 真西山集 22/29b

奏論故軍器監主簿游仲鴻紹熙末年建明宗社大計 鶴山集 15/3a

奏乞趣詔崔與之參預政機 鶴山集 20/15a 歷代奏議 150/6a

論儲蓄人才 鶴山集 22/1a 歷代奏議 153/11b

論寒黄二帥 鶴山集 22/8a 歷代奏議 241/13b

除權工部侍郎舉廣剛簡自代奏狀 鶴山集 24/8b

應詔薦楊子謨等五人奏狀 鶴山集 24/9a

除寶章閣待制舉游伯自代狀 鶴山集 24/12a

薦三省元奏 鶴山集 24/13b

論曉事之臣與辦事之臣劄子附聖語口奏 鶴林集 18/17a

論不可厭近名好直之風劄子 鶴林集 20/3a

繳閣門宣贊舍人許堪充荊湖制司參議官牒知棄陽軍録黄 鶴林集 21/1a

繳王夢龍落待制李日遹知寧國府詞頭 鶴林集 21/2a

繳李知孝官觀梁成大罷黜詞頭 鶴林集 21/4a

繳袁韶官觀録黄 鶴林集 21/7a

繳陳宣仁林介落閣降官詞頭 鶴林集 21/11a

繳全子才降一官録黄 鶴林集 21/13a

再繳李知孝梁成大各更特降兩官録黄 鶴林集 21/14b

繳許俊贈檢校少保詞頭 鶴林集 21/16a

繳汪綱降官詞頭 鶴林集 21/18a

奏乞留殿院徐清叟狀 鶴林集 22/11b

與馬光祖互奏狀 鶴林集 23/1a

中書舍人直前奏事劄子 蒙齋集 5/12b 歷代奏議 150/7b

軍器監丞輪對劄(1-2) 杜清獻集 5/1a-11b 南宋文範 23/13a

入臺奏劄 杜清獻集 5/12a 歷代奏議 184/1b

留徐殿院劄子同吳察院劄子 杜清獻集 6/4b

三留徐殿院劄子 杜清獻集 6/5b

薦通判尹烜翁逢龍劄 杜清獻集 9/1a

三月初六日申時奏附御筆 杜清獻集 14/8b

三月初七日未時奏附御筆 杜清獻集 14/9b

薦葛應龍劄子 杜清獻集 15/1a

奏議表狀一 奏議 用人

繳奏董琳差知滁州録黄 巏崖集 3/1a

繳奏户部侍郎權兵部尚書兼知臨安府浙西安撫使趙與懃奏火災乞削奪寵斥奉聖旨依累降指揮不得再有陳請録黄 巏崖集 3/2a

繳奏御筆李子道鄒雲從應詔論事文理可采並特補將侍郎録黄 巏崖集 3/5a

進故事十一月上進 巏崖集 4/2b

舉浦城北尉林贛孫奏狀 巏崖集 5/4b

按通判興化軍江叔豫通判福州陳過知同安縣謝奕恭 巏崖集 5/5b

舉知潮州劉克遜知循州趙彥廷知梅州楊應己知肇慶府林士變奏狀 巏崖集 5/7b

舉知傅羅縣王旦奏狀 巏崖集 5/9b

舉連州教授周梅曼乞旌擢奏狀 巏崖集 5/11b

舉知河源縣风子興狀 巏崖集 5/13b

李興吳琦轉官告乞付軍前給降奏 金佗稡編 12/7a

劾劉康年偽奏乞恩澤奏 金佗稡編 13/7a

再乞寢罷劉康年偽乞恩澤劄子 金佗稡編 13/8b

乞賜御筆趙忠簡公鼎奏劄 金佗稡編/續 29/6b

乞起復岳飛 趙鼎撰 金佗稡編/續 29/8b

南劍州布衣上皇帝書范澄之撰 金佗稡編/續 30/1b

附殿中侍御史王遂奏劄 象臺首末 5/12a

乞選求實才以備煩使 拙齋集 5/6b

留趙給事劄 恥堂稿 1/21b

備對劄子（1－2） 後村集 51/1a－3b

輪對劄子 後村集 51/7b

召對劄子（1－3） 後村集 52/1a－6a

直前 後村集 52/16a

庚申召對（1－2） 後村集 52/17b－20a

回奏宣諭改呂文德開封制再回奏 後村集 54/14b

薦林中書自代狀 後村集 77/17b

薦陳禮部自代奏狀 後村集 77/17b

按信州守臣奏狀 後村集 79/7b

按發張記等奏檢 後村集 79/15a

按饒州路分葉准奏狀 後村集 79/17b

繳新知惠州趙希君免朝辭奏狀 後村集 80/1a

繳龔基先准東運判行奏狀附被旨日記 後村集 80/2a

奏乞坐下史嵩之致仕罷名狀 後村集 80/3b

回奏史嵩之致仕職名奏狀 後村集 80/6b

乞寢史嵩之職名奏狀附宣諭 後村集 80/7a

乞寢史嵩之職名等二奏狀附宣諭回奏 後村集 80/8b

乞寢史嵩之職名第三奏狀 後村集 80/10a

録謝侍郎回奏乞寢史嵩之職名第三奏狀 後村集 80/11a

繳秦九韶知臨江軍奏狀 後村集 81/1a

繳趙汝攀通判淮安州奏狀 後村集 81/2b

師應極知漳州奏狀 後村集 81/3a

繳令狐震已辟羌知象州奏狀 後村集 81/4a

繳慶身令赴行在奏事奏狀 後村集 81/4b

繳李桂監察御史兼崇政殿說書奏狀 後村集 81/6a

繳屬文翁依前資政殿大學知建康沿江制置使江東安府撫使兼行宮留守暫兼淮西總領 後村集 81/7a

再繳奏狀 後村集 81/8b

三繳奏狀 後村集 81/9a

繳史宇之除工部侍郎辭免奏（1－2） 後村集 81/14b－15a

進故事丙午十二月初六 後村集 86/2a

進故事辛亥六月九日 後村集 86/4a 歷代奏議 151/8a

進故事壬戌月初十日 後村集 87/9b

薦蔡模疏范鍾謝方叔湯中撰 附詔 覺軒集 7/21b

五月視朝轉對劄子 清正稿 1/16b

劾知太平州岳珂在任不法疏 清正稿 1/62a

經筵奏己見（1－2）附貼黄 清正稿 2/1a－2a

丁酉進故事 清正稿 2/11a

同日進故事 清正稿 2/16b

八月朔視朝轉對狀 清正稿 2/18a

劾陸德輿疏 徐文惠稿 1/12b

劾張鎮知復疏 徐文惠稿 1/14a

劾李宜之趙時延疏 徐文惠稿 1/15a

劾趙時煥馬夢炎疏 徐文惠稿 1/16a

劾屬文翁疏 徐文惠稿 1/17b

劾趙邦永蔡榮鄒淳疏 徐文惠稿 1/19a

劾楊華石珍疏 徐文惠稿 1/20a

繳呂開光復官疏 徐文惠稿 1/21a

劾董宋臣疏 徐文惠稿 1/22a

劾董宋臣又疏 徐文惠稿 1/24b

薦象山書院陽饒二堂長章 文軒集 8/34b

繳錢相召赴行在指揮 樓基集 4/2a 歷代奏議 185/22a

繳鄒泳乞祠不允指揮 樓基集 4/2b 歷代奏議 185/22b

緻趙汝理改差知邵武軍指揮 樓鑰集 4/3b 歷代 論陳櫃密疏 文溪稿 9/3a

奏議 185/23a 論趙京尹疏 文溪稿 9/5b

緻蕭郊理還元斷日月指揮 樓鑰集 4/3b 歷代奏 緻奏劄子 文溪稿 9/6a

議 185/23b 應詔薦舉人材事 格庵稿/26b

緻趙逢龍江東提舉王傑知雷州指揮 樓鑰集 奏龔日升勸留夢炎失當事 格庵稿/30b

4/4b 歷代奏議 185/24a 劾余玠子如孫疏翼 先天集 10/1b

緻李曾伯准東制帥指揮 樓鑰集 4/5b 歷代奏議 上理宗皇帝書 蒙川稿/補遺 3a 歷代奏議 158/4a

198/28 上 論奸臣誤國疏 區九峰集 1/1a

緻胡泓新除宗正少卿指揮 樓鑰集 4/7a 歷代奏 奏宰臣矯詔行私明好害正疏 區九峰集 1/2b

議 185/20a 乙未六月上封事 臞軒集 2/1a

再緻胡泓乞祠不允指揮 樓鑰集 4/8a 歷代奏議 乙未七月輪對第一劄 臞軒集 2/9a

185/21a 乙未閏七月輪對第二劄 臞軒集 2/17b 南宋文範

應詔薦士狀 樓鑰集 6/2b 歷代奏議 151/5a 25/2b

奏論士大夫私意之弊 許國公奏議 2/27a 癸亥上皇帝書 文山集 3/41a 歷代奏議 186/1b

内引第三劄奏論尹京三事非其所能 許國公 劉讀先生保舉梅邊先生狀 吾汶稿 10/附錄 2a

奏議 3/17a 上真宗乞用宿舊大臣以小人爲戒謹揀 宋朝

奏尹京事並乞速歸田里 許國公奏議 3/29a 奏議 13/1a 新安文獻 3/1b 歷代奏議 132/3a

奏論君子小人進退 許國公奏議 3/40a 上仁宗乞令韓琦范仲淹更任内外事富弼揀 宋

奏論國家安危理亂之源與君子小人之界限 朝奏議 13/1b 歷代奏議 132/13b

許國公奏議 4/42a 上仁宗論誠與疑乃治亂興仁之本何郯揀 宋朝

准閩薦代奏 可齋稿 17/16a 奏議 13/9a 歷代奏議 134/10a 蜀文輯存 6/11a

特薦陳通判等二十員奏 可齋稿 17/17b 歷代奏 上仁宗論欲用忠賢當去左右之私言馬遵揀 宋

議 150/22a 朝奏議 13/16a 歷代奏議 154/25a

奉詔舉帥材二人 可齋稿/續前 4/1a 歷代奏議 241/ 上英宗論優待大臣以禮不必過爲虛飾呂大防

11b 揀 宋朝奏議 14/3b 歷代奏議 286/1a

奏爲徐提刑申呂馬帥事 可齋稿/續後 3/54a 上神宗論採聽既多當辨君子小人富弼揀 宋朝

回宣諭手奏 可齋稿/續後 5/5b 奏議 14/4b 歷代奏議 135/11a

緻印經翌來劄子 可齋稿/續後 5/7a 上神宗論知人在務學孫覺揀 宋朝奏議 14/11b 歷

回宣諭除劉雄飛三郡鎮撫奏 可齋稿/續後 5/18a 代奏議 154/27a

奏乞叙復朱制參元官事 可齋稿/續後 8/22a 上神宗論人主不宜有輕寡臣之心孫覺揀 宋朝

南康軍薦知都昌縣許子良 秋崖稿 4/1a 奏議 14/12a 歷代奏議 135/24a

薦僉判宋巨空 秋崖稿 4/1b 上神宗論君臣相疑之弊孫覺揀 宋代奏議 14/14a

癸丑後省奏劄乞召還李伯玉 雪窗集 1/24a 歷代奏議 135/25b

丙辰後省奏劄三論張萊揆 雪窗集 1/24b 上神宗論任賢使能之異孫覺揀 宋朝奏議 14/15a

丙辰後省奏劄四論周坦薦奏朱 雪窗集 1/25a 歷代奏議 135/26b

甲寅後省奏劄論薦泰來 雪窗集 1/25b 上神宗論果於用善斷於去惡孫覺揀 宋朝奏議

丙辰後省奏劄一論常楙 雪窗集 1/32b 15/1a 歷代奏議 135/28a

丙辰後省奏劄二論張清之 雪窗集 1/33b 論辨邪正富弼揀 宋朝奏議 15/2b 宋文鑑 45/8a 歷代

高宗皇帝詔籍記臟史姓名 雪窗集 2/2b 奏議 154/33b

緻趙以夫不當爲史館修撰事奏 庸齋集 4/13b 上神宗論推擇太精萃材難進呂公著揀 宋朝奏議

淳祐丙午侍右郎官赴闕奏劄第二劄 文溪稿 15/9a 歷代奏議 135/17b

7/5b 上神宗論臧否人物宜謹密呂公著揀 宋朝奏議 15/

論史丞相疏 文溪稿 8/4a 10a 宋文鑑 51/5a 歷代奏議 135/17a

列奏史丞相疏 文溪稿 8/7a 上神宗論遺張載按獄程顥揀 宋朝奏議 15/11a

再論史丞相疏 文溪稿 8/8a 南宋文範 25/9b 上神宗論御臣之要呂大防揀 宋朝奏議 15/11b 歷

代奏議 136/13b

奏議表狀一 奏議 用人

上神宗乞謹好惡重任用劉摯撰 宋朝奏議 15/12b 宋文鑑 57/9b 歷代奏議 137/1a

上神宗乞參舉才德之士錢鍇撰 宋朝奏議 15/14b 歷代奏議 137/4a

上神宗乞廣收人才呂公著撰 宋朝奏議 15/15b 宋文鑑 51/15b 歷代奏議 135/17a

上神宗乞選用前日論議之人不終遺棄呂公著撰 宋朝奏議 15/16b 宋文鑑 51/16b 歷代奏議 154/39b

上神宗論自古治亂在用誤佞議直之人富弼撰 宋朝奏議 15/18a 歷代奏議 135/15b

上宜仁皇后論察賢佞之說王巖叟撰 宋朝奏議 16/1a 歷代奏議 137/16a

上哲宗論求賢當去六蔽王巖叟撰 宋朝奏議 16/2a 歷代奏議 153/9a

上哲宗乞審於進賢果於去姦王巖叟撰 宋朝奏議 16/3a 歷代奏議 137/21a

上哲宋乞親賢疎佞堅其始終梁燾撰 宋朝奏議 16/4b 歷代奏議 138/6b

上哲宗乞以善利二者別邪正之臣朱光庭撰 宋朝奏議 16/6a 歷代奏議 155/15b

上哲宗分別邪正條目范百祿撰 宋朝奏議 16/7a 歷代奏議 155/7a 蜀文輯存 22/17a

上哲宗乞用君子保泰道王巖叟撰 宋朝奏議 16/13a 歷代奏議 137/22a

上哲宗論爲政之要在辨邪正之實梁燾撰 宋朝奏議 17/1a 歷代奏議 155/7b

上徽宗乞示好惡明忠邪龔夫撰 宋朝奏議 17/7b 歷代奏議 156/8b

上徽宗論任賢去邪在於果斷陳師錫撰 宋朝奏議 17/8a 歷代奏議 141/2a

上徽宗乞爲政取人無熙寧元豐之間江公望撰 宋朝奏議 17/9a 歷代奏議 141/13a

上欽宗論用人太易楊時撰 宋朝奏議 17/12a 歷代奏議 141/22a

上欽宗論用人太易余應求撰 宋朝奏議 17/13a 歷代奏議 141/19b

上欽宗乞革欺罔之風范宗尹撰 宋朝奏議 24/11b 歷代奏議 182/4a

上太宗薦張齊賢可任爲相趙普撰 宋朝奏議 46/1a 歷代奏議 132/2a

上仁宗論狄青爲樞密使龐籍撰 宋朝奏議 46/14a 歷代奏議 187/19a

上仁宗論安危之機在於命相馬遵撰 宋朝奏議 46/14b 歷代奏議 134/18b

上仁宗乞留王曾劉隨撰 宋朝奏議 46/文關 歷代奏議 132/4b

上哲宗乞以五事論相之得失梁燾撰 宋朝奏議 47/5b 歷代奏議 138/4a

上哲宗論司馬光薨當謹於命相朱光庭撰 宋朝奏議 47/13b 歷代奏議 139/1a

上哲宗論司馬光薨當謹於命相劉摯撰 宋朝奏議 47/15a 歷代奏議 138/15b

上哲宗論韓維不當罷門下侍郎呂公著撰 宋朝奏議 47/18b 宋文鑑 52/11a 歷代奏議 139/5b

上哲宗論韓維不當罷門下侍郎呂大防撰 宋朝奏議 47/19a 歷代奏議 139/6a

上哲宗論韓維不當罷門下侍郎王存撰 宋朝奏議 47/20b 歷代奏議 139/6b

上哲宗論呂大防劉摯范祖禹撰 宋朝奏議 48/1a 歷代奏議 139/10b 蜀文輯存 23/18b

上哲宗論救劉摯蘇轍王巖叟撰 宋朝奏議 48/6a 歷代奏議 137/23b

上哲宗乞留范純仁張舜民撰 宋朝奏議 48/7b 歷代奏議 140/15a

上欽宗乞復李綱舊職陳東等撰 宋朝奏議 48/9a

上欽宗乞擇相雷觀撰 宋朝奏議 48/11b 歷代奏議 141/25a

論呂臻等補外劉敞撰 宋朝奏議 49/2b 歷代奏議 154/24a

上神宗乞留呂誨劉述撰 宋朝奏議 52/13a 歷代奏議 136/8a

上神宗緘李定詞頭宋敏求撰 宋朝奏議 52/13b 歷代奏議 13b/19a

上神宗緘李定詞頭李大臨撰 宋朝奏議 52/15a 歷代奏議 136/19b 蜀文輯存 19/15b

上神宗緘李定詞頭李大臨撰 宋朝奏議 52/20a 歷代奏議 136/20a 蜀文輯存 19/16a

上哲宗論楊畏除監察御史劉安世等撰 宋朝奏議 55/5b

上哲宗乞明降召用裴綸爲御史因依孫升撰 宋朝奏議 55/8a 歷代奏議 139/24b

上哲宗緘敦安燾除知樞密院王巖叟撰 宋朝奏議 56/8a 歷代奏議 137/17a

上哲宗再論安燾除命王巖叟撰 宋朝奏議 57/1a 歷代奏議 137/19b

上哲宗論顧臨不當補外梁燾撰 宋朝奏議 57/10b 歷代奏議 138/7b

上哲宗論給事中張問孫升撰 宋朝奏議 57/11a 歷代奏議 198/1b

上仁宗論葛懷敏復內侍名職胡宿撰 宋朝奏議 61/8a 歷代奏議 292/1a

上仁宗論王守忠不當除節度使孫抃撰 宋朝奏議 61/8b 歷代奏議 292/1b 蜀文輯存 5/7b

上仁宗論石全斌等護葬妄冀恩澤范鎮撰 宋朝奏議 61/11a 歷代奏議 292/2b 蜀文輯存 8/19a

上仁宗論朱顗士千求內降乞行勘責傳堯命撰 宋朝奏議 61/15a

上仁宗論李允恭不合薦孫永昌傅堯命撰 宋朝奏議 61/15b 歷代奏議 292/6b

上仁宗再論朱顗士李允恭傅堯命撰 宋朝奏議 61/ 16a 歷代奏議 292/7a

上仁宗再論李允恭傅堯命撰 宋朝奏議 61/文闕

上仁宗論趙纘寵不合越次幹當天章閣傅堯命撰 宋朝奏議 62/1a

上仁宗再論李允恭趙纘寵傅堯命撰 宋朝奏議 62/ 1b 歷代奏議 292/9a

上仁宗再論李允恭趙纘寵傅堯命撰 宋朝奏議 62/ 2b 歷代奏議 292/10a

上英宗論差中官爲陝西鈐轄呂誨撰 宋朝奏議 62/6b 歷代奏議 237/24a

上神宗乞不當差王中正等往外幹事楊繪撰 宋朝奏議 62/14b 歷代奏議 292/17a 蜀文輯存 18/14a

上神宗論遣李憲措置邊事蔡承禧撰 宋朝奏議 63/ 1a 歷代奏議 292/20a

上神宗論遣李憲措置邊事係第二狀蔡承禧撰 宋朝奏議 63/2a 歷代奏議 292/20b

上神宗論遣李憲措置邊事係第三狀蔡承禧撰 宋朝奏議 63/2b 歷代奏議 292/21a

上哲宗彈奏王中正等四宦官之罪劉摯撰 宋朝奏議 63/5a 宋文鑑 58/4a 歷代奏議 179/19b

上哲宗論陳衍採訪外事梁燾撰 宋朝奏議 63/8a 歷代奏議 292/23a

上徽宗乞謹擇左右近習之人江公望撰 宋朝奏議 63/12b

上徽宗論郝隨特許復官任伯雨撰 宋朝奏議 63/13b 歷代奏議 181/25a 蜀文輯存 30/7a

上欽宗論宦人蠱惑人主陳公輔撰 宋朝奏議 63/17b 歷代奏議 293/6b

上哲宗請內外臣僚各舉堪任將帥者張將民撰 宋朝奏議 64/12b 歷代奏議 238/5b

上哲宗論祖宗不任武人爲大帥用意深遠劉摯撰 宋朝奏議 65/9b 歷代奏議 238/2b

上哲宗論不可以走馬一言輕易元帥王巖叟撰 宋朝奏議 65/11b 歷代奏議 238/4b

上徽宗論西北帥不可用武人任伯雨撰 宋朝奏議 65/13b 歷代奏議 238/13b 蜀文輯存 30/11b

上仁宗薦張显之等九人充轉運使副富弼撰 宋朝奏議 67/2a 歷代奏議 132/14b

上仁宗論以禮法待君子吳奎撰 宋朝奏議 74/1a 歷代奏議 285/18a

上神宗論舊臣多求退楊繪撰 宋朝奏議 74/5a 歷代奏議 137/5b 蜀文輯存 18/7b

上仁宗乞別白朋黨韓琦撰 宋朝奏議 76/3a 歷代奏議 154/20a

上哲宗乞明論朋黨所在王存撰 宋朝奏議 76/9a 歷代奏議 155/1a

上宣仁皇后論黨與類不同劉安世撰 宋朝奏議 76/ 11b

上徽宗論不可去元祐之黨陳祐撰 宋朝奏議 76/ 12a

上徽宗乞戒朋黨之弊商倓撰 宋朝奏議 76/12b

上欽宗論朋黨宜辨之於早余應求撰 宋朝奏議 76/ 13b 歷代奏議 156/10b

上欽宗乞分別邪正消除黨與楊時撰 宋朝奏議 76/14b 歷代奏議 156/10a

上神宗乞因轉對召詢以事閱其能否楊繪撰 宋朝奏議 77/2b 歷代奏議 154/28b 蜀文輯存 18/9a

上仁宗乞薦舉行實之士呂誨撰 宋朝奏議 80/2a 歷代奏議 164/20a

上仁宗論許中妄薦狂人孫洙撰 宋朝奏議 84/17b 歷代奏議 174/20b

上神宗論王安石姦詐十事呂誨撰 宋朝奏議 109/ 4b 宋文鑑 50/15b 歷代奏議 176/16a

上神宗論王安石姦詐十事係第二狀呂誨撰 宋朝奏議 109/8a 歷代奏議 136/7a

上神宗論王安石專權謀利及引薛向領均輸非便劉琦撰 宋朝奏議 109/14a 歷代奏議 176/19a

上神宗論王安石司馬光撰 宋朝奏議 115/8b 歷代奏議 176/11a

上神宗論王安石楊繪撰 宋朝奏議 115/13b 歷代奏議 154/28b 蜀文輯存 18/9b

上神宗乞崇用忠實仁厚之史王存撰 宋朝奏議 116/11a 歷代奏議 137/3b

上神宗論王安石王巖叟撰 宋朝奏議 116/12a 歷代奏議 176/22b

上徽宗論紹述陳瓘撰 宋朝奏議 119/14a 歷代奏議 141/5a

請詢訪晁李劉隨撰 宋文鑑 43/8a

論陳執中范鎮撰 宋文鑑 48/4b 蜀文輯存 7/7b

請龍韓琦等轉官呂誨撰 宋文鑑 50/13b 歷代奏議 188/4a

論呂惠卿蘇轍撰 宋文鑑 57/1a

論李憲鄒潤甫撰 宋文鑑 58/10b

論(章)惇(蔡)卞六大罪疏任伯雨撰 宋文鑑 61/ 14b 歷代奏議 181/23b 蜀文輯存 30/5b

論蔡京陳瓘撰 宋文鑑 62/1a

論馮瀞崔鶠撰 宋文鑑 62/12a

再論馮瀞崔鶠撰 宋文鑑 62/14a 歷代奏議 182/2a

乞復用李綱种師道疏江致一撰 新安文獻 3/4a

上朱昭等忠義奏狀朱弁撰附朱昭傳 新安文獻 4/1a

上史抗忠義奏狀朱弁撰 新安文獻 4/3b

上張忠輔忠義奏狀朱弁撰 新安文獻 4/3b

上高景平忠義奏狀朱弁撰 新安文獻 4/4a

上孫益忠義奏狀朱弁撰 新安文獻 4/4a

上孫谷忠義奏狀朱弁撰 新安文獻 4/4b

上僧真寶忠義奏狀朱弁撰 新安文獻 4/4b

上丁氏等忠義奏狀朱弁撰 新安文獻 4/5a

上晏氏忠義奏狀朱弁撰 新安文獻 4/5a

上閻進等忠義奏狀朱弁撰 新安文獻 4/5b

上朱勛忠義奏狀朱弁撰 新安文獻 4/5b

論大臣近臣狀吳儆撰 新安文獻 5/5a

論求才奏狀程文海撰 新安文獻 6/11b

彈陳文顯首起趙端疏 李惟清撰 歷代奏議 116/10a

請戒薦忌疏 王祐撰 歷代奏議 132/1a

薦趙普疏 趙元僖撰 歷代奏議 132/1a

論磨勘叙遷保任之法疏 張方平撰 歷代奏議 134/6a

乞叙用呂臻狀劉敞撰 歷代奏議 134/16a

論張堯佐一日領四使疏 王舉正撰 歷代奏議 134/16b

論用人疏 吳育撰 歷代奏議 134/16b

論方今士習疏孫抃撰 歷代奏議 134/16b 蜀文輯存 5/2a

彈孫抃奏傅堯命撰 歷代奏議 134/17a

乞停薛向新命傅堯命撰 歷代奏議 134/17b

論言事者數與大臣異議疏 呂公弼撰 歷代奏議 135/1b

謀録潁邸直省官爲閣門祇候疏 司馬光撰 歷代奏議 135/8b

再論徐綬 傅堯命撰 歷代奏議 135/10b

論王安石難大任疏 唐介撰 歷代奏議 135/21b

論王安石疏 孫固撰 歷代奏議 136/9a

論用人疏 朱京撰 歷代奏議 136/9b

論任賢去邪之道疏 陳師錫撰 歷代奏議 136/21a

建言天下之務莫急於人才疏黃庠撰 歷代奏議 136/22a

論史部選薦人才疏 彭汝礪撰 歷代奏議 137/10b

論用人狀 彭汝礪撰 歷代奏議 137/11b

論君子小人無參用之理疏 王巖叟撰 歷代奏議 137/23a

論人才有能有不能疏 傅堯命撰 歷代奏議 138/1a

論任人才疏 翟嘉撰 歷代奏議 138/9a

論大臣近臣當極天下之選疏 范純仁撰 歷代奏議 138/12a

論人才難得疏 劉摯撰 歷代奏議 138/18b

論楊畏除御史不當朱光庭撰 歷代奏議 139/2a

論楊畏除御史不當第二狀朱光庭 劉光世撰 歷代奏議 139/2b

論楊畏除御史不當第三狀朱光庭 劉光世撰 歷代奏議 139/3a

論楊畏除御史不當第四狀朱光庭撰 歷代奏議 139/3a

論楊畏除御史不當第五狀朱光庭撰 歷代奏議 139/3b

言進退執政事王觀撰 歷代奏議 140/1a

請留安燾王觀撰 歷代奏議 140/3b 宋文鑑 61/1b

薦梁彥通充監司劉子呂陶撰 歷代奏議 140/5a 蜀文輯存 15/11a

明任劉子(1-2)呂陶撰 歷代奏議 140/5b-6b 蜀文輯存 15/12a-13b

乞戒飭謝景温劉子呂陶撰 歷代奏議 140/13a 蜀文輯存 15/11a

論鄒潤甫除侍讀學士疏 鄭雍撰 歷代奏議 140/14a

上時議策論人才劉涇撰 歷代奏議 140/14a 蜀文輯存 27/2a

論不當設二府防閑疏 鄭雍撰 歷代奏議 140/14b

論明黨之弊疏 胡宗愈撰 歷代奏議 140/14b

論大中大夫以上歲舉守臣未當疏 韓川撰 歷代奏議 140/14b

輪對劉子 劉敦撰 歷代奏議 140/19a

論人才畢仲游撰 歷代奏議 140/24b

論用人疏 任伯雨撰 歷代奏議 140/26b

上殿劉子王觀撰 歷代奏議 141/1a

薦用丁隨王觀撰 歷代奏議 141/1b

論立賢無方陳瓘撰 歷代奏議 141/7a

論用人惟已陳瓘撰 歷代奏議 141/7b

乞罷温益給事中疏陳瓘撰 歷代奏議 141/7b

進故事三條 陳瓘撰 歷代奏議 141/8b

論用人以有德爲先疏 葉夢得撰 歷代奏議 141/11a

論用人疏 陸佃撰 歷代奏議 141/13a

上言章惇狀任伯雨撰 歷代奏議 141/15b 蜀文輯存 29/5a

謀是元豐而非元祐疏 范純禮撰 歷代奏議 141/16b

奏議表狀一 奏議 用人 1283

乞復李綱舊職疏陳東撰 歷代奏議 141/23a

繳葉夢得落職官觀詞頭胡安國撰 歷代奏議 141/26b

論黃潛厚除户部尚書劉子許景衡撰 歷代奏議 142/2b

乞令黃潛厚回避第二劉子許景衡撰 歷代奏議 142/3a

講筵殿進呈劉子秦崇禮撰 歷代奏議 142/5b

論明比劉子秦崇禮撰 歷代奏議 142/6a

面對第二劉子秦崇禮撰 歷代奏議 142/6b

論謹近臣進退將帥用舍疏張浚撰 歷代奏議 142/7b 蜀文帙存 43/11a

論國勢紛擾宜取才能疏張浚撰 歷代奏議 142/8b

蜀文帙存 43/11b

論爲君要道在善任人疏 歷代奏議 142/8b 蜀文帙存 43/12a

論内重外輕之害有八疏張浚撰 歷代奏議 142/10a

蜀文帙存 43/13a

論君臣一體疏張浚撰 歷代奏議 142/11a 蜀文帙存 43/14a

論大臣非奪書吳玠撰 歷代奏議 142/12b

論張浚罷相疏 李綱撰 歷代奏議 142/16a

論置蜀宣撫使擇襄荆二帥疏 張嵲撰 歷代奏議 142/20b

乞謹選執政大臣疏章誼撰 歷代奏議 143/1a

乞參稽衆論選擇大臣章誼撰 歷代奏議 143/1b

乞重宰相之責章誼撰 歷代奏議 143/2b

論劉綱合還鎮或隸一將帥章誼撰 歷代奏議 143/4a

論徽州知通棄城乞獎擢汪希旦章誼撰 歷代奏議 143/4b

奏還吏部侍郎汪應辰除知衛州詞頭疏虞允文撰 歷代奏議 143/13a 蜀文帙存 56/11a

論儲才疏 周必大撰 歷代奏議 143/14a

論差李公彦李正民權官不當劉子張守撰 歷代奏議 143/17a

請除罪籍鄭剛中撰 歷代奏議 143/20b

乞委任李宋鄭剛中撰 歷代奏議 143/20b

論人才鄭剛中撰 歷代奏議 143/21b

請還元祐臣僚官爵恩澤疏 呂揚撰 歷代奏議 143/24a

論於罪庚中選擇實能疏 季陵撰 歷代奏議 143/25a

請急收人才疏張浚撰 歷代奏議 144/1a 蜀文帙存 43/15a

論用人疏 胡銓撰 歷代奏議 144/2a

論人才疏 林光朝撰 歷代奏議 144/3a

奏論用人久任利害疏虞允文撰 歷代奏議 144/4b

論擇相當以天下疏虞允文撰 歷代奏議 144/5b 蜀文帙存 56/11b

進杜黃裳李德裕告君故事汪應辰撰 歷代奏議 144/6b

論銓部之害在因例立法疏 龔茂良撰 歷代奏議 144/11a

論謀國者必有腹心之臣疏趙汝愚撰 歷代奏議 144/11a

申乞甄叙商榮付安撫司自效附奏趙汝愚撰 歷代奏議 144/12a

奏按知金州秦萬狀趙汝愚撰 歷代奏議 144/12a

薦部内知縣黄謙林口李信甫趙彦繩疏趙汝愚撰 歷代奏議 144/14a

薦陳蔡趙幼聞王聞詩疏趙汝愚撰 歷代奏議 144/15a

薦進士劉伯熊常柏疏趙汝愚撰 歷代奏議 144/16a

論實才袁說友撰 歷代奏議 144/19a

乞以公道用人疏雀敦詩撰 歷代奏議 144/20b

奏論使材二疏王質撰 歷代奏議 145/4b

論腹心之臣規模之計疏 李椿撰 歷代奏議 145/9a

請以公道用人名節取士劉子 李椿撰 歷代奏議 145/10a

乞擢用北人李椿撰 歷代奏議 145/11a

論用材不拘南北疏 李椿撰 歷代奏議 145/13a

上殿劉子衛博撰 歷代奏議 145/16a

上殿劉子二衛博撰 歷代奏議 145/16b

論養人材疏王師愈撰 歷代奏議 145/20b

論宰相疏 黄洽撰 歷代奏議 146/23b

論陳傅良等皆以言事而去疏 李大性撰 歷代奏議 146/24a

論任使之際必察其實疏 謝深甫撰 歷代奏議 146/24a

進徽宗實錄面對疏 呂祖謙撰 歷代奏議 146/24b

輪對奏劉 黄黻撰 歷代奏議 146/25a

論文武并用疏 陳居仁撰 歷代奏議 146/25a

論用人疏 袁樞撰 歷代奏議 146/25b

言用人四事劉清之撰 歷代奏議 146/27b

薦宋文仲等狀陳傅良撰 歷代奏議 147/1a

奏薦張漢鄧元汝棋狀趙汝愚撰 歷代奏議 147/9a

薦蜀中三縣令狀趙汝愚撰 歷代奏議 147/9b

應詔薦李信甫徐誼鄭湜王聞體范蓀楊翼之狀趙汝愚撰 歷代奏議 147/10a

輪對劉子虞儔撰 歷代奏議 147/20a

乞留侍講朱熹劄子　歷代奏議 147/22a 南宋文範 21/1a

論進退人才疏 林大中撰　歷代奏議 147/24b

請亟還朱熹疏蔣仲鴻撰　歷代奏議 147/24b 蜀文輯存 72/9b

請復留朱熹書 項安世撰　歷代奏議 148/1a

論用人奏劄葉適撰　歷代奏議 148/2a

請留曹顯疏 余天錫撰　歷代奏議 148/3a

論郡守有闕即時進擬疏 曾從龍撰　歷代奏議 148/5a

請隨才器使疏 吳泳撰　歷代奏議 148/5a 蜀文輯存 79/8a

論擇相疏 唐璘撰　歷代奏議 148/5b

論用人疏 王居安撰　歷代奏議 148/6a

論士大夫勿以改過爲恥疏 楊簡撰　歷代奏議 148/11b

請亟選賢臣早安相位疏 劉漢弼撰　歷代奏議 148/14a

論用人疏 曹彦約撰　歷代奏議 148/16a

論魏了翁罷官子祠疏 李韶撰　歷代奏議 148/19b

請召還魏了翁疏 李韶撰　歷代奏議 148/19b

奏辟宋億充潭州通判狀蔣淮撰　歷代奏議 149/23b

論崔與之真德秀魏了翁疏 洪咨夔撰　歷代奏議 150/1a

論用人獨斷當以兼聽爲先疏 崔與之撰　歷代奏議 150/7a

論君子小人進退疏李鳴復撰　歷代奏議 150/18a 蜀文輯存 81/13a

論內外兼治當自得人始疏李鳴復撰　歷代奏議 150/18b 蜀文輯存 81/13a

論用人有二要疏李鳴復撰　歷代奏議 150/19b 蜀文帳存 81/14a

請召杜範唐璘留曹顯趙汧疏李鳴復撰　歷代奏議 150/21b 蜀文輯存 81/16a

請消朋比之風疏吳昌裔撰　歷代奏議 150/23a 蜀文帳存 84/22a

請留徐清叟疏吳昌裔撰　歷代奏議 150/24b 蜀文輯存 84/23a

請留徐清叟疏吳昌裔撰　歷代奏議 150/25a 蜀文輯存 84/24a

論徐清叟去義難獨留疏吳昌裔撰　歷代奏議 150/25b 蜀文輯存 84/24b

論楊恭等疏吳昌裔撰　附貼黃　歷代奏議 150/26b 蜀文輯存 84/25a

請收回史宅之除授疏吳昌裔撰　歷代奏議 150/27b 蜀文輯存 84/26a

論用人疏 趙葵撰　歷代奏議 150/28b

論大臣貴乎以道事君疏 高斯得撰　歷代奏議 151/1a

論量材進故事許應龍撰　歷代奏議 151/9a

進故事論名實許應龍撰　歷代奏議 151/14b

進故事論用人 洪舜命撰　歷代奏議 151/15b

論小人不去有三大害劄子牟子才撰　歷代奏議 151/16a, 185/15a 蜀文輯存 87/15b

乞留徐經孫狀牟子才撰　歷代奏議 151/19b 蜀文輯存 87/18a

論黃蛻對策楡揚大姦疏牟子才撰　歷代奏議 151/20b 蜀文輯存 87/19a

論趙汝騰徐霖不當遷逐狀牟子才撰　歷代奏議 152/1a 蜀文輯存 88/1a

爲趙汝騰辯葉大有劾章狀牟子才撰　歷代奏議 152/3a 蜀文輯存 88/3a

論救高斯得徐霖李伯玉狀牟子才撰　歷代奏議 152/8a 蜀文輯存 88/7a

乞留徐霖狀牟子才撰　歷代奏議 152/10a 蜀文輯存 88/9a

論調亭建中建極三說最誤國家劄子牟子才撰歷代奏議 152/12a 蜀文輯存 88/10b

因災異請擢用已去諸臣劄子牟子才撰　歷代奏議 152/14b 蜀文輯存 88/13a

上殿奏劄 葉夢鼎撰　歷代奏議 152/16b

論求賢疏 衛涇撰　歷代奏議 153/10a

進漢武帝順帝故事洪舜命撰　歷代奏議 153/15b

請置諸臣簿籍疏 徐元杰撰　歷代奏議 153/17a

論人主當有兼容之量疏 許應龍撰　歷代奏議 153/18a

歷舉祖宗盛事疏高斯得撰　歷代奏議 153/19a 蜀文帳存 92/11a

乞別自朋黨韓瑗撰　歷代奏議 154/20a

論知人疏 傅堯命撰　歷代奏議 154/25a

論王安石疏 吳奎撰　歷代奏議 154/25a

論治亂之道 滕元發撰　歷代奏議 154/25b

論辨小人擇賢臣疏 王安石撰　歷代奏議 154/25b

論知人主要在於知言疏 孫覺撰　歷代奏議 154/27a

論列樂士宣等彭汝礪撰　歷代奏議 154/38a

再論列樂士宣彭汝礪撰　歷代奏議 154/39a

論朋黨之弊疏 胡宗愈撰　歷代奏議 155/19b

論元祐黨人不宜分別疏陳祐撰　歷代奏議 156/1a 蜀文輯存 27/15a

乞辨忠邪書崔德符撰　歷代奏議 156/2b

乞戒朋黨之弊狀尹沫撰 歷代奏議 156/6a
論一可者偏兩可者平 陳瓘撰 歷代奏議 156/7a
論士大夫心術不正疏 何鑄撰 歷代奏議 156/7b
薦人材疏江公望撰 歷代奏議 156/7b
論哲宗紹述疏江公望撰 歷代奏議 156/8a
論君子小人之辨張浚撰 歷代奏議 156/15a
乞辨君子小人之說 歷代奏議 156/20b
論禮及知人疏胡銓撰 歷代奏議 157/5a
乞寬李沐召還李祥楊簡疏 楊宏中撰 歷代奏議 157/10a
論辨學術邪正 歷代奏議 157/11a
乞留朱熹劉子劉光祖撰 歷代奏議 157/13b 蜀文輯存 69/15a
論君子難進小人難退疏 羅點撰 歷代奏議 157/14b
請崇獎朴直疏 袁燮撰 歷代奏議 157/15a
上言人材議論袁說友撰 歷代奏議 157/20a
論辨君子小人疏 李翊撰 歷代奏議 157/23a
論察人辨言疏 梁成大撰 歷代奏議 158/1a
入對上五事董重珍撰 歷代奏議 158/6b
論君子小人疏吳昌裔撰 歷代奏議 158/6b 蜀文輯存 84/27a
請及時收招善類疏牟子才撰 歷代奏議 158/10a 蜀文輯存 88/15a
論君子小人聚散劉子牟子才撰 歷代奏議 158/11b 蜀文輯存 88/16a
請勿赦丁謂疏 陳琰撰 歷代奏議 174/20b
論呂夷簡書 孫沔撰 歷代奏議 174/21a
請成朋黨疏 宋經撰 歷代奏議 175/25b
論王臨疏傅堯俞撰 歷代奏議 176/4a
請誅寬任守忠疏 傅堯俞撰 歷代奏議 176/5a
論薛向疏傅堯俞撰 歷代奏議 176/5a
再論薛向疏傅堯俞撰 歷代奏議 176/6a
又論薛向疏傅堯俞撰 歷代奏議 176/6a
論王安石疏司馬光撰 歷代奏議 176/10b
論王安石疏司馬光撰 歷代奏議 176/11a
論王安石不法之事疏唐坰撰 歷代奏議 176/26b
論王安石疏 劉述等撰 歷代奏議 177/1a
論呂惠卿疏蘇軾撰 歷代奏議 177/8a
奏爲乞早賜聖斷罷免韓縝張璪事疏呂陶撰 歷代奏議 177/12b 蜀文輯存 16/1a
論不當召李憲王中正之子疏 范祖禹撰 歷代奏議 177/20b
乞辨析是非深拒邪說疏 范祖禹撰 歷代奏議 177/20b

奏乞實降蔡確疏王觀撰 歷代奏議 179/27b
風聞朝廷欲下詔書以安邪黨乞行寢罷疏王觀撰 歷代奏議 179/28a
論執政張璪疏王觀撰 歷代奏議 179/29b
論蔡確韓德等居中閒上劉子王觀撰 歷代奏議 179/30b
乞再誅寬呂惠卿疏王觀撰 歷代奏議 179/32a
論責授武昌軍節度副使潭州安置章惇陰邪慘酷贜弄威柄乞行顯戮疏王觀撰 歷代奏議 179/33a
奏爲乞出林希外任事疏王觀撰 歷代奏議 179/33b
乞與刑部郎中王振遠小差遣候赦旨事疏王觀撰 歷代奏議 179/34a
彈章惇疏龔夬撰 歷代奏議 180/1a
再論章惇疏龔夬撰 歷代奏議 180/1b
又論章惇疏龔夬撰 歷代奏議 180/2a
彈安燾疏傅堯俞撰 歷代奏議 180/2b
論蔡確疏傅堯俞撰 歷代奏議 180/3a
又論蔡確疏傅堯俞撰 歷代奏議 180/3b
論執政大臣離間之患疏 傅堯俞撰 歷代奏議 180/4a
論君子小人不可並處疏 蘇轍撰 歷代奏議 180/4b
論蔡京姦狀疏常安民撰 歷代奏議 180/5a 蜀文輯存 27/12a
論蔡確章惇大姦不可容疏 王巖叟撰 歷代奏議 180/5b
請斥章惇復司馬光等贈謚墓碑疏 陳師錫撰 歷代奏議 180/5b
乞示好惡明忠邪疏龔夬撰 歷代奏議 180/6a
彈蔡京疏龔夬撰 歷代奏議 180/6b
論蔡京疏龔夬撰 歷代奏議 180/7a
論三省不疾速進呈言蔡京疏狀龔夬撰 歷代奏議 180/7b
又彈蔡京疏龔夬撰 歷代奏議 180/8a
又論蔡京疏龔夬撰 歷代奏議 180/8a
再論蔡京疏龔夬撰 歷代奏議 180/9a
奏乞檢尋文及甫究問獄案狀龔夬撰 歷代奏議 180/9b
彈蔡卞疏龔夬撰 歷代奏議 180/10a
論蔡卞疏龔夬撰 歷代奏議 180/10b
又論蔡卞疏龔夬撰 歷代奏議 180/11a
論去邪疏 龔夬撰 歷代奏議 180/11b
又論章惇疏龔夬撰 歷代奏議 180/12b
上徽宗皇帝書 陳朝老撰 歷代奏議 180/14a

論宜早令蔡京去國消弭災咎疏﹡毛注撰　歷代奏議 180/14b

論蔡京疏﹡洪彥升撰　歷代奏議 180/15a

論趙挺之挾私誣奏王古疏﹡江公望撰　歷代奏議 180/17b

論國是劄子任伯雨撰　歷代奏議 181/1a　蜀文輯存 29/6a

論蔡京不宜在朝廷劄子任伯雨撰　歷代奏議 181/2a　蜀文輯存 29/7a

論蔡京劄子任伯雨撰　歷代奏議 181/3a　蜀文輯存 29/8a

論去蔡京疏任伯雨撰　歷代奏議 181/6b　蜀文輯存 29/11a

再論去蔡京疏任伯雨撰　歷代奏議 181/9a　蜀文輯存 29/13a

論蔡卞等害國政有三疏任伯雨撰　歷代奏議 181/10a　蜀文輯存 29/14a

論蔡卞不當容貸疏任伯雨撰　歷代奏議 181/10b　蜀文輯存 29/15a

再論蔡卞狀任伯雨撰　歷代奏議 181/13a　蜀文輯存 29/17a

論王安石家乞納所賜第宅疏任伯雨撰　歷代奏議 181/15a　蜀文輯存 29/18b

論蔡卞假繼述以脅持上下疏任伯雨撰　歷代奏議 181/16a　蜀文輯存 29/19b

論章惇宜誅疏任伯雨撰　歷代奏議 181/17a　蜀文輯存 29/20b

論章惇求去宜允疏任伯雨撰　歷代奏議 181/17b　蜀文輯存 29/20b

論章惇姦凶不宜曲貸疏任伯雨撰　歷代奏議 181/18a　蜀文輯存 30/1a

論宜逐章惇以范純仁代山陵使疏任伯雨撰　歷代奏議 181/18b　蜀文輯存 30/1b

論宜正惇罪以示威斷疏任伯雨撰　歷代奏議 181/20a　蜀文輯存 30/3a

請速示睿斷早去（章）惇（蔡）卞疏任伯雨撰　歷代奏議 181/22a　蜀文輯存 30/4b

論章惇罪大責輕乞行流竄狀陳瓘撰　歷代奏議 181/25b

言邢恕以反覆詭詐得罪先朝乞原情定罪狀陳瓘撰　歷代奏議 181/26b

再論王雲等劄子李光撰　歷代奏議 182/5a

論朱勔等劄子李光撰　歷代奏議 182/6b

再論朱勔劄子李光撰　歷代奏議 182/7b

論楊連呂齊劄子李光撰　歷代奏議 182/9b

繳馮瀜榜朝堂劄子李光撰　歷代奏議 182/11b

論去邪疏﹡李綱撰　歷代奏議 182/14b

繳王安石隨州安置晃說之許景衡落職宮觀詞頭疏胡安國撰　歷代奏議 182/18b

繳內侍王仍等錄黃疏胡安國撰　歷代奏議 182/19a

請罷黃潛善汪伯彥疏﹡馬伸撰　歷代奏議 182/19b

論朋黨之禍疏常同撰　歷代奏議 182/24a

乞治誣誘韓世忠之人疏﹡章誼撰　歷代奏議 183/3b

論宰相建置淮南等路宣諭使副及出賣官田討論濫賞三議當罷其人疏﹡章誼撰　歷代奏議 183/6a

論總護使與橋道頓遞使給賜不當一辭一受疏﹡歷代奏議 183/6b

彈浦城縣丞不法疏章誼撰　歷代奏議 183/7a

論王安石學術壞人心疏﹡陳公輔撰　歷代奏議 183/15a

繳元居實詞頭疏虞允文撰　歷代奏議 183/15b　蜀文輯存 56/14a

繳知高郵軍趙士珵在任降兩官詞頭疏﹡汪藻撰　歷代奏議 183/16a

乞斥逐勾龍如淵施延臣莫將疏﹡受教復撰　歷代奏議 183/17b

勸施延臣抗章力贊和議疏﹡張燕　受教復撰　歷代奏議 183/17b

上皇帝書﹡黃龜年撰　歷代奏議 183/17b

論去邪疏﹡朱熹撰　歷代奏議 183/18b

乞按提刑吳宗旦運判張伯珪疏趙汝愚撰　歷代奏議 183/21a

按汀安趙汝勁奏趙汝愚撰　歷代奏議 183/22a

繳韓彥質除知臨安府奏趙汝愚撰　歷代奏議 183/22b

按永福知縣高栗羅源縣財龔史良奏趙汝愚撰　歷代奏議 183/23b

請誅韓侂胄疏王居安撰　歷代奏議 184/1a　南宋文範/外 1/14a

乞籍沒陳自强家財狀　歷代奏議 184/22a

論太師平章軍國事韓侂胄丞相兼樞密使陳自强乞陽匪竄狀衛涇撰　歷代奏議 184/24a

論韓侂胄鑿太廟山及婢妾僕隸封敘官爵及分盜太皇殿金帛狀衛涇撰　歷代奏議 184/27a

論蘇師旦狀衛涇撰　歷代奏議 185/5b

奏按郭榮乞賜鑄鼎狀衛涇撰　歷代奏議 185/6b

論吳端孫璋二人除授宜寢疏劉光祖撰　歷代奏議 185/8a　蜀文輯存 69/17b

再論吳端孫璋除轉僥倖疏劉光祖撰　歷代奏議 185/9b　蜀文輯存 69/19a

請止吳端孫璋除轉疏劉光祖撰 歷代奏議 185/10a 蜀文輯存 69/19b

論陳買黃搉疏劉光祖撰 歷代奏議 185/11a 蜀文輯存 69/20a

乞裁處史嵩之疏 李韶撰 歷代奏議 185/14b

論趙善瀚黨與營救疏高斯得撰 歷代奏議 185/18a 蜀文輯存 92/12b

請勿復用佞人邪黨疏 高斯得撰 歷代奏議 185/18b

劾董宋臣疏 歷代奏議 185/19b

請罷史嵩之疏吳昌裔撰 歷代奏議 185/25a 蜀文輯存 85/1a

論鄭清之誤國疏吳昌裔撰 歷代奏議 185/26b 蜀文輯存 85/2b

論趙汝梓兄弟疏吳昌裔撰 附貼黃 歷代奏議 185/27b 蜀文輯存 85/3a

論四都司疏吳昌裔撰 歷代奏議 185/29a 蜀文輯存 85/4b

論王定等狀吳昌裔撰 歷代奏議 185/30b 蜀文輯存 85/6a

論趙汝愚等狀吳昌裔撰 歷代奏議 185/31b 蜀文輯存 85/6b

論安癸仲疏吳昌裔撰 歷代奏議 185/32a 蜀文輯存 85/7a

言史嵩之姦深之狀疏 徐霖撰 歷代奏議 186/1a

乞斬呂師孟疏文天祥撰 歷代奏議 186/4b

論金甑交結秦檜不當授上閤之職疏庚充文撰 歷代奏議 188/26b 蜀文輯存 56/14b

乞加產擢張琰等狀章誼撰 歷代奏議 189/4a

請選公正敢言之士奏趙汝愚撰 歷代奏議 189/12a

論李燁狀吳昌裔撰 歷代奏議 189/25a 蜀文輯存 85/8a

論項容孫轉官加職未當疏吳昌裔撰 歷代奏議 189/25b 蜀文輯存 85/8b

奏言王安石變祖宗法度括克財利民心不寧范純仁撰 歷代奏議 196/19a

論邪人辨之當早去之宜速疏張浚撰 歷代奏議 196/25b 蜀文輯存 44/1b

請罷曾筆起居舍人疏呂陶撰 歷代奏議 198/4b 蜀文輯存 16/4b

論曾筆除命不當疏呂陶撰 歷代奏議 198/5a 蜀文輯存 16/5a

論陝西二三大帥入覲疏 鄭剛中撰 歷代奏議 198/19b

論節費用在選將帥疏 李椎清撰 歷代奏議 236/24b

論曹瑋請益兵疏 李迪撰 歷代奏議 236/27a

請赦种諤疏范鎮撰 歷代奏議 237/19b 蜀文輯存 8/11b

論任將疏 夏竦撰 歷代奏議 237/21b

論舉材武宜寬痕累疏 傅堯俞撰 歷代奏議 238/1a

論孫長卿非將帥才疏 傅堯俞撰 歷代奏議 238/1a

恢復中興之功當責望韓世忠疏張浚撰 歷代奏議 238/21a 蜀文輯存 44/17b

論王似充宣撫副使五不可疏張浚撰 歷代奏議 238/22a 蜀文輯存 44/18b

論非有大謀不必遽召將帥疏 李綱撰 歷代奏議 238/23b

論程昌寓保舉馬友不當眨降疏 章誼撰 歷代奏議 239/1a

論張浚在陝右宜除副武往助疏 章誼撰 歷代奏議 239/1b

論命謝嶲副辛企宗疏 章誼撰 歷代奏議 239/2a

乞令張用鎮撫舒蘄權兼鄂岳二州舊治疏 章誼撰 歷代奏議 239/2b

論遏馬進東侵之勢疏 章誼撰 歷代奏議 239/3a

進高祖與韓信論將故事論任將狀李光撰 歷代奏議 239/6a

論任用李獲葦疏庚充文撰 歷代奏議 239/18a 蜀文輯存 57/8a

論蜀中大將疏庚充文撰 歷代奏議 239/19a 蜀文輯存 57/9a

請差李獲胡洪郝嗣祖王中正疏庚充文撰 歷代奏議 239/20b 蜀文輯存 57/10b

請召李獲等親視慶賞疏庚充文撰 歷代奏議 239/21b 蜀文輯存 57/11a

論差東路兵帥疏庚充文撰 歷代奏議 239/22b 蜀文輯存 57/12a

論蜀中大將非才乞別選用疏庚充文撰 歷代奏議 239/23b 蜀文輯存 57/13a

論李顯忠等宜用吳拱等可采疏庚充文撰 歷代奏議 239/24b 蜀文輯存 57/14a

論李橫可管江州一軍疏庚充文撰 歷代奏議 239/25a 蜀文輯存 57/14b

請録李顯忠劉光輔員琦疏庚充文撰 歷代奏議 240/1a 蜀文輯存 57/15b

請去蜀中二帥疏庚充文撰 歷代奏議 240/3a 蜀文輯存 57/17b

論吳璘老病王權貪佼疏庚充文撰 歷代奏議 240/4a 蜀文輯存 57/18b

請吳璘病愈可任恢復疏庚充文撰 歷代奏議 240/5b 蜀文輯存 57/19b

論憚諱疏 安丙撰 歷代奏議 240/5b

論宿州之敗宜信賞罰疏 胡銓撰 歷代奏議 240/6a

被旨薦將帥奏趙汝愚撰 歷代奏議 240/9a

論假侍從峻職爲沿邊都轉運使疏﹡崔敦詩撰 歷代奏議 240/10a

論選將有五途疏﹡崔敦詩撰 歷代奏議 240/11a

薦李汝翼王舜臣爲將帥疏﹡蔡戡撰 歷代奏議 240/21a

請罷黜舉沙世堅郢元盛雄飛才堪將帥疏趙汝愚撰 歷代奏議 240/22b

請諭趙范修政恤民疏李鳴復撰 歷代奏議 241/4b 蜀文輯存 82/1a

論趙范失襄陽疏吳昌裔撰 歷代奏議 241/6b 蜀文輯存 85/9a

論趙范召命不當疏吳昌裔撰 歷代奏議 241/8b 蜀文輯存 85/10b

請斥安癸仲疏吳昌裔撰 歷代奏議 241/9b 蜀文輯存 85/11b

進故事論任將﹡洪舜俞撰 歷代奏議 241/12a

論用李曾伯等疏牟子才撰 歷代奏議 241/16a 蜀文輯存 89/1a

彈秦檜第二章石公揆撰 南宋文範 15/1a

論人才聚散劄子牟子才撰 南宋文範 25/7a

請罷黜楊懷敏疏何郯撰 蜀文輯存 6/3a

再論楊懷敏疏何郯撰 蜀文輯存 6/3a

論丁度請罷疏何郯撰 蜀文輯存 6/4a

論夏竦疏何郯撰 蜀文輯存 6/4b

論夏竦不宜留在朝廷疏何郯撰 蜀文輯存 6/6a

言張方平宜斥遠疏何郯撰 蜀文輯存 6/6a

論陳執中宣罷免以慰天下疏何郯撰 蜀文輯存 6/7a

論楊察不可罷三司使疏范鎮撰 蜀文輯存 7/7a

與御史辨陳執中事第二疏范鎮撰 蜀文輯存 7/9a

論李淑姦邪疏范鎮撰 蜀文輯存 7/11a

趙扑爲陳執中事持論乖謬乞明辨疏范鎮撰 蜀文輯存 7/11b

劾張譯陳繹等朋邪欺罔疏周尹撰 蜀文輯存 11/11a

再劾張譯疏周尹撰 蜀文輯存 11/11b

劾李稷疏周尹撰 蜀文輯存 11/11b

再劾李稷疏周尹撰 蜀文輯存 11/12a

三劾李稷疏周尹撰 蜀文輯存 11/13b

論司馬光等朋黨議疏張商英撰 蜀文輯存 13/9b

論呂大防陳衍姦狀疏張商英撰 蜀文輯存 13/9b

論文彥博疏張商英撰 蜀文輯存 13/10a

論吳安持主張河事欺罔疏張商英撰 蜀文輯存 13/10b

劾來之邵疏張商英撰 蜀文輯存 13/14a

論劾章惇罪狀疏鄧紹撰 蜀文輯存 17/5a

論劾錢藻疏鄧紹撰 蜀文輯存 17/6a

論李德劭贓污疏鄧紹撰 蜀文輯存 17/6b

劾張悖等疏鄧紹撰 蜀文輯存 17/6b

論進用曾布自請罷斥疏楊畏撰 蜀文輯存 18/5b

劾蔡確狀蘇轍撰 蜀文輯存 20/13a

劾中書諸臣狀蘇轍撰 蜀文輯存 20/14b

劾韓忠彥傅堯命劄子蘇轍撰 蜀文輯存 20/15b

劾許將劄子蘇轍撰 蜀文輯存 20/16a

又劾許將劄子蘇轍撰 蜀文輯存 20/16b

劾許將第三劄子蘇轍撰 蜀文輯存 20/17b

劾許將第四劄子蘇轍撰 蜀文輯存 20/18b

劾許將第五劄子蘇轍撰 蜀文輯存 20/19a

劾上官均劄子蘇轍撰 蜀文輯存 20/19b

再劾上官均劄子蘇轍撰 蜀文輯存 20/20a

劾上官均第三劄子蘇轍撰 蜀文輯存 20/20b

論杜常邪諂無恥劄子蘇轍撰 蜀文輯存 21/1a

論王子韶邪侫宜斥劄子蘇轍撰 蜀文輯存 21/1b

再論王子韶劄子蘇轍撰 蜀文輯存 21/2a

論韓氏族戚因緣僥倖劄子蘇轍撰 蜀文輯存 21/3a

論高士敦向宗良劄子蘇轍撰 蜀文輯存 21/4a

朱光庭劄子蘇轍撰 蜀文輯存 21/5a

論中書舍人豐覿不宜掌誥劄子蘇轍撰 蜀文輯存 21/5b

因董敦逸章疏乞早賜施行劄子蘇轍撰 蜀文輯存 21/6b

辨董敦逸所言劄子蘇轍撰 蜀文輯存 21/7a

劾徐禧疏范百祿撰 蜀文輯存 22/2b

論劉摯乞出宜速降詔命以存體貌疏范百祿撰 蜀文輯存 22/12a

請辨邪正以破朋黨疏常安民撰 蜀文輯存 27/11a

論林希不宜在史局疏常安民撰 蜀文輯存 27/11a

劾林希疏陳祐撰 蜀文輯存 27/14b

論内臣陳衍等姦逆疏安惇撰 蜀文輯存 27/15a

論吳居厚疏奏序辰撰 蜀文輯存 32/12b

繳還蔡肇詞頭疏奏序辰撰 蜀文輯存 32/13a

論姚勔疏奏序辰撰 蜀文輯存 32/13b

論安燾宜斥退疏奏序辰撰 蜀文輯存 32/14a

薦徐積乞改官狀奏序辰撰 蜀文輯存 32/14b

舉尹焞自代狀范沖撰 蜀文輯存 33/2b

上皇帝書安堯臣撰 蜀文輯存 33/15b

劾馮檝劄子常同撰 蜀文輯存 38/13a

劾黃唐傅疏常同撰 蜀文輯存 38/13a

論呂頤浩十大罪疏常同撰 蜀文輯存 38/13b

勸李與權不當站法從疏常同撰 蜀文輯存 38/14a

論輔臣宜戒朋黨疏常同撰 蜀文輯存 38/14b

論張純姦狀疏常同撰 蜀文輯存 38/15b

論監司成大亨等十三人不可站一路重寄疏常同撰 蜀文輯存 38/16a

論席益姦險疏常同撰 蜀文輯存 38/16b

論潘闓等六人不可表帥一路疏常同撰 蜀文輯存 38/17a

論陳貫等四人非才宜罷疏常同撰 蜀文輯存 38/

17a

論張浚跋扈亟宜罷黜疏常同撰 蜀文輯存 38/17b

勸馮康國疏常同撰 蜀文輯存 38/17b

勸劉子羽程唐疏常同撰 蜀文輯存 38/18a

勸劉子羽疏常同撰 蜀文輯存 38/19a

上皇帝論李邦彥張邦昌不可用疏雷觀撰 蜀文

輯存 40/14b

陳孤忠負謗難站近列疏張浚撰 蜀文輯存 41/2b

論李綱罪狀（1－2）張浚撰 蜀文輯存 41/6b－7a

論孟忠厚邢煥疏張浚撰 蜀文輯存 41/8a

論胡珵疏張浚撰 蜀文輯存 41/8a

王庶與王似易任疏張浚撰 蜀文輯存 41/9a

爲黃潛善之子祈乞差遣疏張浚撰 蜀文輯存 41/9b

勸周麟之挾姦避事疏杜莘老撰 蜀文輯存 50/10a

再勸周麟之宜罷官觀遠官疏杜莘老撰 蜀文輯存 50/10b

勸劉炎疏杜莘老撰 蜀文輯存 50/11b

勸王繼先十罪疏杜莘老撰 蜀文輯存 50/12a

面對用人大暑劉長源撰 蜀文輯存 64/7b

論王永思添差狀劉甲撰 蜀文輯存 72/8b

請速起李韶杜範疏高定子撰 蜀文輯存 78/5b

論辨忠佞疏謝方叔撰 蜀文輯存 83/17a

（六）聽言

奏乞差官看詳投進利見文字 范文正集/奏議上/ 17a

論詰責臺官言事涉後宮之親 文恭集 7/13a 宋朝奏議 51/15a 歷代奏議 202/24b

絕禁忌篇 景文集 25/12a

進魏鄭公三疏劄子 包孝肅奏議 1/8b 歷代奏議 202/27b

論臺官言事 包孝肅奏議 2/30b 歷代奏議 202/28a

論范仲淹不當以言獲罪疏 武溪集/奏議上/2b 宋朝奏議 18/2b 歷代奏議 202/15b

乞侍從與聞邊事疏 武溪集/奏議上/14a 宋朝奏議 49/1a 歷代奏議 199/10b

乞繼上奏封細陳事理 文淵公集 15/5a 宋文鑑 45/ 20a 歷代奏議 202/21a

論臺官言西府事（1－7） 文淵公集 21/1a－3a

論謀院宜知外事劄子 歐陽文忠集 98/9a 宋朝奏議 51/12a 歷代奏議 202/16b

緘進王伯起上書狀 歐陽文忠集 106/4b

政理之要在廣言路 樂全集 6/5a

奏狀乞不罪王起 清獻集 2/6a 宋朝奏議 18/8b 歷代奏議 199/11b

乞納諫書 蘇學士集 11/1a 宋朝奏議 18/4a 歷代奏議 199/9a

乞免御史劉述等言事罪狀 古靈集 5/10a 歷代

奏議 203/6b

知謀院進劄子 古靈集 8/1a 宋朝奏議 52/12a 歷代

奏議 203/6a

論王安石劄子 古靈集 8/7b 宋朝奏議 110/2b 歷代

奏議 203/4a

乞還呂海等職事劄子 韓南陽集 23/5b 宋朝奏議 90/3a 歷代奏議 202/29b

乞出直言文字付外看詳施行劄子 韓南陽集 25/1a

乞追改陳習降黜劄子 韓南陽集 25/2b 宋朝奏議 22/2a 歷代奏議 199/19a

論聽政 公是集/31/9b 歷代奏議 199/13a

上仁宗論大臣不當排言者 公是集 32/2a 宋朝奏議 18/6a 歷代奏議 202/25b

再上仁宗論大臣不當排言者 公是集 32/3a 宋朝奏議 18/7a 歷代奏議 300/1b

上仁宗乞閱暑唐介之罪 公是集 32/9a 宋朝奏議 51/15b 歷代奏議 202/25a

乞延訪臺臣上殿劄子（1－4） 傳家集 30/1a－4b 司馬温公集 27/11a,28/11a 宋朝奏議 49/4a,5a,6b 歷代奏議 199/13b,199/14a－15b

乞令朝臣轉對劄子 傳家集 36/8a 司馬温公集 34/ 7a 宋朝奏議 77/1a 歷代奏議 199/16a

上聽斷書 傳家集 38/7b 司馬温公集 36/7a 宋朝奏議 21/3b 歷代奏議 203/1b

言施行封事上殿劄子 傳家集 39/3a 司馬溫公集 37/3b 宋朝奏議 18/10b 歷代奏議 203/1a

請自擇臺諫劄子 傳家集 44/7a 司馬公集 43/1a 宋朝奏議 114/13a 歷代奏議 203/2b

乞開言路劄子 傳家集 46/1a 司馬溫公集 46/2a 宋朝奏議 18/15a 歷代奏議 199/26b

乞開言路狀 傳家集 46/13b 司馬溫公集 47/6a 宋朝奏議 18/16b 歷代奏議 199/24b

乞改求諫詔書劄子 傳家集 47/2a 司馬溫公集 47/9b 宋朝奏議 18/19a 歷代奏議 199/22b

乞申明求諫詔書劄子 傳家集 47/5b 司馬溫公集 48/1b

看閲呂公著所陳利害劄子 傳家集 47/7a 司馬溫公集 48/2b 宋朝奏議 117/20a 歷代奏議 203/12b

乞降臣民奏狀劄子 傳家集 48/4b 司馬溫公集 48/6a 宋朝奏議 19/2b 歷代奏議 203/13a

乞降封事簽帖劄子 傳家集 48/5a 司馬溫公集 48/7a 宋朝奏議 19/3b 歷代奏議 199/24a

議可劄子 傳家集 48/9a 司馬溫公集 49/2b 宋朝奏議 21/7a 歷代奏議 203/13b

論察言 柯部集 13/3b

奏乞詔臣僚上封章陳闕失 范忠宣集/奏議上/3a 歷代奏議 199/17a

再奏乞降詔臣僚各上封章及依次轉對 范忠宣集/奏議上/3b 宋朝奏議 77/2a 歷代奏議 199/17b

奏乞詔侍從陳朝廷闕失 范忠宣集/奏議上/12b 宋朝奏議 49/7a 歷代奏議 199/19b

奏乞詔内外臣條陳利害 范忠宣集/奏議下/2b 宋朝奏議 19/1a 歷代奏議 199/20b

奏乞寬王觀之罪 范忠宣集/奏議下/16a 宋朝奏議 55/1a 歷代奏議 204/21b

又論王觀乞從文彦博等所言 范忠宣集/奏議下/17a 歷代奏議 204/23b

奏乞看詳臣庶所上封章 范忠宣集/奏議下/18b 歷代奏議 200/8b

奏乞察小人邪妄之言狀 淨德集 5/5b 歷代奏議 177/17a

乞詔諸路州縣極言新法利害 合人集 2/1b 轉對條上三事狀 蘇東坡全集/奏議 5/1b 宋朝奏議 77/16a 歷代奏議 203/22a

請開言路疏 孫君孚奏議/上 22a

論言事不當乞明行黜降劄子 樂城集 42/8a 宋朝奏議 55/6a 歷代奏議 204/14b

論所言不行劄子 樂城集 44/1a 歷代奏議 204/16a

論求言劄子 范太史集 23/9a 宋朝奏議 19/6b 歷代奏議 200/3b

上哲宗乞輪侍從官進對 宗伯集 9/16a 宋朝奏議 49/8a

上徽宗乞寬陳瓘罪狀 讜論集 2/24a 歷代奏議 205/6a

上哲宗皇帝乞復轉對 曲阜集 1/1a 宋朝奏議 77/5a 歷代奏議 203/18b

上哲宗皇帝繳王觀外任詞頭 曲阜集 1/12b 宋朝奏議 55/2b 歷代奏議 203/20a

上哲宗皇帝乞詔天下皆得直言及百官次對 曲阜集 2/9a 宋朝奏議 77/8b 歷代奏議 200/5b

上徽宗皇帝乞修轉對之制詔百官民庶極言時政 曲阜集 2/11a 宋朝奏議 77/10a 歷代奏議 200/9a

上徽宗皇帝論襲原罷給事中 曲阜集 2/16a 宋朝奏議 57/13b 歷代奏議 203/21a

上徽宗乞罷編類元祐臣僚章疏 曲阜集補 1/7b 宋朝奏議 19/8b

上徽宗乞法英宗庭賞直言 曲阜集補 1/8b 宋朝奏議 19/10b 歷代奏議 205/1a

上哲宗論上書人指陳利害 曲阜集補 1/18a

初除右正言第一章 盡言集 1/1a 歷代奏議 203/16b

論臺諫官章疏乞内中置籍（1-2） 盡言集 11/6a -7a 歷化奏議 203/18a

疏論太學生不當以言事殿舉 道鄉集/補遺 27a 宋朝奏議 19/11b 歷代奏議 205/2b

辨忠邪疏 襄陵集 5/8b 歷代奏議 205/9a

論學校誘傷 襄陵集 6/10a 宋朝奏議 19/15a 歷代奏議 205/8b

論察言 忠穆奏議 3/7a

乞復轉對劄子 横塘集 11/6a 歷代奏議 200/13a

論救李光程瑀疏 横塘集 11/9a 歷代奏議 205/14b 南宋文範 12/6b

乞開言路劄子 莊簡集 8/1a 宋朝奏議 19/14b 歷代奏議 200/10b

乞擇臺省官節録封事劄子 莊簡集 9/19b 歷代奏議 205/13b

乞委官節録封事劄子 莊簡集 11/21b 歷代奏議 142/18b

奏請令監察御史言事疏 少師集 1/1a 宋朝奏議 55/13b 歷代奏議 200/12b

乞審聽察劄子 張華陽集 15/8a

論聽納不講 忠正德集 1/10b 歷代奏議 205/15b

採用芻言疏 北山集 1/3a 歷代奏議 89/11a

申救胡銓疏 北山集 1/19a 歷代奏議 205/18b

乞許内外職事官言事劄子 筠溪集 1/8a 歷代奏議 200/15a

議聽言之難 中興備覽 3/6a 歷代奏議 205/16b 蜀文輯存 44/2b

求諫四首 默堂集 14/11a 歷代奏議 200/17b,18a,18b

乞察羣臣奏對狀 竹軒雜著 3/6a

乞免臺諫侍從當日條具劄子(1-2) 鄭峰録 7/10b-11a 歷代奏議 206/7a-7b

論襃賞諫官劄子 鄭峰録 8/10a 歷代奏議 206/7a

上殿第二劄子 知稼翁集 8/2a

乞修注官經筵奏事劄子 小隱集/17a 歷代奏議 200/15b

請行宣訪疏 鄭忠肅集/上/11b

論聽言真實垂拱殿輪對劄子 益國文忠集 135/5a 益公集 135/5b 歷代奏議 206/1b

論監司奏陳所部利害 益國文忠集 141/6b 益公集 141/7b 歷代奏議 200/19a

上殿劄子(2-3) 浪語集 16/6b-8b 歷代奏議 206/11a 南宋文範 18/7b

知湖州朝辭劄子(1-3) 浪語集 16/10a 歷代奏議 206/12b

廣言劄子 江湖集 28/10a

論通下情 宋本攻媿集 24/2b 攻媿集 25/2b

論聽納 宋本攻媿集 25/1a 攻媿集 26/1a

論養士大夫氣節 東塘集 8/5b 歷代奏議 206/5b 南宋文範 19/5b

乞優容言者疏 定齋集 4/6a 歷代奏議 206/9b 南宋文範 19/14b

論優選臺諫沮抑忠直之弊疏 止堂集 1/19b 南宋文範 20/4a

論聽言官辨是非邪正而以講學明理爲本疏 止堂集 2/1a 歷代奏議 206/14a

論羣臣進言當酌是非早賜處分疏 止堂集 2/13b 歷代奏議 206/15b

請將中外書疏付之給舍講究施行劄子 雲莊集 1/3a

輪對陳人君宜納諫劄子 聚齋集 1/9b 歷代奏議 148/8a

輪對陳人君宜勤于好問劄子 聚齋集 1/12a 歷代奏議 200/20a

同館職乞留劉光祖劄子 後樂集 10/1a 歷代奏議 207/1a

論對劄子論臺諫給舍當重其權 後樂集 10/8a 歷代奏議 207/2b 南宋文範 22/1a

癸酉五月二十二日直前奏事(1-2) 真西山集 2/25a-28b 歷代奏議 206/26a,214/14a 南宋文範 23/11b

論史宅之奏 蒙齋集 5/10a 歷代奏議 207/13a

殿院奏事第一劄 杜清獻集 8/1a 歷代奏議 207/12a

論聽言劄子 杜清獻集 11/8a

進故事端平三年十月上進 鐵菴集 4/1a

進故事七月二十三日上進 錢菴集 4/21b

轉對奏劄 恥堂稿 1/18a 歷代奏議 207/6a

君仁臣直論 恥堂稿 3/2b 歷代奏議 207/19a 蜀文輯存 92/13a

庚子輪對第一劄聽言 雪窗集 1/1a

司馬光謂衆言紛紛乃朝廷好事王安石謂公議爲流俗 雪窗集 2/4b

富弼願不以同異爲喜怒不以喜怒爲用捨 雪窗集 2/21b

除正言上殿奏疏 文溪稿 8/1a

上真宗乞追寢章疏不得留中詔書李邈撰 宋朝奏議 18/1a

上仁宗乞免上封事人李安世罪孫沔撰 宋朝奏議 18/2a 歷代奏議 202/14a

上仁宗論章疏多留中不降出孫抃撰 宋朝奏議 18/8a 歷代奏議 202/27a 蜀文輯存 5/5a

上英宗乞詔中外威上封事呂誨撰 宋朝奏議 18/9a 歷代奏議 199/17a

上神宗乞令侍從臺閣條對當今急務劉述撰 宋朝奏議 18/9b 歷代奏議 199/18b

上神宗論聽言之道未至者三彭汝礪撰 宋朝奏議 18/11a 歷代奏議 203/9b

上神宗論近歲用言好同惡異彭汝礪撰 宋朝奏議 18/14a 歷代奏議 203/8a

上哲宗乞刪去求言詔書中六事韓維撰 宋朝奏議 18/20a 歷代奏議 199/21b

上哲宗乞早施行四方所言疾苦事王巖叟撰 宋朝奏議 19/3a

上哲宗乞養誠心以求諫王巖叟撰 宋朝奏議 19/4b 歷代奏議 203/24a

上哲宗乞於求言詔書內除去限百日指揮朱光庭撰 宋朝奏議 19/5b 歷代奏議 204/1a

論求言之詔未及舊弱劄子徽宗時 陳瓘撰 宋朝奏議 19/8a 宋文鑑 61/16b 歷代奏議 200/11a

上徽宗乞至誠始終納諫郭森撰 宋朝奏議 19/9b 歷代奏議 205/2a

上徽宗論太學生不當以言事殿舉上官均撰 宋朝奏議 19/12a 歷代奏議 205/3a

上徽宗乞養直臣以素江公望撰 宋朝奏議 19/13b 歷代奏議 205/7b

上欽宗乞官陳東還吳若薦職余應求撰 宋朝奏議 19/15b 歷代奏議 205/13b

上欽宗乞官陳東陳公輔撰 宋朝奏議 19/16b 歷代奏議 205/11b

上哲宗乞聽言考實上官均撰 宋朝奏議 21/9a 歷代

奏議 204/14a

上徽宗論好問不可不擇其人濫言不可不察其實王觀撰 宋朝奏議 21/10b 歷代奏議 204/18b

上神宗追還陳習誤罰詔示信令王安石撰 宋朝奏議 22/3a 歷代奏議 203/3a

上仁宗論諫靜乃大臣之任馬遵撰 宋朝奏議 46/15b 歷代奏議 202/26a

上仁宗乞許兩制兩省上章論事何郯撰 宋朝奏議 49/1b 歷代奏議 199/11a 蜀文輯存 6/3b

上哲宗論近臣不當以直言罷黜彭汝礪撰 宋朝奏議 49/9a 歷代奏議 204/24b

上徽宗乞如神考故事詔侍從言事鄒浩撰 宋朝奏議 49/10b 歷代奏議 200/10a

上真宗乞以賞罰責諫臣舉職任確撰 宋朝奏議 51/1a 歷代奏議 202/9a

上仁宗論當今所切在於納諫劉隨撰 宋朝奏議 51/2a 歷代奏議 202/10b

上仁宗乞顧問諫官劉隨撰 宋朝奏議 51/5a 歷代奏議 199/8a

上仁宗繳進天禧詔書乞防漏洩劉隨撰 宋朝奏議 51/6a 歷代奏議 202/13a

上仁宗乞行諫臣之言孫沔撰 宋朝奏議 51/7b 歷代奏議 202/14b

上仁宗論臺諫不許風聞言人過失是非錢彥遠撰 宋朝奏議 51/13b 歷代奏議 202/22a

上仁宗乞簿上臺諫章奏范鎮撰 宋朝奏議 51/16b 歷代奏議 199/12a 蜀文輯存 8/5b

上英宗乞察言責實時有懲勸呂誨撰 宋朝奏議 52/4b

上神宗論臺諫言事不當問得之何人彭汝礪撰 宋朝奏議 53/3b 歷代奏議 203/9a

上哲宗乞令臺諫專對孫升撰 宋朝奏議 53/7a 歷代奏議 203/15a

上哲宗乞令臺諫轉對王巖叟撰 宋朝奏議 53/8b 歷代奏議 203/24b

上哲宗乞令給事中丸差除政令即時關報臺諫朱光庭撰 宋朝奏議 53/10a 歷代奏議 204/2b

上哲宗論隔截諫官直舍王巖叟撰 宋朝奏議 53/11a 歷代奏議 286/12a

上哲宗論隔截諫官直舍王觀撰 宋朝奏議 53/12a 歷代奏議 204/20b

上哲宗論不當於耳目之臣置黨附之疑孫升撰 宋朝奏議 53/15a 歷代奏議 200/1a

上哲宗論張舜民罷言職傅堯命撰 宋朝奏議 54/1a

上哲宗論張舜民罷言職係第四狀 傅堯命撰 宋朝奏議 54/1b 歷代奏議 204/8b

上哲宗論張舜民罷言職王巖叟撰 宋朝奏議 54/2a

歷代奏議 203/26a

上哲宗論張舜民罷言職朱光庭撰 宋朝奏議 54/3a 歷代奏議 204/2b

上哲宗論張舜民罷言職梁燾撰 宋朝奏議 54/4a 歷代奏議 204/11a

上哲宗論張舜民罷言職王巖叟撰 宋朝奏議 54/5a 歷代奏議 203/27a

上哲宗論張舜民罷言職係第五狀 王巖叟撰 宋朝奏議 54/6a 歷代奏議 203/27b

上哲宗論張舜民罷言職傅堯命等撰 宋朝奏議 54/8a

上哲宗論張舜民罷言職係第三狀 傅堯命等撰 宋朝奏議 54/9a 歷代奏議 204/10b

上徽宗乞留龔夫陳瓘撰 宋朝奏議 54/9a

上哲宗論張舜民罷言職傅堯命撰 宋朝奏議 54/10a

上哲宗論張舜民罷言職係第二狀 傅堯命撰 宋朝奏議 54/11b 歷代奏議 204/10a

上哲宗論張舜民罷言職係第七狀 梁燾撰 宋朝奏議 54/12a 歷代奏議 204/12a

上哲宗論翠罷臺諫是自塞絕言路劉摯撰 宋朝奏議 54/13b 歷代奏議 204/4b

上哲宗乞召用傅堯命以銷姦黨劉摯撰 宋朝奏議 54/16a 歷代奏議 204/6a

上哲宗論屢罷言事官劉安世撰 宋朝奏議 54/17b

上哲宗乞終始從諫梁燾撰 宋朝奏議 55/4a 歷代奏議 204/12b

上徽宗論張庭堅選史部任伯雨撰 宋朝奏議 55/10a 歷代奏議 205/7a 蜀文輯存 30/10a

上徽宗乞重惜憲臺之權陳堯臣撰 宋朝奏議 55/11b 歷代奏議 205/4a

上欽宗乞內中置籍錄臺諫章疏程瑀撰 宋朝奏議 55/14b 新安文獻 3/7a 歷代奏議 205/9b

上哲宗再論安燾除命朱光庭撰 宋朝奏議 57/1b 歷代奏議 204/1b

上神宗乞收百官轉對封章留中採擇王存撰 宋朝奏議 77/3b

上哲宗乞審議轉對之制范百祿撰 宋朝奏議 77/7b 歷代奏議 204/24a 蜀文輯存 22/9b

上仁宗論乞上殿三班外亦聽諫臣求對錢明逸撰 宋朝奏議 77/13b 歷代奏議 202/21a

上神宗乞察官依諫官例登對張殿等撰 宋朝奏議 77/14a 歷代奏議 203/7a

上哲宗乞令臺諫先次上殿朱光庭撰 宋朝奏議 77/14b 歷代奏議 204/1b

上哲宗乞令臺諫先次上殿孫覺撰 宋朝奏議 77/15b 歷代奏議 204/4a

上哲宗乞依天聖舊制引對臣僚孫升撰 宋朝奏

奏議表狀一 奏議 聽言 1293

議 77/17a 歷代奏議 203/16a

上欽宗論紹述呂好問撰 宋朝奏議 119/17a 歷代奏議 205/12b

請廣言路參用四方之士王巖叟撰 宋文鑑 60/8a 歷代奏議 203/28b

言施行封事上殿劄子 播芳文粹 91/15a

論求言疏 謝泌撰 歷代奏議 199/7b

乞禁中置簿專令管勾臺諫官章奏疏 傅堯俞撰 歷代奏議 199/18a

論求議言詔語疏 林旦撰 歷代奏議 200/2a

乞輪侍從官進對疏孔武仲撰 歷代奏議 200/4b

請復諸道帥守辭見召對之制疏 陳軒撰 歷代奏議 200/5a

乞復轉對疏曾筆撰 歷代奏議 200/7a

論賞言者劄子陳瓘撰 歷代奏議 200/11b

請詔百官盡言無諱疏 胡銓撰 歷代奏議 200/12b

乞詳延多士論天下利害疏章誼撰 歷代奏議 200/14b

經筵進故事洪遵撰 歷代奏議 200/16a

求言疏陳朝撰 歷代奏議 200/17a

乞來忠言疏袁說友撰 歷代奏議 200/19a

乞察言責實時有懲勸疏胡宿撰 歷代奏議 202/30b

請來天下議論疏 鄒潤甫撰 歷代奏議 203/12a

論御史言事不當語其所自來疏 黃履撰 歷代奏議 203/12a

論疑間一開則言者不安其職疏 孫升撰 歷代奏議 203/15a

論張舜民以言事罷職疏傅堯俞撰 歷代奏議 204/7b

論張舜民罷言職疏 傅堯俞撰 歷代奏議 204/8a

論張舜民不當以風聞被黜疏傅堯俞撰 歷代奏議 204/9b

辯朱光庭彈劾獻策題事疏呂陶撰 歷代奏議 204/17a 蜀文輯存 16/6a

論諫官聽出外別作門出入疏 王觀撰 歷代奏議 204/19a

論聽用臺官諫官之言疏 畢仲游撰 歷代奏議 204/26a

乞重惜憲臺之權疏陳堯臣撰 歷代奏議 205/4a

乞留龔大狀任伯雨撰 歷代奏議 205/6b 蜀文輯存 30/9b

請崇忠正通諫爭疏 石公弼撰 歷代奏議 205/8b

論聽言之難疏張浚撰 歷代奏議 205/16a 蜀文輯存 44/2a

論賈直胡銓撰 歷代奏議 205/17a

論聽言疏 胡銓撰 歷代奏議 205/18a

論聽言疏 李彥穎撰 歷代奏議 205/19a

論聽言劄子張守撰 歷代奏議 205/19b

乞賞直言劄子張守撰 歷代奏議 205/20b

乞選除臺諫之臣劄子 張守撰 歷代奏議 205/21a

論罷諫官袁植疏 張守撰 歷代奏議 205/21a

論沈長卿等四人上書侵宰相不當停廢疏 章誼撰 歷代奏議 205/21b

乞貸進士吳木以開言路狀章誼撰 歷代奏議 205/22a

論陳戩不當除外郡疏 章誼撰 歷代奏議 205/23a

乞恕吳木陳戩狀 章誼撰 歷代奏議 205/23b

進故事洪遵撰 歷代奏議 205/24a

請總攬章策察其是非疏 呂頤浩撰 歷代奏議 205/24b

論從諫疏胡銓撰 歷代奏議 206/1a

論聽言疏崔敦詩撰 歷代奏議 206/5a

論求言非難用其言實難疏 李椿撰 歷代奏議 206/8a

請考州牧侯伯入對之言疏 林光朝撰 歷代奏議 206/10b

論聽言之要疏王師愈撰 歷代奏議 206/13b

論人君不能從諫其蔽有三疏黃裳撰 歷代奏議 206/14a 蜀文輯存 71/18a

論優遷召諫沮抑忠直之弊疏彭龜年撰 歷代奏議 206/17b

請納忠諫疏楊大全撰 歷代奏議 206/19b 蜀文輯存 54/19b

論聽言疏趙汝愚撰 歷代奏議 206/20a

論言事本末疏劉光祖撰 歷代奏議 206/20b 蜀文輯存 69/21b

乞還國子祭酒李祥職任疏 呂祖儉撰 歷代奏議 206/22b

轉對奏劄 陳貴誼撰 歷代奏議 206/25b

論廣開言路疏 曾從龍撰 歷代奏議 207/4a

論臣下觀望希合回緩長避疏 柴中行撰 歷代奏議 207/4a

入對奏劄 楊秦之撰 歷代奏議 207/4a

論危亡聽言疏 王伯大撰 歷代奏議 207/4b

論求諫非難而受諫爲難疏 李宗勉撰 歷代奏議 207/4b

論雪川之變疏牟子才撰 歷代奏議 207/10a 蜀文輯存 88/19b

論胡夢昱不當貶疏 傅伯成撰 歷代奏議 207/11b

進故事論聽言 洪舜命撰 歷代奏議 207/12b

論草茅結舌乃心腹之疾疏 趙必願撰 歷代奏議

207/16a

論重紀綱養名節疏李鳴復撰 歷代奏議 207/16b 蜀

文輯存 81/20a

論倚忠直去邪佞疏 *曹彥約撰 歷代奏議 207/17b

論君子爲國計小人爲身計疏姚希得撰 歷代奏議 207/19a 蜀文輯存 83/14a

請舉舊典令百官以序進對疏張震撰 蜀文輯存 60/3a

（七）兵　　制

上真宗論點集强壯 咸平集 1/30a 宋朝奏議 123/1a 9/184b 歷代奏議 328/20b

上真宗論揀選强壯失信 咸平集 1/31a 宋朝奏議 123/1b 歷代奏議 298/26b

論將帥 文莊集 13/16b 歷代奏議 237/21a

募士兵奏附 文莊集 14/13a

奏乞揀選往邊上屯駐兵士 范文正集/奏議下 20b 歷代奏議 324/13a

奏乞揀沿邊年高病患軍員 范文正集/奏議下 21b 歷代奏議 237/17b

論弓手替換 文恭集 7/11b

乞差當直兵士劄子 元憲集 31/6a

減邊兵議 景文集 28/5b 歷代奏議 328/1a

論復河北廣平兩監潼郡兩監 景文集 29/5b 歷代奏議 242/4a

又論京東西淮北州軍民間養馬法 景文集 29/ 7a

論養馬劄子 景文集 29/8a

又乞養馬劄子 景文集 29/9a 歷代奏議 242/3b

論買馬劄子 景文集 29/10a 歷代奏議 242/3a

又論配馬劄子 景文集 29/11a

請復唐駙幕之制 景文集 29/14a 宋文鑑 47/3b· 歷代奏議 220/6a

上仁宗乞邊兵三月後減半就糧内郡 景文集/ 拾遺 9/1a 宋朝奏議 120/8a

上仁宗乞收還牧地罷民間馬禁 景文集/拾遺 9/ 8a 宋朝奏議 125/9a

請留禁軍不差出招置土兵 包孝肅奏議 8/159a 歷代奏議 219/22a

請那移河北兵馬事（1－2） 包孝肅奏議 8/161a－ 162b 宋朝奏議 120/9b 歷代奏議 219/21a

論宣毅軍 包孝肅奏議 8/164a

請移冀州就糧兵士歸本州 包孝肅奏議 8/164b

請移冀博深三州兵馬 包孝肅奏議 8/166a

請移配河北作過兵士往向南州軍 包孝肅奏議 8/168b

再請那移河北兵馬及罷公用回易 包孝肅奏議

論馬政修之由人不在於地 武溪集/奏議下 宋朝奏議 125/8a 歷代奏議 242/2a

乞講求開寶以前用兵故事 河南集 19/2a

論諸將益兵（1－2） 河南集 19/2b－3a

乞省寨柵騎軍 河南集 19/6a

乞募士兵 河南集 19/6b

乞鬻民爵以給募兵之用 河南集 19/7a

奏軍前事宜狀 河南集 20/1b

奏閱習短兵狀代延帥作 河南集 20/3a

軍制 河南集 22/6a

制兵師 河南集 23/4b

奏乞主師便行軍令後奏 文淵公集 14/3b 宋朝奏議 120/4a 歷代奏議 237/9a

乞河東依陝西例點强壯 文淵公集 14/5b 宋朝奏議 123/3a 歷代奏議 219/11a

乞令邊帥練兵約束諸將 文淵公集 17/1b 歷代奏議 237/10b

奏減廣南東西路戍兵 文淵公集 8/6a

論本朝兵政 文淵公集 20/7a 宋朝奏議 121/8a 歷代奏議 220/24a

論監牧事 文淵公集 21/4a 宋朝奏議 125/10a 歷代奏議 242/7a

論保馬 文淵公集 22/1a 歷代奏議 242/8a

論監牧（1－2） 文淵公集 27/1a

乞兵部厢軍密院置籍 文淵公集 29/1a

論軍中選將劄子 歐陽文忠集 98/12b 宋朝奏議 64/ 7b 歷代奏議 237/11a

論監牧劄子 歐陽文忠集 112/7b 歷代奏議 242/4b

論牧馬草地劄子 歐陽文忠集 113/3a 歷代奏議 242/6a

論宣毅萬勝等兵劄子 歐陽文忠集 115/22a

論永寧軍捉獲作過兵士劄子 歐陽文忠集 116/ 15b 歷代奏議 196/14b

乞不親教閱劄子 歐陽文忠集 117/3a

乞一面罷差兵士搗磨 歐陽文忠集 117/6a

乞將誤降配廂軍依舊升爲禁軍　歐陽文忠集 117/16a

乞真定府分駐武兵士別作指揮　歐陽文忠集 117/20b

乞置弓箭都作院　歐陽文忠集 117/29a

武備論　樂全集 13/1a　歷代奏議 219/19a

民兵　樂全集 13/3b　歷代奏議 219/17a

兵器　樂全集 13/10b　歷代奏議 219/16a

對手詔一道　樂全集 18/1a－1b　歷代奏議 3/5b

論京師衛兵事　樂全集 21/15a　宋朝奏議 122/1a　歷代奏議 225/1b

論州郡武備事二道　樂全集 21/16a－17b　宋朝奏議 122/14a　歷代奏議 317/21b－22a

請申勸諸道兵甲司專督監盜賊事　樂全集 21/19b

論天下州縣新添置弓手事宜　樂全集 21/21a

論遣使往陝西河東等募强壯充兵　樂全集 22/1a　宋朝奏議 123/4a　歷代奏議 219/11b

論弓手强壯充軍不便事　樂全集 22/4b　宋朝奏議 123/6b　歷代奏議 219/13b

論點選河北强壯事　樂全集 22/7a

論除兵官事　樂全集 24/26b

論補軍職　樂全集 24/27b

奏狀論陝西官員占留禁軍有妨教閱　清獻集 4/7a

奏狀論揀選廂禁軍　清獻集 4/13b

乞發兵用銀牌狀　蘇學士集 11/10b　歷代奏議 220/5a

論減費用　蔡忠惠集 15/14b　歷代奏議 220/3a

乞置鄉兵　蔡忠惠集 15/15a　歷代奏議 220/2b

論兵十事　蔡忠惠集 18/12a　宋朝奏議 121/1a　歷代奏議 220/10a

請改軍法疏　蔡忠惠集 19/11b　歷代奏議 220/1b

乞不與招設宣毅兵士恩澤劄子　蔡忠惠集 22/3a

乞廂軍屯駐廣南只於此近軍州節次那移對替劄子　蔡忠惠集 22/6a

乞諸州弓手依舊七年一替劄子　蔡忠惠集 22/6b

論元兵劄子　古靈集 8/3a　宋朝奏議 121/7b　歷代奏議 220/21b

乞罷保馬保甲劄子　韓南陽集 26/8a　宋朝奏議 124/3b　歷代奏議 106/2b

奏爲乞修興元府城及添兵狀　丹淵集 34/8a　歷代奏議 220/30a

請西北擇將東南益兵　元豐稿 30/10a　歷代奏議 220/26b

議邊防給賜士卒只支頭子　元豐稿 32/3b

申明保甲巡警盜賊　元豐稿 32/4a　歷代奏議 318/11a

請減軍士營教　元豐稿 32/8a

乞罷勸箭劄子　華陽集 8/5a

論兩浙不宜添置弓手狀　傳家集 18/1a　司馬溫公集 16/1b　歷代奏議 317/25a

言揀兵上殿劄子　傳家集 20/5b　司馬溫公集 18/5a　歷代奏議 220/3b

乞罷陝西義勇劄子　傳家集 34/1a　司馬溫公集 31/7a　宋朝奏議 123/10b　歷代奏議 220/16b

乞罷陝西義勇第二上殿劄子　傳家集 34/2a　司馬溫公集 31/8b　宋朝奏議 123/11b　歷代奏議 220/17b

乞罷刺陝西義勇劄子（3－5）　傳家集 34/4a－9a　司馬溫公集 31/10b，32/1b－4a　宋朝奏議 123/13b－17b　歷代奏議 220/13b，15b，18b

言招軍劄子　傳家集 35/1a　司馬溫公集 33/1a　宋朝奏議 121/4b　歷代奏議 220/19b

乞不揀退軍置淮南劄子　傳家集 42/13b　司馬溫公集 41/4b　宋朝奏議 121/6b　歷代奏議 220/23a

乞不令陝西義勇戍邊及刺充正兵劄子　傳家集 44/10b　司馬溫公集 42/4b　宋朝奏議 123/20a　歷代奏議 220/22b

乞留諸州屯兵劄子　傳家集 44/11a　司馬溫公集 42/5a　歷代奏議 220/23a，330/1a

乞不添屯軍馬　傳家集 45/21a　司馬溫公集 43/8a

奏乞兵官與趙瑜同訓練駐泊兵士狀　傳家集 45/24a　司馬溫公集 44/6b

乞罷保甲狀　傳家集 46/10a　司馬溫公集 46/9b

乞罷保甲劄子　傳家集 47/7b　司馬溫公集 48/3a　宋朝奏議 124/4b　歷代奏議 221/3a

乞罷將官劄子　傳家集 52/6a　司馬溫公集 52/10a　宋朝奏議 64/10b　歷代奏議 221/1a

乞罷保甲招置長名弓手劄子　傳家集 55/4a　司馬溫公集 54/8a　歷代奏議 318/15a

審前劄子狀　司馬溫公集 48/6b

奏乞京畿諸縣分屯禁軍　蘇魏公集 18/6b　歷代奏議 220/10a

奏乞移屯禁軍於真楚泗州就糧　蘇魏公集 20/7a

奏乞保甲並用冬教　范忠宣集/奏議下 4a　宋朝奏議 124/8a　歷代奏議 221/7a

奏乞揀閱保甲　范忠宣集/奏議下 5a　宋朝奏議 124/8b　歷代奏議 221/6b

奏乞修明元頒戰守約束范純粹撰　范忠宣集/范侍郎遺文 4a

奏乞那差將兵范純粹撰　范忠宣集/范侍郎遺文 4b

論保甲奏　忠肅集 6/1a　宋朝奏議 124/13b　歷代奏議 257/19a

奏乞寬保甲等第井災傷免冬教事狀　淨德集 2/14a 宋朝奏議 124/16b 歷代奏議 257/8b

論河東將校功賞第一割子　王魏公集 4/4a

論河東將校功賞第二割子　王魏公集 4/5a

乞增修弓箭社條約狀二首　蘇東坡全集/奏議 14/ 7b-18a 歷代奏議 331/22a

奏請肅軍政疏　孫君孚奏議/中 12a

乞招河北保甲充軍以消盜賊狀　樂城集 36/15a 宋朝奏議 124/14b 歷代奏議 221/11b,318/19b

乞招畿縣保甲充軍狀　樂城集 37/10a

乞禁軍日一教狀　樂城集 37/13a 歷代奏議 220/28a

論京畿保甲冬教等事狀　樂城集 38/10b 歷代奏議 221/13a

乞留監司刺逐州厢軍疏　孫傳師奏議/23a

多星牧溪二寨兵役給錢疏　孫傳師奏議/24a

上哲宗乞保甲地土不及二十畝者免冬教　議集 1/3b 宋朝奏議 124/19a 歷代奏議 258/6a

上哲宗論牧馬　讜論集 1/21b 歷代奏議 242/8a

上徽宗論西蕃市馬　讜論集 2/4b 宋朝奏議 125/12a 歷代奏議 347/1b

奏乞罷畿內保甲　盡言集 8/14a 宋朝奏議 124/17b 歷代奏議 258/1a

兵法正論　濟南集 6/1a 歷代奏議 221/16a

慎兵論　濟南集 6/12b 歷代奏議 231/12b

將材論　濟南集 6/17a 歷代奏議 238/8b

將心論　濟南集 6/20b 歷代奏議 238/11a

乞置弓箭手堡　滿水集 1/8a 歷代奏議 333/20b

乞罷造戰車　滿水集 1/9a 歷代奏議 222/1a

乞罷造船　滿水集 1/10b

論諸路弓手奏狀　擇文集 10/1b

乞韶州郡置架閣軍器庫割子　跨鼇集 13/4b 歷代奏議 222/2a

乞巡幸浙西及措置潰兵　忠穆奏議 3/4b

論乞於邕州置買馬司狀　忠穆奏議 3/13a 歷代奏議 242/10a

除吏部郎官上殿割子　高峰集 1/1a 歷代奏議 223/ 2b

乞減造軍器割子　高峰集 1/18a

乞選汰兵卒割子　高峰集 2/5a 歷代奏議 223/3a

乞戒約招軍割子　高峰集 2/21a

論後軍行船失序割子　橫塘集 9/5a

奏乞招安汀州潰兵狀　石林奏議 1/8b

奏乞添置嚴州遂安縣弓手狀　石林奏議 2/12a

奏乞弓手免他役及教閱激賞狀　石林奏議 3/2b

奏措置招募弓手狀　石林奏議 4/3b

奏請畫一事件狀　石林奏議 6/3a

奏乞下沿江三州各那移將官一員措置民兵割子　石林奏議 12/13a

奏乞拘欄舟船往來擺泊巡綽割子　石林奏議 12/13b

奏偏至張俊五軍並遊奕等寨存問老小狀　石林奏議 14/1a

奏乞團結汀漳泉建劍五州民兵仍令長吏衙內帶總轄民兵措置盜賊狀　石林奏議 14/12a

奏措置分捕遇盜賊火數官兵各回軍狀　石林奏議 14/13b

再乞起河東民兵狀　莊簡集 9/7b

乞免放散民兵狀　莊簡集 10/11a

論募兵割子　梁溪集 43/2b

乞修邊備添置參謀編修官割子　梁溪集 46/6a 歷代奏議 222/2a

論不可遽罷防秋人兵割子(1-2)　梁溪集 48/ 13a-16b 宋朝奏議 142/18b,2/a 歷代奏議 333/25a, 222/3a,222/4b

乞嚴賞宣撫司見在軍兵財物割子　梁溪集 49/ 12a

乞中軍人馬於殿前班教場教閱割子　梁溪集 50/8a

奏知定厢禁軍食錢割子　梁溪集 50/9a

奏知所統五軍分隸無復移易割子　梁溪集 50/ 9b

奏知支錢放散城上保甲割子　梁溪集 51/6a

乞嚴止絕諸軍浮言煽惑割子　梁溪集 51/10b

乞委三衙揀禁軍割子　梁溪集 51/12b

乞催教車戰使臣教頭割子　梁溪集 51/15a

論兵食等事割子　梁溪集 52/3a

乞括馬割子　梁溪集 52/4b

乞治逃避士卒割子　梁溪集 52/9a

乞殿前馬軍司摘馬割子　梁溪集 52/13a

奏乞起發弓弩手割子　梁溪集 53/11b

乞降袖榟割子　梁溪集 54/14a

乞更措置河北人兵割子　梁溪集 55/12b

乞將江寧府作過周德下脅從軍兵分隸京東州軍奏狀　梁溪集 57/5a

乞募兵割子　梁溪集 61/4b 歷代奏議 222/7b

擬募新軍號　梁溪集 61/6b

乞括買馬割子　梁溪集 61/7b 歷代奏議 242/9a

乞於沿河沿江沿淮置帥府要郡割子　梁溪集 61/8b 歷代奏議 222/5b

擬帥府要郡次要郡　梁溪集 61/10a

乞修軍政劄子　梁溪集 62/2a　歷代奏議 222/8b

擬團結新軍指揮　梁溪集 62/5b

乞教車戰劄子　梁溪集 62/9b　歷代奏議 222/13a

乞造戰船募水軍劄子　梁溪集 62/12a

擬水軍號　梁溪集 62/13a

乞劃官田做弓箭刀弩手法給地養兵劄子　梁溪集 63/10a　歷代奏議 222/11b

乞籍陝西保甲京東西弓箭社免支移折變團結教閱劄子　梁溪集 63/11b　歷代奏議 222/12b

乞差撥諸項人兵奏狀　梁溪集 65/11a

乞不許諸處抽差韓京等軍馬奏狀　梁溪集 65/14b

乞撥還韓京等及胡友等兩項軍馬奏狀　梁溪集 69/9b

再乞撥還韓京等軍馬奏狀　梁溪集 71/2a

乞差使臣管押呂直等軍馬依舊付本司使喚奏狀　梁溪集 71/5a

開具本司差到任仕安等兵馬人數留韓京等軍馬奏狀　梁溪集 72/2a

奏知段恩招誘本司軍兵逃走奏狀　梁溪集 72/6a

乞令許中收買戰馬奏狀　梁溪集 72/10b

收降到馬友下潰兵步諒等奏狀　梁溪集 73/3b

論江西軍馬劄子　梁溪集 82/3a

乞將邱寶下存留洪州軍兵充親兵奏狀　梁溪集 85/10a

措置招軍畫一奏狀　梁溪集 87/2a

乞下都督行府催促遣兵奏狀　梁溪集 88/3a

乞差軍馬劄子　梁溪集 88/5b

催差軍馬劄子　梁溪集 88/9a

乞撥那軍馬奏狀　梁溪集 90/4a

乞下虔吉州守臣不得占留將兵奏狀　梁溪集 91/3a

乞差發軍馬劄子　梁溪集 91/3b

乞施行虔州占冒將兵奏狀　梁溪集 91/9a

施行招軍奏狀　梁溪集 92/5b

乞施行虔州不發將兵奏狀　梁溪集 92/12b

乞輪差將兵赴帥司駐劄奏狀　梁溪集 93/2a

乞就都督府遣發得力統制官部押三二千人前來使喚奏狀　梁溪集 95/4a

同諸司乞兵應副本路急闕使喚奏狀　梁溪集 96/2a

論准西軍變劄子　梁溪集 99/2a

兵籌類要

誠感篇　北海集 40/1a

族屬篇　北海集 40/4b

家貫篇　北海集 40/7b

聲望篇　北海集 41/1a

知將篇　北海集 42/1a

薦舉篇　北海集 43/1a

君命篇　北海集 43/6b

禮貌將臣篇　北海集 44/1a

內御篇奉上附　北海集 44/5a

學古篇不學古附　北海集 45/1a

儒學篇　北海集 45/5a

鎮靜篇　北海集 46/1a

決水篇　北海集 46/4b

火攻篇　北海集 46/6b

奏請慎密兵機疏　少師集 2/7a

乞罷保甲新法疏　少師集 4/12a

奏訓練士丁保丁疏　少師集 4/15a

論買牛筋角劄子　張華陽集 14/5a

論三衛兵少劄子　張華陽集 15/2b

論禁軍逃亡劄子　毘陵集 1/7b

論措置民兵利害劄子　毘陵集 3/6b

論諸軍效用使臣劄子　毘陵集 3/8a

乞降旨乘載輜重老小船並合逐軍自行備辨狀　忠正德集 2/30a

建康府軍兵强奪民物等狀　忠正德集 3/19a　歷代奏議 213/18b

論水軍作賊劄子　忠正德集 3/20a

乞招填禁軍教閱仍不得元占劄子　楠溪集 8/20a

乞募武臣及諸將諸軍子弟爲衛劄子　筠溪集 1/11b　歷代奏議 223/7a

乞治東南兵畫一劄子　筠溪集 1/12b

乞增重禁衛畫一劄子　筠溪集 1/14a

再乞增禁衛劄子　筠溪集 1/18b　歷代奏議 225/13a

東南募兵畫一狀　筠溪集 1/20b

預置大軍馬草劄子　柏山集 21/3b

議指揮諸軍　中興備覽 1/2b

議撫恤侍衛之人　中興備覽 1/6a　歷代奏議 225/11b　蜀文輯存 44/4a

議民兵　中興備覽 1/7a

議大軍屯駐　中興備覽 2/4a

議練兵　中興備覽 3/1b　歷代奏議 222/20b　蜀文輯存 44/4a

議行師　中興備覽 3/3a　歷代奏議 232/4b

乞免差軍兵挽奉使船　松隱集 27/5a
論衛兵論時事十一首　默堂集 14/7a　歷代奏議 225/12a
上孝宗論兵書　滄庵集 8/5a　歷代奏議 234/6a
乞分成奏劄　漢濱集 5/9a
乞勞師奏劄　漢濱集 7/20a
勞師乞差辟官屬奏劄　漢濱集 7/20b
乞免差三司等處取馬人朝劄　漢濱集 8/2b
論軍劄子　竹軒韓著 3/1b　南宋文範 16/3b
論閱武劄子　鄂峰錄 8/8a　歷代奏議 223/26b
武備疏　方舟集 7/5b　歷代奏議 223/6b
變州論馬綱狀　梅溪集/奏 3/7b　歷代奏議 242/14a
　南宋文範 17/15a
再論馬綱狀　梅溪集/奏 3/9b　歷代奏議 242/15b　南
　宋文範 17/16a
會計軍儲劄子　盤洲集 42/4b
戍兵請給驅磨阻滯劄子　盤洲集 42/5b
論招軍之弊劄子　盤洲集 42/6a
納供軍綱目劄子　盤洲集 42/8b
乞刺壯健乞匃人劄子　盤洲集 43/8a
論湖北軍須劄子　盤洲集 44/7b
論乞置巡綽私渡軍　海陵集 4/2b
論放行從軍人磨勘　海陵集 4/2b
論軍中功賞不實　文定集 1/13b
應詔陳言兵食事宜　文定集 2/1a　歷代奏議 91/17a
論罷戶長改差甲頭疏　文定集 5/2b
論買馬博易劄子　小隱集/23a　歷代奏議 242/10b
繳羅殿蕃進馬指揮又上言　小隱集/23b　歷代奏
　議 242/11a　南宋文範 25/16b
乞精選間諜劄子　小隱集/33a　歷代奏議 222/21a
乞存留揀中禁軍劄子　小隱集/39a　歷代奏議 224/
　1a
論軍士展佯劄子　小隱集/43a　歷代奏議 224/1b
輪對論軍制劄子　洪文敏集 4/1a
論三衙軍制劄子　洪文敏集 4/4a
論兵制疏　范成大佚著/9　歷代奏議 223/29a
論兵制疏　范成大佚著/23　歷代奏議 233/28b
論黎州買馬疏　范成大佚著/24　歷代奏議 242/13b
又論民兵義士劄子　范成大佚著/26
乞免移屯與執政容宣論劄子　范成大佚著/30
催西兵營寨劄子　范成大佚著/33
論蜀兵貧乏劄子　范成大佚著/35
論義兵疏　范成大佚著/77
言飛虎軍可用疏　范成大佚著/79
論久任邊帥講篋留身劄子　益國文忠集 137/4b　益公

集 37/5a　歷代奏議 239/17a
論軍政後殿對劄子　益國文忠集 137/5a　益公集 137/6b
論馬政遷德殿對劄子　益國文忠集 137/10b　益公集
　137/12b
論添駐贛州軍馬　益國文忠集 138/5a　益公集 138/6a
論軍士紀律　益國文忠集 138/6a　益公集 138/7a　歷
　代奏議 223/11a
論軍士磨甲　益國文忠集 139/10a　益公集 39/11b
乞收恤揀汰軍人家屬　益國文忠集 140/8a　益公集
　140/9b
論優恤軍士守臣便民五事　益國文忠集 141/4a
　益公集 141/4b
論稿軍　益國文忠集 141/6a　益公集 141/7a
論兩淮民兵　益國文忠集 141/7a　益公集 141/8b
論軍民相殿劄子　益國文忠集 141/11a　益公集 141/
　12b
論步軍司多差撥將佐往潭州飛虎軍　益國文
　忠集 143/8b　益公集 143/9b
乞免閩浙收買軍器所牛皮　益國文忠集 144/1a
　益公集 144/1a
論檢舉諸軍磨勘　益國文忠集 144/4a　益公集 144/5a
乞令四川制置司通知馬政　益國文忠集 144/9a
　益公集 144/11a
繳招兵指揮　益國文忠集 146/4b　益公集 146/5a
四川軍額文字回奏　益國文忠集 146/5a　益公集
　146/5b
鎮江等處軍額回奏　益國文忠集 146/5a　益公集
　146/6b
移飛虎軍御筆回奏附御筆　益國文忠集 146/6a　益
　公集 146/7a
飛虎軍軍額回奏　益國文忠集 146/6b　益公集 146/
　8a
鎮江衣絹御筆回奏附御筆　益國文忠集 146/16b　益
　公集 146/19a
繳進廣西文字御筆回奏附御筆及同日回奏　益國
　文忠集 146/19b　益公集 146/22b,23a
移義勝軍御筆回奏附御筆　益國文忠集 147/1a　益
　公集 147/1a
繳義勝軍指揮奏　益國文忠集 147/2a　益公集 147/2a
繳彭昊書草奏　益國文忠集 147/4a　益公集 147/4b
黎州馬政奏　益國文忠集 147/6b　益公集 147/7a
諸軍衙兵御筆回奏附御筆　益國文忠集 147/11a　益
　公集 147/13a
夏俊等樣回奏　益國文忠集 147/12a　益公集 47/13b
鎮江多槳船回奏　益國文忠集 147/18a　益公集 47/
　21a

薛直繳進文字回奏　益國文忠集 148/1a 益公集 48/1a

延壁殺降御筆回奏附御筆　益國文忠集 148/1a 益公集 148/1a

付下吳挺書草回奏附批問御筆　益國文忠集 148/6a 益公集 148/7a

付下翟安道文字回奏　益國文忠集 148/7a 益公集 148/7a

宣示田世卿等御筆回奏附御筆附錄白親札付部約錄白親札付田世卿　益國文忠集 148/8a 益公集 148/8b

許浦海船置柁師回奏　益國文忠集 148/12a 益公集 148/14b

翟右射御筆回奏　益國文忠集 148/14a 益公集 148/15b

宣示郭呆御筆回奏　益國文忠集 149/4a 益公集 149/4b

軍中賣酒利害御筆回奏　益國文忠集 149/5a 益公集 149/6a

繳內外軍馬分屯更戍等籍　益國文忠集 149/8a 益公集 149/9a

總管堵揮御筆回奏　益國文忠集 149/9a-10b 益公集 149/10a

堵揮條法御集回奏　益國文忠集 149/11a 益公集 149/12b

體究鄂軍過當御筆回奏　益國文忠集 149/11b 益公集 149/12b

簽出陞差籍回奏　益國文忠集 149/13a 益公集 149/14b

鎮江海船置深水舵回奏　益國文忠集 149/13a 益公集 149/14b

諸軍馬軍教閱牧放御筆回奏　益國文忠集 149/14b 益公集 149/16a

論兵(上下)　誠齋集 80/12a-15b 歷代奏議 224/10b, 12b 南宋文範 17/7a

論衛卒成荊州劄子　于湖集 17/6a 歷代奏議 336/22a

乞擇近臣令行荊襄參酌去取牧馬專置一司奏狀　于湖集 18/5b 歷代奏議 242/13a

請復軍士運糧舊制劄子　尊白堂集 6/18a 歷代奏議 224/22a

論訓練禁兵　宋本攻媿集 20/7a 攻媿集 21/6b

論軍器所元費　宋本攻媿集 25/6b 攻媿集 26/6a

寬恤士卒疏　東塘集 9/29a 歷代奏議 223/24b

廣招募劄子　九華集 5/7a 歷代奏議 223/18a

恤義士劄子　九華集 5/9a 歷代奏議 223/19a

恤歸附劄子　九華集 5/12a

議國馬疏　九華集 7/3b 歷代奏議 242/17a 南宋文範 20/13a

議軍實疏　九華集 7/17a 歷代奏議 223/20b

請糾集武勇民兵　雲莊集 1/4b

請乞修明軍政事　雲莊集 1/6a

奏乞措置江淮民兵　雲莊集 1/13a

兵總論(1-2)　水心集 5/21a-22b 水心別集 11/8b-10a 歷代奏議 223/12b,223/15a

四屯駐兵　水心集 5/24b 水心別集 12/1a 歷代奏議 223/15b

廂禁軍弓手士兵　水心集 5/26b 水心別集 11/2b 歷代奏議 223/17a

兵權上下　水心別集 4/1a-3a 歷代奏議 55/11a

漢陽條奏便民五事

一結保伍　勉齋集 24/9a 歷代奏議 224/25a

二廣儲蓄　勉齋集 24/10b 歷代奏議 248/15a

三修軍政　勉齋集 24/11b 歷代奏議 224/26a

四領監卒　勉齋集 24/12b 歷代奏議 224/26b

五復馬監　勉齋集 24/13b 歷代奏議 242/19a

辰州議刀弩手及士軍利害劄子　昌谷集 11/19a

諭黃陂叛卒　鶴山集 22/11b 歷代奏議 241/13a

奏將帥潰餽送添稿諸軍　鶴山集 27/11a

畫一榜論將士　鶴山集 27/14b

奏至鎮江稿軍　鶴山集 27/17a

奏至建康稿軍不敢以捷報緩行色　鶴山集 27/17a

代上請研嚴郡縣兵劄子　寳寶集 4/23b 歷代奏議 224/22a

論大閱疏　鶴山集 17/8a

奏乞團結民兵劄子　蒙齋集 7/10a 歷代奏議 224/29a

乞招用邊頭土豪劄　杜清獻集 7/1a-5a

四月十六日申時奏附御筆及回奏　另十四日御筆及回奏　杜清獻集 14/13a

同左相奏附御筆及回奏　杜清獻集 14/15b

奏審李道牛皐軍奏家集卷之一　金佗粹編 10/12b

乞號令歸一奏家集卷之三　金佗粹編 12/9b

乞發回親兵劄子家集卷之三　金佗粹編 12/13a

秋八月壬午大閱疏　咸營稿 3/2a 歷代奏議 224/30a

蜀文類存 92/14b

奏乞令東圍兼領總司以足兵食　許國公奏議 2/62a

回奏邊民習射指揮　可齋稿 20/1a

回奏置遊擊軍創方田指揮　可齋稿 20/5b

論軍兵老小劄子　四庫拾遺 8/昆陵集

奏議表狀一　奏議　兵制

論宰臣不當親自揀兵劄子 四庫拾遺 82/毘陵集

輪對劄子 四庫拾遺 130/聚齋集 歷代奏議 224/17b

省兵劄子 四庫拾遺 132/聚齋集

議論對劄子 四庫拾遺 133/聚齋集 歷代奏議 224/18b

兵籌類要善守篇 四庫拾遺 223/北海集

馬司歸屯 四庫拾遺 246/東塘集

乞留所起人兵劄 四庫拾遺 631/忠正德文集

上仁宗請置親兵韓琦撰 宋朝奏議 120/4b

上仁宗論削兵當澄其元弛邊得其要富弼撰 宋朝奏議 120/5a 歷代奏議 327/1a

上仁宗乞汰元兵田況撰 宋朝奏議 120/7a 歷代奏議 300/11a

上仁宗論益兵困民范鎮撰 宋朝奏議 120/10b 歷代奏議 219/26b 蜀文輯存 17/18a,8/10a

上仁宗論益兵困民 係第二狀 范鎮撰 宋朝奏議 120/12a 歷代奏議 219/24b 蜀文輯存 8/8b

上仁宗論益兵困民 係第三狀 范鎮撰 宋朝奏議 120/14a 歷代奏議 219/27b 蜀文輯存 8/11a

上神宗謀用兵張方平撰 宋朝奏議 121/9b

上神宗論養兵呂大忠撰 宋朝奏議 121/13b 歷代奏議 220/25a

上仁宗論衛士之變乞黜責皇城司及當直臣僚何郯等撰 宋朝奏議 122/2a 歷代奏議 225/3b 蜀文輯存 6/18b

上仁宗論衛士之變乞責降楊懷敏何郯等撰 宋朝奏議 122/2b 歷代奏議 225/4a 蜀文輯存 6/19b

上仁宗論衛士之變乞責降楊懷敏吳奎撰 宋朝奏議 122/4a 歷代奏議 225/5a

上仁宗論禁中内臣坐甲何郯撰 宋朝奏議 122/4b 歷代奏議 210/20a,225/2b 蜀文輯存 6/18a

上仁宗論步直兵士作過錢彥遠撰 宋朝奏議 122/5b 歷代奏議 225/5b

上仁宗論步直兵士作過 係第三狀 錢彥遠撰 宋朝奏議 122/6a 歷代奏議 225/6a

上仁宗論步直兵士作過 係第四狀 錢彥遠撰 宋朝奏議 122/7a 歷代奏議 225/6b

上仁宗論步直兵士作過 係第七狀 錢彥遠等撰 宋朝奏議 122/8a 歷代奏議 225/7b

上真宗乞江湖諸郡置本城守捉兵士王禹偁撰 宋朝奏議 122/9b

上仁宗乞東南諸郡募兵以防寇盜富弼撰 宋朝奏議 122/11a 歷代奏議 219/8b

上仁宗乞擺併諸路軍額放停老弱錢彥遠撰 宋朝奏議 122/15b 歷代奏議 219/20b

上仁宗論增置士兵孫抃撰 宋朝奏議 122/16a 歷代奏議 219/24a 蜀文輯存 5/7a

上仁宗乞揀放保捷指揮何郯撰 宋朝奏議 123/9a 歷代奏議 219/23b 蜀文輯存 6/8b

上英宗乞募陝西義勇韓琦撰 宋朝奏議 123/10a 歷代奏議 220/13a

上神宗乞罷招正兵益請民兵府衛之法呂公著撰 宋朝奏議 123/19a 歷代奏議 220/22a

上哲宗論保甲之害王巖叟撰 宋朝奏議 124/1a 歷代奏議 221/9a

上哲宗乞保甲並用冬教王巖叟撰 宋朝奏議 124/7a 歷代奏議 221/11a

上哲宗乞免第四等第五等保丁冬教及罷畿内保甲王巖叟撰 宋朝奏議 124/9b 歷代奏議 257/1a

上哲宗乞免第四等第五等保丁冬教及罷畿内保甲 係第二狀 王巖叟撰 宋朝奏議 124/10b 歷代奏議 221/7b

上哲宗乞廢保甲一司王巖叟撰 宋朝奏議 124/11a 歷代奏議 221/8b

上哲宗乞拘收保甲兵器及募充弓手朱光庭撰 宋朝奏議 124/12b 歷代奏議 221/6a

上哲宗乞安集保甲破産人户狀王巖叟撰 宋朝奏議 124/13a 歷代奏議 106/5a

上哲宗乞依舊教畿内保甲王存撰 宋朝奏議 124/18a 歷代奏議 221/13b

上仁宗乞用涇原路熟户王堯臣撰 宋朝奏議 125/1a

上太宗論自古馬皆生於中國李覺撰 宋朝奏議 125/7a 歷代奏議 242/1a

上仁宗論城皇門禁馬遵撰 宋朝奏議 126/1a 歷代奏議 225/8b

論兵在精不在衆疏程琳撰 歷代奏議 219/8a

上封事林栗撰 歷代奏議 219/10b

論兵政夏詠撰 歷代奏議 220/1a

論寬補强壯之籍及添創弓手四事疏 宋庠撰 歷代奏議 220/6b

論河北强壯疏 宋庠撰 歷代奏議 220/8b

論兵元用度之疏 呂景初撰 歷代奏議 220/9b

論陝西沿邊元費范忠宣集/奏議上 11b 歷代奏議 220/21a

論兵器疏 王雩撰 歷代奏議 220/29b

條奏兵馬兵器八事疏 許將撰 歷代奏議 220/31a

上宣仁皇后論保甲馬韓維撰 歷代奏議 221/5a

論河北路禁軍例多老病怯弱疏 陳次升撰 歷代奏議 221/14a

論兵不可長亦不可暑疏 畢仲游撰 歷代奏議 221/14b

論兵多費廣之弊疏呂陶撰 歷代奏議 221/18b 蜀文輯存 16/10a

論御兵之道宜憲先烈循故事疏呂陶撰 歷代奏議 221/20b 蜀文輯存 16/11b

論任將五弊疏呂陶撰 歷代奏議 221/22b 蜀文輯存 16/13a

論慎功賞精補擢制兵之急務疏呂陶撰 歷代奏議 221/24b 蜀文輯存 16/15a

請講民兵之法疏呂陶撰 歷代奏議 221/26a 蜀文輯存 16/16b

論禦捍盜賊疏 許翰撰 歷代奏議 222/5a

請嚴三衙之選疏 趙鼎撰 歷代奏議 222/14b

請移王璧軍馬城內駐劄疏趙鼎撰 歷代奏議 222/15a

應詔言軍政當議者五事疏 李陵撰 歷代奏議 222/16b

請蒐無用之兵爲有用之備疏廉允文撰 歷代奏議 222/17b 蜀文輯存 56/15b

論置鎮江建康太平池鄂五郡兵疏沈暐撰 歷代奏議 222/17b

論江北義社疏王之道撰 歷代奏議 222/18b

乞申嚴私役禁軍之法疏張浚撰 歷代奏議 222/19b 蜀文輯存 44/3a

論鎗弓弩隊次序不得參錯疏張浚撰 歷代奏議 222/20a 蜀文輯存 44/3b

乞申明軍法疏 章誼撰 歷代奏議 222/22a

論訓兵疏 章誼撰 歷代奏議 222/22b

論官軍用力不如土豪用智疏 章誼撰 歷代奏議 222/23b

乞置水軍疏 章誼撰 歷代奏議 222/24a

乞創招添招人兵闕額並罷招填疏 章誼撰 歷代奏議 222/24b

乞遴選班直疏 章誼撰 歷代奏議 222/25b

論民兵章誼撰 歷代奏議 222/26a

論制勝在將不在兵疏 黃次山撰 歷代奏議 223/1a

論操術立志疏黃次山撰 歷代奏議 223/1b

論軍人家口不得隨行出師疏 張守撰 歷代奏議 223/4a

乞以田募兵張守撰 歷代奏議 223/4b

論教閱軍兵劄子張守撰 歷代奏議 223/5b

論嚴都城守禦之備疏李光撰 歷代奏議 223/9b

上言軍屯可行者三說 袁說友撰 歷代奏議 223/22b

乞於關外招刺義勇軍疏趙汝愚撰 歷代奏議 223/27a

論諸州厢禁軍之弊疏趙汝愚撰 歷代奏議 223/28a

論陝西當推行蕃漢弓箭手舊法疏廉允文撰 歷代奏議 224/2a 蜀文輯存 56/16b

論諸軍弓弩宜分月拍試疏廉允文撰 歷代奏議 224/3a 蜀文輯存 56/17b

論教荊鄂兩軍先足弓弩手疏廉允文撰 歷代奏議 224/3b 蜀文輯存 56/18a

論三衙兵虛冗之數疏廉允文撰 歷代奏議 224/3b 蜀文輯存 56/18b

請以宣諭司招軍例物錢下四川打造衣甲疏廉允文撰 歷代奏議 224/3b 蜀文輯存 56/18a

奏三衙兵虛冗之教廉允文撰 歷代奏議 224/4a 蜀文輯存 56/16b

論失軍心有二疏廉允文撰 歷代奏議 224/5a 蜀文輯存 56/19b

論給降勁弩截留馬綱疏廉允文撰 歷代奏議 224/6b 蜀文輯存 56/20b

請因諸軍之歡心去積年之冗籍疏廉允文撰 歷代奏議 224/7b 蜀文輯存 57/1a

論有用之兵當益無用之兵當銷疏 李椿撰 歷代奏議 224/8b

論揀選兵士疏 王師愈撰 歷代奏議 224/9b

乞增添韶州屯駐軍兵疏 林光朝撰 歷代奏議 224/14b

兵論周南撰 歷代奏議 224/15b

便民策袁燮撰 歷代奏議 224/16b

論陞加之法爲軍政急務疏 袁說友撰 歷代奏議 224/19b

進李抱真籍户習射故事 許應龍撰 歷代奏議 224/23a

進司馬光歐陽修范鎮論兵故事許應龍撰 歷代奏議 224/24a

論密計江内之事疏 曹彥約撰 歷代奏議 224/27b

論撰小臣宿衛疏呂大鈞撰 歷代奏議 225/10a

論宿衛疏 胡宗愈撰 歷代奏議 225/10a

論親兵專宿衛疏胡安國撰 歷代奏議 225/11b

論任將不可久亦不可太久疏 王師愈撰 歷代奏議 240/15a

論軍制趙汝愚撰 歷代奏議 240/22a

論殿司十三軍太盛疏 楊愔撰 歷代奏議 241/3b

論馬政疏 丁度撰 歷代奏議 242/6b

論市馬疏 朱震撰 歷代奏議 242/9b

請損文黎馬額盡力西邊之馬疏廉允文撰 歷代奏議 242/12a 蜀文輯存 57/20a

論東兵劄子范鎮撰 蜀文輯存 7/19a

詳論陳法疏趙尚撰 蜀文輯存 23/12b

論訓練邑欽岷丁疏趙尚撰 蜀文輯存 23/13b

陳麟府軍馬措置疏趙尚撰 蜀文輯存 23/15a

論旗幟形制疏趙尚撰 蜀文輯存 23/15b

請招准北民壯充御前效用疏張浚撰 蜀文輯存

41/11a

請准北歸正武勇效用授給毅士疏張浚撰　蜀文輯存 41/11b

請收厲禁士軍選將教閱疏杜莘老撰　蜀文輯存 50/11b

請頒弓箭手法疏廖允文撰　蜀文輯存 58/18b

請軍承代人應改正年甲狀張枃撰　蜀文輯存 64/19b

諸軍恩賞應劃下主將限季保明狀宇文价撰　蜀文輯存 65/20b

襄陽諸軍遷轉速予保明狀宇文价撰　蜀文輯存 65/20b

黔州叙州天水各地屯戍狀安丙撰　蜀文輯存 72/18a

請於變路行保甲疏廖剛簡撰　蜀文輯存 79/2a

(八) 禮　樂

論郊禋加勤制書錯誤狀　武夷新集 16/1a

奏議葬荊王　范文正集/奏議上/35b　宋朝奏議 93/7b

歷代奏議 123/11a

論郊丘定配　文恭集 7/1a　歷代奏議 19/5b

論罷上元放燈　文恭集 7/6a

論太湖登在祀典　文恭集 7/15a　歷代奏議 126/6a

論伐鼓于社當在正陽之月　文恭集 7/15b

同劉敞孫抃論四后配食　文恭集 7/16a

代中書詔定大樂名議　文恭集 8/14b

代中書密院覆議大樂名狀　文恭集 8/17b

乞御前殿朔日立仗章臣朝服劄子　元憲集 31/4a　歷代奏議 119/12b

乞于御苑空地內種植奉祠祭劄子　元憲集 31/5a　歷代奏議 126/8b

論以尺定律　景文集 26/1a　歷代奏議 280/14a

禮院議祖宗配侑　景文集 26/4b　歷代奏議 19/1a

奏乞減編鐘事　景文集 26/6b　歷代奏議 128/4b

論太樂置雷鼓靈鼓路鼓備而不擊及無三發　景文集 26/8a　歷代奏議 128/7a

論太樂署有春膊之名而無春膊之器　景文集 26/8b　歷代奏議 128/7b

論竽及巢笙和笙　景文集 26/9a　歷代奏議 128/8a

論引武舞所執九器各有所用　景文集 26/10a　歷代奏議 128/5a

郭正不應爲嫁母持服狀　景文集 26/11a　歷代奏議 123/14b

議樂疏　景文集 27/3b　宋朝奏議 96/8a　歷代奏議 128/1a

論乞別撰郊廟歌曲明述祖宗積累之業　景文集 27/9a　歷代奏議 128/6a

論精選太常樂工及募能知音者備太常官屬　景文集 27/11a　歷代奏議 128/8b

論國忌　景文集 27/14a　歷代奏議 126/7a

乞置太廟神御庫　景文集 27/15a　歷代奏議 18/13a

緻進升祔慶成詩狀　景文集 30/1a

明堂路寢議　景文集 42/1a　歷代奏議 18/13a

五室議　景文集 42/4a　歷代奏議 18/15a

規蔡㬓明堂議　景文集 42/7a　歷代奏議 18/17a

上帝五帝議　景文集 42/12b　宋朝奏議 86/1a

配帝議　景文集 43/1a

雜制議　景文集 43/5b

升歌議　景文集 43/7a

馳道議　景文集 43/10b　歷代奏議 119/11a

贈尚書右僕射孫瑽議　景文集 43/12a

上仁宗議樂　景文集/拾遺 8/8a

請兩製官祀九宮貴神　包孝肅奏議 2/32b　歷代奏議 126/11a

請謚王明　包孝肅奏議 2/34b　歷代奏議 284/1a

乞納后之禮稍緩其期　武溪集/奏議上/1a　宋朝奏議 93/1a　歷代奏議 74/13b

議李照所定樂　武溪集/奏議上/4a　宋朝奏議 96/6b　歷代奏議 127/23b

論皇子服罷開宴用樂　武溪集/奏議上/5b　宋朝奏議 93/6b　歷代奏議 123/10b

請定獻官冕服　武溪集/奏議上/7a

請考正祀典　武溪集/奏議上/9b

达享　河南集 2/4a

奏請四皇后廟升祔狀　無爲集 15/1a　歷代奏議 21/2a

裨拾合正位序議　無爲集 15/3b　歷代奏議 21/1b

明堂配上帝議　無爲集 15/4a

上辛祈穀議　無爲集 15/6b

奏請太廟殿上鐘磬狀　無爲集 15/7a　歷代奏議 128/18b

堂上鐘磬議　無盡集 15/7b　歷代奏議 128/18a
上言大樂七事　一曰歌不永言聲不依詠律不和聲　二曰八音不諧鐘磬篳關四清聲事　三曰金石奪倫事　四曰舞不象成　五曰樂失節奏　六曰祭祀享無分樂之序　七曰鄭聲亂雅　歷代奏議 128/15a　無盡集 15/9a-14a
乞張熙恩澤　文潞公集 32/1b
乞郭宣恩澤　文潞公集 32/2a
乞門客張度恩澤　文潞公集 32/2a
奏程殉葬事　文潞公集 32/3b
奏富相公墓乞與免納馬價錢　文潞公集 32/4a
答詔劄子(1-2)附御批　文潞公集 35/2a
答詔劄子(1-2)　文潞公集 35/3a,3b
免差人內都知管勾葬事　文潞公集 36/6b
贈太尉夏守贊誼議　歐陽文忠集 70/2b
論楊察請終喪制乞不奪情劄子　歐陽文忠集 97/3a　歷代奏議 123/8a
論葬荊王劄子　歐陽文忠集 104/4a　歷代奏議 123/8b
論葬荊王後贈燕王——行事劄子　歐陽文忠集 104/6a　歷代奏議 123/10a
請駕不幸溫成廟劄子　歐陽文忠集 108/4b　宋朝奏議 94/6a　歷代奏議 126/6b
論郭皇后影殿劄子　歐陽文忠集 111/11a　宋朝奏議 88/3b　歷代奏議 316/4b
乞罷上元放燈劄子　歐陽文忠集 111/13a　宋朝奏議 92/11a　歷代奏議 194/7b
論柯祭行事劄子　歐陽文忠集 113/8a　歷代奏議 19/8b
濮議(一)　歐陽文忠集 120/1a
濮議(二)　歐陽文忠集 121/1a
濮議(三)
中書請議濮王典禮奏狀　歐陽文忠集 122/1a　宋文鑑 47/1b
兩制禮官議狀　歐陽文忠集 122/1b
中書進呈劄子　歐陽文忠集 122/2b
中書請集官再議進呈劄子　歐陽文忠集 122/3a
兩制禮官再議稱皇伯狀　歐陽文忠集 122/3a
奏慈壽宮劄子　歐陽文忠集 122/4a
濮議(四)
劄子一首　歐陽文忠集 123/1a
爲後或問上　歐陽文忠集 123/5b
爲後或問下　歐陽文忠集 123/8a
晉問　歐陽文忠集 123/11b
漢魏五君篇　歐陽文忠集 123/10a

禮樂論　樂全集 11/1a　歷代奏議 119/15a
車服　樂全集 11/9a　歷代奏議 119/17b
僭俗　樂全集 11/12b　歷代奏議 116/16a
雅樂　樂全集 11/15b　歷代奏議 128/11a
論郊廟三事　樂全集 20/16a　歷代奏議 18/12a
一圜丘黃道　樂全集 20/17a
一小次　樂全集 20/17b
一柯官　樂全集 20/18a
請郊祀用新樂事　樂全集 24/10b　歷代奏議 128/13b
論同天節錫宴　樂全集 24/22b
奏陳執中碑文　樂全集 25/1a　歷代奏議 284/1b
論祠廟事　樂全集 26/15a　宋朝奏議 91/9b　歷代奏議 126/12b
論高麗使人相見儀式事　樂全集 27/7a
奏狀乞改差以次臣僚監護溫成皇后葬事　清獻集 1/7b
奏狀乞不許廣使傳令上聖容　清獻集 1/8a
奏狀乞榜示行禮百官不得移易幕次　清獻集 4/1b
奏狀乞戒勵嚴慶孫等不廟事　清獻集 4/4b
乞用劉石子弟　蘇學士集 11/11b　宋朝奏議 95/8b　歷代奏議 283/17a
乞罷溫成皇后立忌　蔡忠惠集 14/9b　歷代奏議 119/19a
乞不往奉先寺酌獻　蔡忠惠集 14/10b
乞不作溫成皇后誌文　蔡忠惠集 14/11a
乞用新樂於郊廟劄子　蔡忠惠集 22/13a　歷代奏議 128/12b
看詳奉神述劄子　蔡忠惠集 22/14b
論樂劄子　古靈集 7/2b　歷代奏議 128/20a
祭天用樂劄子　古靈集 7/5a　歷代奏議 20/13a
詳定禮文　古靈集 9/1a
濯宮　古靈集 9/1b
五齊三酒　古靈集 9/2a
入廟異宮　古靈集 9/2a
車駕出入門罷勘契　古靈集 9/2b
徹青繩爲三遶之制　古靈集 9/3a
不設黃褲緋褲　古靈集 9/3b
用制幣　古靈集 9/5a
烤薦　古靈集 9/5a
遇雨望祭服祭服仍設樂關　古靈集 9/5b
冕旒制文闈　古靈集 9/5b
祭服之裘　古靈集 9/5b
珮玉惟天子全玉餘用珉　古靈集 9/6b

綏文廟 古靈集 9/7b

玄衣纁裳 古靈集 9/7b

助祭之服 古靈集 9/8b 歷代奏議 126/13a

不設黃道褥 古靈集 9/10a

祭皇地祇太廟用中書撰 古靈集 9/11a

帝籍神倉 古靈集 9/11a

天地合祭爲非禮 古靈集 9/11b 宋朝奏議 85/3b 宋文鑑 105/15a 歷代奏議 20/11a

先宿太廟次宿北郊次宿南郊 古靈集 9/14b

惟人君得升昨行事 古靈集 9/16a

皇帝飲福受胙以專受祉 古靈集 9/16b

亞終獻及攝事之臣不宜飲福受胙 古靈集 9/17b

嬃瘞不當在祭末 古靈集 9/18a

先蠟柴以飲神 古靈集 9/18b

先升煙瘞血後嬃牲幣 古靈集 9/19a

南郊公卿執事官升午陛 古靈集 9/20b

祭天之器陶匏 古靈集 9/22a

太廟用厤尊 古靈集 9/22b

太廟尊彝之數溢於古仍不依四樂各設 古靈集 9/23a

明水明火 古靈集 9/24b

鬱鬯 古靈集 9/25a

景靈宮太廟御豐洗不當東薦 古靈集 9/26a

南郊攝事用木爵 古靈集 9/26a

燔火 古靈集 9/26b

排罏 古靈集 9/27a

萬新不擇日不出神主 古靈集 9/28a

榇柏不廢時祭 古靈集 9/32b 歷代奏議 20/12b

月祭五廟時祭二桃古無月半祭 古靈集 9/33b

告朔謂之月祭 古靈集 9/33b

儀禮月半奠 古靈集 9/35b

月半奠謂之殷事 古靈集 9/36b

前漢祭朔望 古靈集 9/36b

議柏享虛東向位狀 韓南陽集 22/1a 歷代奏議 19/10b

論溫成皇后不當立廟疏 韓南陽集 22/3a 宋朝奏議 94/7a 歷代奏議 19/11a

再論乞施行狀 韓南陽集 22/5a 宋朝奏議 94/8b 歷代奏議 119/14b

司徒杜公謐正獻議 韓南陽集 22/6a 歷代奏議 281/15b

贈太師兼侍中陳執中謐榮靈議 韓南陽集 22/7a 歷代奏議 281/16a

論陳執中謐榮靈書 韓南陽集 22/8a 宋朝奏議 95/3a 歷代奏議 281/16b

論陳執中直降敕謐恭狀（1－2） 韓南陽集 22/10b－12b 宋朝奏議 95/5b,6b 歷代奏議 281/18a－18b

論陳執中謐乞罷禮院狀（1－3） 韓南陽集 22/14a－15a 宋朝奏議 95/7b,8a

論濮王稱親乞追還詔書詳議劄子 韓南陽集 23/7a

論遺賜劄子 韓南陽集 24/3b 宋朝奏議 93/11b 歷代奏議 192/2b

議信祖廟狀 韓南陽集 25/4a 宋朝奏議 87/2a 歷代奏議 20/9a

乞不受尊號劄子 韓南陽集 25/10b 宋朝奏議 25/7a 歷代奏議 282/14b

上太皇太后劄子 韓南陽集 26/14a

李兌尚書謐議 丹淵集 21/10a

上仁宗論睦親宅不當建神御殿 公是集 31/10b 宋朝奏議 88/4a 歷代奏議 316/6a

上仁宗乞固辭徽號疏 公是集 32/4a 宋朝奏議 25/2a 歷代奏議 281/14a

再上仁宗乞固辭徽號 公是集 32/5a 宋朝奏議 25/3a 歷代奏議 281/14b

三上仁宗乞固辭徽號 公是集 32/5b 宋朝奏議 25/3b 歷代奏議 281/15a

上仁宗論景靈宮不當建郭后影殿 公是集 32/13a

上仁宗論孔宗願襲文宣公 公是集 32/14a 宋朝奏議 91/1b 歷代奏議 283/17b

上仁宗論溫成立忌 公是集 32/17b 宋朝奏議 94/4a 宋文鑑 47/16b 歷代奏議 119/13b

上仁宗論日食用牲于社非禮 公是集 32/19b

論奉慈廟 公是集 33/9b 歷代奏議 19/22a

張忠定謐議 公是集 41/15a

趙信質謐議 公是集 41/16a

奉太皇太后靈駕到陵下奏皇帝狀 華陽集 7/7a

陵名奏狀 華陽集 7/7b

奏爲今登歌之樂闕一音劄子 華陽集 8/1a 歷代奏議 128/11a 蜀文輯存 2/3a

乞移皇地祇及感生帝齊宮劄子 華陽集 8/3a

仁宗謐號議王珪撰 華陽集 33/3b 歷代奏議 282/12a 蜀文輯存 2/6b

廟祭與忌日同請不去樂及加牲香議 華陽集 33/6b 歷代奏議 19/19b 蜀文輯存 2/9a

濮安懿王典禮議 華陽集 33/8b 宋朝奏議 89/1b 歷代奏議 77/6a,123/17a 蜀文輯存 2/5a

濮安懿王合稱皇伯議 華陽集 33/10b 宋朝奏議

89/3a 歷代奏議 282/1a

又濮安懿王合稱皇伯議　華陽集 33/11b 歷代奏議 282/1a

斷范亦顏論追尊濮安懿王是非議　華陽集 33/12b

請權罷臘享議　華陽集 33/14a 歷代奏議 18/10a

諡號當先告天議　華陽集 33/14b 歷代奏議 282/11b 蜀文輯存 2/6b

服除躬行郊廟議　華陽集 33/15a 宋朝奏議 85/2b 歷代奏議 20/1b,123/17b 蜀文輯存 2/3b

真宗零祀配議　華陽集 33/16a 歷代奏議 19/19a 蜀文輯存 2/11a

太祖配享議　華陽集 33/17a 歷代奏議 19/9a 蜀文輯存 2/1a

仁宗配享議　華陽集 33/17a

陵寢議　華陽集 33/17b

論劉平招魂葬狀　傳家集 18/8b 司馬溫公集 16/5b

論夏竦諡狀　傳家集 18/11a 司馬溫公集 16/8a 宋朝奏議 95/1a 歷代奏議 281/19b

論夏竦諡第一狀　傳家集 18/12a 司馬溫公集 16/9b 宋朝奏議 95/2a 歷代奏議 281/20a

乞矜恤陳洪遺孤狀　傳家集 22/8b 司馬溫公集 20/8a 歷代奏議 283/19b

論上元令婦人相撲狀　傳家集 23/4b 司馬溫公集 21/6a 歷代奏議 194/11a

論上元遊幸劄子　傳家集 23/9b 司馬溫公集 21/3b 宋朝奏議 92/11b 歷代奏議 194/10b

乞優老上殿劄子　傳家集 23/11b 司馬溫公集 21/8a 歷代奏議 285/19b

論董淑妃諡議策禮劄子　傳家集 26/5b 司馬溫公集 24/5b 宋朝奏議 93/8b 歷代奏議 123/13b,282/19a

言壽星觀御容劄子　傳家集 26/11a 司馬溫公集 24/9a 宋朝奏議 88/4b 歷代奏議 19/9b

乞以假日入問聖體劄子　傳家集 27/2a 司馬溫公集 25/2b

乞遣告哀使劄子　傳家集 27/2b 司馬溫公集 25/2b 歷代奏議 123/15a

言山陵擇地劄子　傳家集 27/11a 司馬溫公集 26/1b 歷代奏議 125/1a

乞撤去福寧殿前尼女劄子　傳家集 28/10b 司馬溫公集 26/10a 宋朝奏議 93/9b 歷代奏議 123/15b

言遣莫劄子　傳家集 28/11a 司馬溫公集 26/10b 宋朝奏議 93/10a 歷代奏議 123/16a

論後殿起居劄子　傳家集 28/11b 司馬溫公集 26/11a 宋朝奏議 92/3b 歷代奏議 119/20b

論皇地祇劄子　傳家集 28/12a 司馬溫公集 26/11b

論虞祭劄子(1-2)　傳家集 28/12b-13a 司馬溫公集 26/12a,12b 宋朝奏議 93/10b,11a 歷代奏議 123/16b

言永昭陵建寺劄子　傳家集 30/10b 司馬溫公集 28/4b

言階級劄子　傳家集 33/6b 司馬溫公集 31/6a 宋文鑑 49/4b 歷代奏議 119/21a

爲宰相韓琦等議濮安懿王合行典禮狀　傳家集 35/9a 司馬溫公集 33/8a 歷代奏議 119/23a

與翰林學士王珪等議濮安懿王典禮狀　傳家集 35/9b 司馬溫公集 33/8b 歷代奏議 119/23a

乞不受尊號劄子　傳家集 36/9a 司馬溫公集 34/8a 宋朝奏議 25/4a 歷代奏議 282/10b

言濮王典禮劄子　傳家集 36/9b 司馬溫公集 34/8b 宋朝奏議 89/10b 歷代奏議 119/21b

乞改郊禮劄子　傳家集 36/11b 司馬溫公集 36/10a 歷代奏議 19/15b

論追尊濮安懿王爲安懿皇劄子　傳家集 37/2b 司馬溫公集 35/2b 宋朝奏議 89/14b 歷代奏議 119/24a

乞貢降劄子(2-4)　傳家集 37/6a-7a 司馬溫公集 35/5b-6b 宋朝奏議 90/11a

請不受尊號劄子　傳家集 37/7b 司馬溫公集 35/7a 宋朝奏議 25/4b 歷代奏議 282/10b

議桃遷狀　傳家集 37/9a 司馬溫公集 35/8b 歷代奏議 19/22b

乞罷詳定宰臣押班劄子　傳家集 38/3a 司馬溫公集 36/3a

乞御殿劄子　傳家集 38/4b 司馬溫公集 36/4b

論幸臣押班劄子　傳家集 38/5a 司馬溫公集 36/5a 宋朝奏議 92/4a 歷代奏議 119/24b

請不受尊號劄子　傳家集 42/2b 司馬溫公集 39/1b 宋朝奏議 25/6a 歷代奏議 282/13b

手詔請不受尊號　傳家集 42/3b 司馬溫公集 39/2b

乞奔神宗皇帝喪狀　傳家集 45/15b 司馬溫公集 45/12a

審内批指揮劄子　傳家集 49/12a 司馬溫公集 50/1b

不以早臨尊議　傳家集 66/1a 司馬溫公集 72/1b

祧廟議　傳家集 66/2a 司馬溫公集 26/3b

配天議　傳家集 66/3a 司馬溫公集 27/8b

李僕射諡文恭議穆　傳家集 66/9b 司馬溫公集 55/10b

錢中令諡宣靖議老水　傳家集 66/10a 司馬溫公集 55/11a

趙少傅諡僖質議禎　傳家集 66/10b 司馬溫公集 55/11a

馮太尉諡勅威議守信　傳家集 66/10b 司馬溫公集 55/11b

配天議司馬光等撰　司馬溫公集 27/8b 宋朝奏議 86/13a 歷代奏議 19/14b

仁宗皇帝謚册文 蘇魏公集 15/1a

立皇后册文 蘇魏公集 15/3b

立家廟議 蘇魏公集 15/4a 歷代奏議 126/10a

議承重法 蘇魏公集 15/5b 歷代奏議 123/18a

論前代帝王追尊本親及嗣王公襲封故事 蘇魏公集 17/1a 宋朝奏議 90/14b 歷代奏議 282/15a

請重修纂國朝所行五禮 蘇魏公集 18/2a 歷代奏議 119/19a

司空侍中臨淄公妾殊謚元獻 蘇魏公集 20/8a

贈太師王嗣宗謚景莊 蘇魏公集 20/9a

駙馬都尉贈右僕射王貽永謚康靖 蘇魏公集 20/10a

贈右僕射高若訥謚文莊 蘇魏公集 20/11a

議入廟劄子 臨川集 41/5a

言尊號劄子 臨川集 41/5b

論罷春燕劄子 臨川集 41/6a

乞朝陵劄子 臨川集 42/3b

廟議劄子 臨川集 42/4b 宋朝奏議 87/1a

議服劄子 臨川集 42/5b

議南郊三聖並侑劄子 臨川集 42/6a

議效祀壇制劄子 臨川集 42/6b

議郊廟太牢劄子 臨川集 42/7a

議皇地示神州地示不合燎禧事劄子 臨川集 42/7b

論減仁宗山陵制度狀 鄭溪集 12/12b 歷代奏議 125/2a

覆宗室遼寧郡王承範謚僖溫議 彭城集 24/5a

攻功覆吳尙書謚文肅謚 彭城集 24/5b

侍講不合坐狀 彭城集 24/11b 歷代奏議 286/5a

申中書坤成節合罷齋筵狀 彭城集 24/13b

奏乞壽聖節不用樂 范忠宣集/奏議上 1a 歷代奏議 19/21b

奏濮安懿王稱號乞依兩制所議 范忠宣集/奏議上/4b-6a 歷代奏議 77/8a-9b

奏論濮王稱親未當 范忠宣集/奏議上/7a 歷代奏議 77/7b

奏論執政尊崇濮王邪議（1-2） 范忠宣集/奏議上/8b-9b 歷代奏議 17b/7a,8a

論皇太后追尊濮王詔令 范忠宣集/奏議上/11a 宋朝奏議 89/17b 歷代奏議 74/28b

議太廟增室事 范忠宣集/遺文 2a

上宣仁皇后論文德殿受册 范忠宣集/遺文 2b 宋朝奏議 26/8a 歷代奏議 75/12b

覆忠宣公謚議鄧忠臣撰 范忠宣集/補編 6a

忠宣公謚議節文鄧忠臣撰 范忠宣集/附録 1a

代留守張方平留闕伯徵子張許三廟奏 忠肅集 3/12b

論景靈宮帝后同殿乞下近臣疏 忠肅集 4/5a 歷代奏議 21/26b

論韓琦定策功疏 忠肅集 4/9a 歷代奏議 284/3a

追訟呂誨疏 忠肅集 4/10a 宋朝奏議 95/9b 歷代奏議 284/2b

殿前副都指揮使建武軍節度使賈逵謚武格謚議 忠肅集 7/18a

張康節謚議 忠肅集 7/19a

奏乞罷開樂宴狀 淨德集 5/1a

爲家君上神宗論薄葬書 二程集/(伊川)44/15a

代彭思永上英宗皇帝論濮王典禮疏 二程集/(伊川)45/6a 宋文鑑 58/12a 歷代奏議 120/1a

代富弼上神宗皇帝論永昭陵疏 二程集/(伊川)45/9b

論冬至稱賀劄子 二程集/(伊川)45/18a

開樂御宴奏狀 二程集(伊川)45/20b 宋朝奏議 93/16a 宋文鑑 58/19a 歷代奏議 123/24b

論明堂配帝劄子（1-3） 王魏公集 4/1a-2b 歷代奏議 20/23a

議富弼配享狀 蘇東坡全集/奏議 3/10a 歷代奏議 21/4a

論魏王在瘞乞罷秋燕劄子 蘇東坡全集/奏議 5/5b 宋朝奏議 93/16b 歷代奏議 124/1a

上圜丘合祭六議劄子 蘇東坡全集/奏議 13/11a 宋朝奏議 85/12a 歷代奏議 21/5a

請詰難圜丘六議劄子 蘇東坡全集/奏議 13/18a

乞改居喪婚嫁條狀 蘇東坡全集/奏議 13/19a 歷代奏議 124/1b

代呂大防乞錄用呂誨子孫劄子 蘇東坡全集/奏議 15/13b

郊祀奏議 蘇東坡全集/續 9/20a

奏乞封太白山神狀附馮太守宋選作 蘇東坡全集/續 9/36b

論明堂神位狀 樂城集 37/15a 宋朝奏議 86/5a 歷代奏議 21/25a

乞令兩制共議納后禮劄子 樂城集 44/4b 歷代奏議 121/3b

乞推恩故知陳州鮮于侗子孫狀 樂城集 47/10a

乞優卹滕元發家劄子 樂城集 47/12b

進謚册文劄子 樂城集/後 14/3a

論合祭天地劄子 樂城集/後 15/2a

乞賜張宣徽謚劄子 樂城集/後 16/6a

論喪服檢葬疏 范太史集 13/1a 宋朝奏議 93/12a

歷代奏議 123/19b

唐鑑二篇　范太史集 13/5b　歷代奏議 125/5a, 123/23b

再論喪服疏　范太史集 13/7b　歷代奏議 123/22a

乞罷開樂宴割子　范太史集 14/1a　宋朝奏議 93/15b　歷代奏議 194/19b

明堂割子　范太史集 16/4a　宋朝奏議 86/6b　宋文鑑 59/3a　歷代奏議 21/11a

論大使臣持服狀　范太史集 18/1a　歷代奏議 286/14b

乞優恤蔡延慶家割子　范太史集 19/8a

乞車駕不出割子　范太史集 19/9a

乞優恤司馬康家割子　范太史集 19/13b　歷代奏議 284/7b

乞看詳陳祥道禮書割子　范太史集 19/15b　歷代奏議 120/13b

封還納后儀制狀　范太史集 21/3b　宋朝奏議 27/8b　歷代奏議 121/2b

乞改正先聖冠服割子　范太史集 22/2a　歷代奏議 274/13b

議合祭狀（1－2）　范太史集 23/11b－13a　歷代奏議 21/12a

進合祭故事割子　范太史集 23/15b

議謚狀　范太史集 25/13a　歷代奏議 282/19b

旌孝割子　范太史集 25/14a　歷代奏議 116/21a

元豐大裘議　陶山集 5/1a　歷代奏議 20/15b

元祐大裘議　陶山集 5/2b

廟制議　陶山集 6/1a　歷代奏議 21/20b

昭穆議　陶山集 6/9a　歷代奏議 20/16b

元府桃廟議　陶山集 6/12b　歷代奏議 21/27a

廟祭議　陶山集 6/13a　歷代奏議 20/18a

上徽宗乞皇太妃持心喪狀　讜論集 2/6b

上徽宗乞謁太妃園寢狀　讜論集 2/20b

上徽宗乞致齋日不作樂割子　讜論集 3/2b

上宣仁皇后論文德殿受册　曲阜集 1/6a　宋朝奏議 26/9b　歷代奏議 120/11a

上宣仁皇后論坤成節百官上壽　曲阜集 1/8b　宋朝奏議 26/11b　歷代奏議 120/12a

分祭郊社議　曲阜集 1/20a

上哲宗皇帝乞分祭　曲阜集 1/20b　宋朝奏議 85/9a　歷代奏議 21/14b

上哲宗皇帝乞分祭　曲阜集 2/1a　宋朝奏議 85/10b　歷代奏議 21/15b

上哲宗皇帝議明堂祀上帝及五帝　曲阜集 2/3a　宋朝奏議 86/7b　歷代奏議 21/16b

上神宗論英宗配天　曲阜集補 1/14a

上神宗論北郊攝事儀　曲阜集補 1/16b

上哲宗乞罷春燕　曲阜集補 2/13b

上哲宗論南郊合祭天地　曲阜集補 2/17b

上哲宗乞分祭天地貼黃　曲阜集補 2/18a

正統議　西塞集 4/1a

明堂議　西塞集 4/2b　歷代奏議 21/25b

禮禁論　西塞集 6/11b　歷代奏議 42/19b

論神廟配享割子　嵩山集 3/42b

乞東封割子　雲溪集 26/20a

乞頒降州軍大樂割子　雲溪集 26/22a

議禮　滿水集 1/2b　歷代奏議 120/4b

議樂　滿水集 1/3b　歷代奏議 128/23a

乞與孫路贈官及例外推恩狀　滿水集 1/14a　歷代奏議 284/8b

言永裕陵買土利便　道鄉集/補遺 9b

尋訪子孫割子　豐清敏遺書/附錄 4a

理會三禮圖割子　摘文集 10/3a　歷代奏議 120/13b

理會祭祀割子　摘文集 10/5b　歷代奏議 126/15a

慕容彥逢謚議　摘文集/附錄 1a

論配享割子　襄陵集 4/6b

明堂時令議　襄陵集 6/13b　歷代奏議 304/25b

越州大禹寺奏請名額狀　竹隱集 9/7a　歷代奏議 284/8a

代開封尹爲徐積請謚狀　竹隱集 9/8b

乞州郡講習五禮新儀割子　跨鰲集 13/1a　歷代奏議 120/14a

議廟祝申尚書省狀　高峯集 5/3b　歷代奏議 22/8a

請行籍田禮割子　初僚集 3/1a　歷代奏議 111/4b

賀皇后受册禮畢割子　初僚集 3/7b

辭免垂拱殿賜宴割子　初僚集 3/11a

乞晉下將軍廟額狀　建康集 6/9b

論明節皇后不當立忌狀　莊簡集 8/14a　歷代奏議 22/1a

議太上皇后還宮之儀狀　莊簡集 9/1b

恭上隆祐皇太后謚議　浮溪集 17/1a

乞尊崇道君太上皇帝尊號狀　梁溪集 42/6b

乞優贈陳亡陳逮等割子　梁溪集 54/10a

謚議葉適撰　梁溪集/附錄 1a

覆謚議宋之瑞撰　梁溪集/附錄

乞訪復徽稱割子　毘陵集 2/4a

論駐譚戎服　忠正德集 1/21b　歷代奏議 120/17a

乞追贈邵伯溫狀　忠正德集 3/8a　歷代奏議 284/12b

擬上道君太上皇帝謚法奏　三餘集 3/11b

齋閣晚問聖體割子　楳溪集 8/24a

奏議表狀一　奏議　禮樂

景靈宮早問聖體劄子 楠溪集 8/24a
太廟晚問聖體劄子 楠溪集 8/24b
太廟早問聖體劄子 楠溪集 8/24b
青城齋宮晚問聖體劄子 楠溪集 8/24b
行禮畢問聖體劄子 楠溪集 8/25a
請褒贈李喆疏 北山集 1/31b 歷代奏議 284/13b
褒進三老疏 北山集 1/32b 歷代奏議 284/14a
請撫卹李成疏 鄱陽集/拾遺 4b
乞褒錄高東溪忠義狀朱熹撰 東溪集/附錄 1a
請行三年喪劄子 斐然集 11/13b 歷代奏議 124/3a
南宋文範 14/14a
議服劄子 斐然集 11/26b
繳資善堂畫一内未有先聖 斐然集 15/9b 歷代
奏議 274/17a
進太上乞罷朝陵 松隱集 27/1a
上朝廷乞加恩淮西廟宇 松隱集 27/5a
見知高宗蓋因此劄 鄂峰錄 7/1b 歷代奏議 284/14b
建王辭免明堂大禮加恩劄子（1－3） 鄂峰錄
21/3b－4a
再辭免明堂大禮陪祀劄子 鄂峰錄 30/11a
再上辭免陪祀劄子 鄂峰錄 30/11b
辭免入謝都城外御筵及封御膳宴第二、三劄
子 鄂峰錄 30/13a－14a
宣引乞服中揭劄子 鄂峰錄 31/1b
辭免朝辭畢令宰執宴餞劄子 鄂峰錄 31/2a
辭免入覲都城外御筵及對御賜宴劄子 鄂峰
錄 31/3a
邢孝揚覆議議 知稼翁集 8/3a
又代上□郊祀天晴劄子（1－4） 梅溪集/奏 4/1b
－3b 歷代奏議 125/8b
代王尚書上劄子（1－2） 梅溪集/奏 4/9a－9b
議議辛子才撰 艾軒集 10/附錄/16a
覆議議馬天驥撰 艾軒集 10/附錄/19a
轉對劄子 盤洲集 42/8b
禮部論王振服色劄子 盤洲集 42/9b
乞改定樂章劄子 盤洲集 43/6a
乞進昨德壽宮劄子 盤洲集 43/6b
乞減樂員劄子 盤洲集 43/7a
論郊回用樂劄子 盤洲集 43/7a
乞贈高祖劄子 盤洲集 44/4b
乞寢贈典劄子 盤洲集 44/5a
進太子册文劄子 盤洲集 44/8b
秀王夫人蕘慰劄 盤洲集 46/1b
慰莊文皇太子奏劄 盤洲集 46/1b

論欽宗配饗功臣疏 文定集 5/8a
論金使名犯真宗舊諱疏 文定集 5/9b
文肅吳公議議並軟牘 吳文肅集/附錄/4a
論朝市儀注劄子 范成大佚著/37 歷代奏議 120/21b
上郊祀疏 范成大佚著/69
郊祀 范成大佚著/100
奏祀謝太傅狀 鄭忠肅集/上/26a
請立義塚狀 鄭忠肅集/上/28a
奏劄（1－2） 益國文忠集 119/11b－12a 益公集/119/
14b－15a
明堂禮成賀東宮劄子 益國文忠集 124/20b 益公
集 124/25a
會慶節賀劄 益國文忠集 124/21a 益公集 24/25a
太上皇后慶壽賀東宮劄子 益國文忠集 127/5b
益公集 127/6b
駕東宮生辰劄子 益國文忠集 127/11b 益公集 127/
13b
問聖體劄子 益國文忠集 127/14a 益公集 127/16b
免赴正旦入賀劄子 益國文忠集 127/15b 益公集
127/18b
德壽宮慶壽趨赴不及劄子 益國文忠集 128/1a
益公集 128/1a
賀東宮生辰劄子 益國文忠集 128/21a 益公集 128/
24b
攝太傅持節前導太上梓宮量帶激賞庫宮會稿
設劄子 益國文忠集 129/1b 益公集 129/1b
光堯梓宮到永思陵攢宮安寧奏狀 益國文忠集
129/2b 益公集 129/3a
乞導從虞主還行在奏 益國文忠集 129/4b 益公集
129/5b
明堂禮成同官僚賀東宮劄子 益國文忠集 129/8a
益公集 129/9b
問聖體劄子 益國文忠集 131/14b 益公集 131/17a
太上尊號議 益國文忠集 134/2b 益公集 134/3a 歷
代奏議 282/24a
論章服等差 益國文忠集 137/2b 益公集 137/2b 歷
代奏議 198/24a
明堂議 益國文忠集 139/4b 益公集 139/5a 歷代奏議
22/14a
論先廟後郊劄子 益國文忠集 139/7a 益公集 139/8a
論孟享拜跪 益國文忠集 141/8a 益公集 141/8a
論明堂禮部尚書兼翰林學士羅木堂對劄子 益國文忠
集 142/1b 益公集 142/1b 歷代奏議 22/14b
禮部太堂寺議明堂太禮狀 益國文忠集 142/2a
益公集 142/2a 歷代奏議 22/15a
論郊賓後殿對劄子 益國文忠集 142/5a 益公集 142/6a

論明堂太廟拜跪割子 益國文忠集 142/8a 益公集 142/9b

乞正上尊號禮儀割子 益國文忠集 145/10b 益公集 145/13a

禮部申明李浚追服事 益國文忠集 145/15b 益公集 145/18b

問虞允恭御筆回奏 益國文忠集 148/17a 益公集 148/19a

繳進郊祀差官回奏 益國文忠集 149/4a 益公集 149/4b

回奏避殿減膳內批回奏 益國文忠集 150/5b 益公集 150/6a

太乙宮燒香御筆回奏 益國文忠集 150/5b 益公集 150/6a

陳買母亡賻贈御筆回奏 益國文忠集 150/9a 益公集 150/9b

三省乞改蕩節皇后諡 益國文忠集 150/11a 益公集 150/12b

展日諸宮燒香御筆 益國文忠集 150/12a 益公集 150/13a

中使傳旨祿服素幘引班回奏 益國文忠集 150/14a 益公集 150/15b

乞付出禮官討論服制 益國文忠集 150/14b 益公集 150/16a

資善堂稱呼御筆回奏 益國文忠集 150/16b 益公集 150/19a

便殿引對衣服御筆 益國文忠集 15/1a 益公集 151/1a

乞宣諭接伴商量廢使弔祭稱呼 益國文忠集 151/1b 益公集 151/2a

衣制用布御筆 益國文忠集 151/1b 益公集 151/1b

未欲易服御筆回奏王淮撰 益國文忠集 151/3b 益公集 151/4a

布素終制御筆回奏 益國文忠集 151/4b－5b 益公集 151/4b

回奏改進稿 益國文忠集 151/5a 益公集 151/7a

乞繳官議內殿侍從以下朝見奏（1－2） 益國文忠集 151/6b 益公集 151/7a

改服細布文武金帶善惡差除鄂州兵帳御筆回奏 益國文忠集 151/9b 益公集 151/10b

熟議北使執禮御筆回奏 益國文忠集 151/11a－12b 益公集 151/12b－13a

催具詳度北使執禮御筆回奏 益國文忠集 151/12a 益公集 151/13b

高宗小祥乞展日視事附御批及回奏 益國文忠集 151/14b 益公集 151/16b

繳別廟用樂狀 益公集 99/125b

大行太上皇帝廟號疏（1－2） 尤梁溪稿 2/1a 歷代奏議 282/26b 南宋文範 16/11b

論駕正使不當却疏 尤梁溪稿 2/2a

乞瑞慶節不受賀割子 朱文公集 14/19b

乞討論喪服割子 朱文公集 14/26b 歷代奏議 124/11a

乞修三禮割子 朱文公集 14/28a 歷代奏議 118/9a 南宋文範 16/9b

桃廟議狀並圖 朱文公集 15/21a

面奏桃廟割子並圖 朱文公集 15/30a 歷代奏議 22/17a 南宋文範 16/10b

進擬詔意 朱文公集 15/32b

議桃廟割子 朱文公集 15/32b 歷代奏議 22/18b

山陵議狀 朱文公集 15/33b 歷代奏議 125/11a

乞襲録高登狀 朱文公集 19/40b 歷代奏議 284/19a

乞潭州謚王等廟額狀 朱文公集 19/46b 歷代奏議 284/20a

乞更定太常樂章割子 于湖集 16/7a 歷代奏議 128/24b

擬進割子（1－2） 鄂州集 5/6b 歷代奏議 195/6b，287/12b

免遷移城下墳塚割子 宮教集 5/12b

奏乞襲録傳察宗澤裏寅竟子孫割子 止齋集 24/4b 歷代奏議 284/17a

僞祖太祖廟議 止齋集 28/7a

乞加贈彭龜年及録用其後割子 宋本攻媿集 16/20b 攻媿集 26/14a

乞録用陳傅良之後割子 宋本攻媿集 17/13a 攻媿集 26/15a

乞正太祖皇帝東嚮之位 宋本攻媿集 20/1a 攻媿集 21/1a

論郊廟之禮 宋本攻媿集 21/10a 攻媿集 22/9a

議明堂部中集議 宋本攻媿集 22/11b 攻媿集 24/11b

再議明堂御史臺集議 宋本攻媿集 22/12a 攻媿集 24/12b

議桃遷正太祖皇帝東嚮之位 宋本攻媿集 23/7a 攻媿集 24/7a

議立四祖別廟 宋本攻媿集 23/9a 攻媿集 24/8b

繳桃廟事 宋本攻媿集 29/圖 攻媿集 30/1b

孝宗皇帝諡議 宋本攻媿集 46/1a 攻媿集 49/1a

成穆皇后改諡議 宋本攻媿集 46/5b 攻媿集 49/5b

成恭皇后改諡議 宋本攻媿集 46/6b 攻媿集 49/6b

劉忠肅公覆諡諡大中 宋本攻媿集 46/7b 攻媿集 49/7b

王節愍公覆諡議 宋本攻媿集 46/8b 攻媿集 49/8b

楊惠憩公覆謐議侯 宋本攻媿集 46/9b 攻媿集 49/ 忠懿謐議 金佗稡編/續 14/6a

9b 武穆謐議 金佗稡編/續 14/10a

劉忠肅公大中覆謐議 攻媿集 49/7a 聖主之祀臣有五義論 耻堂稿 3/5a 歷代奏議 126/

王節愍公倫覆謐議 攻媿集 49/8a 18a

楊惠憩公便覆謐議 攻媿集 49/9a 皇太子送出朝劄 徐文惠稿 1/1b

龍圖閣學士贈特進程公大昌覆謐文簡議 王 回皇太子送出朝劄 徐文惠稿 3/1a

雙溪集 4/35a 新安文獻 26/18b 乞贈恤故侍御史劉漢弼劄子 樓鑰集 4/1b

擬大行至尊壽皇聖帝謐號議 東塘集 13/34a 歷 論帝屬貴臣不趨早期奏劄 文溪稿 8/10b

代奏議 282/31b 請謐李韶方大琮狀 文溪稿 10/7a

乞議知院胡晉臣卹典罷曝書會議疏 止堂集 權邢部侍郎周公端朝謐議 桐江集 7/26b 新安文

2/17a 歷代奏議 284/17b 獻 26/19a

明堂大禮議 止堂集 4/5a 孝善胡先生謐議 梅巖集 5/6b

宋喬行簡奏請謐陳龍川劄子 龍川集/卷首 21a 宰相丁謂奏大行皇帝陵名鎮陵狀 宋詔令集

請乞罷瑞慶聖節錫宴謝絶虜使劄子 雲莊集 143/522

1/7a 宰相韓琦奏大行皇帝陵名永昭狀 宋詔令集

權大安軍楊震仲謐節毅議 絜齋集 7/27a 143/522

代請龍圖閣學士左通議大夫致仕胡沂謐狀 宰相韓琦奏大行皇帝陵名永厚狀 宋詔令集

爛湖集 1/7b 143/522

繳楊舜卿贈節度使旨揮狀 育德堂奏議 3/14b 宰相請大行陵名永裕狀 宋詔令集 143/523

論祠祭差官當嚴其制劄子 後樂集 10/28b 歷代 宰相章惇奏大行皇帝陵名狀 宋詔令集 143/523

奏議 126/17b 上太宗論省去尊號只稱帝字宋白撰 宋朝奏議

繳斐良士乞父謐狀 後樂集 10/30a 歷代奏議 282/ 25/1a 歷代奏議 281/12b

27a 上宣仁皇后論文德殿受册疏 宋朝奏議 26/9a

乞賜張栻謐劄子 後樂集 12/5b 歷代奏議 282/30a 歷代奏議 120/10b

御名議 洛水集 4/1a 上英宗乞下太常禮院修撰顓王聘納儀範邵元

仁文哲武孝皇帝謐議廟號 洛水集 4/1b 撰 宋朝奏議 27/2a 歷代奏議 121/2b

桃廟議 洛水集 4/4a 上仁宗論福康公主選尚乞依五禮之名存其物

明堂中辛議 洛水集 4/5b 數吳奎撰 宋朝奏議 33/1a 歷代奏議 121/2a

奏乞將武岡軍簽判葉莫襲賞狀 真西山集 10/1a 上仁宗論王守忠頂紫宸殿上宴何郯撰 宋朝奏

歷代奏議 284/20b 議 61/4b 歷代奏議 197/18b 蜀文輯存 6/17a

奏乞爲周濂溪賜謐 鶴山集 15/1a 歷代奏議 274/ 上英宗乞罷郊宮无益工作呂海撰 宋朝奏議 85/

21a 1a 歷代奏議 19/18a

奏乞早定周程三先生謐議 鶴山集 15/5b 上神宗論青城勞費乞建齋宮呂海撰 宋朝奏議

奏乞將趙汝愚配饗寧宗廟廷第一劄 鶴山集 85/1b 歷代奏議 20/1a

20/12b 上神宗論夏至祭地遣家宰攝事張璪撰 宋朝奏

奏乞將樊文彬高世英優加贈卹 鶴山集 29/4a 議 85/5a 歷代奏議 20/14a

繳薛極贈官詞頭 鶴林集 21/9a 上神宗論合祭宜循舊典陳薦撰 宋朝奏議 85/6a

繳進明堂御札奏狀 鶴林集 22/1b 歷代奏議 22/19a 歷代奏議 20/14b

桃廟議劄子 沅川集 4/3b 上哲宗乞議皇地祇親祠之禮許將撰 宋朝奏議

答兩項祀禮劄子 沅川集 4/5b 85/6b 歷代奏議 21/14a

奏審謁陵寢行期劄子 金佗稡編 12/5b 上哲宗乞合祭顧臨撰 宋朝奏議 85/7a

乞祇謁陵寢奏關文 金佗稡編 12/關文 上神宗乞惟設昊天上帝一坐趙君錫撰 宋朝奏

乞侍親疾劄子 金佗稡編 13/4b 議 86/4a 歷代奏議 20/15b

乞終制劄子 金佗稡編 14/4a 上哲宗論配帝及從祀之神朱光庭撰 宋朝奏議

乞終制劄子(2-3) 金佗稡編 14/5a-5b 86/5b 歷代奏議 21/3b

上仁宗論宣祖配侑謝絳撰 宋朝奏議 86/9b 歷代

奏議 18/9a

上仁宗論三聖並侑呂公著撰 宋朝奏議 86/10b 歷代奏議 19/3b

上英宗論明堂配侑錢公輔等撰 宋朝奏議 86/11a 歷代奏議 19/13b

上英宗論明堂配侑孫抃等撰 宋朝奏議 86/12a 歷代奏議 19/13a 蜀文輯存 5/8a

上仁宗乙親行拾饗大禮富弼撰 宋朝奏議 87/1a 歷代奏議 19/2b

上神宗議僖祖桃遷孫固撰 宋朝奏議 87/3b 歷代奏議 20/2a

上神宗議僖祖桃遷張師顏等撰 宋朝奏議 87/8a 歷代奏議 20/5b

上仁宗議四后廟饗呂公著撰 宋朝奏議 88/1a 歷代奏議 19/3a

上仁宗議四后拾饗張洞等撰 宋朝奏議 88/1b 歷代奏議 19/7b

上仁宗議四后拾饗歐陽修等撰 宋朝奏議 88/2a 歷代奏議 19/8a

上神宗乙罷英廟神御殿劉述撰 宋朝奏議 88/5b 歷代奏議 19/23a

上英宗乙下有司議濮安懿王合行典禮韓琦撰 宋朝奏議 89/1a

上英宗乙下兩制禮官詳定合稱何親韓琦撰 宋朝奏議 89/2b

上英宗請集三省御史臺官再議韓琦撰 宋朝奏議 89/3a

上英宗乙如兩制禮官所議宋敏求撰 宋朝奏議 89/3b 歷代奏議 282/1b

上英宗乙如兩制禮官所議呂大防撰 宋朝奏議 89/5a 歷代奏議 282/5b

上英宗乙如兩制禮官所議范鎮撰 宋朝奏議 89/6a 歷代奏議 282/1a 蜀文輯存 8/18a

上英宗論不當罷集議乙別降詔以王珪等議爲定呂誨撰 宋朝奏議 89/7a 歷代奏議 282/3a

上英宗論不當罷集議乙別降詔以王珪等議爲定趙瞻撰 宋朝奏議 89/8b 歷代奏議 282/4b

上英宗乙行禮官所奏典故呂大防撰 宋朝奏議 89/9b 歷代奏議 282/6a

上英宗乙令樞府大臣同定典禮是非呂誨撰 宋朝奏議 89/12a 歷代奏議 282/4a

上英宗乙正宗執懷邪詆誣之罪呂誨等撰 宋朝奏議 89/12b

上英宗乙正宗執懷邪詆誣之罪係第二狀 呂誨等撰 宋朝奏議 89/13a

上英宗以言不行居家待罪呂誨撰 宋朝奏議 89/

14a

上英宗論濮安懿王稱親呂公著撰 宋朝奏議 89/15b

上英宗乙追罷圓廟指揮呂誨撰 宋朝奏議 89/16b 歷代奏議 282/8b

上英宗乙黜責歐陽修呂誨等撰 宋朝奏議 89/18b

上英宗乙罷稱親呂誨撰 宋朝奏議 90/1a 歷代奏議 282/7b

上英宗論迴避濮王名諱呂公著撰 宋朝奏議 90/2a

上英宗辭待御史恩命乙與呂誨同貶傅堯命撰 宋朝奏議 90/6b

上英宗論追奉濮王六說趙瞻撰 宋朝奏議 90/7a

上英宗論典禮必與士大夫公議並乙降黜趙瞻撰 宋朝奏議 90/9a

上英宗乙罷濮王稱親彭思永撰 宋朝奏議 90/11b 歷代奏議 120/1a

上仁宗論孔宗愿襲文宣公祖無擇撰 宋朝奏議 91/1a 歷代奏議 274/4a

上神宗乙罷追帝孔子李清臣等撰 宋朝奏議 91/2a 歷代奏議 274/5a

上神宗論孟子配饗林希撰 宋朝奏議 91/3b

上哲宗論孔子後凡五事顏復撰 宋朝奏議 91/5a 歷代奏議 274/10a

上哲宗乙定子思封爵朱光庭撰 宋朝奏議 91/7a 歷代奏議 274/13a

上仁宗論修火祀朝宿撰 宋朝奏議 91/8a

上哲宗乙考正歷朝之祀顏復撰 宋朝奏議 91/10b 歷代奏議 126/13b

上太宗論入閣圖張泊撰 宋朝奏議 92/1a 歷代奏議 119/8b

上仁宗乙約先天制度前殿取旨宋緩撰 宋朝奏議 92/3a

上神宗乙董正文德正衛之制滿中行撰 宋朝奏議 92/4b 歷代奏議 120/7b

上神宗論饘疫乙罷上元放燈彭汝礪撰 宋朝奏議 92/12a 歷代奏議 194/13b

上欽宗論不當因孟饗游宴陳公輔撰 宋朝奏議 92/13b 歷代奏議 194/22b

上仁宗乙納后之禮稍緩其期孫河撰 宋朝奏議 93/1b 歷代奏議 121/1b

上仁宗論魏國夫人甄就第宣召兩府臣僚韓琦撰 宋朝奏議 93/2b 歷代奏議 123/4a

上仁宗乙權住豫王葬禮孫河撰 宋朝奏議 93/3b 歷代奏議 123/4b

上仁宗乙權住豫王葬禮奏（二）孫河撰 宋朝奏議 94/4b 歷代奏議 123/5b

上仁宗論濮王在殯乞罷上元燕游呂公著撰 宋朝奏議 93/8a 歷代奏議 194/8a

上哲宗論司馬光堯乞罷紫宸殿稱賀呂希純撰 宋朝奏議 93/15a 歷代奏議 123/24a

上仁宗論張貴妃喪禮過制孫沔撰 宋朝奏議 94/1a 歷代奏議 123/7a

上仁宗論張貴妃追册皇后孫扦撰 宋朝奏議 94/2b 歷代奏議 123/13a 蜀文輯存 5/5a

上仁宗論温成護葬宜減損正禮孫扦撰 宋朝奏議 94/3a 歷代奏議 123/12b 蜀文輯存 5/4a

上仁宗乞免讀温成哀册孫沔撰 宋朝奏議 94/3b

上仁宗論爲六后立小忌孫扦撰 宋朝奏議 94/4b 歷代奏議 119/14a 蜀文輯存 5/4b

上仁宗論温成皇后護葬官妄冀遷改范鎮撰 宋朝奏議 94/5a 歷代奏議 187/31b 蜀文輯存 8/5b

上仁宗論温成墳中不當以錦繡珠翠金玉備葬瘞范鎮撰 宋朝奏議 94/5b 蜀文輯存 7/17b

上仁宗乞改温成廟爲祠殿呂公著撰 宋朝奏議 94/9a 歷代奏議 126/7a

上神宗乞錄用魏元成裔孫韓琦撰 宋朝奏議 95/9a 歷代奏議 284/1b

上哲宗乞追贈張戴張舜民撰 宋朝奏議 95/10b 歷代奏議 274/11b

上哲宗乞錄用石介之後孫固等撰 宋朝奏議 95/12a 歷代奏議 284/7a

上欽宗乞襃贈江公望等呂好問撰 宋朝奏議 95/12b 蜀藝文志 27/21a 歷代奏議 284/9a

上神宗請定婚嫁喪祭之禮呂大防撰 宋朝奏議 96/1a 歷代奏議 120/4a

上哲宗乞詳議五禮以教民朱光庭撰 宋朝奏議 96/1b 歷代奏議 120/8a

上哲宗乞詳議五禮以教民顏復撰 宋朝奏議 96/3a 歷代奏議 120/9a

上仁宗論詳定雅樂韓琦撰 宋朝奏議 96/5a 歷代奏議 127/22a

上仁宗請復用王朴舊樂韓琦撰 宋朝奏議 96/7b 歷代奏議 127/23a

上仁宗乞復用舊樂范鎮撰 宋朝奏議 96/12b 歷代奏議 128/9b 蜀文輯存 8/3b

上仁宗乞參酌王朴等樂以考中聲劉几等撰 宋朝奏議 96/14a 歷代奏議 128/19a

諫幸汾陰孫奭撰 宋文鑒 42/22b 歷代奏議 287/8a

又諫幸汾陰孫奭撰 宋文鑒 42/24a 歷代奏議 287/9a

上宗廟二說疏度正撰 宋文鑒 76/4a 歷代奏議 22/20a 蜀文輯存 76/4a

嚴宗廟孫淙撰 宋文鑒 103/7a 歷代奏議 20/22a

勸親睦蘇軾撰 宋文鑒 104/1a

與宰臣韓琦等議濮安懿王合行典禮狀 播芳文粹 91/7a

論燕飲狀 播芳文粹 91/9a

乞賜晉太尉陶威公廟額狀朱喜撰 新安文獻 5/1a

楊禮識論議游桂撰 蜀藝文志 48/下 10b 蜀文輯存 65/11b

請追尊高會四代崇建廟室疏 張昭撰 歷代奏議 18/2b

論郊廟祭玉疏 寶儀張昭撰 歷代奏議 18/3a

論天地社稷之祀疏 宋琪等撰 歷代奏議 18/5a

議信祠稱謂 李宗訥 張齊賢等撰 歷代奏議 18/5b

論恭避五帝之名疏 王欽撰 歷代奏議 18/6a

論帝坐疏 王欽若撰 歷代奏議 18/6a

論上辛祈穀疏 陳彭年撰 歷代奏議 18/7b

論祀圜丘疏 孫奭 晁迥等撰 歷代奏議 18/8a

進策論郊廟 夏竦撰 歷代奏議 18/8b

論太廟疏 趙希言撰 歷代奏議 18/10a

論太廟疏 宋祁撰 歷代奏議 18/10b

論郊廟祭酒疏 呂公綽撰 歷代奏議 18/12a

論南郊祖宗之配疏 呂公綽撰 歷代奏議 18/12a

論祭服疏 余靖等撰 歷代奏議 18/12b

論監祭使衣冠疏 邵必撰 歷代奏議 18/13a

論祀五帝疏 丁諷撰 歷代奏議 19/2a

同胡宿論祔郭后於廟疏 劉敞 胡宿撰 歷代奏議 19/3b

同胡宿論郭后追祔非禮之正疏 劉敞 胡宿撰 歷代奏議 19/4b

同孫抃胡宿論四后配食疏 劉敞 孫抃 胡宿撰 歷代奏議 19/6a

同孫抃胡宿等議后廟四主皆升合食疏 劉敞撰 歷代奏議 19/7a

論太廟八室疏 盧士宗撰 歷代奏議 19/12b

論郊廟之祭疏 李育撰 歷代奏議 19/16a

論南郊太廟二舞疏 李育撰 歷代奏議 19/17b

論西京會聖宮將創仁宗神御殿疏馬默撰 歷代奏議 19/18b

仁宗配饗議王珪等撰 歷代奏議 19/19a 蜀文輯存 2/10a, 10b

議仁宗配饗王嗚撰 歷代奏議 19/21a

乞節儉南郊費用疏傅堯命撰 歷代奏議 19/22a

論信祖桃遷疏元絳等撰 歷代奏議 20/8b

先灌議陸佃撰 歷代奏議 20/19b

南北郊合祭議彭汝礪撰 歷代奏議 20/21a

論祭地圓丘疏字文昌齡撰　歷代奏議 20/25a　蜀文輯存 28/1a

論天地合祭疏　黃履撰　歷代奏議 20/25b

陸薦上殿劄子傅堯命撰　歷代奏議 21/1a

論袞裝疏　何涉直撰　歷代奏議 21/10a

論祭北郊疏　黃履撰　歷代奏議 21/18a

論事神用香及衆星隨其方色用幣疏　曾肇撰　歷代奏議 21/18b

論北郊事疏　劉安世撰　歷代奏議 21/18b

論祭服疏　命栗撰　歷代奏議 21/27b

議改衣服制度疏字文粹中撰　歷代奏議 21/27b　蜀文輯存 36/13b

論薦新不當與朔祭同日疏　何天衢撰　歷代奏議 21/28b

論不宜輕改宗廟劄子任伯雨撰　歷代奏議 21/30a　蜀文輯存 29/2a

論國朝配祀疏　胡直蕰等撰　歷代奏議 22/1b

論明堂有未合禮者十一事疏　王普撰　歷代奏議 22/2a

請正太祖東向之尊疏　董棻撰　歷代奏議 22/2b

議以黑繒創作大裘如袞狀王貴撰　歷代奏議 22/4a　蜀文輯存 34/1b

論道君不宜升配上帝疏　陳公輔撰　歷代奏議 22/4a

論明堂大禮疏　鄭闈中撰　歷代奏議 22/4b

論明堂大禮配饗事狀章誼撰　歷代奏議 22/5b

又論明堂饗禮疏章誼撰　歷代奏議 22/6b

論教習樂工止須一月疏　洪适撰　歷代奏議 22/9a

論卜郊疏胡銓撰　歷代奏議 22/10a

議僖祖當別立廟疏　鄭僑撰　歷代奏議 22/16a

論郊廟疏　許及之撰　歷代奏議 22/16a

論郊廟疏　林大中撰　歷代奏議 22/18b

論郊祀疏　羅點等撰　歷代奏議 22/19b

論明堂嚴父配侑之典疏　韓祥撰　歷代奏議 22/20b

論郊祀以高宗參配疏　洪齋撰　歷代奏議 22/21a

論將來明堂大禮請預措置軍兵賜予之物疏　章誼撰　歷代奏議 91/6a

乞理會河東土俗埋葬劄子畢仲游撰　歷代奏議 116/22a

論火化疏　范同撰　歷代奏議 117/1a

論非命官軍兵朝省人不得服紫衫疏　李椿撰　歷代奏議 117/5a

請復鄉飲禮書田錫撰　歷代奏議 118/7a

論宴饗疏陳靖撰　歷代奏議 119/10b

論奉親於內自有家人禮疏　范仲淹撰　歷代奏議 119/11a

論入閤儀奏宋庠撰　歷代奏議 119/11b

論車駕儀衛奏宋庠撰　歷代奏議 119/13a

奏請編撰新禮疏　歐陽修撰　歷代奏議 119/20a

論追濮安懿王疏　趙瞻撰　歷代奏議 120/3b

論文宣王兗國公章服疏　金君卿撰　歷代奏議 120/5a

論禮儀劄子　葛勝仲撰　歷代奏議 120/14b

上元主繰籍絹組織葛勝仲撰　歷代奏議 120/15b

講筵禮序胡銓撰　歷代奏議 120/17a

論爲國以禮疏胡銓撰　歷代奏議 120/20a

論衣冠服制疏　袁說友撰　歷代奏議 120/21a

乞論類隆興以復聘使儀禮疏趙汝愚撰　歷代奏議 120/22b

論明德皇太后喪禮疏　趙安易撰　歷代奏議 123/1a

論明德皇太后喪禮疏　孫何等撰　歷代奏議 123/1b

論百官當依典持服疏　張廓撰　歷代奏議 123/2b

論居喪者不當與郊祀諸大祭疏　邢必撰　歷代奏議 123/12a

論朝廷典禮不必循古疏　韓忠彦等撰　歷代奏議 123/19b

言山陵大事不必奪李諲服使應副疏任伯雨撰　歷代奏議 124/3a　蜀文輯存 29/5a

論終行喪禮疏張淡撰　歷代奏議 124/6a　蜀文輯存 43/10a

論易明之制疏張淡撰　歷代奏議 124/6b　蜀文輯存 43/10a

乞從隆祐太后遺詔服期制奏章誼撰　歷代奏議 124/7a

論徽宗未祔廟不當行明堂之祭疏　朱震撰　歷代奏議 124/7a

請尊隆祐太后遺詔不候除服御朝聽政疏　章誼撰　歷代奏議 124/7b

乞議定攢宮禮物節省給賜浮費奏章誼撰　歷代奏議 124/8a

乞減罷總獲頓遞二使給賜奏章誼撰　歷代奏議 124/8b

奏請車駕過宮執喪成禮疏趙汝愚撰　歷代奏議 124/9b

論成服奏　趙攸愚撰　歷代奏議 124/10b

論成肅皇后從葬阜陵爲合典故疏　陸峻撰　歷代奏議 124/11a

請諸陵以安陵爲法疏范鎭撰　歷代奏議 125/2a　蜀文輯存 8/2a

論不當隨葬受命寶及衣冠器玩疏 范鎮撰 歷代奏議 125/2b

乞減昭陵用途疏傅堯命撰 歷代奏議 125/3a

代父上書程顥撰 歷代奏議 125/3b

請勿許民耕墾前代陵寢疏 郭調卿撰 歷代奏議 125/5a

論遵遺訓疏 周常撰 歷代奏議 125/6a

乞惻怛山陵人夫疏陳瓘撰 歷代奏議 125/6a

論山陵三事奏趙汝愚撰 歷代奏議 125/6a

論山陵乞遵用七月之制疏趙汝愚撰 歷代奏議 125/8a

論山陵乞下禮官詳議疏趙汝愚撰 歷代奏議 125/9a

論山陵利害乞付有司集議疏趙汝愚撰 歷代奏議 125/9b

論祭禮疏 梁周翰撰 歷代奏議 126/1a

論蠟祭疏 和峴撰 歷代奏議 126/2a

論開二次之祭當在春分疏 李至撰 歷代奏議 126/2b

論祭逐方嶽鎮海瀆疏 李至撰 歷代奏議 126/3a

論享先農疏 孫奭撰 歷代奏議 126/3a

論祭禮疏 陳詁撰 歷代奏議 126/3b

論修火祀胡宿撰 歷代奏議 126/4a

論祀九宮貴神奏胡宿撰 歷代奏議 126/5b

論天地宗廟日月五方百神之祀疏 呂公錄撰 歷代奏議 126/7a

乞禁止祠壇側近葬埋狀宋庠撰 歷代奏議 126/7b

家廟疏宋庠撰 歷代奏議 126/9a

議廢慈廟狀范鎮撰 歷代奏議 126/12a 蜀文輯存 8/2b

太常祠祀儀制劄子葛勝仲撰 歷代奏議 126/14a

論禮神玉改用圭璧以應古制疏 瞿畸撰 歷代奏議 126/14b

論祭禮疏 何志同撰 歷代奏議 126/15b

論設位望祭程嬰公孫杵臼疏 李愿撰 歷代奏議 126/15b

請奉功臣像於景靈宮庭之壁疏 徐璉撰 歷代奏議 126/16a

請致祭東海王廟特封八字王爵疏 林栗撰 歷代奏議 126/16a

應詔上封事廖德撰 歷代奏議 126/16b

論律與金石之法非是疏范鎮撰 歷代奏議 128/10a 蜀文輯存 8/2b

請頒四時之禁疏 劉岡撰 歷代奏議 128/19b

乞不用教伶官爲舞郎疏呂陶撰 歷代奏議 128/21b 蜀文輯存 15/10b

請廢中聲之樂止用正聲疏 蔡攸撰 歷代奏議 128/22a

請掃蕩隋器以習古樂疏韓駒撰 歷代奏議 128/24a 蜀文輯存 37/11b

請罷宮中燕飲疏何郯撰 歷代奏議 191/15b 蜀文輯存 6/16b

論雅樂聲高疏 和峴撰 歷代奏議 280/3a

議鄧保信阮逸胡瑗等鐘律得失 丁度撰 歷代奏議 280/8a

論樂律疏 房庶撰 歷代奏議 280/10b

請權罷評定修制二局俟真秦至然後爲樂疏范鎮撰 歷代奏議 280/11b 蜀文輯存 8/15b

論有司擬謚不必候臣僚家自請疏 王確撰 歷代奏議 281/13a

論章獻明肅章惠章穆廟謚之禮疏 王堯臣等撰 歷代奏議 281/13b

論濮安懿王稱親疏 歐陽修撰 歷代奏議 282/7a

上尊號册文韓琦撰 歷代奏議 282/9a

論范亦顏上書欲扳前議請治其罪疏 鄭獬撰 歷代奏議 282/17a

論王者有道德之號五行之稱與地之名疏 畢仲游撰 歷代奏議 282/18a

論廢元祐皇后疏錢遹撰 歷代奏議 282/20a

上欽聖憲肅皇后謚議王觀撰 歷代奏議 282/20b

論避諱疏 胡安國撰 歷代奏議 282/22b

擬上道君太上皇帝謚號廟號疏 黃次山撰 歷代奏議 282/23b

論昭慈獻烈皇后宜改謚昭慈聖獻皇后疏 秦崇禮撰 歷代奏議 282/24b

上太皇太后謚議衛涇撰 歷代奏議 282/28a

論官合謚有司即爲舉行不待陳請疏牟子才撰 歷代奏議 282/33b 蜀文輯存 89/3a

乞辨明是非褒贈韓琦等擬立聖嗣之功狀 劉摯撰 歷代奏議 284/3a

論巡幸疏 孫奭撰 歷代奏議 287/9b

諫諸西太乞行欺誣恭謝六禮疏牟子才撰 歷代奏議 287/13a 蜀文輯存 89/3b

請勿效漢武親祠太乞之舉疏牟子才撰 附貼黃 歷代奏議 287/13b 蜀文輯存 89/4b

上封禪書 孫堪撰 歷代奏議 294/12a

論韃使引見不必臨軒疏李鳴復撰 歷代奏議 350/12b 蜀文輯存 82/20a

請以太祖配天議薛易簡撰 蜀文輯存 1/4a

再陳享帝議王珪撰 蜀文輯存 2/2a

乞依呂公著說增性牟議王珪撰 蜀文輯存 2/2b

請如禮官議祭加羊豕奏王珪撰 蜀文輯存 2/13a

上仁宗徽號議王珪撰 蜀文輯存 2/13b

上英宗徽號議王珪撰 蜀文輯存 2/15b

論入閣儀疏王珪撰 蜀文輯存 2/17b

上順祖謚册文陳堯叟撰 蜀文輯存 3/1b

上六家謚法議薛向撰 蜀文輯存 4/17a

論大祐不宜黜四后議孫抃撰 蜀文輯存 5/9b

論明肅謚號四字非禮議孫抃撰 蜀文輯存 5/10a

陳執中謚議孫抃撰 蜀文輯存 5/10b

太廟七室議孫抃撰 蜀文輯存 5/10b

又上太廟七室議孫抃撰 蜀文輯存 5/11a

論溫成不當立廟疏何郯撰 蜀文輯存 6/10a

定承祖父重服議范鎮撰 蜀文輯存 7/6a

論律尺疏范鎮撰 蜀文輯存 7/6b

論禮官舞禮疏范鎮撰 蜀文輯存 7/7b

論宗廟桃遷宜集百官議疏范鎮撰 蜀文輯存 7/13a

論太祖宜正東嚮位疏范鎮撰 蜀文輯存 7/13b

再論太祖東嚮及大樂乖誤疏范鎮撰 蜀文輯存 7/13b

論律尺疏范鎮撰 蜀文輯存 7/14b

論太廟行事宗室使相母得避免疏周尹撰 蜀文輯存 11/14a

天地合祭非禮乞再下禮部議奏張商英撰 蜀文輯存 13/14a

論祠廟獻享以宗室使相攝事疏鄧紹撰 蜀文輯存 17/3a

論奉慈廟疏楊繪撰 蜀文輯存 18/16b

議昏禮宜裁定次序疏范百祿撰 蜀文輯存 22/11b

請大祀以公卿攝事疏范百祿撰 蜀文輯存 22/16a

請太一與九宮貴神祭料並用素食奏安燾撰 蜀文輯存 33/9b

論朝會之制疏王賞撰 蜀文輯存 34/1a

册后典禮如雨降宜參酌各項狀王賞撰 蜀文輯存 34/1a

青城宿齋項先逐踏疏王賞撰 蜀文輯存 34/2a

享廟誠孝格天宜付史館疏王賞撰 蜀文輯存 34/2a

合祭天地合稀郊祀大禮疏王賞撰 蜀文輯存 34/2b

祭服制度議宇文粹中撰 蜀文輯存 36/15b

論梓宮尚遙乞先擇日祔廟狀句龍如淵撰 蜀文輯存 38/11b

重光寺供奉御容乞定儀制疏楊椿撰 蜀文輯存 39/7b

集議大行皇太后謚號劉子楊椿撰 蜀文輯存 39/8a

大行皇太后謚號議楊椿撰 蜀文輯存 39/8b

皇太后謚册告廟請依昭憲明德故事狀楊椿撰 蜀文輯存 39/9b

顯仁祔廟服純吉情有未安狀楊椿撰 蜀文輯存 39/10a

崇光寺御容崇奉疏楊椿撰 蜀文輯存 39/10b

樂律疏魏漢津撰 蜀文輯存 40/11a

造九鼎狀魏漢津撰 蜀文輯存 40/12a

道君皇帝謚議張浚撰 蜀文輯存 45/7b

論合祭天地祖宗並配宜依皇祐詔書裁損狀蘇遲撰 蜀文輯存 48/9a

論明堂大次所費太多可從宜排辦狀蘇遲撰 蜀文輯存 48/10a

大禮合用竹木器請依例臨安府下諸縣製造狀蘇遲撰 蜀文輯存 48/10a

孝明皇后元宮宜權宜修奉狀蘇遲撰 蜀文輯存 48/10b

論忌日服色狀蘇遲撰 蜀文輯存 48/11a

上尊號宜候服除議劉儀鳳撰 蜀文輯存 50/1a

請以司馬光蘇軾等從祀疏李燾撰 蜀文輯存 52/7b

論明堂六禮今宜舉行劉子李燾撰 蜀文輯存 52/8a

論明堂之禮宜復舉行劉子李燾撰 蜀文輯存 52/8b

請復嶽鎮海瀆等祀典劉子李燾撰 蜀文輯存 52/9a

請壇官界内土庶墳穴免移疏張震撰 蜀文輯存 60/2a

論朝官改轉服色疏張震撰 蜀文輯存 60/2b

論明堂秋享宜特舉行狀范仲藝撰 蜀文輯存 64/4a

司馬朴謚議張栻撰 蜀文輯存 64/15b

正旦客使宜從權受賀狀宇文价撰 蜀文輯存 65/14b

高宗廟配饗功臣狀宇文价撰 蜀文輯存 65/15a

論皇堂内宜製梯以奉梓宮狀宇文价撰 蜀文輯存 65/15a

論唐幟議廟號繆妄劉子宇文价撰 蜀文輯存 65/15b

集議高宗廟號狀宇文价撰 蜀文輯存 65/17b

皇太后發引議定事項狀宇文价撰 蜀文輯存 65/18a

太上皇發引人從依例支破狀宇文价撰 蜀文輯

存 65/18b

梓宮啓奠百僚免立班狀宇文价撰　蜀文輯存 65/ 19a

梓宮發引導引宣肅靜狀宇文价撰　蜀文輯存 65/ 19b

虞主還宮增添細仗作狀宇文价撰　蜀文輯存 65/ 19b

德壽宮上壽禮例令有司參酌狀趙雄撰　蜀文輯 存 66/1a

德壽宮上壽宜簪花行禮狀趙雄撰　蜀文輯存 66/ 1b

立春慶賀殿表乙下禮部修撰狀趙雄撰　蜀文輯 存 66/1b

蘇轍定謚議趙雄撰　蜀文輯存 66/2b

祭品宜辨名實疏任文薦撰　蜀文輯存 67/2b

梓宮在殯日食難依常例議楊輔撰　蜀文輯存 67/ 8a

爲二程先生請謚奏任希夷撰　蜀文輯存 72/9b

光宗配天議李壁撰　蜀文輯存 75/1b

請賜蘇洵謚議李壁撰　蜀文輯存 75/2a

楊萬里賜謚議李道傳撰　蜀文輯存 77/18a

論喪服古疏李性傳撰　蜀文輯存 77/19a

張栻賜謚覆議楊汝明撰　蜀文輯存 96/8a

潼州刺史楊傑奏疏　江蘇金石志 9/36b

（九）刑　賞

奏魏廷式封駁　咸平集 27/4a

奏乞依淳化二年七月敕命施行狀　武夷新集 15/19b

省錫賞　文莊集 13/11b

順時令　文莊集 13/14a　歷代奏議 210/5b

禁淫祀　文莊集 13/15a

洪州請斷祅巫奏　文莊集 15/12a　宋朝奏議 98/6b　宋文鑑 43/10a　歷代奏議 126/11a　210/3a

奏乞於陝西河東沿邊行贖法　范文正集/奏議上/ 44a

奏贖法等三事　范文正集/奏議上/50a　歷代奏議 210/18b

奏乞編録緣邊部署司條貫宣敕事　范文正集/ 奏議下/17a

奏乞重定戰功賞格　范文正集/奏議下/17a　歷代奏 議 187/30a

奏辯陳留移橋　范文正集/奏議下/36b

再奏乞免錫賞　范文正集/奏議下/42b

奏乞免參加政事錫賞　范文正集/奏議下/42b

乞專刑賞狀　景文集 28/8a　歷代奏議 187/28b

審刑院斷絕公案奏狀　景文集 30/5b

論詔令數易改　包孝肅奏議 2/34a　歷代奏議 210/19b

論李用和捉獲張海乞依賞格酬獎　包孝肅奏議 2/35b　歷代奏議 187/24b

論明堂覃恩　包孝肅奏議 4/66a　宋朝奏議 69/10a　歷 代奏議 187/24a

請絕內降　包孝肅奏議 4/67b　宋朝奏議 23/1b

請令提刑親案罪人　包孝肅奏議 4/74a　歷代奏議

216/4a

乞斷韋貴　包孝肅奏議 4/75a－76a

論諫決　包孝肅奏議 4/77b

請重斷張可久　包孝肅奏議 4/79a

乞斷向綬（1－2）　包孝肅奏議 4/80a－80b

請法外斷魏兼　包孝肅奏議 4/81a

論妖人冷清等事　包孝肅奏議 5/89a－89b

請勘閒土良　包孝肅奏議 6/112b

乞嚴定捕賊賞罰奏　武溪集/奏議上/8b

論贖刑　武溪集/奏議上/12a

乞宣敕並送封駁司審省　武溪集/奏議下/3b　宋 朝奏議 56/1b　歷代奏議 210/18a

議敕書條目　武溪集/奏議下/19b

論有司禁鎖從議　武溪集/奏議下/22b

審斷　河南集 2/5a

原刑　河南集 2/5b

論雪部署狄青回易公使錢狀　河南集 21/2b

論雪石畧狀　河南集 21/8a

奉詔分析董士廉奏臣不公事狀　河南集 22/1a

覆奏監察御史李京劾子狀　河南集 22/3a

獲首級例　河南集 22/8b

申明諸告官員罪犯　無爲集 15/14a

奏定奪所勾人吏事　文淵公集 24/2a

乞恤刑　文淵公集 24/3a　宋朝奏議 99/8a　歷代奏議 216/19a

論敕事　文淵公集 24/3b　歷代奏議 218/17a

奏疏決刑獄　文淵公集 29/5a

免賜銀合　文潞公集 36/6a
謝賜銀　文潞公集 36/7b
論禁止無名子傷毀近臣狀　歐陽文忠集 97/13a
　宋朝奏議 75/2b　歷代奏議 210/11b
論慎出詔令劄子　歐陽文忠集 100/13a　歷代奏議
　210/15b
論葛宗古等不當減法劄子　歐陽文忠集 102/3b
　歷代奏議 20/14b
論燕度勘滕宗諒事張皇太過劄子　歐陽文忠集
　102/5a　宋文鑑 46/5b
再論燕度鞫獄枝蔓劄子　歐陽文忠集 102/6b
論乞不勘狄青侵公用錢劄子　歐陽文忠集 102/7b
　歷代奏議 237/15b
論體量官吏酷虐劄子　歐陽文忠集 102/8b　宋朝奏
　議 122/13b　歷代奏議 210/16a
論捕賊賞罰劄子　歐陽文忠集 103/1a　歷代奏議
　317/13a
論光化軍叛兵家口不可赦劄子　歐陽文忠集
　103/3a　歷代奏議 210/14a
論韓綱棄城乞依法劄子　歐陽文忠集 103/4b　歷
　代奏議 210/12b
論張子爽恩賞太頻劄子　歐陽文忠集 104/1a　宋
　朝奏議 97/5b　歷代奏議 187/20b
論大理寺斷冤獄不當劄子　歐陽文忠集 106/5a
　歷代奏議 210/13b
請今後乞內降人加本罪二等劄子　歐陽文忠集
　111/9a　宋朝奏議 23/6a　歷代奏議 210/16b
論梁舉直事封回內降劄子　歐陽文忠集 111/10a
　宋朝奏議 23/6b　歷代奏議 210/17a
米光清斬決進軍乞免勘狀　歐陽文忠集 115/9b
　歷代奏議 237/15a
奏李昭亮私取叛兵子女　歐陽文忠集 117/7a
乞不詰問劉淘斬人　歐陽文忠集 117/7b
乞推究李昭亮　歐陽文忠集 117/14b
姑息之貸　樂全集 6/8b
恩貸之罰　樂全集 6/13a
主柄論　樂全集 7/1a　歷代奏議 187/26a
刑法論　樂全集 12/1a　歷代奏議 210/26a
詔獄之弊　樂全集 12/4a　歷代奏議 216/7a
不孝之刑　樂全集 12/7a　歷代奏議 187/27a
官刑之濫　樂全集 12/9a　歷代奏議 216/6a
吏爲姦臟　樂全集 12/11b　歷代奏議 172/2b
請推捕荊南嘯咏長吏人事　樂全集 20/14a
論赦前事　樂全集 20/14b　歷代奏議 210/28a
論京東西河北百姓傳習妖教事　樂全集 21/20a

請裁減賜賞事　樂全集 24/4b
請刪定赦令　樂全集 24/18a　歷代奏議 211/4a
請減刺配刑名　樂全集 24/19a　歷代奏議 211/3a
許州穎州舉人父老僧道諸關進奏以皇帝自忠
武軍節度使穎王即位乞恩澤事令兩制定歸
　一處　樂全集 24/25b
請止中使傳宣諭司　樂全集 25/7a　宋朝奏議 22/1b
　歷代奏議 210/26a
陳州奏監司官多起刑獄　樂全集 25/16b　宋朝奏
　議 99/12b　歷代奏議 216/13b
乞免枷鋼退背婦分物事人　樂全集 25/22a
嘉祐編敕（1－3）　樂全集 26/21a－22a
熙寧編敕　樂全集 26/22b
請詳定盜賊條法事　樂全集 27/8a
奏狀乞緝捉匿名文字人　清獻集 1/6b
奏狀論薛向酬獎僥倖　清獻集 1/14b
奏狀論宰臣從人搥殺婦人乞下開封府勘鞫
　清獻集 1/16b
奏狀論宰臣陳執中家杖殺女使　清獻集 1/19b
奏狀乞勘鞫潭州官員分買客人珠子　清獻集
　1/20b
奏狀乞差替齊廊勃宰臣陳執中家杖殺女使
　清獻集 1/21b
奏狀乞一就推究陳執中家使女海棠非理致命
　清獻集 1/23a
奏狀乞下陳執中發遣千連人　清獻集 1/23b
奏狀乞禁斷李清等經社　清獻集 1/30a
奏狀乞宣王拱辰語錄付御史臺　清獻集 2/5a
奏狀乞移司勘結三司人吏犯臟　清獻集 2/8b
奏狀乞取問王拱辰進納臟珠　清獻集 2/9b
奏狀乞釋傳卞罪　清獻集 2/28b　歷代奏議 216/10a
奏狀論王德用男納馬慶長馬　清獻集 2/29a
奏狀乞移勘丘岳李先受贓等事　清獻集 3/1a
奏狀乞鞫王咸融納馬慶長馬　清獻集 3/3b
奏狀乞依刑部定奪除落葛閩陸經罪名　清獻
　集 3/15a
奏狀論李仲昌等乞改正嚴科　清獻集 3/16b
奏狀乞追攝冕是晦勘斷　清獻集 3/18b
奏狀乞勘驗王道在街坊稱冤　清獻集 4/2a
奏狀乞追還內降指揮　清獻集 4/3b　宋朝奏議 23/
　5a　歷代奏議 210/23a
奏狀乞止絕川路州軍送遺節酒　清獻集 4/5b
奏狀乞勘劾蕭注　清獻集 4/8a
奏狀乞移勘韓譯　清獻集 4/10a

論宣借宅事 蘇學士集 11/11a 宋朝奏議 100/6a 歷代奏議 187/19b

乞責罰醫官 蔡忠惠集 15/7b 宋朝奏議 84/18b 歷代奏議 187/20a

乞責罰預問軍政 蔡忠惠集 17/1a 歷代奏議 187/30a

乞賞先奏保州兵士邊臣 蔡忠惠集 17/1b 歷代奏議 187/30b

論失賊官條乞行罰 蔡忠惠集 17/6a

論中書吏人劉式之罪 蔡忠惠集 17/11a 歷代奏議 175/20a

乞罷減降疏 蔡忠惠集 19/8a 宋朝奏議 100/2a 歷代奏議 218/12b

論疏決罪人事疏 蔡忠惠集 19/9a

乞原免張堯夫等檢斷不當狀 古靈集 5/16b 歷代奏議 218/17b

乞疎放秀越二獄千繫人狀 古靈集 6/1a 歷代奏議 216/19b

論祖無擇下獄狀 古靈集 6/2a

論赦不由銀臺司劄子 韓南陽集 23/9a 宋朝奏議 52/12a 歷代奏議 211/4b

乞議恕私罪劄子 韓南陽集 24/3a 宋文鑑 52/11b 歷代奏議 211/5a

乞重行王世卿等劄子 韓南陽集 25/11b

乞更議謀殺自首刑名劄子 韓南陽集 26/1a

議謀殺法狀 韓南陽集 26/1b 歷代奏議 211/11b

論謀殺人已死刑名當再議劄子 韓南陽集 26/6a

論孟陽河公事 公是集 31/13b

辭免遺賜劄子 華陽集 8/14a

論赦及疏決狀 傳家集 20/8a 司馬溫公集 18/7a 宋朝奏議 100/3b 歷代奏議 218/13b

論以公使酒食遺人刑名狀 傳家集 23/2a 司馬溫公集 21/4a 歷代奏議 285/21a

論皇城司巡察親事官劄子 傳家集 23/7b 司馬溫公集 21/2a 宋朝奏義 99/11b 宋文鑑 48/8a 歷代奏議 216/5b

論赦劄子 傳家集 26/10a 司馬溫公集 24/8a 歷代奏議 218/14a

言遺賜劄子(1-2) 傳家集 27/7a-8a 司馬溫公集 25/6a,7b 歷代奏議 191/16a,16b

乞今後有犯惡逆不令長官自劾劄子 傳家集 30/12b 司馬溫公集 28/7b 歷代奏議 211/1a

言石棺劄子 傳家集 39/10b 司馬溫公集 37/11a

辭賜金劄子(1-2) 傳家集 39/11a-11b 司馬溫公集 37/7b,8a 宋朝奏議 100/6b 歷代奏議 188/4b

議謀殺已傷案問欲舉而自首狀 傳家集 40/1a 司馬溫公集 38/11b 歷代奏議 211/8a

論不得言赦前事上殿劄子 傳家集 41/9b 司馬溫公集 38/8a 歷代奏議 218/17a

乞聽宰臣等辭免郊賜劄子 傳家集 42/4b 司馬溫公集 39/3b 宋朝奏議 100/8b 歷代奏議 192/1a

乞優賞宋昌言劄子 傳家集 42/11a 司馬溫公集 41/ 2b 歷代奏議 250/1b

乞不貸强盜白劄子 傳家集 48/9b 司馬溫公集 48/ 8a

乞不貸故鬥殺劄子 傳家集 48/11a 司馬溫公集 48/ 8b

乞令六曹刪減條貫白劄子 傳家集 55/8b 司馬溫公集 54/7a 歷代奏議 211/18b

乞令三省諸司無條方用例白劄子 傳家集 57/ 6a 司馬溫公集 55/7b

乞不帖例貸配劄子 傳家集 57/7b 司馬溫公集 55/ 9a 歷代奏議 211/18a

納賜金劄子 司馬溫公集 37/9b

大辟貸配法草 司馬溫公集 49/3a

論省曹寺監法令繁密乞改從簡便 蘇魏公集 16/9a 宋朝奏議 98/4b 宋文鑑 57/7b 歷代奏議 212/ 13b

論胡倪罪名 蘇魏公集 17/9b

同兩制論祖無擇對獄 蘇魏公集 17/10a 歷代奏議 286/6b

奏乞春下賜大辟 蘇魏公集 18/5b 宋朝奏議 99/ 5a 歷代奏議 216/12b

請重議加役流法 蘇魏公集 18/7b 歷代奏議 211/ 16a

奏乞今後衝改條貫並委法官詳定 蘇魏公集 18/8b 歷代奏議 211/14b

奏乞重立不以赦降原免條約 蘇魏公集 19/5a

救祖無擇疏 郡溪集/續補/1b

代謝宣賜劄子 柯部集 13/10a

謝刺蕩劄子 柯部集 13/11a

辭免大行太皇太后遺賜劄子(1-2) 范忠宣集 7/10b-11a

論朱宿梁二不當貸命 范忠宣集/奏議 下/24a 歷代奏議 212/16a

論詵蔡確當與師臣商量 范忠宣集/奏議 下/26a 宋文鑑 52/19a 歷代奏議 216/24b

奏乞勞賞曲珍 范忠宣集/范侍郎遺文/10b

乞結絕毫州獄奏 忠肅集 3/1a

論降詔疏(1-3) 忠肅集 4/5b-8a 宋朝奏議 22/ 5a-6b 歷代奏議 212/1a-3a

論太學獄奏 忠肅集 4/13a

論捕盜法奏 忠肅集 6/4b

論賊賞稽逮疏　忠肅集 6/5a　歷代奏議 188/11a

論政令奏　忠肅集 6/9b　歷代奏議 212/3b

乞修敕令疏附貼黃　忠肅集 6/11b　宋朝奏議 98/2a　宋文鑑 58/1b　歷代奏議 212/4b

乞不候結案行遣吳居厚　忠肅集 7/17a

奏爲乞復置糾察在京刑獄司並審刑院狀　淨德集 2/1a　歷代奏議 216/25a

論王安禮詐疾不赴成都　舍人集 2/1a

乞醫療囚狀　蘇東坡全集/奏議 2/14b　歷代奏議 216/17a

論每事降詔約束狀　蘇東坡全集/奏議 3/16a　宋朝奏議 22/17b　歷代奏議 211/19a

乞裁減巡鋪兵士重賞　蘇東坡全集/奏議 4/19b

奏爲法外刺配罪人待罪狀　蘇東坡全集/奏議 6/3a

論倉法割子　蘇東坡全集/奏議 11/20b　歷代奏議 211/19b

乞罷稅務歲終賞格狀　蘇東坡全集/奏議 12/9a

奏狀　蘇東坡全集/續集 9/32a

奏請看詳元豐以來斷配人數疏　孫君孚奏議/上 2a

奏請登聞鼓伸雪寃抑疏　孫君孚奏議/中 19a

奏請防三省人吏違條冒貫疏　孫君孚奏議/中 20a

請沈季長詒誤深刑取索元案疏　孫君孚奏議/下 /20b

乞在京刑獄許索取開封府罪案疏　孫君孚奏議 /下 21b

論侯鑄少欠酒果以抵當子利充填割子　樂城集 41/2b　宋朝奏議 34/16b　歷代奏議 212/12a

爲兄帖下獄上書　樂城集 47/7b

乞寬刑割子　范太史集 15/3a　歷代奏議 216/22a

乞疏決割子　范太史集 19/5b　歷代奏議 216/22a

乞復降詔恤刑狀　范太史集 19/10b　宋朝奏議 99/8b　歷代奏議 216/21b

乞除賊盜重法狀　范太史集 24/2a　歷代奏議 218/19b

辭潤筆割子　范太史集 26/9b

朝辭論卹刑割子　范太史集 26/17b　宋朝奏議 99/9b　歷代奏議 216/23a　蜀文帙存 23/17b

元豐轉對狀　陶山集 4/8b

上哲宗論救榜當取信天下割子　讜論集 1/13a　宋朝奏議 22/18b　歷代奏議 212/15a

上哲宗乞罷編元祐章疏　讜論集 1/14a　宋朝奏議 22/19a　歷代奏議 212/15b

上哲宗乞立限疏決疏　讜論集 1/27a　歷代奏議 216/24a

上哲宗論皇城司獄疏　讜論集 1/27b　歷代奏議 216/24a

上徽宗奏論强盜法狀　讜論集 3/10b－11a

上徽宗皇帝論內降指揮不可直付有司　曲阜集 2/17b　宋朝奏議 23/14a　歷代奏議 212/21a

上徽宗皇帝乞法仁宗下詔禁止干求內降　曲阜集 2/18b　宋朝奏議 23/15a　歷代奏議 212/22a

井田肉刑　龍雲集 26/4a

復圜土　龍雲集 26/11b

論命令數易　盡言集 1/3a　歷代奏議 212/20a

論開封官吏妄奏空冒貫事　盡言集 2/12b　歷代奏議 188/12a

奏乞發遣趙令穪對獄事　盡言集 2/15a

論都司官吏違法擬賞事(1－8)　盡言集 10/1a

雪廖正一奏狀　道鄉集 20/10a

請免追治冒功同犯　道鄉集/補遺 9a

請疏放滯獄　道鄉集/補遺 10b

論看詳訴理輕重　道鄉集/補遺 21a

上檢察病囚疏　摘文集 10/2b　歷代奏議 217/1a

理會抵當孤幼割子　摘文集 10/4b

理會陳訴割子　摘文集 10/6b

邢部斷絕獄案割子七首　摘文集 10/7a　歷代奏議 217/1a

論御筆手詔不由三省而下者取旨方行割子　襄陵集 4/7a　宋朝奏議 23/17b　歷代奏議 213/5b

賞戰士疏　襄陵集 5/3a　宋朝奏議 97/10b　歷代奏議 188/15a

乞加恩死事者疏　襄陵集 5/5b　歷代奏議 107/5a

代奏陳藏內有行孝悌之民割子　竹隱集 9/2b

雪趙子嚴割子　竹隱集 9/4a

乞禁焚紙割子　高峯集 1/15b

論功賞割子　高峯集 1/19a

乞罷修條法割子(1－2)　高峯集 2/15a

乞禁妖教割子　高峯集 2/21b　歷代奏議 183/13b

乞禁牽邪神割子　高峯集 2/23a

論賜造宅錢割子(1－2)　高峯集 2/27b－28b

論賜打田割子　高峯集 2/29b－31b　歷代奏議 189/8b

轉對言州縣廢格德音奏狀　高峯集 5/1a

乞寬恤東南割子　橫塘集 10/4a　歷代奏議 107/24a

論臣僚奏乞推賞割子　初傀集 3/3b　歷代奏議 188/16b

謝賜酒果等割子　初傀集 3/18b

謝賜茶割子　初傀集 3/19b

越州奏乞不原赦斷推吏吳言等贓罪狀　翟忠惠集 7/19b

謝傅宣撫問賜茶藥割子　建康集 6/1b

謝傅宣撫問賜米藥劄子 建康集 6/5a

奏招捕倪從慶統領官等功賞狀 石林奏議 2/10a 歷代奏議 189/11a

奏乞兵火前受招安補官負犯更不受理狀 石林奏議 9/1b

奏措置存恤河南官吏軍民脫身南來事件狀 石林奏議 11/4b

論徐蘊禦賊賞 程北山集 35/9a

乞早行越州告變人賞 程北山集 35/10a

論行官冒賞劄子 莊簡集 8/20b 歷代奏議 198/17a

論在京壇離官守人一等科罪劄子 莊簡集 9/2b 歷代奏議 188/18a

論劉延慶等劄子 莊簡集 9/4a

乞與宣州官吏推賞狀 莊簡集 10/14a

乞追罷守臣遷避詔書劄子 莊簡集 11/3b

論火災狀 莊簡集 11/20b 歷代奏議 217/8a

乞令諸路提刑司大暑處囚狀 莊簡集 12/21a 歷代奏議 217/7b

論尚書六曹及百司法令之弊 苕溪集 12/3a 歷代奏議 213/14a

乞令縣丞兼治獄事 苕溪集 12/5a 歷代奏議 217/6b

議斷罪囚 苕溪集 12/6b 歷代奏議 217/7a

乞編寬恤手詔劄子 梁溪集 39/7a

乞編寬恤手詔劄子 梁溪集 39/7b

乞納玉帶劄子 梁溪集 44/9b

謝賜裘度傳劄子(1-2) 梁溪集 47/8a-9a

乞給賞將士劄子 梁溪集 50/4a

奏知將捉到活人等押赴種師道劄子 梁溪集 50/9a

進呈撫諭河北及獎諭徐處仁詔劄子 梁溪集 51/8b

乞立收復忻代賞格劄子 梁溪集 52/12b

奏知買瓊等功狀劄子 梁溪集 53/7a

乞保明抬守立功等事劄子 梁溪集 54/3b

乞賞血戰數萊潰人劄子 梁溪集 54/12b

乞正冀景等軍法劄子 梁溪集 55/5a

乞不推賞王以寧劄子 梁溪集 55/9a

乞正李宏擅殺馬友典刑奏狀 梁溪集 72/8a

按發張拔等在任取受不法奏狀 梁溪集 74/4a

推勘張拔等不法奏狀 梁溪集 74/6a

謝親筆劄子 梁溪集 79/5b

進道君所賜玉帶牙簡奏狀 梁溪集 84/2a

進道君御畫並淵聖所賜玉帶奏狀 梁溪集 84/13a

進道君御畫及淵聖所賜玉帶劄子 梁溪集 84/13b

乞納級計功推賞劄子 梁溪集 93/9b 歷代奏議 188/21b

乞戒約捕賊亂行析級希求功賞等奏狀 梁溪集 97/8a

奏陳利害劄子 梁溪集 100/2a

乞施行余應求張霧捕盜功效奏狀 梁溪集 101/9a

論保奏功賞劄子 北海集 28/10b

秦檜乞追取御筆詞頭劄子 北海集/附錄中/11a

論獄囚瘦死劄子 張華陽集 14/1a

論士豪獄久不決劄子 張華陽集 14/6b

論黨籍之家推恩泛濫劄子 張華陽集 15/3b

乞疏決獄囚 毘陵集 1/11b 歷代奏議 217/8b

按發將官周勉劄子 毘陵集 4/16a

辯正薛昌宋達御筆罪名狀 毘陵集 5/3b

請聯軍功疏 忠正德集 1/11a 歷代奏議 188/23a

乞勸獎翟興 忠正德集 1/15a

乞免勸喬信 忠正德集 2/6b

乞曲赦慶寇 忠正德集 2/13a 歷代奏議 218/21b

論降親筆付邵薄等 忠正德集 3/6b

乞辯黃鍛事(1-3) 忠正德集 3/21a-22a

乞賜岳飛親筆 忠正德集 3/24a 金佗粹編/續集 29/6b

紹興六年十一月二十日堂白劄子論賞罰 三餘集 3/4b

謝賜鍍金銀鞍奏知劄子 盤溪集 7/18a

謝賜御書車攻詩劄子 盤溪集 7/18b

尚書葉夢得上陳東死事劄子 陳修撰集 7/5a

論白契疏 北山集 1/40b 歷代奏議 213/8a

除銀絹疏 北山集 1/41b

改訂謝賜物劄子 鄱陽集/拾遺 6a

紹興七年歲旱乞寬恤劄子二道 筠溪集 1/9b 歷代奏議 217/9a

乞將犯盜罪不至死人配隸諸軍重役劄子 相山集 21/2a

乞重命令無使朝行夕改劄子 相山集 21/8b

乞賞營田官吏之不擾者而罰其擾者劄子 相山集 21/10b

論賞罰不當劄子 相山集 22/5a 歷代奏議 188/25a

駁不當高俅舉掛劄子 李忠愍集 1/5a

再論高俅劄子 李忠愍集 1/6a

爲林大受劉嘉成等斷案事繳狀 紫微集 25/13a

八月一日視朝轉對奏狀 紫微集 26/3b

議名器 中興備覽 1/3b 歷代奏議 198/18a

奏議表狀一 奏議 刑賞 1321

議刑罰 中興備覽 1/7b 歷代奏議 217/4a 蜀文輯存 44/3a

緻傅芳用赦量移疏 夾然集 15/1a 歷代奏議 183/2b

緻岑朝殺妹該赦疏 夾然集 15/6b

論放稅劄子 默堂集 12/13b 歷代奏議 213/13a

乞禁戮殺子劄子 太倉集 49/3a

乞置看詳一司劄子 鄂峰錄 8/10b 歷代奏議 214/4b

駕幸秘書省同政府辭免推恩劄子 鄂峰錄 29/ 11a

辭免宣賜後洋街宅子一所並花園劄子 鄂峰錄 30/1a

謝得旨就禁中排當劄子 鄂峰錄 30/2b

辭免賜玉帶劄子 鄂峰錄 31/4a

再辭免服繫玉帶劄子 鄂峰錄 31/4a

乞審核李顯忠等功罰劄子 梅溪集/卷 3/5a 歷代奏議 189/15b

乞勿禁繫大獄干證人劄子 盤洲集 41/2a

支解圍軍兵備設劄子 盤洲集 41/9b

辭免撰太子册文賜銀絹劄子 盤洲集 44/9b

辭免太子册禮支賜銀絹四百八十匹兩第一劄子 盤洲集 44/10a

辭免太子册禮支賜銀絹四百八十匹兩第二劄子 盤洲集 44/10b

緻梁俊彦推賞劄子 盤洲集 48/3b

緻薛良朋等賑濟賞劄子 盤洲集 48/5b

論禁小報 海陵集 3/1b 歷代奏議 213/14b

論革緜降之弊 海陵集 4/1a

論乞給告下諸州就付老人 海陵集 4/4a

論賞罰名實 海陵集 4/4b 歷代奏議 46/24b

論諸軍冒賞劄子 南澗稿 10/5b

乞皇太后慶八十增恩數劄子 小隱集/20a 歷代奏議 188/28b

上奏 小隱集/21a 歷代奏議 188/29a

中書舍人洪遵上奏 小隱集/22a 歷代奏議 218/22a

翰林學士上洪遵上奏 小隱集/32a 歷代奏議 189/ 12b

謝賜御書風雲慶會閣劄子 定齋稿 1/21b

謝賜端午節物劄子 定齋稿 1/22a

謝賜酒果劄子 定齋稿 1/22b

別奏劄子 洪文敏集 4/12a

奏耿柑不受書送劄子 洪文敏集 4/13a

奏筠州反坐百姓陳彦通訴人吏冒役狀 渭南集 5/9a

論獄法疏 范成大佚著/9 歷代奏議 217/12a

論不舉子疏 范成大佚著/13 歷代奏議 108/5b

論慎刑疏 范成大佚著/14 歷代奏議 217/11b

又論慎刑疏 范成大佚著/14 歷代奏議 217/11b

答孝宗獎論疏 范成大佚著/22 南宋文範 16/16a

論赦宥疏 范成大佚著/30 歷代奏議 218/24a

論增絹價以輕刑疏 范成大佚著/70

請行檢驗法疏 鄭忠肅集上/15b

請禁民不舉子狀 鄭忠肅集/上/27b

謝御書劄子 益國文忠集 110/9a 益公集 110/110b

謝宣諭劄子 益國文忠集 123/3a 益公集 123/3b

辭免潤筆劄子附謝劄 益國文忠集 123/5a 益公集 123/5b,6a

奏謝劄子 益國文忠集 124/5a 益公集 124/5b

奏謝劄子 益國文忠集 124/7b 益公集 124/9a

奏謝劄子 益國文忠集 124/10a 益公集 124/12a

謝御書劄子 益國文忠集 124/13b 益公集 124/16b

奏謝劄子 益國文忠集 124/17a 益公集 124/20b

奏謝劄子 益國文忠集 124/20a 益公集 124/24a

奏謝劄子 益國文忠集 125/6a 益公集 125/7a

辭免正謝賜衣帶鞍馬劄子 益國文忠集 125/10b 益公集 125/12b

奏謝劄子 益國文忠集 127/3b 益公集 127/4a

謝宣醫劄子 益國文忠集 128/2a 益公集 128/2a

謝賜藥方劄子 益國文忠集 128/2a 益公集 128/2b

辭免誌册寶行禮支賜銀絹劄 益國文忠集 129/1a 益公集 129/1a

辭免德壽宮銀絹劄子 益國文忠集 129/6a 益公集 129/7a

同日奏劄 益國文忠集 130/14a 益公集 130/16b

論名實賞罰 益國文忠集 134/12b 益公集 134/15a 歷代奏議 189/11b

論縣尉獲賊賞 益國文忠集 135/3a 益公集 135/3b 歷代奏議 169/15a

乞因久雨親札同赦恤民札子 益國文忠集 139/8a 益公集 139/9a 歷代奏議 218/22b

論縣尉捕盜賞格 益國文忠集 139/12a 益公集 139/ 13b

論州縣官有公罪乞隨事貫罰 益國文忠集 140/2a 益公集 140/2a

乞令出令所修諸路諸州未盡賞格 益國文忠集 141/8b 益公集 141/10a

論詳議明堂敕書 益國文忠集 142/4a 益公集 142/5a 歷代奏議 218/23a

乞廣西二事入敕劄子 益國文忠集 142/7a 益公集 142/8a

同趙相王樞因四朝史志成書乞與李燾推恩 益國文忠集 144/1b 益公集 144/1b

乞令敕令所舊正勘封條法 益國文忠集 145/16b 益公集 145/20a

改配羅允踐回奏 益國文忠集 146/4a 益公集 146/5a

押潘璋往本軍御筆回奏附御筆 益國文忠集 146/4a 益公集 146/4b

斷配强盜人數回奏 益國文忠集 146/7a 益公集 146/8a

問陳佃御筆回奏附御筆 益國文忠集 147/5b 益公集 147/6a

繳王卿月等書草 益國文忠集 147/8a 益公集 147/9a

牛僕同前不用棋飲却添此段 益國文忠集 147/8b 益公集 147/10a

賈偉行遣當否回奏 益國文忠集 149/11b 益公集 149/13a

論臨安乞與巡檢推賞 益國文忠集 149/14b 益公集 149/16b

荊南脩城搪設御筆回奏 益國文忠集 150/4a 益公集 150/4a

劉漢臣事節御筆回奏 益國文忠集 150/4b 益公集 150/5a

總所搪設錢數奏 益國文忠集 150/4b 益公集 150/4b

取見劉漢臣案奏 益國文忠集 150/5a 益公集 150/5b

禁小報御筆 益國文忠集 151/1b 益公集 151/1b

薄驗妄奏汝愚者御筆回奏 益國文忠集 151/2b 益公集 151/2b

德壽殿私名推恩御筆回奏 益國文忠集 151/7b 益公集 151/8b

雇主殺所雇人回奏 益國文忠集 151/13a 益公集 151/14b

回奏詳議林植懇託内批 益國文忠集 152/6b 益公集 152/7b

擬袁櫃指揮回奏 益國文忠集 152/8a 益公集 152/9a

光宗即位論赦條賞給期限 益國文忠集 152/10b 益公集 152/11b

乞還尤袤禮記徵章賞劄子 益國文忠集 161/18a 益公集 161/20a

駮前餘杭縣知縣蔣安定改正罪名狀時暫權給事中 益公集 99/118a

青城奏劄 益公集 101/5lb

論吏部酬賞之敝劄子 誠齋集 69/20a

奏報狀 誠齋集 70/2a

刑法上下 誠齋集 89/6b-9b 歷代奏議 213/18b-20b

嚴賞罰奏議 應齋雜著 1/2a 南宋文範/外 1/11a

奏推廣御筆指揮二事狀（勸恤民隱 決遣滯獄） 朱公文集 16/6a

阿馬奏案內小貼子 朱文公集 16/20a

乞推賞獻助人狀 朱文公集 17/8b

代論流配劄子 浪語集 16/13b 歷代奏議 214/4a

論王公袞復讎議 于湖集 16/9a 歷代奏議 213/16a

繳駮成閔按劫部將奏 于湖集 17/4a 歷代奏議 189/16a

重獄官劄子 江湖集 28/17a

論立法制劄子 宮教集 5/3b 歷代奏議 214/7a

代陳丞相乞住罷白劄施行事劄子 宮教集 5/6b 歷代奏議 214/8b

代論大囚到官先供大情然後送獄劄子 宮教集 5/10b

繳奏刑部大理寺鄧大爲斷案狀 止齋集 21/6b

繳奏刑部大理寺易大明阿王斷案狀 止齋集 23/10a

繳奏册賞官吏推恩狀 止齋集 24/5b 歷代奏議 214/10a

繳奏饒州奏勘程廷倚斷案狀 止齋集 24/8b

辭免賜衣帶鞍馬劄子 宋本攻媿集 17/1b 攻媿集 33/2b

論二廣賞典 宋本攻媿集 19/3a 攻媿集 20/3a

繳泉州吳淨黨罪案 宋本攻媿集 19/3a 攻媿集 27/1a

論六曹法司 宋本攻媿集 19/8a 攻媿集 20/7b 南宋文範 19/1b

論明政刑 宋本攻媿集 19/17b 攻媿集 20/16b

論寬刑罰 宋本攻媿集 20/13b 攻媿集 21/12b

論諸州奏案 宋本攻媿集 21/13a 攻媿集 22/12a

繳刑部劄子 宋本攻媿集 26/闕 攻媿集 27/2b

搪賞酒庫疏 東塘集 9/13b

論刑獄當重疏 東塘集 9/17a

天府措置拘鎖人劄子 東塘集 10/4b

議治臟吏法狀 定齋集 1/2b 歷代奏議 214/6b

嚴爵賞劄子 九華集 5/5b 歷代奏議 189/13a

議功賞疏 九華集 7/1a 歷代奏議 189/14a

請乞定州郡例册 雲莊集 1/11b

新書 水心集 3/21b 水心別集 14/1a

繳何四十二貸命旨揮狀 育德堂奏議 2/5a

繳邢汝棹胡永年編管旨揮狀 育德堂奏議 2/14b

繳結絶成蕭皇后主管喪事所祠廟推賞旨揮狀 育德堂奏議 2/21b

繳堂吏達祖耿櫂董如璧決配旨揮狀 育德

奏議表狀一 奏議 刑賞 1323

堂奏議 3/1a

緻皇太子宮修蓋修內司臨安府轉運司官吏推恩旨揮狀 育德堂奏議 3/20b

緻送大理寺看詳趙善諭元犯申省旨揮狀 育德堂奏議 3/24a

論對劄子 論姦民猾吏 後樂集 10/12b 歷代奏議 184/28b

緻壽慈宮內侍王師珪等鑄降狀 後樂集 11/4a 歷代奏議 189/17a

緻榮傳辰改正狀 後樂集 11/5b 歷代奏議 214/3b

申趙觀党仲昇推賞不盡狀 昌谷集 9/9a

申彭提刑管提船之功 雀清獻集 3/6b

申石運判李運判黃提舉之功 雀清獻集 3/7b

論法例劄子 東澗集 7/18a 南宋文範 24/9a 歷代奏議 214/15b

謹命令劄子 東澗集 7/22a 歷代奏議 214/17a

論賞罰劄子 東澗集 8/1a 歷代奏議 189/21a 南宋文範 24/9b

輪對劄子 真西山集 3/1a 歷代奏議 214/13a

又申乞黃達等賞 真西山集 10/3b

又申並乞推周安衡賞 真西山集 10/4b

論感民莫先詔令當如唐德宗痛自咎責 鶴山集 22/5b

奏請罪健訟疏 萱窗集 4/15b 歷代奏議 214/16b

緻虞一飛獄案 鶴林集 21/21a

謝御筆戒論劄子同左相上 杜清獻集 14/4a

乞先推劉光世軍楯角賞奏家集卷之二 金佗粹編 11/2a

荊襄寬仙畫一奏家集卷之二 金佗粹編 11/閱文

辭衣帶劄子 金佗粹編 15/10b

乞昭雪奏劄 杜萃老撰 金佗粹編/續 30/16a

進故事壬戌七月初六日 後村集 87/11a

奏申論安豐軍諸將功賞 許國公奏議 2/42a

奏乞賞功以興起人心 許國公奏議 2/60a

又謝宣賜金器 可齋稿/續後 4/26b

歐陽修乞重斷湯將臟污 雪窗集 2/27b

端平丙申召除太博陽金奏劄 文溪稿 6/1a

乞與共討信州閩軍有功者轉官推賞 山房遺文 1/14a

上仁宗乞詔令先定議而後行張西撰 宋朝奏議 22/1a 歷代奏議 210/11a

上哲宗乞令必使大臣協謀門下封駮劉安世撰 宋朝奏議 22/4b

上哲宗論安反側不必降詔朱光庭撰 宋朝奏議 22/7b 歷代奏議 212/8b

上哲宗論安反側不必降詔林旦撰 宋朝奏議 22/8b 歷代奏議 212/7b

上哲宗論安反側不必降詔王巖叟撰 宋朝奏議 22/10b 歷代奏議 212/5b

上哲宗論安反側不必降詔系第二狀王巖叟撰 宋朝奏議 22/12a 歷代奏議 203/25a

上哲宗論安反側不必降詔系第三狀王巖叟撰 宋朝奏議 22/14a 歷代奏議 212/6b

上哲宗論安反側不必降詔王觀撰 宋朝奏議 22/15b 歷代奏議 212/9b

上仁宗論千求內降乞詔止絕韓琦撰 宋朝奏議 23/1a 歷代奏議 210/10b

上仁宗乞謹守杜絕內降詔吳奎撰 宋朝奏議 23/2a 歷代奏議 210/21a

上仁宗論宣與內臣轉官二府不執奏乞正其罪范鎮撰 宋朝奏議 23/2b 歷代奏議 210/21a

上仁宗論法令數變 宋朝奏議 23/3a 歷代奏議 210/21b 蜀文輯存 8/6a

上仁宗論內降指揮差臺官勘張懷恩等事馬遵撰 宋朝奏議 23/3b 歷代奏議 210/22b

上仁宗論內降指揮差臺官勘張懷恩等事係第二狀馬遵撰 宋朝奏議 23/4a 歷代奏議 210/23a

上仁宗乞止絕內降凡進用悉與大臣議其可否傅堯命撰 宋代奏議 23/7a 歷代奏議 292/6a

上哲宗論李倬妄干求內降挾私圖上劉安世撰 宋朝奏議 23/11b

上哲宗論李倬妄干求內降挾私圖上係第二狀劉安世撰 宋朝奏議 23/12b

上哲宗論內降乞有司執奏李常撰 宋朝奏議 23/13a 歷代奏議 212/12b

上徽宗乞令後內降所屬無得輕受任伯雨撰 宋朝奏議 23/16a 歷代奏議 212/23a 蜀文輯存 30/10b

上欽宗論御筆中旨余應求撰 宋朝奏議 23/17a 歷代奏議 213/5a

上仁宗論不宜貸何誡用何郯撰 宋朝奏議 61/5b 歷代奏議 187/23a 蜀文輯存 6/15b

上哲宗論監設獄中使不當受大理囚訴秦陪撰 宋朝奏議 63/12a 歷代奏議 216/23b

上仁宗乞責罰醫官日詢撰 宋朝奏議 84/18b

上仁宗乞檢束醫官日詢撰 宋朝奏議 84/20a

上仁宗論近年賞典太優刑章稍縱龐籍撰 宋朝奏議 97/1a 歷代奏議 187/17a

上仁宗論駕馭諸將賞罰當謹范仲淹撰 宋朝奏議 97/4b

上哲宗乞追錢鄴誤賞之官劉安世撰 宋朝奏議

97/6b

上哲宗奏爲种諠生擒鬼章賞未稱功常安民撰 宋朝奏議 97/7b 歷代奏議 188/9b 蜀文輯存 27/12a

上徽宗論任職治事不當一一論功取賞吳敏中撰 宋朝奏議 97/9b

上仁宗論編敕當任達識大儒宋庠撰 宋朝奏議 98/1a

上哲宗乞別修改奏議不當免駮勘條范百祿撰 宋朝奏議 98/3a 歷代奏議 212/11a 蜀文輯存 22/18a

上真宗乞禁銷金丁謂撰 宋朝奏議 98/6a 歷代奏議 210/3a

上仁宗乞禁夜聚曉散及造僞伏祀神劉隨撰 宋朝奏議 98/7b 歷代奏議 210/6a

上仁宗乞逐去妖人張惠眞劉隨撰 宋朝奏議 98/8b

上仁宗乞禁戚里權要之家塗金錢彥遠撰 宋朝奏議 98/9b 歷代奏議 191/15a

上仁宗乞禁匿名文字吳育撰 宋朝奏議 98/9b 歷代奏議 210/10b

上仁宗乞禁止臣僚上封章告人之罪呂詢撰 宋朝奏議 98/10b 歷代奏議 210/24b

上神宗乞立制度禁傢廡吳大忠撰 宋朝奏議 98/11a 歷代奏議 244/17b

上真宗乞除非法之刑錢易撰 宋朝奏議 99/1a 宋文鑑 42/1b 歷代奏議 216/1b

上仁宗乞天下死罪皆得一覆奏燕肅撰 宋朝奏議 99/3b 歷代奏議 216/4a

上仁宗論開封府公事不經糾察司引問范鎮等撰 宋朝奏議 99/4a 歷代奏議 216/10a 蜀文輯存 8/7b

上神宗論重辟數多呂詢撰 宋朝奏議 99/6a 歷代奏議 211/10a

上神宗論肉刑呂公弼撰 宋朝奏議 99/7b 歷代奏議 216/13a

上仁宗乞今後毋輕置詔獄吳育撰 宋朝奏議 99/10a 宋文鑑 51/7b 歷代奏議 216/4b

上仁宗乞發遣親事官吳清等照證公事傅堯命撰 宋朝奏議 99/11a 歷代奏議 238/1a

上神宗論詔獄彭汝礪撰 宋朝奏議 99/14a 歷代奏議 216/14b

上哲宗乞罷大理獄朱光庭撰 宋朝奏議 99/15a 歷代奏議 216/21a

上仁宗乞郊禮更不行赦龐籍撰 宋朝奏議 100/1a 歷代奏議 218/11b

上仁宗論不可數赦范鎮撰 宋朝奏議 100/3a 歷代奏議 218/15b 蜀文輯存 8/8a

上神宗論災異不必肆赦周表臣撰 宋朝奏議 100/

5a 歷代奏議 218/16a

上神宗乞權罷南郊臣僚賜予錢顗撰 宋朝奏議 100/8a 歷代奏議 192/2a

上哲宗論賜楊筑度牒蔡蹈撰 宋朝奏議 100/11a 歷代奏議 188/9a

上徽宗乞今後非有大勳業者不賜第蔣彥國撰 宋朝奏議 100/11b 歷代奏議 188/14b

上仁宗論內東門使臣藏挾女口闌入禁庭馬遵撰 宋朝奏議 126/1b 歷代奏議 225/9a

上仁宗論內東門使臣藏挾女口闌入禁庭係第二狀 馬遵撰 宋朝奏議 126/2a 歷代奏議 225/9a

上徽宗請嚴宮禁之法任伯雨撰 宋朝奏議 126/4a 歷代奏議 212/23b 蜀文輯存 30/11a

論驕卒誕告將校乞嚴軍律疏韓琦撰 宋文鑑 44/6b 歷代奏議 210/25a

請放呂大防等逐便范純仁撰 宋文鑑 52/20b

請責任守忠乞一切不問餘人傅堯命撰 宋文鑑 53/7a 歷代奏議 10/14a

奏請下御史臺體訪小人造作誹議丁隲撰 宋文鑑 61/4a 歷代奏議 212/20b

論內批直付有司曹輝撰 宋文鑑 61/11b

論瑤華不當遷復何大正不當遷賞陳瓘撰 宋文鑑 61/17b

請檢尋文及甫究問獄案牘龔夬撰 宋文鑑 62/7b 歷代奏議 180/9b

乞斬蔡京等六賊疏江致一撰 新安文獻 3/3b

論蔡收罪狀程瑀撰 新安文獻 3/6b

論買似道十罪可斬書方回撰 新安文獻 6/8a

新贐父罪書葉眞蔣撰 新安文獻 7/前二 a

請明教化嚴賞罰疏張淡撰 歷代奏議 46/16b 蜀文輯存 42/12b

乞遣使陝西、河北、河東、京西奉行優恤德音奏狀陳瓘撰 歷代奏議 107/1a

請禁止軍兵殺人疏﹡胡銓撰 歷代奏議 107/8b

論夫亡改適願歸者許其母子復合疏劉僎撰 歷代奏議 116/22b 蜀文輯存 27/1a

請正別籍異財及異姓立繼之法以絕爭端疏﹡李椿撰 歷代奏議 117/5b

請禁臣庶妄言疏﹡宋庠撰 歷代奏議 175/21b

論臧史罪狀疏章誼撰 歷代奏議 183/4a

論罷討論文臣盪賞二十六事疏﹡章誼撰 歷代奏議 183/5b

論總護使與橋道頓遞使給賜不當一辭一受疏﹡章誼撰 歷代奏議 183/6b

乞推鞫天臺知縣申本州守臣受路事疏章誼撰

奏議表狀一 奏議 刑賞 1325

歷代奏議 183/7b

論刑以懲惡賞以酬功疏 趙普撰 歷代奏議 187/17a

論陳執中事第三疏范鎭撰 歷代奏議 187/31b 蜀文輯存 7/10a

論賞罰疏 趙曙撰 歷代奏議 188/2b

請正王孝先等之罪疏 彭汝礪撰 歷代奏議 188/6a

有司緣市易而冒賞者當追奪疏 王觀撰 歷代奏議 188/13a

請勿以賞罰假借大臣疏 郭知章撰 歷代奏議 188/13a

論昭雪司馬光等當發訓詞疏任伯雨撰 歷代奏議 188/17b 蜀文輯存 30/7b

宜正張邦昌之罪疏 李綱撰 歷代奏議 188/19b

賜有功將士疏 李綱撰 歷代奏議 188/22a

論嚴賞罰疏鄧肅撰 歷代奏議 188/24b

經筵進故事洪遵撰 歷代奏議 188/28a

乞嚴棄城之罰狀章誼撰 歷代奏議 189/3b

論濫賞色目狀章誼撰 歷代奏議 189/4b

請委主將置軍籍以書功績疏 張守撰 歷代奏議 189/5b

正授勸王立功之人官資疏 張守撰 歷代奏議 189/6a

請刑賞威福出於朝廷疏 張守撰 歷代奏議 189/7b

論功賞利害狀張浚撰 歷代奏議 189/8a 蜀文輯存 43/18b

乞獎録翟汝文劉子許景衡撰 歷代奏議 189/9b

論行賞當先戰士而後主將疏 周林撰 歷代奏議 189/10b

乞庄賞威方狀王之望撰 歷代奏議 189/16b

論稅務賞格疏 王師愈撰 歷代奏議 189/18a

請仍立選人勞績賞格疏 李椿撰 歷代奏議 189/18b

進故事論賞罰 洪舜俞撰 歷代奏議 189/20a

論董宋臣等伏罰疏 徐宗仁撰 歷代奏議 189/24b

論謹錫賞疏張浚撰 歷代奏議 192/9b 蜀文輯存 43/19a

論中嚴道宮佛寺銷金服飾疏 汪應辰撰 歷代奏議 192/11b

論節儉自貴近始疏 李椿撰 歷代奏議 192/14b

論內降恩澤疏劉蘋撰 歷代奏議 198/30a

故親屬犯罪請減贖之制疏 高靈申撰 歷代奏議 210/1a

論法寺定斷不當疏 李昉等撰 歷代奏議 210/2a

轉對上言近日可惑者四事疏 龐籍撰 歷代奏議 210/2b

論推易簡之政刊一制度疏 夏竦撰 歷代奏議 210/4a

議刑書狀夏竦撰 歷代奏議 210/4b

論賞當其功罰當其罪疏 包拯撰 歷代奏議 210/19a

論御史論陳執中失實狀 歷代奏議 210/21b 蜀文輯存 8/6b

論勿任厮役小人爲耳目疏 司馬光撰 歷代奏議 210/24b

論審刑院大理寺等處欺罔事狀傅堯命撰 歷代奏議 211/5b

再論審刑院等處欺罔事狀傅堯命撰 歷代奏議 211/6a

論用肉刑疏 曾布撰 歷代奏議 211/14a

論刑罰之設疏 彭汝礪撰 歷代奏議 211/16b

論刑名不當取決執政狀彭汝礪撰 歷代奏議 211/17a

乞懸法示人狀彭汝礪撰 歷代奏議 211/17b

論法令宜謹於更張審於施設疏粱燾撰 歷代奏議 212/14b

請罷安燾新命疏呂陶撰 歷代奏議 212/18a 蜀文輯存 16/7a

乞應赦文放欠官司不能行者,許民庶實封論奏疏呂陶撰 歷代奏議 212/18b 蜀文輯存 16/8a

奏乞早降私使役人條法事疏呂陶撰 歷代奏議 212/19b 蜀文輯存 16/8b

論治諸道留令廢令之罪疏朱壽撰 歷代奏議 213/1a

乞以寬恤手詔事件通行天下疏 李綱撰 歷代奏議 213/1b

論謹權量李復撰 歷代奏議 213/2a

論刑法劉子李復撰 歷代奏議 213/2b

乞依赦文放免負劉子江公望撰 歷代奏議 213/3a

論增修法度疏周行己撰 歷代奏議 213/4a

論辨辜邪正以行賞罰疏 洪彦升撰 歷代奏議 213/4a

論諸路州軍大辟類以可憫奏裁疏 凌哲撰 歷代奏議 213/4b

乞罷用例酌情指揮李光撰 歷代奏議 213/5b

乞詳酌度牒數目立爲定制疏 潘良貴撰 歷代奏議 213/6b

請牧臣吏持職奉法疏 鄭剛中撰 歷代奏議 213/8b

論給舍等當預議立政出令 章誼撰 歷代奏議

213/10a

乞申嚴自盜之制疏﹒章誼撰　歷代奏議 213/10b

乞究尚書省鈔房人吏情弊疏﹒章誼撰　歷代奏議 213/11a

乞審訂敕令格式新書﹒章誼撰　歷代奏議 213/11b

請嚴監司州縣廢法之罪疏﹒蔡崇禮撰　歷代奏議 213/15a

論事關六曹宜從有司格法疏﹒潘良貴撰　歷代奏議 213/16b

論法令疏﹒汪藻撰　歷代奏議 213/17a

繳論張時中獄事奏趙汝愚撰　歷代奏議 214/1a

論金州之弊乞加威令於諸將狀慶充文撰　歷代奏議 214/1b　蜀文帥存 56/14b

論當正呂念一赦兒之罪疏﹒衛涇撰　歷代奏議 214/2b

乞禁止師巫王師愈撰　歷代奏議 214/5b

議別籍異財﹒程通撰　歷代奏議 214/6b

乞以諸將禁約人兵不得侵擾百姓詔旨載之著令疏﹒汪應辰撰　歷代奏議 214/9b

諫降御撰疏﹒王介撰　歷代奏議 214/12a

乞禁止尊殺疏﹒徐清叟撰　歷代奏議 214/15b

論慎刑疏﹒刁衎撰　歷代奏議 216/1a

請緩决死罪决重刑日減膳徹樂疏﹒楊軍撰　歷代奏議 216/1b

乞十一、十二月勿斷死罪疏﹒趙湘撰　歷代奏議 216/3b

論內臣宜限員疏孫抃撰　歷代奏議 216/8b　蜀文帳存 5/5b

論死刑疏﹒李縱撰　歷代奏議 216/12a

論熙河路獄疏﹒彭汝礪撰　歷代奏議 216/15b

論朝廷議刑欲重即開有司深入之弊疏﹒彭汝礪撰　歷代奏議 216/16b

論留獄疏﹒金君卿撰　歷代奏議 216/20a

請容蘇軾疏﹒王安禮撰　歷代奏議 216/20a

論蔡京斷獄失謬宜重行黜降疏呂陶撰　歷代奏議 216/26b　蜀文帳存 16/9a

論勿罪有司好生疏﹒鄭雍撰　歷代奏議 216/27b

進仁祖神考故事﹒陳瓘撰　歷代奏議 217/1b

論享澤村民罪止當杖疏﹒范純禮撰　歷代奏議 217/1b

乞正看詳官壅序辰安悼典刑奏狀陳瓘撰　歷代奏議 217/2a

奏推司不得與法司議事周林撰　歷代奏議 217/4b

奏疑獄劊子周林撰　歷代奏議 217/5a

論大辟疏﹒鄭剛中撰　歷代奏議 217/5b

論刑部理寺讞决當分職劊子汪應辰撰　歷代奏議 217/9a

論戒治獄之官各思聖人之戒疏﹒李椿撰　歷代奏議 217/12b

論諸州軍獄官疏﹒虞儔撰　歷代奏議 217/13b

論省刑疏高斯得撰　歷代奏議 217/14b　蜀文帳存 92/13b

請勿以祖吉壤赦令疏﹒趙普撰　歷代奏議 218/10b

議郊赦疏﹒歷代奏議 218/10b

論肆赦之文事宜從簡疏﹒夏竦撰　歷代奏議 218/11a

爲赦後乞放祖宗朝欠負疏范仲淹撰　歷代奏議 218/15a

論一歲三赦是政不節疏﹒王安石撰　歷代奏議 218/16b

論赦贓疏﹒彭汝礪撰　歷代奏議 218/19a

論赦無益於治疏王歷曼撰　歷代奏議 218/20a

乞赦河北河東兩路疏﹒李綱撰　歷代奏議 218/21b

請錄劉庫大節疏呂陶撰　歷代奏議 284/7b　蜀文帳存 16/20a

請詔史官記錄忠義疏喻汝礪撰　歷代奏議 284/10a　蜀文帳存 47/6a

論桑成死事狀章誼撰　歷代奏議 284/10a

論宋汝爲忠節凜著客死蜀道請與其子南强一蜀郡差使便其葬父奏趙汝愚撰　歷代奏議 284/16a

乞褒表孫松壽奏趙汝愚撰　歷代奏議 284/16b

請巡師所遇州縣禁約供辨疏﹒汪應辰撰　歷代奏議 287/11b

議赦令　南宋文範 13/14a

上孝宗皇帝書呂皓撰　南宋文範/外 1/12a

陳執中閣上徇私宜行降責疏孫抃撰　蜀文帳存 5/3a

論陳執中疏孫抃撰　蜀文帳存 5/3b

再論陳執中疏孫抃撰　蜀文帳存 5/3b

乞釋傳下罪狀疏孫抃撰　蜀文帳存 5/7a

論根問石介死事疏何郯撰　蜀文帳存 6/2b

論邵必宜牽復疏范鎮撰　蜀文帳存 7/7a

論刑部立捕蝗法不當疏張商英撰　蜀文帳存 13/8a

言買弄事疏張商英撰　蜀文帳存 13/13b

論呂蔡冤抑疏張商英撰　蜀文帳存 13/14b

按世居獄事疏鄧綰撰　蜀文帳存 17/4b

按世居獄事第二疏鄧綰撰　蜀文帳存 17/4b

乞差官看詳元祐訴理所公案狀安悼撰　蜀文帳存 27/16a

論制置使王蕃逃遁劄子唐重撰　蜀文輯存 35/9a
自辨奉使事疏宇文虛中撰　蜀文輯存 36/5a
論典買田宅人宜親身赴縣推割狀虞祺撰　蜀文
　輯存 36/18b
論引例四害疏句龍如淵撰　蜀文輯存 38/12a
論犯私鹽請依紹興敕斷軍人私販依政和指揮
　疏常同撰　蜀文輯存 38/15a
論違法籍沒疏楊楫撰　蜀文輯存 39/7a
陳曲端送獄推治疏張浚撰　蜀文輯存 41/8b
論激厲將士不妨過貫疏張浚撰　蜀文輯存 44/1b
奏王德等戰功疏張浚撰　蜀文輯存 45/6b

乞昭雪岳飛奏劄杜莘老撰　蜀文輯存 50/15a
論節用宜裁事官賞賜疏張震撰　蜀文輯存 60/1b
請推恩侯正國以勸忠義狀安丙撰　蜀文輯存 72/
　16b
乞將張謂先換文資以勵邊功狀安丙撰　蜀文輯
　存 72/12b
保明馬中和保邊功績狀安丙撰　蜀文輯存 72/17b
論徐元杰死狀疏程公許撰　蜀文輯存 83/2a
論史彌遠放赦濟王宜詠除以申大義疏鄧若水
　撰　蜀文輯存 83/12a

（十）農田水利

奏乞罷陝西近畿州軍營田　范文正集/奏議上/18a
　歷代奏議 260/8a
乞開治渭河　景文集 28/1a　歷代奏議 250/1a
乞修復陂塘古跡劄子　景文集 28/11a　歷代奏議
　110/23b
乞損豪强優力農劄子　景文集 28/12a
乞停開溝洫劄子　景文集 28/13a
請將邢洛州牧馬地給與人戶依舊耕佃（1－2）
　包孝肅奏議 7/137b－139a
論修商胡口　包孝肅奏議 7/142a
請修蔡河堤並斗門　包孝肅奏議 8/152a
言運河（1－2）　文潞公集 23/1a－3b
不保明潛河（1－3）　文潞公集 23/4a－5a
奏黃河水勢　文潞公集 23/6a
再奏運河利害　文潞公集 23/7b
奏黃河曹村決溢利害乞擇水官　文潞公集 24/1a
　歷代奏議 250/5a
奏西京漕河事　文潞公集 25/7a
奏坊監草地令百姓出租　文潞公集 29/6b
奏黃河事　文潞公集 30/1a
奏久旱乞不追擾事　文潞公集 30/4b　歷代奏議
　111/3a
論修河第一狀　歐陽文忠集 108/9a　宋文鑑 46/15a
　歷代奏議 249/18a
論修河第二狀　歐陽文忠集 109/5a　歷代奏議 249/
　16a
論修河第三狀一作論修六塔河　歐陽文忠集 109/8b
　歷代奏議 249/20a

論孟陽河開掘墳墓劄子　歐陽文忠集 111/11b
請耕禁地劄子　歐陽文忠集 116/1b　宋朝奏議 105/
　16b　歷代奏議 260/6a
屯田　樂全集 14/5a　歷代奏議 260/8b
論水害修隄防事　樂全集 24/24a
論併廢汴河劄子　樂全集 25/23a　宋朝奏議 127/2b
論汴河利害事　樂全集 27/1a　歷代奏議 261/11b
奏狀論置水遞舖不便　清獻集 1/4a
奏狀乞寢罷內臣修築汴堤　清獻集 2/22b　歷代
　奏議 249/22a
奏狀論句眄府界積水擾擾　清獻集 3/18a
乞復五塘劄子　蔡忠惠集 22/1a
三吳水利條陳　周元公集 12/10b
上仁宗論修商胡口　公是集 31/11a　宋朝奏議 127/
　1a　歷代奏議 249/15a
論勸農上殿劄子　傅家集 22/3a　司馬溫公集 20/7b
　宋朝奏議 105/13a　歷代奏議 110/22b
奏乞專差官開修府界至京溝河　蘇魏公集 17/8a
奏乞開修破藏口復三堂分殺黃河水　蘇魏公
　集 19/3a
議疏濬黃河　蘇魏公集 20/4a
奏乞罷起夫修文家河　蘇魏公集 20/5b
乞將田割入蔣山常住劄子　臨川集 43/7b　王文
　公集 19/13b
論回河　范忠宣集/奏議下/28a　宋朝奏議 127/5b　宋
　文鑑 52/18b　歷代奏議 250/15a
再論回河畫一　范忠宣集/奏議下/29b　歷代奏議
　250/16a
又論回河利害　范忠宣集/奏議下/31a　宋朝奏議

127/11a 歷代奏議 250/17a

勸程昉開漳河 忠肅集 7/1a 歷代奏議 250/5a

勸河北潛臣論河事反覆 忠肅集 7/2a 歷代奏議 179/25a

乞開杭州西湖狀 蘇東坡全集/奏議 7/1a 歷代奏議 252/8b

乞相度開石門河狀 蘇東坡全集/奏議 9/1b 歷代 奏議 252/11a

奏論八丈溝不可開狀 蘇東坡全集/奏議 10/4a

奏論回河利害疏 孫君孚奏議/中 27a

乞給還京西水櫃所占民田狀 樂城集 37/5b

再論京西水櫃狀 樂城集 39/4a 歷代奏議 250/12a

論開孫村河割子 樂城集 40/10a 宋朝奏議 127/6b 歷代奏議 250/18a

再論回河割子 樂城集 40/14a 歷代奏議 250/20a 蜀文輯存 20/14a

三論回河割子 樂城集 40/16a 歷代奏議 250/22a

論黃河必非東決割子 樂城集 41/5a 歷代奏議 251/1a

乞罷修河司割子 樂城集 41/7a 歷代奏議 251/2a

論黃河東流割子 樂城集 46/13a

論黃河軟堰割子附申三省狀 樂城集/後 16/7b 歷代奏議 251/8b

論農事割子 范太史集 14/2a 宋朝奏議 105/3b 宋文鑑 59/1a 歷代奏議 111/2a

論回河狀 范太史集 16/7b 宋朝奏議 127/9a 歷代奏議 251/10a

乞罷回河割子（1－2） 范太史集 17/1a－3a 歷代奏議 251/14b,15b

乞罷河役狀 范太史集 17/5b 歷代奏議 251/17a

上哲宗奏乞開陳亳溝河割子 讜論集 1/21a 歷代奏議 252/7a

上徽宗乞爲河西軟堰狀 讜論集 2/21b

上哲宗論開孫村河口利害 曲阜集補 2/6a

上哲宗乞罷回河興役 曲阜集補 2/7a

論大河利害（1－5） 盡言集 12/4b－9b 歷代奏議 252/1a－3b

論修河物料買撲擾事 盡言集 12/10b

乞開黃河中灘 滿水集 1/16a 歷代奏議 253/8a

請下河北路安撫轉運等司相度水患 道鄉集/補遺/1a

請回徙御河 道鄉集/補遺 11b

論增設水磨 道鄉集/補遺 13b

繳進河議奏狀 竹隱集 9/11b 歷代奏議 253/6a

乞戒舫郡守勸農不以其實割子 跨鰲集 13/3b

歷代奏議 111/5a

論屯田割子 高峰集 1/10a 歷代奏議 260/13b

論屯田割子 高峰集 2/18b 歷代奏議 260/14a

轉對論屯田奏狀 高峰集 5/1b 歷代奏議 260/12b

乞催促修汴河割子 橫塘集 11/7a

奏措置買牛租賃與民耕種利害狀 石林奏議 11/3a

論撥還平江府定慧院官田 程北山集 37/7b

乞廢東南湖田割子 莊簡集 11/14b 歷代奏議 253/9b

論淮南屯田疏 浮溪集 2/1a 歷代奏議 260/11b

論營田割子 梁溪集 81/14a 南宋文範 14/1b

務農割子 雙溪集 9/2b 歷代奏議 111/7a 南宋文範 15/7a

戊兵營田安豐芍陂割子 相山集 21/12a

湖南提舉司論河渡奏議 漢濱集 5/10b

福州乞置官莊贍養生子之家割子 鄂峰錄 8/4b

營田疏 方舟集 7/4b 歷代奏議 107/16b

乞許逃業子孫贖產割子 盤洲集 41/3a

過江措置津運割子 盤洲集 41/8a

乞措置海道割子 盤洲集 43/8b

論限田割子 小隱集/19a 歷代奏議 112/4a

投覃憲新田利害割子 倪石陵書/25b

關外麥熟疏 范成大佚著/80

請濬練湖疏 鄭忠肅集/上/22b

乞且令黔州開具思州人所買内地田土 益國文忠集 144/5a 集公集 144/6a

論屯田事合同進呈 益國文忠集 144/8b 益公集 144/10b

屯田御筆 益國文忠集 151/1a 益公集 151/1a

條奏經界狀 朱文公集 19/33a 歷代奏議 112/4a

使北回上殿割子 尊白堂集 6/19b 歷代奏議 111/8a 南宋文範/外 1/8b

論浙江渡船 宋本攻媿集 19/14a 攻媿集 20/13b

論屯田割子 定齋集 3/6a 歷代奏議 260/17a

條具屯田事宜狀 定齋集 3/6b 歷代奏議 260/17b

論屯田利害狀 定齋集 3/8b 歷代奏議 260/20a 南宋文範 19/12a

乞寢罷賣田指揮疏 止堂集 6/9a 歷代奏議 272/12a

論差官賣官田及教閱土軍弓手疏 止堂集 6/10b

論圍田割子（1～2） 後樂集 13/25a－27b 歷代奏議 253/16a－17b

奏論蜀邊墾田事 鶴山集 16/5b 歷代奏議 260/24a

奏請急水利疏 舊窗集 4/16b 歷代奏議 253/20a

奏議表狀一 奏議 農田水利 1329

擬上皇帝乞行井田書　石堂集 12/1a

上太宗聚人議陳靖撰　宋朝奏議 105/1a　歷代奏議 110/13a

上太宗乞從京東西起首勸課陳靖撰　宋朝奏議 105/4a　歷代奏議 110/15b

上真宗乞授陳靖勸農使論民耕田曠土疏盛棻撰　宋朝奏議 105/9a　歷代奏議 110/19b

上真宗論盛梁所奏陳靖撰　宋朝奏議 105/10b　歷代奏議 110/20b

上仁宗乞置勸農司錢彥遠撰　宋朝奏議 105/11b　歷代奏議 110/21b

上太宗論塘泊屯田之利何承矩撰　宋朝奏議 105/15b　歷代奏議 260/4a

上太宗乞河北沿邊營置屯田柴成務撰　宋朝奏議 105/15a　歷代奏議 260/4b

上仁宗乞撥河北逃田爲屯田富弼撰　宋朝奏議 105/17b　歷代奏議 260/7a

上神宗論河北流民到京西乞分給田土富弼撰　宋朝奏議 106/7b　宋文鑑 45/4b　歷代奏議 244/12b

上仁宗論開淶汴河馬遵撰　宋朝奏議 127/2a　歷代奏議 249/23a

上哲宗論回河朱光庭撰　宋朝奏議 127/3b　歷代奏議 250/12b

上哲宗乞詔大臣早決河議王巖叟撰　宋朝奏議 127/4a　歷代奏議 250/14b

上哲宗乞開舊日汴口梁燾撰　宋朝奏議 127/12a　歷代奏議 251/7a

議水王同撰　宋文鑑 106/10b　歷代奏議 253/8b

六失六得鄭畋撰　吳都文粹 5/23b

五論鄭畋撰　吳都文粹 5/31b　歷代奏議 250/7a

僞書大暑鄭僑撰　吳都文粹 6/1a

三十六浦利害趙霖撰　吳都文粹 6/10a　歷代奏議 253/3a

論經界汪應元撰　新安文獻 6/7a

論改官及興水利營田疏﹡胡銓撰　歷代奏議 49/3b

論欲厚生民莫先於積穀而務農疏﹡陳靖撰　歷代奏議 105/14a

乞廢水磨狀蘇轍撰　歷代奏議 106/6a

論申必行之法,任必擇之官疏呂陶撰　歷代奏議 106/19b　蜀文輯存 15/5a

均田法議﹡陳靖撰　歷代奏議 110/12b

論勸農莫若重穀疏﹡司馬光撰　歷代奏議 110/23a

論授田勸疏﹡章誼撰　歷代奏議 111/5b

請下勸農之詔疏高宗時　李石撰　歷代奏議 111/6a　蜀文輯存 62/1b

論逃民停客給受田土之制疏﹡陳靖撰　歷代奏議 112/1b

論占之數復除之法疏﹡畢仲游撰　歷代奏議 112/2a

上限田割子李復撰　歷代奏議 112/3b

論限名田疏﹡謝方叔撰　歷代奏議 112/8a

論經界之法疏﹡李鑄撰　歷代奏議 112/9a

乞修壅淫河石翼書﹡杜思翱撰　歷代奏議 249/9b

上鄭白渠利害陳堯叟撰　歷代奏議 249/10a

上鄭白渠害利疏宋鼎撰　歷代奏議 249/10a　蜀文輯存 1/11a

論汴水疏整之由疏﹡張泊撰　歷代奏議 249/11a

論治黃河疏﹡李垂撰　歷代奏議 249/13b

答詔條陳十事·厚農桑﹡范仲淹撰　歷代奏議 249/14b

議修治黃河疏﹡司馬光撰　歷代奏議 249/23a

論開修漕河不利疏﹡文彥博撰　歷代奏議 250/2a

論開河通淮疏﹡蔣之奇撰　歷代奏議 250/2b

論開潛沙河疏﹡程昉撰　歷代奏議 250/3a

論引洛入汴疏﹡張從惠撰　歷代奏議 250/6a

論勿大興河役疏﹡趙瞻撰　歷代奏議 250/6b

論蘇州治田利害大柴疏﹡鄭畋撰　歷代奏議 250/7a

論蘇州水田疏﹡鄭畋撰　歷代奏議 250/11a

論修治黃河疏﹡王覿撰　歷代奏議 250/13a

論回河疏﹡曾肇撰　歷代奏議 251/5a

上河議疏﹡趙偕撰　歷代奏議 251/8a

論修治黃河疏﹡趙偕撰　歷代奏議 251/9b

乞從羅適充京西提刑兼治開封府界毫州水事疏傅堯命撰　歷代奏議 252/4a

乞罷修河司以安衆心疏﹡傅堯命撰　歷代奏議 252/4b

又論河事狀傅堯命撰　歷代奏議 252/5a

請訪監司上所隸郡縣水土利害疏劉淮撰　歷代奏議 252/5b　蜀文輯存 27/5b

論東流之計不可行狀任伯雨撰　歷代奏議 253/1a　蜀文輯存 30/12b

論欲去姑蘇水患莫若開江滬浦疏﹡許光凝撰　歷代奏議 253/1b

乞修費錢塘江疏﹡張閎撰　歷代奏議 253/2a

乞修茸與塘疏﹡吳玢撰　歷代奏議 253/2a

論導河大伾可置水遠浮橋疏﹡孟昌齡撰　歷代奏議 253/2b

論修治黃河疏﹡孟揆撰　歷代奏議 253/2b

論開白茅浦疏﹡周公環撰　歷代奏議 253/10a

論開滬常熟諸浦疏﹡趙子潚撰　歷代奏議 253/10a

論修治秦淮水疏 張孝祥撰 歷代奏議 253/10b

論開漕白鶴溪西盪河置望亭堰陂疏 章冲撰 歷代奏議 253/11b

乞浚開木渠蔡戡撰 歷代奏議 253/12b

乞修立紹熙堰疏 陳損之撰 歷代奏議 253/14a

乞潘治常州漕渠修建望亭二陂疏 李珏撰 歷代奏議 253/14b

論建康府境大江六渡疏 黃度撰 歷代奏議 253/ 15a

論復十二渠務農實邊書 王浩撰 歷代奏議 260/ 5b

論因弓箭手爲助田法疏 吳充撰 歷代奏議 260/ 10b

論熙河營田事宜疏 康議撰 歷代奏議 260/11a

論營田疏 章誼撰 歷代奏議 260/12a

論營田之利疏庚允文撰 歷代奏議 260/15a 蜀文輯存 57/21b

乞以不披帶人縱耕荒田疏 陳俊卿撰 歷代奏議 260/16b

請招集流亡以耕淮東之田疏 劉煇撰 歷代奏議 260/16b

請勿以稽留罪轉運使疏 趙善撰 歷代奏議 261/ 10a

論募舟漕糧載薪炭疏 陳從信撰 歷代奏議 261/ 10b

水利疏衛涇撰 南宋文範 22/4a

言陳許等州墾田疏陳堯叟撰 蜀文輯存 3/2a

勸論部民廣植麻苧疏陳堯叟撰 咸平初 蜀文輯存 3/2b

論河事宜議經久法疏張商英撰 蜀文輯存 13/10a

論河事劄子蘇轍撰 蜀文輯存 21/6a

相視回河條畫狀范百祿撰 蜀文輯存 22/3a

論河不可回乞罷修河司疏范百祿撰 蜀文輯存 22/5b

按視河流形勢疏范百祿撰 蜀文輯存 22/7b

論回河疏范百祿撰 蜀文輯存 22/14a

再論回河疏范百祿撰 蜀文輯存 22/15b

論回河疏范百祿撰 蜀文輯存 22/19a

再論回河之役不可行疏范百祿撰 蜀文輯存 22/ 19b

營田議趙高撰 蜀文輯存 23/12b

請根括開田疏趙高撰 蜀文輯存 23/15b

論進田宜官根括限期耕種狀龐序辰撰 蜀文輯存 32/15b

入對大暑楊椿撰 蜀文輯存 39/7a

論忠義軍借錢耕種以廣屯田狀馮方撰 蜀文輯存 54/12b

整理利路營田狀庚允文撰 蜀文輯存 58/18a

請修茸堤橋以息二江水患劄子范仲藝撰 蜀文輯存 64/4b

奏陳湖河事宜疏張栻撰 蜀文輯存 64/20a

論定經制以塞兼並疏謝方叔撰 蜀文輯存 83/17a

（十一）財 賦

上真宗乞賑給河北饑民 咸平集 1/27b 宋朝奏議 106/1a 歷代奏議 243/14a

論龍泉縣三處酒坊乞減額狀 武夷新集 15/15b 歷代奏議 105/15a

議國用 文莊集 13/8b 歷代奏議 263/19a

均賦斂 文莊集 13/13a 歷代奏議 255/12a

賤商賈 文莊集 13/15b

平糴權奏 文莊集 15/8a 歷代奏議 263/21a

奏乞救濟陝西饑民 范文正集/奏議上/17b

奏乞將先減省諸州公用錢却令依舊 范文正集/奏議上/19b 宋文鑑 44/4a 歷代奏議 264/10b 285/ 23a

奏爲赦後乞除放祖宗朝久負 范文正集/奏議上/ 24a

奏爲陝西四路入中糧草及支移二稅 范文正集/奏議下/10b 歷代奏議 264/9b

奏乞免關中支移二稅却乞於次邊入中斛斗 范文正集/奏議下/18a 歷代奏議 261/11a

奏乞許陝西四路經畧回易錢帛 范文正集/奏議下 18b 歷代奏議 264/10a

奏減郡邑以平差役 范文正集/補編 1/1b

論國除雜稅劄子 元憲集 31/8a 歷代奏議 210/7a

上三元三費疏 景文集 26/12a 拾遺 8/4a 宋朝奏議 101/4a 歷代奏議 263/17a, 191/17b

乞減稅劄子 景文集 28/10b 歷代奏議 244/5a

請募民入米京師劄子 景文集 28/15a 歷代奏議 244/5b

論復鹽地必有墓臣以百姓税地爲言　景文集 29/14b

論赦恩不及下　包孝肅奏議 1/20b　宋朝奏議 104/7b　歴代奏議 105/18a

論冗官財用等　包孝肅奏議 1/23b　宋朝奏議 101/12a　歴代奏議 191/20a

論斷銷金等事　包孝肅奏議 5/85a　歴代奏議 191/21a

請絶三番取索　包孝肅奏議 5/87a

請罷天下公用回易等　包孝肅奏議 5/88a

請歴代並本朝户口　包孝肅奏議 7/120a　歴代奏議 7/120a

請罷天下科率　包孝肅奏議 7/125a　歴代奏議 105/20a

請免江淮兩制折變(1-4)　包孝肅奏議 7/126a-130a　歴代奏議 243/23a

請免陳州添折見錢　包孝肅奏議 7/130a

請救濟江淮饑民　包孝肅奏議 7/131b　歴代奏議 243/22a

請支義倉米賑給百姓　包孝肅奏議 7/133a　歴代奏議 223/22b

論江西和買絹　包孝肅奏議 7/133b

論放欠　包孝肅奏議 7/134a　宋朝奏議 104/9a　歴代奏議 105/17b

請權罷陝西州軍科率　包孝肅奏議 7/135a

請放高陽一路欠負　包孝肅奏議 7/140a

請免沿邊入户折變　包孝肅奏議 7/140b

請出内庫錢帛往逐路羅糧草　包孝肅奏議 7/143a

領陝西渭日上殿　包孝肅奏議 7/144b

乞開落登州冶户姓名　包孝肅奏議 7/145a

請罷同州韓城縣鍊冶務入户　包孝肅奏議 7/146b

論瀛州公用　包孝肅奏議 7/147b

請罷里正只差衙前　包孝肅奏議 7/149a

論茶法(1-2)　包孝肅奏議 8/153a-154b

言陝西鹽法(1-2)　包孝肅奏議 8/155a-157b　宋朝奏議 108/18b　歴代奏議 264/12a

乞河北添羅糧草　包孝肅奏議 9/183a　歴代奏議 328/19b

奉詔河北計置斛斗日上殿　包孝肅奏議 10/190a

請支撥汴河糧綱往河北　包孝肅奏議 10/190b

請於懷衞羅米修御河船運　包孝肅奏議 10/192b

請河北及時計置斛斗　包孝肅奏議 10/193a

請添河北入中糧草　包孝肅奏議 10/194a　歴代奏議 219/23a

論常平倉　武溪集/奏議上/4b　宋朝奏議 107/10a　宋文鑑 47/6b　歴代奏議 243/18b

乞寬租賦防盗賊　武溪集/奏議上/7b　宋朝奏議 106/3a　歴代奏議 243/19a

論河北權鹽　武溪集/奏議上/8a　宋朝奏議 108/17a　歴代奏議 263/21b

論兩税折納見錢　武溪集/奏議上/14b　宋朝奏議 104/5b　歴代奏議 255/10b

論州郡財賦殿最賞罰劄子　雪山集 3/11a　歴代奏議 272/1a

奏論户等狀　河南集 20/3b

乞諸州供錢撥充交子務　文淵公集 14/8b

奏陝西鐵錢事　文淵公集 17/3a

奏理正衙前事　文淵公集 17/4a

奏陝西衙前押木栰綱　文淵公集 17/4b

奏永興軍衙前理欠陪備　文淵公集 17/5a

言青苗錢　文淵公集 20/1a　宋朝奏議 114/4a　歴代奏議 267/7a

言市易(1-2)　文淵公集 20/3a,3b　宋朝奏議 116/15b,16a　歴代奏議 267/8b

乞免夫役(1-2)　文淵公集 22/3a-3b

乞罷河北預顧車牛　文淵公集 22/4a

乞免人户折變疊鹽錢　文淵公集 22/5a

論役法(1-3)　文淵公集 26/4a-6a　宋朝奏議 119/2b　歴代奏議 257/8a

奏户部事　文淵公集 29/1b　歴代奏議 268/6b

奏勸恤民隱事　文淵公集 30/4a　歴代奏議 245/20b

論乞不受目紹寧所進美餘錢劄子　歐陽文忠集 99/9a　歴代奏議 263/22a

論乞賑救饑民劄子　歐陽文忠集 103/5b　歴代奏議 243/17a

論救賑雪後饑民劄子　歐陽文忠集 103/6b　歴代奏議 243/17b

論乞止絶河北伐民桑柘劄子　歐陽文忠集 103/10a　歴代奏議 105/17a

論方田均税劄子　歐陽文忠集 103/11a　歴代奏議 255/8a

論救賑江淮饑民劄子　歐陽文忠集 104/2b　歴代奏議 243/18a

論茶法奏狀　歐陽文忠集 112/5a　歴代奏議 263/22b

論均税劄子　歐陽文忠集 113/1a　歴代奏議 255/9b

請苗錢第一劄子　歐陽文忠集 114/12b　宋朝奏議 114/15a　歴代奏議 206/23a

請苗第二劄子　歐陽文忠集 114/15a　歴代奏議 266/24b

畫一起請劄子　歐陽文忠集 115/1a

免曹緯等州人户遠請疆鹽膜　歐陽文忠集 115/2b -3a

倚閣忻代州和糴米奏狀 歐陽文忠集 115/5a

義勇指揮使代貧民差役奏狀 歐陽文忠集 115/7a 歷代奏議 255/8b

乞減配賣銀五萬兩狀 歐陽文忠集 115/10a

相度銅利牌 歐陽文忠集 115/11b

再乞減配銀狀 歐陽文忠集 115/12b

論攀務利害狀 歐陽文忠集 115/14a

乞罷鐵錢劄子 歐陽文忠集 115/28a

乞免諸州一年支移劄子 歐陽文忠集 115/32a

乞不配賣醋糟與人户劄子 歐陽文忠集 115/32b

乞減放逃户和糴劄子 歐陽文忠集 116/1a

乞減樂平縣課額劄子 歐陽文忠集 116/3a

乞放麟州百姓沽酒劄子 歐陽文忠集 116/4a

乞罷刈白草劄子 歐陽文忠集 116/9b

乞免浮客及下等人户差科劄子 歐陽文忠集 116/11b

乞免蒿頭酒户課利劄子 歐陽文忠集 116/13b

乞一面除放欠負 歐陽文忠集 117/17b

乞放行牛皮膠鰾 歐陽文忠集 117/22a

乞展便糴斛斗限 歐陽文忠集 117/24b

乞置御河催綱 歐陽文忠集 117/25b

乞催納放外稅物 歐陽文忠集 117/28a

乞再定奪減放應役人數 歐陽文忠集 117/30a

乞不免兩地供輸人役 歐陽文忠集 117/31b

再乞不放兩地供輸人色役 歐陽文忠集 117/32b

乞條制催綱司 歐陽文忠集 117/34b

乞住買羊 歐陽文忠集 118/9b

再乞放行皮角 歐陽文忠集 118/13b

食貨論 樂全集 14/1a 歷代奏議 264/1a

倉廩 樂全集 14/9a 歷代奏議 244/1a

稅賦 樂全集 14/11b 歷代奏議 255/13a

籍賦 樂全集 14/15a 歷代奏議 255/14b

輕重 樂全集 15/1a 歷代奏議 264/3a

原蠶上、中、下、論 樂全集 15/4b－10a 歷代奏議 219/14 264/5a

論國計出納事 樂全集 23/2b

再上國計事 樂全集 23/5a 宋朝奏議 101/9a 歷代奏議 263/24b

請節省財用事 樂全集 23/8a 歷代奏議 191/13b

論減省財用事 樂全集 23/9b 宋朝奏議 10/11a 歷代奏議 191/14b

請校會邦計事 樂全集 23/10a 歷代奏議 264/6a

再奏請劄子 樂全集 23/11a 歷代奏議 264/6b

請別差官議財計事 樂全集 23/12a

奏財計未便合商量條件 樂全集 23/12b

請減省河北徭役事 樂全集 23/15b 歷代奏議 255/15b

論國計事 樂全集 24/1a 宋朝奏議 102/11a 宋文鑑 47/8a 歷代奏議 269/12b

論京東饑饉請行賑救事 樂全集 24/24b

陳州奏賦率數 樂全集 25/14b

乞渭州埠岸物料從三司支撥 樂全集 25/20a

論免役錢劄子 樂全集 25/24a 宋文鑑 47/11a 歷代奏議 256/8a

論手實狀 樂全集 26/18a

論錢禁銅法事 樂全集 26/18b 歷代奏議 269/14b

論率錢募役事 樂全集 26/23a

論新法 樂全集 27/2b 宋朝奏議 115/15b 歷代奏議 303/13a

論募役 樂全集 27/5b 歷代奏議 256/7b

奏劄乞放泗州酒坊錢 清獻集 1/5a

奏狀乞減省益州路民間科買 清獻集 1/11b

奏狀乞下淮南路應人户買撲酒坊課利許令只納見錢 清獻集 1/15b

奏狀乞賑救流移之民 清獻集 2/5b

奏狀乞寢罷奉宸庫估賣物色 清獻集 3/3a 實朝奏議 107/1a 歷代奏議 264/13a

奏劄乞檢會張席奏狀相度解鹽 清獻集 4/6b

奏狀乞廢罷鹽運司 清獻集 4/10b

奏狀乞罷天下均稅 清獻集 5/8b

奏劄乞罷制置條例司及諸路提舉 清獻集 5/10b 宋朝奏議 113/13a 歷代奏議 266/17b

乞與福建轉運使同相度鹽法劄 蔡忠惠集 22/2b

乞減放漳泉州興化軍人户身丁米劄子 蔡忠惠集 22/5a

論財用劄子 蔡忠惠集 22/9b 宋朝奏議 101/6b 歷代奏議 264/7b

啓請里正衙前劄子 蔡忠惠集 22/15b

乞戒約體量放稅劄子 蔡忠惠集 22/16b

乞封樁錢帛准備南郊交賜劄子 蔡忠惠集 22/17b

上財用總要劄子 蔡忠惠集 22/19b

論役法狀 古靈集 3/3b 歷代奏議 256/7a

乞均排等第出役錢狀 古靈集 3/5a

論散青苗不便乞住支狀 古靈集 3/7a 歷代奏議 266/3a

論青苗錢第二狀 古靈集 3/9a－15a 宋朝奏議 111/3b 歷代奏議 266/4a

論青苗錢第三狀 古靈集 3/10a 宋朝奏議 114/1b

歷代奏議 266/4b

論青苗錢第四狀 古靈集 3/12b 歷代奏議 266/5b

論青苗錢第五狀 古靈集 3/15a 宋朝奏議 114/14a 歷代奏議 266/7a

知河陽縣乞地降和糴小麥價錢狀 古靈集 6/3a 歷代奏議 244/9b

乞均差衙前等第狀 古靈集 6/10a

乞賑恤大名等州被水災之民劄子 古靈集 8/2b 歷代奏議 244/23b

論三司條例乞行均輸法劄子 古靈集 8/5a 宋朝奏議 109/9a 歷代奏議 266/1b

乞親諭使人救濟饑民狀 韓南陽集 23/3a 宋朝奏議 106/4b 歷代奏議 244/8b

論救濟饑民劄子 韓南陽集 23/4b 歷代奏議 244/8a

(裁減山陵浮費詔意)劄子 韓南陽集 24/4b

乞省來事夏饑民劄子 韓南陽集 24/7a 歷代奏議 244/17a

論河東流民劄子 韓南陽集 25/1b

奉行青苗新法自劾奏狀 都官集 5/1a 歷代奏議 267/5a

奏爲乞免陵州井納柴狀 丹淵集 34/11a

上仁宗論折變當隨土地之宜 公是集 32/15a 宋朝奏議 104/6a 歷代奏議 255/11a

議經費 元豐藁 30/12b 宋朝奏議 103/14b 歷代奏議 269/16b

再議經費 元豐藁 31/1a 歷代奏議 269/17b

論荒政上殿劄子 傳家集 22/2a 司馬溫公集 20/4b 歷代奏議 244/1a

論財利疏 傳家集 25/1b 司馬溫公集 23/1b 宋朝奏議 102/1a 歷代奏議 264/13b

乞施行制國用疏上殿劄子 傳家集 26/1a 司馬溫公集 24/1b 歷代奏議 191/17a

言蓄積劄子 傳家集 33/4a 司馬溫公集 31/4a 歷代奏議 244/5b

言錢糧上殿劄子 傳家集 35/3a 司馬溫公集 33/3a 歷代奏議 244/7a

乞節用上殿劄子 傳家集 36/7a 司馬溫公集 34/6a 歷代奏議 191/22a

言賑贍流民劄子 傳家集 39/1a 司馬溫公集 36/10b 宋朝奏議 106/6a 歷代奏議 244/10b

論衙前劄子 傳家集 41/1a 司馬溫公集 38/1b 歷代奏議 255/16b

辭免裁減國用劄子 傳家集 42/2a 司馬溫公集 39/1a

遵英奏對八月十一日遵英對問河北災變 傳家集 42/15a 司馬溫公集 39/5b 歷代奏議 264/24a

乞罷條例司常平使疏 傳家集 44/1a 司馬溫公集 41/8a 宋朝奏議 111/11a 歷代奏議 266/18a

乞免永興軍路苗役錢劄子 傳家集 44/9a 司馬溫公集 42/3b 宋朝奏議 115/7a 歷代奏議 255/17b

應詔言朝政關失狀 傳家集 45/4a 司馬溫公集 45/1a 宋朝奏議 117/1a 宋文鑒 50/1a 歷代奏議 302/21a

申宣撫住製造乾糧馓飯狀 傳家集 45/16b 司馬溫公集 44/1a

乞去新法之病民傷國者疏 傳家集 46/5a 司馬溫公集 46/5b 宋朝奏議 117/14a 歷代奏議 256/20b

奏乞所欠青苗錢許重疊倚閣狀 傳家集 46/17a 司馬溫公集 44/3a

奏爲乞不將未折青苗錢狀 傳家集 46/19a 司馬溫公集 44/5a

請更張新法劄子 傳家集 47/1a 司馬溫公集 47/9a 宋朝奏議 118/4b 歷代奏議 69/6a

乞罷免役錢狀 傳家集 47/11a 司馬溫公集 47/1a 宋朝奏議 178/11b 歷代奏議 256/23b

乞省覽農民封事劄子 傳家集 48/6a 司馬溫公集 48/10b 宋朝奏議 118/1a 歷代奏議 111/1a

乞罷免役錢依舊差役劄子 傳家集 49/8a 司馬溫公集 49/9a 歷代奏議 256/24b

乞不更改罷役錢救劄子 傳家集 50/9b 司馬溫公集 50/10a 歷代奏議 256/26b

論錢穀宜歸一劄子 傳家集 51/1a 司馬溫公集 51/3b 宋朝奏議 58/1a 宋文鑒 50/11b 歷代奏議 269/25a

乞申敕州縣依前敕差役劄子 傳家集 51/2b 司馬溫公集 51/6a 歷代奏議 256/29b

論賑濟劄子 傳家集 52/2a 司馬溫公集 52/6a 歷代奏議 245/1a

申明役法劄子 傳家集 55/1a 司馬溫公集 53/8a 歷代奏議 256/27a

乞趁時收糴常平糶斗白劄子 傳家集 56/6a 司馬溫公集 54/3a 宋朝奏議 107/12b 歷代奏議 245/1b

乞約束州縣抑配青苗錢白劄子 傳家集 56/8b 司馬溫公集 54/5b

乞罷散青苗錢白劄子 傳家集 56/9b 司馬溫公集 54/6a 宋朝奏議 118/18b 歷代奏議 106/5b

再申明役法劄子 傳家集 57/8b 司馬溫公集 55/9b 歷代奏議 256/28b

奏乞那移諸路有剩常平廣惠倉錢斛赴府界 蘇魏公集 18/10a

奏乞體量放稅 蘇魏公集 18/11a

奏乞耀官米濟民 蘇魏公集 19/1b 歷代奏議 244/23a

奏乞減定准南鹽價 蘇魏公集 20/6a 歷代奏議 269/12a

擬上殿劄子　臨川集 41/1a　王文公集 20/4b　歷代奏議 264/13b

乞制置三司條例　臨川集 70/7a　王文公集 31/9a

請罷河北夫役疏　郡溪集 11/7b　歷代奏議 220/28b

乞罷青苗法狀　郡溪集 12/1a　宋朝奏議 114/3a　歷代奏議 267/9a

乞罷兩浙路增和買狀　郡溪集 12/2a

論免丁身錢狀　郡溪集 12/6a

論安州差役狀　郡溪集 12/6a　歷代奏議 256/19a

論河北流民劄子　郡溪集 13/5b　歷代奏議 244/20a

奏減江淮諸路鹽價　范忠宣集/奏議上 6b　宋朝奏議 108/20a　歷代奏議 264/25b

論新法乞責降（1－2）　范忠宣集/奏議上/27a－27b　宋朝奏議 109/12b,13a　歷代奏議 176/12b－14b

奏乞罷均輸　范忠宣集/奏議上/32a　宋朝奏議 109/11a　歷代奏議 269/9b

奏陳青苗等法　范忠宣集/奏議下/32b　宋朝奏議 119/8b　歷代奏議 106/16a

奏乞訪問州縣闘食去處范純粹撰　范忠宣集/彦信郎遺文 10b

請體量災傷賑濟疏　孫莘老奏議 12a

論役奏　忠肅集 3/1b

論助役十害疏　忠肅集 3/3b　宋朝奏議 116/2b　歷代奏議 255/20a

論助役法分析疏　忠肅集 3/6b　宋朝奏議 116/5b　宋文鑑 57/12a　歷代奏議 255/22a

論助役法分析第二疏　忠肅集 3/7b　宋朝奏議 116/6b　宋文鑑 57/12a　歷代奏議 256/1a

論役法疏　忠肅集 5/1a　宋朝奏議 118/7a　歷代奏議 257/15b

乞置局議役法疏　忠肅集 5/5b　歷代奏議 257/15a

乞罷百姓實封首役法疏　忠肅集 5/6b

請定役法條制疏　忠肅集 5/8a

論陝西河東儲糶奏　忠肅集 5/9b

乞體量成都潼司折科稅米奏　忠肅集 5/10a

乞罷水磨茶場奏　忠肅集 5/13a　宋朝奏議 108/11b

乞復錢禁疏　忠肅集 5/14a　歷代奏議 269/11a

奏乞放免寬剩役錢狀　淨德集 1/1a　歷代奏議 269/7a

奏爲役錢乞椿二分準備支用狀　淨德集 1/2a

奏具置場買茶旅行出賣遠方不便事狀　淨德集 1/3b　宋朝奏議 108/7a　歷代奏議 269/7a

奏爲茶園戶暗折三分價錢令客旅納官充息乞檢會前奏早賜改更事狀　淨德集 1/10a　歷代奏議

奏爲官場買茶虧損園戶致有詞訴喧鬧事狀　淨德集 1/12b

奏乞放坊場欠錢狀　淨德集 2/8a　歷代奏議 268/18b

奏乞相度逐界坊場放免欠錢狀　淨德集 2/11b　歷代奏議 268/21b

奏爲繳連先知彭州日三次論奏權買川茶不便並條述今來利害事狀　淨德集 3/1a

奏乞罷權名山等三處茶以廣德澤亦不關備邊之費狀　淨德集 3/7a　歷代奏議 268/17a

奏乞罷京東河北路踏放大方茶狀　淨德集 3/9b

奏乞權罷倣散青苗一年以寬民力狀　淨德集 3/10b

奏乞獨放開封諸縣熙寧中殘欠常平錢狀　淨德集 5/2a

上殿劄子（1－2）　淨德集 5/10b－12a

論新法疏　二程集（明道）39/11b　宋朝奏議 113/8a　歷代奏議 266/22a

再論新法乞責降疏　二程集（明道）39/12b　宋朝奏議 114/6b　宋文鑑 53/15b

守杭請減本路歲供疏　豐清敏奏疏 2/8a

再請減本路歲供疏　豐清敏奏疏 2/8b

乞罷登萊權鹽狀　蘇東坡全集/奏議 2/19a　歷代奏議 269/23a

論給田募役狀　蘇東坡全集/奏議 2/20b　歷代奏議 257/3b

乞罷詳定役法劄子　蘇東坡全集/奏議 3/7b

論椿管坊場役錢劄子　蘇東坡全集/奏議 3/9a

論諸處色役輕重不同劄子　蘇東坡全集/奏議 3/9b

再乞罷詳定役法狀　蘇東坡全集/奏議 3/11a

乞不給散青苗錢斛狀　蘇東坡全集/奏議 3/13a　歷代奏議 269/23b

繳進給田募役議劄子前進元豐八年十二月奏狀　蘇東坡全集/奏議 3/26a

大雪論差役不便劄子　蘇東坡全集/奏議 4/14a　歷代奏議 106/7a

乞賑濟浙西七州狀　蘇東坡全集/奏議 6/12a

論役法差顧利害起請畫一狀　蘇東坡全集/奏議 6/14b　歷代奏議 257/7a

乞降度牒召人入中射斗出糶濟饑等狀　蘇東坡全集/奏議 6/24b

論葉溫叟分擘度牒不公狀　蘇東坡全集/奏議 6/25b

奏戶部拘收度牒狀　蘇東坡全集/奏議 7/12b　歷代奏議 245/18a

奏浙西災傷第一狀　蘇東坡全集/奏議 7/25a　宋朝奏議 106/10a　歷代奏議 245/15a

奏浙西災傷第二狀 蘇東坡全集/奏議 7/30a

乞禁商旅過外國狀 蘇東坡全集/奏議 8/1b

申明戸部符節暑賑濟狀 蘇東坡全集/奏議 8/6a

相度準備賑濟第一狀 蘇東坡全集/奏議 8/7a

相度準備賑濟第二狀 蘇東坡全集/奏議 8/10a

相度準備賑濟第三狀 蘇東坡全集/奏議 8/14b

相度準備賑濟第四狀 蘇東坡全集/奏議 8/16a

再乞發運司應副浙西米狀 蘇東坡全集/奏議 9/5a

乞將上供封椿斛斗應副浙西諸郡接續糶米劄子 蘇東坡全集/奏議 9/18a

奏淮南閉糴狀二首 蘇東坡全集/奏議 10/9b-11b

乞賜度牒糴斛斗準備賑濟淮浙流民狀 蘇東坡全集/奏議 10/13b

論綱稍欠折利害狀 蘇東坡全集/奏議 12/1b

乞罷轉般倉斗子倉法狀 蘇東坡全集/奏議 12/8a

乞歲運額斛以到京定殿最狀 蘇東坡全集/奏議 12/10a

申明揚州公使錢狀 蘇東坡全集/奏議 12/12b

乞免五穀力勝稅錢劄子 蘇東坡全集/奏議 12/19b

繳進免五穀力勝稅錢議劄子前進元祐七年十一月劄子 蘇東坡全集/奏議 13/9b

乞減價糶常平米賑濟狀 蘇東坡全集/奏議 14/19b

乞將損弱米貸與人戸令賑濟佃客狀 蘇東坡全集/奏議 14/21b

復行差役舊法疏 孫君孚奏議/上 1a

差役法疏（1-2） 孫君孚奏議/中 1a-4a

奏諸體量物料價直疏 孫君孚奏議/中 12b

奏罷私酒移鄕法疏 孫君孚奏議/下 13b

上皇帝書 樂城集 21/1a 宋朝奏議 103/1a 宋文鑑 56/1a 歷代奏議 267/10a 蜀文輯存 21/12a

制置三司條例司論事狀 樂城集 35/1a 歷代奏議 267/20b

陳州爲張安道論時事書 樂城集 35/7a 歷代奏議 41/14a,256/15a

自齊州回論時事書 樂城集 35/12a 宋朝奏議 117/9a

畫一狀 樂城集 35/14b 宋朝奏議 117/9a 歷代奏議 38/19a

久旱乞放民間積欠狀 樂城集 36/3a 歷代奏議 244/21b

論罷免役錢行差役法狀 樂城集 36/4b 歷代奏議 256/13b

論蜀茶五害狀 樂城集 36/6b 歷代奏議 269/1a

乞更支役錢顧人一年候修完差役法狀 樂城集 36/13a 歷代奏議 256/12a

論差役五事狀 樂城集 36/17a 歷代奏議 257/12b

乞賑救淮南饑民狀 樂城集 37/1a 歷代奏議 244/22b

乞廢忻州馬城鹽池狀 樂城集 37/1b

再乞放積欠狀 樂城集 37/2a 歷代奏議 106/2a

論發運司以糴糶米代諸路上供狀 樂城集 37/4b

乞令戸部役法所會議狀 樂城集 37/10b

乞差官與黃廉同體量蜀茶狀 樂城集 37/13b

乞以發運司米救淮南饑民狀 樂城集 37/14b

乞借常平錢置上供及諸州軍糧狀 樂城集 37/16b 歷代奏議 267/21a

再乞差官同黃廉體量茶法狀 樂城集 37/18a

再言役法劄子 樂城集 37/18b 歷代奏議 257/13b

論青苗狀 樂城集 38/1a 歷代奏議 268/1a

三論差役事狀 樂城集 38/2a 歷代奏議 257/14b

再論青苗狀 樂城集 38/12b 歷代奏議 268/1b

乞放市易欠錢狀 樂城集 38/13b

言淮南水潦狀 樂城集 38/16b 歷代奏議 244/22b

三乞罷青苗狀 樂城集 38/17a 歷代奏議 268/2a 宋朝奏議 119/1a

論戸部乞收諸路帳狀 樂城集 39/1a

論諸路役法候齊足施行狀 樂城集 39/6a

轉對狀 樂城集 40/3a 歷代奏議 268/3a

請戸部復三司諸案劄子 樂城集 40/6a 宋朝奏議 58/5a 歷代奏議 268/5a 蜀文輯存 20/14a

乞裁損浮費劄子 樂城集 41/1a 歷代奏議 192/5b

再論裁損浮費劄子 樂城集 41/4a 歷代奏議 192/6a

論術前及諸役人不便劄子 樂城集 44/6b

催行役法劄子 樂城集 45/16a

再催行役法劄子 樂城集 45/16a

論禁宮酒劄子 樂城集 46/2a

論顧河夫不便劄子 樂城集 46/7a

乞不限人數收養貸民劄子 范太史集 14/5b 宋朝奏議 104/11a 歷代奏議 245/4b

論封樁劄子 范太史集 15/11a 宋朝奏議 107/3b 歷代奏議 268/8b

論常平劄子 范太史集 15/12b 宋朝奏議 107/16a 歷代奏議 245/6a

再論封樁劄子 范太史集 15/14b 宋朝奏議 107/5a 歷代奏議 268/9b

再論常平劄子 范太史集 15/16b 歷代奏議 245/7a

論支錢和顧修河人夫狀 范太史集 19/6a

封還臣僚論浙西賑濟事狀 范太史集 20/9a 宋朝奏議 106/14a 歷代奏議 245/8a

救疾疫劄子 范太史集 24/14b
恤民劄子 范太史集 26/3b 歷代奏議 245/12a
代論湖南酒禁奏狀 宗伯集 9/14b
十縣例狀一作潭州十縣議役法例狀 宗伯集 9/17a

上仁宗論常平倉 自省集 6/7b
上皇帝論新法進流民圖 西塘集 1/1a 宋朝奏議 116/17a 宋文鑑 58/7a 歷代奏議 244/14b
(附)三月二十六日以後所行事目 西塘集 1/3a
免行錢事 西塘集 1/5b
市利錢 西塘集 1/6a
稅錢三十文以下放 西塘集 1/7a
開倉糶米 西塘集 1/7b
流民 西塘集 1/8a
陷兵 西塘集 1/9a
圖繪城外民及開封人户折屋賣瓦木等事 西塘集 1/9a
十一月初一日奏狀 西塘集 1/9a 歷代奏議 39/1b
請會計荊湖路歲費實數 孫傳師奏議/24b
上哲宗論江湖閩鹽 讜論集 1/2b
上哲宗論理財 讜論集 1/6a 歷代奏議 269/27b
上哲宗奏陝西阜乞行賑濟 讜論集 1/19a 歷代奏議 245/27b
上哲宗議役法 讜論集 1/26a
上徽宗奏論常平司錢物 讜論集 2/6a 歷代奏議 270/12a
上徽宗論修復常平狀 讜論集 2/18b
上徽宗論中都費用狀 讜論集 2/19a 歷代奏議 270/11a
上徽宗乞靈鷲發引賣熟食狀 讜論集 2/21a
上哲宗論差役不便 曲阜集補 2/5a
上哲宗乞休養民力愛惜財用 曲阜集補 2/10a
上哲宗乞休養民力愛惜財用又奏 曲阜集補 2/10b

上哲宗論侯稱欠酒務課利 曲阜集補 2/15a
耀州理會賑濟奏狀 西臺集 1/10a
青苗議 西臺集 5/5b
役局議 西臺集 5/8a 歷代奏議 258/5a
役錢議 西臺集 5/9a 歷代奏議 258/4a
論買撲坊場明狀添錢之弊 畫言集 2/6b
爲歲旱乞講荒政 畫言集 6/7a 歷代奏議 245/14b
奏乞賑貸鳳翔府界饑民 畫言集 6/8a 歷代奏議 245/14a
論陝西鹽鈔錢之弊 畫言集 8/15b 歷代奏議 268/

22b
論畿內買草事 畫言集 9/16a
論役法之弊 畫言集 11/7b 宋朝奏議 119/6b 歷代奏議 258/1b
論乞更張常平之弊 畫言集 11/13a 歷代奏議 245/13b
乞別差官看詳役法事 畫言集 13/10a
湖南轉運司申明茶事劄子 雲溪集 26/22b
乞置權場 滿水集 1/7a 歷代奏議 270/9a
河東鹽法議 滿水集 1/17a
論兩浙路丁鹽勘當 道鄉集/補遺 14b
請撫存陝西等路被水去處 道鄉集/補遺 15a
請賑濟河北 道鄉集/補遺 19b
論諸路坑冶奏 擴文集 10/1b
論府界旅櫬奏狀 擴文集 10/2a
理會常平劄子 擴文集 10/4b 歷代奏議 270/13b
理會居養院劄子 擴文集 10/5a 歷代奏議 106/26a
乞鑄二廣常賦劄子 高峰集 2/6a
乞宰相兼制國用劄子 高峰集 2/6b 歷代奏議 270/25a
乞預備賑濟劄子 高峰集 2/7b 歷代奏議 246/9b
論預借酒息錢劄子 高峰集 2/32b
論州縣安費劄子 高峰集 2/33b 歷代奏議 192/11a
轉對乞禁遺羅奏狀 高峰集 5/17a 歷代奏議 246/9a
論揚州駐驛事宜劄子 橫塘集 9/4a
論般取東京練帛劄子 橫塘集 9/4b
乞放京西路夏稅劄子 橫塘集 11/4a
乞備兩京糧草第二劄子 橫塘集 11/6b
乞應副兩浙漕司劄子 橫塘集 11/8b
論妥興坑冶劄子 初僚集 3/5a 歷代奏議 270/10a
奏乞免嚴州遂安等三縣二稅和買狀 石林奏議 1/12a 歷代奏議 246/2b
奏乞放免嚴衢州諸縣夏稅等狀 石林奏議 1/13a 歷代奏議 107/19a
奏乞禁罷獻納借貸指揮狀 石林奏議 4/1a 歷代奏議 107/17a
奏論財用劄子 石林奏議 4/9a 歷代奏議 270/24a
奏乞復置常平使者播告中外劄子 石林奏議 4/11b 歷代奏議 246/2a
奏乞罷州縣軍期司及搭刻民財等事劄子 石林奏議 6/1a
奏年計錢糧劄子 石林奏議 6/7b
奏乞依舊移轉運司歸本府狀 石林奏議 7/3a
奏乞依呂頤浩例支降鹽鈔狀 石林奏議 7/3b
奏乞令馬丞家取撥錢米狀 石林奏議 7/4a

奏議表狀一 奏議 財賦 1337

奏乞支撥見錢應副急闕劄子 石林奏議 7/8a
奏乞江北無過羅劄子 石林奏議 7/8b 歷代奏議 246/3b
奏乞國免回易錢狀 石林奏議 8/12a
奏乞免内藏庫和買絹折錢狀 石林奏議 9/4a
奏乞措置江浙夏旱狀 石林奏議 9/5b 歷代奏議 246/4a
奏乞和糴淮南軍糧馬草劄子 石林奏議 9/11b
奏乞令淮東漕司通同應副大軍錢糧詳度水運狀 石林奏議 13/11a
奏依災傷法賑給淮西避賊老小狀 石林奏議 13/13a
奏遵禀措置大軍錢糧劄子 石林奏議 14/1b
奏遵禀分定逐路漕臣應副張俊等軍馬錢糧草料狀 石林奏議 14/2a
奏遵禀椿辦救援軍糧劄子 石林奏議 14/3a
奏乞將殘破州縣今年稅賦量行蠲減狀 石林奏議 15/1a
乞免秀州和買絹奏狀 程北山集 37/3b
論百姓失業劄子 莊簡集 8/2a 歷代奏議 107/7a
論制國用劄子 莊簡集 8/15a 歷代奏議 270/16a
乞令漕臣應副岳飛錢糧等狀 莊簡集 10/14b
乞戒約苛歛狀 莊簡集 11/5a
乞國二浙積欠劄子 莊簡集 11/8b 歷代奏議 103/13a
進德宗税間架故事論聚歛 莊簡集 11/11a 歷代奏議 270/19b
論諸路月椿之弊劄子 莊簡集 12/14b
乞令漕司撥還本司錢物狀 莊簡集 12/15b
論財用 苕溪集 11/5a
論私販茶鹽 苕溪集 11/5b
論禁耗私酒 苕溪集 12/8a
轉對奏狀 苕溪集 14/6a 歷代奏議 246/10a
乞懲勸均税狀 浮溪集 2/11b
給事中上殿乞復常平劄子 鴻慶集 27/15a 歷代奏議 270/25b
理財以義劄子 梁溪集 39/2a 歷代奏議 270/8b
乞立定支破諸色人食錢劄子 梁溪集 51/5b
乞支降見錢劄子 梁溪集 52/8b
奏知應副解潛等銀劄子 梁溪集 52/9b
乞減上供之數留州縣養兵禁加耗以寬民力劄子 梁溪集 63/7b 歷代奏議 107/7b
乞修茶鹽之法以三分之一與州縣劄子 梁溪集 63/9a

乞將福建等路宣撫司錢糧通融支用奏狀 梁溪集 65/12b
乞以江西錢糧應副荆湖瞻軍奏狀 梁溪集 67/2b
乞降旨林遹下錢米存留本路支用奏狀 梁溪集 67/3b
乞令福建等路宣撫司通融應副錢糧奏狀 梁溪集 69/3a
乞下本路及諸路轉運司科敷錢米於田畝上均借奏狀 梁溪集 71/7b
乞本司自備錢本前去廣西出產鹽地分計置煎鹽奏狀 梁溪集 72/13a
乞取益陽財賦還潭州奏狀 梁溪集 75/2a
已撥益陽財賦應副鼎州來年財賦取自指揮奏狀 梁溪集 75/11a
乞降度牒撥還兩浙安撫大使司瞻軍鹽錢奏狀 梁溪集 76/2a
乞尊責江西漕臣吳革應副錢糧奏狀 梁溪集 76/6b
論財用劄子 梁溪集 81/12b 歷代奏議 270/18b 南宋文範 14/1a
論賑濟劄子 梁溪集 82/2a
論江西錢糧劄子 梁溪集 82/4a
論常平劄子 梁溪集 82/7b
遵禀賑濟奏狀 梁溪集 85/3b
乞於户帖錢内支十萬貫充營田本錢奏狀 梁溪集 85/5a
乞於江東浙西州軍支米三萬石應副本路賑濟奏狀 梁溪集 85/6b
乞國免災傷路分人户四年積欠劄子 梁溪集 85/7b
乞依呂頤浩例於鄰路撥米賑濟奏狀 梁溪集 85/11a
畫一措置賑濟歷並繳奏狀 梁溪集 86/2a
乞將贈給邱寶軍錢糧充申世景支遣奏狀 梁溪集 86/7b
乞將本路災傷州縣合起折帛錢依條限催納奏狀 梁溪集 86/9a
論賑濟劄子 梁溪集 88/4b
乞國免淮衣綱絹奏狀 梁溪集 92/11a
乞將户帖錢分作二分隨秋税起催給賣奏狀 梁溪集 92/11b
應副新度州張霧錢糧在職待罪奏狀 梁溪集 97/2a
乞將上供錢米應副李貴軍馬奏狀 梁溪集 97/

11a

條具利害奏狀　梁溪集 98/2a

乞詳酌見羅晚米奏狀　梁溪集 98/11a

論唐裴諝問權酤利對　北海集 21/1a

論儲蓄劄子　張華陽集 14/8b

乞放婺州見欠內庫綾羅狀　張華陽集 19/6a

乞裁損買翎毛劄子　毗陵集 1/6a

論淮西科率劄子　毗陵集 2/1a

又論淮西科率劄子　毗陵集 2/1b

又論軍期科率劄子　毗陵集 2/2a

乞除靜上供充軍糧劄子　毗陵集 2/10b

論役法劄　忠正德集 1/4a　歷代奏議 258/9b　南宋文範 12/15b

論放商稅等事狀　忠正德集 1/25a　歷代奏議 107/15b

論福建兩川鹽法奏　忠正德集 1/27a　歷代奏議 270/29a

乞支降岳飛軍馬錢糧狀　忠正德集 1/27b

知洪州乞支降錢米狀　忠正德集 2/1a

乞免上供紙　忠正德集 2/5a

乞降指揮棺糧食狀　忠正德集 2/29b

論推行經界諸路縣分不均稅事狀　楳溪集 8/13b

論受納追催差役劄子　楳溪集 8/22b

紹興七年自盧以左司召上殿劄子三道　筠溪集 1/4b　歷代奏議 48/23a,258/12b,270/17b

乞罷月樁錢劄子　筠溪集 1/19b

乞置使積票劄子　筠溪集 2/3b　歷代奏議 270/18a

乞置使積票畫一　筠溪集 2/5a

繳劉光世免差科狀　筠溪集 3/3b

户部乞禁銅器劄子　筠溪集 3/7a

論和羅利害劄子　相山集 20/13b

乞賣度牒羅軍糧劄子　相山集 21/1a

乞罷無額上供錢減年賞劄子　相山集 21/6a

乞將京西准南逃絶田展免租課劄子　相山集 22/1a

乞止取佃客劄子　相山集 22/2b

調通欠劄　紫微集 24/1a

論和羅（1－2）　紫微集 24/15b－16b

論湖南漕不歸司劄子　斐然集 11/12b

繳户部乞拘收湖南應副岳飛錢糧　斐然集 15/14a

論薄斂　默堂集 14/8b　歷代奏議 258/11a

乞展免耕墾閒田稅租狀　漢濱集 5/6a

湖南提舉司論差役奏議　漢濱集 5/9b

論潼川路措置經界奏議　漢濱集 5/12a

潼川路放稅利害狀　漢濱集 5/20b

論賑濟災傷去處狀　漢濱集 5/22a

論賑濟狀　漢濱集 5/23b

措置淮西漕運儲積奏議　漢濱集 7/1a

論禁約州縣不科田畝錢以備支稿朝劄　漢濱集 8/1a

論鹽酒減放不實朝劄　漢濱集 8/6a

論銅坑朝劄　漢濱集 8/7a

乞令湖廣應副吳拱襄陽官兵錢糧朝劄　漢濱集 8/11a

乞推賞知通應副贈軍錢物增額朝劄　漢濱集 8/14a

措置備邊餉饋朝劄　漢濱集 8/21a

論役法狀　竹軒雜著 3/7b

請痛節火費疏　湖山集/輯補 5b

言興北商爲市事　湖山集/輯補 6a

論運糧劄　湖山集/輯補 7a

賑濟劄子　方舟集 7/8a

乞減科買墨煙劄子　方舟集 7/12b

乞科降鹽本錢劄子　方舟集 7/13a

論人户差役劄子　盤洲集 41/1a

乞罷諸路抵當庫劄子　盤洲集 41/4a

乞添總領江浙財賦字劄子　盤洲集 41/5a

乞令漕臣備辦饋運舟船劄子　盤洲集 41/6a

過江催發米綱劄子　盤洲集 41/7a

再奏被水人户劄子　盤洲集 46/5b

奏旱災劄子　盤洲集 46/7b　歷代奏議 246/11b

轉運司乞移免折翻錢劄子　盤洲集/拾遺 2b

論革泉司幣劄子　海陵集 4/3b

御劄問蜀中旱歉畫一回奏　文定集 4/1a

再奏蜀旱歉　文定集 4/5b

第三次奏賑濟旱歉　文定集 4/7a

御劄再問蜀中旱歉　文定集 4/7b

同諸司請定寺觀納遷剩錢期限疏　文定集 5/9b

論勘合錢比舊增重疏　文定集 5/10b

論左藏南庫疏　文定集 5/13b

論田畝歛和買狀　南澗稿 9/3a

論和羅劄子　南澗稿 10/2b

論詔集歸正民户劄子　南澗稿 10/4a

論差役劄子　南澗稿 10/5a

論歸正忠義人錢米田劄子　南澗稿 10/6b

論被水人户折科疏 小畜集/26a 歷代奏議 258/11b
乙放免崑山縣隱户田賦劄子 小畜集/36a 歷代
奏議 108/13a
奏乙借江西米劄子 小畜集/40a 歷代奏議 247/10b
知建康府洪遵上奏 小畜集/45a 歷代奏議 247/7a
上奏 小畜集/46a 歷代奏議 247/7b
乙倚閣饒州南康軍夏稅劄子 小畜集/47a 歷代
奏議 247/8a
奏饒州南康軍旱災劄子 小畜集/47b 歷代奏議
247/8b
又上奏 小畜集/48a 歷代奏議 247/8b
奏張運助饒州賑濟劄子 小畜集/48b 歷代奏議
247/9a
奏收養童幼劄子 小畜集/49a 歷代奏議 247/9b
奏乙借椿管錢收羅浙西米劄子 小畜集/50a
歷代奏議 247/10a
代陳直閣奏劄 定齋稿 1/15b
減貢金劄子 洪文敏集 4/2a
論岑水場事宜劄子 洪文敏集 4/8a
又(上殿劄子) 渭南集 4/12a 歷代奏議 258/16b
論透漏銅錢劄子 范成大佚著/17 歷代奏議 272/8a
答措置和糴戒諭詔疏 范成大佚著/29
答措置和糴詔疏 范成大佚著/32
奏乙國免大軍倉欠負劄子 范成大佚著/39
奏撥隸轉般倉劄子 范成大佚著/40
論義役疏一 范成大佚著/69
進象奏一 范成大佚著/71
進象奏二 范成大佚著/71
論義役疏二 范成大佚著/71
進象奏三 范成大佚著/72
進象奏四 范成大佚著/73
鹽法奏 范成大佚著/74
論鹽法書 范成大佚著/74
請復官賣鹽疏 范成大佚著/74
論宜州不宜置場疏 范成大佚著/75
四川酒課虛額減放蜀民感恩疏 范成大佚著/78
請減放四川酒課折估虛額錢疏 范成大佚著/78
言和糴之害疏 范成大佚著/79
乙罷海物之獻奏 范成大佚著/81
請免收流移之人渡錢疏 范成大佚著/82
論淮西荒政疏 鄭忠肅集/上/8b
請獨揚州綱錢疏 鄭忠肅集/上/10b
請禁取羨疏 鄭忠肅集/上/19b
論國貸疏 鄭忠肅集/上/20b

請禁改鈔疏 鄭忠肅集/上/21a
論折帛錢疏 鄭忠肅集/上/21b
請罷取折平糴糶疏 鄭忠肅集/上/22a
代大兄奏劄 益國文忠集 82/18b 益公集 82/33a
乙優恤二浙垂拱殿對 益國文忠集 136/8b 益公集
136/10a 歷代奏議 108/3b
乙國會稽檜官舊額苗稅 益國文忠集 140/3b 益
公集 140/18a
乙國減月椿經總制錢一年 益國文忠集 140/7b
益公集 140/21b
論臨安府牲牢價錢 益國文忠集 141/13a 益公集
141/15a
論措置管運(參知政事劄子) 益國文忠集 143/6a
論和糴 益國文忠集 144/6a 益公集 11/7b 歷代奏議
247/14a
論密院徑史四川經總制錢 益國文忠集 145/3a
益公集 145/3b
提舉常平御筆回奏附御筆 益國文忠集 146/2a 益
公集 146/2a
折價文字回奏 益國文忠集 147/18a 益公集 147/20b
論鎮江財賦附御批 益國文忠集 148/5b 益公集 148/
6a
論户部借絹附御批回奏 益國文忠集 150/2a 益公集
150/2a
擬春衣支價錢指揮 益國文忠集 150/3b 益公集
150/3b
奏孫紐遠差除賬糴減價三事 益國文忠集 150/
10a 益公集 150/11a
椿積米數文字回奏 益國文忠集 151/9a 益公集
151/10a
支封椿銀回奏 益國文忠集 151/14a 益公集 156/15b
支椿管象牙回奏 益國文忠集 152/5a 益公集 152/
5b
增印會子内批回奏 益國文忠集 152/7a 益公集
152/7b
催印會子回奏 益國文忠集 152/9a 益公集 152/9b
封椿庫支銀回奏 益國文忠集 152/9b 益公集 152/
10a
印造會子付内藏庫回奏 益國文忠集 152/10a 益
公集 152/11a
支封椿庫銀回奏 益國文忠集 152/10b 益公集 152/
11b
支封椿庫會子回奏 益國文忠集 152/10b 益公集
152/11b
得臨漳陸辯第二劄子 誠齋集 69/7a
上殿第二劄子 誠齋集 69/9a

轉對劄子 誠齋集 69/27b

乞罷江南州軍鐵錢會子奏議 誠齋集 70/11a

差役奏議 應齋雜著 1/4b

免臨安丁役奏議 應齋雜著 1/6a

乞免臨安府丁錢 應齋雜著 1/7a

乞國減星子縣稅錢第二狀第一狀闕 朱文公集 16/1a

乞放免租稅及撥錢米充軍糧賑濟狀 朱文公集 16/2b

乞截留米綱充軍糧賑耀賑給狀 朱文公集 16/4a

奏借兌上供官錢羅米並乞權行倩閣夏稅錢帛狀 朱文公集 16/8b

乞撥賜檢放合納苗米充軍糧狀 朱文公集 16/9b

奏勸諭到賑濟人户狀 朱文公集 16/10b

乞借撥官會給降度牒及推賞獻助人狀 朱文公集 16/21b

奏救荒事宜狀 朱文公集 16/23b

奏巡歷合奏聞陳乞事件狀 朱文公集 16/27a

奏上户朱熙績不伏賑耀狀 朱文公集 16/28b

奏巡歷婺衢救荒事件狀 朱文公集 16/29b

奏衢州守臣李嶸不留意荒政狀 朱文公集 17/1a

奏請畫一事件狀 朱文公集 17/2a

乞給降官會等事仍將山陰縣下户夏稅秋苗丁錢並行住催狀 朱文公集 17/4a

乞將山陰等縣下户夏稅和買役錢展限起催狀 朱文公集 17/6b

乞住催被災州縣積年舊欠狀 朱文公集 17/7b

奏衢州官吏擅支常平義倉米狀 朱文公集 17/9b

再奏衢州官吏擅借支常平義倉米狀 朱文公集 17/14b

奏救荒畫一事件狀 朱文公集 17/15b

乞將合該國閣夏稅人户前期輪納者理折今年新稅狀 朱文公集 17/21a

奏救荒事宜畫一狀 朱文公集 17/25a

奏明州乞給降官會及本司再給官會度牒狀 朱文公集 17/30b

奏台州免納丁絹狀 朱文公集 18/1a

再乞給降錢物及減放住催水利等狀 朱文公集 18/2b

乞降旨令婺州還所借常平米狀 朱文公集 18/4b

奏巡歷至台州奉行事件狀 朱文公集 18/5a

奏均減紹興府和買狀 朱文公集 18/8a 新安文獻 5/3a 歷代奏議 271/1a

奏鹽酒課及差役利害狀 朱文公集 18/13a 歷代奏議 271/4b

奏義役利害狀 朱文公集 18/15b 歷代奏議 258/18a

乞國減漳州上供經總制額等錢狀 朱文公集 19/27a

又奏乞戒約州縣妄科經總制錢及除靠虛額錢數狀 朱文公集 19/39a

乞不催兩浙積欠劄子 于湖集 17/10a

論蕭琦第宅及水災賑濟劄子 于湖集 18/4a

荒政劄子 江湖集 28/16a 南宋文範 21/3b

常平劄子 江湖集 28/21a 南宋文範 21/4a

信州朝辯劄子 悅齋文鈔 1/5a 歷代奏議 258/16a、271/22a

台州入奏劄子（1－3） 悅齋文鈔 1/6a 歷代奏議 247/16a，271/23a

代乞罷總司市易劄子 宣教集 5/1b

代江東帥臣元旱乞米賑耀劄子 宣教集 5/8a

代江東諸司論准東不當和羅劄子 宣教集 5/9a

代論私鹽妄通平人之弊劄子 宣教集 5/10a

代論起發官物顧舟之數劄子 宣教集 5/13a

又代論納稅不銷之弊劄子 宣教集 5/13b

爲張嚴州作乞免丁錢奏狀 東萊集 3/1a

轉對論役法劄子 止齋集 21/1a

乞放身丁錢劄子 止齋集 26/8b

繳奏紫霄宮免科敷等事狀 止齋集 27/3b

乞寬茶鹽權貨之法 宋本攻媿集 20/5b 攻媿集 21/5a 南宋文範 19/2b

論流民 宋本攻媿集 20/9b 攻媿集 21/9a

乞罷温州船場 宋本攻媿集 20/11a 攻媿集 21/10a

論賑濟 宋本攻媿集 21/19a 攻媿集 22/17b

論役法 宋本攻媿集 25/4a 攻媿集 26/4a 南宋文範 19/4a

論福建鹽法 宋本攻媿集 25/8a 攻媿集 26/7b

繳封樁庫取金銀 宋本攻媿集 27/缺 攻媿集 28/9a

給降度牒下蜀路提舉司補羅常平米疏 東塘集 9/2b

增羅常平倉米疏 東塘集 9/5b 歷代奏議 248/13b

補羅蜀路十五州創羅七州廣惠倉米疏 東塘集 9/7b

又申乞禁止上流州郡遏羅疏 東塘集 9/11b

沿江備羅疏 東塘集 9/12b

糾役疏 東塘集 9/15a

論苗賦當平疏 東塘集 9/21a 南宋文範 19/6b

論差稅當究其原疏 東塘集 9/24b

推排劄子 東塘集 10/5b 歷代奏議 258/17a

奏議表狀一 奏議 財賦 1341

寬恤茶商劄子 東塘集 10/6b 歷代奏議 272/3a

禁耗銷金劄子 東塘集 10/7b 歷代奏議 192/17a

倚閣臨安府諸縣苗稅殘零狀 東塘集 12/14b

論行用會子疏淳熙乙未登對劄子 稼軒集/47 歷代奏議 272/13a 南宋文範 16/12a

論經界鹽鈔劄子 稼軒集/56

乞代納上供銀奏狀 定齋集 1/3a 歷代奏議 272/10b

乞移運襄陽府椿管米劄子 定齋集 3/2b

乞免增糴二十萬石椿管米劄子 定齋集 3/3a

奏場務虧額狀 定齋集 3/4a

乞依行在場務優潤狀 定齋集 3/5a

乞平糴劄子 定齋集 4/3b 歷代奏議 247/17a

諭州縣科擾之弊劄子 定齋集 5/1a 歷代奏議 109/1b

乞賬濟劄子 定齋集 6/8a 歷代奏議 247/17b

議虛額疏 九華集 6/7b 歷代奏議 272/3b

議征稅疏 九華集 7/6b 歷代奏議 258/22b 南宋文範 20/14b

議節財疏 九華集 7/13b 歷代奏議 272/5b

乞進忠讜遠邪佞奏 止堂集 4/21b 歷代奏議 247/18b

論准浙旱澇乞通米商仍免總領司糴買奏 止堂集 5/12a 歷代奏議 247/19a

議紹興和買疏 止堂集 6/6b 歷代奏議 259/3a

乞權住湖北和糴疏 止堂集 6/15a 歷代奏議 109/7b

論湖北京西楮幣疏 止堂集 6/19b 歷代奏議 272/11b

進故事 止堂集 8/16a 歷代奏義 259/4b 南宋文範 26/7a

乞蠲鄂州諸郡賦輸積欠疏 詹元善集/下/3a

請蠲賞常平義倉劄子 雲莊集 1/5a

奏乞節內外元費以收楮幣劄子 雲莊集 1/10a

輸對乾德三年內庫金呈用度劄子 聚齋集 2/3a

淮西論鐵錢五事狀 水心集 2/11b

役法 水心集 3/19b 水心別集 13/9a 歷代奏議 55/38b

財總論（1－2） 水心集 4/12b－14b 水心別集 11/1a－2b 歷代奏議 271/7a,271/8b

財計上下缺 水心集 4/24a－26b 水心別集 2/13a－18a

經總制錢（1－2） 水心別集 11/4a－6a

和買 水心別集 11/7b

折帛 水心別集 11/8a

茶鹽 水心別集 11/8b 歷代奏議 271/13b

代撫州陳守

一綱運 二役法 四逃户 五阡塘 勸齋

集 25/4b－7b

嘉泰陞辭劄子（1－2） 育德堂奏議 1/24a－25a

條具楮幣利害狀 育德堂奏議 4/20a

論歡歲仄熟及舊通劄子 後樂集 10/10b 歷代奏議 109/6b

乞蠲放總制無額寔名錢奏狀 後樂集 12/4a

新知漫州朝辭上殿劄子 昌谷集 10/1a

代鹽司乞行下浙西廣糴劄子 山房集 2/21b

秤提利害劄子 東澗集 8/25a

奏乞放宣城縣零苗 真西山集 6/1a

奏乞爲江寧縣城南廂居民代輸和買狀 真西山集 6/2a

奏乞蠲閣夏稅秋苗 真西山集 6/5a 歷代奏議 248/1a

奏乞撥米賬濟 真西山集 6/11a 歷代奏議 248/4a

奏乞分州措置荒政等事 真西山集 6/20b

奏乞倚閣第四第五等人户夏稅 真西山集 6/25a 歷代奏議 259/5b

乞給降錢會下本路災傷州郡下户收糴麥種 真西山集 7/1a 歷代奏議 248/5b

乞倚閣本路八州軍第四第五等人户秋苗 真西山集 7/3a

乞施行饒信州旱傷 真西山集 7/3b

潭州奏復稅酒狀 真西山集 9/18b 歷代奏議 272/14b

奏置惠民倉狀 真西山集 10/6a 歷代奏議 248/7a

奏置十二縣社倉狀 真西山集 10/15b 歷代奏議 248/8a

奏乞撥平江百萬倉米賑糴福建四州狀 真西山集 15/20a

奏乞審度履畝行利害以寬中下户 鶴山集 20/16a

奏乞增支督府錢物 鶴山集 27/6b－7b

榜被兵諸郡蠲免科役 鶴山集 29/7a

戊戌三月二十五日奏爲財賦八事欲望聖慈曉諭州縣施行乞以成憲爲法奏聞事伏候敕旨

左史諫草/6a

戊戌六月二十六日奏爲乞委金陵應接合肥尤以財用爲急及徽州免納銀子欲望聖慈密詔大臣亟行及下省部照免奏聞事狀伏候敕旨

左史諫草/20b

戊戌七月二十三日奏爲應天莫切于自反欲望聖慈盡恐懼修省之實區處淮之流民施行蜀之鄉丁奏聞事伏候敕旨

左史諫草/24a

奏請正簿書疏　貞窗集 4/18a　歷代奏議 259/7b

代上請乞輸錢劄子　貞窗集 4/19b　歷代奏議 259/8a

乾淳講論會子五事　鶴林集 15/27b

乞將清泉兩管均濟摘濟劄子　浣川集 4/7b

乞差甲首催科劄子　漁墅稿 1/1a

論履畝劄子　蒙齋集 6/1a－6a　歷代奏議 259/12b、14a、15b

論流民劄子　蒙齋集 7/11b　歷代奏議 248/16a

論會子劄子　蒙齋集 7/14b　歷代奏議 273/6a

論和糴權鹽劄子　杜清獻集 11/5b　南宋文範 23/16b

三月初四日未時奏附御筆　杜清獻集 14/6b

乞催湖州賜米奏家集卷之一　金佗粹編 10/6b

乙未館職策　膽軒集 1/23b

進故事　後村集 86/7b　歷代奏議 273/17b

進故事辛西正月二十八日　後村集 86/10b

進故事辛西八月二十日　後村集 87/4b

奏乞科撥羅本縣濟民劄　清正稿 1/20a

壬子聚講癸丑論政府制國用並乞聲正檢正官名劄　清正稿 1/22b

仁宗皇帝罷左藏月進助縣官　雪窗集 2/7b

己卯進故事　清正稿 2/8a

丙辰進故事　清正稿 2/13a

又言苗稅斛面事　徐文惠稿 1/11b

奏以趁剩事例並諸司問遺例册錢代納江東一路折帛事　許國公奏議 1/11a

奏以造熟鐵斛斗發下諸郡納苗使用寬恤人戶事　許國公奏議 2/1a

奏乞廢隆興府進賢士坊鎮以免抑納酒稅害民之擾　許國公奏議 2/7a

奏江右諸郡兵荒已將隆興府紹定六年以前官物住催乞行下本路一體蠲閣　許國公奏議 2/9a

奏論計畝官會一貫有九書　許國公奏議 2/11a

再論計畝納錢　許國公奏議 2/19a

經筵奏論救楮之策所關係者莫重於公私之羅　許國公奏議 3/19a

奏創養濟院以存養鰥寡孤獨之民　許國公奏議 4/6a

奏乞休致及額放官賦攤錢見在錢米增積之數　許國公奏議 4/17a

奏按象山辛不放民間房錢　許國公奏議 4/19a

奏乞就淮西管下歲羅以繼軍食之關　許國公奏議 4/21a

奏總所科降和羅利害　可齋稿 19/4a

奏廢罷茶局科助　可齋稿 19/9b

奏乞免今年和羅　可齋稿 19/11a

奏湖南運司合支水脚　可齋稿 19/12a

照已撥科降付四川制總司奏　可齋稿/續後 3/18a

乞貼科四川制總司秋羅本錢奏　可齋稿/續後 3/20a　南宋文範 25/1a

救蜀楮密奏　可齋稿/續後 3/44a

乞宣借總管錢萬等奏　可齋稿/續後 5/3a

回奏計約糧餉　可齋稿/續後 5/40b

乞科降戊兵券錢奏　可齋稿/續後 6/33a

奏已椿管銀兩　可齋稿/續後 7/8b

奏備邊及清司券錢事　可齋稿/續後 7/23b

丙午輪對第二劄通鑑楮　雪窗集 1/8b

癸丑輪對第二劄論州縣財計　雪窗集 1/22b

董仲舒乞限民名田　雪窗集 2/30b

奏用度太侈大臣不問事　格庵稿/2b

奏公田關子事　格庵稿/15b

奏今日財計毎單人主不可不知事　格庵稿/18a

乞蠲減月椿劄子　四庫拾遺 80/皕陵集

上殿論減月椿劄子　四庫拾遺 209/楊謨集

上哲宗論侯稀少欠酒課以抵當子利充數曾肇撰　宋朝奏議 34/闕文

上仁宗乞中書樞密通知兵民財利范鎮撰　宋朝奏議 46/16b　歷代奏議 264/11a　蜀文輯存 8/13b

上哲宗乞令戶部太府檢察內藏諸庫上官均撰　宋朝奏議 58/3b　歷代奏議 269/26b

上仁宗乞減省元費員昌朝撰　宋朝奏議 101/1a　歷代奏議 191/11b

上仁宗乞減省元費韓琦撰　宋朝奏議 101/2a　宋文鑑 44/7b　歷代奏議 191/12b

上哲宗乞裁減元費曾忠彥撰　宋朝奏議 103/16a

上徽宗進國用須知陳瓘撰　宋朝奏議 103/17a　歷代奏議 270/2a

上真宗論江南二稅外沿征錢物陳靖撰　宋朝奏議 104/1a　歷代奏議 255/4b

上仁宗論體量藏內減放劉隨撰　宋朝奏議 104/4b　歷代奏議 255/7b

上神宗論江西重折苗錢呂公著撰　宋朝奏議 104/7a

上哲宗乞除放倚閣稅賦梁燾撰　宋朝奏議 104/9b　歷代奏議 245/12b

上仁宗乞專責守宰捕蝗何郯撰　宋朝奏議 106/2a　歷代奏議 243/20a　蜀文輯存 6/20b

上仁宗論内臣私取珠子呈示内人傅堯命撰　宋朝奏議 107/1b

上英宗乞今後奉宸諸庫宜謹出入呂誨撰　宋朝奏議 107/1b　歷代奏議 292/13b

上英宗乞會計內庫出入裁損過當呂誨撰　宋朝奏議 107/2b　歷代奏議 191/21b

上哲宗乞罷額外封椿陳次升撰　宋朝奏議 107/3a

上哲宗乞以封椿錢賜戶部及諸路轉運司王巖撰　宋朝奏議 107/6b　歷代奏議 268/14b

上仁宗乞詳定常平制度杜衍撰　宋朝奏議 107/8a　歷代奏議 243/13b

上仁宗乞立民社義倉買糴撰　宋朝奏議 107/11a　歷代奏議 243/20b

上神宗乞天下置社倉錢顗撰　宋朝奏議 107/11b　歷代奏議 244/12a

上哲宗乞常平不分立三等王巖叟撰　宋朝奏議 107/14b　歷代奏議 245/3b

上哲宗乞取常平救令刪爲一書劉安世撰　宋朝奏議 107/15a

上哲宗乞復義倉上官均撰　宋朝奏議 107/17b　歷代奏議 245/21a

上太宗乞罷推山行放法張泊撰　宋朝奏議 108/1a　歷代奏議 263/9b

上仁宗乞弛茶禁張方平撰　宋朝奏議 108/6a　歷代奏議 264/7a

上哲宗論蜀茶黃廉撰　宋朝奏議 108/14a　歷代奏議 268/7a

上欽宗乞罷茶鹽權法楊時撰　宋朝奏議 108/15a　歷代奏議 270/14b

上仁宗論河北權鹽何郯撰　宋朝奏議 108/17b　歷代奏議 263/24a　蜀文輯存 6/1a

上哲宗論河北權鹽之害王巖叟撰　宋朝奏議 108/20b　歷代奏議 106/4b,269/20a

上哲宗論河北權鹽之害王巖叟撰　宋朝奏議 108/21b　歷代奏議 269/21a

上徽宗乞罷河北權鹽上官均撰　宋朝奏議 108/23a　歷代奏議 270/1a

上神宗論青苗李常撰　宋朝奏議 110/19b　歷代奏議 265/14b

上神宗論青苗係第二狀李常撰　宋朝奏議 110/20a　歷代奏議 265/15a

上神宗論王廣淵和買抑配取息李常撰　宋朝奏議 111/1a　歷代奏議 265/17a

上神宗論王廣廉青苗取息李常等撰　宋朝奏議 111/2b　歷代奏議 265/16b

上神宗論新法范鎮撰　宋朝奏議 111/4b　歷代奏議 266/15b　蜀文輯存 8/14a

上神宗論新法范鎮撰　宋朝奏議 111/5a　歷代奏議 266/16a　蜀文輯存 8/14b

上神宗乞罷青苗及諸路提舉官韓琦撰　宋朝奏議 111/6b　宋文鑑 44/14b　歷代奏議 265/2a

上神宗乞罷提舉官吏及住散青苗錢呂公著撰　宋朝奏議 111/10a　歷代奏議 266/7b

上神宗乞罷提舉官吏及住散青苗錢係第二狀呂公著撰　宋朝奏議 111/10b　歷代奏議 266/8a

上神宗論罷司馬光極密范鎮封駁司不當孫覺撰　宋朝奏議 111/16b　歷代奏議 135/32a

上神宗乞罷提舉常平倉官吏呂公著撰　宋朝奏議 112/1a　歷代奏議 266/8b

上神宗論新法蘇軾撰　宋朝奏議 112/2a

上神宗論新法范鎮撰　宋朝奏議 112/4b　歷代奏議 266/17a　蜀文輯存 8/15a

上神宗論條例司畫——申明青苗事韓琦撰　宋朝奏議 112/5b　歷代奏議 265/9a

上神宗論條例司畫——申明青苗事孫覺撰　宋朝奏議 112/15a　歷代奏議 266/12a

上神宗論青苗李常撰　宋朝奏議 113/1a　歷代奏議 265/17b

上神宗論青苗呂公著撰　宋朝奏議 113/6b　歷代奏議 266/9a

上神宗論新法張戩撰　宋朝奏議 113/7b　歷代奏議 266/17b

上神宗論青苗孫覺撰　宋朝奏議 113/8b　歷代奏議 266/10a

上神宗辭免體量府界青苗錢孫覺撰　宋朝奏議 113/10a　歷代奏議 266/11a

上神宗論不宜輕失人心呂公著撰　宋朝奏議 113/11b　歷代奏議 106/1b

上神宗論新法乞外任呂公著撰　宋朝奏議 113/12a

上神宗乞不分析青苗虛認二分之息李常撰　宋朝奏議 114/1a

上神宗論新法不敢赴臺供職張戩撰　宋朝奏議 114/6a

上神宗論王安石李常撰　宋朝奏議 114/8a　歷代奏議 265/22a

上神宗論新法呂誨撰　宋朝奏議 115/1a　歷代奏議 267/1a

上神宗論毫州青苗獄乞獨責降富弼撰　宋朝奏議 115/11b　歷代奏議 267/5b

上神宗論助役楊繪撰　宋朝奏議 116/1a　歷代奏議 255/18a　蜀文輯存 18/12a

上神宗進流民圖郭俠撰　宋朝奏議 116/17a　歷代奏議 244/14b

上哲宗論吏張新法當須有術呂公著撰　宋朝奏議 117/18a　歷代奏議 269/18b

上神宗乞罷青苗免役保甲王巖叟撰　宋朝奏議 118/2b　歷代奏議 257/1b

上哲宗論蔡確等觀望不肯協心改法哲宗時呂陶撰　宋朝奏議 118/14a　歷代奏議 177/10b　蜀文帙存 15/26a

上神宗乞罷青苗王巖叟撰　宋朝奏議 118/17a　歷代奏議 269/21b

上哲宗乞罷市易韓川撰　宋朝奏議 118/18a

上哲宗繳駁青苗法蘇轍撰　宋朝奏議 118/19b　蜀文帙存 21/8b

上哲宗乞因災異講求差顧二法常撰　宋朝奏議 119/3b　歷代奏議 303/21b

上哲宗論大臣唱紹述之說常安民撰　宋朝奏議 119/13a　歷代奏議 155/22b　蜀文帙存 27/11a

上徽宗論國是陳瓘撰　宋朝奏議 119/15a　宋文鑑 61/17a

上欽宗乞罷青苗呂好問撰　宋朝奏議 119/18b　歷代奏議 270/14a

請詔有司講究商賈利病王巖叟撰　宋文鑑 60/7b　歷代奏議 269/23a

請依舊法賑濟免河北貸糧出息王巖叟撰　宋文鑑 60/10a　歷代奏議 245/3b

獻內帑策田况撰　宋文鑑 102/1b　歷代奏議 265/1a

乞慈勸均稅狀　播芳文粹 91/10a

論勘合錢比舊增重狀金蘭撰　新安文獻 4/9b

論仁民疏˙梅詢撰　歷代奏議 105/20b

論河北差夫狀侯堯倫撰　歷代奏議 106/1a

論罷河北權鹽疏張方平撰　歷代奏議 106/5b

論節經費以寛民力疏呂陶撰　歷代奏議 106/21a　蜀文帙存 15/6a

論愛民遠利疏˙彭汝礪撰　歷代奏議 106/2b

請革三弊以寛民力疏呂陶撰　歷代奏議 106/22b　蜀文帙存 15/7b

論寛賦歛輕徭役疏˙梁燾撰　歷代奏議 106/26a

請賜秦陵役藥餌疏任伯雨撰　歷代奏議 107/1a　蜀文帙存 29/4b

請去積欠推割支移折變等弊疏˙張元幹撰　歷代奏議 107/3b

乞按察諸路財賦劄子李光撰　歷代奏議 107/12b

乞寛假力田之家禁止州縣邀索疏章誼撰　歷代奏議 107/15a

請去歲浙西羅買之外不得更有科歛疏˙張守撰　歷代奏議 107/24b－25a

對言除免通負疏˙施師點撰　歷代奏議 108/1a

論養民疏汪應辰撰　歷代奏議 108/2b

論州郡措克疏崔敦詩撰　歷代奏議 108/9b

論蠲放丁錢米夏稅疏崔敦詩撰　歷代奏議 108/11b

乞告戒監司郡守求裕民之術疏趙汝愚撰　歷代奏議 108/20b

請蠲減江西月樁錢物疏趙汝愚撰　歷代奏議 108/22b

便民劄子袁燮撰　歷代奏議 109/3a

論淮民當恤疏衛涇撰　歷代奏議 109/6a

論仁政疏˙陳求魯撰　歷代奏議 109/17a

請講裕民之策疏辛棄撰　歷代奏議 109/18b　蜀文帙存 93/8a

請紹興府和買絹一半理估疏李鳴復撰　歷代奏議 109/19b　蜀文帙存 81/10a

申請舉子倉事趙汝愚撰　歷代奏議 117/3a

請裁損耗妄疏宇文粹中撰　歷代奏議 192/7b　蜀文帙存 36/14a

論省費王居正撰　歷代奏議 192/11b

奏便民事宜趙汝愚撰　歷代奏議 192/15a

論國用疏項安世撰　歷代奏議 192/18b　南宋文範/外 1/13b

請蓋正邸第寺觀常賦疏˙陳堅撰　歷代奏議 192/20b

乞下詔恤災疏˙王禹偁撰　歷代奏議 243/12a

請發內藏庫以佐國用疏˙李迪撰　歷代奏議 243/13b

請復義倉疏王琪撰　歷代奏議 243/15a　蜀文帙存 1/18a

論州郡官司擅造閉糴之令疏˙吳及撰　歷代奏議 243/22a

乞賑恤關中貧下百姓疏˙劉敞撰　歷代奏議 244/4b

論賑濟之計疏˙彭汝礪撰　歷代奏議 244/18b

乞稱貴京師常平倉米疏王覿撰　歷代奏議 245/22b

論河北水災疏˙王觀撰　歷代奏議 245/23b

奏爲河北流民乞指揮賑濟王觀撰　歷代奏議 245/24a

上救災議曾棨撰　歷代奏議 245/24b

論賑恤不宜頓科檢家至户到之令疏˙鄭瑴撰　歷代奏議 245/28a

論荒政疏˙司馬康撰　歷代奏議 245/28a

論賑濟差官疏許景衡撰　歷代奏議 246/1a

乞和糴米劄子許景衡撰　歷代奏議 246/1b

乞放兩浙米紅劄子張守撰　歷代奏議 246/11a

進姚崇言按察使故事論恤民狀李光撰　歷代奏議 246/13b

論濟饑疏˙胡銓撰　歷代奏議 246/14a

請備來年賑濟米斛疏˙故鉉撰　歷代奏議 246/65a
請支撥和糴米十萬石付泉福興化三州賑糴奏
　趙汝愚撰　歷代奏議 247/1a
乞選江北監司守臣接納流民耕種趙汝愚撰　歷
　代奏議 247/1b
乞蠲放旱傷州郡夏稅身丁錢疏趙汝愚撰　歷代
　奏議 247/2b
乞置社倉濟鄉民疏趙汝愚撰　歷代奏議 247/3a
陳荒政五事疏趙汝愚撰　歷代奏議 247/3b
奏綿竹什邡二縣饑民賑濟疏趙汝愚撰　歷代奏
　議 247/6a
論和糴之弊疏˙王師愈撰　歷代奏議 247/11a
借米賑濟劄子王師愈撰　歷代奏議 247/11b
奏常平義倉疏李椿撰　歷代奏議 247/14a
論錢象祖吝米不肯給助准民疏˙楊簡撰　歷代
　奏議 247/20b
論魏峴按林序乞嚴實辨明事疏˙李道傳撰　歷
　代奏議 248/9a
論耕種失時者並令雜種疏˙黃序撰　歷代奏議
　248/10b
乞收羅准麥疏袁說友撰　歷代奏議 248/12b
論陂塘疏˙代撫州陳守奏五　黃幹撰　歷代奏議 248/
　14b
論廣儲蓄疏˙漢陽條奏便民五事之二　黃幹撰　歷
　代奏議 248/15a
論今日急務莫過於平糴疏趙順孫撰　歷代奏議
　248/18b
論劍外不宜增賦疏˙張觀撰　歷代奏議 255/4a
論關輔賦役疏˙張鑑撰　歷代奏議 255/4a
乞罷均稅傳堯俞撰　歷代奏議 255/12b
論弓手疏劉摯撰　歷代奏議 256/4a
議免役疏高山撰　歷代奏議 256/10b　蜀文輯存 23/6a
論衙前狀˙蘇轍撰　歷代奏議 256/14b
議坊郭等第出助後錢傳堯俞撰　歷代奏議 256/18a
論差役法疏˙蘇軾撰　歷代奏議 257/6b
論差役當以戶稅爲差等疏呂陶撰　歷代奏議 257/
　9b　蜀文輯存 16/18a
乞別定坊郭之法以寬民力疏呂陶撰　歷代奏議
　257/10a　蜀文輯存 16/18b
論助役疏˙楊繪撰　歷代奏議 257/20a
條奏役法疏曾布撰　歷代奏議 258/3a
論役法均平便民則善疏˙蘇渦撰　歷代奏議 258/
　5b
論諸路靈麥熟處不當催督積平通負疏˙傳堯俞
　撰　歷代奏議 258/6a

乞添差詳定役法官疏王觀撰　歷代奏議 258/7a
乞重定差役人戶等第疏王觀撰　歷代奏議 258/7b
乞勿復行封椿疏˙汪公望撰　歷代奏議 258/9a
論四川差科科約之弊疏虞允文撰　歷代奏議 258/
　10a　蜀文輯存 57/21a
乞委通判均平稅役章誼撰　歷代奏議 258/12a
輪對劄子虞儔撰　歷代奏議 258/14a
請頒集議帳於湖廣州縣疏˙王師愈撰　歷代奏議
　258/15a
論募墾及苗稅疏˙李椿撰　歷代奏議 258/20b
論常賦輪本色隨稅不納錢疏˙李椿撰　歷代奏議
　258/21a
論回易以惠軍有四害疏˙李椿撰　歷代奏議 258/
　22a
論薄賦斂疏˙楊萬里撰　歷代奏議 259/1a
乞蠲積欠以安縣令疏彭龜年撰　歷代奏議 259/2a
論差役法疏˙袁燮撰　歷代奏議 259/9b
論役法疏˙代撫州陳守奏二　黃幹撰　歷代奏議 259/
　10a
論逃戶疏˙代撫州陳守奏四　黃幹撰　歷代奏議 259/
　11a
輪對奏劄˙陳傅良撰　歷代奏議 259/11b
論籌畫糧餉疏˙史嵩之撰　歷代奏議 259/12a
進故事論賦役˙洪舜俞撰　歷代奏議 259/18b
西鄰轉餉請用木牛之制疏楊充恭撰　歷代奏議
　261/11a　蜀文輯存 3/1a
請以舖兵運餉糧疏呂興宗撰　歷代奏議 261/13a
　蜀文輯存 61/4a
論信州米綱疏王師愈撰　歷代奏議 261/14b
論綱運之弊疏王師愈撰　歷代奏議 261/16a
論潭州貼願綱船之弊疏王師愈撰　歷代奏議 261/
　16b
論鑄銅錢多鐵錢自當不用疏˙樊若水撰　歷代奏
　議 263/9b
論理財疏˙陳恕撰　歷代奏議 263/14a
論川峽鐵錢之弊疏楊充恭撰　歷代奏議 263/14b
　蜀文輯存 3/1b
請令江南荊湖通商賣鹽疏孫覺撰　歷代奏議 263/
　14b
論物價積高民力積困疏˙命戴聯撰　歷代奏議
　263/15a
論通商五利疏盛度撰　歷代奏議 263/15b
論鹽法通商有五利疏˙王隨撰　歷代奏議 263/15b
論椎茶葉清臣撰　歷代奏議 263/16b
上量支費疏夏竦撰　歷代奏議 263/20a

論茶法疏劉敞撰 歷代奏議 264/22a
論鑄大錢之害疏 丁度撰 歷代奏議 264/22b
邇英進讀論新法 司馬光撰 歷代奏議 264/23a
論勿寵進言利聚斂之臣疏 傅堯俞撰 歷代奏議 264/24b
請假權貨務錢置常平市易司疏 魏繼宗撰 歷代奏議 266/1a
上殿劄子 王觀撰 歷代奏議 268/10b
又上殿劄子 王觀撰 歷代奏議 268/11b
乞令諸路經畧司依舊封椿錢斛疏 王觀撰 歷代奏議 268/11b
罷散青苗錢行舊常平倉法疏 王觀撰 歷代奏議 268/12b
論財用疏王觀撰 歷代奏議 268/14a
論財用費出陷失兩弊疏劉淳撰 歷代奏議 268/16a
蜀文輯存 27/7a
奏爲天下欠坊場錢爲害最大,乞行蠲放疏呂陶撰 歷代奏議 268/20a
奏乞詔有司再行裁定六曹人吏,庶節冗費狀
呂陶撰 歷代奏議 268/21a 蜀文輯存 16/19a
論財用不足疏 畢仲游撰 歷代奏議 268/23b
論財足則新法不復興疏 畢仲游撰 歷代奏議 268/25a
論均輸法疏蘇軾撰 歷代奏議 269/6a
論發運均輸狀 范純仁撰 歷代奏議 269/9a
論養財之道疏 彭汝礪撰 歷代奏議 269/15a
論陝西罷使銅錢疏 馬景夷撰 歷代奏議 270/1a
論當十夾錫錢最易割當沈畸撰 歷代奏議 270/6b
論當十錢宜改鑄疏張商英撰 歷代奏議 270/6b 蜀文輯存 13/11b
論榷鹽疏 毛注撰 歷代奏議 270/7a
論錢鈔法疏李復撰 歷代奏議 270/9b
論内藏庫無銀支撥財匱可慮疏任伯雨撰 歷代奏議 270/12b 蜀文輯存 30/13b
論用事之臣持紹述而爲身謀疏 安堯撰 歷代奏議 270/13b
論京東河北可行稅鹽疏 宗澤撰 歷代奏議 270/17a
乞討論發運使置司之郡博選能臣伸勝其任疏 章誼撰 歷代奏議 270/21a
論發運常平官制因革疏章誼撰 歷代奏議 270/22a
乞建使各糾察諸路財計疏章誼撰 歷代奏議 270/22b
論財賦疏章誼撰 歷代奏議 270/23b
論省費裕國强兵息民之策韓肖胄撰 歷代奏議

270/27b
論生財之法疏王元渤撰 歷代奏議 270/28a
請以裕民爲財勿以取民爲財疏李石撰 歷代奏議 270/28b 蜀文輯存 62/3a
奏減茶引價錢疏李椿撰 歷代奏議 271/14b
奏折錢之弊疏李椿撰 歷代奏議 271/15b
奏二稅輸本色,別定祿令疏李椿撰 歷代奏議 271/16b
請以開墾爲勸農者殿最劄子 李椿撰 歷代奏議 271/17a
奏措置支遣米斛疏李椿撰 歷代奏議 271/18a
論權貨之名非美疏 李椿撰 歷代奏議 271/18b
論錢穀子奪移就之弊疏 李椿撰 歷代奏議 271/19a
請明告獻美餘者具奏來歷疏 李椿撰 歷代奏議 271/19b
奏廣南兩路鹽事利害狀林光朝撰 歷代奏議 271/20b
奏乞究和糴之弊疏崔敦詩撰 歷代奏議 272/2a
代人上殿論郡縣財用劄子崔敦禮撰 歷代奏議 272/2b
乞選通練公方之士與諸路漕臣請求所部財用
趙汝愚撰 歷代奏議 272/7a
論州郡者國財之源疏 王師愈撰 歷代奏議 272/8b
被召上殿劄子虞儔撰 歷代奏議 272/9b
論官會之弊疏 袁說友撰 歷代奏議 272/17b
請出内庫錢絹助羅軍糧疏李鳴復撰 歷代奏議 272/19a 蜀文輯存 82/2b
論財用之弊疏 曹彦約撰 歷代奏議 272/20b
論錢楮猶母子所以相權疏陳者卿撰 歷代奏議 273/1a
論豐歛疏 陳者卿撰 歷代奏議 273/2a
論楮幣疏袁燮撰 歷代奏議 273/2b
論内帑不充勿以楮幣度牒補之疏 袁燮撰 歷代奏議 273/3b
上便民疏袁燮撰 歷代奏議 273/4b
上制國用疏李鳴復撰 歷代奏議 273/11b 南宋文範 22/16b 蜀文輯存 82/4a
論節財三事疏李鳴復撰 歷代奏議 273/13b 蜀文輯存 82/6a
論錢荒疏 陳求魯撰 歷代奏議 273/16a
論依舊收買浮鹽疏 朱熠撰 歷代奏議 273/16b
論財不可輕施妄用疏 趙必愿撰 歷代奏議 273/17a
進故事論理財 洪舜俞撰 歷代奏議 273/17a

論月椿疏趙汝愚撰 南宋文範 18/11a
論州縣財計劃子孫夢觀撰 南宋文範/外 1/17b
言陝西鹽運疏梁鼎撰 咸平六年正月 蜀文帙存 1/ 9b
言關中邊費疏梁鼎撰 咸平六年三月 蜀文帙存 1/ 10b
計度邊軍糧草狀梁鼎撰 蜀文帙存 1/12b
請立義倉疏王琪撰 天聖年 蜀文帙存 1/17b
論淮南軍州禁鹽疏楊允恭撰 蜀文帙存 3/1a
論陝西鹽課疏何郯撰 蜀文帙存 6/8b
官戶免役狀鮮于侁撰 蜀文帙存 11/4a
論鐵錢請作一文行用不必改鑄疏周尹撰 蜀文帙存 11/10b
論諸路不善行役法留寬剩錢過多疏周尹撰 蜀文帙存 11/12b
請放東川鹽入城都疏周尹撰 蜀文帙存 11/13a
陳成都路榷茶之害疏周尹撰 蜀文帙存 11/14b
乞罷榷茶之法以安遠方狀周尹撰 蜀文帙存 11/ 17b
論酒務陪填宜根究以防弊倖狀周尹撰 蜀文帙存 11/17b
論當十錢改鑄當三宜令出必行疏張商英撰 蜀文帙存 13/11b
論湖北產金宜置司提舉疏張商英撰 蜀文帙存 13/13a
頒新法疏鄧綰撰 蜀文帙存 17/1b
論衙前差役之弊疏鄧綰撰 蜀文帙存 17/2a
議募役分等疏鄧綰撰 蜀文帙存 17/2a
議免役錢疏鄧綰撰 蜀文帙存 17/2b
論李瑜違法科錢疏鄧綰撰 蜀文帙存 17/3a
論手實法疏鄧綰撰 蜀文帙存 17/7a
論江西廣東鹽運疏寇周輔撰 蜀文帙存 17/8a
論福建鹽減價官賣疏寇周輔撰 蜀文帙存 17/8b
論官場榷鹽宜預爲計度狀文同撰 蜀文帙存 17/ 11a
論助役疏楊繪撰 蜀文帙存 18/2a
再論助役疏楊繪撰 蜀文帙存 18/2b
論助役宜防五害疏楊繪撰 蜀文帙存 18/3a
辨前後役法四奏疏楊繪撰 蜀文帙存 18/4a
再論役法疏楊繪撰 蜀文帙存 18/5a
請川中茶場週貨本錢兌支交子疏蒲宗閔撰 蜀文帙存 19/1a
言川茶起赴秦州熙河鳳州等處興販疏蒲宗閔撰 蜀文帙存 19/1b

蘭州博茶置場劃子蒲宗閔撰 蜀文帙存 19/1b
博馬茶價乞依豐元年指揮劃子蒲宗閔撰 蜀文帙存 19/2a
論行手實法不待豐穰疏蒲宗孟撰 蜀文帙存 19/3b
乞借常平錢買上供及諸州軍糧狀蘇轍撰 蜀文帙存 21/11b
論手實法疏范百祿撰 蜀文帙存 22/2a
按閱滁州差夫迫遣民力難勝疏趙高撰 蜀文帙存 23/14b
言河東和糴疏程之才撰 蜀文帙存 25/17b
言洋州官茶定額賞罰疏李稷撰 蜀文帙存 28/3b
陳鹽鈔宜賤敷出疏李稷撰 蜀文帙存 28/4a
茶法立每歲課額劃子李稷撰 蜀文帙存 28/4b
茶稅分別支給劃子李稷撰 蜀文帙存 28/5a
論名山茶博馬等事宜疏李稷撰 蜀文帙存 28/5b
定茶場賞罰狀李稷撰 蜀文帙存 28/8a
委近邊城寨檢有茶駝印號劃子程之邵撰 蜀文帙存 31/9a
按蔡碩冒法獲利狀程之元撰 蜀文帙存 31/9b
陳榷茶買馬五害疏趙開撰 蜀文帙存 33/8b
勸誘富豪輸納疏宋淡撰 蜀文帙存 41/9b
故書推恩兩淮請免進貢狀宋淡撰 蜀文帙存 42/ 11a
論組算和買繳賞狀杜孝老撰 蜀文帙存 50/14b
論上供錢移以贍軍疏李兼撰 蜀文帙存 52/3a
論官司虛欠宜蠲免狀馮方撰 蜀文帙存 54/12a
論揀太軍員衣糧不足乞拘收官田疏慶允文撰 蜀文帙存 56/3a
請減川茶額以復民力狀張震撰 蜀文帙存 60/4a
論官司欠負宜與除放狀張震撰 蜀文帙存 60/4b
論宜貴茶以市馬疏閻蒼舒撰 蜀文帙存 61/1a
請下四路監司蠲除鹽酒課利虛額疏馮畢撰 蜀文帙存 61/10b
措置官鹽椿貯錢物條畫狀張杕撰 蜀文帙存 64/ 14a
論施黔客戶狀范崇撰 蜀文帙存 72/3b
請諸州縣置義塚疏李寅仲撰 蜀文帙存 72/14b
激賞絹未能除免狀安丙撰 蜀文帙存 72/17b
論義役差役二事疏謝湜撰 蜀文帙存 73/1b
論廖顯進羨餘狀蘇嵩撰 蜀文帙存 73/15b
乞支降度牒賑恤災民狀李壁撰 蜀文帙存 74/5a
論浙西官蕩宜嚴實納米並限品官頃畝劃子許奕撰 蜀文帙存 78/2b

（十二）天文地理

奏乞改白龍縣依舊爲松陽縣狀　武夷新集 15/ 19a

論西京事宜劄子　范文正集 19/6a

論復併縣劄子　范文正集 19/6b

封畿劄子　元憲集 31/2b　歷代奏議 103/11a

按地圖　河南集 23/3b

乞復昭化縣驛程　文路公集 14/7b

相度併縣奏狀　歐陽文忠集 115/4a

麟州五寨兵糧地里　歐陽文忠集 115/31a

奏爲乞改陵州州名狀　丹淵集 34/3b

上仁宗論輔郡節制　公是集 32/18b　宋文鑑 47/17a

奏乞改郡名　公是集 33/10b

論復置豐州劄子　傳家集 23/8b　司馬溫公集 21/3a

論汝州合建節狀　彭城集 24/8a

上皇帝書徐州上　蘇東坡全集/續 11/19b　宋文鑑 55/1a

併州縣議　西臺集 4/8b　歷代奏議 42/18a

乞都長安疏　宗忠簡集 1/13b　南宋文範 12/4a

朔問上下　嵩山集 2/17a－23a

論移彈措置事宜劄子　莊簡集 11/5b

論僑寓州郡劄子　浮溪集 2/2a

乞全州免聽廣西節制奏狀　梁溪集 76/9b

論大食故臨國進奉劄子　毗陵集 2/11a

改正安岳縣界狀　漢濱集 5/18a

奏已分地界　文定集 4/15a

奏金星已過躔度　益國文忠集 147/13b　益公集 47/ 15a

割屬宜章臨武兩縣奏狀　定齋集 1/4b

定山瓜步石跋三堡塲狀　水心集 2/2b

乞移都奏暑家集卷之三　金佗粹編 12/3a

奏論平江可以臨幸之備　許國公奏議 3/11a

乞于臨安駐蹕章監撰　歷代奏議 103/19b

試禮部對策王阮撰　歷代奏議 103/20a

建都疏胡銓撰　歷代奏議 103/21a

論天造有宋運曆火德疏 *徐鉉等撰　歷代奏議 280/ 3b

論曆法之差疏 *張批撰　歷代奏議 280/4a

乞撰集經史年曆疏 *日奉天撰　歷代奏議 280/4b

論金符之驗疏 *張君房撰　歷代奏議 280/5b

論宋運士德疏 *謝緯撰　歷代奏議 280/6a

論宋當以金爲德疏 *董行父撰　歷代奏議 280/7a

請平治太行山道劄子陳堯佐撰　蜀文輯存 3/8a

論都不可遷疏喻汝礪撰　蜀文輯存 47/1a

言曆久易差宜飭曆官精思更造疏李燔撰　蜀文 輯存 52/2a

小溪建寨置官狀李寅仲撰　蜀文輯存 72/15a

（十三）災　祥

上太宗應詔論火災　咸平集 1/1a　宋朝奏議 37/1a 歷代奏議 298/15b

奏雨狀　武夷新集 15/17a　歷代奏議 243/12b

代中書請依詔頒行畫龍祈雨法狀　武夷新集 18/11a

奏爲災異後合行疏決刑獄等六事　范文正集/ 奏議上/20a　歷代奏議 300/17b

奏乞差官陝西祈雨　范文正集/奏議上/20b　歷代奏 議 243/20a

奏災異後合行四事　范文正集/奏議上/47a　宋朝奏 議 39/16b　歷代奏議 300/15a

請下罪已詔並求直言疏　景文集 27/1a　宋文鑑 47/4a　歷代奏議 299/23a

上仁宗論星變地震火災　景文集/拾遺 7/1a　宋朝 奏議 38/8a

上仁宗應詔論地震春雷之異　景文集/拾遺 7/3a 宋朝奏議 38/13b　歷代奏議 33/19a

上仁宗應詔論地震春雷之異第三狀　景文集/ 拾遺 8/1a　宋朝奏議 38/16b

謹天戒　包孝肅奏議 1/18b　歷代奏議 299/10a

上殿劄子　包孝肅奏議 1/22b　宋朝奏議 40/4b　歷代 奏議 299/11a

論日食 包孝肅奏議 2/26b 歷代奏議 299/8b

論地震 包孝肅奏議 2/28a 歷代奏議 299/10b

論星變 包孝肅奏議 2/28b 歷代奏議 299/9a

論太白犯歲星 武溪集/奏議上/11a

論災異實由人事（1－3） 武溪集/奏議下 13a－14b 歷代奏議 300/12b,13b,14b

答御札手詔附仁宗皇帝賜曁手詔 文潞公集 16/2a 宋朝奏議 40/5b 歷代奏議 300/22a

奏西京災傷事 文潞公集 25/6b

論濬州瑞木乞不宣示外廷劄子 歐陽文忠集 103/7a 宋朝奏議 36/8a 歷代奏議 300/5a

論水災疏 歐陽文忠集 110/1a 宋朝奏議 40/17a 歷代奏議 300/6a

再論水災狀 歐陽文忠集 110/5a 宋朝奏議 41/1a 歷代奏議 300/8b

論水入太社劄子 歐陽文忠集 110/8b

上疏一道 樂全集 19/1a 宋朝奏議 39/1a 歷代奏議 299/24b

請因郊廟致誠以謝災異事 樂全集 20/15a 歷代奏議 299/31a

論地震請備寇盜事 樂全集 22/17a 歷代奏議 299/31b 宋朝奏議 39/20a

論消復災異 樂全集 24/9b 宋朝奏議 42/1b 歷代奏議 301/20b

奏疏論災異乞擇相 清獻集 1/22a 歷代奏議 301/1a

奏狀論久旱乞行雪把 清獻集 2/7b

詆颶疏 蘇學士集 11/2b 宋朝奏議 38/9b 歷代奏議 299/4b

火疏 蘇學士集 11/6b 宋朝奏議 37/18b 歷代奏議 299/3a

言災異一 蔡忠惠集 14/1a 歷代奏議 300/12b

言災異二 蔡忠惠集 14/1b 歷代奏議 300/13a

言災異三 蔡忠惠集 14/2b 宋朝奏議 39/14a 歷代奏議 300/13b

言災異四 蔡忠惠集 14/4b

仁宗朝言災異事奏狀 金氏集/下/6a 歷代奏議 301/3a

上言災異書 都官集 4/1a

上神宗皇帝言天變書 都官集 4/15a

上仁宗論天久不雨 公是集 31/12b 宋朝奏議 40/12a 歷代奏議 300/1a

論元日合朔避寢太旱 公是集 31/16a 歷代奏議 299/33a

上仁宗論水旱之本 公是集 32/7a 宋朝奏議 40/15a 歷代奏議 300/2a,244/4a

上仁宗論災變宜使儒臣據經義以言 公是集

32/8a 宋朝奏議 41/3b 宋文鑑 47/15b 歷代奏議 300/2b

日食遇陰雲不見乞不稱賀狀 傅家集 20/1b 司馬溫公集 18/1b 宋朝奏議 41/4b 歷代奏議 301/5b

論儀鸞失火劄子 傅家集 26/12a 司馬溫公集 24/3b

乞體量京西陝西災傷劄子 傅家集 28/8a 司馬溫公集 26/9a 歷代奏議 301/6a

乞車駕早出祈雨劄子 傅家集 30/12a 司馬溫公集 28/6b 歷代奏議 301/6b

乞訪四方雨水劄子 傅家集 38/6a 司馬溫公集 36/5b 宋朝奏議 42/2b 歷代奏議 244/10a

論水災地震疏 邵溪集 11/10b 宋朝奏議 42/4a 歷代奏議 302/7b

論臣僚極言得失疏 邵溪集 11/12a 宋朝奏議 41/20b 歷代奏議 301/18b

請寫出祈雨劄子 邵溪集 13/7b 歷代奏議 244/21b

論消復陰沴 范忠宣集/奏議下/10a 歷代奏議 304/1a

水旱災變乞賜宰相罷黜疏 孫莘老奏議/1b

奏請旱災寬減因徒疏 孫莘老奏議/12b

歲旱乞修政事奏 忠肅集 4/1a 宋朝奏議 43/14a 歷代奏議 304/11a

乞禱雨疏 忠肅集 4/2b

歲旱待罪奏 忠肅集 4/3a

代呂公著上神宗書 二程集/(伊川)44/17a 歷代奏議 302/4a

春方苦寒疏豐稔擬 豐清敏奏疏 2/2a 歷代奏議 304/2a

言時政劄子 王魏公集 4/11a 歷代奏議 303/11a

因旱乞許臺臣面對言事劄子 樂城集 39/8b 宋朝奏議 43/18b 歷代奏議 245/21b

論陰雪劄子 樂城集 40/1a 宋朝奏議 43/19b 歷代奏議 303/20a

爲旱乞罷五月朔朝會劄子 樂城集 41/16a 歷代奏議 303/19b

論冬溫無冰劄子 樂城集 46/3b

畏天劄子 范太史集 26/12b 歷代奏議 304/2b

上哲宗奏禁中遺火 讜論集 1/12b

上哲宗奏星變 讜論集 1/24b 歷代奏議 304/12a

上哲宗奏因災變求直言疏 讜論集 1/25b 歷代奏議 304/12a

上哲宗論元旱乞罷春宴 曲阜集 1/19a 宋朝奏議 92/10b 歷代奏議 303/25b

上徽宗論日食赤氣之異 曲阜集 2/20a 宋朝奏議 45/6a 歷代奏議 304/21a

爲歲旱地震星殞乞下詔罪己許中外極言闕政諸路賑濟警備賊盜等事 盡言集 6/1a 宋朝奏

議 43/21a 歷代奏議 303/25a

爲恕元乞罷修城及諸土木之役 盡言集 6/2b 歷代奏議 316/16a

爲恕元乞罷上元遊宴（1－2） 盡言集 6/4a－4b 宋朝奏議 92/13a 歷代奏議 194/14a

爲恕元乞徹樂損膳精誠祈禱等事 盡言集 6/5a 歷代奏議 303/24a

爲恕元乞舉櫃杞荒政及求言恤刑 盡言集 6/6a 歷代奏議 303/24b

爲恕元乞罷春宴 盡言集 6/7a

論水旱相繼消復宜謹 道鄉集/補遺 15b 歷代奏議 304/2a

請申飭太史毋諱天象 道鄉集/補遺 27a 宋朝奏議 44/22b 歷代奏議 13/2b

因時立政疏 襄陵集 5/1a 歷代奏議 304/24b

代進瑞應圖劄子 竹隱集 9/1a

代奏芝草狀 竹隱集 9/10a

論救旱劄子 高峯集 1/14a 歷代奏議 305/18b

消旱曝劄子 高峯集 2/8b 歷代奏議 305/19a

請梁才甫諸狄公廟祈雨劄子 初寮集 8/26b

論荐劄子 莊簡集 10/7b 歷代奏議 305/12b

亳州奏太清宮再生槐狀 彭城集 24/15b

論水災事乞對奏狀 梁溪集 40/3b 宋朝奏議 45/9a －9b 歷代奏議 305/1a

論水災便宜六事奏狀 梁溪集 40/4b－9b 宋朝奏議 45/10a 歷代奏議 305/1b 南宋文範 13/5a

論水事待罪奏狀 梁溪集 40/10a

本路關雨乞罷免奏狀 梁溪集 98/7b

乞益修政事劄子 梁溪集 98/8b 歷代奏議 306/6b

乞捕飛蝗劄子 毗陵集 3/2a 歷代奏議 305/16a

論平江府災傷劄子 毗陵集 4/17a

災異劄子 三餘集 3/10b

與左相等爲元旱乞罷政劄子 盤溪集 7/16a

再與左相等乞罷政劄子 盤溪集 7/16b

上疏論地震 紫微集 25/6a 歷代奏議 306/1a

繳宣論官明棄乞封龍母五子 斐然集 15/5b 歷代奏議 306/10a

應詔言事狀 濂庫集 7/5a

條奏温州水災後措置事件奏議 漢濱集 7/25a

奏水涼劄子 盤洲集 46/4a

水災應詔奏狀 盤洲集 50/5b 歷代奏議 306/20a

應詔言弭災防盜事 文定集 1/3a

謝御札御劄問蜀中旱歉（1－2） 文定集 4/13a－13b

乞禁奏祥瑞疏 小隱集/14a 歷代奏議 305/21a

論禱雨思所當戒劄子 小隱集/27a 歷代奏議 305/

20a

論時令不正 益國文忠集 136/8a 益公集 136/9b

論時令不正後殿對 益國文忠集 136/8a 益公集 136/9b

論陰雨劄子 益國文忠集 140/8b 益公集 140/10a 歷代奏議 307/1a

乞詔有司祈雪劄子 益國文忠集 140/9a 益公集 140/10b

付趙汝愚御筆同兩參回奏汝愚奏劄附後 益國文忠集 148/15a 益公集 148/17a

上壽皇論天變地震書 誠齋集 62/4a 歷代奏議 307/3a

旱曝應詔上疏 誠齋集 62/12b 歷代奏議 307/8a

乙巳輪對第一劄子 誠齋集 69/12a

論災異劄子 朱文公集 14/25b 歷代奏議 310/3b

奏南康軍旱傷狀 朱文公集 16/2a 歷代奏議 183/18b

再奏南康軍旱傷狀 朱文公集 16/3b

奏蝗蟲傷稼狀 朱文公集 17/10b

御筆回奏狀 朱文公集 17/11b

乞修德政以弭天變狀 朱文公集 17/13b 歷代奏議 307/2b

奏巡歷沿路災傷事理狀 朱文公集 17/22b

上時政闕失劄子 尊白堂集 6/10b 歷代奏議 308/12a

爲人作論旱劄子 東萊集/外 5/6a

論災異 宋本攻媿集 19/2a 攻媿集 20/2a

雷雪應詔條具封事 宋本攻媿集 21/1a 攻媿集 22/1a

雷雨應詔封事 宋本攻媿集 23/3a 攻媿集 24/3a

過宮後再入奏狀 東塘集 13/6a 歷代奏議 308/20a

論雷雪之異爲陰盛侵陽之證疏 止堂集 1/6b 歷代奏議 308/1a

因禱雨論車駕不過重華宮無以消弭災害書 止堂集 3/18a 歷代奏議 11/22a

應詔論雷雨爲災奏 止堂集 5/1a 歷代奏議 308/21a

乞詔求直言疏 止堂集 6/5b 歷代奏議 308/10b

奏辰沅州水災劄子 止堂集 6/17b

冬雷請乞訪求民政得失 雲莊集 1/6b

輪對咸平元年慧出營室北劄子 聚齋集 2/5a

輪對照寧三年太白晝見劄子 聚齋集 2/6a

論弭答徵宣問言路劄子 聚齋集 3/13a 歷代奏議 310/1a

輪對劄子論敬天 後樂集 9/23b 歷代奏議 307/15b

辛亥歲春雷雪應詔上封事 後樂集 10/14a 歷代

奏議表狀一 奏議 災祥 1351

奏議 309/12b

擬上殿劄子　洛水集 1/1a

八月一日輪對奏劄　真西山集 2/23b　歷代奏議 309/22a

乙未正月丙辰經筵奏己見劄子（1－2）　真西山集 14/12a－16b　歷代奏議 310/4b,150/1a

建紹乾道陰雨五事　鶴林集 15/1a

乾道初郊雷變　鶴林集 15/25a

正字上殿劄子　蒙齋集 2/1a　歷代奏議 309/5b

江東上封事　蒙齋集 3/9b　歷代奏議 309/1a　南宋文範 24/17b

應詔封事　蒙齋集 3/12a　歷代奏議 309/2b

戊戌風變擬應詔封事　蒙齋集 4/1a　歷代奏議 313/14b

論災異劄子　杜清獻集 8/5a

嘉熙四年被召入見第一劄　杜清獻集 9/2b－14a　歷代奏議 314/1a

吏部侍郎己見劄（1－2）　杜清獻集 10/1a－6b　歷代奏議 314/2a

七月己見劄子　杜清獻集 10/9b

諫院奏議九月分第一劄　織菴集 1/23b－27b

應詔上封事　恥堂稿 1/5a　歷代奏議 313/1a

直前奏事　恥堂稿 1/12a　歷代奏議 313/6b

彗星應詔封事　恥堂稿 1/29b　歷代奏議 313/10a

進故事辛西六月初九日　後村集 87/1a

進故事辛西七月十五日　後村集 87/2b

都城災應詔上封事　清正稿 1/12a

己巳進故事　清正稿 2/4b

壬寅進故事　清正稿 2/9b

轉對狀　楳埜集 6/1a　歷代奏議 310/12a

奏論都城火災乞修省以消變異　許國公奏議 1/1a　歷代奏議 310/4b

奏論國朝庚子辛丑氣數人事　許國公奏議 3/21a

水災後劄子　魯齋集 9/16a

禱雨劄子　魯齋集 10/12b

淳祐丙午正旦日蝕應詔奏　可齋稿 17/20a　歷代奏議 310/14a

漢李尋言王道公正修明則百川理　雪窗集 2/29a

奏日食事　格庵稿/4a

奏日食之後火災事　格庵稿/6b

奏今日水火爲災事　格庵稿/13b

奏震霆不當即御前殿事　格庵稿/23a

上太宗論麟徐鉉撰　宋朝奏議 36/1a

上真宗論周伯星現張知白撰　宋朝奏議 36/1b　歷代奏議 298/27b

上真宗論受天書戚綸撰　宋朝奏議 36/4a　歷代奏議 298/29b

上真宗論羣臣數奏祥瑞孫爽撰　宋朝奏議 36/5a　歷代奏議 298/30a

上真宗論天書孫爽撰　宋朝奏議 36/5b　宋文鑑 43/1b　歷代奏議 298/30b

上仁宗論金芝韓琦撰　宋朝奏議 36/6b　歷代奏議 -299/13a

上仁宗論石鑛韓琦撰　宋朝奏議 36/7a　歷代奏議 299/18b

上仁宗論麒麟齊唐撰　宋朝奏議 36/9a　歷代奏議 301/4a

上仁宗乞不宣取瑞木曾公亮撰　宋朝奏議 36/10a　歷代奏議 302/19a

上徽宗論幸潛宮觀芝草陳師錫撰　宋朝奏議 36/10b　歷代奏議 304/14b

上太宗論彗星趙普撰　宋朝奏議 37/3b　宋文鑑 41/3a　歷代奏議 298/18b

上太宗論旱災　宋朝奏議 37/7b　歷代奏議 298/17b　蜀文帙存 1/6b

上真宗應詔論彗星旱災朱臺符撰　宋朝奏議 37/9a　歷代奏議 298/20b　蜀文帙存 3/16a

上真宗論黃州虎門鷄鳴冬雷之異王禹偁撰　宋朝奏議 37/14b　歷代奏議 298/25b

上仁宗論水旱蟲蝗之異劉隨撰　宋朝奏議 37/15b　歷代奏議 299/1a

上仁宗論星變劉隨撰　宋朝奏議 37/17a　歷代奏議 299/2a

上仁宗論火災地震韓琦撰　宋朝奏議 38/1a　歷代奏議 299/14a

上仁宗論星變韓琦撰　宋朝奏議 38/2b　歷代奏議 299/15a

上仁宗論星變地震冬無積雪韓琦撰　宋朝奏議 38/3b　歷代奏議 299/16a

上仁宗論并忻州地震龐籍撰　宋朝奏議 38/5a　歷代奏議 299/22a

上仁宗論衆星流散月入南斗韓琦撰　宋朝奏議 38/6a　歷代奏議 299/17a

上仁宗答詔論地震春雷之異韓琦撰　宋朝奏議 39/9a　歷代奏議 299/18b

上仁宗論日食葉清臣撰　宋朝奏議 39/11b　歷代奏議 299/21a

上仁宗論久陰孫沔撰　宋朝奏議 39/12b　歷代奏議 300/4b

上仁宗論赤雪地震之異孫甫撰　宋朝奏議 39/13b－14a　歷代奏議 300/11b

上仁宗論赤雪地震之異係第二狀 孫甫撰 宋朝奏議 39/14a 歷代奏議 300/12a

上仁宗論飛蝗係第二狀 蔡襄撰 宋朝奏議 39/16a 歷代奏議 300/14b

上仁宗論定襄地震孟夏雷未發聲李京撰 宋朝奏議 39/19b 歷代奏議 300/18a

上仁宗答詔論旱災錢彥遠撰 宋朝奏議 40/1a 歷代奏議 300/18b

上仁宗論水災吳奎撰 宋朝奏議 40/11b 歷代奏議 300/26a

上仁宗論水旱乞裁節國用范鎮撰 宋朝奏議 40/13a 歷代奏議 244/2b 蜀文輯存 8/12b

上仁宗論黑氣蔽日及風雨寒暑變異范鎮撰 宋朝奏議 40/13b 歷代奏議 301/1b 蜀文輯存 9/1a

上仁宗論水旱之本范鎮撰 宋朝奏議 40/16a 歷代奏議 244/3a 蜀文輯存 8/13a

上英宗應詔論水災呂海撰 宋朝奏議 41/5a 歷代奏議 301/14b

上英宗應詔論水災呂大防撰 宋朝奏議 41/7a 歷代奏議 301/15b

上英宗應詔論水災程顥撰 宋朝奏議 41/11a 歷代奏議 301/7a

上英宗應詔論水災呂公著撰 宋朝奏議 42/1a 歷代奏議 301/20a

上神宗論地震錢顗撰 宋朝奏議 42/3a 歷代奏議 302/6b

上神宗論淫雨地震呂公著撰 宋朝奏議 42/6a 歷代奏議 302/1a

上神宗論災變非時數富弼撰 宋朝奏議 42/8a 歷代奏議 302/9a

上神宗乞以無災爲懼係覽撰 宋朝奏議 42/14a 歷代奏議 302/18b

上神宗論華州山變呂大防撰 宋朝奏議 42/15a 歷代奏議 302/19b

上神宗答詔論彗星富弼撰 宋朝奏議 42/17a 歷代奏議 302/16b

上神宗答詔論彗星呂公著撰 宋朝奏議 42/19b 歷代奏議 302/2b

上神宗答詔論彗星上三說九宜呂大防撰 宋朝奏議 43/1a 歷代奏議 303/1a

上神宗答詔論彗星上三說九宜邢恕撰 宋朝奏議 43/5b 歷代奏議 303/5b

上神宗答詔論彗星上三說九宜呂大鈞撰 宋朝奏議 43/12a 歷代奏議 303/4b

上哲宗論華山摧梁燾撰 宋朝奏議 43/15a 歷代奏議 303/15a

上哲宗論早爲不蕃之罰王巖撰 宋朝奏議 43/17a

歷代奏議 303/18a

上哲宗論日食梁燾撰 宋朝奏議 44/1a 歷代奏議 303/16b

上哲宗論月食王巖叟撰 宋朝奏議 44/3a 歷代奏議 304/1b

上哲宗論日食范祖禹撰 宋朝奏議 44/6a

上哲宗答詔論彗星陳四說陳并撰 宋朝奏議 44/7b 歷代奏議 304/2b

上徽宗答詔論日食韓宗武撰 宋朝奏議 44/16a 歷代奏議 304/12b

上徽宗論應天以實王逸之撰 宋朝奏議 44/19a 歷代奏議 205/1b

上徽宗論星變陳瓘撰 宋朝奏議 44/19b

上徽宗論赤氣之異任伯雨撰 宋朝奏議 44/23a 歷代奏議 304/19a 蜀文輯存 30/14a

上徽宗論赤氣之異係第二狀 任伯雨撰 宋朝奏議 44/24b 歷代奏議 304/21a 蜀文輯存 30/15a

上徽宗論建火星觀以禳赤氣任伯雨撰 宋朝奏議 45/1a 歷代奏議 304/20a 蜀文輯存 30/15a

上徽宗論月暈圍昴畢任伯雨撰 宋朝奏議 45/2a 歷代奏議 333/11b 蜀文輯存 30/18b

上徽宗答詔論彗星四事毛注撰 宋朝奏議 45/7b 歷代奏議 304/23a

上欽宗論陰盛陳公輔撰 宋朝奏議 45/14a 歷代奏議 305/4b

上欽宗論彗星呂好問撰 宋朝奏議 45/15b 歷代奏議 305/5b

上欽宗論彗星王襄撰 宋朝奏議 45/17a 歷代奏議 305/6b

上徽宗乞因日食命百官轉對江公望撰 宋朝奏議 77/11b 歷代奏議 304/22a

上仁宗論正旦日蝕請罷宴富弼撰 宋朝奏議 92/5b 歷代奏議 300/3b

上神宗論久旱乞罷樂上壽富弼撰 宋朝奏議 92/6b 歷代奏議 302/13b

上神宗論誕日罷燕雨澤之慶富弼撰 宋朝奏議 92/8a 歷代奏議 302/14b

上神宗論誕日罷燕雨澤之應富弼撰 宋朝奏議 92/9a 歷代奏議 302/15b

論救災疏程元鳳 新安文獻 5/11a

議災異五事程文海撰 新安文獻 6/12b

論天變可畏人事當修疏李鳴復撰 歷代奏議 99/10b 蜀文輯存 81/1a

乞遣臺諫按察民病以應天災劉子李光撰 歷代奏議 107/11b

經筵附進救災五事狀崔敦詩撰 歷代奏議 247/12b

論玉清昭應宮災疏 王曙撰 歷代奏議 299/7a

論禁中火災疏﹡滕宗諒撰 歷代奏議 299/7b
論水旱蝗災疏﹡謝絳撰 歷代奏議 299/11b
論考功課更以消蝗災疏﹡謝絳撰 歷代奏議 299/12b
論芝草非瑞疏﹡鞠詠撰 歷代奏議 299/13a
因災變上別狀十事﹡韓琦撰 歷代奏議 299/19b
論京師地震疏﹡葉清臣撰 歷代奏議 299/20b
論日食疏﹡趙師民撰 歷代奏議 300/4a
論請帝禱於郊﹡王素撰 歷代奏議 300/15a
論災異疏﹡胡宿撰 歷代奏議 300/18b
論禳除星異疏﹡宋庠撰 歷代奏議 300/21b
引洪範上變戒疏梅摯撰 歷代奏議 300/21b 蜀文輯存 4/18a
論雷震雨雹之變宜節土木疏范鎮撰 歷代奏議 301/2b 蜀文輯存 9/2a
論日食者陰侵陽之戒疏﹡吳及撰 歷代奏議 301/5a
論京師大水疏﹡楊畋撰 歷代奏議 301/5a
廷對論災祥﹡李清臣撰 歷代奏議 301/20a
論大雨壞廬舍入宗廟疏﹡傅堯命撰 歷代奏議 301/21b
論引過求言消弭水害疏﹡傅堯命撰 歷代奏議 301/22a
乞正法官之罪以消災疏﹡傅堯命撰 歷代奏議 301/23a
請親閱幕奏畏天愛民不苟改悔疏﹡富弼撰 歷代奏議 302/18a
論威福之至者皆以爲命則人事幾廢疏﹡彭汝礪撰 歷代奏議 303/13b
以久旱上書論時政眾庶撰 歷代奏議 303/14b
乞親出祈雨引咎自責疏﹡傅堯命撰 歷代奏議 304/1a
論京東大水鄒浩撰 歷代奏議 304/2a
論變異未盡消內正事猶有闕疏﹡王覿撰 歷代奏議 304/10a
論熒惑在房心之間狀陳瓘撰 歷代奏議 304/15a
進仁祖言誠告爲天心之仁故事 歷代奏議 304/16b
應詔論災異疏﹡路昌衡撰 歷代奏議 304/17a
論衛州進瑞麥狀陳瓘撰 歷代奏議 304/17a
應詔論災異崔鶠撰 歷代奏議 304/17b
論集禧觀災不必於延福宮設醮謝咎疏﹡王覿撰 歷代奏議 304/22b
論歲旱疏﹡黃葆光撰 歷代奏議 304/27b
論災異之變疏﹡李綱撰 歷代奏議 305/4b
論日食疏﹡滕康撰 歷代奏議 305/13a

論陰道太盛疏﹡李陵撰 歷代奏議 305/13b
論災異所自劉子張守撰 歷代奏議 305/14a
論修德選賢以消天變疏張浚撰 歷代奏議 305/16b 蜀文輯存 44/21a
請如天之公容誠信疏張浚撰 歷代奏議 305/17a 蜀文輯存 44/22a
論宜甄別邪正亟加進用疏﹡魏矼撰 歷代奏議 305/17b
飛蝗爲災狀張浚撰 歷代奏議 305/17b 蜀文輯存 45/1a
論法行偏則人怨而氣乖疏﹡洪擬撰 歷代奏議 305/18a
論人心不和有以致旱疏﹡張大經撰 歷代奏議 305/18b
論日食地震疏﹡黃次山撰 歷代奏議 306/1a
以地震應詔條陳八事狀李綱撰 歷代奏議 306/2a
代人上殿劄子陳長方撰 歷代奏議 306/9a
論水災請去女寵黜佞小人疏﹡龔茂良撰 歷代奏議 306/9b
論人心抑鬱所以感傷天和疏﹡尤袤撰 歷代奏議 306/9b
因彗星見應詔言近習姦邪﹡愛敦復撰 歷代奏議 306/10a
應詔上論應天之道疏﹡胡銓撰 歷代奏議 306/10b
應詔上論和議有可痛哭者十﹡胡銓撰 歷代奏議 306/17a
論災異劄子匡應辰撰 歷代奏議 306/23a
應詔論天旱﹡羅點撰 歷代奏議 307/13b
論西蜀草木之妖措置水旱盜賊之備疏廖允文撰 歷代奏議 307/14a 蜀文輯存 57/22b
論恐懼致福之本疏﹡王師愈撰 歷代奏議 307/15a
乞降詔求言疏趙汝愚撰 歷代奏議 307/17a
論客星出傳舍疏趙汝愚撰 歷代奏議 307/18a
論災祥疏﹡袁說友撰 歷代奏議 307/19a
以仲春雷電論時政闕失﹡林大中撰 歷代奏議 308/1a
論雷震雪作乃陰氣過盛之證疏﹡彭龜年撰 歷代奏議 308/8b
論災祥﹡廖僎撰 歷代奏議 308/11a
因災異陳三大事疏劉光祖撰 歷代奏議 308/15b 蜀文輯存 70/1a
應詔論災異﹡許奕撰 歷代奏議 308/24b
上封事疏﹡莊夏撰 歷代奏議 308/24b
應詔論災祥疏﹡張虙撰 歷代奏議 308/24b
論致天變在君相疏李鳴復撰 歷代奏議 309/6b 蜀

文帙存 82/8a

以火災應詔論災祥 蔣重珍撰 歷代奏議 309/10a

論火災疏衛涇撰 歷代奏議 309/10b

論兵吏慘酷甚於火災疏 吳泳撰 歷代奏議 309/10b

進故事 衛涇撰 歷代奏議 309/11b

請謝絕和好謹修邊備疏劉光祖撰 歷代奏議 309/23a 蜀文帙存 70/5a

論更化之實疏 趙崇鼎撰 歷代奏議 309/25a

論僧致災變疏 王介撰 歷代奏議 310/3b

論致早之由在政事多失疏李心傳撰 歷代奏議 310/6a 蜀文帙存 77/1a

論求直言以神助君德感格天心疏 崔與之撰 歷代奏議 310/6a

論君臣灌舊圖新疏吳昌裔撰 歷代奏議 310/7a 蜀文帙存 85/13a

論四陰之證狀疏吳昌裔撰 歷代奏議 310/8b 蜀文帙存 85/14b

應詔上封事趙必願撰 歷代奏議 310/10a

轉對奏劄趙必願撰 歷代奏議 310/10b

太陽交食應詔陳十二事疏牟子才撰 歷代奏議 310/15a 蜀文帙存 89/9b

論正救災異賴宰相疏牟子才撰 歷代奏議 310/30a 蜀文帙存 90/1a

論修省不在祈禱迎神等事疏牟子才撰 歷代奏議 311/1a 蜀文帙存 90/2a

論水旱之災正君相交修之時疏牟子才撰 歷代奏議 311/6b 蜀文帙存 90/7a

論今無崇觀宣靖之事而有其徵疏牟子才撰 歷代奏議 311/7b 蜀文帙存 90/8a

論復兄弟之天性疏牟子才撰 歷代奏議 311/15a 蜀文帙存 90/14a

論上有休否之君下有休否之臣疏牟子才撰 歷代奏議 311/15b 蜀文帙存 90/14b

論陰濁之政有類宣和者五事疏牟子才撰 歷代

奏議 312/1a 蜀文帙存 91/1a

上火災封事牟子才撰 歷代奏議 312/7b 蜀文帙存 91/14a

論大臣救災宜法子產疏牟子才撰 歷代奏議 312/12b 蜀文帙存 91/6b

因災異請鑑季漢事疏牟子才撰 歷代奏議 312/13b 蜀文帙存 91/7b

論雷雨變異疏牟子才撰 歷代奏議 312/19b 蜀文帙存 91/12b

乞捐內帑錢帛以助賑濟疏 高斯得撰 歷代奏議 313/9a

應詔論災異由立心未公持心不敬疏 湯漢撰 歷代奏議 313/13a

應詔論解天意在悅人心疏 趙景緯撰 歷代奏議 313/14a

論冬雷疏 王應麟撰 歷代奏議 313/21b

進神宗故事論罪祥 洪舜俞撰 歷代奏議 313/22a

進故事論災祥 許應龍撰 歷代奏議 313/22b,23b

論星變疏 李大同撰 歷代奏議 314/3a

進乾道二年故事疏牟凌撰 歷代奏議 314/4a 蜀文帙存 93/10b

論雷發非時疏 趙景緯撰 歷代奏議 314/5b

星變論劫買似道疏杜仕賢撰 南宋文範/外 2/3b

應詔陳彗星旱災疏何亮撰 蜀文帙存 3/16a

論水災疏范鎮撰 蜀文帙存 7/12a

請行善政以答天變表張商英撰 蜀文帙存 13/13a

應詔陳陰氣太盛宜謹七事疏蒲宗孟撰 蜀文帙存 19/2a

紹興陰雨疏常同撰 蜀文帙存 38/21b

論禱雨感應疏宇文紹節撰 蜀文帙存 54/9a

請將諸處祥瑞圖狀於鹵簿行旗狀趙逵撰 蜀文帙存 59/10a

襄水流趙逵撰 蜀文帙存 59/15a

(十四) 宗室后妃

上真宗乞早建儲闈 咸平集 1/27a 宋朝奏議 30/1a 歷代奏議 72/13a

論宛國公主議行册禮 文恭集 7/14a 宋朝奏議 33/會 2a 歷代奏議 74/21a

請建太子 包孝肅奏議 1/7a 宋朝奏議 31/2b 歷代奏議 73/8a

中書劄子(1-2) 包孝肅奏議 6/95b-96b 歷代奏議 289/6b

論李緩昌國親事 包孝肅奏議 6/114a 宋朝奏議 33/7b 歷代奏議 74/18b

論吳王宮誤封次孫事 武溪集/奏議 下/15a

對聖問爲故王堯臣至和三年爲參知政事日與仁宗前曾與

臣等乞立英宗皇帝爲關奉旨作一文字述當時事實　文路公集 21/5b

論美人張氏恩寵宜加裁損劄子　歐陽文忠集 103/9a 宋朝奏議 29/5b 歷代奏議 74/17b

論燕王子允良乞未加恩劄子　歐陽文忠集 104/7a

論選皇子疏作書　歐陽文忠集 111/4b 宋朝奏議 31/倉 1a 歷代奏議 73/6b

后妃　樂全集 7/3a 歷代奏議 74/19a

宗室論　樂全集 10/1a 歷代奏議 77/1a

皇族試用　樂全集 10/3a 歷代奏議 77/2a

論宗室賜名事　樂全集 24/14a

乞立皇子劄子　樂全集 25/29b 宋朝奏議 31/3a 歷代奏議 73/19b

奏狀論皇親非次轉官　清獻集 2/16a 宋朝奏議 32/ 2b 歷代奏議 76/29a

奏疏言皇嗣未立　清獻集 3/13b 宋朝奏議 30/4a 歷代奏議 72/16a

乞不汎於諸家爲顯王擇妃狀　韓南陽集 23/15b 宋朝奏議 27/1a 宋文鑑 52/13a 歷代奏議 74/29a

上仁宗論皇女生疏決賜與子　公是集 32/6a 宋朝奏議 33/倉 1a 歷代奏議 218/13a

請建儲副或進用宗室狀(1-3)　傳家集 19/1a- 6a 司馬溫公集 16/11a,14a,17/1a 宋朝奏議 30/5a,10b, 13b 歷代奏議 72/17a,19a,20a

乞建儲上殿劄子　傳家集 22/1a 司馬溫公集 20/4a 宋朝奏議 31/6b 歷代奏議 72/21b

乞建儲上殿第二劄子　傳家集 22/1b 司馬溫公集 20/6b 宋朝奏議 31/7a 歷代奏議 72/22a

論公主宅内臣狀　傳家集 23/1a 司馬溫公集 21/1b 宋朝奏議 33/3a 歷代奏議 74/21b

論正家上殿劄子　傳家集 23/10a 司馬溫公集 21/7a 宋朝奏議 33/3b 歷代奏議 24/22a

乞召皇姪就職上殿劄子　傳家集 26/1b 司馬溫公集 24/2a 宋朝奏議 31/13a 歷代奏議 76/29a

請早令皇子入内劄子　傳家集 26/3a 司馬溫公集 24/3b 宋朝奏議 31/倉 12a 歷代奏議 72/22b

論后妃封贈劄子　傳家集 27/1a 司馬溫公集 25/1a 宋朝奏議 34/14a 歷代奏議 283/18b

乞放宮人劄子　傳家集 29/4a 司馬溫公集 27/3a 歷代奏議 74/23a

上皇太后疏　傳家集 29/4b 司馬溫公集 27/3b 宋朝奏議 9/4a 歷代奏議 74/23b

言後宮等級劄子　傳家集 29/10a 司馬溫公集 27/8a 宋朝奏議 29/8b 宋文鑑 48/10b 歷代奏議 74/23a

論皇太后取索劄子　傳家集 31/4a 司馬溫公集 29/ 1a

乞后族不推恩劄子　傳家集 31/5a 司馬溫公集

29/2a 宋朝奏議 34/15a 歷代奏議 289/11a

上皇太后疏　傳家集 31/5b 司馬溫公集 29/2b 宋朝奏議 10/4b 歷代奏議 10/10b,74/25a

宗室襲封議　傳家集 66/5a 司馬溫公集 42/5b

兩制議奏王襲封狀　彭城集 24/7b

論封太祖後狀　彭城集 24/9b 宋朝奏議 32/倉 3b 歷代奏議 77/14a

薦宗室令時狀　蘇東坡全集/奏議 10/22a 宋朝奏議 32/96 歷代奏議 77/13b

奏内中車子爭道亂行劄子　蘇東坡全集/奏議 12/ 22a 宋朝奏議 29/19a 宋文鑑 55/15b 歷代奏議 21/4b

再薦宗室令時劄子　蘇東坡全集/奏議 12/22b

立皇后制書劄子　樂城集/後 16/7a

論立上太皇太后疏　范太史集 20/1a 宋朝奏議 27/3b 宋文鑑 59/4b 歷代奏議 75/4a

進家人卦解義劄子附家人卦　范太史集 23/3a 宋朝奏議 27/9b 歷代奏議 75/7a

請皇太后軍國常務專取皇帝處分　自省集 6/7a

上哲宗乞寢賜孟在宅狀　讜論集 1/7b 歷代奏議 289/15a

上哲宗論内治　讜論集 1/15a 宋朝奏議 28/6b 歷代奏議 75/13a

上哲宗論宗景以妾爲妻狀　讜論集 1/20a 宋朝奏議 32/106 歷代奏議 77/15b

謀哲宗立劉后疏　道鄉集 23/1a 宋朝奏議 28/7a 宋文鑑 61/6a 歷代奏議 75/11a

疏論向族子弟乞密加訓勅　道鄉集/補遺 26b 宋朝奏議 35/3a 歷代奏議 289/19a

論威里除授劄子　高峰集 2/34b 歷代奏議 289/22b

劄子十二月十一日上　程北山集 39/11a

論三鎮親王劄子　莊簡集 8/16b

上元祐皇后請迎康王疏　少師集 4/8a

乞安養宗室劄子　毗陵集 1/7a 歷代奏議 77/18b

奏乞宗室授嫡廟劄子　楳溪集 8/16b

乞擢用宗室狀　東牟集 9/7b

乞以鄧王爲臨安牧劄子　松隱集 27/4a

論用宗子　默堂集 14/4b 歷代奏議 77/16b

建王免出征先行劄子　鄂峰錄 21/5b

建王辭免升儲劄子(1-3)　鄂峰錄 21/7b-8b

乞改正魏王鎮牧奏　益國文忠集 103/8a 益公集 103/83a

又奏乞改正魏王鎮牧奏　益國文忠集 103/8b 益公集 103/84a

論杜太后家子孫　益國文忠集 141/11b 益公集 141/ 13b

論安定郡王襲封　益國文忠集 142/2b 益公集 142/

3a

論安定郡王襲封　益國文忠集 142/2b　益公集 142/

3a

論宗室同名　益國文忠集 142/5b　益公集 142/6b　歷代奏議 77/19a

論差宗室作教官試官　益國文忠集 143/1a　益公集 143/1a

高宗服藥乞御後殿御筆回奏　益國文忠集 150/ 9a-9b　益公集 150/10a-10b

過宮燒香皇太子參決等御筆回奏　益國文忠集 150/17a　益公集 150/19a

皇太子議事御筆　益文忠集 150/17b　益公集 150/ 20a

皇太子初開議事堂乞特御殿　益國文忠集 150/ 18b　益公集 150/21a

乞點定皇子封王國號奏　益國文忠集 152/12b　益公集 152/13b

翊善典故御筆回奏　益國文忠集 152/13b　益公集 152/15a

乞召魏王侍柯劄子　益國文忠集 161/17a　益公集 161/19a

付下兩春坊當直人文字印劄　益國文忠集 161/ 18a　益公集 161/20b

上壽皇論東宮參決書　誠齋集 62/22a

宗室補試薦務奏議　應齋雜著 1/4a

繳奏安定郡王子濤賜宅狀　止齋集 23/9b

應詔薦宗室趙師處趙師淵狀　止齋集 27/6a

賀東宮上御書居仁牌劄子　宋本攻媿集 17/3b　攻媿集 33/4a

舉宗室伯洙師津狀　宋本攻媿集 18/2b　攻媿集 31/ 2b

論宗室右選嶽廟　宋本攻媿集 19/13a　攻媿集 20/12a

乞東宮官進嘉言善行　宋本攻媿集 25/10b　攻媿集 26/9b

繳皇后宅恩澤　宋本攻媿集 26/闕　攻媿集 27/6b

繳皇后宅門客親屬補官　宋本攻媿集 26/闕　攻媿集 27/9b

繳李氏等依官人例支破請給　宋本攻媿集 28/闕　攻媿集 29/15a

再繳李氏等依官人請給　宋本攻媿集 29/闕　攻媿集 30/3b

論選用宗室劄子　定齋集 5/7a　歷代奏議 77/19b

上東宮劄子附入　育德堂奏議 6/16b

繳進御筆劄子　後樂集 12/1a　歷代奏議 73/26a

同宰執奏皇太子會議資善堂劄子　後樂集 12/ 2b

繳進嘉紹本議狀　鶴林集 22/2b

諫院奏議（1-2）　鐵菴集 1/1a-8b

乞定儲嗣奏器家集卷之三　金佗粹編 12/8b

擬建儲劄百氏昭忠錄卷之十四　朱嘉撰　金佗粹編/續 30/14b

請立濟邸後疏　象臺首末 1/1a

轉對劄子　後村集 52/9b

進故事辛亥七月初十日　後村集 86/5b　歷代奏議 289/ 24a

奏乞選養宗子以繫國本以鎮人心　許國公奏議 2/26a

內引第二劄奏乞遴選近族以係屬人心而侯太子之生　許國公奏議 3/15a

秋七月因皇子進封忠王遣故事具奏錄進舊來所得聖語乞付史館　許國公奏議 3/46a

奏乞緩進封淑妃事　格庵稿/9a

上慈聖皇后乞調治聖躬建立儲副呂海撰　宋朝奏議 9/8b　歷代奏議 73/16a

上章獻皇后乞還政劉隨撰　宋朝奏議 26/1a　宋文鑑 43/9a　歷代奏議 30/6b

上慈聖皇后乞少避東殿呂海撰　宋朝奏議 26/3b　歷代奏議 34/17b

上慈聖皇后乞罷簾前奏事龐籍臣撰　宋朝奏議 26/ 6a　歷代奏議 34/14b

上慈聖皇后乞罷簾前奏事傳堯命撰　宋朝奏議 26/ 6b

上慈聖皇后乞歸符寶呂海撰　宋朝奏議 26/8a　歷代奏議 34/17b

上宣仁皇后乞還政梁燾撰　宋朝奏議 26/13b　宋文鑑 60/4a　歷代奏議 41/3b

上宣仁皇后乞還政條第二狀　梁燾撰　宋朝奏議 26/ 14a　歷代奏議 41/4a

上欽宗論宣仁誣誹未明瑤華位號未復楊時撰　宋朝奏議 26/14b

上英宗乞勿煩皇太后聽政傅堯命撰　宋朝奏議 26/ 瘐

上慈聖皇后乞還政傅堯命撰　宋朝奏議 26/瘐

上宣仁皇后乞蓋擇后而素教之彭汝礪撰　宋朝奏議 27/2a　歷代奏議 75/3a

上宣仁皇后論立后當采用德閥不當勸遣呂希純撰　宋朝奏議 27/7a　歷代奏議 75/10a

上仁宗論廢郭皇后段少連撰　宋朝奏議 28/1a　歷代奏議 74/11a

上仁宗論廢后有大不可者段少連撰　宋朝奏議 28/ 2a　歷代奏議 74/11b

上仁宗論廢嫡后逐諫臣富弼撰　宋朝奏議 28/3b

奏議表狀一　奏議　宗室后妃　1357

歷代奏議 74/9b

上仁宗乞序正官披廱籍撰 宋朝奏議 29/1a 歷代奏議 74/13a

上仁宗論治本宮禁五事 孫沔撰 宋朝奏議 29/1b 宋文鑑 51/1b 歷代奏議 74/14a

上仁宗乞止絕宮人出入孫沔撰 宋朝奏議 29/5a 歷代奏議 74/17a

上仁宗論女御以御寶白制除才人范師道撰 宋朝奏議 29/6b 歷代奏議 290/11a,74/18b

上神宗乞減放宮人錢凱撰 宋朝奏議 29/8a 歷代奏議 75/1a

上神宗乞罷十閣之制呂海撰 宋朝奏議 29/8b 歷代奏議 75/1b

上神宗乞放内人景氏楊繪撰 宋朝奏議 29/9a 歷代奏議 74/29a 蜀文輯存 18/6b

上仁宗乞選擇宗親試以職務張述撰 宋朝奏議 30/1b-2a 歷代奏議 72/14a-14b 蜀文輯存 11/4b-6a

上仁宗乞歷選官員者龐籍撰 宋朝奏議 30/7b 歷代奏議 73/1b

上仁宗乞立太祖太宗之曾孫吳奎撰 宋朝奏議 30/9b 歷代奏議 73/1a

上仁宗乞擇藝祖太宗子孫立爲皇子張述撰 宋朝奏議 31/3b 歷代奏議 72/15a 蜀文輯存 11/5a

上仁宗乞罷禱祠立副君郭宿撰 宋朝奏議 31/5b 歷代奏議 73/9b

上仁宗論皇嗣如已有所屬乞宣示中書密院奉行韓琦撰 宋朝奏議 31/6a 歷代奏議 73/9b

上仁宗乞鑒東漢之禍蠶立皇子陳洙撰 宋朝奏議 31/8a 歷代奏議 73/12a

上仁宗論既擇宗子知宗子知宗正寺不可復猶豫遲疑王陶撰 宋朝奏議 31/11a 歷代奏議 73/13a

上英宗乞淮陽郡王出閤傅堯俞撰 宋朝奏議 31/14b 歷代奏議 73/18a

上英宗乞立淮陽郡王爲皇太子呂誨撰 宋朝奏議 31/15a 歷代奏議 73/15a

上仁宗乞分王宗室壯觀洪業劉敞撰 宋朝奏議 32/1a 歷代奏議 76/26b

上仁宗乞令宗室幹當在京諸司富弼撰 宋朝奏議 32/1b 歷代奏議 76/28b

上仁宗乞宗子以次補外范鎮撰 宋朝奏議 32/2a 歷代奏議 26/28b 蜀文輯存 8/2a

上仁宗論宗室爵秩祿廟乞守舊制馬遵撰 宋朝奏議 32/2b 歷代奏議 76/29a

上仁宗論皇弟第二子恩意禮秩當與穎王差遠傅堯俞撰 宋朝奏議 32/3a 歷代奏議 77/5a

上英宗論皇子三位當示降差趙瞻撰 宋朝奏議 32/3b 歷代奏議 77/4b

上神宗乞酌古今之宜限服紀之禮楊繪撰 宋朝奏議 32/5b 歷代奏議 77/10a 蜀文輯存 18/6b

上神宗乞立宗子課試法趙彦若撰 宋朝奏議 32/7a 歷代奏議 77/11a

上神宗乞特燕宗室以齒黃履撰 宋朝奏議 32/7b 歷代奏議 77/11a

上哲宗乞早安存遭火災宗室王巖叟撰 宋朝奏議 32/8a 歷代奏議 77/12a

上哲宗應詔論宗室二事王巖叟撰 宋朝奏議 32/8b 歷代奏議 77/12a

上徽宗乞不根治蔡王之獄江公望撰 宋朝奏議 32/11a 宋文鑑 62/8b 歷代奏議 77/15a

上徽宗論宗子有文行才術者乞加庠別仲淡撰 宋朝奏議 32/12b 歷代奏議 77/16b

上仁宗論主婚無過被謫隸臣有罪得選傅堯俞撰 宋朝奏議 33/4b

上哲宗論罷黜韓嘉彦彭汝礪撰 宋朝奏議 33/6a 歷代奏議 289/13b

上神宗乞郡縣主耑於見任文武官僚中選擇爲親劉述撰 宋朝奏議 33/8a 歷代奏議 75/1a

上哲宗乞詳定祖免親姻條貫彭汝礪撰 宋朝奏議 33/8b 歷代奏議 77/13a

上仁宗論楊景宗恣橫不恭韓琦撰 宋朝奏議 34/1a 歷代奏議 289/2a

上仁宗論后族威里非次改官何郯撰 宋朝奏議 34/2b 歷代奏議 289/3a 蜀文輯存 6/21a

上仁宗論連姻臣僚更不得除授典掌侍衞及樞要之任何郯撰 宋朝奏議 34/3a 歷代奏議 289/3b 蜀文輯存 6/21a

上仁宗論不可令李珣管軍錢彦遠撰 宋朝奏議 34/3b 歷代奏議 289/5b

上仁宗論張堯佐不可進處二府何郯撰 宋朝奏議 34/4a 歷代奏議 289/4a 蜀文輯存 6/21b

上仁宗論張堯佐除四使不當王舉正撰 宋朝奏議 34/6b 歷代奏議 289/7a

上仁宗論張堯佐再除宣徽使王舉正撰 宋朝奏議 34/9a 歷代奏議 289/7b

上仁宗乞因拾享大慶恩恤先后之家江休復撰 宋朝奏議 34/11a 歷代奏議 289/10a

上仁宗論駙馬李偉指使門客范鎮撰 宋朝奏議 34/11a 歷代奏議 289/10a 蜀文輯存 8/18b

上仁宗論李珣劉永年無功除授楊畋撰 宋朝奏議 34/12a 歷代奏議 289/10b

上仁宗論劉永年再除防禦使傅堯俞撰 宋朝奏議 34/12a 歷代奏議 197/21b

上仁宗論劉永年再除防禦使傅堯俞撰 宋朝奏議 34/13a 歷代奏議 197/22a

上仁宗論劉永年再除防禦使王疇撰 宋朝奏議 34/13b 歷代奏議 289/11a

上神宗論向傳範除知鄂州楊繪撰 宋朝奏議 34/15b 歷代奏議 289/11b 蜀文輯存 10/13b

上哲宗論韓忠彥爲左丞其弟嘉彥尚主未當傅堯俞撰 宋朝奏議 35/1a 歷代奏議 75/2a

上哲宗乞罷韓忠彥政事范祖禹撰 宋朝奏議 35/1b 歷代奏議 289/13a 蜀文輯存 23/20a

上徽宗乞罷王師約樞密都承旨陳瓘撰 宋朝奏議 35/4b 歷代奏議 141/6a

上徽宗乞罷王師約樞密都承旨係第二狀 陳瓘撰 宋朝奏議 35/5b 歷代奏議 141/6b

上徽宗論向宗良兄弟交通賓客陳瓘撰 宋朝奏議 35/6a 歷代奏議 289/15b

上欽聖皇后乞戒飭外家豐稷撰 宋朝奏議 35/11b 歷代奏議 289/14b

上徽宗論蔡京交結外戚陳瓘撰 宋朝奏議 35/12a

上欽聖皇后乞不以陳瓘之言爲念陳次升撰 宋朝奏議 35/15a

上欽宗論鄭居中除同知樞密院事吳執中撰 宋朝奏議 35/15b 歷代奏議 289/20b

上宗乞改正宣仁皇后誥史楊時撰 宋朝奏議 60/11a

上欽宗乞改正宣仁皇后誥史陳過庭撰 宋朝奏議 60/12a 歷代奏議 10/22b

上英宗論淮陽王嘗日設師友未宜建置僚屬呂誨撰 宋朝奏議 60/15b 歷代奏議 73/11b

上神宗乞爲皇子立傅黃履撰 宋朝奏議 60/17b 歷代奏議 73/20a

乞建儲上殿劄子(1-2) 播芳文粹 91/13a

乞建儲上殿劄子(1-2) 播芳文粹 91/13b-14a

論儲嗣疏 寇準撰 歷代奏議 72/12b

論儲嗣劄子 司馬光撰 歷代奏議 72/23a

論宗廟之憂疏范鎮撰 歷代奏議 73/5a 蜀文輯存 7/22b

論儲嗣疏 韓宗彥撰 歷代奏議 73/7b

上遺表論儲嗣 宋祁撰 歷代奏議 73/9a

再請建太子 包拯撰 歷代奏議 73/9a

論皇嗣者天下安危之所係疏 韓琦撰 歷代奏議 73/10a

請皇子朝夕侍膳疏 傅堯命撰 歷代奏議 73/15a

論儲嗣未正疏 劉庠撰 歷代奏議 73/19b

諫遷民墓以利國嗣疏 王安禮撰 歷代奏議 73/20a

論儲嗣疏 東貢亮撰 歷代奏議 73/22b

請多擇宗室以爲藩屏疏張浚撰 歷代奏議 73/23a 蜀文輯存 42/17b

請舉漢高故事速建太子疏張浚撰 歷代奏議 73/23b 蜀文輯存 42/17b

論太子不宜領臨安府尹疏 王師愈撰 歷代奏議 73/24a

論皇子慶王非時招延講讀官疏 林栗撰 歷代奏議 73/25b

請令嘉王正儲位疏 留正撰 歷代奏議 73/26a

論先朝典禮可行疏李鳴復撰 歷代奏議 73/27a 蜀文輯存 80/13a

論宜全太后之德疏 范仲淹撰 歷代奏議 74/9a

奏乞減放官人事范仲淹撰 歷代奏議 74/9a

上太皇太后乞還政以全大德 傅堯命撰 歷代奏議 74/27b

論還后疏 王巖叟撰 歷代奏議 75/2b

論瑤華事宜付外廷議疏任伯雨撰 歷代奏議 75/13b 蜀文輯存 29/3b

論內治疏張浚撰 歷代奏議 75/14b 蜀文輯存 42/18a

論人主治國必自齊家始疏 倪思撰 歷代奏議 75/15a

論崇植宗室疏 富弼撰 歷代奏議 76/27a

論越國公主出居外邸疏 傅堯命撰 歷代奏議 77/5b

論宗室子弟仙之宜厚率之有法疏 章誼撰 歷代奏議 77/18a

上封事論宗室曹彥約撰 歷代奏議 77/21a

論許宗室生母祔葬疏呂陶撰 歷代奏議 77/21a 蜀文輯存 15/2b

乞追寢張堯佐過越之恩疏 包拯撰 歷代奏議 289/5b

乞追還優待皇太妃親屬侯倌指揮疏 曾肇撰 歷代奏議 289/12a

論非孝非恩非賞疏 衛膚敏撰 歷代奏議 289/21b

論邢煥孟忠厚書讀行下指揮未敢施行疏 汪藻撰 歷代奏議 289/21b

論維持紀綱保全威暎疏 陳良祐撰 歷代奏議 289/23b

上殿劄子馮澥撰 蜀文輯存 31/1a

上皇帝論瑤華反正書馮澥撰 蜀文輯存 31/3a

請擇宗子爲皇子書李時雨撰 蜀文輯存 48/12b

引對大暑程敦厚撰 蜀文輯存 51/1b

論巴陵事疏常懋撰 蜀文輯存 94/2a

(十五) 備禦征伐

上太宗答詔論邊事　咸平集 1/5a　宋朝奏議 129/10b
　歷代奏議 322/10a

上真宗論輕於用兵　咸平集 1/29a　宋朝奏議 120/3a
　歷代奏議 230/9b

設邊吏對　咸平集 22/14b

奏事宜表　河東集 10/12b

議靈州事宜狀上真宗論棄靈州爲便　武夷新集 16/5a
　宋朝奏議 130/12a　宋文鑑 42/15a　歷代奏議 323/3b

計北寇　文莊集 13/17b　歷代奏議 342/9b

復塞垣　文莊集 13/19b　歷代奏議 323/31a

陳邊事十策　文莊集 14/1a　歷代奏議 323/24a

謹邊防奏　文莊集 15/11b　歷代奏議 323/32a

上攻守二策狀　范文正集 5/15a　宋朝奏議 133/7a
　歷代奏議 324/4a

再議上攻守　范文正集 5/15b　宋朝奏議 133/11b　歷
　代奏議 324/7a

奏陝西河北攻守　范文正集 5/17a　歷代奏議 324/14a

奏陝西河北和攻守備四策　范文正集/奏議下/1a
　宋朝奏議 134/12b

　一陝西和策　范文正集/奏議下/2b

　二陝西守策　范文正集/奏議下/3a

　三陝西攻策　范文正集/奏議下/4b

　四河北備策　范文正集/奏議下/6a

奏陝西河北畫一利害事　范文正集/奏議下/9a

奏元昊求和所爭疆界乞更不問　范文正集/奏議
　下/10a　歷代奏議 324/20a

奏論陝西兵馬利害　范文正集/奏議下/11b　歷代奏
　議 220/5a

奏乞陝西主帥帶押蕃部使　范文正集/奏議下/12b
　宋朝奏議 152/11b　歷代奏議 237/18a

奏乞宣諭大臣定河東捍禦策　范文正集/奏議下/
　13a　歷代奏議 324/20b

奏乞拒契丹所請絕元昊和約　范文正集/奏議下
　14a

奏爲契丹請絕元昊進貢利害　范文正集/奏議下/
　15b　歷代奏議 324/21b

奏乞於散直等處揀有武勇心力人　范文正集/
　奏議下/22a　歷代奏議 324/15b

奏爲劉滬董士廉修水洛城乞委魚周詢等勘鞫
　范文正集/奏議下/39b

奏乞罷參知政事知邊郡　范文正集/奏議下/41b
　歷代奏議 324/22a

奏乞互換巡邊　范文正集/奏議下/42a

奏乞召募兵士捉殺張海等賊人事　范文正集/
　奏議下/45b　歷代奏議 317/23b

奏乞指揮管設捉賊兵士　范文正集/奏議下/46a

奏乞發兵往荊南捉賊　范文正集/奏議下/47a

論夏賊未宜進討　范文正集/補編 1/3a　宋朝奏議
　132/12b　歷代奏議 324/2b

乞先修諸寨未宜進討　范文正集/補編 1/5a　宋朝
　奏議 132/14b

再議攻守疏　范文正集/補編 1/6b　宋朝奏議 133/11b

答詔論以文彥博溼原對從　范文正集/補編 1/9a
　歷代奏議 324/8b

論元昊請和不可許者三大可防者三　范文正
　集/補編 1/9b　宋朝奏議 133/18a　歷代奏議 324/8b

奏乞出內府物帛收贖陷蕃漢户割子　范文正
　集/補編 1/16a　歷代奏議 105/16b

論西事割子　范文正集/別 4/11a

論北界點集事宜　文恭集 7/12b

論征蠻　文恭集 8/1a　歷代奏議 230/16b

論河北邊備事宜　文恭集 8/5a　歷代奏議 329/6b

論邊界守約束　文恭集 8/6b　歷代奏議 329/7a

論西夏事宜　文恭集 8/7b　歷代奏議 329/7b

論邊事　文恭集 8/8a　歷代奏議 329/8b

乞毀棄元昊僧倡文移割子　元憲集 31/7a

答內降手詔垂詢西陲方畧　元憲集 32/1a　歷代
　奏議 327/24a

崇政殿與樞密院同答手詔　元憲集 32/7a　歷代
　奏議 327/21a

答手詔論平元昊　元憲集 32/11a　歷代奏議 327/23b

言三路邊防七事　景文集 28/2a　歷代奏議 81/17a

議西人割子　景文集 29/11b　歷代奏議 343/13a

上便宜割子　景文集 29/15b　歷代奏議 328/3b

蠻夷利害議　景文集 43/8a　歷代奏議 328/2a

和戎論　景文集 44/1a

禦戎論　景文集 44/6a　歷代奏議 328/5a

上仁宗論河北及嶺南事宜　景文集/拾遺 9/3a　宋
　朝奏議 136/3a

上仁宗論河北根本在鎮定　景文集/拾遺 9/5b　宋

朝奏議 136/5a 歷代奏議 328/3b

請速除京東盜賊 包孝肅奏議 5/83b 歷代奏議 317/ 24b

接送北使番 包孝肅奏議 7/141a

進張田邊說狀賜張田敕書附 包孝肅奏議 9/170a 歷代奏議 328/17a

論契丹事宜（1－3） 包孝肅奏議 9/174b－178b 歷代奏議 328/18a－19a

論吳賊事宜 包孝肅奏議 9/180a

論保州事 包孝肅奏議 9/181b

請擇採候人 包孝肅奏議 9/186a 歷代奏議 328/21a

論證賊事（1－2） 包孝肅奏議 9/187b－188b 歷代奏議 317/24a

論元昊請和當令權在我 武溪集/奏議上/6a 宋朝奏議 134/1a 歷代奏議 325/11b

請裁損待遇西使 武溪集/奏議上/9b

論西賊侮玩朝廷 武溪集/奏議上/10a

請審裁邊事 武溪集/奏議上/10b

論禦盜之策莫先安民 武溪集/奏議上/12a 宋朝奏議 144/7a 歷代奏議 317/16b

乞韓琦兼領大帥鎮秦州 武溪集/奏議上/13a 宋朝奏議 65/1a 歷代奏議 326/12a

論荊湖盜（1－4） 武溪集/奏議上/16b－17b

論狄青與劉滬爭水洛城市 武溪集/奏議下/1a

再論狄青劉滬爭修水洛城事 武溪集/奏議下/2b

論靈事（1－2） 武溪集/奏議下/5a－5b

論元昊求和（1－2） 武溪集/奏議下/6b－7b 歷代奏議 343/13a

論敵人求索不宜輕許 武溪集/奏議下/15b

論契丹請絕元昊進貢事 武溪集/奏議下/16b 宋朝奏議 135/19b 歷代奏議 326/15a

論元昊所上誓書 武溪集/奏議下/18a 宋朝奏議 135/22b 歷代奏議 326/16b

論元昊獻契丹俘事 武溪集/奏議下/21b

奉使契丹時上言 武溪集/奏議下/22a

論和戰守疏 雪山集 1/1a 歷代奏議 95/10a

上皇帝書（1－2） 雪山集 1/2a－5b 歷代奏議 234/ 15b,95/4a 南宋文範 18/3a

論廟謀疏 雪山集 2/1a 歷代奏議 95/11a,12a

論固本疏 雪山集 3/1a 歷代奏議 95/13b

論鎮盜疏 雪山集 3/5b 歷代奏議 319/6b

叙燕 河南集 2/1a 宋文鑑 102/3b

息戎 河南集 2/2b 宋文鑑 102/5a

論城水洛利害表 河南集 18/8b

乞便殿延對兩府大臣議邊事 河南集 19/1b

乞減省寨柵 河南集 19/4a

乞計置邊事特出睿斷 河南集 19/4b

奏論金明寨狀 河南集 20/2a

奏爲乞令環慶路與涇原路相應廣發兵馬牽制賊勢事 河南集 20/4a

奏爲近差赴鄜延路行營其兵馬乞移撥往環慶路事 河南集 20/5a

奏爲已發赴環慶路計置行軍次第乞朝廷特降指揮 河南集 20/6b

奏爲到慶州閒賊馬寇涇原路隰劉政同起發赴鎮戎軍策應事 河南集 20/8a

奏爲擅易慶州兵救援涇原路事 河南集 20/8b

奏爲金湯一帶族帳可取狀 河南集 20/9a

奉詔及四路司指揮分擊本路兵馬弓箭手把截賊馬來路狀 河南集 21/1b

奉詔令劉滬董士廉却且住水洛城勾當狀 河南集 21/3b

乞與鄭戩下御史臺照對水洛事狀 河南集 21/ 4b

議攻守 河南集 23/1a

用屬國 河南集 23/2a

備北狄 河南集 23/6a

答案：西界守禦 文潞公集 14/6b－7a

乞差嘉眉益利屯兵救應清並監更不差秦州兵 文潞公集 15/1a 宋朝奏議 143/10b 歷代奏議 328/15b

慶曆四年秦鳳所發兵到遂州只爲本處兵官不能平心相育事分彼我以致軍情怨憤乞罷龍兵招安夷人 文潞公集 15/2b

乞親平貝州（1－2）附御書批答節 文潞公集 15/4a－4b

繳納貝州宣敕 文潞公集 15/5a

乞指揮諸路帥開報事宜 文潞公集 17/1a

乞令團結秦鳳涇原番部 文潞公集 17/1a

奏西界事 文潞公集 17/2b

條奏薛向利害附御批延州邊事 文潞公集 18/1b－3b 歷代奏議 329/13a

奏令陝西沿邊牒送降到番部與有州 文潞公集 8/4b

論夏國册命 文潞公集 18/5a

奏雄州邊事 文潞公集 18/7a

奏乞劉忱早過界 文潞公集 18/7b

論修復延州北金明案 文潞公集 18/8a

乞戒勵諸路將帥 文潞公集 19/1a

乞禁止漢人與西人私相交易 文潞公集 19/2b

奏陝西保毅軍利害(1-2) 文潞公集 19/3a-4a

言洮河 文潞公集 20/4b 宋朝奏議 141/1a 歷代奏議 330/1b

奏降羌事 文潞公集 20/5a

乞令諸路帥臣與副總管同議邊事 文潞公集 22/2a

乞體探西北遣使相過事 文潞公集 22/5b

乞嚴諭河北安撫司探報事宜 文潞公集 22/6a

答奏諸訪詔附神宗諸訪詔 文潞公集 22/7a-7b 歷代奏議 344/7a

論西事(1-3)附答詔 文潞公集 25/1a-4a 宋朝奏議 138/1a 歷代奏議 231/1a

謝答詔(1-2) 文潞公集 25/4b-6a 歷代奏議 330/2a

論西邊事(二) 文潞公集 26/1a

繳進元豐答詔 文潞公集 26/3a

奏夏國事 文潞公集 29/3b 歷代奏議 331/4b

奏鬼章事(1-2) 文潞公集 29/7a-8b

奏西邊事 文潞公集 30/5a

乞羌使臣 文潞公集 32/1b

通進司上書 歐陽文忠集 45/1a 宋朝奏議 132/5a 歷代奏議 325/16a

論乞詔諭陝西將官一作臣劄子 歐陽文忠集 97/2a 歷代奏議 326/2b

論元昊來人請不賜御筵劄子 歐陽文忠集 97/2b

論韓琦范仲淹乞朝召對事劄子 歐陽文忠集 97/4b 歷代奏議 326/1a

論沂州軍賊王倫事宜劄子 歐陽文忠集 98/1a

再論王倫事宜劄子 歐陽文忠集 98/4b

論河北守備事宜劄子 歐陽文忠集 98/10a 宋朝奏議 134/3b 歷代奏議 326/3a

論元昊來人不可令朝臣管伴劄子 歐陽文忠集 99/2b 宋朝奏議 134/6b 歷代奏議 343/2b

論元昊不可稱吾祖劄子 歐陽文忠集 99/4a 歷代奏議 343/7b

論乞廷議元昊通和事狀 歐陽文忠集 99/4b 宋朝奏議 134/5b 歷代奏議 343/2a

論西賊議和利害狀 歐陽文忠集 99/6a 宋朝奏議 134/7b 歷代奏議 343/3b

論乞不遣張子奭使元昊劄子 歐陽文忠集 99/8a 歷代奏議 343/6b

論孫扑不可使契丹劄子 歐陽文忠集 99/10a 歷代奏議 343/7b

論范仲淹宜懸陝西劄子 歐陽文忠集 99/10b 宋朝奏議 13/5a 歷代奏議 326/1b

論京西賊事劄子 歐陽文忠集 100/1a 歷代奏議 317/10a

再論置兵興舉賊劄子 歐陽文忠集 100/2a 歷代奏議 317/11a

論盜賊事宜劄子 歐陽文忠集 100/4b 宋朝奏議 144/4a 歷代奏議 317/8a

論舉賊四事劄子 歐陽文忠集 101/2b 歷代奏議 317/9a

論乞令宣撫使韓琦等經畧陝西劄子 歐陽文忠集 102/1a 歷代奏議 326/2a

論西賊議和請以五問諮大臣狀 歐陽文忠集 102/1b 歷代奏議 343/4b

論募人入賊以壞其黨劄子 歐陽文忠集 102/9a 歷代奏議 317/12a

論宜專責杜杞捕賊劄子 歐陽文忠集 102/10a

論乞與元昊約不攻唃厮囉劄子 歐陽文忠集 104/8a 歷代奏議 343/9a

論討蠻賊任人不一劄子 歐陽文忠集 105/1a

論湖南蠻賊可招不可殺劄子 歐陽文忠集 105/2a 歷代奏議 317/14b

再論湖南蠻賊宜早招降劄子 歐陽文忠集 105/3b 歷代奏議 317/15a

論水洛城事宜保全劉滬等劄子(1-2) 歐陽文忠集 105/5b-7b 歷代奏議 326/5a-6b

論與西賊大斤茶劄子 歐陽文忠集 105/13a 歷代奏議 343/6a

論西賊占延州侵地劄子 歐陽文忠集 105/14b 歷代奏議 326/4b

論乞放還蕃官胡鑾將劄子 歐陽文忠集 103/3b 歷代奏議 343/8a

論劉三假事狀 歐陽文忠集 107/5b 歷代奏議 343/10a

論契丹求御容劄子 歐陽文忠集 111/3a 歷代奏議 343/11a

言西邊事宜第一狀 歐陽文忠集 114/1a 宋朝奏議 136/13a 歷代奏議 343/16b

言西邊事宜第二劄子 歐陽文忠集 114/6a 歷代奏議 343/19b

論西北事宜劄子 歐陽文忠集 115/19a 歷代奏議 326/7a

論麟州事宜劄子 歐陽文忠集 115/24b 歷代奏議 326/9a

論代州開壕事宜劄子 歐陽文忠集 116/7b

乞許同量商保州事劄子 歐陽文忠集 17/1a

乞許轉運司差兵士提賊 歐陽文忠集 117/3b

奏洛州盜賊事 歐陽文忠集 117/4b

乞免差人往嵐軍築城(1-2) 歐陽文忠集 118/1a-2a

乞預聞邊事（1－2） 歐陽文忠集 118/4a－5b

乞令邊臣辨明地界 歐陽文忠集 118/6b

奏北界爭地界 歐陽文忠集 118/14a

論契丹侵地界狀 歐陽文忠集 118/15a 歷代奏議 325/22a

平戎十策及表 樂全集 9/13a 歷代奏議 323/15a

攻心 樂全集 19/14b

伐交 樂全集 19/16a

專勝 樂全集 19/17b

以敵攻敵 樂全集 19/18a

安民 樂全集 19/19a

置兵根本 樂全集 19/20a

足食 樂全集 19/21b

豐財 樂全集 19/22b

備姦 樂全集 19/23a

購募 樂全集 19/24a

議西北邊事 樂全集 19/24b 歷代奏議 342/13b

再上議事 樂全集 19/26a 歷代奏議 342/14a

請因郊禋肆赦招懷西賊劄子 樂全集 20/24a 宋朝奏議 133/5a 歷代奏議 342/11b

西事諸目上中書 樂全集 21/1a

請罷陝西招討經畧司事 樂全集 21/5a 歷代奏議 323/22b

論除渭州路招討使事 樂全集 21/7a

論四路將率追兵不赴事 樂全集 21/11b

論廣信軍謀人事 樂全集 21/14a

請監防交阯人事 樂全集 22/9a

請延召近臣訪議邊事 樂全集 22/9b 歷代奏議 323/21b

論西北將率事 樂全集 22/11b 歷代奏議 237/6b

請選擇河北沿邊守臣事 樂全集 22/14a

請朝廷先圖議待契丹人使事 樂全集 22/15a

請省緣邊騎兵事 樂全集 22/16a

秦州奏喃斯曬事 樂全集 22/19b

奏秦州奏喃斯曬事第二狀 樂全集 22/22b

奏夏州事宜 樂全集 23/1a

請省陝西兵馬及諸元費事 樂全集 23/13b 歷代奏議 323/23b

論京師軍儲事 樂全集 23/17a

論討嶺南利害九事 樂全集 26/1a

請防禁高麗三節人事 樂全集 27/7b

論諸路州軍關報邊事 樂全集 27/10a

奏狀論北使到關 清獻集 1/6a

奏疏論契丹遣使無名 清獻集 1/8b 歷代奏議 329/3b

論西事狀 蘇學士 11/9a 歷代奏議 329/6a

論趙元昊狂僭之計 蔡忠惠集 15/11b 歷代奏議 342/15a

論地形勝負 蔡忠惠集 15/12a 歷代奏議 342/15b

論虜騎强弱 蔡忠惠集 15/12b 歷代奏議 342/15b

料元昊擾邊境 蔡忠惠集 15/13a 歷代奏議 342/16a

乞通和之後早計費用 蔡忠惠集 15/13b 歷代奏議 327/20b

論不利攻戰 蔡忠惠集 15/17b 歷代奏議 327/18b

論契丹遣使之意 蔡忠惠集 15/18a 歷代奏議 342/16b

論絶元昊通和其終亦戰 蔡忠惠集 15/18b

乞拒契丹之請 蔡忠惠集 15/19a 歷代奏議 327/19a

乞拒元昊之和 蔡忠惠集 15/19b 歷代奏議 342/16b

論拒二虜皆爲邊患 蔡忠惠集 16/1a 歷代奏議 327/18b

乞大爲邊備之要 蔡忠惠集 16/1b 歷代奏議 327/19a

論契丹事宜 蔡忠惠集 16/2a

論契丹邀功 蔡忠惠集 16/3b

論楊偕請與西賊通知 蔡忠惠集 16/4b

乞不與西賊通知 蔡忠惠集 16/5b

乞不聽議者許西賊不臣事 蔡忠惠集 16/8a 歷代奏議 342/17a

乞不許西賊稱吾祖 蔡忠惠集 16/8b

請納元昊使人 蔡忠惠集 16/10a 歷代奏議 327/19b

乞早降元昊册書 蔡忠惠集 16/11b 歷代奏議 342/17b

請誅保州叛卒 蔡忠惠集 16/12a 歷代奏議 230/16a

論保州都巡下兵士殺戮官吏閉城而叛 蔡忠惠集 16/13b

乞戮保州兵士 蔡忠惠集 16/14a

論軍賊王倫 蔡忠惠集 17/3a

乞相度沿海防備盜賊 蔡忠惠集 17/8b

論東南事宜疏 蔡忠惠集 19/5b 歷代奏議 32/19b

治平四年八月奉使回上殿劄子 古靈集 7/1a 歷代奏議 329/16a

論息兵棄地劄子 韓南陽集 26/9a 宋朝奏議 139/5a 歷代奏議 345/8a

再乞息兵棄地劄子 韓南陽集 26/12b 歷代奏議 345/9b

奏爲乞修洋州城并添兵狀 丹淵集 34/1a 歷代奏議 318/13b

論邊臣 公是集 31/14b 歷代奏議 329/3a

上仁宗論城古渭州有四不可 公是集 32/16a 宋朝奏議 136/6b 歷代奏議 329/2a

上仁宗請罷五溪之征 公是集 33/1a 歷代奏議 230/17b 宋朝奏議 143/11b

論契丹告哀 公是集 33/11b

請減五路城堡劄子 元豐稿 30/14a

請訪問高驪世次 元豐稿 31/8a

高驪世次 元豐稿 31/9a

存恤外國人請著爲令不曾上 元豐稿 32/7a 歷代奏議 344/9a

請對天章閣劄子 華陽集 8/4a

奏交趾事跡劄子 華陽集 8/9b

論屈野河西修堡狀 傳家集 18/3b 司馬温公集 17/3a

論屈野河西修堡第二狀 傳家集 18/5b 司馬温公集 17/5a

乞免北使狀（1－2） 傳家集 22/5a－5b 司馬温公集 20/2b，2b

論夜開宫門狀 傳家集 22/7a 司馬温公集 20/5a 宋朝奏議 126/3a 歷代奏議 196/17a

論環州事宜狀 傳家集 22/9a 司馬温公集 20/8b 歷代奏議 343/14a

論夏國入弔劄子 傳家集 28/5a 司馬温公集 26/6a 歷代奏議 343/14b

言除盜劄子 傳家集 33/2a 司馬温公集 31/2a 宋朝奏議 106/3b 歷代奏議 318/1a

言備邊劄子 傳家集 33/3a 司馬温公集 31/3a 歷代奏議 329/9b

言西邊上殿劄子 傳家集 35/5a 司馬温公集 33/4b 宋朝奏議 136/11a 歷代奏議 329/11b

言北邊上殿劄子 傳家集 35/11b 司馬温公集 33/10b 宋朝奏議 136/10a 宋文鑑 49/5b 歷代奏議 329/10b

言横山劄子 傳家集 41/3a 司馬温公集 38/3a 歷代奏議 343/21a

論横山疏 傳家集 41/3b 司馬温公集 38/3b 宋朝奏議 136/17a

言横山上殿劄子 傳家集 41/9a 司馬温公集 37/8a 歷代奏議 343/21b

論召陝西邊臣劄子熙寧二年六月 傳家集 42/7a 司馬温公集 40/1a 宋朝奏議 137/11a 歷代奏議 344/2a

謀西征疏 傳家集 45/1a 司馬温公集 43/3a 宋朝奏議 137/12b 歷代奏議 230/20a

請革弊劄子 傳家集 49/4b 司馬温公集 49/5a 歷代奏議 231/10a

論西夏劄子 傳家集 50/1a 司馬温公集 50/2b 宋朝奏議 138/8a 歷代奏議 345/1a

乞未禁私市先赦西人劄子 傳家集 50/7a 司馬温公集 50/8a 歷代奏議 345/4b

乞先赦西人第二劄子 傳家集 50/7b 司馬温公集 50/8b 歷代奏議 345/5a

乞撫納西人劄子 傳家集 52/3b 司馬温公集 52/7a 歷代奏議 345/7b

撫納西人詔意 傳家集 52/4b 司馬温公集 52/8a

乞不拒絕西人請地劄子 傳家集 53/8b 司馬温公集 53/7a 歷代奏議 345/6b

論東南不可弛備 蘇魏公集 19/2b

奏乞差防河將副 蘇魏公集 19/7a

論屯兵漕河大要 蘇魏公集 20/2a 歷代奏議 332/16b

論種諤擅入西界疏 邵溪集 11/8b 宋朝奏議 136/22a 歷代奏議 329/20a

奏乞早遣夏國封册使臣 范忠宣集/奏議上/12a 歷代奏議 343/20b

奏乞戒妄陳邊事 范忠宣集/奏議上/18b 宋朝奏議 137/10a 歷代奏議 176/15b

奏乞戒飭邊臣弛備 范忠宣集/奏議上/19b 歷代奏議 330/12b

條列陝西利害 范忠宣集/奏議上/20a 歷代奏議 330/13a

織進後漢光武詔書 范忠宣集/奏議下/1a 宋朝奏議 138/7b 歷代奏議 330/18a

答詔論西事附貼黄一 范忠宣集/奏議下/5b 宋朝奏議 138/13a 歷代奏議 330/18b

畫夏國疆界三策 范忠宣集/奏議下/8a 歷代奏議 330/20b

乞早分畫西夏地界 范忠宣集/奏議下/9a 歷代奏議 330/22a

奏乞誅鬼章 范忠宣集/奏議下/19a 歷代奏議 345/13b

論不當授鬼章階陞戎校尉 范忠宣集/奏議下/21b 歷代奏議 345/15b

論不當許阿里骨來使與鬼章相見 范忠宣集/奏議下/23a 歷代奏議 345/15a

奏乞戒邊將 范忠宣集/奏議下/34a 歷代奏議 330/22b

奏乞棄慶寨與西夏 范忠宣集/奏議下/35b 歷代奏議 330/21a

論西事當改圖范純粹撰 范忠宣集/范侍郎遺文 1a

論熙廷與夏國所畫封疆事范純粹撰 范忠宣集/范侍郎遺文 1b

奏牽制西夏事范純粹撰 范忠宣集/范侍郎遺文 6b

奏分兵守汲范純粹撰 范忠宣集/范侍郎遺文 8a

論西事不可再舉范純粹撰 范忠宣集/范侍郎遺文 11a 宋朝奏議 138/5b 歷代奏議 231/2a

乞以棄地易被虜之人范純粹撰 范忠宣集/范侍郎遺文 13b 宋朝奏議 139/1a 歷代奏議 331/1a

答詔論邊情乞不妄動以觀成敗之變范純粹撰 范忠宣集/范侍郎遺文 17b 宋朝奏議 139/13b 歷代奏議 345/16b

論息兵失於欲速范純粹撰 范忠宣集/范侍郎遺文 21b 宋朝奏議 140/3b 歷代奏議 345/19b

議進築非便范純粹撰 范忠宣集/范侍郎遺文 26a 宋朝奏議 140/11b 歷代奏議 333/7a

奏請定將兵分路出戍疏 孫莘老奏議/13b

論盜賊疏 忠肅集 6/2b 歷代奏議 318/21a

論捕盜奏 忠肅集 6/3b

論備契丹奏 忠肅集 6/15b 歷代奏議 330/15b

論應西夏奏 忠肅集 6/17a 歷代奏議 331/7a

奉使回奏十事狀 淨德集 4/4a 宋朝奏議 143/12a 歷代奏議 331/16b 蜀文輯存 16/23a

奉使至河北劄子 淨德集 5/12b

奉使契丹回上殿劄子（1－2） 淨德集 5/14a－15a

不求邊功疏 豐清敏奏疏 2/7a

義勇戍邊事宜劄子 王魏公集 4/10b

論河北京東盜賊狀 蘇東坡全集/奏議 2/1a 宋朝奏議 144/10b 歷代奏議 318/2b

登州召還議水軍狀 蘇東坡全集/奏議 2/17b 歷代奏議 330/10a

論擒獲鬼章稱賀太速劄子 蘇東坡全集/奏議 4/2a

因擒鬼章論西羌夏人事宜劄子 蘇東坡全集/奏議 4/2b 宋朝奏議 139/17a 宋文鑑 55/12a 歷代奏議 331/17a

乞詔邊吏無進取及論鬼章事宜劄子 蘇東坡全集/奏議 4/6b 歷代奏議 331/19b

乞約鬼章討阿里骨劄子 蘇東坡全集/奏議 4/9a 宋朝奏議 141/4b 歷代奏議 331/21a

論邊將隱匿敗亡憲司體量不實劄子 蘇東坡全集/奏議 5/21b 歷代奏議 200/2b

論高麗進奉狀 蘇東坡全集/奏議 6/9a 歷代奏議 346/1a

論高麗進奉第二狀 蘇東坡全集/奏議 6/22a

乞令高麗僧從泉州歸國狀 蘇東坡全集/奏議 6/23b

論高麗買書利害劄子（1－3） 蘇東坡全集/奏議 13/1b－8b 宋朝奏議 141/13a 歷代奏議 346/2a－6b

代張方平謀用兵書 蘇東坡全集/奏議 15/1a 歷代奏議 230/22a

代滕甫論西夏書 蘇東坡全集/奏議 15/6a 歷代奏議 230/25a

代李琮論京東盜賊狀 蘇東坡全集/奏議 15/11a 歷代奏議 318/8a

論蘭州等地狀六月二十八日 樂城集 38/3a 宋朝奏議 139/7a 歷代奏議 332/1b 蜀文輯存 20/13b

再論蘭州等地狀 樂城集 38/8b 歷代奏議 332/5a

論西邊警備狀 樂城集 38/11b 歷代奏議 332/1a

論西事狀 樂城集 39/10a 歷代奏議 332/12b

北使還論北邊事劄子五首 樂城集 41/10b

一論北朝所見於朝廷不便事 樂城集 41/10b

二論北朝政事大暑 樂城集 41/12b 歷代奏議 344/4a

三乞罷人從内親從官 樂城集 41/14b

四乞隨行差常用大車 樂城集 41/15a

五乞立差馬及駝日限 樂城集 41/15b

乞罷黑河修賀孤勝如等寨劄子 樂城集 42/2a 歷代奏議 346/9b

再論熙河邊事劄子 樂城集 42/12a 歷代奏議 332/6a

三論熙河邊事劄子 樂城集 43/1b 歷代奏議 332/8b

四論熙河邊事劄子 樂城集 43/6b 歷代奏議 332/9b

論前後處置夏國乘方劄子 樂城集 43/13a 宋朝奏議 140/6a 歷代奏議 332/10b

論渠陽蠻事劄子 樂城集 44/2b

再言渠陽邊事劄子 樂城集 44/5a 歷代奏議 330/12a

三論渠陽邊事劄子 樂城集 45/7b 歷代奏議 330/11a

乞裁損待高麗事件劄子 樂城集 45/10b 宋朝奏議 141/12b 歷代奏議 346/11a

再乞禁止高麗下節出入劄子 樂城集 45/15b

論西邊商量地界劄子 樂城集 46/9b 宋朝奏議 140/8b 歷代奏議 346/7a

乞夏國人使只從密院指揮狀 范太史集 18/2b

相度荆湖逐路溪峒疏 孫傳師奏議/23a

上哲宗論西戎 讜論集 1/28a 歷代奏議 333/1a

上徽宗論收湟州狀 讜論集 2/20a 歷代奏議 270/11b

上徽宗乞備邊賞有功狀 讜論集 2/22b 歷代奏議 333/1b

上徽宗乞修戰船狀 讜論集 2/23a

上徽宗奏論盜發保州倉 讜論集 3/9b

上徽宗奏論京師强盜 讜論集 3/12a

上徽宗奏論水安縣强盜 讜論集 3/12b

上徽宗奏論陝西羣盜 讜論集 3/13a

奏議表狀一 奏議 備禦征伐 1365

熙河蘭會議　西塞集 5/11a　歷代奏議 346/15b

覊契丹議　西塞集 5/12b　歷代奏議 333/2a

上皇帝論北事書　鷄肋集 24/1a　歷代奏議 344/9b

上皇帝安南罪言　鷄肋集 25/1a　歷代奏議 231/3b

論金人入寇劄子（1－2）　崧山集 4/12a－15b

奉乞過河措置事宜劄子　宗忠簡集 1/5b　歷代奏議 232/1a

奏乞依舊拘留敵使疏　宗忠簡集 1/8b　歷代奏議 85/14a

奏給公據與契丹漢兒及被擄之民疏　宗中簡集 1/14b　歷代奏議 348/1b

乞回鑾疏（1－2）　宗忠簡集 1/15a－16a　歷代奏議 85/15b－16a

乞回鑾疏（4－8）　宗忠簡集 1/17b－23a　歷代奏議 85/17a,17b,18a,19a,20a

乞回鑾疏（11－12）　宗忠簡集 1/25a－26a　歷代奏議 8/21a,22a

乞回鑾疏（14－16）　宗忠簡集 1/27b－31b　歷代奏議 85/22b,24a,86/1a

乞回鑾拜罷習水戰疏（17）　宗忠簡集 1/33a　歷代奏議 86/1b

乞回鑾疏（20－21）　宗忠簡集 1/34a－35a　歷代奏議 86/2b,3a

遣少尹范世延機幕宗穎諭維揚奏請回鑾疏（22）　宗忠簡集 1/36a　歷代奏議 86/3b

乞回鑾疏（23）　宗忠簡集 1/38b　歷代奏議 86/4b

奏乞回鑾仍以六月進兵渡河疏（24）　宗忠簡集 1/40a　歷代奏議 86/5b

上乞毋割地與金人疏　宗忠簡集 1/41b　歷代奏議 348/1a　南宋文範 12/5a

靖康元年應詔封事　崧山集 2/1a　歷代奏議 347/16a

負薪對　崧山集 3/1a　歷代奏議 231/23b

達言　崧山集 3/21a　歷代奏議 182/15a

重地　崧山集 3/25b　歷代奏議 82/4a

出狩議　崧山集 3/32a　歷代奏議 231/19b

守坐臺鋪議　滿水集 1/12b

乞於阿密鄂特置烽臺　滿水集 1/13a　歷代奏議 333/21a

請申敕西邊將帥　道鄉集/補遺 4a

請廷集百官詢訪達使事宜　道鄉集/補遺 7b

請選河北路帥臣　道鄉集/補遺 10a

請戒勵邊臣　道鄉集/補遺 12a

理會捕盜捉事劄子　摘文集 10/6b

河北戎政疏　襄陵集 5/5a　歷代奏議 231/16a

論戰　襄陵集 6/3b　宋朝奏議 142/10a　歷代奏議 231/

16b

論三鎭　襄陵集 6/5b　宋朝奏議 142/11b　歷代奏議 231/17b　南宋文範 12/1a

上邊事備策十策（收民心　定廟算　料彼己　選將材　明斥堠　訓疆弩　分器甲　備水戰　控浮橋　審形勢）　忠穆集 1/14a　忠穆奏議 1/1a－18a　歷代奏議 90/1b

上邊事善後十策（論用兵之策　論彼此之策　論舉兵之時　論分道進兵之策　論運糧供軍事　論大兵進發日乞聖駕駐譚江府事　論經理准旬　論機會不可失　論舟楫之利　論并謀獨斷事）　忠穆集 2/15b　忠穆奏議 2/1a－19b　歷代奏議 90/10a

論乞移譚平江府狀　忠穆集 5/2a　忠穆奏議 3/18a

論邊防機事狀　忠穆集 5/4a　忠穆奏議 3/14b

再論邊防機事狀　忠穆集 5/5b　忠穆奏議 3/16b

論乞定駐譚之地狀　忠穆集 5/6b　忠穆奏議 3/11a　歷代奏議 90/19b

論車駕乘馬事狀　忠穆集 5/8a　忠穆奏議 3/1a　歷代奏議 90/19a

論航海事　忠穆奏議 3/3a

諫講和劄子　尹和靖集 2/1a　歷代奏議 348/18a　南宋文範 15/5a

納尚書省招撫劄子　高峰集 1/6a

論遣使劄子　高峰集 1/8b

乞罷造海船劄子　高峰集 1/13a

乞用兵劄子　高峰集 1/17b

乞約束邊將劄子　高峰集 2/14a　歷代奏議 348/13a

論遣使劄子　高峰集 2/16b

乞速措置捉殺建州賊劄子　橫塘集 10/1a

乞捉殺浙西軍賊劄子　橫塘集 10/1b

再乞捉殺鎭江軍賊劄子　橫塘集 10/1b

論捉殺鎭江賊劄子　橫塘集 10/2a　歷代奏議 318/24a

再乞捉殺杭州軍賊劄子　橫塘集 10/2b

論捉殺杭州鎭江軍賊劄子　橫塘集 10/3a　歷代奏議 318/24b

乞救援順安劄子　橫塘集 10/4b　歷代奏議 334/2b

乞措置杭州軍賊劄子　橫塘集 10/6a　歷代奏議 318/23b

乞招捉杭州軍賊劄子　橫塘集 10/7a　歷代奏議 318/24a

論杭州賊劄子　橫塘集 10/7b

乞不招安建州軍賊劄子　橫塘集 10/8b　歷代奏議 318/25a

奏議　備禦征伐

乞罢招降建州军贼劄子 烬塘集 11/2b 历代奏议 318/25b

大获胜捷劄子 初僚集 3/8b

奏杭州军贼婴城叛乱状 翟忠惠集 7/6b

奏乞不许提刑司招安杭州军贼专用兵进讨状 翟忠惠集 7/8a

奏为提刑司不肯进兵专务招安乞暂委节制人马讨杀杭州军贼状 翟忠惠集 7/10a

奏为杭州军贼攻劫提刑不知所在乞朝廷遣重将将兵併力讨杀状 翟忠惠集 7/12b

分析统兵杭州城下不会合状 翟忠惠集 7/15b

乞留浙东军兵屯驻越州状 翟忠惠集 7/17b

勘移潭荆南劄子 翟忠惠集 7/24a

应诏条具敌退上封事 翟忠惠集 7/25b 历代奏议 335/11b

奏淮西宣抚使杀取金人劄子 建康集 6/4b

奏严州淳安县管孙柔等结集兇徒状 石林奏议 1/2b

奏严州贼倪从庆窜发状（1－3） 石林奏议 1/4a－5b

奏截留福建枪仗手讨倪从庆状（1－2） 石林奏议 1/6b－7a

奏见进兵讨捕倪从庆状 石林奏议 1/9b

奏乞权差张昭等点检军期防托状 石林奏议 1/10b

奏进讨倪从庆次第状 石林奏议 1/11a

奏倪从庆已降状 石林奏议 2/8a

奏乞分送倪从庆等三十四人近边州军自效状 石林奏议 2/9b

奏起发杭州勤王人兵状 石林奏议 2/12b

奏发遣倪从庆等三十四人赴行在所状 石林奏议 3/1a

奏乞差人至高丽探报金贼事宜状 石林奏议 3/4b 历代奏议 348/9a

奏乞措置濒海州县防秋状 石林奏议 3/9a 历代奏议 334/15b

奏论金人劄子 石林奏议 4/7a 历代奏议 348/7b

奏应诏大询状 石林奏议 5/1a 历代奏议 87/1b

奏乞徒虏人必经由州县居民劄子 石林奏议 5/11a 历代奏议 334/30a

奏乞差官监辖过江舟船劄子 石林奏议 5/13a

奏乞抚定诸军无失机会劄子 石林奏议 6/2a

奏自宣州太平州赴建康府按视沿江渡口劄子 石林奏议 6/5a

奏乞招安濠州横涧山王才状 石林奏议 6/5a

奏濠州祝友等贼事宜状 石林奏议 6/6a

奏乞差发军马淮西屯驻劄子 石林奏议 6/6b

奏沿江防守利害状 石林奏议 6/8a

奏淮西措置事宜劄子 石林奏议 6/9b

奏乞江东备禦劄子 石林奏议 6/11a

奏缴王才已受招安状 石林奏议 6/12a

奏乞催李捧人马渡江状 石林奏议 6/12b

奏乞降金字牌旗榜状 石林奏议 7/3b

奏乞措置海船斥堠劄子 石林奏议 7/7a

奏乞募商宣谕海中屯聚人劄子 石林奏议 7/7a

奏庐州王亭中王彦充贼马事宜状 石林奏议 7/9b

奏王冠宿州杀退番贼状 石林奏议 7/12b

奏缴�春府陈下申收复顺昌府状 石林奏议 7/13a

奏讨捕太平州军贼陆德等状 石林奏议 7/14a

车驾亲征奏陈利害劄子 石林奏议 8/1a 历代奏议 233/9b

奏金贼移军稍前乞讲民兵水军二事劄子 石林奏议 8/3b 历代奏议 334/14a

应诏咨询状 石林奏议 8/5b 历代奏议 87/9b

奏论行宫防守劄子 石林奏议 10/9a

奏论举行保社分守地分劄子 石林奏议 10/11b 历代奏议 334/19a

奏金贼败盟乞下三大将措置埤禦劄子 石林奏议 10/12b 历代奏议 334/20a

奏乞下刘锜李世辅进兵讨贼劄子 石林奏议 11/1a 历代奏议 233/11b

奏措画防江八事状 石林奏议 11/7a 历代奏议 334/22a

奏乞施行沿江防守状 石林奏议 12/1a

奏论汉高帝破秦项三策劄子 石林奏议 12/1b 历代奏议 233/12b

奏乞诸将休兵养锐劄子 石林奏议 12/4a 历代奏议 233/14b

奏论防江利害劄子 石林奏议 12/5a 历代奏议 334/17b

奏乞立赏格募人搯捕兀术等用事首领十三人劄子 石林奏议 12/7b 历代奏议 223/7b

奏乞根括江北舟船发过南岸劄子 石林奏议 12/9a

奏乞存留奸细询问敌情劄子 石林奏议 12/9b

奏乞下诸大将遇贼战敌过为隐备劄子 石林奏议 12/10a

奏议表状一 奏议 备禦征伐 1367

奏乞下張俊等軍隨機備禦金賊並下韓世忠岳飛進兵牽制劄子 石林奏議 13/1a

奏乞起發民兵把截險隘劄子 石林奏議 13/2a

奏乞下諸大帥臨陣審度賊情無落姦便劄子 石林奏議 13/3a 歷代奏議 233/15b

奏乞戒諸大帥精審措置瀕濠賊形勢劄子 石林奏議 13/3b

奏論張俊已渡江乞韓世忠信飛進兵牽制劄子 石林奏議 13/6a

奏爲劉錡遇淮西太平州無軍馬防托狀 石林奏議 13/6a

奏乞下沿江諸州聚集民兵把截要害狀 石林奏議 13/6b

奏乞下將帥把截滁河口宣化等處賊馬來路狀 石林奏議 13/7a

奏乞分命諸將審度敵形併力討舉狀 石林奏議 13/8a

奏乞乘勢攻復壽春順昌府宿州狀 石林奏議 13/9a

奏沿江防守民兵乞免別差役並知縣巡尉官並不得妨廢本職狀 石林奏議 13/12a

奏乞戒師恢復中原劄子 石林奏議 14/3b

奏依稟措置應副張俊沿江築壘合用木植磚瓦劄子 石林奏議 14/5a

奏將帶高舉官兵取徑路之任狀 石林奏議 14/7a

奏乞遇本路討賊權令江西廣東官史廳節制劄子 石林奏議 14/7b

奏見留南劍州措置討蕩劉大小老狀 石林奏議 14/8a

奏本路討捕盜賊器盡乞下江西廣東帥司提刑乘時措置劄子 石林奏議 14/9a

奏乞分近上兵官於汀漳泉建劍州駐劄劄子 石林奏議 14/10a

奏措置投降盜賊押赴江上諸軍等事狀 石林奏議 14/11a

乞用河東土豪援太原劄子 莊簡集 9/6a

乞進兵狀 莊簡集 10/12a

乞車駕親征劄子 莊簡集 11/1b 歷代奏議 233/1a

進裴度平蔡州故事論主斷 莊簡集 11/10a 歷代奏議 233/3a

論招降盜賊劄子 莊簡集 11/12b

乞差文臣屯兵廬州狀 莊簡集 11/19a

論守禦大計狀 莊簡集 12/7a 歷代奏議 233/2a 南宋文範 12/13a

應詔論盜賊事宜狀 莊簡集 12/17b

與越帥義討抗賊狀 苕溪集 11/1a

撫州奏乞罷打造戰船等事 浮溪集 1/9b

奏論諸將無功狀 浮溪集 1/13a 歷代奏議 239/12b

奏論金人留建康乞分張浚軍馬策應狀 浮溪集 2/8b 歷代奏議 233/22b

侍御史論和戎劄子(1-2) 鴻慶集 27/1a-2a 孫尚書 28/1b-3a 歷代奏議 248/11a,12a

中書舍人上殿劄子 鴻慶集 27/3a 孫尚書集 28/5b

崇政殿集衆官議合與不合棄三鎮劄子 鴻慶集 27/5a 孫尚書集 28/7b

論禦寇用兵劄子 梁溪集 42/6b

論用兵劄子 御筆批答附 梁溪集 43/3b

乞議不可割三鎮劄子 梁溪集 43/9a 宋朝奏議 142/13b

上道君太上皇帝劄子 梁溪集 44/3a

進呈道君太上皇帝劄子(1-2) 梁溪集 44/6a-7a

奏道君太上皇帝劄子 梁溪集 44/10a

論守禦劄子 梁溪集 46/1b 歷代奏議 333/23a

備邊禦敵八事 梁溪集 46/2b 宋朝奏議 142/15a 歷代奏議 333/23b 南宋文範 13/9b

乞修塘濼劄子 梁溪集 46/5b 歷代奏議 333/22b

乞措置三鎮劄子 梁溪集 46/7b

奏知防守酸棗門並乞分遣執政官分巡四壁守禦劄子 梁溪集 50/3a

奏知酸棗門守禦捍退賊馬劄子 梁溪集 50/3a

奏知再遣王師古等兵會合何灌兵出戰劄子 梁溪集 50/3b

奏知已遣王師古出援張搗勾收召募人馬劄子 梁溪集 50/4b

奏知種師道等兵馬劄子 梁溪集 50/5b

乞種師道聽節制劄子 梁溪集 50/6a

奏知城上守禦器具有未備處劄子 梁溪集 50/6b

乞措置防護汴河斗門及引水入壕劄子 梁溪集 50/7a

乞內外兵馬並聽節制劄子 梁溪集 50/7b

奏知放入何灌人馬許孝烈等駐泊去處劄子 梁溪集 50/8b

乞免策應姚平仲劄子 梁溪集 50/11a

乞種師道同出城策應劄子 梁溪集 50/11b

乞應副長入祇侯人馬劄子 梁溪集 50/12a

乞差孟揆幹當舟船劄子 梁溪集 51/3a

奏知范瓊下軍馬前去檬澤州防托劄子 梁溪集 51/3b

繳進根刷到遞角劄子 梁溪集 51/4a
奏知四路出兵控扼河津劄子 梁溪集 51/4a
奏知收到梁方平獨脚旗劄子 梁溪集 51/7a
奏知募到使臣候章去大金軍中見肅王劄子 梁溪集 51/8a
奏知種師中在太原府南石橋下寨劄子 梁溪集 51/9b
奏知種師中已到真定應援太原劄子 梁溪集 51/10a
奏知發夏國詔書劄子 梁溪集 51/12b
奏知種師中見在榆次縣下寨劄子 梁溪集 51/15b
乞招捕勝捷軍劄子 梁溪集 52/11b
繳進劉韐中狀劄子 梁溪集 53/3a
奏知約束解潛等會合劄子 梁溪集 53/3b
繳進太原賊棄圖劄子 梁溪集 53/8b
乞遣使劄子 梁溪集 53/9b
乞按河東地圖劄子 梁溪集 54/3a
奏知發去生兵等事劄子 梁溪集 54/7b
奏知拖襲南北關賊馬劄子 梁溪集 54/8a
奏知令劉韐等度事勢進兵劄子 梁溪集 54/9a
繳進折彥質等諸目劄子 梁溪集 54/10b
乞留熙河蕃僧軍前使喚劄子 梁溪集 54/11b
奏知進兵次第劄子 梁溪集 54/12a
奏知劉韐欲由壽陽進兵劄子 梁溪集 54/13b
乞差王元充都統制劄子 梁溪集 55/3a
奏知折可求兵馬衝散劄子 梁溪集 55/3b
奏知催解潛整軍與范世雄會合劄子 梁溪集 55/4b
奏知王淵等顧望不進劄子 梁溪集 55/6a
論督責王淵軍深入事劄子 梁溪集 55/6b
奏乞差有風力人等知潞州劄子 梁溪集 55/8a
乞督劉韐進兵劄子 梁溪集 55/9b
收復文水縣乞指揮劉韐等進兵劄子 梁溪集 55/10b
奏知金國遣使劄子 梁溪集 55/11a
繳進詹度乞差人兵劄子 梁溪集 55/11b
奏知范世雄進兵劄子 梁溪集 55/12a
奏劾張灝兵退卻及待罪劄子 梁溪集 55/13a
奏知候種師道到交割劄子 梁溪集 55/13b
上皇帝封事 梁溪集 56/3a 歷代奏議 348/2a
節制湖南勤王人兵赴行在奏狀 梁溪集 57/4a
乞於河北西路置招撫司河東路置經制司劄子 梁溪集 61/2a 歷代奏議 84/8a

乞令福建等路宣撫司差撥兵將會合討捕曹成奏狀 梁溪集 65/13a
乞措置招捕虔州監賊奏狀 梁溪集 66/7a
乞令韓世忠不拘路分前去廣東招捕曹成奏狀 梁溪集 66/9a
乞令韓世忠相度入廣西招捕曹成奏狀 梁溪集 66/13a
將帶軍馬之任奏狀 梁溪集 67/5a
再乞差使臣齎旗榜招撫曹成及論討捕盜賊奏狀 梁溪集 67/5b
乞依近降指揮乞兵二萬人措置招捕曹成奏狀 梁溪集 67/9b
乞撥顏孝恭軍馬付本司使喚奏狀 梁溪集 67/12b
乞差撥兵將前去廣東招捕曹成奏狀 梁溪集 67/13b
乞令韓世忠統率兵將前去廣東招捕曹成奏狀 梁溪集 68/2a
乞差辛企宗等軍馬奏狀 梁溪集 68/5b
乞令韓世忠摘那軍馬量帶輕齎前去招捕曹成奏狀 梁溪集 68/8b
再乞差辛企宗等軍馬奏狀 梁溪集 68/11b
乞令岳飛且在潭州駐劄仍乞令撥還韓世忠軍馬奏狀 梁溪集 68/13a
乞差楊惟忠下胡友毛佐軍馬奏狀 梁溪集 69/2a
乞催江東安撫大使司差那兵將會合捉殺姚達奏狀 梁溪集 69/5a
乞且於衢州駐劄候福建等路宣撫司班師前去之任奏狀 梁溪集 69/6a
開具錢糧兵馬盜賊人數乞指揮施行奏狀 梁溪集 70/1a
彈壓遣發董叛降到王方曹成人馬經過衢州出界奏狀 梁溪集 73/2a
乞發遣水軍吳全等付本司招捉楊乞奏狀 梁溪集 73/6b
乞將鼎州依虔州等處例帶提舉鼎澧等州兵馬盜賊公事奏狀 梁溪集 73/7a
乞下鎮撫使令有寇盜賊侵犯鄰鎮合出兵送相應援奏狀 梁溪集 73/10a
招降到安鎮等人兵奏狀 梁溪集 73/11b
招降到王進等人兵奏狀 梁溪集 74/2a
吳錫中捉到李賁等奏狀 梁溪集 74/9a
獲到王俊下兵並奪到馬奏狀 梁溪集 74/10a

奏議表狀一 奏議 備禦征伐 1369

湖南無潰兵作過奏狀　梁溪集 74/11a

討殺本路作過潰兵了當見措置楊么等賊奏狀　梁溪集 75/3b

楊么占據洞庭湖北路本司已遣軍馬把截奏狀　梁溪集 75/9b

乞差羅選要部兵押禦猺賊奏狀　梁溪集 76/3b

陳捍禦賊馬奏狀　梁溪集 77/2a　歷代奏議 232/17b

奉詔條具邊防利害奏狀　梁溪集 78/2a　歷代奏議 84/14a

論金人失信劄子　梁溪集 81/4a　歷代奏議 348/6a

論襄陽形勝劄子　梁溪集 81/6a　歷代奏議 85/13a

論和戰劄子　梁溪集 81/7b　歷代奏議 85/5a

論虔州盜賊劄子　梁溪集 82/5a

論福建海寇劄子　梁溪集 82/6a

論進兵劄子　梁溪集 84/3b　歷代奏議 232/20b

乞差兵將討捕虔吉盜賊及存留李山彈壓奏狀　梁溪集 85/8a

乞催起岳飛軍馬劄子　梁溪集 86/11a

乞兵於舒蘄黃州駐劄奏狀　梁溪集 87/10b

乞移總管虔州措置捉發盜賊奏狀　梁溪集 88/2a

乞截留王彥軍馬奏狀　梁溪集 88/10a

乞降詔諸帥持重用兵劄子　梁溪集 89/10b

乞差防秋軍馬奏狀　梁溪集 90/2a

蘄州探報　梁溪集 90/9a

緻進蘄州探報劄子　梁溪集 90/9b

論擊賊劄子　梁溪集 91/2a　歷代奏議 232/19b

奏陳防秋利害劄子　梁溪集 91/5a

乞下淮西宣撫司差軍馬司前去光州駐劄奏狀　梁溪集 91/7a

乞令岳飛兵前來江州仍許聽本司節制奏狀　梁溪集 91/11b

乞撥韓京等軍馬奏狀　梁溪集 91/13a

再陳己見劄子　梁溪集 92/3a　歷代奏議 232/20a

乞降旨岳飛遵依聖旨差兵屯戍江州奏狀　梁溪集 92/4b

乞遣兵收復光州奏狀　梁溪集 92/6b

乞遣兵策應岳飛奏狀　梁溪集 92/9b

奏陳生擒偽齊賊衆劄子　梁溪集 93/2b

同運司乞兵捕虔賊奏狀　梁溪集 93/7a

乞沿淮漢修築城壘劄子　梁溪集 93/8b　歷代奏議 344/2a

論建中興之功劄子　梁溪集 94/7a　歷代奏議 85/6a

乞不必遠召將帥劄子　梁溪集 94/10b

乞差兵會合措置虔寇奏狀　梁溪集 94/11b

乞差趙不華等充招捉盜官奏狀　梁溪集 95/2a

差官體究周十隆等受招安及令李貴差人入寨告諭奏狀　梁溪集 95/5b

周十隆不從招撫李貴進兵殺散乞差岳飛下兵就糧討捕奏狀　梁溪集 95/9b

乞屯兵江州防秋奏狀　梁溪集 97/4b

措置本路盜賊奏狀　梁溪集 97/6a

約束統兵官招捕盜賊奏狀　梁溪集 97/9b

奏陳淮西事宜獎諭詔書　梁溪集 99/10a

奏陳車駕不易輕動劄子　梁溪集 100/7a　歷代奏議 85/2a

乞令湖北京西宣撫司差兵控扼江州奏狀　梁溪集 100/11b

條具防冬利害事件奏狀　梁溪集 101/2a

論使事劄子　梁溪集 102/2a　歷代奏議 85/7b

面對第一劄子　北海集 28/2a

面對第二劄子　北海集 28/3a

固守利害奏狀　北海集 29/11b　歷代奏議 232/16a

奏請措畫邊備疏　少師集 1/14a

奏陳禦戎策疏　少師集 2/13a

奏請出兵應援中山疏　少師集 3/2a　宋朝奏議 142/22b　新安文獻 3/5b　歷代奏議 333/29a

論高麗人使所過州縣之擾疏　少師集 3/3a　宋朝奏議 141/16b　歷代奏議 347/24a

再乞救中山疏　少師集 3/5a　宋朝奏議 142/22b

議建四鎭疏　少師集 4/9a

奏請身守江北之地以護行在疏　少師集 4/11a

乞嚴邊備劄子　張華陽集 14/3b

乞修戰船劄子　張華陽集 15/2a

乞疾速講求防秋事務劄子　毘陵集 1/8b　歷代奏議 223/5a

論大臣當講究防秋劄子　毘陵集 1/9a　歷代奏議 335/11a

論江北知州防秋劄子　毘陵集 1/9b

應詔論防秋利害劄子　毘陵集 1/10a　歷代奏議 335/9a　南宋文範 12/9b

論盜發本路監司帥臣不即捕治劄子　毘陵集 1/12a

聞車駕親征劄子　毘陵集 2/4a

論守禦劄子二首　毘陵集 2/4b-5b　歷代奏議 335/4a, 5a, 7b

再論守禦並乞豫措置六官百司府庫劄子　毘陵集 2/6b

應詔論備禦劄子　毘陵集 2/7a　歷代奏議 335/6a

乞以大河州軍馬爲番鎭劄子 毗陵集 2/8b 歷代奏議 335/8b

上殿論三奉使劄子 毗陵集 2/9a

論幸蜀劄子 毗陵集 3/1a

措置魔賊劄子 毗陵集 3/2b

論措置處賊劄子 毗陵集 3/3a

措置江西善後劄子 毗陵集 3/4a

乞屯兵江州劄子 毗陵集 3/7b

乞措置丁家洲劄子 毗陵集 3/12b 歷代奏議 318/27a

乞令范瓊討苗傅劉正彦劄子 毗陵集 4/14b

乞措置捕殘李成劄子二首 毗陵集 4/15a－15b 歷代奏議 233/16a

陳防秋利害 忠正德集 1/1a 歷代奏議 334/4b

論屯兵疏 忠正德集 1/3a 歷代奏議 334/3b

論防江民兵 忠正德集 1/15b 歷代奏議 232/10a 南宋文範 12/16b

論敵退事宜 忠正德集 1/18a

論修具事宜 忠正德集 1/19a

論西幸事宜狀 忠正德集 1/19b 歷代奏議 103/11b

論親征 忠正德集 1/24a 歷代奏議 232/11b

乞下湖北帥司隄備敵馬狀 忠正德集 1/28b 歷代奏議 334/7a

乞下湖北帥司防托武昌等處狀 忠正德集 1/30a

奏乞應副李橫狀 忠正德集 2/3a 歷代奏議 238/24a

乞撥米應副襄陽李橫軍馬狀 忠正德集 2/4b

乞下鄰路防托虔寇 忠正德集 2/6a

措置防秋事宜 忠正德集 2/8b 金佗粹編/續 29/2b 歷代奏議 334/5b

乞於岳鄂屯駐岳飛人馬狀 忠正德集 2/10b

論防邊疏（1－2） 忠正德集 2/26a－27b 歷代奏議 232/12b－13b

除右相論防秋 忠正德集 3/1a 歷代奏議 222/15b

乞覓筆付諸將防托 忠正德集 3/2b

措置防托畫一事宜狀 忠正德集 3/3b

論親征 忠正德集 3/4b 歷代奏議 232/12a

奏承楚事宜狀 忠正德集 3/5b

奏呂祉所陳狀 忠正德集 3/6a

知紹興乞差兵馬防海道 忠正德集 3/13a

奏韓世忠屯軍事宜狀 忠正德集 3/21a

江西使回越州上殿劄子（1－2） 大隱集 4/24a－25a

諫議和奏疏 北山集 1/5b 歷代奏議 89/12a

再諫議和疏 北山集 1/8a 歷代奏議 89/13b

三諫和議疏 北山集 1/10a 歷代奏議 89/14b

四諫議和疏 北山集 1/11b 歷代奏議 89/15b

議和不屈疏 北山集 1/14b 歷代奏議 89/17a

議和善後疏 北山集 1/16b 歷代奏議 89/18a

過襄陽 北山集 1/42a

良嗣迄與北官分畫疆界事 北山集 1/42b

議和分畫復旨疏 北山集 1/47b

乞不發遣趙彬等家屬劄子 鄱陽集 4/1a

密奏機事書 鄱陽集/拾遺 5a－5b

到闕上書 鄱陽集/拾遺 6a

乞募土人守禦劄子 筠溪集 1/10b 歷代奏議 335/2b

答和議奏 筠溪集 2/8b 歷代奏議 348/20b

再論不當先事致屈劄子 筠溪集 2/12b 歷代奏議 348/20a

面對論和戰劄子 雙溪集 9/1a

論收用武暑之士劄子 雙溪集 9/9a 歷代奏議 239/5a

應詔議福建路盜賊 雙溪集 9/12b 歷代奏議 319/5a

選將戍合肥劄子 相山集 21/4b

論諸將不爲捍禦計劄子 相山集 21/7b

乞兵戍巢劄子 相山集 21/10a

乞移屯沿邊劄子 相山集 22/6a

戒江北守臣與僞齊崇信義禁侵掠劄子 相山集 22/7a

論收復當自陝西始奏議 相山集 22/8a 南宋文範 14/9a

使還上殿劄子三道 李忠愍集 1/1a

上皇帝書 紫微集 23/3b

論和戰守 紫微集 24/6b 南宋文範/外 1/2a

論攻取 紫微集 24/7b 歷代奏議 334/13b 南宋文範/外 1/2b

上皇帝疏一首 阜齋集 7/1a

代人劄子 阜齋集 7/17b

議征伐 中興備覽 1/1a

議用兵 中興備覽 1/1b 歷代奏議 232/7a 蜀文輯存 44/10a

議間諜 中興備覽 1/2a 歷代奏議 232/7a 蜀文輯存 44/10a

議道理 中興備覽 2/2a 歷代奏議 238/21a 蜀文輯存 44/17b

議進取 中興備覽 2/3a

議太原 中興備覽 2/3b

議出使 中興備覽 2/4b

議均節 中興備覽 3/1a

奏議表狀一 奏議 備禦征伐 1371

論遣使劄子　斐然集 11/1a　歷代奏議 86/27a　南宋文範 14/12a

再論遣使劄子　斐然集 11/6a　歷代奏議 86/29a

論和戰　松隱集 25/1a　歷代奏議 91/8b

議准上事宜　松隱集 27/2a　歷代奏議 233/22a

與朝廷議分帥　松隱集 27/3a

壬子八月十八日上殿劄子（1－2）　默堂集 13/5b　歷代奏議 213/12a,319/2b

正月二十三日上殿劄子　默堂集 13/18a

論除盜賊劄子　默堂集 14/6a　歷代奏議 91/4a

閩寇二首　默堂集 14/13b

論用兵必先修政事　默堂集 14/15b　歷代奏議 233/21a

戊午上高宗封事　滄庵集 7/1a　歷代奏議 348/23a　南宋文範 15/12b

應詔集議狀　滄庵集 7/17a

上孝宗封事　滄庵集 8/1a　歷代奏議 349/6b

上孝宗論兵書　滄庵集 8/5a　歷代奏議 234/6a　南宋文範 15/14a

上孝宗論擢買金國窖　滄庵集 8/10a

論潭衡彬州桂陽軍賊盜劄子　漢濱集 5/7b

論諸軍見攻德順獨王彦未到狀　漢濱集 6/7a

乞遣重臣入蜀鎮撫奏劄　漢濱集 6/8b

論集議通和惟求其當奏議　漢濱集 6/15a

乞熟議和守奏議　漢濱集 6/15b

乙以親王爲江淮元帥奏議　漢濱集 6/22b

再論江淮乞置元帥劄　漢濱集 6/24b

乞與錢端禮同對奏議　漢濱集 6/26a

乞沿淮創置斥堠烽火奏議　漢濱集 7/2a

乞招撫司與江東帥司措置建康樓船奏議　漢濱集 7/3a

論兩淮鎮戍要害奏議　漢濱集 7/4a　歷代奏議 336/16b　南宋文範 16/2b

論和議奏議　漢濱集 7/10a

措置錢監軍兵充諸軍使喚朝劄子　漢濱集 8/9b

論運米充備邊朝劄　漢濱集 8/19a

論四川將士銳於立功朝劄　漢濱集 8/24a

乞駐蹕建康疏　湖山集/補遺 1a

請安反側劄子　鄂峰錄 7/2a　歷代奏議 348/26b

論未可用兵山東劄子　鄂峰錄 7/3a　歷代奏議 234/11b　南宋文範 16/4b

再論山東劄子　鄂峰錄 7/5a

論歸正人劄子（1－2）　鄂峰錄 7/6b－8a　歷代奏議 93/14a,15a

論未可北伐劄子　鄂峰錄 7/10a

回奏條具弊事劄子　鄂峰錄 8/1a　歷代奏議 234/10b

論用兵劄子　鄂峰錄 8/2a　歷代奏議 234/11a

論降詔視師劄子　鄂峰錄 8/3b

賀平准寇廣賊奏功劄子　鄂峰錄 29/1a

上殿劄子　唾室集 1/18b　歷代奏議 348/15a

論荊鄂兩軍戰守勝勢疏　方舟集 7/1a

邊報劄子　方舟集 7/9b

論進取利害劄子　梅溪集/奏 2/10b　歷代奏議 92/3b

論廣海二寇劄子　梅溪集/奏 2/10b　歷代奏議 319/9b

論宿州退師劄子　梅溪集/奏 2/13b　歷代奏議 234/15a

論用兵事宜劄子　梅溪集/奏 3/1a　歷代奏議 92/4b　南宋文範 17/12b

招安海賊劄子　盤洲集 42/1a

（招安海賊）第二劄子　盤洲集 42/3a

（招安海賊）第三劄子　盤洲集 42/4a

論東人來歸事宜劄子　盤洲集 42/7b

乞降親征詔書劄子　盤洲集 43/9a

論邊事劄子　盤洲集 44/1b

論國書劄子　盤洲集 44/3a

乞進賀詠慶首表奏狀　盤洲集 50/2b

條陳恢復事宜奏　盤洲集 50/3b

論守應之策　海陵集 3/7a　歷代奏議 91/11a

封事　海陵集 4/5a　歷代奏議 335/14b

輸對論和議異議疏　文定集 1/1a　歷代奏議 91/16b　南宋文範 15/14b

論敵情當爲備海道未可進　文定集 2/11b

措置海道回奏　文定集 2/14b　南宋文範 15/16a

奉手詔奏邊事　文定集 4/14a

乞荃差興元帥臣　文定集 4/14b

奏邊事　文定集 4/14b

論禦戎以自治爲上策　文定集 7/14a　新安文獻 39/4b　歷代奏議 335/13b

蔡洗等集議安南國奏狀　南澗稿 9/20a

十月末乞備禦白劄子　南澗稿 10/9b

論制敵定計劄子　小隱集/38a　歷代奏議 234/14a

代乞分兵取山東劄子　渭南集 3/3b　南宋文範 18/10b

上殿劄子（1－3）　渭南集 4/4b　歷代奏議 336/27b

論虜使生事劄子　范成大佚著/12　歷代奏議 349/11a

請勸文州夷疏　范成大佚著/28　歷代奏議 336/26a

延和殿又論二事劄子　范成大佚著/40

安南貢使入境宜遵舊制奏　范成大佚著/73

論邊患疏　范成大佚著/75

請措置邊防疏 范成大佚著/75

請措置邊防疏 范成大佚著/76

乞鳳州不測互相應援疏 范成大佚著/76

請榜告文州蕃部疏 范成大佚著/80

論治明州海盜疏 范成大佚著/82

請置灣長翼海寇疏 鄭忠肅集/上/17b

請止高麗入貢狀 鄭忠肅集/上/29a

請沿關設備狀 鄭忠肅集/上/30a

論宣州設備狀 鄭忠肅集/上/31b

論荊襄兩淮利害 益國文忠集 134/1a 益公集 134/1a 歷代奏議 200/13b

同翰苑給舍議北事狀 益國文忠集 134/9b 益公集 134/11b

論北事劄子 益國文忠集 134/10b 益公集 134/12b

論歸正人就食諸道 益國文忠集 137/2a 益公集 137/2a

論平茶賊利害敕文關侍制內殿對劄子 益國文忠集 138/1a 益公集 138/1a

論添駐贛州軍馬隱帥對劄子 益國文忠集 138/5a 益公集 138/5a

乞申嚴謀入溪洞人法 益國文忠集 139/6a 益公集 139/6b

論川廣守臣奏事 益國文忠集 144/6b 益公集 144/8a

論舒濠守臣奏 益國文忠集 144/8a 益公集 144/10a

論密白鎮江大教指揮未穩 益國文忠集 145/1b 益公集 145/1b

兵部申明交趾襲封事 益國文忠集 145/14b 益公集 145/17b

宣示吳挺奏狀回奏 益國文忠集 146/11a 益公集 146/13a

議鄂州軍帥御筆回奏附御筆及同日回奏 益國文忠集 146/16b 益公集 146/19b,20b

郭棣劄子回奏 益國文忠集 147/3a 益公集 147/3b

又欲作書與牛僔王希呂奏附御批及回奏 益國文忠集 147/7b 益公集 147/8b

王卿月江薄書草 益國文忠集 147/8b 益公集 147/9b

王希呂郭鈞雷世賢 益國文忠集 147/9a 益公集 147/10a

具王卿月所奏及探金中事宜御筆回奏 益國文忠集 147/12b 益公集 147/14a

時佐探報回奏 益國文忠集 147/13a 益公集 147/15a

興州吳挺具奏附錄白付吳挺御筆 益國文忠集 147/14a 益公集 147/16a

興元彭昱奏附錄白付彭昱御筆 益國文忠集 147/15b

益公集 147/18a

金州傅鈞奏附錄白付傅鈞御筆 益國文忠集 147/16b 益公集 147/19a

付下蜀中三帥劄子並錄白御筆回奏 益國文忠集 147/17b 益公集 147/20a

郭鈞等文字回奏 益國文忠集 147/18a 益公集 147/20b

批付朱安國御筆回奏附御筆 益國文忠集 148/1b 益公集 148/1b

大石達實契丹興兵御筆回奏附御筆 益國文忠集 148/9a 益公集 148/9b,10a

繳二十一日御筆奏 益國文忠集 148/9b 益公集 48/10b

宣示付吳挺御筆付留正御筆回奏附御筆 益國文忠集 148/9b 益公集 148/10b

旰昐傳聞御筆回奏 益國文忠集 148/12a 益公集 148/14b

王德探事御筆回奏 益國文忠集 148/12b 益公集 148/13a

于斌間探奏 益國文忠集 148/13a 益公集 148/14a

審問王德奏 益國文忠集 148/13a 益公集 148/13b

付下吳挺劄子回奏 益國文忠集 148/13b 益公集 148/15a

繳留正書回奏 益國文忠集 148/14b 益公集 148/16a

付下留正書回奏 益國文忠集 148/14b 益公集 148/16a

繳鄂州文字奏 益國文忠集 149/3a 益公集 149/3a

施行鄂軍御筆回奏 益國文忠集 149/3b 益公集 149/3b

宣示郭昱劄子回奏 益國文忠集 149/4b 益公集 149/5b

韓侂冑文字回奏 益國文忠集 149/6b 益公集 149/7a

論權止賀正人使 益國文忠集 149/7a 益公集 149/8a

密院使臣御筆回奏附隆興初軍朝事人奏 益國文忠集 149/8a 益公集 149/9a,9b

宣示郭昱御札回奏 益國文忠集 149/12a 益公集 149/12a 益公集 149/13b

結約夏國御筆回奏 益國文忠集 149/12b 益公集 149/13b

問虜孫年月回奏 益國文忠集 149/15b 益公集 149/17b

淮南北結集人御筆回奏 益國文忠集 149/16a 益公集 149/17b

王處久復統領御筆回奏全國事勢御筆 益國文忠集 149/16a 益公集 149/18a

全國事勢御筆回奏 益國文忠集 149/16b 益公集

奏議表狀一 奏議 備禦征伐 1373

149/18b

繳進廣中事宜等奏　益國文忠集 149/17a　益公集 149/19a

與送伴咨目　益國文忠集 150/12a　益公集 150/13b

發回廬使牒本並咨目奏劄　益國文忠集 150/12a　益公集 150/13b

乞改送伴牒盛字　益國文忠集 150/12b　益公集 150/14b

與旰胎咨目　益國文忠集 150/12b　益公集 150/14a

分付告哀使事目　益國文忠集 150/13a　益公集 150/14b

內批付下告哀使意度　益國文忠集 150/13b　益公集 150/15a

正旦北使朝見御筆　益國文忠集 150/18a　益公集 150/20b

進擬金陵守回奏　益國文忠集 151/12b　益公集 151/14b

乞作書與趙師翠與劉超商量楚州城壁　益國文忠集 151/14b　益公集 151/16a

廬中機會趙思侍從御筆回奏　益國文忠集 152/9a　益公集 152/9b

乞差中使賜金國人使御筵　益國文忠集 152/11b　益公集 152/12a

奏北牒遺留字附回奏　益國文忠集 152/11b-12a　益公集 152/12b

奏館伴武臣姓名　益國文忠集 152/12a　益公集 152/13a

祭金國文添年號回奏　益國文忠集 152/12b　益公集 152/14a

取賀正國書回奏　益國文忠集 152/13a　益公集 152/14a

付下國書回奏　益國文忠集 152/13b　益公集 152/14b

換國書一句回奏　益國文忠集 152/15b　益公集 152/17a

甲辰以尚左郎官召還上殿第一劄子　誠齋集 69/8a

論沿邊守備事宜狀　誠齋集 112/1a

時務奏議　應齋雜著 1/9a

進故事　于湖集 17/1a-2b　歷代奏議 3/7b,233/20b

論先盡自治以爲恢復劄子　于湖集 18/1a　歷代奏議 96/33a

赴建康畫一利害　于湖集 18/3a

被召上殿劄子　尊白堂集 6/6b　歷代奏議 98/11a

代論過界盜賊劄子　官教集 5/14b

代陳丞相論淮岸挑河及彼界來歸人劄子　官教集 5/15a

論恢復　宋本攻媿集 20/3b　攻媿集 21/3b

論保治　宋本攻媿集 20/8a　攻媿集 21/7b

重圍廣奏狀　東塘集 12/15b　歷代奏議 95/17b

美芹十論　稼軒集/1　歷代奏議 94/1a

審勢第一　稼軒集/2　歷代奏議 94/2a

察情第二　稼軒集/4　歷代奏議 94/3b

觀釁第三　稼軒集/6　歷代奏議 94/5b

自治第四　稼軒集/8　歷代奏議 94/7a

守淮第五　稼軒集/11　歷代奏議 94/10a

屯田第六　稼軒集/13　歷代奏議 94/11b

致勇第七　稼軒集/15　歷代奏議 94/13b

防微第八　稼軒集/18　歷代奏議 94/15b

久任第九　稼軒集/20　歷代奏議 94/17b

詳戰第十　稼軒集/21　歷代奏議 94/19a

論阻江爲險須藉兩淮疏　稼軒集/27　歷代奏議 336/22b

議練民兵守淮疏　稼軒集/29　歷代奏議 336/23b

淳熙己亥論盜賊劄子　稼軒集/50　歷代奏議 319/15a

論荆襄上流爲東南重地紹熙癸丑登對劄子　稼軒集/55a　歷代奏議 336/24b

乞備邊劄子　定齋集 1/1b　歷代奏議 335/21b

禦盜十事劄子　定齋集 1/7b　歷代奏議 319/18a

論備盜劄子　定齋集 2/6b　歷代奏議 319/16b

論和戰疏　定齋集 2/8a　歷代奏議 234/22b

乞禁止沿邊作過人劄子　定齋集 3/1a

論襄陽形勢劄子　定齋集 3/3b　歷代奏議 170/7a

論守邊劄子　定齋集 3/10b　歷代奏議 335/22a

論唐鄧間道劄子　定齋集 4/3a　歷代奏議 335/23a

乞以兵法賜諸將劄子　定齋集 5/4b　歷代奏議 240/19b

上皇帝書　九華集 5/1a　歷代奏議 94/22a

察敵情輸對劄子　九華集 5/13b　歷代奏議 349/17b

蜀文輯存 61/5a

論淮東浙西遞角違期奏　止堂集 5/11a

江陵條奏邊備疏　止堂集 6/12a　南宋文範 20/6b

乞絕金廬歲幣劄子　雲莊集 1/2a

請城沿邊州郡(劄子)　雲莊集 1/6b

奏乞罷遣賀正使劄子　雲莊集 1/14a

又乞罷遣賀正使劄子　雲莊集 1/14b

奏乞建制置司於歷陽以援兩淮(劄子)　雲莊集 1/15a

又乞建制置司於歷陽以援兩淮(劄子)　雲莊集 1/16a

輸對紹興十一年高宗料敵劄子 緊齋集 2/9a
論修戰守劄子 緊齋集 3/8b 歷代奏議 350/2b 南宋文範 21/18b
論蜀劄子一 緊齋集 4/1a
論蜀劄子二 緊齋集 4/3a 歷代奏議 97/22a
論備邊劄子一 緊齋集 4/6b 歷代奏議 337/20a
論備邊劄子二 緊齋集 4/9a 歷代奏議 337/21b
上孝宗皇帝劄子 水心集 1/1a 歷代奏議 96/1a 南宋文範 21/5a

取燕 水心集 4/4b-7a 水心別集 10/4a-6a
息虛論
親征 水心集 4/8a 水心別集 10/7a 歷代奏議 96/9a
待時 水心集 4/9a 水心別集 10/8a 歷代奏議 96/10a
實謀 水心集 4/10b 水心別集 10/9a 歷代奏議 96/10b

安慶府擬奏便民五事
安淮民
實邊郡 勉齋集 25/1a-2b
應詔論北伐劄子 後樂集 11/8a 歷代奏議 337/3a 南宋文範 22/2a
甲戌九月間傅閫旰昐軍得泗州關牒欲再行交聘之禮擬作議狀 昌谷集 9/8a
上廟堂論奏離翠盜劄子 昌谷集 11/12b
湖南答廟堂問討寇利害劄子 昌谷集 11/14a
申山前事宜並牒彭提刑節制諸軍隨宜調遣就行督捕事 崔清獻集 3/5a
乞經理邊事劄子 山房集 2/13b
代人奏稿(劄) 北溪集 25/1a
邊幣議 洛水集 4/6a
論寇盜劄子 東澗集 8/16a 歷代奏議 319/25b
平戎十策·再上皇帝書 北征錄 1/1a
使還上殿劄子 真西山集 3/12b 歷代奏議 337/11b
江東奏論邊事狀 真西山集 5/16b 歷代奏議 337/14b
甲午二月應詔上封事 真西山集 13/1a 歷代奏議 350/8a
十一月癸亥後殿奏己見劄子(1-2) 南西山集 14/1a-9a 歷代奏議 235/7b,9a
論州郡削弱之弊 鶴山集 15/12a 歷代奏議 98/1a 南宋文範 23/1a
論擇人分四重鎭以備金夏韃事 鶴山集 16/1a
論事變倚伏人心向背疆場安危鄰寇動靜遠夷利害五幾 鶴山集 16/8b-11a 歷代奏議 98/3a 南宋文範 23/3a

論夷狄叛服無常力圖自治之實 鶴山集 22/3a 歷代奏議 339/13a
論乞詔諸帥任責處降附安反側 鶴山集 22/10a 歷代奏議 98/18b
先事奏陳三事 鶴山集 26/10b
奏隨宜區處十事 鶴山集 27/1b
奏乞宣論大臣趣辨行期 鶴山集 27/4a,6a
奏乞降便宜詔書 鶴山集 27/9b
奏德安叛卒姦詐及備韃聲東擊西 鶴山集 27/11b
奏併力援襄及令參謀官吳潛留幕府 鶴山集 27/18a
奏和不可信常爲寇至之備 鶴山集 27/19b
奏虜犯隨信光黃等處事宜 鶴山集 27/21a
奏措置江陵府三海八櫃 鶴山集 27/22b
奏外寇未靜二相不咸曠天工而逢時幾 鶴山集 29/1a
奏襄陽被圍日久乞降詔勉諭制臣 鶴山集 29/5b
奏乞早定峽州襄陽守臣 鶴山集 29/7b
奏措置京湖諸郡 鶴山集 29/10a
奏乞降結局指揮收回新命速賜寵斥 鶴山集 29/11b
奏析督府前後事體乞檢會累奏施行 鶴山集 29/12b
奏北軍當思調伏庶内外相安 鶴山集 29/14a
奏據官告銀絹付別之傑經理 鶴山集 29/15b
奏備別之傑申到劉廷美等復襄事宜 鶴山集 29/16b
奏繳別之傑書施行復襄事宜 鶴山集 30/1a
繳奏奉使命十事 鶴山集 30/2b
建紹諸臣議秋防 鶴林集 15/4a
紹興乾淳經理荆襄淮蜀事宜 鶴林集 15/7a
紹興吳玠守蜀關二事 鶴林集 15/10a
高宗論世忠修好光世 鶴林集 15/13a
高宗孝宗降罪己赦詔四事 鶴林集 15/14a
紹興淳熙預儲蜀帥 鶴林集 15/17a
論保淮事宜疏 鶴林集 17/3b
論蜀事四失三憂及保蜀三策劄子 鶴林集 18/1a
論恢復和戰事宜劄子 鶴林集 18/8a 南宋文範 24/2b
論中原機會不可易言乞先内修政事劄子附聖語口奏 鶴林集 19/12b
和戰集議劄子 鶴林集 20/1a

奏議表狀一 奏議 備禦征伐 1375

論壞蜀四證及救蜀五策劄子 鶴林集 20/7a 南宋文範 24/4b

邊備劄子 鶴林集 20/13a

邊防劄子 鶴林集 20/17b

論邊備劄子 沅川集 4/8b

樂邊劄子 沅川集/補遺 1a 歷代奏議 338/3a

申措置南安山前事宜狀 漁墅稿 4/11a

入對劄子 蒙齋集 2/3b 歷代奏議 98/4b

陳時事疏 蒙齋集 6/10b 歷代奏議 339/4b

是日上不視事繳進前奏事劄子 蒙齋集 6/14b 歷代奏議 339/7a

乙降招撫諭四蜀劄子 蒙齋集 6/17b 歷代奏議 339/9a

奏備邊四事劄子 蒙齋集 6/18b 歷代奏議 339/9b 南宋文範 24/19a

邊事奏劄 杜清獻集 6/1a

論襄陽失守劄子 杜清獻集 6/7a

上邊面事宜 杜清獻集 7/14a

三月十二日已時奏附御筆 杜清獻集 14/11a

奏平獲浦寇劄子 畿帝稿 1/1a

進故事嘉熙元年正月上進 巽齋集 4/8b

進故事三月上進 巽齋集 4/11a

進故事四月上進 巽齋集 4/13b

南京上皇帝書蒙家集卷之一 金佗粹編 10/6a

招曹成不服乙進兵劄子家集卷之一 金佗粹編 10/7a

措置曹成事宜奏家集卷之一 金佗粹編 10/7b

措置李橫等軍奏家集卷之一 金佗粹編 10/11b

乙復襄陽劄子家集卷之一 金佗粹編 10/12b

畫守襄陽等郡劄子家集卷之一 金佗粹編 10/13b

條具荊襄相度移治及差官奏家集卷之一 金佗粹編 10/15a

奏審虔州賊首奏 金佗粹編 10/闕文

措置虔賊奏 金佗粹編 10/闕文

乙赴行在奏京邊防奏 金佗粹編 11/1b

收復唐鄧信陽差官奏 金佗粹編 11/2b

襄陽差職官奏 金佗粹編 11/6a

招楊欽奏 金佗粹編 11/9a

李道歸順奏 金佗粹編 11/10a

乙出師劄子 金佗粹編 11/10b

措置楊么水寇事宜奏 金佗粹編 11/闕文

乙本軍進言討劉豫劄子 金佗粹編 12/2b

乙進屯淮甸劄子 金佗粹編 12/3b

奏審已條具曲折未准指揮劄子 金佗粹編 12/4a

論廣情奏器 金佗粹編 12/5b

乙乘機進兵劄子 金佗粹編 12/7b

乙劉錡依舊屯順昌奏 金佗粹編 12/8b

乙止班師詔奏器 金佗粹編 12/11a

乙檢坐張俊等會戰去處奏 金佗粹編 12/11b

乙會諸師兵破敵奏 金佗粹編 12/11b

乙出京洛奏器 金佗粹編 12/闕文

乙出薪黃奏器 金佗粹編 12/闕文

廣德捷奏 金佗粹編 16/2a

鄧州捷奏 金佗粹編 16/2b

復三州奏 金佗粹編 16/3a

湖寇捷奏 金佗粹編 16/3b

復京西長水縣捷奏 金佗粹編 16/4b

復潁昌府奏 金佗粹編 16/5a

陳州潁昌捷奏 金佗粹編 16/5b

鄭州捷奏 金佗粹編 16/6b

漫獨化捷奏 金佗粹編 16/7a

復西京奏 金佗粹編 16/7b

龍虎等軍捷奏 金佗粹編 16/8a

復南城軍捷奏 金佗粹編 16/8b

鄢城縣北並垣曲縣等捷奏 金佗粹編 16/9b

小商橋捷奏 金佗粹編 16/10b

河北頴昌諸捷奏 金佗粹編 16/11a

王貴頴昌捷奏 金佗粹編 16/12b

臨潁捷奏 金佗粹編 16/13b

乙於岳鄂屯駐人馬百氏昭忠録卷之十三 趙鼎撰 金佗粹編/續 29/1b

措置防秋事宜百氏昭忠録卷之十三 趙鼎撰 金佗粹編/續 29/2b

乙支錢糧贈給李橫軍兵百氏昭忠録卷之十三 趙鼎撰 金佗粹編/續 29/5a

乙遣中使訓諭諸帥應援百氏昭忠録卷之十三 趙鼎撰 金佗粹編/續 29/7a

奏王彥移軍事宜百氏昭忠録卷之十三 趙鼎撰 金佗粹編/續 24/8a

乙少寬憂顧百氏昭忠録卷之十三 趙鼎撰 金佗粹編/續 29/9a

論已破汝潁商號伊陽長水乙豫防廣叛會合之計奏劄陳公輔撰 金佗粹編/續 30/16b

奏乙詔趣諸路勤王之師狀 恥堂稿 1/34b

進故事辛亥閏月初一日 後村集 86/9a 歷代奏議 339/14b

進故事辛西十月二十九日 後村集 87/8a

己亥進故事 清正稿 2/15a

奏論重地要區當豫蓄人才以備患事　許國公奏議 1/5a

奏論今日進取有甚難者三事　許國公奏議 1/14a

奏論和戰成敗大計襄宜急救備不可闘　許國公奏議 2/22a

奏乞選兵救合肥　許國公奏議 2/45a

奏論江防五利　許國公奏議 2/49a

奏乞重濠梁招信戍守　許國公奏議 2/53a

奏已差軍勦逐韃賊　許國公奏議 2/55a

奏論儀真存亡關係江面　許國公奏議 2/56a

奏論本所團到流民丁壯攻劫韃寨屢捷置制司忌嫉興諮等　許國公奏議 2/57a

奏乞增兵萬人分屯瓜洲平江諸處防拓內外　許國公奏議 3/1a

奏條畫上流守備數事　許國公奏議 3/6a

第二劄論國家變故晉與晉同西北之夷狄固當防而東南之盜賊尤不可忽　許國公奏議 3/44a

奏行周變義船之策以不革防江民船之弊乞補本人文資以任責　許國公奏議 3/50a

奏曉論海寇役爲良民及關防海道事宜　許國公奏議 3/53a

奏論海道內外二洋利害去處防貴周密　許國公奏議 4/1a

奏給遭風倭商錢米以廣朝廷柔遠之恩亦於海防密有關係　許國公奏議 4/4a

條奏海道備禦六事　許國公奏議 4/7a

冬十一月日以韃寇深入具奏乞令在朝文武官各陳所見以決處置之宜　許國公奏議 4/34a

春三月一日奏論韃賊深入乞充前日之梅悟以祈天永命消弭狄難事　許國公奏議 4/37a

淮閫奉詔言邊事奏　可齋稿 17/8b　歷代奏議 338/15b

謝御筆令彷戰禦等事奏　可齋稿 17/22a

謝御筆戒諭兵將等事奏　可齋稿 17/23b

奏壽城賞　可齋稿 17/27a

帥廣條陳五事奏　可齋稿 17/29b　歷代奏議 338/4a

謝宣諭將命任荊閫奏　可齋稿 18/1a

荊閫回奏四事　可齋稿 18/3a　歷代奏議 338/11a

手奏荊閫事宜　可齋稿 18/11b

手奏回謝御札戒諭荊閫事宜　可齋稿 18/15b

回奏宣諭經理　可齋稿 18/20a

回奏經理事宜　可齋稿 18/21a

出師經理襄樊奏　可齋稿 18/24a

奏以鄂州分司併歸節制　可齋稿 19/1a

奏襄樊經久五事　可齋稿 19/14b

備襄陽分司王制幹兵册取鄧奏　可齋稿 19/22b　歷代奏議 235/14a

乞預備蜀奏　可齋稿/續前 4/2b

回御筆手奏　可齋稿/續前 4/4b

襄陽獲捷手奏　可齋稿/續前 4/5b

答宸翰手奏　可齋稿/續前 4/7a

乞於下流遣兵援變奏　可齋稿/續前 4/9b

催區處援變兵奏　可齋稿/續前 4/11b

恭禀宣諭援變奏附貼黃　可齋稿/續前 4/13a

回庚牌手奏　可齋稿/續前 4/17a

回御手奏　可齋稿/續前 4/18b

乞留變帥手奏　可齋稿/續後 3/10b

回奏御筆節制四川邊面　可齋稿/續後 3/13b

御筆批答回奏　可齋稿/續後 3/15b

已領節制司職事手奏　可齋稿/續後 3/16a

回御筆奏　可齋稿/續後 3/27b

蜀邊利害奏　可齋稿/續後 3/29a

邊報事宜乞加備奏　可齋稿/續後 3/37b

乞調重兵應援奏　可齋稿/續後 3/39b

回宸翰撫諭將士奏　可齋稿/續後 3/42a

回宣諭并問救蜀楮緻密奏　可齋稿/續後 3/48a

起離靜江奏　可齋稿/續後 4/23b

回宣諭令調兵援廣與徐經畧商確　可齋稿/續後 5/1a

繳徐經畧親書奏　可齋稿/續後 5/2a

回宣諭兼節制奏　可齋稿/續後 5/10b

回申車馬錢糧通融事　可齋稿/續後 5/12a

回宣諭令勉諭呂鎮撫及七甲兵等事奏　可齋稿/續後 5/12b

回宣諭趣行令雄飛於緊要處置司奏　可齋稿/續後 5/14a

回宣諭令勇於戒途奏　可齋稿/續後 5/15a

繳印經畧書遣官往安南奏　可齋稿/續後 5/18b

繳印經畧書安南奏　可齋稿/續後 5/19a

潭州趙劑米撥充修城並廣西軍券食奏　可齋稿/續後 5/20b

至衡州奏東安縣寨丁事　可齋稿/續後 5/23a

備廣西經司報安南事奏　可齋稿/續後 5/23b

至永州奏安南及東安事　可齋稿/續後 5/24b

戊午回宣諭不必候再辭回降啓行　可齋稿/續後 5/25b

至靜江回宣諭　可齋稿/續後 5/26b

辭免新除恩命并開陳五條奏　可齋稿/續後 5/29a

奏議表狀一　奏議　備禦征伐　1377

回宣諭勉印帥往邕奏　可齋稿/續後 5/34b
回宣諭關閣長二月六日兩次聖旨奏　可齋稿/續後 5/36a
回奏宣諭呂鎮撫事　可齋稿/續後 5/41a
回宣諭印潛免入邕等事奏　可齋稿/續後 5/42b
安南求援奏　可齋稿/續後 5/44b
條具廣南備禦事宜奏　可齋稿/續後 5/46b
再條具備禦事宜奏　可齋稿/續後 5/55b
回宣諭奏　可齋稿/續後 6/1a
回奏宣諭　可齋稿/續後 6/6b
回奏宣諭安南事　可齋稿/續後 6/9b
奏錢糧事　可齋稿/續後 6/13b
奏乙調兵船成欽仍行海運之策　可齋稿/續後 6/15a
回宣諭奏　可齋稿/續後 6/17a
回奏兩次宣諭　可齋稿/續後 6/19a
回奏宣諭（1－2）　可齋稿/續後 6/22a－24a
乙敷奏申狀　可齋稿/續後 6/25a
繳安南國章表奏狀　可齋稿/續後 6/27b
回奏宣諭（1－2）　可齋稿/續後 6/28a－29b
回奏宣諭（1－2）　可齋稿/續後 6/34b－38a
回宣諭兵糧奏　可齋稿/續後 6/40b
回奏宣諭（1－3）　可齋稿/續後 6/43a－48a
條具邊事奏　可齋稿/續後 7/1a
奏節次調軍赴邕欽宣融捍禦　可齋稿/續後 7/5b
回奏宣諭（1－3）　可齋稿/續後 7/10a－15a
回宣諭團結奏　可齋稿/續後 7/17a
繳奏劉鎮撫書及陞人公牒事　可齋稿/續後 7/26b
奏邊面及南丹州事　可齋稿/續後 7/28b
回奏宣諭　可齋稿/續後 7/30a
奏爲邊事　可齋稿/續後 7/32a
奏爲邊報　可齋稿/續後 7/32b－34a
回奏宣諭（1－3）　可齋稿/續後 7/35a－38b
奏爲邊報（1－2）　可齋稿/續後 7/41b－43a
回宣諭奏　可齋稿/續後 7/44a
奏爲邊報及安南餽送事　可齋稿/續後 7/46a
回宣諭奏（1－2）　可齋稿/續後 7/47b－49a
回宣諭奏（1－2）　可齋稿/續後 7/52a－54a
奏邊報并繳劉鎮撫書　可齋稿/續後 7/56b
回宣諭及繳劉雄飛兩書　可齋稿/續後 7/58a
回兩次宣諭及繳劉鎮撫書　可齋稿/續後 7/60a
回宣奏諭　可齋稿/續後 7/62b
奏邊報及乙兵　可齋稿/續後 7/64a
奏邊報乙催調兵　可齋稿/續後 7/65b
奏邊報繳劉鎮撫書　可齋稿/續後 7/66b
回宣奏諭（1－2）　可齋稿/續後 8/1a－3b
回兩次宣諭奏　可齋稿/續後 8/5a
回宣諭奏　可齋稿/續後 8/7a
奏邊防俘獲事　可齋稿/續後 8/9a
回宣諭奏　可齋稿/續後 8/10a
奏賓象州守臣事　可齋稿/續後 8/12b
回奏十二月十一日宣諭　可齋稿/續後 8/13b
回宣諭奏（1－2）　可齋稿/續後 8/15b－19b
回奏宣諭　可齋稿/續後 8/23b
回宣諭奏　可齋稿/續後 8/28a
回奏宣諭（1－2）　可齋稿/續後 8/29a－31a
回奏御筆　可齋稿/續後 8/34b
回宣諭奏（1－2）　可齋稿/續後 8/36a－39b
回奏宣諭　可齋稿/續後 8/43a
回宣諭奏（1－3）　可齋稿/續後 8/43b－9/2b
回奏庚遞宣諭　可齋稿/續後 9/6b－9a
回庚遞宣諭奏　可齋稿/續後 9/13b
繳城圖奏　可齋稿/續後 9/15a
回奏庚遞宣諭　可齋稿/續後 9/16b
回庚遞宣諭奏　可齋稿/續後 9/17b
回奏庚遞宣諭　可齋稿/續後 9/21a
回庚遞宣諭奏（1－2）　可齋稿/續後 9/22b－25b
回奏宣諭　可齋稿/續後 9/29b
奏邊事及催調軍馬　可齋稿/續後 9/32a
以湘帥申押回飛虎統領程俊及分界運米二事　可齋稿/續後 9/36b
奏邊事已動　可齋稿/續後 9/39a
回宣諭奏（1－3）　可齋稿/續後 9/41a－44a
回宣諭奏　可齋稿/續後 9/45a
奏邊事已急　可齋稿/續後 9/45a
回庚遞宣諭奏　可齋稿/續後 9/46b
奏邊事　可齋稿/續後 9/49b
回庚遞宣諭奏　可齋稿/續後 9/52b
奏乞合江淮荊楚兵及浙右鹽丁民船水陸控扼　可齋稿/續後 9/54b
奏調兵等事　可齋稿/續後 9/55b
奏節次調兵自勸事　可齋稿/續後 9/58a
奏繳邕州捷旗　可齋稿/續後 9/63b
奏調軍得捷　可齋稿/續後 9/65b
奏合湘嶺脈絡貫通仍乞投劾早賜區處　可齋稿/續後 9/67a

奏議表狀一　奏議　備禦征伐

奏本司調兵付劉鎮撫往湖南會合 可齋稿/續後 9/68a

奏乞預訪邊防事 可齋稿/續後 9/70a

奏劉鎮撫衡山之捷 可齋稿/續後 9/73a

乞與守城將士優加推恩奏 可齋稿/續後 9/77a

丙午輪對第一劄盡人心附貼黃謹邊報 雪窗集 1/5a

歐陽修言朝廷有懼敵之色無憂敵之心 雪窗集 2/23b

吳育言西北邊事甫定未可恃以爲安 雪窗集 2/23b

秦宮禁處申嚴防閑幕上事 格庵稿/20b

秦增置東夾道門守禦事 格庵稿/22b

討信州閩軍待罪劄 山房遺文 1/12b

論河北急遞舖非機密不得輒發奏議 四庫拾遺 24/文恭集

乞申嚴元置斥堠舖指揮劄子 四庫拾遺 100/文定集

己見劄子 四庫拾遺 129/聚齋集 歷代奏議 235/1a

論降虜當分其勢 四庫拾遺 244/東塘集

楚州屯戍狀 四庫拾遺 247/東塘集

乞遣中使訓諭諸帥應援岳飛劄 四庫拾遺 630/忠正德文集

乞降睿旨訓飭岳飛劄 四庫拾遺 630/忠正德文集

論虜人有侵犯之漸劄子 四庫拾遺 668/漢濱集

上太祖謀伐河北范質撰 宋朝奏議 120/1a 歷代奏議 230/1a

上太祖謀伐河東乞班師李光贊撰 宋朝奏議 120/2b 歷代奏議 230/2a

上英宗請重造番部兵帳呂海撰 宋朝奏議 125/2a 歷代奏議 343/15a

上仁宗論公主非時入宮呂海撰 宋朝奏議 126/2a 歷代奏議 225/9b

上仁宗論公主非時入宮王陶撰 宋朝奏議 126/2b 歷代奏議 225/9b

上太宗謀北征李防撰 宋朝奏議 129/1a 歷代奏議 230/3a

上太宗論幽燕未下當先固根本張齊賢撰 宋朝奏議 129/1b 宋文鑑 41/16a 歷代奏議 342/2b

上太宗論邊事 宋朝奏議 129/3a 宋文鑑 41/13b 歷代奏議 342/4a 蜀文輯存 1/8a

上太宗論親征李至撰 宋朝奏議 129/4b 歷代奏議 230/3b

上太宗請班師趙昌撰 宋朝奏議 129/5b 宋文鑑 41/1a 歷代奏議 230/4a

上太宗答詔論邊事王禹偁撰 宋朝奏議 129/17a 歷代奏議 322/1b

上太宗乞撫柔北狄李至撰 宋朝奏議 130/1a 歷代奏議 342/6a

上真宗論禦戎畫一利害孫何撰 宋朝奏議 130/3a 歷代奏議 322/17b

上真宗答詔論邊事錢若水撰 宋朝奏議 130/6b 歷代奏議 322/22b

上真宗答詔論邊事趙安仁撰 宋朝奏議 130/8a 歷代奏議 322/25a

上真宗論備邊之要有五錢若水撰 宋朝奏議 130/9b 歷代奏議 322/23b

上真宗論陝西事宜張齊賢撰 宋朝奏議 130/12b 歷代奏議 323/1a

上真宗乞進兵解靈州之危張齊賢撰 宋朝奏議 130/15a 歷代奏議 230/8b

上真宗議澶淵事宜竈準撰 宋朝奏議 130/20a 宋文鑑 42/20b 歷代奏議 230/10a

上仁宗論先正內而後制外龐籍撰 宋朝奏議 131/1a 歷代奏議 81/15a

上仁宗論外憂始於內患韓琦撰 宋朝奏議 131/3a 歷代奏議 342/10b

上仁宗論元昊不足以臣禮責吳育撰 宋朝奏議 131/4b 歷代奏議 343/12a

上仁宗論西夏八事富弼撰 宋朝奏議 131/4b 歷代奏議 342/17b

上仁宗乞選用酋豪各守邊郡劉平撰 宋朝奏議 132/1a 歷代奏議 323/13b

上仁宗論西邊事宜陳執中撰 宋朝奏議 132/2b 歷代奏議 343/1a

上仁宗乞嚴邊城實關內范仲淹撰 宋朝奏議 132/4a 歷代奏議 324/1b

上仁宗論出界攻討未便龐籍撰 宋朝奏議 132/16a 歷代奏議 230/14b

上仁宗論攻策七不可田况撰 宋朝奏議 132/17a 歷代奏議 230/12b

上仁宗兵策十四事田况撰 宋朝奏議 132/19a 歷代奏議 325/5b

上仁宗論范仲淹答元昊書孫沔撰 宋朝奏議 133/1a 歷代奏議 324/22b

上仁宗論邊機軍政所疑十事張元撰 宋朝奏議 133/3a 歷代奏議 325/4a

上仁宗論范仲淹攻守之策龐籍撰 宋朝奏議 133/13b 歷代奏議 324/1a

上仁宗備邊六事賈昌朝撰 宋朝奏議 133/14b 宋文鑑 45/15b 歷代奏議 323/11a

上仁宗論不可待西使太過富弼撰 宋朝奏議 134/2a 歷代奏議 342/29b

上仁宗論備禦七事韓琦撰 宋朝奏議 134/9a 歷代

奏議表狀一 奏議 備禦征伐 1379

奏議 325/12a

上仁宗乞訪問執政專以廣患爲急田況撰　宋朝奏議 134/11b　歷代奏議 325/11b

上仁宗河北守禦十三策富弼撰　宋朝奏議 135/1a　歷代奏議 327/2b

上仁宗論契丹不寇河東富弼撰　宋朝奏議 135/17b　歷代奏議 327/15b

上仁宗論契丹請絕元昊進貢事丁度等撰　宋朝奏議 135/18b　歷代奏議 325/1a

上仁宗論元昊所上誓書富弼撰　宋朝奏議 135/21b　歷代奏議 327/16b

上仁宗論河北七事富弼撰　宋朝奏議 135/23a　歷代奏議 327/17a

上仁宗論西北議和,有大憂者三,大利者一韓琦撰　宋朝奏議 136/1a　歷代奏議 325/14a

上仁宗論邊備弛廢日甚撰　宋朝奏議 136/8a　歷代奏議 329/4a

上神宗論種諤擅入西界劉述撰　宋朝奏議 137/1a　歷代奏議 329/22b

上神宗論種諤擅入西界楊繪撰　宋朝奏議 137/2a　歷代奏議 329/21b　蜀文輯存 18/15a

上神宗論種諤薦向劉述撰　宋朝奏議 137/3b　歷代奏議 329/23b

上神宗論不可伐喪劉述撰　宋朝奏議 137/5b　歷代奏議 230/18a

上神宗論自治以勝夷狄之患孫覺撰　宋朝奏議 137/7a　歷代奏議 329/25b

上神宗論治邊之翼孫覺撰　宋朝奏議 137/8a　歷代奏議 329/26b

上神宗謀西師富弼撰　宋朝奏議 137/12a　歷代奏議 230/19a

上神宗答詔問北邊事宜韓琦撰　宋朝奏議 137/15b　宋文鑑 44/18a　歷代奏議 330/5b

上神宗答詔問北邊事宜富弼撰　宋朝奏議 137/20b　歷代奏議 330/2b

上神宗謀伐西夏膝甫撰　宋朝奏議 138/3a

上哲宗答詔論西事呂大防撰　宋朝奏議 138/15a　歷代奏議 331/5a

上哲宗請以蘭州二寨封其酋長呂陶撰　宋朝奏議 138/17a　歷代奏議 345/11b　蜀文輯存 16/21b

上哲宗乞棄蘭州孫覺撰　宋朝奏議 139/11a　歷代奏議 332/6b

上哲宗論西人請地王巖叟撰　宋朝奏議 139/12a　歷代奏議 345/10a

上哲宗論聚戎之要范育撰　宋朝奏議 139/20a　歷代奏議 346/11b

上哲宗論棄地非便上官均撰　宋朝奏議 140/1a　歷

代奏議 332/18b

上徽宗論河北備邊五事張舜民撰　宋朝奏議 140/17a　歷代奏議 333/17a

上徽宗乞撫存北虜趙遹撰　宋朝奏議 140/20a　歷代奏議 347/9a

上神宗乞熙河選將如折氏世守孫覺撰　宋朝奏議 141/3b　歷代奏議 238/3b

上徽宗乞誘論青唐廉夫撰　宋朝奏議 141/6b　歷代奏議 347/1a

上徽宗論郭鄯任伯雨撰　宋朝奏議 141/1a　歷代奏議 333/10a　蜀文輯存 30/16b

上徽宗論湟開西寧三州馮瀚撰　宋朝奏議 141/10a　歷代奏議 347/3b　蜀文輯存 31/4a

上徽宗論女真訣先敗盟宋昭撰　宋朝奏議 142/1a　歷代奏議 347/6a

上欽宗乞將相勿爭私忿早定和戰之計余應求撰　宋朝奏議 142/5a　歷代奏議 347/15a

上欽宗論邊機三事秦檜撰　宋朝奏議 142/6b　歷代奏議 333/28a

上欽宗論割三鎮要害楊時撰　宋朝奏議 142/7a　歷代奏議 333/22a

上欽宗論姚古不救太原楊時撰　宋朝奏議 142/16b　歷代奏議 238/16a

上欽宗乞戒大臣究心邊事陳公輔撰　宋朝奏議 142/17b　歷代奏議 333/27a

上欽宗乞拯救河東河北李若水撰　宋朝奏議 142/21b　歷代奏議 333/27b

上神宗論李憲討交阯楊繪撰　宋朝奏議 143/1a　歷代奏議 330/16b　蜀文輯存 18/16a

上神宗論螢猺侵犯乞詔諸道以寬民爲務富弼撰　宋朝奏議 143/2b　歷代奏議 330/5a

上神宗論再征交趾蔡承禧撰　宋朝奏議 143/9b　歷代奏議 330/9b

上徽宗論沿邊納土三害馮楫撰　宋朝奏議 143/13a　歷代奏議 333/19b　蜀文輯存 38/3a

上仁宗乞諸道置兵以備寇盜富弼撰　宋朝奏議 144/5b　歷代奏議 317/17a

上英宗論京東盜賊治平二年　趙瞻撰　宋朝奏議 144/9a　歷代奏議 318/1b

上神宗論京東盜李琮撰　宋朝奏議 144/15b

論江上事宜庇文撰　宋文鑑 16/14b　歷代奏議 233/17b　蜀文輯存 57/3a

論西夏請和韓琦撰　宋文鑑 44/9b

論伐遼割子洪中孚撰　新安文獻 3/2a

論兩淮利害狀朱松撰　新安文獻 4/7a

請罷和議決意用兵疏程宏圖撰　新安文獻 4/11b

論恢復狀吳儆撰　新安文獻 5/4a

奏議表狀一　奏議　備禦征伐

奏甘肅邊務六條程富撰 新安文獻 7/3b
奏緊急軍情事程信撰 新安文獻 7/6a
論邊計事楊寧撰 新安文獻 7/後 2a
建康攻守策張敷顯撰 新安文獻 33/5a
奏破施州謀汝翼狀林栗撰 蜀藝文志 27/19a
請堅守京師疏李綱撰 歷代奏議 82/3a
論金人需求不已疏李綱撰 歷代奏議 82/3b
上言經國六事疏﹒許翰撰 歷代奏議 84/1a
論遣使于金疏﹒李綱撰 歷代奏議 84/13b
論符離之敗疏胡銓撰 歷代奏議 87/1a
請摘劉豫恢復中原書﹒吳伸撰 歷代奏議 87/23a
力圖劉豫書﹒吳伸撰 歷代奏議 87/32a
請定關中以搗劉豫書﹒吳伸撰 歷代奏議 87/40a
論謀事立功勇決着先疏張浚撰 歷代奏議 88/1a
蜀文輯存 42/18a
論車駕進止利害張浚撰 宋朝奏議 88/2a 蜀文輯存 42/19b
論修德以圖恢復疏張浚撰 歷代奏議 88/3b
請申明國是疏張浚撰 歷代奏議 88/5a 蜀文輯存 43/1a
論和戰利害疏張浚撰 歷代奏議 88/7a 蜀文輯存 43/2b
奏恢復事宜疏張浚撰 歷代奏議 88/11b 蜀文輯存 43/4a
論歸正人利害疏張浚撰 歷代奏議 88/12b 蜀文輯存 43/4b
論招納歸正人利害疏張浚撰 歷代奏議 88/13a 蜀文輯存 43/5a
論泗州事宜疏張浚撰 歷代奏議 88/14a 蜀文輯存 43/6a
論撫卹准漢及經理陝西河東疏張浚撰 歷代奏議 88/14b 蜀文輯存 43/6b
經理准旬疏張浚撰 歷代奏議 88/15b 蜀文輯存 43/7b
論蕭宇等約降及恢復事宜疏張浚撰 歷代奏議 88/15b 蜀文輯存 43/7b
論恢復事宜疏張浚撰 歷代奏議 88/16b 蜀文輯存 43/8b
條上戰陳守備措畫經檄各五事疏李邴撰 歷代奏議 88/17a
論恢復之暑疏岳飛撰 歷代奏議 89/6b
入對論恢復﹒王庶撰 歷代奏議 89/6b
論通廣人保新疆之道疏﹒鄭剛中撰 歷代奏議 89/7a
請請保養三京之道疏﹒鄭剛中撰 歷代奏議 89/8a
論東南根本疏鄭剛中撰 歷代奏議 89/9b

請勿置中原於度外疏﹒鄭剛中撰 歷代奏議 89/10a
請持堅果不變之說疏﹒鄭剛中撰 歷代奏議 89/19b
論天下安危繫於施設疏﹒且顥浩撰 歷代奏議 90/1a
論遣使割子張守撰 歷代奏議 90/23b
論當修德立政嚴於爲備疏﹒曾開撰 歷代奏議 90/25a
論與金人和議疏﹒陳棄撰 歷代奏議 91/1a
請勿信王倫虛詐疏﹒張燕撰 歷代奏議 91/1b
論先定規模疏﹒張燕撰 歷代奏議 91/1b
論時不可失疏﹒周林撰 歷代奏議 91/3b
論經書招安人馬三事疏﹒章誼撰 歷代奏議 91/5a
請固根本以圖中興疏章誼撰 歷代奏議 91/5b
請委能臣分辨江海險阻兵將權賦疏﹒章誼撰 歷代奏議 91/6b
請屈募策合衆力以圖戰守疏﹒章誼撰 歷代奏議 91/7b
請容李充文疏﹒章誼撰 歷代奏議 91/8a
論易田師中用張浚劉錡疏馮時行撰 歷代奏議 91/13a 蜀文輯存 46/1b
上書論經國﹒馮時行撰 歷代奏議 91/13a
上裕蜀策喻汝礪撰 歷代奏議 91/23b 蜀文輯存 47/4a
上恢復策喻汝礪撰 歷代奏議 91/24b 蜀文輯存 47/4b
論和戰利害疏張浚撰 歷代奏議 93/1a 蜀文輯存 43/9a
論一溺於和則終身不振疏﹒胡銓撰 歷代奏議 93/1b
進冒頓不肯與車胡瞪脫外葬地故事胡銓撰 歷代奏議 93/2b
乞規恢遠圖疏胡銓撰 歷代奏議 93/3b
論用吳璘以圖恢復疏虞允文撰 歷代奏議 93/16b
蜀文輯存 56/9b
論益兵荊襄疏虞允文撰 歷代奏議 93/17b 蜀文輯存 56/10b
論恢復奏趙汝愚撰 歷代奏議 94/24b
乞撫安歸正人疏趙汝愚撰 歷代奏議 94/25a
論自治之策趙汝愚撰 歷代奏議 94/26a
請修備待警疏王師愈撰 歷代奏議 94/30b
規恢三事奏袁說友撰 歷代奏議 95/16a
論收復當自陝西始奏議王之望撰 歷代奏議 96/28b
請待軍士以一體疏﹒李椿撰 歷代奏議 96/30a
論遣使乃啓覬之端疏﹒陳良祐撰 歷代奏議 96/32a
奏備守之計疏﹒熊克撰 歷代奏議 96/33b
上封事疏﹒林栗撰 歷代奏議 96/34a
論戍守清河疏﹒陳敏撰 歷代奏議 96/35a

請圖回內修外攘之實事疏﹒呂祖儉撰　歷代奏議 97/1a

請於臨淮築堡鎮江造船疏張淏撰　歷代奏議 97/2b 蜀文帙存 44/12b

論經圖奏劃集遠撰　歷代奏議 97/4a

論事勢三可憂疏李鳴復撰　歷代奏議 98/6b　蜀文帙存 80/13a

論對奏劃﹒陳仲微撰　歷代奏議 98/8b

論後鑑之說有名實二端疏﹒衛涇撰　歷代奏議 98/ 9b

論用兵五可憂疏李鳴復撰　歷代奏議 99/1a　蜀文帙存 80/15a

論措置蜀事疏李鳴復撰　歷代奏議 99/15a　蜀文帙存 81/5a

論保金城之險疏李鳴復撰　歷代奏議 99/16b　蜀文帙存 81/6b

論儲帥才制國用疏李鳴復撰　歷代奏議 99/19a　蜀文帙存 81/8b

三大憂疏喬行簡撰　歷代奏議 100/4a　南宋文範 22/5b

論蜀變四事狀吳昌裔撰　歷代奏議 100/5b　蜀文帙存 84/9b

催王遂入蜀狀吳昌裔撰　歷代奏議 100/9a　蜀文帙存 84/12b

論朝廷重輕狀吳昌裔撰　歷代奏議 100/13a　蜀文帙存 84/16a

論救蜀四事疏吳昌裔撰　歷代奏議 100/14b　蜀文帙存 84/17b

論救蜀急著六事疏牟子才撰　歷代奏議 100/19b　蜀文帙存 87/10b

入對論恢復﹒王壅撰　歷代奏議 100/24a

論捍衛之圖疏﹒李宗勉撰　歷代奏議 100/24b

論宜分天下爲四鎮疏﹒文天祥撰　歷代奏議 101/12a

請詔諸將養銳持勝少息民力疏﹒胡銓撰　歷代奏議 107/9a

乞置總首統轄金洋歸正人疏趙汝愚撰　歷代奏議 108/21b

論聖人無爲故無敗無執故無失疏﹒陳瓘撰　歷代奏議 196/21b

論安南國王陳日照求封太上國王疏歐陽守道撰　歷代奏議 198/27a

獻戰守四策章誼撰　歷代奏議 222/21b

陳待敵之有三葉夢得撰　歷代奏議 223/8b

論伐太原疏﹒蔣居正撰　歷代奏議 230/2b

論親討契丹疏﹒李繼隆撰　歷代奏議 230/8a

論征伐與内修政事疏﹒呂蒙正撰　歷代奏議 230/8b

議親征契丹王顯撰　歷代奏議 230/12a

論元昊不足責疏﹒吳育撰　歷代奏議 230/15b

論再舉伐西夏﹒王珪撰　歷代奏議 230/27a

論用師有濟疏﹒李綱撰　歷代奏議 231/15b

論自治之策張淏撰　歷代奏議 232/1b　蜀文帙存 44/4b

論朝廷根本獨在陝西疏張淏撰　歷代奏議 232/2b 蜀文帙存 44/5b

辯和議利害疏張淏撰　歷代奏議 232/4a　蜀文帙存 44/7a

論易鳴謙迷復疏張淏撰　歷代奏議 232/4b　蜀文帙存 44/7b

論江淮形勢疏張淏撰　歷代奏議 232/5a　蜀文帙存 44/8a

論楊沂中破劉猊疏張淏撰　歷代奏議 232/5b　蜀文帙存 44/8b

論邊事利害疏張淏撰　歷代奏議 232/6a　蜀文帙存 44/9a

論戰守利害疏張淏撰　歷代奏議 232/6b　蜀文帙存 44/9b

進王撲平邊策故事張淏撰　歷代奏議 232/7b　蜀文帙存 44/10a

進王樸練兵策張淏撰　歷代奏議 232/9a　蜀文帙存 44/11b

論戰守利害疏張淏撰　歷代奏議 232/9b　蜀文帙存 44/12a

請戒諸將持重疏﹒胡銓撰　歷代奏議 232/15a

請悉發諸道兵以討不義疏﹒胡銓撰　歷代奏議 232/15b

乞親征疏章誼撰　歷代奏議 233/3b

乞息兵愛民疏章誼撰　歷代奏議 233/4b

乞遣將助張俊掎角李成疏章誼撰　歷代奏議 233/ 5a

乞作勵將士參用士豪以備劉豫疏﹒章誼撰　歷代奏議 233/5a

論李橫不可不援疏﹒章誼撰　歷代奏議 233/6a

條陳破李成六事疏﹒章誼撰　歷代奏議 233/7a

論恢復之策疏﹒日本中撰　歷代奏議 233/9a

請改修馬船廣立木柵以圖戰勝疏廣充文撰　歷代奏議 233/16b　蜀文帙存 57/2a

論諸軍大會江口王剛往禦秦州疏廣充文撰　歷代奏議 233/19a　蜀文帙存 57/4b

論征金人疏﹒曾幾撰　歷代奏議 233/24a

論金人叛盟舉兵北伐疏﹒王之道撰　歷代奏議 233/ 24a

請於臨淮築堡鎮江造船疏張淏撰　歷代奏議 234/ 1a　蜀文帙存 44/12b

奏邊事張淏撰　歷代奏議 234/2b

奏川陝事宜疏張浚撰 歷代奏議 234/3a 蜀文輯存 44/14a

論東西牽制疏張浚撰 歷代奏議 234/3a

奏虜勢及海道進取等事疏張浚撰 歷代奏議 234/3b 蜀文輯存 44/15a

論牽制事宜疏張浚撰 歷代奏議 234/4b 蜀文輯存 44/15b

論翠州未下可憂疏廖充文撰 歷代奏議 234/6b 蜀文輯存 57/5b

論今日可戰之機有九疏廖充文撰 歷代奏議 234/7b 蜀文輯存 57/6a

應詔論進討勝勢兵糧將帥疏廖充文撰 歷代奏議 234/8a 蜀文輯存 57/7a

乞力行自治之計疏趙汝愚撰 歷代奏議 234/9b

論謀敵決勝之道疏 余端禮撰 歷代奏議 234/12b

請審處其勢勿輕開兵端疏 王師愈撰 歷代奏議 234/13a

論備廣疏 李椿撰 歷代奏議 234/14b

論人主論兵與將相不同疏 王之望撰 歷代奏議 234/18a

論兵之勝負在國之强弱疏 周南撰 歷代奏議 234/21b

論春夏不當飲兵疏張浚撰 歷代奏議 234/2b 蜀文輯存 44/13b

便民策袁燮撰 歷代奏議 235/2b

進故事 衛涇撰 歷代奏議 235/4a

進故事 衛涇撰 歷代奏議 235/4b

論征伐疏 史彌遠撰 歷代奏議 235/6a

論當今急務二大患二疏 楊簡撰 歷代奏議 235/6b

進故事論征伐 洪舜俞撰 歷代奏議 235/11b

又進故事論征伐 洪舜俞撰 歷代奏議 235/12a

進故事論征伐 許應龍撰 歷代奏議 235/12b

論玠盜疏 王禹偁撰 歷代奏議 317/7a

請嚴巡檢縣尉緝賊之罰疏 宋祁撰 歷代奏議 317/23a

上玠盜畫一事件 彭汝礪撰 歷代奏議 318/10a

論捕盜之法疏 畢仲游撰 歷代奏議 318/22a

論以刑禁盜賊疏 劉敞撰 歷代奏議 318/22b

論軍行誅賞宜先遣辯士往論疏張浚撰 歷代奏議 318/23a 蜀文輯存 45/1a

請遣將度吉間拓捉盜賊疏 胡銓撰 歷代奏議 318/26a

論寇賊已就招安不得輒殺疏 張守撰 歷代奏議 318/26b

乞赦邵青張琪賊黨疏 章誼撰 歷代奏議 318/28a

論措置建州南劍州盜賊疏 章誼撰 歷代奏議 318/28a

論招安范汝爲等疏 章誼撰 歷代奏議 318/29a

論玠盜之術疏王元渤撰 歷代奏議 318/29b

論禦江西盜賊疏 鄧剛中撰 歷代奏議 319/1a

請用土豪捕殺海盜疏鄧剛中撰 歷代奏議 319/1b

論玠盜保民疏 胡交修撰 歷代奏議 319/3b

進襲遂故事李光撰 歷代奏議 319/4a

論省元食以玠盜疏 李椿撰 歷代奏議 319/10a

論務獲盜首而後結解疏 李椿撰 歷代奏議 319/11a

論汀贛盜賊利害奏趙汝愚撰 歷代奏議 319/12a

論汀州致盜有三弊奏趙汝愚撰 歷代奏議 319/14a

上便民劄子袁燮撰 歷代奏議 319/24b

論朝廷治邊鄙何患不安疏 王化基撰 歷代奏議 322/1a

論城古威州鄭文寶撰 歷代奏議 322/1a

言邊事疏 宋琪撰 歷代奏議 322/4b

言邊事宋琪撰 歷代奏議 322/8b

論屯田禦邊疏 何承矩撰 歷代奏議 322/15a

論國家禦邊之術疏 李宗諤撰 歷代奏議 322/15b

論宜通使契丹修好通市以專力西事疏朱臺符撰 歷代奏議 322/16a 蜀文輯存 3/15b

應詔論邊事疏 梁顥撰 歷代奏議 322/17a

論禦戎畫一利害張何撰 歷代奏議 322/20b

論不宜聽邊民越拒馬河塞北市馬疏 何承矩撰 歷代奏議 322/21a

論廣用地陣慎擇疆吏簡募良材疏 何承矩撰 歷代奏議 322/21b

論防德明攻六谷疏 張齊賢撰 歷代奏議 323/3a

上形勢選將練兵論三篇陳貫撰 歷代奏議 323/8a

言邊事疏 李靚和撰 歷代奏議 323/8b

論禦邊疏 王顯撰 歷代奏議 323/13a

論開方田以爲拒塞疏 劉平撰 歷代奏議 323/13b

論元昊延州奏疏 陳執中撰 歷代奏議 323/32b

論制禦西邊之計疏 丁度撰 歷代奏議 325/1a

論禦元昊疏 張元撰 歷代奏議 325/1b

論防禦西夏之計疏 王堯臣撰 歷代奏議 328/16b

論陝西用兵疏 葉清臣撰 歷代奏議 328/22a

論經制安化壘之策 蘇紳撰 歷代奏議 329/1a

乞備邊疏傅堯俞撰 歷代奏議 329/14b

乞差人經度西事疏傅堯俞撰 歷代奏議 329/15a

論和戎六事書 王韶撰 歷代奏議 329/17a

論祖宗禦戎之要疏 張方平撰 歷代奏議 329/25b

應對論禦邊之術˙李周撰　歷代奏議 330/17b

上處邊五疏呂陶撰　歷代奏議 331/8b

論呂惠卿違侵擾外界旨王觌撰　歷代奏議 332/20b

論議呂惠卿遣赦出兵罪法狀˙王觌撰　歷代奏議 332/24a

論呂惠卿之罪在廢詔出兵狀˙王觌撰　歷代奏議 332/24a

論西夏利害疏畢仲游撰　歷代奏議 333/3a

論進築城寨以破元昊並兵之計˙畢仲游撰　歷代奏議 333/3b

論河外清野利害狀畢仲游撰　歷代奏議 333/4a

議淮郡事宜疏任伯雨撰　歷代奏議 333/9b　蜀文輯存 30/16b

乞麗招安將劉子李新撰　歷代奏議 333/20a

乞救中山疏呂好問　胡舜陟撰　歷代奏議 333/29a

陳扞敵之策聶昌撰　歷代奏議 333/30a

論荊湖當屯宿重兵疏˙李綱撰　歷代奏議 334/2b

乞備江岸把扼劉子許景衡撰　歷代奏議 334/3a

論處置湖廣溪峒歸明官疏˙明瑩撰　歷代奏議 334/7b

論廣情及備禦利害疏張浚撰　歷代奏議 334/7b　蜀文輯存 45/1b

論戰守利害疏張浚撰　歷代奏議 334/8b　蜀文輯存 45/2a

論和議利害疏張浚撰　歷代奏議 334/8b　蜀文輯存 45/2b

乞守臣措置土豪狀章誼撰　歷代奏議 334/10b

乞令張浚措置防秋然後班師狀章誼撰　歷代奏議 334/11a

論守江之策章誼撰　歷代奏議 334/11b

論具舟師爲守江之備疏章誼撰　歷代奏議 334/12a

再論舟師水戰之利疏章誼撰　歷代奏議 334/12b

論鼎澧辰沅靖諸州宜募溪峒司兵鎮撫蠻夷疏˙張霈撰　歷代奏議 334/13b

論禁民通交阯疏˙胡庭直撰　歷代奏議 335/1a

論分重兵以鎮荊襄劉子˙馮當可撰　歷代奏議 335/1a

乞措置防江劉子李光撰　歷代奏議 335/1b

論邊邦疏鄭剛中撰　歷代奏議 335/3a

論楚四等處守禦事宜劉子張浚撰　歷代奏議 335/19a　蜀文輯存 45/4a

論唐鄧不可棄兩軍守禦之策疏廢充文撰　歷代奏議 336/1a　蜀文輯存 57/23b

論措置唐鄧爲必守計疏廢充文撰　歷代奏議 336/2a　蜀文輯存 57/24b

新臨唐鄧措置修城之役疏廢充文撰　歷代奏議 336/3a　蜀文輯存 58/1a

論唐鄧必不可棄疏廢充文撰　歷代奏議 336/4b　蜀文輯存 58/2b

論固守唐鄧方略疏廢充文撰　歷代奏議 336/5b　蜀文輯存 58/3a

論固守唐鄧兵勢糧運疏充文撰　歷代奏議 336/7a　蜀文輯存 58/4b

論荊鄂兩軍分戍唐州積糧免差夫運疏廢充文撰　歷代奏議 336/8b　蜀文輯存 58/6a

論收復翠州分兵守險疏充文撰　歷代奏議 336/9b　蜀文輯存 58/6b

論襄陽一面爲必守之備疏廢充文撰　歷代奏議 336/10a　蜀文輯存 58/7a

措置清河口防託廣中糧戰船疏廢充文撰　歷代奏議 336/10b　蜀文輯存 58/7b

請勿輕去德順退守蜀口疏廢充文撰　歷代奏議 336/11b　蜀文輯存 58/8b

論秦隴軍馬錢糧不可棄新復之地疏廢充文撰歷代奏議 336/13a　蜀文輯存 58/10a

奏陝西事宜狀廢充文撰　歷代奏議 336/14a　蜀文輯存 58/10b

論廣政衰亡宜益自治疏廢充文撰　歷代奏議 336/15a　蜀文輯存 58/11b

論襄陽規模既定當鎮之以靜疏廢充文撰　歷代奏議 336/15b　蜀文輯存 58/12a

論采石水軍劉子洪邁撰　歷代奏議 336/16a

論禦邊疏˙王之望撰　歷代奏議 336/18b

論邊防趙汝愚撰　歷代奏議 336/19b

乞嚴戒沿邊官吏禁賊邊民生事趙汝愚撰　歷代奏議 336/20b

論猺蠻爲亂吏匪不以聞劉子˙李大性撰　歷代奏議 336/28b

論經制諸蠻書˙章才邵撰　歷代奏議 336/28b

論宜聰靖州守臣節制成兵疏陳義撰　歷代奏議 336/29a

論徒閒地巡檢兵分屯諸溪谷山徑疏　歷代奏議 336/29b

論邊備利害狀李椿撰　歷代奏議 336/30a

論邊防事宜疏彭龜年撰　歷代奏議 337/1a

請堅盟志意定規模劉子˙呂祖儉撰　歷代奏議 337/1a

論邊事二病疏˙張宏撰　歷代奏議 337/2b

論宜擇智勇爲猺人所信服者爲首長疏˙趙彦勵撰　歷代奏議 337/2b

陳備邊强本之策˙許應龍撰　歷代奏議 337/5a

論禦邊之策＊許應龍撰　歷代奏議 337/7a

又上備邊劄子袁燮撰　歷代奏議 337/23a

論楚州屯戍　歷代奏議 337/24b

論防蜀事疏李鳴復撰　歷代奏議 338/19b　蜀文輯存 82/10b

論今日當議備邊之實疏李鳴復撰　歷代奏議 338/20b　蜀文輯存 82/12a

論和議不足恃疏李鳴復撰　歷代奏議 338/21b　蜀文輯存 82/13a

乞宜引兩督視使各陳己見疏李鳴復撰　歷代奏議 338/24a　蜀文帖存 82/15a

乞嚴爲廣西之備疏李鳴復撰　歷代奏議 338/25a　蜀文輯存 82/15b

論一時權宜之計疏李鳴復撰　附貼黃五　歷代奏議 339/1a　蜀文帙存 82/16b

進故事論禦邊許應龍撰　歷代奏議 339/11a, 12a

論邊防事宜疏吳昌裔撰　歷代奏議 339/15b　蜀文輯存 85/16a

論三邊備禦狀吳昌裔撰　歷代奏議 339/17b　蜀文輯存 85/17b

論三邊防秋狀吳昌裔撰　歷代奏議 339/19a　蜀文輯存 85/19a

論本朝仁政及邊事疏吳昌裔撰　歷代奏議 339/21b　蜀文輯存 85/21a

論湖北蜀西具備疏吳昌裔撰　歷代奏議 339/26a　蜀文輯存 85/25a

禦戎策趙善撰　歷代奏議 342/1a

論夷狄疏＊呂端撰　歷代奏議 342/4a

論禦戎之策＊趙孚撰　歷代奏議 342/5b

論五路進討李繼遷疏＊李重貴撰　歷代奏議 342/7b

論靈武事疏＊李至撰　歷代奏議 342/7b

論夷狄疏＊謝泌撰　歷代奏議 342/8a

論沿邊權場不可廢疏＊何承矩撰　歷代奏議 342/9a

論契丹疏＊呂夷簡撰　歷代奏議 342/9a

請順適趙元昊意使未有以發劄子＊張方平撰　歷代奏議 342/11a

論答契丹使臣及使人論元昊劄子＊吳育撰　歷代奏議 343/12b

論還交阯温闈洞等地疏＊韓琦撰　歷代奏議 343/16b

詣闕上平戎策三篇王韶撰　歷代奏議 344/1a

乞木征不得還熙州劄子王珪撰　歷代奏議 344/1b　蜀文輯存 2/8a

應詔論契丹來求代北地疏＊韓琦撰　歷代奏議 344/3a

論邊事劄子强幾聖撰　歷代奏議 344/5a

論西夏事宜狀鄭獬撰　歷代奏議 344/5b

請勿棄熙河及復講攻援之策劄子＊安燾撰　歷代奏議 344/8b

請柔夏人以德許其請地劄子＊傅堯俞撰　歷代奏議 346/1a

論復境土畢仲游撰　歷代奏議 346/14b

上書論燕雲之事安堯臣撰　歷代奏議 347/5a

謀燕山用兵疏宇文虛中撰　歷代奏議 347/5b　蜀文輯存 36/3a

代條具北邊事宜趙鼎臣撰　歷代奏議 347/10b

論金人議和疏＊李綱撰　歷代奏議 347/13a

乞募兵撑將無謂和議可恃疏＊李綱撰　歷代奏議 347/13b

論金兵不解由和戰之說未一疏＊程振撰　歷代奏議 347/14b

請放西夏捕獲人王楅等狀鄭剛中撰　歷代奏議 348/13b

論邊慮之策王元渤撰　歷代奏議 348/14a

論遣還高麗使者劄子黃次山撰　歷代奏議 348/15a

論和議不便疏許忻撰　歷代奏議 348/16a

請以大義絕金人疏＊張燾撰　歷代奏議 348/18b

乞勿輕許金人劄子＊魏臣撰　歷代奏議 348/19b

論金人和好之許疏＊辛次膺撰　歷代奏議 348/24b

請飭邊更各守分界疏略次儀撰　歷代奏議 348/25a　蜀文輯存 47/7a

論武岡軍猺人劄子＊　歷代奏議 348/27b

論慶衰乞和四州不可輕棄疏慶充文撰　歷代奏議 349/1a　蜀文輯存 58/12b

論不當棄四州地與慶和疏慶充文撰　歷代奏議 349/2a　蜀文輯存 58/13b

論慶中情偽不可棄四州之地疏慶充文撰　歷代奏議 349/3b　蜀文輯存 58/14b

論召回信使當殿議中外戰守之備並安集歸正流民疏慶充文撰　歷代奏議 349/4b　蜀文輯存 58/15b

論慶中衰幣令兩軍習拒馬法疏慶充文撰　歷代奏議 349/5a　蜀文輯存 58/16a

論經制猺人之亂疏＊慶充文撰　歷代奏議 349/6a

論主德與心不可二三疏＊劉鈴撰　歷代奏議 349/8a

論復讎疏胡銓撰　歷代奏議 349/10a

論中國禦夷狄失道疏＊胡銓撰　歷代奏議 349/10b

轉對論自治劄子汪應辰撰　歷代奏議 349/11b

陛辭劄子林光朝撰　歷代奏議 349/13a

輪對劄子林光朝撰　歷代奏議 349/14a

論處歸正中原之人劄子＊李椿撰　歷代奏議 349/

19b

論區處降虜劄子 李椿撰 歷代奏議 349/20a

論羌賊降後乞修德任賢狀趙汝愚撰 歷代奏議 349/21a

論金國人使生事狀趙汝愚撰 歷代奏議 349/21b

論治內備外疏 衛涇撰 歷代奏議 350/4a

奉使回奏事劄子衛涇撰 歷代奏議 350/5b

進漢文帝和親故事 衛涇撰 歷代奏議 350/7a

上高宗十議劄子

議巡幸李綱撰 南宋文範 13/13a

議僭逆李綱撰 南宋文範 13/15a

議僞命李綱撰 南宋文範 13/15b

議戰李綱撰 南宋文範 13/16a

議守李綱撰 南宋文範 13/17a

議責成李綱撰 南宋文範 13/18b

答詔問攻戰守備措置經懷之方劄子李綱撰 南宋文範 14/2b

治安劄子趙需撰 南宋文範 15/6a

論邕州化外諸國狀吳敏撰 南宋文範 18/1a

蔡沈等集議安南國奏狀韓元吉撰 南宋文範 18/9a

赴桂陽擬奏事劄子二篇陳傅良撰 南宋文範 20/8a

上寧宗皇帝謀北伐書畢岳撰 南宋文範 24/11b

平戎十策再上皇帝書畢岳撰 南宋文範 24/13b

上高宗皇帝論遣使第二書賈廷佐撰 南宋文範/外編 1/4a

請沿關設備狀戴興奮撰 南宋文範/外編 1/7a

安邊書何亮撰 蜀文輯存 3/12b

論河北州郡供應番使疏何郯撰 蜀文輯存 6/10a

乞追還黎雅屯駐兵狀范鎮撰 蜀文輯存 7/19a

言河東爭界事疏鄧綰撰 蜀文輯存 17/3b

上仁宗皇帝禦戎策張紘撰 蜀文輯存 17/17a

邊帥欲禽鄂特凌古恐失信爲鮮疏范百祿撰 蜀文輯存 22/8a

論築聚卜結隆川二城疏范百祿撰 蜀文輯存 22/13a

論出兵未見其利疏趙高撰 蜀文輯存 23/12a

言賊中交惡宜禽旺莽額結明愛以離其腹心疏趙高撰 蜀文輯存 23/12a

論种諤修配尚及義合鎮疏趙高撰 蜀文輯存 23/12b

陳交州兵事疏趙高撰 蜀文輯存 23/14a

駁李稷言河東兵事疏趙高撰 蜀文輯存 23/15a

畫界取直並立封堠狀趙高撰 蜀文輯存 23/15b

言曲珍與賊接戰疏李稷撰 蜀文輯存 28/4b

乞寢燕雲兵事書安堯臣撰 蜀文輯存 33/10b

請駐驛金陵疏劉觀撰 蜀文輯存 35/5a

論今日之患在內不在外疏劉觀撰 蜀文輯存 35/5b

論攻守利害三事劄子唐重撰 蜀文輯存 35/7a

論和議用兵劄子唐重撰 蜀文輯存 35/8a

論收燕山利害劄子宇文虛中撰 蜀文輯存 36/2a

論燕山後患疏宇文虛中撰 蜀文輯存 36/4b

措置京東應援河北疏宇文虛中撰 蜀文輯存 36/4b

應付和議疏馮楫撰 蜀文輯存 38/1a

論講和仍宜修備疏馮楫撰 蜀文輯存 38/1b

和議既成宜措置善後疏馮楫撰 蜀文輯存 38/2b

請下吳玠條畫蜀中糧道疏常同撰 蜀文輯存 38/18b

紹興防秋疏常同撰 蜀文輯存 38/21b

議復讎狀楊椿撰 蜀文輯存 39/7b

乞駕幸興元疏張浚撰 蜀文輯存 41/1b

乞斥遠和議疏張浚撰 蜀文輯存 41/2a

論復人心張國勢疏張浚撰 蜀文輯存 41/4b

論敵僞暫和宜益爲備疏張浚撰 蜀文輯存 41/有目無文

措置江防請依先降指揮疏張浚撰 蜀文輯存 41/9b

論事勢至難其權在我疏張浚撰 蜀文輯存 41/10a

料虜三策疏張浚撰 蜀文輯存 41/10a

因權制變疏張浚撰 蜀文輯存 41/10b

奏虜情狀張浚撰 蜀文輯存 41/11b

又奏虜情狀張浚撰 蜀文輯存 41/12a

又奏虜情狀張浚撰 蜀文輯存 41/12a

又回奏虜情狀張浚撰 蜀文輯存 41/12b

又論虜情狀張浚撰 蜀文輯存 41/13a

奏欲寓居湖南及論虜使狀張浚撰 蜀文輯存 41/13b

奏虜書名詔論事狀張浚撰 蜀文輯存 41/14a

奏乞遣辯士通書虜酋狀張浚撰 蜀文輯存 41/14a

奏知作書答虜元帥狀張浚撰 蜀文輯存 41/14b

奏答虜僞元帥書檢事狀張浚撰 蜀文輯存 41/14b

奏報淮陽等處備虜事狀張浚撰 蜀文輯存 41/15a

進呈答虜元帥書檢狀張浚撰 蜀文輯存 41/15a

奏處虜人詐和狀張浚撰 蜀文輯存 41/15b

回奏旰胎與虜人書等事狀張浚撰 蜀文輯存 41/15b

奏虜人有窺伺淮甸之意狀張浚撰 蜀文輯存 41/16a

奏虜勢及海道進取等事狀張浚撰 蜀文輯存 41/16b

論虜情及製短强弩事狀張浚撰 蜀文輯存 41/17a

奏虜情議張浚撰 蜀文輯存 41/17b

奏虜情并乞早圖大計議張浚撰 蜀文輯存 41/18a

乞多撥錢未招來北人狀張浚撰 蜀文輯存 41/18b

奏郭振屯六合事宜狀張浚撰 蜀文輯存 41/18b

奏屯駐旰眙濠壽利害狀張浚撰 蜀文輯存 41/19a

奏移屯牽制利害狀張浚撰 蜀文輯存 41/20a

奏屯壽春利害狀張浚撰 蜀文輯存 41/20b

條具江上屯守事宜狀張浚撰 蜀文輯存 41/21a

奏淮南移屯事目張浚撰 蜀文輯存 41/22a

論劉光世軍馬屯駐事狀張浚撰 蜀文輯存 41/22b

回奏虜情並遣使利害狀張浚撰 蜀文輯存 42/1a

論虜情及備禦事宜狀張浚撰 蜀文輯存 42/2a

又回奏虜情及遣使事宜狀張浚撰 蜀文輯存 42/3a

奏虜情及攻守事宜狀張浚撰 蜀文輯存 42/3b

奏虜中事宜狀張浚撰 蜀文輯存 42/4a

又奏虜中事宜狀張浚撰 蜀文輯存 42/4b

奏乞令使人論及虜中事宜狀張浚撰 蜀文輯存 42/4b

奏虜犯金州攻禦事宜狀張浚撰 蜀文輯存 42/5a

奏淮南備虜事宜狀張浚撰 蜀文輯存 42/5b

論虜情及招納歸附事狀張浚撰 蜀文輯存 42/6b

奏虜情及遣王展問諜事狀張浚撰 蜀文輯存 42/7a

奏虜情及遣發舟師事狀張浚撰 蜀文輯存 42/7b

次鄂州奏虜情並乞善撫將士狀張浚撰 蜀文輯存 42/8a

又奏虜情及攻守事宜議張浚撰 蜀文輯存 42/8b

條奏捍禦虜寇之策狀張浚撰 蜀文輯存 42/9a

奏乞令大臣共議回答虜書張浚撰 蜀文輯存 42/9a

奏虜情及捍禦之策狀張浚撰 蜀文輯存 42/10a

奏虜情及控禦之策狀張浚撰 蜀文輯存 42/10a

力辨和議之失疏張浚撰 蜀文輯存 42/11a

論絕歸正人有六不可疏張浚撰 蜀文輯存 43/5a

奏陝西勝捷劄子張浚撰 蜀文輯存 45/4b

奏靈壁虹縣捷報劄子張浚撰 蜀文輯存 45/5a

措置秦鳳兵事狀張浚撰 蜀文輯存 45/5b

奏報金人入寇狀張浚撰 蜀文輯存 45/6a

請分重兵以鎮荊襄疏馮時行撰 蜀文輯存 46/5a

論經制中夏宜擇人整理軍糧疏喻汝礪撰 蜀文輯存 47/1a

論蜀事四可憂並陳經畫二策疏喻汝礪撰 蜀文輯存 47/1b

論蜀中力屈疏喻汝礪撰 蜀文輯存 47/3b

論外睦內疆疏喻汝礪撰 蜀文輯存 47/3b

論措置之策劄子馮方撰 蜀文輯存 54/10b

江上軍事劄子（1－3）虞允文撰 蜀文輯存 56/3b－4b

奏論收復鄂州分兵守險疏虞允文撰 蜀文輯存 58/16b

奏論皇甫倜屯守去處疏虞允文撰 蜀文輯存 58/17a

論金使議和不宜屈抑疏趙雄撰 蜀文輯存 59/16b

上使者疏趙雄撰 蜀文輯存 59/17b

上殿輪對劄子員興宗撰 蜀文輯存 61/5a

乞降詔撫諭川蜀疏唐柜撰 蜀文輯存 61/8b

面對請修武備大暑孫道夫撰 蜀文輯存 64/12a

論經營漢中荊南疏孫道夫撰 蜀文輯存 64/12b

請晉不言和專務自強疏張栻撰 蜀文輯存 64/13b

論沿邊堡寨官狀李寅仲撰 蜀文輯存 72/15b

永康禁山防限宜先禁江狀李壁撰 蜀文輯存 74/4a

請絕南蠻歲幣互市疏李壁撰 蜀文輯存 74/5b

請招募遣丁添宮提領狀李壁撰 蜀文輯存 74/7a

論夷邊堡寨狀李壁撰 蜀文輯存 74/8a

請貶奉檜疏李壁撰 蜀文輯存 75/3a

使虜上殿劄子李壁撰 蜀文輯存 75/3b

轉對論邊備大暑許奕撰 蜀文輯存 78/2a

策全蜀安危疏李鳴復撰 蜀文輯存 80/19a

論兵屯備禦疏牟子才撰 蜀文輯存 91/18b

再論李憲疏周尹撰 蜀文輯存 96/1a

論割地上書楊崗撰 蜀文輯存 97/9a

（十六）營 繕

代人次對奏狀 武夷新集 17/1b

乞修南京大內狀 文莊集 16/6b

乞修京城劄子（1－2） 范文正集 19/9a－11b 宋朝奏議 126/4b 歷代奏議 103/9a

論人使諸塔燒香 文恭集 7/6b

請不修上清宮 包孝肅奏議 8/151a 歷代奏議 299/8a

乞罷修京城 武溪集/奏議下/3a 宋朝奏議 126/7a 歷代奏議 81/19a

奏爲修開先殿乞循制度事（1－5） 文潞公集 14/1a－2b 歷代奏議 316/6a

言修中太乙宮 文潞公集 20/6a 歷代奏議 316/11a

奏西府記事 文潞公集 21/3b

論修樓橹事 文潞公集 22/6b 歷代奏議 316/11b

論罷修奉先寺等狀至和二年 歐陽文忠集 109/2b 宋朝奏議 128/7b 歷代奏議 316/3a

御藥陳承禮監造裒冕事 歐陽文忠集 119/4a

奏請修南京内殿門關事 樂全集 25/2a

乞量修南京舊内事 樂全集 25/19a

奏狀乞裁減停罷修造寺院宮觀 清獻集 3/2a 歷代奏議 316/5a

乞罷修開寶寺塔 蔡忠惠集 14/7a 宋朝奏議 128/5b

乞相度開修城池 蔡忠惠集 17/7a

御殿名割子 華陽集 8/10a

後殿名割子 華陽集 8/10b

兩宮寢殿名割子 華陽集 8/11a

寢殿名割子 華陽集 8/11a

神御殿名割子 華陽集 8/12a

道殿名割子 華陽集 8/12b

修築皇地祇壇狀 傅家集 18/8a 司馬溫公集 16/5b

奏乞移高禖壇狀 傅家集 18/14b 司馬溫公集 16/6a

乞罷修感慈塔割子 傅家集 31/11b 司馬溫公集 29/7b 宋朝奏議 128/9a 歷代奏議 316/7b

論修造割子 傅家集 35/7a 司馬溫公集 33/6b 宋朝奏議 128/10b 歷代奏議 316/8a

乞罷修腹内城壁樓櫓及器械狀 傅家集 45/18b 司馬溫公集 43/5b

請增修尚書省翊復南宮故事 蘇魏公集 18/1a

奏乞修疊京北驛路 蘇魏公集 19/4a

奏乞增修南京大内 蘇魏公集 19/6a

舍人院奏乞再建紫微閣狀 彭城集 24/6b

論禁中修造奏 忠肅集 6/15a 歷代奏議 316/10b

奏乞罷軍器元作狀 淨德集 4/1a 歷代奏議 316/19a

乞賜度牒修辟字狀 蘇東坡全集/奏議 6/5b

乞椿管錢氏地利房錢修表忠觀及墳廟狀 蘇東坡全集/奏議 8/21a

乞罷宿州修城狀 蘇東坡全集/奏議 12/14b

乞降度牒修定州禁軍營房狀 蘇東坡全集/奏議 14/4a

乞降度牒修北嶽廟狀 蘇東坡全集/奏議 14/23a

再論城濠割子 范太史集 15/10a 歷代奏議 316/18a

乞不遷開封府狀 范太史集 22/15a 歷代奏議 316/18a

上哲宗論造龍船費用 讜論集 1/9a 宋朝奏議 11/

10a 歷代奏議 192/5a

上徽宗乞罷修興德院狀 讜論集 3/14a

奏乞罷修城壕（1－3） 盡言集 6/14a－16a 歷代奏議 316/16a

再奏乞修實錄官疏 宗忠簡集 1/12b 歷代奏議 3/2b

論州縣社稷壇墻不修奏狀 擴文集 9/12a 歷代奏議 126/15a

論造軍器割子 高峯集 2/23b 歷代奏議 316/24a

乞令江寧府修城營繕割子 横塘集 11/1b

乞罷後苑工匠割子 横塘集 11/5a 歷代奏議 316/20b

論修北嶽廟奏狀 初僚集 3/28a

奏修城利害並乞裁撥發運司拖欠斛斗應副使用狀 石林奏議 1/1a 歷代奏議 316/21a

奏江寧府營造乞從簡約狀 石林奏議 3/7a 歷代奏議 316/22a

奏乞鄂州建帥府及修江寧府第五城狀 石林奏議 3/11b 歷代奏議 103/14a

奏乞參酌古制造戰船狀 石林奏議 10/1a

宮室議 石林奏議 10/3a 歷代奏議 103/15a

奏織行宮闈並宮室議割子 石林奏議 10/5a 歷代奏議 103/16b

奏營草行宮制度畫一割子 石林奏議 10/6b 歷代奏議 103/18a

修城乞度牒狀 程北山集 38/6a

乞裁減營繕行宮狀 莊簡集 11/6b

乞免住罷行宮營繕狀 莊簡集 11/7a

乞罷營繕添交狀 莊簡集 11/7b

奏知造橋利害割子 梁溪集 50/5a

乞修復塘漾舊制割子 梁溪集 53/5b

乞令諸路郡縣增修城壁器械割子 梁溪集 62/8b

乞用瓦木蓋置營房割子 梁溪集 93/10b

乞施行修城官吏奏狀 梁溪集 101/10a

繳翰林司修蓋營寨指揮狀 筠溪集 3/2a

議軍器 中興備覽 1/6b

論衡州修城割子 更然集 11/11a

論造弓箭衣甲奏議 漢濱集 6/1a

又論虞允文乞造衣甲狀 漢濱集 6/3b

乞修城壁濠壍關隘割 漢濱集 6/26b

論乞製造靈芝旗 海陵集 3/1b

乞裁節土木之費 益國文忠集 140/5a 益公集 140/20a 歷代奏議 316/24b

乞修架閣庫 益國文忠集 143/2a 益公集 143/2a

奏議表狀一 奏議 營繕

乞錢米修潭州外城劄子 益國文忠集 145/3b 益公集 145/4a

代平江守臣乞截撥牙契錢修城劄子 宮教集 5/11a

乞增葺錦照堂劄子 宋本攻媿集 17/11b 攻媿集 33/11b

論土木之費 宋本攻媿集 19/6a 攻媿集 20/5b

與廟堂乞築城劄子 象山集 18/6a

乞修江陵府城劄子 定齋集 4/1b 歷代奏議 335/20a

乞區處修浚泗州西城奏 可齋稿 17/24b

同洪漕乞修潭州城奏 可齋稿/續後 5/8b

奏欽天臺不當毀及乞收召言官事 格庵稿/10a

奏新宮事 格庵稿/32a

又奏新宮事 格庵稿/36a

論軍器監事不必謀及殿前馬步軍司曾孝寬撰 宋朝奏議 58/8b 歷代奏議 316/12a

上仁宗乞罷修并州神御殿范鎮撰 宋朝奏議 88/3a 歷代奏議 316/5b 蜀文輯存 9/2b

上徽宗論修建景靈西宮陳瓘撰 宋朝奏議 88/8b 歷代奏議 21/28b,30a,31b

上哲宗乞罷修京城劄安世撰 宋朝奏議 126/8a

上哲宗乞罷修京城梁燾撰 宋朝奏議 126/10a 歷代奏議 316/20a

上真宗乞罷營玉清昭應宮王曾撰 宋朝奏議 128/1a 宋文鑑 43/2b 歷代奏議 315/27a

上仁宗乞罷寶相禪院創建殿宇韓琦撰 宋朝奏

議 128/3b 歷代奏議 316/1a

上仁宗乞罷修萬春閣孫沔撰 宋朝奏議 128/5a 歷代奏議 316/2a

上仁宗乞罷修寶相寺何郯撰 宋朝奏議 128/6a 歷代奏議 316/2a 蜀文輯存 6/23a

上英宗論修内司乞添文臣一員呂誨撰 宋朝奏議 128/10a 歷代奏議 316/9a

上哲宗乞罷中懿造寺張舜民撰 宋朝奏議 128/12a 歷代奏議 316/13a

上徽宗論進築非便張舜民撰 宋朝奏議 140/14b 歷代奏議 333/14b

論修建景靈西宮劄子任伯雨撰 歷代奏議 21/28b 蜀文輯存 29/1a

請責郡守修城毋大興民役胡銓撰 歷代奏議 107/9b

乞免除拆居民屋宇疏趙汝愚撰 歷代奏議 108/21a

請支吉州權貨務見錢造戰船糧船趙鼎撰 歷代奏議 222/16a

乞修京城守禦之備劄子李光撰 歷代奏議 223/9a

論謀官言章惠太后以舊宅爲道觀 宋綬撰 歷代奏議 316/7b

論土功並興疏 傅堯俞撰 歷代奏議 316/9b

陳便民事宜趙汝愚撰 歷代奏議 316/25a

建閣藏神宗御集疏蘇轍撰 蜀文輯存 21/21b

大聖寺鐘樓疏趙逵撰 蜀文輯存 59/13a

論尚書省宜改作疏家安國撰 蜀文輯存 97/2b

(十七) 釋 道

抑仙釋奏 文莊集 15/9a

請安置鹿皮道者 包孝肅奏議 5/90a 歷代奏議 175/25a

乞罷迎開寶寺塔舍利 武溪集/奏議 下/12a 宋朝奏議 84/2b

奏狀乞勘斷道士王守和授符籙惑衆 清獻集 1/10a 宋朝奏議 84/5a 歷代奏議 175/1a

乞罷迎舍利(1-3) 蔡忠惠集 14/5a-6b 宋朝奏議 84/16-2a

乞止絶臣僚陳乞創造寺觀度僧道狀 古靈集 5/19a 宋朝奏議 84/5a

論寺額劄子 傅家集 26/6b 司馬温公集 24/6b 宋朝奏議 84/6b

奏乞今後不許特創寺院 蘇魏公集 17/11b

乞以所居園屋爲僧寺並乞賜額劄子 臨川集 43/7b 王文公集 19/13b

乞子珪師號狀 蘇東坡全集/奏議 8/18b

乞賜光梵寺額狀 蘇東坡全集/奏議 10/21b

浮圖論 清南集 6/5b

論釋氏劄子 襄陵集 4/17a

奏傅墨卿被旨就觀韓君丈人内傳劄子 初僚集 3/20b

謝賜王嬰神變經劄子 初僚集 3/22a

論增立嶽祠之弊 苕溪集 11/3b

緘道童度牒狀 益公集/99/130a

論僧紹宗妖妄惑衆韓琦撰 宋朝奏議 84/1a 歷代奏議 175/25a

上仁宗請焚煙物故妖僧錢彥遠撰 宋朝奏議 84/4a

歷代奏議 175/14a

上哲宗乞禁士大夫參請孫升撰 宋朝奏議 84/7b 歷代奏議 116/21a

上哲宗論佛老岑象求撰 宋朝奏議 84/11a 蜀文輯存 28/14a

上徽宗論道士燒煉丹砂石公弼撰 宋朝奏議 84/21a 歷代奏議 180/14a

論道僧度牒之屬不當用黃紙 * 許景衡撰 歷代奏議 198/15b

二、諸　表

（一）賀　表

賀德音表　徐公集 20/2a

賀德音表（1－2）　咸平集 23/5a－5b

賀正表　咸平集 23/6a　播芳文粹 6/7b

賀冬表（1－2）　咸平集 23/6b－7a　播芳文粹 6/9a－9b

賀曹彬奏勝捷表　咸平集 23/9b　播芳文粹 9/1b

賀潘美奏勝捷表　咸平集 23/10b　播芳文粹 9/2b

賀容懷意奏勝捷表　咸平集 23/11a　播芳文粹 9/3b

賀潘吉奏勝捷表　咸平集 23/12a　播芳文粹 9/4b

賀李規奏勝捷表　咸平集 23/12b　播芳文粹 9/5b

賀張明奏勝捷表　咸平集 23/13a　播芳文粹 9/6a

賀簡昌壽奏勝捷表　咸平集 23/14a　播芳文粹 9/7a

賀張沖奏勝捷表　咸平集 23/14b　播芳文粹 9/8a

賀盧漢賓奏勝捷表　咸平集 23/15b　播芳文粹 9/9a

賀田重進奏捷表（1－3）　咸平集 24/1a－2b　播芳文粹 9/10a－12a

賀南郊表（1－2）　咸平集 24/3a－3b　播芳文粹 7/23a－23b

賀傅潛等奏勝捷表　咸平集 24/10a　播芳文粹 9/12b

賀册尊號表　咸平集 24/11a　播芳文粹 1/17b

賀大赦表　咸平集 25/1a　播芳文粹 7/29b

賀聖駕還京表　咸平集 25/2b　播芳文粹 9/16b

賀德音表　咸平集 25/3a

賀老人星表　咸平集 25/4a　播芳文粹 11/13b

賀赴復益州表　咸平集 25/4b　播芳文粹 8/25a

賀殺下王均表　咸平集 25/5b

賀德音（1－2）　咸平集 26/6a－6b　播芳文粹 8/4a－5a

賀西川賊平表　乖崖集 9/6a　播芳文粹 8/16a

賀聖駕幸澶州還京表　乖崖集 9/9a　播芳文粹 9/15a

賀東封禮畢表　乖崖集 10/17a　播芳文粹 7/14b

賀甘露表（1－2）　乖崖集 10/20a　播芳文粹 11/8a－9a

賀祀后土禮畢大赦表　乖崖集 10/28b　播芳文粹 7/28b

賀正表　小畜集 21/8b

賀南郊大赦表　小畜集 22/1a　播芳文粹 71/8

賀册皇太子表　小畜集 22/2b　播芳文粹 3/21a

賀皇帝嗣位表　小畜集 22/4a　播芳文粹 1/9b

賀册皇太后表　小畜集 22/6a

賀册皇后表　小畜集 22/6b

賀收復益州表　小畜集 22/12a　播芳文粹 8/26a

賀勝捷表　小畜集 22/12b

賀聖駕還京表　小畜集 22/17b　播芳文粹 9/17b

賀册尊號表　小畜集 23/1a　播芳文粹 4/18b

賀雨表　小畜集 23/2a　播芳文粹 11/29a

賀雪表　小畜集 23/3a

賀罷謁廟大禮表　小畜集 23/3b

賀御樓肆赦表　小畜集 23/4b

賀再熟稻表　武夷新集 12/11a　播芳文粹 11/17a

賀高陽關路破賊表　武夷新集 12/12b　播芳文粹 8/17a

賀册尊號表　武夷新集 12/13a

賀車駕還京表　武夷新集 12/17a　播芳文粹 9/15b

賀劍門破賊表　武夷新集 13/1a　播芳文粹 8/18a

代宰相賀瑞星表　武夷新集 15/11b　播芳文粹 11/9b

代宰相賀太陽不虧表　武夷新集 15/13a　播芳文粹 11/6a

代宰相賀商州進嘉禾狀　武夷新集 16/18b

代中書賀宣示含穗麥狀　武夷新集 18/3a

賀老人星表　文莊集 4/1a

賀昭應宮成表　文莊集 4/1b

賀五色雲見表　文莊集 4/11a

賀奉祀太清宮禮畢表　文莊集 4/12a

賀尊皇太后表　文莊集 4/12b

乾元節賀表　文莊集 4/13a－13b

賀立皇后表　文莊集 4/14a

賀皇子慶誕表　文莊集 4/14b

賀皇太子授官表　文莊集 4/15a

留司官吏賀表　文莊集 4/16a

代賀水清木連理表 文莊集 9/17b
代丁相公賀元德皇后祔廟禮畢表 文莊集 10/9b
中書賀南郊祥瑞表 文恭集 9/1a 播芳文粹 11/25b
代中書樞密院賀司天臺奏壽星見表 文恭集 9/1b 播芳文粹 11/11b
代賀立后表 文恭集 9/2a 播芳文粹 3/1a
賀奉安三聖御容表 文恭集 9/2b 播芳文粹 9/27b
賀册封兗國公主表 元憲集 19/14b
賀乾元節表五首 景文集 36/3a-4b 播芳文粹 5/20a-21a
正旦賀皇太后表 景文集 36/5a
長寧節賀表 景文集 36/5b 播芳文粹 5/17a
賀壽星見表 景文集 36/6a 播芳文粹 11/12b
賀冬節表 景文集 36/6b
賀生皇子表 景文集 36/7a 宋文鑑 64/16a 播芳文粹 3/14a
賀南郊禮畢表 景文集 36/7b 播芳文粹 7/20b 宋文鑑 64/15a
定州賀南郊禮畢表 景文集 36/8b 播芳文粹 7/21b
賀日蝕日降雨表 景文集 36/9b 播芳文粹 11/28a
定州賀聖體康復表 景文集 36/10b
代石少傅賀南郊禮畢表 景文集/拾遺 10/3b
代石少副賀南郊禮畢表 景文集/拾遺 12/6b
賀德音表 景文集/拾遺 12/9b
賀正表 景文集/拾遺 12/11b
賀乾元節表 景文集/拾遺 13/1a
代狄宣撫賀捷表 武溪集 16/5b
賀生擒儂智高母表 武溪集 16/8b 播芳文粹 8/20b
賀誅儂智高母表 武溪集 16/9b 播芳文粹 8/21b
賀曲赦表 武溪集 16/10b 播芳文粹 8/3a
賀德音表 武溪集 16/11a 播芳文粹 8/6b
賀南郊赦表 武溪集 16/12a 播芳文粹 7/27b
賀恰享赦表 武溪集 16/12b 播芳文粹 8/1a
天申節賀表 雪山集 4/2b
會慶節賀表 雪山集 4/3a
代賀皇帝加上太上尊號表 雪山集 4/5b
代賀太上皇后加尊號表 雪山集 4/6a
禮部賀冬上皇帝表 無爲集 11/3b
禮部賀冬上太皇太后 無爲集 11/4a
賀章獻明肅章懿二皇后祔廟表 歐陽文忠集 90/8b
賀鴻慶宫成奉安三聖御容表 歐陽文忠集 90/10b
賀平貝州表 歐陽文忠集 90/11b 宋文鑑 64/4a

賀壽星表 歐陽文忠集 91/12a
賀皇帝加尊號表 樂全集 28/1a
賀皇太后加尊號表 樂全集 28/1b
皇帝登極賀表 樂全集 28/3b
賀太皇太后同聽政表 樂全集 28/4a
賀皇太后表 樂全集 28/5a
賀皇太妃表 樂全集 28/5b
賀皇太后受册表 樂全集 28/5b
賀皇太妃表 樂全集 28/6a
賀聖躬痊復表 樂全集 28/7a
賀册貴妃表 樂全集 28/7b
代中書賀壽星見表 樂全集 28/8a
賀南郊禮畢表 樂全集 29/31a
賀皇子降生表 安陽集 24/10a 播芳文粹 3/17b
賀鴻慶宫奉安三聖御客禮畢表 安陽集 25/3b
播芳文粹 9/27a
賀收復熙河等州表 安陽集 32/2b 播芳文粹 8/24a
代賀老人星表 蔡忠惠集 20/1b
賀冬至表 蔡忠惠集 20/9b
賀正表 蔡忠惠集 20/10a
賀赦表 蔡忠惠集 20/10b
册皇太后稱賀表 蔡忠惠集 20/12b 播芳文粹 2/15a
册皇后稱賀表 蔡忠惠集 20/13a 播芳文粹 3/6b
賀顒王過禮表 蔡忠惠集 20/13b 播芳文粹 9/24b
代崇國夫人等賀明堂禮畢表 古靈集 3/2b
代内省官正以下賀明堂禮畢表 古靈集 3/3a
代修儀婉容等賀明堂禮畢表 古靈集 3/3b
冬至賀慤筠記 韓南陽集 21/10a
年節賀皇太后筠記 韓南陽集 21/12a
年節賀皇后筠記 韓南陽集 21/12a
賀斬儂智高表 丹淵集 27/1a
賀聖體康復表 丹淵集 27/2a
賀乾元節表 丹淵集 27/3a
賀恭謝禮畢表 丹淵集 27/4a
賀明堂禮畢表 丹淵集 27/5a
賀同天節表(1-2) 丹淵集 27/6a-6b
賀正旦表 丹淵集 27/7b
賀冬至表 丹淵集 27/8a
賀克伏交阯表 元豐稿 15/10b 播芳文粹 8/26b
賀熙寧四年明堂禮畢大赦表 元豐稿 27/8a 播芳文粹 27/9b
賀熙寧十年南郊禮畢大赦表 元豐稿 27/8b 宋文鑑 67/8b 播芳文粹 2/25b

賀元豐三年明堂禮畢大赦表 元豐稿 27/9b 播芳文粹 7/31b

賀同天節表 華陽集 10/1a 播芳文粹 5/17b

賀壽星見表 華陽集 10/1b 播芳文粹 11/13a

賀老人星見表 華陽集 10/2a 播芳文粹 11/14b

賀冬至表四首 華陽集 10/2b, 3a-4a 播芳文粹 6/10a-11a

冬至賀皇太后表二首 華陽集 10/4a-4b 播芳文粹 6/16b-17a

賀正旦表二首 華陽集 10/4b-5a 播芳文粹 6/17b-18a

正旦賀皇太后表 華陽集 10/5b

賀南郊禮成表 華陽集 10/6a 播芳文粹 7/4a

賀加上真宗皇帝徽號表 華陽集 10/6a 播芳文粹 1/18b

賀册貴妃張氏表 華陽集 10/7b 播芳文粹 3/10b

賀明堂禮成表 華陽集 10/8a 播芳文粹 7/12a

賀皇帝痊復表 華陽集 10/8b 播芳文粹 12/16b

冬節内中賀露香表二首 華陽集 10/12b-13a

賀皇子延安郡王侍宴勞記 華陽集 12/22a

乾元節内中御侍以下賀詞 華陽集 32/17a

内中御侍以下賀皇帝冬節詞三首 華陽集 32/17b-18a

内中御侍以下賀太皇太后冬節詞 華陽集 32/18b

内中御侍以下賀皇太后冬節詞二首 華陽集 32/18b-19a

内中御侍以下賀南郊禮畢詞 華陽集 32/19b

爲渭州張龍圖賀章獻章懿皇后祔廟表 傳家集 17/8b 司馬溫公集 57/10b

賀皇子降生表 傳家集 17/14a 司馬溫公集 57/10a 播芳文粹 3/17a

賀皇子昕建節表 傳家集 17/14b 司馬溫公集 57/9b

賀立皇太子表 傳家集 17/24b 司馬溫公集 57/19a

内中侍御己下賀皇帝冬至詞語 蘇魏公集 28/1b

賀太皇太后詞語 蘇魏公集 28/2a

賀皇太后詞語 蘇魏公集 28/2a

内中侍御己下賀太皇太后年節詞語 蘇魏公集 28/2b

賀皇帝詞語 蘇魏公集 28/2b

賀皇太后詞語 蘇魏公集 28/3a

賀日蝕會有陰雲遮蔽 蘇魏公集 36/9a

賀皇帝爲太皇太后入慶壽宫 蘇魏公集 36/11b

劄記 蘇魏公集 36/11b

賀太皇太后入慶壽宫 蘇魏公集 36/12a

賀皇帝爲皇太后入寶慈宫 蘇魏公集 36/12b

賀太皇太后爲太后入寶慈宫 蘇魏公集 36/13a

賀皇太后入寶慈宫 蘇魏公集 36/13a

賀皇帝登極表 蘇魏公集 44/1a

賀欽聖太后同聽政表 蘇魏公集 44/1b

賀立順國夫人爲皇后表 蘇魏公集 44/2a

賀元符三年生皇子表（1-2） 蘇魏公集 44/3b-4a

賀受傳國璽表 蘇魏公集 44/4a

賀英宗皇帝登極表（1-2） 蘇魏公集 45/2a-2b

賀光獻皇太后受册寶表 蘇魏公集 45/4b

賀太皇太后受册寶銀絹表 蘇魏公集 45/5a

賀皇太后受册寶銀絹表 蘇魏公集 45/5a

賀同天節表 蘇魏公集 45/6a

賀興龍節表（1-3） 蘇魏公集 45/7a-7b

賀神宗皇帝徽號表 蘇魏公集 45/9a

賀奉安神宗皇帝御容表 蘇魏公集 45/9b

賀擇皇后表 蘇魏公集 45/10b

賀奉安宣仁聖烈皇后神御表 蘇魏公集 45/11b

賀紹聖二年明堂禮畢表 蘇魏公集 45/12a

賀紹聖三年元會表 蘇魏公集 45/12b

賀立淑妃劉氏爲皇后表 蘇魏公集 45/13a

賀生皇子越王表 蘇魏公集 45/14a

熙寧賀斷絕大理表 蘇魏公集 45/15a

冬節賀哲宗皇帝表 蘇魏公集 46/3b

賀太皇太后表 蘇魏公集 46/3b

賀皇太后表 蘇魏公集 46/4a

賀皇太妃腆 蘇魏公集 46/4b

年節賀哲宗皇帝表 蘇魏公集 46/4b

賀太皇太后表 蘇魏公集 46/5a

賀皇太后表 蘇魏公集 46/5a

賀皇太妃腆 蘇魏公集 46/5b

太寧郡王冬節賀哲宗皇帝表 蘇魏公集 47/3b

賀太皇太后表 蘇魏公集 47/4a

賀皇太后表 蘇魏公集 47/4a

賀皇太妃腆 蘇魏公集 47/4b

咸寧郡王冬節賀哲宗皇帝表 蘇魏公集 47/4b

賀太皇太后表 蘇魏公集 47/5a

賀皇太后表 蘇魏公集 47/5a

賀皇太妃腆 蘇魏公集 47/5b

普寧郡王冬節賀哲宗皇帝表 蘇魏公集 47/5b

賀太皇太后表 蘇魏公集 47/6a

賀皇太后表 蘇魏公集 47/6a

賀皇太妃膺 蘇魏公集 47/6b

祁國公冬節賀哲宗皇帝表 蘇魏公集 47/7a

賀太皇太后表 蘇魏公集 47/7a

賀皇太后表 蘇魏公集 47/7b

賀皇太妃膺 蘇魏公集 47/7b

大寧郡王年節賀哲宗皇帝表 蘇魏公集 47/8a

賀太皇太后表 蘇魏公集 47/8a

賀皇太后表 蘇魏公集 47/8b

賀皇太妃膺 蘇魏公集 47/8b

咸寧郡王年節賀哲宗皇帝表 蘇魏公集 47/9a

賀太皇太后表 蘇魏公集 47/9a

賀皇太后表 蘇魏公集 47/9b

賀皇太妃膺 蘇魏公集 47/10a

普寧郡王年節賀哲宗皇帝表 蘇魏公集 47/10a

賀太皇太后表 蘇魏公集 47/10b

賀皇太后表 蘇魏公集 47/10b

賀皇太妃膺 蘇魏公集 47/11a

祁國公年節賀哲宗皇帝表 蘇魏公集 47/11a

賀太皇太后表 蘇魏公集 47/11b

賀皇太后表 蘇魏公集 47/12a

賀皇太妃膺 蘇魏公集 47/12a

百僚賀復照河路表 臨川集 56/1b 王文公集 15/7b 播芳文粹 8/24b

賀貴妃進位表 臨川集 58/4a 王文公集 15/2a 宋文鑑 65/14b 播芳文粹 3/10a

賀生皇子表六道 臨川集 58/4b－6a 王文公集 15/2a－5b 宋文鑑 65/15a－16a 播芳文粹 3/11b－16b

賀魏國大長公主禮成表並周德妃進封 臨川集 58/6b 王文公集 15/6a 宋文鑑 66/11a 播芳文粹 9/25b

賀冀國大長公主出降表 臨川集 58/7a 王文公集 15/6a 播芳文粹 9/26a

賀魯國大長公主出降表 臨川集 58/7a 王文公集 15/6b 播芳文粹 9/26b

賀康復表 臨川集 58/7b 王文公集 15/9a 播芳文粹 12/16a

賀南郊禮畢赦表二道 臨川集 58/8a 王文公集 15/8a,14b－15b 宋文鑑 66/12a,14a 播芳文粹 7/18b

賀明堂禮畢赦表 臨川集 58/8b 王文公集 15/16a 播芳文粹 7/9a

賀冬表八道 臨川集 59/1b－3a 王文公集 15/11a－13a 宋文鑑 66/11a 播芳文粹 6/14b－15a

賀正表五道 臨川集 9/3b－4b 王文公集 15/8b－10b 宋文鑑 66/12b 播芳文粹 6/1a

賀册仁宗英宗徽號禮成表 臨川集 61/2a 王文

公集 15/13a

賀景靈宫奉安列聖御容表 臨川集 61/2b 王文公集 15/13b 宋文鑑 66/13b

賀哲宗皇帝登極表 臨川集 61/3a 王文公集 15/1b

賀升祔禮成表 臨川集 61/3a 王文公集 15/14a

代人賀壽星表 臨川集 61/9b

賀降皇太子表 臨川集/拾遺 8a

賀生皇子第五表 臨川集/拾遺 8b 王文公集 15/2a－5b

賀生皇子第六表 臨川集/拾遺 9a 王文公集 15/2a－5b

賀生皇子第八表 臨川集/拾遺 9b

賀正第五表 臨川集/拾遺 10a 王文公集 15/8b－10b

賀正第六表 臨川集/拾遺 10b 王文公集 15/8b－10b

賀冬第四表 臨川集/拾遺 10b

賀南郊禮畢表 臨川集/拾遺 11a 王文公集 15/14b－15b

楚國保寧安德夫人景氏等賀南郊禮畢表 郢集 10/12a

左右直御侍邢氏等賀南郊禮畢表 郢漢集 10/12a

賀明堂禮畢表 郢漢集 10/13a

賀皇太后立皇后表 郢漢集 10/13b

賀皇帝立皇后表 郢漢集 10/14a

賀尊皇太后表 郢漢集 10/14a

賀冬表 郢漢集 11/1a

賀正表 郢漢集 11/1a

中書賀壽星見表 郢漢集 11/2a

又樞密院賀壽星見表 郢漢集 11/2b

賀皇太后表 郢漢集 11/2b

代漕臣賀收復表 郢漢集 11/6a

賀乾元節表 柯部集 14/1a

賀壽聖節表 柯部集 14/1b

賀同天節表(1－3) 柯部集 14/2a－2b

賀明堂大禮表 柯部集 14/3a

代魏公賀明堂大禮表 柯部集 14/3b

代沂國公主賀表 柯部集 14/4a

代姪好命氏才人朱氏賀表 柯部集 14/4b

賀南郊表(1－2) 柯部集 14/5a－5b

代元厚之給事賀南郊表 柯部集 14/6a

代沈兵部賀南郊表 柯部集 14/6b

賀正表 柯部集 14/7b

賀冬表 柯部集 14/7b

賀皇帝登位表(1－2) 柯部集 14/8a－8b

賀太皇太后受册表　柯部集 14/9a

賀皇帝爲太皇太后皇太后受册表（1－4）　柯部集 14/9a－10b

賀皇太后受册表（1－4）　柯部集 14/10b－12a

賀皇帝爲中宮受册表（1－4）　柯部集 14/12b－14a

代韓魏公賀淮陽郡王進封潁王表　柯部集 14/14a

賀潁王納妃表　柯部集 14/14b

賀克復交趾表　彭城集 25/5a

賀平西南夷表　彭城集 25/10b

賀公主生日表　彭城集 25/12a

賀破滅儂智高表　彭城集 25/12b

賀擒儂智高母表　彭城集 25/13a

爲宰相賀擒鬼章表　彭城集 25/13b

賀立皇太子表　范忠宣集 6/6b

賀獲鬼章表（1－2）　范忠宣集 6/10a－10b

賀正表三首　西溪集 7(三沈集 2/59a)

賀冬表二首　西溪集 7(三沈集 2/60a)

中書賀壽星見表　西溪集(三沈集 2/61b)

賀即位表　西溪集 7(三沈集 2/62b)

賀皇太后表　西溪集 7(三沈集 2/63b)

賀捷表　長興集 15(三沈集 4/17a)

賀英宗皇帝即位表　忠肅集 1/4b　播芳文粹 1/7b

賀神宗皇帝即位表　忠肅集 1/5a　播芳文粹 1/8a

元豐八年賀即陣表　忠肅集 1/5a

賀立皇后表　忠肅集 1/5b　播芳文粹 3/5b

賀安南捷奏表　忠肅集 1/5b　播芳文粹 9/1a

賀南郊禮成表　忠肅集 2/7b　播芳文粹 7/3b

上太皇太后賀表　忠肅集 2/8a　播芳文粹 2/12b

坤成節賀表（1－2）　淨德集 6/7b－8a

賀擒獲鬼章上皇帝表　錢塘集 10/2b

賀擒獲鬼章上太皇太后表　錢塘集 10/3b

賀坤成節表　錢塘集 10/10a

賀興龍節表（1－3）　錢塘集 10/15a－16b

賀受玉璽表　錢塘集 10/17b

賀生皇子表　錢塘集 10/19b

賀册立皇后表　錢塘集 10/20a

賀收青唐邈川表　錢塘集 10/20b

賀皇帝登極表　錢塘集 10/21a

賀太后表　錢塘集 10/22a

賀生皇子表　錢塘集 10/23a

賀天寧節表　錢塘集 10/23b

賀天寧節表　錢塘集 10/25b

代陳少卿賀福康公主進封宛國表　錢塘集 10/26a

賀苗淑妃進封賢妃表　錢塘集 10/26b

代劉兵部賀宛國公主出降表　錢塘集 10/27b

代章郎中賀郊赦表　錢塘集 10/30b

賀興龍節表　錢塘集 10/32a

明堂禮成賀皇帝表　王魏公集 5/2a

明堂禮成賀太皇太后表　王魏公集 5/2a

賀皇太后表　王魏公集 5/7b

英宗皇帝祔廟禮畢賀表　王魏公集 5/11a

徐州賀河平表　蘇東坡全集 25/4a　宋文鑑 68/8a

賀明堂敕書表二首　蘇東坡全集 26/7a－7b　播芳文粹 7/30b－31a

賀興龍節表　蘇東坡全集 26/8b　播芳文粹 5/18a

賀坤成節表　蘇東坡全集 26/9a

賀德音表二首　蘇東坡全集 12/13a－13b

賀興龍節表　蘇東坡全集 12/14a

賀駕幸太學表二首　蘇東坡全集/後 12/14b－15b

宋文鑑 68/12a　播芳文粹 4/28a

賀立皇后表二首　蘇東坡全集 12/19a　宋文鑑 68/13a，2b　播芳文粹 3/2a，2b

賀坤成節表　蘇東坡全集 12/19b

代普寧王賀冬表　蘇東坡全集/續 9/41a

上皇帝賀冬表　蘇東坡全集/續 9/42b

上太皇太后賀正表　蘇東坡全集/續 9/42b

賀受玉璽表　畫堵集 6/6b

代人賀德音表　姑溪集 13/1a

代人賀正表　姑溪集 13/1b

代人賀聖節表　姑溪集 13/2a

賀擒鬼章表　樂城集 47/2a

代張公賀南郊表　樂城集 49/5b

南京留守賀南郊表　樂城集 49/6a

南京百賀南郊表　樂城集 49/7a

歙州賀登極表　樂城集 49/15b

明堂賀表　樂城集/後 18/3a　宋文鑑 69/14a

南郊賀表　樂城集/後 18/6a

賀同天節表　范太史集 8/2b

賀明堂禮畢表　范太史集 8/4b

賀升許州爲潁昌府並德音表以下代王樂道侍讀

范太史集 9/1a

賀明堂禮畢表　范太史集 9/7a

賀太皇太后受册表　范太史集 10/5b

賀皇太后受册表　范太史集 10/6b

賀皇帝表　范太史集 10/6b
賀太陽不虧表　范太史集 10/7b
留司賀同天節表　范太史集 10/14a
留司賀明堂禮畢表　范太史集 10/15a
賀鄜延路奏米脂川大捷表　范太史集 11/9b
賀濠州奏破蕩乞第巢穴班師表　范太史集 11/10a
賀生皇子表　范太史集 11/14b
賀皇子哲宗舊名進封延安郡王表　范太史集 11/15b
賀皇躬瘥復曲赦畿內表　范太史集 11/16a
賀生皇子表　范太史集 11/17a
賀景靈宮奉安祖宗神御禮畢表　范太史集 11/18a
又賀皇太后表　范太史集 11/18b
元豐六年賀正表　范太史集 12/1a
賀魏國長公主出降表　范太史集 12/1b
賀皇子砬授山南東道節度使封儀國公表　范太史集 12/5b
賀上仁宗英宗皇帝徽號表　范太史集 12/6a
又賀皇太后表　范太史集 12/6b
賀四后升祔表(孝章皇后、孝惠皇后、淑德皇后、章懷皇后)　范太史集 12/7a
又賀皇太后表　范太史集 12/7b
賀冬至表　范太史集 12/7b
賀皇子佶授鎮寧軍節度使封寧國公表　范太史集 12/8a
賀南郊禮畢表　范太史集 12/8b
賀正表　范太史集 12/10b
賀太皇太后聽政表　宋伯集 9/3a
皇太后表　宋伯集 9/3b
代賀登極銀表　宋伯集 9/5a
代賀建置塞鋪軍工表　宋伯集 9/5b
代賀太皇太后表　宋伯集 9/8b
賀皇太后表　宋伯集 9/9a
代賀太皇太后生日　西塘集 7/7a
代英州賀平交州　西塘集 7/8a
代賀興龍節　西塘集 7/8b
賀受玉璽表　陶山集 8/1b
賀城西安州表　陶山集 8/3b
賀册皇后表　陶山集 8/14a
賀收青唐表　陶山集 8/4b
賀徽宗皇帝登寶位表　陶山集 8/5b
賀坤成節表(1－2)　朝散集 10/1a－1b

賀受尊號表　朝散集 10/5a
代賀聖節表　朝散集 10/11a
賀元旦表　演山集 26/12a
太后受册賀皇帝表　演山集 26/12b
賀太后受册表　演山集 26/13a
賀復湟州表　演山集 27/1a
賀五星循軌表　演山集 27/1b
賀德音表(1－2)　演山集 27/2a－4b
賀復鄯州表　演山集 27/3b
賀廣西路奏溪洞納土表　演山集 27/6b
賀日月交不蝕表　演山集 27/7a
皇后受册賀皇帝表　演山集 27/8b
賀天寧節表　演山集 27/9a
貴妃受册賀皇帝表　演山集 28/3b
賀燕樂表　演山集 28/4a
賀天寧節表(1－2)　演山集 28/5a－6a
賀陽德觀瑞竹表　演山集 8/6a
賀嘉瑞殿雙蓮表　演山集 28/5b
皇太子受册賀皇帝表　演山集 28/8a
賀皇太子受册命表　演山集 28/8b
賀諸州軍祥瑞表　演山集 28/9a
賀太皇太后生辰表　樂靜集 12/1a
賀皇帝即位表　樂靜集 12/1b　播芳文粹 1/5a
賀太皇太后表　樂靜集 12/2a
賀册皇太后表　樂靜集 12/3a
賀册皇太妃表　樂靜集 12/3b
賀興龍節表　樂靜集 12/4b　播芳文粹 5/19a
賀玉璽表　樂靜集 12/5b　播芳文粹 11/3a
賀元符改元表　樂靜集 12/6b　播芳文粹 7/2b
賀皇帝即位表　樂靜集 13/1a　播芳文粹 1/3b
賀生皇太子表　樂靜集 13/1b　播芳文粹 3/13a
代人賀元圭表　樂靜集 14/1a
代賀平濠賊表　樂靜集 14/8a
賀元祐四年明堂禮成肆赦表　曲阜集 3/16a　宋文鑑 70/6a
賀册皇后表　曲阜集 3/17a　宋文鑑 70/9b
賀上傳國寶表　曲阜集 3/17b　宋文鑑 70/10a
留司文武百官賀夏祭禮成表　西臺集 2/1a
賀册皇后上皇太后表　西臺集 2/2a
代范忠宣賀平河外三州表　西臺集 3/16a　宋文鑑 69/7a
代賀平鬼章賀皇帝表　龍雲集 11/2b
代賀平鬼章賀太皇太后表　龍雲集 11/3b

賀敕上皇帝表代洪師熊伯通待制　龍雲集 11/8a

賀敕上太皇太后表代洪師熊伯通待制　龍雲集 11/8b

賀三后受册表

　太皇太后表　龍雲集 11/9a

　皇太后表　龍雲集 11/9b

　皇太妃表　龍雲集 11/10a

代賀興龍節表　淮海集 26/1a　播芳文粹 5/18b

代賀坤成節表　淮海集 26/1a　播芳文粹 5/30a

代賀太皇太后受册表　淮海集 26/1b

代賀皇太后受册表　淮海集 26/2a

代賀皇太后生辰表　淮海集 26/2b

代賀明堂禮畢表　淮海集 26/2b

代賀皇太妃受册表　淮海集 26/3a

代賀元會表　淮海集 27/2a　播芳文粹 6/1b

代賀興隆節表　後山集 18/1b

代賀正表　後山集 18/4a

代賀安西州表　後山集 18/4a

代賀生皇子表（1－2）　後山集 18/4b－5a

代賀册皇后表（1－2）　後山集 18/5b

賀皇帝登寶位表　鷄肋集 54/1a　播芳文粹 1/1b

賀太皇太后稱尊表　鷄肋集 54/1b

賀皇太后稱尊表　鷄肋集 54/2a

賀皇太妃膺　鷄肋集 54/2a

賀太皇太后進奉表　鷄肋集 54/2b

賀皇太后進奉表　鷄肋集 54/2b

賀皇太妃進奉膺　鷄肋集 54/3a

代蘇翰林爲皇弟諸王賀冬至表　鷄肋集 54/3a

代蘇翰林爲皇弟諸王冬至賀太皇太后表　鷄肋集 54/3b

代蘇翰林爲皇弟諸王冬至賀皇太后表　鷄肋集 54/4a

代蘇翰林爲皇弟諸王賀冬至表　鷄肋集 54/4b

代蘇翰林爲皇弟諸王冬至賀皇太妃膺　鷄肋集 54/4b

代蘇翰林爲皇弟諸王冬至賀太皇太后表　鷄肋集 54/5a

代蘇翰林爲皇弟諸王冬至賀太后表　鷄肋集 54/5b

代蘇翰林爲皇弟諸王冬至賀皇太妃膺　鷄肋集 54/6a

代蘇翰林爲皇弟諸王賀元日表　鷄肋集 54/6a

代蘇翰林爲皇弟諸王元日賀太皇太后表　鷄肋集 54/6b

代蘇翰林爲皇弟諸王元日賀皇太后表　鷄肋集 54/7a

代蘇翰林爲皇弟諸王元日賀皇太妃膺　鷄肋集 54/7a

代北京留守王太尉元日賀表　鷄肋集 54/7b

代北京賀坤成節表　鷄肋集 54/8a

齊州賀興隆節表　鷄肋集 54/8b

代張如單州賀受璽表　鷄肋集 54/10a

賀皇帝即位　嵩山集 3/3b

賀復辟　嵩山集 3/4a

賀正旦代度守作　嵩山集 3/8a

賀坤成節表代作　嵩山集 3/8b

賀收復代潛臣作　嵩山集 3/9a

賀康王即位表　宗忠簡集 2/1a

閒車駕還闕賀表（第九次奏請）　宗忠簡集 2/1b

閒車駕議還闕賀表（第十次奏請）　宗忠簡集 2/2b

賀興隆節表（1－4）　雲溪集 27/1a－2b

代湖南監司賀正表（1－2）　雲溪集 27/3a－3b

賀安九鼎表　滿水集 2/1a

賀幸太學辟廱表　滿水集 2/2a

賀皇太子登寶位表　滿水集 2/2b

賀南郊表　滿水集 2/3a

賀元會表　滿水集 2/3b

賀五星循軌表　滿水集 2/4a

賀破蕃賊表　滿水集 2/4a

賀郊祀禮成表　學易集 5/1a

賀太皇太后表　學易集 5/1b

賀郊祀禮成表　學易集 5/1b

賀太皇太后表　學易集 5/2a

賀册皇后表　學易集 5/2b－3a

賀同天節表　學易集 5/3b

中書賀日食以雲陰不見表　道鄉集 19/2a

興隆節賀表　摘文集 10/8b

冬至節拜表　摘文集 10/9a

皇后爲冬祀禮畢賀皇帝表　摘文集 10/9a

内中侍御已下賀皇帝禮畢表　摘文集 10/9b

貴妃已下賀皇帝禮畢表　摘文集 10/9b

内中夫人郡君已下賀冬祀禮畢表　摘文集 10/9b

大長帝姬賀冬祀禮畢表　摘文集 10/10a

賀太陽當虧不虧表　摘文集 11/1a

賀增上神宗徽號表　摘文集 11/1a

賀甘露降帝鼎表　摘文集 11/1b

賀改元政和表 摘文集 11/2a
賀紅鹽表 摘文集 11/2b
代三省以下紫宸殿稱賀太陽不虧表 摘文集 11/2b
代宰臣以下賀黄河清表 摘文集 11/3a
代賀皇帝御大慶殿大朝會表 摘文集 11/3b
賀康復視朝德音表 摘文集 11/3b
賀中宮受册表 摘文集 11/4a
賀刑部斷獄表十三首 摘文集 11/8a-11a
代宰臣以下賀獄空及大理寺斷絶表 摘文集 11/11a
賀郊禮表 襄陵集 3/14b
賀今上皇帝即位表 襄陵集 3/15b
賀獲方賊表 襄陵集 3/16b
代賀五星循軌表 襄陵集 4/1b
代賀五星循度表 襄陵集 4/2a
賀撫定燕山府表 襄陵集 4/2b
代賀復湟州表 襄陵集 4/3a
代賀平湖南北表二首 襄陵集 4/4a
天申節賀疏 襄陵集 4/5b
天寧節進疏 襄陵集 4/6a
大觀改元賀正旦 劉左史集 1/2a
賀天寧節 劉左史集 1/2a
賀收復洮河積石 劉左史集 1/2b
賀九鼎成 劉左史集 1/3a
賀皇太子冠禮 劉給諫集 3/1a
夏祭禮畢賀表 竹隱集 8/1a
天寧節賀表三首 竹隱集 8/1b
太后還政代賀表 竹隱集 8/3b
代賀皇太后表 竹隱集 8/4b
代賀元會表 竹隱集 8/5a
代賀收復銀州表 竹隱集 8/6a
代賀收復鄜廊州表 竹隱集 8/6b
代賀河平表 竹隱集 8/8a
代賀九鼎赦書表 竹隱集 8/8a
賀天寧節代程守 眉山集 24/9a
賀立皇后表代家提舉 眉山集 24/10a
賀降皇子表代宋運判 眉山集 24/10b
代賀進築表(1-2) 眉山集 25/2a-3a 播芳文粹 9/20b-21b
皇帝即位賀表 跨鼇集 12/1a
賀河清表 跨鼇集 12/1b
天寧節賀表 跨鼇集 12/2a
皇太后同聽政賀表 跨鼇集 12/2b
賀皇帝生辰表 跨鼇集 12/3a-3b
賀八寶表 跨鼇集 12/4a
賀八寶赦文表 跨鼇集 12/4b
賀九寶表 跨鼇集 12/6a
賀正旦表 跨鼇集 12/9b
賀錫元圭表 跨鼇集 12/10a
錫元圭賀表 跨鼇集 12/11a
天申節賀表 忠穆集 4/5a
天寧節賀表 高峰集 3/1b
冬至大朝會表(1-2) 高峰集 3/10a-13a
元會表(1-2) 高峰集 3/10b-14a
賀天申節表 高峰集 3/11a
冬至大朝會表 高峰集 3/13a
賀冬至表 高峰集 3/17a
賀皇太后回鸞表 高峰集 4/5b
代賀正表 高峰集 4/11b
代賀皇子冠表 高峰集 4/12a
代賀夏祭德音赦表 高峰集 4/13a
代賀立皇太子表 高峰集 4/14b
代賀皇太子膳 高峰集 4/16a
代嘉王賀冬表 高峰集 4/18a
代嘉王賀皇后冬膳 高峰集 4/18a
紹熙改元賀表 斜川集 4/8b
代賀紫芝表 横塘集 8/1a
天寧節賀表 横塘集 8/1a
代賀宗祀表 横塘集 8/1b
代賀降西蕃王子表 横塘集 8/1b
代賀環慶捷奏西蕃僞王子降表 横塘集 8/2a
賀河清表 横塘集 8/2b
賀皇帝元會御大慶殿表 丹陽集 1/3b
賀太上皇表 丹陽集 1/3b
賀孝慈淵聖皇帝登寶位表 丹陽集 1/4a
賀今上皇帝登寶位表 丹陽集 1/4a
賀册元符太后表 丹陽集 1/4b
賀立皇后表 丹陽集 1/4b
賀正旦表二首 丹陽集 1/6b
天申節賀表 丹陽集 1/7a
賀明堂大禮表 丹陽集 1/7a
天寧節賀表 丹陽集 1/7b
賀燕樂表 丹陽集 1/8a
賀日戴承氣表二首 丹陽集 1/8b
賀日蝕不及分表 丹陽集 1/9a

奏議表狀二 諸表 賀表

賀日蝕陰雲不見表　丹陽集 1/9b
賀慶雲表　丹陽集 1/9b
賀收復滄州表　丹陽集 1/10a　南宋文範 27/4b
賀收復燕山府表　丹陽集 1/10a
賀滄州芝草表　丹陽集 1/10b
賀瑞石表二首　丹陽集 1/11a
賀水晶大花金碼碯興發表　丹陽集 1/11b
賀淵聖皇帝登寶位表　初傑集 4/46b
賀受八寶表　初傑集 4/47a
賀立皇后表　初傑集 4/47b
賀宣示御書明堂太室字並圖樣表　初傑集 4/48a
賀燕樂成表　初傑集 4/52b
賀流星出柳星表　初傑集 4/54a
賀火星避心星表　初傑集 4/55a
賀日食不及分表　初傑集 4/55b
賀日有戴承氣表　初傑集 4/56a
代周提舉作賀冬至朝會受玄圭表（1－2）　初傑集 4/56b－57a
賀上元開封獄空及路不拾遺表　初傑集 4/58b
賀大理寺去年並無斷過大辟表　初傑集 4/59a
賀三山天成聖功橋成表　初傑集 4/60a
賀正旦朝御大慶殿朝會表　初傑集 5/1a
天寧節賀表（1－2）　初傑集 5/1b－2a
賀夏祭禮成表　初傑集 5/2b
賀濼南再捷表并箋記　初傑集 5/3a
賀湖北路奏捷表　初傑集 5/4a
賀環慶路奏捷表　初傑集 5/5a
賀濼南奏捷表　初傑集 5/5b
賀三山新河行流表　初傑集 5/6a
賀河平表　初傑集 5/7a
奏賀乾寧軍黃河清表　初傑集 5/7b
賀德隆殿芝草表　初傑集 5/8b
賀宣和殿玉芝表　初傑集 5/9a
又賀中書省玉芝表　初傑集 5/9b
賀五色雲表（1－2）　初傑集 5/10b－11a
賀開封府甘露表　初傑集 5/11b
賀太常寺甘露表　初傑集 5/12a
賀延福宮竹上甘露表　初傑集 5/13a
賀甘露翔鶴表　初傑集 5/13b
賀帝鼎成表　初傑集 5/14a
賀開封瑞應治效表　初傑集 5/14b
賀開封府翔鶴表　初傑集 5/15b

賀寶録宮翔鶴表　初傑集 5/16a
賀翔鶴竹木表　初傑集 5/16b
賀連理木表　初傑集 5/17a
賀朱草表　初傑集 5/17b
賀河中府蟾蜍背生芝草表　初傑集 5/18b
賀平定軍白兔表　初傑集 5/19a
賀白兔野蠶成繭表　初傑集 5/20a
賀紅鹽表　初傑集 5/20b
賀石中有明字表　初傑集 5/21a
賀芝草瑞穀並生表　初傑集 5/22a
又賀瑞穀芝草表　初傑集 5/22b
賀鎭海軍等祥瑞表　初傑集 5/23a
賀深州等處柒瑞表　初傑集 5/24a
賀汝州等處祥瑞表　初傑集 5/25a
賀麟州等處祥瑞表　初傑集 5/25b
賀汝州等處祥瑞表　初傑集 5/26a
賀中山府慶雲等衆瑞表　初傑集 5/27a
賀日暈慶雲并泰寧軍等祥瑞表　初傑集 5/27b
賀荊南等處祥瑞表　初傑集 5/28a
賀真定等處柒瑞表　初傑集 5/29a
賀雙桃柒瑞表　初傑集 5/29b
賀台州嘉禾一稈二米表　初傑集 5/30b
賀河南府嘉禾芝草同本表　初傑集 5/31a
賀蘄州芝草表　初傑集 5/31b
賀亳州太清宮紫芝表　初傑集 5/32b
賀澧州瑞金表　初傑集 5/33a
賀越州瑞金表　初傑集 5/33b
賀潭州瑞金表　初傑集 5/34b
賀辰州收到楠木表　初傑集 5/35a
賀仙井監宣聖座生芝草表　初傑集 5/35b
賀醫學芝草表　初傑集 5/36b
代賀受降表　翟忠惠集 5/4b　南宋文範 27/9a
賀收復濬郡表　翟忠惠集 5/5b
天寧節賀表　翟忠惠集 5/6b
代賀進築安化三州表　翟忠惠集 5/7a
賀元會表（1－2）　翟忠惠集 5/14b－16a
賀日有戴承表　翟忠惠集 5/19a
賀燕樂成表　翟忠惠集 5/20a
賀夏祭禮成表　翟忠惠集 5/22a
賀瑞木表　翟忠惠集 5/22b
賀臨華門生芝草表　翟忠惠集 5/23b
賀芝草竹實碧牡丹表　翟忠惠集 5/24b
賀五月一日陽和殿奉安雲物臨壇表　翟忠惠

集 5/25a

賀宣和殿桂樹生玉芝表　翠忠惠集 5/25b

賀破夏賊界捷表　翠忠惠集 6/3b

代賀鄭州買谷山得明堂大石表　翠忠惠集 6/4b

賀建明堂表　翠忠惠集 6/5a

賀平睦州表　翠忠惠集 6/10b

賀收復燕雲表　翠忠惠集 6/12b

賀皇太后受册寶表　翠忠惠集 6/13b

賀道君傳位表　翠忠惠集 6/14b

賀皇帝登位表　翠忠惠集 6/19a

收復杭州表　翠忠惠集 6/21a

賀日蝕不應表　翠忠惠集 6/24a

賀登寶位進奉禮物狀　翠忠惠集 7/6a

賀天申節表　建康集 5/2b　播芳文粹 5/11b

賀天申節表　建康集 5/3a　播芳文粹 5/12b

賀明堂禮畢降赦表　建康集 5/4a

賀皇太后册寶禮成表　建康集 5/4b　播芳文粹 2/16a

賀天申節表　建康集 5/6b　播芳文粹 5/13a

賀天申節表　建康集 5/8b　播芳文粹 5/13b

賀大朝會表　建康集 5/9a　播芳文粹 8/12a

禮部賀陰雲不見日蝕表　程北山集 20/1a

賀甘露表　程北山集 20/2b

賀收復添易二州表　程北山集 20/3a

賀直河引回河勢表　程北山集 20/4a　南宋文範 27/13b

賀管押常勝軍郭藥師進嘉禾表　程北山集 20/4b

賀駕幸秘書省太學表　程北山集 20/5b

秀州賀天申節表　程北山集 20/8b

衢州發賀天申節表　程北山集 20/17a

[衢州發賀天申節]疏　程北山集 20/17a

賀皇太后還闕表　苕溪集 18/1b

代賀元會表　苕溪集 19/1a

代賀斬獲四軍大王表　苕溪集 19/1b

代賀正表　苕溪集 19/2a

代賀籍田表　苕溪集 19/2a

代賀道君皇帝表　苕溪集 19/2b

代賀淵聖皇帝登極表　苕溪集 19/3a

羣臣賀皇帝登寶位表　浮溪集 3/2b　播芳文粹 1/2a

車駕移蹕臨安府賀表　浮溪集 3/3a　播芳文粹 4/12a

皇太后還闕賀表　浮溪集 3/5a

賀建築隆兗州城寨表　浮溪集 3/9a　播芳文粹 9/22a　南宋文範 27/5b

賀諸州祥瑞表　浮溪集 3/10a　播芳文粹 11/26b

賀赤烏白鵲表　浮溪集 3/10b　播芳文粹 11/23a

賀黃河經夏雨不泛溢表　浮溪集 3/11a　播芳文粹 11/16a

賀解池生紅鹽及鹽寶自生表　浮溪集 3/11b　播芳文粹 11/23b

賀瀧南班師表　浮溪集 3/12a　播芳文粹 9/14a

江西提舉司賀冬表　浮溪集 3/13a　播芳文粹 6/13b

紹興十五年元會賀表　浮溪集 3/14b

奉上宣和皇太后册寶賀表　浮溪集 4/1a　播芳文粹 2/12b

册皇后表　浮溪集 4/1b　播芳文粹 3/4b

賀皇太子正位表　浮溪集 4/2a

皇子賀北郊禮成表(1-6)　浮溪集 4/20a-4b　播芳文粹 7/6b

劉相公賀明堂禮成表　浮溪集 4/4b　播芳文粹 7/10b

賀天申節表　浮溪集/拾遺 1/423　播芳文粹 5/8b

代賀立皇太子表三首　浮溪集/拾遺 1/423

賀明堂禮成表　浮溪集/拾遺 1/424

賀元會表　浮溪集/拾遺 1/424　播芳文粹 6/4a

賀明堂及萬歲山祥光表　浮溪集/拾遺 1/424　播芳文粹 11/27a

代發運趙修撰賀克復杭州表　浮溪集/拾遺 1/431

賀太上皇帝傳寶位表　鴻慶集 9/10b　孫尚書集 21/1a

賀今上皇帝登極表　鴻慶集 9/10b　孫尚書集 21/1a　播芳文粹 1/10a

賀冬妃天神示現表　孫尚書集 21/1b

賀冬妃赦文表　孫尚書集 21/2a

賀夏祭地示出現表　孫尚書集 21/3a

賀夏祭德音表　孫尚書集 21/4a

賀天神示現表　孫尚書集 21/4b

賀日有待承表　孫尚書集 21/5a

賀明堂表　孫尚書集 21/5b

賀明堂赦書表　孫尚書集 21/6a

賀南郊禮成表　孫尚書集 21/6a

賀皇帝登寶位表　梁溪集 56/2a

賀天申節表　梁溪集 64/11a

賀天申節表　梁溪集 67/2a

上天申節賀表　梁溪集 76/12a

明堂賀表　梁溪集 76/13a

正旦御侍以下賀皇帝詞語本　北海集 23/1a

冬至御待以下賀皇帝詞語本　北海集 23/1b

奏議表狀二　諸表　賀表

賀淮南厲獲大捷賊馬退遁表 北海集 23/2a
賀瑞禾表 北海集 23/3b
天申節賀表（1－2） 北海集 23/4a－5a
代宰執賀順州進枸杞表 北海集 26/9a
代宰執賀壽嶽生芝草雙竹表 北海集 27/1a
代宰執賀後苑太清樓前生芝草表 北海集 27/2a

代宰執賀良嶽敷春門生芝草表 北海集 27/3a
代宰執賀尚書省生芝草表 北海集 27/4a
代宰執賀平契丹表 北海集 27/5b
代宰執賀熙州甘露表 北海集 27/7a
代宰執賀燕山甘露表 北海集 27/8a
代宰執賀八月一日陰雲不見日蝕表 北海集 27/9b

代百官賀冬至表 北海集 27/10b
代賀撫定燕城表 東窗集 14/11a
代京畿監司稱賀欽宗皇帝即位表 東窗集 14/16a

代賀元會集 東窗集 14/19a
天寧節賀表（1－2） 東窗集 14/25b－26a
天申節賀表 東窗集 14/26b
楊楚寇退賀表 張華陽集 9/4b
紹興六年冬至賀表 張華陽集 9/6b
紹興七年元正賀表 張華陽集 9/7a
紹興十年明堂禮成賀表 張華陽集 9/10a
奉上皇太后册寶賀表 張華陽集 10/1a
皇太后還闕賀表 張華陽集 10/3b
紹興十三年册立皇后賀表 張華陽集 10/4a
紹興十三年郊祀禮成賀表 張華陽集 10/5a
紹興十五年正旦大朝會賀表 張華陽集 10/7a
紹興十六年郊祀禮成賀表 張華陽集 10/7b
紹興十九年郊祀禮成賀表 張華陽集 10/9a
紹興二十二年郊祀禮成賀表 張華陽集 11/1b
紹興二十八年郊祀禮成賀表 張華陽集 11/10a
皇太后慶壽賀表 張華陽集 11/10b
紹興三十一年明堂禮成賀表 張華陽集 12/2b
紹興三十二年册立皇太子賀膝 張華陽集 12/3b
禪位禮成賀太上皇帝表 張華陽集 12/4a
皇帝登寶位賀表 張華陽集 12/4b
隆興元年册立皇后賀太上皇帝表 張華陽集 12/5a

隆興元年册立皇后又賀太上皇后膝 張華陽集 12/5b

隆興元年册立皇后又賀皇后膝 張華陽集 12/6b

乾道元年郊祀禮成賀表 張華陽集 12/6b
乾道元年册立皇太子賀太上皇帝表 張華陽集 12/9a

乾道元年册立皇太子又賀皇帝表 張華陽集 12/9b

天申節賀表（1－2） 毘陵集 7/1a－1b 播芳文粹 5/7a－7b

賀金人退遁表 毘陵集 7/1b
賀明堂禮成表 毘陵集 7/2a 播芳文粹 7/11a
賀册皇太后禮成表 毘陵集 7/2a 播芳文粹 2/13b
賀册皇后禮成表 毘陵集 7/2b
代李憲賀檢法廳生芝草表 毘陵集 7/3a 播芳文粹 11/20b

代大理寺卿賀斷絶奏案表 毘陵集 7/3b 播芳文粹 8/11b

代皇子賀冬表十道 毘陵集 7/3b－5a
代皇子賀正表十道 毘陵集 7/5a－6a
代皇子賀親蠶禮成表五首 毘陵集 7/6b－7a 播芳文粹 7/13a

代皇子賀北郊禮成表五道 毘陵集 7/7a－7b 播芳文粹 7/5a

代皇子賀明堂禮成表五道 毘陵集 7/8b－9a
代皇子冬至賀皇后膝九道 毘陵集 7/10a
代皇子賀皇后新正膝十道 毘陵集 7/11a－12a
代宰臣夫人賀皇后親蠶膝 毘陵集 7/12a
賀天寧節表 毘陵集/補 1a 播芳文粹 5/22b
賀天申節表 毘陵集/補 1b
賀恤刑表 毘陵集/補 1b 播芳文粹 8/7b
賀九鼎成表 毘陵集/補 2a 播芳文粹 11/1a
賀明堂大禮表 三餘集 3/1a
賀天寧節疏 大隱集 4/1a
天申節賀表 大隱集 4/2b
賀正月表 大隱集 4/3a
賀冬至表 大隱集 4/3b
賀大朝會表 大隱集 4/4a
冬至御侍己下賀皇帝詞語 龜溪集 5/7b
代賀元會表二首 龜溪集 5/8a
代賀收復杭州表 龜溪集 5/9a
代賀南郊禮成表三首 龜溪集 5/12b
代賀明堂宗祀禮成表 龜溪集 5/14a
代賀天寧節表 龜溪集 5/15a
賀冬至節表 龜溪集 6/5a
賀元旦大朝會表 楳溪集 8/4a
天申節賀表（1－2） 楳溪集 8/5b－6a

奏議表狀二 諸表 賀表 1401

賀冬節表 楊溪集 8/6b

賀册皇太后禮成表 東牟集 9/1a

代宰臣以下賀瑞木表 東牟集 9/3a

擬代宰相以下賀籍田禮成表 傅忠肅集 上/24a

代余帥賀南郊禮畢表 傅忠肅集 上/24a

代余帥賀册皇后表 傅忠肅集 上/25a

代都憲賀册皇后表 傅忠肅集 上/25b

代沈和仲賀册皇太子禮畢表 傅忠肅集 上/26a

代沈和仲賀皇太子受册表 傅忠肅集 上/26b

擬代宰相以下賀朱草表 傅忠肅集 上/27a

代周文翰賀河清表 傅忠肅集 上/27b

代沈和仲賀永橋成表 傅忠肅集 上/28a

賀太后册禮成表 筠溪集 6/5b

賀天申節表 雙溪集 7/4a

賀天申節表 雙溪集 7/5a

祝聖壽表 雙溪集 7/10b

賀東朝歸表 雙溪集 7/15a

賀元會表 雙溪集 7/15b

代賀親耕籍田表 雙溪集 7/16b

慈寧慶八十賀表 雙溪集 7/17a

天申節賀表 浮山集 5/1a

賀皇太后還闕表 浮山集 5/1b

擬宰相明堂禮成表 相山集 19/5b

代買漕茂德賀表 相山集 19/9b

代和州天申節賀表 相山集 19/18a

賀册立皇后表 李忠愍集 1/8a

賀太上皇帝表 李忠愍集 1/8b

賀稱尊號表 紫微集 21/14a

籍田禮成表 紫微集 2/14b

賀正表 紫微集 21/15a

天申節賀表 紫微集 21/17a

賀與金國和表 紫微集 21/17b

賀皇后受册表 紫微集 21/18b

代賀冬表(1-2) 韋齋集 11/1b

代賀道君皇帝表 韋齋集 11/2a

代賀天申節表 韋齋集 11/2b

册立皇后賀表 斐然集 6/14a

代常平賀表 默堂集 12/2b

代耿提刑賀天寧節 默堂集 12/3a

代賀天申節表 屏山集 7/1b

賀皇太后回鑾成書文表 漢濱集 4/1a

皇太后聖筭八十賀皇帝表 漢濱集 4/4a

賀降赦恢復州軍車駕親征至建康府表 漢濱

集 4/6b

天申節賀表 漢濱集 4/7a

賀太上皇帝遜位表 漢濱集 4/8b

茶馬司賀太上皇帝遜位表 漢濱集 4/9a

賀皇帝登寶位表 漢濱集 4/9b

茶馬司賀皇帝登位表 漢濱集 4/10a

代梁尚書賀皇后受册表 漢濱集 4/21a

代賀皇后受册表 漢濱集 4/21b

賀元會表 漢濱集 4/23a

爲守臣賀平睦賊表 太倉集 53/1a

爲守臣賀淵聖皇帝登極表 太倉集 53/3a

爲守臣賀皇太后還宮表 太倉集 53/4b

代林侍郎賀乾龍節表 鄮峰録 12/1a

賀天申節表(1-8) 鄮峰録 12/1a-3b

賀會慶節表(1-10) 鄮峰録 12/4a-7a

正旦賀太上皇帝表(1-3) 鄮峰録 12/7b-8a

正旦賀皇帝表(1-4) 鄮峰録 12/8b-9a

冬至賀太上皇帝表(1-4) 鄮峰録 12/9b-10b

冬至賀皇帝表(1-6) 鄮峰録 12/10b-12b

代宰臣等賀雪表 鄮峰録 13/1a

賀郊祀大禮慶成表(1-2) 鄮峰録 13/1b

賀明堂大禮慶成表 鄮峰録 13/2a

賀改元表(隆興改乾道) 鄮峰録 13/2b

册皇后賀皇帝表 鄮峰録 13/3a

册皇后賀太上皇帝表 鄮峰録 13/3b

皇后受册禮畢賀皇帝表 鄮峰録 13/4a

皇后受册禮畢賀太上皇帝表 鄮峰録 13/4b

皇孫生賀皇帝表 鄮峰録 13/4b

皇孫生賀太上皇帝表 鄮峰録 13/5a

立皇太子賀皇帝表 鄮峰録 13/5b

立皇太子賀太上皇帝表 鄮峰録 13/5b

皇太子受册禮畢賀皇帝表 鄮峰録 13/6a

皇太子受册禮畢賀太上皇帝表 鄮峰録 13/6b

加上太上皇太上皇后尊號賀皇帝表 鄮峰録 13/7a

賀太上皇帝加尊號表 鄮峰録 13/7b

太上皇帝太上皇后慶壽禮成賀皇帝表 鄮峰録 13/8a

賀太上皇帝慶壽禮成表 鄮峰録 13/8b

册皇后賀皇帝表 鄮峰録 13/9a

册皇后賀太上皇帝表 鄮峰録 13/9a

皇后受册禮畢賀皇帝表 鄮峰録 13/9b

皇后受册禮畢賀太上皇帝表 鄮峰録 13/10a

奏議表狀二 諸表 賀表

太上皇后慶壽禮成賀皇帝表　鄮峰録 13/10b
太上皇后慶壽禮成賀太上皇帝表　鄮峰録 13/10b
太上皇帝慶壽禮成賀皇帝表　鄮峰録 13/11a
高宗皇帝加徽號上皇帝表　鄮峰録 13/11b
高宗皇帝加徽號上壽皇聖帝表　鄮峰録 13/13b
賀皇后册命膃　鄮峰録 19/1a
賀皇后受册禮畢膃　鄮峰録 19/1a
皇后受册禮賀太上皇后膃　鄮峰録 19/1b
皇孫生賀太上皇后膃　鄮峰録 19/2a
皇孫生賀太上皇后膃　鄮峰録 19/1b
皇孫生賀皇后陵　鄮峰録 19/2a
賀皇太子册命膃　鄮峰録 19/2b
立皇太子賀太上皇后膃　鄮峰録 19/2b
立皇太子賀皇后膃　鄮峰録 19/3a
皇太子受册禮畢賀太上皇后膃　鄮峰録 19/3b
皇太子受册禮畢賀皇后膃　鄮峰録 19/3b
賀太上皇后加尊號膃　鄮峰録 19/4a
賀太上皇后慶壽禮成陵　鄮峰録 19/4b
賀皇后册命膃　鄮峰録 19/4b
册皇后賀太上皇后膃　鄮峰録 19/5a
賀皇后受册禮畢膃　鄮峰録 19/5b
皇后受册禮畢賀太上皇后膃　鄮峰録 19/6a
賀太上皇后慶壽禮成陵　鄮峰録 19/4a
賀皇太子生辰膃（1－7）　鄮峰録 19/6b－8b
正旦賀皇太子膃（1－3）　鄮峰録 19/8b－9b
冬至賀皇太子膃（1－6）　鄮峰録 19/9b－11a
建王賀天申節箋記　鄮峰録 21/7b
又賀皇后生辰箋記　鄮峰録 21/7b
賀立皇太子上太上皇帝表　嵩山居士集 15/2b
賀立皇太子上今上皇帝表　嵩山居士集 15/3a
賀册皇太子禮成上太上皇帝表　嵩山居士集 15/3b
賀册皇太子禮成上今上皇帝表　嵩山居士集 15/4a
天申節賀表（1－2）　嵩山居士集 4b－5a
提刑司賀表　嵩山居士集 15/5a
常平司賀表　嵩山居士集 15/5b
會慶節賀表（1－3）　嵩山居士集 15/6a－7a
會慶節提刑司賀表　嵩山居士集 15/7b
提刑司會慶節賀表　嵩山居士集 15/7b
會慶節常平司賀表　嵩山居士集 15/8a
提刑司大禮進賀表　嵩山居士集 15/8a
常平司會慶節賀表　嵩山居士集 15/8a
常平司大禮進賀表　嵩山居士集 15/9a
上太上皇后膃　嵩山居士集 16/1a
上皇后膃　嵩山居士集 16/1b
上皇太子膃（1－2）　嵩山居士集 16/2a－2b
賀正旦表　歸愚集 9/1b
四月日蝕陰雲不見表　歸愚集 9/1b
日蝕不及分表　歸愚集 9/2a
賀太陽當虧不虧表　歸愚集 9/2a
賀雪表　歸愚集 9/2b
賀冬至表　歸愚集 9/3b
賀皇帝登寶位表　歸愚集 9/4b
會慶節賀表　方舟集 7/15b
賀冬至表　方舟集 7/15b
天申節賀表　方舟集 7/16a
黎州賀冬至表　方舟集 7/16b
代賀册皇后表　知稼翁集 8/6b
賀皇太子膃　梅溪集/後 21/5b
賀皇太子受册膃　播芳文粹 46/12b
德壽宮賀正表　拙齋集 4/1a
皇帝賀正表　拙齋集 4/1b
賀改元表　拙齋集 4/2a
天申節賀表　拙齋集 4/3b
天申節德壽宮賀表　拙齋集 4/4a
天申節賀皇帝表　拙齋集 4/4b
天申節賀德壽宮表　拙齋集 4/5a
芝草賀德壽宮表　拙齋集 4/5b
賀皇帝表　拙齋集 4/6a
代陳左相賀太上皇帝加尊號表　拙齋集 4/8a
又賀今上皇帝表　拙齋集 4/9a
賀今上表會慶節　拙齋集 4/10a
德壽宮賀雪表　艾軒集 2/7b
代宰臣賀收復河南州縣表　盤洲集 25/4a
代宰臣賀正旦雪表　盤洲集 25/5a
代程樞賀南郊禮成表　盤洲集 35/2a
代程樞密賀車駕幸秘書省表　盤洲集 35/2b
代賀冬至表　盤洲集 35/5b
代賀正旦表　盤洲集 35/7b
代賀元會表　盤洲集 35/9a
代天申節賀表　盤洲集 35/9b
賀郊祀表　盤洲集 36/7b
賀皇帝慶皇太后八十表　盤洲集 36/8b
賀皇太后慶八十膃　盤洲集 36/9a　播芳文粹 45/10b
代賀皇帝表　盤洲集 36/9b

賀天申節表　盤洲集 36/10a
賀立皇子建王表　盤洲集 37/4a
賀明堂禮成表　盤洲集 37/7b
賀誅完顏亮表　盤洲集 37/8b
太上皇帝內禪賀表　盤洲集 38/1b
皇帝登寶位賀表　盤洲集 38/2a
太上皇帝上尊號賀表　盤洲集 38/3a
賀皇帝上太上尊號表　盤洲集 38/3a
賀會慶節表　盤洲集 38/3b
賀天申節表　盤洲集 38/4a
賀天申節表　盤洲集 38/4a
賀會慶節表　盤洲集 38/5a
賀立皇后表　盤洲集 38/5b
賀皇后膃　盤洲集 38/6a
賀太上皇帝表　盤洲集 38/6b
賀壽聖皇后膃　盤洲集 38/6b　播芳文粹 45/16a
賀天申節表　盤洲集 40/2b
賀郊祀禮成表　盤洲集 40/3a
賀太上皇帝加尊號表　盤洲集 40/3b
賀壽聖明慈太上皇后加尊號膃　盤洲集 40/3b
　播芳文粹 45/1a
兩宮加尊號賀皇帝表　盤洲集 40/4a
立皇太子賀太上表　盤洲集 40/4b
賀皇帝表　盤洲集 40/4b
賀皇太子膃　盤洲集 40/5a
會慶節賀表　盤洲集 40/5b
天申節賀表　盤洲集 40/6a
賀太上皇帝加尊號表　盤洲集 40/7a
賀太上后加尊號膃　盤洲集 40/7a　播芳文粹 45/
　1b
賀皇帝表　盤洲集 40/7b
太上皇帝慶七十賀表　盤洲集 40/8a
太上慶七十賀皇帝表　盤洲集 40/8a
賀會慶節表　盤洲集 40/9a
賀立皇后表　盤洲集 40/9b
賀皇后膃　盤洲集 40/9b
賀明堂禮成表　盤洲集 40/10b
代張觀察賀皇帝幸學表　蓮峰集 3/1b
賀表　海陵集 6/2b
賀正表　海陵集 6/2b
賀殺獲虜王完顏亮表　海陵集 7/1b
賀車駕巡幸視師回鑾表　海陵集 7/2b
天申節賀表　海陵集 7/3a
賀立皇太子表　海陵集 7/3a

賀皇帝登極表　海陵集 7/3b
賀太上皇帝傳位表　海陵集 7/4a
賀今上皇帝上太上皇帝尊號表　海陵集 7/4b
賀太上皇帝册尊號表　海陵集 7/5a
天申節賀表　海陵集 7/5b
會慶節賀表　海陵集 7/5b
會慶節賀表　海陵集 7/6a
太上皇帝賀表　海陵集 7/6b
今上皇帝賀表　海陵集 7/7a
上尊號表　海陵集 7/7b
太上皇后賀膃　海陵集 7/8a
今上皇后賀膃　海陵集 7/8a
皇后賀皇帝郊祀禮成表　海陵集 12/5b
賀郡王冠禮表　文定集/拾遺 1a　播芳文粹 9/24a
賀册寶禮成尊號表　南澗稿 8/1a　播芳文粹 1/24b
賀太上皇帝表　南澗稿 8/1b　播芳文粹 1/13a
賀太上八十受尊號册皇帝表　南澗稿 8/2a　播芳
　文粹 1/26b
賀太上皇帝尊號表　南澗稿 8/3a　播芳文粹 1/27b
會慶節賀表　南澗稿 8/3b　播芳文粹 5/3a
天申節賀表　南澗稿 8/6b　播芳文粹 5/14a
賀太上皇帝表　南澗稿 8/8a　播芳文粹 1/29b
太上皇帝慶壽禮成賀表　南澗稿 8/8b　播芳文粹
　2/9a
皇帝賀表　南澗稿 8/9a　播芳文粹 2/9b
太上皇后七十賀皇帝表　南澗稿 8/9b　播芳文粹
　2/10a
代賀南郊禮成表　南澗稿 8/25a　播芳文粹 7/4b
太上皇后賀膃　南澗稿 8/28b
皇后賀膃　南澗稿 8/29a
代湯丞相母夫人賀中宮膃　南澗稿 8/29b
賀郊祀禮成表　定齋稿 2/14a
天申節賀表　定齋稿 2/21a
天申節賀表　滄齋集 9/1a－2b
會慶節賀表　滄齋集 9/3a－4b
賀改元表　滄齋集 9/5a
賀冬至表　滄齋集 9/5b－6a
賀皇帝御殿表　洪文敏集 3/5a
代賀隆興改元表　吳文肅集 4/1a
天申節賀表　渭南集 1/1a
會慶節賀表(1－2)　渭南集 1/1b－2b
瑞慶節賀表　渭南集 1/2b
光宗册寶賀表　渭南集 1/3a

皇帝御正殿賀表　渭南集 1/3b
皇太子受册賀表　渭南集 1/4a
賀明堂表　渭南集 1/5a
逆曦授首稱賀表　渭南集 1/14a
光宗册寶賀太皇太后膝　渭南集 1/15a
皇帝御正殿賀皇后膝　渭南集 1/15b
皇帝御正殿賀皇太子膝　渭南集 1/16a
皇太子受册賀皇后膝　渭南集 1/16b
賀皇太子受册膝　渭南集 1/17a
逆曦授首賀太皇太后膝　渭南集 1/17b
逆曦授首賀皇后膝　渭南集 1/18a
立皇后丞相率文武百僚稱賀壽皇表　渭南集 2/3a
賀皇帝表　渭南集 2/3b
賀皇太后膝　渭南集 2/4b
賀壽成皇后膝　渭南集 2/5a
賀皇后膝　渭南集 2/6a
會慶節丞相率文武百僚賀壽皇表　渭南集 2/9b
丞相率文武百僚賀至尊壽皇聖帝冬至表　渭南集 2/10b
丞相率文武百僚賀皇帝冬至表　渭南集 2/11a
丞相率文武百僚賀皇太后受册膝　渭南集 2/12a
丞相率文武百僚賀壽成皇后受册膝　渭南集 2/13a
丞相率文武百僚上皇帝賀三殿受册表　渭南集 2/13b
丞相率文武百僚賀壽皇正旦表　渭南集 2/14b
丞相率文武百僚賀皇帝正旦表　渭南集 2/15a
瑞慶聖節賀表　平齋集 13/2a
賀高宗天申節　范成大佚著/100
賀孝宗會慶節　范成大佚著/100
太上皇　范成大佚著/100－101
壽皇(1～2)　范成大佚著/101
加光堯尊號賀壽皇　范成大佚著/101
改元　范成大佚著/102
光宗重明節　范成大佚著/102
伏題　范成大佚著/103
誕生孫賀皇太后　范成大佚著/103
賀重修皇太后回鑾事寶表　益國文忠集 82/2b　益公集 82/14b
賀皇太后慶八十表(1～2)　益國文忠集 82/3a　益公集 82/15a－15b
賀皇太后膝(1～2)　益國文忠集 82/3b－4a　益公集 82/16a－16b
賀冬至表　益國文忠集 82/9a　益公集 82/22a
賀郊祀表(1～2)　益國文忠集 82/9a－9b　益公集 82/22b－23a
天申節賀表(1～4)　益國文忠集 82/10b－11b　益公集 82/24b－25b
代百官賀皇太子生表　益國文忠集 91/5a　益公集 91/150a
太傅率文武百僚稱賀太上皇帝詞　益國文忠集 116/10b　益公集 116/13b
皇太子受册畢班首文武百僚稱賀皇帝詞　益國文忠集 116/10b　益公集 116/13b
皇太子率文武百僚致賀太上皇帝　益國文忠集 116/11b　益公集 116/14b
皇后受册畢内命婦稱賀詞　益國文忠集 116/12a　益公集 116/15b
皇后受册畢外命婦稱賀詞　益國文忠集 116/12a　益公集 116/15b
東宮賀冬膝　益國文忠集 123/2b　益公集 123/2b
東宮賀正膝　益國文忠集 123/2b　益公集 123/3a
東宮賀冬膝　益國文忠集 123/10a　益公集 123/11b
東宮賀正膝　益國文忠集 123/10b　益公集 123/12a
東宮賀冬膝　益國文忠集 124/2a　益公集 124/2b
東宮賀正膝　益國文忠集 124/2b　益公集 124/3a
東宮賀冬膝　益國文忠集 124/13a　益公集 124/15b
東宮賀正膝　益國文忠集 124/13b　益公集 124/16a
東宮賀年膝　益國文忠集 125/1a　益公集 125/1a
東宮賀冬膝　益國文忠集 125/14b　益公集 125/17a
東宮賀年膝　益國文忠集 126/1a　益公集 126/1a
東宮賀冬膝　益國文忠集 127/5b　益公集 127/6b
東宮賀年膝　益國文忠集 127/12a　益公集 127/14b
東宮賀冬膝　益國文忠集 127/12a　益公集 127/14a
東宮賀冬膝　益國文忠集 127/14a　益公集 127/16b
賀正旦表　益國文忠集 128/1a　益公集 128/1a
東宮賀正膝　益國文忠集 128/1b　益公集 128/1b
東宮賀冬至膝　益國文忠集 128/9b　益公集 128/11a
重明節賀表　益國文忠集 130/16　益公集 130/19b
重華宮會慶節賀表　益國文忠集 130/16b　益公集 130/20a
冬至節賀表　益國文忠集 130/17a　益公集 130/20b
年節賀表　益國文忠集 131/1a　益公集 131/1a
重明節賀表　益國文忠集 131/2a　益公集 131/2a
重華宮會慶節賀表　益國文忠集 131/2b　益公集 131/2b
冬至節賀表(1～3)　益國文忠集 131/3a　益公集

131/3a

年節賀表 益國文忠集 131/4b 益公集 131/5a

重明節賀表 益國文忠集 131/6a 益公集 131/7a

重華宮會慶節賀表 益國文忠集 131/7a 益公集 131/7b

冬至節賀表 益國文忠集 131/9b 益公集 131/11a

郊祀禮成賀表 益國文忠集 131/10a 益公集 131/11b

高宗加上謚號賀重華宮表 益國文忠集 131/12a 益公集 131/14a

賀皇帝表 益國文忠集 131/12b 益公集 131/14b

年節賀表 益國文忠集 131/14b 益公集 131/16a

賀御殿劍子 益國文忠集 131/15a 益公集 131/17a

冬至節賀表 益國文忠集 131/19b 益公集 131/22b

年節賀表 益國文忠集 132/1a 益公集 132/1a

誕皇孫賀重華宮表 益國文忠集 132/1a 益公集 132/1a

賀皇帝表 益國文忠集 132/1b 益公集 132/1b

慈福慶壽賀表 益國文忠集 132/6a 益公集 132/7a

皇帝登寶位賀表 益國文忠集 132/9b 益公集 132/11a

重明節賀表 益國文忠集 132/10b 益公集 132/11b

瑞慶節賀表 益國文忠集 132/11a 益公集 132/13a

冬至節賀表 益國文忠集 132/11b 益公集 132/13a

明堂禮成賀表 益國文忠集 132/12a 益公集 132/13b

賀生皇子表 益國文忠集 133/5a 益公集 133/6a

賀三宮册寶禮成表 益國文忠集 133/5a 益公集 133/6b

賀韓皇后册禮成表 益國文忠集 133/5b 益公集 133/7a

賀瑞慶節表 益國文公集 133/6a 益公集 133/8a

賀生皇子表 益國文忠集 133/7b 益公集 133/9b

賀太皇太后加上尊號表 益國文忠集 133/10a 益公集 133/12b

賀立楊皇后表 益國文忠集 133/11b 益公集 133/13a

賀瑞慶節表 益國文忠集 133/12a 益公集 133/14a

賀瑞慶節表 益國文忠集 133/13a 益公集 133/15a

明堂禮畢稱賀箋記 益國文忠集 162/3a 益公集 162/3b

肆赦詔稱賀箋記 益國文忠集 162/3a 益公集 162/3b

郊祀端誠殿賀禮畢箋記 益國文忠集 162/3b 益公集 162/3b

代賀立皇太子表 誠齋集 46/1b

代賀會慶節表 誠齋集 46/2a

代宰相賀雪表 誠齋集 46/3a

賀紹熙皇帝登極表 誠齋集 46/7a

賀壽皇聖帝傳位表 誠齋集 46/7b

賀至尊壽皇帝受尊號表 誠齋集 46/8a

賀皇帝奉上壽皇壽成尊號表 誠齋集 46/8b

賀紹熙皇帝册立皇后表 誠齋集 46/9a

賀壽皇立紹熙皇后表 誠齋集 46/9b

賀郊祀大禮赦書表 誠齋集 47/5b

代賀皇太子膘 誠齋集 48/1a

代賀皇太子冬節膘 誠齋集 48/1b

賀皇太子冬節膘 誠齋集 48/1b

賀皇太子年節膘 誠齋集 48/2a

賀皇太子冬節膘 誠齋集 48/3b

賀皇太子年節膘 誠齋集 48/4a

賀壽聖皇太后膘 誠齋集 48/4a

賀壽成皇后膘 誠齋集 48/4b

賀皇后膘 誠齋集 48/5a

賀壽成皇后膘 誠齋集 48/5b

賀壽聖皇太后膘 誠齋集 48/5b

賀皇后膘 誠齋集 48/6a

賀皇后受册膘 誠齋集 48/6b

賀壽聖皇太后膘 誠齋集 48/7a

賀壽成皇后膘 誠齋集 48/7b

天申節賀表 朱文公集 5/21b 南宋文範 28/3a

會慶節賀表 朱文公集 5/22a

賀太上皇帝遜位表 于湖集 20/1a

賀今上皇帝登極表 于湖集 20/1b

賀立皇后表 于湖集 20/2a

代總得居士賀天申節表 于湖集 20/2b

代方務德賀回鑾表 于湖集 20/3a

賀元正節表 于湖集 20/4b

代百官賀冬至節表 于湖集 20/5a

賀冬至節表 于湖集 20/6a

代百官賀日蝕陰雲不見表 于湖集 20/6b

賀郊祀表 南軒集 8/5b

賀冬至表 南軒集 8/6a

太上皇帝壽七十加尊號賀皇帝表 江湖集 36/1a

立春日賀太上皇帝慶七十表 江湖集 36/1b

賀高宗皇帝慶八十表 江湖集 36/2a

壽皇聖帝加尊號賀皇帝表 江湖集 36/2b

賀壽皇聖帝受尊號表 江湖集 36/3a

賀皇太后膘 江湖集 36/3b

賀壽成皇后膘 江湖集 36/4a

賀壽皇聖帝尊號表 江湖集 36/4b
賀皇帝表 江湖集 36/5a
賀太后膝 江湖集 36/5b
賀壽成皇后膝 江湖集 36/6a
賀皇太后膝 江湖集 36/6b
賀會慶聖節表（1－7） 江湖集 36/6b－9b
賀明堂禮成表 江湖集 36/10a
賀正旦表 江湖集 36/10b
賀改元表 江湖集 36/11a
天申節表 鉛刀編 15/1a
代運使天申節表 鉛刀編 15/1a
代知州會慶節表 鉛刀編 15/1b
代運使會慶節表 鉛刀編 15/2a
賀皇太子表 鉛刀編 15/2b
賀太上皇后表 鉛刀編 15/2b
賀赦書表 鉛刀編 15/3a
賀今上皇帝表 鉛刀編 15/3b
賀太上皇后膝 鉛刀編 15/4a
賀太上皇帝尊號表 鉛刀編 15/4b
賀太上皇后膝 鉛刀編 15/5a
賀皇帝表 鉛刀編 15/5b
賀太上皇帝表 鉛刀編 15/6a
賀太上皇后膝 鉛刀編 15/6b
今上皇帝表 鉛刀編 15/7a
賀太上皇帝尊號表 鉛刀編 16/1a
賀皇帝表 鉛刀編 16/1b
賀太上皇后膝 鉛刀編 16/2a
賀太上皇帝表 鉛刀編 16/2b
賀太上表 鉛刀編 16/3a
賀皇帝表 鉛刀編 16/3b
賀南郊表 鉛刀編 16/4a
會慶節表 鉛刀編 16/5a
代廣東提刑司賀會慶節表 尊德集 3/2b
代湖南提刑司賀會慶節表 尊德集 3/3a
代衢州賀會慶節表（1－2） 尊德集 3/3a－3b
代湖南提舉司賀會慶節表 尊德集 3/4a
代湖南提刑司賀天申節表 尊德集 3/4b
代湖南提刑司賀大禮慶成表 尊德集 3/4b
代湖南提舉司賀康復肆赦表（1－2） 尊德集 3/5a－5b
太上皇后慶壽七十賀太上皇帝表 鄂州集 5/15a
賀太上皇后膝 鄂州集 5/15b

賀皇帝表 鄂州集 5/16a
賀皇后膝 鄂州集 5/16b
賀皇帝登極表（1－2） 宮教集 4/2a
會慶節賀表（1－4） 宮教集 4/2b－3b
天申節賀表（1－3） 宮教集 4/4a－4b
代江東漕臣賀皇帝降嫡皇孫表 宮教集 4/6a
代江東漕臣賀太上皇帝表 宮教集 4/6b
代平江守臣賀淳熙改元表 宮教集 4/7a
代浙西倉使賀淳熙改元表 宮教集 4/7b
代江東漕臣賀太上皇后膝 宮教集 4/11b
代江東漕臣賀皇后膝 宮教集 4/12a
爲宰臣端誠殿賀南郊禮成箋記 東萊集 2/5a
禮部代宰臣以下進三祖下第六世仙源類譜仁
宗皇帝玉牒畢賀表 東萊集 2/7b
代宰臣以下進三祖下第六世仙源類譜畢賀太
上皇帝表 東萊集 2/8a 播芳文粹 9/28b
代宰臣以下賀車駕幸秘書省表 東萊集 2/8b
播芳文粹 4/27a
代宰臣以下冬至賀表 東萊集 2/9a 播芳文粹 6/11b
代宰臣以下冬至賀太上皇帝表 東萊集 2/9b
代宰臣以下賀雪表 東萊集 2/9b
代宰臣以下賀太上皇帝雪表 東萊集 2/9b
代宰臣以下賀上太上皇太上皇后尊號禮成表
東萊集/外 3/3a
賀登極 止齋集 30/2a
賀壽皇聖帝尊號 止齋集 30/2b
皇太后移御慈福宮賀皇帝 止齋集 30/3a
皇太后移御慈福宮賀壽皇聖帝 止齋集 30/3a
立后賀皇帝 止齋集 30/3b
賀皇后 止齋集 30/3b
紹熙改元賀皇帝 止齋集 30/4b
賀壽皇聖帝從吉 止齋集 30/4b
賀壽聖皇太后從吉 止齋集 30/5a
賀壽成皇后從吉 止齋集 30/5a
至尊壽皇聖帝册寶賀皇帝 止齋集 30/5b
賀壽皇聖帝 止齋集 30/5b
賀壽聖皇太后 止齋集 30/6a
賀壽成皇后 止齋集 30/6a
賀皇后 止齋集 30/6b
壽聖皇太后册寶賀皇帝 止齋集 30/6b
賀壽聖皇太后 止齋集 30/7a
賀壽皇聖帝 止齋集 30/7a

奏議表狀二 諸表 賀表 1407

賀壽成皇后 止齋集 30/7b
賀皇后 止齋集 30/7b
壽成皇后册寶賀皇帝 止齋集 31/1a
賀壽皇聖帝 止齋集 31/1a
賀壽聖皇太后 止齋集 31/1b
賀壽成皇后 止齋集 31/1b
賀皇后 止齋集 31/2a
皇后册寶賀皇帝 止齋集 31/2a
賀壽聖皇太后 止齋集 31/2b
賀壽成皇后 止齋集 31/2b
賀壽成皇后 止齋集 31/3a
賀皇后 止齋集 31/3a
湖南提舉賀瑞慶節 止齋集 31/4b
湖南運判賀重明節 止齋集 31/5a
丙辰賀瑞慶節 止齋集 31/5a
丁巳賀瑞慶節 止齋集 31/5b
戊午賀瑞慶節 止齋集 31/5b
己未賀瑞慶節 止齋集 31/6a
光廟登極賀皇帝 格齋四六 1/1a
光廟登極賀壽皇聖帝 格齋四六 1/1b
光廟登極賀太皇太后 格齋四六 1/2a
光廟登極賀皇太后 格齋四六 1/2b
光廟登極賀肆赦 格齋四六 1/3a
光廟册后賀皇帝 格齋四六 1/3b
光廟册后賀壽皇聖帝 格齋四六 1/3b
光廟册后賀皇太后 格齋四六 1/4a
光廟册后賀皇后 格齋四六 1/4b
重明聖節賀皇帝代楊待制 格齋四六 1/5a
重明聖節賀皇帝 格齋四六 1/5b
重明聖節賀壽皇聖帝 格齋四六 1/5b
重明聖節賀壽聖皇太后 格齋四六 1/6a
重明聖節賀壽成皇后 格齋四六 1/6b
皇子降生賀皇帝 格齋四六 1/7a
皇子降生賀太上皇帝 格齋四六 1/7a
皇子降生賀皇太后 格齋四六 1/7b
皇子降生賀皇太后 格齋四六 1/8a
皇子降生賀太上皇后 格齋四六 1/8b
皇子降生賀皇后 格齋四六 1/8b
賀郊祀禮成 格齋四六 1/11a
賀郊祀肆赦 格齋四六 1/11b
賀册皇太子 格齋四六 1/12a
賀三宮受册皇帝表 宋本攻媿集 1/5b 攻媿集 15/5b

賀皇子降誕皇帝表 宋本攻媿集 11/2a 攻媿集 16/10a

賀正旦·皇帝表 宋本攻媿集 11/4b 攻媿集 15/4a
賀正旦·至尊壽皇聖帝表 宋本攻媿集 11/5a 攻媿集 15/5a

賀三宮受册·壽聖皇太后膝 宋本攻媿集 11/6a 攻媿集 15/6a

賀三宮受册·壽成皇后膝 宋本攻媿集 11/7a 攻媿集 15/6b

賀三宮受册·皇后膝 宋本攻媿集 11/7b 攻媿集 15/7a

賀皇后受册·皇帝表 宋本攻媿集 11/7b 攻媿集 15/7b

賀皇后受册·至尊壽皇聖帝表 宋本攻媿集 11/8b 攻媿集 15/8a

賀皇后受册·壽聖皇太后膝 宋本攻媿集 11/9a 攻媿集 15/8b

賀皇后受册·壽成皇后膝 宋本攻媿集 15/9a 攻媿集 15/9a

賀皇后受册·皇后膝 宋本攻媿集 11/9b 攻媿集 15/9b

賀重明節表 宋本攻媿集 12/8b 攻媿集 16/8a 播芳文粹 5/1b
賀瑞慶節表 宋本攻媿集 12/9a 攻媿集 16/8b 播芳文粹 5/26b
賀皇子降誕·太上皇帝表 宋本攻媿集 12/10a 攻媿集 16/10b

賀皇子降誕·太皇太后膝 宋本攻媿集 12/10b 攻媿集 16/11b

賀皇子降誕·皇太后膝 宋本攻媿集 12/11a 攻媿集 16/11b

賀皇子降誕·太上皇后膝 宋本攻媿集 12/11a 攻媿集 16/11b

賀皇子降誕·皇后膝 宋本攻媿集 12/12b 攻媿集 16/12a

賀重明節表 宋本攻媿集 12/13a 攻媿集 16/12b 播芳文粹 5/2a
賀瑞慶節表 宋本攻媿集 12/13b 攻媿集 16/13a 播芳文粹 5/27a
賀奉上壽聖隆慈備福光佑太皇太后壽成惠慈皇太后聖安壽仁太上皇帝壽仁太上皇后册寶成·皇帝表 宋本攻媿集 12/14a 攻媿集 16/13b
賀奉上壽聖隆慈備福光佑太皇太后壽成惠慈皇太后聖安壽仁太上皇帝聖安壽仁太上皇后册寶禮成·太上皇帝表 宋本攻媿集 12/14b 攻媿集 16/14a

賀奉上壽聖隆慈備福光佑太皇太后壽成惠慈皇太后聖安壽仁太上皇帝聖安壽仁太上皇后册寶禮成·太皇太后膝 宋本攻媿集 12/15b 攻媿集 16/14b

賀奉上壽聖隆慈備福光佑太皇太后壽成惠慈皇太后聖安壽仁太上皇帝聖安壽仁太上皇后册寶禮成·皇太后膝 宋本攻媿集 12/16a 攻媿集 16/15b

賀奉上壽聖隆慈備福光佑太皇太后壽成惠慈皇太后聖安壽仁太上皇帝聖安壽仁太上皇后册寶禮成·太上皇后膝 宋本攻媿集 12/16b 攻媿集 16/15b

賀奉上壽聖隆慈備福光佑太皇太后壽成惠慈皇太后聖安壽仁太上皇帝聖安壽仁太上皇后册寶成·皇后膝 宋本攻媿集 12/17a 攻媿集 16/16a

賀皇后受册·皇帝表 宋本攻媿集 12/17b 攻媿集 16/16b

賀皇后受册·皇后膝 宋本攻媿集 12/18a 攻媿集 16/17a

賀重明節表 宋本攻媿集 13/1b 攻媿集 17/1b 播芳文粹 5/2b

賀瑞慶節表 宋本攻媿集 13/2a 攻媿集 17/2a 播芳文粹 5/27b

賀重明節表 宋本攻媿集 13/4b 攻媿集 17/4b

賀瑞慶節表 宋本攻媿集 13/5a 攻媿集 17/5a 播芳文粹 5/28a

賀瑞慶節表 宋本攻媿集 13/10a 攻媿集 17/10a

代宰臣賀立皇太子表 宋本攻媿集 14/7b 攻媿集 18/7a

代宰臣賀太上皇帝表 宋本攻媿集 14/8a 攻媿集 18/7b

代宰臣賀皇太子膝 宋本攻媿集 14/8b 攻媿集 18/8a

代賀太上皇帝上尊號表 宋本攻媿集 14/13b 攻媿集 18/13a

代賀光堯壽聖憲天體道太上皇帝壽聖明慈太上皇后上尊號表 宋本攻媿集 15/3a 攻媿集 19/3a

賀太上皇帝表 宋本攻媿集 15/4a 攻媿集 19/3b

代賀太上皇后膝 宋本攻媿集 15/4b 攻媿集 19/4b

代賀太上皇帝慶壽表 宋本攻媿集 15/11a 攻媿集 19/10b

宰執率經筵侍立官再奏賀 宋本攻媿集 44/11a

侍讀侍講官奏賀 宋本攻媿集 44/11a

賀天申節表 雙峰稿 1/1a

壽皇傳位賀表 雙峰稿 1/1b

登極賀表 雙峰稿 1/2a

壽成皇后賀膝 雙峰稿 1/2b

壽皇册皇后賀表 雙峰稿 1/3b

皇帝賀表 雙峰稿 1/4a

皇后賀膝 雙峰稿 1/4b

會慶節賀表孝宗 雙峰稿 1/4b

皇帝誕孫賀表光宗 雙峰稿 1/6b

皇后賀膝光宗后 雙峰稿 1/7a

壽皇賀表 雙峰稿 1/7b

壽聖皇太后加尊號賀膝 雙峰稿 1/8a

壽皇賀表 雙峰稿 1/8b

今上賀表光宗 雙峰稿 1/8b

壽成皇后賀膝 雙峰稿 1/9a

皇后賀膝 雙峰稿 1/9b

賀太上皇帝聖誕表代 王雙溪集 10/1a

賀太上皇后表代 王雙溪集 10/1b

賀皇帝表代 王雙溪集 10/2a

賀太上皇帝受尊號表代 王雙溪集 10/2b

太上皇后聖誕賀皇帝表 王雙溪集 10/3a

賀天申聖節表 王雙溪集 10/4a

賀登極表 王雙溪集 10/4b

賀正表 王雙溪集 10/5b

賀太上皇帝受尊號表 王雙溪集 10/5b

賀皇帝表 王雙溪集 10/6b

太上皇帝皇后受尊號賀皇帝表 王雙溪集 10/6b

賀太上皇帝聖誕表 王雙溪集 10/7a－8a

賀重華宮表 王雙溪集 10/8a

賀文德殿表 王雙溪集 10/8b

賀郊祀表 王雙溪集 10/9a

賀生皇子表 王雙溪集 10/9b

賀重明節表 王雙溪集 10/14a

賀會慶聖節表 王雙溪集 10/29a－29b

賀郊祀表 王雙溪集 10/29b

賀正表 王雙溪集 10/30b

賀立皇太子表 王雙溪集 10/31a

賀建太子東宮表 王雙溪集 10/31b

賀改元表 王雙溪集 10/32a

太上皇帝聖誕賀皇后膝 王雙溪集 10/32b

賀太上皇后受尊號膝 王雙溪集 10/32b

賀皇后膝 王雙溪集 10/33a

賀太上皇后聖誕膝 王雙溪集 10/33b－34a

賀皇后膝 王雙溪集 10/34a－35a

賀太皇太后受尊號膆　王雙溪集 10/36a
賀太上皇后膆　王雙溪集 10/36b
賀皇后膆　王雙溪集 10/37a
賀太上皇后受尊膆　王雙溪集 10/37a
賀慈福宮膆　王雙溪集 10/37b
立皇太子賀皇后膆　王雙溪集 10/39a
賀皇太子膆　王雙溪集 10/39b
賀皇帝尊號　客亭稿 1/1a
代賀皇帝尊號表　客亭稿 1/1b
册命皇后代賀太上皇帝表　客亭稿 1/2a
賀皇帝表　客亭稿 1/2b
天申節賀表　客亭稿 1/4a
會慶節賀表　客亭稿 1/5b
賀太上皇帝聖壽七十表　客亭稿 1/7a
慶壽禮成肆赦代賀太上皇帝表　客亭稿 1/7b
慶壽禮成肆赦賀皇帝表　客亭稿 1/9a
紹熙改元代賀皇帝表　客亭稿 1/9a
册禮賀壽皇帝表　客亭稿 1/10a
代都統司重明節賀表　客亭稿 1/10b
代馬軍行司重明節賀表　客亭稿 1/11a
賀皇太后加上尊號膆　客亭稿 2/7b
册寶禮畢賀皇太后膆　客亭稿 2/8a
慶壽禮成賀太上皇后膆　客亭稿 2/8b
皇后受册命代張帥賀太上皇后膆　客亭稿 2/9a
賀皇后受册禮膆　客亭稿 2/9b
賀皇后膆　客亭稿 2/10a
賀壽成皇后膆　客亭稿 2/10a
太上皇后壽七十賀太上皇帝表　定齋集 7/1a
太上皇后壽七十賀皇帝表　定齋集 7/1a
賀正表　定齋集 7/1b
明堂大禮賀表　定齋集 7/1b
賀明堂大禮慶成表　定齋集 7/2a
賀正表　定齋集 7/7b
瑞慶節賀表二首　定齋集 7/8a
賀太上皇禪位表　九華集 8/1a
代賀皇上即位表　九華集 8/2a
代廣東漕賀會慶節表　緣督集 5/12a
代廣東常平賀會慶節表　緣督集 5/12b
代廣東漕賀會慶節表　抄本緣督集 10/6b
代廣東常平賀會慶節表　抄本緣督集 10/7a
壽聖隆慈備福光祐太皇太后上尊號賀膆　止堂集 15/1a
壽成惠慈皇太后上尊號賀膆　止堂集 15/1a

壽仁太上皇后上尊號賀膆　止堂集 15/1b
三宮加上尊號賀皇后膆　止堂集 15/2a
光宗皇帝加上尊號禮成賀太皇太后膆　止堂集 15/2b
光宗皇帝加上尊號禮成賀皇太后膆　止堂集 15/2b
代京尹冬至賀皇太子膆　止堂集 15/3a
賀天基聖節表（1－2）　雲莊集 1/16b－17a
賀皇太后慶壽表　雲莊集 1/17b
受玉寶賀表　水心集 2/23b　播芳文粹 11/4a
受玉寶賀表　水心集 2/24a
慈福太后加上尊號賀皇帝表　燗湖集 1/1a
賀壽聖皇帝表（1－2）　燗湖集 1/1b
皇孫生賀皇帝表　燗湖集 1/2a
代史魏公賀皇孫出閤表　燗湖集 1/2b
會慶節賀表（1－2）　燗湖集 1/3a－3b
賀光宗皇帝登極代司馬通判儧進文正公奏劄表　燗湖集 1/4a
重明節賀表（1－3）　燗湖集 1/5a－5b
賀慈福宮膆　燗湖集 1/6b
賀壽成皇后膆　燗湖集 1/7a
賀皇后膆　燗湖集 1/7a
賀皇帝表立皇子祈國公　鐵菴集 43/1b
賀皇后膆　鐵菴集 43/2a
賀皇子節使國公劄　鐵菴集 43/2b
重明節賀表（1－2）　橘山四六/14/1a－1b
瑞慶節賀表（1－5）　橘山四六/14/2b－6a
冬至節賀表（1－2）　橘山四六/14/7a－8a
正旦節賀表（1－4）　橘山四六 14/8b－10b
改元嘉泰賀表　橘山四六/14/11a
改元賀表　橘山四六/14/12a
明堂禮成賀表　橘山四六 14/12b
太后加尊號賀皇帝表　橘山四六/14/14a
太后加尊號賀太后膆　橘山四六/14/15b
太后加尊號賀皇帝表　橘山四六/14/16b
太后加尊號賀太后膆　橘山四六/14/17b
賀皇帝加太皇太后尊號表　橘山四六/14/18b
賀太皇太后膆　橘山四六/14/19a
賀皇后膆　橘山四六 14/20a
册皇后賀皇帝表　橘山四六/14/20b
賀太皇太后膆　橘山四六/14/21b
賀皇后膆　橘山四六/14/22b
賀皇帝御正殿表（1－2）　橘山四六/14/23a－24a

明堂大禮畢皇后賀皇帝表 後樂集 6/12b
明堂禮成賀表 後樂集 7/1a
瑞慶節賀表 後樂集 7/1b-3a
南郊禮成賀表 後樂集 7/5b
瑞慶節賀表 後樂集 7/8a
元正賀表 後樂集 7/9a
瑞慶節賀表 後樂集 7/10a
元正賀表 後樂集 7/11a
瑞慶節賀表 後樂集 7/12a
明堂禮成賀表 後樂集 7/22b
瑞慶節賀表 後樂集 7/23b
元正賀表 後樂集 7/24b
瑞慶節賀表 後樂集 7/28a
元正賀表 後樂集 7/29a
瑞慶節賀表 後樂集 8/3b
瑞慶節賀表 後樂集 8/7a
明堂禮成賀表 後樂集 8/13b
受寶璽賀表 後樂集 8/16a
受玉璽賀皇后表 後樂集 8/16b
瑞慶節賀表 後樂集 8/17b-19a
賀皇太后垂簾聽政表 後樂集 8/21a
明堂禮成賀表 後樂集 8/21b
賀皇太后表 後樂集 8/22a
改寶慶賀皇帝表 後樂集 8/23a
賀皇太后表 後樂集 8/23b
壽慶節賀表 後樂集 8/24b-25a
天基節賀表 後樂集 8/25b-26a
賀皇太后上尊號表 後樂集 8/26b
皇太后上尊號賀皇帝表 後樂集 8/26b
賀皇太子元正膱 後樂集 14/13b-14b
賀皇太子生日膱 後樂集 14/15a
賀皇太子冬至膱 後樂集 14/16a
代荊帥彭侍郎冬至賀皇帝表 昌谷集 4/1a
冬至賀太上皇帝表 昌谷集 4/1b
皇帝即位賀太上皇帝表 昌谷集 4/2a
賀皇帝即位表 昌谷集 4/2a
賀皇帝登寶位表 昌谷集 4/2b
賀皇太后垂簾聽政表 昌谷集 4/3a
皇太后册寶禮成賀皇帝表 昌谷集 4/4b
册寶禮成賀皇太后表 昌谷集 4/5a
賀皇帝立后表 昌谷集 4/6a
立皇后賀太皇太后表 昌谷集 4/6b
瑞慶節賀表二首 昌谷集 4/7a

賀皇帝御正殿表 昌谷集 4/7b
賀皇太后御正殿表 昌谷集 4/8a
壽慶節賀表 昌谷集 4/8b
明堂禮成賀皇帝表 昌谷集 4/13a
明堂禮成賀皇太后表 昌谷集 4/14a
賀壽皇生曾嫡孫表 昌谷集 4/15a
賀皇帝生嫡孫表 昌谷集 4/15b
賀皇孫降誕表 昌谷集 4/16a
皇帝即位賀太皇太后膱 昌谷集 4/21a
皇帝即位賀太上皇后膱 昌谷集 4/21b
皇帝即位賀皇太后膱 昌谷集 4/21b
皇帝即位賀皇后膱 昌谷集 4/22a
賀皇后膱 昌谷集 4/22b
賀皇太后生玄嫡孫膱 昌谷集 4/23a
賀壽成皇后生曾嫡孫膱 昌谷集 4/23b
賀皇后生嫡孫膱 昌谷集 4/24a
代執政重明節賀表 山房集 2/12b
代賀太上皇帝表 山房集 2/13a
重明節賀表 性善稿 5/1a
瑞慶節賀表 性善稿 5/1b
賀明堂大禮告成表 洛水集 3/7b
天基聖節賀皇太后表 洛水集 3/8a
賀皇帝表 洛水集 3/8a
賀元正節表 洛水集 3/8b
代賀太皇太后還南內膱 洛水集 3/13b
代賀皇帝表 洛水集 3/14a
代賀皇后膱 洛水集 3/14a
代賀平蜀表 洛水集 3/14b
代賀孝宗瑞芝表 漫塘集 14/1a
代賀光宗瑞芝表 漫塘集 14/1b
賀玉璽 南塘四六/26a
賀玉璽代任參 南塘四六/26b
賀元正 南塘四六/28a
賀減殘金 南塘四六/30a
賀太上皇 南塘四六/32a
賀皇太后 南塘四六/32a
誕皇子賀皇帝 南塘四六/33a
誕皇子賀皇后(1-2) 南塘四六/33b
上尊號賀壽成皇后 南塘四六/35a
玉璽賀皇后 南塘四六/36a
賀皇帝正旦表 東澗集 9/5a
賀皇太后正旦表 東澗集 9/5a
賀皇帝冬至表 東澗集 9/5b

奏議表狀二 諸表 賀表 1411

賀皇太后冬至表 東澗集 9/6a
賀雪表 東澗集 9/6b
瑞慶節賀表 東澗集 9/7a
乾會節賀表（1－2） 東澗集 9/7b－8a
天基節賀表（1－2） 東澗集 9/8b－9a
明堂禮成賀表 東澗集 9/9a
復旰眙泗州賀表 東澗集 9/10b
復旰眙泗州賀皇太后表 東澗集 9/11a
賀天基聖節表 真西山集 16/1a－1b
賀皇太后慶壽表 真西山集 16/1b
賀今上皇帝即位表 真西山集 17/21a
潼川提刑司賀瑞慶聖節表 鶴山集 13/2a
潼川轉運司賀瑞慶聖節表 鶴山集 13/2b
潼川提舉司賀瑞慶聖節表 鶴山集 13/3a
立皇子賀皇帝表 鶴山集 13/5b
賀皇后膝 鶴山集 13/6a
明堂大禮肆赦賀慶成表 鶴山集 13/6a
賀受寶表 鶴山集 13/6b
賀皇后膝 鶴山集 13/7a
代宰臣以下賀雪表 鶴山集 13/8a
瑞慶節賀表 翠窗集 4/13b
明堂皇后賀表 鶴林集 16/1a
貴妃賀表 鶴林集 16/1b
美人賀表 鶴林集 16/1b
明堂慶成賀表（1－2） 鶴林集 16/2a－3a
天基節賀表 鶴林集 16/3b
元正賀表 鶴林集 16/8a
冬至賀表 鶴林集 16/9b
淳祐改元賀表 鶴林集 16/10b
改元皇后賀膝 鶴林集 16/11a
代賀冬至表 洸川集 6/1a
代水心賀正表 洸川集 6/1a
代水心瑞慶節賀表 洸川集 6/1b
賀皇帝表 漁墅稿 1/9a
賀皇太后表二首 漁墅稿 1/9b
賀皇太后加上尊號表 漁墅稿 1/10a
賀皇帝册后表 漁墅稿 1/10b
賀皇后受册表 漁墅稿 1/11b
賀皇后上尊號表 漁墅稿 1/12a
賀誕皇孫表 漁墅稿 1/12a
賀皇后誕皇孫表 漁墅稿 1/13a
明堂慶成表二首 漁墅稿 1/13a
鈴轄司賀壽表 漁墅稿 1/14a

瑞慶節提刑賀表 漁墅稿 1/4a
贛州賀表 漁墅稿 1/4a
瑞慶節賀表 靈巖集 2/1a
賀冬至表 靈巖集 2/1a
賀梟斬吳曦表 靈巖集 2/1b
代守臣賀改元嘉定表 靈巖集 2/2b
代安定郡王以下賀宗學落成表 靈巖集 2/2b
冬至表 字溪集 1/1a
正旦表 字溪集 1/2a
天基節表（1－2） 字溪集 1/2b－3a
賀皇太子冬至膝 後村集 50/3a
賀東宮正旦膝 後村集 50/3b
明堂禮成賀表 後村集 50/6a
明堂賀皇太子膝 後村集 50/6b
賀皇太子歲旦膝 後村集 50/9a
賀皇后膝 後村集 113/5b
侍從賀宣繋駙馬表 後村集 113/14b
賀皇太子妃誕育皇孫表 後村集 114/1a
賀皇后膝 後村集 114/1a
賀皇太子膝 後村集 114/1b
賀天基節表 後村集 114/2a
賀皇后膝 後村集 114/2a
皇太子膝 後村集 114/2b
賀明堂禮成表 後村集 114/3a
賀皇后膝 後村集 114/3a
賀皇太子膝 後村集 114/3b
賀冬至表 後村集 114/4a
賀皇太子膝 後村集 114/4b
賀天基節表 後村集 114/5a
賀皇后膝 後村集 114/5a
賀皇太子膝 後村集 114/5b
賀正旦表 後村集 114/6a
賀皇后膝 後村集 114/6a
賀皇太子膝 後村集 114/6b
賀皇帝登極表 後村集 114/10a
今上登極賀皇太后表 後村集 114/11a
壽崇節賀表 後村集 114/11a
賀皇太后膝 後村集 114/11b
賀皇帝表 後村集 114/12a
賀皇后膝 後村集 114/12a
丙寅賀冬皇帝表 後村集 114/12b
皇太后表 後村集 114/13a
皇后膝 後村集 114/13b

丁卯賀皇帝表 後村集 114/13b
皇太后表 後村集 114/14a
皇后膝 後村集 114/14b
丁卯賀郊祀皇帝表 後村集 114/14b
皇太后表 後村集 114/15a
皇后膝 後村集 114/15b
乾會節皇帝表 後村集 114/16a
賀皇太后表 後村集 114/16a
賀皇后膝 後村集 114/16b
賀冬至丁卯皇帝表 後村集 114/17a
皇太后表 後村集 144/17a
皇后膝 後村集 114/17b
賀年表膝戊辰皇帝表 後村集 114/18a
皇太后表 後村集 114/18b
皇后膝 後村集 114/19a
乾會節賀皇帝表 後村集 115/1a
賀皇太后表 後村集 115/1a
賀皇后膝 後村集 115/1b
壽崇節賀皇太后表 後村集 115/2a
賀皇帝表 後村集 115/2a
賀皇后膝 後村集 115/2b
壽崇節賀皇太后表 後村集 115/4a
賀皇帝表 後村集 115/4a
賀皇后膝 後村集 115/4b
乾會節賀皇帝表 後村集 115/5a
賀皇太后表 後村集 115/5b
賀皇后膝 後村集 115/5b
賀生皇太子表膝皇帝表 後村集 115/6a
皇太后表 後村集 115/6b
皇后膝 後村集 115/6b
代蜀總賀皇帝登極 可齋稿 1/1a
代賀皇太后 可齋稿 1/1b
代賀郊祀慶成 可齋稿 1/2a
代賀皇太后 可齋稿 1/2b
代賀紹定改元 可齋稿 1/3a
代賀皇太后 可齋稿 1/3b
代賀壽慶節 可齋稿 1/4a
代荊閫賀天基聖節 可齋稿 1/4b
代賀皇帝御正殿 可齋稿 1/5a
代賀誕皇子 可齋稿 1/5b
代襄閫賀誕皇子 可齋稿 1/6a
代賀皇太后 可齋稿 1/6b
江東漕賀誕皇子 可齋稿 1/7a

淮西憲賀天基聖節 可齋稿 1/7b
廣西漕賀天基聖節 可齋稿 1/8a
廣西漕賀正 可齋稿 1/8a
荊閫賀收復襄樊 可齋稿 1/8b
賀寶祐改元京湖制司 可齋稿/續前 1/1a
賀寶祐改元龍圖閣 可齋稿/續前 1/1b
賀寶祐改元京西帥司 可齋稿/續前/1/2a
賀立皇子京湖制司 可齋稿/續前 1/3a
賀立皇子湖北帥司 可齋稿/續前 1/3b
賀册瑞國公主 可齋稿/續前 1/4a
賀襄樊告捷 可齋稿/續前 1/10b
開慶改元賀表 可齋稿/續後 1/19b
賀膝 可齋稿/續後 1/20a
景定改元賀表 可齋稿/續後 1/20b
賀膝 可齋稿/續後 1/21b
皇太后册寶賀表 秋崖稿 1/1a
皇帝御正殿賀表 秋崖稿 1/1b
壽明皇太后賀表 秋崖稿 1/1b
皇太后賀表 秋崖稿 1/2a
天基聖節表邵武膝 秋崖稿 1/10b
代景獻邸冬至賀表 秋崖稿 2/8a
天基聖節賀表 秋崖稿 2/9a
寶祐改元賀表 庸齋集 3/1a
皇子進封忠王賀表 庸齋集 3/1b
天基節賀表(1-6) 庸齋集 3/2a-4a
天基節賀表 庸齋集 3/3a
天基節賀表 庸齋集 3/3b
天基節賀表 庸齋集 3/4a
元正賀表 庸齋集 3/4b
皇太子冠禮賀表 庸齋集 3/4b
明堂慶成賀表 庸齋集 3/5b
明堂賀表 庸齋集 3/5b
明堂禮成賀表 庸齋集 3/6a
明堂禮成賀膝 庸齋集 4/1a
皇太子冠禮成賀膝 庸齋集 4/1b
皇子進封忠王賀膝 庸齋集 4/1b
立太子妃代前人賀皇帝表 本堂集 53/6b
公主下嫁代前人賀皇帝表 本堂集 53/7a
理宗原廟章熙殿成代前人上皇帝起居表 本堂集 53/8a
立太子妃代湖南帥趙德修賀皇后膝 本堂集 54/1a
代前人賀皇太子膝 本堂集 54/1a

公主下嫁代前人賀皇后膞 本堂集 54/1b
代前人賀皇太子膞 本堂集 54/2a
東宮受册賀皇帝表 雪坡集 5/3b
沂邸賀皇帝蕭清江上表 雪坡集 5/4b
沂邸賀皇帝東宮正位表 雪坡集 5/5a
沂邸賀皇帝太子入宮表 雪坡集 5/5b
宮僚賀皇后册太子膞 雪坡集 6/1a
宮僚賀皇太子受册膞 雪坡集 6/1b
賀皇太子正位膞 雪坡集 6/2b
沂邸賀皇后立太子膞 雪坡集 6/4a
沂邸賀皇太子受册膞 雪坡集 6/4a
沂邸賀皇后太子入宮膞 雪坡集 6/4b
沂邸賀皇太子入宮膞 雪坡集 6/5a
賀皇帝登寶位表 碧梧集 1/4b
代宰臣以下賀奉安光宗皇帝寧宗皇帝寶訓寧
宗皇帝經武要領今上皇帝玉牒日曆會要禮
成表 四明文獻集 3/4a
宰臣以下賀明堂禮成表 四明文獻集 3/5b
賀皇太子賜名進封建國名表 四明文獻集 3/19b
代賀改元寶祐表 四明文獻集 3/20b
代賀皇子忠王行冠禮表 四明文獻集 3/21a
代賀皇子加兩鎮公主進封昇國表 四明文獻集
3/24b
冬至賀表 四明文獻集 3/30a
賀瑞慶聖節 㝡齋四六/1a
賀玄天上帝生辰表 疊山集 13/1a-2a
許座陽飛昇日賀表 疊山集 13/2a
崇壽節賀表行省上 桐江集 5/15b
崇壽節賀表浙西道廉訪司上 桐江集 5/16a
賀乾會節表 牟陵陽集 8/8a
賀壽崇節表 牟陵陽集 8/8b
賀明堂慶成表 牟陵陽集 8/10a
賀皇太后表 牟陵陽集 8/10a
賀皇后膞 牟陵陽集 8/10b
賀壽崇節表 牟陵陽集 8/11a
賀乾會節表 牟陵陽集 8/11b
皇太子生日賀皇帝表 文山集 4/3b
賀皇太后表 文山集 4/3b
賀皇后膞 文山集 4/4a
皇子進封左衛上將軍嘉國公賀皇帝表 文山
集 4/4b
賀皇太后表 文山集 4/5a
賀皇后膞 文山集 4/5a
皇女進封同壽公主賀皇帝表 文山集 4/5b
賀皇太后表 文山集 4/6a
賀皇后膞 文山集 4/6a
壽崇節本州賀皇帝表 文山集 4/8a
賀皇太后表 文山集 4/8b
賀皇后膞 文山集 4/8b
壽崇節兵馬鈴轄司賀皇帝表 文山集 4/9a
賀皇太后表 文山集 4/9b
賀皇后膞 文山集 4/9b
乾會節本州賀皇帝表 文山集 4/10a
賀皇太后表 文山集 4/10b
賀皇后膞 文山集 4/10b
乾會節鈴司賀皇帝表 文山集 4/11a
賀皇太后表 文山集 4/11b
賀皇后膞 文山集 4/11b
皇子賜名本州賀皇帝表 文山集 4/12a
賀皇太后表 文山集 4/12b
賀皇后膞 文山集 4/12b
皇子賜名鈴司賀皇帝表 文山集 4/13a
賀皇太后表 文山集 4/13b
皇帝登寶位本州賀皇帝表 文山集 4/14a
賀太皇太后表 文山集 4/4a
賀皇太后表 文山集 4/14b
皇帝登寶位鈴司賀皇帝表 文山集 4/15a
賀太皇太后表 文山集 4/15a
賀皇太后表 文山集 4/15b
太皇太后加尊號本州賀皇帝表 文山集 4/16a
賀太皇太后表 文山集 4/16b
賀皇太后表 文山集 4/16b
太皇太后加尊號鈴司賀皇帝表 文山集 4/17a
皇太后加尊號鈴司賀皇帝表 文山集 4/17a
賀皇太后表 文山集 4/17b
賀皇太后表 文山集 4/17b
皇太后加尊號本州賀皇帝表 文山集 4/18a
賀太皇太后表 文山集 4/18a
賀皇太后表 文山集 4/18b
賀太皇太后表 文山集 4/19a
賀皇太后表 文山集 4/19b
賀皇帝聽政表 文山集 4/24b
賀太皇太后同聽政表 文山集 4/25a
天瑞節本州賀皇帝表 文山集 4/25b
賀太皇太后表 文山集 4/25b
賀皇太后表 文山集 4/26a

天瑞節鈴司賀皇帝表 文山集 4/26a

賀太皇太后表 文山集 4/26b

賀皇太后表 文山集 4/27a

改元賀皇帝表 文山集 4/33a

賀太皇太后表 文山集 4/33a

賀皇太后表 文山集 4/33b

賀郊祀慶成表 佩韋集 13/1a

賀生皇子表 佩韋集 13/3a

誕皇孫賀皇帝表 佩韋集 13/3b

賀皇太子膺 佩韋集 13/4a

册皇太子妃賀皇帝表 佩韋集 13/7a

賀皇后膺 佩韋集 13/7b

賀皇太子膺 佩韋集 13/8a

周國公主下嫁禮成賀皇帝表 佩韋集 13/8a

賀皇后膺 佩韋集 13/8b

賀東宮膺 佩韋集 13/9a

賀册皇太子表劉筠撰 宋文鑑 63/9a

賀皇長子封公表王拱辰撰 宋文鑑 65/9a

賀元日大朝會表呂惠卿撰 宋文鑑 68/16b

尚書禮部元會奏天下祥瑞表林希撰 宋文鑑 69/2a

賀皇后册禮表林希撰 宋文鑑 69/6a

代賀景靈宮奉安御容禮畢表呂希純撰 宋文鑑 69/15a

賀皇帝登極表蘇轍撰 播芳文粹 1/1a

賀皇帝登極表代 邵博撰 播芳文粹 1/3a

賀皇帝登極表李新撰 播芳文粹 1/3b

賀皇帝登極表馮時行撰 播芳文粹 1/4a 蜀文輯存 46/5b

賀皇帝登極表代 晁詠之撰 播芳文粹 1/4b

賀皇帝登極表趙彥端撰 播芳文粹 1/6b

賀皇帝登極表趙彥端撰 播芳文粹 1/7a

賀皇帝登極表代 熊克撰 播芳文粹 1/8b

賀皇帝登極表許閭撰 播芳文粹 1/9a

賀皇帝登極表 播芳文粹 1/10a

賀皇帝登極表陳俯撰 播芳文粹 1/10b

賀德壽宮表馮時行撰 播芳文粹 1/11b

賀壽皇聖帝遜位表史浩撰 播芳文粹 1/12a

賀壽皇聖帝遜位表許閭撰 播芳文粹 1/13b

賀太上皇帝册尊號表代 邵博撰 播芳文粹 1/19b

賀壽皇聖帝尊號表陳俯撰 播芳文粹 1/20a

至尊壽皇聖帝册寶賀皇帝表陳俯撰 播芳文粹 1/20b

賀壽皇聖帝表陳俯撰 播芳文粹 1/21a

賀光堯壽聖太上皇帝尊號表趙彥端撰 播芳文粹 1/21b

賀光堯壽聖太上皇帝尊號表代 趙彥端撰 播芳文粹 1/22b

賀光堯皇帝遜位表趙彥端撰 播芳文粹 1/23a

賀光堯皇帝遜位表趙彥端撰 播芳文粹 1/23b

賀光堯皇帝遜位表孫覿撰 播芳文粹 1/24a

賀太上皇帝七十加尊號表代 熊克撰 播芳文粹 1/25b

賀皇帝加太上皇尊號表熊克撰 播芳文粹 1/26a

賀皇帝表樓鑰撰 播芳文粹 1/28b

賀太上皇帝加尊號表代 楊萬里撰 播芳文粹 2/1a

賀今上皇帝上太上皇尊號表楊萬里撰 播芳文粹 2/1b

賀上皇加紹業興統明謨盛烈尊號表沈清臣撰 播芳文粹 2/2a

太上皇加尊號賀皇帝表沈清臣撰 播芳文粹 2/3a

賀册尊號表夏嶸撰 播芳文粹 2/3b

賀壽聖皇帝册尊號表許閭撰 播芳文粹 2/4a

重華宮上尊號賀皇帝表許閭撰 播芳文粹 2/4b

慈福宮上尊號賀至尊壽皇聖帝表許閭撰 播芳文粹 2/5a

慈福宮上尊號賀今上皇表許閭撰 播芳文粹 2/5b

慶上皇壽七十賀皇帝表宋國安撰 播芳文粹 2/6a

賀光堯壽聖太上皇帝慶壽八十表沈清臣撰 播芳文粹 2/8a

慶上皇壽賀皇帝表 播芳文粹 2/8b

賀太上皇后尊號表代 楊萬里撰 播芳文粹 2/10b

賀册太大后表晁補之撰 播芳文粹 2/11b

賀册太大后表秦觀撰 播芳文粹 2/12a

賀册皇太后表邵博撰 播芳文粹 2/13b

賀册皇太后表劉學撰 播芳文粹 2/14b

賀册皇太后表 播芳文粹 2/15a

賀皇太后遷慈福宮表 播芳文粹 2/16b

立后賀皇帝表陳俯撰 播芳文粹 3/1b

賀册皇后表代 陳師道撰 播芳文粹 3/3a

賀册皇后表陳師道撰 播芳文粹 3/3a

賀册皇后表 播芳文粹 3/3b

賀册皇后表晁詠之撰 播芳文粹 3/4b

賀册皇后表 播芳文粹 3/6a

賀册皇后表代 熊克撰 播芳文粹 3/7a

賀册皇后表許閭撰 播芳文粹 3/7b

賀册皇后表趙彥端撰 播芳文粹 3/8a

賀册皇后表　播芳文粹 3/9a
册皇后賀至尊表許開撰　播芳文粹 3/10a
賀降皇太子表唐庚撰　播芳文粹 3/12a
賀降皇太子表代　晁詠之撰　播芳文粹 3/12b
賀降皇子表樓鑰撰　播芳文粹 3/18a
賀降皇子表樓鑰撰　播芳文粹 3/19a
賀降皇嫡孫表　播芳文粹 3/19b
賀立皇太子表曾布撰　播芳文粹 3/20a
賀立皇太子表　播芳文粹 3/20b
賀立皇太子表范景仁撰　播芳文粹 3/22b
請太皇太后受册表曾肇撰　播芳文粹 4/25b
賀車駕幸太學表　播芳文粹 4/28b
賀車駕幸太學表石林撰　播芳文粹 4/29a
賀重明節表陳倜撰　播芳文粹 5/1a
賀會慶節表林之奇撰　播芳文粹 5/3a
賀天申節表　播芳文粹 5/6b
賀天申節表　播芳文粹 5/8a
賀天申節表　播芳文粹 5/9a
賀天申節表　播芳文粹 5/9b
賀天申節表　播芳文粹 5/10a
賀天申節表　播芳文粹 5/10a
賀天申節表林之奇撰　播芳文粹 5/10b
賀天申節表林之奇撰　播芳文粹 5/11b
天申節賀德壽宮表林之奇撰　播芳文粹 5/16a
天申節賀德壽宮表林之奇撰　播芳文粹 5/16b
賀興龍節表　播芳文粹 5/19b
賀天寧節表　播芳文粹 5/22a
賀天寧節表唐庚撰　播芳文粹 5/22a
賀天寧節表晁詠之撰　播芳文粹 5/23a
賀乾龍節表晁補之撰　播芳文粹 5/23b
賀乾龍節表邵博撰　播芳文粹 5/24a
賀瑞慶節表（1－5）陳倜撰　播芳文粹 5/24b－26a
賀聖節表　播芳文粹 5/28b
賀聖節表　播芳文粹 5/29a
賀坤成節表晁補之撰　播芳文粹 5/29b
賀元會表　播芳文粹 6/2a
賀元會表　播芳文粹 6/2b
賀元會表　播芳文粹 6/3b
賀元會表石林撰　播芳文粹 6/4b
賀元會表　播芳文粹 6/5a
賀元會表　播芳文粹 6/5b
賀正表趙彦端撰　播芳文粹 6/6a
賀正表　播芳文粹 6/6b
賀正表　播芳文粹 6/7a
賀正表　播芳文粹 6/7a
德壽宮賀正表林之奇撰　播芳文粹 6/8a
賀正表　播芳文粹 6/8b
賀冬表　播芳文粹 6/11b
賀冬表張杙撰　播芳文粹 6/12a
賀冬表　播芳文粹 6/12b
賀冬表代　晁補之撰　播芳文粹 6/13a
賀冬表代　晁補之撰　播芳文粹 6/13b
賀冬表汪藻撰　播芳文粹 6/14a
賀冬表　播芳文粹 6/15b
賀冬表汪藻撰　播芳文粹 6/15b
賀冬表　播芳文粹 6/16a
賀正旦表中山内翰撰　播芳文粹 6/18b
賀月旦表二月　播芳文粹 6/19a
賀月旦表三月　播芳文粹 6/19b
賀月旦表四月　播芳文粹 6/19b
賀月旦表五月　播芳文粹 6/20a
賀月旦表六月　播芳文粹 6/20b
賀月旦表七月　播芳文粹 6/21a
賀月旦表八月　播芳文粹 6/21b
賀月旦表九月　播芳文粹 6/21b
賀月旦表十月　播芳文粹 6/22a
賀月旦表十一月　播芳文粹 6/22b
賀月旦表十二月　播芳文粹 6/23a
賀正旦表　播芳文粹 6/23b
賀月旦表二月　播芳文粹 6/24a
賀月旦表三月　播芳文粹 6/24a
賀月旦表四月　播芳文粹 6/24b
賀月旦表五月　播芳文粹 6/24b
賀月旦表六月　播芳文粹 6/25a
賀月旦表七月　播芳文粹 6/25b
賀月旦表八月　播芳文粹 6/25b
賀月旦表九月　播芳文粹 6/26a
賀月旦表閏九月　播芳文粹 6/26b
賀月旦表十月　播芳文粹 6/26b
賀月旦表十一月　播芳文粹 6/27a
賀月旦表十二月　播芳文粹 6/27a
賀紹熙改元表陳倜撰　播芳文粹 7/1a
賀改元表林之奇撰　播芳文粹 7/1b
賀改元表趙彦端撰　播芳文粹 7/2a
賀北郊禮成表孫覿撰　播芳文粹 7/7a
賀北郊地祇示現表孫覿撰　播芳文粹 7/8a

賀明堂禮成表 播芳文粹 7/11b

賀郊祀改元肆赦表 播芳文粹 7/16b

賀南郊赦表曾布撰 播芳文粹 7/17a

賀南郊赦表蔡襄撰 播芳文粹 7/24b

賀明堂赦表孫覿撰 播芳文粹 7/32a

賀明堂肆赦表蘇轍撰 播芳文粹 7/33a

賀明堂肆赦表曾肇撰 播芳文粹 7/34a

賀登極肆赦表陳佃撰 播芳文粹 8/2a

賀登極赦肆表許閌撰 播芳文粹 8/2b

賀德音表 播芳文粹 8/5b

賀獄空表趙承一撰 播芳文粹 8/8a

賀上元獄空及不拾遺表 播芳文粹 8/9a

賀獄空表 播芳文粹 8/10a

賀獄空表 播芳文粹 8/10b

賀籍田表趙彥端撰 播芳文粹 8/12b

賀籍田表 播芳文粹 8/13b

賀籍田表 播芳文粹 8/14b

賀安南班師表 播芳文粹 8/15b

賀獲鬼章表范景仁撰 播芳文粹 8/19b

賀斬變離不表汪藻撰 播芳文粹 8/23a

賀收祥州表晁詠之撰 播芳文粹 8/27b

賀收復添易二州表 播芳文粹 9/13b

賀捷奏表 播芳文粹 9/19a

賀講和表岳飛撰 播芳文粹 9/19b

賀皇子冠禮表 播芳文粹 9/23a

賀册封充國公主表宋郊撰 播芳文粹 9/25a

仙源類譜賀皇帝表 播芳文粹 9/29a

賀元圭表 播芳文粹 11/1b

賀元圭表趙鼎臣撰 播芳文粹 11/2b

賀日有承戴二氣表趙鼎臣撰 播芳文粹 11/5a

賀太陽不虧表趙鼎臣撰 播芳文粹 11/5a

賀太陽不虧表葛侍郎撰 播芳文粹 11/5b

賀禁中出醴泉表趙鼎臣撰 播芳文粹 11/7b

賀河清表趙鼎臣撰 播芳文粹 11/15a

賀瑞木表趙鼎臣撰 播芳文粹 11/18b

賀芝草表趙鼎臣撰 播芳文粹 11/19a

賀左藏生芝草表趙鼎臣撰 播芳文粹 11/19b

芝草賀德壽宫表林之奇撰 播芳文粹 11/21b

芝草賀皇帝表林之奇撰 播芳文粹 11/22a

賀紅鹽表 播芳文粹 11/24b

賀王屋山天尊降表 播芳文粹 11/25a

賀雪表 播芳文粹 11/30a

賀雪表葛侍郎撰 播芳文粹 11/30b

賀雪表（1－2） 播芳文粹 11/31a－31b

賀壽皇太后册尊號膝樓鑰撰 播芳文粹 45/3a

册皇后賀壽聖皇后膝 播芳文粹 45/8a

慈福宫上尊號賀壽成皇后膝 播芳文粹 45/8b

册皇后賀壽成皇后膝 播芳文粹 45/8b

重華宫上尊號賀壽聖皇太后膝 播芳文粹 45/9a

重華宫上尊號賀壽成皇后膝 播芳文粹 45/9b

賀壽成皇后膝 播芳文粹 45/16a

賀皇后膝 播芳文粹 45/16b

賀皇后受册膝洪适撰 播芳文粹 46/1a

賀皇后受册膝 播芳文粹 46/2b

皇太子降賀太上皇后膝（1－3）樓鑰撰 播芳文粹 46/4a－5a

皇子降賀皇后膝 播芳文粹 46/5b

慶太上皇壽賀皇太子殿 播芳文粹 46/12a

賀皇太子受册膝洪适撰 播芳文粹 46/13a

賀皇太子受册膝 播芳文粹 46/15a

賀皇太子受册膝代 播芳文粹 46/15b

賀皇太子受册膝代 播芳文粹 46/16a

代賀平吳曦表程珌 新安文獻 41/1a

乙巳年千秋節賀膝朱模撰 新安文獻 41/6a

賀皇帝御福寧殿表李劉撰 南宋文範 28/10b

賀光堯皇帝遜位表馮時行撰 蜀文輯存 46/6a

王局祥光出現表范聲撰 蜀文輯存 73/13a

賀明堂禮成表牟子才撰 蜀文輯存 91/18b

（二）慰　表

慰上大行皇帝謚號廟號表 小畜集 22/7a

慰公主薨表 小畜集 23/5a

慰皇兄汝南郡王薨表 景文集/拾遺 12/7a

慰溫成皇后大葬表 景文集/拾遺 12/11a

慰鄂王薨表 景文集/拾遺 13/1b 播芳文粹 12/7b

慰溫成皇后張氏薨表 武溪集 16/15a

代慰安恭皇后祔廟表 雪山集 4/4a

慰申王薨表 歐陽文忠集 90/10a 播芳文粹 12/7a

光獻皇后上仙慰表 樂全集 28/2a

光獻皇后靈駕赴山陵慰表 樂全集 28/2a

光帝上升慰表（1－3） 樂全集 28/2b－3a

慰皇太后表 樂全集 28/4b

慰皇太妃表 樂全集 28/4b

慰慈聖光獻皇后神主升祧表 樂全集 28/6b

節候 韓南陽集 21/10b

皇太后慰及節候並同前 韓南陽集 21/10b

皇后慰及節候並同前 韓南陽集 21/10b

慰慈聖光獻皇太后上仙表 元豐稿 27/10b

靈駕發引慰皇帝表 華陽集 11/19b

靈駕發引慰皇太后表 華陽集 11/20a

寒食節慰皇太后表 華陽集 11/20b

寒食節慰皇帝表 華陽集 11/20b

拖皇堂慰皇帝表 華陽集 11/21a

拖皇堂慰皇太后表 華陽集 11/21b

慰太皇太后上仙表 傳家集 17/21b

慰仁宗皇帝陵廟禮畢 蘇魏公集 45/5b

慰宣仁聖烈皇后祧廟 蘇魏公集 45/11a

元符三年慰哲宗皇帝上仙 蘇魏公集 45/14a

慰欽聖皇后上仙 蘇魏公集 45/14b

英宗山陵禮畢慰皇帝表 臨川集 61/3b 王文公集 21/1b 播芳文粹 12/5b

慰太皇太后表 臨川集 61/3b 王文公集 21/2a

慰皇太后表 臨川集 61/4a 王文公集 21/2a

英宗祧廟禮畢慰皇帝表 臨川集 61/4a 王文公集 21/2a

慰太皇太后表 臨川集 61/4b 王文公集 21/2b

慰皇太后表 臨川集 61/4b 王文公集 21/3a

慈聖光獻皇后升遐慰皇帝表 臨川集 61/4b 王文公集 21/3a

慈聖光獻皇后啓殯及復土返虞慰皇帝表（1－2） 臨川集 61/5a 王文公集 21/3b

慈聖光獻皇后神主祧廟慰皇帝表 臨川集 61/5b 王文公集 21/4b

慈聖光獻皇后禪祥除慰皇帝表 臨川集 61/5b 王文公集 21/4b

正旦奉慰表 臨川集 61/5b 王文公集 21/3b

魯國大長公主薨慰表 臨川集 61/6a 王文公集 21/5a

八皇子薨慰皇帝表 臨川集 61/6a 王文公集 21/5a

八皇子葬慰皇帝表 臨川集 61/6a 王文公集 21/5a

慰皇帝表 范忠宣集 6/3b

慰國哀表 西溪集 7（三沈集 2/63a）

慰祧廟表 長興集 14（三沈集 4/13b）

慰表 錢塘集 10/24b

慰正旦表 蘇東坡全集/後 13/9b 播芳文粹 12/4a

慰宣仁聖烈皇后山陵禮畢表 蘇東坡全集/後 13/10b

慰宣仁聖烈皇后祧廟禮畢表 蘇東坡全集/後 13/11a

慰皇太后上仙表 蘇東坡全集/後 13/14a

皇太后上仙慰表 樂城集/後 18/8b

欽聖憲肅皇后祧廟慰表 樂城集/後 18/9a

欽慈皇后祧廟慰表 樂城集/後 18/9b

慰山陵禮畢表 范太史集 7/3b

慰太皇太后梓宮發引表 范太史集 8/1a

慰皇太后表 范太史集 8/1b

慰梓宮拖皇堂表 范太史集 8/1b

慰皇太后表 范太史集 8/2a

慰祧廟表 范太史集 8/2a

慰皇太后表 范太史集 8/2b

慰慈聖光獻太皇太后大祥表 范太史集 8/8b

慰蜀國長公主薨表 范太史集 9/6b

慰坼殿檻表 范太史集 10/8b

慰發引表 范太史集 10/9a

留司慰發引表 范太史集 10/9a

又留司慰皇太后表 范太史集 10/9b

慰拖皇堂表 范太史集 10/11a

又留司慰表 范太史集 10/11b

留司慰皇太后表 范太史集 10/12a

慰祧廟表 范太史集 10/12b

又留司慰表 范太史集 10/13a

慰皇太后表 范太史集 10/13b

留司慰太皇太后小祥表 范太史集 11/4b

慰慈聖光獻太皇太后大祥表 范太史集 11/8a

又慰皇太后表 范太史集 11/8b

又留司慰表 范太史集 11/8b

慰皇帝表 宗伯集 9/4a

慰太皇太后表 宗伯集 9/4b

慰皇帝表 樂靜集 12/5a

慰太皇太后表 樂靜集 12/5b

代慰祧廟表 竹隱集 8/5b

慰國卹表 眉山集 25/4a

太上道君皇帝升遐慰表 高峯集 3/14b

寧德皇后上仙慰表 高峯集 3/15a

冬至慰表 高峯集 3/16b

慰梓宫到闕表 高峰集 4/6b

太上道君皇帝升遐 高峰集 11/4a

寧德皇后上仙 高峰集 11/4a

代尉欽成太皇后祔廟表 丹陽集 1/5a

代慰欽聖太后祔廟表二首 丹陽集 1/5a

代慰欽慈太皇后祔廟表 丹陽集 1/5b

徽宗皇帝顯肅皇后懿節皇后梓宫還闕表 丹陽集 1/5b

慰隆祐皇太后上仙表 丹陽集 1/6a

慰懿節皇后上仙表 丹陽集 1/6a

代慰聖瑞太妃薨表 丹陽集 1/6b

太上皇帝升遐慰表 程北山集 20/16a

寧德皇后上仙慰表 程北山集 20/16b

道君皇帝升遐寧德皇后上仙慰表 苕溪集 18/1a

徽宗皇帝梓宫還闕慰表 浮溪集 4/10a

顯肅皇后梓宫還闕慰表 浮溪集 4/10b

懿節皇后梓宫還闕慰表 浮溪集 4/11a

大行隆祐太后崩慰表 梁溪集 64/13b

道君太上皇帝升遐慰表 梁溪集 94/2a

寧德皇后上仙慰表 梁溪集 94/3a

慰太上皇寧德皇后凶計表 北海集 23/7a

慰大行皇后凶計表 北海集 23/8a

慰隆祐皇太后遺誥表 北海集 23/8b

慰昭慈獻烈皇太后升祔禮畢表 北海集 23/9a

慰大行昭慈獻烈皇太后園陵表 北海集 23/9a

徽宗皇帝上仙慰表 東窗集 14/16b

徽宗皇帝升遐慰表 張華陽集 9/7a

懿節皇后上仙慰表 張華陽集 10/3a

顯仁皇后上仙慰表 張華陽集 12/1b

欽宗皇帝升遐慰表 張華陽集 12/2a

代建州上表 雙溪集 7/3a

代慰國哀表 雙溪集 7/10a

徽宗祔廟慰表 雙溪集 7/10b

慰永固陵復土表 紫微集 22/2a

慰終制表（1－2） 紫微集 23/2a

皇太后升遐慰皇帝表 漢濱集 4/4b

太上皇帝升遐慰表 鄮峰集 18/11a

太上皇帝升遐慰皇太后腆 鄮峰集 18/11a

太上皇帝升遐慰皇太子腆 鄮峰集 18/11b

太上皇帝大祥慰表 鄮峰集 18/12a

太上皇帝靈駕發引慰表 鄮峰集 18/12a

太上皇帝靈駕發引慰皇太后腆 鄮峰集 18/12b

太上皇帝靈駕發引慰皇后腆 鄮峰集 18/12b

淵聖皇帝慰表 方舟集 7/19b

慰皇后上仙表 梅溪集/後 21/5a

慰皇太子表 梅溪集/後 21/5b

慰皇太子腆 播芳文粹 46/18a

大行皇后上仙慰表 盤洲集 37/2b

顯仁皇太后祔廟慰表 盤洲集 37/3a

欽宗皇帝外遐慰表 盤洲集 37/7a

欽宗皇帝祔廟慰表 盤洲集 37/11a

欽宗皇帝小祥慰表 盤洲集 37/11b

顯仁皇后大祥慰表 盤洲集 37/11b

欽宗大祥慰太上表 盤洲集 38/4b

又慰皇帝表 盤洲集 38/5a

安恭皇后上仙慰表 盤洲集 39/11a

孝慈淵聖皇帝上仙慰表 南澗稿 8/10a

太上皇帝慰表 南澗稿 8/10b

太上皇后慰表 南澗稿 8/11a

皇帝慰表（1－2） 南澗稿 8/11a－11b

太上皇帝慰表 南澗稿 8/11b

太上皇后慰表 南澗稿 8/12a

皇太后升遐慰表（1－4） 益國文忠集 82/5a 益公集 82/17b－18b

慰冬至表代江漕司（1－3） 益國文忠集 82/6a－6b 益公集 82/19a

慰元正表代方卿 益國文忠集 82/6b 益公集 82/19b

顯仁皇太后發引慰表代方總領（1－2） 益國文忠集 82/7a 益公集 82/20a

攢宫禮畢慰表代方總領（1－2） 益國文忠集 82/7b－8a 益公集 82/20b－21a

祔廟禮畢慰表（1－2） 益國文忠集 82/8a－8b 益公集 82/21b－22a

同侍從慰皇子魏王薨表 益國文忠集 125/4a 益公集 125/5a

光堯梓宫發引慰皇帝表 益國文忠集 129/1b 益公集 129/2a

慰皇太后腆 益國文忠集 129/2a 益公集 129/2b

慰皇后腆 益國文忠集 129/2a 益公集 129/2b

慰皇太后陵 益國文忠集 129/3a 益公集 129/3b

慰皇后腆 益國文忠集 129/3a 益公集 129/3b

永思陵拖攢慰皇帝表 益國文忠集 129/3b 益公集 129/4b

慰皇太后腆思陵拖攢 益國文忠集 129/4a 益公集 129/5a

重華上仙慰太皇太后表皇太后皇后同 益國文忠集 132/8b 益公集 132/10a

重華上仙慰皇帝表 益國文忠集 132/8b 益公集 132/9b

慰慈福上仙表 益國文忠集 133/6a 益公集 133/7a

慰太上皇后上仙表 益國文忠集 133/7b 益公集 133/9b

慰太上皇帝上仙表 益國文忠集 133/8a 益公集 133/10a

慰韓皇后上仙表 益國文忠集 133/9a 益公集 133/11b

高宗皇帝升遐慰皇帝表 江湖集 36/15a

高宗皇帝升遐慰皇太后膝 江湖集 36/15b

高宗皇帝升遐慰皇太子膝 江湖集 36/15b

高宗皇帝升遐慰皇后膝 江湖集 36/16a

祔廟慰皇帝表 江湖集 36/16b

祔廟慰皇太后膝 江湖集 36/16b

祔廟慰皇后膝 江湖集 36/17a

祔廟慰帝表 江湖集 36/17b

小祥慰皇帝表 江湖集 36/17b

小祥慰皇太后膝 江湖集 36/18a

小祥慰皇后膝 江湖集 36/18b

小祥慰皇帝表 江湖集 36/18b

小祥慰皇太后膝 江湖集 36/19a

小祥慰皇后膝 江湖集 36/19a

小祥慰皇帝表 江湖集 36/19b

小祥慰皇太后膝 江湖集 36/20a

小祥慰皇后膝 江湖集 36/20a

高宗大祥起居皇帝表 江湖集 36/20b

高宗大祥起居皇太后膝 江湖集 36/21a

高宗大祥起居壽皇聖帝表 江湖集 36/21b

高宗大祥起居壽成皇后膝 江湖集 36/22a

高宗大祥慰皇帝表 江湖集 36/22a

慰皇后膝 江湖集 36/22b

正旦慰皇帝表 江湖集 36/23a

慰皇帝正旦表 江湖集 36/23b

起居皇太后膝 江湖集 36/23b

卒哭慰皇帝表 江湖集 36/24a

發引慰皇帝表 江湖集 36/24b

冬節慰皇帝表（1－2） 江湖集 36/25a

高宗小祥慰皇帝表 止齋集 30/1b

孝宗大祥慰皇帝 格齋四六 1/9a

孝宗大祥慰太上皇帝 格齋四六 1/9b

孝宗大祥慰皇太后 格齋四六 1/9b

孝宗大祥慰皇太后 格齋四六 1/10a

孝宗大祥慰太上皇后 格齋四六 1/10b

孝宗大祥慰皇后 格齋四六 1/10b

慰壽聖太皇太后上仙·皇帝表 宋本攻媿集 13/2b 攻媿集 17/2b

慰壽聖太皇太后上仙·太上皇帝表 宋本攻媿集 13/3a 攻媿集 17/3a

慰壽聖太皇太后上仙·太上皇后膝 宋本攻媿集 13/3b 攻媿集 17/3b

慰壽聖太皇太后上仙·皇太后膝 宋本攻媿集 13/3b 攻媿集 17/3b

慰壽聖太皇太后上仙·皇后膝 宋本攻媿集 13/4a 攻媿集 17/4a

高宗祥宮發引皇帝慰表 雙峰稿 1/5b

光堯太上皇升遐慰皇帝表 王雙溪集 10/3b

光堯太上皇升遐慰皇太后膝 王雙溪集 10/35a

慰皇后膝 王雙溪集 10/35a

慰皇太子膝 王雙溪集 10/35b

慰皇后膝 王雙溪集 10/38b

慰皇太子膝 王雙溪集 10/39a

寧宗皇帝祔廟慰皇帝表 後樂集 8/24a

慰皇太后表 後樂集 8/24b

壽皇祥除代某官慰太上皇帝表 山房集/後稿/9b

代某官慰太上皇帝表 山房集/後稿/10a

壽皇祥除代某官慰皇太后膝 山房集/後稿/10b

代某官慰皇后膝 山房集/後稿/10b

上皇后膝 性善稿 5/8a

慰皇后膝太子箋 性善稿 5/9a

慰皇帝表 洛水集 3/8b

慰皇太后表 真西山集 17/20b

代慰太皇太后上仙表 萹窗集 4/14b

代水心慰帝表太子箋 淡川集 6/1b

慰皇后表 淡川集 6/2b

慰帝表景憲太子箋 鐵菴集 43/3a

景憲太子膝 鐵菴集 43/3b

周漢國公主薨從官慰皇太子膝 後村集 113/17b

大行皇帝升遐慰皇帝表 後村集 114/9b

慰皇太后表 後村集 114/10a

理宗靈駕發引慰皇帝表 四明文獻集 3/15b

慰皇太后表 四明文獻集 3/16a

慰皇后表 四明文獻集 3/16a

靈駕至攢宮安寧慰皇帝表 四明文獻集 3/16b

慰皇太后表 四明文獻集 3/17a

慰皇后表 四明文獻集 3/17a

大行皇帝升遐本州慰皇帝表 文山集 4/19b

慰太皇太后表　文山集 4/20a
慰皇太后表　文山集 4/20b
大行皇帝升遐鈴司慰皇帝表　文山集 4/20b
慰太皇太后表　文山集 4/21a
慰皇太后表　文山集 4/21b
百日慰皇帝表　文山集 4/21b
慰太皇太后表　文山集 4/22a
慰皇太后表　文山集 4/22a
期年慰皇帝表　文山集 4/22b
慰太皇太后表　文山集 4/22b
慰太皇太后表　文山集 4/22b
慰皇太后表　文山集 4/23a
再期慰皇帝表　文山集 4/23a
慰太皇太后表　文山集 4/23b
慰皇太后表　文山集 4/23b
禪祭慰皇帝表　文山集 4/24a
慰太皇太后表　文山集 4/24a
慰皇太后表　文山集 4/24b
大行皇帝謚號本州慰皇帝表　文山集 4/27a
慰太皇太后表　文山集 4/27b
慰皇太后表　文山集 4/28a
大行皇帝謚號鈴司慰皇帝表　文山集 4/28a
慰太皇太后表　文山集 4/28b
慰皇太后表　文山集 4/28b
冬至節本州慰皇帝表　文山集 4/29a
慰太皇太后表　文山集 4/29b
慰皇太后表　文山集 4/29b

啓欑慰皇帝表　文山集 4/30a
慰太皇太后表　文山集 4/30a
慰皇太后表　文山集 4/30b
發引慰皇帝表　文山集 4/30b
慰太皇太后表　文山集 4/31a
祔廟慰皇帝表　文山集 4/31b
慰太皇太后表　文山集 4/31b
慰皇太后表　文山集 4/31b
正旦慰皇帝表　文山集 4/32a
慰皇太后表　文山集 4/32a
慰太皇太后表　文山集 4/32b
慰皇太后表　文山集 4/32b
慰國哀上皇帝表司馬光撰　播芳文粹 12/1a
慰國哀上皇帝表蘇軾撰　播芳文粹 12/1b
慰國哀上皇帝表劉摯撰　播芳文粹 12/2a
慰國哀上皇帝表曾肇撰　播芳文粹 12/2b
慰國哀上皇帝表蘇轍撰　播芳文粹 12/3a
慰國哀上皇帝表趙产端撰　播芳文粹 12/3b
慰國哀上太后表劉摯撰　播芳文粹 12/3b
慰冬表毛敏撰　播芳文粹 12/4b
慰拖皇堂表趙鼎臣撰　播芳文粹 12/5a
慰山陵禮畢表　播芳文粹 12/5b
慰祔廟表　播芳文粹 12/6a
慰祔廟表　播芳文粹 12/6b
慰祔廟表趙鼎臣撰　播芳文粹 12/6b

（三）辭　讓

代李給事惟清讓密地表　咸平集 24/9a
讓起復表　乖崖集 9/4b　播芳文粹 14/37a
辭赴陳州表　乖崖集 10/31b　播芳文粹 24/1a
讓西京留守表（1－4）　小畜集 23/11b
代呂相公辭起復第二表　小畜集 24/5b
代王侍郎讓官表　小畜集 24/6b
代呂相公讓右僕射表　小畜集 24/7a
爲史部李相公讓官表（1－2）　小畜集 24/12b－13b
代樞密陳諫議讓表　武夷新集 13/6b　播芳文粹 12/34a
代樞密馮諫議讓表　武夷新集 13/7b

代史館相公讓加門下侍郎表　武夷新集 13/8b　播芳文粹 12/33a
代參政王侍郎讓恩命表　武夷新集 13/9b　播芳文粹 12/31b
代寇相公讓恩命表（1－3）　武夷新集 14/9b－11b　播芳文粹 12/22b－25b
代中書相公讓恩命表（1－2）　武夷新集 15/4a－5a　播芳文粹 12/27a－28b
代資政侍郎讓表　武夷新集 15/7a　播芳文粹 12/29b
代參政馮侍郎讓表　武夷新集 15/8b　播芳文粹 12/31b
代司空相公乞免聘贈狀　武夷新集 17/5a
辭起復知制誥表　文莊集 5/10b

辭加食邑表　文莊集 5/13a
辭刑部尚書表　文莊集 5/16a
辭戶部尚書表　文莊集 6/1a
辭忠武軍節度使表　文莊集 6/6b
辭資政殿大學士表　文莊集 7/1a
辭兼侍中表　文莊集 7/6b
代辭兼中書令表　文莊集 9/15a
代王文正相公辭司空表（1－2）　文莊集 10/1a－2b
代寇相公辭官表　文莊集 10/5b
代集賢相公辭官表（1－2）　文莊集 10/10a－13b
代樞密相公辭官第一表　文莊集 10/12b
代東樞相公辭加恩第二表　文莊集 10/14a
代僕射相公辭加恩第二表　文莊集 11/4a
讓觀察使表（1－3）　范文正集 16/1a－6b
讓樞密直學士右諫議大夫表　范文正集 16/10a
除樞密副使召赴闕陳讓狀（1－5）　范文正集 18/10a
辭升儲表　元獻遺文/補編 1/5a　播芳文粹 13/1a
辭升儲表代　元獻遺文/補編 1/6a
代僕射憲相謝恩表（1－2）　文恭集 9/3b－6a　播芳文粹 12/19b－21b
辭免翰林侍讀學士表　文恭集 10/9b　播芳文粹 14/24b
辭免端明殿學士翰林學士兼侍讀表　文恭集 11/7b　播芳文粹 14/23b
讓翰林學士狀　景文集 30/3b
再讓翰林學士狀　景文集 30/4b
讓敕設狀　景文集 30/8b
讓恩表　景文集 38/1a
讓加承旨表　景文集 38/11b
代章集賢讓拜相第二表　景文集 39/1a
代楊太尉讓加節度使第一表　景文集 39/2a
代上皇太后第一表　景文集 39/4a－5a
代第二表　景文集 39/5a
代楊太尉讓樞密使第一表　景文集 39/6b
代上皇太后第一表　景文集 39/7b
代楊太尉讓樞密使第二表　景文集 39/8a
同前上皇太后第二表　景文集 39/9a
代章集賢讓表　景文集/拾遺 10/12b
代夏尚書讓節制第一表　景文集/拾遺 11/2a
代夏尚書讓節制第二表　景文集/拾遺 11/3a
代楊太尉讓加節使第二表　景文集/拾遺 11/9a
代楊樞密讓邑封第二表　景文集/拾遺 11/10a

免知制誥狀　武溪集 14/3b
免判銓狀　武溪集 14/4a
免知諫院狀　武溪集 14/4a
免史館修撰狀（1－2）　武溪集 14/5a－5b
讓南班狀（1－2）　武溪集 14/10a－11a
免轉給事中狀　武溪集 15/2a
免轉工部侍郎狀　武溪集 15/2b
免充集賢學士表　武溪集 15/5b　播芳文粹 14/20b
免戶部侍郎狀　武溪集 15/7b
免轉吏部侍郎狀　武溪集 15/12a
免轉尚書左丞知廣州狀並答詔　武溪集 15/12b
再免知廣州表　武溪集 15/14a　播芳文粹 14/26b
回納詔賜冬服狀　武溪集 16/4a
代富樞密辭職表　武溪集 16/5a
辭免公使錢　文潞公集 35/1a
再辭致仕恩澤　文潞公集 36/8a
免賜公使錢（1－2）　文潞公集 37/1a－1b
又辭免公使錢　文潞公集 37/2a
辭免男恩命（1－2）　文潞公集 37/4a－7b
奏狀　文潞公集 37/9b
辭召試知制誥狀　歐陽文忠集 90/2a
辭直除知制誥狀（1－2）　歐陽文忠集 90/3a－4a
辭翰林學士奏　歐陽文忠集 91/1a
再辭侍讀學士表　歐陽文忠集 91/4b
再辭轉禮部侍郎狀　歐陽文忠集 91/11b
辭侍讀學士狀　歐陽文忠集 91/15b
辭樞密副使表　歐陽文忠集 91/16a　播芳文粹 13/19b
辭參知政事表　歐陽文忠集 91/18a　播芳文粹 13/13b
辭明堂加恩表　歐陽文忠集 91/19a
辭特轉吏部侍郎表　歐陽文忠集 92/1a
辭翠恩轉左丞表　歐陽文忠集 92/18b
讓除諫官表　樂全集 28/14b
除尚書禮部侍郎知渭州讓遷官表　樂全集 28/21a
免知益州表　樂全集 28/23b
辭免知秦州奏狀　樂全集 28/32b
辭免第二狀　樂全集 28/34a
辭免第二狀　樂全集 28/35a
免起復除參知政事表（1－3）　樂全集 28/39b－42b
免宣徽使表（1－3）　樂全集 29/23a－24b
免南郊陪祠表　樂全集 29/28b
免南郊陪位表　樂全集 29/30b

免明堂陪位表(1-4) 樂全集 29/32a-34a

辭免諫議大夫表 安陽集 24/8b 播芳文粹 14/22a

辭免資政殿大學士表(1-2) 安陽集 25/8a-8b 播芳文粹 13/29a-30a

辭免集賢表(1-2) 安陽集 27/1a-2b 播芳文粹 14/2b-4a

辭免恤享加恩表(1-2) 安陽集 27/4a-4b 播芳文粹 14/30b-31b

辭免昭文表(1-2) 安陽集 27/6a-7a 播芳文粹 13/25b-27a

辭免登極覃恩表(1-2) 安陽集 27/11b-12a 播芳文粹 14/28b-29b

辭免使相表(1-2) 安陽集 30/1a-1b 播芳文粹 13/22a-23a

免册命表 安陽集 30/3b 播芳文粹 14/16a

辭免諫官狀(1-2) 安陽集 33/1b

辭免三司使 安陽集 34/1a

辭免樞密使(1-3) 安陽集 34/1b-3a

甲辰冬乞罷相(1-5) 安陽集 34/3b-6b

丁未春辭免司空兼侍中(1-3) 安陽集 34/11a

罷相辭免兩鎮(1-4) 安陽集 35/1a-3a

辭避賜第(1-2) 安陽集 35/4a

辭免河北四路安撫使(1-2) 安陽集 35/13a-14b

北京辭免加節再任(1-3) 安陽集 36/6b-8b

辭翰林學士知開封府表 蔡忠惠集 20/6a 播芳文粹 14/19b

辭權三司使表 蔡忠惠集 20/7b 播芳文粹 14/13b

辭翰林學士知開封府狀 蔡忠惠集 21/11b

辭翰林學士知開封府又狀 蔡忠惠集 21/12b

辭修起居注知諫院狀(1-4) 古靈集 4/1b-3a

辭中書候試知制誥狀 古靈集 4/4b

辭中書召試知制誥狀 古靈集 4/5b

辭直舍人院狀 古靈集 4/6b

辭判吏部流內銓校內名御狀 古靈集 4/7b

辭兼天章閣侍講狀 古靈集 4/8a

辭直舍人院兼判吏部流內銓兼天章閣侍講狀 古靈集 4/9a 宋朝奏議 75/15a

辭修起居注狀 古靈集 4/11a

辭監護冀沖孝王葬皇宣賜狀 古靈集 4/13a

上皇帝辭避第一表 韓南陽集 19/1a

上皇太后辭避第一表 韓南陽集 19/2a

上皇后辭避第一牋 韓南陽集 19/2b

上皇帝辭避第二表 韓南陽集 19/3a

上皇太后辭避第二表 韓南陽集 19/4a

上皇后辭避第二牋 韓南陽集 19/4b

上皇帝辭避第二表 韓南陽集 21/1a

上皇太后辭避第二表 韓南陽集 21/2a

上皇后辭避第二表 韓南陽集 21/2b

辭不受詳定官制敕 公是集 33/2b

再奏 公是集 33/3b

代皇太子免延安郡王第一表 元豐稿 28/4a 播芳文粹 13/20b

代皇子免延安郡王第二表 元豐稿 28/5a

辭直龍圖閣知福州狀 元豐稿 33/3b

辭中書舍人狀(閤門告報有旨更不得辭免不曾上) 元豐稿 34/8b

擬辭免修王朝國史狀 元豐稿 35/6a

免修起居注奏狀 華陽集 7/13a

免兼侍讀學士奏狀 華陽集 7/13b

免兼端明殿學士奏狀(1-3) 華陽集 7/14a-15a

辭免參知政事表 華陽集 9/6a 播芳文粹 13/14b

辭免尚書左僕射表(1-2) 華陽集 9/7a-8a 播芳文粹 13/8a-8b

辭免門下侍郎監修國史表(1-2) 華陽集 9/8a -9b 播芳文粹 14/8a-9a

爲龐相公讓明堂加恩第一表 傳家集 17/1a 司馬溫公集 57/1a

爲龐相公讓明堂加恩第二表 傳家集 17/1b 司馬溫公集 57/2b

爲龐相公讓官表 傳家集 17/5a 司馬溫公集 57/6a

爲龐相公再讓宰相表 傳家集 17/6a 司馬溫公集 57/7a

上皇帝辭免正議大夫表 傳家集 17/28a

上太皇太后辭免正議大夫表 傳家集 17/28b

爲孫太傅乞免廣南轉運判官狀 傳家集 18/3a 司馬溫公集 16/3b

辭修起居注狀(1-5) 傳家集 19/10b-14a 司馬溫公集 17/7a

辭知制誥狀(1-9) 傳家集 24/1a-9b 司馬溫公集 21/11b,12b,22/1b,2b,3a,4a,5a,6a,7a

辭龍圖閣直學士狀(1-3) 傳家集 36/12b-13b 司馬溫公集 34/10b,11a,11b

辭免翰林學士狀(1-2) 傳家集 37/10a-10b 司馬溫公集 35/9a

辭免尚書左丞(1-2) 蘇魏公集 40/5b-6b

辭免右僕射 蘇魏公集 41/3b

第二表 蘇魏公集 41/4b

辭免郊禮加恩 蘇魏公集 41/9a

奏議表狀二 詰表 辭讓 1423

第二表　蘇魏公集 41/10a
辭免西京　蘇魏公集 42/8a
第二表　蘇魏公集 42/9a
辭免明堂加恩表（1－2）　蘇魏公集 46/1b－2a
大寧郡王辭免明堂加恩表（1－2）　蘇魏公集 46/7b－8a
咸寧郡王辭免明堂加恩表（1－2）　蘇魏公集 46/8b－9a
普寧郡王辭免明堂加恩表（1－2）　蘇魏公集 46/9b
祁國公辭免明堂加恩表（1－2）　蘇魏公集 46/10a
辭免知河陽府　蘇魏公集 69/1a
辭免侍讀　蘇魏公集 69/1b
辭免承旨　蘇魏公集 69/1b
辭免左丞（1－2）　蘇魏公集 69/2a－2b
辭免立班　蘇魏公集 69/3a
辭免右僕射　蘇魏公集 69/3b
辭免觀文殿大學士集禧觀使（1－3）　蘇魏公集 69/5b－6b
辭免知揚州（1－3）　蘇魏公集 69/8a－9a
辭集賢校理狀（1－4）　臨川集 40/2a－4b　王文公集 17/11b－15a
辭同修起居注狀（1－7）　臨川集 40/5a－8a　王文公集 17/1a－5b
再辭同修起居注狀（1－5）　臨川集 40/8b－11a　王文公集 17/6b－10a
辭赴闕狀（1－3）　臨川集 40/12a－12b　王文公集 17/16a－16b
辭知江寧府狀　臨川集 40/13a　王文公集 17/15b
辭免參知政事表　臨川集 57/1b　王文公集 16/3b　播芳文粹 13/14a
辭免平章事監修國史表（1－2）　臨川集 57/2b－3a　王文公集 16/7a－8a　播芳文粹 14/1a－b
辭免除平章事昭文館大學士表（1－2）　臨川集 57/5b－6a　王文公集 16/8b－9b
辭左僕射表（1－2）　臨川集 57/7b－8a　王文公集 16/4b－5a　播芳文粹 13/11b－12a
辭免使相判江寧府表（1－2）　臨川集 57/9b－10a　王文公集 16/10a－11b　播芳文粹 13/24a－25a
除集禧觀使乞免使相表（1－4）　臨川集 57/10b－11a　王文公集 16/12a－13a
辭免明堂陪位表　臨川集 59/5a　王文公集 16/33a　宋文鑒 66/15a
辭免南郊陪位表　臨川集 59/5a　王文公集 16/32b　宋文鑒 66/14b　播芳文粹 14/32b

辭免司空表二道　臨川集 60/11a－11b　王文公集 16/17a－17b　播芳文粹 13/21b
辭使相第三表　臨川集/拾遺 12a　王文公集 16/10a－11b
代韓魏公納節表（1－5）　柯部集 15/14b－17b
代曾魯公辭加恩奏（1－2）　柯部集 16/1a－2a
辭免中書舍人狀　彭城集 24/7a
辭直龍圖閣狀　彭城集 24/13a
爲馮內翰讓官表　彭城集 25/6b
爲唐參政讓加恩表　彭城集 25/7a
爲韓侍郎讓加恩表　彭城集 25/8b
爲馮當世辭并州表（1－2）　彭城集 26/7a－8a
爲韓侍郎辭參知政事表　彭城集 26/8b
辭免天章閣侍制表（1－2）　范忠宣集 6/5b－6b
辭免給事中兼侍講狀　范忠宣集 7/5a
免龍圖閣學士狀　西溪集 2(三沈集 2/69a)
免翰林學士狀　西溪集 7(三沈集 2/70a)
辭免尚書右丞表　忠肅集 1/9a
上太皇太后辭免尚書右丞表　忠肅集 1/9b　播芳文粹 14/10b
辭免尚書左丞表　忠肅集 1/11b　播芳文粹 14/10a
上太皇太后辭免尚書左丞表　忠肅集 1/11b
辭免門下侍郎表　忠肅集 1/13a　播芳文粹 14/5b
上太皇太后辭免門下侍郎表　忠肅集 1/13b　播芳文粹 14/6a
辭免右僕射表　忠肅集 1/15a　播芳文粹 13/9b
上太皇太后辭免右僕射表　忠肅集 1/15b　播芳文粹 13/10a
再辭免右僕射表　忠肅集 1/16a　播芳文粹 13/11a
再上太皇太后辭免右僕射表　忠肅集 1/16b
辭免起居舍人狀　净德集 5/3a
辭免殿中侍御史表　净德集 6/1a
辭免左司諫表　净德集 6/1b
辭免中書舍人表　净德集 6/5a
辭免給事中表　净德集 6/8b
辭免西京國子監教授表（1－2）　二程集/(伊川) 45/1a
辭免崇政殿說書表（1－2）　二程集/(伊川) 45/1b－2b
辭免服除直秘閣判西京國子監狀（1－2）　二程集/(伊川) 45/3b－4a
辭免館職狀　二程集/(伊川)45/18b
辭免判登聞鼓院奏狀（1－2）　二程集/(伊川)45/19a－19b
辭免再除直秘閣判監狀（1－2）　二程集/(伊川)

45/25a－26a

辭免明堂加封表　王魏公集 5/3a

辭免右丞表　王魏公集 5/11b

辭免左丞表　王魏公集 5/12b

辭免翰林學士狀（1－3）　王魏公集 5/21a－22a

辭免獄空轉官奏狀　王魏公集 5/22b

辭免直舍人院奏狀　王魏公集 5/23a

辭免起居舍人第一狀　蘇東坡全集 25/13a

辭免起居舍人第二狀　蘇東坡全集 25/13a

辭免中書舍人狀　蘇東坡全集 25/13b

辭免翰林學士第一狀　蘇東坡全集 25/16a

辭免翰林學士第二狀　蘇東坡全集 25/16a

辭免侍讀狀　蘇東坡全集 25/20a

辭免翰林學士承旨狀（1－3）　蘇東坡全集/後 12/1b－3a

辭起居郎狀二首　樂城集 47/14a

辭召試中書舍人狀二首　樂城集 47/16a

免尚書右丞表二首　樂城集 47/22a　播芳文粹 14/11a

免太中大夫門下侍郎表二首　樂城集/後 17/4b,6a　播芳文粹 14/6b

免南郊加恩表二首　樂城集/後 17/8b,9b

辭免兼侍講狀（1－2）　范太史集 4/1a－1b

辭免除起居舍人狀（1－4）　范太史集 4/8a－10a

辭免召試中書舍人狀（1－2）　范太史集 4/11b－12a

辭免除中書舍人狀（1－2）　范太史集 4/12b－13b

辭免除諫議大夫狀　范太史集 4/14a

辭免中書舍人狀　范太史集 5/1b

辭免給事中狀（1－3）　范太史集 5/2a－4a

辭禮部侍郎狀　范太史集 5/11b

辭免翰林學士狀（1－4）　范太史集 5/17b－19b

辭免翰林侍講學士狀　范太史集 6/1a

辭賜茶合狀（1－2）　范太史集 6/6a－6b

辭免翰林學士兼侍講學士狀（1－2）　范太史集 6/7a－7b

辭免轉正議大夫表　范太史集 7/5a

辭免除右僕射表　范太史集 7/8a

上太皇太后表（1－2）　范太史集 7/9a－9b

上太皇太后表　范太史集 7/10b

辭免轉司徒表　范太史集 8/5a

辭免册命表　范太史集 8/8a

代范堯夫辭給事中兼侍講表　范太史集 8/10b

辭觀文殿學士正議大夫表　范太史集 9/9a

辭免恩命表　范太史集 9/12b

上太皇太后表　范太史集 9/13b

再免恩命表　范太史集 9/14a

上太皇太后表　范太史集 9/14a

辭免轉太師充兩鎮節度使致仕表（1－3）　范太史集 12/10b－12b

辭免册命表　范太史集 12/13b

代免加恩表　宗伯集 9/10a

辭免國子監司業　宗伯集 9/13b

辭免侍講　宗伯集 9/14a

辭免中書舍人　宗伯集 9/14a

辭免資善堂修定說文成書賜銀絹狀　陶山集 4/8a

辭免集賢校理狀　陶山集 4/8b

辭免給事中表　陶山集 7/2b

辭免尚書右丞表　陶山集 8/9b

辭免尚書左丞表　陶山集 8/11a

辭免冬祀加恩表　陶山集 8/13a

辭免太常少卿表　演山集 26/3a

戎州辭免恩命奏狀　豫章集 20/10b

再辭免恩命奏狀　豫章集 20/12a

代櫃府辭免明堂加恩表　西塞集 2/13a

代范忠宣辭登庸第一表　西塞集 3/4b,6b－7a

代范忠宣辭登庸第二表　西塞集 3/6b

代范忠宣辭登庸第三表　西塞集 3/7a

代范忠宣辭免明堂加恩表　西塞集 3/9b

代范忠宣上太皇太后表　西塞集 3/11b

代范忠宣上太皇太后表　西塞集 3/12b

代范忠宣辭免明堂加恩表　西塞集 3/13a

代范忠宣上太皇太后表　西塞集 3/14a

代范忠宣上太皇太后表　西塞集 3/17b

辭史官表　淮海集 26/3b　播芳文粹 14/13a

辭免著作佐郎狀　鷄肋集 53/1a

辭免實錄檢討官狀　鷄肋集 53/2a

辭免國史編修官狀　鷄肋集 53/2b

再辭國史編修官狀　鷄肋集 53/3a

再辭免國史編修官狀　鷄肋集 53/3b

辭免邇英殿說書　龜山集 2/1a

辭免諫議大夫　龜山集 2/1b

辭免諫議侍講（1－4）　龜山集 2/2－4a

辭免給事中（1－3）　龜山集 2/4a－5b

辭免徽猷閣直學士（1－3）　龜山集 2/5b－6b

辭免召赴行在　龜山集 2/6b

辭免工部侍郎　龜山集 2/7b

奏議表狀二　諸表　辭讓　1425

辭免龍圖閣直學士　龜山集 2/10b
代文潞公辭免明堂陪位表　張右史集 43/2a
代文潞公辭免明堂加恩表（1－2）　張右史集 43/3a－4a
代張文定辭免明堂陪位表　張右史集 43/5a
代范相讓官表　張右史集 43/6a
辭免起居舍人狀　張右史集 43/11a　播芳文粹 14/12a
辭免徵獻閣特制兼侍讀狀　嵩山集 3/49b
辭免除右正言狀（1－4）　道鄉集 20/1a－2a
辭免起居舍人狀（1－3）　道鄉集 20/3b－4a
辭免中書舍人狀（1－2）　道鄉集 20/4b－5a
辭免同修國史奏狀（1－3）　道鄉集 20/6a－6b
辭免吏部侍郎奏狀　道鄉集 20/7b
除知江寧府辭免職名狀　道鄉集 20/9b
辭免召試奏狀　摘文集 9/7b
辭免侍讀奏狀　摘文集 9/8a
辭免兼侍讀奏狀　摘文集 9/8a
辭免太子賓客奏狀　摘文集 9/8b
辭免再除中書奏狀　摘文集 9/8b
辭免起居郎奏狀　摘文集 9/9a
辭免監察御史奏狀　摘文集 9/9a
辭免兵部侍郎奏狀　摘文集 9/9b
辭免除刑部尚書奏狀　摘文集 9/10a
代鄭樞密辭免樞密院表　摘文集 11/4b
代鄭樞密辭免樞密院准備第二表　摘文集 11/4b
辭免試中書舍人奏狀　襄陵集 7/2a
第二辭免奏狀　襄陵集 7/2b
辭免徵獻閣侍制奏狀　襄陵集 7/3a
代辭免轉官狀　竹隱集 9/9b
辭免少保左僕射表（1－2）　忠穆集 4/6a－7a
辭免除依前特進尚書左僕射都督江淮兩浙荊湖諸軍事加食邑表（1－2）　忠穆集 4/17a－18a
辭免賜緋章服狀　尹和靖集 2/1b
洛州被召辭免狀（1－19）　尹和靖集 2/5b－16b
辭免除秘書少監（1－5）　尹和靖集 2/18a－21a
辭免兼史館日曆狀　尹和靖集 2/21a
辭免除職宮觀二狀　尹和靖集 3/1a
辭免直徵獻閣職名狀　尹和靖集 3/1b
辭免太常少卿狀（第二狀）　尹和靖集 3/2a－2b
辭免兼侍講　高峯集 7/1b
辭免徵獻閣直學士　高峯集 7/2b
辭免御史中丞　高峯集 7/3a

辭免工部尚書　高峯集 7/4a
辭免右丞表　橫塘集 8/4a
辭給事中狀　橫塘集 11/10a
代皇子辭官表　丹陽集 2/7b
代皇子再辭官表　丹陽集 2/8a
代辭官表　丹陽集 2/9b
辭免中書舍人奏狀　初傣集 3/24a
辭免同修國史奏狀　初傣集 3/24b
辭免翰林學士奏狀　初傣集 3/25a
辭免翰林學士承旨奏狀　初傣集 3/25b
辭免御史中丞奏狀　初傣集 3/26b
辭免翰林學士承旨奏狀　初傣集 3/25b
辭免御史中丞奏狀　初傣集 3/26b
辭免右丞表　初傣集 4/6a
辭免左丞表　初傣集 4/8b
辭免大名師表　初傣集 4/12a
辭免檢校少師表　初傣集 4/16a
代辭太師表　翟忠惠集 5/16b
辭免同修哲宗皇帝國史表　翟忠惠集 5/19b
辭參知政事表　翟忠惠集 6/23b
辭免創修大晟樂章狀　翟忠惠集 7/1a
初除翰林學士辭免狀　翟忠惠集 7/4a
翰林承旨辭免狀　翟忠惠集 7/21b
辭免敘復端明殿學士狀　翟忠惠集 7/22b
辭免除資政殿學士狀　翟忠惠集 7/23a
辭免初除狀（1－3）　建康集 6/8a－9a
辭免左大中大夫狀　建康集 7/1a
辭免資政殿大學士狀　建康集 7/1b
辭免加封食邑狀　建康集 7/1b
辭免觀文殿學士再任狀　建康集 7/3b
辭免開府儀同三司表　程北山集 20/17b
辭免除中書舍人狀　程北山集 39/1a
辭免召試中書舍人狀　程北山集 39/1a
辭免權侍講狀　程北山集 39/6b
辭免除右司諫狀　莊簡集 8/3a
辭免吏部侍郎狀　莊簡集 11/1a
辭免知湖州狀　莊簡集 12/1a
辭免知台州狀　莊簡集 12/6b
辭免江西安撫大使狀　莊簡集 12/14b
辭免除吏部尚書狀　莊簡集 12/19b
辭免除參知政事表　莊簡集 13/11a
辭免除起居郎狀　苕溪集 13/1a
辭免再除起居郎狀　苕溪集 13/1b
辭免中書舍人狀（1－2）　苕溪集 13/2a－3a
辭免兼侍講狀　苕溪集 13/3a

辭免給事中狀 苕溪集 13/3b
辭免秘書少監 苕溪集 13/4a
辭免修史狀 苕溪集 13/4b
辭免除敷文閣待制狀 苕溪集 13/4b
辭免召赴行在狀（1－2） 苕溪集 13/5a－5b
代辭免除參政表 苕溪集 19/6a
代唐格相公辭免觀文殿大學士表 浮溪集 6/2a
代何栗辭免左僕射表（1－2） 浮溪集 6/2b－4a
代汪伯彥樞密辭免表 浮溪集 6/4a
代汪樞密辭免單恩轉官表 浮溪集 6/4b 播芳文粹 14/32a
辭免樞密表 浮溪集/拾遺 1/425
辭免節度使表 浮溪集/拾遺 1/425 播芳文粹 14/17b
辭免召試中書舍人狀 鴻慶集 8/1b 孫尚書集 23/6b
辭免除中書舍人狀 鴻慶集 8/2a 孫尚書集 23/7a
辭免再除中書舍人狀 鴻慶集 8/4b
辭免顯謨閣待制知平江府狀 鴻慶集 8/6b 孫尚書集 24/6a 吳郡續文粹 46/9b
辭免除給事中狀（1－2） 鴻慶集 8/7b,8a 孫尚書集 24/2b－3a
辭免吏部侍郎狀 鴻慶集 9/1a 孫尚書集 23/5a
辭免户部尚書狀 鴻慶集 9/1b 孫尚書集 23/6a
辭免除龍圖閣待制知臨安府狀（1－2） 鴻慶集 9/4b－5a 孫尚書集 24/3b－4a
辭免待制狀 鴻慶集 9/9a 孫尚書集 23/2a
代何相辭恩命狀 孫尚書集 23/1b
辭免監察御史兼殿中待御史奏狀 梁溪集 39/1b
辭免除起居郎奏狀 梁溪集 40/2a
辭免兵部侍郎奏狀 梁溪集 43/2a
辭免知樞密院事表 梁溪集 43/7b
辭免轉太中大夫表 梁溪集 46/8a
辭免領開封府事奏狀 梁溪集 57/2a
辭免領開封府事表 梁溪集 57/2b
辭免尚書右僕射第一表 梁溪集 57/6a
辭免御筵奏狀 梁溪集 57/9a
辭免尚書右僕射第二表 梁溪集 60/2a
辭免正奉大夫表（1－2） 梁溪集 60/6b－7b
辭免荊湖廣南路宣撫使奏狀 梁溪集 65/2a
辭免江西安撫制置大使兼知洪州奏狀（1－2） 梁溪集 79/7a－7b
辭免第三奏狀 梁溪集 80/2a
辭免轉金紫光祿大夫奏狀 梁溪集 95/8b
再辭免轉官奏狀 梁溪集 96/6a
辭免知潭州奏狀 梁溪集 102/11b
辭免知潭州兼湖南路安撫大使奏狀 梁溪集 102/12b
辭免第三奏狀 梁溪集 102/14a
代呂頤浩辭免尚書右僕射表 北海集 25/1a
代呂頤浩謝辭尚書右僕射表 北海集 25/2a
代李邴辭免尚書左丞表 北海集 25/5a
代范宗尹辭免參知政事表 北海集 26/1a
辭免起居郎奏狀 北海集 29/1a
辭免召試中書舍人奏狀 北海集 29/1b
辭免中書舍人奏狀 北海集 29/2a
辭免兼史館修撰奏狀 北海集 29/2b
辭免翰林學士奏狀 北海集 29/3b
辭免兼侍讀奏狀 北海集 29/4a
代李邴辭免翰林學士奏狀 北海集 29/10a
代吳樞密辭免表 東窗集 14/14b
除參知政事辭免表 張華陽集 11/4a
辭免起居舍人狀 張華陽集 16/5b
辭免中書舍人狀 張華陽集 16/6a
辭免給事中狀 張華陽集 18/5a
再辭給事中乞宮觀狀 張華陽集 18/6a
辭免徽猷閣待制狀 張華陽集 19/1a
辭免召赴行在恩命狀 張華陽集 19/2b
辭免吏部侍郎狀 張華陽集 19/3a
辭免兼侍讀狀 張華陽集 19/3b
辭免召赴行在恩命狀 張華陽集 19/8b
辭免知樞密院川陝宣撫處置使表 忠正德集 4/1a
辭免實錄成除特進表 忠正德集 4/3b
辭免中書舍人狀 大隱集 4/16a
辭免給事中狀 大隱集 4/17a
辭免吏部侍郎狀 大隱集 4/17b
辭免禮部侍郎狀 大隱集 4/18a
辭免徽猷閣待制奏狀 大隱集 4/18b
辭免筠州恩命狀（1－2） 大隱集 4/19a－19b
辭免准寧府恩命狀 大隱集 4/20a
辭免除參知政事表 龜溪集 6/8a
辭免恩從轉官表 龜溪集 6/10b
辭免除同知樞密院事表 龜溪集 6/15b
辭免除知樞密院事表 龜溪集 6/17b
辭免除侍御史奏狀 龜溪集 7/2b
辭免除御史中丞奏狀 龜溪集 7/4a

辭免除吏部尚書奏狀　龜溪集 7/5a
辭免兼權翰林學士奏狀　龜溪集 7/6a
辭免侍讀奏狀　龜溪集 7/7b
乞罷除龍圖閣學士荊湖南路安撫使兼知潭州奏狀　龜溪集 7/8b
辭免再除吏部尚書奏狀（1－2）　龜溪集 7/9b－10b
辭免侍讀奏狀　龜溪集 7/11b
辭免起居舍人表　楊溪集 8/1a
代辭免加功臣實封表　楊溪集 8/10a
辭免工部侍郎狀　楊溪集 8/13a
辭免兼侍講表　東牟集 9/2a
辭免直學士院狀　鄱陽集 4/4a
代辭免尚書左丞表　傅忠肅集/上/33a
辭免中書舍人狀　筠溪集 3/8a
辭免户部侍郎狀（1－2）　筠溪集 3/9a－9b
辭免徵猷閣直學士狀　筠溪集 3/13a
代辭免參政表　雙溪集 7/8a
代辭免郊祀加恩表　浮山集 5/5b
代辭免轉官表　浮山集 6/7a
擬趙元鎮參政辭新除表（1－2）　相山集 19/21b－22a
辭免起居郎狀　默成集 1/4a
代劉待制辭免除寶文閣直學士狀　紫微集 25/17a
辭免起居郎奏狀　斐然集 9/1a
辭免起居郎奏狀（1－2）　斐然集 9/1b－2a
辭免再除起居郎奏狀（1－2）　斐然集 9/2b－3a
辭免徵猷閣待制奏狀（1－3）　斐然集 9/9a－10b
辭免徵猷閣待制奏狀　斐然集 9/11b
永州辭免召命奏狀（1－4）　斐然集 9/12b－14a
辭免禮部侍郎兼侍講奏狀　斐然集 9/14b
辭免徵猷閣直學士知永州奏狀（1－2）　斐然集 9/15b－16a
代宰相辭免兼修國史表　默堂集 12/8b
辭免舉賢良狀　默堂集 13/1a
辭免監察御史奏狀　默堂集 13/2a
辭免右正言奏狀　默堂集 13/2b
再辭免奏狀　默堂集 13/3a
再辭崇政殿說書奏狀　默堂集 13/14a
辭免兵部侍郎狀　滄庵集 8/7a
辭免宗正少卿乞賜罷黜狀　滄庵集 8/8a　南宋文範 27/15b
辭免寶文閣待制狀　滄庵集 8/9a

辭免參知政事表　漢濱集 4/12b
辭宣諭奏狀　湖山集/輯補 6b
代叔父再辭簽書樞密院事表　鄂峰錄 15/1a
代叔父辭兼權參知政事表　鄂峰錄 15/1b
辭參知政事表　鄂峰錄 15/2a
辭右僕射表（1－2）　鄂峰錄 15/2a－2b
辭知福州表　鄂峰錄 15/3a
辭開府儀同三司表　鄂峰錄 15/3b
辭郊祀大禮加食邑表（1－2）　鄂峰錄 15/4a－4b
辭少保體泉觀使侍讀表　鄂峰錄 15/5a
辭右丞相表（1－2）　鄂峰錄 15/6a－7a
進玉牒再辭加食邑並轉官回授表（1－2）　鄂峰錄 15/9a－9b
經修會要再辭轉官表　鄂峰錄 15/10a
經修會要辭轉官回授表　鄂峰錄 15/11a
辭少傅表（1－2）　鄂峰錄 15/11a－11b
三朝寶訓終篇辭轉官回授表　鄂峰錄 15/12a
正説終篇再辭轉官表（1－2）　鄂峰錄 18/1a－1b
正説終篇辭轉官回授表　鄂峰錄 18/2a
進四朝正史志再辭推恩回授表　鄂峰錄 18/2b
辭少師表（1－2）　鄂峰錄 18/2b－3b
辭太保表（1－2）　鄂峰錄 18/5b－6a
辭太傅表（1－2）　鄂峰錄 18/7a－7b
辭太師表（2－3）　鄂峰錄 18/8a－8b
普安郡王辭免除使相封建王表　鄂峰錄 21/1a
普安郡王辭免除使相封建王謝表　鄂峰錄 21/1b
代人辭免樞密表　歸愚集 9/3b
辭起居舍人狀　梅溪集/後 21/6a
辭免兼侍講　梅溪集/後 21/6b
辭免權吏部侍郎狀　梅溪集/後 21/7a
辭免中書舍人表狀　艾軒集 2/11a
代朱丞相第三辭免表　盤洲集 37/6a
辭免簽書樞密院表　盤洲集 39/1a
辭免參知政事表　盤洲集 39/3b
辭免除右僕射兼樞密使第二表　盤洲集 39/5a
辭免除右僕射兼樞密使第三表　盤洲集 39/6a
辭免中書舍人奏狀　盤洲集 50/8b
辭免奉使轉官奏狀　盤洲集 50/9b
辭免除翰林學士奏狀　盤洲集 50/10a
辭免翰林學士知制誥奏狀　海陵集 5/6a
辭免修國史奏狀　海陵集 5/6b
辭免兼侍讀奏狀　海陵集 5/7b

辭免除同知樞密院事表 海陵集 6/6b
辭免户部侍郎奏狀 文定集 6/11a
再辭免户部侍郎奏狀 文定集 6/11b
辭免兼侍講奏狀 文定集 6/12b
辭免四川安撫制置使奏狀 文定集 6/13a
再辭免四川安撫制置使奏狀 文定集 6/14a
辭知建寧府表 南澗稿 8/14a 攷芳文粹 14/27b
辭召赴行在狀 南澗稿 9/22b
辭起軍轉官狀 南澗稿 9/23a
辭免奉使回轉官狀 南澗稿 9/24a
辭待制與郡狀 南澗稿 9/24b
辭龍圖閣學士狀 南澗稿 9/25a
辭除權史部侍郎狀 南澗稿 9/26a
再辭奏狀 南澗稿 9/26b
辭免除吏部侍郎狀 南澗稿 9/27a
辭除權吏部尚書狀 南澗稿 9/28a
辭吏部尚書狀 南澗稿 9/29a
辭免進國史轉官表 魏文節遺書 1/4b
辭免右僕射表（1－2） 定齋稿 2/1a－1b
辭免參知政事表 定齋稿 2/7a
辭免御營使表 定齋稿 2/9a
辭免御營使奏狀附 定齋稿 2/9b
辭免樞密兼參政表 定齋稿 2/12b
辭免郊恩表 定齋稿 2/14b
辭免江淮都督表 定齋稿 2/15b
辭加鎮表（1－2） 定齋稿 2/19a－20a
辭免直學士院奏狀 洪文敏集 4/12b
辭免兼修國史奏狀 洪文敏集 4/13a
辭免同修國史表狀 洪文敏集 4/13a
辭免賜出身狀（1－2） 渭南集 5/1a－2a
辭免轉太中大夫狀 渭南集 5/11b
辭知廬州表 鄭忠肅集/上/32a
王監簿庭珪辭召命狀 益國文忠集 82/18b 益公集 82/34b
宣奉大夫提舉臨安府洞霄宮魏杞辭免復端明殿學士 益國文忠集 108/5a
武康軍節度使捧日天武四廂都指揮使提舉隆興府玉隆萬壽宮吳拱再辭免右金吾衛上將軍 益國文忠集 109/8b
朝奉大夫試給事中兼侍講錢良臣再辭免端明殿學士簽書樞密院事 益國文忠集 109/10b
辭免察官奏狀 益國文忠集 122/1a 益公集 123/1a
辭免起居郎奏狀 益國文忠集 122/1b 益公集 122/1b

辭免秘書少監兼權直學士院奏狀 益國文忠集 122/5a 益公集 122/6a
辭免權禮部侍郎奏狀 益國文忠集 122/7b 益公集 122/9a
辭免陞同修國史實錄院同修撰奏狀 益國文忠集 122/8a 益公集 122/10a
辭免兼侍講奏狀 益國文忠集 122/10a 益公集 122/12a
辭免書吳璘碑奏狀 益國文忠集 122/11a 益公集 122/13a
除待制辭免奏狀 益國文忠集 122/16a 益公集 122/19b
辭免兼直學士院奏狀 益國文忠集 122/18a 益公集 122/22a
辭免兵部侍郎奏狀附不允詔 益國文忠集 122/18b 益公集 122/22b－23a
辭免兼侍講奏狀附不允詔 益國文忠集 122/19b 益公集 122/23b－24a
辭免兼詹事奏狀附不允詔 益國文忠集 123/1b 益公集 123/1b－2a
辭免轉官奏狀附不允詔 益國文忠集 123/3b 益公集 123/4a－4b
辭免陞兼侍讀奏狀附不允詔 益國文忠集 123/6a 益公集 123/6b－7a
辭免吏部侍郎奏狀附不允詔 益國文忠集 123/7b 益公集 123/8b－9a
辭轉官奏狀附不允詔 益國文忠集 123/10b 益公集 123/12b－13a
辭免翰林學士奏狀附不允詔及口宣,宣召節次 益國文忠集 123/11b 益公集 123/13b－14b－15b
（淳熙四年）辭免兼修國史奏狀附不允詔 益國文忠集 124/1a 益公集 124/1a
辭免禮書兼翰苑奏狀附不允詔,崔敎詩撰 益國文忠集 124/10a 益公集 124/12b
辭免日曆轉官奏狀 益國文忠集 124/14b 益公集 124/17a
辭免東宮轉官奏狀附不允詔 益國文忠集 124/17b 益公集 124/20b
辭免吏部尚書兼翰林院學士承旨奏狀附不允詔馬雅教詩撰 益國文忠集 124/21b 益公集 124/25b
再辭免兼翰林學士承旨奏狀附不允詔 益國文忠集 124/22b 益公集 124/26b
同講筵官辭免進讀三朝寶訓終篇轉官奏狀附不允詔 益國文忠集 125/1a 益公集 125/1a
辭免參知政事表附不允批答及批答口宣 益國文忠集 125/7b 益公集 125/7b－8b

再辭表附不充批答　益國文忠集 126/2b　益公集 126/2b－3b

辭免知樞密院事表附不充批答及口宣　益國文忠集 126/11b　益公集 126/14b

預辭生日性鎮奏附生日詔　益國文忠集 127/4a　益公集 127/5a

辭免樞密使表（1－2）附不充批答　益國文忠集 127/7a－8a　益公集 127/8b,9b,11a

辭轉官加恩表附不充批答　益國文忠集 128/3b　益公集 128/3b

辭轉官加恩第二表附不充批答　益國文忠集 128/4a　益公集 128/4b

辭右丞相表（1－2）附不充批答　益國文忠集 128/12a－13a　益公集 128/14a－15b

辭免左丞相表（1－2）附不充批答　益國文忠集 129/14a　益公集 129/17a－18a

第二辭表附不充批答　益國文忠集 129/15a　益公集 129/18a

辭免表（1－2）不充批答　益國文忠集 130/2a　益公集 130/2a－4a

再辭免表附不充批答　益國文忠集 130/3a　益公集 130/4b

再辭表　益國文忠集 130/13a　益公集 130/15b

辭免復觀文殿大學士表附不充詔　益國文忠集 131/16a　益公集 131/19a

辭免隆興府奏狀附不充詔　益國文忠集 132/5a　益公集 132/6a

再辭判隆興府奏狀　益國文忠集 132/7a　益公集 132/8a

辭免覃恩轉官奏狀附不充詔　益國文忠集 132/12a　益公集 132/14a

覃恩辭免轉少傅表附不充詔　益國文忠集 132/13b　益公集 132/15b

再辭免覃轉表附不充詔　益國文忠集 132/15a　益公集 132/17b

辭免册命奏狀　益國文忠集 133/4b　益公集 133/5a

辭免復少傅狀附不充詔　益國文忠集 133/10b　益公集 133/13a

辭免皇孫封國公皇孫女封郡主奏　益國文忠集 162/1a　益公集 162/1a

辭免轉一官仍除寶文閣待制致仕奏狀　誠齋集 70/18b

辭免除寶謨閣直學士奏狀　誠齋集 70/19a

辭免召赴行在奏狀　誠齋集 70/20a

辭免召赴行在奏狀　誠齋集 70/20b

辭免除寶謨閣學士奏狀　誠齋集 70/21a

辭免召命狀（1－2）　朱文公集 22/1a－1b

辭免召命狀（1－5）　朱文公集 22/2b－4b

辭免改官宮觀狀（1－4）　朱文公集 22/5a－7a

辭免秘書郎狀（1－2）　朱文公集 22/10b－11b

辭免知南康軍狀　朱文公集 22/12a

辭免直秘閣狀（1－3）附小貼子　朱文公集 22/17b－20a

辭免進職奏狀一　朱文公集 22/21b

辭免江西提刑奏狀　朱文公集 22/22a

辭免江東提刑奏狀一附貼黃　朱文公集 22/23b

辭免江東提刑奏狀二　朱文公集 22/24b

辭免進職奏狀二　朱文公集 22/25b

辭免江東提刑奏狀三附貼黃　朱文公集 22/26a

辭免江西提刑狀一附小貼子　朱文公集 22/28b

辭免江西提刑劄子（1－3）　朱文公集 22/29a－29b

辭免江西提刑狀二附小貼子　朱文公集 22/30b

辭免江西提刑狀三　朱文公集 22/32b

辭免直寶文閣狀　朱文公集 22/34b

辭免召命狀　朱文公集 22/35a

辭免召命奏狀　朱文公集 22/36a

辭免崇政殿說書奏狀　朱文公集 22/38a

辭免秘閣修撰狀一　朱文公集 22/39a

辭免秘閣修撰狀二　朱文公集 22/40a

辭免江東運使狀一　朱文公集 23/1a

辭免江東運使狀二附小貼子　朱文公集 23/2a

辭免知漳州狀附小貼子　朱文公集 23/3b

辭免秘閣修撰狀一　朱文公集 23/6b

辭免秘閣修撰狀二　朱文公集 23/7a

辭免湖南運使狀一　朱文公集 23/8a

辭免湖南運使狀二　朱文公集 23/9a

辭免湖南運使狀三　朱文公集 23/10a

辭免知靜江府狀一　朱文公集 23/11a

辭免知靜江府狀二　朱文公集 23/12a

辭免知潭州狀一　朱文公集 23/13a

辭免知潭州狀二　朱文公集 23/14a

乞放歸田里狀　朱文公集 23/14b

辭免召命狀　朱文公集 23/15a

辭免煥章閣待制侍講奏狀一　朱文公集 23/16a

辭免煥章閣待制侍講奏狀二　朱文公集 23/17b

辭免煥章閣待制侍講乞且帶元官職詣闕奏狀三　朱文公集 23/18b

辭免待制改作說書狀　朱文公集 23/20b

辭免兼實錄院同修撰奏狀（1－2）　朱文公集

奏議表狀二　諸表　辭讓

23/21b－22a

辭免寶文閣待制與郡狀　朱文公集 23/23a

辭免兩次除授待制職名及知江陵府奏狀附貼黃　朱文公集 23/23b

辭免除起居舍人奏狀　于湖集 18/7a

再除中書舍人辭免奏狀　于湖集 18/8a

辭免參贊軍事兼知建康府奏狀　于湖集 18/8b

辭免知靜江府奏狀　于湖集 18/9a

辭免復待制奏狀　于湖集 18/9a

辭免知潭州奏狀　于湖集 18/9b

辭免知荊南奏狀　于湖集 18/11a

爲慶丞相作辭册寶進封增邑表　東萊集 2/4a

爲梁參政作辭册寶轉官表二首　東萊集 2/4a

爲慶丞相作辭郊恩表　東萊集 2/4b

爲梁參政作辭郊恩表　東萊集 2/5a

爲芮直講作慶王辭增邑表　東萊集 2/5b

爲芮直講作慶王生皇孫錫名謝太上皇后腆東萊集 2/6a

辭免除秘書省少監　止齋集 20/7b

辭免再除起居郎狀　止齋集 26/1a

辭免中書舍人狀　止齋集 26/1b

再辭免狀　止齋集 26/2a

辭免兼侍講狀　止齋集 26/2b

辭免兼直學士院狀　止齋集 26/3b

辭免實錄院同修撰狀（1－2）附貼黃　止齋集 27/4b－5a

辭免簽書樞密院事表　宋本攻媿集 13/14b　攻媿集 17/14a　播芳文粹 13/18a

辭免同知樞密院事表　宋本攻媿集 13/16b　攻媿集 17/16a　播芳文粹 13/18b

辭免參知政事表　宋本攻媿集 13/18b　攻媿集 17/17b　播芳文粹 13/15b

代皇子鄧王辭免册立皇太子表　宋本攻媿集 14/4b　攻媿集 18/4a

代辭免進國史轉官表　宋本攻媿集 14/10b　攻媿集 18/10a

辭免除起居郎狀紹熙三年四月　宋本攻媿集 16/1a　攻媿集 32/1a

辭免兼權中書舍人狀　宋本攻媿集 16/1b　攻媿集 32/1b

辭免除中書舍人狀　宋本攻媿集 16/2a　攻媿集 32/2a

辭免兼實錄院同修撰狀　宋本攻媿集 16/2b　攻媿集 32/2b

辭免兼直學士院狀　宋本攻媿集 16/3a　攻媿集 32/3a

辭免除給事中狀　宋本攻媿集 16/3b　攻媿集 32/4a

辭免除權吏部尚書狀　宋本攻媿集 16/4a　攻媿集 32/4a

辭免陞兼實錄院修撰狀　宋本攻媿集 16/4b　攻媿集 32/4b

辭免兼侍讀狀　宋本攻媿集 16/5a　攻媿集 32/5a

辭免除職與郡狀　宋本攻媿集 16/6a　攻媿集 32/6a

辭免除顯謨閣直學士知婺州狀　宋本攻媿集 16/6b　攻媿集 32/6b

辭免再差知婺州狀　宋本攻媿集 16/10a　攻媿集 32/10a

辭免復職狀　宋本攻媿集 16/10b　攻媿集 32/10b

辭免與郡狀　宋本攻媿集 16/11a　攻媿集 32/11a

辭免復職狀　宋本攻媿集 16/12b　攻媿集 32/12b

辭免除龍圖閣直學士致仕狀　宋本攻媿集 16/13a　攻媿集 32/13a

辭免召赴行在狀　宋本攻媿集 16/14a　攻媿集 32/13b

再辭免召命狀　宋本攻媿集 16/14a　攻媿集 32/14a

辭免落致仕除翰林學士狀　宋本攻媿集 16/15a　攻媿集 32/14b

再辭免狀　宋本攻媿集 16/16a　攻媿集 32/15b

辭免除史部尚書兼翰林學士兼侍讀狀　宋本攻媿集 16/17b　攻媿集 32/17a

再辭免狀　宋本攻媿集 16/18a　攻媿集 32/17b

辭免兼修國史實錄院修撰狀　宋本攻媿集 16/18b　攻媿集 32/18a

辭免攢宮覆按使轉官狀（1－2）　東塘集 12/22a－23a

辭免兼修玉牒官狀　東塘集 12/24a

户部尚書乞補外狀（1－2）　東塘集 12/24b－25b

辭免權户部尚書狀　東塘集 12/27a

辭免除太府少卿兼知臨安府表　東塘集 14/6b

辭免知鎮江府表　東塘集 14/7b

辭免權户部侍郎表　東塘集 14/9b

辭免除户部侍郎表　東塘集 14/11b

辭免進呈徽宗皇帝玉牒孝宗皇帝光宗皇帝寶錄兩官表　東塘集 14/13b

辭免除寶文閣學士再任四川制置使表　東塘集 14/17b

辭免除華文閣學士四川安撫制置使表　東塘集 14/18b

辭免賬濟有勞除徽猷閣學士表　東塘集 14/20b

辭免兼侍講表（1－2）　東塘集 15/7b－8a

辞免兼侍読表　東塘集 15/9a
辞免兼修國史兼實録修撰表　東塘集 15/9b
辞免同知樞密院事表（1－2）　東塘集 15/10a－11a
辞免提舉赦令表　東塘集 15/11b
辞免召赴行在表（1－3）　東塘集 15/14b－16a
代辞免簽書樞密院表　定齋集 7/8a
辞免除都官狀　聚齋集 5/1b
辞免兼國子祭酒狀　聚齋集 5/2a
辞免陞兼同修國史實録院同修撰狀　聚齋集 5/2b
辞免專一編類孝宗寳訓狀　聚齋集 5/2b
辞免除權禮部侍郎狀　聚齋集 5/7a
辞免正除禮部狀　聚齋集 5/8b
辞免正除禮部再辞狀　聚齋集 5/9a
辞免除煥章閣學士狀　聚齋集 5/11b
辞免華文閣待制提舉西京嵩山崇福宫狀　水心集 2/6b
辞免除寳謨閣直學士提舉鳳翔府上清太平宫狀　水心集 2/7a
辞免除端明殿學士簽書樞密院表　後樂集 6/14a
辞免除端明殿學士簽書樞密院第二表　後樂集 6/15a
辞免再賜封永金帶與鞍馬奏狀　後樂集 6/17b
辞免除參知政事表　後樂集 6/19b
再辞免除端明學士宫觀表　後樂集 6/31a
再辞免除資政殿學士知潭州表　後樂集 7/4a
再辞免除資政殿大學士知隆興府表　後樂集 7/18b
再辞免知福州表　後樂集 8/1b
再辞免再知隆興府表　後樂集 8/9a
辞免轉官宫觀奏狀　後樂集 8/14b
再辞免轉官宫觀奏狀　後樂集 8/15a
辞免除職與郡恩命表　昌谷集 4/14b
再辞免寳謨閣直學士提舉佑神觀兼侍讀狀　昌谷集 6/6a
辞免召赴行在狀（1－2）　昌谷集 8/1a－2a
辞免兵部侍郎狀　昌谷集 8/3b
辞免兼同修國史兼實録院同修撰狀　昌谷集 8/4b
辞免寳謨閣直學士提舉祐神觀兼侍讀狀　昌谷集 8/5a
辞免經筵徹章轉官狀　昌谷集 8/7b
代辞免除禮部尚書兼給事中恩命狀　昌谷集 8/18b
第三次辞免秘書少監　崔清獻集 1/1a
辞免兼國史檢討官　崔清獻集 1/2a
辞免秘書少監乞赴宣幕　崔清獻集 1/3a
秘書少監乞補外　崔清獻集 1/3b
辞免除秘書監（1－2）　崔清獻集 1/4a－4b
辞免除兼太子侍講　崔清獻集 1/5b
辞免除工部侍郎兼同修國史兼實録院同修撰　崔清獻集 1/6a
辞免除煥章閣待制知成都府本路安撫使　崔清獻集 1/6b
辞免除四川制置使　崔清獻集 1/7b
辞免召赴行在　崔清獻集 1/9a
辞免禮部尚書（1－4）　崔清獻集 2/1a－3b
辞免除顯謨閣直學士知潭州湖南安撫使　崔清獻集 2/4a
辞免知潭州湖南安撫使（1－2）　崔清獻集 2/5a－6a
辞免除寳謨閣學士　崔清獻集 2/7a
辞免除煥章閣學士　崔清獻集 2/7b
辞免知隆興府江西安撫使　崔清獻集 2/8b
再辞免知隆興府江西安撫使　崔清獻集 3/1a
辞免徽猷閣學士　崔清獻集 3/2a
辞免召赴行在　崔清獻集 3/3b
辞免除參知政事（1－7）　崔清獻集 3/9a,4/1a－6b
辞免除資政殿學士宫觀　崔清獻集 4/7b
辞免特授正議大夫右丞相兼樞密使第一詔奏狀　崔清獻集 4/8b
第二詔趣行辞免奏狀　崔清獻集 4/9b
代某官辞免第三次知臨安府表　山房集 2/11b
辞免除秘書丞兼權右司　洛水集 2/14a
辞免除起居舍人　洛水集 2/14a
辞免兼侍讀（皇太后）　洛水集 2/14b
辞免兼侍讀（皇帝）　洛水集 2/15a
辞免除刑部尚書　洛水集 2/15b
皇太后　洛水集 2/16a
辞免陞修國史實録院修撰　洛水集 2/16b
辞免除翰林學士　洛水集 2/17a
辞免除敷文閣學士與宫觀　洛水集 3/5a
辞免知贛州　洛水集 3/5b
辞免除寳文閣學士依舊宫觀　洛水集 3/6a
再辞免知福州　洛水集 3/6a
辞免吏部侍郎奏狀　東澗集 9/1a
辞免除權兵部尚書奏狀　東澗集 9/1b

辭免兼侍講奏狀　東澗集 9/2b
辭免兼同修國史實録院同修撰奏　平齋集 12/4b
再辭免奏　平齋集 12/6a
辭免兼直學士院奏　平齋集 12/7b
辭免兼侍講奏　平齋集 12/8a
辭免除吏部侍郎兼給事中奏（1－2）　平齋集 12/9a
辭免除給事中奏（1－2）　平齋集 12/10a
辭免兼侍讀奏　平齋集 12/11a
辭免除翰林學士知制誥奏　平齋集 12/12b
再辭免奏　平齋集 12/13a
辭免除端明殿學士在京宮觀奏　平齋集 12/15b
再辭免新除狀　真西山集 11/10a
辭免修史狀　真西山集 11/11a
辭免知福州安撫奏狀　真西山集 16/12a
辭免除權戸部尚書狀　真西山集 16/12b
再辭免戸部尚書狀　真西山集 16/13b
辭免翰林學士知制誥兼侍讀狀　真西山集 16/14b
再辭免狀　真西山集 16/15b
辭免兼修史狀　真西山集 16/16b
再辭免除權工部侍郎奏狀　鶴山集 24/4a
辭免進華文閣侍制賜金帶奏狀　鶴山集 24/12b
辭免召赴行在　鶴山集 24/13a
再辭免召命　鶴山集 25/1a
辭免除權禮部尚書奏狀　鶴山集 25/1b
辭免兼權吏部尚書奏狀　鶴山集 25/2b
辭免御筆叙理磨勘轉官命詞褒諭奏狀　鶴山集 25/2b
辭免同産兄利路提刑高穆贈恤恩例奏狀　鶴山集 25/8b
辭免知紹興府浙東安撫使奏狀　鶴山集 25/14a
辭免知福州福建路安撫使奏狀　鶴山集 25/16a
辭免除端明殿學士同僉書樞密院事督視京湖軍馬奏狀　鶴山集 26/1a
再辭免端明殿學士同僉書樞密院事督視京湖軍馬表　鶴山集 26/1b
辭免同提舉編修經武要略奏狀　鶴山集 26/4a
辭免兼領督視江淮軍馬奏狀　鶴山集 26/17a
辭免除權刑部尚書狀（1－3）　鶴山集 23/9b－11a
辭免知泉州狀（1－3）　鶴山集 23/17a－18b
辭免除權吏部侍郎狀（1－2）　鶴林集 23/19b－20b

辭免除寶章閣學士知温州狀（1－2）　鶴林集 24/1a－2a
辭免起居舍人兼權史侍兼直學士院狀（1－3）　鶴林集 24/3a－4b
辭免除寶章閣直學士知寧國府狀（1－2）　鶴林集 24/6a－7a
辭免知隆興府狀（1－2）　鶴林集 24/8a－9a
辭免吏部侍郎狀　蒙齋集 10/16a
再辭免吏部侍郎狀　蒙齋集 10/16b
三辭吏部侍郎狀　蒙齋集 10/17a
再辭免權兵部尚書狀　蒙齋集 10/19a
辭免差知隆興府奏狀附不允詔　鐵菴集 5/3a
辭鎭南軍承宣使第三奏　金佗粹編 13/2a
辭男雲特除保義郎閣門祇候奏　金佗粹編 13/3a
乞罷制置職事奏　金佗粹編 13/3b
繳節度告奏　金佗粹編 13/5b
辭母亡格外賻贈及應辦喪事奏　金佗粹編 14/3b
辭免兼直院奏狀　後村集 76/15b
辭免兼殿講奏狀（1－2）　後村集 76/17a－17b
辭免修史奏狀（1－2）　後村集 76/18a－18b
辭免兼史館同修撰奏狀　後村集 76/19a
辭免兼侍講奏狀　後村集 77/1a
乞免兼中舍奏狀　後村集 77/1b
辭免除兵侍奏狀（1－2）　後村集 77/2a－3a
辭免除仍兼中舍奏狀（1－2）附貼黄　後村集 77/4a－5a
辭免除權工書奏狀（1－2）　後村集 77/7a－8a
辭免陞兼侍讀奏狀　後村集 77/9a
辭免除寶章閣學士知建寧府奏狀（1－2）　後村集 77/12b－13a
辭免特除龍圖閣學士仍舊致仕奏狀　後村集 77/15b
再奏辭免特除龍圖閣學士仍舊致仕奏狀　後村集 77/16b
辭免陞兼侍講奏狀（1－2）　後村集 78/3a－3b
辭免除起居郎奏狀　後村集 78/13a
辭免兼權中舍奏狀（1－2）　後村集 78/14a－14b
辭免權兵侍兼直院兼中書奏狀（1－3）　後村集 78/15a－16a
辭免兼史館同修撰奏狀　後村集 78/16b
代西山辭資政殿學士京師侍讀表　後村集 115/11a
秋七月除兼權給事中辭免狀　清正稿 2/28b
乞巳召赴行在辭免狀　清正稿 2/38a

奏議表狀二　諸表　辭讓　1433

冬十月除權禮部侍郎辭免狀附聖旨 清正稿 2/46a

兼中書辭免奏狀 樓墓集 6/7a

再辭免狀兼中書辭免 樓墓集 6/7b

兼侍講辭免奏狀 樓墓集 6/8a

再辭免狀兼侍講狀 樓墓集 6/8a

御筆除起居舍人辭免狀 樓墓集 6/8b

御筆除起居舍人再辭免狀 樓墓集 6/9a

辭免除侍制並賜金帶奏(1-5) 可齋稿 16/1a-4b

辭免除寶章閣直學士奏 可齋稿 16/7a

再辭免奏 可齋稿 16/7b

三辭免仍免兼淮西制置奏 可齋稿 16/8b

四辭免奏 可齋稿 16/9a

五辭免奏 可齋稿 16/9b

辭免權兵部尚書奏 可齋稿 16/10b

再辭免奏 可齋稿 16/11a

三辭免奏 可齋稿 16/12a

四辭免奏 可齋稿 16/12b

五辭免奏 可齋稿 16/13b

辭免除煥章閣學士奏 可齋稿 16/20a

辭免除刑部尚書奏 可齋稿 16/20b

再辭免奏 可齋稿 16/21a

再辭免奏 可齋稿 16/21b

三辭免奏 可齋稿 16/21b

辭免知靜江府兼廣西經畧奏 可齋稿 16/22a

三辭免奏 可齋稿 16/23b

辭免徽獻閣學士奏 可齋稿 16/24a

再辭免奏 可齋稿 16/25a

三辭免奏 可齋稿 16/25b

辭免平黎轉官奏 可齋稿 16/26a

辭免寶文閣學士京湖制置大使奏 可齋稿 16/27a

再辭免奏 可齋稿 16/28a

三辭免奏 可齋稿 16/28b

四辭免奏 可齋稿 16/29b

五辭免奏 可齋稿 16/30b

六辭免奏 可齋稿 16/31a

辭免除龍圖閣學士奏 可齋稿 16/32a

再辭免奏 可齋稿 16/32b

三辭免奏 可齋稿 16/33b

乞免兼湖廣總領奏 可齋稿/續前 3/1a

辭免端明殿學士奏(1-3) 可齋稿/續前 3/8b-10b

辭免新除資政殿學士節制四川邊面 可齋稿/續後 3/1a

第二次辭免 可齋稿/續後 3/2a

辭免資政 可齋稿/續後 3/3a-9b

辭免轉官奏 可齋稿/續後 3/31b

辭免召赴行在 可齋稿/續後 4/1a

辭免除資政殿大學士福帥(1-3) 可齋稿/續後 4/1b

辭免湖南安撫大使奏(1-3) 可齋稿/續後 4/3b

辭免兼節制廣南奏 可齋稿/續後 4/6a

辭免兼廣制置大使奏(1-2) 可齋稿/續後 4/7a

辭免兼廣西運使奏(1-2) 可齋稿/續後 4/10b

乞免兼漕事奏(1-2) 可齋稿/續後 4/12a

辭免除觀文殿學士奏(1-3) 可齋稿/續後 4/17b

辭免召命奏附貼黃 可齋稿/續後 4/21b

再辭免漕奇 可齋稿/續後 7/50b

奏催調軍及辭免觀文殿學士附貼黃 可齋稿/續後 9/34a

督視辭免樞密使表(1-2) 秋崖稿 1/4a-4b

辭免兼知建康府表 秋崖稿 1/5a

辭免宰執恩例奏(1-2) 秋崖稿 1/6a

辭免起復知州表 秋崖稿 1/8b 南宋文範 28/12b

辭免太府寺丞 秋崖稿 1/9b

辭免左丞相表 秋崖稿 2/1b

辭免提舉國史會要玉牒要暑 秋崖稿 2/3a

辭免進書銀絹(1-2) 秋崖稿 2/3a-3b

辭免生日牲餼(1-2) 秋崖稿 2/3b

辭免除職予祠侍讀奏(1-2) 秋崖稿 2/4b-5a

代趙同知 秋崖稿 3/2b

辭免復職與宮觀奏狀 庸齋集 4/16a

再辭免除寶章閣學士提舉隆興府玉隆萬壽宮恩命奏狀 庸齋集 4/16b

三辭免除寶章閣學士恩命奏狀 庸齋集 4/17b

四辭免除寶章閣學士恩命奏狀 庸齋集 4/18b

五辭免寶章閣學士恩命奏狀附貼黃 庸齋集 4/20a

六辭免除寶章閣學士恩命奏狀 庸齋集 4/22a

皇太子辭皇帝賜廟表 雪坡集 5/7a

兼右諭德辭免奏狀 碧梧集 1/1a

除國子監司業辭免奏狀 碧梧集 1/1b

除兼翰林權直辭免奏狀 碧梧集 1/2a

除權直學士院辭免奏狀 碧梧集 1/2b

元日除起居舍人辭免奏狀 碧梧集 1/3b

除中書舍人辭免奏狀 碧梧集 1/4a

除中書舍人再辭免奏狀 碧梧集 1/4b

隨龍轉四官辭免奏狀 碧梧集 1/5a

除權禮部尚書辭免奏狀 碧梧集 1/5b

兼侍讀辭免奏狀 碧梧集 1/6a

除端明殿學士簽書樞密院事辭免奏狀 碧梧集 1/6b

辭兼直舍人院奏 山房遺文 1/10b

辭起居舍人奏 山房遺文 1/11b

辭起復表富弼撰 宋文鑑 64/2a

免加右光祿大夫表李清臣撰 宋文鑑 69/11b

免右僕射表韓忠彦撰 宋文鑑 70/2a

代樞密湯謙議讓表楊億撰 播芳文粹 12/35b

代李給事惟清上讓密地表 播芳文粹 12/37a

代辭升儲表 播芳文粹 13/2b

辭免左丞相進封許國公表（1－2）周必大撰 播芳文粹 13/3b－4b

辭免丞相表代 張未撰 播芳文粹 13/5a

辭免右丞相表留正撰 播芳文粹 13/6a

辭免右丞相表留正撰 播芳文粹 13/7a

辭免參知政事表 播芳文粹 13/13a

辭免樞密表葛行撰 播芳文粹 13/16b

辭免樞密表汪彦章撰 播芳文粹 13/17a

辭免昭文相公表 播芳文粹 13/28a

辭免資政殿大學士表（1－2）錢參政撰 播芳文粹 13/30b－31b

辭免吏部侍郎表邵博撰 播芳文粹 14/12b

辭免節度使表郭師禹撰 播芳文粹 14/16b

辭免都督江淮兵馬表張淡撰 播芳文粹 14/18b 蜀文輯存 45/7a

辭免資政殿大學士知隆興表黄洽撰 播芳文粹 14/19a

辭免正議大夫表司馬光撰 播芳文粹 14/23a

辭免天章閣待制表范景仁撰 播芳文粹 14/25a

辭免明堂陪位表 張朱撰 播芳文粹 14/34a

辭免起復太宰表（1－3）王豐父撰 播芳文粹 14/34b－36a

辭免江東運副奏狀朱熹撰 新安文獻 40/5b

代太府趙寺丞葵辭免恩命表方岳撰 新安文獻 41/2b

讓官表鄭玉撰 新安文獻 41/5a

辭免直徽猷閣宮觀表 南宋文範 28/10b

（四）謝 表

謝詔撰元宗實錄表 徐公集 20/4a

謝賜莊田表 徐公集 20/5a

謝御製和祝聖壽詩表 咸平集 23/1a 播芳文粹 38/15a

謝勑書獎喻上章表 咸平集 23/8a 播芳文粹 36/28b

謝除右補闕 咸平集 23/9a 播芳文粹 20/18a

謝轉起居舍人表 咸平集 24/4a 播芳文粹 22/6b

陳州謝恩表 咸平集 24/4b 播芳文粹 28/8b

海州謝恩表 咸平集 24/6b 播芳文粹 33/5b

謝量移單州表 咸平集 24/7a 播芳文粹 34/13b

謝特授工部員外郎表 咸平集 24/7b 播芳文粹 20/19b

謝加勳表 咸平集 25/1b 播芳文粹 21/15a

謝知制誥勅記 咸平集 25/7a

謝工部員外郎勅記 咸平集 25/7a

謝直集賢院勅記 咸平集 25/7b

謝復户部郎中勅記 咸平集 25/8a

謝皇太子勅記 咸平集 25/8b

謝改吏部郎中依前直館勅記 咸平集 25/8b

謝改賜章服勅記 咸平集 25/9a

謝充彭城郡王生辰使勅記 咸平集 25/9a

謝兼侍御史知難勅記 咸平集 25/9b

謝改謀議大夫勅記 咸平集 25/10a

謝覃恩勅記（1－2） 咸平集 25/10a－10b

謝恤刑（1－6） 咸平集 26/1a－3b

謝賜冬衣（1－6） 咸平集 26/4a－6a

謝賜曆日（1－5） 咸平集 26/7b－8b

代宰相謝社日宣賜 咸平集 26/10a

謝除姪男昌裔連水主簿 咸平集 26/10b

謝加朝散大夫階 咸平集 26/11a

謝賜御製雪詩 咸平集 26/11a

謝賜九經書 咸平集 27/1b

謝許連水寄居 咸平集 27/2b

謝姪男昌裔加階 咸平集 27/3a

泰州謝上 咸平集 27/6a

謝得替　咸平集 27/8a
謝賜御製社日詩　咸平集 27/8b
謝賜御製重陽詩　咸平集 27/9a
謝內降割子獎諭　咸平集 27/10b
謝傳宣　咸平集 27/14a
知雜後謝傳宣　咸平集 27/14b
謝宣賜弟亡孝贈　咸平集 27/16a
謝聖旨許諫事　咸平集 27/16b
轉諫官後謝傳宣　咸平集 27/18a
謝兼史職　咸平集 27/18b
告假謝傳宣撫問　咸平集 27/19a
荊湖轉運蒙恩獎諭謝表　乖崖集 9/2a　播芳文粹 36/13a
奏鄭元祐事蒙恩獎諭謝表　乖崖集 9/3b　播芳文粹 36/14a
謝起復表　乖崖集 9/5a　播芳文粹 34/13a
杭州蒙恩獎諭謝表　乖崖集 9/7a　播芳文粹 36/15a
謝恤刑表　乖崖集 9/8a
謝除史部侍郎表　乖崖集 9/9b　歷代奏議 16/1b
益州謝降詔書獎諭表　乖崖集 9/11b　歷代奏議 36/10b
益州謝傳旨獎諭表　乖崖集 9/13a　播芳文粹 36/17b
昇州到任謝表　乖崖集 9/14a　歷代奏議 27/1a
謝賜御製御書封禪銘贊記副本表　乖崖集 10/19a　播芳文粹 38/11a
謝加階封表　乖崖集 10/21a　播芳文粹 21/9a
昇州謝傳宣撫問表　乖崖集 10/22a　播芳文粹 36/19a
謝加工部尚書再任表　乖崖集 10/23a　播芳文粹 15/29a
昇州又謝傳宣撫問表　乖崖集 10/24a　播芳文粹 36/19b
謝除禮部尚書表　乖崖集 10/27b　播芳文粹 15/24a
謝加階食邑表　乖崖集 10/30a　播芳文粹 21/10a
謝封贈表　乖崖集 10/30b　播芳文粹 32/19b
陳州謝到任表　乖崖集 10/33b　播芳文粹 27/3a
謝賜曆日狀　乖崖集 11/5a
再任益州謝傳宣撫問狀　乖崖集 11/6a
昇州謝就差江東安撫使狀　乖崖集 11/7a
謝傳宣撫問失火及安撫人户事狀　乖崖集 11/7b
謝進文字賜詔獎諭狀　乖崖集 11/8b
昇州謝恩撫問狀　乖崖集 11/9b
謝賜衣襖狀　乖崖集 11/10a

陳州謝傳宣撫問狀　乖崖集 11/11b
爲宰臣謝御書錢樣表　小畜集 21/2b
謝賜御製道遙詠秘藏詮表　小畜集 21/3a　播芳文粹 38/15b
爲宰臣謝賜御製諷詩表　小畜集 21/4a
爲宰臣謝新雕三史表　小畜集 21/4b
謝御賜草書詩表　小畜集 21/5a
謝御製重午詩表　小畜集 21/6a　播芳文粹 38/17b
謝免和御製元日除夜詩表　小畜集 21/7b　播芳文粹 36/10b
謝曆日表　小畜集 21/9a
謝賜御製月詩表　小畜集 21/11a　播芳文粹 38/18b
謝賜御書字樣錢表　小畜集 21/11b　播芳文粹 38/19b
單州謝上表　小畜集 21/12a　播芳文粹 28/10b
謝衣襖表　小畜集 21/15a
滁州謝上表　小畜集 21/15b　播芳文粹 28/13a　宋文鑑 63/3b
謝加朝散大夫表　小畜集 21/17b　播芳文粹 20/12b
謝賜聖惠方表　小畜集 21/18a　播芳文粹 38/20a
謝落起復表　小畜集 22/3b
謝轉刑部郎中表　小畜集 22/4b　播芳文粹 22/15b
黃州謝上表　小畜集 22/8a　播芳文粹 28/15a　宋文鑑 63/5a
謝加上柱國表　小畜集 22/10b
謝宣賜表　小畜集 22/11a
楊州謝上表　小畜集 22/14b　播芳文粹 28/17a
謝弟再主授試御表　小畜集 22/17a　播芳文粹 32/18b
謝加朝請大夫表　小畜集 22/18b　播芳文粹 20/13a
謝降御劄表　小畜集 23/1b
謝降御札並宰臣就第傳宣不允陳讓留守乞候病癒日赴任表　小畜集 23/15a
謝許肩輿入內表　小畜集 23/15b
謝宣差長男送赴西京表　小畜集 23/16a
謝宣旨令次男西京侍疾表　小畜集 23/16b
西京謝上表　小畜集 24/1a
謝聖惠方表　小畜集 24/2a
謝手詔別錄賜生辰國信(表)　小畜集 24/3a
謝傳宣撫問表　小畜集 24/3b
謝賜姪男大理評事表　小畜集 24/5a
又謝恩表　小畜集 24/9b
爲兵部向侍郎謝恩表　小畜集 24/10a
爲兵部張相公謝官表　小畜集 24/11b

致仕謝表 胡正惠集 1/6b

知處州謝到任表 武夷新集 12/9b

謝賜曆日表 武夷新集 12/10b

謝加勳表 武夷新集 12/14b 播芳文粹 21/11a

謝賜曆日表 武夷新集 12/15b

謝賜衣表 武夷新集 12/16a 宋文鑑 63/7a 播芳文粹 39/9b

謝賜詔書欽恤刑獄表 武夷新集 13/1b

謝知制誥表 武夷新集 13/10a 播芳文粹 17/1a

代中書謝表 武夷新集 13/14b

代參政王侍郎謝爲陳乞不允表 武夷新集 13/15b

代謝馬王都尉謝賜宅表 武夷新集 14/1a

代僕射李相公謝降詔慰諭表 武夷新集 14/2a

代李相公謝降詔不允所請表 武夷新集 14/3b

代鴻臚陳少卿謝男知制誥表 武夷新集 14/8a 播芳文粹 17/8b

代中書密院謝降詔表 武夷新集 14/15a

代三司劉密學謝表 武夷新集 14/16b

謝允舉樂表 武夷新集 14/19b

謝弟倚特賜進士第二等及第表 武夷新集 14/20a 播芳文粹 32/11a

代集賢宼相公謝賜生辰禮物表 武夷新集 15/1a

代資政王侍郎謝降詔獎諭表 武夷新集 15/3a 播芳文粹 36/21b

代中書相公謝表 武夷新集 15/6a

代參政馮侍郎謝表 武夷新集 15/9b 播芳文粹 15/18b

代刑部宼相公謝表 武夷新集 15/10a 播芳文粹 15/26a

代宰相謝賜御札許士庶遊宴及休假放朝表 武夷新集 15/14a

考制策畢學士院賜宴謝狀 武夷新集 16/3b

中書謝社日賜御宴狀 武夷新集 16/4a

代門下李相公謝冬至日就第賜宴狀 武夷新集 16/11b

代僕射呂相公寒食日謝御筵狀 武夷新集 16/12a

又謝賜詩狀 武夷新集 16/12a

考試貢舉人畢謝賜宴狀 武夷新集 16/12b

代宰相謝賜新印三國志狀 武夷新集 16/13a

代僕射呂相公冬至謝就第賜宴狀 武夷新集 16/19b

閣下謝賜御製南郊詩狀 武夷新集 16/19b

代司空相公謝撫問狀 武夷新集 17/2a

代宰相謝春社日賜御宴狀 武夷新集 17/3b

代宰相謝賜御製社日詩狀 武夷新集 17/4a

代司空相公寒食日謝賜御宴狀 武夷新集 17/4b

代宰相謝賜新印道德經狀 武夷新集 17/5b

代僕射李相公謝歲節賜御宴狀 武夷新集 17/8a

兩制謝賜御詩狀 武夷新集 17/12a

代集賢宼相公謝就宅賜宴狀 武夷新集 17/12b

代宰相春社日賜御宴狀 武夷新集 17/13b

代集賢宼相公謝賜晉書狀 武夷新集 18/2b

謝宣召赴龍圖閣宴會及觀御製御書狀 武夷新集 18/3b

謝批答狀 武夷新集 18/4b

代中書謝賜聖製乾坤寶典序狀 武夷新集 18/5a

謝賜批答狀 武夷新集 18/6a

謝中使傳宣撫問狀 武夷新集 18/6b

代中書謝寒食賜御筵狀 武夷新集 18/8a

謝駕幸編修所狀 武夷新集 18/8a

代中書謝秋社日賜御宴狀 武夷新集 18/11b

代宰相謝賜重陽日瓊林苑宴狀 武夷新集 18/12b

謝加承奉郎表 文莊集 5/1a

謝直集賢院表 文莊集 5/1b 宋文鑑 63/10b

謝賜昭應宮判官兼賜章服表 文莊集 5/3b

謝知制誥表 文莊集 5/5b

謝授戶部員外郎表 文莊集 5/7a

謝授禮部郎中諸宮觀充職表 文莊集 5/8b

洪州到任謝上表 文莊集 5/9b

謝起復知制誥表 文莊集 5/11a

謝皇太后表 文莊集 5/12a

潁州到任謝上表 文莊集 5/14a

青州到任謝上表 文莊集 5/15a

謝授刑部尚書表 文莊集 5/17a

南京到任謝上表 文莊集 5/18a

謝授戶部尚書表 文莊集 6/2a

謝授三司使表 文莊集 6/3b

永興謝上表 文莊集 6/5a

謝授忠武軍節度使表 文莊集 6/7b

淳州謝上表 文莊集 6/8b

永興再任謝上表 文莊集 6/10a

謝授宣徽使表 文莊集 6/11a

蔡州到任謝上表 文莊集 6/15a

謝詔書不允辭宣徽使表 文莊集 6/17a

許州到任謝上表 文莊集 6/18a

亳州到任謝上表　文莊集 6/19a

河中府到任謝上表　文莊集 6/20b

謝授資政殿大學士表　文莊集 7/2b

河南府到任謝上表　文莊集 7/4b

孟州到任謝上表　文莊集 7/5b

謝授兼侍中表　文莊集 7/7b

謝男安期加職表　文莊集 7/9a

謝天慶節御筵表　文莊集 8/1a

謝賜御製真遊頌表　文莊集 8/1b

謝賜御製真遊殿頌表　文莊集 8/2b

謝賜御製文表　文莊集 8/3b

謝和御製詩表　文莊集 8/4b

謝宣召觀聖像表　文莊集 8/5a

謝賜御製册府元龜序表　文莊集 8/5b

謝宣赴龍圖閣觀芝草慈烏表　文莊集 8/7b

謝賜大醮詩表　文莊集 8/8b

謝批答允賜御書表　文莊集 8/9b

謝賜御書表　文莊集 8/10a

謝賜生日羊酒米麵表　文莊集 8/11a

謝賜衣著銀器表　文莊集 8/12a

謝皇太后賜生日禮物表　文莊集 8/12b

上太皇太后賜生日禮物表　文莊集 8/13a

樞密院謝宣召宴遊表　文莊集 8/14a

謝賜御書並御寶表　文莊集 8/15a

代謝生辰禮物表　文莊集 9/14a

代謝兼中書令表　文莊集 9/15b

上謝恩物引表　文莊集 9/17a

接駕謝撫問表　文莊集 9/18a

接駕謝撫問第二表　文莊集 9/18b

謝進奉回詔表　文莊集 9/18b

楚王謝恩表奉勅撰　文莊集 9/19a

代寇相公謝恩表　文莊集 10/3b－5b

代寇相公謝詔允百官國學觀先皇御書表　文莊集 10/6b

代寇相公謝賜還京詔表　文莊集 10/7a

謝宣示綿州進彰明縣崇仙觀柏木文彩像道士七星儀形表　文莊集 10/8a

謝加恩表　文莊集 10/15a

代東樞相公謝授官表　文莊集 10/16a

代東樞謝賜宴並御詩表　文莊集 10/19a

代東樞相公謝生辰禮衣器幣鞍馬表　文莊集 10/20a

謝賜地宅表　文莊集 10/20b

代宰相謝加食邑表　文莊集 11/1a

代僕射相公謝宣賜藥表　文莊集 11/2a

謝賜藥表　文莊集 11/3b

謝賜御製寵行詩表　文莊集 11/8b

謝御製和詩表　文莊集 11/9b

謝表　文莊集 11/10b

謝所撰內藏庫記刻於御製碑陰表　文莊集 11/11b

代人生日謝恩表　文莊集 11/12b

代人謝弟端授官表　文莊集 11/13b

謝恩勞記　文莊集 11/15a

謝宣召入院狀　文莊集 16/4b

謝賜御書詩狀　文莊集 16/5b

謝賜馬狀　文莊集 16/6a

王相公謝賜手詔狀　文莊集 16/8a

睦州謝上表　范文正集 15/1b　宋文鑑 63/15a　播芳文粹 27/10b

蘇州謝就除禮部員外郎充天章閣待制表　范文正集 15/3b　宋文鑑 63/17a　播芳文粹 20/3a　吳都織文粹 46/6b

饒州謝上表　范文正集 15/4a　播芳文粹 27/13a

潤州謝上表　范文正集 15/4b　播芳文粹 27/14a

延州謝上表　范文正集 15/6a　播芳文粹 27/16a

謝降官知耀州表　范文正集 15/6b　播芳文粹 33/1a

耀州謝上表　范文正集 15/7a

謝許讓觀察使守舊官表　范文正集 16/8b

謝傅宣表　范文正集 16/9b

謝授知邠州表　范文正集 16/12b　播芳文粹 24/3b

邠州謝上表　范文正集 16/13a　播芳文粹 27/17a

謝轉給事中移知鄧州表　范文正集 17/1a　播芳文粹 24/4b

謝在中書日行遣公事不當放罪表　范文正集 17/1b　播芳文粹 38/5a

鄧州謝上表　范文正集 17/2a　播芳文粹 27/17b

謝依所乞依舊知鄧州表　范文正集 17/3a　播芳文粹 24/5b

杭州謝上表　范文正集 17/3b　播芳文粹 27/19a

謝賜鳳茶表　范文正集 17/4a　播芳文粹 22/4a

謝轉禮部侍郎表　范文正集 17/4b　播芳文粹 22/4a

青州謝上表　范文正集 17/6a　播芳文粹 27/19b

代宋狀元謝及第表　文恭集 9/6a　播芳文粹 32/12b

湖州到任表　文恭集 9/7a　播芳文粹 27/27b

蘇州到任表　文恭集 9/8b　播芳文粹 27/29a

兩浙運使謝上表　文恭集 9/10a　播芳文粹 23/10a

代趙漕謝轉運副使表 文恭集 9/11a 播芳文粹 23/ 12a

改左司郎中表 文恭集 9/12a 播芳文粹 22/19b

代中書謝詔書止絕內降表 文恭集 10/6a

代中書樞密院謝瑞竹圖表 文恭集 10/7a

代中書謝改官表 文恭集 10/7b

謝赦設表 文恭集 10/9a 播芳文粹 40/8a

謝翰林侍讀學士表 文恭集 10/10a 播芳文粹 17/ 21b

謝宣召入院充學士表 文恭集 10/11a 播芳文粹 17/22b

代中書謝爲伏日早歸第表 文恭集 10/13a

代中書樞密院謝譯經院賜御筵表 文恭集 10/ 13a

代中書樞密院傳法院罷堂賜宴表 文恭集 10/ 13b

代中書樞密院謝題明堂御書後書名表 文恭集 10/14a

代中書樞密院謝賜御篆明堂飛白明堂之門表 文恭集 10/14b

代謝御筵詩表 文恭集 10/15a

代中書樞密院謝賜三朝寶字訓鑒圖表 文恭集 11/1a

代中書樞密院謝許御製樂章表 文恭集 11/2a

中書謝宣赴清景殿觀御書賜宴表 文恭集 11/ 3b 播芳文粹 40/8b

謝賜衣服鞍轡馬表 文恭集 11/5a－5b 播芳文粹 39/15a－15b

謝兼侍讀學士表 文恭集 11/6a 播芳文粹 17/20b

謝兼端明殿學士表 文恭集 11/8a 播芳文粹 19/13a

謝授左諫議大夫充樞密副使表 文恭集 11/8b 播芳文粹 18/23b

謝傳宣入伏早出表 文恭集 11/9b 播芳文粹 37/18a

謝羊酒表（1－2） 文恭集 11/10a－11b 播芳文粹 40/ 13a－13b

代中書樞密院謝賜飲福大宴劄記 文恭集 11/ 12b

謝兼侍讀劄記 文恭集 11/13a

中書樞密院謝春宴劄記 文恭集 11/13b

秋宴劄記 文恭集 11/14a

代中書謝秋宴劄記 文恭集 11/14a

謝郊祀加恩表 元憲集 19/1a

謝南郊加恩表 元憲集 19/2a

謝崇文總目加恩表 元憲集 19/2b

謝降詔答諭立御書梵字碑表 元憲集 19/3a

進觀御書梵字詩謝降詔答諭表 元憲集 19/4a

謝詔赴闕表 元憲集 19/4b

謝宣詔入學士院表 元憲集 19/5a

河陽謝到任表 元憲集 19/6a

揚州謝到任表 元憲集 19/7a

鄆州謝到任表 元憲集 19/8a

謝加職移知鄆州表 元憲集 19/10b

代揚鄆州謝上表 元憲集 19/11b

謝轉給事中表 元憲集 19/12b

謝賜撫問表 元憲集 19/13a

中書謝傳宣表 元憲集 19/14a

謝封衣金腰帶鞍轡馬狀（1－4） 景文集 30/6a－7b

定州謝對衣金帶鞍馬狀 景文集 30/8b

謝班次狀 景文集 30/9a

謝傳宣撫問狀 景文集 30/9b

謝宣召入院狀 景文集 30/9b

謝改侍制表 景文集 37/1a 播芳文粹 22/18b

謝賜金紫表 景文集 37/2a 播芳文粹 21/26a

壽州謝上任表 景文集 37/2b 播芳文粹 28/4a

謝書目成加階勳表 景文集 37/3b 播芳文粹 21/11b

謝加階并爵邑表 景文集 37/4b 播芳文粹 21/13a

陳州謝上任表 景文集 37/5b 播芳文粹 28/5b

謝替赴闕表 景文集 37/6b

謝知制誥表 景文集 37/7b 播芳文粹 17/4a

謝轉吏部郎中表 景文集 37/9a 播芳文粹 20/19a

謝龍圖閣直學士表 景文集 37/9b 播芳文粹 19/20a

謝宣召入院表 景文集 37/10b 播芳文粹 17/24a

謝兼侍讀學士表 景文集 37/11b 播芳文粹 17/19b

授龍圖閣謝恩表 景文集 37/12b 宋文鑑 65/2b 播芳文粹 19/22a

謝復侍讀學士表 景文集 37/13b 播芳文粹 34/6a

謝罷恩轉給事中表 景文集 38/2a

謝復兼龍圖閣學士表 景文集 38/3a 播芳文粹 34/ 8a

亳州謝上表 景文集 38/3b

定州到任謝表 景文集 38/4b

謝加端明表 景文集 38/6a 宋文鑑 65/3a 播芳文粹 19/11b

益州謝上表 景文集 38/7b 播芳文粹 28/7b

謝龍圖表 景文集 38/8b 播芳文粹 19/22b

鄭州謝到任表 景文集 38/9b 播芳文粹 28/7a

謝加常山郡開國公表 景文集 38/10a 播芳文粹 21/14a

謝轉工部尚書表　景文集 38/10b　播芳文粹 22/1a

代楊太尉謝加節度使表　景文集 39/3a

代謝皇太后表　景文集 39/5b

代楊太尉謝樞密使表　景文集 39/9b

同前謝皇太后表　景文集 39/10b

代楊樞密謝加恩第一表　景文集 39/11a

同前上皇太后第一表　景文集 39/12a

代宋資政謝大學士表　景文集 39/13a

代謝加恩表　景文集 39/14a

代孫侍郎謝加龍圖閣學士表二首　景文集 39/ 14b－16a

代鄭公授知制誥謝表　景文集 39/17a

代中書謝表　景文集 40/1a

代中書謝不允降官表　景文集 40/2a

代宰相謝傳宣入伏月令午正歸私第表　景文集 40/3a

代石太尉謝令安州照管表　景文集 40/3b

代晏尚書毫州謝上表　景文集 40/6b

代加大資知相州謝表　景文集 40/8a

代張屯田兗州謝上表　景文集 40/9a

代轉户侍充職知廬州謝表　景文集 40/10a

代知兗州謝表　景文集 40/11a

代謝加勳表　景文集 40/12a

代薛資政謝許住京養疾表　景文集 40/12b

代李副樞生日謝賜羊酒米麵表　景文集 40/13b

代鄭公謝生日賜牲餼表　景文集 40/14a

代集賢相公謝生日賜物表二首　景文集 40/14b－15a

代生日謝賜羊酒米麵等表　景文集 40/15b

代參政生日詔書賜牲餼謝表　景文集 40/16a

代參政謝賜神武秘署表　景文集 41/1a

代謝進五歲獎諭表　景文集 41/1b

代謝起復表　景文集 41/2b

代謝落起復并加上柱國食邑表　景文集 41/3a

代樞密院謝傳宣入伏後午正歸私第表　景文集 41/4a

代謝夏藥表　景文集 41/4b

代謝衣襖表　景文集 41/5a　宋文鑑 65/1a

代郢州王資政謝上表　景文集/拾遺 10/1a

謝恩表　景文集/拾遺 10/2a

代石少傳謝恩澤表　景文集/拾遺 10/3a

代謝加職任表　景文集/拾遺 10/4a

代楊鄆州謝上表　景文集/拾遺 10/5a　播芳文粹 27/9b

太后表　景文集/拾遺 10/6a

皇太后表　景文集/拾遺 10/7a

謝御筆批表　景文集/拾遺 10/11b

代章集賢謝恩表　景文集/拾遺 11/1a

代夏尚書加節制謝表　景文集/拾遺 11/3b

同前上皇太后第二表　景文集/拾遺 11/10b

楊樞密使謝第三表　景文集/拾遺 11/11b

同前謝皇太后第三表　景文集/拾遺 11/12b

樂書局謝賜景祐樂髓新經表　景文集/拾遺 12/4b

代謝改官表　景文集/拾遺 12/5b

謝曆日表第一道　景文集/拾遺 12/8a

謝曆日表第二道　景文集/拾遺 12/8b

謝曆日表第三道　景文集/拾遺 12/9a

謝轉左丞表　景文集/拾遺 12/12a

代謝加朝請大夫表　景文集/拾遺 12/12b

代上皇太后謝出外表　景文集/拾遺 12/13b

謝除安撫表　景文集/拾遺 13/6a　播芳文粹 23/3b

吉州謝上表　武溪集 14/6a　播芳文粹 24/12b

謝分司表　武溪集 14/8a　播芳文粹 33/17b

謝轉光祿少卿表　武溪集 14/9a　播芳文粹 22/11b

謝轉衛尉卿表　武溪集 14/12a　播芳文粹 22/13b

虔州謝上表　武溪集 14/12b　播芳文粹 29/1a

桂州謝上表　武溪集 14/13b　播芳文粹 29/2a

謝轉給事中表　武溪集 15/3b　播芳文粹 22/10b

謝轉工部侍郎表　武溪集 15/4b　播芳文粹 22/5b

謝加勳封表　武溪集 15/5a　播芳文粹 21/16a

謝充集賢學士表　武溪集 15/6b　播芳文粹 19/16b

謝轉户部侍郎表　武溪集 15/8b　播芳文粹 22/2b

潭州謝上表　武溪集 15/9b　播芳文粹 29/3b

青州謝上表　武溪集 15/10b　播芳文粹 29/5a

謝加護軍食邑表　武溪集 15/11b　播芳文粹 21/17a

廣州謝上表　武溪集 15/15a　播芳文粹 29/6a

謝加勳邑表　武溪集 15/16b　播芳文粹 21/17b

謝轉工部尚書表　武溪集 15/17a　播芳文粹 22/1b

謝續支請受表　武溪集 16/2a

謝賜絹狀　武溪集 16/4a

謝賜銀狀　武溪集 16/4b

謝恤刑表　武溪集 16/13b　播芳文粹 38/4b

謝賜曆日表　武溪集 16/13b

謝傳宣撫問表(1－2)　武溪集 16/14a－14b　播芳文粹 37/1a－1b

謝賜御書經解表　雪山集 4/1a

代張江州謝到任表　雪山集 4/2a

代張魏公謝表　雪山集 4/3b

代虞樞密謝賜膈藥表　雪山集 4/5a

潤州到任謝皇帝表　無盡集 11/1a

潤州到任謝太皇太后表　無盡集 11/1b

兩浙提刑謝皇帝表　無盡集 11/2a

兩浙提刑謝太皇太后表　無盡集 11/2b

謝修南朝正史及賜筆墨表代王相公　無盡集 11/ 3a

禮部謝春衣表　無盡集 11/4a

禮部謝冬衣表　無盡集 11/4b

新城謝撫問表　無盡集 11/5a

中京謝皮裘表　無盡集 11/5a

白溝謝御筵奏狀　無盡集 11/5a

謝館宴奏狀　無盡集 11/5b

謝簽賜酒食奏狀　無盡集 11/5b

謝王飱奏狀　無盡集 11/5b

謝射弓御筵奏狀　無盡集 11/6a

謝餞送御筵奏狀　無盡集 11/6a

謝奏陳潛河等事不當特放罪表　文潞公集 10/1a

謝男貽慶換授文資及章服表　文潞公集 10/1b

謝男貽慶拔授文資及章服表　文潞公集 32/2b

奏狀　文潞公集 37/8a

謀院謝賜章服表同王素　歐陽文忠集 90/1a

謝知制誥表　歐陽文忠集 90/5a　宋文鑑 64/3a　播芳文粹 17/6b

龍圖閣直學士河北都轉運使謝上表闕　歐陽文忠集 90/6a

謝獎諭編次三朝故事表　歐陽文忠集 90/6a

謝賜慶曆五年曆日表　歐陽文忠集 90/7a

滁州謝上表　歐陽文忠集 90/7b

謝賜慶曆六年曆日表　歐陽文忠集 90/9b

謝賜慶曆七年曆日表　歐陽文忠集 90/9b

謝加上騎都尉進封開國伯加食邑三百户表　歐陽文忠集 90/11a

揚州謝上表　歐陽文忠集 90/12a

穎州謝上表　歐陽文忠集 90/12b

謝轉禮部郎中表　歐陽文忠集 90/13b

謝復龍圖閣直學士表　歐陽文忠集 90/14a　宋文鑑 64/4b

南京謝上表　歐陽文忠集 90/15a　宋文鑑 64/5a

謝明堂覃恩轉官加勳表　歐陽文忠集 90/15b　宋文鑑 64/5b

謝賜對衣狀　歐陽文忠集 91/1a

謝宣召入翰林狀　歐陽文忠集 91/1b　宋文鑑 64/6a

播芳文粹 17/14b

謝對衣金帶鞍轡馬狀　歐陽文忠集 91/2b

謝樞密副使表　歐陽文忠集 91/17a　播芳文粹 15/9a

謝參知政事表　歐陽文忠集 91/18b　播芳文粹 15/15a

謝賜飛白並賜宴詩狀　歐陽文忠集 91/19b

謝覃恩轉户部侍郎表　歐陽文忠集 91/20a　播芳文粹 16/7b

謝皇太后表　歐陽文忠集 91/20b

謝特轉吏部侍郎表　歐陽文忠集 92/3b　播芳文粹 16/1a

謝覃恩轉左丞表　歐陽文忠集 92/19a　播芳文粹 18/ 18b

謝觀文殿學士刑部尚書表　歐陽文忠集 93/17a　播芳文粹 15/28a

亳州謝上表　歐陽文忠集 93/18a　宋文鑑 64/8a　播芳文粹 24/20a

謝賜仁宗御集表　歐陽文忠集 93/19b

青州謝上表　歐陽文忠集 94/4b　播芳文粹 24/16a

謝南郊加食邑五百户表　歐陽文忠集 94/5b　播芳文粹 32/3b

謝傳宣撫問賜香藥銀合表　歐陽文忠集 94/6a

謝賜漢書表　歐陽文忠集 94/6b　宋文鑑 64/10b

謝壇止散青苗錢放罪表　歐陽文忠集 94/8b　宋文鑑 64/11a

蔡州謝上表　歐陽文忠集 94/15a

謝致仕表　歐陽文忠集 94/20b

謝免明堂陪位表　歐陽文忠集 94/22a

謝明堂禮畢宣賜表　歐陽文忠集 94/22b

謝賜御飛白書表　樂全集 28/8b

謝賜御書表　樂全集 28/9b

謝賜熙寧編敕表　樂全集 28/12b

滑州謝賜新曆日表　樂全集 28/13b

南京謝賜曆日表　樂全集 28/13b

秦州謝賜曆日表　樂全集 28/14a

謝除知制誥表　樂全集 28/15b

謝宣召入院充學士表　樂全集 28/17b

滁州謝上表　樂全集 28/18b

江寧府謝上表　樂全集 28/19a

服除再授端明殿學士兼龍圖閣學士給事中謝恩表　樂全集 28/20a

謝遷禮部侍郎領潁郡表　樂全集 28/22b

益州謝上表　樂全集 28/26a

益州謝詔書獎諭表　樂全集 28/27a

謝除三司使表　樂全集 28/28a

奏議表狀二　諸表　謝表　1441

乞免三司使不充謝答詔表 樂全集 28/29a
謝兼翰林侍讀學士表 樂全集 28/30b
南京謝上表 樂全集 28/31b
謝賜手詔第一表 樂全集 28/33a
謝賜手詔第二表 樂全集 28/34b
謝賜手詔第三表 樂全集 28/36a
秦州謝上表 樂全集 28/37b
謝許終喪表 樂全集 29/1b
免知陳州降詔不充謝表 樂全集 29/3b
陳州謝上表 樂全集 29/4a
謝除中太一宮使表 樂全集 29/6b
謝東太一宮使表 樂全集 29/16b
謝致仕表 樂全集 29/22a
謝免除宣徽使表 樂全集 29/26a
授太子太保謝表(1-2) 樂全集 29/26b-27a
謝免南郊陪祠表 樂全集 29/30a
謝加恩表 樂全集 29/31b
謝男某差遣表 樂全集 29/35a
代人自外郡除侍制表范文正公 樂全集 29/36a
除翰林學士謝賜對衣腰帶鞍轡馬狀 樂全集 30/20b
兼侍讀學士知秦州謝賜對衣腰帶鞍轡馬狀 樂全集 30/21a
服除再授端明殿學士龍圖閣學士給事中謝賜對衣腰帶鞍轡馬狀 樂全集 30/22a
除翰林學士劄記 樂全集 30/22b
誕節任子狀 樂全集 30/22b
除三司使劄記 樂全集 30/23a
兼侍讀學士知秦州劄記 樂全集 30/23b
還禮部侍郎知滑州劄記 樂全集 30/24a
服除授依前端明殿學士龍圖閣學士給事中劄記 樂全集 30/24b
代三司謝賜內藏庫綱絹表 安陽集 24/1a
謝知制誥表 安陽集 24/2a 播芳文粹 17/3a
謝降御前劄子表 安陽集 24/3a 播芳文粹 38/6a
謝復官表 安陽集 24/3b 播芳文粹 34/1a
謝轉官充秦鳳路經略安撫招討使表 安陽集 24/5a 播芳文粹 22/16b
謝改觀察使表 安陽集 24/5b 播芳文粹 22/20b
謝賜詔書示諭表 安陽集 24/7a 播芳文粹 36/24b
涇州謝差中使宣諭表 安陽集 24/9a 播芳文粹 36/26a
遷葬求郡謝賜批答不充表 安陽集 24/10b 播芳文粹 36/3a

揚州謝上表 安陽集 25/1a 播芳文粹 27/20b
謝轉給事中表 安陽集 25/2a 播芳文粹 22/8a
揚州謝賜曆日表 安陽集 25/3a 播芳文粹 39/2b
鄆州謝上表 安陽集 25/4a 播芳文粹 27/21b
成德軍謝上表 安陽集 25/4b 播芳文粹 27/23a
定州謝上表 安陽集 25/5b 播芳文粹 27/23b
謝賜禁中銀救濟饑民表 安陽集 25/6b 播芳文粹 39/22
謝賜詔書獎譽表 安陽集 25/7a 播芳文粹 36/27b
謝除資政殿大學士表 安陽集 25/9b 播芳文粹 19/1a
謝轉禮部侍郎表 安陽集 25/10b 播芳文粹 22/4b
謝加觀文殿學士再任表 安陽集 25/11a 播芳文粹 19/7a
除武康軍節度使第二表(第一表闕) 安陽集 26/2a
播芳文粹 14/14a,15b
謝除武康軍節度使表 安陽集 26/2b 播芳文粹 23/1b
并州謝上表 安陽集 26/3a 播芳文粹 27/25a
謝除集賢表 安陽集 27/3a 播芳文粹 19/15a
謝恰享加恩表 安陽集 27/5a 播芳文粹 32/8b
謝除昭文表 安陽集 27/8a 播芳文粹 15/21a
謝皇帝表登極畢恩 安陽集 27/13a 播芳文粹 32/9a
謝皇太后表登極畢恩 安陽集 27/13b 播芳文粹 32/10b
謝除使相判相州表 安陽集 30/2b 宋文鑑 63/14a
播芳文粹 20/1a
謝賜宅表 安陽集 30/4a 播芳文粹 39/24b
永興軍謝上表 安陽集 30/4b 播芳文粹 27/26a
戊申相州謝上表 安陽集 30/5b
北京謝再任表 安陽集 31/4a 播芳文粹 31/14b
癸丑相州謝上表 安陽集 32/1a
謝賜生日禮物表 安陽集 32/2a 播芳文粹 40/12b
謝放免勸勉相州差狀城兵士表 安陽集 32/3a
代中書謝歲節御筵狀 安陽集 33/4a
代中書謝皇子降生詩獎諭狀 安陽集 33/4b
移師陝西緣邊四路謝賜綵錢狀 安陽集 33/5b
謝令男忠彥撫諭 安陽集 36/9a
知睦州到任謝上表 清獻集 5/12a 播芳文粹 27/30b
謝恤刑詔書表 清獻集 5/12b 播芳文粹 38/3a
梓州路轉運使到任謝表 清獻集 5/13a 播芳文粹 25/14b
益州路轉運使到任謝表 清獻集 5/14a 播芳文粹 25/15b
知度州到任謝上表 清獻集 5/15a 播芳文粹 27/31a

奏議表狀二 諸表 謝表

謝授官表　直講集 26/1a
謝知制誥表　蔡忠惠集 20/1a　播芳文粹 17/8a
代謝御殿復膳表　蔡忠惠集 20/2a
泉州謝上表　蔡忠惠集 20/3a
福州謝上表　蔡忠惠集 20/4a　播芳文粹 28/19b
謝轉禮部郎中表　蔡忠惠集 20/4b　播芳文粹 22/15a
移泉州謝上表　蔡忠惠集 20/5a
杭州謝上表　蔡忠惠集 20/9a　播芳文粹 28/21a
謝加勳表　蔡忠惠集 20/11a　播芳文粹 21/15b
謝賜曆日表　蔡忠惠集 20/12a
謝恤刑表　蔡忠惠集 20/14a　播芳文粹 38/3b
謝廣東運使表　金氏集/下/1a
謝再任廣東運使表　金氏集/下/1b
江西提刑落權字謝表　金氏集/下/2a
陳州謝到任表　古靈集 3/1a
上皇帝謝表　韓南陽集 19/5a
上皇太后謝表　韓南陽集 19/5b
上皇后謝牋　韓南陽集 19/6b
上皇帝謝表　韓南陽集 21/3a
上皇太后謝表　韓南陽集 21/3b
上皇后謝牋　韓南陽集 21/4b
上皇帝謝賜生日物狀　韓南陽集 21/5b
謝皇太后箋記　韓南陽集 21/8a
謝聽徹論語賜物表　韓南陽集 21/9a
謝賜陳書表　韓南陽集 21/11a
謝賜隋書表　韓南陽集 21/12b
上皇帝謝賜生日物吊　韓南陽集 21/13b
上皇太后　韓南陽集 21/14a
上皇后牋　韓南陽集 21/14b
謝宣召入院狀　韓南陽集 27/1a
謝對賜奏狀　韓南陽集 27/1b
謝恩箋記　韓南陽集 27/2a
謝勅設奏狀　韓南陽集 27/2b
知襄州謝表　韓南陽集 27/3a
知許州謝表　韓南陽集 27/4a
謝提舉崇福宮表（1－2）　韓南陽集 27/8b－9a
謝免明堂陪位表　韓南陽集 27/10b
知潁昌府謝表　韓南陽集 27/11a
知潁昌府謝恤刑表　韓南陽集 27/12a
謝勅特置不問表　韓南陽集 27/14a
謝免均州居住表　韓南陽集 27/14b
爲楊侍讀謝官表　丹淵集 27/8b
謝就差知興元府表　丹淵集 28/1a

興元府謝上任表　丹淵集 28/2b
洋州謝到任表　丹淵集 28/3a
陵州謝上任表　丹淵集 28/4b
謝復官表　丹淵集 28/5b
謝轉官表　丹淵集 28/6b
謝賜曆日表　丹淵集 28/7b
謝賜曆日表　丹淵集 28/8a
謝賜曆日表　丹淵集 28/9a
爲林大卿轉官表　丹淵集 28/9b
爲夏官苑郡州上任表　丹淵集 28/11a
謝轉官表　丹淵集 28/11b
揚州謝上表　公是集 34/1a　宋文鑑 65/7b
謝加學士表　公是集 34/2b　宋文鑑 65/8a
謝中書舍人表　元豐稿 27/1a　播芳文粹 16/17b
齊州謝到任表　元豐稿 27/2a　播芳文粹 28/22a
襄州到任表　元豐稿 27/2b　播芳文粹 28/23a
洪州謝到任表　元豐稿 27/3a
福州謝到任表　元豐稿 27/4a　播芳文粹 28/24a
明州謝到任表　元豐稿 27/4b　播芳文粹 28/25b
亳州謝到任表　元豐稿 27/6b　播芳文粹 28/27b
謝賜唐六典表　元豐稿 27/11a　播芳文粹 38/22a
謝熙寧五年曆日表　元豐稿 28/1a
謝熙寧六年曆日表　元豐稿 28/1a
謝熙寧七年曆日表　元豐稿 28/1b
謝熙寧八年曆日表　元豐稿 28/2a
謝熙寧十年曆日表　元豐稿 28/2a
謝元豐元年曆日表　元豐稿 28/2b　宋文鑑 67/10a
謝元豐三年曆日表　元豐稿 28/3a
英宗實錄院謝賜御筵表　元豐稿 28/3b　播芳文粹 40/10b
代皇子延安郡王謝表　元豐稿 28/5b　播芳文粹 21/18b
代皇子延安郡王謝皇太后表　元豐稿 28/6a
代皇太子延安郡王謝皇后牋　元豐稿 28/6b
代宋敏求知絳州到任表　元豐稿 28/7b
代太平州知州謝到任表　元豐稿 28/8b
代太平州知州謝賜欽恤刑獄敕書表　元豐稿 28/9a
謝寶欽院賜硯紙筆墨表　元豐稿/補 2/15b
謝宣召入院奏狀　華陽集 7/1a
謝敕設奏狀　華陽集 7/1b
謝賜對衣金帶鞍轡馬奏狀（1－3）　華陽集 7/2a－3a
謝史院賜筆墨紙奏狀　華陽集 7/3b

奏議表狀二　諸表　謝表　1443

謝史院賜器幣奏狀　華陽集 7/4a
謝賜錫慶院乾元節齋筵奏狀　華陽集 7/4b
謝賜譯經院開堂御燕奏狀（1－2）　華陽集 7/5a－5b
謝賜上巳御燕奏狀　華陽集 7/5b
謝賜入伏早下奏狀　華陽集 7/6a
謝賜年節御燕奏狀二首　華陽集 7/6b
謝賜喜雪御燕奏狀　華陽集 7/7a
依御批授翰林承旨奏狀　華陽集 7/15b
謝兼端明殿學士表　華陽集 12/1a　播芳文粹 19/13b
謝賜修實錄獎諭手詔表　華陽集 12/1b　播芳文粹 37/5a
謝參知政事表　華陽集 12/2a　播芳文粹 15/16b
謝尚書左僕射表　華陽集 12/3a　播芳文粹 15/1a
謝門下侍郎監修國史表　華陽集 12/4a　播芳文粹 18/7a
謝南郊加恩表　華陽集 12/4b　宋文鑑 67/2a　播芳文粹 32/2b
謝賜入伏早下表（1－3）　華陽集 12/5a－6b　播芳文粹 37/18b－19b
謝太后撫問表（1－3）　華陽集 12/6b－7b　播芳文粹 37/7a－8a
謝皇帝撫問表（1－3）　華陽集 12/8a－8b　播芳文粹 37/8b－9b
謝賜生日表（1－22）　華陽集 12/9a－19b　宋文鑑 67/3a－3b　播芳文粹 40/21b－33a
謝宣召赴集英殿乾元節御宴筠記　華陽集 12/19b
謝賜生日禮物筠記　華陽集 12/20a
謝賜年節御宴筠記（1－2）　華陽集 12/20a－20b
謝宣召赴紫宸殿御宴筠記　華陽集 12/20b
謝宣召赴集英殿春宴筠記　華陽集 12/21a
中書謝春宴筠記　華陽集 12/21a
謝賜上巳瓊林苑御宴筠記　華陽集 12/21b
謝參知政事筠記　華陽集 12/21b
爲龐相公謝明堂禮成轉官表　傳家集 17/2b
爲龐相公謝明堂禮成轉官表　傳家集 17/2b　司馬溫公集 57/3b
爲文相公謝神道碑文表　傳家集 17/3b　司馬溫公集 57/5a
爲文相公謝賜神道碑文表　傳家集 17/3b　司馬溫公集 57/5a
爲龐相公謝官表　傳家集 17/7a　司馬溫公集 57/8a
爲文相公許州謝上表　傳家集 17/7b　司馬溫公集 57/8b

謝中冬衣襖表　傳家集 17/9a　司馬溫公集 57/10a
謝交趾獻奇獸賦表　傳家集 17/9b
謝二股河北流已閉賜獎諭敕書並對衣金帶鞍轡馬表　傳家集 17/13b　司馬溫公集 57/13b　播芳文粹 39/16a
謝賜資治通鑑序表　傳家集 17/15a　司馬溫公集 57/12b　播芳文粹 38/12a
知永興軍謝上表　傳家集 17/16a　司馬溫公集 57/14a　宋文鑑 65/9b　播芳文粹 24/6b
謝提舉崇福宮表　傳家集 17/22a　播芳文粹 34/14a
謝宣諭表　傳家集 17/25a　司馬溫公集 46/1a
謝門下侍郎表　傳家集 17/26a　播芳文粹 18/1b
上皇帝謝賜生日禮物表　傳家集 17/27a
上太皇太后謝賜生日禮物表　傳家集 17/27b　播芳文粹 40/34b
上皇帝謝轉正議大夫表　傳家集 17/29a　播芳文粹 22/14a
上太皇太后謝轉正議大夫表　傳家集 17/29b
謝起居減拜表　傳家集 17/30a　司馬溫公集 57/19b　播芳文粹 36/9b
謝賜銀絹表　傳家集 17/32b　播芳文粹 39/21a
謝生日賜羊酒米筠記　司馬溫公集 57/4a
皇帝夫人謝恩功德疏文　司馬溫公集 57/4b
皇后夫人謝恩功德疏文　司馬溫公集 57/4b
貴妃夫人謝恩功德疏文　司馬溫公集 57/4b
同天節謝錫慶院齋筵表　蘇魏公集 36/11a
謝重陽宴表　蘇魏公集 36/13b
謝改祠部員外郎表　蘇魏公集 37/1a
謝改度支員外郎表　蘇魏公集 37/1b
淮南轉運使謝上表　蘇魏公集 37/2b　宋文鑑 68/2a
潁州謝上表　蘇魏公集 37/3b
謝弟悅授秘閣校理表　蘇魏公集 37/4b
謝知制誥表　蘇魏公集 37/5b
蔡州謝上表　蘇魏公集 37/7a
亳州謝上表　蘇魏公集 37/7b
謝集賢院學士表　蘇魏公集 37/8b
南京謝上表　蘇魏公集 37/9b
杭州謝上表　蘇魏公集 38/1a
謝同修國史表　蘇魏公集 38/1b
謝賜國史院開局銀絹表　蘇魏公集 38/2b
謝賜筆墨紙表　蘇魏公集 38/3a
謝復諫議大夫表　蘇魏公集 38/3b
濠州謝上表　蘇魏公集 38/4a
謝男騤賜進士出身表　蘇魏公集 38/5a

滄州謝上表 蘇魏公集 38/6a
滄州謝傳宣撫問表 蘇魏公集 38/7a
謝復太中大夫表 蘇魏公集 38/7b
謝史部侍郎表 蘇魏公集 38/8b
謝賜對衣金帶表 蘇魏公集 38/9b
謝正議大夫表 蘇魏公集 38/10a
謝光祿大夫表 蘇魏公集 39/1a
謝降詔已除刑部尚書表 蘇魏公集 39/2a
謝除刑部尚書表（1－2） 蘇魏公集 39/2b－3b
謝賜對衣金帶表（1－2） 蘇魏公集 39/4a－4b
謝修史畢賜銀絹對衣金帶表 蘇魏公集 39/5a
謝史部尚書表（1－2） 蘇魏公集 39/5b－6b
謝兼侍讀表（1－2） 蘇魏公集 39/7b－8a
謝賜御筵並御書詩表 蘇魏公集 39/12a
謝翰林學士承旨表（1－2） 蘇魏公集 40/1a－2a
謝入院賜襲衣鞍馬等表（1－2） 蘇魏公集 40/3a－3b
謝尚書左丞表 蘇魏公集 40/7a
謝賜生日羊酒米麵表 蘇魏公集 40/8a
樞檮密院謝傳宣入伏早下表（1－2） 蘇魏公集 40/8b－9a
謝右僕射表（1－2） 蘇魏公集 41/5b－6b
謝集禧觀使表 蘇魏公集 42/2b
謝郊禮加恩表（1－2） 蘇魏公集 42/1a－1b
揚州謝上表 蘇魏公集 42/5b
揚州再任謝上表 蘇魏公集 42/9b
謝中太一宮使表 蘇魏公集 43/1a
謝郊禮加恩改封趙郡公表 蘇魏公集 43/2a
謝致仕表 蘇魏公集 43/3b
謝轉太子太保表 蘇魏公集 43/4a
謝曆日表（1－5） 蘇魏公集 43/6a－8a
謝賜六典表 蘇魏公集 43/9a
謝賜常平免役敕令表 蘇魏公集 43/9b
謝賜登極對衣銀絹表（1－2） 蘇魏公集 44/2a－3a
謝支賜表 蘇魏公集 44/6b
謝英宗皇帝即位大赦表 蘇魏公集 45/3a
謝敕書撫問表 蘇魏公集 45/4a
謝欽恤刑表（1－4） 蘇魏公集 45/15b－17a
明堂加恩謝哲宗皇帝表 蘇魏公集 46/2a
謝皇太后表 蘇魏公集 46/3a
謝皇太妃腆 蘇魏公集 46/3b
大寧郡王謝哲宗皇帝加恩表 蘇魏公集 46/11a

謝皇太后表 蘇魏公集 46/11b
謝皇太妃腆 蘇魏公集 46/12a
咸寧郡王謝哲宗皇帝加恩表 蘇魏公集 46/12a
謝皇太后表 蘇魏公集 46/13a
謝皇太妃腆 蘇魏公集 46/13b
普寧郡王謝哲宗皇帝加恩表 蘇魏公集 47/1a
謝皇太后表 蘇魏公集 47/1b
謝皇太妃腆 蘇魏公集 47/2a
祁國公謝哲宗皇帝加恩表 蘇魏公集 47/2b
謝皇太后表 蘇魏公集 47/3a
謝皇太妃腆 蘇魏公集 47/3b
賜玉帶謝表 臨川集 56/2a 王文公集 19/9a 播芳文粹 39/17a
詔進所著文字謝表 臨川集 56/2b 王文公集 20/3b
謝賜元豐敕令格式表 臨川集 56/3b 王文公集 20/2a
賜弟安國及第謝表 臨川集 56/4a 王文公集 18/16a
宋文鑑 66/5a 播芳文粹 32/15b
除弟安國館職謝表 臨川集 56/4b 王文公集 18/16b
播芳文粹 32/18a
除寄中允崇正殿說書謝表 臨川集 56/5a 王文公集 18/15a 宋文鑑 66/6b
除霄正言待制謝表 臨川集 56/6a 王文公集 18/18b
播芳文粹 20/10a
除知制誥表 臨川集 56/8b 王文公集 18/1b 宋文鑑 66/2b 播芳文粹 17/5b
知制誥知江寧府謝上表 臨川集 56/9b 王文公集 18/11a－12a 宋文鑑 66/3a 播芳文粹 24/14b
除翰林學士謝表 臨川集 56/10a 王文公集 18/2b
宋文鑑 66/4a 播芳文粹 17/12a
賜衣帶等謝表 臨川集 56/10b 王文公集 19/2a 宋文鑑 66/4b 播芳文粹 39/20a
勅設謝表 臨川集 56/11a 王文公集 19/8a
除參知政事謝表 臨川集 57/2a 王文公集 18/3b
播芳文粹 15/15b
除平章事監修國史謝表 臨川集 57/3b 王文公集 18/7a 播芳文粹 18/5b
遷入東府賜御筵謝表 臨川集 57/4b 王文公集 19/8b 宋文鑑 66/8b 播芳文粹 40/10a
觀文殿學士知江寧府謝上表 臨川集 57/5a 王文公集 18/11a－12a
除平章事昭文館大學士謝表 臨川集 57/6b 王文公集 18/5b 播芳文粹 15/20a
除左僕射謝表 臨川集 57/8b 王文公集 18/4b 播芳文粹 15/2a
封舒國公謝表 臨川集 58/1b 王文公集 18/9a 播芳

文粹 21/8a

除依前左僕射觀文殿大學士集禧觀使謝表
臨川集 58/2a 王文公集 18/8b

朱炎傳聖旨令視府事謝表 臨川集 58/2b 王文公集 19/4a 宋文鑑 66/12b

差弟安上傳旨令授敕命不須辭免謝表 臨川集 58/3a 王文公集 18/17b

孫珪傳宣許罷節鉞謝表 臨川集 58/3b 王文公集 19/4a

封荊國公謝表 臨川集 58/4a 王文公集 18/9b 播芳文粹 21/8b

詔免南郊陪位謝表 臨川集 59/5b 王文公集 18/14a 宋文鑑 66/14b

詔免明堂陪位謝表 臨川集 59/5b 王文公集 18/14b

加食邑謝表二道 臨川集 59/6a－6b 王文公集 18/ 10a－10b 宋文鑑 66/15b－13a 播芳文粹 21/14b 32/4a

賜生日禮物謝表五道 臨川集 59/6b－8a 王文公集 19/10b－11b 播芳文粹 40/15a－15b

給蔡卞假傳宣撫問謝表 臨川集 59/8b 王文公集 19/5a

李舜舉賜詔書藥物謝表 臨川集 59/9a 王文公集 19/6a

中使撫問謝表二道 臨川集 59/9b－10a 王文公集 19/6b 播芳文粹 37/16b

甘師顏傳宣撫問並賜藥謝表 臨川集 59/9a 王文公集 19/5b 播芳文粹 37/11b

賜湯藥謝表 臨川集 59/10a 王文公集 19/8a 播芳文粹 40/2a

中使傳宣撫問並賜湯藥及撫慰安國弟亡謝表
臨川集 59/10b 王文公集 19/12a

李友諒傳宣撫問及賜湯藥謝表 臨川集 59/10b 王文公集 19/13a

賜衣服銀絹等謝表 臨川集 59/11a 王文公集 19/ 10a

中使宣醫謝表 臨川集 59/11b 王文公集 19/7a

差張謂醫男雩謝表 臨川集 59/12a 王文公集 19/ 12b

賜曆日謝表二道 臨川集 59/12a－12b 王文公集 20/2b－3a 播芳文粹 39/3a

手詔令視事謝表 臨川集 60/9a 王文公集 19/2b 播芳文粹 35/22a

添差男旁勾當江寧府糧料院謝表 臨川集 60/ 10a 王文公集 18/18a

詔以所居園屋爲僧寺及賜寺額謝表 臨川集 60/10b 王文公集 19/14a

依所乞私田充蔣山太平興國寺常住謝表 臨川集 60/11a 王文公集 19/14b

常州謝上表 臨川集 61/6b 王文公集 18/12b 播芳文粹 27/32b

謝翰林學士箋記 臨川集 61/6b 王文公集 19/2a

謝宰相箋記 臨川集 61/6b 王文公集 20/17b

代鄆州韓資政謝表 臨川集 61/7b

代人上明州到任表 臨川集 61/9b 王文公集 18/13b

謝賜生日表 臨川集/拾遺 13b 王文公集 19/10b－11b

天慶節謝內中露香表 郡溪集 11/1b

天祺節謝內中露香表 郡溪集 11/1b

同天節謝內中露香表 郡溪集 11/1b

冬節內中露香表 郡溪集 11/2a

年節內中露香表 郡溪集 11/2a

知杭州謝到任表 郡溪集 11/3b

謝翰林學士表 郡溪集 11/4a

謝知制誥表 郡溪集 11/5a

謝賜對衣鞍轡馬表 郡溪集 11/5b

謝賜飛白書表 郡溪集 11/5b

代韓魏公謝曆日表 柯部集 15/1a－1b

代韓魏公謝進仁宗實錄賜詔獎諭表 柯部集 15/2a

代韓魏公北京謝上表 柯部集 15/2b

代韓魏公謝賜詔充相州表 柯部集 15/3a

代韓魏公遣使齎詔撫問及授大名府判兼河北安撫使表 柯部集 15/4a

代韓魏公謝再任表 柯部集 15/4b 宋文鑑 67/15b

代韓魏公謝加功臣食邑實封表（1－2） 柯部集 15/5b－6a

代韓魏公中使齎詔令赴闕朝見表 柯部集 15/6b

代韓魏公謝都知傳宣撫問並賜龍茶表 柯部集 15/7a

代韓魏公謝詔書撫問表 柯部集 15/7b

代韓魏公傳宣撫問表 柯部集 15/8a

代韓魏公傳宣撫問並賜湯藥表（1－2） 柯部集 15/8b－9a

代韓魏公謝詔書賜湯藥撫問表（1－2） 柯部集 15/9b－10a

代韓魏公謝賜藥物表 柯部集 15/10b

代韓魏公謝賜生日禮物表（1－2） 柯部集 15/ 11a－13a

代韓魏公謝生餼表 柯部集 15/13b

代韓魏公謝賜生日禮物表 柯部集 15/14a

代曾魯公謝加恩轉官表 柯部集 16/2b

代曾魯公謝男授龍圖閣直學士表 柯部集 16/

奏議表狀二 諸表 謝表

代曾魯公謝生日禮物表 柯部集 16/3b
代王君貺尚書北京謝上表 柯部集 16/4a
代王君貺尚書謝傳宣撫問表（1－2） 柯部集 16/5a－6a
代王尚書謝加食邑實封表 柯部集 16/6b
代王尚書謝添公使錢一千貫文表 柯部集 16/7b
代元給事謝加勳並食邑表 柯部集 16/8a
代王禹玉內翰謝兼侍讀學士表 柯部集 16/8b
代包孝肅公謝樞密副使表 柯部集 16/9a
代泗州盧郎中謝到任表 柯部集 16/10b
代馬察院謝表 柯部集 16/12a
代劉希道待制謝上表 柯部集 16/12b
代都運趙待制謝上表 柯部集 16/13b 宋文鑑 67/15a
代張景元龍圖知成都府謝上表（1－2） 柯部集 16/14a－15a
代漕使謝上表（1－2） 柯部集 16/15b－16a
代謝進和御詩獎諭表 柯部集 16/17a 宋文鑑 67/14a
謝進職表 柯部集 16/18a
代百官謝御筵並傳宣表 柯部集 16/19a
代謝生饌表 柯部集 16/19b
爲家兄謝除汝州狀 彭城集 24/14b
爲馮翰林入院謝對衣鞍轡馬狀 彭城集 24/16a
謝神宗御集表 彭城集 25/1a
兗州謝皇弟授泰州節度使表 彭城集 25/1b
謝中書舍人表 彭城集 25/3b
謝太皇太后表 彭城集 25/4a
京東運使謝上表 彭城集 25/5b
謝郊祀加恩表 彭城集 25/8a
謝封彭城縣開國男食邑表 彭城集 25/9a
封開國男謝太皇太后表 彭城集 25/9b
謝授官表 彭城集 25/11a
知蔡州謝上表 彭城集 25/14b
知襄州謝上表 彭城集 26/1a 宋文鑑 68/6b
知毫州謝上表 彭城集 26/1b 宋文鑑 68/5b
知兗州謝上表 彭城集 26/2b
爲韓七南雄州謝上表 彭城集 26/3b
爲王駕部汝州謝上表 彭城集 26/4a
爲韓龍圖汝州謝上表 彭城集 26/5a
爲大卿某廬州謝表 彭城集 26/6a
謝參知政事表 彭城集 26/9b

謝許令羅適知濟陰縣表 彭城集 26/10b
爲韓丞相謝生日禮物表（1－2） 彭城集 26/11b
爲趙參政謝生日禮物表 彭城集 26/12a
爲韓端明河陽謝上表 彭城集 26/12b
爲趙尚書謝官表 彭城集 26/13a
謝官表 彭城集 26/14a
爲韓端明謝除河陽表 彭城集 26/15a
爲韓持國謝知制誥表 彭城集 26/15b
安州通判到任表 范忠宣集 6/1a
信陽軍謝上表 范忠宣集 6/1b
謝換朝散大夫直集賢院表 范忠宣集 6/2b
河中府謝上表 范忠宣集 6/4a
慶州謝上表（1－2） 范忠宣集 6/5a－5b
謝給事中表（1－2） 范忠宣集 6/7a－7b
謝對衣金帶表（1－2） 范忠宣集 6/8b
謝賜萬年縣君冠帔表（1－2） 范忠宣集 6/9a－9b
謝賜御書表（1－2） 范忠宣集 6/11b
潁昌府謝上表 范忠宣集 6/12a
謝賜詔書表 范忠宣集 6/13b
永州謝表 范忠宣集 6/14b
謝復觀文殿大學士充中太一宮使表 范忠宣集 6/15a
謝賜詔書銀合茶藥表 范忠宣集 6/16a
謝賜銀絹宣醫表 范忠宣集 7/1a
謝歸潁昌私第表 范忠宣集 7/1b
謝賜國醫高章章服並批語表 范忠宣集 7/2b
謝復觀文殿大學士充中太一宮使乞免供職狀 范忠宣集 7/5b
謝牽復右正議大夫提舉崇福宮狀 范忠宣集 7/5b
謝春服表 西溪集 7(三沈集 2/61a)
謝冬服表 西溪集 7(三沈集 2/61a)
越州謝上表 西溪集 7(三沈集 2/64a) 宋文鑑 67/4a
謝賜曆日表 西溪集 7(三沈集 2/64b)
謝改官表 西溪集 7(三沈集 2/65a)
中書謝傳宣入伏早出狀 西溪集 7(三沈集 2/70b)
中書謝譯經院御筵狀 西溪集 7(三沈集 7/71a)
箋記 西溪集 7(三沈集 2/72b)
中書謝春宴箋記 西溪集 7(三沈集 2/72b)
中書謝譯經院御筵表 西溪集 7(三沈集 3/62a)
謝上表 西溪集 7(三沈集 3/65b)
謝知制誥表 長興集 13(三沈集 4/2a)
熙寧九年謝早出表 長興集 13(三沈集 4/4a)

奏議表狀二 諸表 謝表 1447

熙寧十年謝早出表　長興集 13(三沈集 4/4b)

除翰林學士謝宣召表　長興集 13(三沈集 4/5a)

除翰林學士箚記　長興集 13(三沈集 4/6a)

除翰林學士謝勅設表　長興集 13(三沈集 4/6b)

除翰林學士謝賜對衣鞍轡馬表　長興集 13(三沈集 4/7a)

謝復起居舍人充龍圖閣待制表　長興集 14(三沈集 4/8a)

延州謝到任表　長興集 14(三沈集 4/9b)

謝加恩表　長興集 14(三沈集 4/11b)

謝賜曆日表　長興集 14(三沈集 4/12b)

謝賜衣襖表　長興集 14(三沈集 4/13a)

謝傳宣獎諭表　長興集 14(三沈集 4/14a)

謝賜夏藥表　長興集 15(三沈集 4/16a)

謝賜戎服表　長興集 15(三沈集 4/17a)

謝轉龍圖閣直學士表　長興集 15(三沈集 4/18b)

謝賜夏藥表　長興集 15(三沈集 4/19b)

謝將士曲珍已下授官表　長興集 15(三沈集 4/20b)

謝賜對衣表　長興集 15(三沈集 4/21a)

隨州謝表　長興集 15(三沈集 4/22a)

謝諭授秀州團練副使表(1-2)　長興集 16(三沈集 4/23a-24a)

秀州謝表(1-2)　長興集 16(三沈集 4/25a-25b)

謝進守令圖賜絹表(1-2)　長興集 16(三沈集 4/28b-29a)

謝分司南京表　長興集 16(三沈集 4/30a)

謝監衢州鹽倉表　忠肅集 1/6b 宋文鑑 68/4a 播芳文粹 33/7a

謝滑州到任表　忠肅集 1/7b 播芳文粹 28/1a

謝御史中丞表　忠肅集 1/8a

上太皇太后謝御史中丞表　忠肅集 1/8b 播芳文粹 18/1a

謝尚書右丞表　忠肅集 1/10a 播芳文粹 18/21b

上太皇太后謝尚書右丞表　忠肅集 1/10b

謝尚書左丞表　忠肅集 1/12a 播芳文粹 18/19a

上太皇太后謝尚書左丞表　忠肅集 1/12b 播芳文粹 18/20a

謝門下侍郎表　忠肅集 1/14a 播芳文粹 18/4a

上太皇太后謝門下侍郎表　忠肅集 1/14b 播芳文粹 18/5a

謝右僕射表　忠肅集 1/17a 播芳文粹 15/3a

上太皇太后謝右僕射表　忠肅集 1/18a 播芳文粹 15/4a

謝賜資治通鑑表　忠肅集 2/1a 播芳文粹 38/14a

謝生日賜羊酒米麵表七首　忠肅集 2/1b-4a 播

芳文粹 40/16b-19b

謝生日賜器幣鞍馬表　忠肅集 2/4b 播芳文粹 40/20a

謝鄆州到任表　忠肅集 2/6b 播芳文粹 28/2a

謝青州到任表　忠肅集 2/8b 宋文鑑 68/5a 播芳文粹 28/3a

謝分司蘄州居住表　忠肅集 2/11b 播芳文粹 33/16b

謝新州安置表　忠肅集 2/12b 播芳文粹 33/23b

代張安道南京謝表　忠肅集 2/12b

謝梓州路轉運副使表(1-2)　净德集 6/2b-3a

謝成都府路轉運副使表(1-2)　净德集 6/3b-4b

謝中書舍人表(1-2)　净德集 6/5b-6a

謝入伏早出表(1-2)　净德集 6/6b-7a

謝給事中表　净德集 6/9a

謝知陳州到任表　净德集 7/1a

謝知河陽州到任表　净德集 7/1b

謝知潞州到任表　净德集 7/2b

謝改職名表　净德集 7/3a

謝知梓州到任表　净德集 7/3b

謝責分司表　净德集 7/4b

謝責降南嶽廟表　净德集 7/5a

謝知卬州表　净德集 7/6a

謝授再知梓州表　净德集 7/7a

謝知梓州到任表　净德集 7/8a

謝致仕表　净德集 7/9b

謝濬州僉判表　二程集(明道)39/14a 宋文鑑 67/13a

謝復官表　二程集(伊川)45/3a

謝管勾崇福宫狀　二程集(伊川)45/25a

謝賜曆日表　錢塘集 1/24a

利州路轉運判官謝上表皇帝　錢塘集 10/1a

利州路轉運判官謝上表太皇太后　錢塘集 10/1b

福建運判謝上表　錢塘集 10/4a

謝恤刑詔書表　錢塘集 10/5a

代楊侍郎謝授寶文閣待制知廬州表(皇帝)　錢塘集 10/6b

代楊侍郎謝授寶文閣待制知廬州表太(皇太后)　錢塘集 10/7b

知廬州到任謝上表(皇帝)　錢塘集 10/8a

知廬州到任謝上表(太皇太后)　錢塘集 10/9a

夔路提刑謝上表　錢塘集 10/10a

謝賜曆日表(1-4)　錢塘集 10/11a-12b

謝中使傳宣撫問表(1-2)　錢塘集 10/12b-13b

謝恤刑敕書表(1-2) 錢塘集 10/13b-14b
謝轉官加勳表 錢塘集 10/16b
明州謝上表 錢塘集 10/18b
謝傳宣告諭表 錢塘集 10/21b
謝轉朝議表 錢塘集 10/22b
謝致仕表 錢塘集 10/25a
又代陳少卿表 錢塘集 10/28a
代陳少卿謝宣賜曆日表 錢塘集 10/28b
代張郎中謝轉官表 錢塘集 10/29b
謝傳宣撫問表 錢塘集 10/30b
謝宣賜曆日表 錢塘集 10/31a
白溝謝御筵奏狀 錢塘集 12/6b
新城謝撫問表 錢塘集 12/6b
燕京謝酒果奏狀 錢塘集 12/7a
檀州謝賜湯藥表 錢塘集 12/7a
中京謝皮褐衣物等表 錢塘集 12/7b
謝簽賜酒食奏狀 錢塘集 12/7b
謝館宴奏狀 錢塘集 12/7b
謝合食酒果奏狀 錢塘集 12/8a
謝生餼奏狀 錢塘集 12/8a
謝射弓御筵奏狀 錢塘集 12/8a
謝春盤幡勝奏狀 錢塘集 12/8a
謝餞筵奏狀 錢塘集 12/8b
新城謝撫問表 錢塘集 12/10b
謝白溝御筵奏狀 錢塘集 12/11b
燕京謝酒果奏狀 錢塘集 12/11b
檀州謝湯藥表 錢塘集 12/12a
謝賜毛褐衣物表 錢塘集 12/12a
謝館宴奏狀 錢塘集 12/12b
謝簽賜酒食狀 錢塘集 12/12b
謝合食酒果狀 錢塘集 12/12b
謝春盤幡勝狀 錢塘集 12/12b
謝生餼奏狀 錢塘集 12/13a
謝射弓御筵奏狀 錢塘集 12/13a
謝餞筵奏狀 錢塘集 12/13a
准備謝觀打毬表 錢塘集 12/13a
白溝謝御筵狀 錢塘集 12/14b
新城謝撫問表 錢塘集 12/15a
燕京謝酒果奏狀 錢塘集 12/15a
檀州謝湯藥表 錢塘集 12/15a
中京謝皮褐衣物等表 錢塘集 12/15b
謝館宴奏狀 錢塘集 12/15b
謝簽賜食奏狀 錢塘集 12/16a

謝合食酒果奏狀 錢塘集 12/16a
謝生餼奏狀 錢塘集 12/16a
謝射弓御筵奏狀 錢塘集 12/16a
謝春盤幡勝奏狀 錢塘集 12/16b
謝餞筵奏狀 錢塘集 12/16b
准備謝觀打毬表 錢塘集 12/18b
謝加恩表 王魏公集 5/2b
謝明堂加恩表 王魏公集 5/2b
謝荊公配饗表 王魏公集 5/3b
謝知制誥表 王魏公集 5/4b
謝賜茶藥撫問表 王魏公集 5/5a
謝賜湯藥撫問表 王魏公集 5/5b
謝覃恩轉官表 王魏公集 5/6a
謝生日錫賜表(1-2) 王魏公集 5/6b-7a
喜雪御筵謝表 王魏公集 5/11b
謝右丞表 王魏公集 5/12a
謝左丞表 王魏公集 5/13a
舒州謝上表 王魏公集 5/18a
宣州謝上表 王魏公集 5/19a
青州謝上表 王魏公集 5/19a
江寧府謝上表 王魏公集 5/19b
揚州謝上表 王魏公集 5/20a
蔡州謝上表 王魏公集 5/20b
秋宴劄記 王魏公集 5/23b
密州謝上表一首 蘇東坡全集 25/2a
徐州謝上表一首 蘇東坡全集 25/3a 宋文鑑 68/7b
徐州謝獎諭表一首 蘇東坡全集 25/3b
湖州謝上表一首 蘇東坡全集 25/5a
到黃州謝上表一首 蘇東坡全集 25/5b
謝失覺察妖賊放罪表一首 蘇東坡全集 25/6b
宋文鑑 68/8b
謝量移汝州表一首 蘇東坡全集 25/8a
到常州謝表二首 蘇東坡全集 25/10a-11a
登州謝上表二首 蘇東坡全集 25/11b-12a
謝中書舍人表二首 蘇東坡全集 25/14a-15a 播芳文粹 16/19a
謝宣召入院狀二首 蘇東坡全集 25/16b-17a 宋文鑑 68/9b
謝翰林學士表二首 蘇東坡全集 25/18a 播芳文粹 17/18a
謝對衣金帶馬表二首 蘇東坡全集 25/18b-19a
劄記二首 蘇東坡全集 25/19b-20a
謝除侍讀表二首 蘇東坡全集 25/20b-21a 宋文鑑 68/10a 播芳文粹 21/2a

謝賜御書詩表一首 蘇東坡全集 25/21b
謝三伏早出院表一首 蘇東坡全集 25/22a
謝除龍圖閣學士表二首 蘇東坡全集 26/2a－2b
　播芳文粹 19/18b
謝賜對衣金帶馬表二首 蘇東坡全集 26/3a－3b
　宋文鑑 68/15a
箚記二首 蘇東坡全集 26/4a－4b
杭州謝上表二首 蘇東坡全集 26/4b－5a
杭州謝放罪表二首 蘇東坡全集 26/5b－6b 宋文
　鑑 68/11a
謝賜曆日詔書表二首 蘇東坡全集 26/8a
謝宣召入學士院二首 蘇東坡全集/後 12/4a－4b
　播芳文粹 17/15b－16b
謝賜對衣金帶馬狀二首 蘇東坡全集/後 12/5b－
　6a
箚記二首 蘇東坡全集/後 12/6b－7a
謝兼侍讀表二首 蘇東坡全集/後 12/7b－8a 播芳
　文粹 19/9a－10a
謝三伏早休表二首 蘇東坡全集/後 12/9a
謝除龍圖閣學士知潁州表二首 蘇東坡全集/後
　12/9b－10a
謝賜對衣金帶馬狀二首 蘇東坡全集/後 12/10b－
　11a
潁州謝到任表二首 蘇東坡全集/後 12/11b－12a
謝賜曆日表二首 蘇東坡全集/後 12/16a－16b 宋文
　鑑 68/12b
揚州謝到任表二首 蘇東坡全集/後 12/17a－17b
謝賜恤刑詔書表二首 蘇東坡全集/後 12/18a－18b
謝除兵部尚書賜對衣金帶馬狀（1－2） 蘇東
　坡全集/後 13/2a－2b
謝兼侍讀表（1－2） 蘇東坡全集/後 13/3a－3b
謝除兩職守禮部尚書表（1－2） 蘇東坡全集/後
　13/5b－6a
謝賜對衣金帶馬狀 蘇東坡全集/後 13/7b－8a
箚記（1－2） 蘇東坡全集/後 13/8b－9a
定州謝到任表 蘇東坡全集/後 13/9a
謝賜曆日表 蘇東坡全集/後 13/10a
謝賜衣襖表 蘇東坡全集/後 13/11a
到惠州謝表 蘇東坡全集/後 13/12a
到昌化軍謝表 蘇東坡全集/後 13/12b
提舉玉局觀謝表 蘇東坡全集/後 13/13a 宋文鑑 68/
　15b
謝御膳表 蘇東坡全集/續 9/41b
謝宣諭劄子 蘇東坡全集/奏議 13/25b
代謝衣襖表 畫墁集 6/6b

謝入伏早出表二首 樂城集 47/3a－4a
謝坤成齋筵狀二首 樂城集 47/4a
謝講徹論語賜燕狀二首 樂城集 47/4a－4b
賀雪御筵謝狀二首 樂城集 47/4b
謝除中書舍人表二首 樂城集 48/1a－3a 宋文鑑
　69/12a 播芳文粹 16/22b
謝除户部侍郎表二首 樂城集 48/3a－4b 播芳文
　粹 16/5a
謝對衣金帶表二首 樂城集 48/4b－5b
謝翰林學士宣召狀二首 樂城集 48/5b－7b 播芳
　文粹 17/17a
謝賜對衣金帶鞍馬狀三首 樂城集 48/7b－9a
南京謝頒曆表 樂城集 49/7b
張公謝南郊加恩表 樂城集 49/8a
謝勅設狀二首 樂城集 48/9a－9b
箚記二首 樂城集 48/9b－10a
謝除龍圖閣學士御史中丞表 樂城集 48/10b 播
　芳文粹 18/14b
謝除尚書右丞表二首 樂城集 48/11b－13a 宋文
　鑑 69/13a 播芳文粹 18/20b
生日謝表二首 樂城集 48/13b－14b
箚記 樂城集 48/14b
陳州張公安道謝批答表二首 樂城集 49/1a－2b
齊州李肅之議謝謝表 樂城集 49/2b
代李諫議謝免罪表 樂城集 49/3b
南京張公安道免陪祀表 樂城集 49/4a
張公謝免陪祀表 樂城集 49/5a
龔諫議謝青州帥表 樂城集 49/9a
陳汝義學士南京謝表 樂城集 49/10a
南京留守謝減降德音表 樂城集 49/10b
張舜諫議南京謝表 樂城集 49/11b
張公謝致仕表 樂城集 49/14b
滕達道龍圖蘇州謝上表二首 樂城集 49/16a
元祐七年生日謝表二首 樂城集/後 17/1a
箚記 樂城集/後 17/2a
元祐八年生日謝表二首 樂城集/後 17/2b
箚記 樂城集/後 17/3b
謝太中大夫門下侍郎表二首 樂城集/後 17/6a
　播芳文粹 18/2b
謝南郊加恩表二首 樂城集/後 17/9b 播芳文粹 32/
　4b
汝州謝上表 樂城集/後 18/1a
分司南京到筠州謝表 樂城集/後 18/1b
雷州謝表 樂城集/後 18/3b

奏議表狀二　諸表　謝表

移岳州謝狀　樂城集/後 18/4b
復官官觀謝表　樂城集/後 18/4b
降朝請大夫謝表　樂城集/後 18/6b 宋文鑑 69/14b
謝復墳寺表　樂城集/後 18/7a
謝復官表二首　樂城集/後 18/8a
奏知狀　范太史集 4/3a
謝賜銀狀　范太史集 4/3a
奏爲將到臣叔祖鎭謝恩表狀　范太史集 4/3b
謝講論語畢賜燕表　范太史集 4/3b
又謝賜御書詩表　范太史集 4/4a
謝開寶錄院賜燕表　范太史集 4/5b
謝太皇太后表　范太史集 4/6a
謝開寶錄院賜銀絹表　范太史集 4/6b
謝太皇太后表　范太史集 4/7a
謝開寶錄院賜硯墨筆紙表　范太史集 4/7a
謝太皇太后表　范太史集 4/7b
謝諫議表　范太史集 4/15a
謝太皇太后表　范太史集 4/16a
謝給事中表　范太史集 5/4b
謝太皇太后表　范太史集 5/5a
謝禮部侍郎表　范太史集 5/12a
謝講尚書徹就東宮賜燕表　范太史集 5/13a
謝太皇太后表　范太史集 5/13b
謝翰林侍講學士表　范太史集 6/1b
謝太皇太后表　范太史集 6/2b
箚記（1－2）　范太史集 6/3b－4a
謝賜對衣金帶鞍馬表　范太史集 6/4b
謝太皇太后表　范太史集 6/5a
謝宣召入院表　范太史集 6/8b
謝太皇太后表　范太史集 6/9b
箚記（1－2）　范太史集 6/10a－10b
謝賜對衣金帶鞍馬表　范太史集 6/10b
謝太皇太后表　范太史集 6/11b
謝勑設表　范太史集 6/12a
謝除龍圖閣學士知陝州表　范太史集 6/15a
謝對衣金帶鞍馬表　范太史集 6/15b
箚記　范太史表 6/16a
陝州謝到任表　范太史集 6/16b
永州謝表　范太史集 6/19a
賀州謝表　范太史集 6/20a
代王君貺宣徽北京謝上表　范太史集 7/1a
謝敕書奬諭賜銀絹表（以下代司馬溫公）　范太史集 7/2a

謝再任崇福宮表　范太史集 7/2b
謝四任崇福宮表　范太史集 7/4a
謝表　范太史集 7/6a
謝太皇太后表　范太史集 7/6b
謝起居減拜表　范太史集 7/7a
謝表　范太史集 7/11a
謝太皇太后表　范太史集 7/12a
謝優禮表　范太史集 7/13a
爲司馬公休謝賜銀修碑樓表　范太史集 7/16a
爲司馬植謝賜錢營葬表　范太史集 7/16b
謝太皇太后表　范太史集 7/17b
謝詔書允所乞表　范太史集 8/4a
謝明堂加恩表　范太史集 8/6a
謝轉司徒表　范太史集 8/6b
謝男授閤門祗候表　范太史集 8/7b
代唐通直提點利州路刑獄謝上表　范太史集 8/12b
代楚待制謝再任崇福宮表　范太史集 8/13a
謝傳宣撫問表　范太史集 9/2b
謝山陵禮畢表　范太史集 9/3a
祔葬禮畢謝表　范太史集 9/3b
謝宣賜銀絹表　范太史集 9/4a
皇后賜絹謝皇帝表　范太史集 9/5b
謝德音表　范太史集 9/6a
謝傳宣撫問賜藥差醫官表　范太史集 9/8a
謝觀文殿學士正議大夫表　范太史集 9/10b
謝加開府判大名表（以下代韓康公）　范太史集 9/11b
謝太皇太后表　范太史集 9/12a
謝表　范太史集 9/14b
謝太皇太后表　范太史集 9/15a
北京謝上表　范太史集 9/15b
謝太皇太后表　范太史集 9/16a
謝賜六典表　范太史集 10/8a
謝皇后回賜狀　范太史集 10/11a
留司百官謝賜冬衣表　范太史集 10/14b
西京謝上表（以下代文潞公）　范太史集 11/1a
謝加食邑實封表　范太史集 11/2a
謝南安道授承事郎表　范太史集 11/2b
謝賜詩序表　范太史集 11/3a
謝遣中使賜詔不允表　范太史集 11/5b
謝遣中使賜詔不允表　范太史集 11/6a
謝遣中使賜詔不允斷來章表　范太史集 11/7a

奏議表狀二　諸表　謝表　1451

第四劄子謝遣中使賜詔不允斷來章表 范太史集 11/7b

謝賜生日禮物表 范太史集 11/9a

謝遣中使賜詔不允表 范太史集 11/11a

謝遣中使賜詔不允斷章表 范太史集 11/12a

謝遣中使賜詔不允斷來章表 范太史集 11/13b

謝四遣中使賜詔不允表 范太史集 11/14a

謝男及甥授史部員外郎表 范太史集 11/15a

謝賜生日禮物表 范太史集 11/16b

謝獎諭表 范太史集 11/17b

謝賜元豐六年曆日表 范太史集 12/1b

謝遣中使賜詔不允表 范太史集 12/3a

謝遣中使賜詔不允斷來章表 范太史集 12/5a

謝賜生日禮物表 范太史集 12/9a

謝男及甥賜緋表 范太史集 12/9b

謝辭免兩鎮節度批答不允表 范太史集 12/13a

謝授守太師致仕表 范太史集 12/14a

謝遣男史部員外郎及甥賜詔命並傳聖旨宣諭表 范太史集 12/15a

劄記 范太史集 12/15b

謝遣使賜詔許入觀表 范太史集 12/15b

謝男賠慶等轉官表 范太史集 12/16a

謝賜御筆詩表 宗伯集 9/2a

謝經徹賜宴表 宗伯集 9/2b

謝曆日表 宗伯集 9/3b

代丞相謝曆日表 宗伯集 9/5a

代夢□復舊官謝表 宗伯集 9/6a

代謝太皇太后表 宗伯集 9/7a

代到任謝皇帝表 宗伯集 9/7b

代謝太皇太后表 宗伯集 9/8a

代謝到任表 宗伯集 9/9a

謝加恩表 宗伯集 9/10a

代謝上表 宗伯集 9/11b

代得郡謝表 宗伯集 9/11b

代越州謝上表 宗伯集 9/12b

代信守到任謝表 宗伯集 9/13a

衡州鹽倉謝上表 自省集 6/4b

謝青州到任表 自省集 6/5a

代連州謝宣諭表 西塘集 7/1a

代韶州謝宣諭表 西塘集 7/1b

代謝太皇太后 西塘集 7/2a

代林丈錢監減年轉官謝表 西塘集 7/2b

代連州乙丑歲謝宣賜曆日 西塘集 7/3a

代太守謝宣賜曆 西塘集 7/3b

代謝太皇太后 西塘集 7/4a

代廖英州受子恩謝表 西塘集 7/4b

代林丈再任謝表 西塘集 7/4b

代柯丈謝單恩轉朝議表 西塘集 7/5b

代太守謝泉州到任 西塘集 7/6a

代到任謝表 西塘集 7/7a

代太守謝 西塘集 7/9a

代受州牧謝 西塘集 7/9b

代柯丈謝除龍圖知福州 西塘集 7/10a

謝資善堂修定說文書成賜銀絹表 陶山集 7/1a

謝中書舍人表 陶山集 7/1b

謝給事中表 陶山集 7/3a

謝賜對衣金帶表 陶山集 7/4a

謝入伏早出表 陶山集 7/4a

謝加天章閣待制表 陶山集 7/4b

謝太皇太后加天章閣待制表 陶山集 7/5a

謝轉左朝請郎表 陶山集 7/5b

潁州謝上表 陶山集 7/6a

謝賜元祐六年曆日表 陶山集 7/7a

鄧州謝上表 陶山集 7/7a

謝賜元祐七年曆日表 陶山集 7/8a

謝郊祀加恩表 陶山集 7/8b

江寧府謝上表 陶山集 7/9a

謝賜元祐八年曆日表 陶山集 7/10a

謝落龍圖閣待制表 陶山集 7/10a

謝特許任知州差遣表 陶山集 7/11a

泰州謝上表 陶山集 7/11b

謝賜紹聖三年曆日表 陶山集 7/12b

海州謝上表 陶山集 8/1a

謝復集賢殿修撰表 陶山集 8/2a

蔡州謝上表 陶山集 8/3a

謝史部侍郎表 陶山集 8/6a

謝皇太后表 陶山集 8/6b

謝權史部尚書表 陶山集 8/7a

謝充欽聖憲肅皇太后欽慈皇太后山園陵禮儀使放罪表 陶山集 8/8a

謝試史部尚書表 陶山集 8/9a

謝尚書右丞表 陶山集 8/10b

謝尚書左丞表 陶山集 8/11b

謝賜生日禮物表 陶山集 8/12a

謝冬祀加恩表 陶山集 8/13b

亳州謝上表 陶山集 8/14a

謝賜崇寧二年曆日表　陶山集 8/14b
江淮提點謝到任表　朝散集 10/2a
衢州謝到任表　朝散集 10/2b
饒州居任謝表　朝散集 10/2b
敘復朝奉大夫謝表　朝散集 10/3a
謝崇寧曆日表　朝散集 10/3b
永興提刑謝表　朝散集 10/4a
謝恤刑表二首　朝散集 10/4b
謝宮觀表　朝散集 10/5b
罷散御筵謝太皇太后表　朝散集 10/6b
代都水謝表　朝散集 10/6b
代熊伯通滁州謝表　朝散集 10/7b
代廣州謝上表　朝散集 10/8b
代謝曆日表　朝散集 10/9b
代謝到任表　朝散集 10/10a
代謝復職表　朝散集 10/10b
謝賜詩表　演山集 25/7b
謝賜燕表　演山集 25/8a
謝除兵部侍郎表　演山集 26/3b
謝除正任兵部侍郎表　演山集 26/4b
謝除禮部侍郎表　演山集 26/5a
謝除潁昌府表　演山集 26/9a
謝除知青州表　演山集 26/10a
謝賜曆日表　演山集 26/10b
謝賜神宗皇帝御集表　演山集 26/11b
謝除知廬州表　演山集 27/4a
謝除知鄆州表　演山集 27/4b
謝宮觀表　演山集 27/5a
謝贐金表　演山集 27/6a
謝轉朝奉大夫表　演山集 27/7b
謝再任宮觀表　演山集 27/8a
謝除知福州表　演山集 27/9b
謝賜貢舉勅令表　演山集 28/1a
謝賜曆日表（1－2）　演山集 28/1b－3a
謝賜五禮新儀表　演山集 28/3a
謝賜元圭批答表　演山集 28/7a
謝除龍圖閣學士表　演山集 28/10a
代孫莘老謝御史中丞表二首　豫章集 20/4a
代李野夫亳州謝上表二首　豫章集 20/5a－6a
謝黔州安置表　豫章集 20/9a
謝告諭表　樂靜集 12/3a
謝永興路提刑到任表　樂靜集 13/2b　播芳文粹 26/3a

謝京東西路提刑到任表　樂靜集 13/4a　播芳文粹 26/4b
謝移京東東路提刑到任表　樂靜集 13/5a　播芳文粹 26/5b
知滄州謝上表　樂靜集 13/6b　播芳文粹 33/13a
謝落秘閣校理表　樂靜集 13/7b
謝降授承議郎表　樂靜集 13/8b　播芳文粹 33/15b
謝復官表　樂靜集 13/9a　播芳文粹 34/4a
謝出籍表　樂靜集 13/10a　播芳文粹 33/25a
謝八寶赦轉官表　樂靜集 13/11a
代知徐州馬大夫謝上表　樂靜集 14/9a
謝賜茶並竹絲方團表　北澗集 5/1a
競州謝上表　北澗集 5/1b
謝史成受朝奉郎表　曲阜集 3/9b　宋文鑑 70/3a
陳州謝上表　曲阜集 3/11a　宋文鑑 70/4b
南京謝上表　曲阜集 3/12b,14a　宋文鑑 70/7a
徐州謝上表　曲阜集 3/13b　宋文鑑 70/8a
南京謝上表　曲阜集 3/15a　宋文鑑 70/8b
宣州謝上表　曲阜集 3/15a
謝賜曆日表　西臺集 2/1b
河東提刑謝到任表　西臺集 2/2b
秦鳳提刑到任謝表　西臺集 2/3b
永興提刑謝到任表　西臺集 2/4a
謝落權字表　西臺集 2/4b
耀州謝到任表　西臺集 2/5b
耀州謝免勘表　西臺集 2/6a
鄭州謝到任表　西臺集 2/7a
京東運副謝到任表　西臺集 2/8a　宋文鑑 69/7b
淮南運使到任謝表　西臺集 2/8b
謝牽復監嵩山中嶽廟表　西臺集 2/9a
謝除宮觀表　西臺集 2/10a
謝提舉崇福宮表　西臺集 2/10b
謝提舉鴻慶宮表　西臺集 2/11a
代司馬溫公上太皇太后謝賜生日禮物表　西臺集 2/12a
代傅欽之謝御史中丞表　西臺集 2/12b
代人謝復直集賢院表　西臺集 2/16a
代人謝罷恩轉官表　西臺集 2/17a
代人上太皇太后表　西臺集 2/17b
代人謝恩命表　西臺集 2/18a
代人上太皇太后表　西臺集 2/18b
代人謝恩命表　西臺集 2/19a
代人謝復職表　西臺集 2/20a

代人謝進職表 西臺集 2/20b
代范忠宣謝除給事中表 西臺集 3/1a
代范忠宣謝給事中兼侍講表 西臺集 3/2a
代范忠宣上太皇太后謝同知樞密院表 西臺集 3/3b
代范忠宣謝登庸表 西臺集 3/8a
代范忠宣謝明堂加恩表 西臺集 3/11a
代范忠宣謝加恩表 西臺集 3/12a
代范忠宣謝賜姪萬年縣君冠帔表 西臺集 3/16b
代范忠宣謝賜生日禮物表 西臺集 3/18a
代范忠宣謝并州到任表 西臺集 3/18b
代范忠宣謝賜醫官章服表 西臺集 3/19a
代范右丞謝再出知潁昌表 西臺集 3/19b
代范右丞謝潁昌到任表 西臺集 3/20b
代宰相以下謝賜新修都城記表 龍雲集 2/3a
代陳度文楚州謝皇帝表 龍雲集 11/1a
代陳度文楚州謝太皇太后表 龍雲集 11/2a
代江西轉運副使謝皇帝表 龍雲集 11/4a
代江西轉運副使謝太皇太后表 龍雲集 11/5a
謝賜元祐編敕表·皇帝表 龍雲集 11/5b
謝賜元祐編敕表·太皇太后表 龍雲集 11/6a
謝賜元祐編敕表·皇帝表 龍雲集 11/7a
謝賜元祐編敕表·太皇太后表 龍雲集 11/7b
謝移湖南表代京本作湖南上任表·皇帝表 龍雲集 11/10a
謝移湖南表代京本作湖南上任表·太皇太后表 龍雲集 11/11a
代蘄守謝上表 淮海集 26/4a
代謝敕書獎諭表 淮海集 27/1a
代謝加勳封表 淮海集 27/1b
代工部文侍郎謝表 淮海集 27/2b
代中書舍人謝表孫君孚撰 淮海集 27/3a
代中書舍人謝上表 淮海集 27/4a
代南京謝上表 淮海集 27/4b
代中書舍人謝上表 淮海集 27/5a
代謝曆日表 淮海集 27/5b
代蘄州守謝上表 淮海集/後 5/1a
賜表謝表 寳晉集補 3b
謝賜宸翰上表 寳晉集補 7b
代謝西川提點刑獄表 後山集 18/1a
代謝賜曆日表 後山集 18/2a
代謝變路提點刑獄表 後山集 18/2b

代謝賜恤刑表 後山集 18/3a
代賀册皇后表 後山集 18/3b
代謝曆日表 後山集 18/3b
謝賜校定資治通鑑表 鷄肋集 54/12b
哲宗實録開院謝賜銀絹表 鷄肋集 54/13b
哲宗實録開院謝賜筆硯紙墨表 鷄肋集 54/14a
代范祖禹等實録開院謝賜物表（1－4） 鷄肋集 54/15a－16b
代范右丞謝賜生日禮物表 鷄肋集 54/16b
齊州謝賜曆日表 鷄肋集 54/17a
河中府謝曆日表 鷄肋集 54/18a
謝賜春衣表 鷄肋集 54/18b
代北京留守謝春衣表 鷄肋集 54/19a
齊州謝到任表 鷄肋集 55/1a
南京謝到任表 鷄肋集 55/2a
亳州謝到任表 鷄肋集 55/3b
信州謝到任表 鷄肋集 55/4b
河中府謝到任表 鷄肋集 55/5b
湖州謝到任表 鷄肋集 55/6b
謝得請南京鴻慶宮表 鷄肋集 55/7a
謝得請江州太平觀表 鷄肋集 55/8a
泗州謝上表 鷄肋集 55/8b
代河北提刑王朝散謝上表 鷄肋集 55/9b
代朔漳賽侍郎謝獎諭表 鷄肋集 55/10b
代朔漳李楚老謝獎諭表 鷄肋集 55/11b
代北京謝太皇太后垂簾戒飭官吏表 鷄肋集 55/12a
代朔漳賽周輔除侍郎表 鷄肋集 55/12b
代濮守韓太中授官表 鷄肋集 55/14a
代劉中書謝加勳封表 鷄肋集 55/14b－16a
代劉門下謝表 鷄肋集 55/16a
代司馬康子植謝應副葬事表（1－2） 鷄肋集 55/18a－19a
謝除邇英殿說書 龜山集 3/1a 南宋文範 27/1a
謝除諫議大夫兼侍講 龜山集 3/1b
謝賜詔乞致仕不允表 龜山集 3/2b
謝除待制表 龜山集 3/3a
謝除工部侍郎表 龜山集 3/4b
謝賜詔乞出不允表 龜山集 3/5b
謝除侍講表 龜山集 3/6a
謝除龍圖閣直學士表 龜山集 3/6b
謝轉官致仕表 龜山集 3/7b
謝得請表 張右史集 43/4b 播芳文粹 35/21b

謝太皇表 張右史集 43/6a

謝宣賜曆日表 張右史集 43/7a 播芳文粹 39/5b

謝欽恤刑表 張右史集 43/7b 播芳文粹 38/4a

謝明堂赦書表 張右史集 43/8b 播芳文粹 7/32b

黃州謝到任表 張右史集 43/9a

黃州安置謝表 張右史集 43/10a

謝親札令縱遣敵使表 宗忠簡集 2/9b

除京城留守兼開封尹謝賜對衣金帶表 宗忠簡集 2/10a

謝降詔獎諭表 宗忠簡集 2/11a

謝中使傳宣撫諭表 宗忠簡集 2/12a

謝收捕開封府稱御前收買珠玉仍出榜告諭都人表 宗忠簡集 2/12b

謝除資政殿學士進階朝奉大夫表 宗忠簡集 2/13b

謝賜對衣鞍馬表 宗忠簡集 2/15a

謝傳宣撫諭並賜茶藥表 宗忠簡集 2/15b

謝罷中書舍人表 嵩山集 3/48a

代汾州知州董佐司謝到任表 雲溪集 27/4a

漳州謝賜政和三年紀元曆日表 雲溪集 27/6a

謝復任表 滿水集 2/1b

謝直秘閣表 滿水集 2/5b

謝賞功表 滿水集 2/6a

謝冀州到任表 滿水集 2/7a

謝變州到任表 滿水集 2/7b

謝賜茶藥表 滿水集 2/8a

謝熙河路轉運使到任表 滿水集 2/8b

謝京西轉運副使到任表 滿水集 2/9b

代人京兆謝上表 滿水集 2/10b

謝先公復官表 學易集 5/4a

謝職名表 學易集 5/4b

謝加恩表 學易集 5/5a

謝昭雪表 學易集 5/5b 宋文鑑 71/3a

復官袁州監酒稅謝上表 道鄉集 19/1a

謝皇太后表 道鄉集 19/1b

筍記 道鄉集 19/2b

責授衡州別駕永州安置謝表 道鄉集 19/3a

叙復宣義郎謝表 道鄉集 19/4a

叙復宣德郎謝表 道鄉集 19/4b

改除越州謝表 道鄉集 19/5a

吏部侍郎謝表 道鄉集 19/5b 宋文鑑 71/4a

改除兵部侍郎謝表 道鄉集 19/6a

謝特復直龍圖閣表 道鄉集 19/7a

中書舍人謝表 道鄉集 9/7b

知江寧府謝表 道鄉集 9/8a

復叙許居常州謝表 道鄉集 9/8b 宋文鑑 71/5a

謝賜宴表 摘文集 10/10b

天寧節謝御筵表 摘文集 10/11a

謝賜政和元年曆日表 摘文集 11/2a

中書舍人謝表 摘文集 11/5a

謝再除中書舍人表 摘文集 11/5b

汝州謝表 摘文集 11/6a

謝復修撰表 摘文集 11/6b

謝除兼太子賓客表 摘文集 11/6b

謝傳宣入伏早下表 摘文集 11/7a

兵部侍郎謝表 摘文集 11/7a

謝除兵部尚書仍賜對衣金帶鞍轡馬表 摘文集 11/7b

集英殿春宴筍記三首 摘文集 12/4b

代謝賜曆日表 襄陵集 3/14b

代謝曆日表 襄陵集 3/15a

謝修哲宗寶訓成書轉官回授表 襄陵集 3/16a

謝除待制表 襄陵集 3/17a

謝除資政殿學士宮祠表 襄陵集 3/18a 南宋文範 27/1a

謝再任宮祠表 襄陵集 3/18b

謝再任宮祠表 襄陵集 3/19b

毫州到任謝追錄表 襄陵集 3/20a

謝賜金帶表 襄陵集 4/1a

謝轉官加食邑表 襄陵集 4/5a

天寧節謝御筵奏狀 襄陵集 7/1a

代人謝御製詩表 東堂集 5/4b

代人謝殿監賜對衣金帶表 東堂集 5/5b

代宋漕司謝上表 東堂集 5/6b

代郭守賀嘉禾表 浮沚集 1/13a

代郭守謝復職表 浮沚集 1/14a

饒州謝到任表 劉左史集 1/3b

謝賜曆日表 劉左史集 1/4a

期集謝賜錢 劉左史集 1/4a

謝復官表 竹隱集 8/2b

賜勞謝表 竹隱集 8/3a

代謝除侍讀表 竹隱集 8/8b

代謝兼侍讀表二首 竹隱集 8/9b

代謝賜詔書表 竹隱集 8/11a

代謝轉金紫表 竹隱集 8/11b

代謝除刑部尚書表 竹隱集 8/12b

代謝開封尹到任表 竹隱集 8/14a
鄂州謝表 竹隱集 8/15a
代杭州宇文侍郎謝到任表 竹隱集 8/16a
惠州謝復官表 眉山集 14/4a
謝曆日表代報提刑 眉山集 24/9b
到任謝上表代 眉山集 25/1a
八寶轉官謝表 跨鰲集 12/5b
代謝職名陞使表 跨鰲集 12/7a
代興元知府謝到任表 跨鰲集 12/8a
謝賜大晟樂表 跨鰲集 12/8b
謝特轉朝奉郎表 忠穆集 4/1a
謝特轉朝散郎表 忠穆集 4/2a
謝直秘閣表 忠穆集 4/3a
謝河北轉運副使表 忠穆集 4/4a
生日謝賜羊酒米麵表 忠穆集 4/5b
謝左僕射表 忠穆集 4/7b
謝兼湖南路營田大使表 忠穆集 4/9b
謝除男抗擢職名并姪挺改官表 忠穆集 4/10b
謝除依前特進尚書左僕射都督江淮兩浙荊湖軍事表 忠穆集 4/11b
謝特進觀文殿大學士提舉洞霄宮表 忠穆集 4/12b
謝賜御筆並乞官觀表（1－2） 忠穆集 4/14b－15b
謝傳宣撫問賜茶藥表 忠穆集 4/16b
謝封成國公加食邑表 忠穆集 4/18b
附呂擢謝表 忠穆集 8/13a
興化軍到任謝表 高峰集 3/1a
謝主管杭州洞霄宮表 高峰集 3/2a
除福州路提刑謝表 高峰集 3/3a
除吏部侍郎謝表 高峰集 3/4b
兼侍講謝表 高峰集 3/5b
除給事中謝表 高峰集 3/6a
給事中賜對衣金帶謝表 高峰集 3/7a
除刑部侍郎謝表 高峰集 3/8a
除徽獻閣直學士知漳州謝表 高峰集 3/8b
漳州到任謝表 高峰集 3/9a
謝明堂赦表 高峰集 3/12b
謝御史中丞表 高峰集 4/1a
謝工部尚書表 高峰集 4/2a
謝兼侍講表 高峰集 4/3a
謝提舉明道宮表 高峰集 4/4a
謝降官表 高峰集 4/4b
謝復朝奉大夫表 高峰集 4/7a
謝致仕表 高峰集 4/8b
代謝賜元圭御製批答並議狀表 高峰集 4/11a
代謝賜燕藥表 高峰集 4/12b
代謝曆日表 高峰集 4/15b
代謝賜曆日表 高峰集 4/17b
代謝敕表 高峰集 4/18b
代滿憲謝換官表 斜川集 4/5a 播芳文粹 22/18a
代崔憲謝降官表 斜川集 4/5b 播芳文粹 33/18b
代席帥謝除徽獻閣待制知成都表 斜川集 4/6a
代成都帥到任謝上表 斜川集 4/7a 播芳文粹 25/11a
謝提舉玉龍萬壽宮表 斜川集 4/8a
謝薦舉狀 斜川集 4/9a
代人除蜀漕表 横塘集 8/3a
謝御史中丞表 横塘集 8/3b
謝右丞表 横塘集 8/4b
謝賜物表（1－2） 横塘集 8/5b
代謝賜曆日表 横塘集 8/6a
癸州代謝曆日表 横塘集 8/6b
謝賜對衣金帶等物表 横塘集 8/6b
代人謝表 横塘集 8/7a
進奉天寧節功德疏謝書表 丹陽集 1/8a
進奉生擒睦賊栗魁馬謝詔書表 丹陽集 1/12a
謝收復燕雲進馬賜詔書表 丹陽集 1/12b
謝特賜謚光考清孝表 丹陽集 2/1a
謝降詔不允乞外任表 丹陽集 2/1b
休寧知縣謝上表 丹陽集 2/2a
大司成謝上表 丹陽集 2/2a
謝江州太平觀表 丹陽集 2/2b
謝復右文殿修撰表 丹陽集 2/3a
汝州到任謝表 丹陽集 2/3b
謝改寶豐縣名表 丹陽集 2/4a
爲輜奏曹馬俊公事放罪謝表 丹陽集 2/4a
謝除顯謨閣待制表 丹陽集 2/4b
湖州謝到任表 丹陽集 2/5a
鄂州謝上表 丹陽集 2/5a
再任湖州謝表 丹陽集 2/5b
謝除顯謨閣待制表 丹陽集 2/6a
謝賜曆日表五首 丹陽集 2/6b
代皇子謝授官表 丹陽集 2/8a
代謝賜名表 丹陽集 2/8b
代嗣濮王謝升等表 丹陽集 2/8b
代謝宣詔再入翰林表 丹陽集 2/9a

代謝不允乞外表　丹陽集 2/9b
代謝授官表　丹陽集 2/10a
代謝朝參減拜表　丹陽集 2/10b
代謝敕設表　丹陽集 2/11a
代兗州謝上表　丹陽集 2/11a
代沂州謝上表　丹陽集 2/11b
代謝賜御書千字表　丹陽集 2/11b
代謝對衣金帶馬表　丹陽集 2/12a
代高麗王謝賜太平御覽表　丹陽集 2/12a
中書樞密到狀　初傀集 3/28b
謝賜御製酒樽詩表狀　初傀集 3/29a
謝賜御詩狀　初傀集 3/30a
謝喜雪御筵奏狀　初傀集 3/30b
謝喜雪御筵箋記　初傀集 3/31a
謝除中書舍人表　初傀集 4/1a
謝除御史中丞表　初傀集 4/2a
謝除翰林學士承旨並宣召表　初傀集 4/3a
謝除顯謨閣待制表　初傀集 4/4b
謝除翰林學士並宣召表　初傀集 4/5a
謝除右丞表　初傀集 4/7a
謝除左丞表　初傀集 4/9b
帥燕到任表　初傀集 4/11a
謝知大名府表　初傀集 4/13a
謝除大資再任知大名府表　初傀集 4/14a
謝除檢校少保表　初傀集 4/14b
謝除檢校少師表　初傀集 4/17a
謝除檢校少傅表（1－2）　初傀集 4/18a－19a
乞外任不允謝表（1－2）　初傀集 4/20a－21a
謝乞外任詔書不允表　初傀集 4/21b
謝賜詔書不允表　初傀集 4/22a
謝乞宮祠不允賜詔表　初傀集 4/23a
謝降官表　初傀集 4/24a
謝復官表　初傀集 4/24b
謝落職宮祠表　初傀集 4/25a
謝差提舉崇福宮表　初傀集 4/25b
寶章閣學士提舉西京嵩山崇福宮謝表　初傀集 4/26a
謝魏王追封表代韓侍郎師美　初傀集 4/27b
謝韓魏王私録宣付史館表代韓侍郎師美　初傀集 4/28b
開德府謝上表代韓師賈　初傀集 4/29a
大名帥謝表　初傀集 4/30a
陝漕謝上表代席修撰貢　初傀集 4/31a
代張漕謝復官表　初傀集 4/31b
謝再復官表代　初傀集 4/32a
謝降官表代曹漕垣　初傀集 4/32b
謝降官表代沈漕純誠　初傀集 4/33a
謝降官表代張漕閎　初傀集 4/33b
謝降官表時麗太原帥　初傀集 4/34b
謝大觀改元赦表　初傀集 4/35a
謝星文赦表　初傀集 4/35b
謝八寶赦表　初傀集 4/36a
謝八寶轉官表　初傀集 4/36b
謝轉官表　初傀集 4/37a
謝賜御詩表　初傀集 4/38a
謝曆日表（1－4）　初傀集 4/38b－40a
謝賜詔書銀合茶藥表　初傀集 4/40b
謝賜詔銀茶合表　初傀集 4/41a
謝入伏早下表　初傀集 4/41b
謝賜對衣金帶鞍馬等表（1－3）　初傀集 4/42a－43a
謝辭生日羊酒麵表（1－2）　初傀集 4/43b－44a
謝賜器甲表　初傀集 4/45a
謝賜膃藥表　初傀集 4/45b
謝賜御書千字文表　初傀集 4/49a
謝賜御書神府表　初傀集 4/50b
謝宣賜御筆書明堂等字表　初傀集 4/52a
大名奏教成新樂表　初傀集 4/53b
又謝賜玄圭集議册表　初傀集 4/58a
代謝賜玉帶表　翟忠惠集 5/8b
謝除中書舍人表　翟忠惠集 5/9a
齊州到任謝表　翟忠惠集 5/10a
唐州到任表　翟忠惠集 5/11b
唐州罷任除宮觀表　翟忠惠集 5/12b
陳州到任表　翟忠惠集 5/13b
謝賜曆日表（1－2）　翟忠惠集 5/16a－16b
代謝拜太師表　翟忠惠集 5/17b
代謝賜第表　翟忠惠集 5/18b
謝幸新省賜手詔表　翟忠惠集 5/21a
宣州到任表　翟忠惠集 6/1a
廬州到任表　翟忠惠集 6/1b
密州到任表　翟忠惠集 6/2b
賜神霄宮敕表　翟忠惠集 6/6a
謝宮觀表　翟忠惠集 6/6b
謝致仕表　翟忠惠集 6/7a
謝落致仕再除宮觀表　翟忠惠集 6/8a

謝再除給事中罷職宮觀表 翟忠惠集 6/9a
代謝史成加恩表 翟忠惠集 6/11a
謝宣召入院表 翟忠惠集 6/15a
謝賜衣帶馬鞍表 翟忠惠集 6/16a
謝除顯謨閣學士知越州表 翟忠惠集 6/16b
謝除顯謨閣待制知宣州表 翟忠惠集 6/17b
越州到任表 翟忠惠集 6/18a
越州謝降官降職表 翟忠惠集 6/19b 南宋文範 27/9b
謝除龍學宮觀表 翟忠惠集 6/22a
謝翰林承旨筠記表 翟忠惠集 6/23a
謝穆清殿賜宴表 翟忠惠集 6/25a
謝復端明殿學士表 翟忠惠集 6/25b
謝復資政宮觀表 翟忠惠集 6/26b
謝到任表 建康集 5/1a 播芳文粹 31/13b
謝傳宣撫問賜茶藥表 建康集 5/1b
謝乞宮觀不允降詔表 建康集 5/2a
謝左大中大夫表 建康集 5/2b 播芳文粹 20/15b
謝資政殿大學士表 建康集 5/3b 播芳文粹 19/2a
謝大禮加封食邑表 建康集 5/5a 播芳文粹 21/22b
謝奏陳金賊退敗降詔獎諭表 建康集 5/5b 播芳文粹 37/17a
謝軍寨遣火放罪表 建康集 5/6b 播芳文粹 38/9b
謝傳宣撫問賜茶藥表 建康集 5/6b
謝再任表 建康集 5/7a 播芳文粹 31/15b
謝觀文殿學士表 建康集 5/8a 播芳文粹 19/8b
謝居民遣火待罪令安職表 建康集 5/8b 播芳文粹 38/10a
謝冬衣表 程北山集 20/2a
謝賜御書御畫並宣召觀書畫表 程北山集 20/6b
秀州謝上表 程北山集 20/7b 新安文獻 40/3b
中書舍人謝表 程北山集 20/10a
提舉江州太平觀謝表 程北山集 20/11b
集英殿修撰謝表 程北山集 20/13a
徽獻閣待制謝表 程北山集 20/14b 新安山獻 40/4a
代宣和殿學士表 程北山集 20/18a
謝除徽獻閣待制表 莊簡集 13/1b
謝知臨安府到任表 莊簡集 13/2b
除宮祠謝表 莊簡集 13/3b
除吏部尚書謝表 莊簡集 13/4b
賜對衣金帶鞍馬謝表 莊簡集 13/5a
謝知建康府到任表 莊簡集 13/6a 南宋文範 27/6b
復兩官謝表 莊簡集 13/7a

除顯謨閣直學士謝表 莊簡集 13/8a
謝知平江府到任表 莊簡集 13/9a
孟傳賜進士及第謝表 莊簡集 13/10a
除參知政事謝表 莊簡集 13/12a
瓊州安置謝表 莊簡集 13/12b
移昌化軍安置謝表 莊簡集 13/14a
量移郴州安置謝表 莊簡集 13/14b
謝主管台州崇道觀表 苕溪集 17/校補 1a
謝除直顯謨閣表 苕溪集 17/校補 1b
謝提點浙東刑獄到任表 苕溪集 17/校補 1b
謝除中書舍人表 苕溪集 17/校補 2a
謝除給事中表 苕溪集 17/校補 3a
謝授提舉江州太平觀表 苕溪集 17/校補 3b
謝叙復秘閣修撰表 苕溪集 17/校補 4a
謝再任宮祠表 苕溪集 17/校補 4b,5a
又謝再任宮祠表 苕溪集 17/校補 5b
謝落職依舊宮祠表 苕溪集 17/校補 5b
謝復秘閣修撰致仕表 苕溪集 17/校補 6a
謝除敷文閣待制表 苕溪集 17/校補 6b
謝除敷文閣直學士表 苕溪集 17/校補 7a
謝賜敕書表 苕溪集 18/1a
百官謝賜春衣表 苕溪集 18/4b
謝賜曆日表 苕溪集 18/5a
代謝皇子封昭慶軍節度使秩榜告諭本州軍民表 苕溪集 19/3b
代謝除判宗表 苕溪集 19/3b
代謝回授封贈先祖表 苕溪集 19/4a
代謝轉官表 苕溪集 19/4b
代謝除禮部尚書表 苕溪集 19/5a
代謝賜對衣金帶表 苕溪集 19/6b
謝進書賜銀合茶藥表 浮溪集 5/1a 播芳文粹 40/5b
謝進書特授左中大夫表 浮溪集 5/1b 播芳文粹 20/15a 新安文獻 40/後 2b
謝除顯謨閣學士表 浮溪集 5/2b 播芳文粹 19/27a 南宋文範 27/6a
謝筠帶表 浮溪集 5/3a 播芳文粹 39/17b
謝加食邑表 浮溪集 5/4a 播芳文粹 21/19a
謝授新安郡侯表 浮溪集 5/4a 播芳文粹 21/19b 新安文獻 40/3a
謝除中書舍人表 浮溪集 5/4b 播芳文粹 16/23b
謝除兵部侍郎表 浮溪集 5/5b 播芳文粹 16/10a
謝除兼侍講表 浮溪集 5/6a 播芳文粹 21/3a
謝除翰林學士表 浮溪集 5/6b 播芳文粹 17/18b

謝除龍圖閣直學士知湖州表 浮溪集 5/7b 播芳文粹 19/26b

謝撫州到任表 浮溪集 5/8a

謝徽州到任表 浮溪集 5/9a 播芳文粹 29/7b

謝泉州到任表 浮溪集 5/9b 播芳文粹 29/8a 新安文獻 40/3a

謝除江東提刑表 浮溪集 5/10a 播芳文粹 23/17a

謝鎮江府到任表 浮溪集 5/11a 播芳文粹 24/15b

謝宣州到任表 浮溪集 5/11b 播芳文粹 29/9a

謝乞宮祠降詔不允表 浮溪集 5/12a 播芳文粹 36/5a

謝罷中書舍人除集英殿修撰宮祠表 浮溪集 5/12b 播芳文粹 35/1b

謝提舉江州太平觀表 浮溪集 5/13b

謝再任宮觀表 浮溪集 5/14a

謝罷知鎮江府除宮觀表 浮溪集 5/14b 播芳文粹 35/8b

謝諭永州居住表 浮溪集 5/15a 播芳文粹 32/24b

謝永州再任宮祠表(1-3) 浮溪集 5/15b-16b 播芳文粹 35/13b-15b

謝壇減均糴米數放罪表 浮溪集 5/17b 播芳文粹 38/7a

宰臣謝星變放罪表 浮溪集 6/5b

行在百官謝許乘轎表 浮溪集 6/6a 播芳文粹 36/9a

代王樞密謝知建康府表 浮溪集 6/6b 播芳文粹 24/21b

代陸藻侍郎謝龍圖閣直學士表 浮溪集 6/7b 播芳文粹 19/21a

代嘉王謝及第表 浮溪集 6/8a 播芳文粹 32/16a

代嘉王等謝車駕臨幸賜第表 浮溪集 6/9a

代劉正夫相公謝落致仕移鎮表 浮溪集 6/10a

代劉相公謝給展省先塋表 浮溪集 6/10b

代汪樞密謝賜鞍轡表 浮溪集 6/11b

代汪樞密謝子自北歸不令入城降詔獎諭表 浮溪集 6/12a

代汪樞密謝覃恩轉官表 浮溪集 6/12b 播芳文粹 31/25a

代薛左丞謝除門下侍郎表 浮溪集 6/13a 播芳文粹 18/3b

代薛昂門下謝本省書成回授二子轉官表 浮溪集 6/13b 播芳文粹 31/26b

代何栗中書謝生日賜羊酒米麵表 浮溪集 6/14b

代陳過庭中書謝生日賜羊酒米麵表 浮溪集 6/15a

代江西運使侯大夫謝鹽課增羨賜金紫表 浮溪集 6/15b

代開封程振大尹謝上表 浮溪集 6/16a

代明州趙修撰謝到任表 浮溪集 6/17a

代鎮江府趙修撰謝到任表 浮溪集 6/17b

代河北糴使程户部謝到任表 浮溪集 6/18b 播芳文粹 26/21b

代江東提舉監香楮大夫謝到任表 浮溪集 6/19a

代謝除樞密表 浮溪集/拾遺 1/426 播芳文粹 15/8b

謝除右文殿修撰表 浮溪集/拾遺 1/426 播芳文粹 19/17b

謝除太子賓客表 浮溪集/拾遺 1/427 播芳文粹 21/6a

江西提刑到任謝表 浮溪集/拾遺 1/427 播芳文粹 26/2a

淮東提舉到任謝表 浮溪集/拾遺 1/428 播芳文粹 26/7b

謝轉官表 浮溪集/拾遺 1/428 播芳文粹 31/19b 南宋文範 27/6b

謝轉官回授表 浮溪集/拾遺 1/429

謝諭定州通判表 浮溪集/拾遺 1/430 播芳文粹 33/14a

和州謝上表 鴻慶集 8/1a 孫尙書集 22/6a

罷臺察提點襲慶府景靈宮謝表 鴻慶集 8/1a 孫尙書集 22/8a

謝中書舍人表 鴻慶集 8/2b 孫尙書集 21/9b

謝侍講表 鴻慶集 8/3a 孫尙書集 21/10b

謝徽猷閣待制知秀州表 鴻慶集 8/4b 孫尙書集 22/4a

知平江府謝表 鴻慶集 8/7a 孫尙書集 22/4b 吳郡續文粹 46/7b

謝給事中表 鴻慶集 8/8a 孫尙書集 21/11a

謝史部侍郎兼權直學士院表 鴻慶集 9/1a 孫尙書集 22/11a

謝户部尙書表 鴻慶集 9/2a 孫尙書集 21/6b

謝龍圖閣學士知温州表 鴻慶集 9/3a 孫尙書集 22/2b

謝賜對衣金帶表 鴻慶集 9/3b 孫尙書集 22/1a

提舉南京鴻慶宮謝表 鴻慶集 9/4a 孫尙書集 22/11b

龍圖閣學士再知平江府謝表 鴻慶集 9/4a 孫尙書集 22/3b 吳郡續文粹 46/8b

知臨安府謝表 鴻慶集 9/5b 孫尙書集 22/6b

謝復官表 鴻慶集 9/7a 孫尙書集 21/7b

復左朝奉郎謝表 鴻慶集 9/7a 孫尙書集 21/8a

謝復右文殿修撰提舉江州太平興國宮表 鴻慶集 9/8a 孫尚書集 21/9a

謝敷文閣待制致仕表 鴻慶集 9/9b 孫尚書集 22/7a

落職謝表 鴻慶集 9/9b

謝復敷文閣待制表 鴻慶集 9/10a 孫尚書集 21/11b

謝夏祭禮成表 孫尚書集 21/2b

謝中書舍人表 孫尚書集 21/9b

謝侍講表 孫尚書集 21/10b

謝賜衣金帶鞍馬表 孫尚書集 22/1a

謝神霄公宮賜戟表 孫尚書集 22/1a

謝幸新省賜手詔表 孫尚書集 22/1b

謝穆清殿賜宴表 孫尚書集 22/2a

謝曆日表 孫尚書集 22/2b

謝君赴禁中觀保和殿慶成表 孫尚書集 22/3a

龍圖閣學士再知平江府謝表 孫尚書集 22/4b

謝徽猷閣待制知秀州表 孫尚書集 22/5a

知平江府謝表 孫尚書集 22/5b

廬州到任表 孫尚書集 22/6a

密州到任表 孫尚書集 22/6b

和州謝表 孫尚書集 22/7a

知臨安府謝表 孫尚書集 22/7b

罷臺察提點襲慶府景靈宮謝表 孫尚書集 22/9a

禮制局編修夏祭敕令格式頒降了畢謝轉官表 孫尚書集 22/9b

代何相謝少宰表 孫尚書集 22/10a

代高麗王謝賜宴表 孫尚書集 22/11a

謝吏部侍郎兼直學士院表 孫尚書集 22/12a

提舉南京鴻慶宮謝表 孫尚書集 22/12b

謝放罪表 梁溪集 40/2b

諭監沙縣稅務到任謝表 梁溪集 40/10a

謝復官表 梁溪集 40/11a

謝知秀州表 梁溪集 40/12b

謝乞出不允降親筆手詔表 梁溪集 45/9b

謝賜御筵表 梁溪集 48/7b

謝降賜玉束帶等表 梁溪集 48/8b

謝賜鞍馬表 梁溪集 48/9b

謝瓊林苑賜御筵表 梁溪集 48/10a

謝宣撫河北河東降親筆手詔表 梁溪集 48/11b

謝賜茶藥表 梁溪集 57/8b

謝除尚書右僕射表 梁溪集 60/4a

謝賜御書表 梁溪集 60/5b

謝轉正奉大夫表 梁溪集 60/8a

謝賜御馬表 梁溪集 60/9a

謝罷相除觀文殿大學士提舉杭州洞霄宮表 梁溪集 64/9b

謝落職依舊宮祠鄂州居住表 梁溪集 64/10a

謝移灃州居住表 梁溪集 64/11b

謝復銀青光祿大夫表 梁溪集 64/12a

謝除提舉臨安洞霄宮表 梁溪集 64/13a

謝差中使傳宣撫問降賜茶藥表 梁溪集 65/5a

到湖南界首謝表 梁溪集 71/3b

宮祠謝表 梁溪集 76/11b

謝表 梁溪集 77/5b

謝詢問利害表 梁溪集 77/7a

謝復觀文殿大學士表 梁溪集 79/2a

謝再任宮祠表 梁溪集 79/3a

謝親筆表 梁溪集 79/4a

謝親筆韶諭表 梁溪集 80/5a

謝遣中使賜銀合茶藥表 梁溪集 80/8b

謝賜金帶等表 梁溪集 84/2b

謝賜玉鶴馬表 梁溪集 84/3a

謝到任表 梁溪集 85/2a

謝賜親筆賑濟韶書表 梁溪集 85/4a

謝賜銀合茶藥表 梁溪集 87/9a

謝還賜玉帶牙簡等表 梁溪集 87/9b

謝獎諭表 梁溪集 92/2a

謝獎諭表 梁溪集 93/4a

謝賜夏藥並銀合茶藥表 梁溪集 96/11a

謝轉金紫光祿大夫表 梁溪集 96/11b

謝獎諭表 梁溪集 99/10b

謝提舉臨安府洞霄宮表 梁溪集 101/13a

謝免荊湖南路安撫大使兼知潭州依舊宮祠表 梁溪集 102/15b

謝除中書舍人表 北海集 24/1a

謝除吏部侍郎表 北海集 24/2a

謝降官表 北海集 24/3a

謝復官表 北海集 24/4a

謝兼侍讀表 北海集 24/5a

謝轉官並加恩表(1－4) 北海集 24/6a－8b

謝乞宮觀不允詔表 北海集 24/9a

謝放罪表 北海集 24/10a

代呂頤浩謝賜御書蘭亭表 北海集 25/4a

代李邴謝尚書左丞表 北海集 25/6a

代李邴謝賜生日羊酒米麵表 北海集 25/7a

代王復謝成都利州路幹轉界首交割表 北海

集 25/7b

代王復謝除徽猷閣直學士表 北海集 25/8b

代鄭望之謝除户部侍郎表 北海集 25/9b

代買公正謝淮東提舉茶鹽到任表 北海集 26/2a

代林積謝知平陽軍到任表 北海集 26/2b

代鄭毅謝除御史中丞表 北海集 26/4a

代鄭毅謝依同知樞密院恩數表 北海集 26/4b

代李邦彥謝先少師賜謚宣簡表 北海集 26/5b

代李邦彥謝起復表 北海集 26/6b

代謝江東轉運使表 北海集 26/8a

代前任宰執謝賜膃藥口脂表 北海集 27/9a

筠記 北海集 27/11a

天寧節謝賜御筵奏狀 北海集 29/8b

代宰執謝賜喜雪御筵奏狀 北海集 29/10b

謝再任興國官表 東窗集 14/11b

謝賜上尊號不允詔册表 東窗集 14/12a

移河北運副謝表 東窗集 14/13a

代除樞密謝表 東窗集 14/14a

謝耕藉詔表 東窗集 14/15b

代黄侍御謝除直秘閣表 東窗集 14/17a

代京東西路提刑謝除直秘閣表 東窗集 14/17b

代處州謝賜大成殿竝監書表 東窗集 14/18a

代處州謝賜大晟樂表 東窗集 14/19b

謝轉官表 東窗集 14/20a

謝賜曆日表 東窗集 14/20b－21b 南宋文範 27/8b

廣德軍到任謝表 東窗集 14/21b

提舉兩浙市舶到任謝表 東窗集 14/21b

謝除中書舍人表 東窗集 14/22b

謝罷中書舍人表 東窗集 14/23b

代謝中書舍人兼侍講表 東窗集 14/24a

謝提舉江州太平觀表 東窗集 14/24b

江東提刑謝到任表 張華陽集 9/1a

肆赦謝表 張華陽集 9/2a

除給事中謝表 張華陽集 9/2b

罷給事中提舉官觀謝表 張華陽集 9/3b

除徽猷閣侍制謝表 張華陽集 9/5a

紹興七年再任宮觀謝表 張華陽集 9/7b

丁父憂服闕從吉再任宮觀謝表 張華陽集 8/9a

磨勘轉左朝散大夫謝表 張華陽集 10/1b

紹興十二年再任宮觀謝表 張華陽集 10/2b

紹興十四年再任宮觀謝表 張華陽集 10/5b

磨勘轉左朝請大夫謝表 張華陽集 10/6a

丁母憂服闕從吉再任宮觀謝表 張華陽集 10/8b

磨勘轉左朝議大夫謝表 張華陽集 10/9b

紹興二十一年再任宮觀謝表 張華陽集 11/1a

除吏部侍郎謝表 張華陽集 11/2b

除兼侍講謝表 張華陽集 11/3b

除參知政事謝表 張華陽集 11/4b

賜生日生餼謝表 張華陽集 11/5b

除資政殿學士知婺州謝表 張華陽集 11/6b

知婺州謝上表 張華陽集 11/7a

賜曆日謝表 張華陽集 11/8b

再致仕謝表 張華陽集 11/9a 南宋文範 27/10b

紹興二十九年加恩謝表 張華陽集 12/1a

紹興三十二年加恩謝表 張華陽集 12/3a

辭免召赴行在恩命謝表 張華陽集 12/7b

乾道元年加恩謝表 張華陽集 12/8a

謝賜對衣金帶鞍馬表 毘陵集 6/1a 播芳文粹 39/19b 南宋文範 27/5a

謝宣諭詔書表 毘陵集 6/1a 播芳文粹 36/30a

謝除御史中丞表 毘陵集 6/1b 播芳文粹 18/16a

謝除禮部侍郎表 毘陵集 6/2a 播芳文粹 16/9b

謝除翰林學士表 毘陵集 6/2b 播芳文粹 17/10a

謝宮觀表 毘陵集 6/3a 播芳文粹 35/11a

紹興府到任謝表（1－2） 毘陵集 6/3b,12b 播芳文粹 29/15b－17a

謝紹興府行宮賜本府充治所表 毘陵集 6/4a 播芳文粹 39/23a

謝除知福州到任表 毘陵集 6/4b 南宋文範 27/4b

謝走失編管人放罪表 毘陵集 6/5b 播芳文粹 38/8a

謝乞宮祠不允賜詔表（1－2） 毘陵集 6/6a,8a 播芳文粹 36/6a－7a

謝除提舉萬壽觀兼侍讀表 毘陵集 6/6b 播芳文粹 34/15b

謝除知平江府到任表 毘陵集 6/7a 播芳文粹 29/14a

謝提舉臨安府洞霄宮任便居住表 毘陵集 6/8b 播芳文粹 34/16b

謝南郊大禮加食邑表 毘陵集 6/8b 播芳文粹 21/20b

謝加食邑表 毘陵集 6/9a 播芳文粹 21/21a

謝明堂加食邑表 毘陵集 6/9b

謝生日禮物表 毘陵集 6/10a 播芳文粹 40/34a

謝傳宣撫問表二首 毘陵集 6/10a－10b

謝中使傳宣撫問表 毘陵集 6/11a

謝中使傳宣撫問兼賜夏藥表 毘陵集 6/11a

奏議表狀二 諸表 謝表 1461

謝中使傳宣撫問賜膃藥表 毗陵集 6/11b

謝乞宮祠詔不允表 毗陵集 6/12a

謝宮祠表 毗陵集 6/13a 播芳文粹 35/2b

謝除知建康府到任表 毗陵集 6/13b 播芳文粹 29/18a

代謝撫問表 毗陵集 6/14a

代徐州太守謝上表 毗陵集 6/14b 播芳文粹 24/22b

代太守謝賜茶表 毗陵集 6/15a 播芳文粹 40/3b

代提刑謝賜茶表 毗陵集 6/15a 播芳文粹 40/4a

代内相謝入伏早出表 毗陵集 6/15b 播芳文粹 37/20a

代内相謝侍讀表 毗陵集 6/16a 播芳文粹 21/3b

代人謝禮部侍郎表 毗陵集 6/16a

代雲南節度使大理國王謝賜曆日表 毗陵集 6/16b

謝除資政殿大學士表 毗陵集/補 2a 播芳文粹 19/3a

謝轉官表 毗陵集/補 2b 播芳文粹 31/24b

謝獎諭表 毗陵集/補 3a 播芳文粹 37/15b

謝詔書獎諭表 毗陵集/補 3b 播芳文粹 36/31b

謝傳宣撫問表 毗陵集/補 4a 播芳文粹 37/2a

謝傳宣撫問賜藥表 毗陵集/補 4b 播芳文粹 37/10a

謝賜詔藥物表 毗陵集/補 4b

謝傳宣撫問賜藥表 毗陵集/補 5a

謝獎諭表 毗陵集/補 5b

謝賜戒石銘表 毗陵集/補 5b 播芳文粹 35/32a

謝除知樞密院事川陝宣撫處置使表 忠正德集 4/1b

謝恩數 忠正德集 4/4a

謝史館進書回授恩例表 忠正德集 4/4b

謝生日賜性羔表 忠正德集 4/5a

謝知紹興到任 忠正德集 4/5b

謝進哲宗實錄成書除特進表 忠正德集 4/6b

謝再除紹興到任表 忠正德集 4/7a

謝泉州到任表 忠正德集 4/8a

泉州謝落節表 忠正德集 4/8b

謝到潮州安置表 忠正德集 4/9b 南宋文範 27/8a

謝到吉陽軍安置表 忠正德集 4/10a

知吉州到任謝表 大隱集 4/4b

知湖州到任謝表 大隱集 4/6a

知洪州到任謝表 大隱集 4/7a

知温州到任謝表 大隱集 4/7b

知婺州到任謝表 大隱集 4/8b

給事中謝表 大隱集 4/9b

謝轉官表(1-2) 大隱集 4/11a-12a

禮部侍郎謝表 大隱集 4/12b

吏部侍郎謝表 大隱集 4/14a

謝宮祠表 大隱集 4/15b

中書舍人謝狀 大隱集 4/16b

代提舉常平謝到任表 龜溪集 5/10a

代謝賜出身表 龜溪集 5/11a

代謝轉官表 龜溪集 5/12a

代謝侍講表 龜溪集 5/15b

爲吏部魏侍郎謝表 龜溪集 5/16b

爲魏侍郎謝得宮觀表 龜溪集 5/17b

爲顏左丞謝賜生日生餼表 龜溪集 5/18a

爲顏左丞謝賜生日生餼箋記 龜溪集 5/18b

謝除御史中丞表 龜溪集 6/1a

謝賜對衣金帶鞍轡表 龜溪集 6/2a

謝除吏部尚書兼權翰林學士表 龜溪集 6/2b

謝兼侍讀表 龜溪集 6/3b

謝除職名宮觀表 龜溪集 6/4a

謝知知鎮江府到任表 龜溪集 6/5b

謝除吏部尚書表 龜溪集 6/6a

謝除兼侍讀表 龜溪集 6/7a

謝除參知政事表 龜溪集 6/8b

謝賜牙簡金帶表 龜溪集 6/9b

謝賜生日羊酒等表 龜溪集 6/10a

謝厤從轉官表 龜溪集 6/11a

謝賜御書車攻詩表 龜溪集 6/11b

謝賜生日禮物表 龜溪集 6/12b

謝除職名宮觀表 龜溪集 6/13a

轉官許回授與兄謝表 龜溪集 6/15a

謝賜生日禮物表 龜溪集 6/16a

謝除同知樞密院事表 龜溪集 6/16b

謝知樞密院事表 龜溪集 6/18a

除尚書赴闕奏知狀 龜溪集 7/11b

謝中書舍人表 梅溪集 8/2a

漳州到任謝表 梅溪集 8/3a

謝曆日表(1-2) 梅溪集 8/4b-5a

謝御書春秋左傳表 梅溪集 8/7a

謝御書樂毅論表 梅溪集 8/7b

謝賜教書表 梅溪集 8/8b

謝宮觀表 梅溪集 8/9a

代相公以下謝賜御製宣德樓上梁文表 梅溪集 8/10b

謝除給事中表 楊溪集 8/11b
到邵武軍任謝表 東牟集 9/1b
侍講謝表 東牟集 9/2b
代謝幸太學表 東牟集 9/4b
代張帥謝除待制表 東牟集 9/5b
代謝轉官表 東牟集 9/6a
代謝賜對衣金帶表 東牟集 9/6b
代王帥謝賜對衣金帶表 東牟集 9/7a
落職宮觀桂陽監居住謝表 北山集 24/1a
謝宮祠表 北山集 24/1b
到封州謝表 北山集 24/2b
擬代宰相以下謝賜郊祀慶成詩表 傳忠庸集/上/29a
擬謝賜大晟府樂記並古鐘頌表 傳忠庸集/上/29b
代周又翰謝賜大晟樂表 傳忠庸集/上/30a
代鮑欽止謝永橋成德音表 傳忠庸集/上/30b
代謝翰林院三伏早出表 傳忠庸集/上/31a
代余帥謝傳宣撫問表 傳忠庸集/上/31b
代余帥謝傳宣撫問又表 傳忠庸集/上/32a
代梁帥謝獎諭表 傳忠庸集/上/32a
代少尹謝獄空獎諭表 傳忠庸集/上/32b
代尚書左丞謝表 傳忠庸集/上/34a
代都憲謝淮南運使表 傳忠庸集/上/34b
代尚書左丞謝轉官表擬方賦 傳忠庸集/上/35b
代閻彦昇謝轉官表 傳忠庸集/上/36a
代鮑欽止謝陞官表 傳忠庸集/上/36b
代發運使謝賜金帶表 傳忠庸集/上/37a
代外任謝日曆表 傳忠庸集/上/37b
代謝生日禮物表 傳忠庸集/上/38a
又代謝生日禮物表 傳忠庸集/上/38b
又代謝生日禮物表 傳忠庸集/上/39a
又代謝生日禮物表 傳忠庸集/上/39b
謝賜曆日表 筠溪集 6/1a
謝中書舍人表 筠溪集 6/1b
謝户部侍郎表 筠溪集 6/2b
漳州謝表 筠溪集 6/3b
謝宮觀表 筠溪集 6/4a
謝轉官表 筠溪集 6/5a
謝落徵獻閣直學士表 筠溪集 6/6a
謝宮觀表(1-2) 筠溪集 6/6b-7a
代廣東漕謝表 雙溪集 7/1a
婺州謝增秩表 雙溪集 7/2a

代人謝放罪表 雙溪集 7/4b
代謝賜茶藥表 雙溪集 7/5b
代謝馬表 雙溪集 7/6a
代謝金帶表 雙溪集 7/6b
代起復殿漕謝表 雙溪集 7/7a
代謝許終制表 雙溪集 7/9a
代謝青瑣表 雙溪集 7/12a
代次公謝江東運判表 雙溪集 7/13a
代謝禮部尚書表 雙溪集 7/14a
擬本州守謝御製損齋刻表 雙溪集 7/17b
代謝御書卿大夫章表 蘆川集 8/1a
代知湖州謝表 蘆川集 8/1b
蘄州到任謝表 浮山集 5/2a
代謝郊祀加食邑三百户表 浮山集 5/4a
代謝郊祀加恩表 浮山集 5/5a
代謝給事中表 浮山集 5/6a
代鎮江守臣到任謝表 浮山集 5/7a
代平江守臣到任謝表 浮山集 5/8b
代郡守到任謝表 浮山集 5/9b
代淮郡守臣到任謝表 浮山集 5/10b
代謝賜御書石刻表 浮山集 6/1a
代謝賜御書御製文宣王及七十二子贊表 浮山集 6/1b
代平江守謝賜府第表 浮山集 6/3a
代淮西守臣到任謝表 浮山集 6/3b
代南安軍守臣到任謝表 浮山集 6/4b
代建康守謝降詔不允再乞致仕表 浮山集 6/5b
代謝給假還鄉表 浮山集 6/6a
代郡守謝傳宣表 浮山集 6/8b
代建康守臣除在京宮觀侍讀謝表 浮山集 6/9a
代建康守進職真除謝表 浮山集 6/10a
代謝落職表 浮山集 6/11a
擬范相免明堂陪位謝表 相山集 19/5a
代趙聖用鎮撫謝放罪表 相山集 19/6b
代秦德久峽州到任謝表 相山集 19/8a
信陽到任謝表 相山集 19/8b
代王亦顏江東轉運判官謝表 相山集 19/10a
提舉湖北常平茶鹽到任謝表 相山集 19/11a
湖南運判謝到任表 相山集 19/12a
擬沈必先尚書鎮江到任謝表 相山集 19/13a
代葉少蘊左丞謝建康府安撫並盧壽宣撫使表
相山集 19/13b
擬張德遠謝大資宮觀表 相山集 19/15a

擬張德遠落大資依舊宮觀表　相山集 19/16b
擬買明叔復顯謨閣待制表　相山集 19/17a
擬辛侍御遷中丞謝表　相山集 19/18b
擬沈必先除吏部尚書謝表　相山集 19/19b
擬翟異謝除內翰表　相山集 19/20b
擬趙元鎮謝新除表　相山集 19/23a
謝太上皇帝表五道　李忠愍集 1/9a
謝嚴州到任表　默成集 1/1b
謝嚴州送還兵級不合借請降官表　默成集 1/2a
謝中書舍人告表　默成集 1/2a
謝中書舍人表　默成集 1/2b
謝集英殿修撰提舉江州太平觀表　默成集 1/3a
天申節宰臣以下謝賜御宴表　紫微集 22/1a
賜御書樂毅論春秋左氏傳謝表　紫微集 22/2a
賜御書毛詩謝表　紫微集 22/3a
代盧尚書謝靖康翠恩表　紫微集 22/3b
謝除敷文閣待制表　紫微集 22/4a
代謝紹興十七年賜曆日表　紫微集 22/5a
代謝紹興十八年曆日表　紫微集 22/5b
代謝賜曆日表　紫微集 22/6a
謝曆日表（1－2）　紫微集 22/7a－7b
除中書舍人兼直學士院謝表　紫微集 22/8b
代王帥謝除敷學表　紫微集 22/9b
代劉寶學謝表　紫微集 22/10a
轉左朝散郎謝表　紫微集 22/11a
代王侍郎謝表　紫微集 22/12a
謝侍講表　紫微集 22/13b
代謝樞密院表　紫微集 22/14a
謝除中書舍人表　紫微集 22/15a
代房州謝表　紫微集 22/16b
代劉鎮江謝上表　紫微集 22/17a
代人謝資政殿學士提舉萬壽觀兼侍讀表　紫微集 22/18a
衢州謝到任表　紫微集 23/1a
代劉寶學彥修謝安置表　紫微集 23/2b
謝除秘書郎狀　紫微集 26/7b
代謝獎諭表　韋齋集 11/1a
代謝賜對衣金帶表　韋齋集 11/3a
除中書舍人謝表　斐然集 6/1a
除集英殿修撰知郢州謝表　斐然集 6/2a
除徽猷閣待制謝表　斐然集 6/3a
嚴州到任謝表　斐然集 6/4a
永州到任謝表　斐然集 6/5b

代家君除寶文閣直學士賜銀絹謝表　斐然集 6/6a
賜先公銀絹謝表　斐然集 6/8a
辭免賜田蒙降詔充謝表　斐然集 6/9a
辭徽猷閣直學士知永州恩命蒙降詔不允謝表　斐然集 6/10b
永州到任表　斐然集 6/11b
乞宮祠降詔不允謝表　斐然集 6/12b
除提舉江州太平觀謝表　斐然集 6/13a
致仕謝表　斐然集 6/14b
落職謝表　斐然集 6/16b
散官安置謝表（1－2）　斐然集 6/17a－18a
自便謝表　斐然集 6/19a
復官職謝表　斐然集 6/20b
代向直閣復職除湖北憲謝表　斐然集 6/22b
代范漕移湖北漕謝表　斐然集 6/23b
代廖用中謝除本路提刑表　默堂集 11/3b
代漕使謝轉副使表　默堂集 12/1a
代黃兵部謝賜曆日表　默堂集 12/1b
代廖用中謝除吏部侍郎兼侍讀表　默堂集 12/4a
代廖用中謝除給事中表　默堂集 12/5a
謝宮祠表　默堂集 12/7b
再謝宮祠表　默堂集 12/8a
代宰相謝除兼修國史表　默堂集 12/9a
代直閣南劍謝表　屏山集 7/1a
代寶學白州謝表　屏山集 7/2a
代寶學漳州謝表　屏山集 7/2a
代寶學謝復宮觀表　屏山集 7/2b
代張丞相辭免不允謝表　屏山集 7/3a
荊門軍謝到任表　漢濱集 4/1b
潭川運判謝到任表　漢濱集 4/2a
潭川提刑謝到任表　漢濱集 4/3a
謝授太府少卿四川總領到任表　漢濱集 4/5a
謝授太府卿表　漢濱集 4/6a
謝權戶部侍郎充川陝宣諭表　漢濱集 4/10b
謝授戶部侍郎參贊軍事表　漢濱集 4/11a
謝吏部侍郎表　漢濱集 4/12a
謝除參知政事表　漢濱集 4/13b　播芳文粹 15/13a
除參知政事附德壽宮表　漢濱集 4/15a
謝除端明殿學士表　漢濱集 4/16a
除端明學士謝德壽宮表　漢濱集 4/16b
謝賜臘藥表　漢濱集 4/17b－18a

奏議表狀二　諸表　謝表

謝賜曆日表（1－2） 漢濱集 4/18b－19a

謝水災免降官表 漢濱集 4/19b

謝遺漏放罪表 漢濱集 4/20a

代台州王守謝獻助獎諭表 漢濱集 4/22b

代謝御書表 漢濱集 4/23b

代誅叛率謝放罪表 漢濱集 4/24a

謝因吳侍郎傳道太上皇帝聖語狀 漢濱集 5/25a

知婺州謝上表 竹軒雜著 3/1a

爲守臣謝明堂赦書表 太倉集 53/2b

爲人建康府到任謝表 太倉集 53/5b

興國軍到任謝表 太倉集 53/8b

謝賜曆日表 太倉集 53/9b

代廬州守進秩謝表 湖山集/輯補 1a

代人謝除知明州表 鄮峰録 14/1a

代司業謝戒諭表 鄮峰録 14/1b

代叔父謝除諫議大夫表 鄮峰録 14/2a

代叔父謝簽樞密院事表 鄮峰録 14/2b

代叔父謝兼權參知政事表 鄮峰録 14/3a

代叔父謝罷政宮觀表 鄮峰録 14/3b

代宰臣等謝賜喜雪宴表 鄮峰録 14/4a

謝除中書舍人表 鄮峰録 14/4b

謝兼侍讀表 鄮峰録 14/5a

謝除翰林學士表 鄮峰録 14/5b

除翰林學士謝宣召表 鄮峰録 14/6a

除翰林學士謝對衣金帶鞍馬表 鄮峰録 14/6b

謝除參知政事表 鄮峰録 14/7a 南宋文範 28/1a

謝除右僕射表 鄮峰録 14/7b

郊祀大禮謝加食邑表（1－2） 鄮峰録 14/8b－9a

謝賜御書聖主得賢臣頌英傑論表 鄮峰録 14/9b

知紹興府謝到任表 鄮峰録 14/10a

謝除知福州兼改鎭崇信軍節度使表 鄮峰録 14/11a

謝除開府儀同三司表 鄮峰録 16/1a

除開府儀同三司謝太上皇帝表 鄮峰録 16/1b

乞休致不允謝表 鄮峰録 16/2a

謝除少保禮泉觀使侍讀表 鄮峰録 16/3a

除少保禮泉觀使侍讀謝太上皇帝表 鄮峰録 16/3b

謝除右丞相表 鄮峰録 16/4a

除右丞相謝太上皇帝表 鄮峰録 16/4b

生日謝賜牲牢表（1－2） 鄮峰録 16/5b

進玉牒謝加食邑轉官回授表 鄮峰録 16/6a

進玉牒加食邑並轉官回授謝太上皇帝表 鄮峰録 16/7a

謝親屬差除表 鄮峰録 16/7b

謝賜第表 鄮峰録 16/8a

賜第謝太上皇帝表 鄮峰録 16/8b

三朝寶訓終篇謝轉官回授表 鄮峰録 16/9a

正說終篇謝轉官回授表 鄮峰録 16/9b

進四朝正史志謝推恩回授表 鄮峰録 16/10a

丐歸不允謝表 鄮峰録 16/11a

謝除少師表 鄮峰録 16/11b

除少師謝太上皇帝表 鄮峰録 16/12a

謝免明堂大禮陪祀表 鄮峰録 17/1a

明堂大禮謝加食邑表 鄮峰録 17/1b

生日謝賜金器香茶表（1－4） 鄮峰録 17/1b－3b

謝除太保表 鄮峰録 17/4a

除太保謝太上皇帝表 鄮峰録 17/4b

除太保謝詔許入謝表 鄮峰録 17/5a

謝賜御書明良慶會閣牌表 鄮峰録 17/6a

年八十謝賜慶壽儀表 鄮峰録 17/6b

謝除太傅表 鄮峰録 17/7a

除太傅謝太上皇帝表 鄮峰録 17/8a

謝賜玉帶表 鄮峰録 17/9a

賜玉帶謝太上皇帝表 鄮峰録 17/10a

謝再賜御書舊學二大字表 鄮峰録 17/10b

明堂大禮謝加食邑表 鄮峰録 17/11a

除太師謝表 鄮峰録 17/11b

謝壽皇賜生日金並香茶表（1－3） 鄮峰録 18/9a－10a

除右丞相謝皇太子牋 鄮峰録 19/11b

進玉牒加食邑並回授轉官謝皇太子牋 鄮峰録 20/1a

賜第謝皇太子牋 鄮峰録 20/1b

丐歸得請謝皇太子餞別牋 鄮峰録 20/2a

生日謝皇太子賜物牋（1－5） 鄮峰録 20/2b－4b

明堂大禮加食邑謝皇太子牋 鄮峰録 20/5a

除太保謝皇太子牋 鄮峰録 20/5b

除太傅謝皇太子牋 鄮峰録 20/6a

賜玉帶謝皇太子牋 鄮峰録 20/6b

謝皇太子送行詩牋 鄮峰録 20/7a

生日謝皇太子賜物牋 鄮峰録 20/7b

普安郡王謝賜玉帶表 鄮峰録 21/2a

普安郡王又謝面賜玉帶表 鄮峰録 21/2b

普安郡王又謝賜鞍馬表 鄮峰録 21/3a

建王謝表　鄱峰録 21/4b

建王謝移鎭加恩表　鄱峰録 21/5a

又謝賜玉帶劄記　鄱峰録 21/6a

建王謝面賜玉帶劄記　鄱峰録 21/6b

面賜玉帶謝皇后劄記　鄱峰録 21/6b

賜玉帶謝皇后劄記　鄱峰録 21/7a

面賜玉帶鞍馬謝皇后劄記　鄱峰録 21/7a

正謝日面賜玉帶謝皇后劄記　鄱峰録 21/7a

又謝面賜玉帶鞍馬劄記　鄱峰録 21/7a

又謝正謝日解玉帶面賜劄記　鄱峰録 21/7a

建王謝表　鄱峰録 21/9a

眉州到任謝表　嵩山居士集 15/1a

謝太上皇表　嵩山居士集 15/2a

謝賜曆日表（1－2）　嵩山居士集 15/9b－10a

謝賜戒石銘表　歸愚集 9/1a

謝喜雪御筵表　歸愚集 9/1b

謝賜衣表　歸愚集 9/2b

代人謝賜生日禮物表　歸愚集 9/3a

謝春衣表　歸愚集 9/3a

謝吏部侍郎表　歸愚集 9/4a

謝袁州到任表　歸愚集 9/4b

代謝宮祠表　唯室集 1/20a

代放罪謝表　唯室集 1/21a

謝曆日表（1－2）　方舟集 7/17a－17b　南宋文範 28/3b

眉州謝曆日表（1－2）　方舟集 7/18a－18b

黎州到任謝表　方舟集 7/19a

代謝御書表　知稼翁集 8/6a

饒州到任謝表　梅溪集/後 21/1a　播芳文粹 31/2a

婺州到任謝表　梅溪集/後 21/1b　播芳文粹 31/3a

除敷文閣待制謝表　梅溪集/後 21/2a　播芳文粹 20/4b

湖州到任謝表　梅溪集/後 21/2b　播芳文粹 31/3b

泉州到任謝表　梅溪集/後 21/3b　播芳文粹 31/4b

除敷文閣直學士謝表　梅溪集/後 21/4a　播芳文粹 19/25b

除太子詹事賜衣帶謝表　梅溪集/後 21/4b　播芳文粹 39/13b

代陳左相到任謝表　拙齋集 4/6a　播芳文粹 31/13a

代恩平郡王謝加食邑表　拙齋集 4/7b　播芳文粹 21/22a

謝任福建市舶表　拙齋集 4/9b　播芳文粹 23/23b

禮部代宰臣已下謝冬衣表　艾軒集 2/7a

謝雪宴表　艾軒集 2/8a

皇太子尹京謝賜曆日表　艾軒集 2/8b

廣西憲到任謝表　艾軒集 2/9a

西易廣東憲到任謝表　艾軒集 2/10a

代宰臣以下謝進徽宗寶録賜宴表　盤洲集 25/3b

代皇子謝明堂加恩表　盤洲集 25/5b

代普安郡王謝賜第表　盤洲集 25/6b

代邊將謝賜春衣表　盤洲集 25/7a

代狀元以下謝賜中庸篇表　盤洲集 25/8a

代宰臣以下謝進徽宗皇帝寶録賜獎諭詔表　盤洲集 27/5a

謝賜先臣謚忠宣表　盤洲集 35/1a

代張建康謝賜御製孔子七十二賢像贊表　盤洲集 35/5a

代謝賜曆日表　盤洲集 35/10b

代張提舉謝立祖廟表　盤洲集 36/1a

代陳饒州謝到任表　盤洲集 36/2a

代魏吉州謝上表　盤洲集 36/2b

代辰州守謝到任表　盤洲集 36/3b

代福州守謝到任表　盤洲集 36/4a

代雷州守謝到任表　盤洲集 36/5a

代謝赦表　盤洲集 36/6a

荊門謝到任表　盤洲集 36/6b

謝赦表　盤洲集 36/8a

謝賜紹興二十九年曆日表　盤洲集 36/10b

謝賜御製損齋記表　盤洲集 37/1a

知徽州謝到任表　盤洲集 37/1b

謝赦表　盤洲集 37/2a

謝賜紹興三十年曆日表　盤洲集 37/3b

謝賜御書手詔表　盤洲集 37/4b

謝賜紹興三十一年曆日表　盤洲集 37/5a

提舉浙西常平謝到任表　盤洲集 37/5b

江東常平謝到任表　盤洲集 37/6b

謝赦表　盤洲集 37/8a

謝賜紹興三十二年曆日表　盤洲集 37/10a

提刑司謝賜曆日表　盤洲集 37/10a

戸部員外郎淮東總領供職謝表　盤洲集 38/1a

謝登極赦書表　盤洲集 38/2b

謝賜隆興元年曆日表　盤洲集 38/4a

謝除司農少卿表　盤洲集 8/7a

謝賜隆興二年曆日表　盤洲集 38/8a

謝中書舍人表　盤洲集 38/8b

謝宣召入學士院表　盤洲集 38/9b

奏議表狀二　諸表　謝表

謝賜衣帶鞍馬表 盤洲集 38/10b
謝表 盤洲集 39/1b
德壽宮謝表 盤洲集 39/2a
謝賜生日生飯表 盤洲集 39/3a
謝參知政事表 盤洲集 39/3b
德壽宮謝表 盤洲集 39/4b
謝表 盤洲集 39/6b
謝宮祠表 盤洲集 39/7b
紹興府謝到任表 盤洲集 39/8a
謝賜銀合臘藥表 盤洲集 39/9b
謝賜曆日表 盤洲集 39/10a
謝賜夏藥表 盤洲集 39/10b
謝郊祀禮成加恩表 盤洲集 40/1a
謝賜銀合臘藥表 盤洲集 40/1a
謝提舉臨安府洞霄宮表 盤洲集 40/1b
謝郊祀加恩表 盤洲集 40/5a
謝加恩表 盤洲集 40/6b
謝慶壽加恩表 盤洲集 40/8b
謝加恩表 盤洲集 40/10a
謝宣示御書臨帖狀 盤洲集 50/1a
代柳觀察謝御書表 蓮峰集 3/1a
謝宣召入學士院奏狀 海陵集 5/7a
謝賜御書奏狀 海陵集 5/8a
謝除中書舍人表 海陵集 6/3a
謝除兵部侍郎表 海陵集 6/3b
謝除給事中表 海陵集 6/4b
謝賜對衣金帶鞍馬表 海陵集 6/5a
謝除翰林學士表 海陵集 6/5b
謝兼侍讀表 海陵集 6/6a
除同知樞密院事謝表 海陵集 6/7a
謝賜生日生飯表 海陵集 7/1a
到筠州謝表 海陵集 7/1b
歸常州謝任使居住表 海陵集 7/6a
謝權吏部侍郎表 文定集 6/15b 播芳文粹 16/8b
謝户部侍郎表 文定集 6/16a 播芳文粹 16/15b
謝兼侍講表 文定集 6/17a 播芳文粹 21/1b
福州到任謝太上表 文定集 6/17b 播芳文粹 29/9b
謝授敷文閣直學士四川安撫制置使表 文定集 6/18a 播芳文粹 19/24b
謝太上表授敷文閣直學士四川安撫制置使 文定集 6/18b 播芳文粹 19/25a
謝除端明殿學士知平江府表 文定集 6/19a 播芳文粹 19/14a

平江府謝到任表 文定集 6/19b 播芳文粹 29/10b
謝轉官表 文定集/拾遺 1b 播芳文粹 31/27a
知婺州到任謝表 南澗稿 8/12a-13a 播芳文粹 31/7b-8a
謝賜寬仙手詔碑表 南澗稿 8/13b 播芳文粹 38/29b
知建寧府到任表 南澗稿 8/15a 播芳文粹 31/9a
謝降官表 南澗稿 8/15b 播芳文粹 33/19a
謝放罷表 南澗稿 8/16b 南宋文範 28/4b
謝提舉太平興國宮表 南澗稿 8/17a
再任興國宮謝表 南澗稿 8/18a
三任興國官謝表 南澗稿 8/19a
江東轉運判官謝表 南澗稿 8/19b 播芳文粹 23/13b
謝起軍轉官表 南澗稿 8/20a 播芳文粹 31/28a
謝除待制表 南澗稿 8/21a 播芳文粹 20/5a
除龍圖閣學士謝表 南澗稿 8/21b 播芳文粹 19/19a
權吏部侍郎謝表 南澗稿 8/22a 播芳文粹 16/16b
除吏部侍郎謝表 南澗稿 8/23a 播芳文粹 16/3b
郊赦加食邑謝表 南澗稿 8/23b 播芳文粹 21/23b
謝進封潁川郡公加食邑實封表 南澗稿 8/24a 播芳文粹 21/24a
謝加食邑實封表 南澗稿 8/24b 播芳文粹 21/24b
代施資政謝靜江府到任表 南澗稿 8/25b 播芳文粹 31/10a
代江南提舉范直閣謝到任表 南澗稿 8/26b 播芳文粹 26/18a
代劉給事謝復秘閣修撰致仕表 南澗稿 8/27a 播芳文粹 33/21a
代徐侍郎謝宮祠表 南澗稿 8/28a 播芳文粹 35/3b
永州到任謝表 曾雲莊集 3/2a
代謝賜御書表 曾雲莊集 3/3a
代王楚州謝到任表 曾雲莊集 3/3b
代樞密使謝賜玉帶表 小疇集/7a
謝除右僕射表 定齋稿 2/2b
謝除尚書右僕射表 定齋稿 2/3b
平江府謝到任表 定齋稿 2/4b
謝除觀察使表(1-2) 定齋稿 2/5a-6a
謝除參知政事表 定齋稿 2/7b
謝除醴泉觀使表 定齋稿 2/8b
謝除御營使表 定齋稿 2/10a
謝除樞密兼參政表 定齋稿 2/10b
謝除參知政事表 定齋稿 2/11b
謝除樞密兼參政表 定齋稿 2/13a
謝郊恩進封開國侯表 定齋稿 2/15a
謝除江淮都督表 定齋稿 2/16b 南宋文範 28/5b

謝除徽文閣直學士知荊南表 定齋稿 2/17a
謝除刑部侍郎表 定齋稿 2/18a
謝除吏部侍郎表 定齋稿 2/18b
謝加鎮表 定齋稿 2/20b
謝賜生日禮物表 定齋稿 2/22b
謝賜對衣金帶鞍馬表(1-2) 定齋稿 2/23a-23b
謝賜生日生餼表 定齋稿 2/24a
奉使汴京賜宴等謝表 定齋稿 2/24b
賜酒果 定齋稿 2/25a
真定府賜燕 定齋稿 2/25a
賜酒果 定齋稿 2/25b
燕賓館賜燕 定齋稿 2/25b
賜酒果(1-2) 定齋稿 2/26a-26b
朝見畢賜燕 定齋稿 2/26b
賜酒果 定齋稿 2/27a
賜分食 定齋稿 2/27a
賜酒果 定齋稿 2/27b
花燕賜酒果 定齋稿 2/28a
弩弓燕賜酒果 定齋稿 2/28a
賜生餼 定齋稿 2/28b
燕賓館賜宴 定齋稿 2/28b
賜酒果 定齋稿 2/29a
真定府賜燕 定齋稿 2/29a
賜酒果 定齋稿 2/29b
賜酒果 定齋稿 2/30a
汴京賜燕 定齋稿 2/30a
謝宣賜曆日表 濳齋集 9/5b
謝賜茶藥表 濳齋集 9/6b
知太平州到任表 洪文敏集 3/1a
謝侍講兼修國史表 洪文敏集 3/3a
代忠宣公饒州謝上表 洪文敏集 3/3b
建寧府謝上表 洪文敏集 3/4b
謝上表 洪文敏集 3/5b
謝知建寧府表 洪文敏集 3/6b
建康謝上表 洪文敏集 3/7a
代陸提舉漳州謝表 洪文敏集 3/7b
謝除翰林學士表 洪文敏集 3/8a
代福淮東舉茶事謝上表 洪文敏集 3/8b
代忠宣公謝表 洪文敏集 3/9b
代忠宣公作復官謝表初擬稿 洪文敏集 3/11a
代忠宣公謝表改擬表 洪文敏集 3/11b
重華宮宣賜白劃子謝表 洪文敏集 4/10a
謝南内奏狀 洪文敏集 4/12a

謝宣召入院奏狀 洪文敏集 4/13b
謝賜曆日表 吳文肅集 4/1b
謝明堂敕表 渭南集 1/5b
謝敕表 渭南集 1/6a
謝賜曆日表(1-2) 渭南集 1/6b-7a
福建到任謝表 渭南集 1/7a
江西到任謝表 渭南集 1/8a
嚴州到任謝表 渭南集 1/9b
除寶謨閣待制謝表 渭南集 1/10b
轉太中大夫謝表 渭南集 1/11b
謝致仕表 渭南集 1/12a
落職謝表 渭南集 1/13a
文武百僚謝春衣表 渭南集 2/6b
文武百僚謝冬衣表 渭南集 2/9a
謝賜生日生餼表 范成大佚著/98
北使回除中書舍人謝表 范成大佚著/99
謝□□(案:□□原缺,今加) 范成大佚著/100
謝轉官(1-2) 范成大佚著/102
到知靜江府任表 范成大佚著/104
揚州到任謝表 鄭忠肅集/上/33a
謝封壽昌侯表 鄭忠肅集/上/35a
謝賜白金文綺表 鄭忠肅集/上/36a
謝賜生日禮物表 鄭忠肅集/上/36b
謝賜廕表 鄭忠肅集/上/37b
賜御札回奏 鄭忠肅集/上/39b
謝賜曆日表代州作紹興十八年 益國文忠集 82/1a 益公集 82/13a
謝賜曆日表代外舅廣德軍作 益國文忠集 82/1a 益公集 82/13a
謝賜曆日表 益國文忠集 82/1b 益公集 82/13b
謝賜曆日表 益國文忠集 82/2a 益公集 82/14a
謝郊赦表(1-2) 益國文忠集 82/10a-10b 益公集 82/23b-24a
謝御製書損齎記表代江東帥司,代方總領,代吳淸 益國文忠集 82/12a-13b 益公集 82/26a-27b
廣德軍謝上表代外舅 益國文忠集 82/14a 益公集 82/28a
謝除直秘閣知揚州表 益國文忠集 82/14b 益公集 82/28b
信陽軍謝上表 益國文忠集 82/15a 益公集 82/29b
謝除太府少卿表 益國文忠集 82/15b 益公集 82/30a
張端明謝乞致仕降第二詔不允仍赴行在奏事表 益國文忠集 82/16a 益公集 82/31a

漢州謝上表 益國文忠集 82/17a 益公集 82/31b

代中書舍人謝除翰林學士表 益國文忠集 91/5a 益公集 91/151b

謝禮部侍郎表 益國文忠集 122/9a 益公集 122/11a

謝侍講表 益國文忠集 122/10b 益公集 122/13a

謝宮觀表 益國文忠集 122/11b 益公集 122/17a

謝宮觀表 益國文忠集 122/14a 益公集 122/14b

謝右文殿修撰表 益國文忠集 122/14b 益公集 122/18a

謝待制侍講表 益國文忠集 122/16b 益公集 122/20b

謝兵部侍郎兼直學士院表 益國文忠集 122/20a 益公集 122/24b

謝侍講表 益國文忠集 123/1a 益公集 123/1a

謝侍讀表 益國文忠集 123/6b 益公集 123/7b

謝吏部侍郎表 益國文忠集 123/8b 益公集 123/9b

謝宣召入院表 益國文忠集 123/13b 益公集 123/15b

謝表 益國文忠集 123/14b 益公集 123/16b

謝衣冠帶鞍馬表 益國文忠集 123/15b 益公集 123/17b

謝表 益國文忠集 124/12a 益公集 124/14a

謝賜新茶奏狀 益國文忠集 124/14a 益公集 124/17a

謝表 益國文忠集 124/24a 益公集 124/28b

謝參知政事表 益國文忠集 125/8b 益公集 125/9a

謝太上皇帝表 益國文忠集 125/9b 益公集 125/11a

謝東宮殿 益國文忠集 125/10a 益公集 125/11b

謝表 益國文忠集 125/11b 益公集 125/14a

謝轉官表 益國文忠集 126/3b 益公集 126/4a

謝太上皇帝表 益國文忠集 126/4a 益公集 126/4b

謝東宮殿 益國文忠集 126/4b 益公集 126/5b

謝表附賜生日詔 益國文忠集 126/9b 益公集 126/12b

謝表 益國文忠集 126/12b 益公集 126/16a

謝太上皇帝表 益國文忠集 126/13b 益公集 126/16b

謝東宮殿 益國文忠集 126/14b 益公集 126/17b

謝明堂加恩表 益國文忠集 126/15a 益公集 126/18b

謝表 益國文忠集 127/4b 益公集 127/5b

謝表 益國文忠集 127/9b 益公集 127/11a

謝太上皇帝表 益國文忠集 127/10a 益公集 127/12a

謝表附賜生日詔 益國文忠集 127/11a 益公集 127/13a

謝表賜生日詔 益國文忠集 127/13a 益公集 127/16b

郊祀禮成謝加食邑表 益國文忠集 127/14b 益公集 127/17a

謝太上皇帝表 益國文忠集 127/15a 益公集 127/17b

謝東宮殿 益國文忠集 127/15b 益公集 127/18a

謝表 益國文忠集 128/5a 益公集 128/6a

謝太上皇帝表 益國文忠集 128/5b 益公集 128/6b

謝東宮殿 益國文忠集 128/6b 益公集 128/7b

謝表賜生日詔 益國文忠集 128/7a 益公集 128/8a

謝表 益國文忠集 128/14a 益公集 128/16b

謝太上皇帝表 益國文忠集 128/15a 益公集 128/17b

謝傳宣撫問並賜銀合茶藥狀 益國文忠集 129/5a 益公集 129/6a

謝封濟國公表 益國文忠集 129/8a 益公集 129/9b

謝東宮殿 益國文忠集 129/8b 益公集 129/10a

謝表進左丞相 益國文忠集 129/16a 益公集 129/19b

謝東宮殿進左丞相 益國文忠集 129/17a 益公集 129/20a

謝除少保表 益國文忠集 130/6b 益公集 130/7b

謝重華宮表 益國文忠集 130/7a 益公集 130/8b

謝除禮泉觀使表 益國文忠集 130/15a 益公集 130/18a

潭州謝上表 益國文忠集 131/10b 益公集 131/12a

郊祀謝赦表 益國文忠集 131/11a 益公集 131/13a

郊祀禮成謝加食邑表益國文忠集 131/11b 益公集 131/13b

謝表附賜紹熙三年曆日表 益國文忠集 131/13a 益公集 131/15b

謝表 益國文忠集 131/14a 益公集 131/16a

謝表 益國文忠集 131/16b 益公集 131/19b

謝表賜銀合夏藥教書 益國文忠集 131/17b 益公集 131/20b

降郡公謝表 益國文忠集 131/18a 益公集 131/21a

謝表賜銀合臘藥教書 益國文忠集 131/20b 益公集 131/24b

謝賜紹熙四年曆日表 益國文忠集 131/21b 益公集 131/25a

謝表賜銀合夏藥教書 倪思撰 益國文忠集 132/3a 益公集 132/3b

謝復益國公表 益國文忠集 132/3b 益公集 132/4a

謝表賜銀合臘藥教書 倪思撰 益國文忠集 132/6b 益公集 132/7b 南宋文範 28/3b

謝禮泉觀使表 益國文忠集 132/8a 益公集 132/9a

謝差官賜告奏狀 益國文忠集 132/14a 益公集 132/16b

謝明堂禮成加恩表 益國文忠集 132/16b 益公集 132/19b

謝致仕表（1－2） 益國文忠集 133/3b 益公集 133/3b－4a

謝郊祀禮成加恩表 益國文忠集 133/6b 益公集 133/8b

謝慶禮成支賜奏狀　益國文忠集 133/7a　益公集 133/9a
謝明堂禮成加恩表　益國文忠集 133/8b　益公集 133/11a
謝降官表　益國文忠集 133/9b　益公集 133/12a
謝復少傅表　益國文忠集 133/11b　益公集 133/13b
謝郊祀禮成加恩表　益國文忠集 133/12b　益公集 133/14b
謝文字回奏　益國文忠集 149/9a　益公集 149/10a
奏謝獎諭巡檢推賞事　益國文忠集 149/15b　益公集 149/17a
謝主上表　益國文忠集 162/1b　益公集 162/1b
謝皇后膝　益國文忠集 162/1b　益公集 162/2a
謝太上皇帝表　益國文忠集 162/2a　益公集 162/2b
謝太上皇后膝　益國文忠集 162/2a　益公集 162/3a
謝賜御書表　誠齋集 46/1a
代福建憲何德獻謝到任表　誠齋集 46/2b
知常州謝到任表　誠齋集 46/3b
謝降官表　誠齋集 46/4a
廣東提舉謝到任表　誠齋集 46/4b　南宋文範 28/4a
謝除直秘閣表　誠齋集 46/5b
知筠州謝到任表　誠齋集 46/6a
謝復直秘閣表　誠齋集 47/1a
謝宮僚轉兩官表　誠齋集 47/1b
謝御寶封回自劾狀表　誠齋集 47/2b
江東運副謝到任表　誠齋集 47/3a
辭免贛州得祠進職謝表　誠齋集 47/3b
謝除特授煥章閣待制表　誠齋集 47/4b
謝郊祀大禮進封開國子食邑表　誠齋集 47/6a
謝致仕轉通議大夫除寶文閣待制表　誠齋集 47/6b
謝明堂大禮進封開國伯食邑表　誠齋集 47/7a
謝除寶謨閣直學士表　誠齋集 47/7b
謝賜衣帶表　誠齋集 47/8b
謝郊祀大禮進封廬陵郡侯加食邑表　誠齋集 47/8b
謝以長男長孺官係陞朝該遇郊祀大禮封叙通奉大夫表　誠齋集 47/9a
謝除寶謨閣學士表　誠齋集 47/10a
除寶謨閣學士謝賜衣帶鞍馬表　誠齋集 47/10b
謝皇太子頒賜誠齋二字膝　誠齋集 48/2b
謝皇太子令侍宴瓊觀堂膝　誠齋集 48/3a
謝改官宮觀奏狀　朱文公集 22/9b
謝御筆以次對係銜供職奏狀　朱文公集 23/21b

謝御筆與宮觀奏狀　朱文公集 23/22b
南康軍到任謝表　朱文公集 85/13b
浙東提舉到任謝表　朱文公集 85/14a
謝依所乞仍舊直寶文閣及簡詔書獎諭表　朱文公集 85/15a
漳州到任謝表　朱文公集 85/15b
除秘閣修撰謝表　朱文公集 85/16a
潭州到任謝表　朱文公集 85/16b
謝除待制侍講修撰實録表　朱文公集 85/17b
辭免待制仍舊充秘閣修撰提舉南京鴻慶宮謝表　朱文公集 85/18a
落職罷宮祠謝表　朱文公集 85/19a　新安文獻 40/6a
落秘閣修撰依前官謝表　朱文公集 85/20a　新安文獻 40/7a
致仕謝表　朱文公集 85/20b
謝曆日表　于湖集 20/3b－4b
代百官謝賜時服表　于湖集 20/7b
謝除中書舍人表　于湖集 20/8a
中書舍人直學士院謝表　于湖集 20/9a
撫州到任謝表　于湖集 20/10a
平江府到任謝表　于湖集 20/10b
潭州謝復次對表　于湖集 20/11b
代方務德廬州到任謝表　于湖集 20/12a
謝太師加贈表　南軒集 8/1a
嚴州到任謝表　南軒集 8/2a
静江到任謝表　南軒集 8/2b
江陵到任謝表　南軒集 8/3a
進職因任謝表　南軒集 8/4a
謝除秘閣修撰表　南軒集 8/4b
謝待講表　南軒集 8/5a
謝賜冬衣表　南軒集 8/5b
謝賜曆日表(1－5)　江湖集 36/11a－13a
謝太上皇帝清安降敕表　江湖集 36/13b
謝明堂赦表　江湖集 36/14a
謝曆日表　鉛刀編 15/3b
謝賜曆日表　鉛刀編 16/5b
代趙漕除總領謝表　鉛刀編 16/6a
代解寺丞新到任謝表　鉛刀編 16/6b
代趙漕轉副使謝表　鉛刀編 16/4b
代湖南姚提刑謝到任表　尊德集 3/1a
代知嶇州李大夫謝到任表　尊德集 3/1b
鄂州謝到任表　鄂州集 5/13b　新安文獻 40/8a
謝淳熙十年曆日表　鄂州集 5/14b

奏議表狀二　諸表　謝表

謝淳熙十一年曆日表　鄂州集 5/14b

謝賜夏藥表　官教集 4/5a

代平江魏丞相謝賜銀合夏藥表　官教集 4/5a

代平江守臣謝上表　官教集 4/7b

代平江守臣謝賜御書戒飭手詔碑本表　官教集 4/8a

代浙西倉使謝御御書戒飭手詔碑本表　官教集 4/8b

代謝賜曆日表（1－3）　官教集 4/9a－10a

代陳丞相鄰恩加食邑實封表　官教集 4/10b

代平江守到任謝東宮牋　官教集 4/12b

代倉部知黃州謝表　東萊集 2/1a　播芳文粹 30/6b

代倉部知池州謝表　東萊集 2/1b　播芳文粹 30/5a

代叔父知南安軍謝表　東萊集 2/1b　播芳文粹 30/3b

代叔父知南安軍謝太上皇帝表　東萊集 2/2a　播芳文粹 30/7a

代男曾史君知筠州謝表　東萊集 2/2b　播芳文粹 30/1a

代男父曾史君廣德到任謝表　東萊集 2/2b　播芳文粹 30/5b

代倉部知吉州謝表　東萊集 2/3a　播芳文粹 30/1a

爲張嚴州作謝免丁錢表　東萊集 2/3b

爲芮直講作慶王生皇孫錫名謝太上皇帝表　東萊集 2/5b

爲汪尚書作知平江府謝表　東萊集 2/7a　播芳文粹 30/1a

爲韓尚書作知建寧府謝表　東萊集 2/7a　播芳文粹 30/4a

代宰臣以下謝賜冬衣表　東萊集 2/9a

代宰臣以下謝賜喜雪宴表　東萊集 2/10a　播芳文粹 40/11b

進所編文海賜銀絹謝表　東萊集 2/10b

爲慶丞相謝生日賜生餼表　東萊集/外 5/7a

代林昌化謝到任表　省齋集 4/30b

乾道王辰進士賜第謝太上皇帝　止齋集 30/1a

桂陽軍謝到任　止齋集 30/1b

謝登極赦　止齋集 30/2a

謝賜曆日　止齋集 30/4a

湖南提舉謝到任　止齋集 31/3b

提舉司謝賜曆日　止齋集 31/4a

湖南轉運判官謝到任　止齋集 31/4a

謝中書舍人　止齋集 31/6a

代湖北憲謝到任　格齋四六 1/14a

代謝賜曆日　格齋四六 1/14b

知成都謝到任　格齋四六 1/15a

謝安邊所結局轉官　格齋四六 1/16a

謝宗祀禮成加封邑　格齋四六 1/16b

謝加龍圖制因任　格齋四六 1/17a

謝平鑒轉官　格齋四六 1/18a

謝加直學士　格齋四六 1/18b

謝東宮贈金盃縐羅香茶　格齋四六 1/19b

謝賜春衣表　宋本攻媿集 11/10a　攻媿集 15/10a　播芳文粹 39/12a

賀會慶節表　宋本攻媿集 11/10b　攻媿集 15/10b

謝溫州到任表　宋本攻媿集 12/1a　攻媿集 16/1a　播芳文粹 30/21a

謝中書舍人表　宋本攻媿集 12/2a　攻媿集 16/2a　播芳文粹 16/25b

謝壽皇聖帝表　宋本攻媿集 12/2b　攻媿集 16/2b　播芳文粹 16/26b

謝給事中表　宋本攻媿集 12/3b　攻媿集 16/3b　播芳文粹 18/10a

謝權吏部尚書表　宋本攻媿集 12/4b　攻媿集 16/4a　播芳文粹 15/32a

謝兼侍讀表　宋本攻媿集 12/5b　攻媿集 16/5a　播芳文粹 21/5a

謝顯謨閣直學士知婺州表　宋本攻媿集 12/6a　攻媿集 16/6a　播芳文粹 19/28a

謝中大夫表　宋本攻媿集 12/7a　攻媿集 16/6b　播芳文粹 20/16b

謝提舉江州太平興國宮表　宋本攻媿集 12/7b　攻媿集 16/7b　播芳文粹 34/20a

謝再任宮觀表　宋本攻媿集 12/9b　攻媿集 16/9a　播芳文粹 35/16a－18b

謝大中大夫表　宋本攻媿集 13/1a　攻媿集 17/1a　播芳文粹 20/17a

謝再任宮觀表　宋本攻媿集 13/4a　攻媿集 17/4a　播芳文粹 35/16a－18b

謝落職罷宮觀表　宋本攻媿集 13/5b　攻媿集 17/5b　播芳文粹 33/22a

謝宮觀表　宋本攻媿集 13/6b　攻媿集 17/6b　播芳文粹 35/12b

謝進封開國子加食邑表　宋本攻媿集 13/7b　攻媿集 17/7a　播芳文粹 21/25b

謝通議大夫表　宋本攻媿集 13/8b　攻媿集 17/8a　播芳文粹 18/25a

謝再任宮觀表　宋本攻媿集 13/8b　攻媿集 17/8b　播芳文粹 35/16a－18b

謝復職表　宋本攻媿集 13/9b　攻媿集 17/9a　播芳文粹 34/9b

奏議表狀二　諸表　謝表

謝再任官觀表 宋本攻媿集 13/10b 攻媿集 17/10b 播芳文粹 35/16a－18b

謝落職表 宋本攻媿集 13/11a 攻媿集 17/11a 播芳文粹 33/23a

謝龍圖閣直學士致仕表 宋本攻媿集 13/12a 攻媿集 17/12a 播芳文粹 33/20a

謝落致仕除翰林學士表 宋本攻媿集 13/13a 攻媿集 17/12b 播芳文粹 34/10a

謝吏部尚書兼翰林學士侍讀修史表 宋本攻媿集 13/13b 攻媿集 17/13b

謝簽書樞密院事表 宋本攻媿集 13/15a 攻媿集 17/ 14a 播芳文粹 15/10a

謝皇太子腆 宋本攻媿集 13/16a 攻媿集 17/15b

謝同知樞密院事表 宋本攻媿集 13/17b 攻媿集 17/17a 播芳文粹 15/11a

謝參知政事表 宋本攻媿集 13/19a 攻媿集 17/18b 播芳文粹 15/17b 南宋文範 28/5a

代辛臣謝宣示太上皇御書宋玉高唐賦傅毅舞賦陸機文賦稽康琴賦曹植洛神賦王粲登樓賦史節故事段陳羽古意詩蘇軾養生論周興嗣千字文御跋表 宋本攻媿集 14/1a 攻媿集 18/ 1a

又代謝册立表 宋本攻媿集 14/5a 攻媿集 18/5a

又代謝太上皇帝表 宋本攻媿集 14/6a 攻媿集 18/ 5b

又代謝皇后腆 宋本攻媿集 14/6b 攻媿集 18/6a

又代謝受册表 宋本攻媿集 14/7a 攻媿集 18/6b

代謝吏部侍郎表以下四首代魏丞相忠 宋本攻媿集 14/9a 攻媿集 18/8b

代謝侍講表 宋本攻媿集 14/9b 攻媿集 18/9b

代知泉州謝進職再任表 宋本攻媿集 18/11b 攻媿集 14/12a

代謝隆興府到任表 宋本攻媿集 14/12b 攻媿集 18/12a

代謝官觀表 宋本攻媿集 14/14b 攻媿集 18/14a

代謝官觀表以下三首代史待制彌正 宋本攻媿集 15/1a 攻媿集 19/1a

代謝皇太子腆 宋本攻媿集 15/2a 攻媿集 19/2a

代謝皇太子宮講堂徹章轉官腆 宋本攻媿集 15/ 2b 攻媿集 19/2b

代謝立皇太子降赦表 宋本攻媿集 15/5a 攻媿集 19/5a

代謝御書成百條手詔石刻表 宋本攻媿集 15/5b 攻媿集 19/5b

代謝直秘閣表 宋本攻媿集 15/6a 攻媿集 19/6a

謝慶壽赦加恩表代龔參政茂良 宋本攻媿集 15/7a

攻媿集 19/7a

代仲兄謝嚴州到任表宋本攻媿集 15/8a 攻媿集 19/ 7b

謝南郊肆赦表代溫州莫給事清 宋本攻媿集 15/9a 攻媿集 19/8b

代謝舉官不當降官表 宋本攻媿集 15/9b 攻媿集 19/9a

代謝知瓊州表 宋本攻媿集 15/10a 攻媿集 19/10a

代新進士謝賜花表 宋本攻媿集 15/12a 攻媿集 19/ 11b

謝宣召入院狀 宋本攻媿集 16/16b 攻媿集 32/16a

重華宮宣賜白劍子謝表 洪文敏集 4/11a

謝赦表 雙峰稿 1/3a

謝郊赦表 雙峰稿 1/6a

謝賜曆日表（1－3） 雙峰稿 1/6b－10a

謝賜曆日表 雙峰稿 1/10a

謝到任表 雙峰稿 1/10b

謝曆日表 王雙溪集 10/5a

謝冬衣表 王雙溪集 10/23a

謝除制帥表代 王雙溪集 10/23b

謝到任表代 王雙溪集 10/24b

謝侍讀表代 王雙溪集 10/25a

謝除經署表 王雙溪集 10/25b

謝生日賜物表代 王雙溪集 10/26a

謝加食邑表代 王雙溪集 10/26b

謝賜衣帶鞍馬表代 王雙溪集 10/27a

饒州到任謝表 王雙溪集 10/27b

湖州到任謝表 王雙溪集 10/28b

謝曆日表 王雙溪集 10/30a

荊門到任謝表 象山集 18/5b

謝太上皇帝表 客亭稿 1/3a

天申節謝賜香表 客亭稿 1/4b

代天申節滿散謝賜香表 客亭稿 1/5a

會慶節謝賜香表 客亭稿 1/6a

代會慶節滿散謝賜香表 客亭稿 1/6a

代重明節謝賜香表 客亭稿 1/11b

代謝賜對衣金帶表 客亭稿 1/11b

代謝落階官表 客亭稿 1/12a

代謝除浙西總管表 客亭稿 1/13a

代騎帥謝皇帝表 客亭稿 2/1a

代母封內郡夫人謝表 客亭稿 2/2a

代謝修奉使回敘復永州防禦使表 客亭稿 2/2b

代謝改除到任表 客亭稿 2/3a

代兵帥謝到任表 客亭稿 2/3b

代池州守謝到任表 客亭稿 2/4b
代兵帥謝到任表 客亭稿 2/5b
代邊帥謝賜銀合夏藥表 客亭稿 2/6a
代邊帥謝賜銀合臘藥表 客亭稿 2/6b
代謝皇太子賜顏真二字牋 客亭稿 2/10b
謝知池州表 東塘集 14/1a
謝知衢州表 東塘集 14/2a
謝提舉浙東茶鹽表 東塘集 14/3a
謝提點浙西刑獄表 東塘集 14/4a
謝直顯謨閣知臨安府表 東塘集 14/5b
謝除權戸部侍郎表 東塘集 14/8b
謝除户部侍郎并賜金帶表 東塘集 14/10b
謝除權户部尚書表 東塘集 14/12b
謝救荒轉官表 東塘集 14/14a
謝覆按使轉官表 東塘集 14/15b
謝除華文閣學士四川制置使表 東塘集 14/16b
謝四川制置使知成都府到任表 東塘集 14/19a
謝救荒進徽猷閣學士表 東塘集 14/21a
謝除吏部尚書表 東塘集 15/1a
謝寶文閣學士再任四川制置使表 東塘集 15/2a
謝寶文閣學士宫觀表 東塘集 15/3b
謝知紹興府表 東塘集 15/4b
謝兼侍講表（1－2） 東塘集 15/5b－6b
謝賜御書漢文翁翼送故事表 東塘集 15/12b
代人謝北内表 東塘集 15/17a
代人謝除兵部尚書表 東塘集 15/18a
代王江陰謝改知饒州表 東塘集 15/19a
代人知蒼州表 東塘集 15/20a
謝除知洪州到任表 東塘集 15/21a
謝復職表 定齋集 7/2a
謝頒降御筆手詔碑表 定齋集 7/2b
廣東轉運判官謝表 定齋集 7/3a
廣東提舉到任謝表 定齋集 7/3b
湖南提刑到任謝表 定齋集 7/4a
京西運判到任謝表 定齋集 7/4a
淮西總領到任謝表 定齋集 7/4b
湖北總領到任謝表 定齋集 7/5b
廣西經畧到任謝表 定齋集 7/6a
除寶謨閣待制謝表 定齋集 7/6b
謝賜衣帶表 定齋集 7/7a
代淮東安撫使謝表 定齋集 7/8b
代淮東安撫使謝太上皇帝表 定齋集 7/9a

擬虞丞相謝轉官表 九華集 8/2b
擬丞相轉官表 九華集 8/3b
代但大夫自廣東憲除廣西漕又易廣東漕到任謝表 緣督集 5/11a
代彭中散自廣東漕移廣西謝上表 緣督集 5/13a
知德慶府到任謝表 緣督集 5/13b
代但大夫自廣東憲除廣西漕又易廣東漕到任謝表 抄本緣督集 10/5b
廣東漕移廣西謝上表 抄本緣督集 10/7a
知德慶府到任謝表 抄本緣督集 10/7b
皇帝正謝表 龍川集 17/12a
重華宫正謝表 龍川集 17/13a
謝賜衣帶鞍馬表 雲莊集 1/18a
薊州到任謝表 水心集 2/16a 播芳文粹 31/11a
除淮西提舉謝表 水心集 2/17a 播芳文粹 23/20b
除太府卿淮東總領謝表 水心集 2/17b 播芳文粹 21/7a
謝除華文閣待制提舉西京嵩山崇福宫表 水心集 2/18a
謝除寶謨閣直學士提舉鳳翔府上清太平宫表 水心集 2/19a 播芳文粹 34/22a
湖南運判到任謝表 水心集 2/19b 播芳文粹 25/20b
除秘閣修撰謝表 水心集 2/20a 播芳文粹 20/6b
除工部侍郎謝表 水心集 2/21a 播芳文粹 16/14a
除吏部侍郎謝表 水心集 2/21b 播芳文粹 16/4b
除知建康到任謝表 水心集 2/22a 播芳文粹 31/12a
除華文閣待制提舉西京嵩山崇福宫謝皇太子牋 水心集 2/23a 播芳文粹 34/21a
代邱制帥謝賜曆日表 燭湖集 1/6a
奏謝恭淑皇后文 後樂集 5/17a
賜進士及第謝皇帝表 後樂集 6/1a
賜進士及第謝太上皇帝表 後樂集 6/2a
謝賜閒喜宴表 後樂集 6/3a
謝賜花表 後樂集 6/4a
謝頒水表 後樂集 6/4b
淮東提舉到任謝表 後樂集 6/5a
浙東提舉到任謝表 後樂集 6/6a
謝授衣節物劄 後樂集 6/7a
謝正除中書舍人表 後樂集 6/8a
謝兼侍讀表 後樂集 6/10b
謝賜生餼表 後樂集 6/11b
謝牲餼狀 後樂集 6/12a

奏議表狀二 諸表 謝表 1473

謝除端明殿學士簽書樞密院表　後樂集 6/16a
謝賜對衣金帶鞍馬狀　後樂集 6/17a
謝除參知政事表　後樂集 6/20b
謝端明學士宮觀表　後樂集 6/32a
潭州受告謝表　後樂集 7/4b
郊祀加恩謝表　後樂集 7/7a
謝加邑表　後樂集 7/7b
謝賜臘藥表　後樂集 7/8b
謝賜夏藥表　後樂集 7/9b
謝賜臘藥表　後樂集 7/10b
謝賜夏藥表　後樂集 7/11b
謝賜對衣金帶鞍馬表　後樂集 7/12b
謝免荊湖南路安撫大使兼知潭州依舊宮祠表
　後樂集 7/16b
謝新知隆興府受告表　後樂集 7/19b
新知隆興府到任謝表　後樂集 7/20b
賜夏藥謝表　後樂集 7/21b
明堂加恩謝表　後樂集 7/23a
謝賜臘藥表　後樂集 7/24a
謝賜夏藥表　後樂集 7/25b
謝賜臘藥表　後樂集 7/28b
新知福州府到任謝表　後樂集 8/2b
謝賜臘藥表　後樂集 8/4b
謝賜夏藥表　後樂集 8/5a
知隆興府到任謝表　後樂集 8/9b
謝賜臘藥表　後樂集 8/10b
謝賜對衣金帶馬表　後樂集 8/11a
明堂加恩謝表　後樂集 8/14a
玉璽恩轉官謝表　後樂集 8/17a
皇帝登極恩轉官謝表　後樂集 8/20a
皇帝登極轉官謝皇太后表　後樂集 8/20b
明堂加恩謝表　後樂集 8/22a
明堂加恩謝皇太后表　後樂集 8/22b
代吳侍郎謝除次對表　後樂集 8/27a
進士及第謝皇太子牋　後樂集 14/10b
除密院謝皇太子牋　後樂集 14/11b
除參知政事謝皇太子牋　後樂集 14/12b
隆興府到任謝皇太子牋　後樂集 14/17b
福州到任謝皇太子牋　後樂集 14/18b
除直秘閣知漳州謝表　昌谷集 4/3b
謝朝辭内引奏宣勅表　昌谷集 4/9b
謝皇太后宣賜表　昌谷集 4/10a
謝撰摹龍臺碑蒙賜表　昌谷集 4/10b

寶謨閣直學士提舉佑神觀兼侍讀謝皇帝表
　昌谷集 4/11b
寶謨閣直學士提舉佑神觀兼侍讀謝皇太后表
　昌谷集 4/12a
禮部侍郎謝皇帝表　昌谷集 4/16b
禮部侍郎謝皇太后表　昌谷集 4/17b
兼侍讀謝表　昌谷集 4/18a
兼侍讀謝皇太后表　昌谷集 4/19a
謝改知隆興府到任表　昌谷集 4/20a
代淮南運使謝上表　山房集 2/9b
代和州謝上表　山房集 2/10a
代郭帥到任謝表　山房集 2/10b
謝磨勘表　性善稿 5/2b
謝賜曆日表　性善稿 5/3b
懷安到任謝表　性善稿 5/4a
重慶到任謝表　性善稿 5/5b
代吳侍郎謝到任表　性善稿 5/7a
浙西謝表　洛水集 3/8b
謝曆日表　洛水集 3/10a
謝除吏部侍郎表　洛水集 3/10a
謝除禮部侍郎兼直學士院　洛水集 3/11a
謝除禮部尚書表　洛水集 3/11b
建寧府到任謝表　洛水集 3/12b
謝敷文閣學士提舉隆興府玉隆萬壽宮表　洛
水集 3/13a
代母舅黄寺丞處州謝表　洛水集 3/15a
代浙東提刑謝表　洛水集 3/15b
代岳州到任謝表　洛水集 3/16a
代總領到任謝表　洛水集 3/17a
謝宣賜曆日　南塘四六/29a
謝玉寶敕　南塘四六/31a
謝進讀三朝寶訓徹章轉官表　東澗集 9/9b
潮州到任謝表　東澗集 9/11b
代謝到任表　東澗集 9/12b
謝賜宸翰表　東澗集 9/13a
謝除授試禮部尚書仍賜衣帶鞍馬表　東澗集
9/14a
代期集所謝賜御詩表　東澗集 9/14b
龍州謝到任表　平齋集 13/1a
謝曆日表　平齋集 13/1b
謝授中書舍人告仍賜紫章服表　平齋集 13/2b
謝特理磨勘授朝請郎告表　平齋集 13/3b
謝授侍講告表　平齋集 13/4a

謝授給事中兼侍讀賜對衣金帶表 平齋集 13/ 5a

江東漕謝到任表 真西山集 10/21b 南宋文範 28/9a

爲賑濟無罪可待謝表 真西山集 10/23a

禮部侍郎謝表 真西山集 10/25a

復官謝皇帝表 真西山集 16/2a

謝皇太后表 真西山集 16/3a

再知泉州謝表 真西山集 16/4a

謝職名表 真西山集 16/5b

知福州謝表 真西山集 16/6a

謝除户部尚書表 真西山集 16/7a

謝宣召入院表 真西山集 16/9b 南宋文範 28/8b

謝除翰林學士表 真西山集 16/10b

謝賜衣帶鞍馬表 真西山集 16/11b

知泉州謝表 真西山集 17/19a

平海寇謝轉官表 真西山集 17/20a

漢州到任謝表 鶴山集 13/1a

被旨兼權潼川運判謝表 鶴山集 13/1b

潼川運判謝到任表 鶴山集 13/3a

直秘閣知潼川府到任表 鶴山集 13/3b

謝周程三先生賜謚表 鶴山集 13/4b 南宋文範 28/ 7b

元日受寶肆赦謝表 鶴山集 13/7b

代宰臣以下謝賜喜雪御筵表 鶴山集 13/8b

除權工部侍郎謝表 鶴山集 13/9a

謝皇太后表 鶴山集 13/9b

復元官職宮觀謝表 鶴山集 13/10a

上皇太后表 鶴山集 13/11a

潼川路安撫到任謝表 鶴山集 13/11b 南宋文範 28/6b

除端明殿學士同簽書樞密院事督視江淮京湖軍馬謝表 鶴山集 27/3a

賜便宜詔書謝表 鶴山集 27/10a

代謝賜曆日表 貞窗集 4/14a

賜御書宗濂精舍額謝表 鶴林集 16/12a

知隆興府到任謝表 鶴林集 16/12b

除寶章閣直學士知寧國府到任謝表 鶴林集 16/14a

知温州到任謝表 鶴林集 16/16a

除寶章閣學士知温州謝表 鶴林集 16/18a

提舉玉隆萬壽宮謝表（1－2） 鶴林集 16/19a－20a

除權吏部侍郎賜紫服謝表 鶴林集 16/21a

賜隆興曆日表 鶴林集 16/22a

賜寧國府曆日謝表 鶴林集 16/22b

賜温州曆日謝表 鶴林集 16/23a

謝轉官表 漁墅稿 1/15a

廣東經畧到任謝表 漁墅稿 1/16a

廣州謝賜曆日表 漁墅稿 1/17a

南安知軍到任謝表 漁墅稿 1/17b

謝次對宮祠表 蒙齋集 10/1a

謝秘撰福建運判到任表 鐵菴集 7/1a

謝寶制再任廣州陸使 鐵菴集 7/2a

謝寶學仍任廣州 鐵菴集 7/3b

謝賜辭免寶章學士不允詔 鐵菴集 7/4b

謝封爵邑 鐵菴集 7/5a

謝賜衣帶 鐵菴集 7/6a

漕使謝到任表 鐵菴集 7/1a

謝講和赦表 金佗稡編 10/3b

謝封鄂王表 金佗稡編 28/1b

謝表 金佗稡編 28/11a

賜謚謝表 金佗稡編/續 14/15a

謝賜襃忠衍福寺額表 金佗稡編/續 15/9a

賜謚吏部牒 金佗稡編/續 16/3a

賜謚謝皇帝表 金佗稡編/續 16/10a

賜謚謝皇太后表 金佗稡編/續 16/11a

代守臣謝宣賜嘉定十年統天具注曆表 靈巖集 2/3b

代翰林學士謝賜唐五臣注文選表 靈巖集 2/4a

代中書舍人謝賜金帶表 靈巖集 2/4b

代右丞相謝賜御書說命中篇表 靈巖集 2/5b

代童子謝秘書省讀書表 靈巖集 2/6a

謝賜憲書表 字溪集 1/1b

謝撫諭詔書表 後村集 50/1a

謝轉大中大夫表 後村集 50/1b

謝皇太子腆 後村集 50/2a

謝膳藥表 後村集 50/2b

賜曆日謝表 後村集 50/3b

降直學士謝表 後村集 50/4a

謝皇太子腆 後村集 50/5a

謝賜夏藥表 後村集 50/5b

謝明堂赦表 後村集 50/6a

復寶謨閣學士謝表 後村集 50/7a

謝皇太子腆 後村集 50/7b

謝膳藥表 後村集 50/8a

謝曆日表 後村集 50/8b

明堂加恩謝表 後村集 50/9b

謝皇太子膊 後村集 50/10a
袁州到任謝表 後村集 113/1a
廣東提舉到任謝表 後村集 113/1b
廣東除運判謝到任表 後村集 113/2b
江東提刑謝到任表 後村集 113/3b
謝戒諭臧吏表 後村集 113/4b
明堂禮成謝表 後村集 113/5a
謝明堂赦表 後村集 113/6a
除將作監直華文閣謝表 後村集 113/6b
謝賜同進士出身表 後村集 113/7a
經筵進講禮記徵章謝專官表 後村集 113/8b
除秘撰福建提刑謝到任表 後村集 113/9a
謝賜宸翰表 後村集 113/10a
謝除權兵侍兼中書直院表 後村集 113/11a
謝皇太子膊 後村集 113/11b
謝兼侍講表 後村集 113/12a
謝皇太子膊 後村集 113/12b
謝治兵侍表 後村集 113/13b
謝皇太子膊 後村集 113/14a
謝除權工書表 後村集 113/15a
謝皇太子膊 後村集 113/15b
謝陞兼侍讀表 後村集 113/16b
謝皇太子膊 後村集 113/17a
謝宣賜御書扇金器綱羅香茶表 後村集 113/17b
謝除寶章閣學士知建寧府表 後村集 113/18b
謝進封開國子表 後村集 114/7a
謝皇后膊 後村集 114/7a
謝皇太子膊 後村集 114/7b
謝除煥章閣學士致仕表 後村集 114/8a
謝皇太子膊 後村集 114/9a
郊恩進封開國伯加食邑三百户謝表 後村集 115/3a
謝皇太后表 後村集 115/3b
除龍學謝皇帝表 後村集 115/7a
謝皇太后表 後村集 115/7b
謝皇后膊 後村集 115/8a
擬謝宣召入院表 後村集 115/8b
擬謝學士表 後村集 115/9b
擬謝衣帶鞍馬表 後村集 115/10a
擬謝史侍兼給事中表 後村集 115/13a
代謝兵部尚書表 後村集 115/13b
三月以磨勘轉承議郎夏四月到任謝表 清正稿 3/1a

十一月視印于南康境上閱十二月到司謝表 清正稿 3/2a
冬十月甲戌到任謝表 清正稿 3/3a
戊午賜御書味書閣遺安堂六大字謝表 清正稿 3/4a
五日到任除右文殿修撰知平江府兼准浙發運副使謝表 清正稿 3/5a
戊申磨勘轉朝散大夫謝表 清正稿 3/6b
供兵部侍郎職謝表 清正稿 3/7a
供禮部侍郎職謝表 清正稿 3/8a
庚寅宰執宣賜御製忠邪辯謝表 清正稿 3/9a
丙申除直秘閣依舊浙東提刑兼權浙東提舉謝表附御札遺表 清正稿 3/9b
勅令兼同提舉編修謝表 久軒集 8/7b
復職予祠謝表 久軒集 8/8b
謝賜御書表 樓墅集 4/11a
兼侍講謝表 樓墅集 4/11b
南劍到任謝表 樓墅集 4/12a
上謝恩表 濟國公奏議 4/56a
循州上謝恩 履齋集 4/5b
子被凶人誣告蒙恩免遠行謝表 可齋稿 1/22b
代蜀總謝到任 可齋稿 2/1a
代謝皇太后 可齋稿 2/2b
代謝郊祀肆赦 可齋稿 2/3b
代謝皇太后 可齋稿 2/4a
代謝明堂肆赦 可齋稿 2/4b
代荊閫謝加煥章閣因任 可齋稿 2/5a
代謝皇太后 可齋稿 2/6a
淮西憲謝到任 可齋稿 2/7a
淮西總謝到任 可齋稿 2/8a 南宋文範 28/11a
江東漕謝詔書建督府宣諭 可齋稿 2/9b
淮閫謝宸翰獎諭 可齋稿 2/10a
淮閫謝宸翰獎諭中辰解藁圖 可齋稿 2/11a
淮閫謝詔書獎諭同諸將帥 可齋稿 2/12a
謝臣僚上言降一官 可齋稿 2/13a
謝再降官 可齋稿 2/15a
謝廣西經畧使到任 可齋稿 3/1a
謝兼廣西漕 可齋稿 3/2b
謝京湖制置使到任 可齋稿 3/3a
謝兼湖廣總領並京湖屯田使 可齋稿 3/4b
謝轉正議大夫繫寇冠賞 可齋稿 3/5a
謝除寶文閣學士京湖制置大使 可齋稿 3/5b
謝除龍圖閣學士依舊職 可齋稿 3/6a

謝轉正奉大夫和羅賞 可齋稿 3/7a
謝男杓除耕田令兼制機 可齋稿 3/8a
淮西憲謝賜曆日 可齋稿 3/8b
淮閩謝賜曆日 可齋稿 3/9a
桂閩謝賜曆日 可齋稿 3/9b
桂漕謝賜曆日 可齋稿 3/10a
荊閩謝賜曆日 可齋稿 3/10b
荊閩謝賜曆日 可齋稿 3/10b
江東漕謝慧星降敕 可齋稿 3/11a
荊閩謝宣賜夏藥 可齋稿 3/11b
荊閩謝宣賜夏藥 可齋稿 3/11b
荊閩謝賜膃藥 可齋稿 3/12a
荊閩謝宣賜夏藥 可齋稿 3/13a
赴荊閩謝宣賜金器羅羅香茶 可齋稿 3/13b
謝特賜香茶續金花 可齋稿 3/14a
謝特賜銀絹 可齋稿 3/15a
謝宣賜香茶 可齋稿 3/15b
謝宣賜膃藥 可齋稿 3/16a
謝宣賜曆日 可齋稿/續前 1/2b
謝宣賜夏藥 可齋稿/續前 1/4b
謝宣賜夏藥 可齋稿/續前 1/5a
謝宣賜膃藥 可齋稿/續前 1/5b
謝特賜銀絹 可齋稿/續前 1/6a
謝特賜銀絹 可齋稿/續前 1/7a
謝宣賜香茶 可齋稿/續前 1/7b
謝轉宣奉大夫 可齋稿/續前 1/8a
謝兼變州路策應大使 可齋稿/續前 1/9a
謝除端明殿學士 可齋稿/續前 1/9b
謝詔書獎諭 可齋稿/續前 1/11b
謝宣賜膃藥 可齋稿/續前 1/12b
謝宣賜香茶 可齋稿/續前 1/13b
謝撫諭四川官吏軍民 可齋稿/續後 1/1a
謝資政殿學士四川宣撫使 可齋稿/續後 1/2a
謝賜勞帶鞍馬 可齋稿/續後 1/3a
謝賜銀絹 可齋稿/續後 1/4a
謝宣賜香茶 可齋稿/續後 1/4b
謝賜膃藥 可齋稿/續後 1/5a
謝轉光祿大夫表 可齋稿/續後 1/5b
謝賜銀絹 可齋稿/續後 1/6a
出蜀宣賜謝表 可齋稿/續後 1/7a
辭閩帥得祠謝表 可齋稿/續後 1/7b
謝賜銀絹 可齋稿/續後 1/8b
湖南安撫大使到任謝表 可齋稿/續後 1/9a
兼節制廣南謝表 可齋稿/續後 1/10a

賜帥湘臘儀謝表 可齋稿/續後 1/11a
謝賜香茶 可齋稿/續後 1/11b
謝賜夏藥 可齋稿/續後 1/12b
謝賜膃藥 可齋稿/續後 1/13a
廣南制置大使到任謝表 可齋稿/續後 1/13b
兼廣西轉運使謝表 可齋稿/續後 1/14b
謝賜銀絹 可齋稿/續後 1/15b
謝賜香茶 可齋稿/續後 1/16b
謝賜夏藥 可齋稿/續後 1/17a
降詔撫諭謝表 可齋稿/續後 1/17b
賜香茶謝表 可齋稿/續後 1/18b
己未春病謝賜雄鳥參附鍾乳膃起石 可齋稿/續後 1/21b
謝賜膃藥表 可齋稿/續後 1/22b
謝賜銀絹 可齋稿/續後 1/24a
謝男除衡州奏 可齋稿/續後 7/28a
趙忠肅賜謚謝表 秋崖稿 1/2a
除刑部尚書謝表 秋崖稿 1/3a 南宋文範 28/13a
除端明殿學士准東制置大使謝表 秋崖稿 1/3b
除樞密使兼知政事督視軍馬謝表 秋崖稿 1/5a
御書賜常武詩謝表 秋崖稿 1/6b
樞使督視兼知建康府到任謝表 秋崖稿 1/7a
皇后謝膺 秋崖稿 1/7b
趙龍學落宮觀謝表 秋崖稿 1/8a
謝放罪表邵武 秋崖稿 1/10a
謝賜曆日表 秋崖稿 1/11a
賜衣帶謝表 秋崖稿 2/1a
賜衣帶鞍馬謝表 秋崖稿 2/1b
謝表 秋崖稿 2/2a
謝表 秋崖稿 2/4a
謝表 秋崖稿 2/5b
御書太學及崇化堂武學及玄武堂牌謝表 秋崖稿 2/6a
御札訓諭知舉以下謝表 秋崖稿 2/7a 新安文獻 41/3a
代景獻邱夫人封號謝表 秋崖稿 2/7b
又皇后謝表 秋崖稿 2/7b
南康軍到任謝表 秋崖稿 2/8a 新安文獻 41/1b
邵武到任謝表 秋崖稿 2/9a
聖製忠邪辨謝表 庸齋集 3/6b
賜御書蘭亭詩序謝表 庸齋集 3/8a
賜御製訓廉謹刑謝表 庸齋集 3/8b
賜御製詩并香茶謝表 庸齋集 3/9a

宣賜曆日謝表(1-3) 庸齋集 3/10a-11a

官祠謝表 庸齋集 3/11b

御書建安書院四大字謝表 庸齋集 3/13b

謝授龍圖閣學士知建寧府表 庸齋集 3/14a

知建寧府謝到任表 庸齋集 3/15a 南宋文範 28/12a

授兼侍讀告謝表 庸齋集 3/16a

侍讀謝告表 庸齋集 3/17a

知婺州謝到任表 庸齋集 3/18a

温州到任謝表 庸齋集 3/19a

權史部侍郎謝告表 庸齋集 3/20a

史部侍郎謝告表 庸齋集 3/21a

權工部尚書謝告表 庸齋集 3/22a

謝進開國伯加食邑表 庸齋集 3/23a

明堂賜劑謝表 庸齋集 3/24a

玉音勉諭入門回奏 庸齋集 4/15b

授寶章閣學士告謝表 庸齋集 5/12b

代謝南帥趙德修必書謝除直寶謨閣表 本堂集 53/6a

代資政殿學士提舉洞霄宮王伯畸熺辭免大學士知慶元府得旨謝皇帝表 本堂集 53/7b

代資政殿學士提舉洞霄宮王伯畸辭免大學士知慶元府得旨謝皇太后牋 本堂集 54/2a

賜第謝表 雪坡集 5/1a

賜聞喜宴謝表 雪坡集 5/1b

賜御製詩謝表 雪坡集 5/2b

賜花謝表 雪坡集 5/2b

賜水謝表 雪坡集 5/3a

謝皇帝賜馬表 雪坡集 5/4a

皇太子侍立參決謝皇帝表 雪坡集 5/6a

皇太子謝皇帝令百官詣東宮表 雪坡集 5/6b

宮僚謝皇太子賜宴牋 雪坡集 6/2a

除舍人供職謝皇太子牋 雪坡集 6/3a

謝皇太子賜馬牋 雪坡集 6/3b

中書舍人謝上表 碧梧集 1/7b

謝御賜詩表 碧梧集 1/8b

除禮部侍郎謝上表 碧梧集 1/10a

同知樞密院事兼參政謝上表 碧梧集 1/11b

謝除觀文殿大學士提舉臨安府洞霄宮表 碧梧集 1/13b

代皇子謝賜御書孝經十六句表洞科第二場丙辰二月十二日 四明文獻集 3/1a

謝賜御製牧民訓表 四明文獻集 3/17b

謝賜御製牧民銘表 四明文獻集 3/18a

進功德疏謝獎諭表 四明文獻集 3/19b

代先君謝賜御書竹林汲古傳忠六字表 四明文獻集 3/22b

代先君謝賜御製周易徹章詩表 四明文獻集 3/23b

代知舉謝賜御札表 四明文獻集 3/25b

代饒禮侍謝大中大夫表 四明文獻集 3/27a

代玉牒洪兵書謝成轉通議大夫表 四明文獻集 3/27b

代洪兵書謝表 四明文獻集 3/28b

代謝華文學士知寧國表 四明文獻集 3/29a

浙東提刑到任謝表 牟陵陽集 8/8b

謝告奏 牟陵陽集 8/9b

謝敕表 牟陵陽集 8/10b

門謝表 文山集 4/1a

湖南提刑到任謝皇帝表 文山集 4/2a

謝皇太后表 文山集 4/2b

謝皇后牋 文山集 4/3a

知贛州到任謝皇帝表 文山集 4/6b

謝皇太后表 文山集 4/7a

謝皇后牋 文山集 4/7b

謝皇帝登極赦文表 文山集 4/16a

曆日謝皇帝表 文山集 4/34a

謝太皇太后表 文山集 4/34a

謝皇太后表 文山集 4/34b

謝郊祀慶成肆赦表 佩韋集 13/1b 南宋文範 28/13b

謝賜新曆表 佩韋集 13/2a

謝賜曆日表 佩韋集 13/2b

謝生皇子肆赦表 佩韋集 13/3b

蝗不爲災謝御筆獎諭表 佩韋集 13/5a

慧星肆赦謝表 佩韋集 13/5b

明堂禮成加食邑謝表 佩韋集 13/6a

謝賜膃藥表 佩韋集 13/6b

謝知鎭江府兼淮東總領到任表 佩韋集 13/9a

謝皇太后表 佩韋集 13/10a

知鎭江府到任謝表 佩韋集 13/10b

代賜生僰表 四庫拾遺 18/景文集

謝除中書舍人改賜章服表 四庫拾遺 174/襄陵集

謝三伏早出表(1-2) 四庫拾遺 563/王魏公集

謝轉朝請郎表 四庫拾遺 584/直壇集

朝奉郎行秘書省著作佐郎兼國史院編修官兼權禮部官臣呂祖謙奉聖旨所編文鑑精當謝賜銀絹除直秘閣表 宋文鑑序 2a

汝州謝上表楊億撰 宋文鑑 63/8a

服闋謝復官表孫冏撰 宋文鑑 65/6b

蘄州謝上表呂蒙撰 宋文鑑 65/12a

潭州通判謝上表唐介撰 宋文鑑 65/13b

廣德軍謝上表錢公輔撰 宋文鑑 66/15b

越州謝上表沈文通撰 宋文鑑 67/4a

越州謝上表元絳撰 宋文鑑 67/5a

謝致仕表元絳撰 宋文鑑 67/5b

定州謝上表呂公著撰 宋文鑑 67/6b

河陽謝上表馮京撰 宋文鑑 67/7b

謝翰林侍讀學士表范鎮撰 宋文鑑 67/10a 蜀文幟存 7/16a

謝致仕表范鎮撰 宋文鑑 67/11a 蜀文幟存 7/16a

謝龍圖閣直學士表宋敏求撰 宋文鑑 67/11b

安州謝上表滕甫撰 宋文鑑 67/12b

知亳州謝上表劉敞撰 宋文鑑 68/5b

知襄州謝上表劉敞撰 宋文鑑 68/6b

又謝太皇太后表蘇軾撰 宋文鑑 68/11b

謝禮部尚書表蘇軾撰 宋文鑑 68/13b

建寧軍節度使謝表呂惠卿撰 宋文鑑 68/16a

開封府墓見致辭林希撰 宋文鑑 69/2a

尚書省謝軍駕臨幸表林希撰 宋文鑑 69/4a

亳州謝賜恤刑詔書表林希撰 宋文鑑 69/4b

謝天章閣待制表林希撰 宋文鑑 69/5a

謝資治通鑑表張舜民撰 宋文鑑 69/8b

謝諫議大夫表張舜民撰 宋文鑑 69/9b

謝賜恤刑詔表李清臣撰 宋文鑑 69/10b

代文潞公謝太皇太后表張未撰 宋文鑑 70/1b

宣州謝上表賈易撰 宋文鑑 70/10b

鄂州謝上表張商英撰 宋文鑑 70/11b

明州謝到任表蔡肇撰 宋文鑑 71/1b

代范德瑀謝户部表廖正一撰 宋文鑑 71/2b

通州自便謝表陳瓘撰 宋文鑑 71/7b

謝除禮部尚書表王蘭撰 播芳文粹 14/25b

謝除樞密表張守撰 播芳文粹 15/5a

謝除樞密院表（1－2） 宋祁撰 播芳文粹 15/6b－7b

謝除參知政事表楊億撰 播芳文粹 15/12a

謝除吏部尚書表顏師魯撰 播芳文粹 15/22a

謝吏部尚書兼翰林學士侍讀修史表 播芳文粹 15/23a

代中書謝加工部尚書楊億撰 播芳文粹 15/30a

謝除户部侍郎表晁補之撰 播芳文粹 16/6a

謝除兵部侍郎表呂祉撰 播芳文粹 16/11a

謝除刑部侍郎表任文薦撰 播芳文粹 16/12a

謝除工部侍郎表秦觀撰 播芳文粹 16/13a

謝除男工部侍郎表邵博撰 播芳文粹 16/15a

謝除中書舍人表鄭僑撰 播芳文粹 16/20b

謝除中書舍人表胡安國撰 播芳文粹 16/21b

謝除中書舍人表陳卿撰 播芳文粹 16/24b

謝除翰林學士表王觀道撰 播芳文粹 17/11a

謝宣召入學士院表宋庠撰 播芳文粹 17/13b

謝除門下侍郎表晁補之撰 播芳文粹 18/1a

謝除給事中表（1－2） 范景仁撰 播芳文粹 18/8a－9a

謝除給事中表汪藻撰 播芳文粹 18/11a

謝除給事中表呂祉撰 播芳文粹 18/12a

謝除給事中表胡安國撰 播芳文粹 18/13a

謝除御史中丞表黄庭堅撰 播芳文粹 18/15b

謝除御史中丞表王十朋撰 播芳文粹 18/17a

謝除職表陳居仁撰 播芳文粹 18/22b

謝磨勘轉通議大夫表 陳居仁撰 播芳文粹 18/26a

謝除資政殿大學士表錢參政撰 播芳文粹 19/4a

謝除資政殿大學士表毛敏撰 播芳文粹 19/5b

謝除資政殿大學士表王安石撰 播芳文粹 19/6a

謝除敷文閣直學士表洪適撰 播芳文粹 19/23b

謝除徽猷閣待制表蘇過撰 播芳文粹 20/2a

謝除秘閣修撰表張杕撰 播芳文粹 20/6a

謝除直秘閣表晁詠之撰 播芳文粹 20/7b

謝除直秘閣兼賜膽表呂祖謙撰 播芳文粹 20/8b

謝除待制表王十朋撰 播芳文粹 20/9a

謝換朝散大夫直集賢院表范景仁撰 播芳文粹 20/11a

謝史成授朝奉郎表曾棐撰 播芳文粹 20/21b

謝進職因任表張杕撰 播芳文粹 20/23b

謝除侍講表張杕撰 播芳文粹 21/1a

謝加護軍食邑表 播芳文粹 21/17a

謝轉給事中表宋庠撰 播芳文粹 22/7a

謝轉給事中表宋庠撰 播芳文粹 22/9b

謝除觀察使嘉國公表 播芳文粹 23/1a

謝除安撫表蘇軾撰 播芳文粹 23/2b

謝除安撫表門蒼舒撰 播芳文粹 23/4b

謝除安撫表沈楓密撰 播芳文粹 23/5b

謝除安撫表潘時撰 播芳文粹 23/7a

謝除開封尹表汪藻撰 播芳文粹 23/8a

謝除都督江淮軍馬表張浚撰 播芳文粹 23/9a

宋文範 27/14b 蜀文輯存 45/6b

謝除成都轉運表唐庚撰 播芳文粹 23/11a
謝除轉運副使表歐秉撰 播芳文粹 23/13a
謝除提刑表邵博撰 播芳文粹 23/14b
謝除提刑表周麟撰 播芳文粹 23/15b
謝提刑發落遺字表晁詠之撰 播芳文粹 23/18a
謝除提舉表代汪藻撰 播芳文粹 23/18b
謝除江東提舉表謝深甫撰 播芳文粹 23/19b
謝除湖南學事表胡安國撰 播芳文粹 23/21b
謝除茶馬表楊輔撰 播芳文粹 23/22a 蜀文輯存 67/7b
謝移知鄆州表宋庠撰 播芳文粹 24/2b
謝除知南京表曾鞏撰 播芳文粹 24/7b
謝除知陳州表曾鞏撰 播芳文粹 24/8b
謝除知南京表曾鞏撰 播芳文粹 24/10b
謝除知泗州表晁補之撰 播芳文粹 24/11b
謝除知忠州表楊被撰 播芳文粹 24/17a
謝除知青州表蘇轍撰 播芳文粹 24/18a
謝除知遂寧府表宇文价撰 播芳文粹 24/19a 蜀文輯存 65/20a
謝除右文殿修撰知通州表胡安國撰 播芳文粹 24/23a
謝除知太平州表洪邁撰 播芳文粹 24/24a
謝除知襄陽府表吳瑞撰 播芳文粹 24/25b
謝除知舒州表趙彥承撰 播芳文粹 24/26b
謝除知泉州表鄭丙撰 播芳文粹 24/27b
守到任謝上表歐陽修撰 播芳文粹 25/1a
留守到任謝上表蘇轍撰 播芳文粹 25/1b
蜀帥到任謝上表蒲時撰 播芳文粹 25/3a
潭帥到任謝上表晁詠之撰 播芳文粹 25/4a
延安帥到任謝上表晁詠之撰 播芳文粹 25/5a
越帥到任謝上表張守撰 播芳文粹 25/5b
四川安撫到任謝表京鑌撰 播芳文粹 25/7a
福帥到任謝上表馬大同撰 播芳文粹 25/8b
閩帥到任謝上表張守撰 播芳文粹 25/9b
開封府尹到任謝上表晁詠之撰 播芳文粹 25/12a
關中漕到任謝表晁詠之撰 播芳文粹 25/13a
漕到任謝表唐庚撰 播芳文粹 25/14a
江西副運使到任謝表趙善俊撰 播芳文粹 25/17a
陝西運判到任謝表晁詠之撰 播芳文粹 25/18a
運判到任謝上表晁詠之撰 播芳文粹 25/18b
湖南運判到任謝表陳傅撰 播芳文粹 25/19b
江東運判到任謝上表錢象祖撰 播芳文粹 25/21b
福建運判到任謝上表沈作賓撰 播芳文粹 25/22b

福建運判到任謝表陳光道撰 播芳文粹 25/23b
江東運判到任謝表薛叔似撰 播芳文粹 25/25a
廣西運判到任謝表朱晞顏撰 播芳文粹 25/26a
廣東運判到任謝表雷淦撰 播芳文粹 25/27a
湖南運判到任謝表雷演撰 播芳文粹 25/28a
四川提刑到任謝表陳師道撰 播芳文粹 26/1a
江西提刑到任謝表陸洗撰 播芳文粹 26/6b
江西提舉到任謝表趙汝謙撰 播芳文粹 26/8b
江西提舉到任謝表黃維之撰 播芳文粹 26/9b
浙江提舉到任謝表張孝芳撰 播芳文粹 26/11a
淮東提舉到任謝表李祥撰 播芳文粹 26/12b
浙東提舉到任謝表袁說友撰 播芳文粹 26/13b
江東提舉到任謝表周必正撰 播芳文粹 26/15a
廣東提舉到任謝表王光祖撰 播芳文粹 26/16a
湖南提舉到任謝表陳傅撰 播芳文粹 26/17a
安州通判到任謝表范景仁撰 播芳文粹 26/18b
南京通判到任謝表晁補之撰 播芳文粹 26/20a
制置解鹽到任謝表晁詠之撰 播芳文粹 26/21a
福建市舶到任謝表張遷撰 播芳文粹 26/22b
提點坑冶到任謝表宋之瑞撰 播芳文粹 26/23b
處州到任謝表楊億撰 播芳文粹 27/5b
河陽到任謝表宋庠撰 播芳文粹 27/7b
揚州到任謝表宋庠撰 播芳文粹 27/8b
河中府到任謝表范景仁撰 播芳文粹 27/33b
慶州到任謝表范景仁撰 播芳文粹 27/34b
穎昌府到任謝表范景仁撰 播芳文粹 27/35b
泉州到任謝表蔡襄撰 播芳文粹 28/18b
泉州到任謝表蔡襄撰 播芳文粹 28/20a
齊州到任謝表晁補之撰 播芳文粹 28/30a
亳州到任謝表晁補之撰 播芳文粹 28/31b
信州到任謝表晁補之撰 播芳文粹 28/32b
河中府到任謝表晁補之撰 播芳文粹 28/34a
湖州到任謝表晁補之撰 播芳文粹 28/34b
建寧府到任謝表陳居仁撰 播芳文粹 29/11a
鄂州到任謝表陳居仁撰 播芳文粹 29/12b
濟州到任謝表晁詠之撰 播芳文粹 29/13b
湖州到任謝表張徽撰 播芳文粹 29/19a
湖州到任謝表張杕撰 播芳文粹 29/20b
静江到任謝表張杕撰 播芳文粹 29/21a
江陵到任謝表張杕撰 播芳文粹 29/22a
嚴州到任謝表張杕撰 播芳文粹 29/22b
桂陽軍到任謝表陳傅撰 播芳文粹 29/23b
肝胎軍到任謝表霍虎撰 播芳文粹 30/8a

房州到任謝表汪德輸撰 播芳文粹 30/9b
衢州到任謝表謝源明撰 播芳文粹 30/10b
鄂州到任謝表王齊輿撰 播芳文粹 30/11b
肇慶府到任謝表林次齡撰 播芳文粹 30/12b
瀧州到任謝表王卿月撰 播芳文粹 30/13a
泉州到任謝表鄭丙撰 播芳文粹 30/14a
秀州到任謝表趙亮撰 播芳文粹 30/15a
石泉軍到任謝表趙師必撰 播芳文粹 30/16a
英州到任謝表楊威撰 播芳文粹 30/17a
明州到任謝表林栗撰 播芳文粹 30/18a
南康軍到任謝表黃唐撰 播芳文粹 30/19a
婺州到任謝表錢象祖撰 播芳文粹 30/20a
饒州到任謝表曹誼撰 播芳文粹 30/22a
商州到任謝表晁詠之撰 播芳文粹 30/23b
宕州到任謝表黃庭堅撰 播芳文粹 30/24b
興化軍到任謝表張淵撰 播芳文粹 30/25a
池州到任謝表王十朋撰 播芳文粹 31/1a
謝南郊加恩表宋庠撰 播芳文粹 31/2a
蔡州到任謝表謝深甫撰 播芳文粹 31/5b
青州到任謝表柚正言撰 播芳文粹 31/6b
謝功賞轉官表宋祁撰 播芳文粹 31/16b
謝功賞轉官表邵博撰 播芳文粹 31/17b
謝八寶赦轉官表代 晁詠之撰 播芳文粹 31/18a
謝八寶赦轉官表張成季撰 播芳文粹 31/18b
謝轉官表施師點撰 播芳文粹 31/20b
謝轉官表晁詠之撰 播芳文粹 31/21a
謝轉官表蕭燧撰 播芳文粹 31/22a
謝轉官表邵博撰 播芳文粹 31/22b
謝轉官表歐陽修撰 播芳文粹 31/26a
謝郊祀加恩表宋庠撰 播芳文粹 32/1a
謝南郊加恩表汪藻撰 播芳文粹 32/5a
謝南郊加恩表秦觀撰 播芳文粹 32/6a
謝明堂加恩表晁補之撰 播芳文粹 32/6b
謝崇文總目加恩表宋庠撰 播芳文粹 32/7b
謝狀元及第表汪藻撰 播芳文粹 32/14a
謝狀元及第表趙逵撰 播芳文粹 32/15a 蜀文帙存 59/10a
乾道王辰進士賜第謝太上皇帝表陳佃撰 播芳文粹 32/17a
謝太師加贈表張杕撰 播芳文粹 32/20b
謝任子表代魏王且祖謙撰 播芳文粹 32/22a
謝任子表代 播芳文粹 32/22b
謝任子表宋祁撰 播芳文粹 32/23a

謝諭知徐州表曾肇撰 播芳文粹 33/1b
謝諭知宣州表曾肇撰 播芳文粹 33/2b
謝知信陽軍表范景仁撰 播芳文粹 33/4a
永州謝表范景仁撰 播芳文粹 33/4b
謝降官表晁詠之撰 播芳文粹 33/8a
謝罷給事中表胡安國撰 播芳文粹 33/8b
謝諭黃州監酒表張未撰 播芳文粹 33/10a
謝諭南京通判表晁補之撰 播芳文粹 33/11a
謝諭兗州通判表晁補之撰 播芳文粹 33/12a
謝降官表蘇轍撰 播芳文粹 33/15a
謝復官表晁詠之撰 播芳文粹 34/2b
謝復官表陳瓘撰 播芳文粹 34/3b
謝復觀文殿大學士充中太一宮使表范景仁撰
播芳文粹 34/5a
謝復職表晁詠之撰 播芳文粹 34/9a
謝落致仕表胡安國撰 播芳文粹 34/11a
謝起復知越州表王仲嶬撰 播芳文粹 34/12a
謝提舉太平興國宮表（1－3） 晁補之撰 播芳文粹 34/17b－19b
謝官祠表晁補之撰 播芳文粹 35/1a
謝官祠表周必大撰 播芳文粹 35/4b
謝官祠表王信撰 播芳文粹 35/5a
謝官祠表鄭丙撰 播芳文粹 35/6a
謝官祠表王信撰 播芳文粹 35/7a
謝宮觀表晁補之撰 播芳文粹 35/7b
謝宮觀表胡安國撰 播芳文粹 35/9a
謝宮觀表（1－2）晁詠之撰 播芳文粹 35/10a－10b
謝宮觀表晁詠之撰 播芳文粹 35/12a
謝許侍養表胡安國撰 播芳文粹 35/19b
謝許歸潁昌私第表范景仁撰 播芳文粹 35/20a
謝陳乞不允表楊億撰 播芳文粹 36/1a
謝降詔不允所請表楊億撰 播芳文粹 36/2a
謝乞宮祠不允詔表范景仁撰 播芳文粹 36/4b
謝乞宮祠不允詔表葉夢得撰 播芳文粹 36/5b
謝乞宮祠不允賜詔表 播芳文粹 36/8a
謝賜撫問表宋庠撰 播芳文粹 36/23a
中書謝傳宣表宋庠撰 播芳文粹 36/24a
謝詔書獎諭表王仲嶬撰 播芳文粹 36/30b
謝傳宣撫問表 播芳文粹 37/3a
謝傳宣撫問表 播芳文粹 37/4a
進觀御書梵字詩謝降詔答諭表宋庠撰 播芳文粹 37/5b
謝降詔答諭立御書梵字碑表宋祁撰 播芳文粹 37/6b

奏議表狀二 諸表 謝表 1481

謝傳宣撫問賜藥表 播芳文粹 37/10b
謝傳宣撫問賜茶藥表 播芳文粹 37/12a
謝賜詔藥物表 播芳文粹 37/13a
謝獎諭表（1－2）晁詠之撰 播芳文粹 37/14a－14b
謝詔赴闕表宋庠撰 播芳文粹 37/21a
謝替赴闕表 播芳文粹 37/21b
謝宣詔表 播芳文粹 37/22b
謝表 播芳文粹 38/1a
謝恤刑表楊億撰 播芳文粹 38/1b
謝赦書表張守撰 播芳文粹 38/8b
謝賜御書表（1－2）范景仁撰 播芳文粹 38/13b
謝賜校定資治通鑑表晁補之撰 播芳文粹 38/23a
謝狀元以下賜周官表陳誠之撰 播芳文粹 38/24a
謝賜御製七十二字贊表魏良臣撰 播芳文粹 38/25a
謝賜御書孟子表范端臣撰 播芳文粹 38/25b
謝賜御書孟子表 播芳文粹 38/26a
謝賜御書孟子表 播芳文粹 38/27a
謝賜御書傳神贊表秦少師撰 播芳文粹 38/27b
謝賜御篆碑額表王仲嶷撰 播芳文粹 38/28b
哲宗實錄開院謝賜筆硯紙墨表 播芳文粹 38/30a
謝賜御筆表晁詠之撰 播芳文粹 38/31a
謝賜戒石銘表葛行撰 播芳文粹 38/33a
謝賜元祐新編敕表 播芳文粹 38/34a
謝賜曆日表（1－2）楊億撰 播芳文粹 39/1a－1b
謝賜曆日表（1－2）晁補之撰 播芳文粹 39/4a－4b
謝賜曆日表唐庚撰 播芳文粹 39/6a
謝賜曆日表（1－2）陳佃撰 播芳文粹 39/6b－7a
謝賜曆日表 播芳文粹 39/7a
謝賜曆日表崔德詩撰 播芳文粹 39/8b
謝賜曆日表 播芳文粹 39/9a
謝賜曆日表晁詠之撰 播芳文粹 39/9b
謝賜衣表 播芳文粹 39/10b
謝賜春衣表晁補之撰 播芳文粹 39/11a
謝賜春衣表 播芳文粹 39/12b
謝賜冬衣表張杖撰 播芳文粹 39/13a
謝賜冬衣表 播芳文粹 39/13a
謝賜衣金帶表 播芳文粹 39/14a
謝賜衣襖表晁詠之撰 播芳文粹 39/18b
謝賜對衣金帶並金魚袋銀鞍馬韉表王安中撰 播芳文粹 39/19a
哲宗實錄開院謝賜銀絹表晁補之撰 播芳文粹 39/21b
謝賜宅表楊億撰 播芳文粹 39/24a
謝給還賜第表王仲嶷撰 播芳文粹 39/25b
謝賜功德院表晁詠之撰 播芳文粹 39/26a
謝許受嘉王書送表王仲嶷撰 播芳文粹 40/1a
謝賜夏藥表錢參政撰 播芳文粹 40/2b
謝賜詔書銀合茶藥表范景仁撰 播芳文粹 40/5a
謝賜銀絹宣醫表范景仁撰 播芳文粹 40/6b
謝賜國醫高章章服並批語表范景仁撰 播芳文粹 40/7a
謝喜雪賜宴表葛行撰 播芳文粹 40/12a
謝賜生日表司馬光撰 播芳文粹 40/14b
謝賜生日表 播芳文粹 40/16a
謝皇太子幾樓編撰 播芳文粹 46/16b
台州屬管謝表陳環撰 赤城集 8/9a 宋文鑑 71/12b
謝轉一官致仕賜對衣金帶鞍馬表金安節撰 新安文獻 40/4b
靜江府謝賜手詔墨本表朱晦顏撰 新安文獻 40/7b
靖州謝賜曆日表朱晦顏撰 新安文獻 40/7b
謝罷符寶郎通判宣州表汪藻撰 新安文獻 40/後 2a
代峽州守臣謝賜曆日表汪雄圖撰 新安文獻 41/1a
代趙直閣謝謝父忠肅公賜謚表文岳撰 新安文獻 41/2a
代范丞相論罷政謝表方岳撰 新安文獻 41/2b
賜武舉第一謝恩表程鳴鳳撰 新安文獻 41/4a
南京參贊機務謝恩奏程信撰 新安文獻 41/8a
謝許侍養表胡安國撰 南宋文範 27/3b
謝罷給事中表胡安國撰 南宋文範 27/3b
謝除御史中丞表沈與求撰 南宋文範 27/11a
謝講和赦表代岳少保武穆遺文 張節夫撰 南宋文範 27/11b
謝授建康府安撫並盧壽宣撫使表王之道撰 南宋文範 27/12a
代忠宣公饒州謝上表洪邁撰 南宋文範 28/1b
謝除直秘閣表王佃撰 南宋文範 28/2b
庚寅宰執宣賜御製忠邪辯謝表徐度鄉撰 南宋文範 28/11b
隨州謝上表張商英撰 蜀文輯存 13/12a
鄂州謝上表張商英撰 蜀文輯存 13/12b
謝除安撫表閻蒼舒撰 蜀文輯存 61/1b
河南運判到任謝表張斛撰 蜀文輯存 65/7a
謝直秘閣表王佃撰 蜀文輯存 96/7b

(五) 陳 乞

百官奏請行聖尊后册禮表 徐公集 20/1b
乞住連水軍寄居 咸平集 27/2a
乞直館 咸平集 27/3b
泰州乞替 咸平集 27/6b
奏乞不差出 咸平集 27/11a
奏蔭長男慶遠 咸平集 27/12b
奏蔭次男慶餘 咸平集 27/19b
通判相州求養親表 乘崔集 9/1a 播芳文粹 42/1a
西川回乞持服狀 乘崔集 11/5b
病瘡乞任狀 乘崔集 11/11a
在滁州上陳情表 河東集 10/3a
知邵州上陳情表 河東集 10/4b
乞駕幸表 河東集 10/9b
爲宰臣上尊號表 小畜集 21/1a
陳情表 小畜集 21/6b 播芳文粹 42/6a
乞賜中南山人种放孝贈表 小畜集 22/7b
請撰大行皇帝實録表 小畜集 22/16a
乞歸私第養疾表 小畜集 23/5b
爲乾明節不任拜起陳情表 小畜集 23/6a
乞差官通之謁廟大禮使表 小畜集 23/6b
求致仕表(1-4) 小畜集 23/7a-10b
爲壽寧節不任朝覲奏事狀 小畜集 24/4a
奏姪男表 小畜集 24/4b
爲宰臣以彗星見求退表 小畜集 24/8a
代人乞太宗御書表 武夷新集 13/3a
代中書乞罷免表(1-2) 武夷新集 13/3b-5b
代參政王諫議陳情表 武夷新集 13/11b
代開封温尚書求解知府表 武夷新集 13/16b
請加尊號表(4-5) 武夷新集 13/17b-19a 播芳文粹 4/20b-22b
代陳州李相公陳情表 武夷新集 14/2b 播芳文粹 42/5a
代陳州李相公陳情第三表 武夷新集 14/3a
求解職鄆邵表(1-2) 武夷新集 14/4b-6a
百官請聽政第三表 武夷新集 14/9a 播芳文粹 12/11b
代中書密院請舉樂表(1-3) 武夷新集 14/17a-18b
景德二年上尊號第一表 武夷新集 15/1b

代樞密陳諫議乞停妻封邑狀 武夷新集 16/3a
代諸同官陳乞狀 武夷新集 16/13b
代侍講邢侍郎陳乞狀 武夷新集 17/3a
陳乞奏狀 武夷新集 17/6a
代謝馬王都尉乞書史狀 武夷新集 17/7b
代中書請聽政狀 武夷新集 17/9a
代許州李相公陳乞狀 武夷新集 17/11a
代中書乞免和御詩狀 武夷新集 17/11b
代參政王侍郎陳乞狀 武夷新集 17/12b
納南郊所加恩命乞迴授親舅狀 武夷新集 17/14b
再乞外任狀 武夷新集 18/1a
代中書乞免和御製南郊詩狀 武夷新集 18/7a
宣徽使乞換文資表 文莊集 6/21a
再乞換文資表 文莊集 6/14a
乞守舊官表 文莊集 6/16a
乞與修真宗實録表 文莊集 9/8a
乞御製君臣事迹序表 文莊集 9/10a
乞降御製御書於昭應宮表 文莊集 9/11a
乞依諫官抗議表 文莊集 9/12a
明堂乞朝覲陪祀表 文莊集 9/13b
中書乞免和御製述懷詩表 文莊集 11/5a
樞密院乞免和御製述懷詩表 文莊集 11/6b
宮使乞降御製御書表 文莊集 11/7b
代人陳乞爲父修神道碑表 文莊集 11/14b
代胡侍郎乞朝見表 范文正集 15/1a
乞小郡表 范文正集 15/9b
代胡侍郎奏乞餘杭州學名額表 范文正集 15/10b
乞召杜衍等備明堂老更表 范文正集 17/5a
求追贈考妣狀 范文正集 18/1b
陳乞邵州狀 范文正集 19/1a
陳乞鄧州狀 范文正集 19/2a
陳乞潁毫一郡狀 范文正集 19/5b
侍讀學士等請宮中視學表 元獻遺文/補編 1/7a
宋之鑑 63/13a
轉官乞回贈祖父母表 文恭集 9/12b 播芳文粹 44/16b
代中書樞密院陳乞御製明堂樂章表 文恭集

10/1a

代中書樞密院乞乾元節用樂表　文恭集 10/2a－4b

湖州乞爲太傅謝安置守家禁樵采表　文恭集 10/4b　播芳文粹 44/19a　歷代奏議 283/20a

授侍讀學士舉官自代表　文恭集 10/10b　播芳文粹 12/19a

舉呂溱王洙自代表　文恭集 10/12b

中書乞賜御製表　文恭集 11/3a　播芳文粹 44/21b

乞贈李昭述官贈卹其家表　文恭集 11/7a　播芳文粹 44/21a

乞解罷樞密院表　文恭集 11/11a　播芳文粹 41/23b

傳法院乞降御集編入經藏表　元憲集 19/9b

再入參乞罷免重任表　元憲集 19/15a

乞致仕表　元憲集 19/16a

乞致仕表　元憲集 19/17b

再乞致仕表　元憲集 19/18b

乞罷樞相表　元憲集 19/19b

乞罷相表　元憲集 19/20a

乞許汝州狀　元憲集 35/4a

代中書乞降御製詩付編修所表　景文集 36/11a

代昭文爲飛蝗乞罷免第一表　景文集 41/5b

代中書爲飛蝗乞降官第一表　景文集 41/7a

代乞自試表　景文集 41/8a

代人乞出表　景文集 41/9a　宋文鑑 64/16b

代人陳情表　景文集 41/10b

又代陳情乞尋醫表　景文集 41/12a

代鄭公乞外任第一表　景文集 41/13b

代鄭公乞外任第二表　景文集 41/14b

代石資政乞外任表　景文集 41/15a

代陳州章相公乞致仕第一表　景文集 41/16b　宋文鑑 65/4b

代南郊乞姪男恩澤表　景文集 41/18a

代張相公乞致仕第二表　景文集/拾遺 10/8a

代張相公乞致仕第四表　景文集/拾遺 10/9a

代張相公乞致仕第六表　景文集/拾遺 10/9b

代乞罷第四表　景文集/拾遺 10/10b

代書請復常膳第二表　景文集/拾遺 10/14a

代昭文相公乞罷免第一表　景文集/拾遺 11/4b

代昭文相公乞罷免第二表　景文集/拾遺 11/6b

代昭文相公乞罷免第三表　景文集/拾遺 11/8a

代薛參政乞致仕上皇帝第一表　景文集/拾遺 12/1a

同前代上皇太后第一表　景文集/拾遺 12/2a

代昭文相公乞罷第五表　景文集/拾遺 12/3a

乞聽斷表（1－4）　景文集/拾遺 13/2a－3b

乞御正殿表（1－3）　景文集/拾遺 13/4b－5b

乞恩澤表（1－2）　景文集/拾遺 13/7b　播芳文粹 44/18a－18b

乞異姓恩澤表　景文集/拾遺 13/8a

星變禳禱表本　景文集/拾遺 13/8b

乞外任狀（1－2）　武溪集 14/2a－2b

乞分司狀　武溪集 14/7b

乞解職行服狀（1－2）　武溪集 14/14b－15b

乞不請文賜添支狀　武溪集 16/3a

乞不請中冬翠錦衣襖狀　武溪集 16/3b

代慶丞相乞雷待罪表　雪山集 4/4b

代鄲州通判李屯田薦士建中表　祖徠集 20/7a

劉御藥回附口奏　文潞公集 34/4a

乞外任第一表　歐陽文忠集 92/4b　播芳文粹 42/23a

第二表　歐陽文忠集 92/5b

第三表　歐陽文忠集 92/7b

爲雨水爲災待罪乞避位表（1－3）　歐陽文忠集 92/8b－9b

再乞外任第一表　歐陽文忠集 92/10a　播芳文粹 42/21a

第二表　歐陽文忠集 92/13a

第三表　歐陽文忠集 92/15a

乞罷政事第一表　歐陽文忠集 93/2a　宋文鑑 64/7a

乞罷政事第二表　歐陽文忠集 93/10a

第三表　歐陽文忠集 93/11a

亳州乞致仕第一表　歐陽文忠集 93/20a

第二表　歐陽文忠集 93/22a　宋文鑑 64/9b

第三表　歐陽文忠集 93/24b　播芳文粹 44/9b

第四表　歐陽文忠集 93/26b

第五表　歐陽文忠集 93/28b　播芳文粹 44/10b

蔡州再乞致仕第一表　歐陽文忠集 94/15b

第二表　歐陽文忠集 94/17b　宋文鑑 64/11b

第三表　歐陽文忠集 94/20a　宋文鑑 64/12b　播芳文粹 44/11b

代薛仲儒乞御篆神道碑狀　歐陽文忠集 94/24a

乞致仕表（1－3）　樂全集 29/10a－12b　宋文鑑 65/5b

再陳乞致仕表（1－3）　樂全集 29/17b－20a

致仕告詞　樂全集 29/21a

薦龔懋應詔表　樂全集 29/35b

乞知相州表（1－2）　安陽集 26/4a－5a　播芳文粹 42/14a－15a

知相州乞罷節鉞表　安陽集 26/5b　播芳文粹 41/12b

奏議表狀二　諸表　陳乞

甲辰冬乞罷相表(1－3) 安陽集 28/1a－2b 播芳文粹 41/13b－15b

乙巳夏乞罷相表(1－3) 安陽集 28/3a 播芳文粹 41/16b－18b

災異待罪表(1－3) 安陽集 28/5a－6b 播芳文粹 43/17a－18b

乙巳冬罷相表(1－3) 安陽集 28/7b－9a 播芳文粹 41/19b－22a

丁未因中丞彈不赴文德殿常朝待罪表(1－2) 安陽集 29/1a－1b

丁未夏乞罷相表(1－3) 安陽集 29/1b－3a

丁未秋乞罷相表(1－2) 安陽集 29/4a－5a

判大名府三年乞閱郡表(1－5) 安陽集 31/1a－3b 播芳文粹 42/7a－10a

判大名府再任滿乞郡表(1－3) 安陽集 31/5a－6b 播芳文粹 42/11a－13a

北京河決待罪表 安陽集 31/7a

甲寅秋乞致仕表(1－3) 安陽集 32/3a－5a

乙卯夏乞致仕表(1－3) 安陽集 32/5b－7a

乞外任知州狀 安陽集 33/1a

乾元節陳乞姪景淵澤狀 安陽集 33/5b

陳乞姪景先差遣狀 安陽集 33/6a

明堂陳乞妻姪杜儀恩澤狀 安陽集 33/6b

乙巳乞罷相 安陽集 34/7b

乙巳冬乞罷相(1－5) 安陽集 34/8a－10b

乞男中彥召試中等與館職 安陽集 35/4b

永興軍乞移鄉郡(1－8) 安陽集 35/5a,11a

修仁宗實錄畢乞不推恩 安陽集 35/12b

再乞只充大名府路安撫使(1－2) 安陽集 35/15b－17a

北京乞就移徐州(1－4) 安陽集 36/1a－3a

到魏二年乞移邢相(1－4) 安陽集 36/4a－6a

到魏三年乞納節移邢相(1－7) 安陽集 36/9a－13b

到魏四年乞移鄉郡(1－3) 安陽集 36/15a－16b

甲寅秋乞致仕(1－3) 安陽集 36/17b－19b

乙卯夏乞致政(1－2) 安陽集 36/20b－21a

上皇帝乞指揮閤門且依舊班贊引第一狀 韓南陽集 19/7b

上皇帝乞依舊班贊引第二狀 韓南陽集 19/8a

上皇帝乞免中書禮上表 韓南陽集 21/5a

知汝州乞致仕表(1－2) 韓南陽集 27/5a－5b

知汝州再乞致仕表 韓南陽集 27/6b

知汝州三乞致仕表 韓南陽集 27/7a

提舉西京崇福宮乞免明堂陪位表 韓南陽集 27/10a

知潁昌府乞致仕表 韓南陽集 27/12b

知潁昌三乞致仕表 韓南陽集 27/13a

襄州乞宣洪二郡狀 元豐稿 33/1b

奏乞回避呂升卿 元豐稿 33/2a

奏乞復吳中復差遣狀 元豐稿 33/3a

福州奏乞在京主判閑慢曹局或近京一便郡狀 元豐稿 33/4b

移明州乞至京迎侍赴任狀 元豐稿 33/5b

明州奏乞回避朱明之狀 元豐稿 33/6a

移知毫州乞至京迎侍赴任狀 元豐稿 33/7b

乞賜唐六典狀 元豐稿 34/1a 歷代奏議 160/16b

乞登對狀 元豐稿 34/2b

授滄州乞朝見狀 元豐稿 34/2b

乞出知潁州狀 元豐稿 34/5a

再乞登對狀 元豐稿 34/6a

南郊乞姪仲鄰恩澤奏狀 華陽集 7/8a

請皇帝罷謁太廟第一表代中書第二表、第三表 華陽集 9/3b－6a 宋文鑑 67/2b 播芳文粹 4/15b, 16b,17b

乞退第一、二、三表 華陽集 9/9b－12a 播芳文粹 43/7a－9a

再乞退表 華陽集 9/12a 播芳文粹 43/9b

代叔父光祿卿乞致仕表 華陽集 9/13a

請皇帝去杖經表 華陽集 11/22a

爲文相公求退第二表 傳家集 17/4a 司馬温公集 57/5b

奏彈王安石表 傳家集 17/31a 播芳文粹 12/17b

上尊號第一表 蘇魏公集 36/9b

乞致仕(1－2) 蘇魏公集 39/9a－10a

第二表(1－2) 蘇魏公集 39/11a－11b

乞致仕(1－2) 蘇魏公集 40/4a－5a

乞致仕(1－2) 蘇魏公集 40/9b－10a

第二表(1－2) 蘇魏公集 40/10b－11a

再乞致仕(1－2) 蘇魏公集 41/1a－1b

第二表(1－2) 蘇魏公集 41/2a－3a

乞致仕 蘇魏公集 41/7b

第二表 蘇魏公集 41/8b

乞致仕 蘇魏公集 42/3b

第二表 蘇魏公集 42/4a

第三表 蘇魏公集 42/5a

乞致仕 蘇魏公集 42/6b

第二表 蘇魏公集 42/7a

第三表 蘇魏公集 42/7b

乞致仕 蘇魏公集 42/10a
第二表 蘇魏公集 42/11a
第三表 蘇魏公集 42/11b
再乞致仕 蘇魏公集 43/2b
乞賜六典 蘇魏公集 43/8b
右僕射待罪表 蘇魏公集 69/4a－4b 宋文鑑 68/3a
乞依例赴朝朔望 蘇魏公集 69/7b
乞致仕（1－3） 蘇魏公集 69/9a－11a
兩府待罪表 臨川集 60/1a 王文公集 16/18a
請皇帝御正殿復常膳表二道 臨川集 60/1b－2a
王文公集 16/1b－3a 宋文鑑 66/7a－7b 播芳文粹
12/14b－15a
乞罷政事表三道 臨川集 60/2b－4a 王文公集 16/
18b－20a 宋文鑑 66/9a 播芳文粹 41/25a－26b
乞出表二道 臨川集 60/4b－5a 王文公集 16/21a－
21b 播芳文粹 43/1a－2a
乞退表（四） 臨川集 60/5b－7a 王文公集 16/22a－
26a 宋文鑑 66/9b－10a 播芳文粹 43/4a
乞宮觀表四道 臨川集 60/7b－9a 王文公集 16/
27a－28b 宋文鑑 66/11b 播芳文粹 43/24a－24b
乞致仕表此表不曾奏發糞後檢見遺稿 臨川集 60/12a
王文公集 16/32a
代王魯公乞致仕表德用（1－3） 臨川集 61/8a－9a
代王魯公德用乞罷樞密使表（1－3） 臨川集
61/10a－11a
乞皇帝御正殿復常膳第三表 臨川集/拾遺 11b
王文公集 16/1b－3a
乞免使相充觀察使第一表 臨川集/拾遺 12b 王
文公集 16/12a－13a
乞免使相充觀察使第三表 臨川集/拾遺 13a 王
文公集 16/12a－13a
請皇帝聽政表（1－3） 郡溪集 10/12a－13a
請建壽聖節表 郡溪集 11/3a
代泗州盧郎中明堂大禮陳乞次子恩澤表 柯
部集 16/11a
代泗州陳郎中待罪表 柯部集 16/11b
代待罪表 柯部集 16/11b
爲馮參政久旱待罪表（1－2） 彭城集 25/2a－2b
隨州乞致仕表 范忠宣集 6/14a
乞致仕表 范忠宣集 7/3a
發運蔣公奏乞改官 節孝集/事實 2b
知楚州甕公奏乞改官 節孝集/事實 3a
諸司公舉奏乞異寵 節孝集/事實 4b
運使章公再奏乞異寵 節孝集/事實 6a
知江寧府曾公奏乞處以太學官 節孝集/事實 6b

開封尹王公奏請賜謚 節孝集/事實 8b
乞外任表（1－3） 忠肅集 2/5a－6a 播芳文粹 42/
18a－19b
乞致仕表（1－3） 忠肅集 2/9b－10b 播芳文粹 44/
15b
乞致仕表 淨德集 7/9a
代乞致仕表 雲巢編 10(三沈集 8/71a)
乞歸田里狀（1－3） 二程集/伊川 45/21b－22b
乞致仕狀（1－2） 二程集/伊川 45/23a－23b
乞尋醫狀 二程集/伊川 45/27a
慧星退舍乞御正殿表（1－2） 王魏公集 5/1a－1b
請皇帝御正殿聽政表 王魏公集 5/8a
請皇帝御正殿聽政表（1－7） 王魏公集 5/8b－
10b
政府待罪表 王魏公集 5/16a
政府乞退表（1－3） 王魏公集 5/16a－17b
乞常州居住表 蘇東坡全集 25/8b
請太皇太后受册表 樂城集 47/1a
乞御製集敘狀 樂城集 47/5b
張公安道乞致仕表三首 樂城集 49/12a－14b
實錄院乞避親狀 范太史集 4/2b
乞給假至潁昌狀 范太史集 4/2b
請假往潁川狀 范太史集 4/11a
乞避親狀 范太史集 5/1a
講筵乞避親狀（1－3） 范太史集 5/6a－6b
乞避親狀 范太史集 5/7a
乞免館伴狀 范太史集 5/7b
乞郡狀（1－3） 范太史集 5/7b－9a
乞解給事中狀（1－2） 范太史集 5/9b－10b
乞梓州 范太史集 5/15a
上太皇太后表 范太史集 7/5b
乞免赴明堂大禮陪位表 范太史集 8/3a
求退表（1－3） 范太史集 10/1a－2a
再求退表（1－3） 范太史集 10/3b－5a
乞致仕第一表 范太史集 11/5a
乞致仕第二表 范太史集 11/5b
乞致仕第三表 范太史集 11/6b
再乞致仕第一表 范太史集 11/10b
乞致仕第二表 范太史集 11/11a
乞致仕第三表 范太史集 11/12a
乞致仕第一表 范太史集 12/2a
乞致仕第二表 范太史集 12/3a
謝遣中使賜詔不充表第二表 范太史集 12/4a

乞致仕第三表 范太史集 12/4a
代乞致仕第二表第三表 宋伯集 9/10b－11a
乞宣仁聖烈皇后改御崇政殿受册狀 陶山集 4/9a
赴江寧府過關乞朝見狀 陶山集 4/10b
赴江寧府乞給假迎侍狀 陶山集 4/11a
赴蔡州過關乞朝見狀 陶山集 4/11a
議北郊表 演山集 26/6a
乞外郡第三表 演山集 26/8b
代濟州命官學生道僧耆老請皇帝封泰山乞車駕經幸本州表（1－3） 樂靜集 14/2b
請太皇太后受册表 曲阜集補 1/1a
代樞府上太皇太后表 西臺集 2/13b
代宰相請皇帝聽政表（3－5） 西臺集 2/14a－15b
代程給事乞致仕表 淮海集 26/4b
代王承事乞回授一官表 淮海集 26/5a
代程給事乞祝聖表 淮海集/後 5/1b
足疾乞外任狀 鷄肋集 53/2b
四月朔日蝕禮部請皇帝御正殿第一表 鷄肋集 54/10b
四月朔日蝕禮部請皇帝御正殿第二表 鷄肋集 54/11b
代韓太中乞致仕表 鷄肋集 55/17a
乞上殿 盤山集 2/1a
乞致仕 盤山集 2/4a
乞宮祠（1－5） 盤山集 2/8a－10b
乞致仕 盤山集 2/10b
任起居舍人乞郡狀 張右史集 43/11b
乞回鸞表第三次奏請 宗忠簡集 2/3b
乞回鸞表第十三次奏請 宗忠簡集 2/5b
乞回鸞表第十八次奏請 宗忠簡集 2/6b
乞回鸞表第十九次奏請 宗忠簡集 2/7a
代湖南諸監司奏乞故知亮州程博文致仕恩澤表 雲溪集 27/5a
乞改除合入差遣狀 道鄉集 20/3a
乞給假歸常州迎侍狀 道鄉集 20/3a
乞外補奏狀（1－2） 道鄉集 20/9a
代三省樞密院請皇帝臨樂表 摛文集 11/3a
代宰臣以下請皇帝受玉圭第二表 摛文集 11/4a
舉自代狀二首 襄陵集 7/3b
任左僕射乞宮觀表 忠穆集 4/8b
潭州乞宮觀表 忠穆集 4/13b
乞留直筆兼管內侍省事狀 忠穆集 5/1a

乞依舊宮觀狀 忠穆集 5/12a
起居舍人乞出 高峰集 7/4b
刑部侍郎乞出（1－3） 高峰集 7/5b－7b
漳州乞致仕 高峰集 7/8a
被召命乞致仕 高峰集 7/8b
御史中丞乞致仕（1－2） 高峰集 7/9b－10b
工部尚書乞致仕（1－2） 高峰集 7/11b－12a
提舉亳州明道宮乞致仕 高峰集 7/13a
代乞致仕表 翟忠惠集 6/27b
中書舍人乞罷職狀 翟忠惠集 7/2b
乞致仕狀 翟忠惠集 7/3a
乞康王聽政狀 翟忠惠集 7/5a
繳父老士庶狀申康王狀 翟忠惠集 7/5b
越州乞宮觀狀 翟忠惠集 7/20b
罷政乞宮觀狀 翟忠惠集 7/22a
第一次乞宮觀狀（1－2） 建康集 6/10a－10b
第二次乞宮觀狀（1－3） 建康集 6/11b－12a
第三次乞宮觀狀（1－3） 建康集 7/2a－3a
再乞出第一狀 莊簡集 10/6a
再乞出第二狀 莊簡集 10/7a
乞補外狀 莊簡集 12/4a
乞宮觀狀 莊簡集 12/5a
再乞宮觀狀 莊簡集 12/5b
乞宮觀狀 莊簡集 12/9b
再乞宮觀狀 莊簡集 12/13a
乞宮祠狀 苕溪集 13/1a
代宰執以久旱待罪表 苕溪集 19/6b
葬臣上皇帝勸發第一表 浮溪集 3/1a 播芳文粹 4/13a
上皇帝勸進表 浮溪集 3/2a 播芳文粹 4/14a
星變百官請皇帝御正殿表 浮溪集 3/5b 播芳文粹 4/25a
星異請御正殿表 浮溪集 3/6a
星變請御正殿表 浮溪集 3/7a
元命日百官乞詣寶籙宮行香表 浮溪集 3/8a 播芳文粹 4/15a
宰臣星變待罪表代（1－2） 浮溪集 6/1a－1b
乞出狀（1－2） 鴻慶集 8/3a 孫尚書集 23/4a－5a
乞宮祠狀 鴻慶集 9/2b
乞郡狀 鴻慶集 9/3a
臨安府乞宮觀狀（1－2） 鴻慶集 9/6a－6b 孫尚書集 24/5a－5b
乞宮祠狀 鴻慶集 9/8a
乞致仕狀 鴻慶集 9/8b

乞今上聽政狀 孫尚書集 23/1a
乞宮祠狀 孫尚書集 23/2a
乞郡狀 孫尚書集 23/2b
乞宮祠狀 孫尚書集 23/3a
申雪第二狀 孫尚書集 23/3b
辨受僞官狀 孫尚書集 24/6b
乞致仕狀 孫尚書集 24/7b
乞罷宣撫使表(3-7) 梁溪集 49/4a-7b
再乞罷宣撫使表(8-9) 梁溪集 49/8a-10a
乞罷尚書左僕射第一表 梁溪集 64/4a
乞罷第二表 梁溪集 64/5b
乞罷第三表 梁溪集 64/8b
辨榜奏狀 梁溪集 65/3a
經過邵武軍乞往祖墳展省奏狀 梁溪集 68/4b
乞給賜度牒紫衣師號變轉修茸解舍奏狀 梁溪集 73/7a
乞宮祠奏狀 梁溪集 74/5b
到國門奏狀 梁溪集 80/8a
受告命乞赴行在奏事奏狀 梁溪集 80/8a
乞宮觀奏狀 梁溪集 88/7b
乞宮觀奏狀(1-2) 梁溪集 93/5a-5b
乞驗貢或宮祠奏狀 梁溪集 99/9a
繳奏修舉過職事乞宮祠奏狀 梁溪集 99/9b
乞宮觀奏狀 梁溪集 100/6a
代呂頤浩爲葛懿犯太微乞罷政表 北海集 25/3a
待罪奏狀 北海集 29/4b
乞宮觀奏狀 北海集 29/5a
再乞宮觀奏狀 北海集 29/6b
乞再任宮觀奏狀二道 北海集 29/7b
乞宮觀狀(1-4) 張華陽集 16/7a-9a
待罪狀 張華陽集 18/1a
乞宮觀狀(1-2) 張華陽集 18/4a-4b
乞致仕狀 張華陽集 19/2a
乞再致仕狀(1-2) 張華陽集 19/7a-7b
再乞罷言職求外狀 毘陵集 5/4b
應詔論事詔書表 毘陵集 6/5a
紹興七年請皇帝御正殿表(1-3) 三餘集 3/1b-11b
紹興七年請皇帝聽政表 三餘集 3/12a
擬請東封表 傅忠肅集/上 23a
漳州乞宮觀狀 筠溪集 3/14a
代人乞致仁表 筠溪集 6/8a

代服闕欲赴朝見表 浮山集 6/7b
乞宮觀狀 默成集 1/4a
擬留守司請回鑾表 紫微集 22/8a
代參政乞宮觀 紫微集 23/7a-9a
代宰執乞罷免狀(1-3) 紫微集 25/1a-2b
不應上表 斐然集 6/18b
中書舍人乞出奏狀(1-2) 斐然集 9/7a-8a
待罪狀 斐然集 9/8b
乞宮觀奏狀 斐然集 9/11a
乞宮觀奏狀 斐然集 9/11a
爲人勸上皇帝尊號表 太倉集 53/6b
再乞休致表 鄮峰錄 15/5b
乞解罷機政表(1-3) 鄮峰錄 15/7b-8b
乞免明堂大禮陪祀表 鄮峰錄 18/4a
重乞休致表(1-2) 鄮峰錄 18/4b-5a
乞免郊祀大禮陪祀表 鄮峰錄 18/6b
請皇帝御正殿表(1-3) 海陵集 6/1b-2a
丞相率文武百僚請建重明節表(1-3) 渭南集 2/1a-3a
丞相率文武百僚請皇帝聽樂表 渭南集 2/11b
乞致仕表 鄭忠肅集/上/38a
再乞致仕表 鄭忠肅集/上/39a
奏乞罷兼職狀 益國文忠集 122/2b 益公集 122/3a
乞宮觀奏狀 益國文忠集 122/3b 益公集 122/4a
乞宮觀奏狀 益國文忠集 122/6b 益公集 122/8a
辭富沙乞宮祠第一狀
辭富沙乞宮祠第二狀
辭富沙乞宮祠第三狀 益國文忠集 122/12b-13b 益公集 122/15a-16b
乞罷黜表 益國文忠集 125/13a 益公集 125/15b
乞罷政表 益國文忠集 126/8a 益公集 126/10a
旱災乞罷黜表 益國文忠集 127/2b 益公集 127/3a
乞罷政表 益國文忠集 128/18a 益公集 128/21a
乞去奏狀 益國文忠集 130/10a 益公集 130/12a
再乞去奏狀 益國文忠集 130/11a 益公集 130/13b
乞宮詞奏狀 益國文忠集 132/4b 益公集 132/5a
乞將軍轉回授奏狀 益國文忠集 132/16a 益公集 132/18b
乞致仕表(1-3) 益國文忠集 133/1a-3a 益公集 133/1a-3a
同金給事待罪狀 益公集 99/134b
再同給事乞罷默狀 益公集 99/135a
乞宮觀奏 益公集 99/135b
陳乞引年致仕奏狀 誠齋集 70/16b
再陳乞引年致仕奏狀 誠齋集 70/17b

代建康陳丞相乞致仕表 宮教集 4/11a
爲梁參政作乞解罷政事表二首 東萊集 2/6a
乞補外狀 止齋集 23/8a
乞祠祿歸展墓葬黃狀 止齋集 23/8b
乞致仕狀 止齋集 25/2a
再乞致仕狀 止齋集 25/5a
請舉樂·皇帝表(1-2) 宋本攻媿集 11/1a-1b 攻媿集 15/1a-1b
請舉樂·至尊壽皇聖帝表(1-3) 宋本攻媿集 11/3a-3b 攻媿集 15/2a-3b
請舉樂·擬壽聖皇太后殿 宋本攻媿集 11/4a 攻媿集 15/4a
乞宮觀第一狀 宋本攻媿集 16/7a 攻媿集 32/7a
乞宮觀第二狀 宋本攻媿集 16/8a 攻媿集 32/8a
乞宮觀第三狀 宋本攻媿集 16/9a 攻媿集 32/9a
開禧二年乞致仕狀(1-2) 宋本攻媿集 16/12a 攻媿集 32/11b-12a
請御正殿復常膳表 王雙溪集 10/14a-16a
請聽政表 王雙溪集 10/16a-17b
請御正殿表 王雙溪集 10/17b-18b
請聽政表 王雙溪集 10/18b-21a
請御正殿表 王雙溪集 10/21a-23a
乞解罷參知政事丐祠狀 東塘集 12/18b
再乞解罷狀 東塘集 12/19a
又四川制置使乞祠狀 東塘集 12/20a
又吏部尚書丐祠狀 東塘集 12/21b
第二次丐祠表 後樂集 6/25a
第二次丐祠表 後樂集 8/12b
除中書舍人舉陳振充自代狀 後樂集 10/29b
除吏部侍郎舉樓防自代狀 後樂集 11/13b
除御史中丞舉倪思充自代狀 後樂集 11/17a
乞裒萬頃辛元龍遺澤表 竹齋集 4/2b
四川制置乞祠 崔清獻集 1/8b
乞守本官致仕 崔清獻集 3/2b
奏暫領經畧安撫使知廣州印乞除宮仕 崔清獻集 3/4a
奏乞謀帥爲代 崔清獻集 3/4b
奏盜賊寧息乞賜除代 崔清獻集 3/6a
第三丐祠奏狀 東澗集 9/3a
請皇帝上壽表(1-3) 東澗集 9/3b-4b
乞祠奏 平齋集 12/5a
病乞補外奏 平齋集 12/6b
經筵乞祠奏 平齋集 12/8a
乞叢祠奏 平齋集 12/12a

乞檢會八次奏申特界開禀奏 平齋集 12/15a
第二奏乞待舉 真西山集 7/20a
乞宮祠狀 真西山集 11/18a
丐祠奏狀 鶴山集 25/4a
再乞祠奏狀 鶴山集 25/5a
三乞祠 鶴山集 25/9b
乞致仕劄子 鶴山集 25/17b
直前奏事丐歸田里狀 鶴山集 22/13b
已見奏事丐祠狀 鶴林集 24/10b
知温州丐祠奏狀 鶴林集 24/19a
乞隆興府丐祠狀 鶴林集 24/22b
乞引年奏狀(1-2) 後村集 77/5b-6b
乞以楚王伯昕遺事宣付史館奏狀 後村集 77/10b
壬戌乞引年奏狀 後村集 77/11a
甲子乞納祿奏狀 後村集 77/14b
自劾奏狀 後村集 78/18a
乞祠奏狀 後村集 78/19b
代西山丐祠表 後村集 115/10b
三月再乞歸田里狀 清正稿 2/37a
致仕表 徐文惠稿 1/30b
再上表 徐文惠稿 1/31b
以變生同氣丐祠 臞齋集 4/1a
再乞祠 臞齋集 4/1b
乞休致 臞齋集 4/2a
以兩考乞休致 臞齋集 4/2b
再乞休致 臞齋集 4/3b
乞休歸 臞齋集 4/4b
代范丞相(1-2) 秋崖稿 3/1a-1b
代范丞相附貼黃5 秋崖稿 3/3a 新安文獻 6/1a
代趙參政丐祠(1-2) 秋崖稿 3/13a-14a
幸臣以下請度宗聽政表(1-7) 四明文獻集 3/6b-10a
請御正殿表(1-3) 四明文獻集 3/11a-12b
請上乾會聖節名表(1-4) 四明文獻集 3/13a-15a
幸臣丁謂等請立乾元節名表 宋詔令集 1/3
幸臣等請立與龍節表 宋詔令集 1/4
奏乞致仕表呂詢撰 宋文鑑 65/13a
請車駕東封表趙鼎臣撰 播芳文粹 4/6a
請車駕東封表趙鼎臣撰 播芳文粹 4/7b
請車駕西祀表邵澤氏撰 播芳文粹 4/9b
請車駕幸洛表趙鼎臣撰 播芳文粹 4/11a

奏議表狀二 諸表 陳乞

請皇帝御正殿表晁補之撰　播芳文粹 4/24b
請重明節表　播芳文粹 4/30a
請重明節第二表　播芳文粹 4/30b
請重明節第三表　播芳文粹 4/31b
乞聽斷表（1－5）　播芳文粹 12/8a－11a
乞御正殿表（1－3）　播芳文粹 12/12b－13b
請加承表宋庠撰　播芳文粹 12/38a
乞罷免表（1－2）楊億撰　播芳文粹 41/1a－3b
乞解職表楊億撰　播芳文粹 41/5b
再入參乞罷免重任表宋庠撰　播芳文粹 41/8b
乞罷樞相表宋庠撰　播芳文粹 41/10a
乞罷相表宋庠撰　播芳文粹 41/11a
陳情表代參政王陳議　楊億撰　播芳文粹 42/2a
乞外任表楊億撰　播芳文粹 42/15b
乞外任表黃庭堅撰　播芳文粹 42/20b
乞外任表　播芳文粹 42/21b
乞出表　播芳文粹 43/2b
乞出表　播芳文粹 43/3a

乞出表　播芳文粹 43/4b
乞出表邵博撰　播芳文粹 43/5b
乞避位待罪表歐陽修撰　播芳文粹 43/21a
乞避位待罪表　播芳文粹 43/21b
乞避位待罪表歐陽修撰　播芳文粹 43/22a
乞宮觀表司馬光撰　播芳文粹 43/23a
乞致仕表（1－3）宋庠撰　播芳文粹 44/1a－3b
乞致仕表（1－2）范景仁撰　播芳文粹 44/4a－5b
乞致仕表蘇轍撰　播芳文粹 44/6b
乞致仕表　播芳文粹 44/7b
乞致仕表　播芳文粹 44/8b
乞致仕表　播芳文粹 44/10b
乞致仕表晁詠之撰　播芳文粹 44/12b－13b
乞致仕表　播芳文粹 44/14a
乞致仕表趙鼎臣撰　播芳文粹 44/15a
乞異姓恩澤表　播芳文粹 44/18b
服除請復樂表王珪撰　蜀文輯存 2/13b

（六）進　上

進籍田頌表　咸平集 23/1b　播芳文粹 10/21b
進文集表　咸平集 23/2b
進河清頌表　咸平集 23/4a　播芳文粹 10/19a
進乾明節祝聖壽詩表　咸平集 23/7a　播芳文粹 10/24a
進賀聖節（1－4）　咸平集 26/9a－10a
進瑞雪歌　咸平集 26/12a
進瑞麥　咸平集 26/12b
進賀南郊　咸平集 26/13a
進應制詩　咸平集 27/1a
進撰述文字草本　咸平集 27/9b
進文字表　乖崖集 10/25b　播芳文粹 10/35a
進端拱箴表　小畜集 21/9b　播芳文粹 10/22b
進乾明節祝聖詩表　小畜集 21/14a
徹連壽寧節功德疏奉表　小畜集 24/5b
進承天節頌表　武夷新集 13/2b　播芳文粹 10/17b
代王氏爲公主出降進財表　武夷新集 13/16a
進奉南郊禮物狀　武夷新集 15/19b
進奉承天節禮物表　武夷新集 16/1a
大駕還京進奉狀　武夷新集 16/2a

閣下進和聖製社日詩狀　武夷新集 16/4b
代僕射李相公承天節進經疏狀　武夷新集 17/1a
進洞霄宮碑狀　武夷新集 17/6a
進襄王周王誌文狀　武夷新集 18/12a
進邠州靈應公廟記狀　武夷新集 18/12a
進和御製豐年歌表　文莊集 9/1a
和水清木連理詩表　文莊集 9/1b
進和御製占城國貢師子詩表　文莊集 9/2b
進河清賦引表　文莊集 9/3b
上景德五頌大中祥符頌引表　文莊集 9/4a
進謝恩物引表　文莊集 9/7b
進王中正神道碑表　文莊集 9/8b
代寇相公進和御製升柑詩表　文莊集 10/8b
代人進禮成宴詩表　文莊集 11/13a
降聖節進奉狀　文莊集 16/3a
進瑞稻圖狀　文莊集 16/3b
再進瑞稻圖狀　文莊集 16/4a
進故朱寀所撰春秋文字及乞推恩與弟眞狀
　范文正集 19/5a
進兩制三館牡丹歌詩狀　元獻遺文/2a　宋文鑑

63/12a

進國陽大報頌表　元憲集 19/9a

大禮慶成狀　景文集 19/2b

太常寺進案到鐘磬一部表　景文集 36/1a　播芳文粹 10/46a

進籍田頌表　景文集 36/2a　播芳文粹 10/20b

代進新稻雙竹詩表　景文集 36/11b

進平蠻記表　武溪集 16/7a　播芳文粹 10/26b

進正觀十二事表　河南集 18/7b

賀祧廟禮畢進奉銀五百兩狀　歐陽文忠集 90/9a

進新修唐書表　歐陽文忠集 91/9b　宋文鑑 64/13b

進永厚陵挽歌辭三首引狀　歐陽文忠集 93/18a

代進奉承天節絹狀　歐陽文忠集 94/23b　播芳文粹 10/42b

代進奉土貢狀　歐陽文忠集 94/23b

進慶曆編敕表　樂全集 28/10a

進嘉祐編敕表　安陽集 27/8a　播芳文粹 10/4b

進皇子降生詩狀　安陽集 33/4b

中書進天章閣觀祖宗御集錫宴詩狀　安陽集 33/7a

中書進仁宗皇帝挽詞狀　安陽集 33/7a

中書進英宗皇帝挽詞狀　安陽集 33/7b

上永昭陵名狀　安陽集 33/8a

上永厚陵名狀　安陽集 33/8a

進郊祀慶成詩表　古靈集 3/2a

進謝恩馬狀辭　韓南陽集 21/15a

進四銘表　公是集 34/1b

代上皇帝表　曾南豐集 14/1a

進奉熙寧八年同天節功德疏表．元豐稿 28/3a

進奉熙寧四年明堂絹狀　元豐稿 33/1a

進奉熙寧七年南郊銀絹狀　元豐稿 33/1a

進奉熙寧七年同天節銀絹狀　元豐稿 33/1a　播芳文粹 10/42b

進奉熙寧八年同天節銀絹狀　元豐稿 33/1b　播芳文粹 10/43a

進奉元豐元年同天節功德疏狀　元豐稿 33/7a

進奉元豐元年同天節銀狀　元豐稿 33/7a

進奉元豐二年同天節銀絹狀　元豐稿 33/7a

福州擬貢荔狀並荔枝録　元豐稿 35/1a

聖節進絹表　元豐稿/補 2/16a

進郊祀慶成詩引狀　華陽集 7/10b－11a

進所業表　華陽集 9/1a　播芳方粹 10/37a

進國朝會要表　華陽集 9/2b　播芳文粹 10/10b

進交趾獻奇獸賦表　傳家集 17/9b

進瞻彼南山詩表　傳家集 17/10a

進古文孝經指解表　傳家集 17/12a　司馬温公集 57/11a

進通志表　傳家集 17/13a　司馬温公集 57/12a

進資治通鑑　傳家集 17/22b　宋文鑑 65/10b　播芳文粹 10/30b

進華戎魯衛信録　蘇魏公集 44/5a

進元祐編敕　蘇魏公集 44/7b

進乾元節功德疏(1－2)　蘇魏公集 45/1a－1b

進乾元節絹　蘇魏公集 45/1b

進賀英宗皇帝登極絹　蘇魏公集 45/4b

同天節進功德疏　蘇魏公集 45/6a

同天節進銀絹(1－2)　蘇魏公集 45/6b

興龍節進功德疏(1－2)　蘇魏公集 45/8a－8b

進裕亭絹　蘇魏公集 45/10b

進熙寧編敕表　臨川集 56/3a　王文公集 20/1b　播芳文粹 10/8a

進字說表　臨川集 56/6b　王文公集 20/8a　播芳文粹 10/33b

進洪範表　臨川集 56/7b　王文公集 20/17a　播芳文粹 10/33a

進修南郊敕式表　臨川集 56/8a　王文公集 20/16a　宋文鑑 66/5b　播芳文粹 10/8b

南郊進奉表江寧　臨川集 61/7b　王文公集 20/16a

進鮑極注周易狀　鄱溪集 12/7b

代趙都運壽聖節進奉功德疏表　柯部集 16/20a

代元給事壽聖節進功德疏表　柯部集 16/20a

同天節進功德疏表(1－2)　范忠宣集 6/3a－3b

進南郊絹表　范忠宣集 6/4a

進節尚書論語表　范忠宣集 6/12a

代人進新修祿令表　西溪集 7　三沈集 2/66b

進奉銀二千兩狀　西溪集 7　三沈集 2/72a

進挽歌辭狀　西溪集 7　三沈集 2/72b

進南郊式表　長興集 13　三沈集 4/1b

奉敕譔奉元曆序進表　長興集 13　三沈集 4/3a

進守令圖表(1－2)　長興集 16　三沈集 4/26b－27b

進郊祀禮成詩表　淨德集 6/1b

進興龍節銀表(1－3)　錢塘集 12/5a－5b

進奉坤成節銀狀　錢塘集 12/6a

進天寧節銀絹狀(1－2)　錢塘集 12/6a－6b

副使奏狀　錢塘集 12/7a

副使奏狀　錢塘集 12/15b

進奉郊裡羅　錢塘集 12/20a

進賀皇帝登寶位銀狀　錢塘集 13/1a

奏議表狀二　諸表　進上　1491

進奉皇太后禮物 錢塘集 13/1a
進奉皇太妃禮物 錢塘集 13/1b
上皇帝尊號表 王魏公集 5/14a
進郊祀慶成詩表 蘇東坡全集/後 13/4a 播芳文粹 10/16b
進御集表 樂城集 47/6a
進郊祀慶成詩狀 樂城集/後 17/7b 播芳文粹 10/17a
進神宗皇帝實錄表 范太史集 5/14b
進神宗皇帝御筆文字表 范太史集 6/5b
進皇后禮物狀 范太史集 10/11a
同天節功德疏右語 范太史集 10/13b
同天節功德疏右語 范太史集 10/14b
進御製詩碑狀 范太史集 11/4a
進唐鑑表 范太史集 13/10a
進郊祀慶成詩狀附詩 范太史集 24/4b
貢物表 宗伯集 9/4a
進鬱金草狀 宗伯集 9/16b
進銀狀 宗伯集 9/19a
進水晶葛粉白蜜狀 宗伯集 9/19a
代進奉同天節銀表 西塘集 7/6a
進南郊銀狀 朝散集 10/6a
進否泰說表 朝散集 10/11b
論性表 演山集 26/1a
天寧節進引銀表 演山集 28/9b
代司馬丞相進稽古錄表 豫章集 20/2a
進奉駕皇帝登寶位上絹表 樂靜集 12/2b 播芳文粹 10/41a
進貢綾表 樂靜集 12/4a
代范忠宣上太皇太后表 西臺集 3/1b
代范忠宣上皇太后表 西臺集 3/3a
代范忠宣上皇太后表 西臺集 3/5b
代范忠宣上皇太后表 西臺集 3/8b
代范忠宣上皇太后表 西臺集 3/10a
代范忠宣坤成節進功德表 西臺集 3/14b
代范忠宣再進功德表 西臺集 3/15a
代范忠宣再進功德表 西臺集 3/15b
進元符南郊大禮賦表 龍雲集 1/1a
上小楷千文表 寶晉集補 2/8a
齊州進奉功德疏表 雞肋集 54/9a
齊州進興龍節銀絹表 雞肋集 54/9b
進罪言表 雞肋集 54/10a
貢物代作 龜山集 3/9a
進大禮慶成賦表 張古史集 43/1a 播芳文粹 10/25a
繳進出狩議狀 嵩山集 3/31a
進恢復河湟賦表 東堂集 5/2a
進連理木表 東堂集 5/7b
天寧節功德疏 劉左史集 1/4b
天寧節進銀狀（1－3） 劉左史集 1/5a－5b
明堂進銀狀 劉左史集 1/5b
進論語狀 尹和靖集 4/2a
明堂大禮進馬表 高峰集 3/11b
明堂大禮畢進馬表 高峰集 3/15b
代進連理木圖表 高峰集 4/14a
代進獻白龜賀表 高峰集 4/16b
天寧節進奉銀絹狀 高峰集 11/1a
進銀狀 高峰集 11/1a
天寧節進折銀錢表 丹陽集 1/8a
天寧節進銀絹表 丹陽集 1/8a
進御書手詔碑本表 初僚集 4/50a
進新修紹興敕令格式表 程北山集 20/9a 南宋文範 27/14a
宰臣進三省通用格式表 浮溪集 3/7b 播芳方粹 10/9b
夏祭進銀絹表 東窗集 14/25a
天寧節進銀絹表 東窗集 14/26a
進天申節銀狀 張華陽集 9/2b
進士貢羅狀 張華陽集 11/8a
進大行皇太后挽詞狀 張華陽集 19/8b
重修神宗皇帝實錄繳進表 忠正德集 4/2b 南宋文範 27/7b
進銀狀 楊溪集 8/13b
進花石詩狀 栟櫚集 1/1a
房州貢生辰禮物表 紫微集 21/16b
擬進神宗實錄表 紫微集 21/19a
貢銀絹表 紫微集 22/12a
代進銀狀（1－2） 韋齋集 11/2b－3a
代進哲宗皇帝實錄表 韋齋集 11/3b
進先公文集表 斐然集 6/15b 南宋文範 27/13a
代漕使貢金器 默堂集 12/1b
茶馬司進馬狀 漢濱集 4/3b
茶馬司合進銀馬狀 漢濱集 4/4a
進常平免役法表 太倉集 53/7b
進論語口義表 鄞峰錄 17/8b 南宋文範 28/1b
貢默金狀（1－2） 嵩山居士集 15/3a
貢銀絹狀（1－2） 嵩山居士集 16/3a
提刑司進銀絹狀 嵩山居士集 16/4a

常平司進銀絹狀 萬山居士集 16/4b
進易疏論語說狀 方舟集 7/20a
實錄院進神宗皇帝寶訓表 拙齋集 4/2b
代嗣大理國王修貢表 盤洲集 27/6a
代宰臣進六曹寺監庫務通用法表 盤洲集 35/4a
代天申節貢銀狀 盤洲集 35/10a
天申貢銀狀 盤洲集 30/10b
明堂貢銀狀 盤洲集 37/8a
登寶位貢銀狀 盤洲集 38/2b
繳進郊祀慶成詩狀 海陵集 5/6a
繳進封事奏狀 海陵集 5/8a
進茶鹽法表 海陵集 6/1a
進徽宗實錄表 海陵集 6/4a
進銀絹表 南澗稿 8/8a 播芳文粹 10/44a
獻籍田賦表 曾雲莊集 3/1a
國史院進三朝正史帝紀表 洪文敏集 3/12a 南宋文範 20/2a
天申節進奏銀狀 渭南集 5/1a
天申節進銀一千五百兩奏狀代江東轉運司 益國文忠集 82/18a 益公集 82/33a
代交趾進馴象表 益國文忠集 93/3a 益公集 93/180b
呈進仁宗玉牒史浩轉官候旨選日鎮院奏 益國文忠集 103/10a 益公集 103/86a
進謝恩詩表 益國文忠集 125/3a 益公集 125/3a
繳牧書集合膳藥狀 益國文忠集 131/5b 益公集 131/6b
會慶節進銀奏狀 益國文忠集 131/1a 益公集 131/22b
繳進李墊詞業狀 益國文忠集 139/13b
進和御製賜進士余復詩狀表 誠齋集 47/2a
繳進奏疏狀 朱文公集 11/18a
代百官進玉牒成書表 于湖集 20/5a
進登寶位銀表 于湖集 20/7a
進奉貢葛奏狀 于湖集 20/8a
聖節進貢表 江湖集 36/14b
進布表 江湖集 36/14b
進經筵徹章詩表 宮教集 4/1a
吏部進新修七司條令表 宮教集 4/5b
進功德疏二首 東萊集 2/10b
代提舉國史進神宗哲宗徽宗皇帝國史表 東萊集/外 3/3b
皇帝登寶位進奉銀 止齋集 30/4a

重明節進奉銀 上齋集 31/5a
代進光宗御集 格齋四六 1/12b
代進重修七司令 格齋四六 1/13a
代宰臣進史部七司法表 宋本攻媿集 14/2b 攻媿集 18/2b
代宰臣進仁宗皇帝今上皇帝玉牒表 宋本攻媿集 14/3b 攻媿集 18/3b
貢銀奏 雙峰稿 1/3b
進數金土布狀 雙峰稿 1/11a
上太上皇帝日曆表 王雙溪集 10/10a
進易解表 王雙溪集 10/11a 新安文獻 40/8b
進東都紀年表 王雙溪集 10/12b 南宋文範 28/6a
進賀瑞芝詩表 王雙溪集 10/13b
編東都紀年進東宮腆 王雙溪集 10/38a
太上皇帝聖壽八十繳進慶聖壽雅歌表 客亭稿/1/8a
進御書墨本表 東塘集 15/13b
隆興府進葛布表 後樂集 7/25a－25b
瑞慶節進貢銀表 後樂集 8/4a－4b
代進聖政表 後樂集 8/29a
代進會要表 後樂集 8/30a
進書編表 克齋集 6/1a
進銀絹表 山房集 2/13a
進墨本表 康範集/附錄 11b
進奉銀絹狀 性善稿 5/9b
進金鐵狀 性善稿 5/9b
進上皇太子文集狀 性善稿 5/10a
讀高宗皇帝寶訓徹章繳進經筵官詩表 洛水集 3/9b
進大學衍義表 真西山集 16/8a 南宋文範 28/9b
進奉御書石刻表 鶴林集 16/11a
進奉御書石刻狀 鶴林集 22/1a
進高宗皇帝御劃石刻表 金佗粹編 26/3b
進行實編年顯天辨誣表 金佗粹編 26/5a
代真里富貢方物表 靈巖集 2/1b
貢土物表 靈巖集 2/2a
代茲州守臣進甘露圖表 靈巖集 2/3a
代提舉實錄院進修孝宗皇帝寶錄表 靈巖集 2/5a
貢布表袁州 後村集 113/4b
進銀床 後村集 113/6a
上書經集傳表 久軒集 8/5a
進律呂新書表 久軒集 8/6a
代宰臣進孝宗光宗御集表 樗堂集 4/9a

代宰臣進寧宛質録表 樓鑰集 4/10a
進和御製詩表 樓鑰集 4/10b
荊圃進偽祖盜寶 可齋稿 1/10a
進銀狀 秋崖稿 1/11a
御書宗學牌進墨本表 秋崖稿 2/6b
進丙丁龜鑑表 秋堂集 1/1a
進和御製詩表 碧梧集 1/9b
進先皇御製宸翰表 碧梧集 1/11a
提舉官進上經武要畧表 碧梧集 1/12b
代侍講說書官爲經筵進講孟子終篇謝賜金帶
牙簡同侍講修注官賜秘書省御筵及鞍馬
香茶進詩表祠科所業 四明文獻集 3/3a
進御製石刻慕本表 四明文獻集 3/19a
擬國史院進光宗寧宗寶訓表 四明文獻集 3/21b
代進放生池御札慕本表 四明文獻集 3/24a
擬賀郊祀禮成進詩表 四明文獻集 3/26a
乾會節進銀狀武岡 辜陵陽集 8/4a
聖節進賀禮物表 佩韋集 13/4b
和州進布練表 四庫拾遺 217/相山集
宰臣章惇等奏天寧節名表皮仲 宋詔令集 1/4
進刑統表寶儀撰 宋文鑑 63/1b 歷代奏議 210/1a
漳州進珠表王晏撰 宋文鑑 65/16b
實録院進神宗皇帝寶訓表林之奇撰 播芳文粹 10/
1a
進哲宗徽宗寶訓表呂祖謙撰 播芳文粹 10/2a
進建炎紹興詔旨表呂祖謙撰 播芳文粹 10/3a
進國陽大報頌表宋庠撰 播芳文粹 10/18a
齊州進奉功德疏表晁補之撰 播芳文粹 10/26a
進御筆表張芸叟撰 播芳文粹 10/28b
進稽古編表司馬光撰 播芳文粹 10/29b

進先公文定公文集表胡明中撰 播芳文粹 10/39a
進家集表王仲嶷撰 播芳文粹 10/40a
皇帝登極進銀表許閎撰 播芳文粹 10/41a
進南郊綱表范景仁撰 播芳文粹 10/41b
進銀表趙彦端撰 播芳文粹 10/42a
進絹表 播芳文粹 10/42a
聖節進絹表石檝撰 播芳文粹 10/43a
齊州進興龍節銀綱表晁補之撰 播芳文粹 10/43b
重明節進奉銀表陳佃撰 播芳文粹 10/44a
進瑞木嘉禾表崔德符撰 播芳文粹 10/44b
進琴表崔德符撰 播芳文粹 10/45b
進歲貢綾并藥物表邵博撰 播芳文粹 10/47b
進馬表 播芳文粹 10/48a
代并州長史張仁宣進九鼎銘表吳少微撰 新安
文獻 40/前 2b
進百官箴表許月卿撰 新安文獻 41/3b
進曾祖徽竹州文集表吳賁深撰 新安文獻 41/4b
進嘉祐編敕表韓琦撰 歷代奏議 211/6b
進中興記表耿延禧撰 南宋文範 27/15a
代進光宗御集表王子俊撰 南宋文範 28/4b
進樂律表范鎮撰 蜀文輯存 7/16b
進易書狀張行成撰 蜀文輯存 49/1a
進通鑑長編奏狀李燾撰 蜀文輯存 52/3a
進通鑑長編表（1－3）李燾撰 蜀文輯存 52/3b－4a
進詳註昌黎先生文表文讜撰 蜀文輯存 65/2b
進建炎以來繫年要録狀許奕撰 蜀文輯存 28/1b
申進黄仲炎春秋通說奏狀李鳴復撰 蜀文輯存 82/
20b
進春秋集義表李命撰 蜀文輯存 92/2b

（七）起居表

行在起居表 咸平集 25/2a 播芳文粹 4/2a
起居表 小畜集 22/11b
駕幸河北起居表 武夷新集 12/15a 宋文鑑 63/6b
播芳文粹 4/1a
聖駕離京次日上表（1－17） 文莊集 4/2b－11a
哲宗皇帝明堂宿殿起居表（1－2） 蘇魏公集
4b/1a
哲宗皇帝明堂宿殿大寧郡王起居表（1－2）
蘇魏公集 46/5b－6a

咸寧郡王起居表（1－2） 蘇魏公集 46/6a－6b
普寧郡王起居表（1－2） 蘇魏公集 46/6b－7a
祁國公起居表（1－2） 蘇魏公集 46/7a－7b
十月一日起居永安陵等處諸陵表 王文公集
21/5b
車駕巡幸建康起居表 高峯集 3/13b
乞許六參官赴二十六日起居狀 程北山集 35/3a
車駕親征進起居表 莊簡集 13/1a

車駕巡幸浙右起居表　苕溪集 18/2b
車駕駐驛建康起居表　苕溪集 18/2b
車駕駐驛平江起居表　苕溪集 18/3a
行在起居表　苕溪集 18/4b
車駕移驛建康府起居表　浮溪集 3/4a
車駕親征起居表　浮溪集 3/4b　播芳文粹 4/4a
車駕巡幸起居太上皇表　浮溪集 3/4b　播芳文粹 4/5b
己酉年冬至遥拜道君皇帝表本　浮溪集 3/13a
皇子北郊青城起居表(1～6)　浮溪集 4/5b－7a
　播芳文粹 4/2b
車駕幸臨安起居表　浮溪集/拾遺 1/431
起居道君太上皇帝表本　梁溪集 33/2a
起居孝慈淵聖皇帝表本　梁溪集 33/2a
起居道君太上皇帝表　梁溪集 44/2a
太宰徐處仁等上道君太上皇帝表　梁溪集 83/11a

車駕巡幸江上起居表　梁溪集 89/9b
車駕巡幸建康起居表　梁溪集 94/6a
正旦遥拜太上皇帝表　北海集 23/5b
正旦遥拜淵聖皇帝表　北海集 23/6a
上淵聖皇帝表　北海集 23/6b
紹興六年車駕巡幸起居表　張華陽集 9/6a
紹興七年車駕駐驛建康起居表　張華陽集 9/8b

車駕巡幸起居表　張華陽集 12/5a
代皇子北郊齋宮起居表五道　毗陵集 7/8a－8b
代皇子明堂致齋起居表五道　毗陵集 7/9a－9b
車駕巡幸平江府起居表　盤溪集 6/14a
福州問候表　雙溪表 7/2b
代駕幸臨安起居表(1－2)　雙溪集 7/11a－11b
駕幸建康問起居表　斐然集 6/5a
爲守臣明堂大禮起居表　太倉集 53/1b
爲人皇帝親征起居表　太倉集 53/3b
代人起居太母回鑾表　盤洲集 35/3a
車駕視師起居表　盤洲集 37/9b
車駕回臨安起居表　盤洲集 37/10b
車駕巡幸視師起居表　海陵集 7/2a
三月二十四日奏光堯祥宮到永思陵酸撻宮　三月二十七日奏同前　益國文忠集 129/3b　益公集 129/4a
移御壽康宮起居表　益國文忠集 132/9a　益公集 132/10b
孝宗小祥起居表　益國文忠集 133/4b　益公集 133/5a
北郊清城表　播芳文粹 4/3a
車駕親征起居表趙彦端撰　播芳文粹 4/3b
車駕回鑾起居表　播芳文粹 4/4b
車駕巡幸起居表方仁和撰　播芳文粹 4/5a
車駕巡幸起居表　播芳文粹 4/5b

（八）遺　表

遺表　咸平集 25/6b
遺表　范文正集 17/6b
遺表　樂全集 29/27b
代翰林侍讀學士錢藻遺表　元豐稿 28/8a　元豐稿補 2/16a　播芳文粹 44/22b
遺表　傳家集 17/17a　司馬温公集 57/15a
遺表　蘇魏公集 43/4b
遺表　范忠宣集 7/3a
代慎郎中遺表　節孝集 30/19b
代虞學士遺表　錢塘集 10/6a
代潘郎中遺表　錢塘集 10/29a
代范忠宣公遺表　姑溪集 13/2b　宋文鑑 71/6a
李誠之待制遺代　樂城集 49/8b
遺表　范太史集 7/14b
上太皇太后表　范太史集 7/15a

遺表　范太史集 8/9a
代楊中散遺表　范太史集 8/11a
代忠文公遺表　范太史集 8/14a
上太皇太后表　范太史集 8/15a
代呂正獻公遺表　范太史集 8/16a
上太皇太后表　范太史集 8/17a
代李公擇遺表二首　豫章集 20/6b－7b
代宜州黨皇城遺表　豫章集 40/8b
遺表　宗忠簡集 2/8a　南宋文範 27/2b
遺表上表爲永薛軒陸事　尹和靖集 3/10a
遺表　高峰集 4/9b
遺表　浮溪集/拾遺 1/430　播芳文粹 44/25a
遺表　張華陽集 12/10a
代先公遺表　斐然集 6/7b

代劉侍制遺表　斐然集 6/21b
代廖用中尚書遺表　默堂集 12/5b
代龜山先生楊侍郎遺表　默堂集 12/6b
代翁殿撰遺表　屏山集 7/5b
遺表　濟庵集 8/11a　南宋文範 27/16a
遺表　盤洲集 40/11a
遺表　魏遺書 1/5a
汪端明遺表　益國文忠集 82/17b　益公集 82/32a
遺表　誠齋集 47/11a
遺表　南軒集 8/6b　蜀文輯存 64/15b
代趙提刑遺表　江湖集 36/25b
代遺表　宋本攻媿集 14/11a　攻媿集 18/10b
代趙侍郎粹中遺表　宋本攻媿集 15/12b　攻媿集 19/12a
代陳閣學居仁遺表　宋本攻媿集 15/14a　攻媿集 19/13a
代薛端明上遺表　水心集 2/22b

遺表　平齋集 13/6a
遺表　鐵菴集 7/6b
代西山上遺表　後村集 115/11b
代曾知院上遺表　後村集 115/14b
遺表　徐文惠稿 1/32a
遺表蘇轍撰　播芳文粹 44/23b
遺表代黃庭堅撰　播芳文粹 44/24b
遺表晁詠之撰　播芳文粹 44/26a
遺表　播芳文粹 44/27a
遺表胡寅撰　播芳文粹 44/27b
遺表（1－2）　張孝祥撰　播芳文粹 44/29a
遺表張孝祥撰　播芳文粹 44/30b
遺表張栻撰　播芳文粹 44/31b
遺表葉適撰　播芳文粹 44/32a
遺表汪大獻撰　新安文獻 40/5a
遺表許奕撰　蜀文輯存 78/3a

（九）其　他

廣都縣馮某殿母待罪狀　乖崖集 11/5b
批答處士陳搏乞還舊山表　小畜集 26/6a
代中書爲靈州陷沒待罪表　武夷新集 13/13b　播芳文粹 43/15a
代集賢向相公待罪表　武夷新集 13/20a　播芳文粹 43/10b
代僕射李相公待罪表　武夷新集 14/1b　播芳文粹 43/11b
代中書密院待罪表附答詔　武夷新集 14/12b　播芳文粹 43/13a
代門下李相公承天節設齋奏狀　武夷新集 16/4b
擇日祇受修起居注敕命狀　古靈集 4/11b
明州擬辭高麗送遺狀　元豐稿 35/3b
永昭陵奏告仁宗皇帝七月一日旦表　王文公集 21/5b
同天節功德疏　長興集 14　三沈集 4/14b
代滕達道景靈宮奉安表　蘇東坡全集/續 9/41b
冬祀禮畢奏謝天尊閣佛閣等處表　摘文集 10/10a
冬祀禮畢奏謝內中玉虛殿三清諸聖等表　摘文集 10/10a
冬祀禮畢奏謝內中玉虛殿上九位等表　摘文集 10/10a

冬祀禮畢奏謝欽先孝恩殿帝后表　摘文集 10/10b
冬祀禮畢奏謝高壽觀景靈宮諸帝后西京嵩山崇福宮等處祖宗表　摘文集 10/10b
車駕巡幸越州遠迎奏表　苕溪集 18/3b
車駕駐蹕冬至日德音表　苕溪集 18/4a
庚戌年冬至表　浮溪集 3/13b
辛亥年正旦表　浮溪集 3/14a
昭慈獻烈皇后攢宮朝拜表　浮溪集 4/7b
昭慈獻烈皇后祔廟畢攢宮旦望等表　浮溪集 4/8a－9b
十月朔奏告太祖皇帝表　浮溪集 4/10a
奏告諸陵表　北海集 23/5b
知紹興府朝謁昭聖獻皇后攢宮表文　北海集 23/9b
代高麗國王王楷表二首　龜溪集 5/6a
從駕幸佑聖觀記所得聖語　鄮峰錄 10/9a
朝永祐陵表　盤洲集 39/9a
諸后攢宮表　盤洲集 39/9a
改定德音貼黃　盤洲集 44/2b
皇太后服藥敕書表（1－2）　益國文忠集 82/4b
益公集 82/17a－17b

吏部侍左進天申節功德疏右語 益國文忠集 123/10a 益公集 123/11b	前二日奏告天地宗廟社稷宮觀 後樂集 5/20b
付下榮茂宗進狀回奏 益國文忠集 148/12b 益公集 148/13a	奏別擇日朝辭 鶴山集 27/2b
功德疏孝宗會慶節 雙峰稿 1/5a	奏抵平江府 鶴山集 27/11a
	嚴州歸附表 桐江集 5/15b

三、公　狀

（一）申上諸狀

著作佐郎求充幕職狀　乘崖集 11/1a
申堂自陳狀　乘崖集 11/3b
申揀選軍馬狀　河南集 24/1b
申軍前事宜狀　河南集 24/2a
乞招清邊弩手狀　河南集 24/2b
申鄉兵教閱狀　河南集 24/3a
申鄉兵弓手輪番教閱狀　河南集 24/3b
申和雇人修城狀　河南集 24/4a
與延帥論事狀三首　河南集 24/5a
秦州申本路招討使狀　河南集 24/6b
申宣撫韓樞密乞修安國鎮狀　河南集 25/1a
申四路招討司論本路禦賊狀並書　河南集 25/2b
分析公使錢狀　河南集 25/3b
申四路安撫使范資政乞於乾華州聽候朝旨狀　河南集 25/6a
河南府申狀　文潞公集 37/1b
納北京再任加恩告敕並支賜申狀　安陽集 36/17a
辭召試知制誥申中書省狀　古靈集 4/6b
申中書乞不看詳會要狀　元豐稿 34/8a
申堂狀　傳家集 29/11a　司馬溫公集 25/7a
與蔡帥邊事畫一　張横渠集 13/10a
涇原路經畧司論邊事狀　張横渠集 13/12a
經畧司畫一　張横渠集 13/15a
上中書奏記　西溪集 7　三沈集 2/79a
申府帥並二司狀　淨德集 11/1a
申省乞罷詳定役法狀　蘇東坡全集/奏議 3/7b
申省乞不定奪役法議狀　蘇東坡全集/奏議 3/11b
申三省起請開湖六條狀　蘇東坡全集/奏議 7/4b　歷代奏議 252/10b
申省論八丈溝利害狀二首　蘇東坡全集/奏議 10/1b-3a
申三省請罷青苗狀　樂城集 38/18b
申本省論處置川茶未當狀　樂城集 39/6b　歷代奏議 269/4b

論軟堰申三省狀　樂城集/後 16/12a
越州請立程給事柯堂狀　淮海集/後 6/8b
乞宮觀　峴山集 4/15b
信王咨目　宗忠簡集 1/7b
相度河北西山水利害申尚書省狀　滿水集 1/15a
投省論和買銀劄子　高峰集 1/21a
投呂相論遣使入閩撫諭劄子　高峰集 1/23b
投富樞密劄子　高峰集 1/27a
再投富樞密論閩賦劄子　高峰集 1/32a
論鹽法申省狀　高峰集 5/15a
申大元帥府乞差新江東提刑莫朝議權湖州狀　石林奏議 2/1a
申大元帥府乞令監司同共承行軍期狀　石林奏議 2/2a
申大元帥府拘繫兩浙提刑季龍圖狀　石林奏議 2/2b
申大元帥府乞總決萬務狀　石林奏議 2/3a
申大元帥府乞移軍浙石狀　石林奏議 2/3b
申大元帥府繳納告諭軍民榜牒狀　石林奏議 2/4b
申大元帥府乞差江東西等六路帥臣狀　石林奏議 2/7a
申大元帥府已巳次奉行檄書狀　石林奏議 2/7b
申尚書省相度江東路人戶殘零夏稅折納見錢狀　石林奏議 9/1a
堂白乞立定水軍人數修戰船劄子　石林奏議 9/3b
堂白乞降鹽鈔淮南京藏收羅粟麥劄子　石林奏議 9/4b
堂白乞將建康府乾糧賬濟夏旱州軍劄子　石林奏議 9/5a
申樞密院相度宣撫司車戰船支錢付本軍自修整狀　石林奏議 9/12a
申尚書省相度折納轉運司應副劉錡等軍馬草狀　石林奏議 9/12b

申尚書省相度將漕司續修宣撫司損爛船賣錢改造狀　石林奏議 9/13b

堂白營茸行宮畫一劄子　石林奏議 10/10a　歷代奏議 103/18a

堂白乞拘攔江北木筏舟船等過南岸劄子　石林奏議 10/15b

堂白乞從客人取便路往通泰州場頭請鹽劄子　石林奏議 10/16a

堂白申明廣西等路牛綱倒死劄子　石林奏議 12/10b

堂白收買木綿度布乞於福建江西兩路出產州軍和買絹內折納劄子　石林奏議 12/11b

堂白乞免李椿年根刬安撫司錢存留本司使用劄子　石林奏議 12/12a

堂白乞免李椿年根刬建康府錢準備防冬使用劄子　石林奏議 12/12b

堂白乞淮南被害州縣借貸種糧存恤劄子　石林奏議 13/4b

堂白乞淮南埋葬積尸劄子　石林奏議 13/5a

申尚書省措置收羅淮南人戶斛斗稈草狀　石林奏議 13/9b

堂白乞椿權貨務錢專應副大軍支遣劄子　石林奏議 14/4a

申尚書省爲吳彥章保明男模防江賃乞不施行狀　石林奏議 14/4b

堂白論修建康府城不可增築劄子　石林奏議 14/5b

申尚書省擬定五縣賞格狀　石林奏議 15/3a

申樞密院五州民兵乞約束守將仍委提點刑獄官每歲躬行點檢狀　石林奏議 15/4b

申樞密院坐下提刑司劄子令與提刑李寶文同共措置民兵狀　石林奏議 15/6a

申樞密院乞將明溪爲鎭置監鎭巡檢狀　石林奏議 15/8b

申樞密院乞改明溪巡檢爲清流等三縣巡檢狀　石林奏議 15/9a

申樞密院乞下浙西沿海州縣權暫禁止販米以絶朱明糧食狀　石林奏議 15/9b

申尚書省樞密院乞撥禁軍闕額錢應副水軍錢糧狀　石林奏議 15/11b

吳江縣申乞准敕放秋苗議狀　程北山集 35/1a

吳江回申請求遺利狀　程北山集 35/1b

乞麗著作佐郎恩命申尚書省狀　程北山集 35/2b

辭免太常少卿申尚書省狀　程北山集 36/1a

寄李樞密論事劄子　程北山集 36/8b

寄李丞相劄子　程北山集 36/21b

申呈兩府劄子　程北山集 37/10b

申御營使司乞先次勒停使臣宋卸狀　程北山集 37/12a

四月納相府劄子　程北山集 38/3b

二月納富樞密劄子　程北山集 38/7b

五月納相府劄子　程北山集 38/8a

納相府劄子　程北山集 38/8a

申宰執劄子　程北山集 38/8b

初召到越州呈宰執論事劄子　程北山集 38/15a

進麟臺故事申省狀　程北山集 38/16a

納宰執論事劄子（1－3）　程北山集 38/16b－18a

十月三日納宰相劄子（1－2）　程北山集 39/14b－15a

府第納宰相劄子　程北山集 40/1a

申省狀　程北山集 40/1b

申堂改正王擇仁轉官不合命詞狀　程北山集 40/3b

繳録黃狀　程北山集 40/12b

畫一申請狀　莊簡集 11/17a

申三省樞密院乞支錢立寨屋置軍器狀　莊簡集 11/18b

申都督府乞令耿進屯池州狀　莊簡集 13/15b

申樞密院乞令王進依舊屯池州狀　莊簡集 13/16b

論僥倖之門不塞　苕溪集 11/2a

上宰執乞道君還闕劄子　浮溪集 21/7a

上何丞相劄子（1－2）　孫尚書集 28/9b－11a

與宰相論捍賊劄子　梁溪集 103/2a

與右相條具事宜劄子　梁溪集 103/10a

與宰相乞兵劄子　梁溪集 103/13a

與宰相乞王彥軍馬劄子　梁溪集 103/13b

與右相乞罷行交子劄子　梁溪集 104/2a

辭免轉官與宰執劄子　梁溪集 104/3a

與宰執乞官祠劄子　梁溪集 104/3b

與李尚書措置畫一劄子　梁溪集 104/4b

申省乞立價賣告敕狀　梁溪集 105/2a

申省乞措置盜賊便宜施行狀　梁溪集 105/2b

申省乞降淮南東西路茶長引狀　梁溪集 105/3a

申省乞留四邑錢數應副洪州起發岳少保大軍支用狀　梁溪集 105/4a

申省乞將逃移災傷人戶見欠夏秋税特行住催等事狀　梁溪集 105/5b

申省乞將修城造軍器度牒給降告敕狀 梁溪集 105/6b

申省乞告救造軍器狀 梁溪集 105/8b

申省具截城利害無擾民户狀 梁溪集 105/9a

申省乞存留回易酒庫狀 梁溪集 105/10b

申省相度吉州將兵狀 梁溪集 106/2a

申省應副張龍圖米等狀 梁溪集 106/5a

申省乞施行耀納晚米狀 梁溪集 106/6a

申省措置酌情處斷招降盜賊狀 梁溪集 106/7b

申省陳述受納夏稅物帛狀 梁溪集 106/9a

申史館承受元帥府御書狀 梁溪集 106/10a

申史館繳編次到建炎制詔奏議表劄集狀 梁溪集 106/10b

申樞密院乞施行劄子差兵將狀 梁溪集 107/2a

申都督府乞差撥軍馬狀 梁溪集 107/2a

申督府密院催差軍馬狀 梁溪集 107/3b

再申督府密院催差軍馬狀 梁溪集 107/4b

申督府密院相度措置處州盜賊狀 梁溪集 107/6a

申督府密院乞防秋軍馬狀 梁溪集 107/10b

申督府密院具處吉盜賊再乞防秋軍馬狀 梁溪集 107/11b

申督府密院開具沿江州縣合控扼去處乞軍馬防守狀 梁溪集 107/13b

修神宗哲宗兩朝實錄劄一申請劄子 北海集 28/11a

又再申請劄一劄子 北海集 28/12b

又再申請劄一劄子 北海集 28/13b

上尚書省乞換閣書劄子 北海集 28/16a

又上尚書省劄子 北海集 28/16b

申尚書省狀 北海集 29/11b

辭免萬壽觀申都省狀 毘陵集 5/5b-6a

辭免轉官上宰相劄子 龜溪集 8/3a

勘當徐公裕狀 筠溪集 6/8b

乞罷人吏贈家錢待罪狀 筠溪集 6/11a

勘當樓環狀 筠溪集 8/10a

王師所至秋毫不犯劄子 相山集 20/1a

又與汪中丞書一利害劄子 相山集 20/2a

申三省樞密利害劄子 相山集 20/9b

慰安淮南使自捍禦劄子 相山集 21/14a

論瓦梁利害申都督孟參政狀 相山集 22/11b

論盧帥久任狀 相山集 22/13b

辭免秘書少監申省狀 默成集 1/3b

與劉侍制狀 紫微集 26/4a

參堂劄子 阜齋集 7/14b

上宰相論淮西事 阜齋集 7/15a

上趙丞相劄 阜齋集 7/16a

申尚書省議服狀度申 斐然集 9/17a

赴召與執政劄子 默堂集 13/5a

被召申省劄子 五峰集 3/55a

論餘姚廢罷湖田上紹與太守劄子 鄂峰錄 31/4b

衢州取沈堯夫卷子申監試官狀附 鄂峰錄 31/5a

辭兩王府教授上宰執劄子 鄂峰錄 31/6a

論邊臣招誘流民叛郡事上宰執劄子 鄂峰錄 31/6b

請移躋上宰相劄子 鄂峰錄 31/8a

論建王不可將兵上宰相劄子 鄂峰錄 31/9a

乞建王入宿衛上宰相劄子 鄂峰錄 31/10a

辭馬上建王劄子 鄂峰錄 31/10b

論吳璘攻取上宰執劄子 鄂峰錄 31/11a

答宣撫張丞相議攻取劄子 鄂峰錄 31/12a

上陳樞密論行三經事 抽齋集 6/1a

與參贊陳舍人論進取事 抽齋集 6/2a

上丞相論豐儲倉事 抽齋集 6/3b

論兵農劄子 抽齋集 6/4b

荊門軍論茶事狀 盤洲集 51/1a

復解額申省狀 盤洲集 51/2b

看詳都轉運使申狀 南澗稿 9/2b

集議繁元虛僞幣事狀(1-2) 南澗稿 9/9b-14a

論准旬劄子 南澗稿 10/7b

上執政論千秋測起夫劄子 南澗稿 10/13b

與執政論千秋測事宜劄子 南澗稿 10/15a

上樞府劄子 南澗稿 10/16b

上周侍御劄子 南澗稿 10/18a

上二府論事劄子 渭南集 3/5a

上二府乞勿受慶雲圖劄子 渭南集 3/12a

上二府論都邑劄子 渭南集 3/12b

申三省乞罷兼職第一劄子 益國文忠集 122/2a 益公集 122/2a

申三省乞罷兼職第二劄子 益國文忠集 122/2a 益公集 122/2b

乞未赴南劍申省劄子 益國文忠集 122/4a 益公集 122/4b

乞避私諱申省劄子 益國文忠集 122/4b 益公集 122/5a

申省再辭狀 益國文忠集 122/8b 益公集 122/10b

辭免召命申省狀 益國文忠集 122/15b 益公集 122/

18b

繳還殿中監職事申狀　益國文忠集 124/20b　益公集 124/24b

申省狀　益國文忠集 125/2b　益公集 125/12b

申尚書省狀　益國文忠集 132/16b　益公集 132/19a

再同臺謀申尚書省狀　益國文忠集 134/3b　益公集 1/4a

看定羅源縣寺觀爭田回申　益國文忠集 145/10a　益公集 145/12a

納臨江軍法帖劄子　益國文忠集 161/17b　益公集 161/19b

與宰相論李申甫改官事劄子　益公集 99/130b

公劄　誠齋集 70/17a

上尚書省劄子　應齋雜著 1/12a

足兵食劄子　應齋雜著 1/13b

茶寇利害劄子　應齋雜著 1/15b

船場綱運利害劄子　應齋雜著 1/17a

上提舉差役劄子　應齋雜著 1/19a

言災異劄子　應齋雜著 1/21a

上監司劄子　應齋雜著 1/22a

申尚書省狀　朱文公集 18/19b

申尚書省劄子　朱文公集 19/20a

請徐王二生充學賓申縣劄子　朱文公集 20/1a

代同安縣學職事乞立蘇丞相祠堂狀　朱文公集 20/1a

申嚴侮禮狀　朱文公集 20/1b

舉柯翰狀　朱文公集 20/2a

與曾左司事目劄子　朱文公集 20/2a

申南康旱傷乞放租稅及應副軍糧狀　朱文公集 20/3b

申南康旱傷乞倚閣夏稅狀　朱文公集 20/4b

乞住招軍買軍器罷新寨狀　朱文公集 20/5b

乞除翻經總制錢及月椿錢狀　朱文公集 20/7b

申修白鹿洞書院狀　朱文公集 20/9a

乞支錢米修築石隄劄子　朱文公集 20/10a

乞催修石隄劄子　朱文公集 20/11a

論都昌創寨劄子　朱文公集 20/11b

申免移軍治狀　朱文公集 20/14a

論馬辛獄情劄子　朱文公集 20/18b

論南康移治利害劄子　朱文公集 20/18b

論阿梁獄情劄子　朱文公集 20/19b

論木炭錢利害劄子　朱文公集 20/20a－21b

乞聽從民便送納錢絹劄子　朱文公集 20/22b

乞禁保甲擅關集劄子　朱文公集 20/23b

乞保明減星子縣稅劄子　朱文公集 20/24b

報經總制錢數目劄子　朱文公集 20/25a

乞減移用錢額劄子　朱文公集 20/26a

乞行遣攔米官吏劄子　朱文公集 20/27a

乞申明閉糴指揮劄子　朱文公集 20/27b

乞撥兩年苗稅劄子　朱文公集 20/28a

與執政劄子　朱文公集 20/30a

乞以泗水侯從祀先聖狀　朱文公集 20/30a

乞頒降禮書狀　朱文公集 20/30b

乞增修禮書狀　朱文公集 20/31b

乞加封陶威公狀　朱文公集 20/34a

與宰執劄子　朱文公集 21/1a

乞禁止遏糴狀　朱文公集 21/1b

乞賑耀賑濟合行五事狀　朱文公集 21/2b

申審住催官物指揮狀　朱文公集 21/4a

乞將衢州義倉米賑濟狀　朱文公集 21/5a

救荒事宜畫一狀　朱文公集 21/6a

論督責稅賦狀　朱文公集 21/6b

論減否所部守臣狀　朱文公集 21/7a

乞給借稻種狀　朱文公集 21/7b

發蝗蟲赴尚書省狀　朱文公集 21/8a

乞支降錢物狀　朱文公集 21/8b

乞許令佐自陳嶽廟狀　朱文公集 21/8b

申知江山縣王執中不職狀　朱文公集 21/9a

申再有措置災傷事件狀　朱文公集 21/10b

論差役利害狀　朱文公集 21/11b

經界申諸司狀（1－2）　朱文公集 21/15a－22b

回申轉運司乞修冬季打量狀　朱文公集 21/24a

乞撥飛虎軍隸湖南安撫司劄子　朱文公集 21/26a

桃廟申省狀（1－2）　朱文公集 21/26b－27a

史館擬上政府劄子　朱文公集 21/27b

回申催促供職狀（1－2）　朱文公集 22/1b－2a

乞嶽廟劄子　朱文公集 22/2a

申建寧府狀（1－2）　朱文公集 22/7b－9a

申省狀　朱文公集 22/10a

申建寧府狀　朱文公集 22/10b

乞宮觀劄子　朱文公集 22/13b

乞宮觀狀　朱文公集 22/14a

與宰執劄子　朱文公集 22/14b

自劾不合用劄子奏事狀　朱文公集 22/15a

自劾不合致人户逃移狀（1－2）　朱文公集 22/15b－16a

乞宮觀劄子 朱文公集 22/16b
乞宮觀狀 朱文公集 22/16b
與政府劄子 朱文公集 22/17a
乞宮觀劄子 朱文公集 22/17b
除浙東提舉乞奏事狀 朱文公集 22/21a
申省狀 朱文公集 22/24a
申省狀 朱文公集 22/25a
申省狀 朱文公集 22/28a
乞宮觀劄子 朱文公集 22/28a
申建寧府改正幫勘俸給狀 朱文公集 22/28a
乞宮觀劄子 朱文公集 22/30b
與宰執劄子 朱文公集 22/32a
與宰執劄子 朱文公集 22/33b
辭免磨勘轉官狀 朱文公集 22/33b
與宰執劄子 朱文公集 22/34a
與宰執劄子 朱文公集 22/35a
與宰執劄子 朱文公集 22/35b
申省狀 朱文公集 22/36b
與宰執劄子 朱文公集 22/37b
申登聞檢院狀 朱文公集 22/37b
申省狀 朱文公集 22/38b
與宰執劄子 朱文公集 22/38b
與宰執劄子 朱文公集 22/39b
與宰執劄子 朱文公集 22/40b
與宰執劄子 朱文公集 23/1b
與宰執劄子 朱文公集 23/3a
與宰執劄子 朱文公集 23/4a
與宰執劄子 朱文公集 23/7a
與宰執劄子 朱文公集 23/8a
與宰執劄子 朱文公集 23/8b
與宰執劄子 朱文公集 23/9b
與宰執劄子 朱文公集 23/10b
與宰執劄子 朱文公集 23/11b
與宰執劄子 朱文公集 23/12b
與宰執劄子 朱文公集 23/13b
與宰執劄子 朱文公集 23/14b
與宰執劄子 朱文公集 23/16a
與宰執劄子 朱文公集 23/17a
與宰執劄子 朱文公集 23/18a
申省狀(1-2) 朱文公集 23/19a-19b
與宰執劄子 朱文公集 23/21a
乞放謝辭狀 朱文公集 23/23a
申省狀 朱文公集 23/25a

與宰執劄子 朱文公集 23/25b
申省狀 朱文公集 23/26b
與宰執劄子 朱文公集 23/27a
申省狀 朱文公集 23/28a
與宰執劄子 朱文公集 23/28a
申省狀 朱文公集 23/28b
申建寧府乞保明致仕狀 朱文公集 23/28b
申省狀 朱文公集 23/30a
與宰執劄子 朱文公集 23/30a
與宰執劄子 朱文公集 23/30a
申省狀 朱文公集 23/31b
與宰執劄子 朱文公集 23/32a
乞改正已受過從官恩數狀 朱文公集 23/33b
與宰執劄子 朱文公集 23/34a
申建寧府乞保明致仕狀 朱文公集 23/34a
與宰執劄子 朱文公集 23/34b
乞致仕狀 朱文公集 23/34b
與宰執劄子 朱文公集 23/35a
與宰執劄子 朱文公集 23/35b
與宰執劄子 朱文公集 23/36a
釋奠申禮部檢狀 朱文公集/別 8/4b
奏乞推賞賑濟上戶 朱文公集/別 10/21a
上諸司論金牛置尉劄子 浪語集 26/1a
上王守義后服劄子 浪語集 26/1b
上王守論絕戶田租劄子 浪語集 26/2a
上臺諫劄子 浪語集 26/3a
王正言劄子 浪語集 26/4a
武昌休官白郡劄子 浪語集 26/5a-5b
被召辭免劄子(1-2) 浪語集 26/6a-7a
上大理寺長貳劄子 浪語集 26/7b
請祠申省狀 浪語集 26/8b
再辭召命申省狀 浪語集 26/9a
劄子附又狀 浪語集 26/9b-10a
湖州請祠劄子(1-2) 浪語集 26/10b-11a
上王參政劄子 江湖集 27/1a
上趙丞相劄子 江湖集 27/8b
周樞密劄子前闕 江湖集 27/15b
寄政府劄子(1-2) 江湖集 28/1a-3a
上丞相劄子 江湖集 28/20b
代參堂劄子(1-2) 尊德集 2/19a-21a
統縣本末劄子 省齋集 5/12a
論湖北田賦之弊宜有法以爲公私無窮之利劄子 省齋集 5/14a
論保伍劄子 省齋集 5/15b-17a

論迎送出郊科歛鄉保排辦錢物劄子 省齋集 5/17b

論州郡禁軍弛惰宜更出戍以習之劄子 省齋集 5/18b

論驗屍科擾劄子 省齋集 5/21a

論軍須禁物商販透漏乞責場務照驗稅物申明法禁劄子 省齋集 5/21b

論招填弓手劄子 省齋集 5/23b

論弓手請給劄子 省齋集 5/24a

論造器甲劄子 省齋集 5/25a

學官乞在外差遣申省狀 止齋集 19/1a

辭免浙西提刑乞祠申省狀 止齋集 20/3b

辭免起居舍人申省狀 止齋集 21/5a

辭免兼權中書舍人申省狀 止齋集 21/5b

上嘉王劄子 止齋集 21/8b

乞補外申省狀 止齋集 22/3a

上嘉王劄子（1－3） 止齋集 23/4a－5a

辭免起居郎申省狀 止齋集 23/9a

乞祠申省狀 止齋集 24/10a

奏事後申三省樞密院劄子 止齋集 25/4a

再乞致仕申省狀 止齋集 25/4b

辭免秘閣修撰嘉王府贊讀申省狀 止齋集 25/7a

潛邸講堂轉官辭免申省狀 止齋集 27/6b

辭免與郡申省狀 止齋集 27/6b

辭免知泉州申省狀 止齋集 27/7a

申户部狀 王雙溪集 12/1a

申辛執狀 王雙溪集 12/3b－8a

申臺謀狀 王雙溪集 12/8a

申辛執狀 王雙溪集 12/9a

申省狀 王雙溪集 12/10a

申辛執狀 王雙溪集 12/11b

申省狀 王雙溪集 12/13b

申雷知院狀 王雙溪集 12/14a

申隻同知狀 王雙溪集 12/15a

申樞密院狀 王雙溪集 12/16b

再申省狀 王雙溪集 12/18b

申省狀 王雙溪集 12/19a

再申省狀 王雙溪集 12/20a

體權劄子 東塘集 10/1a

同李臺法辭免再辭申省狀 止堂集 7/1a

同李臺法再辭免除寺丞申省狀 止堂集 7/2a

辭免除司農寺丞申省狀 止堂集 7/3a

辭免除秘書郎申省狀 止堂集 7/3b

辭免除起居舍人申省狀 止堂集 7/3b

再辭免除起居舍人申省狀 止堂集 7/4a

待罪侯車駕過宮申省狀 止堂集 7/5a

□□右史直講告敕申省狀 止堂集 7/5a

辭免〔除職與郡〕申省狀 止堂集 7/6a

再辭除職申省狀 止堂集 7/6b

辭免贛州乞宮觀申省狀 止堂集 7/7a

辭免除殿撰申省狀 止堂集 7/8b

申諸監司乞行經界申請表 雪莊集 1/18b

江州乞祠狀 絜齋集 5/1a

乞歸田里狀 絜齋集 5/3a－4b

再乞歸田里狀 絜齋集 5/5b

辭免正除禮部再申尚書省狀 絜齋集 5/9b

安集兩淮申省狀 水心集 2/1a

申省乞致仕狀 水心集 2/24b

再申省狀 水心集 2/24b

申兩浙運司催石門庫吏責辦年計劄子 勉齋集 26/9b

申提領所倉廳解錢劄子 勉齋集 26/10b

申崇德縣乞追究錢福劄子 勉齋集 26/11a

江陵歸乞嶽廟劄子（1－2） 勉齋集 26/12b－13a

辭宇文宣撫再辭帥幕劄子 勉齋集 26/13b

乞嶽廟劄子（3－4） 勉齋集 26/14b－15a

臨川代郡守申綱運利病 勉齋集 27/1a

代人禀宰執論歲幣 勉齋集 27/2a

申撫州辨危教授訴熊祥 勉齋集 27/3a

申安撫司辨危教授訴熊祥事 勉齋集 27/5a

申江西提刑辭差兼節幹 勉齋集 27/7b

新淦申轉運司乞依本軍例撥貼綱錢 勉齋集 27/9b

申臨江軍乞減醋息錢 勉齋集 27/10a

申轉運司爲曾縣尉不法豪橫事 勉齋集 27/11a

安豐申朝省辨郡知軍誣閫事仍丐祠 勉齋集 27/13a

申安撫司給武定將校倖 勉齋集 27/16a

申乞築安豐城壁事 勉齋集 27/17b

漢陽申朝省築城事 勉齋集 28/1a

申兩司言築城事 勉齋集 28/4a

申提領所體究烏青庫監官及指置官互申事 勉齋集 28/4a

與京湖制使請興築漢陽城壁 勉齋集 28/6a

復湖廣總領請創築漢陽城壁 勉齋集 28/7a

復湖北運使請興築漢陽城壁 勉齋集 28/7b

與漕使趙監丞論錢監利害　勉齋集 28/8b
與漕司論放魚利事　勉齋集 28/11a
申制置司乞援鄂州給米　勉齋集 28/12b
安慶與宰相乞築城及邊防利便　勉齋集 28/14a
與淮西喬運判辨起夫運糧事（1－2）　勉齋集 28/15a－16b
申安撫司論買馬利害　勉齋集 28/18b
與安慶屬邑詰問起夫事　勉齋集 28/19b
辭依舊知安慶且丐祠　勉齋集 28/20b
與制帥辭依舊知安慶府　勉齋集 28/21b
與西外知宗訴同慶墳地並事目　勉齋集 28/23b
新淦申轉運司乞賑恤縣道　勉齋集 28/26b
再辭知潮州丐祠　勉齋集 28/27b
石門申提領所請截留本錢　勉齋集 29/1a
申提領所乞懲治錢福　勉齋集 29/2b
臨川申提舉司住行賑糶　勉齋集 29/5a
申撫州辨危教授訴熊祥　勉齋集 29/6b
申提舉司乞約束破壞義役　勉齋集 29/7b
新淦申臨江軍及諸司乞中朝廷給下賣過職田錢就人户取回　勉齋集 29/8b
申江西轉運司乞中朝省照買過屯田租米數額減上供　勉齋集 29/10a
申臨江軍爲鄰司户違法典買田産事　勉齋集 29/11b
申臨江軍乞中朝省除豁綱欠　勉齋集 29/12b
申帥司乞免權南安軍通判事　勉齋集 29/14a
安豐申相視開濬河道　勉齋集 29/14b
申朝省相視開濬河道　勉齋集 29/16a
漢陽申朝省爲旱荒乞更詳審築城事　勉齋集 30/1a
申帥漕兩司爲旱荒乞別相度築城事　勉齋集 30/1b
申轉運司乞候歲豐別議築城事　勉齋集 30/2b
申朝省乞候救荒結局別行指畫築城事　勉齋集 30/3b
申轉運司乞止約客莊搬載租課米事　勉齋集 30/4b
申轉運司爲追逮漢川縣吏及市民事　勉齋集 30/5b
申轉運司爲客船匿稅及米價不同事　勉齋集 30/6a
申京湖制置司辨漢陽軍糶米事　勉齋集 30/8a
申制司再乞給米　勉齋集 30/11b
申制置司爲賑米價太高事　勉齋集 30/12a

漢陽丐祠申省　勉齋集 30/13b
申朝省爲已乞祠祿申審築城事　勉齋集 30/14b
申總領所爲已乞祠祿申審築城事　勉齋集 30/15a
丐祠第二狀　勉齋集 30/16a
申請司乞備申病篤解罷　勉齋集 30/17a
乞離任申省　勉齋集 30/17a
乞起離第二狀　勉齋集 30/18a
申朝省罷築城事　勉齋集 30/18a
漢陽軍管下賑荒條件　勉齋集 31/1a
申省羅椿積米　勉齋集 31/4a
申省椿米八千碩　勉齋集 31/4b
申省糴常平米　勉齋集 31/6a
申省賑糶日月及米價　勉齋集 31/8a
申省築安慶城　勉齋集 31/9a
申朝省以安慶築城乞減曹司行下和糴數　勉齋集 31/10a
申轉運司乞減和糴數　勉齋集 31/10b
申省土功告畢兩六奏　勉齋集 31/14a
辭依舊知安慶府申省（1－3）　勉齋集 31/14b－17a
辭免奏事指揮申省　勉齋集 31/18a
辭知潮州申省（1－2）　勉齋集 31/19a－20a
新除知安慶府申省辭免　勉齋集 31/20b
初任辭免添差差遣申省劄子（1－3）　後樂集 14/1a－2b
秘省乞補外申省劄（1－2）　後樂集 14/5a－5b
乞外申省劄　後樂集 14/6a
辭免除右史申省劄　後樂集 14/6b
再乞外申省劄　後樂集 14/7a
辭免被召申省劄　後樂集 14/7b
辭免知贛州申省劄　後樂集 14/8b
辭免兼中書舍人申省劄子　後樂集 14/9a
辭免加食邑申狀　後樂集 14/9b
第三次丐祠申省劄　後樂集 14/10a
辭免除大理卿並權户部侍郎申省狀　昌谷集 8/20b
辭免煥章閣待制提舉崇福宮狀　昌谷集 8/22a
辭免兵部侍郎兼修史恩命申省狀　昌谷集 8/22b
辭寶謨閣直學士提舉佑神觀兼侍讀申省狀　昌谷集 8/24a
辭免兵部尚書兼侍讀申省狀　昌谷集 8/25a
湖北提舉司申乞賑濟賞格狀附小貼子　昌谷集 9/

條具賑濟申提舉司狀 昌谷集 9/6b

上宰執臺諫劄子 昌谷集 11/1a

答吳制幹道夫劄子 昌谷集 11/3b

與黃帥管劄子(1-5) 昌谷集 11/5a-11a

與鄭左史劄子 昌谷集 11/11a

上建康留守丘侍郎劄子 昌谷集 12/1a

答安撫史侍郎劄子 昌谷集 12/3a

投所業與提刑孫司業劄子 昌谷集 12/4b

辭免權戶部侍郎上丞相劄子 昌谷集 12/6a

再具辭免上丞相劄子 昌谷集 12/7a

上宣撫字文尚書劄子 昌谷集 12/7b

上宇文宣撫論置司鄂州劄子 昌谷集 12/14a

答郴州潘守劄子 昌谷集 12/16b

與郭統制劄子(1-2) 昌谷集 12/17b-20a

答贛州陳守劄子 昌谷集 12/20a

答都昌汪宰劄子 昌谷集 12/21b

辭免內祠侍讀上丞相劄子 昌谷集 12/22a

爲黃子度巧祠禊上廟堂公劄子 昌谷集 12/22b

上丞相論都城火災劄子 昌谷集 12/24a

與李司法劄子(1-5) 昌谷集 12/30a-36a

納諸司白劄子 昌谷集 13/1a

答上饒鄭進士劄子 昌谷集 13/3b

與鄭文叔給事劄子 昌谷集 13/4b

與鄭給事劄子 昌谷集 13/5b

辭免大理卿上任箋櫃劄子 昌谷集 13/7a

代臨安教官求壁記於楊誠齋劄子 昌谷集 13/9a

答江西帥王侍郎劄子 昌谷集 13/10a

與蜀帥桂侍郎劄子 昌谷集 13/11b

上荊湖宣諭薛侍郎劄子 昌谷集 13/13a

上宣撫薛尚書劄子 昌谷集 13/20a

論事劄子(1-3) 昌谷集 13/20b-26a

上本路運使論夫錢劄子 性善稿 7/1a

辭免除籍田令狀(1-3) 漫塘集 5/1a-3b

辭免特改奉議郎添差建康倅狀(1-3) 漫塘集 5/4a-5a

辭免除直秘閣官觀狀(1-3) 漫塘集 5/6a-7a

辭免除直寶謨閣官觀仍令吏部理未除乞磨勘年月日與依條轉官給告狀(1-2) 漫塘集 5/7b-8a

辭免除太常丞狀(1-5) 漫塘集 5/9a-11b

回王殿院逢宣諭玉音劄子 漫塘集 5/12a

辭免除將作少監狀(1-4) 漫塘集 5/12b-14a

上錢丞相論罷漕試太學補試劄子 漫塘集 13/8a

代金壇縣申殿最錢劄子 漫塘集 13/11b

回趙守問開七里河利便劄子 漫塘集 13/14b

禮部郎官辭免申省狀 平齋集 12/1a

復官申省狀 平齋集 12/1a

辭免除監察御史申省狀 平齋集 12/1b

辭免殿中侍御史申省狀(1-2) 平齋集 12/2b

辭免中書舍人申省狀(1-2) 平齋集 12/3b

再乞補外申省狀 平齋集 12/5b

辭免兼權吏部侍郎申省狀 平齋集 12/6a

第三次辭免申省狀 平齋集 12/14a

乞將慶典一官改賜父親銀緋申省狀 平齋集 12/16b

得聖語申省狀 真西山集 4/24b

得聖語申後省狀 真西山集 5/1a

申尚書省乞截撥寧國府等上供米 真西山集 6/14a

上宰執乞截上供米借見管錢劄子 真西山集 6/16b

申尚書省乞將本司措置佯給頒行諸路 真西山集 6/18a

申尚書省乞將安邊所估沒人戶錢物下本司給還 真西山集 6/28b

申樞密院乞築池州城壁 真西山集 6/29b

申尚書省乞再撥太平廣德濟耀米 真西山集 7/5a

申尚書省乞放信州零苗 真西山集 7/8a

申尚書省催撥太平州振糶米 真西山集 7/9a

申尚書省乞再撥廣德軍賑濟米狀(1-4) 真西山集 7/10b-15b

申御史臺并戶部照會罷黃池鎮行鋪狀 真西山集 7/28a

申戶部定斷池州人戶爭沙田事狀 真西山集 8/1a

泉州申樞密院乞推海盜賞狀 真西山集 8/5b

申樞密院乞優恤王大壽 真西山集 8/10b

申樞密院措置沿海事宜狀 真西山集 8/12b

申樞密院乞節制左翼軍狀 真西山集 8/24b

申樞密院措置軍政狀 真西山集 9/1a

申樞密院措置收捕道州賊徒狀 真西山集 9/24b

申尚書省乞撥米賑恤道州飢民 真西山集 9/28a

申樞密院乞免將飛虎軍永戍壽昌狀 真西山集 9/29b

申樞密院爲已誅斬武岡軍叛卒狀 真西山集 9/

奏議表狀三 公狀 申上諸狀

34a

申朝省借撥和糴米狀　真西山集 10/8b

申尚書省乞撥和糴米及回糴馬穀狀　真西山集 10/10a

禮部中省論小祥不當從吉狀　真西山集 10/17b

辭學士院權直狀　真西山集 11/1a

辭起居舍人狀　真西山集 11/2a

辭秘閣修撰江東運副狀　真西山集 11/2b

辭轉官狀　真西山集 11/3b

辭集英殿修撰知隆興狀　真西山集 11/4a

辭寶謨閣待制知潭州狀　真西山集 11/5a

再辭待制狀　真西山集 11/6a

辭賜金帶狀　真西山集 11/7a

辭免召赴行在狀　真西山集 11/7b

辭免禮部侍郎兼直院狀　真西山集 11/8b

乞給假狀　真西山集 11/12a

三辭免新除並乞郡狀　真西山集 11/12b

展假狀　真西山集 11/13b

乞先次上殿狀　真西山集 11/14b

辭免直院狀　真西山集 11/14b

再辭免直院狀　真西山集 11/15b

三辭免直院狀　真西山集 11/16a

四辭免直院狀　真西山集 11/17a

爲足疾請朝假作　真西山集 11/18a

再乞宮祠狀　真西山集 11/19a

乞黜責狀　真西山集 11/20a

再乞黜責狀　真西山集 11/21b

三乞黜責狀　真西山集 11/22b

辭免除職官觀狀　真西山集 11/24a

申尚書省乞將饒州司户趙時伸罷任狀　真西山集 12/24a

申尚書省乞將樂平大通監稅鈔罷六月　真西山集 12/26b

得聖語申省狀　真西山集 12/23b

申左翼軍正將具旺乞推賞　真西山集 15/1a

申樞密院乞修沿海軍政　真西山集 15/3b

申尚書省乞措置收捕海盜　真西山集 15/5b

論閩中弄寇事宜白劄子　真西山集 15/8b

申尚書省乞撥降度牒添助宗子請給　真西山集 15/10b

再申尚書省乞撥降度牒　真西山集 15/17b

申尚書省樞密院乞置寨事　真西山集 15/19a

申請武岡軍將卒賞格狀　真西山集 17/10a

回申尚書省乞裁減和糴數狀　真西山集 17/11b

申尚書省免和糴盡數狀　真西山集 17/14b

申尚書省乞免降度牒狀　真西山集 17/15b

申請息山龍王封爵狀　真西山集 17/17b

江東乞祠申省狀　真西山集 17/22a

辭免召赴行在狀　鶴山集 23/1a

辭免召赴行在狀　鶴山集 23/1b

申尚書省乞檢會元奏賜橫渠先生謚狀　鶴山集 23/6b

申尚書省乞蔭補表姪高斯謀狀　鶴山集 23/7b

辭免除起居舍人狀　鶴山集 23/9a

丐祠申省狀　鶴山集 23/9b

再乞祠申省狀　鶴山集 23/10a

辭免除起居郎狀　鶴山集 23/11a

再乞祠申省狀　鶴山集 23/12a

丐祠申省狀　鶴山集 23/12b

辭免除直秘閣知瀘州狀　鶴山集 23/16a

三乞祠申省狀　鶴山集 24/1a

四乞祠申省狀　鶴山集 24/1b

五乞祠申省狀　鶴山集 24/2b

辭免除工部侍郎狀　鶴山集 24/3a

丐外再申尚書省狀　鶴山集 24/3b

丐祠再申尚書省狀　鶴山集 24/7b

辭免除集英殿修撰知常德府狀　鶴山集 24/10a

辭免知遂寧府狀　鶴山集 24/11a

辭免除寶章閣待制潼川府路安撫知瀘州狀　鶴山集 24/11b

申省論龍飛鼎甲人初任堂差　鶴山集 24/16a

再辭免除權禮部尚書狀　鶴山集 25/2a

再辭免御筆敘理磨勘申省狀　鶴山集 25/3b

辭免兼權中書舍人狀（1－5）　鶴山集 23/11b－14b

辭免兼權直舍人院狀　鶴山集 23/16a

辭免陞兼修玉牒官狀　鶴山集 24/5b

知隆興府丐祠申省狀　鶴山集 24/9b

火後丐祠狀　鶴林集 24/11b

知寧國府丐祠狀　鶴林集 24/12a

史部侍郎乞祠狀　鶴林集 24/21a

知温州丐祠申省狀（1－2）　鶴林集 24/23b－24b

申省措置峒寇狀　漁墅稿 4/16a

徽州乞祠狀　蒙齋集 10/1b

衢州乞祠狀　蒙齋集 10/2b

辭免將作監兼國史狀　蒙齋集 10/3b

辭免直徽猷閣知建寧府狀　蒙齋集 10/4a

奏議表狀三　公狀　申上諸狀

建寧乞祠狀 蒙齋集 10/4b

辭免兼侍講狀 蒙齋集 10/5a

辭免兼權中書舍人狀 蒙齋集 10/5b

辭免起居郎兼中書舍人狀 蒙齋集 10/6a

辭免直徽猷閣宮觀狀 蒙齋集 10/6b

辭免除集英殿修撰知婺州狀 蒙齋集 10/7a

再辭免知婺州狀 蒙齋集 10/8a

辭免中書舍人狀 蒙齋集 10/8b

再辭免中書舍人狀 蒙齋集 10/9a

辭免兼權吏部侍郎狀 蒙齋集 10/9b

再辭免權吏部侍郎狀 蒙齋集 10/10a

辭免召命乞祠狀 蒙齋集 10/10b

乞宮祠狀 蒙齋集 10/11a

再乞祠狀 蒙齋集 10/12a

辭免兼修玉牒狀 蒙齋集 10/12b

辭免兼祭酒狀 蒙齋集 10/13a

辭免集英殿修撰知嘉興府狀 蒙齋集 10/13b

辭免依舊寶章閣待制知福州狀 蒙齋集 10/14b

辭免兼給事中狀 蒙齋集 10/15a－15b

辭免國子祭酒狀 蒙齋集 10/17b

再辭免祭酒狀 蒙齋集 10/18b

薦葛應龍劄子 杜清獻集 15/1a

回丞相劄子 杜清獻集 15/2b

與林教授劄 杜清獻集 15/4a

防海寇申省狀 嶽帝稿 1/7a

禁銅錢申省狀 嶽帝稿 1/14a

辭免御筆除右正言申省狀 織菴集 5/1a

辭免御筆除起居舍人申省狀 織菴集 5/1b

辭免兼國史院編修官實錄院檢討官申省狀 織菴集 5/2a

辭免寶章閣直學士仍任申省狀不允詔附 織菴集 5/2b

乞淮東重難任使申省狀 金佗粹編 17/1b

赴鎮畫一申省劄子 金佗粹編 17/2b

申劉光世乞兵馬糧食狀 金佗粹編 17/4a

申劉光世乞進兵狀 金佗粹編 17/5a

申審招安申省狀 金佗粹編 17/6a

乞措置進兵入廣申省狀 金佗粹編 17/6b

分撥吳錫韓京兩軍詔申省狀 金佗粹編 17/8a

乞廣西戰馬申省狀 金佗粹編 17/9a

再論虔州平盜賞申省劄子 金佗粹編 17/9b

襄陽探報申省狀 金佗粹編 17/10b

措置襄漢乞兵申省狀 金佗粹編 18/2a

乞田明添差申都督府狀 金佗粹編 18/4a

增補黃佐官申都督府狀 金佗粹編 18/4b

招安楊欽等申都督行府狀 金佗粹編 18/5a

梁興奪河申省狀 金佗粹編 18/5a

乞襄陽路仍作京西路申都督府劄子 金佗粹編 18/5b

虔州捷報申省狀 金佗粹編 18/6a

乞置監司申都督府劄子 金佗粹編 18/6a

乞便宜黜臟吏申省劄子 金佗粹編 18/6a

進兵渡江申省狀 金佗粹編 18/6b

乞朝辭申省劄子 金佗粹編 18/7a

申審馬軍行次申省狀 金佗粹編 18/7b

收到胡清等申省狀 金佗粹編 18/8a

再乞襃贈張所申省劄子 金佗粹編 18/8b

諭劉永壽等棄淮南府申省狀 金佗粹編 18/9a

差趙秉淵知淮南府申省狀 金佗粹編 18/9b

乞照應母姚氏封號申省狀 金佗粹編 18/10a

辭男雲奇功賞申都督行府狀 金佗粹編 18/10b

乞免帶河東宣撫申都督府狀 金佗粹編 18/11a

建康捷報申省狀 金佗粹編 19/2b

承州捷報申省狀 金佗粹編 19/3a

賀川捷報申省狀 金佗粹編 19/3b

大破曹成捷報申省報 金佗粹編 19/4a

追趕曹成捷報申省狀 金佗粹編 19/5a

虔賊捷報申省狀 金佗粹編 19/6b

盧州捷報申省狀 金佗粹編 19/7b

平湖寇申省狀 金佗粹編 19/8a

何家寨捷報申省狀 金佗粹編 19/8b

鵝旋郎君捷報申省狀 金佗粹編 19/9a

乞解職劄子 字溪集 6/4b

辭權倅公申劄子 字溪集 6/22a

紹慶乞免和羅公劄 字溪集 6/25b

辭蒲常齋傳粟劄子 字溪集 6/26a

録聖語申時政記所狀 後村集 51/14b

録聖語奏申狀 後村集 52/8a

江西倉辭免狀 後村集 76/1a

廣東被召辭免 後村集 76/1b

除侍右郎官辭免狀 後村集 76/2a

江東提刑辭免狀 後村集 76/2a

江東丐祠狀 後村集 76/2b

除匠監直華文閣辭免狀 後村集 76/3b

江東被召辭免狀 後村集 76/4a

江東被召再辭免 後村集 76/4a

辭免府少狀 後村集 76/5a
辭免賜同進士出身除秘少狀（1－4） 後村集 76/6a－8a
辭免兼殿講狀（1－3） 後村集 76/8a－9a
辭免兼權中舍狀（1－2） 後村集 76/9b－10a
乞免行上四房申省狀 後村集 76/10b
除寶文漳州辭免狀（1－2） 後村集 76/10b－12a
回申免辭朝 後村集 76/12b
除宗少辭免狀（1－2） 後村集 76/12b－13b
除舊職知漳州回申狀 後村集 76/13b
除秘撰福建憲辭免狀 後村集 76/14a
除秘監免申省狀 後村集 76/14b
再辭免申省狀 後村集 76/16b
辭免申省狀 後村集 77/1a
三辭免申省狀 後村集 77/3b
三辭免申省狀 後村集 77/8b
再辭免申省狀 後村集 77/10a
三辭免申省狀 後村集 77/14a
申省狀 後村集 77/16a
奏申狀（1－3） 後村集 78/1a－2a
乞兼免太常少卿申省狀 後村集 78/2b
乞祠狀（1－6） 後村集 78/4b－8b
乞掛冠狀（1－2） 後村集 78/8b－9a
辭免右文殿修撰知建寧申省奏狀 後村集 78/9b
辭兼漕申省狀 後村集 78/10b
辭免右文殿撰提舉明道宮申省狀 後村集 78/11a
辭免除都大申省狀 後村集 78/11b
庚申乞休致申省狀 後村集 78/12a
庚申辭免除秘書監申省狀 後村集 78/12b
乞免循查惠州賣鹽申省狀 後村集 79/1a
爲弋陽知縣王庚應申省狀 後村集 79/9b
減放鹽錢申省狀 後村集 79/11b
爲池州通判鳳翼翁申乞平反賞狀 後村集 79/12a
辟休寧知丞洪濤充本司幹官申省狀 後村集 79/13b
爲蘇芬申省狀 後村集 79/14b
乞祠申省狀 後村集 80/11a
與廟堂劄 後村集 81/15b
浙東提舉林光世所上景定喜言狀 後村集 81/15b
歐陽經世進中興兵要申省狀 後村集 81/16b

太學生列劉薦吳滅申省狀 後村集 81/17b
看詳阮秀寔進所撰文稿申省狀 後村集 81/18a
魏國表所上進太極通書解忠烈節孝二傳申省狀 後村集 81/19a
稽山書院山長薛據所上進孔子集語□□□撰成鑒狀 後村集 81/20a
有旨令赴行在奏事辭免不允狀 清正稿 2/21b
除江東運判辭免狀 清正稿 2/22a
九月改知贛州申省狀 清正稿 2/23a
秋七月除浙東提刑辭免狀附御札 清正稿 2/24a
御筆召赴行在辭免狀 清正稿 2/24b
除寶章閣知富國府兼江東提舉辭免狀附語文 清正稿 2/25b
五年乙巳春二月除右司辭免狀附語詞 清正稿 2/26b
孟享除太府少卿兼權右司郎中辭免狀 清正稿 2/27b
秋七月除兼崇政殿說書辭免不充狀 清正稿 2/28a
乞巳乞祠不充狀 清正稿 2/29a
己酉再乞祠不充狀 清正稿 2/29b
丙子三乞祠不充狀 清正稿 2/30a
除右文殿修撰知平江府兼准浙發運副使辭免狀（1－4） 清正稿 2/30b－34a
十一月乞歸老不充狀 清正稿 2/34b
七年丁未春正月乞歸田里狀 清正稿 2/35b
五月戊午除權兵部侍郎辭狀（1－3） 清正稿 2/39b－41b
乞給告歸里狀 清正稿 2/43a
丙辰除兼國子祭酒辭免狀（1－2） 清正稿 5/44b－45b
再辭狀 清正稿 2/47a
六月乞補外 清正稿 2/48a
辭免并乞休致狀 清正稿 2/50a
申中書省監察御史兼崇政殿說書狀 徐文惠稿 3/1b
申省狀（1－4） 久軒集 8/47b－49a
兼國子祭酒辭免狀 樓墅集 6/9a
除太常少卿辭免狀 樓墅集 6/9b
差知安吉州辭免狀 樓墅集 6/10a
差知安吉州再辭免狀 樓墅集 6/10a
召赴行在奏事辭免狀 樓墅集 6/11a
召赴行在奏事再辭免狀 樓墅集 6/11a
弓祠狀（1－2） 樓墅集 6/12a－12b

代蜀總辭免新除狀 可齋稿 15/1a
代襄閩辭免召命狀 可齋稿 15/2a
辭免除軍器監丞兼淮西憲兼督參狀 可齋稿 15/2b
再辭免狀 可齋稿 15/3b
辭免除兵部郎官江東運判狀 可齋稿 15/4b
辭免除左曹兼淮西總領狀 可齋稿 15/5a
再辭免狀 可齋稿 15/6a
三辭免狀 可齋稿 15/9a
淮西總乞投閑狀 可齋稿 15/10b
淮西總再乞投閑狀 可齋稿 15/11a
淮西總辭免除石司狀 可齋稿 15/13a
辭免除兵侍淮東制帥知揚州狀 可齋稿 15/14a
再辭免狀 可齋稿 15/14b
三辭免狀 可齋稿 15/15a
辭免兼淮西制帥狀 可齋稿 15/16a
再辭免狀 可齋稿 15/17a
淮東制閫自劾狀 可齋稿 15/17b
再申乞柯狀 可齋稿 15/18b
乞免兼淮西制帥狀 可齋稿 15/19b
再乞免兼狀 可齋稿 15/20a
申朝省乞以和羅轉官加贈先父 可齋稿 20/10b
申密院照戎司兵額 可齋稿 20/12a
淮閩申夏旱知泗州鮑義依舊總管公劄 可齋稿 20/14a
荊閩申朝省乞休致公劄 可齋稿 20/15a
回丞相邊事公劄 可齋稿 20/16a
四乞休致申省狀 可齋稿/續前 3/8a
第四辭免狀 可齋稿/續後 4/20a
第五辭免狀 可齋稿/續後 4/20b
申省乞將男新命收回等事附小貼子 可齋稿/續後 9/62a
再申自劾 可齋稿/續後 9/63a
申乞合湘嶺通融兵糧等狀 可齋稿/續後 9/74b
賀江面清肅乞檢會早命帥事 可齋稿/續後 9/79a
上都省乞行平反賞格狀 葬齋文編 3/22a
上安吉使君黃寺丞狀 葬齋文編 3/23b
邵武軍乞柯 秋崖稿 4/2b
南康軍乞柯 秋崖稿 4/2b
申省乞祠(1-2) 秋崖稿 5/7a
再辭免申省劄子 庸齋集 4/12a
三辭免申省劄子 庸齋集 4/13a
四辭免閣職申省狀 庸齋集 4/19b

五辭免閣職申省狀 庸齋集 4/21b
辭免知贛州狀 文溪稿 10/5b
辭免除福建提刑狀 文溪稿 10/6b
由縣乞放寄收人狀 黃氏日鈔 70/1a
申縣解回續收人狀 黃氏日鈔 70/1b
申府乞免弱親擾民及理索狀 黃氏日鈔 70/2a
申提刑司乞免一路巡尉理索狀 黃氏日鈔 70/3a
再申提刑司因理索囚死人命狀 黃氏日鈔 70/4b
再申提刑司乞將理索歸本縣狀 黃氏日鈔 70/5a
申轉運司乞免行酒庫受誣告民狀 黃氏日鈔 70/6a
申判府程丞相乞免再起化人亭狀 黃氏日鈔 70/7a
申提刑司乞省免西尉狀 黃氏日鈔 70/9a
再申判府朱大參乞免再差權攝西尉狀 黃氏日鈔 70/9b
權華亭縣申嘉興府辭修田腱狀 黃氏日鈔 71/1a
權華亭縣申倉司乞米賑饑狀 黃氏日鈔 71/2a
權長洲縣申平江府乞添放水傷狀 黃氏日鈔 71/2b
權長州縣申修齊王尚書乞免再造帳冊 黃氏日鈔 71/3b
入提刑司嘆乞疏余寇 黃氏日鈔 71/4a
總所差踏江北三沙圍田回幕申提刑司狀 黃氏日鈔 71/4a
提舉司差散本錢申乞省罷華亭分司狀 黃氏日鈔 71/5b
權華亭鹽申乞散還貼袋鹽錢狀 黃氏日鈔 71/8a
申乞添人户賣鹽袋蒲草價錢狀 黃氏日鈔 71/8b
申乞散還鹽袋機户錢訖再乞立定期限狀 黃氏日鈔 71/10a
申寬免綱欠零細及孤嫠貧乏户外再申乞作區處狀 黃氏日鈔 71/10a
申乞監臟錢狀 黃氏日鈔 71/12b
申乞免追客舊鈔狀 黃氏日鈔 71/14a
再申乞免鈔客比較狀 黃氏日鈔 71/15a
申起蓋監水步屋狀 黃氏日鈔 71/16a
申楊提舉新到任求利便狀 黃氏日鈔 71/16b
申陳提舉到任求利便劄狀 黃氏日鈔 71/18b
第二任浙西提舉司帳管赴兩浙鹽事司票議狀 黃氏日鈔 71/20b
申提刑司乞免黃勇死罪狀 黃氏日鈔 71/21a
申提刑司平反王定冤獄狀 黃氏日鈔 71/21b
申安撫司乞撥白蓮堂田產充和耀莊 黃氏日

鈔 71/22a

繳還兩浙辟鹽事幹官省劄狀 黃氏日鈔 71/23a
辭兩浙鹽事司季運使劄狀 黃氏日鈔 71/23a
申提刑司乞中朝省修倉并乞免江西米入倉狀 黃氏日鈔 72/1a

申提刑司乞浚甘露港狀 黃氏日鈔 72/1b
再申提刑司乞移還甘露閘狀 黃氏日鈔 72/3b
申提刑司乞免專人並靠耗狀 黃氏日鈔 72/4b
申提刑司辨總所欲追治本倉狀 黃氏日鈔 72/6a
申提刑司辨總所再欲追人狀 黃氏日鈔 72/6b
回申提刑司備總所委監倉衆事例錢狀 黃氏日鈔 72/7a

回申再據總所欲監錢狀 黃氏日鈔 72/7b
回申提刑司備省劄令爲總所監錢狀 黃氏日鈔 72/8b

申乞給散倉衆事例錢狀 黃氏日鈔 72/8b
再申事例錢狀 黃氏日鈔 72/8b
申乞支倉米見底並巡倉 黃氏日鈔 72/9b
申乞支米須給省劄狀 黃氏日鈔 72/11b
辭提刑司發到省劄陞差提領所幹官狀 黃氏日鈔 73/1a

申省控辭改差充官田所幹辦公事省劄狀 黃氏日鈔 73/2a

辭省劄備他官條具令遵守狀 黃氏日鈔 73/4a
辭省劄令就常州置司狀 黃氏日鈔 23/4a
辭省劄發下官田所鑄銅印及人吏狀 黃氏日鈔 73/4b

辭提領所帖令就常州置司狀 黃氏日鈔 73/6a
申提刑司乞批書離任狀 黃氏日鈔 73/7a
申提刑司修倉爲經久計狀 黃氏日鈔 73/7a
回申省劄狀 黃氏日鈔 73/7b
申提刑司區處交米狀 黃氏日鈔 73/8b
申提刑司自勸乞去狀 黃氏日鈔 73/9a
第四任行在點檢所檢察申京尹洪尚書覆帖 黃氏日鈔 73/9b

繳申慈湖壽張行實狀 黃氏日鈔 74/1a
榜放縣史日納白撰錢申乞省罷添倖應狀 黃氏日鈔 74/1b

回申本軍撥隸寨各狀 黃氏日鈔 74/2b
更革社倉事宜申省狀 黃氏日鈔 74/3a
更革社倉公移 黃氏日鈔 74/6a
申諸司乞禁社會狀 黃氏日鈔 74/9a
申提舉司水利 黃氏日鈔 74/15a
回申紹興府人户訴旱狀 黃氏日鈔 74/16b

乞借舊和羅賬羅并寬減將來和羅申省狀 黃氏日鈔 75/1a

乞照應咸淳六年和羅申省狀 黃氏日鈔 75/1b
乞照户部元行折絹錢抱解申省狀 黃氏日鈔 75/2a

乞指揮提舉司令本州羅還已羅義米申省 黃氏日鈔 75/3a

乞將提舉司借事軍人自今輪替申省狀 黃氏日鈔 75/4a

乞照應本州已監勸饒縣尉貸社倉申省狀 黃氏日鈔 75/5a

五月十五日雨暘申省狀 黃氏日鈔 75/5b
七月初九日雨暘申省狀 黃氏日鈔 75/5b
七月二十一日雨暘申省狀 黃氏日鈔 75/6a
七月十五日荒政結局申省自勸狀 黃氏日鈔 75/6a

八月初一日以運司牒派和羅申省狀 黃氏日鈔 75/6b

八月二十八日再申省狀 黃氏日鈔 75/7a
乞推賞賑耀上户申省狀 黃氏日鈔 75/7b
咸淳八年六月十六日乞減和羅申省狀 黃氏日鈔 75/8a

特薦撫州州學教授程紹開奏狀 黃氏日鈔 75/8b
乞省罷曾田寨申省狀 黃氏日鈔 75/9a
乞省罷宜黃縣監酒申省狀 黃氏日鈔 75/10a
申湖廣總所暫借椿撥義米狀 黃氏日鈔 75/10b
回申總領所照應那撥義米狀 黃氏日鈔 75/11a
申諸監司乞給照由付詞人赴所屬官司投到理對公事理對狀 黃氏日鈔 75/11a

申轉運司乞免派和羅狀 黃氏日鈔 75/12a
回申轉運司訪求澗邑利病狀 黃氏日鈔 75/12b
申御史臺斷吉州劉吉妄訴陳成狀 黃氏日鈔 76/1a

申臺并户部戴槐妄訴狀 黃氏日鈔 76/1b
按新城縣令龔雄申省狀 黃氏日鈔 76/2b
咸淳八年歲終特薦州縣官申省狀 黃氏日鈔 76/3b

又歲終劾官狀 黃氏日鈔 76/5a
團結申省照會狀 黃氏日鈔 77/1a
申免茶鹽分司狀 黃氏日鈔 77/1b
申已斷亭户徐二百九等 黃氏日鈔 77/2b
申乞免場官責罰狀 黃氏日鈔 77/3a
乞祠申狀 黃氏日鈔 77/4b
辭免回司乞祠狀 黃氏日鈔 77/4b
辭免除真寶章閣兼紹興府長史申狀(1-3)

黄氏日鈔 77/5a－6b

申省乞免諸司委選　黄氏日鈔 77/7a

申免驅磨慶元府財賦狀（1－3）　黄氏日鈔 77/ 8a－9a

申兩浙轉運司乞牒紹興府並牒全府復回受魏彭獻嵊縣已沒入縣學養士田産並根究魏彭狀　本堂集 54/3a

申諸司乞寬催科劄狀　本堂集 54/7a

嵊縣催科劄　本堂集 70/5b

上劉帥劄　本堂集 70/8a

上家憲劄　本堂集 71/6b

上京尹潛户侍說友劄　本堂集 71/8b

上劉帥乞振耀嵊縣劄　本堂集 72/3b

辭免召赴行在申省狀　雪坡集 27/1a

赴正字召中途上書而歸申省狀　雪坡集 27/1b

得旨責任命判一次申省狀　雪坡集 27/2b

辭免校書郎申省狀　雪坡集 27/3a

辭免再除校書郎申省狀　雪坡集 27/4b

再辭免校書郎申省狀　雪坡集 27/5a

辭免兼太子舍人申省狀　雪坡集 27/5b

再辭免太子舍人申省狀　雪坡集 27/6b

辭免兼沂邸講官申省狀　雪坡集 27/7a

己未十月辭添差處州通判申本州狀　雪坡集 27/7a

轉官乞回授祖申省狀　雪坡集 27/8a

陳實年甲申省狀　雪坡集 27/8b

辭建狀元樓　蛟峰集 1/1a

辭兼國史實錄院校勘（1－2）　蛟峰集 1/2a－3a

辭著作佐郎　蛟峰集 1/9a

辭免司封　蛟峰集 1/10a

辭免詠勳閣軍轉官　蛟峰集 1/15b

辭免江西轉運副使　蛟峰集 1/17a

辭免兼國史申省狀　碧梧集 1/2b

辭免召命申狀　碧梧集 10/1a

再辭免翰林權直申省狀　碧梧集 10/2a

再辭免國子監司業申省狀　碧梧集 10/2b

申省乞祠狀　牟陵陽集 8/4a

申省乞祠狀　牟陵陽集 8/5a

辭免除浙東提刑狀　牟陵陽集 8/5a

武岡置靖安寨申省狀　牟陵陽集 8/5b

創大禮例庫申省狀　牟陵陽集 8/6b

祈雨未獲申諸司狀　牟陵陽集 8/7b

乞致仕牒代盧拳　須溪集 7/26a

辭免新除秘書省正字狀（1－2）　文山集 4/38b－39a

辭免知寧國府狀　文山集 4/39b

與湖南大帥江丞相論秦寇事宜劄子　文山集 12/11b

辭免知鎮江府申省狀　佩韋集 13/11a

再辭免知鎮江府申省狀　佩韋集 13/12a

辭免除臺簿申省狀　四庫拾遺 117/止堂集

乞解罷臺簿申省狀　四庫拾遺 118/止堂集

辭免依舊充臺簿申省狀　四庫拾遺 118/止堂集

辭免權户部侍郎申省狀　四庫拾遺 263/昌谷集

上宣撫吳侍制劄子　四庫拾遺 263/昌谷集

辭免寶章閣學士知常德府公劄子　四庫拾遺 263/昌谷集

馮奉世陳湯伐廣于奪不同策　四庫拾遺 669/漢濱集

後存州呈議　吳郡鎮文粹 10/7b

上太守劄子馮時行撰　蜀文輯存 46/15b

上王帥劄子馮時行撰　蜀文輯存 46/16a

上太師詩文劄子馮時行撰　蜀文輯存 46/16b

論大禮合用樂器請飭下兩浙江東路轉運司修整具申狀蘇遲撰　蜀文輯存 48/9b

申中書省送朱元昇三易備遺狀家鉉翁撰　蜀文輯存 94/15a

（二）賀謝諸狀

聖躬痊復賀兩府狀　樂全集 30/20a

代人謝王學正狀　金氏集下/7b

代人謝兩府省主中丞狀　金氏集下/8b

代人謝歐陽龍圖狀　金氏集下/9a

代人謝林學士狀　金氏集下/9b

謝昭文相公狀　金氏集下/10a

謝定州部署李防禦狀　金氏集下/10b

謝鈴轄太保狀　金氏集下/11a

謝黃河都太李崇班狀 金氏集下/11a
謝府界提點趙舍人狀 金氏集下/11b
謝瀛州機宜殊狀 金氏集下/11b
謝州縣諸狀 金氏集下/12a
謝信安軍通判馮國博狀 金氏集下/12a
謝通判職方狀 金氏集下/12b
謝瀛州鈴轄禮賓狀 金氏集下/12b
謝瀛州王總管狀 金氏集下/13a
謝知原州朱六宅狀 金氏集下/13a
謝鄰近知州狀 金氏集下/13b
代人謝王待制狀 金氏集下/13b
謝曹比部狀 金氏集下/14a
謝杜寺丞狀 金氏集下/14b
謝運使王司勳狀 金氏集下/14b
謝知郡狀 金氏集下/15a
謝鄰郡得替知州狀 金氏集下/15b
代人謝知諫院余舍人狀 金氏集下/15b
謝祈州馬侍禁狀 金氏集下/16a
代人謝李端明狀 金氏集下/16b
謝浮梁知縣狀 金氏集下/16b
賀北京買侍中冬至狀 金氏集下/17a
賀都運冬至狀 金氏集下/17b
賀屯田都監太保狀 金氏集下/17b
代人賀參政侍郎狀 金氏集下/18a
賀漕使到任狀 金氏集下/18b
賀唐密學到任狀 金氏集下/18b
賀饒州知郡篤部到任狀 金氏集下/19a
賀唐都運轉密學知瀛州狀 金氏集下/19a
賀浮梁知縣狀 金氏集下/19b
賀謝知郡轉金部狀 金氏集下/20a
賀北京買侍中狀 金氏集下/20a
賀謝饒州宷先韋狀 金氏集下/20b
賀知通已下正狀 金氏集下/21a
賀總管防禦移知州狀 金氏集下/21a
北京文相公問候狀 金氏集下/21b
南京呂謀議問候狀 金氏集下/22a
張唐公舍人問候狀 金氏集下/22a
代人與李防禦問候狀 金氏集下/22b
宣事舍人問候狀 金氏集下/23a
歐陽參政侍郎問候狀 金氏集下/23b
都運龍圖問候狀 金氏集下/23b
荊南判府呂侍郎問候狀 金氏集下/24a
代人與轉運問候狀 金氏集下/24b

李相公問候狀 金氏集下/24b
代與洪州知府少卿問候狀 金氏集下/25a
郡牧呂龍圖問候狀 金氏集下/25b
福建提刑郎中問候狀 金氏集下/26a
南劍知州少卿問候狀 金氏集下/26a
代人與王殿丞問候狀 金氏集下/26b
賀兩府轉官狀原文闕 韓南陽集 20/1a
賀韓魏公主日狀 柯部集 17/1a
賀樞密富相公加户部尚書狀 柯部集 17/1a
上富資政狀 柯部集 17/2a
賀樞密張太尉加吏部侍郎狀 柯部集 17/2b
賀參政趙侍加吏部侍郎狀 柯部集 17/2b
代賀向少卿狀 柯部集 17/3a
代賀李參政狀 柯部集 17/3b
代賀待制謀議狀 柯部集 17/4a
代賀梁副樞改給事狀 柯部集 17/4a
代賀歐陽龍圖知府狀 柯部集 17/4b
代賀文相公狀 柯部集 17/5a
代賀發運待制狀 柯部集 17/5a
代賀運使張刑部狀 柯部集 17/5b
代賀許發運賜出身狀 柯部集 17/6a
代賀龐昭文狀 柯部集 17/6a
代賀陳雜端狀（1－2） 柯部集 17/6b－7a
代賀陳相公狀 柯部集 17/7b
代賀發運鄧郎中狀（1－3） 柯部集 17/8b－9a
代賀施龍圖狀 柯部集 17/9b
代賀錢侍讀移青州狀 柯部集 17/10a
代賀知府李密學狀 柯部集 17/10a
代沈主客賀文侍中知水興狀 柯部集 17/10b
代賀青州文相公狀 柯部集 17/10b
代賀安撫太保狀 柯部集 17/11a
代賀宋内翰移鎮狀 柯部集 17/12a
代賀制置端公狀 柯部集 17/12b
冬至賀錢内翰狀 柯部集 17/13a
代賀張刑部得替狀 柯部集 17/13b
代賀省副端公充待制狀 柯部集 17/14a
代賀張待制知楊州狀 柯部集 17/14b
代賀發運端公授省副狀 柯部集 17/14b
代賀運判賜章服狀 柯部集 17/15a
代賀二漕改官狀 柯部集 17/15b
代賀副樞給事狀 柯部集 17/15b
代賀何龍圖移慶州狀 柯部集 17/16b
賀得替都監王殿直狀 柯部集 17/17a

賀田告曹移令狀　柯部集 17/17a
賀金華著作狀　柯部集 17/17b
賀文潞公狀　柯部集 17/17b
代趙待制賀昭文相公加左僕射狀　柯部集 17/18a
代趙内閣冬至賀昭文相公狀　柯部集 17/18b
代李才元學士賀西京文相公狀　柯部集 17/19a
代賀何舍人狀　柯部集 17/19b
代賀韓舍人狀　柯部集 17/20a
代賀安撫陳舍人狀　柯部集 17/20a
代賀李刑部移襄州狀　柯部集 17/20b
代賀張待制移揚州狀　柯部集 17/20b
代賀廣州王少卿狀　柯部集 17/21a
代賀湯都官狀　柯部集 17/21b
代賀正上毫州宋待讀狀　柯部集 17/22a
代賀正上昭文相公狀　柯部集 17/22b
代冬至賀諸官狀　柯部集 18/1a
冬至賀鄰郡知州狀　柯部集 18/1a
代謝運使工部保舉狀　柯部集 18/1b
代謝二司狀　柯部集 18/2b
代謝兩府狀　柯部集 18/2b
代到任謝兩府狀　柯部集 18/3b
代謝諸官狀　柯部集 18/4a
代謝轉官狀　柯部集 18/4a
代謝二司狀　柯部集 18/4b
代得替謝上司狀　柯部集 18/5a
代謝提刑狀　柯部集 18/5b
謝兩制狀(1-2)　柯部集 18/5b-6a
代謝王舍人狀　柯部集 18/7a
代謝許發運狀　柯部集 18/7a
代謝經過諸處官員狀　柯部集 18/7b
代謝王副樞答書狀　柯部集 18/8a
代謝許州相公狀　柯部集 18/8b
代謝中書狀　柯部集 18/9a
代謝李兵部狀　柯部集 18/9b
謝蔡學士狀　柯部集 18/10a
謝范陽軍司理狀　柯部集 18/10b
代謝文相公答書狀　柯部集 18/10b
代謝施待制狀　柯部集 18/11a
代謝兩憲狀　柯部集 18/11a
代謝何龍圖狀　柯部集 18/11b
謝府推學士狀　柯部集 18/12a
謝李兵部狀　柯部集 18/12b
代謝二漕狀　柯部集 18/13a
代謝舉升陟狀　柯部集 18/13b
謝知府少卿狀　柯部集 18/14a
謝通判國博狀　柯部集 18/14b
謝越州知府待制狀　柯部集 18/15a
謝楊直講狀　柯部集 18/15b
謝陳秀才狀　柯部集 18/16a
回劉侍郎生日詩狀　柯部集 18/16b
謝富丞相狀　柯部集 18/16b
謝賜酒食狀　柯部集 18/17b
謝館燕狀　柯部集 18/18a
謝合食酒果狀　柯部集 18/18a
謝春盤幡勝狀　柯部集 18/18a
謝生饆狀　柯部集 18/18b
謝射弓御筵狀　柯部集 18/18b
謝餞筵狀　柯部集 18/18b
燕京謝酒果狀　柯部集 18/19a
上李刑部狀　柯部集 18/19a
上知蘇州蔣密諫狀　柯部集 18/19b
代上李度支狀　柯部集 18/20a
代上呂狀元舍人狀　柯部集 18/20a
代上范資政狀　柯部集 18/20b
上永興路監司狀　柯部集 18/21a
代上判府劉龍圖狀　柯部集 18/21b
代上催綱王太傅狀　柯部集 18/22a
代上通判陳太傅狀　柯部集 18/22b
代上楚州監酒洪推官狀　柯部集 18/22b
代上知郡郎中狀　柯部集 18/23a
代上運使李刑部回衛問候狀　柯部集 18/23a
上知郡都官狀(1-2)　柯部集 18/23b
代上府推學士狀　柯部集 18/24a
代上施待制狀　柯部集 19/1a
代上潤州知郡曹殿丞狀　柯部集 19/1b
代上本州知郡虞部狀　柯部集 19/2a
代上致政相公狀　柯部集 19/2a
代上新知南京歐陽龍圖狀(1-2)　柯部集 19/2b-3a
代上柳侍郎狀　柯部集 19/3b
代上錢内翰狀　柯部集 19/4a
代上昭文相公狀　柯部集 19/4a
代上潤州曹殿丞狀　柯部集 19/4b
代上王承旨狀　柯部集 19/5a
代上交代郎中狀　柯部集 19/5a
代上留守龍圖狀　柯部集 19/5b

代上柳龍圖狀　柯部集 19/6a
代上潤州曹國博狀　柯部集 19/6a
代上知郡郎中狀　柯部集 19/6b
代上端公狀　柯部集 19/6b
代上宗内翰歐陽龍圖狀　柯部集 19/7a
代上文相公狀　柯部集 19/7b
代上兩轉運狀　柯部集 19/8b
代上張端明狀　柯部集 19/8b
上徐都官狀　柯部集 19/9b
上陳主客狀　柯部集 19/10a
代上揚州張學士狀　柯部集 19/10b
代上省主并二漕狀　柯部集 19/11a
上廣德知軍袁郎中狀　柯部集 19/11b
代上許州相公狀　柯部集 19/12a
代上龐昭文狀　柯部集 19/12b
代上柳龍圖狀　柯部集 19/13b
代上李兵部狀　柯部集 19/13b
代上安撫舍人狀　柯部集 19/14a
代上張學士狀　柯部集 19/14b
代上揚州知府學士狀　柯部集 19/15a
代上致政杜相公狀　柯部集 19/15b
代上江寧府郎待制狀　柯部集 19/15b
上南京通判都官狀　柯部集 19/16a
代上田省主狀　柯部集 19/16b
代上青州文相公狀　柯部集 19/17a
代上判監檢討王學士狀　柯部集 19/17b
代上王承旨狀　柯部集 19/17b
上裁造太博狀　柯部集 19/18a
代上省主張端明狀　柯部集 19/18b
代上張刑部狀　柯部集 20/1a
代上審官密學狀　柯部集 20/1b
代上運使度支狀　柯部集 20/2a
代上許待制狀　柯部集 20/2a
上趙屯田狀　柯部集 20/2b
上樂職方狀　柯部集 20/3a
上蔣侍郎狀（1－2）　柯部集 20/3b
代上知府章學士狀　柯部集 20/4a
代上元屯田狀　柯部集 20/4b
代上仙尉楊秘校狀　柯部集 20/5a
代上北京文相公狀　柯部集 20/5a
上越州知府待制狀　柯部集 20/5b
上興國知軍陳郎中狀　柯部集 20/6a
代上蔡三司狀　柯部集 20/6b
代青州相公先狀　柯部集 20/7a
李密學先狀　柯部集 20/7b
代邵興宗北京相公先狀　柯部集 20/8a
瀛州潭州知州先狀　柯部集 20/8a
題轉先狀　柯部集 20/8b
代許州買侍中先狀　柯部集 20/8b
上知府龍圖狀　柯部集 20/8b
上張龍圖狀（1－2）　柯部集 20/9a
上知郡都官狀　柯部集 20/10a
上貴池仙尉狀　柯部集 20/10b
代上何舍人狀　柯部集 20/10b
上參政趙侍郎狀　柯部集 20/11a
上福州密學侍郎狀　柯部集 20/11a
上范資政狀　柯部集 20/11b
上邵學士狀　柯部集 20/12a
上盧楊二侍講狀　柯部集 20/12b
上孫内翰狀　柯部集 20/12b
上張柯部狀　柯部集 20/13b
上海州通判盛寺丞狀　柯部集 20/13b
上錢塘鄭寺丞狀　柯部集 20/14a
上發運施待制狀（1－2）　柯部集 20/14b
上施龍圖狀（1－2）　柯部集 20/15a－15b
上二漕狀　柯部集 20/15b
上金華知縣國博狀　柯部集 20/16a
上省副王郎中狀　柯部集 20/16b
代問候屯田狀　柯部集 20/16b
代問候丁憂李端明侍郎狀　柯部集 20/17a
代問候許發運狀　柯部集 20/17b
代問候程密謀狀　柯部集 20/18a
問候吳司諫狀　柯部集 20/18a
問候陳州相公狀　柯部集 20/18b
問候司農張待制狀　柯部集 20/19a
問候承旨内翰狀　柯部集 20/19a
問候安撫資政狀　柯部集 20/19b
問候李刑部狀　柯部集 20/19b
代問候提刑郎中狀　柯部集 20/20a
代問候青州安撫大資狀　柯部集 20/20b
問候通判都官狀　柯部集 20/20b
代問候荆南知府狀　柯部集 20/21a
代問候文相公狀　柯部集 21/1a
代問候運使郎中狀　柯部集 21/1b
代問候發運大諫狀　柯部集 21/1b
代問候發運狀　柯部集 21/2a

代問候發運孫大監狀　柯部集 21/2b
代問候許端公狀　柯部集 21/2b
代問候南京杜相公狀　柯部集 21/3a
代問候何舍人狀　柯部集 21/3b
代問候許州相公狀　柯部集 21/4a
問候通判都官狀　柯部集 21/4b
代問候青州資政狀　柯部集 21/4b
回崔判官權縣狀　柯部集 21/5a
代答王待制狀　柯部集 21/5a
代答秀州磨郎中狀　柯部集 21/5b
代答趙虞部狀　柯部集 21/6a
代答陳都官狀　柯部集 21/6a
代答知宿州朱司門狀　柯部集 21/6b
回諸官狀　柯部集 21/6b
代答運使任學士狀　柯部集 21/7a
代答湯都官狀　柯部集 21/7b
代答王承旨狀　柯部集 21/7b
代答淮陽知軍司門狀　柯部集 21/8a
代答昭信羊寺丞狀　柯部集 21/8a
代回新知揚州張學士狀　柯部集 21/8a
代答詳覆陳著作狀　柯部集 21/8b
代答揚州張學士狀　柯部集 21/9a
代答舒州林龍圖狀　柯部集 21/9b
代答盧郎中狀　柯部集 21/10a
代答杭州呂舍人狀　柯部集 21/10b
代答新運使學士狀　柯部集 21/10b
代答青州相公狀　柯部集 21/11a
答通判都官狀　柯部集 21/11b
答知軍郎中狀　柯部集 21/12a
答篷州僉判方中舍狀　柯部集 21/12a
答方寺丞狀　柯部集 21/12b
答方秀才狀　柯部集 21/13a
答范仇香狀　柯部集 21/13a
答王交代狀　柯部集 21/13b
答東陽韓中舍狀　柯部集 21/13b
答滕廷評狀　詞部集 21/14a
答丁著作狀　詞部集 21/14a
回諸州守倅遠迎狀　柯部集 21/14b
回不經歷州軍守倅遠迎狀　柯部集 21/14b
回移廚狀　柯部集 21/15a
代答滕廷評狀　柯部集 21/15a
答福建轉運曹司勳狀　柯部集 21/15b
答慶帥孫給事狀　柯部集 21/15b

答雄州趙都使狀　柯部集 21/15b
代馮內翰答鄭州王防禦狀　柯部集 21/16a
答棣州王學士狀　柯部集 21/16b
回燕王狀　柯部集 21/16b
答副使狀　柯部集 21/16b
答留臺崔籍庫部先狀　柯部集 21/17a
答耀州知府樂少卿狀　柯部集 21/17a
上盧郎中狀　柯部集 21/17b
上田省主狀（1－3）　柯部集 21/18a－19a
上宋待讀狀　柯部集 21/19a
答李端明狀　柯部集 21/19b
上南京歐陽龍圖狀　柯部集 21/20a
上王交代狀（1－2）　柯部集 21/20b
上發運張司封狀　柯部集 21/21a
上河北運使李司勳狀　柯部集 21/21b
上樞密吳侍郎狀　柯部集 21/22a
賀副樞吳侍郎加禮部侍郎狀　柯部集 21/22a
代與發運楊郎中狀　柯部集 21/22b
上李待制狀　柯部集 21/23a
上田待制狀　柯部集 21/23a
代答兩轉運狀　柯部集 21/23b
上諸路轉運狀　柯部集 21/24a
代賀提刑主客改轉運狀　柯部集 21/24a
謝李太尉授節鉞謝啓狀　錢塘集 14/1b
謝國學秋貢高等行啓　錢塘集 14/2a
入高麗界回遠迎狀　錢塘集 14/2b
謝高麗國王送遺狀　錢塘集 14/2b
回國王叙別狀　錢塘集 14/2b
代馮潛學士裕享乞恩例狀　錢塘集 14/4a
代賀大郡冬狀　襄陵集 7/1b
代賀詔使冬狀　襄陵集 7/1b
代賀政府冬狀　襄陵集 7/2a
答高麗先狀（1－2）　苕溪集 28/1a
謝土物狀（1－2）　苕溪集 28/1a
回旦望啓（1－2）　苕溪集 28/1b
回高麗使先狀（1－2）　苕溪集 28/1b
謝高麗使副土物狀（1－2）　苕溪集 28/2a
答贈物狀（1－2）　苕溪集 28/2a
回使副不赴特排宴狀（1－2）　苕溪集 28/2b
代貢土物狀　苕溪集 28/2b
答外郡賀冬狀　北海集 33/7b
答臺省寺監官賀冬狀　北海集 33/7b
答官使李待制賀冬狀　北海集 33/8a

呂丞相遠迎狀　北海集 33/8a
秦丞相遠迎狀　北海集 33/8b
通問處樞密在蜀州劄　抽齋集 6/5b
通問汪成都　抽齋集 6/6b
問候陳都大　抽齋集 6/8b
迓宋憲先狀　省齋集 4/33a
迓趙鑑先狀　省齋集 4/33b
迓汪憲先狀　省齋集 4/33b
迓林倅先狀　省齋集 4/34a
迓樊鑑先狀　省齋集 4/34a
迓劉守先狀　省齋集 4/34b
到闕與侍從先狀（1－2）　燭湖集 1/9a－9b
太守入境與文太師先狀　燭湖集 1/9b
賀范提刑交馳狀　燭湖集 1/10a
與變路趙安撫交馳狀　燭湖集 1/10b
賀溫南郭安撫到任狀　燭湖集 1/11a
答新成州宇文知郡子震狀　燭湖集 1/11b
謝劉守陞陟狀　燭湖集 1/12a
謝慶提刑陞陟狀　燭湖集 1/12b
謝浙東張提刑詔關陞狀　燭湖集 1/13b
謝越帥王尚書希呂關陞狀　燭湖集 1/14b
答單侍郎到狀　燭湖集 1/15b
答漢州張大卿到狀　燭湖集 1/16a
回東路王提刑先狀　燭湖集 1/16a
回朱都大到狀　燭湖集 1/16b
迎文太師到闕狀　燭湖集 1/16b
迎文太師入覲狀　燭湖集 1/17a
迎韓相自洛西由闕判北京狀　燭湖集 1/17a
迎范户部狀　燭湖集 1/17b
迎蔡相自裕陵還闕狀　燭湖集 1/17b
迎韓入闕召以南郊陪位狀　燭湖集 1/17b
迎鄭資政狀　燭湖集 1/18a
迎李户部狀　燭湖集 1/18a
迎張宣獻狀　燭湖集 1/18b
迎周漕使狀　燭湖集 1/18b
迎呂龍圖知太平州狀　燭湖集 1/18b
迎程參謀狀　燭湖集 1/19a
迎呂秦州狀　燭湖集 1/19a
回楊總領賀冬至狀　燭湖集 1/19b
謝安吉使君黄寺丞先生京狀　葬齋文編 3/13a
謝發運權憲節齋先生京狀　葬齋文編 3/14a
謝安吉謝使君養浩先生京狀　葬齋文編 3/15a
謝泉使賈秋壑先生京狀　葬齋文編 3/16a
謝倉使吳荊溪先生京狀　葬齋文編 3/17a
賀節齋先生除京尹狀　葬齋文編 3/18a
謝陳文昌退庵先生舉科目狀　葬齋文編 3/18b
赴建康幕通海陵趙使君狀　葬齋文編 3/19b
賀秋壑先生除總領仍兼泉使狀　葬齋文編 3/20a
赴淮東常平幹參李制帥可齋先生狀　葬齋文編 3/21a
嵊縣遠迎賈平章歸似道紹興私第狀　本堂集 54/8b
謝董侍郎舉狀　老漢老撰　播芳文粹
謝磊侍郎薦舉狀　戴翼撰　播芳文粹
謝陳提刑舉狀　播芳文粹
謝彭黄堂舉改官狀　播芳文粹
迎蔡相裕陵還闕狀　播芳文粹 89/16b
迎文太師到闕狀　播芳文粹 89/17a
迎鄭資政狀　播芳文粹 89/17a
迎文太師入覲狀　播芳文粹 89/17b
迎韓相入闕召以南郊陪位狀　播芳文粹 89/18a
迎李户書狀　播芳文粹 89/18a
迎韓相自洛西由闕判北京狀　播芳文粹 89/18b
迎户部陸侍郎狀　播芳文粹 89/18b
迎范户部狀　播芳文粹 89/19a
迎張宣獻狀　播芳文粹 89/19a
迎永興李寳文狀　播芳文粹 89/19b
迎新守謝寳文狀　播芳文粹 89/19b
迎程參謀狀　播芳文粹 89/19b
迎呂龍圖知太平州狀　播芳文粹 89/20a
迎周漕使狀　播芳文粹 89/20a
迎呂秦州狀　播芳文粹 89/20b
違文太師狀　播芳文粹 89/21a
違兩府親王往相襲事狀　播芳文粹 89/21b
違何太傅狀　播芳文粹 89/22a
違帥臣監司狀　播芳文粹 89/22b
違蔡相出守陳州狀　播芳文粹 89/22b
違韓相赴任北京狀　播芳文粹 89/23a
違張資政知鄭州狀　播芳文粹 89/23a
違呂觀文出知郡狀　播芳文粹 89/23b
違安樞密之朱千葬事狀　播芳文粹 89/23b
違王端殿出知江寧狀　播芳文粹 89/24a
違蒲左丞出知汝州狀　播芳文粹 89/24a
違王守還朝狀　播芳文粹 89/24b
違奉使狀　播芳文粹 89/25a
任滿辭太守狀　播芳文粹 89/25a

回兩制辭狀 播芳文粹 89/25b	到關與侍從先狀（1－2） 播芳文粹 89/26b
回入國王侍郎辭狀 播芳文粹 89/25b	太守入境與文太師先狀 播芳文粹 89/27a
回謝生日壽香狀 播芳文粹 89/26a	

四、公 牘

四 畫

文天祥

提刑節制司與安撫司平寇循環曆　文山集 12/11b

湖南憲司咸淳九年隆冬疏決批牌判　文山集 12/35b

斷配典吏侯必隆判　文山集 12/36a

委命幕審問楊小三死事批牌判　文山集 12/37a

平反楊小三死事判　文山集 12/37b

門示茶陵周上舍爲訴劉權縣事判　文山集 12/38a

~ 同

移蒲江縣學諸生文　丹淵集/拾遺下/1a

方 岳

宗學　秋崖稿 35/1a

南康諭俗　秋崖稿 35/2a

南康軍免設醮　秋崖稿 35/2b

南康大比勸諭　秋崖稿 35/3b

邵武軍勸諭　秋崖稿 35/5a

王安石

宣諭蘇子元割子　臨川集 44/13a

~ 應麟

晉前鋒都督平亮青二州露布詞科試擬進卷　四明文獻集 3/30b

唐劍南西川節度使同中書門下平章事破吐蕃露布　四明文獻集 3/33b

漢丞相諭告巴蜀檄　四明文獻集 3/36a

唐河東保寧等軍行營副元帥諭晉隰慈州檄　四明文獻集 3/38a

五 畫

石 介

移府學諸生　祖徠集 20/11a

冉 木

古富樂山移文　蜀文輯存 78/7b

六 畫

米 芾

到任榜　寶晉英光集/掌 20b　寶晉山林集/拾遺 4/27b

六順曉示　寶晉英光集/掌 21b　寶晉山林集/拾遺 4/28b

朱 熹

同安縣諭學者　朱文公集 74/1b

諭諸生　朱文公集 74/2a

諭諸職事　朱文公集 74/3a

補試榜諭　朱文公集 74/3b

策試榜喻　朱文公集 74/4a

白鹿洞書院揭示　朱文公集 74/18a

滄洲精舍諭學者　朱文公集 74/24a

又諭學者　朱文公集 74/25a

休致後客位容目　朱文公集 74/32a

知南康榜文　朱文公集 99/1a

知南康榜文又牒　朱文公集 99/3a

白鹿洞牒　朱文公集 99/4b

示俗　朱文公集 99/5b

曉諭兄弟爭財産事　朱文公集 99/6a

勸諭築埂岸　朱文公集 99/9b

勸諭救荒　朱文公集 99/10a

曉諭逃移民户　朱文公集 99/11a

減木炭錢曉諭　朱文公集 99/12a

夏稅牌由　朱文公集 99/12a

受納秋苗曉諭　朱文公集 99/12b

減秋苗　朱文公集 99/13b

曉示人户送納秋苗　朱文公集 99/13b

曉示科賣民户籍引及抑勒打酒 朱文公集 99/14a

約束科差夫役 朱文公集 99/14b

約束差公人及朱鈔事 朱文公集 99/14b

社倉事目 朱文公集 99/15a

勸立社倉榜 朱文公集 99/22a

約束侵占田業榜 朱文公集 99/22b

約束不得搖擺保正等榜 朱文公集 99/23b

減半賞格榜 朱文公集 99/25a

約束糶米及劫掠榜 朱文公集 99/26a

再放苗米分數榜 朱文公集 99/27a

約束檢旱 朱文公集 99/27b

浙東客次榜 朱文公集 99/28a

除秦檜祠移文 朱文公集 99/28a

州縣官牒 朱文公集 100/1a

漳州曉諭詞訟榜 朱文公集 100/2a

曉諭居喪持服遵禮件事 朱文公集 100/3a

勸女道還俗榜 朱文公集 100/4a

揭示古靈先生勸諭文 朱文公集 100/5b

勸諭榜 朱文公集 100/6a

曉示經界差甲頭榜 朱文公集 100/8a

龍巖縣勸諭榜 朱文公集 100/12b

潭州委教授措置嶽麓書院牒 朱文公集 100/14a

約束榜 朱文公集 100/14b

看定文案申狀式 朱文公集 100/25b

報建陽縣審會船狀 朱文公集 100/26a

漳州延郡士入學牒 朱文公集/別 9/1a

南康軍請洞學堂長帖 朱文公集/別 9/1b

洞學榜白鹿洞書院 朱文公集/別 9/2a

招學者入郡學榜 朱文公集/別 9/3b

招舉人入白鹿容目 朱文公集/別 9/3b

放官私房廊白地錢約束 朱文公集/別 9/5a

措置賑恤糶事件 朱文公集/別 9/5a

措置兩縣到岸米紅事 朱文公集/別 9/6a

招誘客販米斛免收力勝雜物稅曉諭 朱文公集/別 9/6a

再勸修築陂塘 朱文公集/別 9/6b

措置客米到岸民户收糶不盡曉諭 朱文公集/別 9/6b

曉示鄉民物貨減饒市稅 朱文公集/別 9/7a

約束不許偷米齎禾穀 朱文公集/別 9/7a

約束諸縣泛催官物各給憑由 朱文公集/別 9/7a

免流移民紅力勝 朱文公集/別 9/7b

禁旅店不許遞傳單獨 朱文公集/別 9/7b

取會管下都分富家及闕食之家 朱文公集/別 9/8a

施行旱傷委官驗視 朱文公集/別 9/9a

施行旱傷住催官物一月 朱文公集/別 9/9b

諭上户承認賑糶米數目 朱文公集/別 9/10a

約束舖兵 朱文公集/別 9/10b

檢坐乾道指揮檢視旱傷 朱文公集/別 9/11a

施行下諸縣躬親偏諸田段相視 朱文公集/別 9/11b

禁賊人從不許乞覓 朱文公集/別 9/12a

放免官私房廊白地 朱文公集/別 9/12b

施行人户訴狀乞覓 朱文公集/別 9/12b

施行專欄牙人不許妄收力勝等錢 朱文公集/別 9/13b

禁豪户不許盡行收糶 朱文公集/別 9/13b

管下縣相視約束及開三項田段 朱文公集/別 9/14a

乞行下江西從便客旅興販米穀 朱文公集/別 9/15a

約束米牙不得兜攬搬米入市等事 朱文公集/別 9/15b

約束質庫不許關閉等事 朱文公集/別 9/15b

戒約上户體認本軍寬恤小民 朱文公集/別 9/15b

施行張廷謙訴旱傷事 朱文公集/別 9/16a

施行郡民陳訴踏旱利害 朱文公集/別 9/16b

委官置場循環收糶米斛 朱文公集/別 9/17b

約束遊手不許脅持良民 朱文公集/別 9/18a

援例乞撥錢米 朱文公集/別 9/18b

行下三縣抄劄眼糶人户 朱文公集/別 9/19a

行下三縣置場 朱文公集/別 9/19a

約束許下户就上户借貸 朱文公集/別 9/19b

再諭上户帖下户借貸 朱文公集/別 9/20a

革住米紅隱瞞情弊 朱文公集/別 9/20b

行下場所革住米紅隱瞞 朱文公集/別 9/21a

申提舉司將常平米出糶 朱文公集/別 9/21a

行下置場不許留滯客旅 朱文公集/別 9/22a

行下兩縣委官捉人户糶米減赴 朱文公集/別 9/22a

申諸司乞行下江西不許遏糶 朱文公集/別 9/22b

申倉部及運司檢放三縣苗米數 朱文公集/別 10/1a

糴場印式 朱文公集/別 10/2b

號式用青絹印 朱文公集/別 10/3a

夾截糴場交錢量米處 朱文公集/別 10/3a

總簿式 朱文公集/別 10/3a

牌面印紙式 朱文公集/別 10/3b .

牌背題字式 朱文公集/別 10/4a

賑糴曆頭樣 朱文公集/別 10/4a

措置賑糴場合行事件 朱文公集/別 10/4b

糴支外令施行下項 朱文公集/別 10/4b

施行置場賑糴濟所約束事 朱文公集/別 10/6a

委官往各場究見元認米數椿管實數 米文公集/別 10/7a

再措置場所賑濟孤老人等約束 朱文公集/別 10/7a

取會諸縣知縣下鄉勸諭佈種如何施行事 朱文公集/別 10/7b

再行下三縣勸諭到上戶賑糴不許抵拒事 朱文公集/別 10/8a

行下米場人戶不到者於總簿用印 朱文公集/別 10/8a

行下米場具糴過米式 朱文公集/別 10/8b

施行場所未盡抄割戶 朱文公集/別 10/9a

措置行下各場關防上戶用濕惡糙米 朱文公集/別 10/9b

續置歷下場五日一次開具糴過米 朱文公集/別 10/9b

行下普作賑濟兩日 朱文公集/別 10/10a

再諭上戶借貸米穀事 朱文公集/別 10/10b

再委官體訪場所合千人減赴等事 朱文公集/別 10/11a

申監司爲賑糴場利害事件 朱文公集/別 10/11a

申提舉司借米付人戶築陂塘 朱文公集/別 10/13a

施行關食未盡抄割人等事 朱文公集/別 10/13a

審實糴濟約束 朱文公集/別 10/14a

施行糴免和糴令客米從便往來 朱文公集/別 10/15a

免糴客米三分榜文 朱文公集/別 10/15b

施行許令人戶借貸官司米穀充種子佈種 朱文公集/別 10/15b

不係賑濟人一例賑濟 朱文公集/別 10/16a

行下各縣抄割戶口并立文米穀正數 朱文公集/別 10/16a

都昌縣搬張劉二家米等事 朱文公集/別 10/16b

諸縣得米人戶依時佈種等事 朱文公集/別 10/17a

行下各場普濟半月外照約束接續 朱文公集/別 10/17a

委官嚴實四戶賑濟米數縣官保明事 朱文公集/別 10/17b

移文江西通放客米及本軍糴米紅事 朱文公集/別 10/18a

節次差公吏收糴並撥錢下賑糴場 朱文公集/別 10/18b

賑濟孤老殘疾不能自存 朱文公集/別 10/20b

七 畫

沈 遘

下上虞縣令教一首 西溪集 7 三沈集 2/80b

湖州知郡屯田 西溪集 9 三沈集 3/21b

知郡郎中 西溪集 9 三沈集 3/21b

通判都官 西溪集 9 三沈集 3/21b

運使學士 西溪集 9 三沈集 3/22a

雜謝九首 西溪集 9 三沈集 3/22a - 24a

郢州知府侍讀 西溪集 9 三沈集 3/24a

兗州知府少卿 西溪集 9 三沈集 3/24b

環慶部署都使太傅 西溪集 9 三沈集 3/24b

潞州知府學士 西溪集 9 三沈集 3/25a

大兩省知州 西溪集 9 三沈集 3/25a

諸州知州以下職司改郡員部 西溪集 9 三沈集 3/25b

兩浙轉運學士提刑郎中 西溪集 9 三沈集 3/25b

越州通判太傅 西溪集 9 三沈集 3/25b

越州簽判以下 西溪集 9 三沈集 3/26a

揚州通判國博 西溪集 9 三沈集 3/26a

新陝西都運諫議 西溪集 9 三沈集 3/26a

常州知郡兵部 西溪集 9 三沈集 3/26b

轉運兵部學士 西溪集 9 三沈集 3/26b

杭州知府密學侍郎 西溪集 9 三沈集 3/27a

諸州知州以下 西溪集 9 三沈集 3/27a

職司遠迎 西溪集 9 三沈集 3/27b

雜還遠迎二首 西溪集 9 三沈集 3/27b

宋 祁

補監生牒詞 景文集/拾遺 14/6a

補進士李孝嗣充州學講書詞 景文集/拾遺 14/6a

補鄉貢進士張純充學録詞 景文集/拾遺 14/6b

補鄉貢進士趙肅充州學教授詞 景文集/拾遺 14/6b

補鄉貢進士劉傑充堂長詞 景文集/拾遺 14/7a

補趙肅充州學教授詞 宋文鑑 125/17b

李昂英

太學果行齋學生蔡順孫等劄子乞差充鷺洲書院學實職事判 文溪稿 11/1a

鋼除受納官事例錢判 文溪稿 11/2a

發妓孫惜回南安軍判 文溪稿 11/3b

革推酷弊判 文溪稿 11/4a

論鄉飲酒行禮者 文溪稿 12/10a

論鄉飲酒觀禮者 文溪稿 12/10b

論峒長文 文溪稿 12/11a

~ 綱

親筆宣諭不須與三省議 梁溪集 48/3a

~ 觀

劄子四首 直講集/外 1/2a-3a

呂祖謙

唐定襄道行軍大總管破突厥露布 東萊集/外 3/4a

唐遼東道行軍大總管平薛延陀露布 東萊集/外 3/5a

漢史諫沙車諸國檄 東萊集/外 3/5b

唐河北招討使論諸郡檄 東萊集/外 3/6b

晉征虜將軍征討大都督破符堅露布 東萊集/外 4/13a 播芳文粹 131/12a

漢左丞相論燕檄文 播芳文粹 131/10a

~ 顧浩

從祀高宗廟庭省劄 忠穆集 8/11a

余 靖

丙建議以爲使史任子弟率皆驕驚不達古今宜明選求賢除任子之令難者曰諸侯繼世以象賢仕者世祿以延賞古之道也 武溪集 10/12a

甲爲學官教國子以六藝或議其藝成而下不伏 武溪集 12/1a

乙爲太常請復鄉飲酒御史以爲其禮久廢不可復行 武溪集 12/2a

丙爲大夫浣衣灌冠以朝或議其陋辭云儉德之恭也 武溪集 12/2b

丁盛服謁使者門下令其解劍辭云劍者君子武備不可解 武溪集 12/3a

戊爲御史大夫泣封具獄成議其過 武溪集 12/3b

甲爲京尹耕者議畔行者異路或云無益 武溪集 12/4b

乙爲刺史薦門下吏或以爲當得山澤隱滯辭云山澤不必有異士 武溪集 12/5a

丙越度官府垣牆官省司罪之隨甲而往 武溪集 12/5b

甲私行入驛驛官拒之辭云職事五品以上 武溪集 12/6b

辛捕罪人丁過而不救辭云家有急事救療 武溪集 12/7a

甲建議請依漢舉孝弟力田者復其身難者以爲古今不同恐生僥倖 武溪集 12/7b

乙以臟抵罪至死丙與之聯事哀其母老詭獻自陳與乙同受欲減其死有司不許曰否不於狀外案事 武溪集 12/8b

丙嘗與丁有舊亡命抵丁不遇丁戊年幼因留舍之及事泄有司收丁送獄戊曰保納舍藏者我也丁曰彼來求我非弟之畢州縣不能決遂上讞之 武溪集 12/9b

甲建議請依古法置銅虎符給郡守每當發兵遣使者至郡合符符合乃聽受之所以慎重戊事難者以爲其法久廢行之無益 武溪集 12/10a

丁爲別將遇敵强不戰而退主帥責其畏懦之罪丁不伏曰見可而進知難而退軍之善政也 武溪集 12/10b

乙爲國將其兄嘗爲敵人丙所烹後丙敗來降其國君敕乙曰丙即至人馬從者敢搖動者致族夷乙曰兄弟之讎不反兵 武溪集 12/11b

乙爲給事中制敕有不可者遂於黃敕後批之吏曰宣別連白紙乙曰別以白紙乃是文狀豈曰批敕耶有司勸以非事君之道無人臣之禮 武溪集 12/13a

甲爲亳州刺史州境有攢賊劗人廬舍劫奪貨財累政不能擒捕甲潛設機謀悉知賊之巢穴乃起兵盡誅斬之廉使責其不先啓聞勸以擅興之罪甲曰剪賊除凶間不容息若須

啓報恐失機宜 武溪集 12/13b

舊制户絶田土皆沒入官丙建議請給與見佃人難者以爲户絶之家悉是鰥寡孤獨若給與佃之人佃人利其土田恐生窺伺杜害人命 武溪集 12/14b

乙領選部舉丙爲史議者以丙父得罪不許辯云罪不相及 武溪集 12/15b

甲未冠而戰死里尹欲以殤禮葬之鄕師不許 武溪集 12/16a

丙獨居一室夜暴風兩鄰婦室壞趨而託爲丙閉户不納或議其不仁 武溪集 12/16b

乙名譽不閒或責之辯云友之罪也 武溪集 12/17a

丁爲大夫薦而不祭或責其不孝辯云未給主田 武溪集 13/1a

乙爲將兵士寒餒乏糧乙不之與或責其不撫士卒辯云人臣無私施 武溪集 13/1b

乙春田火幣或告暴物辯云獻禽以祭社 武溪集 13/2a

丙舉盜以爲公匠或非之辯云可人也所遊解耳 武溪集 13/3a

甲葬離人之妻或責其不義辯云滅其可滅葬其可葬 武溪集 13/3b

甲授田不入國征里尹責之辯云加田 武溪集 13/4a

乙爲刺史術者告將有火災請用瓌舉以禳之乙不許或告其愛賞棄民辯云天道遠 武溪集 13/4b

丙濟君之難賞之不受曰非爲身也或責其嬌 武溪集 13/5b

乙爲政請墮都城議其無備辯云都城不過百雉 武溪集 13/6a

甲父在而受車馬之賜或責其違禮辯云崇君命也 武溪集 13/6b

歲有札茫刺史欲移其民縣令云民有所守不可移刺史不許 武溪集 13/7a

乙居草澤被召到都謁見不拜或責其失禮辯云禮者忠信之薄吾以忠信奉上 武溪集 13/8a

丁行堂贈人告其左道辯云古禮 武溪集 13/8b

乙自爲鼎銘以稱揚其先祖之善或議其蓋失數美辯云孝也 武溪集 13/9b

甲建議請操檢遠年逃户田土充百官職田可以激勸廉史難者以多少不同而勢家奔競請盡沒官 武溪集 13/9b

大廟薦享甲有緦喪遣充執事科太堂罪訴云甲不自言 武溪集 13/11a

乙代判官文書有司科罪辯云本案事宜 武溪集 13/11b

丁去官而受舊屬饋與或告其違法訴云家口已離本任 武溪集 13/12a

王盜乙馬歸而産駒法司斷並駒還主盜以駒非正臧不伏 武溪集 13/12b

庚二罪俱發過失犯流單丁犯徒法司以加杖是重判以流坐爲先 武溪集 13/13a

王持刀伏入離人家法司以謀殺人論訴非一人不伏爲謀 武溪集 13/14a

乙家有論語識或告其私蓄禁書不伏 武溪集 13/14b

丁以律令式內數事不便奏乞改行大理以不先申省斷徒訴稱諸闕上表不伏 武溪集 13/15a

王賣七歲女子法司斷徒訴云家貧賣而葬母 武溪集 13/15b

丙爲縣令農務未畢而差夫修隍州責其非時辯云暴水泛溢不修恐害居民 武溪集 13/16b

庚爲獄官桎囚數滿不承欲取保放之法司云臧狀露驗宜據狀斷 武溪集 13/17a

獄囚未斷而格令新改法司引後敕爲正判云犯時格輕新令稍重欲從輕法 武溪集 13/17b

丙爲左僕射門立棨其子封國公後請立戟儀曹不許 武溪集/補佚 1b

乙夜居於外丙往聘之或責其非 武溪集/補佚 2a

何 基

辭贄（1－3） 何北山集 1/9a－11a

八 畫

金履祥

請入鄕賢柯祀先生文移 仁山集 5/6b

岳 珂

奉詔移偶齊檄 金佗粹編 19/10a

鄂王信劄 金佗粹編 27/4b

封王信劄 金佗棷編 27/4b

後省看詳宣付史館指揮 金佗棷編 27/9a

加贈先伯雲信劄 金佗棷編 28/9a

(紹興元年)除神武右副軍統制省劄 金佗棷編/續 5/2a

(紹興元年)乞科撥錢糧照會從申省劄 金佗棷編/續 5/2b

(紹興二年)權知潭州並權荊湖東路安撫都總管省劄 金佗棷編/續 5/4a

(紹興三年)改充江南西路制置使省劄 金佗棷編/續 5/5a

(紹興三年)除江南西路舒蘄州制置使省劄 金佗棷編/續 5/5b

(紹興三年)收捕處吉州盜賊王貴以下推恩省劄 金佗棷編/續 5/5b

(紹興三年)改差充神武後軍統制省劄 金佗棷編/續 5/6b

(紹興四年)朝省行下事件省劄 金佗棷編/續 5/6b

(紹興四年)劉洪道奏李成結連楊么省劄 金佗棷編/續 5/9a

(紹興四年)照會僞齊已差人占據州郡省劄 金佗棷編/續 5/9b

(紹興四年)再據劉顧申楊么賊徒結連作過省劄 金佗棷編/續 5/10b

(紹興四年)給降曉諭榜文省劄 金佗棷編/續 6/2b

(紹興四年)報仙人關獲捷省劄 金佗棷編/續 6/2b

(紹興四年)差兼黃州復州漢陽軍德安府制置使省制劄 金佗棷編/續 6/3a

(紹興四年)措置防守襄陽隨郢等州省劄 金佗棷編/續 6/3b

(紹興四年)照會措置防守已收復州郡省劄 金佗棷編/續 6/5a

(紹興四年)檢會前劄 金佗棷編/續 6/6b

(紹興四年)除湖北荊襄潭州制置使省劄 金佗棷編/續 6/7b

(紹興四年)除清遠軍節度使湖北荊襄潭州制置使依前神武後軍統制省劄 金佗棷編/續 6/8a

(紹興四年)賜香藥詔書等省劄 金佗棷編/續 6/9a

(紹興五年)照會添置將分省劄 金佗棷編/續 6/9b

(紹興五年)除湖北襄陽招討使省劄 金佗棷編/續 6/10a

(紹興六年)兼營田使省劄 金佗棷編/續 6/10b

(紹興六年)督府照會有關官去處知通以下許自踏逐令先次供職申奏給降付身劄 金佗棷編/續 6/10b

(紹興六年)催赴行在奏事省劄 金佗棷編/續 6/11a

(紹興六年)督府令赴行在奏事詣還鄂州本司劄 金佗棷編/續 6/12a

(紹興六年)從申踏逐辟差官屬省劄 金佗棷編/續 6/12a

(紹興六年)昭會踏逐辟差官先次供職省劄 金佗棷編/續 7/2a

(紹興六年)督府重申書填空告劄 金佗棷編/續 7/2b

(紹興六年)從申刺舉本路州縣官省劄 金佗棷編/續 7/3a

(紹興六年)任招討使申明行移用公牘劄 金佗棷編/續 7/3b

(紹興六年)督府令將帶精兵前去襄陽劄 金佗棷編/續 7/4b

(紹興六年)除湖北京西路宣撫副使省劄 金佗棷編/續 7/5a

(紹興六年)內賜賜銀絹省劄 金佗棷編/續 7/5b

(紹興六年)令鄂州應辦葬事省劄 金佗棷編/續 7/5b

(紹興六年)特起復日下主管軍馬不得辭免省劄 金佗棷編/續 7/6a

(紹興六年)起復第二省劄 金佗棷編/續 7/6b

(紹興六年)暫免起復不允省劄 金佗棷編/續 7/7a

(紹興六年)進發至東西路添入河東及節制河北路字省劄 金佗棷編/續 7/7b

(紹興六年)免取會立功劄領將佐料麻省劄 金佗棷編/續 7/9a

(紹興六年)目疾令不妨本職治事省劄 金佗棷編/續 7/9b

(紹興六年)賜銀合茶藥省劄 金佗棷編/續 7/10b

(紹興六年)偽五大王至蔡州令審料敵情省劄 金佗棷編/續 7/10b

(紹興六年)番偽分路前來令更切審料賊情省劄 金佗棷編/續 8/2a

(紹興六年)雪寒撫諭將士黃榜　金佗稡編/續 8/2b

(紹興六年)令赴行在奏事省劄　金佗稡編/續 8/3a

(紹興七年)再令疾速赴行在奏事省劄　金佗稡編/續 8/3b

(紹興七年)令息車駕幸建康省劄　金佗稡編/續 8/3b

(紹興七年)令入內內侍省引對省劄　金佗稡編/續 8/4a

(紹興七年)詔諭靖康叛臣能束身以歸當復爵秩省劄　金佗稡編/續 8/4b

(紹興七年)許令便宜行事省劄　金佗稡編/續 8/5b

(紹興七年)督府令收掌劉少保下官兵劄　金佗稡編/續 8/6a

(紹興七年)督府令相度京西一帶事宜劄　金佗稡編/續 8/7b

(紹興七年)從奏進屯淮甸仍降詔獎諭省劄關文　金佗稡編/續 8/8a

(紹興七年)照會依張俊例批勘請俸省劄　金佗稡編/續 8/8a

(紹興八年)令於江州統率官兵回鄂州省劄　金佗稡編/續 8/10b

(紹興八年)服闋除起復二字省劄　金佗稡編/續 8/11a

(紹興八年)再令除落起復二字省劄　金佗稡編/續 9/2a

(紹興八年)乞致仕不允仍令前來行在奏事省劄　金佗稡編/續 9/2b

(紹興八年)辭免赴行在奏事不允省劄　金佗稡編/續 9/3b-4a

(紹興八年)再乞致仕不允省劄　金佗稡編/續 9/4b

(紹興九年)同判宗士僊等前去祇謁陵寢省劄　金佗稡編/續 9/5b

(紹興九年)合用修工費用令王良存於大軍錢內支省劄　金佗稡編/續 9/6a

(紹興九年)免親往祇謁陵寢省劄　金佗稡編/續 9/6b

(紹興九年)照會免去祇謁陵寢省劄　金佗稡編/續 9/7a-8a

(紹興九年)令赴行在奏事省劄　金佗稡編/續 9/9a

(紹興九年)照會追復張所左通直郎直龍圖閣省劄　金佗稡編/續 9/9a

(紹興九年)賜張所一資恩澤仍支銀絹省劄　金佗稡編/續 9/10a

(紹興十年)到蔡州給賜稿軍銀絹省劄　金佗稡編/續 10/2a

(紹興十年)收復穎昌令開具立功人等第省劄　金佗稡編/續 10/2b

(紹興十年)賜金帶金椀等省劄　金佗稡編/續 10/3a

(紹興十年)改差內侍李世良管押御賜金帶金椀等有劄　金佗稡編/續 10/3b

(紹興十年)照會湖廣總所椿兌支稿錢有劄　金佗稡編/續 10/4a

(紹興十年)照會支撥收復鄭州激賞錢省劄　金佗稡編/續 10/4b

(紹興十年)李供奉押賜收復鄭州支稿錢省劄　金佗稡編/續 10/5a

(紹興十年)收復趙州獲捷照會楊沂中除淮北宣撫劉錡除宣撫判官　金佗稡編/續 10/5b

(紹興十年)獎諭鄧城獲捷省劄　金佗稡編/續 10/6b

(紹興十年)鄧城獲捷支稿士卒省劄　金佗稡編/續 10/7a

(紹興十年)令先次開具立功最高將士省劄　金佗稡編/續 10/7b

(紹興十年)令疾速赴行在奏事省劄　金佗稡編/續 10/8a

(紹興十年)給降空名告命省劄　金佗稡編/續 10/8a

(紹興十年)令措置河北河東京東三路忠義軍馬省劄　金佗稡編/續 10/9a

(紹興十年)密詔諸將廣設間諜契丹等國誘率來歸省劄　金佗稡編/續 10/11a

(紹興十年)令差人體探順昌府番賊聚糧諸實省劄　金佗稡編/續 11/2a

(紹興十年)措置蔡州廣賊孟千户省劄　金佗稡編/續 11/3b

(紹興十年)再令疾速措置孟千户省劄　金佗稡編/續 11/4a

(紹興十年)令今後招捉女真等不得一面申解省劄　金佗稡編/續 11/4b

(紹興十年)令宣撫招撫司差人間探省劄　金佗稡編/續 11/5a

(紹興十年)令嚴切措置拜舉廣賊省劄　金佗稡編/續 11/5b

(紹興十年)令相度光州修城增兵省劄　金

佗梓編/續 11/6a

(紹興十年)令緊切措置番賊作過省劄 金佗梓編/續 11/6b

(紹興十年)令遣發參議官高穎措置三路忠義軍馬省劄 金佗梓編/續 11/7a

(紹興十年)令契勘梁興見令措置事宜開具申聞省劄 金佗梓編/續 11/7b

(紹興十年)令隄備荊南府一帶廬賊省劄 金佗梓編/續 11/8b

(紹興十年)探報兀朮領兵過河令宣撫司擇利措置省劄 金佗梓編/續 11/9b

(紹興十一年)令措置四太子人馬分路作過省劄 金佗梓編/續 11/10a

(紹興十一年)令江上諸屯互相策應防廬寇伺省劄 金佗梓編/續 11/12a

(紹興十一年)照會四太子勾諸處軍馬攻打楚州省劄 金佗梓編/續 11/12b

(紹興十一年)差官傳宣撫問省劄 金佗梓編/續 12/2b

(紹興十一年)照會廬賊韓常等犯界省劄 金佗梓編/續 12/2b

(紹興十一年)四太子弟將賊馬作過令並力破賊省劄 金佗梓編/續 12/3b

(紹興十一年)照會張浚會戰及駐兵去處省劄 金佗梓編/續 12/4a

(紹興十一年)照會韓世忠前去壽春府措置番賊省劄 金佗梓編/續 12/4b

(紹興十一年)韓世忠與四太子兵會戰令諸帥同共措置省劄 金佗梓編/續 12/5a

(紹興十一年)報諭北官軍如能擒殺兀朮者除節度使省劄 金佗梓編/續 12/6a

(紹興十一年)將帥軍民如能擒殺兀朮者除官並賜銀絹田宅省劄 金佗梓編/續 12/6b

(紹興十一年)令提兵與張浚等腹背破賊省劄 金佗梓編/續 12/7b

(紹興十一年)令權暫駐劄舒州聽候指揮前來奏事省劄 金佗梓編/續 12/8a

(紹興十一年)令多差信實人過淮間探省劄 金佗梓編/續 12/8b

(紹興十一年)令差一項軍兵前去郴州討捕駱科省劄 金佗梓編/續 12/9a

(紹興十一年)令體探賊馬侵犯光州速差兵應援省劄 金佗梓編/續 12/10a

(紹興十一年)令措置應援光州省劄 金佗梓編/續 12/10b

(紹興十一年)改所管制領將副軍兵充御前省劄 金佗梓編/續 12/12a

(紹興十一年)罷逐路宣司省劄 金佗梓編/續 12/12b

(紹興十一年)照會發回所帶人馬歸本處防托把截依奏省劄 金佗梓編/續 12/13a

(紹興十一年)依張浚例差破宣借人省劄 金佗梓編/續 12/13b

(紹興十一年)令前去按閱專一任責省劄 金佗梓編/續 12/14a

(紹興十一年)令帶本職按閱御前軍馬仍赴內殿奏事省劄 金佗梓編/續 12/14b

(紹興十一年)乞追回王剛所帶人數當直使喚省劄 金佗梓編/續 12/14b

(紹興十一年)添造臨安府所居屋宇省劄 金佗梓編/續 12/15a

追復指揮 金佗梓編/續 13/4a

先祖姑李氏及先伯雲等復官封指揮 金佗梓編/續 13/5b

先兄甫等復官省劄 金佗梓編/續 13/8a

訪問李若樸等指揮 金佗梓編/續 13/8a

先兄琛等補官指揮 金佗梓編/續 13/10b

復田宅指揮 金佗梓編/續 13/11a

吏部復田宅告示 金佗梓編/續 13/11b

户部復田宅符 金佗梓編/續 13/13b

湖北轉運司立廟牒 金佗梓編/續 14/1b

敕建忠烈廟省牒 金佗梓編/續 14/2b

賜諡指揮 金佗梓編/續 14/4b

賜襄忠衍福寺額省劄 金佗梓編/續 15/4a

禁止墳山鑿石省劄 金佗梓編/續 15/11a

禁止墳山鑿石劄 金佗梓編/續 15/14a

賜諡忠武省劄 金佗梓編/續 16/1b

周必大

唐交河道行軍大總管破高昌露布 益國文忠集 91/6b 益公集 91/152a

唐淮西宣慰處置使平淮西露布 益國文忠集 91/8a 益公集 91/152b

漢河西大將軍諭隗囂檄 益國文忠集 91/9b 益公集 91/155a

桂廣觀察使諭邕管代黃賊檄 益國文忠集 91/10b 益公集 91/156a

再同臺諫申尚書省狀 益國文忠集 134/3b

荊鄂都統司指揮 益國文忠集 147/3a 益公集

147/2b

與王希呂咨目 益國文忠集 147/18b 益公集 147/ 21a

與吴挺 益國文忠集 148/4b 益公集 148/5b

與馮憲傅鈞彭呆 益國文忠集 148/5a 益公集 148/5b

~敎頤

崇先賢以勵風教文移 周元公集 8/38b

邵 博

代成都帥檄 蜀藝文志 43/上 8b

九 畫

洪 適

唐定襄道行軍大總管破突厥露布 盤洲集 26/1a

唐京畿渭北鄜坊商華兵馬副元帥復京師露布 盤洲集 26/2a

唐淮西行營宣慰處置使克蔡州露布 盤洲集 26/4b

唐伊麗道行軍大總管禽西突厥沙鉢羅可汗露布 盤洲集 26/6b

唐京城東北西行營都統復京師露布 盤洲集 26/7b

唐關內兵馬副元帥復京師露布 盤洲集 26/ 7b

唐天下兵馬元帥收復東京露布 盤洲集 26/ 8a

晉征虜將軍征討大都督破符堅露布 盤洲集 27/6b

唐户部侍郎平原太守河北招討採訪使移清河諸郡討安祿山檄 盤洲集 27/9b

唐中書侍郎同中書門下平章事兼河南節度採訪處置使都統淮南諸軍事某告浙東浙西淮南青州濠州敎睢陽檄 盤洲集 27/10b

胡知柔

歸葬省劄 象臺首末 5/1a

追復省劄 象臺首末 5/1a

褒贈省劄 象臺首末 5/1b

賜謚省劄 象臺首末 5/2a

(謚議)

朝奉郎行太常博士王埴 象臺首末 5/3b

(覆謚議)

朝請郎尚書考功員外郎兼沂靖惠王府教

授楊潮南 象臺首末 5/6a

都省集議 象臺首末 5/9a

(審謚)

奉議郎太常博士夏錫 象臺首末 5/10a

(覆審謚)

承議郎守宗正丞兼權考功郎官兼沂靖惠王府教授梅應發 象臺首末 5/10b

~ 宿

奉使北朝先狀 文恭集 8/14a

~閒休

代岳制使飛移河南郡縣討劉豫檄 新安文獻 40/前 2a

范百祿

誓清水夷文 蜀文帳存 22/26a

~成大

諭葬文 范成大佚著/131－132

~仲淹

朝廷優崇置功德寺蘇州白雲寺賜額中書門下牒 范文正公褒賢集 2/1a

朝廷優崇河南褒賢院尚書禮部牒 范文正公褒賢集 2/1b

朝廷優崇與免科羅提領浙西和羅所帖 范文正公褒賢集 2/2b

韋 瓘

何都曹兼司法考詞 錢塘集 18/29b

李縣尉二考詞 錢塘集 18/30a

大冶曹縣尉初考辭 錢塘集 18/30a

通山李令初考辭 錢塘集 18/30a

劉尉初考詞 錢塘集 18/30b

都曹第二考詞 錢塘集 18/30b

永興尉二考詞 錢塘集 18/30b

買縣尉一考詞 錢塘集 18/30b

通山李令三考詞 錢塘集 18/31a

通山尉三考詞 錢塘集 18/31a

書判三道 錢塘集 18/31a

十 畫

高斯得

諭俗文 恥堂稿 5/17a

唐士恥

擬河北宣撫使平貝州露布 靈嚴集 2/6b

擬權熙河經略禽蕃人首領露布 靈嚴集 2/7b

擬荊南路宣撫使平僬智高露布 靈嚴集 2/8a

擬川峽招安捉賊平王均露布 靈嚴集 2/8b

擬熙河經略使復洮河露布 靈嚴集 2/9b

擬兩川招安使平李順露布 靈嚴集 2/10a

擬延州問夏國育州檄 靈嚴集 3/1a

江南西路提點刑獄諭所部檄 靈嚴集 3/1b

陝西轉運使横山部落檄 靈嚴集 3/2a

熙河蘭會經略使曉諭西蕃邈川首領鄂特凌古檄 靈嚴集 3/2b

鄜延路都監報威明山檄 靈嚴集 3/3a

北路都招討曉諭劉纘元檄 靈嚴集 3/4a

~ 庚

討幽燕檄 播芳文粹 131/14a 蜀文輯存 32/10a

真德秀

泉州科舉諭士文 真西山集 40/1a

譚州諭同官容目 真西山集 40/1b

潭州諭俗文 真西山集 40/7b

勸立義廩文 真西山集 40/12a

諭賊文爲招司作 真西山集 40/14a

浦城諭保甲文 真西山集 40/15b

再守泉州勸諭文 真西山集 40/17a

泉州勸孝文 真西山集 40/18b

諭州縣官條 真西山集 40/22a

福州諭俗文 真西山集 40/25a

徐元杰

延平郡學及書院諸學務 楳埜集 11/15b

延平書院榜示 楳埜集 11/17a

勸戒夜游宮榜 楳埜集 11/17b

十一畫

黃 庚

臨淄尉考詞 宋文鑑 127/5b

~ 幹

危教授論熊祥停盜 勉齋集 32/1a

曾知府論黄國材停盜 勉齋集 32/4a

曾适張潛爭地 勉齋集 32/8a

曾灘趙師淵互論置曾挺田產 勉齋集 32/10b

白蓮寺僧如璉論陂田 勉齋集 32/13a

陳如椿論房弟婦不應立異姓子爲嗣 勉齋

集 33/1a

張運屬兄弟互訴基田新途 勉齋集 33/4b

寄户楊三十四等論謝知府宅疆買甎瓦 勉齋集 33/5a

彭念七謝知府宅追擾 勉齋集 33/7b

鄧宗逸訴謝八官人違法刑書 勉齋集 33/9a

徐少十論訴謝知府九官人及人力胡先强姦 勉齋集 33/9b

人爲告罪 勉齋集 33/10a

宋有論謝知府宅侵占墳地 勉齋集 33/10a

崇真觀女道士論搗壞 勉齋集 33/11b

王顯論謝知府占廟地 勉齋集 33/11b

張凱夫訴謝知府宅食併田產 勉齋集 33/12a

徐莘首賭及邑民列狀論徐莘 勉齋集 33/13a

陳會卿訴鄧六朝散贐田 勉齋集 33/13b

徐鎧教唆徐莘哥妄論劉少六 勉齋集 33/14a

郝神保論曾運幹贐田 勉齋集 33/14b

陳安節論陳安國盜賣田地事 勉齋集 33/16a

陳希點帥文先爭田 勉齋集 33/19b

聶士元論陳希點占學租 勉齋集 33/20b

龔儀久追不出 勉齋集 33/21b

京宣義訴曾晶娶取妻歸葬 勉齋集 33/22b

徐家論陳家取去媳婦及田產 勉齋集 33/24a

李良佐訴李師厚取唐氏歸李家 勉齋集 33/25a

謝文學訴嫂黎氏立鑿 勉齋集 33/26a

郭氏劉拱禮訴劉仁謙等冒占田產 勉齋集 33/27a

張日新訴莊武離間母子 勉齋集 33/29a

漕司行下放寄莊米 勉齋集 33/30b

沈總屬 勉齋集 33/30b

太學生劉機罪犯 勉齋集 33/31a

王珍減赴軍糧斷配 勉齋集 33/31b

宣永等因築城乞覓斷配 勉齋集 33/32a

武楷認金 勉齋集 33/32b

劫盜祝興逃走處斬 勉齋集 33/33a

臨川勸諭文 勉齋集 34/11b

禁詩軸緑旗榜文 勉齋集 34/13b

漢陽禁約官屬違法出界仍榜客位 勉齋集 34/14a

放免漁人網釣魚利錢榜文 勉齋集 34/14b

免行户買物榜文 勉齋集 34/15a

免人户賠耀榜文 勉齋集 34/15b

約束場務買納歲計食物榜文 勉齋集 34/16a

安慶勸諭團結保伍榜文 勉齋集 34/16b
戒約隅官保長以下榜文 勉齋集 34/17b
禁約頑民誣賴榜文 勉齋集 34/18a
曉示城西居民築城利便 勉齋集 34/18b
帖軍學請孟主簿充學正 勉齋集 35/1a
行下軍學爲申請增俸錢帖 勉齋集 35/1b
行下軍學罷職事二員帖 勉齋集 35/2a
行下軍學申嚴釋奠事 勉齋集 35/2b
勸獎賑濟官李監務牒 勉齋集 35/3a
再除知安慶府行下本府牒 勉齋集 35/3b

黃 裳

楊萬里知贛州告詞 蜀文輯存 71/15b

~ 震

試院曉諭榜 黃氏日鈔 78/1a
又曉諭假手代筆榜 黃氏日鈔 78/1b
咸淳七年三月二十八日中途先發上户勸糴
公劊 黃氏日鈔 78/3a
四月初一日中途預發勸糴榜 黃氏日鈔 78/3a
四月初五日中途預納上戶四月十三日到州
面議劊 黃氏日鈔 78/3b
四月初十日入撫州界再發曉諭官宦升降榜
黃氏日鈔 78/3b
四月十三日到州請上戶後再諭上戶榜 黃
氏日鈔 78/5a
四月十四日再諭元約不到上戶書判 黃氏
日鈔 78/6a
四月十四日再曉諭發誓榜 黃氏日鈔 78/6b
四月十四日委官嚴實諸坊廂人户糴米曆
黃氏日鈔 78/7a
行移團結亭丁 黃氏日鈔 78/7a
專請樂安縣十提督牌 黃氏日鈔 78/7b
四月十九日勸樂安縣稅户發糴榜 黃氏日
鈔 78/8a
四月二十五日委臨川周知縣濟出郊發廩榜
(1-3) 黃氏日鈔 78/9b-11a
五月二十五日委樂安梁丞發糴周宅康宅
米 黃氏日鈔 78/11b
六月初一日勸稅户陸續賑糴榜 黃氏日鈔
78/12a
六月二十日委樂安施知縣亭祖發糴周宅康
宅米 黃氏日鈔 78/12b
又再委施知縣榜 黃氏日鈔 78/13a
六月三十日在城粥飯局結局榜 黃氏日鈔
78/13b
七月初一日勸勉宜黃樂安兩縣賑糴未可結
局榜 黃氏日鈔 78/13b
六月二十八日禁造紅麴榜(1-3) 黃氏日鈔
78/14a-15b
七月初一日勸上戶放債減息榜 黃氏日鈔
78/15b
樂縣尉絶户業助和糴榜 黃氏日鈔 78/17b
招羅免和羅榜 黃氏日鈔 78/19b
起營寨榜 黃氏日鈔 78/20a
咸淳八年正旦曉諭敬天說 黃氏日鈔 78/20b
咸淳九年正旦再諭敬天說 黃氏日鈔 78/21b
燒劊船公帖 黃氏日鈔 78/22a
逐髮源註疏人出界榜 黃氏日鈔 78/22b
免一路同官通咨劊公文 黃氏日鈔 79/1a
客位榜 黃氏日鈔 79/1a
免專人匣子公文 黃氏日鈔 79/1b
抽回專人 黃氏日鈔 79/2a
詞訴約束 黃氏日鈔 79/2a
義役差役榜 黃氏日鈔 79/2b
本路通判水利公劊 黃氏日鈔 79/4a
放結關久禁人公牒 黃氏日鈔 79/4b
曉諭遺棄榜 黃氏日鈔 79/5a
曉諭新城縣免雜殺榜 黃氏日鈔 79/5b
交劊到任日縣榜約束 黃氏日鈔 79/6a
榜諭諸州住行不切詞訴 黃氏日鈔 79/10a
又再榜諭吉州詞訴 黃氏日鈔 79/10a
禁劊船迎會榜 黃氏日鈔 79/10b
客位榜 黃氏日鈔 79/11a
到任榜 黃氏日鈔 80/1a
約束因捕鹽欺詐榜 黃氏日鈔 80/4a
收巡鹽曆 黃氏日鈔 80/4a
約束亭户妄採他人柴筍 黃氏日鈔 80/4b
約束瑞安伴曠差鹽場機察 黃氏日鈔 80/4b
約束諸場折納鹽 黃氏日鈔 80/5a
國免滴折鹽 黃氏日鈔 80/5a
曉諭亭户安業 黃氏日鈔 80/5b
曉示亭編詞訴各有所隸 黃氏日鈔 80/5b
取會須知事宜 黃氏日鈔 80/6a
戒諭倉庫欺弊 黃氏日鈔 80/6b
四月十六日委請諸縣諸鄉都勸糴官牒(1-
2) 黃氏日鈔 80/6b-7a
呈行官員便宜 黃氏日鈔 80/7b

禁約謁士干求 黄氏日鈔 80/8a

禁約欺詐 黄氏日鈔 80/8b

曉諭亭户納鹽 黄氏日鈔 80/8b

差場脚走遞文字 黄氏日鈔 80/8b

禁約綱梢運鹽積弊 黄氏日鈔 80/9a

委官定秤 黄氏日鈔 80/9b

所委官回申定秤裁食例等 黄氏日鈔 80/10a

帖各場算納鹽數 黄氏日鈔 80/10b

引放詞狀榜 黄氏日鈔 80/10b

還外扛雇募錢 黄氏日鈔 80/12a

曹彦約

利州客位榜 昌谷集 16/1a

豫章苗倉受納榜 昌谷集 16/1b

四川類省監試入院曉諭榜 昌谷集 16/3a

湖南軍前曉諭峒賊榜 昌谷集 16/4b

利州路入境曉諭榜 昌谷集 16/7a

漢陽安民榜 昌谷集 16/8a

張 淏

討苗(傅)劉(正彦)檄 蜀文輯存 45/19b

~ 憲

加贈張憲信劄 金佗稡編 28/9b

張憲復官指揮 金佗稡編/續 14/16b

陸 游

蠲彈省劄 渭南集 3/1a

陳 著

示諸生榜 本堂集 53/2b

嵊縣禁奪僕榜 本堂集 53/3a－3b

勸糶榜 本堂集 53/4b－5a

~ 襄

勸論文知仙居縣日作 古靈集 19/3a 赤城集 18/10a

十 二 畫

馮時行

請嚴老茶榜 蜀文輯存 46/18b

請九項長老茶榜 蜀文輯存 46/18b

程敦厚

請致道道正住持酒榜 蜀文輯存 51/25b

傅堯俞

汜水縣尉第一考詞 宋文鑑 127/5b

濟源縣主簿呂師民考詞 宋文鑑 127/6a

録事參軍考詞 宋文鑑 127/6a

十 三 畫

道 璨

徑山請痴絶和尚湯榜 無文印集 11/1a

楊沂中

收復趙州獲捷照會楊沂中除淮北宣撫劉錡除宣撫判官 金佗稡編/續 10/5b

葉 適

官吏諸軍請給 水心別集 16/6a

買田數 水心別集 16/15b

十 四 畫

趙 雍

請珪禪師茶榜 蜀文輯存 59/18b

熊 克

催租結局榜 播芳文粹 131/30a

翟汝文

擬擒獲杭州軍賊露布 翟忠惠集 8/7b

十 五 畫

歐陽修

相度併縣牒 歐陽文忠集 115/3b

訪問逐州利害牒 歐陽文忠集 117/7b

五保牒 歐陽文忠集 117/13b

慕容彦達

擬試宏詞露布 摘文集 15/11a

劉世龍

前存州勘案 吳都續文粹 10/2b

~ 克莊

録回降省劄 後村集 79/3a

建康府申已斷平亮等爲宋四省身死事 後村集 192/1a

太平府通判申迫司理院承勘僧可諒身死推

吏事 後村集 192/1b

弋陽縣民戶訴本縣預借事 後村集 192/2a

貴池縣申呂孝純訴池口立都巡催科事 後村集 192/3a

貴池縣高廷堅等訴本州知録催理絹綿出給隔賬事 後村集 192/3b

饒州申備都陽縣申催科事 後村集 192/4b

帖樂平縣丞申乞帖巡尉追王敬仲等五訴家財事 後村集 192/5a

黟縣申本縣得熟即無旱傷尋具黟縣雨賜帳呈 後村集 192/5a

徽州韓知郡申續放旱傷事 後村集 192/6a

戶案呈委官檢踏旱傷事 後村集 192/6a

安仁縣妄攬鹽錢事 後村集 192/6b

鄱陽縣申差甲首事 後村集 192/8a

析門縣申許必大乞告示兄必勝充隅長事 後村集 192/8a

鉛山縣申場兵增額事 後村集 192/8b

饒州宗子若璋訴立嗣事 後村集 192/9a

上饒縣申劉熙爲皐掘祖墳事 後村集 192/9b

貴溪縣毛文卿訴財産事 後村集 192/9b

持服張幅狀訴弟張載張幖妄訴瞻垈産業事 後村集 192/10a

德興縣董黨訴立繼事 後村集 192/11a

坊市阿張狀述年九十以上乞支給錢絹事 後村集 192/2a

信州申解胡一飛訴劉惟新與州吏楊俊榮等合謀誣賴乞取公案赴司 後村集 192/12a

饒州州院申徐雲二自刎身死事 後村集 192/12a

饒州州院推勘朱超等爲趙死程七五事 後村集 192/14a

饒州司理院申張惜兒自縊身死事 後村集 193/1a

建昌縣鄧不偓訴吳千二等行劫及阿高訴夫陳三五身死事 後村集 193/2b

鄱陽縣申勘餘千縣許珪爲歐叔及妄訴弟婦墮胎驚死弟許十八事 後村集 193/4b

饒州州院申潘彝招桂節夫周氏阿劉訴占産事 後村集 193/5b

鄱陽縣東尉檢校周丙家財産事 後村集 193/7a

鉛山縣禁勘裴五四等爲賴信溺死事 後村集 193/7b

饒州司理院申勘到徽州都吏潘宗道違法交易事 後村集 193/8b

饒州州院申勘南康衛軍前都吏樊銓冒受爵命事 後村集 193/9a

建昌縣劉氏訴立嗣事 後村集 193/10a

都昌縣申汪俊達孫汪公禮訴産事 後村集 193/17b

貴溪縣繳到進士翁雷龍公劉訴熊大乞將父死尤賴事 後村集 193/17b

樂平縣汪茂元等五訴立繼事 後村集 193/18a

~ 望之

上都運咨目 蜀文輯存 55/18b

~ 跋

擬嶺南道行營摘劉銀露布 學易集 5/6b

擬昇州行營摘李煜露布 學易集 5/8b

魏了翁

漕糧料院契勘供職月日幫行請給 鶴山集 24/8a

榜論沿邊將帥軍民勸賊推賞 鶴山集 27/12b

榜論北軍 鶴山集 27/13a

榜論北軍 鶴山集 29/9a

二 十 畫

蘇 軾

縣榜附一本作書清衆方後 蘇東坡全集/續 9/32b

撰著人不詳者

密院劉子時密院閣余欲上前奏先以白劉子進呈書此指揮 司馬温公集 48/5b

劉子批語 司馬温公集 48/6a

鄉貢進士房逢辰 山房遺文/外 1/1a

嶺南道行營摘劉銀露布 宋文鑑 150/19b

昇州行營摘李煜露布 宋文鑑 150/22a

申補新軍坐下省劉 吳都文粹 2/2b

申奏許浦水軍坐下省劉 吳都文粹 2/5b

申增顧遜水軍利使 吳都文粹 2/8a

省劉 吳都續文粹 12/45a

討苗劉撤 蜀文輯存 45/16b

鳳翔府停廢寺院牒 金石萃編 123/1a

敕修文宣王廟牒 金石萃編 126/29a

永興軍牒 金石萃編 132/16b

改賜終南山宮觀名額牒 金石萃編 133/44b

京兆府小學規 金石萃編 134/23a

李屯田勸農示 金石萃編 135/11b

壽聖禪院敕牒 金石萃編 137/1b

渾王廟牒 金石萃編 138/2b

靜應廟敕告 金石萃編 143/20b

崇祐觀牒 金石萃編 147/17a

升元觀敕 金石萃編 147/18a

建康府嘉惠廟牒 金石萃編 148/1a

太學靈通廟牒 金石萃編 152/5a

太學忠顯廟敕牒 金石萃編 152/15b

賜汾陰后土廟號泰寧宮牒 金石續編 14/6b

西京白馬寺牒 金石續編 14/7a

封洪聖廣利王牒 金石續編 14/32b

保寧寺牒並帖 金石續編 14/34b

封濟民侯牒 金石續編 15/6b 八瓊金石補 99/19a

南海英護廟額牒 金石續編 19/12a 八瓊金石補 117/8a

渠州濟遠廟封惠應王牒 八瓊金石補 109/25b

顯寧廟賜額牒碑 八瓊金石補 112/6b

渠渡廟賜靈濟額牒 八瓊金石補 117/4b

它山遺德廟封善政侯牒 八瓊金石補 118/32b

遺德廟加封靈德牒 八瓊金石補 119/24a

渠渡廟封崇福公告 八瓊金石補 119/29a

渠渡廟封益靈公告 八瓊金石補 121/9b

宋靈隱寺中書門下牒碑 兩浙金石志 5/24b

宋敕賜延豐院牒 兩浙金石志 5/25b

宋常樂院敕牒碑 兩浙金石志 5/54a

宋空相院敕牒碑 兩浙金石志 5/54b

宋武佑廟賜額敕牒碑 兩浙金石志 8/1a

宋越顯寧廟加封敕牒碑 兩浙金石志 8/3a

宋越州顯寧廟賜額敕牒碑 兩浙金石志 8/4a

宋永靈廟敕牒碑 兩浙金石志 8/36a

宋永靈廟加封敕牒碑 兩浙金石志 8/39a

宋三茅寧壽觀尚書省牒碑 兩浙金石志 8/49a

宋蒼山資福寺敕牒碑 兩浙金石志 9/30a

宋六和塔尚書省牒碑 兩浙金石志 9/32a

宋孚惠廟敕牒碑 兩浙金石志 9/33b

宋桐柏崇道觀尚書省帖碑 兩浙金石志 9/36a

宋白雲昌壽觀敕牒碑 兩浙金石志 9/42a

宋菁山常照院敕牒碑 兩浙金石志 10/49b

宋永靈廟加封敕牒碑 兩浙金石志 11/18b

宋高麗寺尚書省牒碑 兩浙金石志 11/23a

宋它山廟加封敕牒碑 兩浙金石志 11/24a

宋高麗寺尚書省牒碑 兩浙金石志 11/30a

宋封太學靈通廟敕牒碑 兩浙金石志 11/31b

宋永靈廟加封顯佑通應侯敕牒碑 兩浙金石志 11/34a

宋層墟靈昭廟尚書省牒殘碑 兩浙金石志 12/7a

宋淳祐寶祐加封敕牒碑 兩浙金石志 12/9b

宋它山廟加封敕牒碑 兩浙金石志 12/17b

宋敕賜忠顯廟敕牒碑 兩浙金石志 12/37a

宋封忠文王及佐神烈文侯等敕殘碑 兩浙金石志 12/43a

宋延恩寺敕牒斷碑 兩浙金石志 13/20b

宋靈顯廟賜額敕牒碑 兩浙金石志 13/23a

宋忠祐廟敕封告據碑 兩浙金石志 13/35a

雲和福勝廟敕牒碑 括蒼金石志 8/2a

縉雲縣顯應廟牒碑 括蒼金石志 8/26b

甘泉惠應廟尚書省牒碑 括蒼金石補 3/1a

顯應廟神廣惠侯尚書敕符碑 括蒼金石補 3/11a

仁濟廟敕牒碑 吳興金石記 7/18a

永靈廟敕牒碑 吳興金石記 8/11a

永靈廟加封敕牒碑 吳興金石記 8/13a

孚惠廟敕牒碑 吳興金石記 9/16b

菁山常照院敕牒碑 吳興金石記 10/9a

賜顯應廟額尚書省牒石伏文見柯山事要 吳興金石記 10/11a

永靈廟加封敕牒碑 吳興金石記 10/17a

敕封威濟侯碑 吳興金石記 10/19b

永靈廟加封顯佑通應侯敕牒碑 吳興金石記 11/18a

永靈廟協惠夫人加封昭慶敕牒碑 吳興金石記 11/19b

仁濟廟加封敕牒碑 吳興金石記 12/1a

嘉應廟敕牒碑 吳興金石記 12/20a

宋吳芾賜謚敕牒 台州金石錄 7/22b

宋免納塗田鹽公據 台州金石錄 10/3b

宋延恩寺敕牒殘石 台州金石錄 11/18b

廣慈寺暨洪濟禪院牒 山右石刻編 11/23a

資聖寺牒 山右石刻編 12/31a

興化寺牒 山右石刻編 13/37a

百福寺敕 山右石刻編 13/55b

清虛觀牒 山右石刻編 14/1a

大雲寺牒 山右石刻編 14/2b

聖壽寺牒 山右石刻編 14/12a

敕封明靈公牒 山右石刻編 16/13b

惠應寺牒 山右石刻編 16/29b

奏議表狀四 公牘 撰著人不詳者 1531

真澤廟牒　山右石刻編 17/1a
梵業寺敕額碑　山右石刻編 17/11a
紫清觀牒　山右石刻編 17/13b
應感廟牒　山右石刻編 17/23a
敕賜神居洞崇道廟額記　山右石刻編 17/29b
超山應潤廟敕　山右石刻編 17/39b
龍角山顯施廟嘉潤侯敕碑　山右石刻編 18/20a
華陽觀尚書省劄子　江蘇金石志 10/42a
建炎復江陰軍牒　江蘇金石志 11/1a
碑陰紹興復江陰軍牒　江蘇金石志 11/3a
靈濟廟牒　江蘇金石志 11/16b

廣照和尚忌辰追薦公據　江蘇金石志 12/9b
嘉惠廟額牒　江蘇金石志 15/26a
給復學田公牒　江蘇金石志 15/31b
吳學義廩規約　江蘇金石志 15/41b
給復學田省劄　江蘇金石志 15/50a
上方教院免差役公據　江蘇金石志 16/2a
玄妙觀尚書省劄并部符使帖　江蘇金石志 16/9a
寶雲寺牒　江蘇金石志 16/42a
光福寺公據　江蘇金石志 17/4a
賜興平報國寺額敕　江蘇金石志 18/16a

奏議表狀四　公牘　撰著人不詳者